2025 최신 개정세법 국세청 자료 완벽 반영

PERFECT 연말정산

한 권으로 연말정산
사전준비부터
사후관리까지
완벽한 가이드

최종기 저

조세통람

머리글

연말정산에 관심이 있는 전문가, 업무담당자, 연말정산 절세에 관심 있는 근로자
모두가 활용할 수 있도록 여러 관점에서 폭넓고 깊게 기술하였습니다.

2005년 연말정산 강의를 시작하면서 항상 만들고 싶었던 관련 책을 집필하게 되어 너무나 기쁩니다. 본서는 연말정산 관련 업무를 하거나 관심 있는 모든 분들께 저자의 모든 경험과 노하우(Know-How)를 직관적으로 이해하기 쉽게 전달하고 싶은 마음을 충실하게 표현한 책입니다. 독자 여러분의 따뜻한 격려와 가르침, 선택을 받아 매년 더 좋은 저서로 진화할 것임을 약속드립니다.

본서의 특징은 다음과 같습니다.

1 All for You

연말정산에 관심이 있는 전문가(공인회계사, 세무사), 업무담당자(전산담당자 포함), 그리고 연말정산 절세에 관심 있는 근로자 모두가 활용할 수 있도록 여러 관점에서 폭넓고 깊게 기술하여 다양한 이해관계자가 여러 형태로 활용할 수 있도록 하였습니다.

2 직관적 이해

복잡한 연말정산 내용을 다음과 같은 방식으로 표현하여 직관적인 이해를 도모하였습니다.

(1) 표(Table)

관련 내용을 표로 요약하고 해당 내용의 주요 사항(결론)을 제목으로 제시하여 전부 읽지 않아도 파악할 수 있도록 하였습니다.

(2) 그림(Diagram)

어렵고 복잡한 연말정산의 규정과 산식의 내용을 그림으로 표현하여, 기존 도서들에서는 볼 수 없었던 직관적 해설을 하였습니다.

(3) 메모(memo)

내용 중 별도 해설이나 예규 등이 필요한 부분에 관련 해설 등을 메모(memo)로 첨삭하여 쉬운 이해를 돕고자 하였습니다.

(4) 여부(Check, ✓)

연말정산 주요 내용인 소득·세액공제 여부, 과세·비과세 여부 등에 대한 결과를 Check(✓) 표시로 제시하여 그 결과를 직관적으로 파악할 수 있도록 하였습니다.

(5) 개정(mark)

개정사항에 대해서는 별도 표시(mark)를 하여 개정내용을 즉시 파악할 수 있도록 하였습니다.

3 충분한 해설

연말정산의 다양한 내용에 대해 다음과 같이 충분하게 해설하였습니다.

(1) 개정세법(서식)

개정세법을 제시하는 것뿐 아니라 해당 개정세법 적용에 대한 구체적 방법이나 사례를 부언하였고, 개정서식에 대해서도 주요 개정서식에 대해서 해당 서식 중 개정된 사항(전산매체 항목 포함)을 메모(memo)로 함께 설명하였습니다.

(2) 예규

전문가와 업무담당자에게 도움이 되고자 연말정산 관련 예규를 충분하게 반영하였습니다.

(3) 서류

연말정산 시 근로자가 제출하는 서류에 대해 List만을 제시하는 것이 아니라, 제출서류 작성(근로자)과 제출서류 확인(원천징수의무자)에 있어 유의할 내용을 해설하였습니다.

(4) 사례

모든 공제·감면에 대해 신청 내역(Input)과 그 결과로 산출되는 명세서(Output)의 내용을 사례로 제시·해설하였습니다. 또한, 모든 형태의 연말정산(근로·사업·종교인·연금)과 후속적 상황(연말재정산·수정신고·경정청구)에 대해서도 해설과 사례를 제시하였습니다.

(5) 홈택스(HomeTax)

연말정산 업무의 상당부분이 국세청 홈택스(HomeTax)를 통해서 이루어지는바, 홈택스(HomeTax)를 통한 원천세 신고(수정신고), 지급명세서 제출, 간소화자료 조회, 편리한 연말정산 등에 대해 다루었습니다.

4 기 타

기존 도서들과 달리 소득·세액공제에 대해 소득·세액공제순서를 고려한 목차로 구성하여, 연말정산 프로그램을 개발하는 전산담당자의 업무 효율성을 고려하였을 뿐 아니라 절세를 고려해야 하는 근로자에게도 도움이 되고자 하였습니다.

앞서 언급한 바와 같이 본서의 초고가 많은 표와 그림 등으로 인해 “이러한 내용을 과연 표현할 수 있을까? 어떻게 될까?”라는 저자의 걱정과 의문을 盡善盡美의 결과물로 응답해 주신 출판팀 여러분, 그리고 본서를 출간할 수 있도록 기회를 주신 서원진 대표님께 진심으로 감사드립니다.

마지막으로 본서를 집필하는 동안 함께 놀아주지 못해 미안한 사랑하는 아들과 딸에게도 고맙고, 평생 함께할 사랑하는 아내에게도 가슴 깊은 감사와 사랑을 바칩니다.

저자 최 종 기

활용 가이드

본서는 기존에 있던 연말정산 관련 서적과 달리 다음과 같이 차원이 다른 표현방법으로 연말정산을 저술하였습니다.

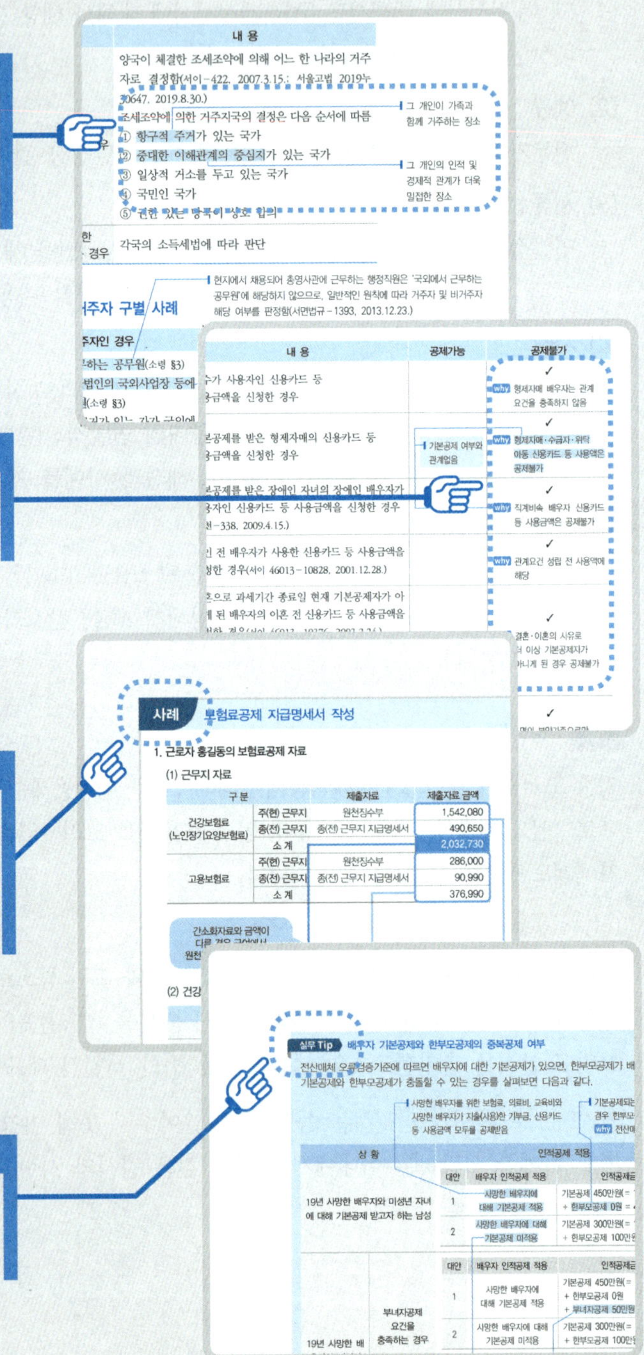

저자 메모(해설) 첨부

연말정산 공제 여부뿐 아니라 법령에 대한 추가 해설을 저자의 메모 형태로 제시하여 연말정산 내용에 대한 충실한 해설을 첨부하였습니다.

공제 이유(why) 설명

연말정산 공제 여부에 대해 공제 이유를 why 형태로 설명하였습니다.

완벽한 사례 첨부

연말정산과 관련된 각종 계산 사례 등 완벽한 사례를 예시하여, 연말정산 업무 담당자(전산담당자 포함)뿐 아니라 근로자들도 연말정산에 대해 충분하게 이해할 수 있도록 하였습니다.

실무 tip

연말정산 업무를 수행하는 데 있어 유용한 사항들을 실무 tip으로 정리하였습니다.

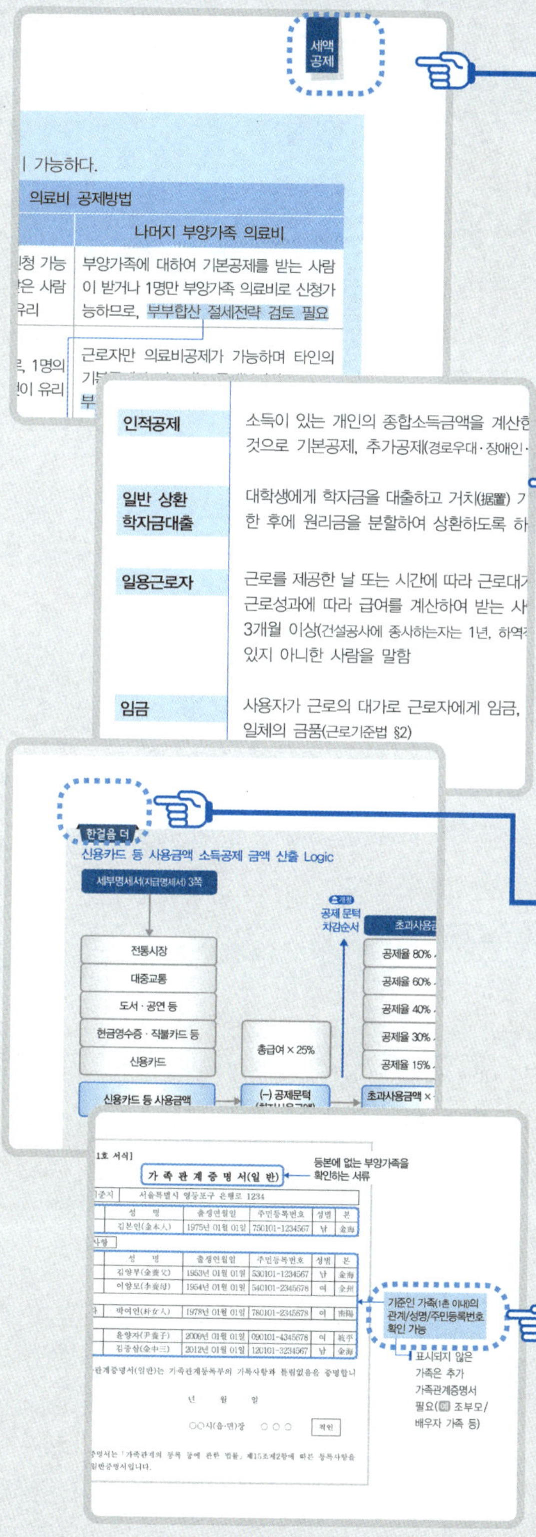

찾기 쉽게 견출 제공

연말정산 시 가장 중요한 소득공제, 세액감면 및 세액공제에 대해서는 견출을 제공하여 목차를 찾을 필요 없이 바로 관심 있는 공제감면을 찾을 수 있도록 하였습니다.

용어정의 별도 해설

연말정산과 관련된 용어를 한곳에 모아 설명함으로써, 연말정산이 낯선 독자에게 연말정산을 더욱 친근하고 쉽게 접근할 수 있도록 배려하였습니다.

한걸음 더

원활한 업무수행을 위해 기본적인 연말정산 업무에서 한걸음 더 나아간 설명으로 충분하게 이해할 수 있도록 하였습니다.

연말정산 시 근로자가 제출하는 증명서류 해설

연말정산 시 근로자가 원천징수의무자에게 제출하는 증명서류 원본을 첨부하였으며, 해당 증명서류를 원천징수의무자가 확인할 때 유의할 사항을 해당 증명서류에 바로 설명해 두었습니다.

CONTENTS

chapter

02 근로소득 연말정산

CONTENTS

CONTENTS

추가자료

연말정산과 관련있는 다음과 같은 예규, 법령, 사례 해설에 대해서는 본서에 기술하지 않고 다운로드 형태로 추가자료를 제공합니다.

NO	추가자료 내용	관련본문 페이지
1	임원 vs 근로자 구분 사례	64
2	국세기본법 및 지방세기본법상 정당한 사유가 아닌 경우(가산세 부과사유)	95
3	근로소득 vs 기타소득 vs 사업소득 구분 사례	106
4	원천징수대상 근로소득과 원천징수제외대상 근로소득의 구분 사례	129
5	일직료·숙직료 등이 과세되는 사례	138
6	출장비의 비과세 vs 과세 사례	139
7	연구보조비 지급규정에 따라 지급하여 비과세되는 사례(교원)	143
8	연구보조비 지급규정에 따라 지급하여 비과세되는 사례(연구원)	144
9	내부 규정에 따라 지급되어 비과세되는 벽지수당 사례	146
10	벤처기업 주식매수선택권 행사이익에 대한 양도소득세 과세특례	180
11	2006.12.31. 이전 주식매수선택권 행사이익에 대한 과세특례	181
12	법령·조례에 따라 무보수위원이 받는 수당의 비과세 사례	204
13	이외 비과세 기타소득 대상	324
14	개인연금저축 및 이에 대한 과세방법	408
15	소기업·소상공인공제부금 및 이에 대한 과세방법	411
16	주택청약종합저축에 대한 추징세액	415
17	투자조합출자 등에 대한 소득공제액에 대한 추징세액	424
18	장기집합투자증권저축 소득공제에 대한 추징세액	471
19	청년형 장기집합투자증권저축 소득공제 및 이에 대한 추징세액	475
20	업종코드-10차 표준산업분류연계표	522
21	특례기부금(코드 10)	662
22	일반기부금(코드 40, 종교단체기부금 제외)	663
23	사례별 수정신고서 작성예시(문서)	822
24	수정 원천세신고서 작성예시(홈택스)	827
25	홈택스를 통한 지급명세서 전자제출	833

다운로드 방법

택스넷(https://www.taxnet.co.kr) ➡ 고객지원센터 ➡ 공지사항 ➡ 자료실에서 2025 PERFECT 연말정산 추가자료

일러두기

본서에서 소득세법을 포함한 주요 관계법령은 다음과 같이 약어로 표시하였습니다.

소법–소득세법
소령–소득세법 시행령
소칙–소득세법 시행규칙
소통–소득세법 기본통칙
소득집–소득세법 집행기준

지법–지방세법
지령–지방세법 시행령
지칙–지방세법 시행규칙
지통–지방세법 기본통칙

조특법–조세특례제한법
조특령–조세특례제한법 시행령
조특칙–조세특례제한법 시행규칙
조특통–조세특례제한법 기본통칙
조특법집행기준–조세특례제한법 집행기준

지기법–지방세기본법
지기령–지방세기본법 시행령
지기칙–지방세기본법 시행규칙

법법–법인세법
법령–법인세법 시행령
법칙–법인세법 시행규칙
법통–법인세법 기본통칙

부법–부가가치세법
부령–부가가치세법 시행령
부칙–부가가치세법 시행규칙

국기법–국세기본법
국기령–국세기본법 시행령
국기칙–국세기본법 시행규칙

농특법–농어촌특별세법
농특령–농어촌특별세법 시행령

개정 세법

01 근로소득 관련

1. 출산지원금 비과세(소법 §12 3호 머목, 소령 §17의 2) p.150

구 분	종 전	개 정
개정 내용	■ 근로소득에서 비과세되는 출산수당 ▸(대상) 근로자 본인 또는 배우자의 출산과 관련하여 사용자로부터 받는 급여 ▸(제외대상) 없음 ▸(한도) 월 20만원 ▸(지급명세서) ⑱-2란에 기재	■ 비과세 한도 폐지 등 ▸❶ 근로자 본인 또는 배우자의 출산과 관련하여, ❷ 공통지급규정에 따라 사용자로부터 받는 ❸ 자녀출생일 이후 2년 이내[*1] 최대 2차례[*2] 지급받는 급여 *1 21년 출생자에 대해서 24년에 지급하는 경우 포함 *2 급여횟수는 사용자별로 계산 ▸(제외대상) 개인친족관계, 법인지배주주등(해당 지배주주등과 친족관계 또는 경영지배관계 포함)인 특수관계자인 경우 ▸(한도) 전액 비과세(한도 없음) ▸(지급명세서) ⑱-3란에 기재 * 별도 명세서(전산매체 K레코드) 작성 제출
적용 시기	2024.1.1. 이후 지급한 출산지원금부터 적용 ✔ 2024년 귀속 연말정산분부터 적용	
적용 사례	• (6세 이하 보육수당) 현행과 동일하게 유지 • (출산지원금) 다음은 과세대상 근로소득에 해당(지급명세서 '⑭상여'란에 기재) ✔ 2023년 이전에 지급한 출산지원금(전액 과세) ✔ 자녀출생일 이후 2년 경과 후 지급하는 출산지원금(전액 과세) ✔ 출산지원금을 3회 이상 분할하여 지급하는 경우에 있어 3회 이상부터 지급한 출산지원금 (2회까지 지급분은 한도 없이 비과세) ✔ 특수관계인에게 지급하는 출산지원금(지급회차와 관계없이 전액 과세)	

2. 종업원 할인금액에 대한 근로소득 비과세 기준 마련(소법 §20 ① 6호, 소법 §12 3호 처목, 소령 §38 ③·④, 소령 §17의 5) p.205

구 분	종 전	개 정
개정 내용	■〈신 설〉	■ **종업원등에 대한 할인금액을 근로소득으로 규정** ▸ (종업원등) 자사 및 계열사의 임직원 ▸ (대상금액) 종업원등이 자사·계열사의 재화·용역을 시가[*1]보다 할인하여 공급받은 경우 할인받은 금액 〈할인유형〉 ❶ 자사의 재화·용역을 종업원등에게 할인판매 ❷ 종업원등에게 자사의 재화·용역에 대한 구매지원금 지급 ❸ 종업원등에게 계열사의 재화·용역에 대한 구매지원금 지급 ❹ 계열사의 재화·용역을 종업원등에게 할인판매하고, 자사가 계열사에게 할인받은 금액을 지급 *1 시가는 법인세법 시행령 §89에 따르되, 일반소비자에게 판매 불가능한 경우 등[*2]은 재화를 구입하거나 용역을 제공받을 때의 금액으로 함 *2 파손·변질상품, 사용 유효기간이 임박하여 소비자에게 판매할 수 없는 숙박권·탑승권 등 ▸ (적용요건) 일반소비자와 차별하여 종업원등에게만 적용되는 할인 금액일 것 ■ **할인금액 중 비과세금액** ▸ (비과세금액) Max[시가[*3] × 20%, 연 240만원] *3 연간 구입한 모든 재화·용역의 시가를 합산한 금액 ▸ (비과세요건) 다음 요건을 모두 충족할 것 ❶ 종업원등이 직접 소비목적으로 구매 ❷ 일정기간[*4] 동안 재판매 금지 *4 자동차·대형가전·고가재화 등 2년, 그 외 재화 1년 ❸ 공통지급기준에 따라 할인금액 적용
적용 시기	2025.1.1. 이후 발생하는 소득분부터 적용 ✔ 2025년 귀속 연말정산분부터 적용	
적용 사례	지급명세서(전산매체) 비과세 기재란(⑱-41) 신설 ✔ 과세대상 근로소득은 '⑭상여'란에 기재	

3. 재외근무수당 등에 대한 국외근로소득 비과세 적용대상 확대(소령 §16 ②) p.172

구 분	종 전	개 정
개정 내용	■ 재외근무수당 등에 대한 비과세 적용대상 ▶ 공무원, 재외공관 행정직원, 재외한국문화원·문화홍보관 행정직원 ▶ 코트라, 코이카, 한국관광공사, 한국국제보건의료재단, 산업인력공단의 직원 • 〈추 가〉	■ 비과세 적용대상 확대 ▶ (좌 동) • 중소벤처기업진흥공단의 직원
적용 시기	2025.2.28.이 속하는 과세기간에 지급받는 소득분부터 적용 ✔ 2025년 귀속 연말정산분부터 적용	

02 소득공제 관련

1. 기본공제대상자 나이요건 명확화(소법 §50 ① 3호) p.311

구 분	종 전	개 정
개정 내용	■ 기본공제대상자인 직계비속 ▸(대상요건) 본인·배우자의 직계비속 ▸(나이요건) 20세 이하	■ 나이 요건 명확화 ▸(좌 동) ▸(나이요건) 20세 이하(20세가 되는 날과 그 이전기간)
적용 사례	종전과 동일하게 나이요건 적용	

2. 장애인 추가공제 대상 명확화 및 증명서류 범위 확대(소령 §107 ①·②) p.329

구 분	종 전	개 정
개정 내용	■ 추가공제 대상 장애인의 범위 ❶ 장애인복지법에 따른 장애인 및 장애아동복지 지원법에 따른 장애아동 ❷ 국가유공자법에 따른 상이자 또는 이와 유사한 사람 ❸ 항시 치료를 요하는 중증환자	■ 장애인의 범위 명확화 (좌 동) ❸ 중증질환, 희귀난치성 질환 또는 이와 유사한 질병·부상으로 인해 중단 없이 주기적인 치료를 요하는 사람으로서 의료기관의 장이 취업·취학 등 일상적인 생활에 지장이 있다고 인정하는 사람
	■ 장애인 증명서류 ▸장애인증명서 ▸〈추 가〉	■ 장애인 증명서류 범위 확대 ▸(좌 동) ▸발달재활서비스 이용증명서* * 장애아동복지지원법에 따른 발달재활서비스를 지원받고 있는 6세 미만 장애아동에 한함
적용 시기	•(장애인의 범위) 2025.2.28.이 속하는 과세기간부터 적용 ✔ 2025년 귀속 연말정산분부터 적용 •(장애인증명서류) 2026.1.1. 이후 연말정산하거나 종합소득세 과세표준을 신고하는 분부터 적용 ✔ 2025년 귀속 연말정산분부터 적용	

개정세법

3. 주택임차차입금 원리금 상환액 소득공제 공제요건 합리화 및 이자율 조정

(소령 §112 ④, 소칙 §57) p.363

구 분	종 전	개 정
개정 내용	■ 대출기관에게 차입한 주택임차차입금 원리금 상환액 소득공제	■ 공제요건 합리화
	▸ (공제요건) ❶·❷·❸ 모두 충족	
	❶ 대출기관으로부터 차입한 자금일 것	
	❷ 입주일·전입일 중 빠른 날부터 전후 3개월 이내에 차입한 자금일 것	
	• 〈추 가〉	• 대출기관을 통한 대환대출의 차입일은 대환전 차입금의 차입일로 봄
	❸ 대출기관에서 임대인 계좌로 직접 입금될 것	
	• 〈추 가〉	• 대환대출의 경우에는 적용 제외* * 대환대출의 경우 대출기관 간에 정산되므로 임대인 계좌에 입금 절차 불필요
	■ 거주자에게 차입한 주택임차차입금 원리금 상환액 소득공제	■ 이자율 조정
	▸ (차입금 이자율 요건) 연 3.5% 이상	▸ 연 3.1% 이상
적용 시기	• (대출기관 차입분) 2025.1.1. 이후 연말정산하거나 종합소득세 과세표준을 신고하는 분부터 적용 ✔ 2024년 귀속 연말정산분부터 적용 • (거주자 차입분) 2025.3.21. 이후 차입하는 분부터 적용 ✔ 2025년 귀속 연말정산분부터 적용	
적용 사례	• 대출기관 차입분의 경우 소득공제를 적용받지 못한 경우 경정청구 가능 • 거주자 차입분의 경우 차입시기별 이자율 요건 경과조치에 유의	

4. 장기주택저당차입금 이자상환액 소득공제 비거치식 분할상환 방식 범위 명확화

(소령 §112 ⑨) p.60, p.376

구 분	종 전	개 정
개정 내용	■ 비거치식 분할상환 방식의 장기주택저당차입금 이자상환액 소득공제 ▸ (공제요건) 차입일이 속하는 과세기간의 다음 과세기간부터 차입금 상환기간의 말일이 속하는 과세기간까지 매년 다음 산식에 따른 금액 이상의 차입금을 상환하는 방식 $\frac{\text{차입금의 70\%}}{\text{상환기간}^{*1}\ \text{연수}^{*2}}$ *1 거치기간을 포함한 총 상환기간 *2 1년 미만은 1년으로 함	■ 비거치식 분할상환 방식 명확화 ▸ (공제요건) 거치기간이 1년 이내이고 거치기간 종료일이 속하는 과세기간의 다음 과세기간부터 차입금 상환기간의 말일이 속하는 과세기간까지 매년 다음 산식에 따른 금액 이상의 차입금을 상환하는 방식 $\frac{\text{차입금의 70\%}}{\text{상환기간}^{*1}\ \text{연수}^{*2}} \times \frac{\text{해당 과세기간의 차입금 상환월수}}{12}$
적용 시기	2025.2.28.이 속하는 과세기간부터 적용 ✔ 2025년 귀속 연말정산분부터 적용	
적용 사례	• (종전 규정) "매년" 산식에 따른 금액 이상을 상환해야 함 ✔ 상환기간의 말일이 속하는 과세기간이 12개월이 되지 않는 경우에도 산식에 따른 금액 이상을 상환해야 함 (기획재정부 소득세제과-1138, 2024.12.12.) ✔ 비거치식 분할 상환방식 공제요건에 충족하지 못할 가능성↑ ✔ 낮은 한도가 적용될 가능성↑ • (개정 규정) 산식에 상환월수를 고려함 ✔ 비거치식 분할 상환방식 공제요건에 충족할 가능성↑ ✔ 높은 한도가 적용될 가능성↑	

5. 소기업·소상공인 공제부금 소득공제 대상기준 완화 및 한도 상향(조특법 §86의 3)

p.411

<table>
<tr><th>구 분</th><th>종 전</th><th>개 정</th></tr>
<tr><td>개정 내용</td><td>■ 소기업·소상공인 공제부금 소득공제
▸ (납입한도) 분기별 300만원(연 1,200만원)
▸ (공제대상)
❶ 개인사업자
❷ 총급여 7,000만원 이하 법인대표자
▸ (공제한도)
<table><tr><th>사업(근로)소득금액</th><th>공제한도</th></tr><tr><td>4,000만원 이하</td><td>500만원</td></tr><tr><td>4,000만원 초과
1억원 이하</td><td>300만원</td></tr><tr><td>1억원 초과</td><td>200만원</td></tr></table></td><td>■ 대상기준 완화 및 소득공제 한도 상향
▸ (좌 동)
▸ (공제대상)
❶ (좌 동)
❷ 총급여 8,000만원 이하 법인대표자
▸ (공제한도)
<table><tr><th>사업(근로)소득금액</th><th>공제한도</th></tr><tr><td>4,000만원 이하</td><td>600만원</td></tr><tr><td>4,000만원 초과
6,000만원 이하</td><td>500만원</td></tr><tr><td>6,000만원 초과
1억원 이하</td><td>400만원</td></tr><tr><td>1억원 초과</td><td>200만원</td></tr></table></td></tr>
<tr><td>적용 시기</td><td colspan="2">2025.1.1. 이후 납입분부터 적용
✔ 2025년 귀속 연말정산분부터 적용</td></tr>
<tr><td>적용 사례</td><td colspan="2">소득공제금액 계산 Logic 변경</td></tr>
</table>

6. 주택마련저축 납입액에 대한 소득공제 적용대상 확대(조특법 §87) p.415

<table>
<tr><th>구 분</th><th>종 전</th><th>개 정</th></tr>
<tr><td>개정
내용</td><td>■ 주택청약종합저축 납입액에 대한 소득공제
▸(대상) 총급여 7,000만원 이하 무주택 세대주
▸(납입한도) 연 300만원
▸(소득공제) 납입액 × 40%
▸(적용기한) 2025.12.31.까지 가입</td><td>■ 적용대상 확대
▸(대상) 총급여 7,000만원 이하 무주택 세대주 및 세대주의 배우자
(좌 동)</td></tr>
<tr><td>적용
시기</td><td colspan="2">2025.1.1. 이후 납입분부터 적용
✔ 2025년 귀속 연말정산분부터 적용</td></tr>
<tr><td>적용
사례</td><td colspan="2">• 근로자인 부부의 주택마련저축 소득공제 적용 사례
<table>
<tr><th rowspan="2">구분</th><th colspan="2">동일 세대</th><th colspan="2">별도 세대</th></tr>
<tr><th>세대주</th><th>세대주의 배우자</th><th>세대주</th><th>세대주
→ 세대주의 배우자</th></tr>
<tr><td>종전</td><td rowspan="2">공제가능(○)</td><td>공제불가(×)</td><td rowspan="2">공제가능(○)</td><td>공제불가(×)</td></tr>
<tr><td>개정</td><td>공제가능(○)</td><td>공제가능(○)</td></tr>
</table>
별도세대를 구성하더라도 부부는 1명만 세대주에 해당
• 주택임차차입금(전세자금대출)원리금상환액 소득공제, 장기주택저당차입금(주택담보대출)이자상환액 소득공제 및 월세액 세액공제는 세대주가 모든 주택 관련 공제를 공제받지 않는 경우에 한하여 세대원이 신청가능함(종전과 동일)
✔ 개정규정에 따라 세대주와 세대원인 배우자가 각각 주택마련저축공제를 받는 경우
(세대주) 주택임차차입금(전세자금대출)원리금상환액 소득공제, 장기주택저당차입금(주택담보대출)이자상환액 소득공제 및 월세액 세액공제 적용가능
(세대원) 주택임차차입금(전세자금대출)원리금상환액 소득공제, 장기주택저당차입금(주택담보대출)이자상환액 소득공제 및 월세액 세액공제 적용불가
• 지급명세서(C레코드) 세대주/세대원 구분에 "세대주의 배우자" 추가</td></tr>
</table>

7. 개인투자조합을 통한 벤처투자에 대한 소득공제 합리화(조특령 §14 ④) p.424

구 분	종 전	개 정
개정 내용	■ 개인투자조합을 통한 벤처기업 투자시 소득공제 대상 투자액 계산식 ▸ ❶ × ❷ ❶ 거주자의 개인투자조합 출자금액 ❷ 해당 조합의 벤처기업등 투자비율[*1] *1 개인투자조합이 벤처기업등에 투자한 금액 ÷ 개인투자조합 출자액 총액	■ 소득공제 대상 투자액 계산식[*3] 명확화 ▸ ❶ × ❷ − ❸ ❶ 거주자의 개인투자조합 출자금액 누적액 ❷ 해당 조합의 벤처기업등 누적 투자비율[*2] *2 개인투자조합이 벤처기업등에 투자한 누적 금액 ÷ 개인투자조합 출자액 총액 ❸ 소득공제된 기 투자액 *3 해당연도에 개인투자조합이 벤처기업등에 여러 번 투자한 경우 마지막에 투자한 날을 기준으로 계산
적용 시기	2025.2.28.이 속하는 과세기간부터 적용 ✔ 2025년 귀속 연말정산분부터 적용	

8. 신용카드등 사용금액 소득공제 추가공제 적용대상 확대 등(조특법 §126의 2, 조특령 §121의 2)

p.439

구 분	종 전	개 정
개정 내용	(아래 종전 참조)	(아래 개정 참조)

종 전

■ 신용카드등 사용금액 소득공제

▸ (문턱) 총급여 × 25%

▸ (공제율) 문턱 초과 사용금액에 대해 다음 공제율 적용

구 분	공제율
신용카드	15%
현금영수증·체크카드	30%
도서·공연 등*1*2	30%
전통시장	40%
대중교통	40%

*1 총급여 7천만원 이하자만 적용

*2 도서구입비, 공연관람료, 박물관·미술관 입장료, 영화관람료

▸ (소득공제대상금액)

문턱 초과사용금액*3에 공제율을 곱하여 산출한 금액 + 소비증가분*4 공제액*5

*3 공제율이 낮은 금액부터 문턱을 채움

*4 2024년 간소화자료에서 조회되는 금액(근무월과 무관)으로 공제대상 부양가족 금액을 합산함

*5 (24년 사용금액*3 – 23년 사용금액*3 × 105%) × 10%

▸ (일반공제한도)

총급여 기준	한 도
7,000만원 이하	300만원
7,000만원 초과	250만원

▸ (추가공제) 일반공제한도 초과 시 전통시장, 대중교통, 도서·공연 등 사용분을 합하여 300만원 한도로 추가공제

* 7,000만원 초과자는 200만원 한도로 적용

- 추가공제 후에도 한도 초과분이 있는 경우 소비증가분 공제액을 100만원 한도로 추가공제

▸ (적용기한) 2025.12.31.까지 사용분

개 정

■ 추가공제대상 확대 및 소비증가분 소득공제 삭제

▸ (좌 동)

▸ (공제율)

구 분	공제율
신용카드	15%
현금영수증·체크카드	30%
문화·체육*1*2	30%
전통시장	40%
대중교통	40%

*1 총급여 7천만원 이하자만 적용

*2 도서구입비, 공연관람료, 박물관·미술관 입장료, 영화관람료, 체육시설이용료

▸ (소득공제대상금액)

문턱 초과사용금액*3에 공제율을 곱하여 산출한 금액

*3 공제율이 낮은 금액부터 문턱을 채움

▸ (좌 동)

▸ (추가공제) 일반공제한도 초과 시 전통시장, 대중교통, 문화·체육 사용분을 합하여 300만원 한도로 추가공제

* 7,000만원 초과자는 200만원 한도로 적용

- 〈삭 제〉

▸ (좌 동)

<table>
<tr><th>구 분</th><th>종 전</th><th>개 정</th></tr>
<tr><td>개정 내용</td><td>■ 〈신 설〉</td><td>■ 체육시설이용료 소득공제대상 추가
▸ (대상시설) 수영장 및 체력단련장
* 체육시설의 설치·이용에 관한 법률 시행령 별표 1
▸ (공제대상) 대상시설 시설이용료
• 운동강습비 및 회원권 비용 등 시설이용료와 직접 관련이 없는 시설이용료외 비용 제외
• 시설이용료와 시설이용료외 비용이 구분이 어려운 경우 전체금액의 50%를 공제대상 시설이용료로 봄
▸ (공제율) 총급여 7,000만원 이하자 30%, 이외 자는 결제수단별로 공제율 적용
▸ (추가공제) 총급여 7,000만원 이하자에 한하여 적용</td></tr>
<tr><td>적용 시기</td><td colspan="2">• (체육시설이용료) 2025.7.1. 이후 지출하는 분부터 적용
• (이외) 2025.1.1. 이후 사용분부터 적용
✔ 2025년 귀속 연말정산분부터 적용</td></tr>
<tr><td>적용 사례</td><td colspan="2">• 신용카드 등 사용금액에 대한 공제금액 계산 Logic 변경
✔ 소비증가분에 대한 일반공제 및 추가공제 관련 산식 삭제
• 지급명세서 소득·세액공제명세(지급명세서 3쪽－전산매체 E레코드) 기재사항 변경
✔ 도서·공연등 사용분 → 문화·체육사용분</td></tr>
</table>

03 산출세액 및 세액감면 관련

1. 외국인기술자 소득세 감면 적용대상 확대(조특령 §16 ①) p.489

구 분	종 전	개 정
개정 내용	■ 외국인기술자 소득세 감면 ▸ (감면대상) 다음에 해당하는 자 ❶ 엔지니어링기술도입계약[*1]에 따라 국내에 기술을 제공하는 자 *1 계약금액 30만 달러 이상인 계약 ❷ 다음 요건을 모두 충족하는 자 • 자연계·이공계·의학계 박사학위 이상 소지자 • 국외 대학 등에서 5년 이상 연구개발 경험이 있는 자 • 기업부설연구소, 정부출연 연구기관 등에 근무하거나 교수 체류 자격 등이 있는 자 ❸ 〈추 가〉 ▸ (감면율) 50% ▸ (감면기간) 최초 근로제공일부터 10년 ▸ (감면기한) 2026.12.31.	■ 감면 적용대상 확대 (좌 동) ❸ 첨단산업 인재혁신 특별법에 따른 우수 해외인재[*2] *2 「K-TECK PASS 확인서」로 확인 (좌 동)
적용 시기	2025.2.28. 이후 지급하는 분부터 적용 ✔ 2025년 귀속 연말정산분부터 적용	

2. 핵심인력 성과보상기금 소득세 감면 요건 완화 및 적용기한 연장(조특법 §29의 6 ①, 조특령 §26의 6 ①) p.498

<table>
<tr><th>구 분</th><th>종 전</th><th>개 정</th></tr>
<tr><td rowspan="5">개정 내용</td><td>■ 핵심인력 성과보상기금 수령액에 대한 소득세 감면
▸ (감면대상) 성과보상기금의 공제사업에 가입한 중소·중견기업 근로자
❶ 내일채움공제
❷ 청년재직자 내일채움공제
❸ 청년내일채움공제
❹ 청년내일채움공제 연계형 내일채움공제</td><td>■ 감면요건 완화 및 적용기한 연장
▸ (감면대상) 성과보상기금의 공제사업에 가입한 중소·중견기업 근로자
❶ 내일채움공제
❷ 청년재직자 내일채움공제
❸ 청년내일채움공제
❹ 청년내일채움공제 연계형 내일채움공제
❺ 중소기업재직자 우대 저축공제
❻ 청년재직자 내일채움공제 플러스</td></tr>
<tr><td>▸ (감면요건) 성과보상기금에 5년 이상 가입할 것
• 〈추 가〉</td><td>▸ (감면요건) 5년 → 3년
• (예외) 폐업·해산 등 기업의 부득이한 사유로 중도해지한 경우에도 감면 적용</td></tr>
<tr><td>▸ (감면율)
• (청년) : 중소 90%, 중견 50%
• (그외) : 중소 50%, 중견 30%</td><td rowspan="2">(좌 동)</td></tr>
<tr><td>▸ (감면대상소득) 만기 수령한 공제금 중 기업기여금</td></tr>
<tr><td>▸ (적용기한) 2024.12.31.까지 가입</td><td>▸ (적용기한) 2027.12.31.까지 가입</td></tr>
<tr><td>적용 시기</td><td colspan="2">2025.1.1. 이후 가입하는 분부터 적용
✔ 2025년 귀속 연말정산분부터 적용</td></tr>
<tr><td>적용 사례</td><td colspan="2">2024.12.31. 이전 가입자는 종전 규정에 따라 감면을 적용함에 유의</td></tr>
</table>

3. 중소기업 취업자 소득세 감면 대상 업종 정비 및 감면대상 경력단절 근로자에 대한 지원 강화(조특법 §30 ①·§29의 8 ②, 조특령 §27, 조특령 §26의 8 ⑫·⑬, 조특령 §26의 3 ④)

p.506

구 분	종 전	개 정
개정 내용	■ 중소기업 취업자 소득세 감면대상 ▸(감면대상 업종) 농어업등 23개 업종 ❶ 운수업 및 창고업 • 〈추 가〉 ❷ 정보통신업 • 비디오물 감상실 운영업 제외 • 〈추 가〉 ❸ 기타 전문, 과학 및 기술 서비스업 • 〈추 가〉 ❹ 부동산업 • 〈추 가〉 ❺ 이외 업종 ▸(감면대상) 다음의 근로자 ❶ 청년 ❷ 60세 이상자 ❸ 장애인 ❹ 경력단절여성 • (성별) 여성 • (업종) 동일업종 중소기업에서 1년 이상 근무 • (퇴직사유) – 결혼, 임신, 출산, 육아, 자녀교육 – 〈추 가〉 • (퇴직기간) 퇴직 후 2년 이상 15년 미만일 것	■ 감면대상 업종 정비 및 경력단절 근로자 지원 확대 ❶ 운수업 및 창고업 • 관세사법에 따른 통관업 제외 ❷ 정보통신업 • 비디오물 감상실 운영업 제외 • 가상자산 매매 및 중개업 제외 ❸ 기타 전문, 과학 및 기술 서비스업 • 수의업 제외 ❹ 부동산업 • 부동산임대업 제외 ❺ 이외 업종 (좌 동) ❹ 경력단절근로자 • 〈삭 제〉 • (업종) 중소기업에서 1년 이상 근무 ※ 동일업종 기업 취업요건 삭제 • (퇴직사유) – (좌 동) – 고령자·장애인 가족돌봄 • (좌 동)
적용 시기	• (업종) 2025.2.28. 이후 취업자부터 적용 ✔ 2025년 귀속 연말정산분부터 적용 • (경력단절근로자) 2025.3.14. 이후 취업자부터 적용 ✔ 2025년 귀속 연말정산분부터 적용	

04 세액공제 관련

1. 혼인세액공제 신설(조특법 §92, 조특령 §94) p.551

구 분	종 전	개 정
개정 내용	■ 〈신 설〉	■ 혼인세액공제 ▶ (대상) 2024년부터 2026년까지 혼인신고를 한 거주자(부부 모두 적용) ▶ (제외) 사실혼 관계, 혼인 무효소송에 따라 무효가 된 경우 ▶ (적용) 혼인신고를 한 해(생애 1회) ▶ (공제액) 50만원 ▶ (혼인무효가 된 경우) 다음 금액을 납부 • 3개월 이내에 수정신고(기한후신고) : 세액공제액 + 이자상당가산액 • 이외 : 세액공제액 + 가산세 + 이자상당가산액(연 약 8%) ▶ (제출서류) 혼인관계증명서
적용 시기	2025.1.1. 이후 연말정산하거나 종합소득세 과세표준을 신고하는 분부터 적용 ✔ 2024년 귀속 연말정산분부터 적용	

2. 자녀세액공제 금액 상향(소법 §59의 2 ①) p.554

구 분	종 전	개 정
개정 내용	■ 자녀세액공제 ▶ (공제대상) 기본공제대상자인 만 8세 이상의 자녀 및 손자녀 ▶ (공제액) • 1명인 경우 : 15만원 • 2명인 경우 : 35만원 • 3명 이상인 경우 : 연 35만원 + 2명을 초과하는 1명당 연 30만원	■ 세액공제금액 상향 ▶ (좌 동) ▶ (공제액) • 1명인 경우 : 25만원 • 2명인 경우 : 55만원 • 3명 이상인 경우 : 연 55만원 + 2명을 초과하는 1명당 연 40만원
적용 시기	2025.1.1. 이후 발생하는 소득분부터 적용	
적용 사례	자녀세액공제 계산 Logic 변경	

3. 고향사랑 기부금 세액공제 확대(조특법 §58, 조특령 §53의 2) p.652

<table>
<tr><th>구 분</th><th>종 전</th><th>개 정</th></tr>
<tr><td>개정 내용</td><td>■ 고향사랑기부금 세액공제 특례
▶ (기부대상) 기부자의 거주지 외 지방자치 단체
▶ (기부금 공제한도) 연 500만원
▶ (세액공제)
• (10만원 이하분) 100/110
• (10만원 초과분) 15%</td><td>■ 세액공제 확대
▶ (좌 동)
▶ (기부금 공제한도)
연 500만원 → 연 2,000만원
▶ (세액공제)
• (좌 동)
• (10만원 초과분)
특별재난지역*1 30%*2,
이외 일반지역 15%*2
*1 특별재난지역에 선포일로부터 3개월 이내에 기부한 고향사랑기부금
*2 특별재난지역을 우선 공제적용</td></tr>
<tr><td>적용 시기</td><td colspan="2">2025.1.1. 이후 기부하는 분부터 적용
✔ 2025년 귀속 연말정산분부터 적용</td></tr>
</table>

적용 사례

• 기부금영수증 및 기부금명세서(H, I레코드) 고향사랑기부금 코드 변경(추가)

✔ 특별재난지역 고향사랑기부금 → 코드 44

✔ 일반지역 고향사랑기부금 → 코드 43

• 지급명세서(C레코드) 기재란 변경(추가)

✔ 고향사랑기부금_10만원 이하 → 고향사랑기부금_10만원 이하(일반, 특별재난)

✔ 고향사랑기부금_10만원 초과 → 고향사랑기부금_10만원 초과(특별재난), 고향사랑기부금_10만원 초과(일반)

• 고향사랑기부금 세액공제액 계산 Logic 변경

✔ 특별재난지역과 일반지역 고향사랑기부금이 모두 있는 경우 공제대상금액 적용

→ 10만원까지는 일반지역 기부금 먼저, 10만원 초과분은 특별재난지역 기부금 먼저 공제

→ 소득금액한도 및 세액공제한도를 초과하는 경우에도 동일하게 공제순서 적용

✔ 적용사례

상황	코드	기부금액	10만원 이하	10만원 초과 (특별재난)	10만원 초과 (일반)
2,000만원 이내 +공제한도 이내	43	1,000,000	100,000	–	900,000
	44	6,000,000	–	6,000,000	–
2,000만원 이내 +공제한도 이내	43	60,000	60,000	–	–
	44	6,000,000	40,000	5,600,000	–
2,000만원 초과 +공제한도 이내	43	10,000,000	100,000	–	4,900,000
	44	15,000,000	–	15,000,000	–
소득금액 한도 1,700만원	43	8,000,000	100,000	–	6,900,000
	44	10,000,000	–	10,000,000	–

4. 고액기부에 대한 공제율 환원(소법 §59의 4 ④, 조특법 §88의 4 ⑬) p.652

구 분	종 전	개 정
개정 내용	■ 특례 · 우리사주 · 일반기부금 세액공제 ▶ 1,000만원 이하 : 15% ▶ 1,000만원 초과 : 30% ▶ 3,000만원 초과 : 40%	■ 공제율 환원 (좌 동) ▶ 〈삭 제〉
적용 시기	2025.1.1. 이후 기부하는 분부터 적용 ✔ 2025년 귀속 연말정산분부터 적용	
적용 사례	• 코드 10(특례), 코드 42(우리사주), 코드 40(일반_종교단체 외), 코드 41(일반_종교단체) 기부금 공제율 적용 시 25년 지출분에 대해서만 개정된 공제율 적용 ✔ 2024년 이전 지출분은 지출연도별 공제율 적용에 유의 • 기부금 세액공제액 계산 Logic 변경	

5. 산출세액보다 세액공제액이 큰 경우 세액공제 적용방법 보완(소법 §61) p.549

구 분	종 전	개 정
개정 내용	■ 산출세액 < 세액공제액인 경우 세액공제 적용방법 ▶ 다음 세액공제액 합계액이 종합소득 산출세액(금융소득에 대한 산출세액 제외) 초과 시 초과금액은 없는 것으로 봄 • 자녀세액공제 • 연금계좌세액공제 • 특별세액공제 • 정치자금기부금 세액공제 • 우리사주기부금 세액공제 • 〈추 가〉	■ 세액공제 적용방법 보완 (좌 동) • 고향사랑기부금 세액공제
적용 시기	2025.1.1. 이후부터 적용 ✔ 2025년 귀속 연말정산분부터 적용	

6. 납세조합세액공제 공제율 조정 및 적용기한 연장(소법 §150 ③) p.633

<table>
<tr><th>구 분</th><th>종 전</th><th>개 정</th></tr>
<tr><td>개정 내용</td><td>■ 납세조합 원천징수제도
▸ (징수·납부) 납세조합이 국외 외국법인 등으로부터 받는 근로소득이 있는 근로자의 소득세를 매월 징수·납부
▸ (세액공제) 매월 소득세액의 5%
▸ (한도) 연 100만원
▸ (적용기한) 2024.12.31.</td><td>■ 공제율 조정 및 적용기한 연장
▸ (좌 동)

▸ 5% → 3%
▸ (좌 동)
▸ (적용기한) 2027.12.31.</td></tr>
<tr><td>적용 시기</td><td colspan="2">2025.1.1. 이후 발생하는 소득부터 적용
✔ 2025년 귀속 연말정산분부터 적용</td></tr>
</table>

05 기타

1. 상용근로소득에 대한 간이지급명세서 제출 주기 단축 유예(소법 §164의 3·§81의 11, 법법 §75의 7) p.88, p.90

구 분	현 행	개 정
개정 내용	■ 상용근로자 간이지급명세서 제출 주기 ▸ 매 반기	■ 대상 확대 및 주기 단축 ▸ 매월
	■ 간이지급명세서 미제출·불분명 가산세 ▸ 지연제출 시 가산세 감면* • 원천징수대상 사업소득 : 1개월 • 상용근로소득 : 3개월 • 인적용역 기타소득 : 1개월 * 지연제출시 0.25% → 0.125%	 ▸ 적용요건 보완 • 원천징수대상 사업소득 : 1개월 • 상용근로소득 : 3개월 → 1개월 • 인적용역 기타소득 : 1개월
	▸ 불분명 가산세 면제대상* • 원천징수대상 사업소득 • 인적용역 기타소득 • 〈추 가〉 * 불분명, 사실과 다른 금액이 5% 이하인 경우	▸ 면제대상 추가 • (좌 동) • (좌 동) • 상용근로소득
	▸ 미제출 가산세 면제 • 인적용역 기타소득 : 24.1.1.~24.12.31. 지급분에 대해 종전 규정에 따라 다음연도 2월말일까지 지급명세서를 제출하는 경우 • 〈추 가〉	▸ 미제출 가산세 면제 • (좌 동) • 상용근로소득 : 26.1.1.~26.12.31.(반기납부자는 26.1.1.~27.12.31.) 지급분에 대해 종전 규정에 따라 매 반기 다음달 말일까지 간이지급명세서를 제출하는 경우
적용 시기	2026.1.1. 이후 지급하는 소득분부터 적용	

2. 거주자 판정기준 보완(소령 §4, 소칙 §2) p.77

<table>
<tr><th>구 분</th><th>종 전</th><th>개 정</th></tr>
<tr><td>개정 내용</td><td>■ 거주자의 정의
▶ 국내에 주소를 둔 개인
▶ 국내에 1과세기간 중 183일 이상의 거소를 둔 개인
▶ 〈추 가〉

■ 거주기간의 계산
▶ (원칙) 입국하는 날의 다음날부터 출국하는 날까지
▶ (예외) 출국목적이 관광, 질병치료 등으로서 명백히 일시적인 경우 포함</td><td>■ 거주자 정의 보완
(좌 동)
▶ 2과세기간에 걸쳐 계속하여 183일 이상 거소를 둔 개인

■ 일시적 출국사유를 구체적으로 규정
▶ (좌 동)
▶ (예외) 출국목적이 단기 관광, 질병의 치료, 친족 경조사 및 출장·연수 등 사업의 경영 또는 업무와 관련된 사유 등으로서 명백히 일시적인 경우 포함</td></tr>
<tr><td>적용 시기</td><td colspan="2">• (거주자 정의) 2026.1.1. 이후 개시하는 과세기간에 발생하는 소득분부터 적용
✔ 2026년 귀속 연말정산분부터 적용
• (거주기간 계산) 2025.2.28.이 속하는 과세기간부터 적용
✔ 2025년 귀속 연말정산분부터 적용</td></tr>
</table>

3. 전자기부금영수증 발급 의무화(법법 §112의 2 ④, 법령 §155의 2 ④, 소법 §160의 3 ④, 소령 §208의 3 ③) p.656

<table>
<tr><th>구 분</th><th>종 전</th><th>개 정</th></tr>
<tr><td>개정 내용</td><td>■ 기부금영수증 발급방법
▶ 종이영수증 및 전자기부금 영수증 중 선택 가능</td><td>■ 전자기부금 영수증 발급 의무화
▶ (대상) 직전연도 기부금 영수증 발급합계액이 3억원 초과인 기부금단체
▶ (기한) 기부받은 날이 속하는 연도의 다음 연도 1월 10일</td></tr>
<tr><td>적용 시기</td><td colspan="2">2025.1.1. 이후 기부받는 분부터 적용</td></tr>
</table>

4. 연금계좌 추가납입 대상 확대(소령 §40의 2) p.718

구 분	종 전	개 정
개정 내용	■ 연금계좌 납입 ▸ 연금저축 + 퇴직연금 : 연간 1,800만원 한도로 납입가능 ▸ 추가납입 가능 대상 ❶ ISA만기시 연금계좌 전환금액 ❷ 1주택 고령가구* 주택(기준시가 12억원 이하) 다운사이징 차액 * 부부 중 1명 60세 이상 ❸ 〈추 가〉	■ 연금계좌 추가납입 대상 확대 ❸ 기초연금수급자가 장기보유한 부동산을 양도한 경우 그 양도차익 – (대상자) 기초연금수급자로서 부부 합산 1주택 이하자 – (대상부동산) 10년 이상 장기보유한 주택·토지·건물 – (납입한도) Min(양도차익, 1억원) – (납입기한) 양도일로부터 6개월 이내 – (사후관리) 납입 당시 요건 미충족 확인 시 연금보험료로 보지 않음 – (합산한도) ❷와 ❸을 합하여 생애 누적 최대 1억원
적용 시기	2025.2.28.이 속하는 과세기간에 양도하여 납입하는 분부터 적용	

5. 국세환급가산금 이자율 조정(국기칙 §19의 3) p.865

구 분	종 전	개 정
개정 내용	■ 국세환급가산금 이자율 ▸ 연 3.5%	■ 이자율 조정 ▸ 연 3.5% → 연 3.1%
적용 시기	2025.3.21. 이후 기간분부터 적용 ✔ 종전 기간에 대해서는 종전 이자율 적용	

6. 경정청구기간 합리화 및 세액공제에 대한 경정청구 허용(국기법 §45의 2) p.863

구 분	종 전	개 정
개정 내용	■ 경정청구기간 ▶ (원칙) 법정신고기한 경과 후 5년 이내 ▶ (예외) • 후발적 사유가 있음을 안 날로부터 3개월 이내 • 과세관청의 증액결정·경정처분이 있음을 안 날로부터 90일 이내 ■ 경정청구 대상 ▶ 과세표준 및 납부세액을 과다신고 ▶ 결손금 또는 환급세액을 과소신고 ▶ 〈추 가〉	■ 경정청구기간 합리화 (좌 동) • 90일 이내 → 3개월 이내 (좌 동) ▶ 세액공제 금액을 과소신고
적용 시기	2025.1.1. 이후 경정청구하는 분부터 적용	

7. 사업소득자 연말정산 추가납부세액 분납 허용(소법 §144의 2 ②) p.881

구 분	현 행	개 정(안)
개정 내용	■ 사업소득자 연말정산 ▶ (신 설)	■ 추가납부세액 분납 허용 ▶ 연말정산에 따른 추가납부세액이 10만원 초과인 경우 • 2월부터 4월분 사업소득에서 분납 가능 • 계약해지달에는 전액 징수
적용 시기	2026년 2월분 사업소득을 지급할 때부터 적용 ✔ 2025년 귀속 연말정산분부터 적용	

8. 종교인 비과세 자가운전보조금 적용범위 확대(소령 §19 ③ 2호) p.898

구 분	종 전	개 정
개정 내용	■ 종교인소득 비과세 자가운전보조금 ▶ (적용대상) 종교관련종사자가 직접 운전하여 업무수행에 이용하는 차량 • 종교관련종사자가 소유 • 〈추 가〉	■ 적용대상 차량 범위 확대 (좌 동) • 종교관련종사자가 본인 명의로 임차
적용 시기	2025.2.28.이 속하는 과세기간에 발생하는 소득분부터 적용 ✔ 2025년 귀속 연말정산분부터 적용	

9. 적용기한 연장

구 분	종 전	개 정
개정 내용	■ 벤처기업 주식매수선택권 행사이익 비과세 특례(조특법 §16의 2) ▸ (적용기한) 2024.12.31.까지 부여분	▸ (적용기한) 2027.12.31.까지 부여분
	■ 벤처기업 주식매수선택권 행사이익 소득세 분할납부 특례(조특법 §16의 3) ▸ (적용기한) 2024.12.31.까지 부여분	▸ (적용기한) 2027.12.31.까지 부여분
	■ 벤처기업 주식매수선택권 행사이익 양도소득세 과세 특례(조특법 §16의 4) ▸ (적용기한) 2024.12.31.까지 부여분	▸ (적용기한) 2027.12.31.까지 부여분
	■ 청년형 장기집합투자증권저축 소득공제(조특법 §91의 20) ▸ (적용기한) 2024.12.31.까지 가입분	▸ (적용기한) 2025.12.31.까지 가입분
	■ 성과공유중소기업 경영성과급에 대한 소득세 감면(조특법 §19) ▸ (적용기한) 2024.12.31.까지 지급분	▸ (적용기한) 2027.12.31.까지 지급분

01 전산매체 제출대상 개정서식

1. 근로소득 원천징수영수증(근로소득 지급명세서)

[별지 제24호 서식(1)] (2025.6.30. 개정)

(9쪽 중 제1쪽)

관리번호	

[ ]근로소득 원천징수영수증
[ ]근로소득 지 급 명 세 서
([ ]소득자 보관용 [ ]발행자 보관용 [ ]발행자 보고용)

각 레코드 길이 2024년과 동일(2010 바이트)

거주구분		거주자1/비거주자2	
거주지국		거주지국코드	
내 · 외국인		내국인1 /외국인9	
외국인 단일세율 적용		해당1 / 미해당2	
외국법인 소속 파견근로자 여부		해당1 / 미해당2	
종교관련종사자 여부		해당1 / 미해당2	
국적		국적코드	
세대주 여부		세대주1, 세대원2 세대주의 배우자3	
연말정산 구분		계속근로1, 중도퇴사2	

세대주의 배우자 코드(3) 추가
✔ 세대주의 배우자도 주택마련저축 납입액 소득공제 가능

징수의무자	① 법인명(상호)		② 대표자(
	③ 사업자등록번호		④ 주민등
	③-1 사업자단위과세자 여부	해당1 / 미해당2	③-2 종사
	⑤ 소재지(주소)		
소득자	⑥ 성명		⑦ 주민등
	⑧ 주소		

	구분		주(현)	종(전)	종(전)	⑯-1 납세조합	합계
Ⅰ. 근무처별 소득명세	⑨ 근무처명						
	⑩ 사업자등록번호						
	⑪ 근무기간		~	~	~	~	~
	⑫ 감면기간		~	~	~	~	~
	⑬ 급여						
	⑭ 상여						
	⑮ 인정상여						
	⑮-1 주식매수선택권 행사이익						
	⑮-2 우리사주조합인출금						
	⑮-3 임원 퇴직소득금액 한도초과액						
	⑮-4 직무발명보상금						
	⑯ 계						
Ⅱ. 비과세 및 감면소득명세	⑱ 국외근로	MOX					
	⑱-1 야간근로수당	OOX					
	⑱-2 보육수당	QOX					
	⑱-3 출산지원금	QOX					
	⑱-4 연구보조비	HOX					
	⑱-5						
	~						
	⑱-41 임원등 할인금액	W01					
	⑲ 수련보조수당	Y22					
	⑳ 비과세소득 계						
	⑳-1 감면소득 계						

구 분	항목(전산매체 C, D레코드)	개정사항
비과세	⑱ W01－임원등 할인금액	비과세 신설로 인해 기재란 신설 ✔ Max(할인 구매한 재화 · 용역의 시가 연간 합계액×20%, 연 240만원)를 비과세
	⑳ 비과세소득 계	항목 신설로 산식 변경

	구분					
Ⅲ. 세액명세	㉝ 결정세액					
	기납부 세액	㉞ 종(전)근무지 (결정세액란의 세액을 적습니다)	사업자 등록 번호			
		㉟ 주(현)근무지				
	㊱ 납부특례세액					
	㊲ 차감징수세액(㉝-㉞-㉟-㊱)					

위의 원천징수액(근로소득)을 정히 영수(지급)합니다.

년 월 일

징수(보고)의무자 (서명 또는 인)

세무서장 귀하

Ⅳ. 정산명세			㉑ 총급여(⑯, 외국인 단일 세율 적용 시 연간 근로소득)				
			㉒ 근로소득공제				
			㉓ 근로소득금액				
	종합소득공제	기본공제	㉔ 본인				
			㉕ 배우자				
			㉖ 부양가족(명)				
		추가공제	㉗ 경로우대(명)				
			㉘ 장애인(명)				
			㉙ 부녀자				
			㉚ 한 부 모 가 족				
		연금보험료공제	㉛ 국민연금보험료			대상금액	
						공제금액	
			㉜ 공적연금보험료공제	㉮ 공무원연금		대상금액	
						공제금액	
				㉯ 군인연금		대상금액	
						공제금액	
				㉰ 사립학교교직원연금		대상금액	
						공제금액	
				㉱ 별정우체국연금		대상금액	
						공제금액	
		특별소득공제	㉝ 보험료	㉮ 건강보험료(노인장기요양보험료포함)		대상금액	
						공제금액	
				㉯ 고용보험료		대상금액	
						공제금액	
			㉞ 주택자금	㉮ 주택임차차입금 원리금상환액		대출기관	
						거주자	
				㉯ 장기주택 저당 차입금 이자 상환액	2011년 이전 차입분	15년 미만	
						15년~29년	
						30년 이상	
					2012년 이후 차입분	15년 이상 / 고정금리이면서 비거치상환 대출	
						15년 이상 / 고정금리이거나 비거치상환대출	
						15년 이상 / 고정금리이면서 비거치상환 대출	
						15년 이상 / 고정금리거나, 비거치상환 대출	
						15년 이상 / 그 밖의 대출	
						10년~15년 / 고정금리이거나, 비거치상환 대출	
			㉟ 계				
	㊱ 차감소득금액						
	그 밖의 소득공제		㊲ 개인연금저축				
			㊳ 소기업·소상공인 공제부금				
			㊴ 주택마련저축	㉮ 청약저축			
				㉯ 주택청약종합저축			
				㉰ 근로자주택마련저축			
			㊵ 투자조합출자 등				
			㊶ 신용카드등 사용액				
			㊷ 우리사주조합 출연금				
			㊸ 고용유지 중소기업 근로자				
			㊹ 장기집합투자증권저축				
			㊺ 청년형 장기집합투자증권저축				
			㊻ 그 밖의 소득공제 계				
	㊼ 소득공제 종합한도 초과액						

㊽ 종합소득 과세표준						
㊾ 산출세액						
세액감면		㊿ 「소득세법」				
		51 「조세특례제한법」(52 제외)				
		52 「조세특례제한법」 제30조				
		53 조세조약				
		54 세액감면 계				
세액공제		55 근로소득				
		56 혼인세액공제				
		57 자녀			공제대상자녀 (명)	
					출산·입양자 (명)	
	연금계좌	58 「과학기술인공제회법」에 따른 퇴직연금			공제대상금액	
					세액공제액	
		59 「근로자퇴직급여 보장법」에 따른 퇴직연금			공제대상금액	
					세액공제액	
		60 연금저축			공제대상금액	
					세액공제액	
		60-1 개인종합자산관리계좌 만기 시 연금계좌 납입액			공제대상금액	
					세액공제액	
	특별세액공제	61 보험료	보장성		공제대상금액	
					세액공제액	
			장애인전용 보장성		공제대상금액	
					세액공제액	
		62 의료비			공제대상금액	
					세액공제액	
		63 교육비			공제대상금액	
					세액공제액	
		64 기부금	㉮ 정치자금 기부금	10만원 이하	공제대상금액	
					세액공제액	
				10만원 초과	공제대상금액	
					세액공제액	
			㉯ 고향사랑 기부금	10만원 이하	공제대상금액	
					세액공제액	
				10만원 초과 (특별재난지역)	공제대상금액	
					세액공제액	
				10만원 초과 (일반)	공제대상금액	
					세액공제액	
			㉰ 특례기부금		공제대상금액	
					세액공제액	
			㉱ 우리사주조합 기부금		공제대상금액	
					세액공제액	
			㉲ 일반 기부금 (종교단체 외)		공제대상금액	
					세액공제액	
			㉳ 일반기부금 (종교단체)		공제대상금액	
					세액공제액	
		65 계				
		66 표준세액공제				
	67 납세조합공제					
	68 주택차입금					
	69 외국납부					
	70 월세액				공제대상금액	
					세액공제액	
	71 세액공제 계					
72 결정세액(㊾-54-71)						
82 실효세율(%) (72/㉑)×100						

음영구분	개정사항
항목에 음영 표시된 부분	공제 내용 및 대상 변경
금액란에 음영 표시된 부분	공제 산식 변경

⑱ 소득 · 세액공제 명세[인적공제항목은 해당란에 "○"표시(장애인 해당 시 해당 코드 기재)를 하며, 각종 소득공제 · 세액공제 항목은 공제를 위하여 실제 지출한 금액을 적습니다.]

관계코드	성 명	인적공제 항목					자료구분	각종 소득공제 · 세액공제 항목										
		기본공제	경로우대			출산입양		보험료				의료비					교육비	
내·외국인	주민등록번호	부녀자	한부모	장애인	혼인세액공제	자녀		건강	고용	보장성	장애인전용보장성	일반	미숙아·선천성이상아	난임	6세이하 65세이상 장애인·건강보험 산정특례자	실손의료보험금	일반	장애인특수교육
인적공제 항목에 해당하는 인원 ... 적습니다																		
0	(근로자																	

구 분	개정사항
기본공제	공제대상자 나이요건(주민등록번호) 변경
경로우대	공제대상자 나이요건(주민등록번호) 변경
출생·입양	공제대상자 출생연도(주민등록번호)·입양연도(입양신고일) 변경
자녀	공제대상자 나이요건(주민등록번호) 변경
6세이하	공제대상자 나이요건(주민등록번호) 변경
65세이상	공제대상자 나이요건(주민등록번호) 변경

자료구분	신용카드등 사용액공제						기부금
	신용카드	직불카드등	현금영수증	문화체육사용분 (총급여 7천만원 이하자만 기재)	전통시장 사용분	대중교통 이용분	
국세청 계							
기타 계							
국세청							
기타							
국세청							
기타							

작 성 방 법

구 분	내 용
신용카드	• 공제율 15% 적용
직불카드 등	• 공제율 30% 적용
현금영수증	• 공제율 30% 적용
문화체육사용분	• 총급여 7,000만원 이하자만 별도 기재(적용) • 공제율 30% 적용 • 추가공제 적용대상(전통시장, 대중교통분과 합하여 300만원 한도)
전통시장사용분	• 공제율 40% 적용 • 추가공제 적용대상(문화체육, 대중교통분과 합하여 300만원 한도)
대중교통이용분	• 공제율 40% 적용 • 추가공제 적용대상(문화체육, 전통시장분과 합하여 300만원 한도)

있습니다).

7. 「소득세법」제127조 제1항 제4호의 각 목에 해당하는 근로소득과 그 외 근로소득[주(현)란]을 더하여 연말정산하는 경우에는 "⑯-1 납세조합"란에 각각 근로소득납세조합과「소득세법」제127조 제1항 제4호 각 목에 해당하는 근로소득을 적고,「소득세법」제150조에 따른 납세조합공제 금액을 "⑯ 납세조합공제"란에 적습니다. 합병, 기업형태 변경 등으로 존속 법인 등이 연말정산을 하는 경우에는 피합병법인에서 발생한 소득과 기업형태 변경 전의 법인에서 발생한 소득은 근무처별 소득명세 종(전)란에 별도로 적습니다.
   또한, 동일회사 내 사업자등록번호가 다른 곳에서 전입 등을 하여 해당 법인이 연말정산을 하는 경우에는 전입하기 전 지점 등에서 발생한 소득은 "근무처별 소득명세 종(전)"란에 별도로 적습니다.
8. "㉑ 총급여"란: "⑯계"란의 금액을 적되, 외국인근로자가「조세특례제한법」제18조의2제2항에 따라 단일세율을 적용하는 경우에는 "⑯계"의 금액과 비과세소득금액을 더한 금액을 적습니다. 이 경우 소득세와 관련한 비과세 · 공제 · 감면 및 세액공제에 관한 규정은 적용하지 않습니다.
9. "종합소득 특별소득공제(㉝~㉞)"란 및 "그 밖의 소득공제(㊲~㊻)"란: 근로소득자 소득 · 세액 공제신고서(별지 제37호 서식)의 공제액을 적습니다(소득공제는 서식에서 정하는 바에 따라 순서대로 소득공제를 적용하여 종합소득과세표준과 세액을 계산합니다).
10. "연금계좌(㊽~㊿-1)"란 및 "특별세액공제(61~65)"란: 근로소득자 소득 · 세액 공제신고서(별지 제37호 서식)의 공제대상금액 및 세액공제액을 적습니다.

총급여 7,000만원 이하자는 문화체육·전통시장·대중교통이용분에 대한 추가공제 한도 200만원 적용

(9쪽 중 제5쪽)

비과세 및 감면 소득 코드

구분	법조문	코드	기재란	비과세항목	지급명세서 작성 여부
비과세	「소득세법」 제12조제3호가목	A01		복무 중인 병(兵)이 받는 급여	×
	「소득세법」 제12조제3호나목	B01		법률에 따라 동원 직장에서 받는 급여	×
	「소득세법」 제12조제3호다목	C01		「산업재해보상보험법」에 따라 지급받는 요양급여 등	×
	「소득세법」 제12조제3호라목	D01		「근로기준법」등에 따라 지급받는 요양보상금 등	×
	「소득세법」 제12조제3호마목	E01		「고용보험법」 등에 따라 받는 육아휴직급여 등	×
		E02		「국가공무원법」 등에 따라 받는 육아휴직수당 등[사립학교 직원이 학교의 정관 · 규칙에 따라 받는 육아휴직수당(월 150만원 한도) 포함]	×
	「소득세법」 제12조제3호바목	E10		「국민연금법」에 따라 받는 반환일시금(사망으로 받는 것으로 한정함) 및 사망일시금	×
	「소득세법」 제12조제3호사목	F01		「공무원연금법」 등에 따라 받는 요양비 등	×
	「소득세법」 제12조제3호아목	G01	⑱-5	비과세 학자금(「소득세법 시행령」 제11조)	○
		H02		「소득세법 시행령」 제12조제2호 및 제3호(식료 · 일직료 · 숙직료 등)	×
		H03		「소득세법 시행령」 제12조제3호(자가운전보조금)	×
		H04		「소득세법 시행령」 제12조제4호 및 제8호(법령에 따라 착용하는 제복 등)	×
		H05	⑱-18	「소득세법 시행령」 제12조제9호부터 제11호까지(경호수당, 승선수당 등)	○
		H06	⑱-4	「소득세법 시행령」 제12조제12호가목(연구보조비 등)-「유아교육법」, 「초 · 중등교육법」	○
		H07	⑱-4	「소득세법 시행령」 제12조제12호가목(연구보조비 등)-「고등교육법」	○
		H08	⑱-4	「소득세법 시행령」 제12조제12호가목(연구보조비 등)-특별법에 따른 교육기관	○
		H09	⑱-4	「소득세법 시행령」 제12조제12호나목(연구보조비 등)	○
	「소득세법」 제12조제3호거목	M01	⑱	「소득세법 시행령」 제16조제1항제1호(국외 등에서 근로에 대한 보수) 100만원	○
		M02	⑱	「소득세법 시행령」 제16조제1항제1호(국외 등에서 근로에 대한 보수) 300만원(2023년 귀속분까지만 적용)	○
		M03	⑱	「소득세법 시행령」 제16조제1항제2호(국외근로)	○
		M04	⑱	「소득세법 시행령」 제16조제1항제1호(국외 등에서 근로에 대한 보수) 500만원	○
	「소득세법」 제12조제3호너목	N01		「국민건강보험법」 등에 따라 사용자 등이 부담하는 보험료	×
	「소득세법」 제12조제3호더목	O01	⑱-1	생산직 등에 종사하는 근로자의 야간수당 등	○
	「소득세법」 제12조제3호러목	P01	⑱-40	비과세 식사대(월 20만원 이하)	○
		P02		현물 급식	×
	「소득세법」 제12조제3호머목	Q01	⑱-2	출산, 6세 이하의 자녀의 보육 관련 비과세 급여(월 20만원 이내)(2023년 귀속분까지만 적용)	○
		Q02	⑱-2	6세 이하의 자녀의 보육 관련 비과세 급여(월 20만원 이내)	○
		Q03	⑱-3	자녀 출생일 이후 2년 이내에 받는 출산지원금(1회)	○
		Q04	⑱-3	자녀 출생일 이후 2년 이내에 받는 출산지원금(2회)	○
	「소득세법」 제12조제3호버목	R01		국군포로가 지급받는 보수 등	×
	「소득세법」 제12조제3호서목	R10	⑱-21	「교육기본법」 제28조제1항에 따라 받는 장학금	○
	「소득세법」 제12조제3호어목	R11	⑱-29	「소득세법 시행령」 제17의3(비과세 직무발명보상금)	○
	「소득세법」 제12조제3호저목	V01		사택 제공 이익	×
		V02		주택 자금 저리 · 무상 대여 이익	×
		V03		종업원 등을 수익자로하는 보험료 · 신탁부금 · 공제부금	×
		V04		공무원이 받는 상금과 부상(연 240만원 이내)	×
		V05		「영유아보육법 시행령」에 따라 사업주가 부담하는 보육비용	×
	「소득세법」 제12조제3호처목	W01	⑱-41	임원등 할인금액 비과세	○
	구 「조세특례제한법」 제15조	S01	⑱-11	주식매수선택권 비과세	○
	「조세특례제한법」 제16의2	U01	⑱-31	벤처기업 주식매수 선택권 행사이익 비과세	○
	「조세특례제한법」 제88의4제6항	Y02	⑱-14	우리사주조합 인출금 비과세(50%)	○
		Y03	⑱-15	우리사주조합 인출금 비과세(75%)	○
		Y04	⑱-16	우리사주조합 인출금 비과세(100%)	○
	「소득세법」 제12조제3호자목	Y22	⑲	「소득세법 시행령」 제12조제13호다목(전공의 수련보조수당)	○
감면	「조세특례제한법」 제18조	T01	⑱-12	외국인 기술자 소득세 감면(50%)	○
		T02	⑱-36	외국인 기술자 소득세 감면(70%)	○
	「조세특례제한법」 제19조	T30	⑱-33	성과공유 중소기업의 경영성과급에 대한 세액공제 등	○
	「조세특례제한법」 제29조의6	T40	⑱-34	중소기업 청년근로자 및 핵심인력 성과보상기금 수령액에 대한 소득세 감면 등(50%)	○
		T41	⑱-37	중견기업 청년근로자 및 핵심인력 성과보상기금 수령액에 대한 소득세 감면 등(30%)	○
		T42	⑱-38	중소기업 청년근로자 및 핵심인력 성과보상기금 수령액에 대한 소득세 감면 등(청년 90%)	○
		T43	⑱-39	중견기업 청년근로자 및 핵심인력 성과보상기금 수령액에 대한 소득세 감면 등(청년 50%)	○
	「조세특례제한법」 제18조의3	T50	⑱-35	내국인 우수인력의 국내복귀에 대한 소득세 감면	○
	「조세특례제한법」 제30조	T12	⑱-27	중소기업 취업자 소득세 감면(70%)	○
		T13	⑱-32	중소기업 취업자 소득세 감면(90%)	○
	조세조약	T20	⑱-28	조세조약상 소득세 면제(교사 · 교수)	○

구 분	코 드	전산매체항목(C, D레코드)	개정사항
비과세	M03	⑱	중소벤처기업진흥공단 직원 포함
	W01	⑱-41	임직원이 자사 · 계열사의 재화 · 용역을 시가보다 할인하여 구매하여 얻은 이익 중 Max(연간 구매한 재화 · 용역의 시가 합계액×20%, 연 240만원)을 비과세
감면	T01	⑱-12	K-Tech Pass확인서가 있는 우수 해외인재 포함
	T40	⑱-34 ~ ⑱-39	성과보상기금 범위 확대
	T12	⑱-27	경력단절여성에서 경력단절근로자로 감면대상 확대

연금 · 저축 등 소득 · 세액 공제명세서

1. 인적사항	① 상 호		② 사업자등록번호	
	③ 성 명		④ 주민등록번호	
	⑤ 주 소		(전화번호:)	
	⑥ 사업장 소재지		(전화번호:)	

2. 연금계좌 세액공제

1) 퇴직연금계좌

* 퇴직연금계좌에 대한 명세를 작성합니다.

퇴직연금 구분	금융회사 등	계좌번호 (또는 증권번호)	납입금액	세액공제금액

2) 연금저축계좌

* 연금저축계좌에 대한 명세를 작성합니다.

연금저축 구분	금융회사 등	계좌번호 (또는 증권번호)	납입금액	소득 · 세액 공제금액

3) 개인종합자산관리계좌 만기 시 연금계좌 납입액

* 납입 연금저축계좌 · 퇴직연금계좌에 대한 명세를 작성합니다.

연금 구분	금융회사 등	계좌번호 (또는 증권번호)	납입금액	세액공제금액

3. 주택마련저축 소득공제

* 주택마련저축 소득공제에 대한 명세를 작성합니다.

저축 구분	금융회사 등	계좌번호 (또는 증권번호)	납입금액	소득공제금액

> 세대주의 배우자도 공제가능
> ✔ 세대주와 같이 세대주의 배우자도 주택마련저축 소득공제 적용 가능
> ✔ 세대주가 주택마련저축 소득공제를 적용받는 경우 세대원(세대주의 배우자 포함)은 주택마련저축 소득공제 이외의 다른 주택관련 공제를 적용받을 수 없음

4. 장기집합투자증권

* 장기집합투자증권

	금융회사			소득공제금액

5. 벤처투자조합 출자 등에 대한 소득공제

* 벤처투자조합 출자 등 소득공제에 대한 명세서를 작성합니다.

투자연도	투자구분	금융기관 등	계좌번호 (또는 증권번호)	납입금액

> • 개인투자조합을 통해 벤처기업등에 투자하는 경우 소득공제액 누적계산 방식으로 명확화
> • 2023, 2024, 2025년도만 기재 가능

6. 청년형 장기집합투자증권저축 소득공제

* 청년형 장기집합투자증권저축 소득공제에 대한 명세서를 작성합니다.

가입일	계약기간	금융기관 등	계좌번호 (또는 증권번호)	납입금액	소득공제금액

> 2025.12.31.까지만 기재 가능

작 성 방 법

1. 연금계좌 세액공제, 주택마련저축, 장기집합투자증권저축, 중소기업 창업투자조합 출자, 청년형 장기집합투자증권저축 등 소득공제를 받는 소득자에 대해서는 해당 소득 · 세액 공제에 대한 명세를 작성해야 합니다. 해당 계좌별로 납입금액과 소득 · 세액 공제금액을 적고, 공제금액이 영(0)인 경우에는 적지 않습니다.
2. 1) 퇴직연금계좌란의 퇴직연금 구분란: 퇴직연금[확정기여형(DC), 개인형(IRP), 중소기업퇴직연금] · 과학기술인공제회로 구분하여 적습니다.
3. 2) 연금계좌저축의 연금저축구분란: 개인연금저축과 연금저축으로 구분하여 적습니다.
4. 3) 개인종합자산관리계좌 만기 시 연금계좌 납입액의 연금구분란: 연금저축계좌와 퇴직연금계좌로 구분하여 적습니다.
   - 개인종합자산관리계좌 만기 시 연금계좌 납입액 공제세액은 개인종합자산관리계좌의 계약기간이 만료되고 해당 계좌잔액의 전부 또는 일부를 연금저축계좌 · 퇴직연금계좌로 납입한 경우 그 납입한 금액을 납입한 날이 속하는 과세기간의 연금계좌 납입액에 포함합니다(전환금액의 10%, 300만원 한도).
5. 3. 주택마련저축 소득공제의 저축 구분란: 청약저축, 주택청약종합저축 및 근로자주택마련저축으로 구분하여 적습니다.
6. 5. 벤처투자조합 출자 등에 대한 소득공제의 투자 구분란: 벤처 등(「조세특례제한법」제16조 제1항 제3호 · 제4호 · 제6호), 조합1(「조세특례제한법」제16조 제1항 제1호 · 제5호), 조합2(「조세특례제한법」제16조 제1항 제2호)로 구분하여 적습니다.
7. 6. 청년형 장기집합투자증권저축의 계약기간란: 계약기간을 개월 수로 적습니다(월수 계산 시 1월 미만은 1월로 합니다).
8. 세액공제금액란, 소득 · 세액 공제금액란 및 소득공제금액란은 근로소득자가 적지 않을 수 있습니다.

개정 서식

[ ]월세액 · [ ]거주자 간 주택임차차입금 원리금 상환액 소득 · 세액공제 명세서

[무주택자 해당 여부 [ ]해당, [ ]미해당]

1. 인적사항	① 상호	② 사업자등록번호
	③ 성명	④ 주민등록번호
	⑤ 주소	(전화번호:)
	⑥ 사업장 소재지	(전화번호:)

2. 월세액 세액공제 명세

⑦ 임대인 성 명 (상 호)	⑧ 주민등록번호 (사업자번호)	⑨ 유형	⑩ 계약 면적(m^2)	⑪ 임대차계약서상 주소지	⑫ 계약서상 임대차 계약기간		⑬ 연간 월세액(원)	⑭ 세액 공제금액 (원)
					개시일	종료일		

※ ⑨ 유형란 **구분코드:** 단독주택: 1, 다가구: 2, 다세대주택: 3, 연립주택: 4, 아파트: 5, 오피스텔: 6, 고시원 : 7, 기타: 8
※ ⑫ 계약서상 임대차계약기간란: 개시일과 종료일은 예시와 같이 기재 **(예시)** 2024.01.01.

3. 거주자 간 주택임차차입금 원리금 상환액 소득공제 명세

1) 금전소비대차 계약내용

⑮ 대주(貸主)	⑯ 주민등록번호	⑰ 금전소비대차 계약기간	⑱ 차입금 이자율	원리금 상환액			㉒ 공제금액
				⑲ 계	⑳ 원금	㉑ 이자	

2) 임대차 계약내용

㉓ 임대인 성 명 (상 호)	㉔ 주민등록번호 (사업자번호)	㉕ 유형	㉖ 계약 면적(m^2)	㉗ 임대차계약서상 주소지	㉘ 계약서상 임대차 계약기간		㉙ 전세보증금 (원)
					개시일	종료일	

※ ㉕ 유형란 **구분코드:** 단독주택: 1, 다가구: 2, 다세대주택: 3, 연립주택: 4, 아파트: 5, 오피스텔: 6, 고시원 : 7, 기타: 8
※ ㉘ 계약서상 임대차계약기간란: 개시일과 종료일은 예시와 같이 기재 **(예시)** 2024.01.01.

작 성 방 법

1. 월세액 세액공제나 거주자 간 주택임차자금 차입금 원리금 상환액 공제를 받는 근로소득자에 대해서는 해당 소득 · 세액공제에 대한 명세를 작성해야 합니다.
2. 해당 임대차 계약별로 연간 합계한 월세액 · 원리금상환액과 소득 · 세액공제금액을 적으며, 공제금액이 "영(0)"인 경우에는 적지 않습니다.
3. ⑨ 유형란 및 ㉕ 유형란: 단독주택, 다가구주택, 다세대주택, 연립주택, 아파트, 오피스텔, 고시원, 기타 중에서 해당되는 **유형의 구분코드**를 적습니다.
4. ㉙ 전세보증금(원)란: 과세기간 종료일(12. 31.) 현재의 전세보증금의 액수를 적습니다.

출산지원금 비과세 적용 명세서

1. 인적사항

징수 의무자	① 상 호	② 사업자등록번호
	③ 사업장 소재지	(전화번호:)
소득자	④ 성 명	⑤ 주민등록번호
	⑥ 주 소	(전화번호:)

2. 출산지원금 비과세 대상 자녀 명세

⑦ 자녀 성명	⑧ 주민등록번호	출산지원금			⑫ 지급처 (사업자등록번호)
		⑨지급받은 날	⑩ 지급받은 금액	⑪ 지급회차 [1 또는 2]	

작성방법

1. 회사에서 받은 출산지원금에 대해 비과세를 적용받는 근로소득자는 해당 비과세 적용 명세를 작성해야 합니다.
2. 자녀의 출생일 이후 2년 이내에 회사로부터 첫 번째와 두 번째 지급받은 출산지원금만 비과세 대상에 해당됩니다. 다만, 2024년 1월 1일부터 2024.년 12월 31일까지의 기간에 지급받은 출산지원금은 2021년 1월 1일 이후 출생한 자녀에 대한 지급분도 비과세됩니다.
3. 개인인 사업자와 친족관계에 있는 자 또는 법인인 사업자의 지배주주등(해당 지배주주등과「국세기본법 시행령」제1조의2제1항에 따른 친족관계 또는 같은 조 제3항 제2호가목에 따른 경영지배관계에 있는 사람을 포함합니다)이 지급받은 출산지원금은 비과세 대상이 아니므로 본 서식 작성대상이 아닙니다.
4. 근로자가 지급받는 급여의 횟수는 사용자별로 계산합니다.
5. ⑪ 지급회차란: 출산지원금을 지급받은 횟수에 따라 '1' 또는 '2'로 적습니다.
6. 2회를 초과하여 지급받은 출산지원금은 비과세 대상에 해당하지 않으므로 작성하지 않습니다.

2. 기부금명세서

[별지 제45호 서식] (2025.6.30. 개정)

기부금명세서

※ 뒤쪽의 작성방법을 읽고 작성하여 주시기 바랍니다. (앞쪽)

❶ 인적사항	① 근무지 또는 사업장 상호		② 사업자등록번호	
	③ 성명		④ 주민등록번호	
	⑤ 주소		(전화번호 :)	
	⑥ 사업장 소재지		(전화번호 :)	

전산매체 H레코드, I레코드에 해당
✔ 기재항목 변경 없음

❷ 해당 연도

⑦ 코드	⑧ 기부...	...	세 금액	공제제외 기부금	
				⑭ 기부장려금 신청금액	⑮ 기타

다음과 같이 기재

기부금명칭	근거법령	코 드
정치자금기부금	조특법 §76	20
고향사랑기부금(일반)	조특법 §58	43
고향사랑기부금(특별재난)	조특법 §58	44
특례기부금	소법 §34 ② 1호	10
우리사주조합기부금	조특법 §88의 4	42
일반기부금(종교단체 외)	소법 §34 ③ 1호	40
일반기부금(종교단체)	소법 §34 ③ 1호	41

❸ 구분코드별

기부자 구 분	총 계	공제 대상 기부금							공제 제외 기부금	
		특례 기부금	정치자금 기부금	고향사랑 기부금 (일반)	고향사랑 기부금 (특별재난지역)	일반기부금 (종교단체 외)	일반기부금 (종교단체)	우리사주 조합 기부금	기부장려금 신청금액	기타
코드		10	20	43	44	40	41	42	10,40,41	50
합계										
본인										
배우자										
직계비속										
직계존속										
형제자매										
그 외										

❹ 기부금 조정 명세

기부금 코드	기부 연도	⑯ 기부금액	⑰ 전년까지 공제된 금액	⑱ 공제대상 금액(⑯-⑰)	해당 연도 공제금액		해당 연도에 공제받지 못한 금액	
							소멸금액	이월금액

기부금 코드	기재 가능한 기부금 지출연도			
	⑯기부금액	세액(소득)공제금액	소멸금액	이월금액
10·40·41	2015 ~ 2025		2015	2016 ~ 2025
20·43·44·42	2025		2025	기재불가

210mm×297mm[백상지 80g/㎡ 또는 중질지 80g/㎡]

3. 의료비지급명세서

[별지 제43호 서식] (2025.3.21. 개정)

의료비지급명세서

근로소득지급명세서와 별도 파일로 제출

소득자 인적사항	
① 성 명	② 주민등록번호 (또는 외국인등록번호)
③ 상 호	④ 사업자등록번호

( )년 의료비 지급명세

의료비 공제 대상자		지급처			지급명세			
⑤ 주민등록번호	⑥ 본인 등 해당 여부	⑦ 사업자등록번호	⑧ 상호	⑨ 의료 증빙 코드	⑩ 건수	⑪ 금액	⑫ 미숙아·선천성이상아 해당 여부	⑬ 난임 시술비 해당 여부
-		- -						
-		- -						
-		- -						
-		- -						
-		- -						
-		- -						
-		- -						
		합 계						

6세 이하자에 해당하는 경우 "⑥본인 등 해당여부"란에 "○"표시

「소득세법」 제59조의4와 같은 법 시행령 제113조 제1항 및 제118조의5제3항에 따라 의료비를 공제받기 위하여 의료비지급명세서를 제출합니다.

년 월 일

제출자 (서명 또는 인)

세무서장 귀하

첨부서류	작성방법 5번란의 증빙자료 ( )매 (의료비 지급명세 순서와 일치되도록 편철합니다.)

작 성 방 법

(의료비 공제를 받으려는 근로자는 원천징수의무자에게 이 의료비지급명세서를 제출해야 합니다.)

1. ③항과 ④항은 「조세특례제한법」 제122조의3에 따른 사업자의 경우에만 적으며, 2008년 1월 1일 이후 발생하는 분부터 적용합니다.
2. 의료비 지급내용 중 의료비 공제가 가능한 내용만 적고, 같은 의료비명세를 중복하여 적을 수 없습니다.
   (예) 국세청장이 연말정산간소화서비스를 통해 제공하는 의료비자료에 포함된 금액을 별도의 진료비계산서를 첨부하여 중복으로 적는 경우
3. 본인 등 해당 여부란은 본인, 6세 이하 또는 65세 이상인 사람, 장애인 또는 건강보험 산정특례자인 경우에 "○"표시를 하며, 그밖의 기본공제대상자인 경우에는 "×" 표시를 합니다.
4. 국세청장이 연말정산간소화서비스를 통해 제공하는 의료비자료의 경우에는 의료비 공제대상자 별로 의료비 지출 합계액을 적습니다. 따라서 지급처의 사업자등록번호, 건수를 적지 않습니다.
5. 의료증빙코드란에는 공제대상자 및 지급처별로 다음의 하나만을 선택하여 적습니다.
   - 국세청장이 연말정산간소화서비스를 통해 제공하는 의료비 자료 = 1
   - 국민건강보험공단의 의료비부담명세서 = 2
   - 진료비계산서, 약제비계산서 = 3
   - 「노인장기요양보험법 시행규칙」별지 제24호 서식 장기요양급여비용 명세서 = 4
     (장기요양급여비용 명세서의 '급여 본인부담금①' 란의 금액만을 적습니다.
     장기요양비급여액은 의료비공제대상이 아니므로 적는 금액에 포함할 수 없습니다.)
   - 기타 의료비 영수증 = 5

   ※ 신용카드·현금영수증 소득공제 증명서류는 의료비 세액공제증명서류로 사용하실 수 없습니다.
6. ⑫ 미숙아·선천성이상아 해당여부 및 ⑬난임시술비 해당 여부란은 의료비 지급내용이 미숙아·선천성이상아 및 난임시술비에 해당하는 경우에 각각 "○"표시를 하며, 해당하지 않는 경우에는 "×" 표시를 합니다.
7. 의료비 지급명세란이 부족할 때에는 별지로 작성합니다.

210mm×297mm[백상지 80g/㎡(재활용품)]

4. 사업소득 원천징수영수증(사업소득 지급명세서)

[별지 제23호 서식(3)] (2025.3.21. 개정)

관리번호	
① 귀속 연도	년

[ ]사업소득 원천징수영수증(연말정산용)
[ ]사업소득 지 급 명 세 서(연말정산용)
([ ]소득자 보관용 [ ]발행자 보관용 [ ]발행자 보고용)

소득자 구분			
거주구분		거주자1 / 비거주자2	
내 · 외국인		내국인1 / 외국인9	
거주지국		거주지국코드	

징수 의무자	② 법인명(상호)	③ 대표자(성명)	④ 사업자등록번호
	⑤ 주민(법인)등록번호	⑥ 소재지(주소)	
소득자	⑦ 상호	⑧ 사업자등록번호	
	⑨ 사업장 소재지		
	⑩ 성명	⑪ 주민등록번호	
	⑫ 주소		

수입 금액	⑬ 발생처 구분	⑭ 법인명(상호)	⑮ 사업자등록번호	⑯ 발생기간(연 · 월 · 일)	⑰ 지급액(수입금액)
	주(현)		- -	. . ~ . .	
	종(전)		- -	. . ~ . .	
	사업별 수입금액 계	보험모집 수입금액 계			
		방문판매 수입금액 계			
		음료배달 수입금액 계			
		합 계 (124)			

소득 금액	사 업 별	⑱ 수입금액(⑰)	⑲ 적용소득률 4천만원 이하분	⑲ 적용소득률 4천만원 초과분	⑳ 소득금액 4천만원 이하분	⑳ 소득금액 4천만원 초과분	⑳ 소득금액 합계	㉑ 비고
	보험모집							
	방문판매							
	음료배달							
	(124)합계							

구분			금액	구분		금액
㉒ 사업소득금액 (⑳)				㉟ 청년형 장기집합투자증권저축		
인적 공제	기본 공제	㉓ 본 인		㊱ 소득공제 등 종합한도 초과액		
		㉔ 배우자		㊲ 종합소득과세표준		
		㉕ 부양가족 (명)		㊳ 산출세액		
	추가 공제	㉖ 경로우대 (명)		㊴ 혼인세액공제		
		㉗ 장애인 (명)		㊵ 자녀 세액공제	공제대상 자녀(명)	
		㉘ 부녀자			출산 · 입양자 (명)	
		㉙ 한부모가족		㊶연금계좌 세액공제		
㉚ 연금보험료공제				㊷ 기부금 세액공제	정치자금기부금	
㉛ 종합소득공제 계					고향사랑기부금	
㉜ 개인연금 저축소득공제					특례기부금	
㉝ 소기업 · 소상공인 공제부금					우리사주조합	
㉞ 투자조합 출자등 소득공제					일반기부금	
				㊸ 표준세액공제		

구분		소득세	지방소득세	농어촌특별세	계
㊹ 결정세액					
기납부 세액	㊺ 종(전) 근무지				
	㊻ 주(현) 근무지				
㊼ 차감 납부할 세액					

위 원천징수세액(수입금액)을 영수(지급)합니다.

년 월 일

징수(보고)의무자 (서명 또는 인)

세무서장 귀하

⑱ 인적공제자 명세(해당 소득자의 기본공제와 추가공제 및 부양 등으로 공제금액 계산명세가 있는 자만 적습니다. 다만, 본인은 표기하지 않습니다)

관계	성 명	주민등록번호	관계	성 명	주민등록번호	관계	성 명	주민등록번호
		-			-			-
								-
								-

※ 관계코드 … 입양자)=4, 직계비속(직계비속과 그 배우자가 장애인인 경우 그 배우자)=5, … 의 각각의 관계를 포함합니다.

음영구분	개정사항
항목에 음영 표시된 부분	공제 내용 및 대상 변경
금액란에 음영 표시된 부분	공제 산식 변경

1. 원천징수의무자는 지급일이 속하는 과세기간의 다음 연도 3월 10일(휴업 · 폐업한 경우에는 휴업일 · 폐업일이 속하는 달의 다음다음 달 말일)까지 지급명세서를 제출해야 합니다.
2. 이 서식에 적는 금액 중 소수점 이하 값은 버립니다.
3. 거주지국란 및 거주지국코드란: 비거주자에 해당하는 경우에만 적으며, 국제표준화기구(ISO)가 정한 ISO코드 중 국명약어 및 국가코드를 적습니다(※ ISO국가코드: 국세청홈페이지→국세정보→국제조세정보→국세조세자료실에서 조회할 수 있습니다).
4. 징수의무자란의 ⑤주민(법인)등록번호란: 소득자 보관용에는 적지 않습니다.
5. ㊼ 차감 납부할 세액란: 납부할 세액이 1천원 미만인 경우(소액 부징수)에는 "0"으로 적습니다.
6. 해당 소득자가 기부금 세액공제를 한 경우에는 사업소득 지급명세서를 원천징수 관할 세무서장에게 제출할 때 해당 명세서(기부금세액공제가 있는 경우에는 별지 제45호 서식의 기부금명세서를 말합니다)를 함께 제출해야 합니다.

210mm×297mm(백상지 80g/㎡)

5. 종교인소득 원천징수영수증(종교인소득 지급명세서)

[별지 제23호 서식(6)] (2025.3.21. 개정) (3쪽 중 제1쪽)

관리번호	
① 귀속 연도	년

[ ]종교인소득 원천징수영수증(연말정산용)
[ ]종교인소득 지 급 명 세 서(연말정산용)
([ ]소득자 보관용 [ ]발행자 보관용 [ ]발행자 보고용)

소득자 구분	
거주구분	거주자1 / 비거주자2
내 · 외국인	내국인1 / 외국인9
거주지국	거주지국코드

징수 의무자	② 종교단체명	③ 대표자(성명)	④ 사업자등록(고유)번호
	⑤ 주민(법인)등록번호	⑥ 소재지(주소)	
소득자	⑦ 성명	⑧ 주민등록번호	
	⑨ 주소		

종교인소득	⑩ 발생처 구분	⑪ 종교단체명	⑫ 사업자등록(고유)번호	⑬ 발생기간 (연 · 월 · 일)	⑭ 지급액 (비과세소득 제외)	⑮ 비과세 소득
	주(현)		- -	. . ~ . .		
	종(전)		- -	. . ~ . .		
			- -	. . ~ . .		

소득 금액	⑯ 종교인소득(⑭)	⑰ 필요경비	⑱ 소득금액(⑯-⑰)

⑲ 종교인소득 소득금액 (⑱)					
인적공제	기본공제	⑳ 본인		㉜ 소득공제 등 종합한도 초과액	
		㉑ 배우자		㉝ 종합소득과세표준	
		㉒ 부양가족 (명)		㉞ 산출세액	
	추가공제	㉓ 경로우대 (명)		㉟ 혼인세액공제	
		㉔ 장애인 (명)		㊱ 자녀세액공제 공제대상자녀(명)	
				㊱ 자녀세액공제 출산 · 입양자(명)	
		㉕ 부녀자		㊲ 연금계좌 세액공제	
		㉖ 한부모가족		㊳ 기부금 세액공제 정치자금기부금	
㉗ 연금보험료공제				㊳ 고향사랑 기부금 일반	
				㊳ 고향사랑 기부금 특별재난지역	
㉘ 종합소득공제 계				㊳ 특례기부금	
㉙ 개인연금 저축소득공제				㊳ 우리사주조합	
				㊳ 일반기부금	
㉚ 투자조합 출자등 소득공제				㊴ 표준세액공제	
㉛ 청년형 장기집합 투자증권저축				㊵ 외국납부세액공제	

구분	소득세	지방 소득세	농어촌 특별세	계
㊶ 결정세액				
기납부 세액 ㊷ 종(전) 근무지				
기납부 세액 ㊸ 주(현) 근무지				
㊹ 차감 납부할 세액				

위 원천징수세액(수입금액)을 영수(지급)합니다.

년 월 일

징수(보고)의무자 (서명 또는 인)

세무서장 귀하

㊺ 인적공제자 명세(해당 소득자의 기본공제와 추가공제 및 부양 등으로 공제금액 계산명세가 있는 자만 적습니다. 다만, 본인은 표기하지 않습니다)

관계	성명	주민등록번호	관계	성명	주민등록번호	관계	성명	주민등록번호
		-			-			-
		-			-			-
		-			-			-

※ 관계코드 … 녀, 입양자)=4, 직계비속(직계비속과 그 배우자가 장애인인 경우 그 배우자)=5 … 자의 각각의 관계를 포함합니다.

음영구분	개정사항
항목에 음영 표시된 부분	공제 내용 및 대상 변경
금액란에 음영 표시된 부분	공제 산식 변경

1. 원천징수의무자는 지급일이 속하는 과세기간의 다음 연도 3월 10일(휴업 · 폐업한 경우에는 휴업일 · 폐업일이 속하는 달의 다음다음 달 말일)까지 지급명세서를 제출해야 합니다.
2. 이 서식에 적는 금액 중 소수점 이하 값은 버립니다.
3. 거주지국란 및 거주지국코드란: 비거주자에 해당하는 경우에만 적으며, 국제표준화기구(ISO)가 정한 ISO코드 중 국명약어 및 국가코드를 적습니다(※ ISO국가코드: 국세청홈페이지→국세정보→국제조세정보→국세조세자료실에서 조회할 수 있습니다).
4. 징수의무자란의 ⑤주민(법인)등록번호란: 소득자 보관용에는 적지 않습니다.
5. ⑭ 지급액란:「소득세법」제12조 제5호아목에 따른 비과세 종교인소득을 제외하고 적습니다.
6. ⑮ 비과세소득란:「소득세법 시행령」제19조 제3항 제3호의 금액(종교관련종사자가 소속 종교단체의 규약 또는 소속 종교단체의 의결기구의 의결 · 승인 등을 통하여 결정된 지급 기준에 따라 종교 활동을 위하여 통상적으로 사용할 목적으로 지급받은 금액 및 물품)을 적습니다.
7. ㉜ 소득공제 등 종합한도 초과액란: 종교인소득 소득 · 세액공제신고서(별지 제37호 서식(2)) 제2쪽의 투자조합 출자 등 소득공제 항목의 "조합 등"란의 공제액이 2천5백만원을 초과하는 경우에 그 초과하는 금액을 적습니다.
8. ㊳ 기부금세액공제를 받는 소득자(종교 관련 종사자)에 대해서는 이 서식 제2쪽의 기부금명세서를 작성해야 하며, 종교인소득 지급명세서를 원천징수 관할 세무서장에게 제출 시 기부금명세서를 함께 제출해야 합니다.
9. ㊹ 차감 납부할 세액란: 납부할 세액이 1천원 미만인 경우(소액 부징수)에는 "0"으로 적습니다.

210mm×297mm(백상지 80g/㎡)

기부금명세서

※ 뒤쪽의 작성방법을 읽고 작성하여 주시기 바랍니다. (앞쪽)

❶ 인적사항	① 근무지 또는 사업장 상호	② 사업자등록번호
	③ 성명	④ 주민등록번호
	⑤ 주소 (전화번호 :)	
	⑥ 사업장 소재지 (전화번호 :)	

❷ 해당 연도

⑦ 코드 | ⑧ 기부 … 금액 | 공제제외 기부금: ⑭ 기부장려금 신청금액 | ⑮ 기타

다음과 같이 기재

기부금명칭	근거법령	코 드
정치자금기부금	조특법 §76	20
고향사랑기부금(일반)	조특법 §58	43
고향사랑기부금(특별재난)	조특법 §58	44
특례기부금	소법 §34 ② 1호	10
우리사주조합기부금	조특법 §88의 4	42
일반기부금(종교단체 외)	소법 §34 ③ 1호	40
일반기부금(종교단체)	소법 §34 ③ 1호	41

❸ 구분코드별

기부자 구 분	총 계	공제 대상 기부금: 특례기부금	정치자금 기부금	고향사랑 기부금 (일반)	고향사랑 기부금 (특별재난지역)	일반기부금 (종교단체 외)	일반기부금 (종교단체)	우리사주 조합 기부금	공제 제외 기부금: 기부장려금 신청금액	기타
코드		10	20	43	44	40	41	42	10,40,41	50
합계										
본인										
배우자										
직계비속										
직계존속										
형제자매										
그 외										

❹ 기부금 조정 명세

기부금 코드	기부 연도	⑯ 기부금액	⑰ 전년까지 공제된 금액	⑱ 공제대상 금액(⑯−⑰)	해당 연도 공제금액		해당 연도에 공제받지 못한 금액: 소멸금액	이월금액

기부금 코드	기재 가능한 기부금 지출연도: ⑯기부금액	세액(소득)공제금액	소멸금액	이월금액
10·40·41	2015 ~ 2025		2015	2016 ~ 2025
20·43·44·42	2025		2025	기재불가

210mm×297mm[백상지 80g/㎡ 또는 중질지 80g/㎡]

02 이외 주요 개정서식

구 분	서식명[서식번호]
소득세법	1. 원천징수이행상황신고서(원천징수세액환급신청서)[별지 제21호 서식] 2. 특별재난지역 자원봉사용역 등에 대한 기부금확인서[별지 제36호의 2 서식] 3. 소득·세액 공제신고서/근로소득자 소득·세액 공제신고서[별지 제37호 서식(1)] 4. 장애인 증명서[별지 제38호 서식] 5. 장기주택저당차입금 이자상환증명서[별지 제44호의 4 서식] 6. 기부금 영수증[별지 제45호의 2 서식]
조세특례제한법	1. 출자 등 소득공제 신청서[별지 제5호 서식] 2. 출자 또는 투자확인서[별지 제5호 서식 부표(1)] 3. 소득공제 시기 변경신청서[별지 제5호 서식 부표(2)] 4. 벤처기업 주식매수선택권 행사이익 비과세 특례적용명세서[별지 제6호의 2 서식] 5. 외국인기술자의 근로소득세 감면신청서[별지 제7호 서식] 6. 내국인 우수 인력의 국내복귀에 대한 소득세 감면신청서[별지 제7호의 2 서식] 7. 중소기업 청년근로자 및 핵심인력 성과보상기금 수령액에 대한 소득세 감면신청서[별지 제10호의 6 서식] 8. 중소기업 청년근로자 및 핵심인력 성과보상기금 수령액에 대한 소득세 감면 대상 명세서[별지 제10호의 7 서식] 9. 중소기업 취업자 소득세 감면신청서[별지 제11호 서식] 10. 중소기업 취업자 소득세 감면 대상 명세서[별지 제11호의 2 서식] 11. 주택마련저축납입증명서[별지 제58호의 5 서식] 12. 무주택 확인서[별지 제58호의 7 서식] 13. 신용카드등사용금액확인서[별지 제74호의 5 서식] 14. 신용카드등소득공제신청서[별지 제74호의 6 서식]

간편장부대상자

직전 과세기간 사업소득금액이 법에서 정한 금액(연말정산대상 사업자의 경우 7,500만원) 미만인 사업자로 복식부기방법에 따라 장부를 작성하지 않아도 되며, 종합소득세 산출 시 법에서 정한 경비율(기준경비율 또는 단순경비율)로 필요경비를 인정받음(소법 §160 ③, 소령 §208 ⑤)

간행물

종이나 전자적 매체에 실어 읽거나 보거나 들을 수 있게 만든 것으로 저자, 발행인, 발행일, 그 밖에 대통령령으로 정하는 기록 사항을 표시한 것을 말함(출판문화산업진흥법 §2 3호)

개인투자조합

개인 등이 벤처투자와 그 성과의 배분을 주된 목적으로 결성하는 조합으로서 중소벤처기업부장관에게 개인투자조합으로 등록한 조합을 말함(조특법 §13 ① 3호 가목, 벤처투자 촉진에 관한 법률 §2·§12)

1. 개인
2. 다음 어느 하나에 해당하는 자로서 투자 목적과 출자 규모 등 대통령령으로 정하는 기준을 갖춘 자
   (1) 창업기획자
   (2) 벤처기업육성에 관한 특별조치법 제2조 제8항에 따른 신기술창업전문회사
   (3) 그 밖에 중소기업 창업지원 및 벤처투자를 하는 자로서 중소벤처기업부장관이 정하여 고시하는 자

거소

주소지 외의 장소 중 상당기간에 걸쳐 거주하는 장소로서 주소와 같이 밀접한 일반적인 생활관계가 형성되지 아니한 장소를 말하며, 국내에 183일 이상의 거소를 둔 개인은 거주자가 됨(소법 §1의 2, 소령 §2 ②)

거주자

국내에 주소를 두거나 183일 이상의 거소를 둔 개인으로 국내외 모든 소득에 납세의무가 있음(소법 §1의 2·§2)

거치기간

금융기관으로부터 대출을 받은 후, 원금을 갚지 않고 이자만 납부하는 기간

건강보험산정 특례자

국민건강보험법 시행령 제19조 제1항에 따라 보건복지부장관이 정하여 고시하는 기준에 따라 중증질환자, 희귀난치성질환자 또는 결핵환자 산정특례대상자로 등록되거나 재등록된 자(의료비 세액공제 적용 시 한도 없이 공제율 15% 적용)(소령 §118의 5 ④, 소칙 §61의 4)

결정

과세표준과 세액을 최초로 확정하는 것을 말함. 원칙적으로 납세의무자가 신고납부기한까지 과세표준과 세액을 신고납부하면 납세의무자가 신고한 내용으로 결정하며, 신고하지 않는 경우에는 관할세무서장 등이 결정함

경영지배관계

다음을 말함(국기령 §1의 2 ③)

1. 본인이 직접 또는 그와 친족관계 또는 경제적 연관관계에 있는 자를 통하여 법인의 경영에 대하여 지배적인 영향력을 행사하고 있는 경우 그 개인 또는 그 법인
2. 본인이 직접 또는 그와 친족관계, 경제적 연관관계 또는 '1.'의 관계에 있는 자를 통하여 법인의 경영에 대하여 지배적인 영향력을 행사하고 있는 경우 그 법인
3. 독점규제 및 공정거래에 관한 법률에 따른 기업집단에 속하는 경우 그 기업집단에 속하는 다른 계열회사 및 임원

용어 정의

용어	정의
경정	결정된 과세표준과 세액을 수정하여 확정하는 것을 말함
경정청구	지급명세서를 기한 내에 제출한 자가 공제사항 등을 누락하여 세액을 과다납부하거나 과소환급받은 경우 신고납부기한 경과 후 5년 이내 관할세무서장에게 환급을 요청하는 것을 말함. 원천징수의무자·소득자 모두 가능함
고등교육법에 따른 학교	고등교육법에 따른 학교는 다음과 같으며, 대학원만 있는 대학(대학원대학)도 포함됨(고등교육법 §2·§29·§30) 1. 대학(대학원 포함) 2. 산업대학(대학원 포함) 3. 교육대학(대학원 포함) 4. 전문대학 5. 기술대학 6. 각종 학교 7. 방송대학·통신대학·방송통신대학 및 사이버대학(원격대학, 대학원 포함)
고시원	건축법상 제2종 근린생활시설인 다중생활시설(다중이용업소의 안전관리에 관한 특별법에 따른 다중이용업 중 고시원업의 시설로서 국토교통부장관이 고시하는 기준과 그 기준에 위배되지 않는 범위에서 적정한 주거환경을 조성하기 위하여 건축조례로 정하는 실별 최소면적, 창문의 설치 및 크기 등의 기준에 적합한 것을 말함)로서 같은 건축물에 해당 용도로 쓰는 바닥면적의 합계가 500㎡ 미만인 것을 말함(건축법 시행령 별표1 4호 거목)
고정금리방식	차입금의 70% 이상의 금액에 상당하는 분에 대한 이자를 상환기간 동안 고정금리(5년 이상의 기간 단위로 금리를 변경하는 경우 포함)로 지급하는 경우(소령 §112 ⑨)
공연	음악·무용·연극·뮤지컬·연예·국악·곡예 등 예술적 관람물을 실연(實演)에 의하여 공중(公衆)에게 관람하도록 하는 행위를 말하며, 상품 판매나 선전에 부수(附隨)한 공연은 제외함(공연법 §2 1호)
공적연금	공적연금 관련법에 따라 받는 각종연금(국민연금, 공무원연금, 군인연금, 사립학교교직원연금, 별정우체국연금)(소법 §20의 3 ① 1호)
공적연금 관련법	국민연금법, 공무원연금법 또는 공무원 재해보상법, 군인연금법, 사립학교교직원연금법, 별정우체국법 또는 국민연금과 직역연금의 연계에 관한 법률(소법 §12 4호 가목)
공제대상가족	거주자의 인적공제대상자를 말함
구상채권	한국장학재단이 "신용보증"으로 발생한 보증채무를 금융회사 등에 이행하여 주채무를 소멸하게 한 때 주채무자에게 상환을 청구할 수 있는 권리(한국장학재단 설립 등에 관한 법률 §2 4호의 2)
국민주택규모 주택 – 주택법	주거전용면적이 1호(戶) 또는 1세대당 다음 이하인 주택(주택법 §2 6호) • 수도권을 제외한 도시지역이 아닌 읍 또는 면지역 : 100㎡ • 이외의 지역 : 85㎡

국민주택규모 주택(오피스텔) – 소득세법

주택법에 따른 국민주택규모 주택(주거용 오피스텔 포함)으로 해당 주택 및 오피스텔에 딸린 토지를 포함하되, 해당 토지가 건물정착면적의 다음 비율 이내인 주택 및 오피스텔(소령 §112 ②·③)

- 도시지역(국토의 계획 및 이용에 관한 법률 §6 1호) 안의 토지 : 5배
- 그 밖의 토지 : 10배

다가구주택인 경우에는 가구당 전용면적을 기준으로 함

근로

정신노동과 육체노동(근로기준법 §2 ① 3호)

근로계약

근로자가 사용자에게 근로를 제공하고 사용자는 이에 대하여 임금을 지급함을 목적으로 체결된 계약(근로기준법 §2 ① 4호)

근로소득자에 대한 납세조합

다음 요건을 갖추어 납세조합 관할세무서장을 거쳐 지방국세청장의 승인을 얻은 자를 말한다(소령 §204 ①).

1. 조합원이 될 납세의무자가 50명 이상으로서 그 2/3 이상의 동의를 얻을 것. 다만, 지역적인 특수성으로 인하여 조합원이 50명에 미달하는 경우에는 그 미달하는 인원으로도 가능하다.
2. 납세관리와 납세에 관한 업무만을 목적으로 할 것
3. 가입 및 탈퇴를 강제하지 아니할 것. 다만, 납세에 관하여 다른 조합원에게 피해를 입히게 되는 경우로서 해당 조합의 정관 또는 규약에 따로 규정을 둔 때에는 그러하지 아니하다.

근로자

근로기준법	직업의 종류와 관계없이 임금을 목적으로 사업이나 사업장에 근로를 제공하는 사람 (근로기준법 §2 ① 1호)
소득세법	특별히 임원을 제외하고 있는 경우를 제외하고는 임직원(즉 임원 포함)을 말함 (소통 12-0…1).

근로자주택마련저축

2004.3.1. 이후 폐지된 근로자의 주거안정과 목돈마련 지원에 관한 법률에 따른 근로주택마련저축을 말함

금융회사 등

다음의 금융기관을 말함(소법 §14 ③ 4호; 금융실명거래 및 비밀보장에 관한 법률 §2 1호, 같은 법 시행령 §2)

- 은행, 중소기업은행, 한국산업은행
- 한국수출입은행, 한국은행
- 투자매매업자·투자중개업자·집합투자업자·신탁업자·증권금융회사·종합금융회사 및 명의개서 대행회사
- 상호저축은행 및 상호저축은행중앙회
- 농협협동조합과 그 중앙회 및 농협은행
- 수산업협동조합과 그 중앙회 및 수협은행
- 신용협동조합 및 신용협동조합중앙회
- 새마을금고 및 중앙회
- 보험회사
- 체신관서(우체국)
- 한국주택금융공사
- 채권등록기관
- 여신전문금융회사 및 신기술사업투자조합
- 기술보증기금
- 대부업 또는 대부중개업의 등록을 한 자
- 중소기업창업투자회사 및 중소기업창업투자조합
- 신용보증기금
- 산림조합법에 따른 지역조합·전문조합과 그 중앙회
- 신용보증재단
- 자본시장과 금융투자업에 관한 법률에 따른 거래소

기본공제

종합소득이 있는 거주자에 대해서 다음에 해당하는 사람의 수에 1명당 연 150만원을 곱하여 소득금액에서 공제하는 것을 말함

- 본인
- 배우자로서 소득요건{연간소득금액의 합계액이 100만원(근로소득만 있는 자는 총급여 500만원) 이하}을 충족하는 경우
- 본인 또는 배우자 부양가족 [직계존속, 직계비속, 형제자매, 기초생활수급자, 위탁아동]으로서 나이요건·생계요건·소득요건을 충족하는 경우
  - ① 장애인은 나이제한 없음
  - ② 내국인의 재외국민 직계존속은 생계요건 불충족
  - ③ 직계비속(입양자 포함)은 동거하지 않아도 생계요건 충족하는 것으로 봄
  - ④ 형제자매·수급자는 동거하지 않는 경우 일시퇴거(재학·요양·재직·사업상 별거)만을 인정

기준시가

부동산가격 공시에 관한 법률에 따른 개별·공동주택가격을 말함. 다만, 취득(차입) 당시 해당 금액이 없는 경우 차입일 이후 부동산가격 공시에 관한 법률에 따라 최초로 공시된 가격(2007.12.31. 이전분은 납세지 관할세무서장이 평가한 금액)으로 함(소법 §52 ⑤)

기준환율

외국환은행이 고객과 원화를 대가로 미 달러화를 매매할 때 기준이 되는 환율을 말함

난임시술비

보조생식술을 위하여 지출한 비용으로, 난임시술과 관련하여 처방을 받은 의약품 구입 비용을 포함한 비용(의료비 세액공제 적용 시 한도 없이 공제율 20% 적용)(소법 §59의 4 ②, 소령 §118의 5 ⑥)

납세조합

외국기관 또는 우리나라에 주둔하는 국제연합군(미군 제외)으로부터 받는 근로소득과 국외에 있는 비거주자 또는 외국법인(국내지점 또는 국내영업소는 제외)으로부터 받는 근로소득이 있는 근로자 또는 농·수·축산물판매업자, 노점상인 등과 같은 영세한 사업자가 조합을 조직하고 당해 조합이 그 조합원의 소득세를 원천징수하여 납부함으로써 징세비의 절약과 세수확보에 기여하고 납세편의를 도모하기 위하여 조직된 단체를 말하며, 연말정산 시 납세조합세액공제(납세조합에서 원천징수한 소득에 대한 산출세액의 3%, 연 100만원 한도)를 적용(소법 §149·§150, 소령 §204)

내국인

대한민국 국적이 있는 사람으로 재외국민을 포함

단순경비율

국세청장이 규모와 업황에 있어서 평균적인 기업에 대하여 업종과 기업의 특성에 따라 조사한 평균적인 경비비율을 참작하여 기준경비율심의회의 심의를 거쳐 결정한 경비율을 말함

대안학교

학업을 중단하거나 개인적 특성에 맞는 교육을 받으려는 학생을 대상으로 현장실습 등 체험 위주의 교육, 인성 위주의 교육 또는 개인의 소질·적성 개발 위주의 교육 등 다양한 교육을 하는 학교(초·중등교육법 §60의 3)

대중교통수단

일정한 노선과 운행시간표를 갖추고 다수의 사람을 운송하는 데 이용되는 것으로서 다음 어느 하나에 해당하는 운송수단(대중교통의 육성 및 이용촉진에 관한 법률 §2 2호)

1. 여객자동차운수사업법 제3조 제1항 제1호에 따른 노선여객자동차운송사업에 사용되는 승합자동차(이를 "노선버스"라 함)
2. 도시철도법 제2조 제2호의 따른 도시철도 중 차량
3. 철도산업발전기본법 제3조 제4호에 따른 철도차량 중 여객을 운송하기 위한 철도차량
4. 해운법 제2조 제1호의 2에 따른 여객선(내항 정기 여객운송사업에 사용되는 것에 한함)
5. 유선및도선사업법 제2조 제2호에 따른 도선사업에 사용되는 도선
6. 그 밖에 대통령령이 정하는 운송수단

대출기간	거치기간과 상환기간을 합한 기간
대환	새로운 차입금으로 기존 차입금을 상환하는 것
도시지역	인구와 산업이 밀집되어 있거나 밀집이 예상되어 그 지역에 대하여 체계적인 개발·정비·관리·보전 등이 필요한 지역(국토의 계획 및 이용에 관한 법률 §6)
독학학위제	독학에 의한 학위취득에 관한 법률에 의한 교육과정은 대학이 실시하는 공개강좌, 기능대학이 실시하는 기능장양성과정, 정부출연연구기관 등이 실시하는 교육과정 및 기업체가 실시하는 연수과정 중 원장이 지정하는 강좌 또는 연수과정을 말함(독학에 의한 학위취득에 관한 법률 시행령 §9 ① 4호)
등기사항증명서 **(등기부등본)**	부동산의 소재지, 면적, 소유권 및 권리제한사항 등을 표시하는 민원증서
미숙아	임신 37주 미만의 출생아 또는 출생 시 체중이 2.5kg 미만인 영유아로서 보건소장 또는 의료기관의 장이 임신 37주 이상의 출생아 등과는 다른 특별한 의료적 관리와 보호가 필요하다고 인정하는 영유아를 말함(모자보건법 §2 5호, 같은 법 시행령 §1의 2 1호)
미술관	문화·예술의 발전과 일반 공중의 문화향유 및 평생교육 증진에 이바지하기 위하여 박물관 중에서 특히 서화·조각·공예·건축·사진 등 미술에 관한 자료를 수집·관리·보존·조사·연구·전시·교육하는 시설(박물관 및 미술관 진흥법 §2 2호)
박물관	문화·예술·학문의 발전과 일반 공중의 문화향유 및 평생교육 증진에 이바지하기 위하여 역사·고고(考古)·인류·민속·예술·동물·식물·광물·과학·기술·산업 등에 관한 자료를 수집·관리·보존·조사·연구·전시·교육하는 시설(박물관 및 미술관 진흥법 §2 1호)
방문판매인	방문판매 등에 관한 법률에 의하여 방문판매업자를 대신하여 방문판매업무를 수행하고 그 실적에 따라 판매수당 등을 받거나 후원방문판매조직에 판매원으로 가입하여 후원방문판매업을 수행하고 후원수당 등을 받는 자(소령 §137 ① 2호)
법 소정 세대 **(소법 §52 ④, 소령 §112 ①)**	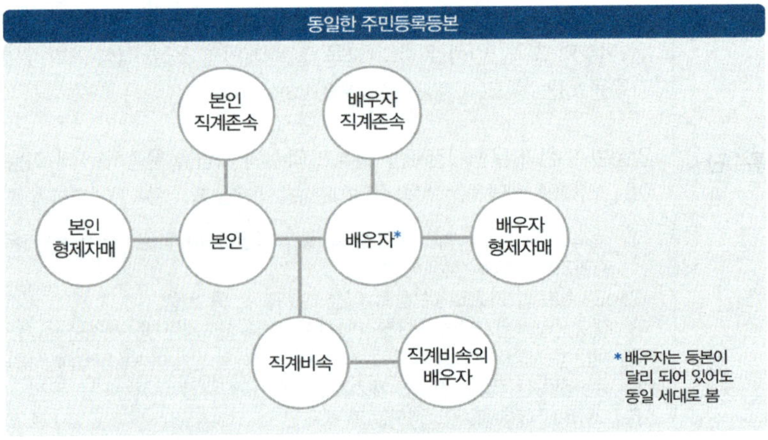

법 소정 대출기관 (주택임차자금의 대출기관)

다음을 말함(소령 별표 1의 2)

- 은행, 중소기업은행, 한국산업은행
- 한국수출입은행, 한국은행
- 상호저축은행과 그 중앙회
- 수산업협동조합과 그 중앙회
- 새마을금고와 그 연합회
- 체신관서(우체국)
- 한국주택금융공사
- 농업협동조합과 그 중앙회
- 신용협동조합과 그 중앙회
- 보험회사
- 주택도시기금
- 여신전문금융회사
- 지방보훈청 및 보훈지청

벤처기업 등

'4.'는 2018.1.1. 부터 벤처기업 등으로 봄

벤처기업 등은 다음을 말한다(조특법 §16 ① 3호, 조특령 §14 ③ 각호).

1. 벤처기업
2. 창업 후 3년 이내의 중소기업으로서 벤처기업육성에 관한 특별법 제2조의 2 제1항 제2호 다목에 따른 기업
3. 창업 후 3년 이내의 중소기업으로서 개인투자조합으로부터 투자받은 날(조세특례제한법 제16조의 5의 경우에는 산업재산권을 출자받은 날)이 속하는 과세연도의 직전 과세연도에 조세특례제한법 제10조 제1항에 따른 연구·인력개발비를 3,000만원 이상 지출한 기업. 다만, 직전 과세연도의 기간이 6개월 이내인 경우에는 조세특례제한법 제10조 제1항에 따른 연구·인력개발비를 1,500만원 이상 지출한 중소기업으로 함
4. 창업 후 3년 이내의 중소기업으로서 신용정보의 이용 및 보호에 관한 법률 제2조 제8호의 3 다목에 따른 기술신용평가업무를 하는 기술신용조회회사가 평가한 기술등급(같은 목에 따라 기업 및 법인의 기술과 관련된 기술성·시장성·사업성 등을 종합적으로 평가한 등급을 말함)이 기술등급체계상 상위 50%에 해당하는 기업

병역

다음 어느 하나에 해당하는 병역을 말함(조특령 §27 ① 1호)

1. 현역병(상근예비역 및 의무경찰·의무소방원 포함)
2. 사회복무요원
3. 장교, 준사관 및 부사관

보조생식술

임신을 목적으로 자연적인 생식과정에 인위적으로 개입하는 의료행위로서 다음의 시술을 말함(모자보건법 §2 12호, 같은 법 시행규칙 §1의 2)

1. 남성의 정자를 채취 및 처리하여 여성의 자궁강 안으로 직접 주입하여 임신을 시도하는 자궁내 정자주입 시술
2. 여성의 난자와 남성의 정자를 채취한 후 체외에서 수정 및 배양하여 발생한 배아를 여성의 자궁강 안으로 이식하여 임신을 시도하는 체외수정 배아이식술("체외수정 시술"이라 함)

보험모집인

독립된 자격으로 보험가입자의 모집 및 이에 부수되는 용역을 제공하고 그 실적에 따라 모집수당 등을 받는 자(소령 §137 ①)

부과제척기간

세금을 부과할 수 있는 기간을 말하며, 통상 법정신고납부기한의 다음 날부터 5년 (무신고 7년)임

비거주자

거주자가 아닌 개인으로 국내원천소득에 대해서만 납세의무가 있음(소법 §1의 2·§2)

비거치식 분할상환방식 개정

거치기간이 1년 이내이고 거치기간 종료일이 속하는 과세기간부터 차입금 상환기간의 말일이 속하는 과세기간까지 매년 다음 계산식에 따른 금액 이상의 차입금을 상환하는 경우(소령 §112 ⑨)

산식에 해당 과세기간 중 상환월수를 고려하는 것은 2025.2.28. 이후 개정된 소득세법 시행령 제112조 제9항에 따른 것이므로(소령 부칙 §1, 2025.2.28.), 해당 시행령 개정 전인 2024년 귀속 연말정산분까지는 마지막 상환일이 속하는 과세기간에 상환월수가 12개월에 미달하여 종전 산식(상환월수를 고려하지 않은 산식을 의미함)에 따른 금액에 일시적으로 미달하여 상환하는 경우에는 종전 규정에 따라 비거치 분할상환방식에 해당되지 않음에 유의해야 함(기획재정부 소득세제과-1138, 2024.12.12.)

$$\frac{\text{차입금의 70\%}}{\text{상환기간 연수}} \times \frac{\text{해당 과세기간의 차입금 상환월수}}{12}$$

상환기간 연수: 1년 미만의 기간은 1년으로 함

사용자

사업주 또는 사업 경영 담당자, 그 밖에 근로자에 관한 사항에 대하여 사업주를 위하여 행위하는 자(근로기준법 §2 2호)

상환기간

(통상적 정의) 거치기간 종료 후 차입금을 모두 상환하기로 약정한 날까지의 기간
(세법적 정의) 대출기간을 의미(즉, 거치기간을 포함)

선원

선박에서 근로를 제공하기 위하여 고용된 사람으로 다음을 제외한 사람(선원법 §2 1호, 선원법 시행령 §2)

1. 선박검사원
2. 선박의 수리를 위하여 선박에 승선하는 기술자 및 작업원
3. 도선사
4. 항만운송사업법 제2조 제2항에 따른 항만운송사업 또는 같은 조 제4항에 따른 항만운송 관련 사업을 위하여 고용하는 근로자
5. 실습선원
6. 선박에서의 공연(公演) 등을 위하여 일시적으로 승선하는 연예인
7. '1.부터 6.까지'의 어느 하나에 준하는 사람으로서 선박소유자 단체 및 선원 단체의 대표자와 협의를 거쳐 해양수산부장관이 정하여 고시하는 사람

선장

해원을 지휘·감독하며 선박의 운항관리에 관하여 책임을 지는 선원(선원법 §2 3호)

선천성이상아

선천성 기형(奇形) 또는 변형(變形)이 있거나 염색체에 이상이 있는 영유아로서 보건복지부장관이 선천성이상의 정도·발생빈도 또는 치료에 드는 비용을 고려하여 정하는 선천성이상에 관한 질환이 있는 다음 어느 하나에 해당하는 영유아를 말함(모자보건법 §2 6호, 같은 법 시행령 §1의 2 2호)

1. 선천성이상으로 사망할 우려가 있는 영유아
2. 선천성이상으로 기능적 장애가 현저한 영유아
3. 선천성이상으로 기능의 회복이 어려운 영유아

소득·세액공제 신고서

소득을 지급받는 자가 본인의 배우자 또는 부양가족에 대한 인적공제, 특별소득공제, 그 밖의 소득공제, 세액공제·감면을 적용받고자 할 때에 연말정산시기까지 원천징수의무자에게 제출하여야 하는 서류를 말함

소액주주 - 법인세법
발행주식총수 또는 출자총액의 1%에 미달하는 주식 등을 소유한 주주 등(해당 법인의 국가, 지방자치단체가 아닌 지배주주 등의 특수관계인인 자는 제외)(법령 §50 ②)

소액주주 - 소득세법

구 분	내 용(소령 §27 ⑦, 소칙 §14의 3)	
정 의	은 행	발행주식총액 등의 1%에 해당하는 금액 미만의 주식을 소유한 주주
	이 외	다음 중 적은 금액 미만의 주식을 소유한 주주 1. 발행주식총액 등의 1%에 해당하는 금액 2. 액면가액 합계액 3억원
제외 대상	다음 주주는 소액주주에 해당되지 않음 1. 발행주식총액 등의 1% 이상의 주식을 소유한 주주(국가·지방자치단체인 주주 제외)로서 그와 소득세법 시행령 제98조 제1항에 따른 특수관계에 있는 주주와의 소유주식의 합계가 해당 법인의 주주 중 가장 많은 경우의 해당 주주 2. 소득세법 시행령 제98조 제1항에 따른 특수관계에 있는 주주	

소유권보존등기
미등기부동산에 대하여 그 소유권을 보존하기 위하여 행하는 등기(최초등기)

소유권이전등기
부동산 소유자가 변동되는 경우에 이를 부동산등기부에 등기하는 것(변경등기)

수도권
서울, 인천, 경기지역(수도권정비계획법 §2, 같은 법 시행령 §2)

수입시기 (귀속시기)
소득세는 과세기간 단위로 과세하는 바, 과세기간별로 소득금액을 계산하기 위하여 계속적으로 발생하는 수입금액을 각 과세기간에 배분하는 기준을 말함

수정신고
지급명세서를 기한 내에 제출한 자가 과다공제 등을 받아 세액을 과소납부하거나 과다환급 받은 경우 국세부과제척기간(통상 5년) 경과 전에 관할세무서장에게 추가로 납부하는 것을 말함

신용보증
대학생이 금융회사 등으로부터 학자금을 대출받음으로써 발생하는 채무를 한국장학재단 설립 등에 관한 법률 제25조에 따른 학자금대출 신용보증계정의 부담으로 보증하는 행위(한국장학재단 설립 등에 관한 법률 §2 4호)

실비변상적인 급여
근로자가 회사 업무수행을 위하여 실제로 소요된 경비상당액으로 보상받는 부분을 말함. 대표적으로 출장비가 있으며, 실비변상적급여는 근로자의 가처분소득이 아니므로 소득세법상 비과세소득으로 처리됨

지출한 금액 또는 지출한 금액 정도의 금액을 회사로부터 보전 받기 때문

어린이집
보호자의 위탁을 받아 영유아를 보육하는 기관을 말하며, 국공립어린이집, 사회복지법인어린이집, 법인·단체 등 어린이집, 직장어린이집, 가정어린이집, 협동어린이집, 민간어린이집이 있음. 국공립어린이집 외의 어린이집을 설치·운영하려는 자는 특별자치시장·특별자치도지사·시장·군수·구청장의 인가를 받아야 함(영유아보육법 §2 3호·§10·§13)

연금계좌
연금저축계좌와 퇴직연금계좌를 말함

연금저축계좌	다음 어느 하나에 해당하는 금융회사 등과 체결한 계약에 따라 "연금저축"이라는 명칭으로 설정하는 연금저축계좌를 말함(소령 §40의 2 ① 1호) 1. 자본시장과 금융투자업에 관한 법률 제12조에 따라 인가를 받은 신탁업자와 체결하는 신탁계약 2. 자본시장과 금융투자업에 관한 법률 제12조에 따라 인가를 받은 투자중개업자와 체결하는 집합투자증권 중개계약 3. 소득세법 시행령 제25조 제2항에 따른 보험계약을 취급하는 기관과 체결하는 보험계약
연말정산	원천징수의무자가 연말정산대상 소득(상용근로소득, 공적연금소득, 종교인소득, 간편장부대상자인 보험모집인·방문판매인·음료품배달인에 대한 사업소득)에 대해 종합소득 중 해당 소득만 있다는 가정하에 소득자가 제출한 소득·세액공제신고서 등의 내용에 따라 부담하여야 할 종합소득세액을 확정하는 제도
영유아	7세 이하의 취학 전 아동(영유아보육법 §2 1호)
오피스텔	건축법상 업무시설로서, 업무를 주로 하며 분양하거나 임대하는 구획 중 일부 구획에서 숙식을 할 수 있도록 한 건축물로서 국토교통부장관이 고시하는 기준에 적합한 것을 말함(건축법시행령 별표1 14호 나목 2))
외국국적동포	과거에 대한민국 국적을 보유했던 사람이나 그 직계비속으로 외국 국적을 취득한 사람
외국인	대한민국 국적이 없는 사람
외국인학교	외국에서 일정기간 거주하고 귀국한 내국인 중 대통령령으로 정하는 사람, 국적법 제4조에 따라 국적을 취득한 자의 자녀 중 해당 학교의 장이 대통령령으로 정하는 기준과 절차에 따라 학업을 지속하기 어렵다고 판단한 사람, 외국인의 자녀를 교육하기 위하여 설립된 학교(초·중등교육법 §60의 2)
우리사주조합	주식회사의 소속 근로자가 그 주식회사의 주식을 취득·관리하기 위하여 근로복지기본법이 정하는 요건을 갖추어 설립한 단체(근로복지기본법 §2)
원천징수부	매월분의 소득을 지급하는 원천징수의무자가 소득의 상세내역(과세소득, 비과세소득, 원천징수세액, 4대보험 징수내역 등)을 비치·기록한 서류를 말하며, 연말정산 시 기초 자료로 활용됨. 원천징수부를 전산처리된 테이프 또는 디스크 등으로 수록·보관하여 항시 출력이 가능한 상태에 둔 경우에도 원천징수부를 비치·기록한 것으로 봄
원천징수시기 (지급시기)	원천징수대상소득을 지급하는 자가 소득자에게 소득세를 원천징수하는 시기를 말하며, 지급시기라고도 함 대부분의 경우 실지 지급일이 되나, 지급일 전에 원천징수되는 경우도 있음에 유의
유아	만 3세부터 초등학교 취학 전까지의 어린이(유아교육법 §2 1호)
유치원	유아의 교육을 위하여 유아교육법에 따라 설립·운영되는 학교를 말하며, 국립유치원, 공립유치원(시립 또는 도립유치원) 및 교육감에게 인가받은 사립유치원으로 구분되고 초·중등교육법에 의한 초등학교·중학교 및 고등학교에 병설된 것도 포함됨(유아교육법 §2 2호·§7 ~ §9)

유해간행물

국가의 안전이나 공공질서 또는 인간의 존엄성을 뚜렷이 해치는 등 반국가적·반사회적·반윤리적인 내용의 유해한 간행물로서 간행물윤리위원회가 심의·결정한 것(출판문화산업진흥법 §2 8호)

음료품배달인

독립된 자격으로 일반 소비자를 대상으로 사업장을 개설하지 않고 음료품을 배달하는 계약배달 판매 용역을 제공하고 판매실적에 따라 판매수당 등을 받는 자(소령 §137 ①)

의료기관

의료인이 공중(公衆) 또는 특정다수인을 위하여 의료·조산의 업을 행하는 곳을 말하며, 의원급 의료기관(의원·치과의원·한의원), 조산원 및 병원급 의료기관(종합병원·병원·치과병원·한방병원·요양병원·정신병원)으로 구분(의료법 §3 ①·②)

의료기기

대표적으로 심폐인공소생기, 인공신장기, 인공심장박동기, 의료용소독기, 호흡보조장치, 심폐용 혈액여과기 등이 있음

의료기기라 함은 사람이나 동물에게 단독 또는 조합하여 사용되는 기구·기계·장치·재료 또는 이와 유사한 제품으로서 다음 어느 하나에 해당하는 제품을 말하되, 약사법에 따른 의약품과 의약외품 및 장애인복지법 제65조에 따른 장애인보조기구 중 의지(義肢)·보조기(補助器)는 제외함(의료기기법 §2 ①)

1. 질병을 진단·치료·경감·처치 또는 예방할 목적으로 사용되는 제품
2. 상해(傷害) 또는 장애를 진단·치료·경감 또는 보정할 목적으로 사용되는 제품
3. 구조 또는 기능을 검사·대체 또는 변형할 목적으로 사용되는 제품
4. 임신을 조절할 목적으로 사용되는 제품

의약품

다음에 해당하는 물품을 말하며, 일반의약품과 전문의약품으로 구분(약사법 §2 4호·9호·10호)

1. 대한민국약전(大韓民國藥典)에 실린 물품 중 의약외품이 아닌 것
2. 사람이나 동물의 질병을 진단·치료·경감·처치 또는 예방할 목적으로 사용되는 물품 중 기구·기계 또는 장치가 아닌 것
3. 사람이나 동물의 구조와 기능에 약리학적(藥理學的) 영향을 줄 목적으로 사용되는 물품 중 기구·기계 또는 장치가 아닌 것

인적공제

소득이 있는 개인의 종합소득금액을 계산한 후 과세표준을 계산하는 과정에서 공제되는 것으로 기본공제, 추가공제(경로우대·장애인·한부모·부녀자공제)를 말함

일반 상환 학자금대출

대학생에게 학자금을 대출하고 거치(据置) 기간 동안은 이자를 내게 하고 상환 기간이 도래한 후에 원리금을 분할하여 상환하도록 하는 대출(한국장학재단 설립 등에 관한 법률 §2 3호)

일용근로자

근로를 제공한 날 또는 시간에 따라 근로대가를 계산하거나, 근로를 제공한 날 또는 시간의 근로성과에 따라 급여를 계산하여 받는 사람으로서 근로계약에 따라 동일한 고용주에게 3개월 이상(건설공사에 종사하는자는 1년, 하역작업 종사자는 기간 제한 없음) 계속하여 고용되어 있지 아니한 사람을 말함(소령 §20 ①)

임금

사용자가 근로의 대가로 근로자에게 임금, 봉급, 그 밖에 어떠한 명칭으로든지 지급하는 모든 금품(근로기준법 §2 5호)

임원

구 분	내 용
소득세법 법인세법	다음 어느 하나의 직무에 종사하는 자를 말한다(소령 §42의 2 ⑤, 법령 §40 ①). 1. 법인의 회장, 사장, 부사장, 이사장, 대표이사, 전무이사 및 상무이사 등 이사회의 구성원 전원과 청산인 2. 합명회사, 합자회사 및 유한회사의 업무집행사원 또는 이사 3. 유한책임회사의 업무집행자 4. 감사 5. 그 밖에 '1.부터 4.'까지의 규정에 준하는 직무에 종사하는 자
판단 유의사항	상법에 따라 등기하여야 하는 이사나 이사회의 구성원만을 뜻하는 것이 아니라 그 직무를 살펴 이에 준하는 직무에 종사하는 자도 포함한다. 즉 임원에 해당하는지 여부는 종사하는 직무의 실질에 따라 사실 판단할 사항이다(서면법인-1272, 2017. 10.20.; 조심 2018서841, 2018.6.12.).

자비유학자

다음 어느 하나에 해당하는 사람으로서 외국의 교육기관, 외국의 연구기관 또는 외국의 연수기관(이하 "외국의 교육기관 등")으로부터 입학허가 또는 초청을 받은 사람을 말함(국외유학에 관한 규정 제5조)

1. 중학교 졸업 이상의 학력이 있거나 이와 같은 수준 이상의 학력이 있다고 인정되는 사람
2. 다음 어느 하나에 해당하는 사람으로서 해당 학교를 관할하거나 학력인정에 관한 사무를 관장하는 교육장의 유학인정을 받은 사람
   (1) 예·체능계 중학교(이에 준하는 각종 학교를 포함. 이하 같음)의 재학생으로서 전공분야의 실기가 뛰어난 것으로 인정되어 해당 학교장이 추천한 사람(예·체능 학교에 유학간 경우에 한함)
   (2) 중학교의 재학생, 중학교 학적을 가졌던 사람 또는 이와 같은 수준 이상의 학력이 있다고 인정되는 사람으로서 자연과학·기술 및 예·체능분야의 특별시·광역시·특별자치시·도·특별자치도 규모 이상의 대회에서 입상한 사람(해당 입상 분야 또는 기술자격 분야와 같은 분야에 유학간 경우에 한함)
   (3) 중학교의 재학생, 중학교 학적을 가졌던 사람 또는 이와 같은 수준 이상의 학력이 있다고 인정되는 사람으로서 국가기술자격법 제9조 제1항 제1호에 따른 기술사·기능장·기사 또는 산업기사의 기술자격을 취득한 사람(해당 입상 분야 또는 기술자격 분야와 같은 분야에 유학간 경우에 한함)
   (4) 장애인 등에 대한 특수교육법 제2조 제3호에 따른 특수교육대상자(해당 특수교육분야의 학교로 유학간 사람에 한함)
3. 다음 어느 하나에 해당하는 사람으로서 국립국제교육원장의 유학인정을 받은 사람
   (1) 외국의 정부·공공단체 또는 장학단체의 장학생으로 선발된 조기교육 대상자
   (2) 이 영에 따른 유학으로 외국의 학교에서 3년 이상 재학하고 귀국한 사람으로서 해당 외국의 상용어(商用語)를 사용하는 국가에 유학을 하려는 사람
   (3) 대한민국의 국적을 회복한 교포였던 사람 또는 그 자녀로서 귀국 후 그가 거주하던 외국의 상용어를 사용하는 국가에 유학을 하려는 사람
   (4) 고아, 다문화가족 자녀, 국가유공자 등 예우 및 지원에 관한 법률 제4조 제1항에 따른 국가유공자나 그 유족 또는 가족으로서 외국의 정부·단체 또는 친척 등으로부터 초청을 받은 사람
   (5) 이 영에 따른 유학 또는 연수로 외국의 교육기관 등에서 유학 또는 연수 중 병역의무의 이행, 질병이나 그 밖의 부득이한 사유로 귀국한 후 해당 기관에 복귀하기 위하여 다시 출국하기를 희망하는 사람
   (6) 올림픽대회 또는 아시아경기대회에서 금메달·은메달 또는 동메달을 받은 사람

장애인보장구 개정

다음의 장애인보장구(영세율적용)를 말함(조특령 §105 ②, 조특칙 §47의 8·별표 9의 2)

구분	내용
보조기기	장애인용으로 특별히 제작된 다음의 것 • 팔 의지(義肢), 다리의지(義肢) • 수동휠체어, 전동휠체어 • 청각보조기기(청각보조기용 액세서리 포함) • 점자 교육용 보조기기 • 점자 읽기자료 • 휴대용 점자 기록기 • 프린터(점자프린터 한정) • 표준 네트워크 전화기(청각 장애인용 골도전화기 한정) • 특수 출력 소프트웨어 • 특수키보드 • 컴퓨터 포인팅용 장치 • 다리 보조기 • 척추 및 머리보조기 • 팔 보조기 • 보행용 막대기 및 지팡이 • 촉각 막대기 또는 흰 지팡이 • 팔꿈치 목발 • 아래팔 목발 • 겨드랑이 목발 • 양팔 조작형 보행용 보조기기 • 욕창방지 방석 및 커버 • 욕창 예방용 등받이 및 패드 • 와상용 욕창 예방 보조기구 • 침대 및 침대장비(욕창방지용으로 한정) • 대소변 흡수용 보조기구 • 시각 신호 표시기 • 음성 출력 읽기 자료 • 영상 확대 비디오 시스템 • 비디오 자막 및 자막 텔레비전 해독기(국가·지방자치단체 또는 방송법 제90조의 2에 따라 설립된 시청자미디어재단이 시·청각장애인에게 무료로 공급하기 위하여 구매하는 것으로 한정함)
의료기기	장애인용으로 특수하게 제작되거나 제조된 다음의 것 • 보청기 • 인공후두 • 인공달팽이관장치(연결사용하는 외부 장치 및 배터리 포함)

재외국민

대한민국의 국민으로서 외국의 영주권(永住權)을 취득한 사람이나 영주할 목적으로 외국에 거주하고 있는 사람으로 내국인에 해당

재외동포

재외국민과 외국국적동포를 함께 포함하는 말

재정환율

미 달러화 이외의 기타 통화와 원화를 매매할 때 매매기준이 되는 환율을 말함

전입일

주민등록표등본에 주소를 이전 등록하는 날

전통시장

자연발생적으로 또는 사회적·경제적 필요에 의하여 조성되고, 상품이나 용역의 거래가 상호신뢰에 기초하여 주로 전통적 방식으로 이루어지는 장소로서 다음 요건을 모두 충족한다고 특별자치시장·특별자치도지사·시장·군수·구청장(구청장은 자치구의 구청장을 말함)이 인정하는 곳(전통시장 및 상점가 육성을 위한 특별법 §2 1호)

1. 해당 구역 및 건물에 대통령령으로 정하는 수 이상의 점포가 밀집한 곳일 것
2. 유통산업발전법 시행령 제2조에 따른 용역제공장소의 범위에 해당하는 점포수가 전체 점포수의 1/2 미만일 것
3. 그 밖에 대통령령으로 정하는 기준에 맞을 것

전환대출

한국장학재단이 일반 상환 학자금대출 또는 신용보증(이하 "기대출"이라 함)을 받은 사람에게 이미 대출받은 학자금을 상환하도록 하는 학자금대출(한국장학재단 설립 등에 관한 법률 §2 3호의 2)

제로페이

소상공인을 지원하기 위해 만든 수수료가 없는 결제 서비스로 자영업자와 소상공인의 카드 수수료 부담을 덜기 위한 대책으로 추진하기 시작해 정부, 서울시 및 지자체, 금융회사, 민간 간편결제 사업자가 협력하여 도입한 QR코드 방식의 모바일 간편결제 서비스를 말함

조합원분양권

재건축 또는 재개발사업을 시행하는 정비사업조합의 조합원이 관리처분계획의 인가로 인하여 취득한 입주자로 선정된 지위

종교단체

종교의 보급이나 교화를 목적으로 설립된 다음의 단체(그 소속단체 포함)(소령 §41 ⑮)

1. 민법 제32조에 따라 설립된 비영리법인
2. 국세기본법 제13조에 따른 법인으로 보는 단체
3. 부동산등기법 제49조 제1항 제3호에 따라 부동산등기용 등록번호를 부여받은 법인 아닌 사단·재단

종교인

종교단체에 소속되어 종교의식을 집행하는 등 종교 관련 종사자로서의 활동을 하는 사람(종교 관련 종사자)(소법 §12 5호 아목 1))

└ 통계법 제22조에 따라 작성된 한국표준직업분류에 따른 종교 관련 종사자를 말함

종교인소득

종교인이 종교단체로부터 종교의식을 집행하는 등 종교 관련 종사자로서의 활동과 관련하여 받는 소득(소법 §21 ① 26호)

종합소득

해당 연도에 발생하는 이자·배당·사업·근로·연금·기타소득을 합산한 개념임

주거용 오피스텔

주거에 사용하는 오피스텔

주거전용면적

주거의 용도로만 쓰이는 면적(주택법 §2 6호)

주소

생활관계의 중심이 되는 장소를 말하는 것으로, 국내에서 생계를 같이하는 가족 및 국내에 소재하는 자산의 유무 등 생활관계의 객관적 사실에 따라 판정함. 주소가 국내에 있는 경우 거주자가 됨(소법 §1의 2, 소령 §2)

주택

세대(世帶)의 구성원이 장기간 독립된 주거생활을 할 수 있는 구조로 된 건축물의 전부 또는 일부 및 그 부속토지를 말하며, 단독주택과 공동주택으로 구분(주택법 §2 1호)

주택청약종합저축

2009.5.6. 출시된 청약통장으로 국민주택과 민영주택을 가리지 않고 모든 신규 분양주택에 사용할 수 있는 만능청약통장임. 주택 소유나 세대주 여부, 연령 등에 관계없이 누구나 가입할 수 있음

준대규모점포

다음 어느 하나에 해당하는 점포로서 대통령령으로 정하는 것(유통산업발전법 §2 4호)

1. 대규모점포를 경영하는 회사 또는 그 계열회사(독점규제 및 공정거래에 관한 법률에 따른 계열회사를 말함)가 직영하는 점포
2. 독점규제 및 공정거래에 관한 법률에 따른 상호출자제한기업집단의 계열회사가 직영하는 점포
3. '1. 및 2.'의 회사 또는 계열회사가 유통산업발전법 제2조 제6호 가목에 따른 직영점형 체인사업 및 같은 호 나목에 따른 프랜차이즈형 체인사업의 형태로 운영하는 점포

중소기업퇴직 연금기금제도

중소기업 사용자·근로자가 납입한 부담금으로 근로복지공단이 공동기금을 조성·운영하여 근로자에게 퇴직급여를 지급하는 공적 퇴직급여제도를 말함(근로자퇴직급여보장법 제4장의 2)

지급명세서 (원천징수영수증)

소득을 지급하는 원천징수의무자가 소득자에게 소득 및 원천징수세액 등을 기재하여 원천징수하였음을 증명하기 위하여 발급하는 서류로서, 원천징수 관할세무서에 다음연도 2월 말일 또는 3.10.까지 제출하는 서류를 말함

지배주주 – 법인세법

발행주식총수(또는 출자총액)의 1% 이상의 주식(또는 출자지분)을 소유한 주주(또는 출자자)로서 그와 특수관계에 있는 자와의 소유주식(또는 출자지분)의 합계가 해당 법인의 주주(또는 출자자) 중 가장 많은 경우의 해당 주주(또는 출자자)(법령 §43 ⑦)

지배적인 영향력

다음에 해당하는 경우 해당 법인의 경영에 대하여 지배적인 영향력을 행사하고 있는 것으로 본다(국기령 §1의 2 ④).

구 분	범 위
영리법인	1. 법인의 발행주식총수 등의 30% 이상을 출자한 경우 2. 임원의 임면권의 행사, 사업방침의 결정 등 법인의 경영에 대하여 사실상 영향력을 행사하고 있다고 인정되는 경우
비영리법인	1. 법인의 이사의 과반수를 차지하는 경우 2. 법인의 출연재산(설립을 위한 출연재산만 해당)의 30% 이상을 출연하고 그중 1인이 설립자인 경우

직불카드 등

직불카드, 기명식선불카드, 직불전자지급수단, 기명식선불전자지급수단, 기명식전자화폐

직업훈련시설

공공직업훈련시설 및 지정직업훈련시설을 말함(국민평생직업능력개발법 §2 3호)

청약저축

아파트 분양 청약 자격을 얻기 위해 활용되는 청약통장 중 하나로, 전용 25.7평 이하 규모로 국민주택기금의 지원을 받아 짓는 국민주택을 분양 또는 임대받을 수 있는 통장으로, 2009.5.6. 이후 신규가입이 중단됨

체육시설

다음 어느 하나에 해당하는 것(소령 §118의 6 ⑥, 소칙 §61의 5)

1. 국가, 지방자치단체 또는 청소년활동진흥법에 따른 청소년수련시설로 허가·등록된 시설을 운영하는 자가 운영(위탁운영 포함)하는 체육시설
2. 체육시설의 설치·이용에 관한 법률에 따른 체육시설업자가 운영하는 체육시설 (체육시설의 설치·이용에 관한 법률 시행령 [별표1] 참조)
3. 합기도장·국선도장·공수도장 및 단학장 등 체육시설의 설치·이용에 관한 법률에 따른 체육시설업자가 운영하는 체육시설과 유사한 체육시설(민법 제32조에 따라 설립된 비영리법인이 운영하는 체육시설 포함)을 운영하는 자로서 다음 어느 하나를 발급받거나 부여받은 자가 운영하는 체육시설
   (1) 사업자등록증(소법 §168 ③, 법법 §111 ③, 부법 §8 ⑤)
   (2) 고유번호(소법 §168 ⑤, 법령 §154 ③)

초·중등 교육법에 따른 학교

초·중등교육법에 따른 학교는 다음과 같음(초·중등교육법 §2)

1. 초등학교
2. 중학교·고등공민학교
3. 고등학교·고등기술학교
4. 특수학교
5. 각종 학교(외국인학교·대안학교 등)

용어 정의

총급여	근로소득총액에서 비과세 근로소득을 차감한 금액으로 과세대상 근로소득을 말하며, 의료비 세액공제·주택자금공제·신용카드 등 소득공제 등을 적용할 때 활용됨
취업 후 상환 학자금대출	대학생에게 학자금을 대출하고 그 원리금은 취업 등으로 소득이 발생한 후에 소득 수준에 따라 상환하도록 하는 대출(한국장학재단 설립 등에 관한 법률 §2 2호)
친족관계	다음 어느 하나에 해당하는 관계를 말함(국기령 §1의 2 ①) 1. 4촌 이내의 혈족 2. 3촌 이내의 인척 3. 배우자(사실상의 혼인관계에 있는 사람을 포함) 4. 친생자로서 다른 사람에게 친양자 입양된 자 및 그 배우자·직계비속 5. 본인이 민법에 따라 인지한 혼인 외 출생자의 생부나 생모(본인의 금전이나 그 밖의 재산으로 생계를 유지하는 사람 또는 생계를 함께하는 사람으로 한정)
퇴직연금계좌	퇴직연금을 지급받기 위하여 가입하여 설정하는 다음 어느 하나에 해당하는 퇴직연금계좌를 말함(소령 §40의 2 ① 2호) 1. 근로자퇴직급여 보장법 제2조 제9호의 확정기여형 퇴직연금제도에 따라 설정하는 계좌 2. 근로자퇴직급여 보장법 제2조 제10호의 개인형 퇴직연금제도에 따라 설정하는 계좌 3. 근로자퇴직급여 보장법에 따른 중소기업퇴직연금기금제도에 따라 설정하는 계좌 4. 과학기술인공제회법 제16조 제1항에 따른 퇴직연금급여를 지급받기 위하여 설정하는 계좌
투자조합	벤처투자조합, 민간재간접벤처투자조합, 신기술사업투자조합 또는 전문투자조합을 말함(조특법 §16 ① 1호)
투자조합 관리자 등	다음의 자를 말함(조특령 §14 ⑥) 1. 벤처투자촉진에관한법률 제2조 제11호에 따른 벤처투자조합을 관리하는 자 2. 여신전문금융업법에 따른 신기술사업투자조합을 관리하는 자 3. 자본시장과 금융투자업에 관한 법률에 따른 벤처기업투자신탁의 집합투자업자 또는 그 투자신탁을 취급하는 금융회사, 같은 법에 따른 창업·벤처전문 사모집합투자기구의 업무집행사원 또는 창업·벤처전문 사모집합투자기구를 취급하는 금융회사, 벤처기업 육성에 관한 특별법 제27조에 따라 중소벤처기업부장관의 위임을 받은 자 4. 소재·부품·장비산업 경쟁력 강화 및 공급망 안정화를 위한 특별조치법에 따른 전문투자조합을 관리하는 자
특례유학자	외국에서 1년 이상 거주하고 있는 자의 자녀 또는 손자녀 등(그 부모·조부모 또는 기타의 부양의무자와 동거할 목적으로 출국한 경우에 한함)이 그 부모·조부모 또는 기타의 부양의무자와 함께 체류하여 외국의 교육기관 등에 재학 중인 경우를 말하며, 그 부모·조부모 또는 기타의 부양의무자가 귀국을 한 때에도 국외유학에 관한 규정에 따라 유학을 하는 자로 봄(국외유학에 관한 규정 §15)
특별법에 따른 학교	과학기술대학, 경찰대학, 육·해·공군사관학교, 국군간호사관학교, 한국예술종합학교, 기능대학 등

특별세액공제 해당 과세기간에 지급한 (장애인)보장성보험료, 의료비, 교육비, 기부금에 대하여 법에서 정한 공제율(통상 15%)을 적용한 금액을 해당 과세기간의 종합소득산출세액에서 공제하는 것을 말함(소법 §59의 4)

특별소득공제 해당 과세기간에 지급한 건강보험료와 고용보험료, 주택임차차입금 원리금상환액, 장기주택저당차입금 이자상환액에 대하여 소득금액에서 소득공제하는 것을 말함(소법 §52)

특수관계 – 법인세법 다음 어느 하나에 해당하는 특수관계인을 말하며, 본인도 해당 특수관계인의 특수관계인으로 본다(법법 §2 12호, 법령 §2 ⑧, 국기령 §1의 2 ①·④).

1. 임원의 임면권의 행사, 사업방침의 결정 등 해당 법인의 경영에 대해 사실상 영향력을 행사하고 있다고 인정되는 자(상법 제401조의 2 제1항에 따라 이사로 보는 자 포함)와 그 친족
2. 소액주주 등이 아닌 주주 또는 출자자(이하 "비소액주주 등")와 그 친족
3. 다음 어느 하나에 해당하는 자 및 이들과 생계를 함께하는 친족
   (1) 법인의 임원·직원 또는 비소액주주 등의 직원
   (2) 법인 또는 비소액주주 등의 금전이나 그 밖의 자산에 의해 생계를 유지하는 자
4. 해당 법인이 직접 또는 그와 '1.부터 3.까지'의 관계에 있는 자를 통해 어느 법인의 경영에 대해 지배적인 영향력을 행사하고 있는 경우 그 법인
5. 해당 법인이 직접 또는 그와 '1.부터 4.까지'의 관계에 있는 자를 통해 어느 법인의 경영에 대해 지배적인 영향력을 행사하고 있는 경우 그 법인
6. 해당 법인에 30% 이상을 출자하고 있는 법인에 30% 이상을 출자하고 있는 법인이나 개인
7. 해당 법인이 독점규제 및 공정거래에 관한 법률에 따른 기업집단에 속하는 법인인 경우 그 기업집단에 소속된 다른 계열회사 및 그 계열회사의 임원

비소액주주 등이 영리법인인 경우 임원, 비영리법인인 경우 그 이사 및 설립자를 말함

특수관계 – 소득세법 친족관계 또는 다음 어느 하나에 해당하는 특수관계인을 말함(소령 §98 ①, 국기령 §1의 2 ①·②·③ 1호)

구 분	범 위
경제적 연관 관계	다음 어느 하나에 해당하는 경제적 연관관계 1. 임원과 그 밖의 사용인 2. 본인의 금전이나 그 밖의 재산으로 생계를 유지하는 자 3. '1. 및 2.'의 자와 생계를 함께하는 친족
경영 지배 관계	다음 구분에 따른 경영지배관계 1. 본인이 직접 또는 그와 친족관계 또는 경제적 연관관계에 있는 자를 통하여 법인의 경영에 대하여 지배적인 영향력을 행사하고 있는 경우 그 법인 2. 본인이 직접 또는 그와 친족관계, 경제적 연관관계 또는 '1.'의 관계에 있는 자를 통하여 법인의 경영에 대하여 지배적인 영향력을 행사하고 있는 경우 그 법인

특수학교 신체적·정신적·지적 장애 등으로 인하여 특수교육이 필요한 사람에게 초등학교·중학교 또는 고등학교에 준하는 교육과 실생활에 필요한 지식·기능 및 사회적응 교육을 하는 것을 목적으로 하는 학교(초·중등교육법 §55)

평생교육시설

다음과 같은 시설을 말함

구 분	내 용
고등학교졸업 이하의 학력이 인정되는 학교형태의 평생교육시설	학교형태의 평생교육시설을 설치·운영하고자 하는 자가 법 소정 시설·설비를 갖추어 교육감에게 등록한 학교형태의 평생교육시설 중 일정 기준 이상의 요건을 갖춘 평생교육시설로서 교육감이 고등학교졸업 이하의 학력이 인정되는 시설로 지정한 평생교육시설을 말함(평생교육법 §31 ①·②)
전공대학의 명칭을 사용할 수 있는 평생교육시설(전공대학)	초·중등교육법 제54조 제4항에 따라 전공과를 설치·운영하는 고등기술학교는 교육부장관의 인가를 받아 전문대학졸업자와 동등한 학력·학위가 인정되는 평생교육시설로 전환·운영할 수 있으며, 이 경우 전공대학의 명칭을 사용할 수 있음(평생교육법 §31 ④)
원격대학형태의 평생교육시설(원격대학)	정보통신매체를 이용하여 특정 또는 불특정다수인에게 원격교육을 실시하거나 다양한 정보를 제공하는 등의 평생교육을 실시하기 위하여 교육부장관의 인가를 받아 설치한 전문대학 또는 대학졸업자와 동등한 학력·학위가 인정되는 원격대학형태의 평생교육시설을 말함(평생교육법 §33 ①·③)

표준세액공제

연말정산대상 소득이 있는 거주자에 대해서 다음과 같이 적용(소법 §59의 4 ⑨)

구 분	적용요건	표준세액공제 적용
근로소득	다음을 적용받지 않는 경우 • 특별소득공제 • 특별세액공제(정치자금·우리사주조합기부금 제외) • 월세액공제	연 13만원
공적연금소득·종교인소득·사업소득	무조건 적용	연 7만원

학원

사인(私人)이 같은 시간에 교습을 받거나 학습장소로 이용할 수 있는 인원이 10명(장애인 등에 대한 특수교육법 제15조 제1항 각 호의 어느 하나에 해당하는 장애가 있는 사람을 대상으로 하는 경우는 1명) 이상의 학습자 또는 불특정다수의 학습자에게 30일 이상의 교습과정(교습과정의 반복으로 교습일수가 30일 이상이 되는 경우를 포함)에 따라 지식·기술(기능 포함)·예능을 교습(상급학교 진학에 필요한 컨설팅 등 지도를 하는 경우와 정보통신기술 등을 활용하여 원격으로 교습하는 경우를 포함)하거나 30일 이상 학습장소로 제공되는 시설로서 다음 어느 하나에 해당하지 아니하는 시설을 말하며, 학원을 설립하고자 하는 자는 법 소정 시설 및 설비를 갖추어 교육감에게 등록하여야 함(학원의 설립·운영 및 과외교습에 관한 법률 §2·§6, 같은 법 시행령 §2 ②)

1. 유아교육법, 초·중등교육법, 고등교육법, 그 밖의 법령에 따른 학교
2. 도서관·박물관 및 과학관
3. 사업장 등의 시설로서 소속직원의 연수를 위한 시설
4. 평생교육법에 따라 인가·등록·신고 또는 보고된 평생교육시설
5. 국민평생직업능력개발법에 따른 직업능력개발훈련시설이나 그 밖에 평생교육에 관한 다른 법률에 따라 설치된 시설
6. 도로교통법에 따른 자동차 운전학원
7. 주택법 제2조 제3호에 따른 공동주택에 거주하는 자가 공동으로 관리하는 시설로서 공동주택관리법 제14조에 따른 입주자대표회의의 의결을 통하여 영리를 목적으로 하지 아니하고 입주민을 위한 교육을 하기 위하여 설치하거나 사용하는 시설

학자금대출

다음 어느 하나에 해당하는 학자금대출(등록금에 대한 대출에 한정)을 말함(소령 §118의 6 ⑨, 소칙 §61의 6)

1. 한국주택금융공사가 금융기관으로부터 양수한 학자금 대출
2. 한국장학재단에 승계된 학자금 대출
3. 한국장학재단의 취업 후 상환 학자금대출, 일반 상환 학자금대출, 전환대출 및 구상채권 행사의 원인이 된 학자금대출
4. 농어촌 출신 대학생의 학자금 융자지원 사업을 통한 학자금대출

학점은행제

학점인정 등에 관한 법률에 따른 교육과정은 같은 법 규정에 의하여 교육부장관이 다음의 교육훈련기관이 설치·운영하는 학습과정에 대하여 학점인정 학습과정으로 평가 인정한 교육과정을 말함(학점인정 등에 관한 법률 §2·§3, 같은 법 시행령 §3)

1. 초·중등교육법 제54조 제4항 및 제57조에 따라 전공과를 둔 고등기술학교·특수학교 또는 고등교육법 제59조에 따른 대학 및 전문대학에 준하는 각종 학교 중 학력인정이 되지 아니하는 학교
2. 고등교육법 제26조 및 평생교육법 시행령 제44조 제4항에 따른 공개강좌 또는 고등교육법 제49조에 따른 전공심화과정을 둔 전문대학
3. 평생교육법 제33조 제2항, 제35조부터 제38조까지의 규정에 따른 평생교육시설
4. 학원의 설립·운영 및 과외교습에 관한 법률 제6조에 따라 설립된 학원
5. 국민평생 직업능력개발법 제2조 제3호에 따른 직업능력개발 훈련시설
6. 산업기술혁신촉진법 제38조에 따른 한국산업기술진흥원, 같은 법 제39조에 따른 한국산업기술평가관리원, 같은 법 제39조의 2에 따른 한국세라믹기술원 및 같은 법 제42조에 따른 전문생산기술연구소
7. 무형문화재 보전 및 진흥에 관한 법률 제25조 제2항 본문에 따른 전수교육을 실시하는 시설
8. 국가 또는 지방자치단체가 소속직원 또는 일반인 등을 대상으로 교육훈련을 실시하기 위하여 설치한 시설로서 교육훈련기관으로서의 별도의 승인이나 신고 없이 운영되고 있는 시설
9. 평생교육법 제29조 제2항에 따라 평생교육을 직접 실시하는 대학 및 같은 법 제30조 제2항에 따라 평생교육과정을 운영하는 대학
10. 여러 사람이 동시에 수강할 수 있도록 설계된 온라인 공개강좌로서 교육부장관이 인정하는 강좌를 개발·운영하는 다음 어느 하나에 해당하는 기관
    (1) 대학
    (2) 그 밖에 전문학사학위과정, 학사학위과정, 석사학위과정 또는 박사학위과정을 설치·운영하는 기관
11. 인공지능·사물인터넷 등 4차 산업혁명 관련 분야의 직무능력을 함양할 수 있도록 설계된 온라인 강좌(온라인 강좌를 보조하기 위한 집합교육 포함)로서 교육부장관이 인정하는 강좌를 개발·운영하는 다음 어느 하나에 해당하는 시설 및 기관
    (1) 국민평생직업능력개발법 제2조 제3호 나목에 따른 지정직업훈련시설
    (2) 평생교육법 제33조 제2항에 따른 평생교육시설
    (3) 대학
12. 상기 '1.부터 11.'까지에서 규정한 교육훈련기관 외에 교육부장관이 평가인정 대상기관으로 적합하다고 인정하는 평생교육시설, 직업능력개발훈련기관 및 군의 교육·훈련시설

항시 치료를 요하는 중증환자
개정

국민건강보험법 시행령 별표 2 제3호 라목 1)부터 10)까지 외의 부분 전단에 따른 희귀성 난치질환 등 또는 이와 유사한 질병·부상으로 인해 중단없이 주기적인 치료가 필요한 사람으로서 의료기관의 장이 취업·취학 등 일상적인 생활에 지장이 있다고 인정한 사람을 말하며, 의료기관에서 발급한 장애인증명서(의사서명 필수)가 있는 경우에는 장애인으로 판정되어 연말정산 시 추가공제 등의 여러 혜택을 받을 수 있음

해원

선박에서 근무하는 선장이 아닌 선원(선원법 §2 4호)

현금영수증

소비자가 현금(건당 1원 이상)과 함께 카드(적립식카드, 신용카드 등), 핸드폰번호 등을 제시할 경우 가맹점이 현금영수증발급장치(신용카드단말기에 현금영수증발급장치를 설치한 경우 포함)를 통해 발급하는 영수증

Perfect 연말정산

Chapter 01

연말정산 개요

01 연말정산 의의

모든 개인 소득자가 소득세법에 따라 과세기간 동안 벌어들인 종합소득에 대해 매년 5.31.에 직전연도 종합소득에 대한 종합소득세를 확정신고·납부하도록 한다면 소득자 및 과세관청 모두 여러 어려움이 발생하게 될 것이다.

이에 소득세법에서는 원천징수의무자가 다음연도 초에 소득자 각 개인별로 연말정산대상 종합소득만 있다는 가정하에 종합소득세를 산출하는 연말정산을 수행하여 신고·납부하는 제도를 두고 있다.

한걸음 더

종합소득세 확정신고납부와의 관계

1. 종합소득세 확정신고납부 대상이 되는 경우

구 분	내 용
연말정산 의미	소득자 각 개인별로 연말정산대상 종합소득만 있다는 가정하에 종합소득세를 산출하는 과정
확정신고 납부대상 (사례)	연말정산대상 종합소득 외의 다른 종합소득이 있는 경우 예시 1 연말정산대상 근로소득과 연말정산대상 사업소득이 모두 있는 경우 예시 2 연말정산대상 근로소득과 확정신고대상 금융소득이 있는 경우 예시 3 연말정산대상 근로소득과 사업소득이 있는 경우 연말정산결과로 산출된 종합소득세가 적법하지 않은 경우 예시 1 연말정산대상 근로소득 2건을 합산하여 연말정산하지 않은 경우 예시 2 연말정산 시 공제대상이 아닌데 공제를 받은 경우 예시 3 연말정산 시 적법한 세액공제를 받지 못한 경우

구 분	내 용			
가산세	확정신고납부대상		가산세 적용	
	종합소득세 확정신고납부를 한 경우	적법한 소득세 신고납부	없음	
		과소 신고납부	과소신고가산세(10%) 납부지연가산세(연 8%)	5년의 부과제척기간이 적용됨
	종합소득세 확정신고납부를 하지 않은 경우 (조심 2018중2933, 2018.9.28.)		무신고가산세(20%) 납부지연가산세(연 8%)	7년의 부과제척기간이 적용됨

2. 종합소득세 확정신고납부 대상이 아닌 경우

연말정산대상소득에 대해 연말정산으로 적법하게 소득세를 납부하여 확정신고납부를 할 세액이 없는 자는 종합소득세 확정신고납부의무가 면제된다(소법 §73 ②).

02 연말정산 종류

연말정산에는 다음과 같은 것이 있다.

1. 상용근로소득에 대한 근로소득 연말정산
2. 보험모집인, 방문판매인 및 음료품배달인의 사업소득에 대한 사업소득 연말정산
3. 2002년 이후 납입된 공적연금소득에 대한 연금소득 연말정산
4. 2018.1.1. 이후 발생되는 종교인소득에 대한 기타소득 연말정산

한걸음 더

1. 근로소득에 대한 세무처리

구 분	세무처리
일용근로소득	지급 시 원천징수로서 납세의무 종결(분리과세)
상용근로소득 (일용근로소득이 아닌 경우)	1. 매월 급여 지급 시 간이세액표에 따라 원천징수 2. 다음과 같이 연말정산 수행 (1) 퇴직자 → 퇴직월 급여지급 시 연말정산 (2) 계속근로자 → 다음연도 2월에 연말정산 3. 다른 종합소득(연말정산하지 않은 다른 상용근로소득이 있는 경우도 포함)이 있는 경우 다른 종합소득과 합산하여 종합소득세 확정신고납부

2. 근로소득 연말정산의 종류(구분)

상용근로소득에 대한 연말정산의 종류(구분)는 다음과 같다.

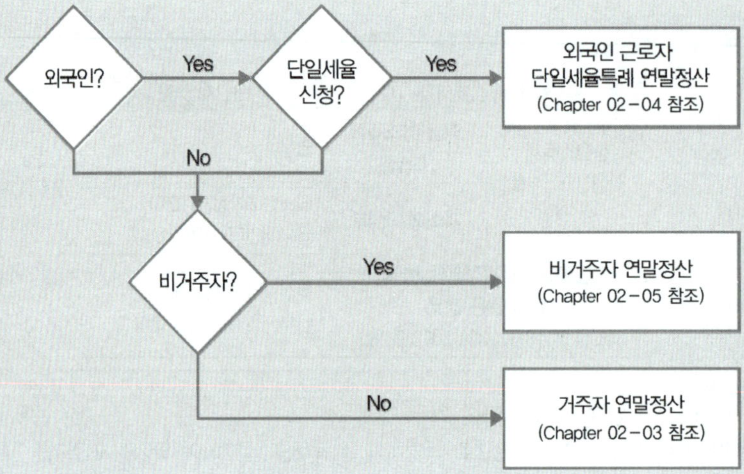

3. 사업소득에 대한 세무처리

구 분	세무처리
연말정산대상 사업소득 (보험모집인, 방문판매인, 음료품배달인 중 간편장부대상자의 사업소득)	1. 매월 사업소득 지급 시 원천징수 2. 다음과 같이 연말정산 수행 (1) 계약해지자 → 해지하는 달 소득지급 시 연말정산 (2) 계약유지자 → 다음연도 2월에 연말정산 3. 다른 종합소득(연말정산하지 않은 다른 연말정산대상 사업소득이 있는 경우도 포함)이 있는 경우, 다른 종합소득과 합산하여 종합소득세 확정신고납부
이외 사업소득	1. 원천징수대상 사업소득은 사업소득 지급 시 원천징수 2. 사업소득(원천징수대상 사업소득 포함)과 다른 종합소득을 합산하여 종합소득세 확정신고납부

03 소득세 일반

연말정산은 원천징수의무자가 다음연도 초에 소득자 각 개인별로 연말정산대상 종합소득만 있다는 가정하에 종합소득세를 산출하는 것이므로, 종합소득세에 대한 이해가 선행되어야 한다. 이하 종합소득세 산출에 필요한 소득세의 기본 내용에 대해 살펴본다.

1 납세의무자

소득세법상 납세의무자는 개인이며, 개인은 다음과 같이 거주자와 비거주자로 구분한다(소법 §1의 2 ①·§2 ①·§3, 소통 3-0…1).

구 분	개 념	납세의무의 범위
거주자	국내에 주소를 두거나 183일 이상 거소를 둔 개인	모든 국내원천소득 및 국외원천소득
비거주자	거주자가 아닌 개인	국내원천소득

국내세법에 대하여 특별법의 위치에 있는 조세조약이 국내의 과세권을 제한하는 경우에는 국내에서 과세할 수 없음(기준법령국조-288, 2019.5.24.)

거주자와 비거주자는 ① 납세의무의 범위가 서로 다를 뿐 아니라, ② 연말정산 시 공제적용에 있어서도 차이가 있는 바, 그 구별이 중요하다.

한걸음 더

거주자와 비거주자의 구별은 국적 및 거소신고 여부와 관계가 없다(재산-1232, 2009.6.19.; 재산-101, 2011.2.24.; 서사-1737, 2006.6.15.).

국적은 다음과 같이 내국인과 외국인의 구별에 사용된다.

구 분	내 용
내국인	대한민국 국적이 있는 사람 예시 1 대한민국 국적도 있고, 다른 나라 국적도 있는 사람 – 이중국적자 예시 2 대한민국 국적이 있고, 다른 나라 영주권이 있는 사람 – 재외국민 예시 3 대한민국 국적이 있고, 다른 나라 장기체류자격을 취득한 사람 – 재외국민
외국인	대한민국 국적이 없는 사람

1. 주소와 거소

<table>
<tr><th>구 분</th><th>내 용</th></tr>
<tr><td>주 소</td><td>
1. 주소의미
국내에서 생계를 같이하는 가족 및 국내에 소재하는 자산의 유무 등 생활관계의 객관적 사실에 따라 판정(소령 §2 ①)

2. 주민등록과의 관계
주민등록법에 의한 주민등록·말소 등의 공부상으로만 판정하는 것이 아님(조심 2010중 2790, 2010.12.20.)

3. 판정기준
<table>
<tr><th>구 분</th><th>내 용(소령 §2 ③·④·⑤)</th></tr>
<tr><td>국내에 주소를 가진 것으로 보는 경우</td><td>• 계속하여 183일 이상 국내에 거주할 것을 통상 필요로 하는 직업을 가진 때
• 국내에 생계를 같이하는 가족이 있고, 그 직업 및 자산상태에 비추어 계속하여 183일 이상 국내에 거주할 것으로 인정되는 때
• 외항선박·항공기 승무원과 생계를 같이하는 가족이 거주하는 장소 또는 해당 승무원이 근무기간 외의 기간 중 통상 체재하는 장소가 국내에 있는 때</td></tr>
</table>
</td></tr>
</table>

<table>
<tr><th>구 분</th><th>내 용</th></tr>
<tr><td>주 소</td><td>
<table>
<tr><th>구 분</th><th>내 용(소령 §2 ③·④·⑤)</th></tr>
<tr><td>국내에 주소가 없는 것으로 보는 경우</td><td>• 외국국적을 가졌거나 외국법령에 의하여 그 외국의 영주권을 얻은 자로서 국내에 생계를 같이하는 가족이 없고 그 직업 및 자산상태에 비추어 다시 입국하여 주로 국내에 거주하리라고 인정되지 않는 때
• 외항선박·항공기 승무원과 생계를 같이하는 가족이 거주하는 장소 또는 해당 승무원이 근무기간 외의 기간 중 통상 체재하는 장소가 국외에 있는 때</td></tr>
</table>
</td></tr>
<tr><td>거 소</td><td>
1. 거소의미
주소지 외의 장소 중 상당기간에 걸쳐 거주하는 장소로서 주소와 같이 밀접한 일반적 생활관계가 형성되지 않는 장소(소령 §2 ②)
2. 거주기간 산정
'국내에 거소를 둔 기간'은 입국한 날의 다음 날부터 출국한 날까지로 함(소령 §4 ①)
3. 거주기간 판정단위
과세기간 단위로 판정(소령 §4 ③)
2026.1.1. 이후 발생하는 소득분부터는 2과세기간에 걸쳐 계속하여 183일 이상인 경우도 거소가 국내에 있는 것으로 봄(소령 부칙 §2 ②, 2025.2.28.)
4. 거소가 국내에 있는 것으로 보는 경우
국내에 거소를 둔 기간이 1과세기간 동안 183일 이상인 경우(소령 §4 ③)
5. 국내에 거소를 두고 있던 개인이 출국 후 다시 입국한 경우
생계를 같이하는 가족의 거주지나 자산소재지 등에 비추어 그 출국목적이 다음에 해당하여 명백하게 일시적인 것으로 인정되는 경우에는 그 출국한 기간도 국내에 거소를 둔 기간으로 봄(소령 §4 ②, 소칙 §2 ①)
(1) 단기 관광
(2) 질병의 치료
(3) 친족 경조사 참석
(4) 출장, 연수 등 사업의 경영 또는 업무와 관련된 사유
(5) 그 밖에 '(1)'부터 '(4)'까지의 사유에 준하는 사유
6. 재외동포가 입국한 경우
생계를 같이하는 가족의 거주지나 자산소재지 등에 비추어 다음과 같이 일시적인 입국 사유와 기간이 객관적으로 입증되는 때에는, 해당 기간은 국내에 거소를 둔 기간으로 보지 않음(소령 §4 ④, 소칙 §2 ②·③)
<table>
<tr><th>입국목적</th><th>입증방법</th></tr>
<tr><td>단기 관광</td><td>관광시설 이용에 따른 입장권, 영수증 등 입국기간 동안 관광을 한 것을 입증할 수 있는 자료</td></tr>
<tr><td>질병 치료</td><td>의료법 제17조에 따른 진단서, 증명서, 처방전 등 입국기간 동안 진찰이나 치료를 받은 것을 입증하는 자료</td></tr>
<tr><td>병역의무 이행</td><td>병역사항이 기록된 주민등록초본 또는 병역법 시행규칙 제8조에 따른 병적증명서 등 입국기간 동안 병역의무를 이행한 것을 입증하는 자료</td></tr>
<tr><td>그 밖에 친족 경조사 참석 등 사업 경영 또는 업무와 무관한 사유</td><td>사업 경영 또는 업무와 무관하게 일시적으로 입국한 것을 입증하는 자료</td></tr>
</table>
</td></tr>
</table>

2. 이중거주자에 해당되는 경우

만약 국내에 가족이 있는 내국인 근로자가 외국에서 근로를 제공하고 급여를 수령하는 경우를 생각해보면, 해당 근로자는 양국세법 모두에서 거주자로 판단될 수 있다.
이러한 경우 다음과 같이 거주자 여부를 판단한다.

구 분	내 용
양국이 체결한 조세조약이 있는 경우	양국이 체결한 조세조약에 의해 어느 한 나라의 거주자로 결정함(서이-422, 2007.3.15.; 서울고법 2019누30647, 2019.8.30.) 조세조약에 의한 거주지국의 결정은 다음 순서에 따름 ① 항구적 주거가 있는 국가 ② 중대한 이해관계의 중심지가 있는 국가 ③ 일상적 거소를 두고 있는 국가 ④ 국민인 국가 ⑤ 권한 있는 당국이 상호 합의
양국이 체결한 조세조약이 없는 경우	각국의 소득세법에 따라 판단

- 항구적 주거: 그 개인이 가족과 함께 거주하는 장소
- 중대한 이해관계의 중심지: 그 개인의 인적 및 경제적 관계가 더욱 밀접한 장소

3. 거주자와 비거주자 구별 사례

거주자인 경우	비거주자인 경우
• 국외에서 근무하는 공무원(소령 §3) • 거주자나 내국법인의 국외사업장 등에 파견된 임직원(소령 §3) • 국내에 생활 근거가 있는 자가 국외에서 거주자 또는 내국법인의 임직원이 되는 경우(소통 1-3…1 ②) • 내국법인이 발행주식총수 또는 출자지분의 100%를 직접 또는 간접 출자한 해외현지법인에 파견된 임원 또는 직원(소령 §3) • 국내에 거주하는 외국인이 고용계약 등에 의하여 계속하여 183일 이상 국내에 거주할 것을 통상 필요로 하는 직업을 가진 경우(국제세원-556, 2009.11.10.)	• 본인 및 세대원 전체가 국외로 출국한 경우로서 국내에 생계를 같이하는 가족이 없고 그 직업 및 자산상태에 비추어 국내에 다시 입국하여 주로 국내에 거주하리라고 인정되지 아니하는 경우(소득-4257, 2008.11.18. 외) • 국내에 다수의 자산을 보유하고 있더라도 본인 및 배우자가 국외로 출국하여 시민권을 취득하고 10년 동안 계속 국외에 거주하고 있으며, 그 직업 및 자산상태에 비추어 국내에 다시 입국하여 주로 국내에 거주하리라고 인정되지 아니하는 경우(서일-685, 2006.5.25.; 서일-240, 2006.2.23.)

- 국외에서 근무하는 공무원: 현지에서 채용되어 총영사관에 근무하는 행정직원은 '국외에서 근무하는 공무원'에 해당하지 않으므로, 일반적인 원칙에 따라 거주자 및 비거주자 해당 여부를 판정함(서면법규-1393, 2013.12.23.)
- 내국법인: 내국법인에는 해외현지법인이 포함되지 않음(기준법령소득-486, 2019.8.20.)
- 해외현지법인에 파견된 임원 또는 직원: 해당 거주자가 양국의 거주자인 경우에는 조세조약에 따라 거주지 국가 판단함(사전법규국조-425, 2025.6.17.)
- 본인 및 세대원 전체가 국외로 출국한 경우: 생계를 같이하는 가족이나 자산상태로 보아 파견기간의 종료 후 재입국할 것으로 인정되는 때에는 파견기간이나 외국의 국적 또는 영주권의 취득과는 관계없이 거주자로 봄
- 주로 국내에 거주하리라고 인정되지 아니하는 경우: 이에 해당하는지는 사실관계 등을 종합적으로 조사·확인하여 판단하며 국내 주민등록 말소 여부와는 관계없음

01

거주자인 경우	비거주자인 경우
• 한미행정협정 제1조에 규정한 합중국 군대의 구성원·군무원 및 그들의 가족이 합중국의 소득세를 회피할 목적으로 국내에 주소가 있다고 신고한 경우(소통 1-0…3 2호)	• 외국인이 국외에서 고용되어 근무하는 경우 • 한미행정협정 제1조에 규정한 합중국군대의 구성원·군무원 및 그들의 가족(소통 1-0…3 2호)

국내에 주소가 있는지 여부와 국내 거주기간에 관계없음

4. 거주자 또는 비거주자가 되는 시기

거주자 또는 비거주자가 되는 시기는 다음과 같다(소령 §2의 2; 국제세원-150, 2010.3.22.).

비거주자가 거주자로 되는 시기	거주자가 비거주자로 되는 시기
• 국내에 주소를 둔 날 • 국내에 주소를 가진 것으로 보는 사유가 발생한 날 • 국내에 거소를 둔 기간이 183일이 되는 날	• 거주자가 주소 또는 거소의 국외이전을 위하여 출국하는 날의 다음 날 • 국내에 주소가 없는 것으로 보는 사유가 발생한 날의 다음 날

비거주자가 국내에 계속 거주할 예정으로 가족과 함께 입국하는 경우에는 입국한 날이 거주자로 되는 시기임(서면국제세원-3824, 2019.11.19.)

2 과세대상 소득

소득세법상 과세대상 소득은 다음과 같이 열거(열거주의, 소득원천설)되어 있으며, 이 중 근로소득·사업소득·연금소득·기타소득 중 일부 소득만 연말정산대상 소득이다.

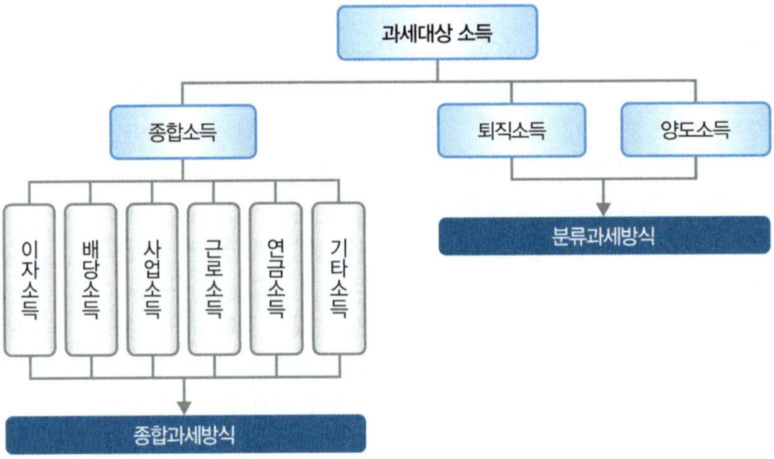

3 과세방법

구 분	의 미	연말정산 적용
권리확정주의	현실적으로 소득이 없더라도 그 원인이 되는 권리가 확정적으로 발생한 때에는 그 소득의 실현이 있는 것으로 보고 과세소득을 계산	미지급된 급여도 연말정산대상 근로소득에 포함하여 연말정산
분리과세 (완납적원천징수)	종합과세하지 않고 원천징수로써 해당 소득에 대한 과세를 종결	일용근로자 근로소득은 분리과세에 해당되므로 연말정산 시 합산하지 않음
예납적 원천징수(정산)	소득을 지급하는 자가 그 소득을 지급할 때 소득에 대한 소득세액을 미리 징수	연말정산 시 산출된 결정세액에서 연도 중에 미리 부담한 원천징수세액 등(기납부세액)을 차감하여 정산
분류과세	퇴직소득, 양도소득은 종합소득과 합산하지 않고 별도로 과세	연말정산대상 근로소득과 퇴직소득(퇴직급여)이 있는 경우 퇴직소득은 연말정산뿐 아니라 종합소득세 신고 때에도 합산대상이 아님

다만 일용근로자가 동일한 고용주에게 3개월(건설공사 근로자의 경우 1년) 이상 고용되어 소득세법에 따라 일반급여자가 되는 경우 연말정산대상자에 포함됨(소득집 14-20-3, 소통 20-20…1)

결정세액이 기납부세액보다 큰 경우 징수, 반대의 경우에는 환급

4 과세기간

세법에 의하여 과세표준의 계산에 기초가 되는 기간으로, 소득세 과세기간은 다음과 같다(소법 §5).

구 분	과세기간	원천징수의무자의 연말정산
원 칙	1.1.부터 12.31.까지	1.1.부터 12.31.(또는 사망일)까지 발생한 연말정산대상소득을 소득별로 합산하여 연말정산
거주자가 사망한 경우	1.1.부터 사망한 날까지	
거주자가 주소 또는 거소를 국외로 이전하여 비거주자가 되는 경우	1.1.부터 주소 또는 거소를 국외로 이전한 날까지	거주자인 기간에 발생한 소득과 비거주자인 기간에 발생한 소득을 구분하여 각각 연말정산

한걸음 더

거주자가 사망하거나, 비거주자가 되는 경우 다음과 같이 과세표준 확정신고 특례 규정(소법 §74)이 적용된다.

해당 상속인이 과세표준확정신고를 정해진 기간에 하지 않고 사망한 경우도 준용

구 분	사망일	신고대상 과세기간	신고자	신고기간
소득자가 사망한 경우	6.1. 이후	사망일이 속하는 과세기간	상속인	상속 개시일이 속하는 달의 말일 ~ 6개월이 되는 날(상속인이 해당 신고기간 중 출국하는 경우 출국일)까지
	1.1.~5.31.	사망일이 속하는 과세기간 & 직전 과세기간		

구 분	출국일	신고대상 과세기간	신고자	신고기한
소득자가 비거주자가 되는 경우	6.1. 이후	출국일이 속하는 과세기간	소득자	출국일 전날까지
	1.1.~5.31.	출국일이 속하는 과세기간 & 직전 과세기간		

이때, 원천징수의무자는 법에 따라 원천징수한 소득세를 납부할 의무만 있다(서일-518, 2006.4.24.).

5 종합소득세 계산구조

종합소득세 계산구조는 다음과 같다.

수 입 금 액	소득총액 − 소득제외 및 분리과세소득 제외
− 비 과 세 소 득	정책상 필요에 따라 세금을 부과하지 않는 소득
= 총 수 입 금 액	과세대상 소득
− 필 요 경 비	총수입금액을 얻기 위해 쓴 비용
= 소 득 금 액	순소득
− 소 득 공 제	정책상 필요에 따라 소득금액에서 공제하는 항목
= 과 세 표 준	소득세 계산 기준이 되는 금액
× 세 율	
= 산 출 세 액	
− 세 액 감 면	정책상 필요에 따라 산출세액에서 일부금액을 면제
− 세 액 공 제	정책상 필요에 따라 산출세액에서 일부금액을 공제
+ 가 산 세	법령위반에 따라 산출세액에 가산되는 세액
= 결 정 세 액	납세자(소득자)가 부담해야 하는 부담세액
− 기 납 부 세 액	과세기간 중 미리 부담한 세액
= 납 부 (환 급) 세 액	결정세액과 기납부세액의 크기에 따라 추가로 납부하거나 환급받게 되는 세액(정산세액)

과세표준	세 율
1,400만원 이하	6%
1,400만원 초과 5,000만원 이하	15%
5,000만원 초과 8,800만원 이하	24%
8,800만원 초과 1억 5,000만원 이하	35%
1억 5,000만원 초과 3억원 이하	38%
3억원 초과 5억원 이하	40%
5억원 초과 10억원 이하	42%
10억원 초과	45%

- 감면대상소득에 비례하여 산출되며, 이월되지 않음
- 사유 또는 지출금액에 비례하여 산출되며, 일부 공제는 이월됨
- 연말정산 시 적용하지 않음
- 지방소득세 결정세액은 소득세 결정세액의 10%로 결정됨

한걸음 더

사례를 통하여 결정세액이 부담세액임을 확인하여 보자.

1. 근무지가 1곳인 경우

자 료	상황 1	상황 2
과세대상 근로소득	1,000,000	1,000,000
연도 중 과세대상 근로소득에서 원천징수당한 세액(A)	60,000	120,000
연말정산 시 결정세액(B)	100,000	100,000

각 상황별로 과세대상 근로소득에 대해 부담한 세액을 산출하여 보면 다음과 같다.

구 분	상황 1	상황 2
연말정산 시 결정세액(B)	100,000	100,000
기납부세액(A = 연도 중 부담한 세액)	60,000	120,000
납부(환급)세액(C = B − A = 연말정산 시 부담한 세액)	납부 40,000	환급 (−)20,000
과세대상 근로소득에 대해 부담한 세액(D = A + C = B)	100,000	100,000

상기 도표에서 보듯 연말정산 시 납부(환급)세액과 관계없이 결정세액만큼 부담하는 것을 확인할 수 있다. 이에 결정세액을 부담세액이라고 하는 것이다.

2. 근무지가 2곳인 경우(소득을 합산하는 경우)

앞선 사례를 바탕으로 근무지가 2곳인 경우로서 근로소득을 합산하여 연말정산 하는 사례를 살펴보자.

자 료	근무지(1)	근무지(2)	
		합산 전	연말정산(합산)
과세대상 근로소득	1,000,000	2,000,000	3,000,000
연도 중 과세대상 근로소득에서 원천징수당한 세액	100,000	210,000	
연말정산 시 결정세액	120,000		310,000
납부(환급)세액	납부 20,000		

상기 자료를 바탕으로 근무지(2)에서 연말정산(합산)하는 경우 납부(환급)세액을 산출하여 보면 다음과 같다.

자 료	근무지(1)	근무지(2)	
		합산 전	연말정산(합산)
과세대상 근로소득	1,000,000	2,000,000	3,000,000
과세대상 근로소득에 대해 부담한 세액	120,000	210,000	330,000
연말정산 시 결정세액			310,000
납부(환급)세액			환급 (−) 20,000

- 근무지(1)에서 부담한 세액은 결정세액임 (120,000)
- 근무지(2)에서 부담한 세액은 아직 연말정산 전이므로 연도 중 부담한 세액임 (210,000)
- 근무지(1)과 근무지(2)에서 부담한 세액의 합계액 (330,000)

결론적으로 각 근무지에서 부담한 세액 및 과세대상소득에 대해 부담한 세액을 산출하여 보면 다음과 같으며, 부담세액은 연말정산 시 산출된 결정세액과 동일함을 알 수 있다.

자 료	근무지(1)	근무지(2)	합 산
과세대상 근로소득	1,000,000	2,000,000	3,000,000
과세대상 근로소득에 대해 부담한 세액	120,000	190,000	310,000
연말정산 시 결정세액	120,000		310,000

연도 중에 부담한 세액 210,000과 연말정산으로 환급받은 세액 20,000의 합계

6 세법 및 유권해석 적용

1. 세법 적용

구 분	내 용(국세기본법 §18)
해석 적용 일반원칙	세법을 해석·적용할 때에는 과세의 형평(衡平)과 해당 조항의 합목적성에 비추어 납세자의 재산권이 부당하게 침해되지 않아야 함
소급적용금지	국세를 납부할 의무(세법에 징수의무자가 따로 규정되어 있는 국세의 경우에는 이를 징수하여 납부할 의무)가 성립한 소득, 수익, 재산, 행위 또는 거래에 대해서는 그 성립 후의 새로운 세법에 따라 소급하여 과세하지 않음 ✔ 세법이 제정·개정된 후 조세를 납부할 의무가 성립한 경우에는 소급적용금지가 적용될 여지가 없음(서울행법 2019구단 56909, 2019.10.29.)

이러한 경우 불복절차에 따라 불복 가능함

2. 세법 해석(유권해석 등)의 적용

구 분	내 용
신의성실원칙	1. 성립요건 일반적으로 조세법률관계에서 과세관청의 행위에 대하여 신의성실원칙이 적용되기 위해서는 다음이 성립해야 함(대법원 2007두7741, 2009.10.29. 등 참조) • 과세관청이 납세자에게 신뢰의 대상이 되는 공적인 견해를 표명하여야 하고 • 과세관청의 그 견해표명이 정당하다고 신뢰한 데 대하여 납세자에게 귀책사유가 없어야 하며

구 분		내 용
신의성실원칙		• 납세자가 그 견해표명을 신뢰하고 이에 따라 무엇인가 적극적인 행위를 하여야 하고 • 과세관청이 그 견해표명에 반하는 처분을 함으로써 납세자의 이익이 침해되는 결과가 초래되어야 함 2. 과세관청의 의사표시가 단순한 견해표명인 경우 과세관청의 의사표시가 단순한 일반적인 견해표명에 불과한 경우에는 신의성실원칙을 적용하기 곤란함(대법원 2000두5203, 2001.4.24. 등 참조) 3. 국세청 예규 국세청 예규는 어디까지나 과세관청 내부에서 세법해석의 기준 및 집행기준을 시달한 행정규칙에 불과하여 그 자체만으로는 과세관청의 공적인 견해표명에 해당하지 않으므로(대법원 2001두403, 2003.9.5. 참조), 질의서와 실지 현황이 다르고 해당 질의서에 대한 질의회신이 일반적 의미의 관련 법규를 제시하고 해석한 경우 질의회신과 반하는 처분을 하였다 하여 신의성실원칙의 위배를 주장하는 것은 타당하지 않음(조심 2011서19, 2011.3.22.) 4. 세무공무원의 안내 세무공무원의 안내 또한 일반적인 상담행위 또는 안내 수준의 행정서비스에 불과한 것으로 과세관청의 공적인 견해표명으로 볼 수 없는 것이므로 처분청이 이를 부인하고 과세한 처분은 신의성실원칙에 위배되지 않음(심사양도 2012−218, 2013.1.18.; 조심 2012중5392, 2013.3.14.; 조심 2018부2028, 2018.8.1.)
소급 적용 금지	원 칙	세법의 해석이나 국세행정의 관행이 일반적으로 납세자에게 받아들여진 후에는 그 해석이나 관행에 의한 행위 또는 계산은 정당한 것으로 보며, 새로운 해석이나 관행에 의하여 소급하여 과세되지 않음(국기법 §18)
	예 외	종전의 해석이 명백히 법령을 위반한 경우이거나 감사원법에 의한 감사 및 그 결과에 의한 시정요구일 경우에는 소급하여 적용(서이−394, 2006.2.21.)
새로운 해석		새로운 세법해석이 종전의 해석과 상이한 경우에는 새로운 해석이 있은 날 이후에 납세의무가 성립하는 분부터 새로운 해석을 적용함(서이−394, 2006.2.21.)
유권해석과 다른 판례		국세청의 유권해석과 다른 판례가 있더라도 국세청의 예규변경이 없는 한 과세관청은 그 판례를 따를 수 없으며, 판례는 해당 사건에만 기속력이 있음(심사양도 2010−330, 2010.12.20.)
정당한 해석		국세기본법 시행령 제10조에 따른 세법해석에 관한 질의·회신 등에 따라 신고·납부한 경우 정당한 사유에 해당되어 가산세가 부과되지 않음(국기법 §48 ① 3호, 국기령 §28 ① 1호)

3. 법적 구속력이 있는 질의회신

이미 개시되었거나, 가까운 장래에 개시될 것이 관련 자료 등에 따라 객관적으로 확인되는 거래

구 분	내 용
구속력 있는 질의회신	세법해석 사전답변
세법해석 사전답변	1. 의미 납세자가 실명으로 자신과 관련된 특정한 거래의 세무관련 의문사항에 대해 구체적 사실관계를 적시하여 사전에 질의하면 명확하게 답변해주는 제도 (사전: 법정 신고기한 이전을 말함) 2. 구속력 납세자가 세법해석 사전답변을 신청하고 답변내용에 따라 세무처리를 한 경우 과세관청은 추후 답변 내용에 반하는 처분을 하지 못하는 구속력이 있으며, 납세자는 신의성실의원칙에 따라 보호 받음 3. 신청인 특정한 거래와 관련된 당사자 및 그 대리인 (그 대리인: 공인회계사, 세무사, 변호사를 말하며, 세무대리인이 있더라도 본인 명의로 신청함에 유의) 4. 신청기한 법정신고기한 이전(원천징수는 원천세 납부기한을 의미) 5. 신청제외대상 • 신청인에 대한 세법적용과 관련 없는 사항 • 가정의 사실관계에 기초한 질의 • 사실판단 사항에 해당하는 질의 • 신청에 관련된 거래 등이 법령에 저촉되거나 저촉될 우려가 있는 질의 • 신청인이나 신청에 관련된 거래 등의 관계자가 조세조약에 있어서 명확한 정보교환협정이 없는 경우 등 국세청장의 정보수집이나 사실확인이 곤란한 국가나 지역의 거주자가 신청하는 질의 • 일련의 조합된 거래 등의 일부만을 신청한 질의 • 조세의 회피 또는 탈루 목적의 신청에 해당하는 질의 • 국제조세조정에 관한 법률 제22조에 따른 상호합의절차가 개시된 사항을 질의한 경우(신청인에 관한 개별적이고 구체적인 사안에 한정) 6. 신청 반려대상 • 신청제외대상에 해당하여 신청대상에서 제외되는 경우 • 보완요구를 하였으나 보완요구 기한 내에 보완하지 아니한 경우 • 신청기한을 경과하여 신청한 경우 • 세법령이나 기본통칙 등에 명백히 규정되어 있거나 법령 개정이 진행 중인 사유 등으로 견해표명이 바람직하지 아니하다고 판단되는 경우 • 신청서를 접수한 후 그 신청내용에 대하여 「국세기본법」 제81조의 7에 따른 세무조사 사전통지를 받았거나 결정 또는 경정이 있는 경우 • 신청내용이 포괄적이거나 쟁점이 불분명하여 세법해석이 곤란한 경우

구 분	내 용
세법해석 사전답변	7. 신청방법 <table><tr><th colspan="2">구 분</th><th>내 용</th></tr><tr><td rowspan="2">신청서 작성</td><td>국세청 홈페이지</td><td>국세정책/제도 ⇨ 세법해석 질의안내 ⇨ 세법해석 사전답변 ⇨ 신청서 다운로드·작성</td></tr><tr><td>홈택스 홈페이지</td><td>홈택스 로그인 ⇨ 상담·불복·제보 ⇨ 세법해석신청 ⇨ 세법해석 사전답변 신청 ⇨ 신청서 입력</td></tr><tr><td colspan="2">신청서 제출</td><td>(등기)우편, 직접방문, 홈택스(PDF 변환 제출)</td></tr></table>

7 소득세에 대한 원천징수세액 납부

납부기한이 공휴일, 대체공휴일, 토요일, 일요일이거나 근로자의 날일 때에는 그 다음 날을 납부기한으로 함(국기법 §5 ①)

구 분	내 용(소법 §128, 소령 §186)
월별 납부자	원천징수의무자는 원칙적으로 매월 원천징수한 소득세를 다음 달 10일까지 납부(납부기한특례 적용)해야 함
반기별 납부자	1. 대상 사업자 <table><tr><th colspan="2">구 분</th><th>내 용</th></tr><tr><td colspan="2">금융 및 보험업</td><td>반기납부대상자가 될 수 없음 ✔ 무조건 월별납부</td></tr><tr><td colspan="2">종교단체</td><td>별도 요건 없음</td></tr><tr><td rowspan="2">이 외</td><td>신규 사업자</td><td>신청일이 속하는 반기의 상시고용인원이 20명 이하일 것</td></tr><tr><td>계속 사업자</td><td>직전 연도의 상시고용인원이 20명 이하일 것</td></tr></table>해당 기간의 매월 말일 현재 상시고용인원의 평균인원수가 20명 이하 2. 신청승인 등 <table><tr><th colspan="2">구 분</th><th>내 용</th></tr><tr><td colspan="2">신청기한</td><td>반기별로 납부하고자 하는 반기의 직전월의 1일부터 말일까지 신청</td></tr><tr><td rowspan="2">승 인</td><td>통 지</td><td>신청일이 속하는 반기의 다음 달 말일까지 통지</td></tr><tr><td>통지가 없는 경우</td><td>승인받은 것임 ✔ 반기납부하면 됨</td></tr><tr><td colspan="2">지 정</td><td>국세청장이 정하는 바에 따라 지정</td></tr></table>3. 원천세납부 그 징수일이 속하는 반기(半期)의 마지막 달의 다음 달 10일까지 납부(납부기한특례 적용) 4. 반기납부제외대상 다음은 반기납부대상에서 제외 ✔ 반드시 원천징수일의 다음 달 10일까지 납부 (인정상여를 말하며, 반기납부대상에서 제외됨에 유의) ① 법인세법에 따라 처분된 상여·배당 및 기타소득에 대한 원천징수세액 ② 국제조세조정에 관한 법률 제13조 및 제22조에 따라 처분된 배당소득에 대한 원천징수세액 ③ 소득세법 제156의 5 제1항 및 제2항[비거주 연예인 등의 용역 제공과 관련된 원천징수 절차특례]에 따른 원천징수세액

8 근로소득 관련 명세서 제출

1. 일반급여자

> 제출기한이 공휴일, 대체공휴일, 근로자의 날, 토요일, 일요일인 경우 그 다음 날로 함(국기법 §5)

구 분	내 용(소법 §164 ①·§164의 3 ①, 소령 §213)

간이지급명세서 제출(반기단위)

1. 제출서식 : 간이지급명세서(근로소득)
2. 제출기한

구 분	제출기한(제출기한특례 적용)
원 칙	지급일이 속하는 반기 마지막 달의 다음 달 말일까지
휴업, 폐업, 해산	휴업일, 폐업일, 해산일이 속하는 반기 마지막 달의 다음 달 말일까지

3. 기재사항 및 방법

> 원천징수시기를 말함

구 분		내 용
기재사항	급여 등	총급여에서 인정상여를 제외한 금액 기재
	인정상여	법인세법에 따른 인정상여 기재
기재 원칙		지급분 기준으로 기재
기재 제외 ✔ 제출대상 아님		비과세 근로소득

4. 제출의무 면제 : 휴업 · 폐업 · 해산으로 근로소득지급명세서를 간이지급명세서 제출기한 전에 제출한 경우

지급명세서 제출(연단위)

1. 제출서식 : 근로소득지급명세서(지급자제출용)
2. 제출기한

구 분	제출기한(제출기한특례 적용)
원 칙	다음 연도 3.10.까지
휴업, 폐업, 해산	휴업일, 폐업일, 해산일의 다음 다음 달 말일까지

3. 제출제외 : 비과세 근로소득 중 일부

> **예시 1** 4월에 휴업·폐업 또는 해산하는 경우
> → 지급명세서 : 6.30.까지 제출해야 함
> → 간이지급명세서 : 7.31.까지 제출할 필요 없음
>
> **예시 2** 6월에 휴업·폐업 또는 해산하는 경우
> → 지급명세서 : 8.31.까지 제출해야 함
> → 간이지급명세서
> - 지급명세서를 7.31.까지 제출 : 간이지급명세서 제출할 필요 없음
> - 지급명세서를 8.1.~8.31.제출 : 간이지급명세서를 7.31.까지 제출해야 함

한걸음 더

1. 2025.12.31. 이전 귀속 상용근로소득에 대한 간이지급명세서 제출 시 유의사항

근무기간(근로소득 귀속시기)과 지급월(원천징수시기)가 서로 다를 때 간이지급명세서 제출방법은 다음과 같다.

구 분		내 용
동일연도에 지급	동일반기에 지급	지급월 기준으로 기재하여 제출 ✔ (예) 25.11월 근무분 급여를 25.12.5.에 지급 → 25년 12월 지급분에 기재 → 26.1.31.까지 제출 ※ 근무기간은 25년 하반기 근무기간을 기재
	다른 반기에 지급	지급월 기준으로 기재하여 제출 ✔ (예) 25.6월 근무분 급여를 25.7.5.에 지급 → 25년 7월 지급분에 기재 → 26.1.31.까지 제출 ※ 근무기간은 (계속근로자) 25년 하반기 근무기간을 기재 (퇴직자) 25.7.5.~7.5. 기재
다른 연도에 지급	다음연도 1월까지 지급	12월분에 지급한 것으로 기재 ✔ (예) 25년 12월 근무분 급여를 다음연도 26.1.10.에 지급 → 25년 12월 지급분에 기재 → 26.1.31.까지 제출 ※ 근무기간은 25년 하반기 근무기간을 기재
	다음연도 1월 이후 지급	언급 없음

언급 없음 → 지급하는 근로소득의 귀속시기(수입시기)에 해당하는 기 제출 간이지급명세서를 수정제출해야 할 것으로 판단됨

2. 2026.1.1. 이후 지급하는 상용근로소득에 대한 간이지급명세서 관련 개정사항 개정

구 분	내 용
원칙적인 제출기한	지급일의 다음달 말일까지 제출
휴업·폐업·해산하는 경우	휴업일, 폐업일 또는 해산일이 속하는 달의 다음달 말일까지 제출
제출의무 면제	간이지급명세서 제출기한 전에 지급명세서 제출 시 간이지급명세서 제출의무 면제규정 삭제됨

지급일 → 원천징수시기특례를 적용받는 경우에는 과세기간 종료일로 함

2. 일용근로자

<table>
<tr><th>구 분</th><th>내 용(소법 §164 ①·§164의 3 ①, 소령 §213)</th></tr>
<tr><td>간이지급명세서</td><td>제출대상 아님</td></tr>
<tr><td>지급명세서 제출
(월단위)</td><td>
1. 제출서식 : 일용근로소득지급명세서(지급자제출용)
2. 제출기한
<table>
<tr><th>구 분</th><th>제출기한(제출기한특례 적용)</th></tr>
<tr><td>원 칙</td><td>지급일이 속하는 달의 다음 달 말일까지</td></tr>
<tr><td>휴업, 폐업, 해산</td><td>휴업일, 폐업일, 해산일이 속하는 달의 다음 달 말일까지</td></tr>
</table>
3. 12.31.까지 미지급분 : 다음과 같이 작성하여 제출
<table>
<tr><th>구 분</th><th>내 용(일용근로소득지급명세서 작성방법)</th></tr>
<tr><td>근무월</td><td>근로자가 근무한 월 기재</td></tr>
<tr><td>지급월</td><td>12월 기재</td></tr>
<tr><td>제출기한</td><td>다음 연도 1.31.까지</td></tr>
</table>
4. 제출한 것으로 인정
일용근로소득지급명세서를 제출하여야 하는 사업주나 하수급인이 해당하는 달에 고용한 일용근로자의 근로일수, 임금 등이 적힌 근로내용 확인신고서를 그 사유가 발생한 날의 다음 달 15일까지 고용노동부장관에게 제출한 경우에는 일용근로소득지급명세서를 제출한 것으로 봄(소령 §213 ④, 고용보험법 시행령 §7 ① 후단)
</td></tr>
</table>

04 연말정산 관련 불이익

1 가산세

1. 원천징수의무자(특별징수의무자)에게 부과되는 가산세

(1) 납부세액 관련 가산세

구 분	가산세	
소득세 원천징수세액	구 분	내 용(국기법 §47의 5 ①, 국기령 §27의 4)
	부과대상	원천징수의무자(납세조합 포함)
	부과사유	원천징수세액을 법정납부기한까지 미납하거나 과소납부한 경우
	원천징수등 납부지연 가산세	Min ┌미납부·과소납부세액 × 50%(법정납부기한 다음날부터 납부고지일까지의 기간에 해당하는 금액은 10%) └미납부·과소납부세액 × [3% + 미납기간 × 이자율]
	미납기간	법정납부기한의 다음 날부터 납부일까지의 기간 ✔ 납부기한의 다음 날부터 납부일까지의 기간이 5년을 초과하는 경우 5년으로 함 ✔ 납부고지일부터 납부고지서에 따른 납부기한까지의 기간은 제외
	이자율	미납기간 / 내 용(국기령 부칙 §6, 2022.2.15.) ~ 2022.2.14.까지의 기간: 25/100,000(연 약 9.125%) 2022.2.15. ~ 이후의 기간: 22/100,000(연 약 8.03%)
농어촌특별세 원천징수세액	구 분	내 용(농특법 §8 ② 본문·1호)
	부과대상	농어촌특별세 원천징수의무자
	부과사유	• 신고하지 않은 경우 • 신고내용에 오류 또는 누락이 있는 경우 • 납부할 세액을 미납하거나 과소납부한 경우
	부과방법	관할세무서장이 해당 본세의 결정·경정 및 징수의 예에 따라 결정·경정 및 징수
지방소득세 특별징수세액	구 분	내 용(지법 §103의 14, 지기법 §56, 지기령 §34)
	부과대상	특별징수의무자(납세조합 포함)
	부과사유	특별징수세액을 납부기한까지 미납하거나 과소납부한 경우
	특별징수납부 지연가산세	Min ┌미납부·과소납부세액 × 10% └미납부·과소납부세액 × [3%+미납기간 × 이자율]
	미납기간	납부기한의 다음 날부터 자진납부일 또는 부과결정일까지의 기간
	이자율	미납기간 / 내 용(지기령 부칙 §2, 2022.6.7.) ~ 2022.6.6.까지의 기간: 25/100,000(연 약 9.125%) 2022.6.7. 이후의 기간: 22/100,000(연 약 8.03%)

(주: 미납기간 × 이자율) 체납된 국세의 납부고지서별·세목별 세액이 150만원 미만인 경우에는 적용하지 않음

(2) 명세서 관련 가산세

원천징수의무자가 제출한 일용근로소득지급명세서에 기재된 지급금액이 실제 지급액보다 과다하게 기재된 경우(서면법규-393, 2013.4.8.)

<table>
<tr><th>구 분</th><th colspan="2">내 용(법법 §75의 7, 법령 §120 ⑨·⑩·⑪, 소법 §81의 11, 소령 §147의 7)</th></tr>
<tr><td>부과대상</td><td colspan="2">1. 부과대상 명세서 : 지급명세서·간이지급명세서
2. 부과대상자 : 소득세법·법인세법에 따라 명세서를 제출하여야 할 자</td></tr>
<tr><td rowspan="4">부과사유</td><td>부과사유</td><td>내 용</td></tr>
<tr><td>미제출</td><td>제출기한까지 제출하지 않은 경우</td></tr>
<tr><td>불분명</td><td>제출한 명세서가 불분명한 경우</td></tr>
<tr><td>사실과 다른 분</td><td>제출한 명세서에 기재된 금액이 사실과 다른 경우</td></tr>
<tr><td>불분명</td><td colspan="2">1. 불분명한 경우
① 지급명세서
• 제출된 지급명세서에 지급자 또는 소득자의 주소·성명·고유번호·납세번호(주민등록번호로 갈음하는 경우에는 주민등록번호)나 사업자등록번호·소득의 종류·소득의 귀속연도 또는 지급액을 적지 않았거나 잘못 적어 지급사실을 확인할 수 없는 경우
• 제출된 지급명세서 및 이자·배당소득지급명세시에 유기증권표준코드를 적지 않았거나 잘못 적어 유가증권의 발행자를 확인할 수 없는 경우
• 제출된 지급명세서에 소득세법시행령 제202조의 2 제1항에 따른 이연퇴직소득세를 적지 않았거나 잘못 적은 경우
• 내국법인인 금융회사 등으로부터 제출된 이자·배당소득지급명세서에 해당 금융회사 등이 과세구분을 적지 않았거나 잘못 적은 경우
② 간이지급명세서
제출된 간이지급명세서에 지급자 또는 소득자의 주소·성명·납세번호(주민등록번호로 갈음하는 경우에는 주민등록번호)나 사업자등록번호, 소득의 종류, 소득의 귀속연도 또는 지급액을 적지 않았거나 잘못 적어 지급사실을 확인할 수 없는 경우
2. 불분명한 경우로 보지 않는 경우
① 지급일 현재 사업자등록증의 발급을 받은 자 또는 고유번호(납세번호)를 부여받은 자에게 지급한 경우
② '①' 외의 지급으로서 지급 후에 그 지급받은 자가 소재불명으로 확인된 경우</td></tr>
</table>

일용근로소득지급명세서 및 원천징수대상 사업소득지급명세서·간이지급명세서에 기재된 각각의 총 지급금액에서 불분명 또는 사실과 다른 분 지급금액이 차지하는 비율이 5% 이하인 경우에는 가산세가 면제됨

<table>
<tr><th>구 분</th><th>내 용(법법 §75의 7, 법령 §120 ⑨·⑩·⑪, 소법 §81의 11, 소령 §147의 7)</th></tr>
<tr><td>가산세</td><td>
<table>
<tr><th colspan="2" rowspan="3">사 유</th><th colspan="4">가산세</th></tr>
<tr><th colspan="2">지급명세서</th><th colspan="2">간이지급명세서</th></tr>
<tr><th>일용근로소득</th><th>이외</th><th>원천징수대상 사업소득</th><th>이외</th></tr>
<tr><td rowspan="3">미제출</td><td>제출기한이 지난 후 1개월 이내 지연제출</td><td>미제출분 지급금액 × 0.125%</td><td rowspan="2">미제출분 지급금액 × 0.5%</td><td>미제출분 지급금액 × 0.125%</td><td rowspan="2">미제출분 지급금액 × 0.125%</td></tr>
<tr><td>제출기한이 지난 후 1개월 초과 3개월 이내 지연제출</td><td rowspan="2">미제출분 지급금액 × 0.25%</td><td rowspan="2">미제출분 지급금액 × 0.25%</td></tr>
<tr><td>이 외</td><td>미제출분 지급금액 × 1%</td><td>미제출분 지급금액 × 0.25%</td></tr>
<tr><td rowspan="2">제출</td><td>불분명</td><td>불분명한 분 지급금액 × 0.25%</td><td>불분명한 분 지급금액 × 1%</td><td>불분명한 분 지급금액 × 0.25%</td><td>불분명한 분 지급금액 × 0.25%</td></tr>
<tr><td>사실과 다른 분</td><td>사실과 다른 분 지급금액 × 0.25%</td><td>사실과 다른 분 지급금액 × 1%</td><td>사실과 다른 분 지급금액 × 0.25%</td><td>사실과 다른 분 지급금액 × 0.25%</td></tr>
</table>
</td></tr>
<tr><td>가산세 부과와 제출의무</td><td>원천징수의무자가 지급명세서 제출기한까지 의무 불이행하여 지급명세서 미제출가산세를 신고·납부하였더라도 지급명세서 제출의무가 면제되지 않음(서일-335, 2008.3.14.)</td></tr>
<tr><td>간이지급명세서만 제출한 경우</td><td>내국법인이 원천징수대상 사업소득 지급분에 대해 간이지급명세서를 제출기한 내에 제출하였으나, 지급명세서를 제출기한까지 제출하지 않은 경우에는 지급명세서 관련 가산세가 적용됨(법인세제과-1769, 2020.11.30.)</td></tr>
<tr><td>원천징수대상 사업소득 관련 가산세 중복배제</td><td>2023.1.1. 이후 지급한 원천징수대상 사업소득(연말정산대상 사업소득 제외)에 대한 지급명세서·간이지급명세서의 제출의무가 있는 자에 대하여 지급명세서 관련 가산세가 부과되는 부분에 대해서는 간이지급명세서 관련 가산세를 부과하지 않음</td></tr>
</table>

지급명세서는 반드시 제출해야 한다는 의미

한걸음 더

2026.1.1. 이후 지급하는 상용근로소득에 대하여 적용되는 명세서 관련 가산세 내용은 다음과 같다. 개정

구 분	내 용
간이지급명세서 미제출 가산세	• 지연제출 감면을 위한 제출기간이 3개월에서 1개월로 변경 • 2026.12.31.(반기납부자는 2027.12.31.)까지 종전 규정에 따라 반기제출하는 경우에도 미제출(지연제출 포함) 가산세 적용 배제
불분명 가산세	• 제출된 지급명세서·간이지급명세서의 불분명한 금액이 총지급금액의 5% 이하인 경우 불분명 가산세 면제

2. 소득자에게 부과되는 가산세

(1) 과소납부·초과환급가산세(신고불성실가산세)

허위 기부금영수증 또는 허위 현금영수증으로 공제받는 경우가 해당됨(서면전자세원-1737, 2021.4.1.)

구 분		내 용(국기법 §47의 3 ①, 지기법 §54 ①~②)
부과대상		납세의무자가 법정신고기한까지 신고하였으나 과소납부 또는 초과환급받은 경우
국세 지방세	부정행위로 인한 경우	부정행위로 인한 과소납부·초과환급세액 × 40% + (과소납부·초과환급세액 - 부정행위로 인한 과소납부·초과환급세액) × 20%
	이외 경우	과소납부·초과환급세액 × 10%

(2) 무신고 가산세

종합소득에 확정신고를 하지 않은 경우 부과됨

구 분		내 용(국기법 §47의 2 ①, 지기법 §53 ①~②)
부과대상		납세의무자가 법정신고기한까지 신고하지 않은 경우
국세 지방세	부정행위로 인한 경우	부정행위로 인한 미납부세액 × 40%
	이외 경우	미부납세액 × 20%

(3) 납부지연가산세

근로자가 수정신고하거나 기한 후 신고하는 경우 부과됨

구 분	내 용
부과대상	납세의무자가 납부기한까지 납부할 세액을 미납·과소납 또는 초과환급받은 경우

국세

구 분	내 용(국기법 §47의 4 ①, 국기령 §27의 4)
납부지연가산세	미납·과소납부·초과환급세액 × 미납기간 × 이자율 + 법정납부기한까지 납부하여야 할 세액 중 납부고지서에 따른 납부기한까지 미납·과소납부한 세액 × 3/10,000
미납기간	법정납부기한(초과환급은 환급일)의 다음 날부터 납부일까지의 기간 (납부고지일부터 납부고지서에 따른 납부기한까지의 기간은 제외)
이자율	(아래 표)

미납기간	내 용(국기령 부칙 §6, 2022.2.15.)
~ 2022.2.14.까지의 기간	25/100,000(연 약 9.125%)
2022.2.15. ~ 이후의 기간	22/100,000(연 약 8.03%)

지방세

구 분	내 용(지기법 §55 ①·②, 지기령 §34)
납부지연가산세	미납·과소납부·초과환급세액 × 미납기간 × 이자율
미납기간	납부기한(초과환급은 환급일)의 다음 날부터 자진납부일 또는 부과결정일까지의 일수
이자율	(아래 표)

75%를 초과할 수 없음

미납기간	이자율(지기령 부칙 §2, 2022.6.7.)
~ 2022.6.6.까지의 기간	25/100,000(연 약 9.125%)
2022.6.7. 이후의 기간	22/100,000(연 약 8.03%)

체납된 국세의 납부고지서별·세목별 세액이 150만원 미만인 경우에는 적용하지 않음

3. 가산세가 부과되지 않는 경우

(1) 경과조치(부칙)에 따른 경우

구 분	내 용(소법 부칙 §10의 2, 2015.12.15.)
대상소득	2018.1.1. ~ 2019.12.31.까지의 종교인 소득
대상 가산세	명세서 관련 가산세(지급명세서·간이지급명세서 불성실가산세)

(2) 국세기본법 및 지방세기본법상 정당한 사유가 있는 경우

※ 정당한 사유: 납세자가 그 의무를 알지 못한 것이 무리가 아니었다고 할 수 있어서 이를 정당화할 수 있는 사정이 있거나, 그 의무이행을 당사자에게 기대하는 것이 무리라고 할 만한 사정이 있는 때를 말하며, 개별적 사안에 따라 판단해야 함(징세과-1388, 2009.3.11.)

구 분	내 용
정당한 사유 ✔ 가산세면제	다음의 경우 정당한 사유로 인정되어 가산세가 부과되지 않음(국기법 §48 ①, 국기령 §28 ①, 지기법 §57 ①) 1. 국세기본법 제6조에 따른 기한연장 사유에 해당하는 경우 (※ 천재·지변 등 법 소정 사유) 2. 납세자가 의무를 이행하지 아니한 데 대한 정당한 사유가 있는 경우 ※ 원천징수의무자가 관할세무서로부터 비과세·면제신청서에 대한 확인서를 받고 이에 기초하여 원천징수를 행하지 않은 경우(조심 2008전2703, 2010.5.24.) 3. 국세기본법 시행령 제10조에 따른 세법해석에 관한 질의·회신 등에 따라 신고·납부하였으나 이후 다른 과세처분을 하는 경우 4. 공익사업을 위한 토지 등의 취득 및 보상에 관한 법률에 따른 토지 등의 수용 또는 사용, 국토의 계획 및 이용에 관한 법률에 따른 도시·군계획 또는 그 밖의 법령 등으로 인해 세법상 의무를 이행할 수 없게 된 경우 5. 실손의료보험금을 의료비에서 제외할 때 실손의료보험금 지급의 원인이 되는 의료비를 지출한 과세기간과 해당 보험금을 지급받은 과세기간이 달라 해당 보험금을 지급받은 후 의료비를 지출한 과세기간에 대한 소득세를 수정신고하는 경우(해당 보험금을 지급받은 과세기간에 대한 종합소득세 과세표준 확정신고 기한까지 수정신고하는 경우로 한정)
정당한 사유가 아닌 경우 ✔ 가산세 부과	다음 사유는 정당한 사유로 인정되지 않아 가산세가 부과됨(국심 2006부539, 2006.6.16.; 조심 2018부2028, 2018.8.1.) 1. 납세자의 고의 또는 과실 2. 법령의 무지 또는 오인 3. 납세자가 세무공무원의 잘못된 안내를 믿고 그에 따라 신고·납부의무를 이행한 경우라도 그것이 관련 법령에 어긋나는 것임이 명백한 경우 ※ 세법상 종합소득세는 납세자가 자진하여 신고·납부하는 세목으로 납세자의 신고 대상 소득에 대한 확인 및 신고와 납부의 최종 책임은 납세자 본인에게 있으며, 과세관청 공무원의 신고 과정의 안내 또한 납세자의 해당 세금의 과세표준과 세액의 신고를 보조하는 데 그치므로, 납세자가 세무공무원의 안내에 따랐다는 사정만으로는 정당한 사유에 해당한다고 보기 어려움(감심 2021-68, 2021.10.18.) 4. 납세의무자가 세무공무원의 잘못된 설명을 믿고 그 신고납부의무를 이행하지 아니하였다 하더라도 그것이 관계 법령에 어긋나는 것임이 명백한 경우

<table>
<tr><th>구 분</th><th>내 용</th></tr>
<tr><td>가산세
면제신청</td><td>가산세의 감면 등을 받으려는 자는 다음 사항을 적은 신청서와 사유를 증명할 수 있는 서류를 관할세무서장(세관장 또는 지방자치단체의 장 포함)에게 제출해야 함(국기령 §28 ②, 지기령 §35 ①)
1. 감면을 받으려는 가산세와 관계되는 세목 및 부과연도와 가산세의 종류 및 금액
2. 해당 의무를 이행할 수 없었던 정당한 사유</td></tr>
</table>

(3) 원천(특별)징수의무자가 국가 등인 경우

<table>
<tr><th colspan="2">구 분</th><th>내 용</th></tr>
<tr><td rowspan="2">원천징수 등
납부지연
가산세</td><td>부과
되지
않는
경우</td><td>원천징수의무자가 다음에 해당하는 경우 원천징수납부지연가산세 규정을 적용하지 않음(국기법 §47의 5 ③)
1. 소득세 원천징수의무자
• 우리나라에 주둔하는 미군
• 공적연금관련법에 따라 받는 각종 연금 또는 일시금을 지급하는 경우
• 국가, 지방자치단체, 지방자치단체조합(이하 "국가 등")
2. 법인세 원천징수의무자
국가, 지방자치단체, 지방자치단체조합</td></tr>
<tr><td>부과
되는
경우</td><td><table>
<tr><th>구 분</th><th>내 용(소법 §128의 2)</th></tr>
<tr><td>원천징수의무자</td><td>국가, 지방자치단체, 지방자치단체조합</td></tr>
<tr><td>상 황</td><td>국가 등으로부터 근로소득을 받는 사람이 근로소득자 소득·세액공제신고서를 사실과 다르게 적어 부당하게 소득공제 또는 세액공제를 받아 국가 등이 원천징수하여야 할 세액을 정해진 기간에 미납하거나 미달하게 납부한 경우</td></tr>
<tr><td>가산세 등 징수</td><td>징수하여야 할 소득세와 원천징수납부지연가산세를 그 근로소득자에게 징수</td></tr>
</table>
이 경우 납세지관할세무서장은 국세기본법 제26조의 2 규정에 따른 국세부과제척기간 내에 경정할 수 있음(서일-275, 2005.3.9.)</td></tr>
<tr><td colspan="2">특별징수
납부지연가산세</td><td>특별징수의무자가 다음에 해당하는 경우 특별징수납부지연가산세 규정을 적용하지 않음(지법 §103의 14, 지령 §100의 6)
• 우리나라에 주둔하는 미군
• 국가, 지방자치단체</td></tr>
</table>

법률에 따라 설치되는 비영리단체로서 국세기본법상 법인으로 보는 단체는 "국가 등"에 해당되지 않으므로 원천징수 납부지연가산세 면제규정 적용대상이 아님(서면징세-4590, 2023.12.21.)

(4) 원천징수납부지연가산세가 부과되지 않는 경우

구 분	내 용
과다납부한 간이세액을 조정하기 위한 경우	원천징수의무자가 전산프로그램의 오류 등으로 매월 원천징수를 과다하게 납부하여 이를 조정하기 위해 전월까지 과다납부한 세액의 범위 내에서 최종월분 등의 근로소득에 대한 소득세를 근로소득간이세액표에 의한 세액보다 과소징수한 경우(서일-231, 2006.2.21.; 심사소득 98-181, 1998.6.12.)
적법한 원천징수세액을 납부한 경우로서 신고서만 과다기재한 경우	정당하게 원천징수한 소득세를 소득세법에 따라 기한 내 납부하고 원천징수이행상황신고서를 관할세무서장에 제출하였으나, 원천징수이행상황신고서에 착오로 과다기재함에 따라 그 신고서상의 납부할 금액과 납부서상의 납부금액과의 차액이 발생한 경우 그 차액분(제도 46013-10264, 2001.3.26.)
신용카드 등 사용금액에 대한 소득공제금액에 포함되지 않는 금액이 포함된 경우	원천징수의무자가 근로자 소득·세액공제신고서 및 신용카드소득공제신청서에 기재된 신용카드 등 사용금액에 대한 소득공제금액에 신용카드 등 사용금액에 포함되지 않는 금액이 포함되어 있음을 근로소득세액의 연말정산시까지 확인할 수 없는 경우(조특법 §126의 2 ⑤, 조특령 §121의 2 ⑤)

(5) 지급명세서 가산세가 부과되지 않는 경우

구 분	내 용
지급명세서 제출의무가 없는 자인 경우	지급명세서 제출의무가 없는 자에게는 지급명세서 관련 가산세를 부과할 수 없음(조심 2017중2780, 2017.10.10.)
지급실체가 인정되지 않는 경우	처분청이 손금부인한 쟁점금액 중 실제 지급처가 확인된 판매수수료 등 총 ○○○원은 기타소득으로 보고 경비로 추인하였으나 △△△원은 대표이사 상여로 소득처분하고 경비로 추인하지 아니한 이상 쟁점금액 중 실체를 인정한 전자 ○○○원에 대하여 지급명세서제출불성실가산세를 과세한 처분은 정당한 반면 실체를 부인한 후자 △△△원에 대하여 같은 가산세를 부과한 처분은 잘못이 있는 것으로 판단됨(조심 2017중2780, 2017.10.10.)

4. 가산세 감면

근로자에게 부과되는 신고불성실 관련 가산세만 감면됨

<table>
<tr><th>구 분</th><th colspan="3">내 용(국기법 §48 ②, 국기령 §28·§29, 지기법 §57 ②)</th></tr>
<tr><td rowspan="13">감면내용</td><td>감면대상 가산세</td><td colspan="2">감면내용</td></tr>
<tr><td rowspan="4">무신고가산세</td><td>기한 후 신고</td><td>감면내용</td></tr>
<tr><td>1개월 이내</td><td>50% 감면</td></tr>
<tr><td>1개월 초과 3개월 이내</td><td>30% 감면</td></tr>
<tr><td>3개월 초과 6개월 이내</td><td>20% 감면</td></tr>
<tr><td rowspan="7">과소신고
초과환급가산세</td><td>수정신고</td><td>감면내용</td></tr>
<tr><td>1개월 이내</td><td>90% 감면</td></tr>
<tr><td>1개월 초과 3개월 이내</td><td>75% 감면</td></tr>
<tr><td>3개월 초과 6개월 이내</td><td>50% 감면</td></tr>
<tr><td>6개월 초과 1년 이내</td><td>30% 감면</td></tr>
<tr><td>1년 초과 1년 6개월 이내</td><td>20% 감면</td></tr>
<tr><td>1년 6개월 초과 2년 이내</td><td>10% 감면</td></tr>
<tr><td colspan="3"></td></tr>
<tr><td>감면신청</td><td colspan="3">정당한 사유가 있어 가산세면제를 받으려고 하는 경우와 동일(p.95 참조)</td></tr>
<tr><td>감면이
배제되는
경우</td><td colspan="3">1. 해당 국세에 관하여 세무공무원이 조사에 착수한 것을 알고 과세표준수정신고서 또는 기한후과세표준신고서를 제출한 경우
2. 해당 국세에 관하여 관할세무서장으로부터 과세자료 해명 통지를 받고 과세표준수정신고서를 제출한 경우</td></tr>
</table>

5. 가산세 부과

원천징수의무자가 통역 및 번역 용역계약을 체결하고 해당 용역 제공에 따른 소득을 지급하면서 해당 소득을 당초 사업소득으로 보아 원천징수를 하였으나 이후 노동위원회의 판정에 의하여 해당 용역제공자의 근로자 지위가 확인되어 근로소득으로 수정하여 과소 징수된 원천징수세액을 추가 납부하는 경우 원천징수납부 등 불성실가산세 부과대상이며, 소득 구분 오인에 대하여 해당 원천징수의무자가 이를 알지 못한 것이 무리가 아니었다거나 해당 원천징수의무자에게 적법한 소득 구분을 기대하는 것이 무리라고 하는 사정이 있는 등의 그 의무해태를 탓할 수 없는 가산세 감면의 정당한 사유가 있는지는 사실 판단사항임(사전법령기본-1301, 2021.9.30.)

(1) 원천징수의무자가 징수하였거나 징수할 세액을 미납하거나 과소납부한 경우

구 분	내 용			
일반적인 경우 (소법 §85 ③)	구 분	납부자	부담자	
	소득세	원천징수의무자	소득자	
	원천징수납부지연가산세	원천징수의무자	소득자 또는 원천징수의무자	
허위기부금영수증으로 부당하게 소득·세액공제 받은 경우 (원천-499, 2009.6.9.)	수정신고자	부담금액	부담자	납부자
	근로자	소득세	소득자	소득자
		부당과소신고가산세(40%)		
		납부지연가산세(연 8%)		
	원천징수의무자	소득세	소득자	소득자
		부당과소신고가산세(40%)		
		원천징수납부지연가산세(연 8%)	소득자 or 원천징수의무자	원천징수의무자

대상 근로자는 종합소득세 확정신고대상자이나 부당하게 과소납부한 경우에 해당됨

일반적인 과소신고(초과환급)인 경우에는 10%가 부과됨

(2) 원천징수의무자가 징수하였거나 징수할 세액을 미납하거나 과소납부한 경우로서 원천징수의무자에게 원천징수납부지연가산세만 부과하는 경우

구 분	내 용(소법 §85 ③·§80 ②)
원천징수의무 의미	원천징수이행신고뿐만 아니라 원천징수세액의 납부까지 이루어져야 소멸됨 ∴ 원천징수세액을 원천징수의무자로부터 징수하는 것이 원칙적으로 타당함
원천징수 납부지연 가산세만 부과하는 경우	1. 원천징수이행이 어렵다고 인정되는 경우 연말정산·퇴직소득세액에 대한 원천징수 내용에 탈루 또는 오류가 있는 경우로서 다음에 해당하는 경우 • 원천징수의무자의 폐업·행방불명 등으로 원천징수의무자로부터 징수하기 어려운 경우 • 근로소득자의 퇴사로 원천징수의무자의 원천징수이행이 어렵다고 인정되는 경우 2. 원천징수의무자가 부당공제 여부를 확인하기 어렵다고 인정되는 경우 근로소득자 소득·세액공제신고서를 제출한 자가 다음과 같은 부당한 방법으로 종합소득공제 및 세액공제를 받은 경우로서 원천징수의무자가 부당공제 여부를 확인하기 어렵다고 인정되는 경우 • 허위증거자료 또는 허위문서의 작성 및 제출 • 허위증거자료 또는 허위문서의 수취(허위임을 알고 받는 경우에 한함) 및 제출

<table>
<tr><th>구 분</th><th>내 용(소법 §85 ③·§80 ②)</th></tr>
<tr><td>원천징수 납부지연 가산세만 부과하는 경우</td><td>3. 종합소득세 신고납부한 경우
납세의무자가 신고·납부한 과세표준금액에 원천징수하지 아니한 원천징수대상 소득금액이 이미 산입된 경우</td></tr>
<tr><td>관련 사례</td><td>
<table>
<tr><th>상 황</th><th>내 용</th></tr>
<tr><td>원천징수의무자 폐업·행방불명 시 소득세 징수</td><td>원천징수의무자의 폐업·행방불명 등으로 원천징수의무자로부터 징수하기 어렵다고 인정되는 때에는 상여처분에 따른 원천징수분 근로소득세를 귀속자인 청구인에게 직접 종합소득세를 과세처분하여 징수할 수 있음(조심 2017중3288, 2017.11.16.)</td></tr>
<tr><td>퇴직한 근로자가 소득세 수정신고를 하고 소득세를 납부하지 않는 경우 원천징수의무자의 소득세 부담 여부</td><td>법인세법에 따라 법인세 과세표준을 결정 또는 경정하여 원천징수의무자 및 납세의무자에게 소득금액 변동통지가 이루어진 후 근로소득자의 퇴사로 원천징수의무자의 원천징수 이행이 어렵다고 인정되고, 납세의무자는 원천징수대상 소득세를 수정신고하였으나 해당 세액을 납부하지 아니한 경우로서, 원천징수의무자에게는 원천징수납부지연가산세만을 징수하고 납세의무자에게 체납처분이 진행되고 있는 경우에는 원천징수의무자에게 다시 원천징수대상 소득세를 부과할 수 없음(소득세제과-198, 2018.3.20.)</td></tr>
<tr><td>소득귀속자가 소득세를 납부한 경우</td><td>원천세액(원천징수납부지연가산세 포함)을 고지결정하였으나 납부되지 아니한 상태에서 소득귀속자에게 종합소득세를 부과하여 고지된 세액을 납부했을 경우 이미 결정고지된 원천세액은 본세를 결정취소하고 가산세만을 징수함(법인 22601-2908, 1985.9.25.)</td></tr>
</table>
</td></tr>
</table>

(3) 종합소득세 확정신고대상자가 신고를 하지 않은 경우

<table>
<tr><th>구 분</th><th>내 용(국기법 §47의 2 ①·§47의 4 ①)</th></tr>
<tr><td>가산세 부과</td><td>
<table>
<tr><th>구 분</th><th>납부자</th><th>부담자</th></tr>
<tr><td>소득세</td><td rowspan="3">소득자</td><td rowspan="3">소득자</td></tr>
<tr><td>무신고가산세(40% 또는 20%)</td></tr>
<tr><td>납부지연가산세(연 8%)</td></tr>
</table>
</td></tr>
</table>

(4) 특별징수의무자가 징수하였거나 징수할 세액을 미납하거나 과소납부한 경우로서 특별징수의무자에게 특별징수납부지연가산세만 부과하는 경우

구 분	내 용(지법 §103의 14)
특별징수 납부지연 가산세만 부과하는 경우	1. 이미 신고납부한 경우 납세의무자가 신고납부한 과세표준금액에 특별징수하지 아니한 특별징수대상 개인지방소득금액이 이미 산입된 경우 2. 관할 지자체장이 직접 부과징수하는 경우 특별징수하지 아니한 특별징수대상 개인지방소득금액에 대하여 납세의무자의 관할 지방자치단체의 장이 지방세법 제97조(결정·경정)에 따라 그 납세의무자에게 직접 개인지방소득세를 부과·징수하는 경우

한걸음 더

납세의무자가 근로소득자로서 연말정산 시 누락된 일부 근로소득이 있을 경우 근로자에게 국세기본법에 따른 과소신고가산세 및 납부지연가산세의 부과여부는 다음과 같다.

1. **근로자가 종합소득세 확정신고 의무가 없는 경우**
   납세의무자가 종합소득세 확정신고 의무가 없는 근로소득자로서 연말정산 시 누락된 일부 근로소득에 대해 과세관청이 원천징수의무자에게 과소납부한 소득세와 원천징수납부지연가산세를 부과·징수하거나, 원천징수의무자가 원천징수이행상황신고서를 수정제출하고 과소납부한 소득세와 원천징수납부지연가산세를 납부한 경우에는 해당 근로자에게 국세기본법에 따른 과소신고가산세 및 납부지연가산세를 부과하지 않는다(서면법규기본-2548, 2022.12.14.).
2. **근로자가 종합소득세 확정신고 의무가 있는 경우**
   납세의무자가 종합소득세 확정신고 의무 있는 근로소득자인 경우 연말정산 시 누락된 일부 근로소득에 대해 원천징수의무자가 원천징수이행상황신고서를 수정제출하고 과소납부한 소득세와 원천징수납부지연가산세를 납부한 경우에도 해당 근로자에게 국세기본법에 따른 과소신고가산세 및 납부지연가산세가 부과되지만, 그 가산세는 원천징수의무자가 수정신고를 통해 기납부한 소득세 본세를 차감한 후 추가 납부할 소득세액을 기준으로 하여 계산한다(서면법규기본-2548, 2022.12.14.).

2 조세범처벌법

원천징수의무자가 원천징수의무를 이행하지 않은 경우 조세범처벌법에 따라 다음과 같이 처벌될 수 있다(조세범처벌법 §13).

사 유	처벌내용
조세의 원천징수의무자가 정당한 사유 없이 그 세금을 징수하지 아니하였을 때	1,000만원 이하의 벌금
조세의 원천징수의무자가 정당한 사유 없이 징수한 세금을 납부하지 아니하였을 때	2년 이하의 징역 또는 2,000만원 이하의 벌금

Chapter 02

근로소득 연말정산

01 근로소득 개요

1 근로소득 의의

근로소득이란 고용관계, 그 밖에 이와 유사한 계약에 의하여 근로를 제공하고 받는 모든 대가로서 봉급·상여·수당 등 그 명칭과 관계가 없으며(서일-496, 2008.4.8.; 서울행법 2017구합57738, 2017.10.27.), 직접적인 근로의 대가 외에 근로를 전제로 그와 밀접히 관련되어 근로조건의 내용을 이루고 있는 급여도 포함하는 것(대법원 2008.2.14. 선고 2007두8423 판결 등 참조)으로 해당 과세기간에 발생한 다음 소득으로 한다(소법 §20 ①).

1. 근로를 제공함으로써 받는 봉급·급료·보수·세비·임금·상여·수당과 이와 유사한 성질의 급여
2. 법인의 주주총회·사원총회 또는 이에 준하는 의결기관의 결의에 따라 상여로 받는 소득(잉여금처분에 의한 상여)
3. 법인세법에 따라 상여로 처분된 금액(인정상여)
4. 퇴직함으로써 받는 소득으로서 퇴직소득에 속하지 아니하는 소득
5. 종업원 등 또는 대학의 교직원이 지급받는 직무발명보상금(기타소득에 해당하는 직무발명보상금 제외)
6. 사업자나 법인이 생산·공급하는 재화 또는 용역을 그 사업자나 법인(독점규제 및 공정거래에 관한 법률에 따른 계열회사를 포함한다)의 사업장에 종사하는 임원등에게 대통령령으로 정하는 바에 따라 시가보다 낮은 가격으로 제공하거나 구입할 수 있도록 지원함으로써 해당 임원등이 얻는 이익

1. 고용관계

근로자(고용계약)에 해당하는지 여부를 판단함에 있어서는 그 계약이 민법상의 고용계약이든 또는 도급계약이든 그 계약의 형식에 관계없이 그 실질에 있어 임금을 목적으로 종속적인 관계에서 사용자에게 근로를 제공했는지 여부에 따라 판단하며, 종속적인 관계가 있는지 여부를 판단함에 있어서는 다음의 내용을 종합적으로 고려하여 판단해야 한다(소득집 20-0-1).

종속적인 관계 판단 근거

1. 업무의 내용이 사용자에 의하여 정해지고 취업규칙·복무규정·인사규정 등의 적용을 받으며 업무 수행 과정에 있어서도 사용자로부터 구체적이고 직접적인 지휘·감독을 받는지 여부
2. 사용자에 의하여 근무시간과 근무장소가 지정되고 이에 구속을 받는지 여부
3. 근로자 스스로가 제3자를 고용하여 업무를 대행케 하는 등 업무의 대체성 유무
4. 비품·원자재·작업도구 등의 소유관계, 보수가 근로 자체의 대상적 성격을 갖고 있는지 여부와 기본급이나 고정급이 정해져 있는지 여부 및 근로소득세의 원천징수 여부 등 보수에 관한 사항
5. 근로제공 관계의 계속성과 사용자에의 전속성의 유무와 정도
6. 사회보장제도에 관한 법령 등 다른 법령에 따라 근로자로서의 지위를 인정받는지 여부
7. 양 당사자의 경제적·사회적 조건 등

한걸음 더

1. 기업회계상 인건비 처리

<table>
<tr><th>구 분</th><th colspan="2">내 용</th></tr>
<tr><td>인식(시점)</td><td>발생주의 적용</td><td rowspan="2">예1 25년 12월 근무분 급여, 26년 1월 지급
→ 해당 급여를 25년 12월 비용(부채)으로 인식
예2 25년 만근에 대한 26년 부여 연차수당
→ 합리적 추정치를 추정하여 25년 비용(부채)으로 인식
예3 25년 근무에 대한 퇴직급여(DC 제외)
→ 합리적 추정치를 추정하여 25년 비용(부채)으로 인식</td></tr>
<tr><td>측정(금액)</td><td><table><tr><th>지급금액</th><th>측정(금액)</th></tr><tr><td>확정</td><td>해당 금액</td></tr><tr><td>불확정</td><td>합리적 방법과 가정을 통한 추정치</td></tr></table></td></tr>
<tr><td>원가배분
(분류)</td><td colspan="2"><table><tr><th colspan="2">지출 발생 원천</th><th>원가의 배분</th></tr><tr><td colspan="2">제조활동</td><td>해당비용(제조원가) → 재고자산(재공품 → 제품*) → 매출원가</td></tr><tr><td colspan="2">용역제공활동</td><td>해당비용(용역원가) → 재고자산(미완성공사 등) → 매출원가</td></tr><tr><td rowspan="2">개발
활동</td><td>자산요건 충족</td><td>해당비용 → 개발비(무형자산) → 무형자산상각비**</td></tr><tr><td>그 외</td><td>경상개발비(판매비와 관리비)</td></tr><tr><td colspan="2">연구활동</td><td>연구비 (판매비와 관리비)</td></tr><tr><td colspan="2">유형자산 자가제조활동</td><td>해당비용 → 건설중인 자산(유형자산) → 유형자산* (기계장치 등) → 감가상각비**</td></tr><tr><td colspan="2">이외 판매 및 관리활동</td><td>해당비용(판매비와 관리비)</td></tr></table>* 취득 완료시점에 해당 재고(유형)자산의 계정과목으로 대체
** 활동원천에 따라 다시 원가배분</td></tr>
<tr><td>계정과목</td><td colspan="2">적절한 계정과목으로 처리(계속성 적용)</td></tr>
</table>

2. 법인세법상 인건비 처리

<table>
<tr><th>구 분</th><th colspan="2">내 용</th></tr>
<tr><td>인식(시점)</td><td>권리의무 확정주의 적용</td><td rowspan="2">예1 25년 12월 근무분 급여, 26년 1월 지급
→ 해당 급여를 25년 12월 비용(부채)으로 인식
→ 인정 why 권리의무 확정주의와 동일
→ (25년) 손금인정
예2 25년 만근에 대한 26년 부여 연차수당
→ 합리적 추정치를 추정하여 25년 비용(부채)으로 인식
→ 불인정 why 권리의무 확정주의에 위배
→ (25년) 손금불산입〈유보〉
(26년) 손금산입〈유보〉
예3 25년 근무에 대한 퇴직급여(DC 제외)
→ 합리적 추정치를 추정하여 25년 비용(부채)으로 인식
→ 불인정 why 권리의무 확정주의에 위배
→ (25년) 손금불산입〈유보〉
(지급 시) 손금산입〈유보〉</td></tr>
<tr><td>측정(금액)</td><td><table><tr><th>장부금액</th><th>측정(금액)</th></tr><tr><td>확정</td><td>해당 금액</td></tr><tr><td>불확정</td><td>추정치를 인정하지 않음</td></tr></table>회사가 법인세 부담
이후 회사는 부담했던 법인세 회수가능
→ 소득자(근로자)와는 무관함</td></tr>
</table>

<table>
<tr><th>구 분</th><th colspan="3">내 용</th></tr>
<tr><td>원가배분, 계정과목</td><td colspan="3">고려하지 않음</td></tr>
<tr><td rowspan="3">과다 인건비
부당행위 계산 부인</td><th>구 분</th><th>측 정(금액)</th><td rowspan="3">근로자 근로소득(인정상여) 해당
→ 근로자 근로소득세 부담
→ 회사 연말정산(원천징수) 시 고려</td></tr>
<tr><td>과다지급된 인건비
부당행위 계산 부인에 해당되는 인건비</td><td>손금불산입〈상여〉</td></tr>
<tr><td>이 외</td><td>손금 인정</td></tr>
</table>

3. 소득세법상 인건비 처리

<table>
<tr><th>구 분</th><th colspan="3">내 용</th></tr>
<tr><td>인식(시점)</td><td colspan="2">소득세법상 귀속시기 적용</td><td rowspan="4">예1 25년 12월 근무분 급여, 26년 1월 지급
→ 해당 급여를 25년 12월 비용 인식
→ 인정 why 귀속시기 동일
→ (25년) 근로소득
예2 25년 만근에 대한 26년 부여 연차수당
→ 합리적 추정치를 추정하여 25년 비용 인식
→ 불인정 why 귀속시기 다름, 추정치 불인정
→ (26년) 근로소득
예3 25년 근무에 대한 퇴직급여(DC 제외)
→ 불인정 why 귀속시기 다름, 추정치 불인정
→ (지급 시) 근로소득 또는 퇴직소득</td></tr>
<tr><td rowspan="3">측정(금액)</td><th>금 액</th><th>측정(금액)</th></tr>
<tr><td>확정</td><td>소득세법상 근로소득 계산 규정 적용
→ 장부금액 또는 법인세법상 손금인정 금액과 일치하지 않을 수 있음</td></tr>
<tr><td>불확정</td><td>추정치를 인정하지 않음</td></tr>
<tr><td>원가배분, 계정과목</td><td colspan="3">고려하지 않음</td></tr>
</table>

<table>
<tr><td rowspan="7">소득분류</td><th colspan="2">구 분</th><th>소득구분</th></tr>
<tr><td colspan="2">법인세법상 손금불산입〈상여〉 처분된 금액</td><td>근로소득
예 임원퇴직금 손금한도초과액</td></tr>
<tr><td rowspan="5">법인세법상 손금인정된 금액</td><td>고용계약 & 근로제공대가</td><td>근로소득</td></tr>
<tr><td>임원퇴직소득금액 한도초과액</td><td>근로소득</td></tr>
<tr><td>현실적 퇴직을 원인으로 지급</td><td>퇴직소득</td></tr>
<tr><td>퇴직급여로 지급되기 위해 법 소정요건을 충족하여 적립하는 경영성과급</td><td>퇴직소득
✔ 법 소정요건 불충족
→ 근로소득</td></tr>
<tr><td>이 외</td><td>기타소득</td></tr>
</table>

2. 모든 근로대가

(1) 지급형태

현금뿐만 아니라 현물급여(창립기념일·근로자의 날 등의 선물 등) 및 여행경비부담액(근로자의 여행경비를 회사가 부담하는 경우)도 근로소득에 포함된다.

(2) 계정처리(회계처리)

근로소득에 해당하는 금액을 회사가 급여로 회계처리하지 않고 복리후생비 등의 다른 계정과목으로 처리한 경우에도 근로대가에 해당되는 경우 근로소득으로 본다.

(3) 과세대상 근로소득

근로제공에 대한 모든 대가가 과세되는 것은 아니며, 다음과 같이 과세된다.

소득구분		과세 여부	근로소득지급명세서 기재 여부
근로소득으로 보지 않는 항목		과세제외	기재대상 아님(×)
근로소득으로 보는 항목	비과세 항목	과세제외	일부 항목만 기재대상(△)
	과세 항목	과세대상	기재대상(○)

기재대상 항목을 적지 않은 경우
→ 지급명세서 가산세 대상

2 다른 소득과의 구분

1. 근로소득 vs 기타소득 vs 사업소득

(1) 근로소득, 기타소득 및 사업소득의 구분 기준

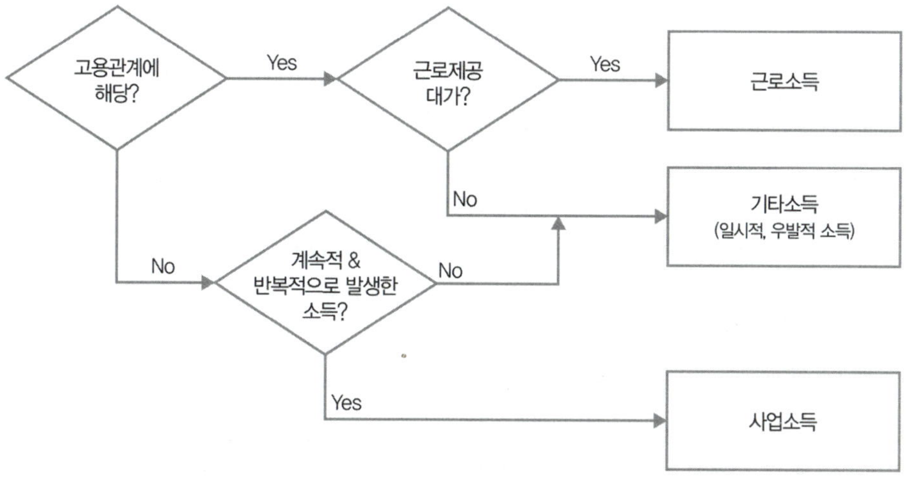

한걸음 더

1. 계속적·반복적 여부 판단기준

계속적·반복적인지 여부는 사업자등록의 유무와 관계없이 활동기간·규모·횟수 등의 실질내용에 따라 사실 판단한다(서일-1068, 2007.7.27.; 소득세과-487, 2014.9.2.). 예를 들어 하나의 용역으로 용역 성격상 장기간이 소요된 것일 뿐 동종 행위의 계속, 반복이라는 사업성 요건을 충족하지 못한 경우 일시적인 용역으로 봄이 타당하며(심사소득 2008-184, 2009.2.20.), 용역제공 기간이 3개월인 경우로서 일시적인 용역제공이라고 볼 만한 특별한 사정이 없는 때에는 이를 계속적인 용역의 제공으로 보아 사업소득으로 구분한다(소득-3138, 2008.9.5.; 소득세과-457, 2014.8.18.).

2. 소득구분을 잘못한 경우

원천징수납부지연가산세 및 지급명세서 가산세가 적용된다는 의미

원천징수의무자가 근로소득을 기타소득으로 하여 소득세를 과다 원천징수하여 신고·납부한 경우 원천징수납부지연가산세는 적용하지 않는 것이나, 해당 근로소득을 기타소득으로 하여 지급명세서를 제출한 경우 근로소득지급명세서를 제출하지 않았으므로 지급명세서 미제출가산세를 적용한다(원천-259, 2012.5.11.).

(2) 근로소득, 기타소득 및 사업소득 주요 구분 사례

구 분		사 례
강사료	근로	근로자가 사내교육을 하고 해당 회사로부터 지급받는 강사료 (서일 46011-10654, 2003.5.24.)
	사업	고용관계 없는 거주자가 계속적·반복적으로 강의를 하고 지급받는 강사료(서일-341, 2007.3.13.)
	기타	고용관계 없는 거주자가 독립된 자격으로 일시적으로 강의를 하고 지급받는 강사료(소득 46011-10219, 2001.3.15.)
경영자문료	근로	근로계약에 의한 고용관계에 의하여 비상임자문역으로 근로자의 지위에서 경영자문용역을 제공하고 얻은 소득(재소득 46073-136, 2000.8.18.)
	사업	전문직 또는 컨설팅 등을 전문으로 하는 사업자가 독립적인 지위에서 사업상 또는 사업에 부수적인 용역인 경영자문용역을 계속적 또는 일시적으로 제공하고 얻은 소득(재소득 46073-136, 2000.8.18.)
	기타	이외 경우로서 고용관계 없이 일시적으로 경영자문용역을 제공하고 얻은 소득(재소득 46073-136, 2000.8.18.)
수수료	근로	거주자가 상가분양대행업자에게 고용되어 근로를 제공하고 지급받는 금액(소득 46011-1521, 1995.6.2.)
	사업	전문적으로 분양업무를 수행하고 지급받는 금액 (소득 46011-1521, 1995.6.2.)
	기타	고용관계 없는 자가 일시적으로 분양을 알선하고 받는 금액 (소득 46011-1521, 1995.6.2.)

업무수행을 위해 현지출장 시 여비교통비·숙박비 등의 명목으로 지급받는 금액도 포함(서일-474, 2007.4.12.)

<table>
<tr><th colspan="2">구 분</th><th>사 례</th></tr>
<tr><td rowspan="2">노조전임자급여</td><td>근로</td><td>① 노동조합 전임자가 단체협약 등에 의하여 그 전임기간 동안 사용자로부터 지급받는 금원(서일 46011-10428, 2002.3.30.)
② 노동조합이 노동조합의 재정(조합원 회비를 재원)으로 노조전임자에게 직무수행의 대가로 급여성 금원을 지급할 경우(소득-951, 2010.9.2.)</td></tr>
<tr><td>기타</td><td>① 노동조합및노동관계조정법 제24조 제2항 및 제4항을 위반(근로시간 면제한도를 초과)하여 사용자로부터 지급받는 급여(소령 §41 ⑩ 2호)
② 해고된 노동자가 노동조합으로부터 받은 신분보장기금(대법원 2017두44244, 2017.11.9.)
③ 해고된 노동자가 해고에 대한 보상적 성격 또는 생계지원 차원에서 노동조합으로부터 받는 금품(재경부 소득세제과-606, 2007.11.5.)</td></tr>
<tr><td rowspan="2">직무발명보상금</td><td>근로</td><td>종업원 등이 사용자로부터 받거나, 대학의 교직원 또는 대학과 고용관계가 있는 학생이 산학협력단으로부터 받는 직무발명보상금(소법 §20 ① 5호·§12 3호 어목)</td></tr>
<tr><td>기타</td><td>종업원 등 또는 대학의 교직원이 퇴직한 후에 사용자 등 또는 산학협력단으로부터 지급받거나, 대학의 학생이 산학협력단으로부터 받는 직무발명보상금(소법 §21 ① 22호의 2·§12 5호 라목)</td></tr>
<tr><td rowspan="2">상금</td><td>근로</td><td>① 종업원에게 지급하는 공로금·위로금·개업축하금 기타 이와 유사한 성질의 사실상 급여(원천-129, 2010.2.8.)
② 공장의 원가절감이나 품질향상 등의 실적에 따라 지급하는 상금(소득 22601-1626, 1986.5.20.)
③ 국립대학교가 소속 교원의 연구활동을 장려하고 대학 발전의 핵심역량을 집중하기 위하여 세계적으로 저명한 학술지 등에 논문이 게재되는 등 우수 연구성과로 인해 학교의 명성을 높인 공로가 있는 교원에게 포상하여 지급하는 학술장려금(소득-3590, 2008.10.7.)
④ 연구원 소속 교수에게 연구활동 지원 목적으로 지급하는 논문게재 장려금과 연구과제 응모 지원금(원천-569, 2012.10.24.)</td></tr>
<tr><td>기타</td><td>① 종업원의 특별한 공로에 대하여 경진·경영·경로대회·전람회 등에서 우수한 자에게 지급하는 상금(원천-129, 2010.2.8.)
② 연구의욕을 고취하기 위하여 직무 관련 주제를 대상으로 하는 논문의 현상모집을 실시하고, 심사결과 선발된 우수논문에 대하여 해당 직원에게 지급하는 상금(서일-925, 2006.7.6.)
③ 원가절감이나 품질향상에 대한 우수제안자에게 지급하는 상금(소득 22601-1626, 1986.5.20.)</td></tr>
</table>

사례금에 해당(필요경비 없음)

비거주자가 퇴직 후에 지급받는 직무발명보상금은 국내원천 기타소득에 해당(서면법규국조-122, 2023.10.18.)

구 분		사 례
원고료 등	근로	신규채용시험이나 사내교육을 위한 출제·감독·채점 또는 강의 교재 등을 작성하고 근로자가 지급받는 수당·강사료·원고료 명목의 금액(소통 20－38…2)
	기타	사원이 업무와 관계없이 독립된 자격에 의하여 사내에서 발행하는 사보 등에 원고를 게재하고 받는 대가(소통 21－0…4)
수당 등	근로	① 내근사원에게 지급하는 보험가입자 등의 모집수당(서일－1432, 2005.11.24.) ② 기획부동산업체에 고용되어 근로를 제공하는 임직원이 텔레마케터의 토지판매실적에 따라 지급받는 판매수당(심사소득 2011－66, 2011.7.15.) ③ 비영리법인인 한국전기산업기술연구조합이 국가연구기술개발을 하면서 기술실시계약에 따라 참여기업으로부터 지급받은 기술료를 그 연구기술개발에 참여한 해당 연구조합의 직원인 연구원에게 성과금으로 지급하는 경우(소득－434, 2011.5.27.)
	사업	독립된 자격으로 보험가입자 등의 모집을 하고 그 실적에 따라 받는 모집수당 등(서일－1432, 2005.11.24.)
	기타	① 방송국, 신문사, 전화국 등이 방송프로나 신문기사의 질 또는 종업원의 업무태도 등에 관하여 의견을 청취하고자 근로계약 없이 위촉한 모니터요원에게 그 의견을 청취한 대가로 지급하는 금액(소통 21－0…3 ①) ② 기업이 고용관계 없이 위촉한 모니터요원에게 자사제품의 품질 등에 대한 의견제출 등의 모니터링 활동에 대하여 법적 지급의무 없이 사례로 지급하는 금품(소통 21－0…3 ②) ③ 모니터요원에게 일시적으로 시장조사, 매장조사, 모니터회의 참석 등 특정한 업무를 수행하게 하고 그 용역제공의 실적에 따라 지급하는 수당 등(소통 21－0…3 ②) ④ 법령·조례에 따른 위원회 등의 보수를 받지 않는 위원(학술원 및 예술원의 회원 포함) 등이 받는 수당(소법 §12 5호 자목)
전속계약금	근로	특별한 능력 또는 우수한 능력이 있는 근로자가 기업과 근로계약을 체결하면서 지급받는 사이닝보너스(소통 20－0…5 ①)
	사업	직업운동선수(프로축구선수, 프로야구선수, 프로골프선수 등)나 연예인 등이 전속계약으로 지급받는 전속계약금(심사소득 2008－156, 2008.12.23.)

사례금에 해당 (필요경비 없음)

인적용역대가에 해당(필요경비 60% 인정)

비과세

구 분		사 례
주식매수선택권행사이익	근로	① 법인의 임직원이 해당 법인 또는 해당 법인과 특수관계에 있는 법인으로부터 부여받은 주식매수선택권을 그 법인 등에서 근무하는 기간 중에 행사함으로써 얻은 이익(소령 §38 ① 17호) ② 법인의 임직원이 해당 법인의 근무기간 중 부여받은 주식매수선택권의 취소와 관련하여 법인(법인과 특수관계에 있는 법인 포함)에 근무하는 기간 중 지급받는 보상금(서일-1475, 2007.10.29.)
	기타	① 퇴직 전에 부여받은 주식매수선택권을 퇴직 후에 행사함으로써 얻는 이익(소법 §21 ① 22호) ② 법인의 임직원이 해당 법인의 근무기간 중 부여받은 주식매수선택권의 취소와 관련하여 퇴사 후에 지급받는 보상금(서일-1475, 2007.10.29.) ③ 고용관계 없이 주식매수선택권을 부여받아 이를 행사함으로써 얻는 이익(소법 §21 ① 22호) ④ 피상속인이 부여받은 주식매수선택권을 상속인이 행사함으로써 얻는 이익(원천-315, 2010.4.15.)
	양도	벤처기업 임직원이 2015.1.1. 이후 부여받은 주식매수선택권 행사이익에 대하여 양도소득세 과세특례를 신청한 경우로서 법 소정의 경우(조특법 §16의 4)
연구용역소득	근로	① 대학이 연구주체가 되어 외부로부터 연구개발용역을 위탁받아 연구비를 직접 관리하는 경우로서 연구목적으로 고용된 교수 등이 고용관계에 따른 근로제공과 관련하여 연구용역을 제공하고 지급받는 대가(서일-978, 2005.8.17.) ② 산학협력단에서 연구수행 및 계약체결의 주체가 되어 연구비를 직접 관리하는 경우로서 연구원 등이 연구목적의 고용관계나 이와 유사한 계약에 의하여 근로를 제공하고 지급받는 대가(서일-1347, 2007.10.4.) ③ 사립대학교가 교원 연구활동의 원활한 지원을 위하여 외부로부터의 위탁받은 연구용역과 연구용역의 대가를 관리하는 산학협력단으로부터 연구비의 일부(간접연구비)를 배분받아 이를 재원으로 교원에게 인센티브로 지급하는 경우(원천-217, 2009.1.21.)
	사업	대학교수가 대학과 관련없이 독립적으로 연구 및 개발용역을 제공하고 그 대가를 받는 경우(서일-975, 2007.7.10.)
	기타	① 대학이 연구주체가 되어 외부로부터 연구개발용역을 위탁받아 연구비를 직접 관리하는 경우로서 고용관계에 따른 근로제공과 관련없이 교수가 연구활동의 대가로 지급받는 금액(서일-978, 2005.8.17.)

주식매수선택권을 행사함으로써 얻는 이익은 행사가액에서 상속세가 과세된 금액을 차감함

02

<table>
<tr><th colspan="2">구 분</th><th>사 례</th></tr>
<tr><td rowspan="2">연구용역소득</td><td>기타</td><td>② 연구시설 확충 등 목적으로 설립된 학술진흥재단으로부터 교수 등이 연구용역 제공의 대가로 고용관계에 따른 근로제공과 관련없이 지급받는 금액(서일-978, 2005.8.17.)
③ 산학협력단에서 연구수행 및 계약체결의 주체가 되어 연구비를 직접 관리하는 경우로서 연구목적의 고용관계 없이 일시적으로 연구용역을 제공하고 지급받는 대가(서일-1347, 2007.10.4.)</td></tr>
<tr><td>소득 제외</td><td>연구와 관련된 간접경비를 연구원이 위임을 받아 실제 각종 연구비용에 지출하여 해당 연구원에게 귀속되지 아니한 경우</td></tr>
<tr><td rowspan="3">부당해고임금등</td><td>근로</td><td>① 부당해고기간 동안의 임금상당액(소통 20-38…3 ①)
② 근로자가 소송을 제기하여 법원의 판결에 의하여 지급받는 연차휴가수당(서일-1434, 2007.10.18.)
③ 근로자가 초과근무수당을 미지급 받음에 따라 법원에 미지급초과근무수당과 지연지급에 따른 이자상당액의 지급을 청구하여 판결에 따라 받는 이자상당액(소득-194, 2012.3.9.)</td></tr>
<tr><td>기타</td><td>① 부당해고기간 동안의 임금상당액과 별도로 지급받는 손해배상금과 그 손해배상금을 본래의 지급기일을 초과하여 지급받음으로써 추가로 지급받는 지연이자상당액(서면법규-1551, 2012.12.28.)
② 퇴직금지급채무 이행지체로 인한 지연손해금(대법원 2004두3984, 2006.1.12.)
③ 판결에 의하여 지급받기로 한 급여상당액을 본래의 지급기일을 초과하여 지급함에 따라 추가로 지급받는 지연이자상당액(서일-1434, 2007.10.18.)
④ 징계해고에 대한 소송이 진행되던 중 회사로부터 소송포기 등의 조건으로 합의한 합의각서가 불특정다수인에게 적용되는 노동조합과 회사간의 노사합의서가 아니고 개인 자격으로 합의한 것인 경우 그 합의각서에 따른 합의금(조심 2010광155, 2010.3.29.)
⑤ 지방노동위원회의 화해로 부당해고 구제신청 및 퇴직금 진정건을 취하하는 조건으로 회사에서 지급받는 위로금(소득-339, 2013.5.29.)
⑥ 임기가 정해진 법인의 임원이 임기만료 전에 정당한 이유 없이 해임됨으로써 상법 제385조 제1항의 규정에 의하여 손해배상을 청구하여 퇴직금과 별도로 손해배상을 지급받는 경우 그 손해배상금(사전법령소득-610, 2017.2.27.)
⑦ 거주자가 해고무효확인소송 중에 조정에 갈음하는 결정조서에 따라 해고기간 동안의 임금 및 위로금 명목으로 지급받는 금액 중 근로소득 또는 퇴직소득에 해당하지 않는 손해배상금(소득-256, 2010.2.22.)</td></tr>
<tr><td>소득 제외</td><td>부당해고 등에 따른 명예훼손이나 정신적인 고통에 대한 배상 또는 위자료와 같이 재산권 외의 신분 및 인격에 대한 손해배상금(서면법규-1551, 2012.12.28.)</td></tr>
<tr><td rowspan="2">봉사료</td><td>근로</td><td>사업자가 음식·숙박용역이나 개인서비스용역을 공급하고 그 대가와 함께 받은 봉사료로 고용관계 있는 종업원에게 기본급료와 별도로 지급하는 경우 해당 봉사료(소득 22601-2886, 1987.10.29.)</td></tr>
<tr><td>사업</td><td>사업자가 음식·숙박용역이나 개인서비스용역을 공급하고 그 대가와 함께 받은 봉사료로 고용관계 없이 접대부 등이 받는 봉사료(재소득 46073-15, 2003.1.24.)</td></tr>
</table>

2. 근로소득 vs 퇴직소득

(1) 퇴직소득 범위

퇴직소득은 해당 과세기간에 발생한 다음 소득의 합계액으로 한다(소법 §22 ①·②, 소령 §42의 2 ①~④).

1. 2002.1.1. 이후에 납입된 연금 기여금 및 사용자 부담금을 기초로 하거나 2002.1.1. 이후 근로의 제공을 기초로 하여 공적연금 관련법에 따라 받는 일시금
2. 사용자 부담금을 기초로 하여 현실적인 퇴직을 원인으로 지급받는 소득
3. 그 밖에 '1. 및 2.'와 유사한 소득으로서 다음 어느 하나에 해당하는 소득
   ① 공적연금 관련법에 따른 일시금을 지급하는 자가 퇴직소득의 일부 또는 전부를 지연하여 지급하면서 지연지급에 대한 이자를 함께 지급하는 경우 해당 이자
   ② 과학기술인공제회법 제16조 제1항 제3호에 따라 지급받는 과학기술발전장려금
   ③ 건설근로자의 고용개선 등에 관한 법률 제14조에 따라 지급받는 퇴직공제금
   ④ 2018.1.1. 이후 종교관련종사자가 현실적인 퇴직을 원인으로 종교단체로부터 지급받는 소득

(2) 퇴직소득 vs 업무무관가지급금(대여금)

일반적으로 퇴직급여는 고용관계 또는 근로관계가 종료될 때 지급되며, 당연 퇴직소득에 해당한다. 그러나 소득세법에서는 고용관계 또는 근로관계 종료없이 현실적 퇴직사유에 해당하는 경우에 퇴직급여를 실제로 지급하면 퇴직소득으로 보고 있다(소법 §22 ①). 반면, 법인세법에서는 현실적 퇴직사유에 해당되지 않으면 해당 임원 또는 직원이 현실적으로 퇴직할 때까지 업무와 관계없이 대여한 대여금(업무무관가지급금)에 해당됨에 유의한다(법칙 §22 ②).

자금대여이익(인정상여)에 대해 근로소득세가 과세될 수 있음

현실적 퇴직사유(소령 §43, 소통 22-0…1)

구 분	내 용
현실적 퇴직사유 해당	1. 종업원이 임원이 된 경우 2. 법인의 상근임원이 비상근임원이 된 경우 3. 임직원이 합병·분할 등 조직변경, 사업양도, 직·간접으로 출자관계에 있는 법인으로의 전출이 이루어진 경우 또는 2015.2.3. 이후 임원이 동일한 사업자가 경영하는 다른 사업장으로의 전출이 이루어진 경우 4. 비정규직 근로자(기간제근로자 또는 단시간근로자를 말함)가 정규직 근로자로 전환된 경우 5. 임직원이 계속근로기간 중에 다음 어느 하나에 해당하는 사유로 퇴직급여를 미리 지급받은 경우 (1) 근로자퇴직급여 보장법 제38조에 따라 퇴직연금제도가 폐지되는 경우 (2) 다음 어느 하나에 해당하는 경우(근로자퇴직급여 보장법시행령 §3 ①)

근로기준법에 따라 근로계약을 체결한 근로자로서 비정규직 근로자가 아닌 근로자

이미 근무한 기간에 대해 퇴직급여를 미리 지급받음을 의미함

중간정산시점부터 새로이 근로연수를 기산하는 경우에 한함

<table>
<tr><th>구 분</th><th>내 용</th></tr>
<tr><td>현실적 퇴직사유 해당</td><td>① 무주택자인 근로자가 본인 명의로 주택을 구입하는 경우
② 무주택자인 근로자가 주거를 목적으로 민법 제303조에 따른 전세금 또는 주택임대차보호법 제3조의 2에 따른 보증금을 부담하는 경우[이 경우 근로자가 하나의 사업에 근로하는 동안 1회로 한정]
③ 6개월 이상 요양을 필요로 하는 근로자 본인, 근로자의 배우자, 근로자 또는 그 배우자의 부양가족의 질병이나 부상에 대한 의료비를 해당 근로자가 본인 연간 임금총액의 12.5%를 초과하여 부담하는 경우
④ 퇴직금 중간정산을 신청하는 날부터 거꾸로 계산하여 5년 이내에 근로자가 채무자회생 및 파산에 관한 법률에 따라 파산선고를 받은 경우 또는 같은 법에 따라 개인회생절차개시 결정을 받은 경우
⑤ 사용자가 기존의 정년을 연장하거나 보장하는 조건으로 단체협약 및 취업규칙 등을 통하여 일정나이, 근속시점 또는 임금액을 기준으로 임금을 줄이는 제도를 시행하는 경우
⑥ 사용자가 근로자와의 합의에 따라 소정근로시간을 1일 1시간 또는 1주 5시간 이상 변경하여 그 변경된 소정근로시간에 따라 근로자가 3개월 이상 계속 근로하기로 한 경우
⑦ 법률 제15513호 근로기준법 일부 개정 법률의 시행에 따른 근로시간의 단축으로 근로자의 퇴직금이 감소되는 경우
⑧ 재난으로 피해를 입은 경우로서 고용노동부장관이 정하여 고시하는 사유에 해당하는 경우
6. 법인의 직영차량 운전기사가 법인소속 지입차량의 운전기사로 전직하는 경우
7. 근로자가 사규 또는 근로계약에 의하여 정년퇴직을 한 후 다음 날 해당 사용자의 별정직 사원(촉탁)으로 채용된 경우
8. 법인의 임원이 주주총회 결의에 의하여 퇴임하고 사용인으로 계속 근무하는 경우(다만, 자금대여 목적인 경우는 제외)(법인-1083, 2010.11.22.; 사전법령법인-562, 2019.11.5.)</td></tr>
<tr><td>현실적 퇴직사유 아닌 경우</td><td>1. 임원이 연임이 된 경우
2. 법인의 대주주 변동으로 인하여 계산의 편의 기타 사유로 전 근로자에게 퇴직금을 지급한 경우
3. 기업의 제도 기타 사정 등을 이유로 퇴직금을 1년 기준으로 매년 지급하는 경우
4. 비거주자의 국내사업장 또는 외국법인의 국내지점의 근로자가 본점(본국)으로 전출하는 경우
5. 정부 또는 산업은행 관리기업체가 민영화됨에 따라 전 근로자의 사표를 일단 수리한 후 재채용한 경우
6. 2 이상의 사업장이 있는 사용자의 근로자가 한 사업장에서 다른 사업장으로 전출하는 경우
7. 중간정산일 현재 주택을 소유하고 있는 임원의 주택 구입에 소요된 차입금을 변제하기 위하여 중간정산하는 경우(법인-26, 2012.1.9.)</td></tr>
</table>

한걸음 더

1. **법인세법에 따른 현실적 퇴직사유**

법인에 따른 현실적 퇴직사유는 다음과 같다(법령 §44 ②, 법칙 §22 ③, 법통 26-44…1).

구 분	내 용
현실적 퇴직사유 해당	1. 법인의 직원이 해당 법인의 임원으로 취임한 때 2. 법인의 임원 또는 직원이 그 법인의 조직변경·합병·분할 또는 사업양도에 의하여 퇴직한 때 3. 근로자퇴직급여 보장법 제8조 제2항에 따라 퇴직급여를 중간정산하여 지급한 때(종전에 퇴직급여를 중간정산하여 지급한 적이 있는 경우에는 직전 중간정산 대상기간이 종료한 다음날부터 퇴직급여를 중간정산한 것을 말함) 4. 정관 또는 정관에서 위임된 퇴직급여지급규정에 따라 다음의 사유로 그 때까지의 퇴직급여를 중간정산하여 임원에게 지급한 때(종전에 퇴직급여를 중간정산하여 지급한 적이 있는 경우에는 직전 중간정산 대상기간이 종료한 다음날부터 퇴직급여를 중간정산한 것을 말함) (1) 중간정산일 현재 1년 이상 주택을 소유하지 아니한 세대의 세대주인 임원이 주택을 구입하려는 경우(중간정산일부터 3개월 내에 해당 주택을 취득하는 경우만 해당) (2) 임원(임원의 배우자 및 소득세법 제50조 제1항 제3호에 따른 생계를 같이 하는 부양가족 포함)이 3개월 이상의 질병 치료 또는 요양을 필요로 하는 경우 (3) 천재·지변, 그밖에 이에 준하는 재해를 입은 경우 5. 법인의 직영차량 운전기사가 법인소속 지입차량의 운전기사로 전직하는 경우 6. 법인의 임원 또는 사용인이 사규에 따라 정년퇴직을 한 후 다음날 같은 법인의 별정직사원(촉탁)으로 채용된 경우 7. 합병으로 소멸하는 피합병법인의 임원이 퇴직급여지급규정에 따라 퇴직급여를 실제로 지급받고 합병법인의 임원이 된 경우 8. 법인의 상근임원이 비상근임원으로 된 경우 9. 법인이 근로자퇴직급여보장법에 따른 확정기여형퇴직연금제도를 설정하여 임원에 대한 퇴직연금 부담금을 지출하는 경우로서 임원이 근로자퇴직급여 보장법에 따라 확정기여형퇴직연금제도에서 중도인출하는 경우(서면법인-3001, 2021.11.16.)
현실적 퇴직사유 아닌 경우	1. 임원이 연임된 경우 2. 법인의 대주주 변동으로 인하여 계산의 편의, 기타 사유로 전사용인에게 퇴직급여를 지급한 경우 3. 외국법인의 국내지점 종업원이 본점(본국)으로 전출하는 경우 4. 정부투자기관 등이 민영화됨에 따라 전 종업원의 사표를 일단 수리한 후 재 채용한 경우 5. 근로자퇴직급여 보장법 제8조 제2항에 따라 퇴직급여를 중간정산하기로 하였으나 이를 실제로 지급하지 않은 경우(확정된 중간정산퇴직급여를 회사의 자금사정 등을 이유로 퇴직급여 전액을 일시에 지급하지 못하고 노사합의에 따라 일정기간 분할하여 지급하기로 한 경우 제외)

2. **직·간접으로 출자관계에 있는 법인으로 전출하는 경우**

임직원이 직·간접으로 출자관계에 있는 법인으로 전출하는 경우 해당 임직원의 퇴직급여에 대한 세무처리는 다음과 같다(법령 §44 ③, 법칙 §22 ④; 법인-1005, 2009.3.11.).

구 분	퇴직급여 세무처리			
	전출법인		전입법인	
	퇴직급여	원천징수	퇴직급여	원천징수
퇴직급여 지급 (전출법인 → 임직원)	전출시점까지 산정하여 지급	원천징수 함(○)	전입시점부터 산정	원천징수 함 (정산 신청 시 정산)
퇴직급여 인계 (전출법인 → 전입법인)	전출시점까지 산정하여 인계	원천징수 안함(×)	통산하여 산정	원천징수 함
이 외 (전출입법인 → 임직원)	전체 퇴직급여를 각 법인의 퇴직급여로 안분한 금액	원천징수 할 수 있음	전체 퇴직급여를 각 법인의 퇴직급여로 안분한 금액	원천징수 함 (정산 신청 시 정산)

▎전입법인이 일괄하여 원천징수의무를 이행할 수 있음

이때, '전체 퇴직급여를 각 법인의 퇴직급여로 안분한 금액'은 다음을 말한다.

구 분	손금산입한도액
전출법인	퇴직급여 전액* × $\frac{\text{전출법인만의 퇴직급여**}}{\text{전출법인만의 퇴직급여} + \text{전입법인만의 퇴직급여}}$
전입법인	퇴직급여 전액* × $\frac{\text{전입법인만의 퇴직급여**}}{\text{전출법인만의 퇴직급여} + \text{전입법인만의 퇴직급여}}$

* 특수관계인인 법인(전출법인)에 근무한 기간을 합산하여 계산된 퇴직급여 전액

** 각 법인으로부터의 전출 또는 각 법인으로의 전입을 각각 퇴직 및 신규채용으로 보고 계산한 퇴직급여

3. 연봉에 포함된 퇴직급여

연봉에 포함된 퇴직급여에 대한 세무처리는 다음과 같다(법통 26-44…5; 서이-224, 2006.1.25.; 서일-136, 2006.2.3.).

▎해당 퇴직급여가 소득세법상 현실적 퇴직사유에도 해당되어야 퇴직소득이 됨

구 분		내 용
직 원	현실적 퇴직	다음 요건을 모두 갖춘 연봉계약에 의하여 그 계약기간이 만료되는 시점에 퇴직급여를 지급한 경우 해당 퇴직급여 ① 불특정다수인에게 적용되는 퇴직급여지급규정에 사회통념상 타당하다고 인정되는 퇴직급여가 확정되어 있을 것 ② 연봉액에 포함된 퇴직급여의 액수가 명확히 구분되어 있을 것 ③ 계약기간이 만료되는 시점에 퇴직급여를 중간정산받고자 하는 사용인의 서면요구가 있을 것

▎인사규정에 별도로 규정된 경우도 포함(국심 2004서6, 2004.4.12.)

구 분		내 용
직 원	업무무관 가지급금	퇴직급여를 연봉액에 포함하여 매월 분할지급하는 경우 매월 지급하는 퇴직급여상당액
	근로소득	연봉액에 포함된 퇴직급여 액수가 명확히 구분되지 않는 경우 매월 지급받는 분할된 연봉금액 전부
임 원	업무무관 가지급금	연봉제하에서 임원의 퇴직급여를 퇴직금지급규정에 퇴직급여가 확정되어 있고 연봉액에 퇴직급여의 액수가 명확하게 구분되어 연봉계약 만료시점에 퇴직급여를 지급하는 경우 해당 퇴직급여

4. 업무무관가지급금에 해당되는 경우

업무무관가지급금에 해당하는 경우 다음 4가지의 불이익이 발생할 수 있다.

(1) 지급이자가 있는 경우 지급이자 손금불산입(법법 §28 ①, 법령 §53)

(2) 부당행위계산부인에 해당하는 경우 인정이자 익금산입(법법 §52, 법령 §88)

(3) 대손금 처리 불가(법법 §19의 2 ②)

(4) 대손충당금 설정대상 채권에서 제외(법법 §34 ②)

해당 인정이자는 근로소득(인정상여)에 해당됨

(3) 임원퇴직급여 소득구분

임원퇴직급여는 원칙적으로 퇴직소득에 해당하나, 법인세법 및 소득세법에서는 법에서 규정된 금액보다 과다 지급되는 경우 그 과다 지급된 금액은 근로소득으로 구분하고 있다. 즉, 다음과 같이 소득구분한다(소법 §22 ③·④, 소령 §38 ① 13호, 법령 §44 ④·⑤, 법통 67-106…4). 이때, 해당 소득구분은 임원퇴직급여에 대한 퇴직급여제도가 확정기여형퇴직연금제도인 경우에도 동일하게 적용됨에 유의하기 바란다(법령 §44의 2 ②·③; 원천-98, 2014.3.17.).

확정기여형퇴직연금(DCP), 중소기업퇴직연금기금제도, 개인형퇴직연금제도(IRP) 및 과학기술인공제회법에 따른 퇴직연금 중 확정기여형퇴직연금에 해당하는 것을 말함

02

DCP의 경우 임원 퇴직시점까지 부담한 보험료 등의 합계액(불입누계액)으로 함(법령 §44의 2 ③)

✔ 납입시점이 아닌 퇴직시점에 손금산입여부 및 소득구분을 검토함

✔ 정관에 따른 퇴직급여를 초과하여 선불입하는 경우에도 선불입 부담금은 손금산입한 후 퇴직시점에 퇴직급여 한도초과액을 손금불산입함(서면법령법인-5074, 2020.12.18.)

A: 임원퇴직급여

근로소득지급명세서 ⑮ 기재

A = 임원퇴직금손금한도초과액(A − B) + 임원퇴직금손금산입한도(B)

법인세법

(A − B) ┌ 손금불산입 : 회사 법인세 부담
　　　　└ 상여처분 : 임원 근로소득(인정상여)

(B) ┌ 임원퇴직급여 규정 有 : 규정금액
　　└ 임원퇴직급여 규정 無 : 퇴직 전 1년 총급여*1 $\times \frac{1}{10} \times \frac{\text{근무월수}^{*2}}{12}$

B = 2012.1.1. 이후 근무분 + ~ 2011.12.31. 근무분(C)

근로소득지급명세서 ⑮-3 기재

B−C = 임원퇴직소득금액한도초과액(B − C − D) + 임원퇴직소득금액한도(D)

임원퇴직소득금액한도초과액(B − C − D) → 임원 근로소득

DCP의 경우 사용자부담금의 운용수익을 더한 금액으로 하며(서면원천-71, 2023.7.19.), 임원이 정관의 임원퇴직금지급규정에 따라 결정된 퇴직금을 수령 포기할 경우에도 퇴직금을 수령한 것으로 봄(서면원천-6635, 2023.2.9.).

소득세법

(C) ┌ 원칙 : $B \times \frac{\sim 2011.12.31.\ \text{근속월수}^{*3}}{\text{전체 근속월수}^{*3}}$
　　└ 선택 : 2011.12.31. 퇴직 가정 시 2011.12. 당시 임원퇴직급여 규정에 따라 지급했을 퇴직급여

$$(D) = \left[\left(\frac{\text{2019.12.31.부터 소급하여 3년 동안 지급받은 총급여}^{*4}}{36}\right)^{*5} \times 12\right] \times \frac{3}{10} \times \frac{\text{2012.1.1.부터 2019.12.31.까지의 근무월수}^{*3}}{12}$$

$$+ \left[\left(\frac{\text{퇴직한 날부터 소급하여 3년 동안 지급받은 총급여}^{*4}}{36}\right)^{*6} \times 12\right] \times \frac{2}{10} \times \frac{\text{2020.1.1. 이후 근무월수}^{*3}}{12}$$

임원퇴직급여 소득구분

구분	내용	소득구분
A − B	임원퇴직금손금한도초과액(인정상여)	근로소득
B − C − D	임원퇴직소득금액한도초과액	근로소득
D		퇴직소득
C		퇴직소득

해외 현지법인에 파견된 임원의 경우 국내에서 지급받는 금액을 초과해서 받는 금액은 제외

*1 총급여 = 비용처리하는 근로소득
　　+ 이익처분 상여
　　− 비과세 근로소득
　　− 손금불산입 상여

*2 1개월 미만 → 버림

*3 1개월 미만 → 1개월(올림)

*4 총급여 = 비용처리하는 근로소득 + 이익처분 상여 − 비과세 근로소득

*5 2019.12.31.부터 소급하여 3년 미만 근무한 경우 → $\left(\frac{\text{해당 근무기간의 총급여}^{*4}}{\text{해당 근무월수}^{*3}}\right)$

*6 퇴직한 날부터 소급하여 3년 미만 근무한 경우 → $\left(\frac{\text{해당 근무기간의 총급여}^{*4}}{\text{해당 근무월수}^{*3}}\right)$

1) 임원퇴직급여지급규정

법인세법상 임원퇴직급여지급규정에 대한 내용은 다음과 같다.

구 분	내 용	임원퇴직금손금산입한도(B)
규정이 있는 경우	1. 정관에 규정된 경우	정관에 정해진 금액
	2. 정관에 계산기준이 있는 경우	그 기준에 따른 금액
	3. 정관에서 구체적 사항을 위임한 주총결의 임원퇴직급여지급규정이 있는 경우	그 규정에 따른 금액
규정이 없는 경우	1. 정관에서 퇴직금을 별도 이사회에서 정한다고 위임하여 이사회에서 결의한 퇴직금지급규정(조심 2009서3707, 2010.3.11.; 법인-1226, 2009.11.5.; 제도 46011-12571, 2001.8.7.) 2. 정관에서 퇴직금지급규정에 대한 구체적 위임사항 규정이 없어 특정임원 퇴직시 임의로 변경가능한 퇴직급여지급규정(법인 46012-405, 2001.2.21.) 3. 정관에 퇴직위로금지급규정에 대한 구체적인 위임사항을 정하지 아니하고 부칙에서 '별도의 퇴직금 지급규정에 의한다.'라고 규정하다가 임원퇴직 하루 전에 임시주주총회 의결을 통해 퇴직위로금지급규정을 신설하여 퇴직금을 지급한 경우(조심 2010부3381, 2010.12.21.) 4. 임원보수 총액 및 퇴직금 지급률을 산정한 일반적이고 구체적인 기준이 마련되지 아니한 정관에서 위임한 퇴직금지급규정(조심 2008서3862, 2009.1.8.) 5. 임원퇴직일 이후 정한 퇴직금지급규정(법인 22601-2127, 1992.10.10.) 6. 일부 임원에 대해서만 퇴직금 배율을 정한 정관에서 위임받은 퇴직금지급규정(서이 46012-11540, 2003.8.25.; 법인-450, 2010.5.14.) ✔ 3명의 임원(주주인 대표이사·이사 각 1명과 주주가 아닌 감사 1명)이 있는 법인이 주주인 임원 2명(감사 제외)에 대하여만 퇴직급여지급규정을 두면서 지급배율을 세분하여 정한 경우(재법인-570, 2010.7.2.) 7. 불특정다수가 아닌 개인별로 지급배율을 정한 퇴직금지급규정(서이-594, 2007.4.5.) 8. 개별 임원별 퇴직급여한도액을 정관에 정하고 재임기간·재임 시 성과·임원 취임 시 약정내용 등을 감안하여 퇴직급여를 이사회에서 결정하는 경우(법인-580, 2010.6.25.) 9. 임원퇴직급여규정이 퇴직급여의 형식을 빌려 특정 임원에게 법인의 자금을 분여하기 위한 일시적인 방편으로 마련된 경우(수원지법 2016구합66811, 2017.10.24.)	법인세법 산식에 따른 금액

> 주총결의 임원퇴직급여지급규정: ① 주주총회에서 상법절차에 따라 적법하게 결의된 규정으로(법인-3897, 2008.12.10.), ② 해당 위임에 따른 규정의 의결내용 등이 정당하여야 하고, ③ 그 규정의 내용에 따라 임원퇴직 때마다 계속·반복적으로 적용되어야 함(서일-666, 2005.6.15.)

한걸음 더

1. **임원이 퇴직하기 전에 퇴직금규정을 개정한 경우**
   해당 규정의 개정 전까지의 근속기간에 대하여도 개정된 임원퇴직급여지급규정을 적용할 수 있다(서이 46012-11540, 2003.8.25.; 법인-461, 2010.5.19.).

2. **겸직하고 있는 임원의 경우 손금산입한도 적용방법**
   특수관계에 있는 법인의 대표이사를 겸직하고 있는 임원에게 퇴직급여를 지급하는 경우 법인별로 정관에 또는 정관에서 위임된 퇴직급여지급규정에 의한 금액을 한도로 손금에 산입한다(법인-104, 2010.2.2.).

3. **급여가 반납된 경우 퇴직급여 계산**
   임원이 급여를 반납한 경우에는 적법한 절차에 의하여 반납 전의 급여를 기준으로 퇴직급여를 지급하는 것으로 임원퇴직급여지급규정을 변경하지 아니한 경우에는 실제로 지급한 급여를 기준으로 계산한 퇴직급여를 한도로 손금산입한다(법인-699, 2009.6.11.).

4. **과다지급된 것으로 보는 경우**
   정관의 위임에 따라 정기주주총회에서 대표이사에 대한 퇴직금을 다른 임원보다 차등적(대표이사 기준금액의 20배, 기타 임원 5배)으로 지급하는 임원퇴직금지급규정을 의결하여 지급한 경우로서 대표이사가 최대주주로서 임의적으로 퇴직금지급규정을 의결하여 건전한 사회통념과 상관행에 비추어 일반적으로 적용될 것으로 인정되지 아니하고 차등 과다지급한 것으로 인정되는 경우에는 법인세법 제26조에 따라 각 사업연도의 소득금액을 계산할 때 손금불산입(상여처분)한다(법규법인 2012-389, 2012.11.30.).

2) 총급여

임원퇴직급여에 대한 소득구분 적용 시 '총급여'는 다음과 같이 적용된다.

구 분	법인세법상 임원퇴직금손금산입한도	소득세법상 임원퇴직소득금액한도초과액
총급여	총급여 = 1+2−3−4 1. 근로를 제공함으로써 받는 봉급·급료·보수·세비·임금·상여·수당과 이와 유사한 성질의 급여 2. 법인의 주주총회·사원총회 또는 이에 준하는 의결기관의 결의에 따라 상여로 받는 소득 3. 소득세법 제12조에 따른 비과세 근로소득 4. 손금불산입되는 상여금*	총급여 = 1+2−3 1. 근로를 제공함으로써 받는 봉급·급료·보수·세비·임금·상여·수당과 이와 유사한 성질의 급여 2. 법인의 주주총회·사원총회 또는 이에 준하는 의결기관의 결의에 따라 상여로 받는 소득 3. 소득세법 제12조에 따른 비과세 근로소득

* 다음에 해당하는 상여금은 손금불산입한다(법령 §43 ①~④).

1. 법인이 그 임원 또는 직원에게 이익처분에 의하여 지급하는 상여금
2. 법인이 임원에게 지급하는 상여금 중 정관·주주총회·사원총회 또는 이사회의 결의에 의하여 결정된 급여지급기준에 의하여 지급하는 금액을 초과하여 지급한 경우 그 초과금액
3. 법인이 지배주주 등(특수관계에 있는 자 포함)인 임원 또는 직원에게 정당한 사유없이 동일직위에 있는 지배주주 등 외의 임원 또는 직원에게 지급하는 금액을 초과하여 보수를 지급한 경우 그 초과금액
4. 법인이 비상근임원에게 지급하는 보수 중 부당행위계산부인에 해당하는 금액

법인등기부상 직위에 관계없이 회사의 내부 조직체계상 실제 종사하는 사실상의 직무를 기준으로 판단함(서울행법 2020구합50973, 2021.3.11.)

한걸음 더

1. 총급여 산정 시 제외되는 근로소득

다음 근로소득은 총급여 산정 시 제외된다.

(1) 법인세법에 따라 상여로 처분된 금액(인정상여)

예 임원퇴직금손금산입한도초과액

(2) 퇴직함으로써 받는 소득으로서 퇴직소득에 속하지 아니하는 소득

예 임원퇴직소득금액한도초과액

(3) 종업원 등 또는 대학의 교직원이 지급받는 직무발명보상금

2. 급여수령을 포기하고 무급여로 근로를 제공한 경우

(1) 법인세법상 임원퇴직금손금산입한도

임원이 1년 동안 급여수령을 포기하고 무급여로 근로를 제공한 경우 총급여액은 급여수령을 포기하기 전 1년 동안 지급한 총급여액으로 할 수 있다(법인 46012-487, 1998.2.26.).

(2) 소득세법상 임원퇴직소득금액한도

퇴직 전 36개월(또는 36개월 미만 근무한 경우에는 해당 근무기간) 중 소득세가 과세되지 않은 무보수 기간 동안의 급여상당액은 '총급여'에 포함되지 않는다. 즉 퇴직 전 36개월(또는 36개월 미만 근무한 경우에는 해당 근무기간) 중 실제로 지급받은 총급여액으로 산정한다(서면법령소득-3095, 2018.10.29.).

3. 특수관계가 있는 2 이상의 법인에서 근무하다가 퇴직하는 임원의 경우

(1) 법인세법상 임원퇴직금손금산입한도

법인세는 각 법인의 소득을 계산할 때 적용하는 것이므로, 각 법인마다 임원퇴직금손금산입한도 규정을 적용한다.

(2) 소득세법상 임원퇴직소득금액한도

거주자가 특수관계에 있는 2 이상의 법인(A, B)에 임원으로 재직하면서 각각의 법인으로부터 급여를 지급받다가 A법인에서 퇴직함으로써 퇴직급여를 지급받는 경우, '퇴직한 날부터 소급하여 3년 동안 지급받은 총급여의 연평균환산액'은 A법인으로부터 지급받은 총급여액으로 계산한다(원천-578, 2012.10.25.).

4. 해외현지법인에 파견된 임원인 경우 소득세법상 임원퇴직소득금액한도 계산 시 총급여

2020.1.1. 이후 퇴직하여 지급받는 소득분부터 소득세법상 임원퇴직소득금액한도 계산 시 총급여에는 근무기간 중 해외현지법인에 파견되어 국외에서 지급받는 급여를 포함한다. 다만, 정관 또는 정관의 위임에 따른 임원의 급여 지급규정이 있는 법인의 주거보조비, 교육비 수당, 특수직수당, 의료보험료, 해외체재비, 자동차임차료 및 실의료비 및 이와 유사한 급여로서 해당 임원이 국내에서 근무할 경우 국내에서 지급받는 금액을 초과해 받는 금액은 제외한다(소령 §42의 2 ⑦).

임원이 국내법인과 고용관계가 단절되지 아니한 상태에서 해외 특수관계 법인으로 파견되고 파견기간 중 급여는 현지 근무하는 법인에서 지급하였으며 국내법인은 고용관계가 유지되고 있어 해당 임원의 확정기여형 퇴직급여를 매월 납부하고 해외법인으로부터 상응하는 퇴직금을 청구하여 수령하는 경우, '퇴직한 날로부터 소급하여 3년 동안 지급받은 총급여'에는 파견기간 동안 해외법인으로부터 지급받은 급여가 포함됨(사전법령소득-99, 2017.5.2.).

3) 근속연수

임원퇴직급여에 대한 소득구분 적용 시 '근속연수'는 다음과 같이 적용된다.

구 분	법인세법상 임원퇴직금손금산입한도	소득세법상 임원퇴직소득금액한도초과액
의 미	임원이 해당 법인에 고용되어 계속 근로를 제공한 기간 ✔ 임원퇴직금 산정기간	
계 산	월수로 계산	월수로 계산
1개월 미만	산입하지 않음(버림)	1개월로 산입(올림)

한걸음 더

1. 해당 임원이 직원에서 임원으로 된 때 퇴직급여를 지급받지 아니한 경우

(1) 법인세법상 임원퇴직금손금산입한도 : 직원으로 근무한 기간을 포함한다.

(2) 소득세법상 임원퇴직소득금액한도 : 직원으로 근무한 기간을 포함한다.

2. 특수관계인간 합병 시 퇴직급여가 승계된 경우

(1) 법인세법상 임원퇴직금손금산입한도

특수관계인간의 합병 시 양 법인에 임원으로 근무하던 거주자에 대해 피합병법인의 퇴직금 해당액을 합병법인에 승계해도 합병법인의 임원퇴직금 한도액 계산 시 피합병법인의 근속연수는 통산되지 않는다(법인 46012-3186, 1999.8.13.).

(2) 소득세법상 임원퇴직소득금액한도

피합병법인의 근속연수를 포함해야 할 것으로 판단된다.

3. 무급여로 근로를 제공한 경우

(1) 법인세법상 임원퇴직금손금산입한도

임원이 1년 동안 급여수령을 포기하고 무급여로 근로를 제공한 경우 무급여로 근무한 기간도 포함한다(법인 46012-487, 1998.2.26.).

(2) 소득세법상 임원퇴직소득금액한도

무급여로 근무한 기간도 포함해야 한다(서면법규소득-1615, 2024.3.7.). 개정

4) 2011.12.31. 이전 근무분에 대한 퇴직금(C)

구 분	2011.12.31. 이전 근무분에 대한 퇴직금(C)
원 칙	임원퇴직금손금산입한도(B) × $\frac{\text{2011.12.31. 이전 근속월수}}{\text{전체 근속월수}}$
선 택	1. 요건 : 2011.12.31. 당시에 정관 또는 정관에서 위임된 임원퇴직급여지급규정이 있었을 것 2. 2011.12.31. 이전 근무분에 대한 퇴직금(C) 2011.12.31. 당시에 정관 또는 정관에서 위임된 임원퇴직급여지급규정에 따라 산출된 금액 3. 계산 시 보수액 적용방법(평균임금 산정방법) 2011.12.31. 당시 월 보수액(평균급여)으로 계산(조심 2015부1064, 2015.4.30.)

사례 임원퇴직급여 소득구분

1. 자료

확정기여형 퇴직연금에 가입하지 않은 임원 甲의 퇴직급여와 관련된 자료는 다음과 같다.

<table>
<tr><th>구 분</th><th>내 용</th></tr>
<tr><td>근무기간
(퇴직급여 산정기간)</td><td>2011.1.1. ~ 2025.12.31.</td></tr>
<tr><td>연도별 총급여</td><td><table><tr><th>연 도</th><th>총급여(월)</th><th>연 도</th><th>총급여(월)</th></tr><tr><td>2011</td><td>8,000,000</td><td>2017</td><td>9,000,000</td></tr><tr><td>2018</td><td>10,000,000</td><td>2019</td><td>11,000,000</td></tr><tr><td>2023</td><td>13,000,000</td><td>2024</td><td>14,000,000</td></tr><tr><td>2025</td><td>15,000,000</td><td></td><td></td></tr></table></td></tr>
<tr><td>임원퇴직급여
지급규정</td><td>임원퇴직급여 = 퇴직 전 1년 총급여 × 1/12 × 5배 × 근속연수*
* 근속연수는 년수로 계산하되, 1년 미만은 1년으로 함</td></tr>
<tr><td>임원 甲의
퇴직급여</td><td>퇴직급여 = 규정에 따른 퇴직급여 + 규정에 없는 퇴직위로금
= 1,125,000,000 + 200,000,000 = 1,325,000,000</td></tr>
</table>

2. 임원퇴직급여 소득구분

A: 임원퇴직급여(A) 1,325,000,000

↓

임원퇴직금손금한도초과액(A−B) 200,000,000 / 손불금산입, 상여처분

B: 임원퇴직금손금산정한도(B) = 규정에 따른 퇴직금 = 1,125,000,000

↓

B: 2012.1.1. 이후 근무분(B−C) = 1,050,000,000

~ 2011.12.31. 근무분(C) = 75,000,000

(C)
- 원칙 : $B \times \dfrac{\sim 2011.12.31.\ 근속월수}{전체\ 근속월수}$
  $= 1,125,000,000 \times \dfrac{1 \times 12}{15 \times 12}$
  $= 75,000,000$
- 선택 : 2011.12.31. 퇴직 가정 시 규정에 따른 퇴직급여
  $= 8,000,000 \times 12 \times \dfrac{1}{12} \times 5배 \times 1$
  $= 40,000,000$

B: DCP의 경우 사용자부담금의 운용수익을 더한 금액으로 함 (서면원천−71, 2023.7.19.)

02

2012.1.1. 이후 근무분 (B−C)		
	임원퇴직소득금액한도초과액(B−C−D)	560,400,000
	임원퇴직소득금액한도(D)	489,600,000

$$(D) = \left[\frac{\text{2019.12.31.부터 소급하여 3년 동안 지급받은 총급여}}{36} \times 12\right] \times \frac{3}{10} \times \left[\frac{\text{2012.1.1.부터 2019.12.31.까지의 근속월수}}{12}\right]$$

$$+ \left[\frac{\text{퇴직한 날부터 소급하여 3년 동안 지급받은 총급여}}{36} \times 12\right] \times \frac{2}{10} \times \frac{\text{2020.1.1. 이후 근무월수}}{12}$$

$$= \left[\frac{9{,}000{,}000 \times 12 + 10{,}000{,}000 \times 12 + 11{,}000{,}000 \times 12}{36} \times 12\right] \times \frac{3}{10} \times \frac{8 \times 12}{12}$$

$$+ \left[\frac{13{,}000{,}000 \times 12 + 14{,}000{,}000 \times 12 + 15{,}000{,}000 \times 12}{36} \times 12\right] \times \frac{2}{10} \times \frac{6 \times 12}{12}$$

$$= 288{,}000{,}000 + 201{,}600{,}000 = 489{,}600{,}000$$

임원퇴직급여 (A)	금 액	소득구분	지급명세서 기재	법인세법 손금인정여부
임원퇴직금손금한도초과액(A−B)	200,000,000	근로소득	근로소득지급명세서 ⑮	손금불인정(법인세 부담)
임원퇴직소득금액한도초과액(B−C−D)	560,400,000	근로소득	근로소득지급명세서 ⑮−3	손금인정
임원퇴직소득금액한도(D)	489,600,000	퇴직소득	퇴직소득지급명세서 ⑮	손금인정
~ 2011.12.31. 근무분(C)	75,000,000	퇴직소득	퇴직소득지급명세서 ⑮	손금인정
	1,325,000,000			

(4) 경영성과급 소득구분

경영성과급은 원칙적으로 근로제공의 대가이므로 근로소득이나, 소득세법에서는 일부 요건을 충족하는 경우 근로소득으로 보지 않고 있다. 해당 내용은 다음과 같다(소령 §38 ②, 소칙 §15의 4).

구 분	내 용
경영성과급이 근로소득이 아닌 경우	퇴직급여로 지급되기 위하여 다음 요건을 모두 충족하는 방법으로 적립하는 경우 근로소득으로 보지 않음 1. 퇴직급여제도의 가입 대상이 되는 임직원 전원이 적립할 것 다만, 각 임직원이 다음 어느 하나에 해당하는 날에 향후 적립하지 않을 것을 선택할 수 있는 것이어야 한다. **Q** (1) 사업장에 '2.'에 따른 적립 방식이 최초로 설정되는 날 (2) 해당 사업장에 최초로 근무하게 된 날에 '2.'의 적립 방식이 이미 설정되어 있는 경우에는 퇴직급여제도의 가입 대상이 되는 날 (입사 후 1년이 되는 날을 의미함) (3) '2.'의 적립 방식이 변경되는 날

구 분	내 용
경영성과급이 근로소득이 아닌 경우	2. 적립할 때 근로자가 적립 금액을 임의로 변경할 수 없는 적립 방식을 설정하고 그에 따라 적립할 것 3. '2.'의 적립 방식이 다음 계약에 명시되어 있을 것 (1) 근로자퇴직급여 보장법 제6조 제2항에 따른 퇴직연금규약 (DBP와 DCP가 동시에 설정되는 경우를 말함) (2) 근로자퇴직급여 보장법 제19조 제1항에 따른 확정기여형퇴직연금규약 (3) 과학기술인공제회법 제16조의 2에 따른 퇴직연금급여사업을 운영하기 위하여 과학기술인공제회와 사용자가 체결하는 계약 4. 사용자가 다음의 퇴직연금계좌에 적립할 것 (1) 확정기여형퇴직연금제도에 따라 설정하는 계좌(DCP계좌) (2) 과학기술인공제회법 제16조 제1항에 따른 퇴직연금급여를 지급받기 위하여 설정하는 계좌
경영성과급이 근로소득인 경우	원칙적으로 경영성과급은 근로소득으로 구분 예1 경영성과급을 DCP계좌에 적립하지 않는 경우 예2 근로자 甲이 입사 후 1년이 되는 날에 경영성과급을 향후 DCP계좌에 적립하지 않기로 선택하는 경우 해당 근로자 甲의 경영성과급 예3 DCP 퇴직연금규약에 부담금의 산정방법, 지급시기, 불입방법 등을 구체적으로 명시하지 않고 불입하는 경영성과급(원천-10, 2014.1.14.)

Q&A

Q 퇴직급여제도 가입 대상이 되는 날에 DCP계좌에 적립하지 않기로 했던 임직원이 나중에 DCP계좌에 적립할 수 있나요?

A 법 규정의 취지를 보면 퇴직급여제도 가입 대상이 되는 날에 DCP계좌에 적립할 것인지 아니면 적립하지 않을 것인지의 선택은 취소 불가능한 선택으로 판단됩니다. 따라서 적립하지 않기로 선택했다면 계속 적립할 수 없을 것으로 판단됩니다.

(5) 근로소득 vs 퇴직소득 주요 구분 사례

구 분	내 용
근로소득	① 정관상에 퇴직금 등의 지급액이 정하여지지 않고 위임된 퇴직급여지급규정도 없이 단지 주주총회의 결의에 의해 지급하는 퇴직금액 중 임원퇴직금한도액을 초과하는 금액(법인 46012-1043, 1997.4.14.) ② 주주총회에서 정한 퇴직급여규정이 있음에도 불구하고 이사회에서 정한 퇴직급여규정에 의해 지급된 퇴직금액 중 임원퇴직금한도액을 초과하는 금액(법인 46012-3548, 1998.11.19.) ③ 법인이 임원으로 등재만 되어 있을 뿐 그 직무에 종사하지 아니한 비상근임원에게 퇴직금을 지급함으로써 조세의 부담을 부당히 감소시킨 것으로 인정되는 경우 그 퇴직금(법인 46012-2912, 1998.10.8.)

구 분	내 용
근로소득	④ 불특정다수의 퇴직자에게 적용되는 퇴직급여지급규정에 의하지 아니하고 법원의 임의조정결과에 따라 퇴직한 임원에게 지급한 금액(법규소득 2009-79, 2009.4.23.) ⑤ 해외 모법인의 자회사인 내국법인이 해외 모법인으로부터 파견된 외국인 근로자에 대해 본국의 법에 따라 해외 모법인이 납부하여야 할 퇴직연금부담금을 부담하는 경우 해당 퇴직연금부담금(원천-5, 2010.1.4.) ⑥ 해고가 부당해고로 결정되어 복직하는 경우에도 반환하지 않는 해고예고수당(기획재정부 소득세제과-221, 2021.4.5.)
퇴직소득	① 사용자가 30일 전에 예고를 하지 아니하고 근로자를 해고하는 경우 근로기준법 제26조의 규정에 따라 근로자에게 해고예고수당으로 지급하는 30일분 이상의 통상임금(소통 22-0…2) ② 근로기준법에 의한 퇴직금중간정산 후 법인이 노사합의에 의하여 급여인상분을 소급적용하여 추가로 지급하는 경우 해당 퇴직금상당액(서일-290, 2005.3.15.) ③ 불특정다수의 근로자에게 적용되는 퇴직급여지급규정 또는 노사합의 등에 의하여 퇴직시 지급받는 학자금(서일-1522, 2004.11.11.) ④ 근무부서의 통·폐합으로 인하여 자진퇴사하거나 해고되었을 때 퇴직급여지급규정에 의하여 근로기준법에서 정한 퇴직금 이외에 일정액을 추가로 지급받는 금액(서일-266, 2007.2.22.) ⑤ 퇴직금지급규정 개정을 예고하였으나 노사합의가 이루어지지 아니한 상태에서 예정규정에 의해 중간정산한 종업원이 실제 퇴직하는 때 또는 실제 퇴직한 종업원이 퇴직한 이후에 노사합의에 의한 퇴직금지급규정에 의해 보상으로 받는 추가금액(서일 46011-10495, 2003.4.21.) ⑥ 임원급여를 연봉제로 전환하며 임원퇴직금을 중간정산하여 지급한 후 임원의 급여를 다시 연봉제 이전의 방식으로 환원하고 임원이 현실적으로 퇴직하는 때에 그 환원일부터 기산해 지급하는 퇴직금 또는 퇴직연금(서면법규-170, 2014.2.25.) └ 이런 과정이 특정임원에 대한 자금대여의 목적에 의한 것이라고 인정되는 경우 이미 지급한 퇴직금은 업무무관가지급금으로 봄(서이-100, 2007.1.12.) ⑦ 법인의 대주주인 상근임원이 비상근임원으로 전환하면서 퇴직금을 포기한 경우 임원이 포기한 퇴직금(임원 퇴직금 한도 내 금액에 한함)(서이 46012-12368, 2002.12.30.) ⑧ 퇴직급여지급규정·취업규칙의 개정 등으로 퇴직금지급제도가 변경됨에 따라 근로자퇴직급여 보장법 제8조 제2항에 따라 퇴직금정산액을 지급하면서 퇴직금지급제도 변경에 따른 손실보상을 위하여 지급되는 금액(소득집 22-42의 2-1 1호) ⑨ 퇴직금 중간정산 실시가 늦어짐에 따라 중간정산의 기준일과 실제지급일(퇴직금을 분할지급하는 경우에는 최초 분할지급일)간의 기간에 대해 정해진 보상액을 추가로 지급하는 경우 해당 보상액(소득집 22-42의 2-1 3호) ⑩ 사립학교교직원이 퇴직으로 인하여 지급받는 급여 중 사립학교법 제60조의 3 제1항의 규정에 의하여 일정요건에 해당하는 불특정다수의 교직원을 대상으로 하는 교직원 명예퇴직운영준칙에 따라 지급받는 명예퇴직금(서일-494, 2008.4.7.) ⑪ 임용결격공무원 등에 대한 퇴직보상금지급 등에 관한 특례법 제4조에 따라 임용결격공무원 또는 당연퇴직공무원이 국가 및 지방자치단체로부터 지급받는 퇴직보상금(원천-2370, 2008.10.29.)

구 분	내 용
퇴직소득	⑫ 회사가 위로금의 일부 또는 전부를 근로자에게 지급하지 아니하고 근로자와 합의한 퇴직연금규약에 따라 확정기여형퇴직연금의 사용자 부담금으로 추가납입하고, 근로자가 현실적인 퇴직을 원인으로 해당 추가납입금을 포함한 사용자 부담금을 기초로 하여 지급받는 소득(원천-650, 2013.12.24.) ⑬ 근로자퇴직급여 보장법에 따른 퇴직연금규약에서 근로자가 퇴직연금계좌에 확정기여형부담금을 추가부담하면 사용자도 일정비율의 확정기여형부담금을 추가부담하는 조건을 명시하여 적법하게 확정기여형퇴직연금제도를 설정한 경우 사용자의 추가부담금에서 발생하는 소득 중 근로자퇴직급여 보장법에 따른 퇴직일시금에 해당하는 소득(소득집 22-42의 2-3) ⑭ 확정급여형퇴직연금제도에 가입된 법인에서 1년 이상 근무한 종업원이 퇴직연금제도에 가입되지 않은 계열회사로 전출 시 퇴직급여지급제도가 달라 종업원의 퇴직금이 승계되지 않은 경우 해당 퇴직금(서면법규-1239, 2014.11.21.) ⑮ 퇴직한 근로자가 퇴직금 산정이 잘못되었다는 이유로 회사를 상대로 퇴직금 추가지급청구소송 진행 중 법원의 조정결정에 따라 추가로 지급받는 금원(서면소득-3116, 2018.10.16.)
업무무관 가지급금	① 법인이 퇴직금제도 변경에 따라 퇴직금의 정산차액만을 미리 지급한 경우 그 정산차액(서이-1824, 2005.11.11.) ② 퇴직금 중간정산 후 퇴직급여지급규정을 개정해 최초 입사일부터의 근속연수에 의한 퇴직금에서 기지급된 중간정산액을 차감해 지급하기로 한 경우 기지급된 중간정산퇴직금(법인 46012-598, 2001.3.27.) ③ 현실적인 퇴직으로 보는 퇴직금 중간정산 후 실제 퇴직 시 최초입사일부터 기산해 계산한 퇴직금에서 중간정산퇴직금을 차감하고 지급하는 경우 기지급한 중간정산퇴직금(서이-1692, 2004.8.16.) ④ 법인의 사업연도(1.1. ~ 12.31.)와 연봉계약기간(4.1. ~ 익년 3.31.)을 일치시키기로 하여 해당 연도 연봉계약기간을 4.1. ~ 12.31.로 하고 12.31.까지 계속 근무하는 경우 1개월치의 퇴직금을 12.31.에 지급하기로 한 경우 그 퇴직금(서이-21, 2006.1.5.) ⑤ 법인이 근로기준법 제15조에 규정하는 사용자인 임원에게 퇴직급여지급규정 없이 매년 임시주주총회결의를 통해 지급한 중간정산퇴직금(서이-1677, 2006.8.31.) ⑥ 임원 퇴임 후 사용인으로 재입사하는 과정을 통하여 퇴직급여를 지급한 것이 임원에 대한 자금대여 목적인 경우의 임원퇴직금(법인-385, 2010.4.19.) ⑦ 내국법인이 임원에 대한 급여를 연봉제로 전환함에 따라 퇴직급여를 중간정산하고 이후 새로 발생되는 퇴직급여는 퇴직연금제도에 가입하여 지급하는 경우 당초 지급한 중간정산퇴직금(서면법인-20785, 2015.3.20.) ⑧ 법인세법에 따른 임원퇴직급여규정으로 인정되지 않는 퇴직급여규정에 따라 임원에게 사외유출된 법인자금을 해당 임원이 법인에 다시 입금하였다고 하더라도 법인에 대한 해당 임원의 채무 변제 사용된 경우 그 사외유출된 자금(수원지법 2016구합66811, 2017.10.24.)

3 근로소득 계산

근로소득의 금액은 다음과 같이 계산한다(소법 §24 ①·②, 소령 §51 ⑤·⑥, 소칙 §16 ①·§22의 2, 법령 §89; 원천-825, 2009.10.6.).

<table>
<tr><th colspan="2">구 분</th><th colspan="3">내 용</th></tr>
<tr><td rowspan="4">금전으로 받는 경우</td><td>원화로 지급받음</td><td colspan="3">받는 금전가액</td></tr>
<tr><td rowspan="3">외화로 지급받음</td><td colspan="3">다음과 같이 환율을 적용하여 환산한 금액</td></tr>
<tr><td>지급받은 날</td><td>환율기준일</td><td>적용환율</td></tr>
<tr><td>정기급여일 전
정기급여일 이후</td><td>급여 지급받은 날
정기급여일</td><td>외국환거래법에 의한 기준환율 또는 재정환율</td></tr>
<tr><td colspan="2" rowspan="7">금전 외의 것으로 받는 경우</td><td colspan="3">그 거래 당시의 가액에 의하여 다음과 같이 계산한 금액</td></tr>
<tr><td colspan="2">구 분</td><td>근로소득 계산</td></tr>
<tr><td rowspan="2">물 품</td><td>제조업자·생산업자 또는 판매업자가 제공</td><td>그 제조업자·생산업자 또는 판매업자의 판매가액</td></tr>
<tr><td>이 외</td><td>그 지급 당시의 시가</td></tr>
<tr><td colspan="2">법인의 이익배당으로 받은 주식</td><td>액면가액</td></tr>
<tr><td colspan="2">발행법인으로부터 받은 신주인수권 (주주로서 받은 경우 제외)</td><td>납입한 날의 신주가액－해당 신주발행가액</td></tr>
<tr><td colspan="2">이 외</td><td>법인세법시행령 제89조를 준용하여 계산한 금액</td></tr>
</table>

- 이 외: 비상장주식의 주식매수선택권 행사이익(사전법령소득－1128, 2021.8.18.)
- 그 거래 당시의 가액: 외국기업 국내지점의 종업원이 해당 지점으로부터 급여의 일부를 해외 모법인의 국외상장주식으로 지급받는 경우 그 종업원의 근로소득인 주식의 가액은 해당 주식을 지급받은 날의 시가로 함(원천－1085, 2009.12.30.)

관련법률 법인세법시행령 제89조, 법인세법시행규칙 제43조·제6조

1. 시가

다음 순서로 시가로 본다.

(1) 해당 거래와 유사한 상황에서 해당 법인이 특수관계인 외의 불특정다수인과 계속적으로 거래한 가격 또는 특수관계인이 아닌 제3자간에 일반적으로 거래된 가격이 있는 경우 그 가격[주권상장법인이 발행한 주식을 증권시장 외에서 거래하는 방법 또는 대량매매 등 법소정 방법으로 거래한 경우 해당 주식의 시가는 그 거래일의 거래소 최종시세가액(거래소 휴장 중에 거래한 경우에는 그 거래일 직전 최종시세가액)으로 하며, 법소정에 따라 사실상 경영권의 이전이 수반되는 경우(해당 주식이 상속세 및 증여세법 시행령 제53조 제8항 각 호의 어느 하나에 해당하는 주식인 경우 제외)에는 그 거래가액의 20%를 가산]

(2) 감정평가법인 등이 감정한 가액. 다만, 감정한 가액이 2 이상인 경우 그 감정한 가액의 평균액으로 하되, 주식 등 및 가상자산은 제외한다.

(3) 상속세 및 증여세법 제38조·제39조·제39조의 2·제39조의 3, 제61조부터 제66조까지의 규정을 준용하여 평가한 가액. 이 경우 상속세 및 증여세법 제63조 제1항 제1호 나목 및 같은 법 시행령

제54조에 따라 비상장주식을 평가할 때 해당 비상장주식을 발행한 법인이 보유한 주식(주권상장법인이 발행한 주식으로 한정)의 평가금액은 평가기준일의 거래소 최종시세가액으로 하며, 상속세 및 증여세법 제63조 제2항 제1호 및 같은 법 시행령 제57조 제1항·제2항을 준용할 때 "직전 6개월(증여세가 부과되는 주식 등의 경우에는 3개월)"은 각각 "직전 6개월"로 본다.

2. 금전의 대여 → Chapter 02 – 01 – 6 20. 인정상여 참조

대여금에 대한 인정상여(인정이자)를 계산할 때 사용

3. **자산(금전 제외) 또는 용역의 제공**

자산(금전 제외) 또는 용역의 제공에 있어 상기 '1. 및 2.'에 의해 시가를 산정하기 어려운 경우에는 다음과 같이 시가를 산정한다.

사택을 제공함에 따른 이익(근로소득)을 계산할 때 사용

구 분	내 용
유형 또는 무형의 자산을 제공하거나 제공받는 경우	(해당 자산 시가 × 50% – 수령한 전세금 또는 보증금) × 정기예금이자율(3.1%) 개정
건설 기타 용역을 제공받는 경우	용역제공에 소요된 금액(직접비, 간접비 포함) × [1 + 수익률]

해당 사업연도 중 특수관계인 외의 자에게 제공한 유사한 용역제공거래 또는 특수관계인이 아닌 제3자간의 일반적인 용역제공거래를 할 때의 수익률로 기업회계기준에 따른 매출총이익률을 말함

한걸음 더

임직원에게 물품을 급여 등의 목적으로 제공하는 경우 부가가치세법에 따라 매출세액을 부담하는 경우가 있다. 이를 "개인적 공급"이라고 하며, 해당 부가가치세 매출세액은 근로소득금액에 포함되는데 이에 대한 내용은 다음과 같다(부법 §10 ④, 부령 §19의 2, 소득집 33–74–3 ③ 2호 나목).

<table>
<tr><th>구 분</th><th>내 용</th></tr>
<tr><td>개인적 공급에 해당되는 경우</td><td>사업자가 자기생산·취득재화를 다음에 사용·소비하는 경우
1. 사업자가 사업과 직접적인 관계없이 자기의 개인적인 목적이나 그 밖의 다른 목적을 위하여 사용·소비하는 경우
2. 그 사용인 또는 그 밖의 자가 사용·소비하는 것으로서 다음의 경우
(1) 사업자가 그 대가를 받지 않는 경우
(2) 사업자가 시가보다 낮은 대가를 받는 경우</td></tr>
<tr><td>개인적 공급에 해당되지 않는 경우</td><td>1. 매입세액 불공제를 받은 경우
2. 사업자가 실비변상적이거나 복리후생적인 목적으로 그 사용인에게 대가를 받지 아니하거나 시가보다 낮은 대가를 받고 제공하는 것으로 다음에 해당하는 경우
(1) 사업을 위해 착용하는 작업복, 작업모 및 작업화를 제공하는 경우
(2) 직장 연예 및 직장 문화와 관련된 재화를 제공하는 경우
(3) 다음 각 항목과 관련된 재화로서 각 항목별로 사용인 1명당 연간 10만원 이하의 재화를 제공하는 경우
① 경조사
② 설날·추석과 관련된 재화
③ 창립기념일 및 생일 등과 관련된 재화</td></tr>
<tr><td>부가가치세 과세표준</td><td><table><tr><th rowspan="2">구 분</th><th colspan="2">부가가치세 과세표준</th></tr><tr><th>개인적 공급에 해당되는 경우</th><th>개인적 공급에 해당되지 않는 경우</th></tr><tr><td>받은 대가 = 0</td><td>시가</td><td>0</td></tr><tr><td>0 < 받은 대가 < 시가</td><td>시가</td><td>받은 대가</td></tr></table></td></tr>
</table>

02

구 분	내 용		
근로소득금액	구 분		근로소득 금액
	매입세액 불공제를 받은 경우		시가 + VAT(시가 × 10%) − 받은 대가
	매입세액 공제를 받은 경우	개인적 공급에 해당됨	시가 + VAT(시가 × 10%) − 받은 대가
		개인적 공급에 해당 안됨	시가 + VAT(받은 대가 × 10%) − 받은 대가

불공제된 매입세액을 의미

사례 근로소득 계산

외화로 지급하는 경우

1. 자료

근로자 甲에게 10월 급여를 다음과 같이 지급하였다.

구 분	내 용	
10월 급여	$5,000	
정기급여일	내월 25일	
환율자료	일자	기준환율
	24일(금)	₩1,180/$
	25일(토)	₩1,160/$
	27일(월)	₩1,170/$

2. 근로소득 계산

구 분	근로소득
24일에 지급	$5,000 × ₩1,180/$ = 5,900,000원
25일에 지급	$5,000 × ₩1,160/$ = 5,800,000원
27일에 지급	$5,000 × ₩1,160/$ = 5,800,000원

복리후생 목적으로 물품을 제공하는 경우

1. 자료

근로자 甲에게 복리후생 목적으로 대가를 받지 않고 추석선물로 선물세트를 구입하여 지급하였으며, 이외 근로자 甲에게 복리후생 목적으로 지급한 선물은 없다.

2. 근로소득 계산

구 분	시가 200,000원(부가세 별도)	시가 50,000원(부가세 별도)
매입세액 공제를 받은 경우	200,000(시가) + 20,000(개인적 공급에 따른 부가세) = 220,000 why 개인적 공급에 해당	50,000(시가) + 0(개인적 공급에 따른 부가세) = 50,000 why 개인적 공급에 해당되지 않음
매입세액 불공제를 받은 경우	200,000(시가) + 20,000(불공제된 매입세액) = 220,000 why 개인적 공급에 해당되지 않음	50,000(시가) + 5,000(불공제된 매입세액) = 55,000 why 개인적 공급에 해당되지 않음

실비변상 목적으로 물품을 제공하는 경우

1. **자료**

근로자 甲에게 실비변상 목적으로 사업을 위한 작업화(회사 제품)를 제공하였다. 해당 작업화의 시가는 200,000원(부가세 별도)이다.

2. **근로소득 계산**

구 분	대가를 받지 않은 경우	대가 50,000원을 받은 경우
매입세액 공제를 받은 경우	200,000(시가) + 0(개인적 공급에 따른 부가세) = 200,000 why 개인적 공급에 해당되지 않음	200,000(시가) − 50,000(받은 대가) + 5,000(받은 대가에 대한 부가세) = 155,000 why 시가와 받은 대가와의 차액만 개인적 공급에 해당되지 않음
매입세액 불공제를 받은 경우	200,000(시가) + 20,000(불공제된 매입세액) = 220,000 why 개인적 공급에 해당되지 않음	200,000(시가) − 50,000(받은 대가) + 20,000(불공제된 매입세액) = 170,000 why 개인적 공급에 해당되지 않음

4 원천징수대상 근로소득

소득세법에서는 근로소득을 다음과 같이 원천징수대상 근로소득과 제외대상 근로소득으로 구분하고 세무처리를 달리 하고 있다(소법 §127 ① 4호·§73·§134·§137·§150).

구 분: 소득구분

구 분	원천징수대상	제외대상
외국기관으로부터 받는 근로소득		○
우리나라에 주둔하는 국제연합군으로부터 받는 근로소득		○
우리나라에 주둔하는 미군으로부터 받는 근로소득	○	
외국법인·비거주자의 국내지점·국내영업소로부터 받는 근로소득	○	
외국법인(국내지점·국내영업소 제외)으로부터 받는 근로소득 중 소득세가 원천징수되는 파견근로자의 소득	○	
외국법인·비거주자로부터 받는 근로소득(상기 외)		○
이외 근로소득	○	

비거주자의 국내사업장(소법 §120 ①·②)과 외국법인의 국내사업장(법법 §94 ①·②)의 국내원천소득금액을 계산할 때 필요경비 또는 손금으로 계상되는 소득 포함

구 분	내 용
원천징수 대상 사례	1. 내국법인이 부담하는 경우 ① 내국법인이 외국인 근로자의 급여를 손금으로 계상하는 경우(서이-457, 2004.3.16.) ② 호주에 있는 관계회사로부터 파견되어 내국법인에 근무하는 비거주자인 근로자의 급여를 호주법인이 직접 지급하고 그 지급액을 내국법인이 보상해 주는 경우(서이-985, 2005.7.4.) ③ 내국법인에 고용된 거주자가 호주법인에 파견되어 근로를 제공하는 경우 내국법인이 거주자에게 지급하는 급여(서이-2426, 2004.11.24.) 2. 외국법인 국내사업장을 통하여 지급하는 경우 ① 외국법인이 국내에 수익사업을 하지 않는 연락사무소를 설치하고 근무직원의 급여를 그 연락사무소 명의의 통장을 통하여 대표자가 각 직원 개인별로 지급하는 경우(서일-511, 2006.4.21.) ② 거주자에 해당하는 내국인이 외국법인에 고용되어 국내에서 근로를 제공하고 외국법인의 국내사업장을 통하여 급여를 지급받는 경우(서이-602, 2007.4.6.)
제외대상 사례	1. 외국법인이 직접 근로자에게 지급하는 경우 ① 외국법인이 본사 직원을 국내 파견하고 직원급여를 직접 외국법인 본사에서 직원에게 지급하는 경우(서이 46017-10287, 2003.2.10.) ② 외국법인이 국내에 수익사업을 하지 않는 연락사무소를 설치하고 근무직원에 대한 급여를 외국 본점에서 거래은행을 통하여 각 직원의 계좌로 직접 송금하는 경우(서일-511, 2006.4.21.) ③ 거주자에 해당하는 내국인이 외국법인에 고용되어 국내에서 근로를 제공하고 급여를 외국법인으로부터 직접 지급받는 경우(서이-602, 2007.4.6.) ④ 외국법인 국내자회사의 임직원이 외국법인으로부터 부여받은 '상여금 이연프로그램 권리(Stock Award)'에 대한 조건 성취 시 해외 모기업으로부터 지급받는 상여금(원천-317, 2009.4.9.; 서일-198, 2008.2.12.) 2. 외국법인이 부담하는 경우 ① 거주자가 국내에서 중국법인에 고용되어 중국법인의 업무를 수행하고 대가를 지급받고 있으나 그 대가를 내국법인이 사전계약에 의하여 거주자에게 선지급하고 중국법인으로부터 정산받는 경우 그 대가(서이-923, 2008.5.14.) ② 거주자에 해당하는 내국인이 외국법인에 고용되어 국내에서 근로를 제공하고 받는 급여를 외국법인(국내지점 또는 국내영업소 제외)이 부담하는 경우(서이-1457, 2007.8.3.) ③ 내국법인이 해외파견근무계약에 의해 임직원을 해외 관계회사에 파견한 경우 해당 해외 관계회사가 임직원에게 지급하는 급여(서이-1251, 2005.8.1.) ④ 일본법인에서 파견되어 국내 외국인투자기업에서 근무하는 종업원이 국내기업뿐 아니라 일본법인으로부터도 일정액의 급여를 추가로 지급받으나, 그 일본법인이 추가로 지급하는 급여 중 일부를 그 국내기업으로부터 보상받는 경우 일본법인 부담분(일본법인이 추가로 지급하는 급여 중 국내기업이 부담하는 부분 제외)(국일 46017-496, 1998.8.10.)

<table>
<tr><th>구 분</th><th colspan="4">내 용</th></tr>
<tr><td rowspan="2">과세방법</td><td colspan="4">

구 분	원천징수(과세)방법				
원천징수대상 근로소득	구 분	내 용			원천세 신고
	일용근로자	일용근로소득 지급 시			A03
	일반급여자	매월분 근로소득 지급 시 간이세액표 적용			A01
		연말 정산	중도퇴직자	퇴직월 급여 지급 시	A02
			계속근로자	다음연도 2월	A04
원천징수 제외대상 근로소득	납세조합	내 용			
	가입자	일반급여자 준용하여 원천징수			
	미가입자	다음연도 5월말일까지 종합소득세 확정신고			

</td></tr>
</table>

납세조합 세액공제(원천징수제외대상 근로소득에 대한 산출세액의 3%, 연 100만원 한도) 적용 개정

5 일반급여자와 일용근로자 근로소득

소득세법에서는 다음과 같이 근로소득을 일용근로자 근로소득과 이외 근로자(이하 '일반급여자' 또는 '상용근로자') 근로소득으로 구분하고 있다.

<table>
<tr><th>구 분</th><th>내 용</th></tr>
<tr><td>근로자 분류</td><td>1. 일용근로자 : 근로를 제공한 날 또는 시간에 따라 급여를 계산하거나, 근로를 제공한 날 또는 시간의 근로성과에 따라 급여를 계산하여 지급받는 사람(소령 §20)
2. 일반급여자 : 근로계약상 근로제공에 대한 시간 또는 일수나 그 성과에 의하지 아니하고 월정액에 의하여 급여를 지급받는 경우에는 그 고용기간에도 불구하고 일용근로자가 아닌 자(소통 20-0…1)</td></tr>
<tr><td>종사 업무별 근로자 분류</td><td>일용근로자의 정의를 충족하더라도 다음과 같이 고용기간 및 종사업무별로 일용근로자 또는 일반급여자로 다시 구분된다(소령 §20, 소칙 §11).

1. 건설공사   구체적 업무와 관계없음
<table>
<tr><th>구 분</th><th>일반급여자가 되는 경우</th><th>일용근로자가 되는 경우</th></tr>
<tr><td>고용 기간</td><td>동일한 고용주에게 계속하여 1년 이상 고용된 자
민법 160조에 따라 계산(서일-488, 2007.4.16.)함. 이때, 초일불산입에 따라 기산일은 당일의 다음 날로 함</td><td>근로자가 근로계약에 따라 일정한 고용주에게 1년 이상 계속하여 고용되어 있지 않고 근로단체를 통하여 여러 고용주의 사용인으로 취업하는 경우</td></tr>
<tr><td>종사 업무</td><td>다음 업무에 종사하기 위하여 통상 동일한 고용주에게 계속하여 고용되는 자
1. 작업준비를 하고 노무에 종사하는 자를 직접 지휘·감독하는 업무
2. 작업현장에서 필요한 기술적인 업무, 사무·타자·취사·경비 등의 업무
3. 건설기계의 운전 또는 정비 업무</td><td>근로자가 근로계약에 따라 일정한 고용주에게 3개월 이상 계속하여 고용되어 있지 않고 근로단체를 통하여 여러 고용주의 사용인으로 취업하는 경우
고용기간과 관계없음</td></tr>
</table>
</td></tr>
</table>

구 분	내 용

종사 업무별 근로자 분류

2. 하역작업(항만근로 포함)

농산물시장의 하역노동자가 1일 단위로 일용근로계약을 작성하고 편의상 근로대가를 일주일 단위로 지급받는 경우(서면법령소득-2530, 2020.8.27.)

구 분	일반급여자가 되는 경우	일용근로자가 되는 경우
근로대가 수령	통상 근로를 제공한 날에 근로대가를 받지 아니하고 정기적으로 근로대가를 받는 자	근로자가 근로계약에 따라 일정한 고용주에게 3개월 이상 계속하여 고용되어 있지 않고 근로단체를 통하여 여러 고용주의 사용인으로 취업하는 경우
종사 업무	다음 업무에 종사하기 위하여 통상 동일한 고용주에게 계속하여 고용되는 자 1. 작업준비를 하고 노무에 종사하는 자를 직접 지휘·감독하는 업무 2. 주된 기계의 운전 또는 정비 업무	

3. 이외 업무

민법 160조에 따라 계산(서일-488, 2007.4.16.)함
이때, 초일불산입에 따라 기산일은 당일의 다음 날로 함

구 분	일반급여자가 되는 경우	일용근로자가 되는 경우
고용 기간	근로계약에 따라 동일한 고용주에게 3개월 이상 계속하여 고용된 자	근로자가 근로계약에 따라 일정한 고용주에게 3개월 이상 계속하여 고용되어 있지 아니하고 근로단체를 통하여 여러 고용주의 사용인으로 취업하는 경우

구분 사례

1. 고용관계가 있는 경우

구 분	내 용
시간강사	학교 등과의 근로계약에 의하여 정기적으로 일정한 과목을 부담하고 강의를 한 시간 또는 날에 따라 강사료를 지급받는 경우 동일한 학교에서 3개월 이상 계속하여 강사료를 지급받는 경우에 한하여 일반급여자의 근로소득으로 보며(소통 20-0…2), 3개월 미만인 경우 일용근로자의 근로소득에 해당됨(소득-1392, 2009.9.9.)
단기 고용 모델하우스 안내원	건설회사 모델하우스의 안내원으로 단기간(3개월 미만) 고용된 거주자가 안내업무를 담당하고 그 근로제공의 대가를 근무일수에 따라 계산하여 지급받는 경우 일용근로자의 근로소득에 해당됨(소득 46011-3236, 1996.11.21.)
연구보조 대학원생	대학원생 등을 연구업무에 직접 참여시키지 않고 시장조사 등 단순업무를 매일 매일의 필요에 의하여 맡기고 시간급 또는 일당을 지급하는 경우 일용근로자에 해당되나, 해당 기간이 3개월을 초과하는 경우는 제외함(법인 46013-3593, 1998.11.23.)
일용근로자 작업도구사용료	일용근로자가 리어카 등 작업도구를 가지고 근로를 제공함에 부수적인 작업도구에 대한 사용료를 지급받는 경우 일용근로자의 근로소득에 포함(소통 20-0…3)
근로계약기간 종료 후 지급한 일용근로자 성과급	일용근로자와의 근로계약에 따라 근로를 제공한 기간의 근로성과에 따른 성과급 성격의 포상금을 지급하기로 하고 근로계약기간 종료 후 이를 지급한 경우 그 포상금(서일-491, 2007.4.16.) 근로제공일수에 배분하여 원천징수함 → 기존의 원천징수세액을 재정산

구 분	내 용
구분 사례	(표 계속)

구 분	내 용
코로나 관련 의료인력	지방자치단체와 고용계약을 맺은 의료인력이 병원 및 생활치료센터에서 근로를 제공하고 근로를 제공한 날 또는 시간에 따라 근로대가를 계산하여 받는 경우로서 동일한 고용주에게 3월 이상 계속하여 고용되어 있지 않은 경우 일용근로자에 해당하며, 해당 의료인력이 고용계약에 따른 근로의 제공을 종료한 후 증상발현 유무 등 모니터링 기간 중에 지급받는 근무수당도 근로소득에 해당함(서면법령소득-1796, 2020.12.18.)

의료인력: 의사, 간호사, 간호조무사, 임상병리사, 방사선사, 요양보호사 등

2. 고용관계가 없는 경우

구 분	내 용
가내부업	가정주부가 고용관계 없이 부업으로 수출물품 등의 가공 등 가내수공업적인 용역을 제공하고 받는 대가는 일용근로자의 근로소득으로 봄(소통 14-20…1)

한걸음 더

실무적으로 일용근로자 판단에 있어 "1년(건설공사) 또는 3개월(이외 업무) 이상 계속하여 고용"여부를 판단하기 쉽지 않다.
다만, 다음 내용을 참고하여 판단하기 바란다.

1. 1년 또는 3개월 판단
   민법 제160조에 따라 판단한다.

> 1. 기간을 주, 월 또는 연으로 정한 때에는 역에 의하여 계산한다.
> 2. 주, 월 또는 연의 처음으로부터 기간을 기산하지 아니하는 때에는 최후의 주, 월 또는 연에서 그 기산일에 해당한 날의 전일로 기간이 만료된다.
> 3. 월 또는 연으로 정한 경우에 최종의 월에 해당일이 없는 때에는 그 월의 말일로 기간이 만료한다.

2. 계약의 종료, 갱신 등이 있는 경우
   근로자가 반드시 월 평균 25일 이상 근무하여야만 근로기준법상 퇴직금지급의 전제가 되는 근로자의 상근성·계속성·종속성의 요건을 충족시키는 것은 아니고, 최소한 1개월에 4, 5일 내지 15일 정도 계속해서 근무하였다면 위 요건을 충족하므로 형식상으로는 비록 일용직근로자로 되어있더라도 일용관계가 중단되지 않고 계속되어 온 경우에는 상용근로자로 보아야 하며, 근로계약이 만료됨과 동시에 근로계약기간을 갱신하거나 동일한 조건의 근로계약을 반복하여 체결한 경우에는 갱신 또는 반복한 계약기간을 모두 합산하여 계속 근로연수를 계산하여야 한다(대법원93다26168, 1995.7.11.).
   또한, 해당법인으로부터 재근무 보장이 없이 근로를 제공하지 않아 일용근로계약이 실질적으로 종료된 이후 재고용되어 근로를 제공하는 경우에는 그 시점부터 일용근로자의 범위에 포함되는지 여부를 다시 판단하여야 하는 것이며, 이 경우 해당법인과 일용근로자간의 근로계약관계의 종료 또는 재고용 여부는 근로계약조건, 업무내용, 임금의 구성항목 및 계산방법 등을 고려하여 판단한다(법인세과-275, 2010.3.24.).

사례 3개월이 되는 날

근무시작일	기산일	3개월이 되는 날	비 고
1.31.	2.1.	4.30.	기산일이 월의 초일이므로 3개월이 되는 달의 마지막 날인 4.30.이 됨
2.1.	2.2.	5.1.	기산일이 월의 초일이 아니므로 기산일에 해당되는 5.2.의 전일인 5.1.이 됨

사례 1년이 되는 날

건설현장 근로자가 2024.8.5. 입사하여 2025.8.4. 퇴사한 경우

근무시작일	기산일	1년이 되는 날	비 고
2024.8.5.	2024.8.6.	2025.8.5.	기산일이 월의 초일이 아니므로 기산일로부터 1년이 되는 날의 전일인 2025.8.5.이 됨

2025.8.4.에 퇴사하였으므로 일용근로자에 해당되며, 연말정산대상자가 아님(서면소득관리-2474, 2023.11.1.)

6 근로소득 유형별 과세, 비과세 여부

예시규정이며, 소득세법 제20조 제1항 제1호에서 "이와 유사한 성질의 급여"로 포괄적으로 근로소득을 규정하고 있음(소득 46013-2256, 1993.7.29.)

근로소득에 포함되는 것(소령 §38 ①)

1. 기밀비(판공비 포함)·교제비 기타 이와 유사한 명목으로 받는 것으로서 업무를 위하여 사용된 것이 분명하지 아니한 급여
2. 종업원이 받는 공로금·위로금·개업축하금·학자금·장학금(종업원의 수학 중인 자녀가 사용자로부터 받는 학자금·장학금 포함) 기타 이와 유사한 성질의 급여
3. 근로수당·가족수당·전시수당·물가수당·출납수당·직무수당 기타 이와 유사한 성질의 급여
4. 보험회사, 자본시장과 금융투자업에 관한 법률에 따른 투자매매업자 또는 투자중개업자 등의 종업원이 받는 집금(集金)수당과 보험가입자의 모집, 증권매매의 권유 또는 저축을 권장하여 받는 대가, 그 밖에 이와 유사한 성질의 급여
5. 급식수당·주택수당·피복수당 기타 이와 유사한 성질의 급여
6. 주택을 제공받음으로써 얻는 이익
7. 종업원이 주택(주택에 부수된 토지 포함)의 구입·임차에 소요되는 자금을 저리 또는 무상으로 대여받음으로써 얻는 이익
8. 기술수당·보건수당·연구수당 기타 이와 유사한 성질의 급여
9. 시간외근무수당·통근수당·개근수당·특별공로금 기타 이와 유사한 성질의 급여
10. 여비의 명목으로 받는 연액 또는 월액의 급여
11. 벽지수당·해외근무수당 기타 이와 유사한 성질의 급여
12. 종업원이 계약자이거나 종업원 또는 그 배우자 및 그 밖의 가족을 수익자로 하는 보험·신탁 또는 공제와 관련하여 사용자가 부담하는 보험료·신탁부금 또는 공제부금

13. 법인세법시행령 제44조 제4항에 따라 손금에 산입되지 않고 지급받는 퇴직급여
14. 휴가비 기타 이와 유사한 성질의 급여
15. 계약기간 만료 전 또는 만기에 종업원에게 귀속되는 단체환급부보장성보험의 환급금
16. 법인의 임원 등이 해당 법인 또는 해당 법인과 법인세법시행령 제2조 제8항에 따른 특수관계에 있는 법인(그 법인 등)으로부터 부여받은 주식매수선택권을 해당 법인 등에서 근무하는 기간 중 행사함으로써 얻은 이익(주식매수선택권 행사 당시의 시가와 실제 매수가액과의 차액을 말하며, 주식에는 신주인수권을 포함)
17. 공무원 수당 등에 관한 규정, 지방공무원 수당 등에 관한 규정, 검사의 보수에 관한 법률 시행령, 대법원규칙, 헌법재판소규칙 등에 따라 공무원에게 지급되는 직급보조비
18. 공무원이 국가 또는 지방자치단체로부터 공무수행과 관련하여 받는 상금과 부상

근로소득으로 보지 않는 것(소령 §38, 소칙 §15의 4·§10 ①, 조특법 §16의 4; 원천-363, 2010.4.29. 외)

1. 사회통념상 타당하다고 인정되는 범위 내의 경조금
2. 출퇴근차량 운임상당액
3. 사내근로복지기금으로부터 받는 장학금 등
4. 벤처기업 임직원이 2015.1.1. 이후 부여받은 주식매수선택권 행사이익에 대하여 양도소득세 과세특례를 선택하는 경우로서 법 소정 요건을 충족하는 경우 해당 주식매수선택권 행사이익
5. 퇴직급여로 지급되기 위하여 적립(근로자가 적립금액 등을 선택할 수 없는 것으로서 법 소정 방법에 따라 적립되는 경우에 한정)되는 급여

비과세 근로소득

비과세 항목	법조문	근로소득 지급명세서	
		코 드	기재란
복무 중인 병(兵)이 받는 급여	소법 §12 3 가	A01	기재 안함
법률에 따라 동원 직장에서 받는 급여	소법 §12 3 나	B01	
「산업재해보상보험법」에 따라 지급받는 요양급여 등	소법 §12 3 다	C01	
「근로기준법」 등에 따라 지급받는 요양보상금 등	소법 §12 3 라	D01	
「고용보험법」 등에 따라 받는 육아휴직급여 등	소법 §12 3 마	E01	
「국가공무원법」 등에 따라 받는 육아휴직수당 등[사립학교 직원이 학교의 정관·규칙에 따라 받는 육아휴직수당(월 150만원 한도) 포함]		E02	
「국민연금법」에 따라 받는 반환일시금(사망으로 받는 것에 한함) 및 사망일시금	소법 §12 3 바	E10	
「공무원연금법」 등에 따라 받는 요양비 등	소법 §12 3 사	F01	
비과세 학자금(소령 §11)	소법 §12 3 아	G01	⑱-5

<table>
<thead>
<tr><th rowspan="2">비과세 항목</th><th rowspan="2">법조문</th><th colspan="2">근로소득
지급명세서</th></tr>
<tr><th>코 드</th><th>기재란</th></tr>
</thead>
<tbody>
<tr><td>소령 §12 2~3(일직료·숙직료 등)</td><td rowspan="16">소법 §12 3 자</td><td>H02</td><td rowspan="3">기재
안함</td></tr>
<tr><td>소령 §12 3(자가운전보조금)</td><td>H03</td></tr>
<tr><td>소령 §12 4, 8(법령에 따라 착용하는 제복 등)</td><td>H04</td></tr>
<tr><td>소령 §12 9~11(경호수당, 승선수당 등)</td><td>H05</td><td>⑱-18</td></tr>
<tr><td>소령 §12 12 가(연구보조비 등)-「유아교육법」, 「초·중등교육법」</td><td>H06</td><td rowspan="5">⑱-4</td></tr>
<tr><td>소령 §12 12 가(연구보조비 등)-「고등교육법」</td><td>H07</td></tr>
<tr><td>소령 §12 12 가(연구보조비 등)-특별법에 따른 교육기관</td><td>H08</td></tr>
<tr><td>소령 §12 12 나(연구보조비 등)</td><td>H09</td></tr>
<tr><td>소령 §12 12 다(연구보조비 등)</td><td>H10</td></tr>
<tr><td>소령 §12 13 가(보육교사 근무환경개선비)-「영유아보육법 시행령」</td><td>H14</td><td>⑱-22</td></tr>
<tr><td>소령 §12 13 나(사립유치원 수석교사·교사의 인건비)-「유아교육법 시행령」</td><td>H15</td><td>⑱-23</td></tr>
<tr><td>소령 §12 14(취재수당)</td><td>H11</td><td>⑱-6</td></tr>
<tr><td>소령 §12 15(벽지수당)</td><td>H12</td><td>⑱-7</td></tr>
<tr><td>소령 §12 16(천재·지변 등 재해로 받는 급여)</td><td>H13</td><td>⑱-8</td></tr>
<tr><td>소령 §12 17(정부·공공기관 중 지방이전기관 종사자 이전지원금)</td><td>H16</td><td>⑱-24</td></tr>
<tr><td>소령 §12 18(종교관련종사자가 소속 종교단체의 규약 또는 소속 종교단체의 의결기구의 의결승인 등을 통하여 결정된 지급 기준에 따라 종교 활동을 위하여 통상적으로 사용할 목적으로 지급받은 금액 및 물품)</td><td>H17</td><td>⑱-30</td></tr>
<tr><td>외국정부 또는 국제기관에 근무하는 사람에 대한 비과세</td><td>소법 §12 3 차</td><td>I01</td><td>⑱-19</td></tr>
<tr><td>「국가유공자 등 예우 및 지원에 관한 법률」에 따라 받는 보훈급여금 및 학습보조비</td><td>소법 §12 3 카</td><td>J01</td><td rowspan="2">기재
안함</td></tr>
<tr><td>「전직대통령 예우에 관한 법률」에 따라 받는 연금</td><td>소법 §12 3 타</td><td>J10</td></tr>
<tr><td>작전임무 수행을 위해 외국에 주둔하는 군인 등이 받는 급여</td><td>소법 §12 3 파</td><td>K01</td><td>⑱-10</td></tr>
<tr><td>종군한 군인 등이 전사한 경우 해당 과세기간의 급여</td><td>소법 §12 3 하</td><td>L01</td><td>기재
안함</td></tr>
<tr><td>소령 §16 ① 1(국외 등에서 근로에 대한 보수) 100만원</td><td rowspan="3">소법 §12 3 거</td><td>M01</td><td rowspan="3">⑱</td></tr>
<tr><td>소령 §16 ① 2(국외근로) 개정</td><td>M03</td></tr>
<tr><td>소령 §16 ① 1(국외 등에서 근로에 대한 보수) 500만원</td><td>M04</td></tr>
<tr><td>「국민건강보험법」 등에 따라 사용자 등이 부담하는 보험료</td><td>소법 §12 3 너</td><td>N01</td><td>기재
안함</td></tr>
</tbody>
</table>

비과세 항목	법조문	근로소득 지급명세서	
		코 드	기재란
생산직 등에 종사하는 근로자의 야간수당 등	소법 §12 3 더	O01	⑱-1
비과세 식사대(월 20만원 이하)	소법 §12 3 러	P01	⑱-40
현물 급식		P02	기재 안함
6세 이하의 자녀의 보육관련 비과세 급여(월 20만원 이내)	소법 §12 3 머	Q02	⑱-2
자녀 출생일 이후 2년 이내에 받는 출산지원금(1회)		Q03	⑱-3
자녀 출생일 이후 2년 이내에 받는 출산지원금(2회)		Q04	
국군포로가 지급받는 보수 등	소법 §12 3 버	R01	기재 안함
「교육기본법」 제28조 제1항에 따라 받는 장학금	소법 §12 3 서	R10	⑱-21
소령 §17의 3 비과세 직무발명보상금	소법 §12 3 어	R11	⑱-29
사택제공이익	소법 §12 3 저	V01	기재 안함
주택자금 저리·무상대여 이익		V02	
종업원 등을 수익자로 하는 보험료·신탁부금·공제부금		V03	
공무원이 받는 상금과 부상(연 240만원 이내)		V04	
「영유아보육법 시행령」에 따라 사업주가 부담하는 보육비용		V05	
임직원이 자사·계열사의 재화·용역을 시가보다 할인 구매하여 얻는 이익 개정	소법 §12 3 처	W01	⑱-41
주식매수선택권 비과세	구 조특법 §15	S01	⑱-11
벤처기업 주식매수선택권 행사이익 비과세	조특법 §16의 2	U01	⑱-31
우리사주조합 인출금 비과세(50%)	조특법 §88의 4 ⑥	Y02	⑱-14
우리사주조합 인출금 비과세(75%)		Y03	⑱-15
우리사주조합 인출금 비과세(100%)		Y04	⑱-16
소령 §12 13 다(전공의 수련보조수당)	소법 §12 3 자	Y22	⑲
비과세 근로소득 합계			⑳

02

과세대상 근로소득

근로소득: 근로소득으로 보지 않는 금액 및 다른 소득으로 구분되는 금액 제외

구 분	내 용	
과세대상 근로소득	과세대상 근로소득 = 근로소득 − 비과세 근로소득	
지급명세서	구 분	근로소득지급명세서
	급 여	⑬
	상 여	⑭
	인정상여(법인세법에 따라 상여로 처분된 금액)	⑮
	주식매수선택권 행사이익	⑮−1
	우리사주조합 인출금	⑮−2
	임원퇴직소득금액 한도초과액	⑮−3
	직무발명보상금	⑮−4
	과세대상 근로소득 합계	⑯

이하 유형별로 근로소득의 과세, 비과세 여부 및 지급명세서 기재 여부 등에 대해 살펴보기로 한다.

1. 실비변상적 급여

실비변상적 급여: 실비정산 또는 실비정도 금액

(1) 일직료 · 숙직료(소법 §12 3호 자목, 소령 §12 3호)

구 분	내 용	지급명세서
비과세 대상	1. 규정 여부 사규 등에 의하여 그 지급기준 등이 정하여져 있을 것(원천−698, 2009.8.24.) 2. 한도(금액) 사회통념상 타당하다고 인정되는 범위 내의 금액일 것(원천−698, 2009.8.24.) 3. 판단기준 월 단위로 모아서 지급하는 경우에도 1일 숙직료 등을 기준으로 판단(법인 46013−3228, 1996.11.19.)	기재 안함(×)
과세 대상	요건을 충족하지 않는 경우	⑬급여 or ⑭상여

(2) 출장비(소법 §12 3호 자목, 소령 §12 3호)

구 분	내 용	지급명세서
비과세 대상	1. 요건 업무수행 시 통상 필요하다고 인정되는 부분일 것 2. 규정 여부 사규 등에 의하여 그 지급기준 등이 정하여져 있을 것 3. 한도(금액) 사회통념상 타당하다고 인정되는 범위 내의 금액일 것	기재 안함(×)
과세 대상	요건을 충족하지 않는 경우	⑬급여 or ⑭상여

한걸음 더

회사자금을 임·직원이 업무를 위하여 사용한다고 수령한 경우 해당 금액에 대한 소득세 과세 여부는 다음과 같다(제도 46011-11905, 2001.7.6.; 원천-586, 2010.7.16.).

구 분	내 용
소득제외	업무 관련 여부를 증명할 서류를 제출한 경우
과세대상	업무 관련 여부를 증명할 서류를 제출하지 못한 경우

(3) 자가운전보조금(소법 §12 3호 자목, 소령 §12 3호)

구 분	내 용	지급명세서
비과세 대상	1. 차량 명의 임직원이 소유하거나 본인 명의로 임차한 차량 2. 운행 임직원이 직접 운전하여 사용자의 업무수행에 이용 3. 규정 여부 해당 사업체의 규칙 등으로 정하여진 지급기준에 따라 소요경비를 받는 것 4. 시내출장비(실비변상)와의 관계 시내출장비에 소요된 실제여비를 받지 않을 것 5. 한도(금액) 근무처별·근무월별로 월 20만원 이내의 금액	기재 안함(×)
과세 대상	요건을 충족하지 않는 경우	⑬급여 or ⑭상여

한걸음 더

구 분	비과세 대상	과세 대상
차량 명의	1. 임원 명의 차량 (법인 46013－1123, 1996.4.12.) 2. 부부 공동명의 차량 (재소득－591, 2006.9.20.)	1. 타인 명의 또는 공동명의 차량 (법규소득 2010－338, 2010.11.19.) 2. 차량이 없는 임직원에게 지급되는 경우(소득 46011－392, 1999.11.25.)
운행	차량운행일지 작성 여부 없음(법인 46013－2615, 1996.9.13.)	출퇴근 편의를 위해 지급되는 자가운전 보조금(심사서울 97－44, 1997.2.28.)
증빙 여부	구체적 지출증빙을 갖추지 않아도 됨 (소득 46011－1130, 1995.4.25.)	
규정 여부	연봉계약서에 포함된 경우도 인정 (서이 46013－12204, 2002.12.9.)	

출장비 관련

출장비 지급			과세 여부		
시내출장비 (실비변상)	시외출장비 (실비변상)	자가운전 보조금 (요건충족)	시내출장비 (실비변상)	시외출장비 (실비변상)	자가운전 보조금 (요건충족)
○	○	○	비과세(○)	비과세(○)	과세(×)
○		○	비과세(○)		과세(×)
	○	○		비과세(○)	비과세(O)
		○			비과세(O)

▎자가운전보조금만 과세(소통 12－12…1)

▎자가운전보조금(월 20만원)을 지급하고 유류대를 법인카드로 결제 시 자가운전보조금은 과세됨(서일－854, 2008.6.19.)

비과세 한도(금액)

내 용	월 20만원 판단
차량 종류별로 마일리지 개념의 교통비를 지급하는 경우	매월 20만원 이내 금액을 비과세(제도 46011－11668, 2001.6.23.)
개별 항목별(유류대, 도로비, 주차비 등)로 지급하는 경우	전체금액에 대해 매월 20만원 이내 금액을 비과세(법인 46013－2029, 1998.7.21.)
지급대상기간이 있는 비용 (자동차세, 자동차보험료 등)인 경우	그 지급대상기간의 월수로 나눈 금액을 매월 지급한 것으로 보고 유류대, 차량수리비 등으로 지급한 금액과 합하여 매월 20만원 이내 금액을 비과세(법인 46013－290, 1996.1.29.)
지급월이 불규칙한 경우	지급월에, 20만원 이내 금액 비과세
근무월이 1개월 미만인 경우	1개월로 보아 월 20만원 이내 금액 비과세
2 이상 회사에서 동시에 받는 경우	근무처별로 월 20만원 이내 금액 비과세
연간 한도	근무처별로 (근무월 × 월 20만원 이내 금액) 비과세

▎해당 내용은 "월 OO만원 이내" 한도가 규정된 비과세규정 모두 동일하게 적용(원천－616, 2009.7.16.)

사례 자가운전보조금 비과세 여부 판단

▌일반적인 경우▐

상 황	지급내역		과세 여부	
	여 비	자가운전보조금	비과세	과 세
1	실비정산	지급 안함(×)	여비(실비정산)	
2	지급 안함(×)	매월 20만원	자가운전보조금 전액	
3	실비정산	매월 20만원	여비(실비정산)	자가운전보조금 전액
4	지급 안함(×)	홀수월 30만원 짝수월 10만원	자가운전보조금 180만원 (홀수월분 각 20만원×6개월 + 짝수월분 각 10만원 × 6개월)	자가운전보조금 60만원 (홀수월분 각 10만원 × 6개월)

▌지급대상 기간이 있는 경우▐

6월 지급내역	과세 여부	
	비과세	과 세
• 유류비 : 10만원 • 자동차세 : 42만원(6개월분) • 보험료 : 120만원(12개월분)	20만원	7만원
	6월분 자가운전보조금 = 유류비 10만원 + 자동차세 7만원(42만원/6) + 보험료 10만원(120만원/12) = 27만원	

(4) 주차장 · 주차비

구 분	내 용	지급명세서
소득 제외	주차장(임차한 주차장 포함)을 제공하는 경우(소득 46011-331, 2000.3.11.)	기재 안함(×)
비과세 판단대상	종업원이 개인소유 차량을 회사의 업무수행에 이용하고 실제로 소요된 주차비를 회사규정에 따라 지급받는 경우 그 금액은 자가운전보조금에 포함하여 비과세 여부 판단 (법인 46013-2029, 1998.7.21.)	자가운전보조금 해당 → 기재 안함(×) 과세대상 → ⑬급여 or ⑭상여

(5) 출퇴근비

구 분	내 용	지급명세서
소득 제외	출퇴근을 위하여 차량을 제공받는 경우	기재 안함(×)
과세대상	1. 출퇴근 보조비(원천-597, 2012.11.7.) 2. 야간근무 종업원의 차비보조금 (법인 46013-3950, 1999.11.11.)	⑬급여 or ⑭상여

(6) 여비(여행경비)

국외근무 내국인 근로자 또는 국내근무 외국인 근로자

1) 해외근무자의 본국 귀국휴가에 따른 여비(소통 12-12…3)

구 분	내 용	지급명세서
비과세 대상	1. 규정 여부 사규 또는 고용계약서 등에 본국 이외의 지역에서 1년 이상 근무(1년 이상 근무하기로 규정된 경우 포함)한 근로자에게 귀국여비를 회사가 부담하도록 되어 있을 것 2. 휴가요건 해외근무라고 하는 근무환경의 특수성에 따라 직무수행상 필수적이라고 인정되는 휴가일 것 3. 한도(금액) 왕복교통비(항공기의 운행관계상 부득이한 사정으로 경유지에서 숙박한 경우 숙박료 포함)로서 가장 합리적 또는 경제적이라고 인정되는 범위 내의 금액일 것	기재 안함(×)
과세 대상	1. 관광관련 귀국휴가여비 중 관광여행이라고 인정되는 부분의 금액 2. 휴가 미사용 실제 본국휴가를 사용하지 않는 근로자에게 지급하는 귀국휴가여비 상당액 3. 지급대상 근로자의 가족에게 지급하는 귀국휴가여비 4. 개인적 경비 국내기업에 종사하는 외국인 근로자가 해당 기업의 사업수행과는 관련없이 가족상면, 가사정리 등의 사유로 일정기간 동안 본국으로 귀국함에 있어 그 근로자 및 부양가족의 항공권을 제공하는 경우(재조법 1264-416, 1983.4.16.)	⑬급여 or ⑭상여

2) 여행경비(서이-687, 2005.5.13.; 법통 19-19…22)

구 분	내 용	지급명세서
비과세 대상	업무수행과 관련하여 통상 필요하다고 인정되는 부분	기재 안함(×)
과세 대상	1. 업무수행과 관련하여 통상 필요하다고 인정되는 부분을 초과하는 부분 2. 업무수행과 무관한 경우(예 관광 목적)	⑬급여 or ⑭상여

해외여행경비 업무수행 관련 판단 유의사항(법통 19-19…22~25)

구 분	내 용
업무수행 관련 판단	그 여행의 목적, 여행지, 여행경로, 여행기간 등을 참작하여 판단 ✔ 원칙에 따라 과세/비과세 구분
업무수행상 필요한 해외여행으로 보지 않는 경우	1. 관광여행의 허가를 얻어 행하는 여행 2. 여행알선업자 등이 행하는 단체여행에 응모하여 행하는 여행 3. 동업자단체, 기타 이에 준하는 단체가 주최하여 행하는 단체여행으로 주로 관광목적이라고 인정되는 것 ✔ 이 경우에도 업무관련 직접비용(왕복교통비 제외)은 비과세
동반자 여비가 업무수행 관련으로 인정되는 경우	1. 그 임원이 상시 보좌를 필요로 하는 신체장애자이므로 동반하는 경우 2. 국제회의 참석 등에 배우자를 필수적으로 동반하도록 하는 경우 3. 그 여행의 목적을 수행하기 위하여 외국어에 능숙한 자 또는 고도의 전문적 지식을 지닌 자를 필요로 하는 경우에 그러한 적임자가 법인의 임원이나 사용인 가운데 없기 때문에 임시로 위촉한 자를 동반하는 경우 ✔ 이외 동반자 여비는 근로자에게 과세(원천-803, 2009.9.29.)
업무수행과 업무수행 외 여행이 동시에 이루어진 경우	1. 여비를 업무수행 기간과 업무수행 외 기간으로 안분하여 과세 / 비과세 구분 2. 해외여행의 직접 동기가 특정의 거래처와의 상담, 계약의 체결 등 업무수행을 위한 것으로서 해당 해외여행을 기회로 관광을 병행한 경우 그 거래처의 주소지 등 그 업무를 수행하는 장소까지의 왕복교통비는 업무수행에 관련된 것으로 봄

(7) 연구보조비 또는 연구활동비(소법 §12 3호 자목, 소령 §12 12호, 소칙 §6의 4)

1) 교원

평생교육법상 원격대학(사이버대학) 교원(서이 46013-10764, 2002.4.11.)

구 분	내 용	지급명세서
비과세 대상	1. 교원 ① 유아교육법, 초·중등교육법, 고등교육법에 따른 학교의 교원 ② ①에 준하는 학교(특별법에 따른 교육기관 포함)의 교원 2. 규정 여부 연구보조비지급규정에 의해 지급하는 금액 3. 한도(금액) 근무월별로 월 20만원 이내의 금액	⑱-4 (H06~H08)
과세 대상	1. 교원 ① 산업체 겸임교원에게 지급하는 경우(법인 46013-3357, 1997.12.22.) ② 병원에서 고용한 의사 등 직원에게 연구풍토 조성 및 활성화와 연구의욕 고취를 위하여 연구비를 지원하는 경우 병원이 책임연구원, 공	⑬급여 or ⑭상여

수석교사·연구활동비 지급에 관한 규정(교육부 훈령) 포함(서면원천-3628, 2025.2.24.)

구 분	내 용	지급명세서
과세 대상	동연구원, 연구보조원으로 참여한 직원에게 지급하는 대가(서일-1607, 2007.11.26.) 2. 규정 및 금액 ① 연구보조비지급규정 등 합리적 배부기준에 의해 지급하는 것이 아닌 수업시간당 일정한 금액으로 지급하는 경우(서일-278, 2005.3.11.) ② 교육기관이 학생들로부터 받은 방과후 학교수업료를 수업시간당 일정금액으로 교원에게 지급하는 경우 그 금액(서일-544, 2008.4.18.; 서일-200, 2008.2.12.)	⑬급여 or ⑭상여

2) 연구원

<table>
<tr><th>구 분</th><th>내 용</th><th>지급명세서</th></tr>
<tr><td>비과세
대상</td><td>
1. 연구기관 및 연구원
<table>
<tr><th>연구기관</th><th colspan="2">연구원</th></tr>
<tr><td>특정연구기관육성법의 석용을 받는 연구기관</td><td rowspan="2">대상자: 연구활동에 직접 종사하는 자</td><td rowspan="2">자 격: 대학교원에 준하는 자격을 가진 자</td></tr>
<tr><td>특별법에 따라 설립된 정부출연연구기관</td></tr>
<tr><td>지방자치단체출연 연구원의 설립 및 운영에 관한 법률에 따라 설립된 지방자치단체출연 연구원</td><td>다음에 해당하는 자를 제외한, 연구기관에서 일하는 자
① 연구활동에 직접 종사하는 자
② 건물의 방호·유지·보수·청소 등 건물의 일상적 관리에 종사하는 자
③ 식사제공 및 차량운전에 종사하는 자</td><td>없음</td></tr>
<tr><td>중소기업 또는 벤처기업의 기업부설연구소와 연구개발전담부서</td><td>대상자: 연구활동에 직접 종사하는 자</td><td>자 격: 없음</td></tr>
</table>
2. 규정 여부
연구보조비지급규정에 의해 지급하는 금액
3. 한도(금액)
근무월별로 월 20만원 이내의 금액
</td><td>⑱-4
(H09~H10)</td></tr>
<tr><td>과세
대상</td><td>예 일반적인 수당 성격의 급여인 자가운전비·효도휴가비·통근비·월동보조비 등(법인 46013-2431, 1996.9.3.)</td><td>⑬급여 or
⑭상여</td></tr>
</table>

- 대학교원에 준하는 자격을 가진 자: 전문대학 졸업이상 학력을 가진 자(법인 46013-435, 1999.2.2.)
- 연구활동에 직접 종사하는 자: 연구부서의 구성원 중 연구업무 외 다른 업무를 병행하지 않고 연구활동만을 수행하는 자
- 기업부설연구소와 연구개발전담부서: 기초연구진흥 및 기술개발지원에 관한 법률 제14조의 2 제1항에 따라 인정받은 경우를 말함
- 근무월별로 월 20만원 이내의 금액: 비과세대상 연구보조비 또는 연구활동비를 매월 20만원씩 지급받다가 연봉협상이 지연됨에 따라 미지급되었던 금액을 협상타결 후 일시에 지급받은 경우 일시에 지급받은 금액(20만원×미지급월수)은 비과세됨(서면법령소득-527, 2020.12.14.)

한걸음 더

구 분	내 용
특별법에 따라 설립된 정부출연연구기관	특별법에 의하여 설립되고 다른 특별법에서 연구기관으로 지정되어 있으며 정부가 직접 출연한 연구기관을 포함(재소득 46073-1, 2000.1.11.)
연구부서	<table><tr><th>구 분</th><th>내 용(법인 46013-435, 1999.2.2.)</th></tr><tr><td>포 함</td><td>팀구성원(위촉연구원 포함)이 소속부서를 떠나 팀에 전속되어 연구활동만을 수행하는 '전담팀(연구팀)'은 포함</td></tr><tr><td>제 외</td><td>팀구성원(위촉연구원 포함)이 소속부서의 담당업무와 해당 팀의 연구업무를 병행하여 수행하는 '비전담팀'은 제외</td></tr></table>
연구활동에 직접 종사하는 자	<table><tr><th>구 분</th><th>내 용</th></tr><tr><td>의 미</td><td>연구부서의 구성원 중 연구업무 외의 다른 업무를 병행하지 않고 연구활동만을 수행하는 자</td></tr><tr><td>제 외</td><td>1. 업무 전반을 총괄하는 연구기관의 장(재소득 46073-123, 1998.8.24.) 2. 연구부서에서 부서의 관리·기획·지원·보조업무를 담당하는 자(서일-207, 2005.2.15.)</td></tr></table>

(8) 기자의 취재수당(소법 §12 3호 자목, 소령 §12 14호)

구 분	내 용	지급명세서
비과세 대상	1. 대상 언론기업 ① 방송법에 따른 방송을 경영하는 언론기업 ② 뉴스통신 진흥에 관한 법률에 따른 뉴스통신을 경영하는 언론기업 ③ 신문 등의 진흥에 관한 법률에 따른 신문을 경영하는 언론기업 ④ 방송법에 따른 방송채널사용사업 2. 대상 근로자 ① 기자 ② 상시 고용되어 취재활동을 하는 논설위원 및 만화가 3. 한도(금액) 근무월별로 월 20만원 이내의 금액 4. 급여 포함 급여에 포함하여 받는 경우에도 월 20만원 이내의 금액을 비과세	⑱-6 (H11)
과세 대상	이외	⑬급여 or ⑭상여

일반일간신문, 특수일간신문 및 인터넷신문을 말하며 해당 신문을 경영하는 기업이 직접 발행하는 잡지 등 정기간행물의 진흥에 관한 법률에 따른 정기간행물 포함

(9) 벽지수당(소법 §12 3호 자목, 소령 §12 15호, 소칙 §7)

구 분	내 용		지급명세서
비과세 대상	1. 대상벽지 및 근로자		
	벽 지	**근로자**	
	• 공무원 특수지근무수당지급 대상지역 및 기관과 그 등급별 구분에 관한 규칙 [별표 1] 지역 • 지방공무원 특수지근무수당지급 대상지역 및 기관과 그 등급별 구분에 관한 규칙 [별표 1] 지역 • 도서·벽지교육진흥법 시행규칙 [별표]의 지역 • 광업법에 의하여 광업권을 지정받아 광구로 등록된 지역	벽지에서 근무하는 근로자	⑱-7 (H12)
	• 소득세법 시행규칙 [별표 1]의 의료취약지역	벽지에서 근무하는 의료인	
	2. 규정 여부 내규로 정한 지급규정에 의하여 지급받는 수당일 것 3. 수당 요건 본섬(주된 사업소 소재시 또는 기타 해당 벽지수당지급 대상지역이 아닌 곳)에서 근무하는 자의 동일직급 일반급여에 추가하여 지급받는 것 4. 한도(금액) 근무월별로 월 20만원 이내의 금액		
과세 대상	예 벽지·도서지역에 근무하는 직원에게 실비변상적 성격의 교통비 명목으로 지급한 일일 출퇴근금액(서일-1217, 2004.8.31.)		⑬급여 or ⑭상여

같은 표 제1호의 벽지지역과 제2호의 도서지역 중 군지역의 경우 지역 및 등급란에 규정된 면지역 전체를 말함

보건복지부장관의 면허를 받은 의사·치과의사·한의사·조산사 및 간호사

(10) 기타 실비변상적 급여(소법 §12 3호 자목, 소령 §12)

1) 선원에게 지급하는 식료(소령 §12 2호, 소통 12-16…5 ①)

구 분	내 용	지급명세서
비과세 대상	1. 대상 근로자 : 승선 중인 선원 2. 대상 식료 : 선원법 제76조(선내급식) 및 제77조(선내급식비)에 따라 제공하는 식료	기재 안함 (×)
과세 대상	휴가기간 동안에 지급하는 급식비	⑬급여 or ⑭상여

2) 승선수당(소령 §12 10호, 소칙 §6의 3)

구 분	내 용	지급명세서
비과세 대상	1. 대상 근로자 다음 비과세규정을 적용받지 않는 선장과 해원 ① 생산직근로자가 받은 야간근로수당 등 ② 국외근로소득 2. 한도(금액) 근무월별로 월 20만원 이내의 금액	⑱-18 (H05)

3) 위험수당(소령 §12 9호~11호, 소칙 §6의 5)

구 분	내 용		지급명세서
비과세 대상	대상 근로자	위험수당	⑱-18 (H05)
	경찰공무원	함정근무수당·항공수당	
	특수분야에 종사하는 경찰공무원	경찰특수전술업무수당	
	소방공무원	함정근무수당·항공수당·화재진화수당	
	경호근무원	경호수당	
	특수분야에 종사하는 군인	낙하산강하위험수당·수중파괴작업위험수당·잠수부위험수당·고전압위험수당·폭발물위험수당·항공수당(유지비행훈련수당 포함)·비무장지대근무수당·전방초소근무수당·함정근무수당(유지항해훈련수당 포함)·수륙양용궤도차량승무수당	
	광산근로자	입갱수당·발파수당	

- 군인 등의 특수근무수당에 관한 규칙 별표 2의 군인 등의 장려수당 제11호부터 제13호까지의 수당
- 군인 등의 특수근무수당에 관한 규칙 별표 2의 군인 등의 장려수당 제14호에 해당하는 수당

4) 피복 지원(소령 §12 4호·8호)

구 분	내 용		지급명세서
비과세 대상	대상 근로자	피복 지원	기재 안함 (×)
	병원·시험실·금융회사 등·공장·광산에서 근무하는 사람	작업복이나 그 직장에서만 착용하는 피복	
	특수한 작업이나 역무에 종사하는 사람	작업복이나 그 직장에서만 착용하는 피복	
	법령·조례에 의하여 제복을 착용하여야 하는 사람	제복·제모 및 제화	
과세 대상	예 직원들에게 지급한 피복이 회사의 마크가 없고 외출복으로도 착용가능한 일반피복(동절기 잠바 및 하절기 티셔츠)을 지급하는 경우(법인 46013-2331, 1998.8.18.)		⑬급여 or ⑭상여

5) 기타 실비변상 비과세(소령 §12 13호·16호·17호·18호)

대체교사 포함(원천-452, 2009.5.27.)

비과세 내용	지급명세서
국가 또는 지방자치단체가 지급하는 다음 어느 하나에 해당하는 것 1. 보육교사의 처우개선을 위하여 지급하는 근무환경개선비	⑱-22(H14)
2. 사립유치원 수석교사·교사의 인건비 (누리과정수당 등 포함(원천-542, 2013.11.13.))	⑱-23(H15)
3. 전공의(專攻醫)에게 지급하는 수련보조수당	⑲ (Y22)
근로자가 천재·지변 기타 재해로 인하여 받는 급여	⑱-8(H13)
수도권 외의 지역으로 이전하는 공공기관의 소속 공무원이나 직원에게 한시적으로 지급하는 근무월별 월 20만원 이내의 이전지원금	⑱-24(H16)
종교관련종사자가 소속 종교단체의 규약 또는 소속 종교단체의 의결기구의 의결·승인 등을 통하여 결정된 지급 기준에 따라 종교 활동을 위하여 통상적으로 사용할 목적으로 지급받은 금액 및 물품	⑱-30(H17)

2. 식사 또는 식사대

식사 또는 식사대(소법 §12 3호 러목, 소통 12-17의 2…1)

구 분		과세 여부	지급명세서
식사·기타 음식물만 제공	다음 요건을 충족하는 사내급식 또는 이와 유사한 방법으로 제공 1. 통상적으로 급여에 포함되지 아니하는 것 2. 음식물의 제공 여부로 급여에 차등이 없는 것 3. 사용자가 추가부담으로 제공하는 것	한도 없이 비과세	비과세 현물급식 → 기재 안함
	다음 요건을 충족하는 식권 제공 1. 기업 외부의 음식업자와 식사·기타 음식물 공급계약을 체결 2. 사용자가 교부하는 식권일 것 3. 식권을 현금으로 환금이 불가능할 것 4. 통상적으로 급여에 포함되지 아니하는 것 5. 식권 제공 여부로 급여에 차등이 없는 것 6. 사용자가 추가부담으로 제공하는 것		비과세 식사대 (월 20만원 이하) → ⑱-40
	요건을 충족하지 않는 식사·기타 음식물만 제공	근무월별로 월 20만원 이내 금액을 비과세	

구 분		과세 여부	지급 명세서
식사대만 제공		근무월별로 월 20만원 이내 금액을 비과세	과세대상 → ⑬급여 or ⑭상여
식사·기타 음식물(요건충족)과 식사대를 동시에 제공	식사·기타 음식물(요건충족)	한도 없이 비과세	
	식사대	금액에 관계없이 전액 과세	
급식수당을 지급받고 있는 근로자가 야간근무 등 시간 외 근무를 하는 경우에 별도로 제공받는 식사·기타 음식물		한도 없이 비과세	

2023.1.1. 이후 받는 분부터 월 20만원으로 상향됨

한걸음 더

구 분		내 용
근무기간이 1개월 미만인 경우		1개월로 보아 비과세되는 식사대의 범위를 판단 (원천-616, 2009.7.16.)
2 이상의 회사에 근무하면서 식사대를 매월 각 회사로부터 중복하여 지급받는 경우		식사대의 매월 합계액 중 월 20만원 이내의 금액을 비과세(서일-1334, 2005.11.3.)
연봉계약서와의 관계	식사대가 연봉계약서에 포함, 사규 또는 급여지급기준 등에 정해져 있는 경우	식사·기타 음식물을 제공받지 않는 경우, 월 20만원 이내 금액을 비과세 (서일-1614, 2006.11.30.)
	식사대가 연봉계약서에 미포함, 사규 또는 급여지급기준 등에 정해져 있지 않은 경우	과세대상 근로소득에 해당 (서일-1614, 2006.11.30.)
편의점 및 커피숍 등 음식점이 아닌 곳에서 사용할 수 있는 식권		식사대에 해당(원천-190, 2011.4.4.) ✔ 근무월별로 월 20만원 이내 금액을 비과세
사용자가 교부한 식권이 아닌 경우		
식권의 사용 없이 인근식당에 장부를 비치하여 외상으로 식사를 하는 경우		
회사내규에 따라 자회사가 운영하는 식당과 공급계약을 체결하고 임직원들에게 일정금액을 할인하여 제공하는 경우 해당 할인금액		식사·기타 음식물에 해당(서면원천-4054, 2025.2.24.) ✔ 한도 없이 전액 비과세
국외근로소득 비과세 규정을 적용받는 국외근로자가 받는 식사대		근무월별로 월 20만원 이내 금액을 비과세 (원천-616, 2009.7.16.)
선원에게 지급하는 식료		p.146 참조

실비변상 비과세 규정을 적용함

비과세 규정은 규정별로 적용된다는 의미

02

3. 보육수당 · 출산지원금

보육수당 · 출산지원금(소법 §12 3호 머목, 소령 §17의 2 · §17의 4 2호의 2)

구 분	내 용	지급명세서
비과세 보육 수당	1. 대상수당 근로자 또는 그 배우자의 6세 이하의 자녀보육과 관련하여 사용자로부터 받는 급여 2. 규정 여부 보육 관련 지급 규정이 있어야 함(서일-175, 2005.2.3.) 3. 6세 이하 과세기간 개시일(통상 1.1.) 기준으로 판단 ✔ 2025년의 경우 2019.1.1. 이후 출생한 자녀에 대한 수당이면 됨 개정 4. 금액(한도) 근무월별 월 20만원 이내 금액 개정	⑱-2 (Q02)
비과세 보육 지원	영유아보육법 제14조에 따라 직장어린이집을 설치·운영하거나 위탁보육을 하는 사업주가 같은 법 제37조 및 같은 법 시행령 제25조에 따라 그 비용을 부담함으로써 해당 사업장의 종업원이 얻는 이익 (부담: 어린이집의 운영 및 수탁 보육중인 영유아의 보육에 필요한 비용의 50% 이상을 부담하여야 함)	기재 안함 (×)
비과세 출산 지원금	1. 대상수당 근로자(사용자와 특수관계에 있는 근로자 제외) 또는 그 배우자의 출산과 관련하여 자녀의 출생일 이후 2년 이내에 사용자로부터 최대 2회에 걸쳐 지급받는 급여 (특수관계: p.176 도표 참조) (최대 2회: 급여 횟수는 사용자별로 계산) (2년 이내: 2021.1.1. 이후 출생한 자녀에 대하여는 2024.1.1.~12.31. 사이에 지급받는 경우를 포함) 2. 규정여부 공통지급규정이 있어야 함 3. 금액(한도) 없음	⑱-3 Q03(출산지원금 1회) ⑱-3 Q04(출산지원금 2회)

출산지원금 비과세를 적용받는 경우 출산지원금 비과세 명세를 추가로 작성하여 지급명세서(K레코드)에 포함하여 제출해야 함

한걸음 더

구 분	내 용
명칭(보육수당)이 다른 경우	다음과 같이 명칭 관계없이 비과세 가능함 1. 가족수당(서일-1608, 2005.12.28.) 2. 공무원 수당 등에 관한 규정 제10조에 따라 지급되는 가족수당(6세 이하 자녀에 대한 가족수당에 한함)(서일-1664, 2004.12.16.) 3. 공무원 수당 등에 관한 규정 제11조의 3에 따라 지급되는 월 10만원 이내의 육아휴직수당(서일-1664, 2004.12.16.)

2021년에 출생한 자녀에 대해 2024년에 지급받는 경우 포함

구 분	내 용
6세 이하 자녀가 2명 이상인 경우의 보육수당	자녀당 20만원이 아닌, 근로자당 월 20만원 이내 금액을 비과세(서일-567, 2006.5.1.)
분기마다 60만원을 지급받는 경우의 보육수당	그 지급월을 기준으로 월 20만원 이내의 금액을 비과세(서일-1252, 2005.10.20.)
임금협약에 따라 소급인상된 보육수당을 일시에 지급받는 경우	그 지급월을 기준으로 월 20만원 이내의 금액을 비과세(서일-276, 2007.2.23.)
맞벌이부부가 6세 이하 자녀 1명에 대해 각 근무처로부터 보육수당을 지급받는 경우	각 근로자마다 월 20만원 이내 금액을 비과세
2 이상의 회사에 근무하면서 보육수당을 매월 각 회사로부터 중복하여 지급받는 경우	보육수당 매월 합계액 중 월 20만원 이내의 금액을 비과세(서일-1334, 2005.11.3.)
출산지원금(출산축하금)을 받는 경우	자녀의 출생일 이후 2년 이내에 최대 2회까지 지급받는 경우 한도 없이 비과세
2 이상 회사에서 근무하여 각 회사로부터 출산지원금을 지급받는 경우	사용자별로 자녀출생일 이후 2년 이내에 최대 2회까지 지급받는 경우 한도 없이 비과세
영유아보육법 시행령 제14조 제1항 단서에 따라 위탁보육을 하는 사업주가 위탁계약을 맺은 어린이집에 지급하는 위탁보육비	2024년부터 복리후생적 급여로 보아 한도 없이 비과세
연봉계약서에 포함되어 있고 회사내부규정 또는 급여지급기준이 정해져 있는 경우	월 20만원 이내 금액을 비과세(서면원천-3357, 2025.3.25.)

02

4. 의료비 지원

구 분	내 용	지급명세서
소득 제외	1. 산업안전보건법에 따라 종업원에게 정기적으로 건강진단을 실시하고 사업주가 의료기관에 지급하는 건강진단비(법인 46013-81, 1999.1.8.) 2. 사내근로복지기금의 수익금에서 지급받는 의료비 보조금(소득 46011-2366, 1993.8.11.)	기재 안함 (×)
과세 대상	1. 근로자가 사용자로부터 지급받는 의료비보조금(소득 22601-3676, 1989.10.7.) 2. 의료업을 영위하는 법인이 임직원 및 임직원 가족에게 의료용역을 제공하고 의료보험 본인부담금의 일부를 경감하여 주는 경우 그 경감액(서일-298, 2007.3.6.) 3. 산업안전보건법에 의한 것이 아닌 경우로서 근로자가 부담하여야 할 건강진단비 또는 근로자 가족의 건강진단비를 사업주가 부담하는 경우 그 건강진단비(원천세과-390, 2024.3.28.) 4. 국외사무소에 파견한 직원을 위하여 법인의 비용으로 지급하는 의료실비(원천-707, 2011.11.2.)	⑬급여 or ⑭상여

구 분	내 용	지급명세서
과세대상	5. 희망퇴직한 근로자가 노사합의에 의해 퇴직 이후 일정기간 동안 지급받는 의료비 및 건강검진비(서면법령소득-2236, 2016.7.25.) 6. 경찰병원 소속이 아닌 경찰공무원 등이 경찰병원 의료비 감면 규정 등에 따라 감면받은 의료비(소득세제과-91, 2019.1.28.) 7. 회사 직원 중 코로나19 확진자가 발생하여 코로나 검사를 받고 그 검사비용에 대한 영수증을 회사에 제출하여 정산받은 검사비용(사전법령소득-628, 2020.11.4.)	⑬급여 or ⑭상여

5. 학자금 지원

▌학자금 지원(소법 §12 3호 아목·서목, 소령 §11)▐

구 분		내 용	지급명세서
비과세대상	근로자(임원 포함)	1. 대상 교육기관 ① 초·중등교육법 및 고등교육법에 따른 학교(외국의 유사한 교육기관 포함) ② 직업능력개발훈련시설 2. 대상 교육비 ① 입학금·수업료·수강료, 그 밖의 공납금 ② 사업체의 업무와 관련 있는 교육·훈련을 위하여 받는 것일 것 ③ 사업체의 규칙 등에 의하여 정해진 지급기준에 따라 받는 것일 것 ④ 교육·훈련기간이 6개월 이상인 경우 교육·훈련 후 해당 교육기간을 초과하여 근무하지 않는 경우 지급받은 금액을 반납할 것을 조건으로 하여 받는 것일 것 3. 금액(한도) 해당 과세기간에 납입할 금액	⑱-5 (G01)
	대학생	1. 교육기본법 제28조 제1항에 따라 받는 장학금일 것 2. 고등교육법 제2조 제1호부터 제4호까지의 규정에 따른 대학에 재학하는 대학생이 근로를 대가로 지급받는 장학금일 것 ▌포함 – 대학, 산업대학, 교육대학, 전문대학 제외 – 원격대학(방송대학·통신대학·방송통신대학·사이버대학), 기술대학, 각종 학교	⑱-21 (R10)
과세대상		1. 대상 교육기관이 아닌 경우 ① 사설어학원 수강을 지원하는 교육훈련비 (서일-1499, 2004.11.8.) ② 직업훈련기본법의 규정에 의해 사내직업훈련을 실시하는 사업자가 훈련경비 등의 명목으로 피훈련자에게 지급한 현금 (소통 27-55…4)	⑬급여 or ⑭상여

구 분	내 용	지급명세서
과세대상	2. 자녀교육비인 경우 ① 종업원의 수학 중인 자녀가 사용자로부터 받는 학자금·장학금 (소령 §38 ① 2호) ② 대학교 교직원의 자녀가 해당 교직원의 재직사실에 기하여 대학교로부터 받는 장학금·학비면제액 (법인 46013-733, 1997.3.12.) ③ 국외사무소에 파견한 직원을 위하여 법인의 비용으로 지급하는 자녀학자금(원천-707, 2011.11.2.) ④ 명예퇴직(희망퇴직)으로 자녀학자금지원액을 확정·지급하기로 한 경우 퇴직 후에 지급하는 자녀학자금(서일-770, 2006.6.13.; 서면법령소득-2236, 2016.7.25.) 3. 대상 교육비가 아닌 경우 ① 수업료 이외의 자치회비 및 교재비(서일-1673, 2007.12.6.) ② 금융권과 근로자들에 대해 교육, 세미나, 개인상담을 받을 수 있는 계약을 체결하여 1명당 20만원씩 지원하는 경우 해당 금원(원천-104, 2009.1.9.) 4. 회사지원금을 노동조합 등을 통하여 우회 지급하는 경우 ① 노사협약에 의하여 회사로부터 관련 자금을 보조받은 노사학자금운영위원회(또는 노동조합)로부터 종업원 또는 종업원의 자녀가 지급받는 학자금(서일-1418, 2004.10.15.; 소득 22601-1063, 1991.5.28.) ② 사업자로부터 임의단체인 상조회를 통하여 지급받는 장학금 (소득 22601-726, 1992.3.30.) 5. 퇴직 후 지급하는 경우 ① 퇴직자가 퇴직 후 지급받는 창업 또는 전직 교육훈련비 (서이 46013-11196, 2002.6.12.) ② 고용계약서상 입사 후 일정기간(4년) 동안 근무 후 전원 퇴직처리하고 국외 20위 내 MBA과정의 합격자에 한하여 학비 전액과 교재비, 체재비의 일부를 지원하고 학위 취득 후 의무복무기간의 조건이 없는 경우 그 학자금 등 (서일 46011-10389, 2003.3.28.)	⑬급여 or ⑭상여
소득제외	사내근로복지기금으로부터 지급받는 학자금(서일-1522, 2004.11.11.)	기재 안함

6. 주택 지원

(1) 사용자 명의 임차 또는 소유 주택(소법 §12 3호 저목, 소령 §17의 4 1호·§38 ① 6호, 소통 20-38…4)

<table>
<tr><th>구 분</th><th>내 용</th><th>지급명세서</th></tr>
<tr>
<td>비과세</td>
<td>
1. 사택에 해당되는 경우
① 주택·사용자 요건
<table>
<tr><th>구 분</th><th>내 용</th></tr>
<tr><td>용 도</td><td>상시 주거용으로 사용하는 주택이어야 함(국제세원-224, 2010.5.6.)</td></tr>
<tr><td>규 모</td><td>상관없음(재소득 46073-124, 2001.6.20.)</td></tr>
<tr><td>소재지</td><td>해외 소재하는 주택도 포함(서일-344, 2005.3.29.)</td></tr>
<tr><td>사용자</td><td>외국법인의 본점 또는 지점도 포함(서이-2460, 2004.11.26.)</td></tr>
</table>
② 임차주택
<table>
<tr><th>구 분</th><th>내 용</th></tr>
<tr><td>임차 명의</td><td>사용자</td></tr>
<tr><td>제공방식</td><td>임직원에게 무상으로 제공</td></tr>
<tr><td>임대차기간 중 종업원 등이 전근·퇴직·이사하는 경우</td><td>1. 다른 종업원 등이 해당 주택에 입주하는 경우
2. 해당 임차주택의 계약잔여기간이 1년 이하인 경우로서 주택임대인이 주택임대차계약의 갱신을 동의하는 경우
3. 사택에 거주하던 자가 인사이동으로 출퇴근이 불가능한 원거리로 전근되었으나 가족이 질병요양·취학 등 부득이한 사유로 함께 이주하지 못하고 사택에 계속 거주하는 경우</td></tr>
</table>
③ 소유주택
<table>
<tr><th>구 분</th><th>내 용</th></tr>
<tr><td>소유자 명의</td><td>사용자</td></tr>
<tr><td>제공방식</td><td>임직원에게 무상 또는 저가로 제공</td></tr>
</table>
④ 사택제공 임직원 범위 (임직원: 외국인 근로자도 포함(서이-76 2004.1.26.))
<table>
<tr><th>구 분</th><th>내 용</th></tr>
<tr><td>임 원</td><td>1. 주주 또는 출자자가 아닌 임원
2. 소액주주인 임원</td></tr>
<tr><td>이 외</td><td>1. 임원이 아닌 종업원(비영리법인 또는 개인의 종업원 포함)
2. 국가 또는 지방자치단체로부터 근로소득을 지급받는 사람</td></tr>
</table>
</td>
<td>사택제공이익
→
기재 안함(×)</td>
</tr>
</table>

구 분	내 용	지급명세서
소득 제외	1. 사내근로복지기금 정관의 목적사업에 따라 지원받는 경우 ① 주택취득·임차 주택의 신축·구입 또는 임차자금의 보조, 생활안정자금 등을 저리로 대부받음으로써 얻는 이익(소득 46011－680, 1999.2.24.; 소득 46011－1073, 1998.4.28.) ② 저당차입금 이자 정관에 따라 장기주택저당차입금이자상환액의 일부를 보조받는 경우 해당 보조금(서면법규－1302, 2012.11.6.)	사택제공이익 → 기재 안함(×)
과세 대상	1. 주택이 아닌 경우 ✔ 사택에서 제외됨 ① 호텔 호텔은 주택에 해당하지 않으므로 주주가 아닌 임원 등을 위해 지급한 호텔임차비용은 근로소득에 해당(국제세원－224, 2010.5.6.) ② 레지던스 호텔 건물구조, 객실의 규모와 내부설비, 요금의 산정방식 및 수준, 시설의 운영형태, 영업구조, 투숙객의 의무수준 등을 종합하여 사실판단(재소득－177, 2011.5.3.) 2. 사용자 명의 임차주택의 임대차기간 중 종업원 등이 전근·퇴직·이사하는 경우 ✔ 사택에서 제외됨 ① 해당 사업장의 종업원 등에서 입주희망자가 없는 경우 ② 해당 임차주택의 계약잔여기간이 1년 이하인 경우로서 주택임대인이 주택임대차계약의 갱신을 거부하는 경우 3. 사용자만의 명의로 임차하지 않는 경우 ✔ 사택에서 제외됨 ① 임차보증금을 저리 또는 무상으로 대여 후 근로자 명의로 임차하는 경우(재소득－72, 2008.4.25.) ✔ 해당 대여금에 대해 인정이자(근로소득－인정상여) 발생 검토 ② 사규에 따라 직원에게 지역별로 차등하여 전세보증금을 지급, 그 직원이 전출·퇴직 등을 하는 경우(조심 2012부4579, 2012.12.17.) ③ 전세보증금 중 일부는 회사에서, 일부는 종업원이 부담하여 공동명의로 임차하는 경우(원천－796, 2009.9.25.) ④ 사규에 따른 기준금액 내의 임차보증금은 법인이 부담하고, 기준금액을 초과하는 임차보증금 또는 매월 지급하는 임차료는 종업원이 부담하는 것으로 각각 구분 표시하여 공동명의로 임차하는 경우(법규소득 2012－51, 2012.3.16.) ✔ 사용자 부담 임차보증금을 근로자에게 대여한 것으로 봄 → 해당 대여금에 대해 인정이자(근로소득－인정상여) 발생 검토	대여금 인정 이자 → ⑮－3 인정 상여 이외 과세대상 근로소득 → ⑬급여 or ⑭상여

02

<table>
<tr><th>구 분</th><th colspan="2">내 용</th><th>지급명세서</th></tr>
<tr><td rowspan="6">과세
대상</td><td colspan="2">4. 이외</td><td rowspan="4">대여금
인정이자
→
⑮-3
인정상여</td></tr>
<tr><td>상 황</td><td>내 용</td></tr>
<tr><td>무상으로
제공하지
않음</td><td>내국법인이 직접 임차한 주택을 사용하는 해당 종업원에게 일정 수준의 수수료를 부담하게 하는 경우(법인-388, 2012.6.15.)</td></tr>
<tr><td>주택수당
추가지급</td><td>해외근무자가 주택수당을 지급받으면서 임대차계약의 명의만을 회사로 하는 경우(서일-344, 2005.3.29.)</td></tr>
<tr><td>사적비용
부담</td><td>사택을 이용하는 근로자 개인이 지출해야 할 사적비용(전기사용료 등)을 회사가 부담하는 경우(법인 46013-2198, 2000.10.31.)</td><td rowspan="2">이외
과세대상
근로소득
→
⑬급여 or
⑭상여</td></tr>
<tr><td>회사명의로
임차하지
않음</td><td>해당 법인의 해외 파견직원에게 해당 법인이 아닌 타 법인 명의로 임대차계약을 체결하고, 해당 법인이 타 법인에게 후원하는 사업비의 일부를 타 법인이 직접 임대인에게 주거비로 지급하는 경우(서면원천-554, 2025.3.25.)</td></tr>
</table>

(2) 주거지원비 - 사택을 제공하지 않는 경우

구 분	내 용	지급명세서
과세대상	1. 초·중등학교와 고용계약(매월분 급여는 해당 학교의 장으로부터, 주거지원비는 관할 지방자치단체의 장으로부터 지급받는 조건)을 체결한 원어민영어보조교사가 해당 학교에 근로를 제공하고 지급받는 주거지원비(국제세원-239, 2010.5.11.) 2. 회사가 외국인 근로자에게 사택을 제공하거나 주택임차비용을 부담하는 대신 그 근로자가 국외에 파견되지 않았더라면 본국에서 발생하는 통상적인 추정주거비용을 차감하여 급여를 지급하는 경우 그 추정주거비용은 근로소득금액에 포함(서이 46011-11067, 2002.5.22.) 3. 국내 자회사가 해외 모회사로부터 파견되어 국내에서 근무하고 있는 외국인 근로자의 거주를 위하여 호텔숙박비를 부담한 경우 해당 호텔숙박비(원천-473, 2009.2.12.)	⑬급여 or ⑭상여

지자체장이 해당 주거지원비를 학교장에게 통보하고, 학교장이 근로소득에 합산하여 원천징수(연말정산)함

7. 보험료 지원

(1) 단체순수보장성보험료(소령 §17의 4 3호 가목)

구 분	내 용
의 미	계약자: 법인 / 피보험자: 종업원 Q / 보험금 지급사유: 종업원의 사망·상해·질병 / 수익자: 종업원 / 계약만료 전 또는 만기 시 납입보험료 환급: 없음
납입 보험료	비과세: 종업원 1인당 연 70만원 이하의 금액 (지급명세서: 기재 안함(×)) 과세대상: 연 70만원을 초과하는 금액 (지급명세서: ⑬급여 or ⑭상여)
수령 보험금	비과세 why 위자 성질의 급여에 해당 — 근로의 제공으로 인한 부상·질병·사망과 관련하여 받는 배상·보상·위자 성질의 급여는 비과세됨

계약자	피보험자	보험금 지급사유	수익자	계약만료 전 또는 만기 시 납입보험료 환급
법인	종업원 Q	종업원의 사망·상해·질병	종업원	없음

구 분	내 용	지급명세서
비과세	종업원 1인당 연 70만원 이하의 금액	기재 안함(×)
과세대상	연 70만원을 초과하는 금액	⑬급여 or ⑭상여

Q&A

Q 주피보험자가 종업원이지만 종피보험자를 종업원의 가족으로 하는 단체순수보장성보험의 경우에는 어떻게 되나요?

A 주피보험자에 해당하는 보험료(주피보험자분) 중 연 70만원 이하의 금액은 비과세 됩니다(서일-489, 2004.3.30.).

(2) 단체환급부보장성보험료

1) 종업원이 수익자인 경우(소령 §17의 4 3호 가목·§38 ① 16호)

구 분	내 용
의 미	계약자: 법인 / 피보험자: 종업원 / 보험금 지급사유: 종업원의 사망·상해·질병 / 수익자: 종업원 / 계약만료 전 또는 만기 시 납입보험료 환급: 있음
납입 보험료	비과세: 종업원 1인당 연 70만원 이하의 금액 (지급명세서: 기재 안함(×)) 과세대상: 연 70만원을 초과하는 금액 (지급명세서: ⑬급여 or ⑭상여)
수령 보험금	비과세 why 위자 성질의 급여에 해당
보험료 환급금	과세대상: 환급금 × 비과세된 납입보험료 합계액 / 납입보험료 합계액 (지급명세서: ⑬급여 or ⑭상여) 소득제외: 환급금 − 과세대상 환급금 (지급명세서: 기재 안함(×))

계약자	피보험자	보험금 지급사유	수익자	계약만료 전 또는 만기 시 납입보험료 환급
법인	종업원	종업원의 사망·상해·질병	종업원	있음

구 분	내 용	지급명세서
비과세	종업원 1인당 연 70만원 이하의 금액	기재 안함(×)
과세대상	연 70만원을 초과하는 금액	⑬급여 or ⑭상여

구 분	내 용	지급명세서
과세대상	환급금 × $\frac{\text{비과세된 납입보험료 합계액}}{\text{납입보험료 합계액}}$	⑬급여 or ⑭상여
소득제외	환급금 − 과세대상 환급금	기재 안함(×)

02

2) 법인이 수익자인 경우(서이-2338, 2004.11.15.; 법인-137, 2009.1.12.)

<table>
<tr><th>구 분</th><th>내 용</th></tr>
<tr><td>의 미</td><td>
<table>
<tr><th>계약자</th><th>피보험자</th><th>보험금 지급사유</th><th>수익자</th><th>계약만료 전 또는 만기 시 납입보험료 환급</th></tr>
<tr><td>법인</td><td>종업원</td><td>종업원의 사망·상해·질병</td><td>법인</td><td>있음</td></tr>
</table>
</td></tr>
<tr><td>납입 보험료</td><td>
<table>
<tr><th>구 분</th><th>내 용</th><th>지급명세서</th></tr>
<tr><td>만기환급금(적립보험료)에 상당하는 부분</td><td>법인의 자산으로 처리</td><td>관계없음</td></tr>
<tr><td>이 외</td><td>법인의 비용(보험료)으로 처리 ✔ 근로소득이 아님</td><td>관계없음</td></tr>
</table>
</td></tr>
<tr><td>수령 보험금</td><td>
<table>
<tr><th>구 분</th><th colspan="3">내 용</th><th>지급명세서</th></tr>
<tr><td>보험금 수령 시</td><td colspan="3">법인의 수익으로 처리</td><td>관계없음</td></tr>
<tr><td rowspan="2">종업원에게 보험금 지급 시</td><td rowspan="2">법인의 비용으로 처리</td><td>위자 성질의 급여에 해당</td><td>비과세 근로소득</td><td>기재 안함(×)</td></tr>
<tr><td>이외</td><td>과세 근로소득</td><td>⑬급여 or ⑭상여</td></tr>
</table>
</td></tr>
</table>

(3) 손해배상보험료 등(소령 §17의 4 3호 나목; 소통 20-38…1, 27-55…5)

<table>
<tr><th>구 분</th><th>내 용</th></tr>
<tr><td>소득 제외 보험료</td><td>
<table>
<tr><th>계약자</th><th>피보험자</th><th>보험금 지급사유</th><th>수익자</th><th>지급명세서</th></tr>
<tr><td>법인</td><td>임직원</td><td>임직원의 고의·중과실 외의 업무상 행위로 인한 손해의 배상청구</td><td>법인</td><td rowspan="2">기재 안함 (×)</td></tr>
<tr><td>선박소유자</td><td>선원</td><td>선원의 재해보상</td><td>선박소유자</td></tr>
</table>
</td></tr>
<tr><td>과세 보험료</td><td>
<table>
<tr><th>계약자</th><th>피보험자</th><th>수익자</th><th>대상 보험료</th><th>지급명세서</th></tr>
<tr><td>사용자</td><td>종업원</td><td>종업원</td><td>선원보험료, 단체퇴직보험료에 부가된 재해특약보험, 상해보험료, 선원보증보험료, 신원보증보험료, 퇴직보험료 등
✔ 납입시점에 근로소득으로 과세</td><td rowspan="2">⑬급여 or ⑭상여</td></tr>
<tr><td>사업주</td><td>종업원</td><td>사업주</td><td>단체상해보험료(지급사유-종업원의 상해)
✔ 보험금을 수령하여 종업원에게 지급하는 시점에 근로소득으로 과세(서일-952, 2006.7.12.)</td></tr>
</table>
</td></tr>
</table>

(4) 이외 보험료(소령 §38 ① 12호)

1) 계약자 – 임직원

저축성 또는 보장성 여부 불문(서이-1631, 2006.8.28.)

계약자	보험료 등	보험료 등 부담자	수익자	과세 여부	지급명세서
임직원	보험료·신탁부금·공제부금	사용자	관계없음	과세	⑬급여 or ⑭상여

2) 수익자 – 임직원 또는 그 가족(서이-501, 2006.3.16.)

계약자	보험료 등	보험료 등 부담자	수익자	과세 여부	지급명세서
법인	보험료·신탁부금·공제부금 Q1	사용자	임직원 또는 그 배우자 기타 가족	과세 Q2	⑬급여 or ⑭상여

저축성 또는 보장성 여부 불문(서이-1631, 2006.8.28.)

Q&A

Q1 법인이 임원 퇴직금을 지급할 목적으로 해당 임원을 수익자로 하여 가입한 저축성보험의 보험료는 어떻게 되나요?

A1 임원의 근로소득에 해당됩니다(서이-172, 2007.1.24.).

Q2 사용자가 계약자이고 종업원과 그 가족을 피보험자 및 수익자로 하는 단체상해보험과 관련하여 종업원의 가족을 피보험자와 수익자로 하여 사용자가 부담한 보험료가 근로소득에 포함되는 경우 해당 종업원의 가족에 대한 보험금 지급사유 발생으로 종업원 또는 그 가족이 받는 보험금도 과세되나요?

A2 과세대상 소득에 해당되지 않습니다(원천-646, 2009.3.2.).

Q3 상속세 및 증여세법 제34조의 규정에 따르면 보험금수취인과 보험료납입자가 다른 경우에는 보험사고가 발생한 때 보험료 불납자가 보험금수취인에게 증여한 것으로 본다고 되어 있습니다. 그런 경우 근로소득세와 증여세도 부담해야 하나요?

A3 사용자가 종업원을 피보험자 및 수익자로 지정하여 보험계약을 체결한 후 납입한 보험료를 근로소득으로 보는 경우에는 증여로 보지 않습니다. 즉 근로소득세만 부담합니다(재산상속 46014-845, 2000.7.11.).

3) 계약자 및 수익자 - 법인

구 분	내 용			
의 미	계약자	피보험자	보험료 등	수익자
	법인	임직원 (사내 외주업체 직원 포함(소득-190, 2011.2.25.))	보장성 또는 저축성	법인

납입보험료

구 분	내 용 (법인세제과-306, 2015.4.20.)	지급명세서
만기환급금(적립보험료)에 상당하는 부분	법인의 자산으로 처리	관계없음
이 외	법인의 비용(보험료)으로 처리 ✔ 근로소득이 아님	관계없음

수령보험금

구 분	내 용(법인 46012-406, 2001.2.21.; 소득-190, 2011.2.25.)			지급명세서
보험금 수령 시	법인의 수익으로 처리			관계없음
종업원에게 보험금 지급 시	법인의 비용으로 처리	위자 성질의 급여에 해당	비과세 근로소득	기재 안함(×)
		이외	과세 근로소득	⑬급여 or ⑭상여

한걸음 더

1. 임원 사망 시 수익자가 법정상속인인 경우(서이-1103, 2005.7.15.)

(1) 자료

계약자	피보험자	만기수익자	피보험자 사망 시 수익자	납입보험료 장부처리
법인	대표이사	법인	대표이사 법정상속인	자산으로 계상

(2) 세무처리

구 분	장부상 처리	법인세 처리	소득세 처리
보험료 납입시점	자산 계상	손금산입(유보) 손금불산입(상여)	대표이사 근로소득(인정상여)처리
만기 전 임원 사망으로 법정상속인에게 직접 보험금 지급 시	계상된 자산 비용 처리	손금불산입(유보)	없음

2. 임원 퇴직 시점에 계약자 및 수익자를 임원으로 변경하는 경우(재소득-109, 2011.3.28.)

(1) 자료

구 분	계약자·수익자	피보험자	보험료 등	납입보험료 장부처리
임원 퇴직 전 까지	법인	임원	저축성	자산으로 계상
임원 퇴직 시점	임원으로 변경	임원	저축성	비용으로 처리

(2) 세무처리

임원 퇴직 당시 저축성보험의 평가액을 퇴직 임원의 퇴직소득으로 본다. 다만, 저축성보험 평가액을 포함한 임원의 퇴직소득이 법인세법 제52조(부당행위계산의 부인) 규정이 적용되지 않는 범위 내에서만 퇴직소득에 해당하며, 이를 초과하는 금액은 근로소득으로 본다.

8. 법령에 따른 사용자 부담금

(1) 법령에 따라 사용자가 부담하는 보험료(소법 §12 3호 너목; 소통 12-0…2, 20-0…4)

▌주주 또는 출자자인 임원 포함 (→ 비과세 대상 '임직원')

▌본인부담분이 아니므로 공제불가함 (→ 비과세 대상 '공제불가')

구 분	내 용					지급명세서
비과세 대상	근거 법령	부담금	대상자	부담자	소득공제 여부	기재 안함(×)
	국민건강보험법 노인장기요양보험법 고용보험법	해당 법령에 따른 사용자 의무부담분	임직원	사용자	공제불가	
과세 대상	근거 법령·부담금		대상자	부담자	소득공제 여부	⑬급여 or ⑭상여
	해당 외국국가의 건강보험료(의무부담분) (원천-707, 2011.11.2.)		국외사무소에 파견한 직원	사용자	공제불가	
	해당 외국국가의 건강보험료(의무부담분) (서이 46013-10468, 2003.3.10.)		국내사업장에 근무하는 외국인 근로자	사용자	공제불가	
	국민건강보험법·노인장기요양보험법·고용보험법에 따른 임직원 부담분		임직원	사용자	전액공제	
소득 제외	근거 법령·부담금		부담자		소득공제 여부	기재 안함(×)
	두리누리사회보험사업 관련 고용보험료 (서면법규-1491, 2012.12.14.)		국가		공제불가	

국내 법령에 따른 부담금만 소득공제 가능함 ▌ (→ 과세 대상 외국국가 건강보험료 '공제불가')

비록 사용자가 부담하였으나 과세된 바, 공제받을 수 있음 ▌ (→ '전액공제')

본인부담분이 아니므로 공제불가함 ▌ (→ 소득 제외 '공제불가')

(2) 국민연금 등 공적연금 부담금(소통 20-0…4; 서면법규-1491, 2012.12.14.)

근거 법령	부담금	부담자	대상자	과세방법		소득공제 여부
				부담시점	수령시점	
국민연금법	사용자 의무부담분	사용자	임직원	과세 제외	수령 시 연금소득 또는 퇴직소득 과세	공제불가
		국가	임직원			공제불가
	임직원 의무부담분	임직원	임직원			전액공제
		사용자	임직원	근로소득 과세		전액공제
외국국가 연금제도	사용자 의무부담분	사용자	단기파견 근로자	비과세		공제불가

- 국가: 두리누리사회보험사업과 관련하여 국가가 지원하는 경우를 말함
- 비과세: 해당 외국국가와의 사회보장협정에 따라 파견한 외국국가의 연금제도에 가입하고 국민연금제도에서는 면제를 받는 경우를 말함(서이 46013-10468, 2003.3.10.)

9. 통신비 지원

<table>
<tr><th>구 분</th><th>내 용</th><th>지급명세서</th></tr>
<tr><td>휴대폰 구입 보조금</td><td>'등록명의' 또는 '업무용'이라는 형식적인 지급사유와 관계없이 근로소득 과세(서일 46011-11408, 2003.10.8.)
why 해당 물품의 용도가 업무용인지 혹은 일반생활용인지 불분명하기 때문</td><td rowspan="3">과세분
→
⑬급여 or
⑭상여</td></tr>
<tr><td>휴대폰 통신비
(소득 46011-659, 2000.6.19.)</td><td><table><tr><th>구 분</th><th>사업자 명의 휴대폰통신비</th><th>임직원 명의 휴대폰통신비</th></tr><tr><td>업무 관련 사용분</td><td colspan="2">근로소득 아님(회사 경비 처리)</td></tr><tr><td>개인적인 사용분</td><td colspan="2">근로소득 과세</td></tr></table></td></tr>
<tr><td>직원 본인 명의
(직원 가족 명의)
집전화 통신비</td><td>근로소득 과세(원천-636, 2009.7.22.)</td></tr>
</table>

- 업무용: 지급기준, 물품운용준칙 등 구체적 사실을 조사하여 판단
- 업무 관련 사용분: 객관적인 자료에 따라 판단(법인 46013-3279, 1999.8.20.)

10. 부임수당

- 부임수당: 부임 준비과정에서 실제 발생한 숙박비·교통비·식비, 이전비(근무지 이동, 가족 이동에 따른 비용), 귀가여비 등

부임수당(소통 27-55…6, 법통 19-19…7)

구 분	내 용	지급명세서
소득 제외	부임수당 중 이사에 소요되는 비용 상당액 1. 전근하는 종업원이 지급받는 부임수당 중 이사에 소요되는 비용 상당액(서일-1212, 2005.10.10.) 2. 해외지점근무자를 국내로 전보발령 시 실지 이사 소요 비용 상당액(법인 22601-390, 1991.2.27.)	기재 안함(×)

구 분	내 용	지급명세서
과세 대상	부임수당 중 이사에 소요되는 비용 상당액을 초과하는 금액 1. 전근하는 종업원이 지급받는 부임수당 중 이사에 소요되는 비용 상당액을 초과하는 부분과 숙박비 명목으로 지급받는 금액(법인 46013-673, 1999.2.22.) 2. 지방발령으로 인하여 지방에 근무하게 되는 근로자가 이사를 하지 않고 근무지에서 하숙을 하는 경우에 고용주로부터 '타지역 근무수당'의 명칭으로 지급받는 금전 등(서일-63, 2005.1.14.) why 이사하지 않음 3. 사택의 축소로 인하여 이주하는 종업원이 지급받는 이사보조금(서일-1362, 2004.10.5.) why 전근하지 않음	⑬급여 or ⑭상여

한걸음 더

외국인 근로자의 부임여비 및 출국여비

1. 부임여비

(해당 외국인 근로자: 이미 고용된 외국인 근로자의 전근으로 인한 부임여비를 말함)

구 분	내 용
비과세 대상	다음 요건을 충족하는 경우(국심 2005서1591, 2005.11.29.) 1. 해당 외국인 근로자가 본국에서 근무했더라면 발생하지 않았을 추가비용에 해당되는 것으로서 합리적인 범위 내의 금액일 것 2. 사규 또는 고용계약서 내용, 회사의 사업수행목적, 일반적인 고용관행 등을 종합적으로 판단함
과세 대상	1. 외국인 근로자가 앞으로의 근로계약이행을 위하여 국내에 입국할 때 소요되는 경비(본인 및 가족 항공료)와 이사비용(서일-1071, 2005.9.8.) 2. 부임 소요 비용 중 근로자가 부담할 성격의 경비(본인 및 가족의 비자와 여권수속 수수료, 건강진단비용 및 면역주사료, 어학연수비, 세금신고서 작성 수수료와 가재도구 창고보관료 등)를 해당 회사가 대신 지급한 경우 해당 경비(서일-456, 2006.4.10.)

(외국인 근로자: 고용 예정인 외국인 근로자의 부임여비를 말함)

2. 출국여비

구 분	내 용
과세 대상	외국인 근로자가 근로 제공을 완료한 후 출국할 때 소요되는 항공료 등을 해당 회사에서 지급하는 경우(서일-1071, 2005.9.8.)

11. 경조금

(경조금: 관혼상제로 지급되는 금액)

경조금(소칙 §10 ①)

구 분	내 용	지급명세서
소득 제외	사회통념상 타당하다고 인정되는 범위 내의 경조금 ✔ 경조사비지급규정, 경조사 내용, 법인의 지급능력, 종업원의 직위·연봉 등을 종합적으로 감안하여 사실 판단(법인 46012-339, 2003.5.23.)	기재 안함(×)

02

구 분	내 용	지급명세서
과세 대상	1. 근로자가 회사로부터 설날, 근로자의 날, 창립기념일, 추석, 연말 및 근로자의 생일에 지급받는 선물(법인 46013-1378, 1993.5.14.) 2. 결혼기념일에 회사로부터 받는 선물(원천-296, 2009.4.9.) 3. 종업원이 지급받는 생일축하금(법인 46013-92, 1993.1.13.) 4. 출산한 종업원에게 자녀출산일 이후 2년 경과 후 지급하는 출산지원금	⑬급여 or ⑭상여

12. 연장·야간·휴일근로수당

▌연장·야간·휴일근로수당(소법 §12 3호 더목, 소령 §17, 소칙 §9)▐

구 분	내 용	지급 명세서
비과세 대상	1. 대상근로자 ① 급여 ▌2024년 근로소득지급명세서 ㉑ 총급여 확인(신규입사자는 제출받아 확인) (→ 3,000만원 이하) <table><tr><th>구 분</th><th>상용근로자</th><th>일용근로자</th></tr><tr><td>2024년 총급여</td><td>3,000만원 이하</td><td rowspan="2">관계없음 (서면소득지원-1440, 2015.9.7.)</td></tr><tr><td>2025년 월정액급여</td><td>210만원 이하</td></tr></table>▌월정액급여가 210만원 이하인 달에 받는 연장·야간·휴일근로수당에 대해서만 비과세가 가능하다는 의미 (→ 210만원 이하) ② 직종 ▌선장은 제외 (→ 선원) <table><tr><th colspan="2">직 종</th><th>사업주 요건</th></tr><tr><td>공장 · 광산 근로자</td><td>[별표 2] 직종</td><td>없음</td></tr><tr><td colspan="2">선원</td><td>없음</td></tr><tr><td>이외 근로자</td><td>[별표 2] 직종</td><td>없음</td></tr></table>2. 대상수당 및 비과세 한도 ▌연장근로 등으로 받는 급여의 총액을 의미 (서일-1579, 2006.11.21.) (→ 근로기준법에 따른 … 받는 급여) <table><tr><th>직 종</th><th>비과세 대상수당</th><th colspan="2">비과세 한도</th></tr><tr><td rowspan="2">[별표 2]</td><td rowspan="2">근로기준법에 따른 연장·야간·휴일근로를 하여 통상임금에 더하여 받는 급여</td><td>광산근로자 일용근로자</td><td>이 외</td></tr><tr><td>한도 없음</td><td>연 240만원</td></tr><tr><td>선 원</td><td>선원법에 따라 받는 생산수당(비율급인 경우 월고정급을 초과하는 비율급)</td><td colspan="2">연 240만원</td></tr></table>	⑱-1 (O01)
과세 대상	1. 비과세 대상이 아닌 근로자가 받은 연장·야간·휴일근로수당 등 2. 비과세 한도를 초과하는 연장·야간·휴일근로수당 등	⑬급여 or ⑭상여

한걸음 더

1. 2024년 총급여

구 분	2024년 총급여 요건 검토
2024년 상용근로소득이 없었던 경우	요건 충족(다른 소득 유무와 무관함)
2024년 상용근로소득이 있었던 경우	2024년 근로소득지급명세서 ㉑ ≤ 30,000,000

2. 월정액급여

(1) 의미

월정액급여 = ① − ② − ③ − ④ − ⑤

① 매월 직급별로 받는 봉급·급료·보수·임금·수당, 그 밖에 이와 유사한 성질의 급여

② 해당 과세기간 중에 받는 상여 등 부정기적인 급여

③ 소득세법시행령 제12조에 따른 실비변상적 성질의 비과세 근로소득

④ 소득세법시행령 제17조의 4에 따른 복리후생적 성질의 비과세 근로소득

⑤ 근로기준법에 따른 연장시간근로·야간근로 또는 휴일근로를 통해 통상임금에 더하여 받는 급여 및 선원법에 의하여 받는 생산수당(비율급일 경우에는 월고정급을 초과하는 비율급)

- ① 해당 월의 급여총액을 의미
- ③ 비과세 중 실비변상적 성질의 비과세 소득만 차감함에 유의
- ⑤ 비과세대상 연장·야간·휴일근로수당 등을 차감함

(2) 월정액급여

구 분	내 용
4대 보험료 사용자 부담분	월정액급여에서 제외(재소득 46073−100, 2002.7.2.; 원천−848, 2009.10.15.; 원천−581, 2010.7.16.)
해당 월의 근무기간이 1개월 미만인 경우	월정액급여는 월 환산가액으로 하지 않고 그 근로자가 실제로 지급받는 금액으로 산정(원천−706, 2009.8.28.)
급여가 소급 인상되는 경우	소급인상된 근로소득으로 월정액급여를 다시 계산(법인 46013−830, 1995.3.28.)

(3) 부정기적 급여

구 분	내 용
의 미	통상적으로 매월 지급받는 경우가 아닌 급여(소득 46011−2327, 1997.9.2.)
명 칭	성과급, 수당 등 명칭 여하에 관계없음(소득 46011−2327, 1997.9.2.)
금 액	금액(지급액)의 크기 변동과 관계없음(서일−46, 2006.1.16.)

구 분	내 용
부정기적 급여인 경우 (월정액급여에서 차감)	1. 상여금을 분기별로 지급하는 경우(소득 1264-3206, 1984.10.8.) 2. 연봉제하에서 성과급상여금 지급약정에 의해 일정한 기준으로 매월 업무성과를 평가하여 결과에 따라 실적 우수자를 별도로 선정하여 상여금을 지급하는 경우(소득 46011-607, 2000.5.30.) 3. 부정기적으로 지급받는 주휴수당·생리휴가수당 또는 연차수당(서일-1040, 2006.7.25.; 법인 22601-2815, 1992.12.31.)
정기적 급여인 경우 (월정액급여에 포함)	1. 근로자가 연장시간근로·휴일근로 등으로 지급받는 특근수당·잔업수당 등이 매월 계산되는 급여항목인 경우(소통 12-17…2 ①) 2. 상여금지급규정에 의하여 연간 상여금 지급총액을 급여지급 시에 매월 분할하여 지급받는 경우(소통 12-17…2 ②) 3. 연봉계약의 범위 내에서 지급방법을 다양화하여 지급함에 따라 매월 지급액에 차이가 있는 경우(국심 2003서1836, 2003.10.9.) 4. 해당 연도 중 3개월을 제외한 나머지 9개월 동안 정기적으로 매월 지급되는 경우(소득 46011-20015, 2000.7.15.) 5. 매월 계산되어 지급되는 특정수당(재소득 22601-287, 1991.3.5.) 6. 통상적으로 매월 지급되는 연·월차수당(서일-1040, 2006.7.25.; 서일-979, 2006.7.14.) 7. 매월 정기적으로 받는 식사대 및 현물식사(서이 46013-11337, 2002.7.11.; 서이 46013-10165, 2002.1.28.)

3. 직종

(1) [별표 2]

소득세법 시행규칙 [별표 2] 생산직 및 관련직의 범위(시행규칙 제9조 제1항 관련)

직 종			한국표준 직업분류번호
연 번	대분류	중분류, 소분류 또는 세분류	
1	서비스 종사자	돌봄 서비스직 미용 관련 서비스직 여가 및 관광 서비스직 숙박시설 서비스직 조리 및 음식 서비스직	4211 422 4321 4322 44
2	판매 종사자	매장 판매 및 상품 대여직 통신 관련 판매직	52 531
3	기능원 및 관련 기능 종사자	식품가공 관련 기능직 섬유·의복 및 가죽 관련 기능직 목재·가구·악기 및 간판 관련 기능직 금속 성형 관련 기능직 운송 및 기계 관련 기능직 전기 및 전자 관련 기능직 정보 통신 및 방송장비 관련 기능직 건설 및 채굴 관련 기능직 기타 기능 관련직	71 72 73 74 75 76 77 78 79

연 번	직 종 대분류	직 종 중분류·소분류 또는 세분류	한국표준 직업분류번호
4	장치·기계 조작 및 조립 종사자	식품가공 관련 기계 조작직 섬유 및 신발 관련 기계 조작직 화학 관련 기계 조작직 금속 및 비금속 관련 기계 조작직 기계 제조 및 관련 기계 조작직 전기 및 전자 관련 기계 조작직 운전 및 운송 관련직 상하수도 및 재활용 처리 관련 기계 조작직 목재·인쇄 및 기타 기계 조작직	81 82 83 84 85 86 87 88 89
5	단순노무 종사자	건설 및 광업 관련 단순 노무직 운송 관련 단순 노무직 제조 관련 단순 노무직 청소 및 경비 관련 단순 노무직 가사·음식 및 판매 관련 단순 노무직 농림·어업 및 기타 서비스 단순 노무직	91 92 93 94 95 99

비고 : 위 표의 한국표준직업분류번호는 통계청 고시 제2017-191호(2017. 7. 3.) 한국표준직업분류에 따른 분류번호로서 2단위 분류번호(44, 52, 71, 72, 73, 74, 75, 76, 77, 78, 79, 81, 82, 83, 84, 85, 86, 87, 88, 89, 91, 92, 93, 94, 95, 99)는 중분류 직종, 3단위 분류번호(422, 531)는 소분류 직종, 4단위 분류번호(4211, 4321, 4322)는 세분류 직종의 분류번호임

택배물 상하차 업무를 수행하는 근로자(일용직 근로자 포함)가 운송 관련 단순 노무직(한국표준직업분류 중분류코드 92)에 해당되는 경우 비과세 대상 근로자에 해당됨(사전법령소득-618, 2019.11.11.)

(2) 판단 유의사항

① 판단원칙 : 해당 근로자가 수행하는 직무 내용, 수행하는 작업 장소·형태·기능 등에 따라 사실 판단(법인 46013-656, 1998.3.17.; 법인 46013-1377, 1997.5.19.)

② 2 이상 직종에 근무 : 그 종사시간이 많은 직종에 종사하는 것으로 봄

③ 견습공 : 배우고 있는 직종에 따라 분류

④ 공장·광산

구 분	내 용
공 장	제조시설 및 그 부대시설을 갖추고 제조업을 영위하기 위한 사업장(소통 12-17…1)
광 산	광업법 및 광산보안법 규정의 광산(법정광물의 탐광, 채굴, 선광, 제련 등의 사업을 행하는 장소)(재소득 46073-122, 1996.8.27.)
사 례	1. 자동차 정비공장은 공장에 포함(법인 46013-4471, 1995.12.6.) 2. 법정광물 이외의 석재(화강암 등)를 채굴·쇄석하여 골재를 생산하는 장소는 광산이 아님(재소득 46073-122, 1996.8.27.)

⑤ 직종판단 사례

구 분	내 용
포 함	1. 제조업을 영위하는 자로부터 제조공정의 일부를 도급받아 용역을 제공하는 '소사장제' 업체에 고용되어 공장에서 생산직에 종사하는 근로자(서일-367, 2007.3.16.) 2. 제조업을 영위하는 자로부터 도급받는 업체에 고용되어 해당 제조업체의 공장 내에서 제품을 창고에서 출하하여 차량에 적재하는 단순노무를 제공하는 자(법인 46013-2847, 1998.10.1.)

구 분	내 용
포 함	3. 주로 자기 통제하에 있는 생산직근로자와 동일한 형태의 작업에 직접 참여하면서 작업의 수행을 통제하는 부가적인 직무를 하는 작업반(조)장·직공반장(법인 22601-270, 1991.2.9.)
해당 안됨	1. 건설업체 등의 직원으로서 공장의 제조·생산시설의 설치 또는 유지·보수용역을 제공하는 자(소통 12-17…1) 2. 제조업을 영위하는 자로부터 도급받는 업체에 고용되어 해당 제조업체의 공장 내에서 물품 및 창고관리 등의 관련 업무를 제공하는 자(법인 46013-2847, 1998.10.1.) 3. 건설현장(공장시설의 신설 및 증·개축 공사)에 종사하는 건설일용근로자(재소득-501, 2007.9.1.; 원천-218, 2011.4.8.) 4. 지하철 승강장스크린도어 설치현장에서 근로를 제공하는 일용근로자(원천-651, 2011.10.12.) 5. 의약품을 도매하는 법인의 근로자 중 창고에서 상품 입출고 과정에 종사하는 직원과 약국에 의약품을 배송하는 직원(법규소득 2011-384, 2011.9.28.) 6. 통상 단위작업에 직접적으로 참여하지 않고 근로자들의 일상 작업활동을 기획·조직·통제하는 작업반(조)장·직공반장(법인 22601-464, 1991.3.6.)

4. 근로기준법에 따른 연장·야간·휴일근로로 통상임금에 더하여 받는 급여

(1) 의미

근로기준법 제53조, 제59조, 제69조 단서 규정에 의해 연장된 시간의 근로

사용자는 연장근로와 야간근로 또는 8시간 이내의 휴일근로에 대하여는 통상임금의 50% (8시간을 초과한 휴일근로에 대하여는 통상임금의 100%) 이상을 가산하여 지급해야 함(근로기준법 §56)

오후 10시부터 오전 6시까지 사이의 근로

(2) 총액

연장·야간·휴일근로로 받는 급여의 총액을 의미(서일-1579, 2006.11.21.)

(3) 연간으로 책정한 경우

구 분(소득 46011-21009, 2000.7.18.)		내 용
연간 연장시간근로·야간근로 또는 휴일근로로 인한 가산급여액을 포함하여 연봉을 책정한 경우	실제로 연장근로 등을 한 경우	비과세 대상 수당에 해당 ✔ 한도 내 비과세 가능
	실제로 연장근로 등을 하지 않은 경우	과세 대상 수당에 해당 ✔ 무조건 과세

(4) 취업규칙에서 정한 시간으로 하는 경우

구 분(소득 46011-3006, 1993.10.6.)		내 용
실제로 근로기준법에 의한 연장시간근로를 하였으나 그 연장근로시간의 산정이 어려워 취업규칙에서 정한 시간을 연장시간근로로 보아 연장시간근로수당을 받는 경우	실지 연장근로를 한 경우	비과세 대상 수당에 해당 ✔ 한도 내 비과세 가능
	실지 연장근로를 하지 않은 경우	과세 대상 수당에 해당 ✔ 무조건 과세

(5) 판단사례

구 분	내 용(서일-171, 2005.2.3.)
포 함(한도 내 비과세 가능)	근로기준법상 유급휴가일(주휴일)에 근로를 제공함으로 인하여 통상임금에 가산하여 지급받는 주휴수당은 휴일근로수당에 포함
제 외(무조건 과세)	연차수당

사례 연장·야간·휴일근로로 인한 급여

1. 자료

㈜대박은 종업원 甲에게 다음과 같이 연장·야간·휴일근로수당을 지급하였다.

구 분	내 용
종업원 甲	공장에서 근무하는 식품가공 관련 기능직 직원
2024년 총급여	29,000,000원(근로소득지급명세서 확인)

2025년 연장·야간·휴일근로 급여 내역 (단위 : 만원)

월	월정액 급여	연장·야간·휴일근로 급여		월	월정액 급여	연장·야간·휴일근로 급여	
		상황 1	상황 2			상황 1	상황 2
1	210	25	30	7	210	25	30
2	200	30	40	8	200	30	40
3	220	15	–	9	220	15	–
4	210	25	30	10	210	25	30
5	200	30	40	11	200	30	40
6	220	15	–	12	220	15	–

2. 비과세 근로소득 판단

직종 및 2024년 총급여 요건은 충족하므로, '월정액급여 210만원 이하' 요건이 충족되는 월의 연장·야간·휴일근로로 인한 급여를 연간 240만원까지 비과세 받을 수 있다. 상황별로 연장·야간·휴일근로로 인한 급여 중 비과세되는 금액과 과세되는 금액을 살펴보면 다음과 같다.

구 분			상황 1		상황 2	
월	월정액 급여	비과세요건 충족 여부	연장·야간·휴일근로 급여		연장·야간·휴일근로 급여	
			비과세	과세	비과세	과세
1	210	충족	25		30	
2	200	충족	30		40	
3	220	불충족		15		
4	210	충족	25		30	
5	200	충족	30		40	
6	220	불충족		15		
7	210	충족	25		30	
8	200	충족	30		40	
9	220	불충족		15		
10	210	충족	25		30	
11	200	충족	30			40
12	220	불충족		15		
합 계			220	60	240	40

13. 위자 성질의 급여

▌위자 성질의 급여(소법 §12 3호 다목~사목, 소령 §10의 2)▐

구 분	근거법령	지급받는 자	비과세대상 급여	지급명세서
비과세 대상	산업재해보상법	수급권자	요양급여, 휴업급여, 장해급여, 간병급여, 유족급여, 유족특별급여, 장해특별급여, 장의비	기재 안함(×)
	근로기준법	근로자 / 유족	요양보상금, 휴업보상금, 상병보상금(傷病補償金), 일시보상금, 장해보상금, 유족보상금, 행방불명보상금, 소지품유실보상금, 장의비 및 장제비	
	선원법	선원 / 유족	(위와 같음)	
	고용보험법	근로자	실업급여·육아휴직급여·육아기근로시간 단축급여·출산전후휴가급여 등 ※ 사업주가 미리 지급하고 대위신청한 것도 포함하며, 배우자 출산휴가 급여도 2020년부터 비과세됨 ※ 고용보험법 제21조 제1항 후단에 따라 사업주가 무급휴업·휴직을 실시하고 같은법 시행령 제19조에 근거하여 정부가 근로자에게 직접 지원하는 고용유지지원금 (소득세제과-407, 2020.8.5.)	
	국가공무원법 지방공무원법	공무원	관련법령에 따라 받는 육아휴직수당·사립학교법 제70조의 2에 따라 임명된 사무직원이 학교의 정관 또는 규칙에 따라 지급받는 월 150만원 이내의 육아휴직수당 ※ 육아휴직 복직 후 일정기간 근로를 제공하고 잔여분 육아휴직수당을 일시에 지급받는 경우에도 "지급월"이 아닌 "귀속월" 기준으로 월 150만원 이내의 금액을 비과세 적용함 (서면원천-297, 2025.5.9.)	
	사립학교교직원연금법 별정우체국법	적용을 받는 사람	(위와 같음)	
	국민연금법	유족	사망에 의한 반환일시금·사망일시금	
	공무원연금법 공무원 재해보상법 군인연금법 군인재해보상법 사립학교교직원연금법 별정우체국법	근로자 / 유족	공무상요양비·요양급여·장해일시금·비공무상장해일시금·비직무상장해일시금·장애보상금·사망조위금·사망보상금·유족일시금·퇴직유족일시금·유족연금일시금·퇴직유족연금일시금·퇴역유족연금일시금·순직유족연금일시금·유족연금부가금·퇴직유족연금부가금·퇴역유족연금부가금·유족연금특별부가금·퇴직유족연금특별부가금·퇴역유족연금특별부가금·순직유족보상금·직무상유족보상금·위험직무순직유족보상금·재해부조금·재난부조금 또는 신체·정신상의 장해·질병으로 인한 휴직기간에 받는 급여	기재 안함(×)
	회 사	근로자 / 유족	근로의 제공으로 인한 부상·질병 또는 사망과 관련하여 받는 배상·보상 또는 위자의 성질이 있는 급여	

<table>
<tr><th>구 분</th><th colspan="2">내 용</th><th>지급
명세서</th></tr>
<tr><td rowspan="4">과세
대상</td><td>구 분</td><td>내 용</td><td rowspan="4">⑬급여
or
⑭상여</td></tr>
<tr><td>비과세대상
근거법령이
없는 경우</td><td>1. 근로기준법 제46조에 정한 휴업수당(원천-624, 2010.7.29.)
2. 고용보험법시행령 제28조에 따라 받는 임금피크제 보전수당(원천-71, 2010.1.22.)
3. 수도권 소재 본점의 지방이전에 따라 임직원의 고용유지를 위하여 위로금을 지급하되 지방이전 후 3년간 근무조건 및 약정근무기간 이내에 퇴사 시 미도래한 근무기간에 해당하는 위로금을 추징할 것을 조건으로 지방이전 시 위로금을 일시에 선지급하였을 경우 그 위로금(서이 46013-11656, 2003.9.17.)</td></tr>
<tr><td>사용자가
추가로 지급
하거나
지급기준을
초과하여
지급하는
경우</td><td>1. 고용지원센터가 아닌 회사로부터 지급받는 출산전후휴가급여
2. 근로기준법 제74조에 따른 임산부의 보호휴가(출산전후휴가, 유산·사산휴가) 기간 중 사용자가 지급하는 출산전후휴가급여 등(원천-624, 2010.7.29.)
3. 업무상 부상 등으로 요양 중에 있는 자가 산업재해보상보험법에 의한 휴업급여 등과는 별도로 매월 지급받는 생계보조금(위자료의 성질이 있는 급여 제외)(법인 46013-1262, 1997.5.6.)
4. 업무로 인한 부상 또는 질병으로 인하여 근무를 하지 않고 요양 중인 직원에게 지급하는 휴업보상금으로서 근로기준법의 규정에 의한 지급기준을 초과하여 지급하는 금액(서일-935, 2005.7.28.)</td></tr>
<tr><td>업무 무관
질병 등으로
인한 경우</td><td>1. 근로자의 업무와 관계없는 질병 등으로 인하여 지급받는 급여(서일-1213, 2006.9.1.)
2. 업무와 관련없이 근로자의 사망으로 그 유가족이 받는 위자료 성질의 급여(원천-362, 2010.4.29.; 소득-156, 2011.2.18.)
3. 노사간 단체협약에 의하여 업무 외의 원인으로 인한 부상·질병 등으로 휴직한 자가 받는 급여(법인 46013-1262, 1997.5.6.)</td></tr>
</table>

02

14. 국외근로소득

▌국외근로소득(소법 §12 3호 거목, 소령 §16, 소칙 §8, 소통 12-16…1~12-16…4)▌

<table>
<tr><th>구 분</th><th>내 용</th><th>지급
명세서</th></tr>
<tr>
<td>비과세
대상</td>
<td>
1. 국외근로
① 국외 또는 남북교류협력에 관한 법률에 따른 북한지역에서 근로제공
▌KEDO 지역 포함 (국외)
② 원양어업선박 또는 국외 등을 항행하는 선박이나 항공기에서 근로제공
③ 공무원과 대한무역투자진흥공사, 한국관광공사, 한국국제협력단, 한국국제보건의료재단, 한국산업인력공단 및 중소벤처기업진흥공단의 종사자가 국외 등에서 근무 개정
▌외무공무원법 제32조에 따른 재외공관 행정직원과 이와 유사한 업무를 수행하는 사람으로서 기획재정부 장관이 정하여 고시하는 사람 포함 (공무원)
▌원양산업발전법에 따라 허가를 받은 원양어업용 선박 (원양어업선박)
2. 국외근로소득
① 일반적인 경우
<table>
<tr><th>구 분</th><th>내 용</th></tr>
<tr><td>근로기간</td><td>근로기간과 관계없음</td></tr>
<tr><td>주재 여부</td><td>파견 형태와 관계없이 국외에 주재하면서 근로를 제공하고 받는 보수(원천-602, 2009.7.13.)</td></tr>
<tr><td>소득지급지</td><td>국내에서 지급받는 경우도 포함</td></tr>
<tr><td>외국인
근로자</td><td>내국법인에 고용된 거주자인 외국인 근로자도 포함(원천-824, 2009.10.6.)</td></tr>
<tr><td>포함사례</td><td>• 국외근로로 인한 상여
• 해외주재사원에 지급한 정액여비(소득 22601-1181, 1985.4.20.)
• 국외근로의 대가로 지급받는 공로금, 위로금, 급식수당 등(소득 1264-3966, 1983.11.24.)
• 일용근로자가 남북교류협력에 관한 법률에 따라 북한지역에서 근로를 제공하고 받는 보수(원천 46013-159, 2002.5.10.)
• 국외사무소에 파견된 직원을 위하여 법인의 비용으로 지급하는 건강보험료(해당 국가의 의무부담분 포함), 의료비, 자녀학자금(원천-707, 2011.11.2.)</td></tr>
</table>
② 원양어업선박 또는 국외 등을 항행하는 선박이나 항공기 승무원의 경우
<table>
<tr><th>구 분</th><th>내 용</th></tr>
<tr><td>승무원</td><td>• 원양어업선박에 승선하여 근로를 제공하는 자
• 외국을 항행하는 선박 또는 항공기에서 근로를 제공하는 자</td></tr>
<tr><td>승무원에
포함</td><td>• 해당 선박에 전속되어 있는 의사 및 그 보조원
• 해외기지조업을 하는 원양어업의 경우에는 현장에 주재하는 선박수리공 및 그 사무원
• 국외 해역에서 자원을 탐사하는 석유 시추선에서 근로를 제공하는 자(서일-1704, 2007.12.14.)</td></tr>
</table>
</td>
<td>⑱
(M01~
M04)</td>
</tr>
</table>

구 분	내 용	지급 명세서
비과세 대상	(아래 내용)	⑱ (M01~M04)

구 분	내 용
국외 근로소득	• 원양어업선박에 승선하는 승무원이 원양어업에 종사함으로써 받는 급여 • 국외 등을 항행하는 선박 또는 항공기의 승무원이 국외 등을 항행하는 기간의 근로에 대하여 받는 급여 → 해당 선박이나 항공기가 화물의 적재·하역 기타 사유(수리 및 정비)로 국내에 일시적으로 체재하는 기간을 포함
포함 사례	• 호텔 소속 근로자가 소속법인과 외국항행회사와의 서비스용역계약으로 외국항행선박 등에서 외국을 항행하는 기간에 근로를 제공하고 받는 급여(법인 46013-3229, 1997.12.11.) • 북한지역을 항행하는 선박에 승선하는 승무원이 그 선박에서 근로를 제공하고 받는 보수 중 북한지역을 항행하는 기간에 대해 받는 보수(서일-489, 2007.4.16.)

3. 금액(한도)

구 분	비과세 금액(한도)
국외 또는 북한지역에서 근로하는 자	국외근로소득 중 월 100만원
국외 등을 항행하는 항공기의 승무원	
원양어업선박의 승무원	국외근로소득 중 월 500만원
국외 등을 항행하는 선박의 승무원	
국외 등의 건설현장 등에서 근로(설계 및 감리업무 포함)하는 자	
공무원(재외공관 행정직원)과 대한무역투자진흥공사, 한국관광공사, 한국국제협력단, 한국국제보건의료재단의 종사자	외교부장관이 기획재정부장관과 협의하여 고시하는 금액

① 건설현장 등에서 근로(설계 및 감리업무 포함)하는 경우

구 분	내 용
건설현장 등	• 국외 등의 건설공사 현장과 그 건설공사를 위하여 필요한 장비 및 기자재의 구매, 통관, 운반, 보관, 유지·보수 등이 이루어지는 장소 • 국외 건설공사를 위하여 건축설계업무 수행목적으로 설립된 현지 지사사무실(서면원천-2921, 2024.9.25.)
개보수현장 포함 여부	신규뿐 아니라 개보수현장도 포함(원천-72, 2010.1.22.)
건설현장 등 근로자가 아닌 경우 ✔ 월 100만원 비과세 적용	• 정부출연연구기관의 연구원인 거주자가 국외 등의 건설현장에서 원자력기계, 원자력가동중 검사 및 원자력구조 분야에 대한 공인검사원 또는 공인검사감독원으로서 근로를 제공하고 받는 보수(법규소득2013-46, 2013.2.8.)

<table>
<tr><th>구 분</th><th>내 용</th><th>지급 명세서</th></tr>
<tr><td>비과세 대상</td><td>
<table>
<tr><th>구 분</th><th>내 용</th></tr>
<tr><td>건설현장 등 근로자가 아닌 경우
✔ 월 100만원 비과세 적용</td><td>• 해외지사에서 근무하는 거주자가 국외 등의 건설현장 등을 위한 영업업무, 인사노무업무, 자재관리업무, 재무회계업무, 기타 공통사무업무 등에 종사하고 받는 보수(서면법규-1552, 2012.12.28.)
• 거주자가 국외 등의 건설현장 등에서 한국표준직업분류에 따른 조리 및 음식 서비스직에 종사하여 근로를 제공하고 받는 보수(서면법규-1236, 2012.10.25.)</td></tr>
<tr><td>감리업무와 지원업무를 동시에 수행하는 경우</td><td>건설공사 감리기간 중 감리업무를 수행하고 받는 보수에 대해서만 월 500만원 이내의 금액을 비과세(원천-447, 2013.8.27.)</td></tr>
</table>
② 비과세 한도 적용방법
<table>
<tr><th>구 분</th><th>내 용</th></tr>
<tr><td>해당 월의 국외근로소득이 비과세 한도 (월 100만원 또는 월 500만원) 이내인 경우</td><td>• 해당 월의 국외근로소득을 한도로 하여 비과세
• 부족액을 다음 달 이후의 급여에서 이월하여 비과세하지 않음
✔ 해당 월의 국외근로소득 비과세 금액
= Min[비과세 한도, 해당 월 국외근로소득]</td></tr>
<tr><td>국외근무기간이 1개월 미만인 경우</td><td>1개월로 보아 비과세 금액 계산</td></tr>
<tr><td>원양어선 선원의 보합금(생산상여금)</td><td>보합금으로 지급받는 금액을 어로기간의 월수로 나눈 금액을 매월 지급받은 것으로 보아 월 500만원을 비과세</td></tr>
</table>
③ 외교부장관이 기획재정부장관과 협의하여 고시하는 금액
<table>
<tr><th>구 분</th><th>내 용</th></tr>
<tr><td>근거규정</td><td>외교부고시 제2019-3호, 2019.6.12.</td></tr>
<tr><td>공무원(재외공관 행정직원 등 포함)</td><td>• 재외공관에 근무하는 공무원, 국외파견공무원
외무공무원법 제21조, 공무원수당 등에 관한 규정, 지방공무원수당 등에 관한 규정에 근거해 국외 등에서 근무하고 받는 수당의 전액. 다만, 공무원수당 등에 관한 규정 제14조 및 별표11의 제4호 가목의 가) 및 나) 표에 규정된 재외근무수당 및 지방공무원에게 지급되는 이에 준하는 수당의 경우 그 지급액에 75%를 곱한 금액
• 재외공관 행정직원
재외공관 행정직원 규정에 근거해 국외 등에서 근무하고 재외공관별 주거보조비 상한액 범위 내에서 받는 주거보조비, 특수지 근무수당, 의료보험료 및 실의료비 전액</td></tr>
</table>
</td><td>⑱ (M01~ M04)</td></tr>
</table>

<table>
<tr><th>구 분</th><th>내 용</th><th>지급 명세서</th></tr>
<tr><td>비과세 대상</td><td>
<table>
<tr><th>구 분</th><th>내 용</th></tr>
<tr><td>대한무역투자진흥공사, 한국관광공사, 한국국제협력단, 한국국제보건의료재단, 한국산업인력공단, 중소벤처기업진흥공단</td><td>각 기관의 종사자가 사규에 근거해 국외 등에서 근무하고 받는 수당의 전액. 다만, 공무원수당 등에 관한 규정 제14조 및 별표11의 제4호 가목의 가) 및 나) 표에 규정된 재외근무수당에 해당되는 각 기관 수당 지급액의 경우 그 지급액에 75%를 곱한 금액</td></tr>
</table>
④ 북한지역에서 얻은 근로소득 ┃완전면제방식을 의미(서이-61, 2008.1.10.)
<table>
<tr><th>구 분</th><th>내 용</th></tr>
<tr><td>근거규정</td><td>남북 사이의 소득에 대한 이중과세 방지 합의서 제22조</td></tr>
<tr><td>완전면제</td><td>합의서 제22조 제1항 후단에서 규정하는 이자, 배당금, 사용료를 제외한 나머지 소득에 대하여는 소득면제방식으로 이중과세를 방지하는 것이므로 남측 근로자가 북측에서 얻은 소득에 대하여는 같은 합의서 제22조의 규정에 의하여 Ⓐ세금이 면제되고, 과세표준에도 포함되지 않으며, Ⓑ소득세 비과세규정도 적용되지 않음(서이-2108, 2005.12.20.)</td></tr>
<tr><td>원천징수 의무없음</td><td>• 남한의 거주자가 내국법인의 지점 중 북한에 소재하는 금강산 지점에서 근로를 제공하고 지급받는 대가와 관련하여서는 합의서 제15조 [종속적 인적용역]의 규정이 적용되는 것으로 같은 조 제2항에서 규정하는 요건에 해당하는 경우에만 남한에서 과세할 수 있는 것으로 근로자가 12개월 중 한 번 또는 여러 번에 걸쳐 북한에 183일 이상 체류하는 경우에는 동 지급대가에 대하여 북한에서 과세할 수 있는 것이며 합의서 제22조의 규정에 의하여 북한에서 과세할 수 있는 종속적 인적용역소득에 대한 세금은 남한에서 면제되는 것이므로 해당 종속적 인적용역소득을 지급하는 내국법인은 원천징수의무가 없음(서이-2053, 2006.10.13.)
• 내국법인의 파견근로자가 북측에서 근로를 제공하고 지급받는 급여에 대하여 북측의 금강산관광지구법 등 별도의 면세규정에 의하여 북측 세금을 감면 또는 면제받는 경우 동 내국법인은 남북 사이의 소득에 대한 이중과세방지 합의서 제22조의 규정에 따라 소득세를 원천징수하지 않음(서이-583, 2008.4.1.)</td></tr>
</table>
</td><td>⑱ (M01~M04)</td></tr>
<tr><td>과세 대상</td><td>1. 출장·연수인 경우
① 출장·연수 등을 목적으로 출국한 기간 동안의 급여상당액(소통 12-16…1)
② 업무수행 및 기술연수를 목적으로 해외파견된 기간 동안 일반출장비의 70~80%에 해당하는 금액을 매월 정액으로 지급받는 경우(법인 46013-2282, 1997.8.26.)
2. 비거주자인 경우
대한민국의 거주자가 아닌 외국인 선원이 내국법인이 운용하는 외국항행선박에서 근로를 제공하고 지급받는 보수(국제세원-308, 2009.6.11.)</td><td>⑬급여 or ⑭상여</td></tr>
</table>

02

구 분	내 용	지급 명세서
과세 대상	3. 선원이 아닌 경우 국내외에서 해저광케이블 설치 및 유지보수 공사업을 경영하는 법인이 해외 공사 발생 시 국내 사무실 및 국내 공사현장 사무소에서 근무하는 선원이 아닌 직원들이 항공편으로 해당 공사지역 국가로 출장하여 회사 소유 선박에 승선한 후 해외공사를 수행한 기간에 대하여 해당 직원들에게 지급하는 승선수당과 초과근무수당(원천-305, 2012.6.1.) 4. 국외근로가 아닌 경우 ① 국내에서 출항하여 일본을 왕복운행하며 출항한 당일 국내로 입항하는 선박의 선원이 지급받는 급여(법규소득 2012-276, 2012.7.13.) ② 국외근로 제공을 조건으로 외국항행선박의 승무원이 받는 국내근로소득(대기기간 급여 등)	⑬급여 or ⑭상여

15. 포상금 및 보상금 등

(1) 직무발명보상금(소법 §20 ① 5호·§21 ① 22호의 2·§12 3호 어목·§12 5호 라목, 소령 §17의 3·§18 ②)

재직중인 국가공무원의 직무발명에 대하여 발명진흥법 제15조 제7항에 따라 국가가 그 권리를 승계하고 해당 공무원에게 지급하는 직무발명보상금(서면법령소득-4437, 2020.12.31.)

구 분	내 용	
의 미	구 분	내 용
	종업원 등	종업원, 법인의 임원, 공무원
	사용자 등	사용자, 법인, 국가·지방자치단체
	산학협력단	산업교육진흥 및 산학연협력촉진에 관한 법률 제25조에 따른 산학협력단
	발 명	특허법·실용신안법 또는 디자인보호법에 따라 보호대상이 되는 발명, 고안 및 창작(발명진흥법 §2 1호)
	직무발명	종업원 등이 그 직무에 관하여 발명한 것이 성질상 사용자 등의 업무범위에 속하고 그 발명을 하게 된 행위가 종업원 등의 현재 또는 과거의 직무에 속하는 발명(발명진흥법 §2 2호)
	직무발명 보상금	• 종업원 등이 사용자 등으로부터 받는 보상금 • 대학의 교직원 또는 학생이 소속대학에 설치된 산학협력단으로부터 산업교육진흥 및 산학연협력촉진에 관한 법률 제32조 제1항 제4호에 따라 받는 보상금
	특수관계	1. 사용자 등이 개인인 경우 : 국세기본법 시행령 제1조의 2 제1항에 따른 친족관계 2. 사용자 등이 법인 또는 산학협력단인 경우 : 법인세법 시행령 제43조 제7항에 따른 지배주주 등(해당 지배주주 등과 국세기본법 시행령 제1조의 2 제1항에 따른 친족관계 또는 같은 조 제3항에 따른 경영지배관계에 있는 자 포함)인 관계

외국에서 특허 등이 등록되는 경우도 포함(사전법령소득-363, 2020.8.5.)

산학협력단 재원수입에 기여한 대가로 받는 보상금을 말함 종업원등이 재직 중의 직무발명보상금을 퇴직 후 동일한 사용자와 다시 근로관계를 맺은 상태에서 지급받은 경우 해당 직무발명보상금은 근로소득에 해당함(서면법규소득-5504, 2023.6.14.)

구 분	내 용
과세 방법	(아래 1.~3. 참조)

1. 소득구분

구분	소득
근무 중에 받는 경우	근로소득
퇴사 후에 받거나 고용관계 없이 받는 경우	기타소득

2. 비과세

사용자 등 또는 산학협력단과 특수관계에 있지 않은 종업원 등, 대학의 교직원 및 대학의 학생 등이 받은 직무발명보상금 중 다음의 금액

소득	비과세 금액
근로소득	비과세 근로소득(A) = Min[직무발명보상금, 연 700만원]
기타소득	비과세 기타소득(B) = Min[직무발명보상금, 연 700만원 − A]

3. 지급명세서

소득	과세 여부	지급명세서	기재방법
근로소득	비과세	근로소득지급명세서	⑱−29(R11)
	과 세		⑮−4 직무발명보상금
기타소득	비과세	기타소득지급명세서	기재 안함(×)
	과 세		⑫

한걸음 더

1. 산학협력단이 지급하는 산업자문료

<table>
<tr><th>구 분</th><th colspan="3">내 용(서면소득-2472, 2017.11.24.)</th></tr>
<tr><td>산업자문료 의미</td><td colspan="3">산학협력단이 산업체 등과 산업교육진흥 및 산학협력촉진에 관한 법률 제9조 등에 따른 산업자문 계약을 체결하고 해당 대학에 소속되어 있는 산업교원이 산업체의 경영이나 산업기술의 개량·개발 등에 관하여 산업체 등에 산업자문을 제공하고 산학협력단으로부터 받는 산업자문료를 말함</td></tr>
<tr><td>직무발명보상금 여부</td><td colspan="3">발명진흥법 및 산학협력법 등의 관련 법령에서 정한 내용에 따라 사실 판단</td></tr>
<tr><td rowspan="3">산업자문료가 직무발명보상금에 해당하지 않는 경우 소득구분</td><td colspan="2">고용관계나 이와 유사한 계약에 의하여 근로를 제공하고 지급받는 대가</td><td>근로소득</td></tr>
<tr><td rowspan="2">이 외</td><td>계속적으로 용역을 제공하고 일의 성과에 따라 지급받는 경우</td><td>사업소득</td></tr>
<tr><td>일시적으로 용역을 제공하고 지급받는 경우</td><td>기타소득</td></tr>
</table>

2. **직무발명보상금을 사업소득으로 판단한 사례**(조심 2017중3689, 2018.2.8.)

청구인들은 쟁점지급액이 비과세되는 직무발명보상금에 해당한다고 주장하나, 청구인 A의 경우 쟁점특허의 기술을 발명할 당시 초등학생이었던 것으로 보여 쟁점특허의 기술을 발명하는 데 기여했다는 청구인의 주장은 경험칙에 비추어 납득하기 어렵고, 이에 대한 구체적인 증빙자료 제시도 없으며, 회사에서 비상근 직원으로서 구체적으로 어떤 일을 했는지 알 수 없어 실질적인 고용관계에 있는 종업원이라고 보기 어렵다.

또한, 쟁점지급액의 경우 회사의 직무발명심의위원회 의사록, 직무발명에 따른 보상금 지급계약서, 특허권 사용보상금 지급약정서 등에 따라 실제로 2013년부터 2015년까지 상당히 고액의 금원이 장기간에 걸쳐 지급되어 소득 구분을 판단함에 있어 수익목적 유무, 규모, 횟수, 태양

02

등에 비추어 청구인의 수익행위에 사업활동으로 볼 수 있을 정도의 계속성과 반복성이 있다고 보이므로 쟁점지급액은 사업소득에 해당하는 것으로 판단된다.

(2) 이외 포상금 등

<table>
<tr><th>소득 구분</th><th>과세 여부</th><th>내 용(사례)</th></tr>
<tr><td rowspan="3">근로 소득</td><td>과세</td><td>1. 종업원이 회사로부터 받는 공로금·위로금·개업축하금 기타 이와 유사한 성질의 급여(소령 §38 ① 2호)
2. 업무실적 우수근로자에 대한 포상성격의 해외여행경비지원액(서이-45, 2005.1.6.)
3. 근무부서별로 지급된 포상금을 부서직원별로 배분한 경우 그 포상금(서일-118, 2007.1.19.; 소득 46011-2332, 1994.8.18.)
4. 근로자가 기본급여 이외에 광고유치 또는 판매실적 등에 따라 사용자로부터 추가로 지급받는 수당·장려금(소득 22601-395, 1985.2.6.; 소득 1264-4444, 1982.12.28.)
5. 제품 제조사가 대리점과의 사전합의에 따라 제품별 판매실적에 따른 장려금으로 대리점 소속 직원에게 직접 지급하는 상품권(서일-259, 2007.2.21.)
6. 공무원이 국가 또는 지방자치단체로부터 공무수행과 관련하여 받는 상금과 부상 중 연 240만원 초과 금액(소령 §38 ① 20호·§17의 4 4호)
7. 국민평생직업능력개발법시행령 제19조 제1항 제1호 및 고용보험법시행령 제52조 제1항 제11호에 따라 중소기업이 직업능력개발사업을 수행하면서 지급하는 학습리더수당과 우수학습활동 포상금(원천-463, 2012.9.6.)
8. 산학협력단이 교직원으로부터 직무관련 연구수행 과정에서 획득한 노하우를 이전받는 대가로 교직원에게 지급하는 기술료 보상금(서면법령소득-1558, 2017.12.22.)
9. 근로자가 특정 업무수행에 대한 공로로 근무기간 중 부여받은 주식매수선택권을 근무기간 중 취소함에 따라 지급받는 취소보상금을 퇴직 후에 받는 경우(사전법규소득-365, 2024.12.23.)</td></tr>
<tr><td>비과세</td><td>공무원이 국가 또는 지방자치단체로부터 공무수행과 관련하여 받는 상금과 부상 중 연 240만원 이내의 금액(소령 §17의 4 4호)</td></tr>
<tr><td>소득 제외</td><td>근무부서별로 지급된 포상금을 부서에서 회식비 등으로 지출하고 증빙을 첨부하여 회사에 제출하는 경우(법인 46013-472, 1996.2.10.)</td></tr>
<tr><td>기타 소득</td><td>과세</td><td>1. 종업원의 특별한 공로에 대하여 경진·경영·경로대회·전람회 등에서 우수한 자에게 지급하는 상금(소득세과-434, 2014.8.5.)
2. 직원들의 연구의욕을 고취하기 위하여 직무관련 주제를 대상으로 논문의 현상모집을 실시하고, 심사결과 선발된 우수논문에 대하여 해당 직원에게 지급하는 상금(서면1팀-925, 2006.7.6.)
3. 직원의 창의성과 연구심 장려를 위하여 제안제도를 실시하고 종업원 제안제도에 의하여 우수제안자에게 지급하는 상금(서면1팀-1539, 2005.12.14.)
4. 산학협력단이 학생으로부터 지식재산권을 이전받는 대가로 학생에게 지급하는 기술료 보상금(서면법령소득-1558, 2017.12.22.)</td></tr>
</table>

16. 주식매수선택권 행사이익

<table>
<tr><th>구 분</th><th>내 용</th></tr>
<tr><td>공통 사항</td><td>
1. 벤처기업 : 벤처기업 육성에 관한 특별법 제2조 제1항에 따른 벤처기업
2. 벤처기업 임직원 : 벤처기업 육성에 관한 특별법 제16조의 3 제1항에 따른 주식매수선택권을 부여받은 임직원으로서 벤처기업 육성에 관한 특별법 제16조의 3 제1항에 따른 주주총회의 결의가 있는 날 현재 다음 어느 하나에 해당하는 자는 제외함
1. 부여받은 주식매수선택권을 모두 행사하는 경우 해당 법인의 발행주식 총수의 10%를 초과하여 보유하게 되는 자
2. 해당 법인의 주주로서 법인세법 시행령 제43조 제7항에 따른 지배주주등에 해당하는 자
3. 해당 법인의 발행주식 총수의 10%를 초과하여 보유하는 주주
4. '3.'의 주주와 국세기본법 시행령 제1조의 2 제1항 및 같은 조 제3항 제1호에 따른 친족관계 또는 경영지배관계에 있는 자
3. 행사이익 : 주식매수선택권 행사 당시의 시가 − 실제 매수가액
✔ 비상장주식인 경우 시가는 법인세법시행령 제89조를 준용하여 계산(사전법령소득-1128, 2021.8.18.)
✔ 차액보상형 주식매수선택권인 경우에는 실제 지급받은 금전을 행사이익으로 함(서면법령소득-175, 2021.8.5.)
4. 행사이익 산정시점
주식매수선택권의 행사일을 기준으로 산정(조심 2017서1346, 2017.9.18.)
퇴직한 후 행사하는 경우도 동일하나 주식매수선택권의 존부와 관련된 다툼이 발생하고 그 다툼이 소송으로 진행된 경우 분쟁의 경위, 성질 등에 비추어 부당한 분쟁이라고 보이지 않는 이상 주식매수선택권의 행사이익은 법원 확정판결일을 기준으로 확정됨(사전법령소득-505, 2020.8.28.)
5. 신주인수권 포함 여부 : 주식에 신주인수권을 포함
6. 지급명세서
<table>
<tr><th>주식매수선택권 행사이익</th><th>지급명세서 기재</th></tr>
<tr><td>과세대상</td><td>⑮−1 주식매수선택권 행사이익</td></tr>
<tr><td>비과세대상(조특법 §16의 2)</td><td>⑱−31(U01)</td></tr>
<tr><td>비과세대상(구조특법 §15)</td><td>⑱−11(S01)</td></tr>
</table>
7. 주식매수선택권 전용계좌 : 주식매수선택권 행사로 취득한 주식만을 거래하는 계좌로 다음 요건을 모두 충족해야 함
1. 벤처기업 임직원 본인의 명의로 개설할 것
2. 금융투자업자가 벤처기업 임직원의 다른 매매거래계좌와 구분하여 '주식매수선택권 전용계좌'의 명칭으로 별도로 개설·관리할 것
3. 주식매수선택권 행사로 취득한 주식만을 거래할 것
4. 계좌 개설 이후 1개월 내에 주식이 입고되지 않을 경우에는 해당 계좌를 폐쇄하는 내용으로 사전에 약정할 것
</td></tr>
</table>

02

구 분	내 용
소득 구분	1. 근로소득 법인의 임직원이 해당 법인 또는 해당 법인의 특수관계 법인으로부터 부여받은 주식매수선택권을 해당 법인 등에서 근무하는 기간 중 행사함으로써 얻은 행사이익(소령 §38 ① 17호) ▍근로자에게 고용패키지의 일부로서 제공되는 주식매수선택권은 급여·임금·기타 이와 유사한 보수에 해당된다는 것이 OECD의 기본입장임 2. 기타소득 퇴직 전에 부여받은 주식매수선택권을 퇴직 후에 행사하거나 고용관계 없이 주식매수선택권을 부여받아 이를 행사함으로써 얻은 이익(소법 §21 ① 22호) ▍2021.12.31. 이전에 벤처기업 육성에 관한 특별법 제16조의 3에 따라 부여받은 주식매수선택권을 2021.1.1. 이후 행사하는 경우도 포함(조특법 부칙 §6 ②, 2021.12.28.) 3. 양도소득(과세특례) 벤처기업 또는 벤처기업이 발행주식총수의 30% 이상을 인수한 기업의 임원 또는 종업원으로서 벤처기업 임직원이 2015.1.1.부터 2027.12.31. 이전에 부여받은 법 소정 주식매수선택권에 대하여 양도소득 과세특례를 신청한 경우(조특법 §16의 4) 개정 ▍벤처기업으로부터 주식매수선택권을 부여받았으나 이를 행사할 때 그 주식매수선택권의 부여법인이 벤처기업에 해당하지 않게 되는 경우에도 양도소득(과세특례) 규정 요건을 충족한 경우에는 해당 특례를 적용받을 수 있음(조특법 §16의 4 ⑨; 서면원천-2706, 2025.2.24.)
양도소득 과세특례 적용배제	양도소득 과세특례를 신청한 경우라 하더라도 다음에 해당되는 경우 특례배제 1. 특례배제 시 과세방법 : 근로소득 또는 기타소득 과세 다음의 경우에도 특례적용 가능 ▍ 1. 벤처기업 임직원이 부여받은 적격주식매수선택권을 퇴사 후에 행사하는 경우(사전법령소득-634, 2019.12.17.) 2. 주식매수선택권 전용계좌를 개설하여 해당 계좌로 주식을 입고 받은 이후 주식양도 전에 다른 주식매수선택권 전용계좌를 개설하여 해당 주식을 이전하는 경우(사전법령소득-658, 2019.12.17.) 2. 배제사유

특례배제 (근로소득, 기타소득 과세)	특례적용(양도소득 과세)
1. 적격주식매수선택권 행사로 취득한 주식을 ① 증여하거나 ② 행사일부터 1년이 지나기 전에 처분하는 경우 2. 전체 행사가액이 5억원을 초과하는 경우 3. 전용계좌를 통해 주식매수선택권 행사로 취득한 주식 외의 주식을 거래한 경우 ▍2023.1.1. 이후 전용계좌를 통해 주식을 거래하는 경우부터 적용(조특법 부칙 §1·§7, 2022.12.31.) 4. 주식매수선택권 행사 당시 실제 매수가액이 부여 당시 시가보다 낮은 경우	다음 사유로 처분하는 경우 1. 주식매수선택권을 부여한 벤처기업이 파산하는 경우 2. 채무자회생 및 파산에 관한 법률에 따른 회생절차에 따라 법원의 허가를 받아 주식을 처분하는 경우 3. 합병·분할 등에 따라 해당 법인의 주식을 처분하고 합병법인 또는 분할신설법인의 신주를 지급받는 경우

▍2022.1.1. 이후 부여분부터 적용(조특법 부칙 §6 ③, 2021.12.28.)

▍적격주식매수선택권을 행사하여 주식 10,000주를 2개의 전용계좌를 개설하여 각각 5,000주씩 입고하고, 그 중 1개의 전용계좌에 입고된 주식 5,000주를 행사일로부터 1년이 지나기 전에 처분하는 경우(서면법령소득-758, 2020.9.29.)

▍전체 행사가액 합계가 5억원을 초과하는 경우 5억원까지만 분리하여 양도소득 과세특례를 적용받을 수 없음(서면법령소득-4226, 2021.9.29.)

<table>
<tr><th>구 분</th><th>내 용</th></tr>
<tr><td>양도소득
과세특례
적용배제</td><td>
3. 과세대상 행사이익
<table>
<tr><th>구 분</th><th>과세대상 행사이익</th></tr>
<tr><td>증여 또는 처분하는 경우</td><td>해당 벤처기업으로부터 부여받은 주식매수선택권의 행사일부터 역산하여 2년이 되는 날이 속하는 과세기간부터 해당 행사일이 속하는 과세기간까지 증여하거나 처분한 적격주식매수선택권 행사이익</td></tr>
<tr><td>전체 행사가액이 5억원을 초과하는 경우와 전용계좌를 통해 주식매수선택권 행사로 취득한 주식 외의 주식을 거래한 경우</td><td>해당 벤처기업으로부터 부여받은 주식매수선택권의 행사일부터 역산하여 2년이 되는 날이 속하는 과세기간부터 해당 행사일이 속하는 과세기간까지 주식매수선택권을 행사함으로써 얻은 모든 이익</td></tr>
<tr><td>주식매수선택권 행사 당시 실제매수가액이 부여 당시 시가보다 낮은 경우</td><td>부여 당시 시가
−주식매수선택권 행사 당시 실제 매수가액</td></tr>
</table>
해당 차액을 ‘시가이하 발행이익’이라 함(조특법 부칙 §6, 2021.12.28.)
4. 소득 귀속시기
<table>
<tr><th>구 분</th><th>소득 귀속시기(수입시기)</th></tr>
<tr><td>증여 또는 처분하는 경우</td><td>증여일 또는 처분일</td></tr>
<tr><td>전체 행사가액이 5억원을 초과하는 경우</td><td>전체 행사가액이 5억원을 초과한 날</td></tr>
<tr><td>전용계좌를 통해 주식매수선택권 행사로 취득한 주식 외의 주식을 거래한 경우</td><td>주식매수선택권 행사로 취득한 주식 외의 주식을 최초로 거래한 날</td></tr>
<tr><td>주식매수선택권 행사 당시 실제매수가액이 부여 당시 시가보다 낮은 경우</td><td>주식매수선택권 행사일</td></tr>
</table>
</td></tr>
<tr><td>비과세
특례</td><td>
<table>
<tr><th>부여시점</th><th>특 례</th></tr>
<tr><td>1999.12.31.
이전</td><td>
<table>
<tr><th>구 분</th><th>내 용(구조특법 §15, 구조특령 §13)</th></tr>
<tr><td>대상 내국법인</td><td>벤처기업, 창업자 또는 신기술사업자, 부품·소재 전문기업, 주권상장법인 또는 코스닥상장법인 중 법 소정 법인</td></tr>
<tr><td>대상
주식매수선택권</td><td>대상 내국법인의 법 소정 종업원 등이 행사하는 법 소정 주식매수선택권일 것</td></tr>
<tr><td>비과세 특례대상</td><td>매입가액 기준 5,000만원까지의 행사이익</td></tr>
<tr><td>과세특례</td><td>근로소득·기타소득·사업소득 제외(비과세)</td></tr>
</table>
</td></tr>
<tr><td>2000.1.1.
~
2000.12.31.</td><td>
<table>
<tr><th>구 분</th><th>내 용(구조특법 §15, 구조특령 §13)</th></tr>
<tr><td>대상 내국법인</td><td>벤처기업, 창업자 또는 신기술사업자, 부품·소재 전문기업, 주권상장법인 또는 코스닥상장법인 중 법 소정 법인</td></tr>
<tr><td>대상
주식매수선택권</td><td>대상 내국법인의 법 소정 종업원 등이 행사하는 법 소정 주식매수선택권일 것</td></tr>
<tr><td>비과세 특례대상</td><td>매입가액 기준 3,000만원까지의 행사이익</td></tr>
<tr><td>과세특례</td><td>근로소득·기타소득·사업소득 제외(비과세)</td></tr>
</table>
</td></tr>
</table>
</td></tr>
</table>

02

구 분	부여시점	특례 구 분	특례 내 용
비과세 특례	2001.1.1. ~ 2006.12.31.	구 분	내 용(구조특법 §15, 구조특령 §13)
		대상 내국법인	벤처기업, 창업자 또는 신기술사업자, 부품·소재 전문기업, 주권상장법인 또는 코스닥상장법인 중 법 소정 법인
		대상 주식매수선택권	대상 내국법인의 법 소정 종업원 등이 행사하는 법 소정 주식매수선택권일 것
		비과세 특례대상	행사이익 중 연 3,000만원 이내의 금액
		과세특례	근로소득·기타소득·사업소득 제외(비과세)
	2018.1.1. ~ 2027.12.31. 개정	구 분	내 용(조특법 §16의 2, 조특령 §14의 2)
		대상 내국법인	벤처기업 또는 벤처기업이 발행주식총수의 30% 이상을 인수한 기업 2022.1.1. 이후 행사분부터 적용 (조특법 부칙 §6 ①, 2021.12.28.)
		대상 주식매수 선택권	• 2018.1.1. 이후 벤처기업 임직원이 벤처기업육성에 관한 특별법 제16조의 3에 따라 부여받은 주식매수선택권일 것 • 2020.1.1. 이후 코넥스상장기업으로부터 상법 제340조의 2 또는 제542조의 3에 따라 부여받은 주식매수선택권일 것
		비과세 특례대상	• 행사이익 중 연간 2억원 이내의 금액 ✔ 벤처기업별로 비과세 누적한도는 5억원을 초과하지 못함 다만, 2022.12.31. 이전 이익은 누적금액에 포함하지 않음(조특법 부칙 §30, 2022.12.31.) ✔ 양도소득 과세 시 행사 당시 시가 이하 발행이익에 대해 비과세 적용받은 금액은 차감하고 비과세 적용
		과세특례	근로소득·기타소득·양도소득 비과세 ✔ 양도소득 과세 시 행사 당시 시가 이하 발행이익에 대해 비과세 적용받은 금액은 차감하고 비과세 적용
		비과세 신청	• 제출서식 : 비과세특례적용명세서 • 제출기한 : 주식매수선택권 행사일이 속하는 연도의 다음연도 2월 말일까지 비과세특례적용명세서를 제출기한까지 제출하지 아니한 경우에도 법소정 요건을 충족하면 비과세특례를 적용받을 수 있음(사전법령소득-1341, 2021.10.27.) • 제출처 : 원천징수 관할세무서장 • 제출제외 : 납부특례(조특법 §16의 3), 양도소득과세특례(조특법 §16의 4)를 적용받고자 특례적용대상명세서를 제출한 경우

벤처기업으로부터 주식매수선택권을 부여받았으나 이를 행사할 때 그 주식매수선택권의 부여법인이 벤처기업에 해당하지 않게 되는 경우에도 비과세특례 규정 요건을 충족한 경우에는 해당 특례를 적용받을 수 있음(서면법령소득-3480, 2021.8.31.)

사례 벤처기업 임직원의 주식매수선택권 행사이익

1. 자료

(1) 벤처기업 임원 甲은 2025년 근로제공기간 중에 주식매수선택권을 행사하여 50,000주를 취득하다.

(2) 주식매수선택권 관련 자료는 다음과 같으며, 임원 甲은 주식매수선택권으로 취득한 주식 50,000주 전부를 미래에 1주당 40,000원에 양도한다고 가정한다.

구 분	상황 1		상황 2	
	행사 당시	부여 당시	행사 당시	부여 당시
실제 매수가액(1주당)	15,000	–	8,000	–
시가(1주당)	30,000	10,000	30,000	10,000

2. 양도소득세 과세특례는 신청하지 않고 비과세 특례만을 신청한 경우

(1) 행사시점

근로제공기간 중 주식매수선택권을 행사하게 된 바, 행사이익 전액이 근로소득이 된다.
다만, 2023.1.1. 이후 행사하는 것인 바, 연 2억원까지 비과세 될 수 있다.

<table>
<tr><th colspan="2">구 분</th><th>상황 1</th><th>상황 2</th></tr>
<tr><td colspan="2">행사이익
→ 근로소득</td><td>50,000주 × (30,000원 – 15,000원)
= 750,000,000원</td><td>50,000주 × (30,000원 – 8,000원)
= 1,100,000,000원</td></tr>
<tr><td rowspan="2">근로소득
지급
명세서</td><td>비과세
(⑱-31)</td><td>200,000,000</td><td>200,000,000</td></tr>
<tr><td>과세
(⑮-1)</td><td>550,000,000</td><td>900,000,000</td></tr>
</table>

(2) 양도시점

구 분	상황 1	상황 2
양도소득	50,000주 × (40,000원 – 30,000원) = 500,000,000원	50,000주 × (40,000원 – 30,000원) = 500,000,000원
비과세	–	–
과세	500,000,000	500,000,000

3. 양도소득세 과세특례와 비과세 특례를 모두 신청한 경우

양도소득세 과세특례를 신청하는 경우 행사시점에서는 행사이익에 대해 근로소득 또는 기타소득으로 과세되지 않고 해당 주식을 양도할 때 양도소득으로 과세된다.

다만, 2022.1.1. 이후 부여분부터는 **행사 당시 실제매수가액이 부여당시 시가보다 낮은 경우(상황 2에 해당) 해당 차액**에 대해서는 행사 당시 근로소득 또는 기타소득으로 과세하고, 향후 양도소득을 계산할 때에는 부여당시 시가를 취득가액으로 하여 계산하도록 개정되었다.

주어진 자료에 대해 각 시점별 과세는 다음과 같이 이루어진다.

시가 이하 발행이익

(1) 2021.12.31. 이전 부여분인 경우

① 행사시점

구 분		상황 1	상황 2
행사이익 → 양도소득(과세유예)		50,000주 × (30,000원 − 15,000원) = 750,000,000원	50,000주 × (30,000원 − 8,000원) = 1,100,000,000원
시가 이하 발행이익 → 근로소득		−	−
근로소득 지급 명세서	비과세 (⑱-31)	−	−
	과세 (⑮-1)	−	−

② 양도시점

구 분	상황 1	상황 2
양도소득	50,000주 × (40,000원 − 30,000원) + 50,000주 × (30,000원 − 15,000원) = 1,250,000,000원	50,000주 × (40,000원 − 30,000원) + 50,000주 × (30,000원 − 8,000원) = 1,600,000,000원
비과세	200,000,000	200,000,000
과세	1,050,000,000	1,400,000,000

(2) 2022.1.1. 이후 부여분인 경우

① 행사시점

행사 당시 실제매수가액과 부여당시 시가 중 큰 금액을 해당 주식의 취득가액으로 봄

구 분		상황 1	상황 2
행사이익 → 양도소득(과세유예)		50,000주 × (30,000원 − 15,000원) = 750,000,000원	50,000주 × (30,000원 − 10,000원) = 1,000,000,000원
시가 이하 발행이익 → 근로소득		−	50,000주 × (10,000원 − 8,000원) = 100,000,000원
근로소득 지급 명세서	비과세 (⑱-31)	−	100,000,000
	과세 (⑮-1)	−	−

상기 도표에서 보듯이 2022.1.1. 이후 부여분부터 시가 이하 발행이익에 대해서는 행사시점에 근로소득으로 과세하도록 개정되었다. 다만, 비과세 특례를 신청한 바, 연 2억원 이내 금액까지는 비과세 된다.

행사 당시 실제매수가액과 부여당시 시가 중 큰 금액을 해당 주식의 취득가액으로 봄

② 양도시점

구분	상황 1	상황 2
양도소득	50,000주 × (40,000원 − 30,000원) + 50,000주 × (30,000원 − 15,000원) = 1,250,000,000원	50,000주 × (40,000원 − 30,000원) + 50,000주 × (30,000원 − 10,000원) = 1,500,000,000원
비과세	200,000,000	100,000,000
과세	1,050,000,000	1,400,000,000

상기 도표에서 보듯이 2022.1.1. 이후 부여분부터 양도소득 계산 시 취득가액은 행사당시 실제매수가액과 부여당시 시가 중 큰 금액으로 하여 계산하며, 비과세 금액 산출 시에는 행사당시 비과세 혜택을 받은 금액은 차감하여 적용한다.

비과세 특례금액에서 행사당시 시가 이하 발행이익에 대해서 비과세 적용받은 금액은 차감하고 적용함

■ 조세특례제한법 시행규칙 [별지 제6호의2서식] 〈개정 2025. 3. 21.〉

벤처기업 주식매수선택권 행사이익 비과세 특례적용명세서

1. 원천징수의무자

법 인 명		사업자 등록번호	
사 업 장 소 재 지	(전화번호:　　　　　　)		

2. 과세특례 적용대상명세서

① 성명	② 직책	③ 주민등록번호	④ 주식매수선택권 행사일	⑤ 주식매수선택권 행사일 현재 1주당 시가	⑥ 주식매수선택권 행사이익	⑦ 행사이익 누적금액	
						⑧ 연간 누적금액	⑨ 총 누적금액

「조세특례제한법」 제16조의2 및 같은 법 시행령 제14조의2에 따라 위와 같이 벤처기업 주식매수선택권 행사이익에 대한 비과세 특례적용대상명세서를 제출합니다.

년　　월　　일

원천징수의무자　　　　　　　　　　(서명 또는 인)

세무서장 귀하

작성방법

1. 이 서식은 벤처기업 또는 벤처기업이 발행주식 총수의 100분의 30 이상을 인수한 기업의 임직원으로서 주식매수선택권 행사이익에 대해 소득세를 과세받는 자에 대해 작성합니다.
2. "⑥ 주식매수선택권 행사이익"란: "주식매수선택권 행사 수량 × (행사일의 1주당 시가 - 1주당 실제 매수가액)"으로 계산된 금액을 적습니다.
3. "⑧ 연간 누적금액"란: 주식매수선택권을 행사한 연도의 연간 행사이익 누적금액을 적습니다.
4. "⑨ 총 누적금액"란: "⑧ 연간 누적금액"을 포함한 총 누적금액을 적습니다.

210mm× 297mm[백상지 80g/㎡ 또는 중질지 80g/㎡]

17. 우리사주 관련

(1) 우리사주 취득(조특법 §88의 4 ④·⑧·①, 조특령 §82의 4 ③·①·②·⑨)

구 분	내 용
법인출연금 등으로 배정받은 우리사주 (우리사주 취득일 현재 상속세 및 증여세법 제63조 제1항 및 제2항을 준용하여 산정한 가액을 말함 다만, 같은 조 제1항 제1호 가목 중 '평가기준일 이전·이후 각 2월'은 각각 '평가기준일 이전 1월'로 봄)	1. 대상 우리사주 우리사주조합원이 우리사주조합을 통하여 배정받은 다음 우리사주 • 법인이 보유하거나 취득하여 우리사주조합에 출연하는 우리사주 • 법인의 출연금으로 취득한 우리사주 2. 근로소득 해당금액 Max[매입가액 등 – 법 소정 한도, 0] 3. 매입가액 등 (주주: 소득세법상 소액주주 제외) · 해당 법인 또는 법인의 주주로부터 출연받은 우리사주 / 시가의 70%보다 낮은 가액으로 취득한 우리사주 → 출연일(또는 취득일) 현재 시가 × 70% · 이 외 → 우리사주 취득에 소요된 실지거래가액 (우리사주조합에서 배정한 무상출연분에 대한 우리사주가 중도퇴사자로 인하여 회수되어 재배정하는 경우 배정 회차별로 각각 한도를 적용하는 것이 아니라 연간 취득액을 기준으로 합산하여 한도를 적용하여 한도초과분을 근로소득으로 과세함(서면원천-2486, 2024.10.7.)) 4. 법 소정 한도 Max[우리사주조합원의 직전연도 총급여액×20%, 500만원] (직전연도 총급여액: 직전연도 근로소득지급명세서 ㉑총급여) 5. 우리사주가 회수되는 경우 당초 배정된 우리사주가 우리사주조합원으로부터 우리사주조합에 회수되어 이미 지난 과세기간에 속하는 근로소득에서 빼야 할 금액이 있는 경우 회수일이 속하는 과세기간의 근로소득세액에 대한 연말정산 시 해당 근로소득에서 그 금액을 뺄 수 있음 (당초 배정된: 2007.1.1. 이후 최초로 배정받은 분에 한함) 6. 지급명세서 : ⑬급여 or ⑭상여
우리사주 조합원이 출자금으로 배정받은 우리사주	1. 대상 우리사주 우리사주조합원이 우리사주조합에 출자하고 그 조합을 통하여 취득한 우리사주 2. 근로소득 해당금액

3. 매입가액 등

구 분	매입가액 등
해당 법인 또는 법인의 주주로부터 출연받은 우리사주 시가의 70%보다 낮은 가액으로 취득한 우리사주	출연일(또는 취득일) 현재 시가 × 70%
이 외	우리사주 취득에 소요된 실지거래가액

우리사주 조합원이 출자금으로 배정받은 우리사주 – 2. 근로소득 해당금액

구 분	출자금	근로소득 해당금액
벤처기업 등의 우리사주조합원	1,500만원 이하	없음
	1,500만원 초과	Max[기준가액 – 1,500만원 초과금액으로 취득한 우리사주의 취득금액, 0]

<table>
<tr><th>구 분</th><th>내 용</th></tr>
<tr><td>우리사주
조합원이
출자금으로
배정받은
우리사주</td><td>
<table>
<tr><th>구 분</th><th>내 용</th></tr>
<tr><td>이 외</td><td>
<table>
<tr><th>출자금</th><th>근로소득 해당금액</th></tr>
<tr><td>400만원 이하</td><td>없음</td></tr>
<tr><td>400만원 초과</td><td>Max[기준가액 – 400만원 초과금액으로 취득한 우리사주의 취득금액, 0]</td></tr>
</table>
</td></tr>
</table>
3. 기준가액
<table>
<tr><th>구 분</th><th>기준가액</th></tr>
<tr><td>소액주주인 우리사주조합원이 근로복지기본법 제38조의 규정에 따라 우리사주를 우선 배정받는 경우</td><td>Min[취득일 현재 시가 × 70%, 액면가액]</td></tr>
<tr><td>이 외</td><td>취득일 현재 시가 × 70%</td></tr>
</table>
4. 지급명세서 : ⑬급여 or ⑭상여
</td></tr>
<tr><td>이 외</td><td>과세하지 않음(서일–973, 2007.7.9.; 원천세과–1121, 2024.11.21.)</td></tr>
</table>

- 이 외: 예를 들어 대주주가 출연한 우리사주를 우리사주조합을 통하여 배정받는 경우
- 과세하지 않음: 인출시점에 과세

사례 법인출연금 등으로 배정받은 우리사주(1)

1. 자료

(1) 법인 A는 자기주식(취득가액 @13,000원, 시가 @15,000원)을 우리사주조합에 출연하다.

(2) 우리사주조합은 '(1)'의 주식 중 1,000주를 우리사주조합원 甲에게 배정하였다.

(3) 甲의 직전연도 총급여액은 3,000만원이다.

2. 근로소득 해당액

(1) **매입가액 등** = 출연일(또는 취득일) 현재 시가 × 70%

= 1,000주 × 15,000원 × 70% = 10,500,000원

why 법인으로부터 출연받은 우리사주를 배정받은 경우에 해당

(2) **법 소정 한도** = Max[직전연도 총급여액 × 20%, 500만원] = 6,000,000원

(3) **근로소득 해당액** = Max[매입가액 등 – 법 소정 한도, 0] = 4,500,000원

사례 법인출연금 등으로 배정받은 우리사주(2)

1. 자료

(1) 법인 A는 우리사주조합에 우리사주 취득을 위해 출연하였으며, 우리사주조합은 해당 출연금으로 자기주식(취득가액 @13,000원, 시가 @15,000원)을 취득하였다.

(2) 우리사주조합은 '(1)'의 주식 중 1,000주를 우리사주조합원 甲에게 배정하였다.

(3) 甲의 직전연도 총급여액은 3,000만원이다.

2. 근로소득 해당액

법인출연금으로 취득한 우리사주를 배정받은 경우에도 '매입가액 등'이 '법 소정 한도'를 초과하는 경우 해당 금액이 근로소득으로 과세되므로 근로소득 해당액은 다음과 같다.

(1) **매입가액 등** = 취득에 소요된 실지거래가액 = @13,000 × 1,000주 = 13,000,000원

why 법인출연금으로 취득하였고, 취득가액이 시가의 70%를 초과함

(2) **법 소정 한도** = Max[직전연도 총급여액 × 20%, 500만원] = 6,000,000원

(3) **근로소득 해당액** = Max[매입가액 등 − 법 소정 한도, 0] = 7,000,000원

사례 우리사주조합원 출자금에 의한 우리사주 취득

1. 자료

(1) 벤처기업의 우리사주조합원 甲은 해당 연도에 1,620만원을 출자하였으며, 이 중 1,500만원을 소득공제 받았다.

(2) 甲은 해당 출자금으로 우리사주 1,000주(액면가액 @5,000원)를 취득하였다.

(3) 우리사주 취득일 현재 1주당 시가 및 취득가액은 각각 10,000원, 6,000원이다.

2. 근로소득 해당액

(1) 1,500만원을 초과하는 출자금으로 취득한 우리사주
우리사주 주식수 = (16,200,000 − 15,000,000) ÷ 6,000원 = 200주

(2) 甲의 근로소득 해당액

甲	1주당 기준가액	근로소득
우선배정 받은 소액주주	Min[취득일 현재 시가×70%, 액면가액] = Min[10,000 × 70%, 5,000] = 5,000	Max[기준가액 − 1,500만원 초과금액으로 취득한 우리사주의 취득금액, 0] = Max[200주 × 5,000원 − 200주 × 6,000원, 0] = 0
이 외	취득일 현재 시가 × 70% = 7,000원	Max[기준가액 − 1,500만원 초과금액으로 취득한 우리사주의 취득금액, 0] = Max[200주 × 7,000원 − 200주 × 6,000원, 0] = 200,000

(2) 우리사주 인출(조특법 §88의 4 ⑤·⑥·⑦, 조특령 §82의 4 ⑦·⑤·⑩ ~ ⑬)

구 분	내 용

인 출

1. 인출

구 분	내 용
의 미	의무예탁기간 이후 또는 의무예탁기간 내에 조합의 해산, 조합원의 사망 또는 퇴직 등의 사유로 인출하는 것(근로복지기본법 §43·§44)
인출로 보지 않는 경우	합병·분할·분할합병(이하 "합병 등")으로 인하여 증권금융회사에서의 우리사주조합원별 계정에 예탁되어 있는 우리사주(이하 "구주식")를 새로운 주식(이하 "신주식")으로 교체하는 경우

2. 과세대상 인출 우리사주

(1) 과세대상

구 분	내 용
원 칙	과세제외대상 이외 모든 인출 우리사주
합병 등의 경우	과세대상 신주식의 수(1주 미만 주식은 버림)는 다음 산식을 적용 $$\text{신주식의 수} \times \frac{\text{구주식 중 과세인출주식의 수}}{\text{구주식의 총수}}$$

(2) 과세제외대상

- 우리사주조합출연금소득공제(출연금에서 400만원(벤처기업 등은 1,500만원) 한도로 공제받을 수 있음)를 받지 아니한 출연금으로 취득한 우리사주
- 해당 법인이 출연하거나 해당 법인의 출연금으로 취득한 우리사주 중 법 소정 한도를 초과하여 근로소득세가 과세된 우리사주
- 잉여금을 자본에 전입함에 따라 우리사주조합원에게 무상으로 지급된 우리사주

3. 과세대상 판단 시 인출순서

구 분	내 용
원 칙	먼저 배정된 우리사주
동시에 배정된 경우	과세제외대상 우리사주 → 과세대상 우리사주

인출금(근로소득 해당액)

1. 인출금

$$\text{인출금} = \text{Min}[(a),\ (b)]$$

(a) = 과세인출주식의 매입가액 등　　(b) = 과세인출주식의 인출일 현재 시가(해당 법인이 파산선고를 받은 경우에는 '0'으로 함)

2. 합병 등의 경우

구 분	내 용
인출금	$\text{인출금} = \text{신주식 외에 교부받은 금전 등 합계액} \times \frac{\text{구주식 중 과세인출주식의 수}}{\text{구주식의 총수}}$
인출금으로 보지 않는 경우	• 1주 미만의 단주에 한하여 금전 등을 교부받은 경우 그 금전 등 • 합병 등의 대가로 구주식에 대하여 교부받은 금전 등의 합계액이 구주식의 매입가액 등을 초과하는 경우 그 초과하는 금액

구 분	내 용

인출금(근로소득 해당액)

3. 우리사주조합출연금을 우리사주 취득에 사용하지 않고 인출하는 경우

구 분	내 용
소득공제를 받은 금액	인출금에 포함
소득공제를 받지 않은 금액	인출금에 포함하지 않음

4. 시가 및 매입가액 등

구 분	내 용
시가·매입가액 등	"우리사주 취득" 부분 참조
합병 등의 경우	신주식 1주당 매입가액 등 = $\frac{\text{구주식의 매입가액 등}}{\text{신주식의 수}}$

해당 금액에서 합병 등의 경우에서 인출금으로 보지 않는 경우 외의 금전 등의 합계액을 차감함

비과세

1. 비과세 근로소득 해당금액

조세특례제한법상 중소기업을 말하며, 과세인출주식의 인출일을 기준으로 중소기업 여부를 판단함(서면법규소득-4567, 2025.7.23.)

중소기업		중소기업 이외 기업	
보유기간	비과세 근로소득	보유기간	비과세 근로소득
6년 이상	인출금 × 100%		
4년 이상 6년 미만	인출금 × 75%	4년 이상	인출금 × 75%
2년 이상 4년 미만	인출금 × 50%	2년 이상 4년 미만	인출금 × 50%
2년 미만	–	2년 미만	–

2. 보유기간 산정

근로복지기본법 시행령 제19조에 따라 개인별 계정에 배정하는 날(서일-1499, 2006.11.6.)

구 분	2007.1.1.~ 배정	~2006.12.31. 배정
원 칙	증권금융회사의 우리사주조합원별 계정에 의무적으로 예탁해야 하는 기간의 종료일 다음 날 ~ 인출한 날	증권금융회사에서의 우리사주조합원별 계정에 우리사주를 예탁한 날 ~ 인출한 날
합병 등으로 구주식을 신주식으로 교체한 경우	구주식을 의무적으로 예탁해야 하는 기간의 종료일 다음 날 ~ 해당 신주식을 인출한 날	구주식을 예탁한 날 ~ 해당 신주식을 인출한 날

증권거래법에 따라 증권금융회사로부터 우리사주를 인출한 날(서일-260, 2007.2.21.)

3. 보유기간 산정 시 인출순서

구 분	내 용
원 칙	먼저 배정된 우리사주
동시에 배정된 경우	과세제외대상 우리사주 → 과세대상 우리사주

<table>
<tr><th>구 분</th><th>내 용</th></tr>
<tr><td>지급
명세서</td><td>
1. 과세 대상 : ⑮-2 우리사주조합인출금
2. 비과세 대상
<table>
<tr><th>비과세</th><th>지급명세서 기재</th></tr>
<tr><td>50%</td><td>⑱-14 (Y02)</td></tr>
<tr><td>75%</td><td>⑱-15 (Y03)</td></tr>
<tr><td>100%</td><td>⑱-16 (Y04)</td></tr>
</table>
</td></tr>
<tr><td>기타
사항</td><td>
1. 인출금에 대한 원천징수
<table>
<tr><th>구 분</th><th>내 용</th></tr>
<tr><td>원천징수세액</td><td>소득세율을 적용하여 원천징수</td></tr>
<tr><td>동일한 월에 2회 이상 인출하는 경우</td><td>인출금을 합산하여 원천징수세액을 계산(원천-621, 2010.7.29.)</td></tr>
</table>
2. 인출관련 서류제출
(1) 우리사주조합 ✔ 법인
<table>
<tr><th>구 분</th><th>내 용</th></tr>
<tr><td>제출시기</td><td>우리사주조합원이 증권금융회사에 예탁된 우리사주를 인출하는 때</td></tr>
<tr><td>제출서류</td><td>주권인출내역서(증권금융회사 발급)</td></tr>
</table>
(2) 법인 ✔ 관할세무서
<table>
<tr><th>구 분</th><th>내 용</th></tr>
<tr><td>제출시기</td><td>우리사주의 인출일이 속하는 연도의 다음연도 2월말(휴·폐업의 경우 휴업일 또는 폐업일이 속하는 달의 다음 다음 달 말일)까지</td></tr>
<tr><td>제출서류</td><td>우리사주인출 및 과세명세서(법인 작성)</td></tr>
</table>
</td></tr>
</table>

사례 우리사주인출

1. 자료

(1) 중소기업이 아닌 법인 A는 20×9년 자기주식(취득가액 @13,000원, 시가 @15,000원)을 우리사주조합에 출연하였다.

(2) 우리사주조합은 '(1)'의 주식 중 1,000주를 우리사주조합원 甲에게 배정하였다.

(3) 甲의 20×8년 총급여액은 3,000만원이다.

(4) 甲은 상기 '(2)'의 우리사주 1,000주를 다음과 같이 인출하다.

우리사주 인출시기	인출주식수	인출일 현재 1주당 시가
2×10년	500주	@20,000
2×12년	200주	@30,000
2×14년	300주	@40,000

2. 과세인출주식

(1) 근로소득 해당액

① 매입가액 등

= 출연일(또는 취득일) 현재 시가 × 70% = 1,000주 × 15,000원 × 70%

= 10,500,000원

why 법인으로부터 출연받은 우리사주를 배정받은 경우에 해당

② 법 소정 한도 = Max[직전연도 총급여액 × 20%, 500만원] = 6,000,000원

③ 근로소득 해당액 = Max[매입가액 등 − 법 소정 한도, 0] = 4,500,000원

(2) 과세인출주식

① 과세인출주식의 수

법 소정 한도에 해당하는 금액으로 취득한 주식이 과세인출주식에 해당하므로 과세인출주식의 수는 다음과 같다.

∴ 과세인출주식 수 = 1,000주 × 6,000,000원 / 10,500,000원

= 572주(1주 미만 단주는 1주로 봄)

② 연도별 과세인출주식의 수

우리사주를 인출하는 경우 먼저 배정받은 주식을 먼저 인출하는 것으로 보되, 동시에 배정받은 경우에는 과세인출주식 외의 우리사주를 먼저 인출하는 것으로 보므로 각 연도별 과세인출주식의 수는 다음과 같다.

구 분	인출우리사주	과세인출주식 외 우리사주	과세인출주식 우리사주
2×10년	500주	428주	72주
2×12년	200주	−	200주
2×14년	300주	−	300주
합 계	1,000주	428주	572주

(3) 인출금

인출금은 과세인출주식의 매입가액 등과 해당 주식의 인출일 현재 시가 중 적은 금액이므로 각 연도별 인출금은 다음과 같다.

구 분	매입가액 등	인출일 현재 시가	과세인출주식 수	인출금
2×10년	@10,500	@20,000	72주	756,000
2×12년	@10,500	@30,000	200주	2,100,000
2×14년	@10,500	@40,000	300주	3,150,000

(4) 근로소득 해당액

보유기간에 따라 인출금 중 근로소득에 해당하는 비율이 달라지므로 각 연도별 근로소득 해당액은 다음과 같다.

구 분	인출금	보유기간	비과세비율	근로소득 해당액
2×10년	756,000	2년 미만	−	756,000
2×12년	2,100,000	2년 이상 4년 미만	50%	1,050,000
2×14년	3,150,000	4년 이상	75%	787,500

(3) 우리사주 기타사항

<table>
<tr><th>구 분</th><th>내 용</th></tr>
<tr><td rowspan="3">우리사주
취득
대여금</td><td>1. 무이자부 대여금

<table>
<tr><th>구 분</th><th>내 용(재소득 46073-146, 1998.9.30.)</th></tr>
<tr><td>상 황</td><td>우리사주조합원이 우리사주 취득에 소요되는 금액을 법인으로부터 일정한 상환기간을 정하여 무이자로 대여받은 후 상환기일 이전에 적정이자율로 할인한 현재가치로 평가하여 상환하는 경우</td></tr>
<tr><td>과세대상</td><td>그 대여금과 상환액의 차액</td></tr>
</table></td></tr>
<tr><td>2. 이자부 대여금

<table>
<tr><th>구 분</th><th>내 용(서일-677, 2005.6.15.)</th></tr>
<tr><td>상 황</td><td>우리사주조합이 금융기관으로부터 우리사주 취득자금을 차입(법인에서 금융기관에 지급보증)하여 조합원 원금상환조건으로 우리사주를 조합원에게 배정하고 법인은 대출이자를 우리사주조합에 출연하여 조합원의 대출금 이자를 상환하는 경우</td></tr>
<tr><td>과세대상</td><td>우리사주조합원이 부담하여야 할 그 대출금에 대한 이자를 그 법인이 부담한 경우 그 이자상당액</td></tr>
<tr><td>소득제외</td><td>사내근로복지기금이 사내근로복지기금법에 의한 용도로 사용됨에 따라 근로자가 그 기금으로부터 우리사주 취득자금에 대한 대출이자 등을 지원받는 경우</td></tr>
</table></td></tr>
<tr><td>3. 주식반환조건 상환의무면제 대여금

<table>
<tr><th>구 분</th><th>내 용(서일 46011-11725, 2002.12.20.)</th></tr>
<tr><td>상 황</td><td>내국법인이 종업원에게 우리사주 취득자금을 대여한 후 그 내국법인의 경영권을 취득한 외국법인의 모회사가 "해당 종업원이 대여금으로 취득한 우리사주를 일정기한 내에 내국법인에 반환하는 것을 조건으로 종업원의 대여금 잔액 상환의무를 면제해주는 약정"을 종업원과 체결하고 이에 따라 종업원을 대신하여 그 미상환 잔액을 내국법인에 지급하는 경우로서 내국법인이 반환한 주식을 외국법인의 모회사에 매도하는 등의 사유가 없는 경우</td></tr>
<tr><td>소득제외</td><td>외국법인의 모회사가 종업원을 대신하여 내국법인에 지급한 금액</td></tr>
</table>
내국법인이 반환된 주식을 외국법인의 모회사에 매도하는 등의 사유가 없는 경우로서, 외국법인의 모회사가 종업원을 대신하여 내국법인에 지급하는 금액에 대해서는 종업원이 부담한 세액을 그 모회사가 대신 부담하는 경우 그 세액은 근로소득 또는 기타소득에 해당하지 않음</td></tr>
<tr><td>우리사주
취득
지원금</td><td>1. 과세대상 : 법인이 우리사주조합원인 사용인에게 그 법인의 주식취득에 소용되는 자금을 지원하기 위하여 합리적인 지급기준에 따라 지급하는 보조금(소득 46011-2683, 1998.9.21.)
2. 소득제외 : 사내근로복지기금으로부터 받은 우리사주 주식매입자금 지원금(서일-500, 2004.3.31.)</td></tr>
</table>

<table>
<tr><th>구 분</th><th>내 용</th></tr>
<tr><td>반납조건
무상주</td><td>
1. 상황
우리사주조합을 통하여 그 법인의 주식을 취득하는 종업원에게 5년 이내 퇴사 시 50%를 반납하는 조건으로 무상주를 지급하고, 5년 이내 퇴사함에 따라 배정된 주식의 50%를 반납하는 경우
2. 과세방법
<table>
<tr><th>구 분</th><th>과세방법</th></tr>
<tr><td>무상주
지급시점</td><td>근로자가 지급받는 주식의 시가를 근로소득 수입금액으로 하여 그 주식을 지급하는 때에 소득세를 원천징수</td></tr>
<tr><td>반납
시점</td><td>반납한 주식을 각 귀속연도 근로소득 수입금액에서 차감하여 근로소득세를 재정산</td></tr>
</table>
</td></tr>
<tr><td>퇴직으로
인한 인출
(조특법
§88의 4 ⑭)</td><td>
1. 상황
우리사주조합원이 보유하고 있는 우리사주로서 다음 요건을 갖춘 주식을 해당 조합원이 퇴직을 원인으로 인출하여 우리사주조합에 양도하는 경우
• 우리사주조합원이 우리사주를 우리사주조합을 통하여 취득하고 1년 이상 보유할 것
• 우리사주조합원이 보유하고 있는 우리사주가 양도일 현재 증권금융회사에 1년 이상 예탁되어 있을 것
• 우리사주조합원이 보유하고 있는 우리사주의 액면가 합계액이 1,800만원 이하일 것
2. 과세방법
<table>
<tr><th>양도차익</th><th>과세방법</th></tr>
<tr><td>3,000만원 이하</td><td>양도소득으로 보지 않음</td></tr>
<tr><td>3,000만원 초과</td><td>3,000만원 초과 양도차익을 양도소득으로 봄</td></tr>
</table>
</td></tr>
</table>

[별지 제60호의 5서식] <개정 2016.3.14.>

(앞 쪽)

기간	. . . ~ . . .	**우리사주인출 및 과세명세서**	법인명	

※관리번호 □□ – □□　　　　사업자등록번호 □□□ – □□ – □□□□□

※표시란은 적지 마시고, 작성요령은 뒤쪽을 참조하십시오.

일련번호	① 성명	②주민등록번호	③ 우리사주 인출일	인출주식수		2년 미만 보유 과세인출주식 및 원천징수세액					2년 이상 4년 미만 보유 과세인출주식 및 원천징수세액					4년 이상(중소기업의 경우 4년 이상 6년 미만) 보유 과세인출주식 및 원천징수세액					6년 이상 보유 과세인출주식(중소기업의 경우)			㉔ 원천징수세액계 (⑩+⑮+⑳)
				④ 과세	⑤ 비과세	⑥ 주식수	⑦매입 가액계	⑧ 인출일 현재 시가	⑨ 과세 표준	⑩ 원천 징수 세액	⑪ 주식수	⑫매입 가액계	⑬ 인출일 현재 시가	⑭ 과세 표준	⑮ 원천 징수 세액	⑯ 주식수	⑰ 매입 가액계	⑱ 인출일 현재 시가	⑲ 과세 표준	⑳ 원천 징수 세액	㉑ 주식수	㉒ 매입 가액계	㉓ 인출일 현재 시가	

「조세특례제한법 시행령」 제82조의4에 따라 우리사주인출 및 과세명세서를 제출합니다.

년　　　월　　　일

제 출 인　　　　　　　　(인)

세무서장　귀하

297㎜×210㎜(신문용지 54g/㎡(재활용품))

(뒤쪽)

작 성 요 령

1. ③ 우리사주인출일란은 「증권거래법」에 따른 증권금융회사로부터 자사주를 인출하는 날을 적습니다.

2. ④ 과세란은 인출하는 자사주에서 「조세특례제한법」 제88조의4제5항 각 호에 해당하는 주식을 제외한 자사주의 수를 적습니다.

3. ⑦ · ⑫ · ⑰ · ㉒ 매입가액계란은 「조세특례제한법 시행령」 제82조의4제1항제2호에 따른 매입가액 등을 적습니다.

4. ⑧ · ⑬ · ⑱ · ㉓ 인출일현재시가란은 「조세특례제한법 시행령」 제82조의4제1항제1호에 따른 인출일 현재 1주당 시가에 각각 ⑥ · ⑪ · ⑯ 주식수란의 주식수를 곱하여 산출한 금액을 적습니다.

5. ⑨ 과세표준란은 ⑦란과 ⑧란의 금액 중 적은 금액을, ⑭ 과세표준란은 ⑫란과 ⑬란의 금액 중 적은 금액을, ⑲ 과세표준란은 ⑰란과 ⑱란의 금액 중 적은 금액을, ㉔ 과세표준란은 ㉒란과 ㉓란의 금액 중 적은 금액을 각각 적습니다.

6. ⑩ 원천징수세액란은 ⑨ 과세표준란의 금액에 「소득세법」 제55조제1항에 따른 기본세율을 곱하여 산출한 금액을 적습니다.

7. ⑮ · ⑳ 원천징수세액란은 해당 과세인출주식으로 인하여 증가하는 근로소득세액을 적습니다.

18. 사내근로복지기금 보조금

사내근로복지기금의 용도사업에 해당하는지 여부는 사내근로복지기금법을 참고하고 궁금한 점은 주무부서인 고용노동부에 문의(원천-106, 2009.1.9.)

<table>
<tr><th>구 분</th><th>내 용</th><th>지급 명세서</th></tr>
<tr><td>소득 제외</td><td>1. 요건
<table><tr><th>구 분</th><th>내 용(원천-363, 2010.4.29.; 서일 46011-11333, 2003.9.22.)</th></tr><tr><td>사내근로복지기금</td><td>근로복지기본법에 따른 사내근로복지기금일 것</td></tr><tr><td>보조금</td><td>근로복지기본법에 따른 사업을 그 기금의 용도사업으로 규정한 정관을 노동부장관으로부터 인가받아 시행하는 경우로서 해당 근로자가 정관에 정한 목적사업에 따라 그 기금에서 보조받은 금액일 것</td></tr></table>
2. 사례
• 수익금에서 지급받는 의료비 보조금(소득 46011-2366, 1993.8.11.)
• 출연금 또는 출연금의 수익금에서 지급받는 학자금(서일-1522, 2004.11.11.; 재소득-67, 2003.12.13.)
• 우리사주 주식매입자금 지원금(서일-500, 2004.3.31.)
• 우리사주 취득자금에 대한 대출이자 등을 지원받는 경우 그 이익(서일-677, 2005.6.15.)
• 주택의 신축·구입 또는 임차자금의 보조, 생활안정자금 등을 저리로 대부받음으로써 얻는 이익(소득 46011-680, 1999.2.24.; 소득 46011-1073, 1998.4.28.)
• 장기주택저당차입금이자상환액의 일부를 보조받는 경우(서면법규-1302, 2012.11.6.)
• 근로자가 납입하는 개인연금저축액의 일부를 보조받는 경우(소득 46011-2537, 1994.9.6.)
• 협력업체 근로자 등을 기금의 수혜대상에 포함(기금 정관에 명시)하여 기념품을 지급하는 경우 그 기념품(서일-1366, 2007.10.8.; 서일-1484, 2005.12.2.)</td><td>기재 안함(×)</td></tr>
<tr><td>과세 대상</td><td>1. 정관의 목적사업이 아닌 경우
• 정관에서 정한 대부가 아닌 전액 지원을 할 경우(서일 46011-11333, 2003.9.22.)
• 노동부에서 규정한 금액을 초과하여 경조사비를 지급하는 경우(서일 46011-11333, 2003.9.22.)
2. 우회지급하는 경우 : 회사가 근로자에게 직접 지급할 자금을 사내근로복지기금(또는 노동조합)에 지급한 후 사내근로복지기금(또는 노동조합)에서 학자금을 지급하는 경우 그 학자금
3. 근로대가인 경우 : 사내근로복지기금이 그 기금의 사무집행 또는 감사업무를 위해 선임한 이사 및 감사에게 기금의 운영경비에서 매월 지급하는 수당 등의 금액(서일-1283, 2006.9.15.)</td><td>⑬급여 or ⑭상여</td></tr>
</table>

한걸음 더

사내근로복지기금 보조금과 증여세와의 관계

구 분	내 용
원 칙	사내근로복지기금 보조금이 근로소득에 해당되지 않는 경우 ✔ 원칙적으로 증여세 과세
증여세 비과세	다음에 해당되는 경우 증여세 비과세(상증법 §46 4호, 상증령 §35 ④) 1. 학자금 또는 장학금 기타 이와 유사한 금품 2. 기념품·축하금·부의금 기타 이와 유사한 금품으로서 통상 필요하다고 인정되는 금품 3. 혼수용품으로서 통상 필요하다고 인정되는 금품 4. 타인으로부터 기증을 받아 외국에서 국내에 반입된 물품으로서 당해 물품의 관세의 과세가격이 100만원 미만인 물품 5. 무주택근로자가 건물의 총연면적이 85제곱미터 이하인 주택(주택에 부수되는 토지로서 건물연면적의 5배 이내의 토지 포함)을 취득 또는 임차하기 위하여 법 제46조 제4호의 규정에 의한 사내근로복지기금 및 공동근로복지기금으로부터 증여받은 주택취득보조금 중 그 주택취득가액의 5% 이하의 것과 주택임차보조금 중 전세가액의 10% 이하의 것 6. 불우한 자를 돕기 위하여 언론기관을 통하여 증여한 금품
사 례	근로자가 사내근로복지기금으로부터 지급받은 부의금이 사회통념상 필요하다고 인정되는 금액을 초과하는 경우 근로자가 받은 부의금 총액에 대하여 증여세가 과세됨(서일 46014-11139, 2003.8.22.)

물품 또는 금액을 지급한 자별로 사회통념상 인정되는 물품 또는 금액을 기준으로 하며, 사회통념상 인정되는 금품에 해당하는지 여부는 동일한 사건에 대하여 지급한 금품의 총액을 기준으로 함(서일 46014-11139, 2003.8.22.)

19. 기타 지원금 및 수당

(1) 임금피크제 보전수당

구 분	내 용	지급명세서
과세대상	근로자가 고용보험법 시행령 제28조에 따라 지급받는 임금피크제 보전수당(원천세과-71, 2010.1.22.)	⑬급여 or ⑭상여

(2) 체력단련비

구 분	내 용	지급명세서
과세대상	1. 종업원에게 체력단련비 명목으로 직접 지급하는 금품의 가액(소득 22601-2121, 1986.7.2.) 2. 부정기적 체력단련비는 상여임(소득 22601-2932, 1989.8.5.)	⑬급여 or ⑭상여

(3) 소득세 대납액

구 분	내 용	지급명세서
과세대상	1. 근로자가 부담해야 할 급여에 대한 소득세 등을 사용자가 부담한 경우(소통 20-0…4) 2. 국내의 외투기업에 파견된 주재원(거주자 해당)이 외투기업으로부터 받는 급여에 대한 소득세 등을 외국의 모기업이 부담하기로 한 경우 해당 모기업이 부담한 소득세 등(서일-272, 2007.2.22.) 3. '2.'에 해당하는 소득세 등을 그 주재원의 근로소득에 포함시킴으로 인하여 추가로 과세되는 소득세를 외국의 모기업이 재차 부담하는 경우 그 재차부담금액(서일-272, 2007.2.22.)	⑬급여 or ⑭상여

(4) 부가가치세 경감액

구 분	내 용(원천-94, 2010.1.29.)	지급명세서
과세대상	여객자동차운수사업법상 일반택시 운송사업자가 조세특례제한법 제106조의 4 규정에 따른 부가가치세 경감세액상당액을 그 규정의 사용목적에 따라 일반택시 운송종사자에게 개인별로 현금 지급하는 경우	⑬급여 or ⑭상여

(5) 선택적 복지제도

구 분	내 용(서일-516, 2006.4.24.)	지급명세서
과세대상	선택적 복지제도 운영지침에 따라 복지후생제도를 시행함에 있어 각 종업원에게 개인별로 포인트를 부여하여 이를 사용하게 하는 경우 해당 포인트 사용액 중 비과세소득 및 근로소득으로 보지 않는 것을 제외한 사용액	⑬급여 or ⑭상여

(6) 공무원의 맞춤형 복지비

구 분	내 용(법제처-17-598, 2018.2.21.)	지급명세서
소득제외	공무원에게 지급되는 맞춤형 복지비	기재 안함(×)

임금에는 해당되지 않음(대법원 2016다48785, 2019.8.22.)

한걸음 더

본문에서는 선택적 복지제도에 따른 선택적 복지포인트가 근로소득에 해당한다고 언급하였다. 다만, 다음과 같이 최근 "선택적 복지제도의 근로소득 해당여부"에 대한 조세심판원 및 법원의 판단이 서로 엇갈린 것이 있어 참고하기 바란다.

구 분	관련 예규
근로소득으로 본 예규	• 직급, 근속 등에 따라 차등지급되고 있어 근로의 대가 또는 근로조건의 내용을 이루는 것이 아니라고 단정하기 어려운 점, 청구법인이 제시한 대법원 판결은 선택적 복지제도에 따라 지급된 복지포인트가 근로기준법상 임금에 해당하는지 여부에 관한 것이나, 근로기준법상 임금과 소득세법상 근로소득은 서로 정의규정 및 입법목적이 같지 않으므로 이를 이 사건에 직접 원용하기는 어려워 보이는 점, 쟁점복지포인트는 사법상 계약으로 지급규모가 결정되어 이를 비과세대상으로 볼 경우 지급비중을 높일 유인이 발생하는 점 등에 비추어, 쟁점복지포인트는 근로를 제공함으로써 받는 수당 등 과세대상 근로소득에 해당한다고 보아야 할 것임(조심 2023서9271, 2023.10.20.) • 고용주의 의사에 따라 자율적으로 적용범위, 항목, 점수부여기준 등을 설정할 수 있는 쟁점복지포인트와 달리 공무원복지점수는 공무원 후생복지에 관한 규정 등 관련 법령의 제한을 받는 점, 공무원 복지점수를 소득세법상 과세대상인 근로소득으로 보게 되면 공무원연금법에 따라 국가나 지방자치단체가 부담하는 연금부담금의 산정기준이 되는 공무원의 보수가 증가하여 국가나 지방자치단체의 재정지출이 증가될 수 있는 등의 우려가 있으므로 국가재정 상황 등을 고려한 입법, 정책적 검토에 따라 과세대상 해당 여부를 결정한 것으로 보이는 점, 민간기업에서 운영되는 맞춤형 복지제도 중 근로복지기본법에 따라 근로자의 복지 증진을 위한 목적에서 사내근로복지기금을 통해 근로자에게 지급되는 선택적 복지비는 근로소득에 해당하지 않는다고 보아 과세하고 있지 않은 점 등을 고려하면, 쟁점복지포인트와 공무원 복지점수를 동일하게 보기는 어려우므로 공무원 복지점수와 달리 과세대상인 근로소득에 포함된다고 해석하는 것이 조세평등의 원칙에 위배된다고 할 수 없다. 또한, 매년 초 근로를 제공하는 임직원(휴직자 제외)을 대상으로 근무연수, 가족 수 등을 고려하여 쟁점복지포인트를 계속적·정기적으로 배정한 점, 연도 중 휴직, 파면, 면직 등이 되면 그 변동일을 기준으로 월할 계산하여 쟁점복지포인트의 점수를 조정한 점 등을 종합하여 보면, 쟁점복지포인트는 '근로를 전제로 그와 밀접히 관련되어 근로조건의 내용을 이루고 있는 것'으로서 근로소득에 해당한다고 봄이 타당함(인천지법 2023구합51582, 2023.10.19.; 서울고법 2023누36536, 2024.2.2.)
근로소득으로 보지 않은 예규	• 근로복지기본법상 선택적 복지제도에 따른 선택적 복지포인트는 '근로복지'에 해당할 뿐, 사용자와 근로자 사이의 근로관계에서 임금·근로시간·후생·해고 기타 근로자의 대우에 관하여 정한 조건인 '근로조건'에 해당하지 않아 '근로조건'의 내용을 이루고 있지 않고 복지포인트 배정을 금원의 지급으로 볼 수 없으므로, 선택적 복지포인트는 과세대상 근로소득에 해당하지 않음(대전고법 2022누13617, 2023.10.26.; 광주고법 2023누10852, 2024.1.25.)

임직원들이 청구법인에게 제공한 근로와 일정한 상관관계 내지 경제적 합리성에 기한 대가 관계가 인정되면 과세대상 근로소득에 해당함(조심 2025부766, 2025.3.27. 외 다수)

(7) 사회복지시설 근로자에게 지급하는 복지수당

구 분	내 용(서면법규-241, 2013.3.6.)	지급명세서
과세대상	지방자치단체가 사회복지시설에 종사하는 근로자에게 처우개선 목적으로 근로시간, 근무연수 등을 고려하여 직접 지급하는 복지수당 (원천세과-384, 2024.3.28.)	⑬급여 or ⑭상여

02

(8) 사외이사가 받는 수당

구 분	내 용(소득 46011-2114, 1998.7.28.)	지급명세서
비과세대상	거주자인 사외이사가 지급받는 실비변상 정도의 체재비·항공료 등	기재 안함(×)
과세대상	거주자인 사외이사가 고용관계나 이와 유사한 계약에 의하여 독립적인 자격 없이 그 계약에 의한 직무(이사회 참석 등)를 수행하고 지급받는 보수	⑬급여 or ⑭상여

(9) 대학교수의 보직수당 등

구 분	내 용	지급명세서
과세대상	1. 대학교수가 특정보직을 수행하고 이에 대한 대가로 지급받는 수당 등 이와 유사한 금액(서일-104, 2006.1.25.) 2. 학교교원이 학교장의 명령을 받아 기숙사 사감으로 근무하면서 지급받는 사감수당(원천-373, 2009.4.30.) 3. 대학이 학술지원사업을 위해 후원회에서 조성한 후원금이나 특정○○에서 제공하는 지원금을 기부금으로 받아 교비에 포함시켜 이를 예산으로 연구과제를 공모한 후 연구과제 수행자로 선정된 소속 교수에게 해당 연구비를 지급하였으나 자체 연구비관리 규정을 마련하지 않아 해당 연구비에 대한 관리나 정산을 하지 않은 경우 그 연구비(서면소득-3085, 2016.4.26.)	⑬급여 or ⑭상여

(10) 방과후 학교 운영 관련

구 분	내 용(소득-948, 2010.9.1.)	지급명세서
과세대상	1. 방과후 학교 외부강사가 학교장과의 개별계약에 의해 채용되어 방과후 학교에서 강의하고 지급받는 강사료 2. 방과후 학교 운영 참여자(학부모 코디네이터, 엄마품 멘토)가 방과후 학교 행정업무 보조 및 학습지도 등의 활동을 하고 지급받는 대가	⑬급여 or ⑭상여

(11) 전직지원금

구 분	내 용	지급명세서
비과세대상	제대군인 지원에 관한 법률에 따른 전직지원금(소법 §12 3호 마목)	기재 안함(×)
과세대상	법인이 퇴직하는 종업원을 대상으로 재취업 기회를 제공하기 위해 노사합의에 따라 고용이 유지되는 조건으로 지급하는 전직지원금 (소득-596, 2010.5.24.)	⑬급여 or ⑭상여

(12) 확정기여형퇴직연금(DCP) 개인부담 관리수수료 지원금

구 분	내 용(원천-448, 2013.8.27.)	지급명세서
과세대상	확정기여형퇴직연금 가입자인 근로자가 부담해야 하는 추가부담금에 대한 관리수수료를 회사가 대신 부담하는 경우 해당 수수료	⑬급여 or ⑭상여

(13) 구직자 훈련수당 및 취업지원금 등

구 분	내 용	지급명세서
소득제외	1. 고용보험법 제27조에 근거한 고용디딤돌 프로그램(대기업의 직업훈련 이후 협력업체의 인턴 근무 채용지원 프로그램)에 따라서 대기업이 청년구직자에게 직업훈련을 실시하고 그 직업훈련기간 동안 지급하는 훈련수당(소득세제과-441, 2016.11.8.) 2. 지방자치단체 주관 일·경험 프로그램에 고용관계가 없는 학생이 일·경험 수련생으로서 직장체험 프로그램을 참여하고 받는 지원금(소득세제과-485, 2022.10.26.)	기재 안함(×)
과세대상	협력기업에 인턴으로 근무한 채용예정자 또는 구직자가 인턴근무를 종료하거나 해당 협력기업에 취업하는 경우에 지급받는 취업지원금(소득세제과-441, 2016.11.8.)	⑬급여 or ⑭상여

소득제외: 근로소득 및 기타소득에 해당되지 않음

(14) 인턴연수수당

구 분	내 용	지급명세서
과세대상	1. 신입사원 채용 확정 전에 신입사원 연수기간 동안 지급받는 연수수당(원천-316, 2009.4.9.) 2. "Job Sharing"의 일환으로 채용된 청년인턴십 대상자가 지급받는 인턴수당(원천-316, 2009.4.9.) 3. 한국엔지니어링진흥협회에서 이공계 미취업자를 대상으로 "엔지니어링 인턴지원사업"을 진행하고 참가하는 인턴연수생에게 지급하는 교통비·중식비 등 실비변상적인 연수수당(서일-808, 2007.6.14.) 4. "정부지원 인턴제"에 의하여 대학이 지급하는 인턴수당과 기관(기업)이 지급하는 중식대, 교통비 등(법인 46013-1062, 1999.3.23.) 5. 대학교에서 실시하는 고용노동부 "청년강소기업체험 프로그램(前 직장체험프로그램)"에 참여하는 학생들에게 근로계약'이 아닌 '연수협약'에 따라 식비와 교통비 명목으로 지원하는 연수수당(서면법령소득-367, 2016.7.28.)	⑬급여 or ⑭상여
비과세대상	상기 연수수당 중 비과세소득으로 특별히 규정된 것	각 비과세항목에 따라 기재

02

(15) 법령·조례에 따라 무보수 위원이 받는 수당(소법 §12 5호 자목)

구 분	내 용	지급명세서
비과세 기타소득 대상	1. 법령·조례에 의한 위원회 위원회의 설립근거가 법령·조례에 명시(위임규정 포함)되어 있는 것 (서일-443, 2006.4.7.) └ 해당 여부는 위원회의 기능 및 업무내용과 위원의 위촉 및 수당지급에 대한 근거 규정 등을 종합적으로 고려하여 판단함(서면소득-3927, 2025.3.19.) 2. 무보수 위원 해당 위원회에 위촉된 위원으로 학술원 및 예술원의 회원도 포함 3. 수당 요건 수당의 지급근거가 법령·조례에 명시(위임규정 포함)되어 있고 이에 따라 지급하는 수당일 것(서일-697, 2006.5.30.) 4. 판단 방법 해당 위원회의 기능 및 업무내용과 해당 위원 등의 위촉 및 수당지급에 대한 근거규정 등을 종합적으로 검토하여 판단(소득 46011-1737, 1998.6.29.)	기재 안함

한걸음 더

구 분		과세 여부
법령·조례에 의하여 위촉되지 아니하는 위원회의 위원에게 지급하는 수당 (서일-697, 2006.5.30.)		기타소득 과세
위원회 없이 법령·조례에 근거하여 선임된 위원이 법령·조례 등에 지급근거가 명시되어 있거나 법령·조례 등에서 위임된 규정에 따라 일시금으로 지급받은 수당 (소득세제과-449, 2024.4.30.)		기타소득 비과세
지방의회의원에게 지급하는 수당 (서일-760, 2006.6.12.)	지방자치법 규정에 의해 의정자료의 수집 및 연구활동에 소요되는 비용의 보전을 위하여 지급받는 의정활동비와 공무로 여행하는 때 지급받는 여비	근로소득 비과세
	직무활동에 대하여 지급받는 월정수당	근로소득 과세

└ 무보수 위원이 아닌 경우

(16) 현장실습지원비

구 분	내 용(기획재정부 소득세제과-153, 2021.3.9.)	지급명세서
소득제외	대학생 현장실습 운영규정 제5조 제4항에 따라 수업으로서의 요건을 갖춘 현장실습수업에 참여하는 학생이 같은 규정 제7조에 따라 지급받는 현장실습지원비	기재 안함 (×)

└ 근로소득, 기타소득 모두 해당하지 않음

(17) 임원 등 할인금액

<table>
<tr><th>구 분</th><th>내 용(소법 §20 ① 6호, 소법 §12 3호 처목, 소령 §38 ③·④, 소령 §17의 5)</th></tr>
<tr><td>공통 사항</td><td>
<table>
<tr><th>구 분</th><th>내 용</th></tr>
<tr><td>임원 등</td><td>임원 또는 종업원</td></tr>
<tr><td>자사제품 등</td><td>사업자나 법인이 생산·공급하는 재화 또는 용역</td></tr>
<tr><td>계열회사</td><td>사업자나 법인의 독점규제 및 공정거래에 관한 법률에 따른 계열회사</td></tr>
<tr><td>계열회사 제품 등</td><td>계열회사가 생산·공급하는 재화 또는 용역</td></tr>
<tr><td>시가</td><td>1. 원칙
건전한 사회 통념 및 상거래 관행과 특수관계인이 아닌 자 간의 정상적인 거래에서 적용되거나 적용될 것으로 판단되는 가격(요율·이자율·임대료 및 교환 비율과 그밖에 이에 준하는 것 포함)(법법 §52 ②)
2. 예외
다음 어느 하나에 해당하는 경우에는 임원 등이 해당 재화 또는 용역을 구입하거나 제공받을 때 지급한 가격
(1) 재화의 파손 또는 변질로 인해 임원등이 아닌 자에게 판매할 수 없는 경우
(2) 탑승권 및 숙박권 등 사용시기가 제한되는 재화 또는 용역의 사용기한이 임박하여 임원 등이 아닌 자에게 판매 또는 제공하는 것이 현저히 곤란한 경우</td></tr>
<tr><td>지원(방식)</td><td>1. 사업자나 법인이 자사제품 등을 임원 등에게 시가보다 낮은 가격으로 판매 또는 제공하는 방식
2. 사업자나 법인이 임원 등에게 자사제품 등을 구입하거나 제공받는 데 사용하도록 지원금을 지급하는 방식
3. 사업자나 법인이 임원 등에게 계열회사 제품 등을 구입하거나 제공받는 데 사용하도록 지원금을 지급하는 방식
4. 계열회사가 사업자나 법인의 임원 등에게 계열회사 제품 등을 시가보다 낮은 가격으로 판매 또는 제공하고, 사업자나 법인이 그 계열회사에 그 판매 또는 제공가액과 시가와의 차액을 지급하는 방식</td></tr>
</table>
</td></tr>
<tr><td>근로소득 (비과세)</td><td>1. 근로소득
사업자나 법인이 생산·공급하는 재화 또는 용역을 그 사업자나 법인(계열회사 포함)의 사업장에 종사하는 임원 등에게 시가보다 낮은 가격으로 제공하거나 구입할 수 있도록 지원함으로써 해당 임원 등이 얻는 이익
2. 비과세
공정거래위원회가 고시(소비자기본법 시행령 §8 ③)
<table>
<tr><th>구 분</th><th>내 용</th></tr>
<tr><td>요 건</td><td>1. 임원 등 본인이 소비하는 것을 목적으로 제공받거나 지원을 받아 구입한 재화 또는 용역으로서 다음 기간 동안 재판매가 허용되지 아니할 것
(1) 품목별 소비자분쟁해결기준에 따른 품목별 내용연수가 5년을 초과하는 재화 : 2년</td></tr>
</table>
</td></tr>
</table>

구 분	내 용(소법 §20 ① 6호, 소법 §12 3호 처목, 소령 §38 ③·④, 소령 §17의 5)
근로소득 (비과세)	<table><tr><th>구 분</th><th>내 용</th></tr><tr><td>요 건</td><td>(2) 개별소비세법 제1조 제2항 제2호에 해당하는 재화 : 2년 (3) 이외 재화 : 1년 2. 해당 재화 또는 용역의 제공과 관련하여 모든 임원 등에게 공통으로 적용되는 기준이 있을 것</td></tr><tr><td>금 액</td><td>Max[할인 구매한 재화·용역 시가×20%, 연 240만원]</td></tr></table>3. 지급명세서 <table><tr><th>구 분</th><th>기재방법</th></tr><tr><td>비과세</td><td>⑱-41(W01)</td></tr><tr><td>과 세</td><td>⑭상여</td></tr></table>비과세 한도를 초과하거나, 요건을 충족하지 못하는 경우

20. 인정상여

법인세법에 따른 소득금액조정합계표(별지 제15호 서식)에 "상여"로 표시된 금액을 말하며, 법인의 세무조정계산서에서 파악 가능함

(1) 인정상여 일반

구 분	내 용
인정상여	법인세법에 따라 상여로 처분된 금액
발생형태	<table><tr><th>구 분</th><th>내 용</th><th>관련 서류</th></tr><tr><td>법인세 신고·수정신고</td><td>법인세 신고·수정신고 시 발생</td><td>소득자료(인정상여/인정배당/기타소득)명세서</td></tr><tr><td>과세관청의 법인세 결정·경정</td><td>세무서장 또는 지방국세청장이 법인의 소득금액을 결정·경정 시 발생</td><td>소득금액변동통지서 (법인통지용)</td></tr></table>소득자료명세서 작성사례는 Chapter 02-07 참조
인정상여 사례	1. 가지급금인정이자 2. 임원 정액기밀비 지급액 3. 임원상여금 한도초과액 4. 증빙불비경비 5. 임원퇴직금 한도초과액 6. 정관에 기재되지 아니한 발기인의 보수 7. 채권자불분명사채이자 중 원천징수세액 이외의 금액 8. 지급받는 자가 불분명한 채권·증권의 이자와 할인액 중 원천징수세액 이외의 금액 9. 귀속이 불분명한 매출누락 10. 추계결정 시 당기순이익과 과세표준과의 차이 11. 임원 및 사용인에 대한 저가양도 및 고가양수 12. 임원 및 사용인에 대한 골프비용 법인부담액 13. 대표자에게 귀속되었음이 분명한 상여처분금액에 대한 소득세 대납액 14. 업무용승용차 관련비용 중 업무사용금액으로 인정되지 않은 금액 (임원상여금 한도초과액: 법인이 임원에게 객관적인 지급기준이 없거나 급여지급 기준을 초과하여 상여금을 지급하는 경우 해당 상여금 (서면법인-953, 2020.8.28.))

구 분	내 용		
인정상여 관련 세금 부담	소득귀속자	발생하는 세금	
		법인세	근로소득세
	분 명	법인부담	소득귀속자부담
	불분명	법인부담	법인부담

(2) 유형별 인정상여

1) 임원 퇴직급여 손금산입한도초과액 ✔ Chapter 02 - 01 - 2 참조

2) 대여금에 대한 인정상여(법령 §53·§88·§89, 법칙 §43·§44)

법인세법에서는 다음과 같이 임직원 대여금에 대해 법 소정 요건을 충족하는 경우 법 소정 금액을 손금불산입(상여처분)하여 해당 임직원의 근로소득으로 과세하는 규정을 두고 있다.

구 분	내 용
대상 대여금 범위	1. 원칙 : 모든 임직원 대여금 2. 제외대상 • 조세특례제한법에 따른 중소기업에 근무하는 직원(지배주주 등인 직원 제외)에 대한 주택구입 또는 전세자금의 대여액 • 직원에 대한 경조사비 또는 학자금(자녀의 학자금 포함)의 대여액 • 직원에 대한 월정급여액의 범위에서 일시적인 급료의 가불금 • 주주 등이나 출연자가 아닌 임원(소액주주임원 포함) 및 직원에게 사택(임차사택 포함)을 제공하는 경우 • 귀속자불분명으로 대표자에게 상여처분한 금액에 대한 소득세를 법인이 납부하고 이를 가지급금으로 계상한 금액(특수관계가 소멸될 때까지의 기간에 상당하는 금액에 한함) • 원천징수시기특례 규정에 따라 지급한 것으로 보는 배당소득 및 상여금(이하 "미지급소득")에 대한 소득세(개인지방소득세와 미지급소득으로 인한 중간예납세액상당액을 포함하며, 다음 계산식에 따라 계산한 금액을 한도로 함)를 법인이 납부하고 이를 가지급금 등으로 계상한 금액(해당 소득을 실제 지급할 때까지의 기간에 상당하는 금액으로 한정함) $\text{미지급소득에 대한 소득세액} = \text{종합소득 총결정세액} \times \frac{\text{미지급소득}}{\text{종합소득금액}}$

▌사택이 없는 지역에 사택 대신 사택의 임차금(사택보증금)을 대여한 경우도 포함 (대법원 2004두7993, 2006.5.11.; 재법인-166, 2008.5.28.)

▌종업원이 주택(주택에 부수된 토지 포함)의 구입·임차에 소요되는 자금을 저리 또는 무상으로 대여받음으로써 얻는 이익은 과세대상 근로소득이나, 조세특례제한법에 따른 중소기업 종업원(해당 중소기업과 법소정 특수관계에 있는 자 제외)이 주택(주택에 부수되는 토지 포함)의 구입·임차에 소요되는 자금을 저리 또는 무상으로 대여 받음으로써 얻는 이익은 비과세됨(소령 §38 ① 7호·§17의 4 2호)

▌1. 중소기업이 개인사업자인 경우 : 친족관계
2. 중소기업이 법인사업자인 경우 : 법인세법에 따른 지배주주 등(지배주주 등과 친족관계 또는 경영지배관계에 있는 자 포함)인 관계

<table>
<tr><th>구 분</th><th>내 용</th></tr>
<tr><td>대상
대여금
범위</td><td>
• 상법 제340조의 2, 벤처기업육성에 관한 특별법 제16조의 3 또는 소재·부품·장비산업 경쟁력 강화 및 공급망 안정화를 위한 특별조치법 제56조에 따른 주식매수선택권, 근로복지기본법 제39조에 따른 우리사주매수선택권(해당 법인의 발행주식총수의 10% 범위에서 부여하거나 지급한 경우만 해당)의 행사 또는 지급에 따라 금전을 지급하는 경우
• 법인이 근로복지기본법 제2조 제4호에 따른 우리사주조합 또는 그 조합원에게 해당 우리사주조합이 설립된 회사의 주식취득(조합원간에 주식을 매매하는 경우와 조합원이 취득한 주식을 교환하거나 현물출자함으로써 지주회사 또는 금융지주회사의 주식을 취득하는 경우 포함)에 소요되는 자금을 대여한 금액(상환할 때까지의 기간에 상당하는 금액에 한함)
• 국민연금법에 의하여 근로자가 지급받은 것으로 보는 퇴직금전환금(해당 근로자가 퇴직할 때까지의 기간에 상당하는 금액에 한함)
• 국외에 자본을 투자한 내국법인이 해당 국외투자법인에 종사하거나 종사할 자의 여비·급료 기타 비용을 대신하여 부담하고 이를 가지급금 등으로 계상한 금액(그 금액을 실지로 환부받을 때까지의 기간에 상당하는 금액에 한함)
</td></tr>
<tr><td>근로
소득
계산</td><td>
1. 근로소득(인정상여) 발생요건 및 금액
<table>
<tr><th>구 분</th><th>내 용</th></tr>
<tr><td>근로소득
발생요건</td><td>다음 중 하나에 해당되는 경우
• 인정이자 ≥ 3억원 + 회사계상 이자수익
• 인정이자 × 95% ≥ 회사계상 이자수익</td></tr>
<tr><td>근로소득 금액</td><td>인정이자 − 회사계상 이자수익</td></tr>
</table>
2. 인정이자
$$\text{인정이자} = \text{대여금 적수} \times \frac{\text{시가(이자율)}}{\text{365(윤년 366)}}$$
3. 회사계상 이자수익
<table>
<tr><th>약정 여부</th><th>회사계상 이자수익</th></tr>
<tr><td>약정 있음</td><td>장부상 이자수익 = 기말 미수이자 + 당기중 회수한 이자 − 기초 미수이자</td></tr>
<tr><td>약정 없음</td><td>당기 중 회수한 이자</td></tr>
</table>
</td></tr>
</table>

한걸음 더

1. 대여금 적수

구 분	내 용(법인세법 집행기준 52-89-5)
대여금 적수	대여금의 매일 잔액의 합계액(초일산입 말일불산입)
동일인에게 차입금이 있는 경우	• 원칙 : 차입금을 상계한 금액으로 계산 • 예외 : 별도로 상환기간 및 이자율 등에 관한 약정이 있어 대여금과 상계할 수 없는 경우 상계하지 않고 계산

2. 시가(이자율)

(1) **원칙** : 원칙적으로 가중평균차입이자율을 적용

구 분	내 용
가중평균 차입이자율	$\frac{\Sigma(\text{대여시점 각 차입금 잔액} \times \text{대여시점 각 차입금 이자율})}{\Sigma(\text{대여시점 각 차입금 잔액})}$
산정시점	대여자별로 각 대여시점에서 산정(서이-1370, 2007.7.25.)
산정 제외대상 차입금	• 특수관계자 차입금 • 채권자가 불분명한 사채 • 매입자가 불분명한 채권·증권의 발행으로 조달된 차입금
변동금리차입금	대여시점 현재 차입금 이자율 적용
사 채	• 사채할인발행차금에 해당하는 이자는 이자율의 계산에 포함(서이-1412, 2007.7.30.) • 전환사채 상환할증금에 상당하는 이자와 전환권 조정에 상당하는 이자는 이자율의 계산에 포함하지 않음(서이-1412, 2007.7.30.)

(2) **예외** : 다음의 경우에는 예외적으로 당좌대출이자율(연 4.6%) 적용

구 분	내 용
해당 대여금 또는 차입금에 한정하여 당좌대출이자율을 시가로 하는 경우	① 산정대상 차입금이 다음의 경우 • 특수관계인이 아닌 자로부터 차입한 금액이 없는 경우 • 차입금 전액이 채권자가 불분명한 사채 또는 매입자가 불분명한 채권·증권의 발행으로 조달된 경우 ② 대여법인 가중평균차입이자율(또는 대여금리) > 차입법인 가중평균차입이자율 ③ 대여한 날(계약을 갱신한 경우에는 그 갱신일)부터 해당 사업연도 종료일(해당 사업연도에 상환하는 경우는 상환일)까지의 기간이 5년을 초과하는 경우
선택한 사업연도와 이후 2개 사업연도에 당좌대출이자율을 시가로 하는 경우	법인이 법인세 신고와 함께 가지급금 등의 인정이자조정명세서(갑)를 작성·제출하여 당좌대출이자율을 시가로 선택하는 경우

2016.3.7. 전에 종전의 당좌대출이자율(연 6.9%)에 따라 이자를 수수하기로 약정을 체결한 경우로서 약정기간이 있는 대여금에 대해서는 해당 약정기간 만료일까지는 종전의 당좌대출이자율(연 6.9%)을 적용하며, '연 4.6%'의 개정규정은 2016.3.7. 이후 발생하는 분부터 적용함(법칙 부칙 §1·§4·§11, 2016.3.7.)

사례 대여금에 대한 인정이자(1)

1. **자료**

근로자 甲에게 다음과 같이 자금을 대여하였으며, 해당 대여금은 법인세법상 인정이자 계산대상 가지급금에 해당된다.

구 분	내 용
대여시점	2024.7.1.
대여금액	100,000,000원

구 분	내 용
2025년 이자내역	구 분 / 금 액 약정이자율 / 3% 기초 미수이자 / 131,500 당기 중 회수한 금액 / 2,750,000 기말 미수이자 / 381,500 장부상 이자수익 / 3,000,000
대여시점 차입금 내역	이자율 / 차입금 / 비 고 5.0% / 1,000,000,000 / 은행차입금(운영자금) 3.5% / 2,000,000,000 / 은행차입금(시설자금) 4.6% / 1,000,000,000 / 특수관계자 차입금 합 계 / 4,000,000,000

2. 근로소득 계산

특수관계자 차입금은 제외하고 산정

구 분	시가 = 가중평균차입이자율	시가 = 당좌대출이자율
시 가 (이자율)	가중평균차입이자율 = (10억 × 5% + 20억 × 3.5%) / 30억 = 4%	4.6%
대여금 적수	100,000,000 × 365 = 36,500,000,000	100,000,000 × 365 = 36,500,000,000
인정이자	36,500,000,000 × 4% / 365 = 4,000,000	36,500,000,000 × 4.6% / 365 = 4,600,000
회사계상 이자수익	3,000,000(장부상 이자수익)	3,000,000(장부상 이자수익)
요건검토	인정이자 × 95% ≥ 회사계상 이자수익 ↔ 4,000,000 × 95% ≥ 3,000,000 ↔ 요건 충족(인정상여 발생)	인정이자 × 95% ≥ 회사계상 이자수익 ↔ 4,600,000 × 95% ≥ 3,000,000 ↔ 요건 충족(인정상여 발생)
근로소득 (인정상여)	4,000,000 − 3,000,000 = 1,000,000	4,600,000 − 3,000,000 = 1,600,000

사례 대여금에 대한 인정이자(2)

1. 자료

앞선 사례(1)에서 약정이 없는 것을 제외하고는 동일하다.

2. 근로소득 계산

특수관계자 차입금은 제외하고 산정

구 분	시가 = 가중평균차입이자율	시가 = 당좌대출이자율
시 가 (이자율)	가중평균차입이자율 = (10억 × 5% + 20억 × 3.5%) / 30억 = 4%	4.6%
대여금 적수	100,000,000 × 365 = 36,500,000,000	100,000,000 × 365 = 36,500,000,000
인정이자	36,500,000,000 × 4% / 365 = 4,000,000	36,500,000,000 × 4.6% / 365 = 4,600,000

구 분	시가 = 가중평균차입이자율	시가 = 당좌대출이자율
회사계상 이자수익	2,750,000(당기 중 회수한 이자)	2,750,000(당기 중 회수한 이자)
요건검토	인정이자 × 95% ≥ 회사계상 이자수익 ↔ 4,000,000 × 95% ≥ 2,750,000 ↔ 요건 충족(인정상여 발생)	인정이자 × 95% ≥ 회사계상 이자수익 ↔ 4,600,000 × 95% ≥ 2,750,000 ↔ 요건 충족(인정상여 발생)
근로소득 (인정상여)	4,000,000 − 2,750,000 = 1,250,000	4,600,000 − 2,750,000 = 1,850,000

3) 대여금 및 관련 미수이자를 미회수하는 경우(법령 §11 9호, 법칙 §6의 2)

구 분	내 용
의 미	대여금 및 관련 미수이자를 특수관계 소멸시점까지 미회수하는 경우
세무처리	(아래 표 참조)

세무처리:

구 분	내 용
정당한 사유가 있는 것으로 보는 경우	다음에 해당하는 경우에는 회수하지 못한 것으로 인정 1. 채권·채무에 대한 쟁송으로 회수가 불가능한 경우 2. 특수관계인이 회수할 채권에 상당하는 재산을 담보로 제공한 경우 3. 특수관계인의 소유재산에 대한 강제집행으로 채권을 확보하고 있는 경우 4. 해당 채권과 상계할 수 있는 채무를 보유하고 있는 경우 5. 그 밖에 '1.부터 4.까지'와 비슷한 사유로 회수하지 아니하는 것이 정당하다고 인정되는 경우
이 외	(아래 표 참조)

이 외:

구 분		내 용
특수관계 소멸시점까지 미회수한 대여금 및 관련 미수이자		특수관계 소멸일에 인정상여 처분
특수관계가 유지되는 경우 대여금의 미회수 이자	발생일로부터 1년 이상 특수관계 유지	1년이 되는 날에 인정상여 처분
	발생일로부터 1년 이내 특수관계 소멸	특수관계 소멸일에 인정상여 처분

이미 인정상여 처분된 금액은 제외

4) 귀속자 분명 인정상여에 대한 소득세 대납액

구 분	내 용(서이-825, 2007.5.2.)
의 미	소득귀속자가 분명한 인정상여에 대하여 발생하는 소득세 대납액
소득구분	(아래 표 참조)

소득구분:

구 분	소득구분
인정상여 소득세 대납액	인정상여(근로소득)
인정상여에 대한 소득세를 계속 대납하는 경우	인정상여(근로소득)
특수관계 소멸이후 소득세를 대납하고 손금처리하는 경우	기타소득

내국법인이 대표자의 사망으로 특수관계가 소멸되는 날까지 회수하지 아니한 가지급금을 상여처분한 경우로서 대표자의 상속인들이 상속포기하여 내국법인이 대표자에 가지급금을 회수할 수 없는 상황인 경우 그 내국법인은 해당 인정상여에 대한 소득세에 대해 원천징수하지 않음(사전법령소득-861, 2020.12.23.)

5) **업무용승용차 관련 비용 중 업무무관비용**(법법 §27의 2, 법령 §50의 2, 법칙 §27의 2)

법인세법에서는 다음과 같이 법인 명의로 소유하거나 리스 또는 렌트한 업무용승용차 관련 비용 중 업무무관비용에 대해서 손금불산입(상여처분)하여 해당 임직원의 근로소득으로 과세하는 규정을 두고 있다.

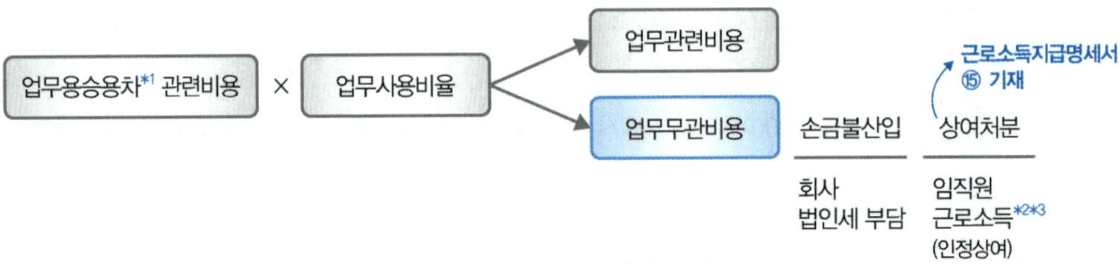

*1 업무용승용차 : 회사 명의로 보유하거나 리스 또는 렌트한 승용차[9인승 이상 승용차 제외, 경차(1,000cc 이하) 제외, 운수업 등에서 사업에 직접 사용하는 승용차 제외, 연구개발을 목적으로 국토교통부장관의 임시운행허가를 받은 자율주행자동차 제외]

*2 임직원이 여러 명인 경우 각 임직원에게 귀속되는 근로소득(법인세제과-320, 2017.3.6.)

$$= 업무무관비용 \times \frac{각\ 임직원의\ 업무외\ 주행거리}{전체\ 업무외\ 주행거리}$$

*3 퇴직자는 해당 사업연도 개시일부터 퇴직일까지 발생한 업무용승용차 관련비용에 같은 기간의 사적사용비율(해당 퇴직자의 사적사용거리/총주행거리)을 곱하여 산출(법인세제과-320, 2017.3.6.)

업무사용비율

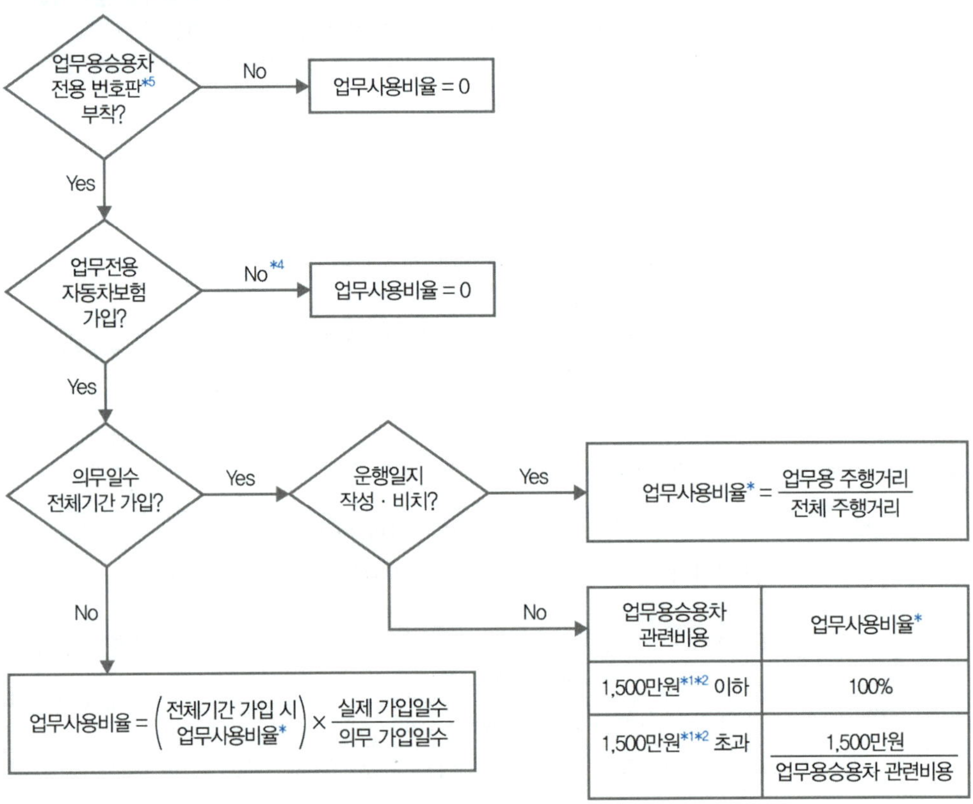

*1 사업연도 중 일부기간만 보유하거나 임차한 경우에는 1,500만원*2 × $\frac{\text{보유 or 임차월수}^{*3}}{12}$ 로 함

*2 부동산임대업 등 법 소정 내국법인은 500만원으로 함

*3 1개월 미만 ⟶ 1개월로 함(올림)

*4 법인이 자동차대여사업자로부터 승용차를 임차하면서 업무전용자동차보험에 가입하기로 자동차임대차계약을 체결한 것만으로는 업무전용자동차보험에 가입한 것으로 보지 않음(서면법인-5933, 2021.2.26.)

*5 자동차관리법 시행규칙 제6조 제3항에 따라 국토교통부 장관이 정하여 고시하는 기준에 해당하는 법인의 업무용승용차에 부착하는 번호판을 말함

사례 업무용승용차에 대한 업무무관비용(1)

1. 자료

부동산임대업 등 법 소정 법인이 아닌 내국법인 A회사의 업무용승용차(업무용번호판 부착)에 대한 내역은 다음과 같다.

구 분	내 용	
관련비용	100,000,000원	
업무전용자동차보험 가입 여부	전체 의무가입기간 동안 업무전용자동차보험에 가입	
운행일지 내역	구 분	Km
	총 주행거리	20,000
	업무주행거리	15,000
	업무외 주행거리_근로자 甲	3,000
	업무외 주행거리_근로자 乙	2,000

2. 근로소득 계산

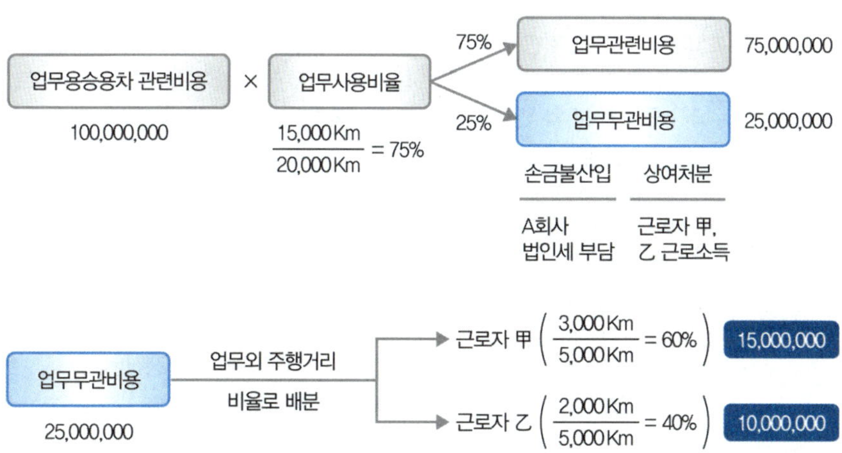

사례 업무용승용차에 대한 업무무관비용(2)

1. 자료

부동산임대업 등 법 소정 법인이 아닌 내국법인 B회사의 업무용승용차에 대한 내역은 다음과 같다. 다만, 해당 업무용승용차에 대해 전체 의무가입기간 동안 업무전용자동차보험에 가입하였다고 가정한다.

구 분		내 용		
기간		1.1. ~ 6.30.	7.1. ~ 12.31.	합계
운행자		근로자 丙(6.30. 퇴사)	근로자 丁(7.1. 입사)	
관련비용		30,000,000원	30,000,000원	60,000,000원
운행일지	총 주행거리	4,000Km	6,000Km	10,000Km
	업무주행거리	1,000Km	5,000Km	6,000Km
	업무외 주행거리	3,000Km	1,000Km	4,000Km

2. 근로자 丙의 근로소득(인정상여) 계산

근로자 丙은 퇴사자이므로, 퇴사시점까지의 관련비용에 같은 기간의 사적사용비율을 고려하여 업무무관비용을 산출하고, 해당 금액을 해당 퇴직자의 근로소득(인정상여)으로 하여야 한다. 따라서 근로자 丙의 인정상여 해당금액은 다음과 같다.

$$30{,}000{,}000\text{원} \times \frac{3{,}000\text{Km}}{4{,}000\text{Km}} = 22{,}500{,}000\text{원} \rightarrow \text{근로소득(인정상여) 과세}$$

한걸음 더

앞선 사례에서 근로자 丁에 대한 인정상여를 산출하여 보자.

근로자 丙과 마찬가지 논리로 근로자 丙은 입사 후부터 업무용승용차를 운전한 바, 입사 후부터의 관련비용에 같은 기간의 사적사용비율을 고려하여 업무무관비용을 산출하면 될 것으로 생각될 것이다. 이에 따라 근로자 丁의 인정상여 금액을 산출하여 보면 다음과 같다.

$$30{,}000{,}000\text{원} \times \frac{1{,}000\text{Km}}{6{,}000\text{Km}} = 5{,}000{,}000\text{원} \rightarrow \text{근로소득(인정상여) 과세}$$

이 때, 회사 전체에 대하여 업무용승용차 관련 사적사용비용을 산출하여 보면 다음과 같이 근로자 丙 및 근로자 丁에 대해 따로 산출한 금액의 합계와 일치하지 않음을 알 수 있다.

$$60{,}000{,}000\text{원} \times \frac{4{,}000\text{Km}}{10{,}000\text{Km}} = 24{,}000{,}000\text{원}$$

$$\neq \text{근로자 丙 인정상여} + \text{근로자 丁 인정상여}$$

이와 같은 결과가 도출되는 이유는 업무외 사용비율을 산출함에 있어 평균방식(전체주행거리에서 업무외 주행거리가 차지하는 비율로 산출하는 방식)이 적용되기 때문이다.

결론적으로 각 개인별로 엄격하게 업무무관비용 산출 logic을 적용하여 인정상여를 산출하더라도 전체적인 금액과 차액이 발생할 수 있는 바, 실무적으로는 업무용승용차에서 발생하는 업무무관비용에 전체(또는 일부금액)에 대해서는 귀속자 불분명 대표자 상여로 처분할 수밖에 없을 것으로 판단된다.

21. 기타

(1) 군인 등이 받는 급여(소법 §12 3호 가목·나목·차목 ~ 하목·버목, 소령 §10·§14·§15)

<table>
<tr><th>구 분</th><th>내 용</th><th>지급
명세서</th></tr>
<tr><td rowspan="8">비과세
대상</td><td>병역의무의 수행을 위하여 징집·소집되거나 지원하여 복무 중인 사람으로서 병장 이하의 현역병(지원하지 아니하고 임용된 하사 포함), 의무경찰, 그 밖에 이에 준하는 사람이 받는 급여</td><td rowspan="6">기재
안함(×)</td></tr>
<tr><td>종군한 군인·군무원이 전사(전상으로 인한 사망을 포함)한 경우 그 전사한 날이 속하는 과세기간의 급여</td></tr>
<tr><td>법률에 의하여 동원된 사람이 그 동원 직장에서 받는 급여</td></tr>
<tr><td>국군포로가 받는 보수 및 퇴직일시금</td></tr>
<tr><td>국가유공자 등 예우 및 지원에 관한 법률 또는 보훈보상대상자 지원에 관한 법률에 따라 받는 보훈급여금·학습보조비</td></tr>
<tr><td>전직대통령 예우에 관한 법률에 따라 받는 연금</td></tr>
<tr><td>작전임무를 수행하기 위하여 외국에 주둔 중인 군인·군무원이 받는 급여(미리 받은 급여(업무수행기간 후의 기간에 해당하는 급여 포함)를 포함)</td><td>⑱−10
(K01)</td></tr>
<tr><td><table>
<tr><th>구 분</th><th>내 용</th></tr>
<tr><td>근무처</td><td>외국정부, 외국의 지방자치단체, 연방국가인 외국의 지방정부 및 국제연합과 그 소속기구의 기관</td></tr>
<tr><td>근로자</td><td>대한민국 국민이 아닌 사람</td></tr>
<tr><td>대상급여</td><td>직무수행의 대가로 받는 급여</td></tr>
<tr><td>상호주의</td><td>외국정부가 그 나라에서 근무하는 우리나라 공무원이 받는 급여에 대하여 소득세를 과세하지 않는 경우</td></tr>
</table></td><td>⑱−19
(I01)</td></tr>
<tr><td rowspan="4">과세
대상</td><td>본인의 지원에 의하여 현역병의 복무기간 동안 복무한 후 1년 6개월의 범위에서 복무기간을 연장하여 단기복무부사관으로 복무하는 유급지원병이 연장복무기간 중에 지급받는 급여(재소득−170, 2008.12.24.)</td><td rowspan="4">⑬급여 or
⑭상여</td></tr>
<tr><td>외국에 주둔 중인 군인·군무원이 징계 등의 사유로 해당 국가에서의 업무수행에 부적합하다고 인정되어 소환된 경우 그 잔여기간에 해당하는 급여</td></tr>
<tr><td>외국정부 및 국제기관(국제연합과 그 소속기구의 기관)이 일반적으로 기업이 경영하는 수익사업을 직접 경영하는 경우에 있어서 이에 종사하고 받는 급여(소통 12−14…1)</td></tr>
<tr><td>거주자인 대한민국 국민이 국제연합으로부터 받는 급여(서이−46, 2007.1.8.)</td></tr>
</table>

(2) 회수할 수 없어 대손처리되는 횡령금액(법통 19의 2-19의 2…6)

상 황	과세 여부
직원이 법인의 공금을 횡령한 경우 해당 직원과 그 보증인에 대하여 횡령금의 회수를 위하여 법에 의한 제반절차를 취하였음에도 무재산 등으로 회수할 수 없어 대손처리한 횡령금액	소득 제외

(3) 근로자가 원천징수의무자에 대한 근로제공으로 인해 원천징수의무자가 아닌 다른 자로부터 받는 근로소득 해당금액(소령 §196 ④)

구 분	내 용	지급명세서
과세대상	1. 파견근로자가 사용사업주로부터 직접 받는 각종 수당(원천-249, 2009.3.27.) 2. 계약기간 만료 전 또는 만기에 종업원에게 귀속되는 단체환급부 보장성보험 환급금(소령 §38 ① 16호) 3. 중소·중견기업 근로자가 성과보상기금(내일채움공제)에서 수령하는 공제금 중 기업이 부담한 기여금(조특법 §29의 6)	⑬급여 or ⑭상여

7 근로소득 원천징수방법 및 시기

1. 일용근로소득

<table>
<tr><th>구 분</th><th>내 용(소법 §14 ③ 2호·§47 ②·§59 ③·§127·§128·§129 ① 4호·§134·§164 ①)</th></tr>
<tr><td>과세원칙</td><td>분리과세 → 원칙적으로 연말정산대상에서 제외</td></tr>
<tr><td>원천징수세액 산출(일 단위)</td><td>(1일 근로소득 − 비과세 − 150,000) × 6% × (1 − 55%)</td></tr>
<tr><td>징수세액
(지급단위)</td><td>
<table>
<tr><th colspan="2">구 분</th><th>내 용(원천-240, 2012.5.2.)</th></tr>
<tr><td colspan="2">징수시기</td><td>일용근로소득을 지급할 때 지급이 지연되는 경우 원천징수시기 특례 적용</td></tr>
<tr><td rowspan="2">징수세액</td><td>일별 징수세액</td><td>• 1원 미만 소수점 버림
• 10원 미만 끝수는 버리지 않음</td></tr>
<tr><td>징수세액 산출</td><td>• 일별 징수세액의 합계액
• 10원 미만 끝수는 버림
• 징수세액이 1,000원 미만인 경우 징수배제
why 소액부징수</td></tr>
</table>
</td></tr>
</table>

<table>
<tr><th>구 분</th><th colspan="2">내 용(소법 §14 ③ 2호·§47 ②·§59 ③·§127·§128·§129 ① 4호·§134·§164 ①)</th></tr>
<tr><td rowspan="4">원천세 신고
(월 또는 반기 단위)</td><td>구 분</td><td>내 용</td></tr>
<tr><td>신고납부기한</td><td>• 징수시기 다음 달 10일(반기납부특례자는 반기 다음 달 10일)까지
• 신고납부기한 연장특례 적용</td></tr>
<tr><td>신고납부세액</td><td>징수세액 월별(반기납부특례자는 반기별) 합계액을 신고납부</td></tr>
<tr><td>원천세 신고서</td><td>• 귀속월 : 근무월 기재
• 징수월 : 징수시기(징수월) 기재
• 징수내역 : A03 기재</td></tr>
<tr><td>간이지급명세서</td><td colspan="2">제출대상 아님</td></tr>
<tr><td>지급명세서 제출
(월 단위)</td><td colspan="2">Chapter 01 – 03 – 8 참조</td></tr>
</table>

신고납부기한이 공휴일, 대체공휴일, 근로자의 날, 토요일, 일요일인 경우 그 다음 날로 함(국기법 §5)

2. 일반급여자(상용근로자)

<table>
<tr><th>구 분</th><th colspan="3">내 용(§127·§128·§134·§137·§137의 2·§138·§164·§164의 3)</th></tr>
<tr><td>과세원칙</td><td colspan="3">종합과세 ✔ 연말정산대상</td></tr>
<tr><td rowspan="3">원천징수세액 산출(월 단위)</td><td>구 분</td><td colspan="2">내 용</td></tr>
<tr><td>징수시기</td><td colspan="2">근로소득을 지급할 때 지급이 지연되는 경우 원천징수시기 특례 적용</td></tr>
<tr><td>징수세액</td><td colspan="2">• 매월분 근로소득에 대하여 간이세액표 적용
• 10원 미만 끝수는 버림</td></tr>
<tr><td rowspan="4">원천세 신고
(월 또는 반기 단위)</td><td>구 분</td><td colspan="2">내 용</td></tr>
<tr><td>신고납부기한</td><td colspan="2">• 징수시기 다음 달 10일(반기납부특례자는 반기 다음 달 10일)까지
• 신고납부기한 연장특례 적용</td></tr>
<tr><td>신고납부세액</td><td colspan="2">징수세액 월별(반기납부특례자는 반기별) 합계액을 신고납부</td></tr>
<tr><td>원천세 신고서</td><td colspan="2">• 귀속월 : 근무월 기재
• 징수월 : 징수시기(징수월) 기재
• 징수내역 : A01 기재</td></tr>
<tr><td rowspan="7">연말정산
(연 단위)</td><td>구 분</td><td colspan="2">내 용</td></tr>
<tr><td>연말정산대상자</td><td colspan="2">과세기간 중 간이세액(A01) 원천징수된 근로소득이 있는 근로자</td></tr>
<tr><td>연말정산의무자</td><td colspan="2">연말정산대상자에게 근로소득을 지급한 사업자</td></tr>
<tr><td rowspan="2">연말정산시기</td><td>중도퇴사자</td><td>• 퇴직월 근로소득을 지급할 때
• 지급이 지연되는 경우 원천징수시기특례 적용</td></tr>
<tr><td>계속근로자</td><td>다음 연도 2월</td></tr>
<tr><td rowspan="2">연말정산
대상소득</td><td>중도퇴사자</td><td>1.1. ~ 퇴직일 근로소득</td></tr>
<tr><td>계속근로자</td><td>1.1. ~ 12.31. 근로소득</td></tr>
</table>

신고납부기한이 공휴일, 대체공휴일, 근로자의 날, 토요일, 일요일인 경우 그 다음 날로 함(국기법 §5)

<table>
<tr><th>구 분</th><th colspan="2">내 용(§127·§128·§134·§137·§137의 2·§138·§164·§164의 3)</th></tr>
<tr><td rowspan="3">연말정산
(연 단위)</td><th>구 분</th><th>내 용</th></tr>
<tr><td>연말정산세액
(결정세액)</td><td>종합소득세 산출방법에 따라 산출한 결정세액</td></tr>
<tr><td>납부(환급)세액</td><td>결정세액 − 기납부세액
과세기간 중 연말정산대상소득에 대하여 이미 부담한 세액</td></tr>
<tr><td>간이지급명세서
(반기 단위)·
지급명세서 제출
(연 단위)</td><td colspan="2">Chapter 01 − 03 − 8 참조</td></tr>
</table>

※ 종합소득세 산출방법에 따라 산출한 결정세액: 근로소득공제, 소득공제, 세액감면, 세액공제를 적용하여 산출

※ (반기 단위): 2026.1.1. 이후 지급분부터는 월단위로 변경됨 개정

3. 원천징수 시기

<table>
<tr><th>구 분</th><th colspan="4">내 용(소법 §134·§135·§131 ②)</th></tr>
<tr><td>원 칙</td><td colspan="4">근로소득을 지급하는 때</td></tr>
<tr><td rowspan="9">원천
징수
시기
특례</td><th>구 분</th><th>대상 근로소득</th><th>특례적용 사유</th><th>원천징수 시기</th></tr>
<tr><td rowspan="2">일반
급여</td><td>1.1. ~ 11.30. 근로소득</td><td>12.31.까지 미지급</td><td>12.31.</td></tr>
<tr><td>12.1. ~ 12.31. 근로소득</td><td>다음연도 2월말까지 미지급</td><td>다음연도 2월 말일</td></tr>
<tr><td rowspan="2">이익
처분
상여</td><td>1.1. ~ 10.31. 처분상여</td><td>처분결정일로부터 3개월이
되는 날까지 미지급</td><td>처분결정일로부터
3개월이 되는 날</td></tr>
<tr><td>11.1. ~ 12.31. 처분상여</td><td>다음연도 2월말까지 미지급</td><td>다음연도 2월 말일</td></tr>
<tr><td colspan="2" rowspan="3">인정상여
(법인세법에 따라
상여로 처분된 소득)</td><td>법인세 신고 시 발생</td><td>법인세 신고일</td></tr>
<tr><td>수정신고 시 발생</td><td>법인세 수정신고일</td></tr>
<tr><td>결정·경정 시 발생</td><td>소득금액변동통지서 받은 날</td></tr>
<tr><td colspan="4">※ 인정상여: 반기납부대상에서 제외되어 있음(소법 §128 ②) → 반기납부자도 인정상여에 대한 원천징수세액은 법인세 신고일 다음 달 10일까지 납부하여야 함</td></tr>
</table>

한걸음 더

원천징수시기특례의 의미는 다음과 같다.

구 분	내 용
원천징수세액 신고 납부기한	원천징수시기(특례 포함) 다음 달 10일(반기납부자는 반기 다음 달 10일)까지
↓ 원천징수세액 납부불성실가산세	신고납부기한까지 원천징수세액을 미납·과소납부한 경우 발생 ✔ 신고납부기한 전에 원천징수세액을 신고·납부한 경우 가산세 없음
↓ 원천징수시기특례 의미	원천징수(연말정산 포함)한 해당 원천징수세액을 신고·납부하는 마지막 기한 ✔ 원천징수시기특례 이후에 원천징수세액을 신고·납부한 경우 가산세 발생

8 근로소득 수입시기(귀속연도)

1. 원칙적인 수입시기

구 분	내 용		
수입시기 의미	소득에 대한 과세기간을 결정하기 위한 기준 ✔ 소득세는 과세기간별로 과세하므로, 해당 소득의 과세연도를 결정하는 중요한 기준		
원칙적인 수입시기	구 분		수입시기(소령 §49 ①)
	급 여		근로를 제공한 날
	잉여금 처분에 따른 상여		해당 법인의 잉여금처분결의일
	인정상여		해당 사업연도 중의 근로를 제공한 날
	임원퇴직소득금액한도초과액		지급받거나 지급받기로 한 날
	도급 기타 이와 유사한 계약에 따른 급여	원 칙	근로를 제공한 날
		과세표준 확정신고기간 개시일 전에 해당 급여가 확정되지 않은 경우	확정일. 다만, 확정일 전에 실제로 받은 금액은 그 받은 날

(인정상여) 월평균금액을 계산한 것이 2년도에 걸친 때에는 각각 해당 사업연도 중 근로를 제공한 날로 함

(과세표준 확정신고기간 개시일 전에 해당 급여가 확정되지 않은 경우) 확정신고기간이 개시된 후(5.1. 이후) 해당 급여가 확정되는 경우를 말하며, 수입시기가 다음연도 이후가 됨

02

실무 Tip

Chapter 02－01－2에서 살펴본 임원퇴직급여에 대한 수입시기 및 원천징수시기를 정리하여 보면 다음과 같다.

임원퇴직급여	소득구분	지급명세서 기재	수입시기	원천징수시기
임원퇴직금손금한도초과액	근로소득	근로소득지급명세서 ⑮	해당 사업연도 중 근로제공일	법인세 신고일 등*1
임원퇴직소득금액한도초과액	근로소득	근로소득지급명세서 ⑮-3	지급받거나 지급받기로 한 날	지급일 (원천징수시기 특례*2)
임원퇴직소득금액한도	퇴직소득	퇴직소득지급명세서 ⑮	퇴직한 날	지급일 (원천징수시기 특례*2)
～2011.12.31. 근무분	퇴직소득	퇴직소득지급명세서 ⑮	퇴직한 날	지급일 (원천징수시기 특례*2)

*1

사 유	원천징수시기
신고 · 수정신고	신고일 · 수정신고일
결정 · 경정	소득금액변동 통지서 수령일

*2

대상소득	특례 적용사유	원천징수시기(특례)
1.1.～11.30. 소득	12.31.까지 미지급	12.31.
12.1.～12.31. 소득	다음연도 2월말까지 미지급	다음연도 2월 말일

사례 임원퇴직급여 소득구분

1. 자료

(1) 임원 甲의 퇴직급여 소득구분은 다음과 같다.

① 임원퇴직금손금한도초과액	200,000,000
② 임원퇴직소득금액한도초과액	560,400,000
③ 임원퇴직소득금액한도	489,600,000
④ ~ 2011.12.31. 이전 근무분	75,000,000
임원퇴직급여	1,325,000,000

(2) 임원 甲의 퇴직급여에 대한 추가적 상황은 다음과 같다.

구 분	임원퇴직급여 산정기간	임원퇴직급여 지급일	해당 법인의 사업연도
상황 1	2011.1.1. ~ 2025.12.31.	2026.1.12.	2025.1.1. ~ 2025.12.31.
상황 2	2010.10.1. ~ 2025.9.30.	2025.10.10.	2024.10.1. ~ 2025.9.30.

2. 임원퇴직급여에 대한 소득구분, 수입시기 및 원천징수시기

(1) 상황 1 – 사업연도가 1.1. ~ 12.31.인 경우

소득구분	수입시기	소득금액	원천징수시기	원천징수방법
① 근로소득	2025년 12월	200,000,000	2026년 3월	2025년 귀속 연말정산 재정산*
② 근로소득	2026년 1월	560,400,000	2026년 1월	2026년 귀속 연말정산(A02)
③ 퇴직소득	2025년 12월	489,600,000	2026년 1월	2025년 귀속 퇴직소득원천징수
④ 퇴직소득	2025년 12월	75,000,000	2026년 1월	2025년 귀속 퇴직소득원천징수
		1,325,000,000		

* 2025년 12월 근로소득 지급 시 수행한 중도퇴사 연말정산(A02) 또는 2026년 2월에 수행한 2025년 귀속 계속근로자 연말정산(A04)에 반영하지 않은 경우 재정산

(2) 상황 2 – 사업연도가 1.1. ~ 12.31.이 아닌 경우

소득구분	수입시기	소득금액	원천징수시기	원천징수방법
① 근로소득	→ 2024년 12월	50,000,000	2025년 12월	2024년 귀속 연말정산(A04) 재정산*1
	→ 2025년 9월	150,000,000	2025년 12월	2025년 귀속 연말정산(A02) 재정산*3
② 근로소득	2025년 10월	560,400,000	2025년 10월	2025년 귀속 연말정산(A02) 합산정산*2
③ 퇴직소득	2025년 9월	489,600,000	2025년 10월	2025년 귀속 퇴직소득원천징수
④ 퇴직소득	2025년 9월	75,000,000	2025년 10월	2025년 귀속 퇴직소득원천징수
		1,325,000,000		

*1 2025년 2월 수행한 2024년 귀속 연말정산에 해당 근로소득(50,000,000)이 반영되지 않았으므로 2024년 귀속 연말정산을 재정산
*2 2025년 9월 근로소득 지급 시 수행한 중도퇴사 연말정산에 해당 근로소득(560,400,000)을 반영하지 않은 경우에 합산정산
*3 2025년 9월 근로소득 지급 시 수행한 중도퇴사 연말정산 또는 2025년 10월 중도퇴사 연말정산 합산정산에 해당 근로소득(150,000,000)을 반영하지 않은 경우에 재정산

2. 근로소득 유형별 수입시기 및 원천징수(연말정산)

(1) 연차수당

사용촉진제도를 사용하지 않는 경우 발생되는 미사용 연차에 대한 수당

구 분	내 용
계속근로자 연차수당	(아래 표 참조)

계속근로자 연차수당

구 분	내 용(소득집 24-49-3)
대 상	근로기준법에 따른 연차유급휴가일에 근로를 제공하고 지급받는 연차수당
수입시기	(아래 표)

지급대상기간	수입시기
1개 연도인 경우	소정의 근로일수를 개근한 연도의 다음연도
2개 연도에 걸쳐 있는 경우	그 지급대상 연도별로 안분

원천징수 연말정산(사례)

상 황	수입시기		원천징수연말정산
24.1.1. ~ 12.31. 근무 25.1.1. ~ 12.31. 연차부여 26년 1월 25.1.1. ~ 12.31. 연차부여분 중 미사용연차에 대한 연차수당지급	25년		25년 연말정산 포함
23.7.1. ~ 24.6.30. 근무 24.7.1. ~ 25.6.30. 연차부여 25년 7월 24.7.1. ~ 25.6.30. 연차부여분 중 미사용연차에 대한 연차수당지급	지급대상 연도별로 안분	24년분	24년 연말정산 재정산
		25년분	25년 간이세액 반영

퇴직자 연차수당

구 분	내 용(법규소득-17, 2010.2.19.)
대 상	연차휴가를 미사용한 퇴직근로자에게 퇴직일을 지급기준일로 하여 그 미사용에 따른 보상금을 지급하는 경우
수입시기	퇴직일이 속하는 연도
원천징수·연말정산	퇴직월 급여에 포함하여 원천징수(연말정산)

연차일수 감소 보상금

구 분	내 용(원천-454, 2009.5.27.)
대 상	법인이 근로기준법의 개정으로 근로자의 연차보상일수가 감소함에 따라 단체협약에 의해 향후 근로자별 예상 재직기간에 해당하는 연차수당 감소액 중 일부를 보상금으로 지급하는 경우
수입시기	단체협약에 의해 개인별 지급액이 확정되는 날이 속하는 연도

협약조건에 따라 보상기간 중 퇴직하는 근로자에 대한 기간 미경과 보상금을 법인이 환수하는 경우 해당 환수금액은 그 근로자가 퇴직하는 날이 속하는 연도의 근로소득에서 차감함

(2) 성과급상여

<table>
<tr><th>구 분</th><th colspan="4">내 용(소득집 24-49-2)</th></tr>
<tr><td rowspan="7">계속 근로자 성과급 상여</td><td>구 분</td><td colspan="3">내 용</td></tr>
<tr><td>대 상</td><td colspan="3">성과급상여(경영성과급, 자기주식으로 지급하는 경우 포함)</td></tr>
<tr><td rowspan="3">수입시기</td><td>성과급 결정방법</td><td colspan="2">성과급 귀속시기</td></tr>
<tr><td>매출액·영업이익률 등 계량적 요소를 평가</td><td colspan="2">계량적 요소가 확정되는 날</td></tr>
<tr><td>영업실적과 인사고과에 따른 비계량적 요소를 포함하여 평가</td><td colspan="2">개인별 지급액이 확정되는 연도</td></tr>
<tr><td rowspan="2">원천징수 연말정산</td><td>상 황
25년 근무분 경영성과급, 계량적 요소만 평가, 26년 2월 지급</td><td>수입시기
25년</td><td>원천징수·연말정산
25년 연말정산</td></tr>
<tr><td>25년 근무분 경영성과급, 비계량적요소 포함 평가, 26년 2월 지급</td><td>26년</td><td>26년 연말정산</td></tr>
<tr><td rowspan="6">퇴직자 성과급 상여</td><td>구 분</td><td colspan="3">내 용</td></tr>
<tr><td>대 상</td><td colspan="3">재직 중 성과에 따라 퇴직 후 지급받는 성과급상여</td></tr>
<tr><td>수입시기</td><td colspan="3">계속근로자와 동일</td></tr>
<tr><td rowspan="2">원천징수 연말정산</td><td>상 황</td><td>수입시기</td><td>원천징수·연말정산</td></tr>
<tr><td>25년 근무분 경영성과급, 비계량적요소 포함 평가, 26년 2월 지급</td><td>26년</td><td>26년 연말정산</td></tr>
<tr><td>사 례</td><td colspan="3">근로자가 재직 시의 경영성과에 따라 퇴직 후 지급받는 성과급으로서 직전연도 영업실적에 따른 경상이익의 일정비율에 대해 다음연도의 노사합의를 통하여 그 지급방법과 지급금액을 확정하는 경우(서일-1133, 2006.8.18.)
✔ (수입시기) 노사합의에 의하여 개인별 지급금액이 확정되는 연도</td></tr>
</table>

이 경우 자기주식 지급 당시 시가를 성과급상여로 함

지급관행, 임금교섭 경과, 지급기준일, 지급대상자, 지급액 산정가능여부, 회계처리내역 등 제반 사항을 종합적으로 고려하여 사실판단함(사전법령소득-570, 2020.9.24.)

26년 2월 해당 성과급상여 지급일에 입사하고 동시에 퇴사한 것으로 하여 간이세액(A01) 원천징수 및 중도퇴사(A02) 연말정산 수행함

(3) 조건부 또는 권리제한부 급여

<table>
<tr><th>구 분</th><th>내 용</th></tr>
<tr><td>근로기간 조건</td><td>
<table>
<tr><th>구 분</th><th>내 용</th></tr>
<tr><td>사 례</td><td>1. 기업이 우수인력 확보를 위해 종업원에게 일정기간 동안 해당 회사에서 근무하기로 근로계약을 체결하면서 대여금 명목으로 일시에 지급하고 당초 계약조건의 이행 여부에 따라 그 대여금의 상환을 면제하거나 약정근로기간 미근무시 반환하는 조건부 대여금(서일-236, 2007.2.14.)
2. 우수인재 확보를 위해 대학교 또는 대학원에 재학 중인 근로계약 관계가 없는 학생에게 등록금, 수업료 등 장학금을 지급하고, 해당 장학생이 재직의무기간(장학금 지원 해당기간의 2배) 동안 근무를 하지 않고 퇴사하는 경우 또는 입사를 포기하는 경우에는 지급된 장학금 일체를 반환하기로 계약을 체결하는 경우 해당 장학금(원천-151, 2012.3.26.)
3. 수도권 소재 본점의 지방이전에 따라 임직원의 고용유지를 위하여 위로금을 지급하되 지방이전 후 3년간 근무조건 및 약정 근무기간 이내에 퇴사 시 미도래한 근무기간에 해당하는 위로금을 추징할 것을 조건으로 하여 지방이전 시 위로금을 일시에 선지급하였을 경우 그 위로금(서이 46013-11656, 2003.9.17.)</td></tr>
<tr><td>수입시기</td><td>계약조건에 따라 근로를 제공한 기간</td></tr>
<tr><td>근로소득</td><td>근로제공기간으로 안분한 금액 상당액</td></tr>
<tr><td>원천징수 연말정산</td><td>근로제공기간으로 안분한 근로소득을 간이세액원천징수 및 연말정산</td></tr>
</table>
</td></tr>
<tr><td>이외 조건부 또는 권리제한부</td><td>
<table>
<tr><th>상 황</th><th>수입시기</th></tr>
<tr><td>제(諸) 조건(3년 경과조건, 계속고용조건, 성과목표달성조건, 부여된 권리의 유효성 조건 등)이 모두 충족된 경우 외국 모회사 또는 본점으로부터 사전에 부여받은 권리가 자동적으로 확정되어 주식 또는 현금을 해당 임직원이 지급받는 경우</td><td>제 조건이 성취되어 개인별 지급액이 확정되는 연도 (서이-383, 2004.3.5.)</td></tr>
<tr><td>근로의 제공과 관련하여 해당 법인으로부터 일정기간 근무 조건부로 주식을 받는 경우</td><td>그 조건이 각각 성취된 날(소득 46011-2574, 1999.7.6.)</td></tr>
<tr><td>외국 모회사의 장기성과급 프로그램에 따라 자회사인 내국법인의 일정한 임직원에게 성과상여금을 지급함에 있어 상여금을 해외 투자신탁회사에 신탁하고, 3년 이상 계속 정규직원으로 근무하는 등의 일정한 조건을 충족하는 때에 성과상여금과 운용수익을 지급하기로 한 경우</td><td>그 장기성과급 프로그램에 따라 조건이 성취되는 날 (서이-2014, 2005.12.8.).</td></tr>
<tr><td>외국인투자기업의 임직원이 해외 관계회사로부터 일정기간 양도가 제한된 권리제한부 조건부주식을 부여받는 경우</td><td>조건부주식을 부여받는 날 (서일-1341, 2005.11.4.)</td></tr>
<tr><td>근로자가 외국 본사로부터 부여받은 스톡옵션을 행사함에 따라 주가차액에 대하여 권리가 제한된 주식을 교부받는 경우</td><td>스톡옵션을 행사한 날이 속하는 과세연도 (서이-887, 2008.5.8.)</td></tr>
<tr><td>조건부 가격청구권 (Contingent Value Rights)</td><td>CVR의 조건이 달성되어 대가지급이 확정된 때(소득세제과-829, 2023.9.12.)</td></tr>
</table>
</td></tr>
</table>

근로소득금액은 부여받은 날의 시가로 하며, 해당 임직원이 약정된 근로제공기간이 경과되기 전에 퇴사함에 따라 주식을 반납하는 경우에는 반납한 주식을 당초 주식을 부여받은 연도의 근로소득에서 차감하여 근로소득세를 재정산함

(4) 사이닝보너스(전속계약금), 선지급 연봉액

▍의무근무기간을 채우지 못하고 중도퇴사하여 계약금의 일부를 반환하는 경우 반환하는 금액은 근로소득에서 제외(국심 2004서652, 2004.7.8.)

구 분	구 분	내 용
사이닝 보너스	구 분	내 용(소통 20－0…5)
	의 미	특별한 능력 또는 우수한 능력이 있는 근로자가 기업과 근로계약을 체결하면서 지급받는 사이닝보너스(계약기간 내 중도퇴사 시 일정금액을 반환하는 조건이 있는 경우 포함)
	수입시기	계약조건에 따른 근로기간
	근로소득	계약조건에 따른 근로기간 동안 안분하여 계산한 금액
	원천징수·연말정산	근로제공기간으로 안분한 근로소득을 간이세액원천징수 및 연말정산
선지급 연봉액	구 분	내 용(서이 46013－10653, 2002.3.28.)
	의 미	연봉제하에서의 급여 선지급액
	수입시기	계약서상의 근로제공기간
	근로소득	계약서상의 근로제공기간 동안 안분하여 계산한 금액
	원천징수·연말정산	근로제공기간으로 안분한 근로소득을 간이세액원천징수 및 연말정산

▍근로자가 고용계약 등에 의하여 비독립적 지위에서 근로를 제공하고 받는 대가에 해당되는 경우 명칭이나 지급방법에도 불구하고 근로소득으로 보기 때문

(5) 소급인상급여

구 분	내 용(법인 46013－830, 1995.3.28.)		
대 상	급여를 소급인상하고 이미 지급된 금액과의 차액을 추가로 지급하는 경우		
수입시기	근로제공일이 속하는 연·월		
원천징수 연말정산	구 분	내 용	
	직전연도 이전 분	구 분	내 용
		연말정산	해당 수입시기별 연말정산 재정산(소통 137－0…1)
		연말정산시기	소급인상급여 지급일(소통 137－0…1)
		생산직근로자 등의 연장·야간·휴일근로수당 비과세	비과세 판단기준인 월정액급여 재계산 ✔ 비과세 수당금액이 변동될 수 있음 why 근로소득이 변동됨
		소득·세액공제	총급여 또는 근로소득금액에 따라 결정되는 소득·세액공제는 공제금액이 변동될 수 있음
		추가납부세액	연말정산 재정산일의 다음 달 10일까지 납부
		가산세	없음 why 정당한 사유에 해당
	해당 연도 분	간이세액표 재정산	

▍실무적으로는 지급하는 달에 일시에 반영해도 무방함

사례 소급인상급여

1. 자료

생산직근로자인 甲의 근로소득 관련 내역은 다음과 같으며, 이외 자료는 없다고 가정한다.

구 분			내 역
2025년 소득내역	총급여액		29,000,000
	월정액급여(매월 동일)		2,050,000
	연장·야간·휴일수당 비과세		2,400,000(매월 200,000)
	연말정산 시 소득공제액(신용카드 소득공제 없음)		11,800,000
2026년 소급인상급여	소급인상 결정일		2026년 5월
	소급인상 내역	2025년 7월 ~ 12월	600,000(매월 100,000)
		2026년 1월 ~ 4월	400,000(매월 100,000)

2. 2025년 연말정산 재정산

2025년 급여가 소급인상됨에 따라 근로자 甲의 2025년 7월 이후 월정액급여가 215만원으로 인상되므로 2025년 7월 이후 발생한 연장·야간·휴일수당 120만원(매월 20만원 × 6개월)은 비과세되지 않는다. 따라서 다음과 같이 2025년 연말정산세액을 재정산하고, 산출된 추가납부세액 41,310원을 소급인상급여를 지급하는 달의 다음 달 10일(2026.6.10.)까지 원천징수 관할세무서장에게 납부한다.

구 분	2025년 연말정산	2025년 연말정산 재정산
총급여액	29,000,000	29,000,000 + 600,000(소급인상급여) + 1,200,000(비과세되었던 2025년 7월 이후 연장·야간·휴일수당)
근로소득공제	9,600,000 [= 29,000,000 × 15% + 5,250,000]	9,870,000 [= 30,800,000 × 15% + 5,250,000]
근로소득금액	19,400,000	20,930,000
소득공제	11,800,000	11,800,000
과세표준	7,600,000	9,130,000
산출세액	456,000[= 7,600,000 × 6%]	547,800[= 9,130,000 × 6%]
근로소득 세액공제	250,800[= 456,000 × 55%]	301,290[= 547,800 × 55%]
소득세결정세액	205,200	246,510
소득세추가징수세액		41,310[= 246,510 − 205,200]

(6) 부당해고기간 급여

<table>
<tr><th>구 분</th><th>내 용(소통 20-38…3; 서일-244, 2007.2.15.; 서면법령기본-3482, 2018.12.11.)</th></tr>
<tr><td>대 상</td><td>법원의 판결·화해 등에 의하여 부당해고기간의 급여를 일시에 지급받는 경우</td></tr>
<tr><td>수입시기</td><td>해고기간</td></tr>
<tr><td>근로소득</td><td>각 해고기간에 해당되는 급여</td></tr>
<tr><td>원천징수
연말정산</td><td>1. 직전연도 이전 분   국세 부과권이 소멸된 바, 원천징수의무도 함께 소멸됨
<table>
<tr><th colspan="2">구 분</th><th>내 용</th></tr>
<tr><td colspan="2">연말정산의무 판단</td><td><table><tr><th>구 분</th><th>연말정산 의무</th></tr><tr><td>해당 근로자의 종합소득세 부과제척기간이 만료된 경우</td><td>없음</td></tr><tr><td>부과제척기간 만료 전</td><td>있음</td></tr></table></td></tr>
<tr><td rowspan="4">연말정산 의무 있는 경우</td><td>연말정산 방법</td><td>해당 수입시기별 연말정산 재정산</td></tr>
<tr><td>연말정산 시기</td><td><table><tr><th>급여 지급시기</th><th>연말정산시기</th></tr><tr><td>판결이 있는 날의 다음 달 말일 이전에 지급</td><td>그 지급일</td></tr><tr><td>이외</td><td>판결이 있는 날의 다음 달 말일</td></tr></table></td></tr>
<tr><td>추가납부 세액</td><td>연말정산시기 다음 달 10일까지 납부</td></tr>
<tr><td>가산세</td><td>없음 why 정당한 사유에 해당</td></tr>
</table>
2. 해당 연도 분 : 간이세액 적용 및 연말정산에 반영</td></tr>
</table>

한걸음 더

1. 민법 등에 따른 변제공탁인 경우

<table>
<tr><th colspan="3">구 분</th><th>내 용(서일-498, 2005.5.11.; 법인 46013-924, 1999.3.15.)</th></tr>
<tr><td colspan="3">공탁시점</td><td>원천징수 후 나머지 금액을 공탁</td></tr>
<tr><td rowspan="3">판결 시점</td><td colspan="2">패소 시</td><td>별도 처리 없음</td></tr>
<tr><td rowspan="2">승소 시</td><td>지급명세서 제출 전</td><td>납부세액에서 조정환급</td></tr>
<tr><td>지급명세서 제출 후</td><td>경정청구로 환급(지급명세서 수정 제출)</td></tr>
</table>

2. 임금지급 가처분결정에 따라 면직처리된 자에게 급여를 지급하는 경우

구 분	내 용(원천-626, 2009.7.20.)
상 황	법인이 법원의 임금지급가처분 결정에 따라 그 법인으로부터 면직처리된 자에게 임금을 매월 지급하는 경우
원천징수	급여를 지급하는 때 원천징수

3. 관계회사로의 전출이 무효로 판결되는 경우

구 분	내 용(원천-935, 2009.11.12.)
상 황	근로자가 A회사에서 관계회사 B로 전출되고 전출기간 동안 B법인으로부터 급여를 지급받았으나, 해당 전출이 근로자의 동의 없이 부당하게 이루어진 것이라 하여 A법인을 상대로 소송을 제기하였으며 법원의 판결로 해당 전출이 무효로 판결
급여에 대한 처리	구 분 / 급여에 대한 판결 / 원천징수(연말정산) A법인(전출) / 부당해고기간 급여 수령 / 부당해고급여 원천징수(연말정산) B법인(전입) / 부당이득금으로 확인되어 반환 / 연말정산 재정산

4. 기타사항

본문에서 언급한 원천징수세액의 납부기한 다음 날부터 5년 적용된다는 의미

구 분	내 용
원천징수세액에 대한 부과제척기간 적용	부당해고급여액에 대한 원천징수세액은 국세기본법 규정에 따라 실제 지급한 급여액에 대한 원천징수세액의 법정납부기한(통상 실제 급여를 지급한 날의 다음 달 10일)의 다음 날부터 5년이 경과한 후에는 이를 부과할 수 없음(조세정책과-285, 2004.3.18.)
부당해고급여에 대한 경정처분	판결이 확정된 날부터 1년이 지나기 전까지 경정결정이나 그 밖에 필요한 처분을 할 수 있음(국기법 §26의 2 ⑥ 5호)

2018.1.1. 이후 판결이 확정된 경우부터 적용(국기법 부칙 §2, 2017.12.19.)

(7) 법인세 신고 시 발생하는 인정상여

구 분	내 용		
수입시기	해당 사업연도 중 근로제공일(소령 §49 ① 3호)		
원천징수시기	법인세과세표준 및 세액의 신고기일(소법 §135 ④·§131 ②)		
원천징수 연말정산	구 분		내 용(소통 135-192…3; 서일-1211, 2005.10.10.)
	원 칙	법인세 신고 시 연말정산 재정산	원칙적으로 재정산
	선 택	매월분 급여지급 시 간이세액원천징수	가능
		연말정산 시 포함하여 연말정산	why 원천세액 미리 납부

연말정산 시 해당 인정상여를 포함하여 원천징수한 경우에는 재정산하지 않음(서일-1211, 2005.10.10.)

02

실무 Tip

예를 들어, 사업연도가 2025.1.1.~12.31.이고, 해당 월급여를 해당 월 25일에 지급하는 내국법인의 법인세 신고 시 발생한 인정상여에 대한 원천징수를 살펴보면 다음과 같다.

구 분	인정상여에 대한 연말정산		원천징수 시기	인정상여에 대한 원천징수세액 신고납부시기	가산세
	연말정산 시	법인세 신고 시			
2025.6.30 퇴사자 인정상여	포함	N/A	2025년 6월	2025.7.10.	없음 why 미리 납부
	제외	포함	2026년 3월	2026.4.10.	없음 why 특례 적용
계속근로자 인정상여	포함	N/A	2026년 2월	2026.3.10.	없음 why 미리 납부
	제외	포함	2026년 3월	2026.4.10.	없음 why 특례 적용

다만, 상기와 같이 가산세는 발생하지 않는다 하더라도 중도퇴사자의 경우 각각의 방법 모두 다음과 같이 실무적으로 불편한 점이 발생하게 된다.

계속근로자는 각각의 방법 모두 불편함이 없으므로, 가급적 연말정산 시 인정상여를 포함하여 처리하는 것이 좋음

Chapter 02 – 01 – 6 20. 인정상여 부분 참조

중도퇴사자 인정상여	실무적 불편			
	인정상여 계산	징수세액	연말정산	지급명세서
연말정산 시 포함한 경우	중도퇴사자의 경우 인정상여 산출이 되지 않을 수 있음	불편함 없음	불편함 없음	불편함 없음
법인세 신고 시 포함한 경우	불편함 없음	중도퇴사자의 경우 퇴사 후 징수해야 하므로 미회수(대손) 가능성 있음	재정산 해야 함	수정제출 해야 함

(8) 회사로부터 급여를 받지 못하는 경우

그 채권의 회수불능 여부는 구체적인 거래내용과 그 후의 정황 등을 따져서 채무자의 자산상황, 지급능력 등을 종합하여 사회통념에 의하여 객관적인 평가 방법으로 판정

구 분	내 용
소득 제외	소득의 원인이 되는 채권이 발생된 때라 하더라도 그 과세대상이 되는 채권이 채무자의 도산으로 인하여 회수불능이 되어 장래 그 소득이 실현될 가능성이 전혀 없게 된 것이 객관적으로 명백한 때(대법원 2001두7176, 2003.12.26. 참조)
과세 대상	상 황(조심 2011서1422, 2011.5.12.): 비록 급여를 지급받지 못하여 장기체불상태에 있다 할지라도 회사가 파산하거나 폐업된 상태가 아니고 계속사업자인 이상 도산으로 인하여 그 임금채권이 회수불능이 되어 장래 그 소득이 실현될 가능성이 전혀 없게 된 경우라고 보기 어려운 경우 수입시기: 근로를 제공한 날이 속하는 연도
임금채권 회수	회사에서 확정된 임금채권과 퇴직금을 지급하지 않는다면 이것은 세법에서 별도로 강제수단을 정한 바 없으므로 체불임금(노동부 소관)으로 받아내야 할 사항임(서일-100, 2006.1.25.)

사례 급여를 미지급하고 있는 경우

1. 자료

(1) 회사의 자금사정으로 급여규정에 따른 2025년 연말상여금을 미지급하였다.

(2) 임직원에게 연말상여금에 대해 2026년 4월에 지급할 것을 약정하고, 약정대로 지급하다.

2. 원천징수(연말정산)

회사가 파산하거나 폐업된 상태가 아니고 계속사업자인 상태인 바, 급여가 미지급된다 하더라도 근로제공일이 속하는 연도인 2025년을 해당 연말상여금의 수입시기로 보아 다음과 같이 원천징수(연말정산)한다.

<table>
<tr><th>구 분</th><th colspan="3">내 용</th></tr>
<tr><td>수입시기</td><td colspan="3">2025년 why 근로제공일이 속하는 연도</td></tr>
<tr><td>원천징수시기</td><td colspan="3">2026년 2월 말일 why 원천징수시기특례 적용</td></tr>
<tr><td rowspan="3">원천징수
(원천세 신고)</td><td colspan="2">구 분</td><td>내 용</td></tr>
<tr><td colspan="2">원천징수세액</td><td>12월 간이세액표 재정산</td></tr>
<tr><td colspan="2">원천세 신고서</td><td>• 귀속월 : 2025년 12월
• 지급월 : 2026년 2월</td></tr>
<tr><td rowspan="4">연말정산</td><td colspan="2">구 분</td><td>내 용</td></tr>
<tr><td rowspan="2">원 칙</td><td>연말정산시기</td><td>2026년 2월</td></tr>
<tr><td>연말정산대상 근로소득</td><td>미지급 연말상여금 포함</td></tr>
<tr><td colspan="2">지급 시(2026년 4월)
2025년 연말정산 재정산한 경우</td><td>원천징수납부지연가산세,
지급명세서가산세 발생</td></tr>
</table>

(9) 근로자가 임금채권을 포기하는 경우

<table>
<tr><th>구 분</th><th>내 용</th><th>수입시기</th></tr>
<tr><td>사용자와
합의 후 포기</td><td>근로자가 사용자와 합의하여 임금채권을 포기한 경우에도 근로소득에 해당(서일 46011-11906, 2003.12.26.)</td><td rowspan="2">근로를 제공한 날이 속하는 연도</td></tr>
<tr><td>자발적 포기</td><td>법인의 임원이 장부상 인건비로 계상된 미지급 성과급을 자발적인 의사에 따라 포기하는 경우에도 해당 임원이 성과급을 포기 시에 성과급을 수령한 것으로 보아 법인이 포기금액에 대해서 근로소득세를 원천징수(원천-543, 2013.11.13.)</td></tr>
</table>

(10) 반납급여

<table>
<tr><th>구 분</th><th>내 용</th></tr>
<tr><td>자진
반납급여
(소득집
20-0-3)</td><td>
<table>
<tr><th>상 황</th><th>근로소득 해당액</th></tr>
<tr><td>반납하는 급여를 회사가 모금하여 근로자 명의로 기부하는 경우</td><td>반납급여 차감 전 당초에 지급한 급여</td></tr>
<tr><td>회사가 당초 급여를 인건비로 처리, 근로자는 일부를 반납하는 경우</td><td>반납급여 차감 전 당초에 지급한 급여</td></tr>
<tr><td>회사가 반납급여 차감 후 근로자의 실수령액을 인건비로 회계처리하는 경우</td><td>반납급여 차감 후 근로자의 실수령액</td></tr>
</table>
근로자 명의 기부금은 연말정산 시 기부금 특별세액공제를 적용
</td></tr>
<tr><td>자진
반납이
아닌 경우</td><td>
1. 당초 연말정산을 재정산하는 경우
<table>
<tr><th>구 분</th><th>내 용</th></tr>
<tr><td>관계사 전출입이 무효판결 받은 경우 반환되는 급여</td><td>전출법인은 회수되는 급여에 대하여 근로소득세액의 연말정산을 재정산(원천-935, 2009.11.12.)</td></tr>
<tr><td>양도가 제한된 권리제한부 소건부주식 반납</td><td>해당 임직원이 약정된 근로제공기간이 경과되기 전에 퇴사함에 따라 양도가 제한된 권리제한부 조건부주식을 반납하는 경우 반납한 주식을 당초 주식을 부여받은 연도의 근로소득에서 차감하여 근로소득세를 재정산(서일-1341, 2005.11.4.)</td></tr>
<tr><td>근무기간요건 불충족하고 퇴사 시 반납조건으로 받은 무상주</td><td>우리사주조합을 통하여 그 법인의 주식을 취득하는 종업원에게 5년 이내 퇴사 시 50%를 반납하는 조건으로 무상주를 지급하는 경우에 있어, 해당 종업원이 5년 이내 퇴사함에 따라 배정된 주식의 50%를 반납하는 경우 반납한 주식을 각 귀속연도 근로소득 수입금액에서 차감하여 근로소득세를 재정산(법인 46013-391, 1999.1.30.)</td></tr>
</table>
2. 반납이 확정된 날에 근로소득에서 차감하는 경우
<table>
<tr><th>구 분</th><th>내 용</th></tr>
<tr><td>사이닝보너스 반환</td><td>의무근무기간을 채우지 못하고 중도퇴사하여 계약금의 일부를 반환하는 경우 반환하는 금액은 근로소득에서 제외(국심 2004서652, 2004.7.8.)</td></tr>
<tr><td rowspan="2">의무사항을 이행하지 않아 반납한 급여</td><td>연구집중교수제도 또는 교원연구년제도에 따라 선발된 교수가 각 제도에 따른 의무사항을 이행하지 않아 해당 제도에 관한 규정에 따라 반납한 급여상당액은 반납이 확정된 날이 속한 과세기간의 근로소득에서 차감(원천-682, 2009.8.12.)</td></tr>
<tr><td>연구과제 참여자가 관련 법령을 준수하지 못하여 규정에 따라 반납하는 급여상당액은 반납이 확정된 날이 속하는 과세기간의 근로소득에서 차감(서면원천-3113, 2024.9.25.)</td></tr>
<tr><td>구속 등의 사유로 구속 등의 기간에 대한 보수를 반환하는 경우</td><td>
보수에 대한 법적지급의무가 있었는지 여부에 대해서는 계약내용, 직위유지 여부 및 업무수행 정도 등을 종합적으로 확인하여 사실판단
<table>
<tr><th>상 황(서면법규-1052, 2014.10.2.)</th><th>보수반환금 세무처리</th></tr>
<tr><td>지급된 보수가 법적지급의무가 있는 경우</td><td>근로소득에 해당</td></tr>
<tr><td>법적지급의무가 없는 것으로 회사로부터 보수의 반환요구 및 회수조치에 따라 반환되는 보수인 경우</td><td>근로소득에서 차감</td></tr>
</table>
</td></tr>
</table>
</td></tr>
</table>

(11) 기타

구 분	내 용	수입시기
소득세 추가부담금	외국인인 내국법인의 임원이 급여에 대한 소득세를 법인이 부담하기로 하는 근로계약을 체결하고 해당 연도의 급여를 수령하였으나 이후 연도에 해외 본국에서 소득세 부담금이 확정됨에 따라 해당 임원의 근로소득세 추가부담금을 법인이 추가로 부담하게 되는 경우 그 추가부담금(국제세원-264, 2009.5.27.).	근로를 제공하는 날
퇴직 후 지급받는 근로소득	희망퇴직한 근로자가 노사합의에 의해 퇴직 이후 일정기간 동안 지급받는 자녀학자금, 의료비 등(서면법령소득-2236, 2016.7.25.)	지급받거나 지급받기로 한 날
	재직 중에 수행하던 소송업무에 대한 공로를 인정하여 소송결과 인용금액의 일부를 퇴직 후에 지급하는 상여금(서면원천-415, 2024.1.18.)	지급금액이 확정된 날
출산전후 휴가급여	고용보험법에 따른 출산전후 휴가급여	출산전후 휴가일
선원의 보합금	원양어선 선원의 보합금(생산상여금)(서일-349, 2006.3.17.)	그 수입이 확정된 날(확정일 전에 실제 지급받은 금액은 그 받은 날)
인출금	인출금 중 근로소득에 해당하는 금액	해당 우리사주의 인출일
	우리사주를 조합원이 아닌 자(퇴직자)가 인출하는 경우(소득세제과-1059, 2023.12.4.)	우리사주조합원의 지위를 상실하게 된 시점
벤처기업 주식매수 선택권 양도소득 과세특례가 배제되는 경우	적격주식매수선택권 행사로 취득한 주식을 ① 증여하거나 ② 행사일부터 1년이 지나기 전에 처분하는 경우	증여일 또는 처분일
	전체 행사가액이 5억원을 초과하는 경우	전체 행사가액이 5억원을 초과한 날
	전용계좌를 통해 주식매수선택권 행사로 취득한 주식 외의 주식을 거래한 경우	주식매수선택권 행사로 취득한 주식 외의 주식을 최초로 거래한 날
금전외 자산을 약정일 이후에 지급받는 경우	근로계약에 따른 근로의 대가를 금전 외의 것(예 : 가상자산)으로 받기로 하였으나, 지급받기로 약정한 시점을 지나서 지급받은 경우로서 소득세법 시행령 제49조에서 정하는 때에 해당하지 않는 경우(사전법규소득-333, 2022.5.26.)	그 지급의무가 확정된 날

02

구 분	내 용	수입시기
일용근로자 수당	유급휴일에 대하여 지급받는 주휴수당 및 작업능률에 따라 지급받은 수당(서면소득관리-4916, 2023.1.5.)	근로기준법에서 정한 기간의 근로일수에 배분
	유급휴가에 대하여 지급받는 유급휴가수당(서면인터넷방문상담1팀-396, 2006.3.23.)	개근한 달의 다음달 근로일수에 배분
성과조건부주식 교부계약	벤처기업이 벤처기업육성에 관한 특별법 제16조의 17에 따라 임직원과 성과조건부주식교부계약을 체결하고 같은 법 시행령 제11조의 12 제1항 제1호의 방식에 따라 자기주식을 교부하는 경우(서면법규소득-2704, 2025.5.15.)	해당 주식을 교부받는 날

02 근로소득 연말정산 개요

1 연말정산대상자

근로소득 연말정산의 대상자는 다음과 같다(소법 §137·§137의 2·150·§21 ④·§156의 7).

연말정산대상 근로자	연말정산대상 추가 요건
원천징수대상 근로소득이 있는 일반급여자	무조건 연말정산대상자
일반급여자가 된 일용근로자	무조건 연말정산대상자
법 소정 파견 외국법인 파견근로자	무조건 연말정산대상자
종교인소득이 있는 종교인	근로소득 과세를 선택하고, 근로소득 연말정산을 신청하는 경우
원천징수제외대상 근로소득이 있는 자	납세조합에 가입된 경우
2 이상 사업자로부터 원천징수대상 근로소득을 받은 일반급여자	합산 연말정산을 신청하는 경우 (일부 근로자는 무조건 연말정산대상자임)
원천징수대상 근로소득과 원천징수제외대상 근로소득이 있는 자	납세조합에 가입된 경우로서 합산 연말정산을 신청하는 경우

합산 대상 근로소득에 대한 자료(근로소득 원천징수영수증, 소득자별원천징수부)를 제출하는 것을 말함

2018.1.1. 이후 발생하는 종교인소득은 원칙적으로 기타소득에 해당되나, 종교인소득에 대하여 근로소득으로 원천징수하거나 과세표준 확정신고를 한 경우에는 해당 소득을 근로소득으로 보므로(소법 §21 ④), 종교인소득이 있는 종교인도 일반급여자로 보아 연말정산할 수 있음

실무 Tip

1. 연말정산대상자의 의미

간이세액표 및 단일세율(19%) 원천징수를 적용한 경우

구 분	내 용
연말정산대상자 의미	과세기간 중 한 번이라도 사업자가 원천세 신고 시 간이세액(A01)으로 신고한 근로자
연말정산 제외 대상자 (예시)	• 과세기간 동안 휴직하여 급여가 전혀 없는 근로자 • 일용근로소득으로 원천징수되어 원천세 신고 시 일용근로(A03)로 신고한 근로자

2. 연말정산대상자 분류 및 파악방법

구 분	내 용
연말정산대상자 분류	아래 표 (분류)
연말정산대상자 파악방법	아래 표 (1. 원칙적 방법, 2. 간편법)

연말정산대상자 분류

구 분	내 용
중도퇴직자	해당 과세기간(통상 1.1. ~ 12.31.) 중 퇴사한 근로자
계속근로자	중도퇴사자가 아닌 근로자

연말정산대상자 파악방법

1. 원칙적 방법

구 분	내 용
전체대상자(A)	2025년 1월 귀속 ~ 2025년 12월 귀속 원천세 신고서 간이세액 (A01) 인원 합계(단, 중복되는 사람 제외)
중도퇴직자(B)	2025년 1월 귀속 ~ 2025년 12월 귀속 원천세 신고서 중도퇴사(A02) 인원 합계
계속근로자	A에서 B를 제외한 인원

2. 간편법

간편법은 연도 중 중도퇴사자에 대한 중도퇴사 연말정산이 누락된 것을 찾을 수 없거나, 12월 이전에 휴직한 근로자 또는 해외법인 등에 파견된 근로자를 누락하게 되는 단점이 있음

구 분	내 용
전체대상자(A)	2025년 12월 귀속 원천세 신고서 간이세액(A01) 인원
중도퇴직자(B)	2025년 12월 귀속 원천세 신고서 중도퇴사(A02) 인원
계속근로자	A에서 B를 제외한 인원

2 연말정산시기

원천징수의무자의 월별 또는 반기별 납부와 관계없이 다음과 같이 연말정산한다.

구 분	내 용(소법 §134 ②·§135 ① ~ ②)
중도 퇴직자	1. 중도퇴직자 의미 : 해당 과세기간(통상 1.1. ~ 12.31.) 중 퇴사한 근로자 2. 연말정산시기 (아래 표)

구 분	내 용
원 칙	퇴직월 근로소득을 지급하는 때
급여를 분할 지급하는 경우	그 급여를 처음 지급하는 때(소통 137-0…4)

<table>
<tr><th>구 분</th><th>내 용(소법 §134 ②·§135 ①~②)</th></tr>
<tr><td>중도
퇴직자</td><td>
<table>
<tr><th>구 분</th><th colspan="3">내 용</th></tr>
<tr><td rowspan="3">급여를 미지급하는 경우</td><td>퇴직일</td><td>퇴직월 급여</td><td>연말정산시기</td></tr>
<tr><td>25.1.1.~11.30.</td><td>25.12.31.까지 미지급</td><td>25.12.31.</td></tr>
<tr><td>25.12.1.~12.31.</td><td>26.2.28.까지 미지급</td><td>26.2.28.</td></tr>
</table>
</td></tr>
<tr><td>계속
근로자</td><td>
1. 계속근로자 의미 : 중도퇴사자가 아닌 근로자 — 따라서, 근무하다가 휴직하거나, 휴직하다가 복직하는 경우가 포함됨
2. 연말정산시기
<table>
<tr><th colspan="2">26년 2월분 급여</th><th>연말정산시기</th></tr>
<tr><td rowspan="2">급여가 있는 경우</td><td>26년 2월에 지급</td><td>2월분 급여 지급하는 때</td></tr>
<tr><td>26년 3월 이후 지급</td><td>26.2.28.</td></tr>
<tr><td colspan="2">급여가 없는 경우</td><td>26.2.28.</td></tr>
</table>
</td></tr>
</table>

3 유형별 연말정산의무자 및 연말정산 방법

연말정산대상자에게 근로소득을 지급하는 모든 개인·법인(국가기관, 지방자치단체 등을 포함하며, 이하 "연말정산의무자")은 연말정산의무가 있다(소법 §134 ②·§150 ③·§156의 7). 유형별로 연말정산 의무자 및 연말정산 방법에 대해 살펴보면 다음과 같다.

1. 계속근로자(휴직 후 복직하거나 근무하다가 휴직한 경우 포함)

<table>
<tr><th colspan="2">구 분</th><th colspan="4">내 용(소법 §137 ①)</th></tr>
<tr><td colspan="2">계속근로자</td><td colspan="4">• 해당 근무지에서 계속 근로하고 있는 근로자
• 해당 근무지에서 근무하다가 2025.12.31. 현재 휴직 중인 근로자
• 해당 근무지에서 휴직하다가 2025.12.31. 현재 복직한 근로자
• 해당 근무지에 2025년 중 입사하고 계속 근로하고 있는 근로자</td></tr>
<tr><td rowspan="3">연말
정산</td><td>연말정산의무자</td><td colspan="4">해당 원천징수의무자</td></tr>
<tr><td rowspan="2">연말정산 방법</td><td>대상 근로소득</td><td>연말정산시기</td><td>원천세 신고
(월별납부가정)</td><td>지급명세서 제출</td></tr>
<tr><td>2025년 근로소득</td><td>2026.2.28.</td><td>~2026.3.10.</td><td>~2026.3.10.</td></tr>
</table>

2. 중도퇴직자

구 분		내 용(소법 §137 ①)
중도퇴사자		해당 근무지에서 과세기간(1.1. ~ 12.31.) 중 퇴사한 근로자
연말정산	연말정산의무자	해당 원천징수의무자
	연말정산 방법	(아래 표)

대상 근로소득	연말정산시기	원천세 신고(월별납부가정)	지급명세서 제출
퇴직일까지의 근로소득	퇴직월 급여지급 시	~ 퇴직월 급여 지급일의 다음 달 10일	~ 2026.3.10.

2023.8.25.부터 중도퇴직자 지급명세서 홈택스로 상시제출가능

3. 2025.12.31. 퇴사자

구 분			내 용(소법 §137 ①)
2025.12.31. 퇴사자			해당 근무지에서 2025.12.31.로 퇴사한 근로자
연말정산	연말정산의무자		해당 원천징수의무자
	연말정산 방법	원칙적 방법	(아래 표 1)
		실무적 허용법	(아래 표 2)

원칙적 방법

대상 근로소득	연말정산시기	원천세 신고(월별납부가정)	지급명세서 제출
2025년 근로소득	12월 급여 지급할 때	~ 12월 급여 지급일 다음 달 10일	~ 2026.3.10.

실무적 허용법

대상 근로소득	연말정산시기	원천세 신고(월별납부가정)	지급명세서 제출
2025년 근로소득	2026.2.28.	~ 2026.3.10.	~ 2026.3.10.

한걸음 더

12.31. 퇴사자에 대한 각각의 연말정산 방법에 있어 장단점을 살펴보면 다음과 같다.

구 분	원칙적 방법(회사 유리, 근로자 불리)	실무적 허용법(근로자 유리, 회사 불리)
장 점	• 세법과 일치 ✔ 가산세 발생하지 않음 • 연말정산 결과 징수의 경우 해당 세액에 대해 미수가 발생하지 않음	• 근로자가 공제에 대해 누락없이 받을 수 있음
단 점	• 근로자가 충분한 공제를 받지 못할 수 있음 ✔ 근로자의 민원이 발생할 수 있음 다만, 종합소득세 신고납부로 환급받으면 됨	• 연말정산 결과 징수의 경우 해당 세액에 대한 미수가 발생할 수 있음 • 연말정산 결과 징수(납부)의 경우 원천징수납부 지연가산세 발생할 수 있음

과세관청에서도 허용하고 있어 실지로는 부과되지 않고 있음

4. 2026년 1월 중도퇴사자

<table>
<tr><th colspan="3">구 분</th><th>내 용(소법 §137 ①)</th></tr>
<tr><td colspan="3">2026년 1월 중도퇴사자</td><td>2025.12.31. 현재 해당 근무지에서 근무하다가 2026.1.31.까지 퇴사한 근로자</td></tr>
<tr><td rowspan="3">연말 정산</td><td colspan="2">연말정산의무자</td><td>해당 원천징수의무자</td></tr>
<tr><td rowspan="2">연말 정산 방법</td><td>원칙적 방법</td><td>
2월분 근로소득이 없는 경우에 해당(원천-315, 2009.4.9.)
<table>
<tr><th>대상 근로소득</th><th>연말정산시기</th><th>원천세 신고
(월별납부가정)</th><th>지급명세서 제출</th></tr>
<tr><td>2025년 근로소득</td><td>2026.2.28.</td><td>~ 2026.3.10.</td><td>~ 2026.3.10.</td></tr>
<tr><td>2026년 근로소득</td><td>1월 급여 지급할 때</td><td>~ 1월 급여지급일 다음 달 10일</td><td>~ 2027.3.10.</td></tr>
</table>
</td></tr>
<tr><td>실무적 방법</td><td>
<table>
<tr><th>대상 근로소득</th><th>연말정산시기</th><th>원천세 신고
(월별납부가정)</th><th>지급명세서 제출</th></tr>
<tr><td>2025년 근로소득</td><td rowspan="2">1월 급여 지급할 때</td><td>~ 2026.3.10.</td><td>~ 2026.3.10.</td></tr>
<tr><td>2026년 근로소득</td><td>~ 1월 급여지급일 다음 달 10일</td><td>~ 2027.3.10.</td></tr>
</table>
</td></tr>
</table>

한걸음 더

2026년 1월 퇴사자에 대한 각각의 연말정산 방법에 있어 장단점을 살펴보면 다음과 같다.

구 분	원칙적 방법(근로자 유리, 회사 불리)	실무적 방법(근로자 불리, 회사 유리)
장 점	• 세법과 일치 ✔ 가산세 발생하지 않음 • 근로자가 공제에 대해 누락없이 받을 수 있음	• 가산세 없음 why 미리 납부 • 연말정산 결과 징수의 경우 해당 세액에 대해 미수가 발생하지 않음
단 점	• 연말정산 결과 징수의 경우 해당 세액에 대한 미수가 발생할 수 있음	• 근로자가 충분한 공제를 받지 못할 수 있음 ✔ 근로자의 민원이 발생할 수 있음 다만, 종합소득세 신고납부로 환급받으면 됨

5. 일반급여자가 된 일용근로자

구 분	내 용(소득집 14-20-3)	
	구 분	**내 용**
일반급여자가 된 일용근로자	의 미	일용근로자가 3개월(건설공사의 경우 1년) 이상 계속하여 동일고용주에게 고용되는 경우
	일반급여자가 되는 월	3개월(또는 1년) 이상이 되는 월부터 일반급여자로 봄
	구 분	**내 용**
원천징수	일반급여자가 되는 전월까지	일용근로소득 원천징수(A03)
	일반급여자가 되는 월부터	• 매월분 소득을 합산 • 간이세액원천징수(A01) • 소득자별원천징수부 작성
	구 분	**내 용**
연말정산	연말정산의무자	해당 원천징수의무자
	연말정산대상자 여부	1.1.부터 연말정산대상자에 해당
	해당 근무지에서 일용근로소득으로 원천징수한 근로소득의 연말정산소득 포함 여부	연말정산대상소득에 포함
	연말정산대상소득	1.1.부터 발생한 연말정산대상 근로소득을 합산하여 연말정산
	이 외(연말정산시기, 방법, 명세서 제출 등)	다른 일반급여자와 동일

타 근무지에서 일용근로소득으로 원천징수된 근로소득은 포함하지 않음

연말정산대상소득에 포함된 일용근로소득에 대한 원천징수세액도 기납부세액으로 포함하여 정산함

사례 일반급여자가 된 일용근로자

1. 자료

근로자 甲은 2025.8.16.부터 계속 근로하고 있는 일용근로자(건설공사에 종사하지 않음, 2025년 중 다른 근무지에서 발생한 일반급여자 근로소득은 없음)이며, 해당 근로자 甲에게 근로제공일이 속하는 다음 달 5일(5일이 토요일 또는 공휴일인 경우 그 전 평일)에 전월 근무분에 대한 급여를 지급하고 있다.

2. 원천징수

(1) 2025.8.16. ~ 2025.10.31.까지 발생한 근로소득 ✔ 일용근로자에 해당

근로제공일 (원천징수대상 근로소득)	근로소득 지급일 (원천징수일)	원천징수신고		일용근로소득 지급명세서 제출기한
		신고기한	신고서	
2025. 8.16. ~ 2025. 8.31.	2025. 9.5.	2025.10.10.	A03	~ 2025.10.31.
2025. 9. 1. ~ 2025. 9.30.	2025.10.2.	2025.11.10.		~ 2025.12. 1.
2025.10. 1. ~ 2025.10.31.	2025.11.5.	2025.12.10.		~ 2025.12.31.

(2) 2025.11.1. ~ 2025.12.31.까지 발생한 근로소득 ✔ 일반급여자에 해당

근로제공일 (원천징수대상 근로소득)	근로소득 지급일 (원천징수일)	원천징수신고	
		신고기한	신고서
2025.11.1. ~ 2025.11.30.	2025.12.5.	2026.1.12.	A01
2025.12.1. ~ 2025.12.31.	2026. 1.5.	2026.2.10.	

3. 연말정산

구 분	내 용
연말정산대상 근로자 판단	2025.1.1.부터 연말정산대상자인 일반급여자에 해당
연말정산대상 근로소득	2025.1.1.부터 2025.12.31.까지 발생한 연말정산대상 근로소득 ∴ 2025.8.16.부터 2025.10.31.까지 현재 근무지에서 일용근로소득으로 원천징수한 해당 근로소득도 포함
연말정산 시 기납부세액	2025.8.16. ~ 2025.10.31. 부담한 일용근로소득 원천징수세액 + 2025.11.1. ~ 2025.12.31. 부담한 간이세액원천징수세액
연말정산시기	2026년 2월 why 계속근로자
근로소득지급명세서	~ 2026.3.10.까지 제출
간이지급명세서	2025.11.1. ~ 2025.12.31. 지급한 근로소득에 대해 2026.2.2.까지 제출

한걸음 더

일용근로소득지급명세서 및 간이지급명세서를 제출함에 있어 일반급여자가 된 일용근로자의 경우 일반급여자로 전환되기 이전 일용근로자 근로소득에 대하여 명확하고 구체적인 법령이나 예규 등이 없다. 예를 들어 사례의 경우를 살펴보면 다음과 같이 2가지 방법이 있을 수 있다.

구 분	8월 ~ 10월 근무분	
	일용근로소득 지급명세서	간이지급명세서
방법 1	일용근로소득 지급명세서 제출 → 일반급여자로 전환되더라도 이미 제출한 일용근로소득 지급명세서를 수정 제출하지 않음	상용근로소득 간이지급명세서에 포함하지 않음
방법 2	일용근로소득 지급명세서 제출 → 일반급여자로 전환된 후 이미 제출한 일용근로소득 지급명세서를 수정 제출함	상용근로소득 간이지급명세서에 포함하여 제출

원칙적으로는 방법 2가 보다 타당하다고 보지만, 현재 명확한 법령이나 예규 등이 없으며 실무적으로도 어려운 바 [방법 1]로 기술하였음을 부언한다.
향후 법 개정여부 등을 꼭 지켜보시기 바란다.

사례 일반급여자로 재계약한 일용근로자

1. 자료

근로자 乙은 2025.8.16.부터 일용근로자(건설공사에 종사하지 않음, 2025년 중 다른 근무지에서 발생한 일반급여자 근로소득은 없음)로 계약하여 근무하다가, 2025.11.1.부터 일반급여자로 계약하여 계속 근무하고 있다. 회사는 근로제공일이 속하는 다음달 5일(5일이 토요일 또는 공휴일인 경우 그전 평일)에 전월 근무분에 대한 급여를 지급하고 있다.

2. 원천징수

앞선 사례와 동일하다.

3. 연말정산

구 분	내 용
연말정산대상 근로자 판단	2025.1.1.부터 연말정산대상자인 일반급여자에 해당
연말정산 대상 근로소득	2025.1.1.부터 2025.12.31.까지 발생한 연말정산대상 근로소득 ✔ 일용근로자에서 일반급여자로 전환된 것이 아님 ∴ 2025.8.16.부터 2025.10.31.까지 현재 근무지에서 일용근로소득으로 원천징수한 해당 근로소득은 제외
연말정산 시 기납부세액	2025.11.1.~2025.12.31. 부담한 간이세액 원천징수세액
연말정산시기	2026년 2월 why 계속근로자
근로소득지급명세서	~2026.3.10.까지 제출
간이지급명세서	2025.11.1.~2025.12.31. 근로소득에 대해 2026.2.2.까지 제출

6. 근무지가 2 이상인 계속근로자

구 분	내 용(소법 §137의 2·§140 ①·§143 ②·§47 ⑤, 소령 §196 ①·§196의 2·§198 ①)
근무지가 2 이상인 근로자	2개 이상의 회사에서 급여를 받고 있는 계속근로자

근무지신고

구 분	내 용
대상자	2 이상의 사용자로부터 근로소득을 받는 일반급여자
제출서류	근무지(변동) 신고서
제출기한	해당 과세기간 종료일까지
제출처	주된 근무지와 종된 근무지를 정하여 주된 근무지에 제출

주된 근무지: 합산 연말정산을 수행할 근무지

연말정산 방법

구 분	연말정산 방법	
	주된 근무지	종된 근무지
주된 근무지에 근로자가 다음 서류를 모두 제출한 경우 • 근무지(변동)신고서 제출 • 종된 근무지 지급명세서	합산 연말정산 수행 (주된 근무지 근로소득 + 종된 근무지 근로소득)	연말정산 수행 (종된 근무지 근로소득)
이 외	연말정산 수행 (주된 근무지 근로소득)	연말정산 수행 (종된 근무지 근로소득)

합산 연말정산 시

1. 근로자

구 분	내 용	
소득·세액공제 신고서 (첨부서류 포함)	주된 근무지	종된 근무지
	연말정산 때까지 제출	제출하지 않을 수 있음
종된 근무지 지급명세서	연말정산 때까지 주된 근무지에 제출	

제출하지 않을 수 있음: 제출하더라도 합산 연말정산을 통해 적법한 결정세액으로 정산되므로 문제없음

2. 종된 근무지

구 분		내 용
연말정산 수행 여부, 간이지급명세서·지급명세서 제출의무		반드시 연말정산 수행하고 명세서를 제출함 ✔ 수행·제출하지 않은 경우 가산세 발생
소득자별원천징수부		반드시 작성·비치
소득·세액공제 신고서 (첨부서류 포함)		근로자에게 제출받지 않아도 됨
연말정산	대상소득	종된 근무지의 근로소득
	소득·세액공제, 감면	주된 근무지에서 일괄 적용되므로 전산에서 자동으로 적용되는 것을 제외하고 적용 배제 가능함

적용 배제 가능함: 적용하더라도 주된 근무지 결정세액에는 변함이 없으므로, 적용해도 무방함

<table>
<tr><th>구 분</th><th>내 용(소법 §137의 2·§140 ①·§143 ②·§47 ⑤, 소령 §196 ①·§196의 2·§198 ①)</th></tr>
<tr><td>합산
연말정산 시</td><td>
<table>
<tr><th colspan="2">구 분</th><th>내 용</th></tr>
<tr><td rowspan="2">지급
명세서
발급</td><td>발급시기</td><td>연말정산 종료 후 즉시 근로자에 발급</td></tr>
<tr><td>기재사항</td><td>다음 사항은 합산 연말정산 시 반드시 필요하므로 기재하여 발급
<table>
<tr><th>구 분</th><th>내 용</th></tr>
<tr><td>근로소득</td><td>과세, 비과세, 감면 소득 내역</td></tr>
<tr><td>소득·세액공제</td><td>공적연금, 공적보험료 부담 내역</td></tr>
<tr><td>세액감면</td><td>감면기간</td></tr>
</table></td></tr>
</table>

3. 주된 근무지

<table>
<tr><th colspan="2">구 분</th><th>내 용</th></tr>
<tr><td colspan="2">연말정산 수행 여부, 간이지급명세서·지급명세서 제출의무</td><td>반드시 연말정산 수행하고 명세서를 제출함
✔ 수행·제출하지 않은 경우 가산세 발생</td></tr>
<tr><td colspan="2">소득자별원천징수부</td><td>반드시 작성·비치</td></tr>
<tr><td colspan="2">소득·세액공제 신고서
(첨부서류 포함)</td><td rowspan="2">근로자에게 제출받음</td></tr>
<tr><td colspan="2">종된 근무지 지급명세서</td></tr>
<tr><td rowspan="5">연말
정산</td><td>대상소득</td><td>주된 근무지 근로소득 + 종된 근무지의 근로소득</td></tr>
<tr><td>구분기재</td><td>주된 근무지 근로소득과 종된 근무지 근로소득을 반드시 구분기재 why 근무처명, 사업자번호가 다름</td></tr>
<tr><td>비과세</td><td>
<table>
<tr><th>구 분</th><th>내 용</th></tr>
<tr><td>식대, 보육수당</td><td>합산하여 한도(식대 월 20만원, 보육수당 월 20만원) 이내 금액 비과세
(서일-1334, 2005.11.3.)</td></tr>
<tr><td>벤처기업
주식매수선택권
행사이익</td><td>합산하여 연간 2억원 이내 금액 비과세
(조특법 §16의 2 ①)
✔ 근무처별로는 누적 5억원 한도 비과세</td></tr>
<tr><td>자가운전보조금</td><td>근무처별로 월 20만원 이내 금액 비과세
(서일-1272, 2006.9.14.)</td></tr>
<tr><td>출산지원금</td><td>근무처별로 자녀출생일 이후 2년 이내에 최대 2차례 지급받는 금액 전액 비과세
(소법 §12 3호 머목, 소령 §17의 4)</td></tr>
</table></td></tr>
<tr><td>소득·세액공제, 감면</td><td>제출된 서류에 따라 주된 근무지에서 일괄 적용</td></tr>
<tr><td>기납부세액</td><td>
<table>
<tr><th>구 분</th><th>내 용</th></tr>
<tr><td>주된 근무지</td><td>간이세액 부담액</td></tr>
<tr><td>종된 근무지</td><td>종된 근무지 지급명세서 "결정세액"
(소득집 138-0-1)</td></tr>
</table></td></tr>
</table>
</td></tr>
</table>

한걸음 더

1. 합산 연말정산대상 근로소득이 있는 근로자가 합산 연말정산을 수행하지 않은 경우

구 분	내 용
원천징수 의무자	각자의 근로소득에 대해 연말정산을 수행하고, 명세서를 제출한 경우 ✔ 가산세 없음
근로자	• 해당 근로자는 다음연도 5월에 종합소득세 확정신고납부 대상자가 됨 • 확정신고납부를 하지 않은 경우 무신고에 해당되어 7년의 부과제척기간이 적용되고, 가산세(무신고가산세, 납부지연가산세)를 부담해야 함(국심 2002서81, 2002.3.16.; 감심 2018−96, 2019.5.10. 외 다수)

2. 근로자가 종된 근무지에 소득·세액공제 신고서를 제출하고 공제를 요청한 경우

다음과 같이 종된 근무지에서의 소득·세액공제 적용 여부가 근로자의 세부담에 영향을 미치지 않으므로 공제를 적용하여도 무방하다.

종된 근무지 소득·세액공제 적용 여부	종된 근무지			주된 근무지				근로자 부담세액 (B+C+E+F=D)
	결정세액 (A)	기납부세액 (B)	납부(환급)세액 (C)	결정세액 (D)	기납부세액		납부(환급)세액 (F)	
					주(E)	종(A)		
적용 안함	☆	◇	☆ − ◇	◎	□	☆	◎ − □ − ☆	◎
적용함	☆ − ▽	◇	☆ − ▽ − ◇	◎	□	☆ − ▽	◎ − □ − ☆ + ▽	◎

▽: 소득·세액공제 적용으로 감소된 금액

3. 2 이상 근무지에서 동시에 받는 비과세 근로소득 한도에 대한 검토

"식대, 보육수당, 자가운전보조금 및 벤처기업 주식매수선택권 행사이익"을 2 이상 근무지에서 동시에 받는 경우 비과세 한도를 면밀하게 검토해 보면 다음과 같다.

구 분	내 용	지급명세서 기재 여부	비과세 한도 적용
식 대	합산하여 매월 20만원 한도 비과세	기재	지급명세서(필요한 경우 별도 급여자료)로 해당 내역을 파악하여 비과세 한도 적용 가능
보육수당	합산하여 매월 20만원 한도 비과세	기재	지급명세서(필요한 경우 별도 급여자료)로 해당 내역을 파악하여 비과세 한도 적용 가능
자가운전 보조금	근무처별 매월 20만원 한도 비과세	기재 안함	근무처별로 적절하게 적용되고, 지급명세서에서도 기재되지 않으므로 비과세 한도 검토 필요 없음
출산 지원금	근무처별 최대 2차례 한도 없이 비과세	기재	한도가 없으므로 지급명세서에 기재된 금액 전액 인정 가능
벤처기업 주식매수 선택권 행사이익	합산하여 연 2억원 한도 비과세 ✔ 벤처기업별로는 누적 5억원 한도 비과세	기재	지급명세서(필요한 경우 별도 급여자료)로 해당 내역을 파악하여 비과세 한도 적용 가능

■ 소득세법 시행규칙 [별지 제26호서식] <개정 2013.2.23>

근무지(변동)신고서

관리번호		처리기간 즉시

신고인	①성 명	②주 민 등 록 번 호
	⑤주 소	

주 된 근무지	④법인명 또는 상호		⑤대표자성명	
	⑥사업장소재지			
	⑦입 사 일	년 월 일		

종 된 근무지	⑧법인명 또는 상호		⑨대표자성명	
	⑩ 사업장소재지			
	⑪ 입 사 일	년 월 일		

「소득세법 시행령」 제196조의2에 따라 근무지(변동)신고서를 제출합니다.

년 월 일

신고인 (서명 또는 인)

귀하

210㎜× 297㎜[백상지 80g/㎡]

7. 전 근무지가 있는 근로자(재취직자)

재취직자가 중도에 퇴사한 경우로서 합산 연말정산을 신청한 경우 퇴직월 지급 시 합산 연말정산을 수행함

<table>
<tr><th>구 분</th><th>내 용(소법 §138, 소령 §197)</th></tr>
<tr><td>전 근무지가 있는 근로자</td><td>• 전(현) 근무지 퇴사 후 현 근무지에 (재)입사하여 계속 근로하는 근로자
• 전(현) 근무지 퇴사 후 현 근무지에 (재)입사한 후 퇴사하는 근로자</td></tr>
<tr><td>연말정산 방법</td><td>
<table>
<tr><th rowspan="2">구 분</th><th colspan="2">연말정산 방법</th></tr>
<tr><th>현 근무지</th><th>전 근무지</th></tr>
<tr><td>현 근무지에 근로자가 전 근무지 지급명세서를 제출한 경우</td><td>합산 연말정산 수행
(현 근무지 근로소득
+ 전 근무지 근로소득)</td><td rowspan="2">퇴사 시 중도퇴사
연말정산 수행
(전 근무지 근로소득)</td></tr>
<tr><td>이 외</td><td>연말정산 수행
(현 근무지 근로소득)</td></tr>
</table>
</td></tr>
<tr><td>합산 연말정산 시</td><td>
1. 근로자
중도퇴사자의 경우 제출하지 않을 수 있음 → 이러한 경우 현 근무지 연말정산 시 또는 다음연도 5월 종합소득세 확정신고로 공제받을 수 있으며, 확정신고기간 경과 후에는 경정청구로 환급 가능함
<table>
<tr><th>구 분</th><th colspan="2">내 용</th></tr>
<tr><td rowspan="2">소득·세액공제 신고서
(첨부서류 포함)</td><td>현 근무지</td><td>전 근무지</td></tr>
<tr><td>연말정산 때까지 제출</td><td>연말정산 때까지 제출</td></tr>
<tr><td>전 근무지 지급명세서</td><td colspan="2">연말정산 때까지 현 근무지에 제출</td></tr>
</table>
2. 전 근무지(중도퇴사한 근무지)
<table>
<tr><th colspan="2">구 분</th><th>내 용</th></tr>
<tr><td colspan="2">연말정산 수행 여부,
간이지급명세서·지급명세서
제출의무</td><td>반드시 연말정산 수행하고 명세서를 제출함
✔ 수행·제출하지 않은 경우 가산세 발생</td></tr>
<tr><td colspan="2">소득자별원천징수부</td><td>반드시 작성·비치</td></tr>
<tr><td colspan="2">소득·세액공제 신고서(첨부서류 포함)</td><td>퇴직월 급여 지급 시까지 제출받음</td></tr>
<tr><td rowspan="2">연말정산</td><td>대상소득</td><td>전 근무지의 근로소득</td></tr>
<tr><td>소득·세액공제, 감면</td><td>제출한 소득·세액공제신고서에 따라 적용</td></tr>
<tr><td rowspan="2">지급명세서
발급</td><td>발급시기</td><td>연말정산 종료 후 즉시 근로자에 발급</td></tr>
<tr><td>기재사항</td><td>다음 사항은 합산 연말정산 또는 종합소득세 신고 시 반드시 필요하므로 기재하여 발급
<table>
<tr><th>구 분</th><th>내 용</th></tr>
<tr><td>근로소득</td><td>과세, 비과세, 감면 소득 내역</td></tr>
<tr><td>소득·세액공제</td><td>공적연금, 공적보험료 부담 내역</td></tr>
<tr><td>세액감면</td><td>감면기간</td></tr>
</table>
</td></tr>
</table>
• 소득요건 및 주택수 요건은 과세기간 종료일(통상 12.31.)이 되어야 확정되므로, 관련된 인적공제 및 주택관련 공제는 적용하지 않는 것이 좋음
• 저축 관련 공제도 중도해지(인출)하면 공제가 안 되는 것이 있는 바 적용 배제하는 것이 좋음
</td></tr>
</table>

<table>
<tr><th>구 분</th><th>내 용(소법 §138, 소령 §197)</th></tr>
<tr><td>합산
연말정산 시</td><td>
3. 현 근무지 – 계속근로자 가정
<table>
<tr><th colspan="2">구 분</th><th>내 용</th></tr>
<tr><td colspan="2">연말정산 수행 여부,
간이지급명세서·
지급명세서 제출의무</td><td>반드시 연말정산 수행하고 명세서를 제출함
✔ 수행·제출하지 않은 경우 가산세 발생</td></tr>
<tr><td colspan="2">소득자별원천징수부</td><td>반드시 작성·비치</td></tr>
<tr><td colspan="2">소득·세액공제 신고서
(첨부서류 포함)</td><td rowspan="2">근로자에게 제출받음</td></tr>
<tr><td colspan="2">전 근무지 지급명세서</td></tr>
<tr><td rowspan="4">연말
정산</td><td>대상소득</td><td>현 근무지 근로소득 + 전 근무지의 근로소득</td></tr>
<tr><td>구분기재</td><td>현 근무지 근로소득과 전 근무지 근로소득을
반드시 구분 기재 why 근무처명, 사업자번호가 다름</td></tr>
<tr><td>소득·세액공제,
감면</td><td>• 제출된 서류에 따라 현 근무지에서 일괄 적용
• 다음의 소득·세액공제는 근무월에 지출한 것만 공제됨
<table>
<tr><th>구 분</th><th>내 용</th></tr>
<tr><td>근무월 지출분만
공제되는 소득·
세액공제</td><td>① 공적보험료(건강보험료 등)
② 보장성보험료(장애인전용보장성
포함)
③ 의료비
④ 교육비
⑤ 신용카드·직불카드·현금영수증
사용액
⑥ 주택임차차입금원리금상환액
⑦ 장기주택저당차입금이자상환액
⑧ 월세액
⑨ 주택마련저축
⑩ 장기집합투자증권저축
⑪ 우리사주조합출연금</td></tr>
<tr><td>근무월</td><td>입사월, 퇴사월, 휴직월 포함</td></tr>
<tr><td>근무월 확인</td><td>• 현(전) 근무지 근무월 확인
• 공제서류(간소화자료 포함)에서
지출월이 근무월에 해당하는지 확인</td></tr>
</table></td></tr>
<tr><td>기납부세액</td><td>
<table>
<tr><th>구 분</th><th>내 용</th></tr>
<tr><td>현 근무지</td><td>간이세액 부담액</td></tr>
<tr><td>전 근무지</td><td>전 근무지 지급명세서 “결정세액”
(소득집 138–0–1)</td></tr>
</table></td></tr>
</table>
</td></tr>
</table>

한걸음 더

1. 현 근무지에서 전 근무지 근로소득을 합산하여 연말정산하지 않은 경우

<table>
<tr><th>구 분</th><th colspan="2">내 용</th></tr>
<tr><td>종합소득세
확정신고대상 여부</td><td colspan="2">확정신고대상에 해당(조심 2011부716, 2011.3.28.)</td></tr>
<tr><td rowspan="3">관할세무서장이
종합소득세로 경정하여
납세자에게 통지한 경우</td><td>구 분</td><td>내 용(법인 46013-3049, 1999.8.4.)</td></tr>
<tr><td>현 근무지에서
합산 연말정산 수행가능 여부</td><td>불가능</td></tr>
<tr><td>전 근무지 기납부세액</td><td>경정 시 공제받음</td></tr>
</table>

2. 전 근무지에서 연말정산 결과 환급세액이 발생한 경우

<table>
<tr><th>전 근무지
연말정산 환급세액</th><th colspan="2">내 용</th></tr>
<tr><td>환급의무자</td><td colspan="2">전 근무지 원천징수의무자(서일-490, 2004.3.30.)</td></tr>
<tr><td rowspan="3">환급받지 못한 경우</td><td>구 분</td><td>내 용</td></tr>
<tr><td>현 근무지 연말정산 시
전 근무지 기납부세액</td><td>전 근무지 지급명세서 “결정세액”
(소득집 138-0 1)</td></tr>
<tr><td>현 근무지에서
기납부세액으로 공제가능 여부</td><td>불가능
(법인 46013-4272, 1995.11.21.)</td></tr>
</table>

3. 현 근무지에서 합산 연말정산 수행 후 전 근무지 근로소득이 변동된 경우

구 분	내 용(법인 46013-4088, 1998.12.28.)
전 근무지	연말정산 재정산
현 근무지	재정산된 전 근무지 지급명세서를 제출받아 연말정산 재정산

4. 전 근무지가 부도로 인하여 연말정산을 수행하지 않고 행방불명된 경우

구 분	내 용(소득 46011-2389, 1997.9.9.)
현 근무지에서의 합산 연말정산 수행가능 여부	가능
전 근무지 원천징수세액 공제 여부	종전 근무지에서 매월 원천징수하였음이 종전 근무지의 원천징수 관할세무서장에 의해 확인되는 경우 그 근로소득자의 원천징수세액을 기납부세액으로 공제가능

5. 전근무지가 있는 경우 비과세 근로소득 한도에 대한 검토

2 이상의 근무지에서 동시에 근무하는 경우와 달리 전근무지가 있는 경우에는 벤처기업 주식매수선택권 행사이익에 대해서만 비과세 한도를 면밀하게 검토하면 된다(p.242 참조).

8. 동일한 회사에서 전출입한 근로자(본·지점간 전출입 근로자)

<table>
<tr><th>구 분</th><th>내 용(법인 46013-3808, 1999.10.25.)</th></tr>
<tr><td>본지점간
전출입근로자</td><td>• 동일한 회사의 다른 사업장에서 현 사업장으로 전출한 근로자
• 전 사업장과 현 사업장의 사업자번호는 다름</td></tr>
<tr><td>연말정산 방법</td><td>
<table>
<tr><th>현 근무지</th><th>전 근무지</th></tr>
<tr><td>합산 연말정산 수행
(현 근무지 근로소득 + 전 근무지 근로소득)</td><td>전출 시 중도퇴사
연말정산 수행하지 않음</td></tr>
</table>
</td></tr>
<tr><td>합산
연말정산 시</td><td>
1. 근로자
<table>
<tr><th>구 분</th><th>내 용</th></tr>
<tr><td>소득·세액공제 신고서
(첨부서류 포함)</td><td>
<table>
<tr><th>현 근무지</th><th>전 근무지</th></tr>
<tr><td>연말정산 때까지 제출</td><td>제출하지 않음
why 동일한 회사</td></tr>
</table>
</td></tr>
<tr><td>전 근무지
소득·원천징수세액자료
현 근무지 제출의무</td><td>별도 제출의무 없음 why 동일한 회사</td></tr>
</table>
2. 전 근무지
실무적으로 중도퇴사 연말정산을 수행하여도 불이익 없음
<table>
<tr><th>구 분</th><th>내 용</th></tr>
<tr><td>연말정산 수행 여부,
지급명세서 제출의무</td><td>연말정산을 수행하지 않음
✔ 지급명세서도 제출 안함(서일-1096, 2004.8.9.)</td></tr>
<tr><td>간이지급명세서
제출의무</td><td>제출의무 있음
why 전출·입 사업장 사업자번호가 다름</td></tr>
<tr><td>소득자별원천징수부</td><td>반드시 작성·비치</td></tr>
<tr><td>소득·세액공제 신고서
(첨부서류 포함)</td><td>제출받지 않음</td></tr>
</table>
해당 예규는 분할신설법인에 대한 것이나 준용될 수 있다고 판단됨
3. 현 근무지-계속근로자 가정
<table>
<tr><th>구 분</th><th>내 용</th></tr>
<tr><td>연말정산 수행 여부,
간이지급명세서·
지급명세서 제출의무</td><td>반드시 연말정산 수행하고 명세서를 제출함
✔ 수행·제출하지 않은 경우 가산세 발생</td></tr>
<tr><td>소득자별원천징수부</td><td>반드시 작성·비치</td></tr>
<tr><td>소득·세액공제 신고서
(첨부서류 포함)</td><td>근로자에게 제출받음</td></tr>
<tr><td>전 근무지
소득·원천징수세액자료</td><td>제출받을 필요 없음 why 동일한 회사</td></tr>
</table>
</td></tr>
</table>

<table>
<tr><th>구 분</th><th>내 용(법인 46013-3808, 1999.10.25.)</th></tr>
<tr><td>합산
연말정산 시</td><td>
<table>
<tr><th colspan="2">구 분</th><th>내 용</th></tr>
<tr><td rowspan="4">연말
정산</td><td>대상소득</td><td>현 근무지 근로소득 + 전 근무지의 근로소득</td></tr>
<tr><td>구분기재</td><td>현 근무지 근로소득과 전 근무지 근로소득을 반드시 구분기재 why 사업자번호가 다름</td></tr>
<tr><td>소득·세액공제, 감면</td><td>제출된 서류에 따라 현 근무지에서 일괄 적용</td></tr>
<tr><td>기납부세액</td><td>
<table>
<tr><th>구 분</th><th>내 용</th></tr>
<tr><td>현 근무지</td><td>간이세액 부담액</td></tr>
<tr><td>전 근무지</td><td>전 근무지 간이세액 부담액</td></tr>
</table>
</td></tr>
</table>
근로소득원천징수영수증상 전 근무지와 현 근무지의 구분은 원천징수의무자 단위별로 구분하는 것임. 따라서 법인의 지점이 지점소재지 관할세무서에 원천세를 납부하고 있는 경우 지점이 하나의 원천징수의무자에 해당되므로 지점근무자가 본점으로 전출한 경우 지점은 전 근무지가 되고 본점은 현 근무지가 됨(법인 46013-3808, 1999.10.25.)
</td></tr>
</table>

9. 법인으로 전환된 개인기업의 근로자

해당 근로자는 퇴직급여를 지급받지 않은 것을 의미함(이하 같음)

<table>
<tr><th>구 분</th><th>내 용(소통 137-0…3)</th></tr>
<tr><td>법인전환된
개인기업의
근로자</td><td>개인기업이 법인으로 기업형태를 변경하면서 법인기업에 계속 취업한 근로자로서 관련 퇴직급여 부채도 승계된 경우</td></tr>
<tr><td>연말정산 방법</td><td>
<table>
<tr><th>전 근무지(개인기업)</th><th>근로자</th><th>현 근무지(법인기업)</th></tr>
<tr><td rowspan="2">중도퇴직자
연말정산을 수행</td><td>현 근무지에 전 근무지 지급명세서를 제출</td><td>합산 연말정산 수행
(현 근무지 근로소득 + 전 근무지 근로소득)</td></tr>
<tr><td>제출하지 않음</td><td>연말정산 수행
(현 근무지 근로소득)</td></tr>
<tr><td>중도퇴직자
연말정산을
수행하지 않음</td><td>N/A</td><td>합산 연말정산 수행
(현 근무지 근로소득 + 전 근무지 근로소득)</td></tr>
</table>
</td></tr>
<tr><td>합산
연말정산 시</td><td>
1. 근로자
<table>
<tr><th>구 분</th><th>내 용</th></tr>
<tr><td>소득·세액공제 신고서
(첨부서류 포함)</td><td>
<table>
<tr><th>현 근무지(법인기업)</th><th>전 근무지(개인기업)</th></tr>
<tr><td>연말정산 때까지 제출</td><td>중도퇴사 연말정산을 수행하는 경우 제출할 수도 있음</td></tr>
</table>
</td></tr>
<tr><td>전 근무지
소득·원천징수세액자료
현 근무지 제출 여부</td><td>
<table>
<tr><th colspan="2">전 근무지(개인기업)의 중도퇴사 연말정산 수행 여부</th></tr>
<tr><th>수행함</th><th>수행 안함</th></tr>
<tr><td>연말정산 때까지 지급명세서 현 근무지에 제출</td><td>제출할 필요 없음
why 소득·원천세 자료 기업간 승계</td></tr>
</table>
</td></tr>
</table>
</td></tr>
</table>

<table>
<tr><th>구 분</th><th>내 용(소통 137-0···3)</th></tr>
<tr><td>합산
연말정산 시</td><td>

2. 전 근무지

실무적으로 중도퇴사 연말정산을 수행하여도 불이익 없음
폐업일이 속하는 반기 마지막 달의 다음 달 말일까지 제출

<table>
<tr><th>구 분</th><th>내 용</th></tr>
<tr><td>연말정산 수행 여부,
지급명세서 제출의무</td><td>연말정산을 수행하지 않을 수 있음
✔ 연말정산을 수행한 경우에만 지급명세서 제출</td></tr>
<tr><td>간이지급명세서
제출의무</td><td>제출의무 있음 why 기업간 사업자번호가 다름</td></tr>
<tr><td>소득자별원천징수부</td><td>반드시 작성·비치</td></tr>
<tr><td>소득·세액공제 신고서
(첨부서류 포함)</td><td>중도퇴사 연말정산을 수행하는 경우 퇴직월 급여지급 시까지 제출받을 수 있음</td></tr>
<tr><td>연말정산</td><td>중도퇴사 연말정산을 수행하는 경우
중도퇴사자에 해당되므로 이에 준하여 연말정산</td></tr>
</table>

폐업일 다음 다음 달 말일까지 제출

3. 현 근무지 – 계속근로자 가정

<table>
<tr><th colspan="2">구 분</th><th>내 용</th></tr>
<tr><td colspan="2">연말정산 수행 여부,
간이지급명세서·
지급명세서 제출의무</td><td>반드시 연말정산 수행하고 명세서를 제출함
✔ 수행·제출하지 않은 경우 가산세 발생</td></tr>
<tr><td colspan="2">소득자별원천징수부</td><td>반드시 작성·비치</td></tr>
<tr><td colspan="2">소득·세액공제 신고서
(첨부서류 포함)</td><td rowspan="2">근로자에게 제출받음
✔ 전 근무지 지급명세서는 개인기업에서 중도퇴사 연말정산을 수행한 경우에 한함</td></tr>
<tr><td colspan="2">전 근무지 지급명세서</td></tr>
<tr><td rowspan="4">연말
정산</td><td>대상소득</td><td>현 근무지 근로소득 + 전 근무지의 근로소득</td></tr>
<tr><td>구분기재</td><td>현 근무지 근로소득과 전 근무지 근로소득을 반드시 구분 기재 why 사업자번호가 다름</td></tr>
<tr><td>소득·세액공제,
감면</td><td>제출된 서류에 따라 현 근무지에서 일괄 적용</td></tr>
<tr><td>기납부세액</td><td>
<table>
<tr><th colspan="2">구 분</th><th>내 용</th></tr>
<tr><td colspan="2">현 근무지</td><td>간이세액 부담액</td></tr>
<tr><td rowspan="2">전
근무지</td><td>중도퇴사
연말정산 수행</td><td>전 근무지 지급명세서 "결정세액"</td></tr>
<tr><td>미수행</td><td>전 근무지 간이세액 부담액</td></tr>
</table>
</td></tr>
</table>

</td></tr>
</table>

10. 사업의 포괄양수도로 사업양수법인에 승계된 근로자

구 분	내 용(법인 46013-2484, 1998.9.3.)
사업의 포괄양수도로 사업양수법인에 승계된 근로자	• 사업의 포괄양도·양수 시 양수법인에 계속 취업한 근로자로서 관련 퇴직급여를 사업양수법인이 승계한 경우 • 직접 또는 간접적으로 출자관계 있는 법인간의 사업양수도의 경우도 해당 (법규소득 2013-496, 2013.12.4.)
연말정산 방법	법인기업으로 전환된 개인기업 근로자와 내용 동일
합산 시 연말정산	법인기업으로 전환된 개인기업 근로자와 내용 동일

11. 합병으로 소멸된 피합병법인 근로자 중 합병법인으로 승계된 근로자

구 분	내 용(소통 137-0…2)
합병으로 승계된 근로자	합병 후 법인에 계속 취업한 근로자로서 관련 퇴직급여 부채도 피합병법인으로 승계된 경우
연말정산 방법	현 근무지(합병법인): 합산 연말정산 수행 (현 근무지 근로소득 + 전 근무지 근로소득) 전 근무지(피합병법인): 중도퇴사 연말정산 수행하지 않음
합산 연말정산 시	법인기업으로 전환된 개인기업 근로자와 내용 동일

▌실무적으로 중도퇴사 연말정산을 수행하여도 무방함

12. 분할법인의 근로자 중 분할신설법인으로 승계된 근로자

구 분	내 용(서일-1096, 2004.8.9.)
분할신설법인으로 승계된 근로자	법인이 분할함에 있어서 분할법인의 근로자가 분할신설법인에 계속 취업하고 분할신설법인으로 관련 퇴직급여가 승계된 경우
연말정산 방법 합산 연말정산 시	합병으로 소멸된 피합병법인 근로자 중 합병법인으로 승계된 근로자와 내용 동일

13. 관계회사로부터 전입한 근로자

▌해당 법인이 직접 출자한 법인, 해당 법인에 직접 출자한 법인, 해당 법인의 출자자가 출자하고 있는 타 법인 및 해당 법인이 출자하고 있는 법인이 출자하고 있는 또 다른 법인을 포함(서이-1566, 2005.9.28. 외)

구 분	내 용(서일-1096, 2004.8.9.)
관계회사로부터 전입한 근로자	사용인이 현실적인 퇴직으로 보지 않는 해당 법인과 직접 또는 간접으로 출자관계에 있는 법인으로 전출하는 경우
연말정산 방법 합산 연말정산 시	합병으로 소멸된 피합병법인 근로자 중 합병법인으로 승계된 근로자와 내용 동일

▌근로자가 퇴직급여를 받지 않고 전출되는 것을 말하며, 이에 대해서는 Chapter 02 - 01 - 2(p.114)를 참조하기 바람

14. 납세조합에 가입된 근로자

<table>
<tr><th>구 분</th><th>내 용(소법 §150 ③·§137의 2 ③)</th></tr>
<tr><td>납세조합에 가입된 근로자</td><td>• 원천징수제외대상 근로소득이 있는 근로자가 납세조합에 가입된 경우 해당 근로자
• 원천징수제외대상 근로소득에 대해 조세조약에 따라 대한민국이 과세권을 가지는 경우(기준법령국조-288, 2019.5.24.)</td></tr>
<tr><td>연말정산 방법</td><td>
<table>
<tr><th>납세조합 가입여부</th><th>납세조합</th><th>근로자</th><th>현 근무지(법인기업)</th></tr>
<tr><td rowspan="2">가 입</td><td rowspan="2">연말정산 수행
(원천징수제외 대상 근로소득)</td><td>현 근무지에 납세조합지급 명세서 제출함</td><td>합산 연말정산 수행
(현 근무지 근로소득 + 납세조합 지급명세서상 원천징수제외대상 근로소득)</td></tr>
<tr><td>제출하지 않음</td><td>연말정산 수행
(현 근무지 근로소득)</td></tr>
<tr><td>미가입</td><td>연말정산 미수행</td><td>N/A</td><td>연말정산 수행
(현 근무지 근로소득)</td></tr>
</table>
</td></tr>
<tr><td>합산 연말정산 시</td><td>근무지가 2 이상인 근로자와 내용 동일</td></tr>
</table>

미가입 → 종합소득세 확정신고 대상임 (조심 2018중2933, 2018.9.28.)

제출하지 않음 → 종합소득세 확정신고 대상임

15. 국내법인 또는 개인사업자로부터 파견 받은 파견근로자

<table>
<tr><th>구 분</th><th>내 용</th></tr>
<tr><td>연말정산의무자</td><td>파견사업주</td></tr>
<tr><td>사용사업주로부터 직접 받는 금액
(각종 수당 등)</td><td>
<table>
<tr><th>구 분</th><th>내 용(원천-249, 2009.3.27.)</th></tr>
<tr><td>수당 지급 시</td><td>수당지급 내용을 사용사업주가 파견사업주에게 통보</td></tr>
<tr><td>근로소득 포함 여부</td><td>근로소득에 포함</td></tr>
</table>
</td></tr>
<tr><td>연말정산 방법 등</td><td>계속근로자 또는 중도퇴직자와 내용 동일</td></tr>
</table>

02

한걸음 더

근로자가 원천징수의무자에 대한 근로제공으로 인해 원천징수의무자가 아닌 다른 자로부터 받는 근로소득 해당금액

<table>
<tr><th>구 분</th><th>내 용(소령 §196 ④)</th></tr>
<tr><td>연말정산의무자</td><td>원천징수의무자
(근로소득 해당액을 지급하는 다른 사업자가 아님에 유의)</td></tr>
<tr><td>근로제공으로 다른 사업자로부터 받는 근로소득 해당액</td><td>
<table>
<tr><th>구 분</th><th>내 용</th></tr>
<tr><td>합산 여부</td><td>근로소득에 해당되므로 합산하여 연말정산</td></tr>
<tr><td>해당 사례</td><td>• 계약기간 만료 전 또는 만기에 종업원에게 귀속되는 단체환급부보장성 보험 환급금
• 파견근로자가 사용사업주로부터 직접 받는 각종 수당
• 중소·중견기업 근로자가 성과보상기금(내일채움공제)에서 수령하는 공제금 중 기업이 부담한 기여금</td></tr>
</table>
</td></tr>
<tr><td>지급명세서 작성</td><td>⑬급여 or ⑭상여</td></tr>
</table>

16. 법 소정 외국법인 소속 파견근로자

<table>
<tr><th>구 분</th><th>내 용(소법 §156의 7, 소령 §207의 10)</th></tr>
<tr><td>용어정의</td><td>
<table>
<tr><th>구 분</th><th>내 용</th></tr>
<tr><td>파견외국법인</td><td>내국법인과 체결한 근로자파견계약에 따라 근로자를 파견하는 국외에 있는 외국법인(국내지점 또는 국내영업소 제외)</td></tr>
<tr><td>파견근로자</td><td>파견외국법인의 소속근로자</td></tr>
<tr><td>사용내국법인</td><td>파견근로자를 사용하고 다음 요건을 모두 갖춘 내국법인
<table>
<tr><th>구 분</th><th>내 용</th></tr>
<tr><td>파견외국법인에 지급하는 근로대가</td><td>연간 20억원을 초과할 것</td></tr>
<tr><td>매출액 또는 자산총액</td><td>직전 사업연도 매출액이 1,500억원 이상
or 직전 사업연도말 자산총액이 5,000억원 이상</td></tr>
<tr><td>한국표준산업분류에 따른 업종</td><td>항공운송업, 건설업, 전문·과학 및 기술서비스업, 선박 및 수상 부유구조물 건조업, 금융업을 영위</td></tr>
</table>
2022.4.1. 이후 개시하는 사업연도에 지급하는 경우에는 파견계약상 근로대가 또는 직전 사업연도에 실제 지출한 근로대가의 합계액이 20억원을 초과하는 경우로 함(조특령 부칙 §14, 2022.2.15.)</td></tr>
</table>
</td></tr>
<tr><td>연말정산</td><td>
<table>
<tr><th>구 분</th><th>내 용</th></tr>
<tr><td>연말정산대상자</td><td>파견근로자</td></tr>
<tr><td>연말정산의무자</td><td>
<table>
<tr><th>구 분</th><th>연말정산의무자</th></tr>
<tr><td>원 칙</td><td>파견외국법인</td></tr>
<tr><td>대리·위임</td><td>사용내국법인이 대리하여 연말정산 가능</td></tr>
</table>
</td></tr>
</table>
</td></tr>
</table>

<table>
<tr><th>구 분</th><th colspan="2">내 용(소법 §156의 7, 소령 §207의 10)</th></tr>
<tr><td rowspan="5">연말정산</td><td>구 분</td><td>내 용</td></tr>
<tr><td>연말정산시기</td><td>해당 과세기간의 다음연도 2월분 근로소득 지급 시</td></tr>
<tr><td>연말정산 방법</td><td>거주자 또는 비거주자 연말정산 준용
✔ 외국인 근로자 단일세율(19%) 특례도 적용가능</td></tr>
<tr><td>대상 근로소득</td><td>해당 과세기간의 근로소득</td></tr>
<tr><td>연말정산 신고납부 시 제출서류</td><td>
<table>
<tr><th>구 분</th><th>내 용</th></tr>
<tr><td>제출서류</td><td>• 근로소득지급명세서
• 원천징수이행상황신고서
• 파견외국법인에 대한 원천징수세액 환급신청서
• 파견외국법인과 파견근로자 사이에 체결된 용역제공 관련 계약서
• 파견외국법인이 파견근로자에게 지급한 보수 또는 대가에 대한 증거서류</td></tr>
<tr><td>제출의무자</td><td>
<table>
<tr><th>연말정산의무자</th><th>제출의무자</th></tr>
<tr><td>파견외국법인</td><td>파견외국법인</td></tr>
<tr><td>사용내국법인</td><td>사용내국법인</td></tr>
</table>
</td></tr>
</table>
</td></tr>
</table>

영문으로 작성된 서류는 한글번역본과 함께 제출

한걸음 더

법 소정 외국법인 소속 파견근로자에 대한 원천징수

<table>
<tr><th>구 분</th><th>내 용</th></tr>
<tr><td>원천징수의무자</td><td>사용내국법인</td></tr>
<tr><td>원천징수시기</td><td>파견근로자가 사용내국법인에 제공한 근로의 대가를 파견외국법인에 지급하는 때</td></tr>
<tr><td>원천징수대상소득</td><td>
<table>
<tr><th>구 분</th><th>원천징수대상소득</th></tr>
<tr><td>파견근로자가 파견외국법인으로부터 지급받는 금액을 사용내국법인이 확인한 경우</td><td>그 확인된 금액</td></tr>
<tr><td>이 외</td><td>파견근로자가 사용내국법인에 제공한 근로의 대가로 파견외국법인에 지급하는 금액</td></tr>
</table>
</td></tr>
<tr><td>원천징수세액</td><td>원천징수대상소득 × 19%</td></tr>
<tr><td>원천세 신고납부</td><td>
<table>
<tr><th>구 분</th><th>내 용</th></tr>
<tr><td>신고납부기한</td><td>원천징수일의 다음 달 10일까지</td></tr>
<tr><td>신고서 기재</td><td>간이세액(A01)란 기재</td></tr>
<tr><td>제출서류</td><td>• 원천징수이행상황신고서
• 파견근로자 근로계약명세서
• 사용내국법인과 파견외국법인 사이에 체결된 용역제공 관련 계약서</td></tr>
</table>
</td></tr>
</table>

2018.6.30. 이전분은 17%

■ 소득세법 시행규칙 [별지 제102호서식] <신설 2016.3.16.>

파견외국법인에 대한 원천징수세액 환급신청서

접수번호	접수일자			
❶ 원천징수 의무자	① 상호(법인명)		② 사업자등록번호 (납세관리번호)	
	③ 주소(사업장)		④ 전화번호	
❷ 파견외국법인	⑤ 상호(법인명)		⑥ 납세관리번호	
	⑦ 주소(사업장)		⑧ 소재지국	(코드:)
❸ 사용내국법인	⑨ 상호(법인명)		⑩ 사업자등록번호	
	⑪ 주소(사업장)		⑫ 전화번호	

❹ 환급신청 내역 (단위 : 원)

당초 원천징수 내역			⑯파견근로자에게 지급한 근로대가 총액	⑰파견근로자의 근로대가에 대한 결정세액 총합계	⑱환급신청 세액 (⑭-⑰)
⑬대가지급액	⑭원천징수세액	⑮근로기간			

❺ 국세환급금 계좌 신고

⑲예입처	⑳예금 종류	㉑계좌번호
은행 본·지점	예금	

신청인은 「소득세법 시행령」 제207조의10 제4항에 따라 파견외국법인(「소득세법」 제156조의7 제3항에 따라 사용내국법인이 파견외국법인을 대리하여 원천징수하는 경우에는 사용내국법인이 해당됩니다)에 대한 원천징수세액 환급신청서를 제출하며, 위 내용을 충분히 검토하였고 신청인이 알고 있는 사실 그대로를 정확하게 적었음을 확인합니다.

년 월 일

신 청 인 (서명 또는 인)

세무서장 귀하

세무대리인	상호(성명)		사업자등록번호		전화번호	

첨부서류	1. 파견외국법인과 파견근로자 사이에 체결된 용역제공 관련 계약서(계약서를 제출할 수 없는 경우 파견근로자별 인적사항, 계약기간, 지급 대가 등이 확인 가능한 서류로 대체하여 제출 가능) 2. 파견외국법인이 파견근로자에게 지급한 보수 또는 대가에 대한 증거서류

작성방법

1. ②사업자등록번호(납세관리번호)란: 사업자등록번호, 납세관리번호, 해당 거주지국의 납세번호(Taxpayer Identification Number) 등을 적습니다.
2. ⑧소재지국과 코드는 국제표준화기구(ISO)가 정한 국가별 ISO코드 중 국명약어 및 국가코드를 적습니다.
3. ❹ 환급신청 내역의 기재사항 중에서 원화 환산이 필요한 경우 사용내국법인이 파견외국법인에게 용역대가를 각각 지급한 때의 「외국환거래법」에 의한 기준환율 또는 재정환율을 적용하여 계산합니다.
3. ⑯파견근로자에게 지급한 근로대가 총액: 파견외국법인이 사용내국법인으로부터 지급받은 용역대가 중 파견외국법인의 소속 파견근로자에게 실제 지급한 금액을 적습니다.
4. ⑰파견근로자의 근로대가에 대한 결정세액 총합계: 파견외국법인(또는 사용내국법인)이 제출한 파견근로자에 대한 근로소득 지급명세서상의 결정세액을 모두 더하여 적습니다.

210㎜×297㎜[백상지(80g/㎡) 또는 중질지(80g/㎡)]

■ 소득세법 시행규칙 [별지 제101호서식] <신설 2016.3.16.>

파견근로자 근로계약 명세서

접수번호	접수일자		

<table>
<tr><td rowspan="4">❶ 신고인</td><td rowspan="2">① 성명(대표자)</td><td>한글</td><td rowspan="2">② 주민등록번호</td><td rowspan="2"></td></tr>
<tr><td>영문</td></tr>
<tr><td>③ 상호(법인명)</td><td></td><td>④ 사업자등록번호</td><td></td></tr>
<tr><td>⑤ 주소(사업장)</td><td></td><td>⑥ 전화번호</td><td></td></tr>
<tr><td colspan="2">❷ 귀속 연월(⑦)</td><td colspan="3"></td></tr>
</table>

❸ 파견근로자 근로계약 명세 (단위 : 원)

⑧일련 번호	⑨소속 외국법인의 법인명(상호)	⑩국내 근로 제공 기간	⑪성명	⑫외국인 등록번호	⑬국적	⑭담당 직무	⑮해당 기간 중 제공한 근로의 대가 (지급액 또는 확인금액)
⑯계							

「소득세법 시행령」 제207조의10 제3항에 따라 파견근로자 근로계약 명세서를 제출합니다.

년 월 일

제 출 인 (서명 또는 인)

세무서장 귀하

세무대리인	상호(성명)		사업자등록번호		전화번호	

첨부서류	1. 사용내국법인과 파견외국법인 사이에 체결된 용역제공 관련 계약서

작성방법
1. ⑮해당 기간 중 제공한 근로의 대가는 원화 환산이 필요한 경우 사용내국법인이 파견외국법인에게 용역대가를 지급한 때의 「외국환거래법」에 의한 기준환율 또는 재정환율을 적용하여 계산합니다.

210㎜×297㎜[백상지(80g/㎡) 또는 중질지(80g/㎡)]

02

17. 원천징수의무자가 연말정산을 수행하지 않은 경우

<table>
<tr><th>구 분</th><th>내 용(소칙 §92)</th></tr>
<tr><td>원천징수의무자가 있는 경우</td><td>
<table>
<tr><th>구 분</th><th>내 용</th></tr>
<tr><td>연말정산의무자</td><td>원천징수 관할세무서장이 즉시 연말정산</td></tr>
<tr><td>소득세</td><td>원천징수 관할세무서장이 원천징수의무자에게 징수</td></tr>
<tr><td>불이익</td><td>원천징수의무자에게 가산세 등 불이익 발생</td></tr>
</table>
</td></tr>
<tr><td>원천징수의무자가 행방불명된 경우</td><td>
<table>
<tr><th>구 분</th><th colspan="4">내 용</th></tr>
<tr><td rowspan="3">현 근무지가 있고 종(전) 근무지가 행방불명된 경우 (소득 46011-2389, 1997.9.9.)</td><th>구 분</th><th>연말정산 의무자</th><th>대상소득</th><th>기납부세액</th></tr>
<tr><td>종(전) 근무지 소득을 알 수 없는 경우</td><td rowspan="2">현 근무지</td><td>현 근무지 근로소득</td><td>현 근무지 간이세액</td></tr>
<tr><td>종(전) 근무지 소득을 알 수 있는 경우</td><td>현 근무지 근로소득 + 종(전) 근무지 근로소득</td><td>현 근무지 간이세액 + 종(전) 근무지 간이세액</td></tr>
<tr><td>이 외</td><td colspan="4">원천징수 관할세무서장이 해당 근로자에게 과세표준 확정신고를 해야 한다는 것을 통지
✔ 근로자가 종합소득세 확정신고납부</td></tr>
</table>
</td></tr>
</table>

종전 근무지에서 매월 원천징수하였음이 종전 근무지의 원천징수 관할세무서장에 의해 확인되는 경우를 말함

18. 기타

상 황	연말정산의무자
B회계법인이 A법인 근로자 일부에게 지급되는 특별상여금의 원천징수의무를 위임받은 경우	근로자에게 근로소득을 지급하는 A법인 (사전법령소득-357, 2018.12.14.)
거주자인 근로자가 조세조약에 따라 대한민국에서 과세가 제한되는 국외근로소득이 있는 경우	없음 why 대한민국에 과세권 없음

4 연말정산 사전준비

1. 연말정산의무자

연말정산에 앞서 연말정산의무자는 효율적이고 완전한 연말정산업무를 위해 다음과 같은 사전준비(예시임)를 한다.

사전준비	내 용
연말정산 방법 결정	• 자체 연말정산 또는 외부에 연말정산업무 위탁 여부 결정 • 자체 프로그램 또는 외부 상용 프로그램 활용여부 결정 • 국세청의 편리한 연말정산 활용 여부 결정
개정세법 확인	• 전년도와 달라진 비과세, 감면, 소득·세액공제 등의 내용 파악 • 개정세법을 적용하지 않을 경우 가산세 등 불이익 발생
프로그램 정비	• 연말정산업무를 수행하는 프로그램 업데이트(개정세법 내용 반영 확인) • 모의사례를 시뮬레이션(Simulation)하여 프로그램 오류 확인
안내문 작성 및 공지	다음 사항을 안내문에 포함하여 공지 • 전년도와 달라진 비과세, 감면, 소득·세액공제 등 개정세법 • 제출해야 하는 증명서류(서류범위, 요건, 발급처) • 자료 제출 및 프로그램에 자료 입력 시 유의사항 • 부당공제 유형 등 • 국세청 연말정산 서비스(간소화, 편리한 연말정산)
연말정산대상자 파악 및 분류	• 연말정산대상자 전체 모집단 파악 • 연도 중 퇴사자에 대한 중도퇴사 연말정산업무 수행 누락 확인 • 연말정산 유형(외국인단일세율, 비거주자, 이외)별 대상자 분류 • 본지점간 전출입한 근로자, 신규입사자, 일반급여자가 된 일용근로자 파악
소득·기납부세액 확정	다음 사항을 확인(검토)하여 근로소득원천징수부 확정 • 근로소득에 대한 수입시기 및 금액산정 검토 • 비과세 근로소득에 대한 적용요건, 누락여부, 한도초과 등에 대한 검토 • 소득제외 금액 포함여부 검토 • 연말정산대상 근로소득에 대한 기납부세액 확인

(1) 연말정산 방법 결정 ― 국세청 제공 "원천징수의무자를 위한 연말정산 사전안내(2024)" 참조

연말정산 방법에는 다음과 같이 6가지 유형이 있다. 즉, 원천징수의무자(회사)는 아래의 유형과 자체 전산 및 업무환경 등을 고려하여 연말정산 방법을 설계하고, 근로자에게 연말정산 일정, 준비사항 등 정보를 안내한다.

유형	내 용	회사의 근로자 정보 홈택스 등록 여부	연말정산 방법
1	간소화 자료를 종이로 제출	필요 없음	회사보유 시스템에 의해 연말정산
2	간소화 자료를 PDF로 제출		
3	간소화 자료를 회사로 일괄제공		
4	간소화 자료를 홈택스로 온라인 제출	반드시 등록 필요	
5	유형 4 + 공제신고서를 온라인 제출		
6	유형 5 + 홈택스에서 연말정산업무 수행 (세액계산, 지급명세서 제출, 원천세 신고)		홈택스에서 연말정산

유형 1 간소화자료를 출력물(종이)로 제출받아 연말정산을 하는 경우

❑ 이용대상 : 간소화자료를 수동(출력물)으로 제출받아 연말정산을 하는 회사(또는 세무대리인)

(근로자) 연말정산간소화 자료를 출력하여, 직접 수집한 영수증과 함께 회사에 제출

(회　사) 서류검토 ⇨ 세액계산 ⇨ 지급명세서 작성·제출

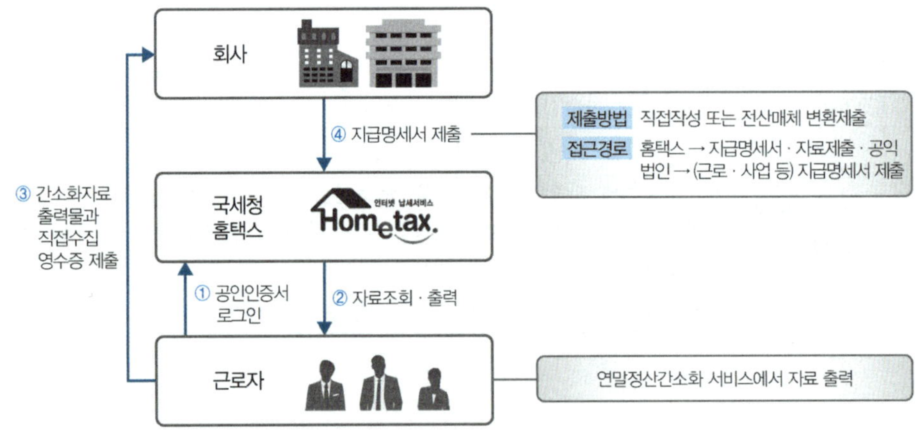

비고 : 회사의 전산환경에 상관없이 간소화서비스에서 출력한 자료로 연말정산을 하는 보편적인 이용 방법

국세청 자료 추출프로그램(API)을 회사 연말정산 프로그램과 연계 설치, 소득·세액공제 증명서류를 PDF로 제출받아 자료 추출, 회사 연말정산에 이용

유형2 연말정산이 자동화된 대기업, 공무원 등 종이없는 연말정산을 하는 회사

❑ 이용대상 : 종이 없는 연말정산을 하는 회사, 국가기관 등

(근로자) 연말정산간소화 서비스에서 받은 PDF 파일을 회사의 연말정산 프로그램에 업로드하고, 직접 수집한 영수증을 회사에 제출

(회　사) PDF파일의 자료 수록·검토 ⇨ 세액계산 ⇨ 지급명세서 작성·제출

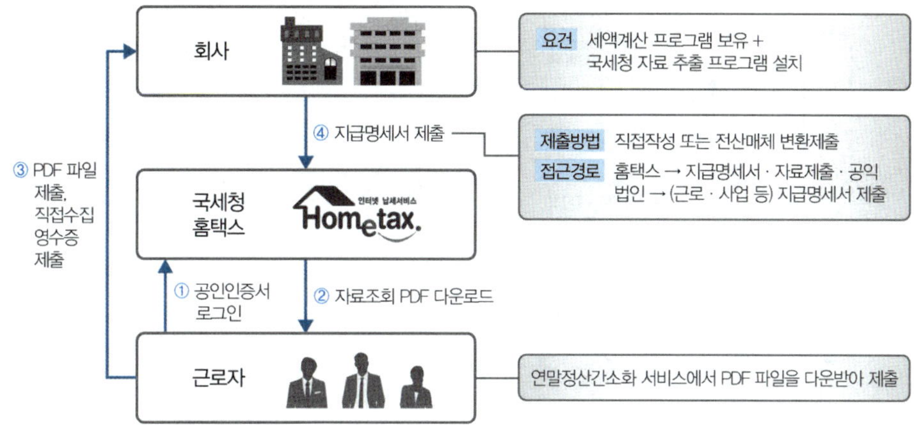

비고 : 회사 연말정산 프로그램과 국세청 자료 추출 프로그램(API)이 연계된 경우에 이용 가능(출력 및 보관 비용 절감)

근로자가 회사에 간소화자료를 제출하지 않고 국세청이 근로자의 신청을 받은 회사에 직접 간소화자료를 제공하는 서비스

유형3 간소화 자료를 국세청에서 일괄제공 받고자 하는 회사

❑ 이용대상 : 자체 연말정산 시스템이 있는 회사로서 근로자의 연말정산 간소화 자료를 간소화자료 일괄제공 서비스를 통해 국세청으로부터 일괄로 제공받는 경우

(근로자) 홈택스에서 일괄제공에 대한 확인·동의(민감정보 삭제 + 부양가족 확인)

(회　사) 일괄제공을 신청한 근로자명단 등록 ⇨ 일괄제공 자료 내려받기, 검토 ⇨ 지급명세서 작성·제출

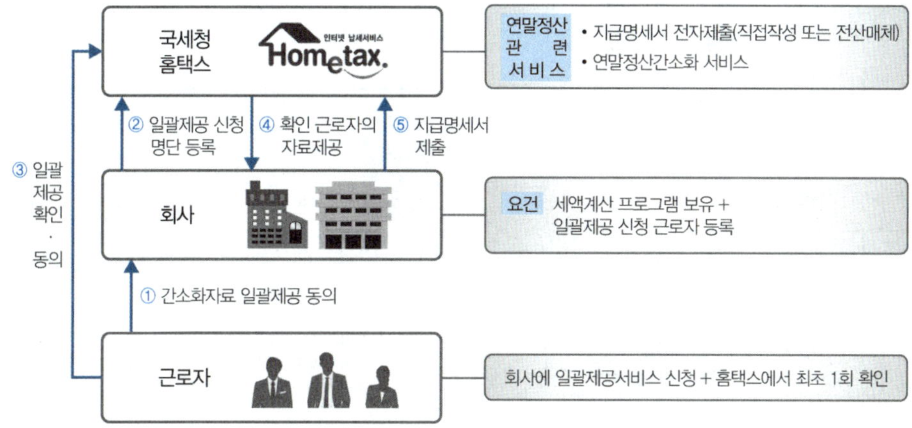

비고 : 간소화자료를 국세청으로부터 온라인으로 일괄제공 받음으로써 연말정산 자료정리, 보관에 소요되는 비용, 처리시간 절감

※ 근로자 신청명단을 미리 전산으로 제출하여야 함

유형 4 간소화 자료를 온라인으로 제출(편리한 연말정산 – 간편제출)받고자 하는 회사

❑ 이용대상 : 자체 연말정산 시스템이 있는 회사로서 근로자의 연말정산간소화 자료를 편리한 연말정산의 간편제출서비스를 이용하여 온라인 제출받는 경우

(근로자) 홈택스에 접속하여 간소화 자료를 조회한 후 편리한 연말정산에서 온라인 제출

(회 사) 근로자 기초자료 등록 ⇨ 제출된 자료 다운로드, 검토 ⇨ 지급명세서 작성·제출

근로자가 간소화자료 등을 편리한 연말정산을 통해 온라인으로 제출

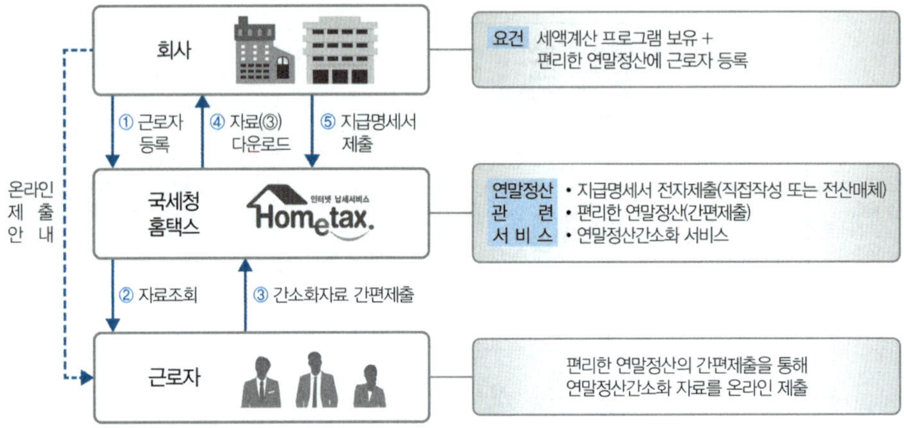

비고 : 공제서류를 온라인으로 제출받음으로써 연말정산 자료정리, 보관에 소요되는 비용 절감

※ 근로자에 대한 기초자료를 미리 전산으로 제출하여야 함

유형 5 소득·세액공제신고서를 온라인 제출(편리한 연말정산 – 간편제출)받아 연말정산하고자 하는 경우

❑ 이용대상 : 근로자로부터 소득·세액공제신고서를 편리한 연말정산을 통해 제출받고자 하는 회사(자체 시스템에 수록하여 연말정산하는 경우 등)

(근로자) 홈택스에서 간소화 자료를 이용하여 공제신고서를 작성한 후 온라인 제출

(회 사) 근로자 기초자료 등록 ⇨ 제출된 자료 다운로드, 검토 ⇨ 지급명세서 작성·제출

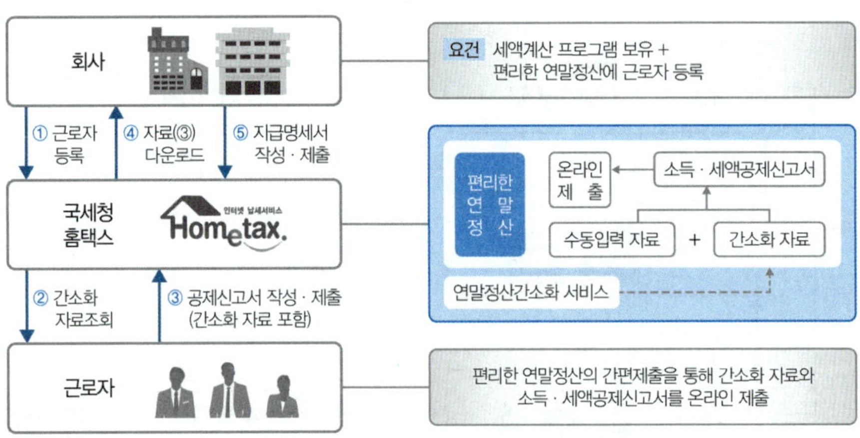

비고 : 근로자로부터 공제신고서와 간소화 자료를 온라인으로 제출받음으로써 공제신고서 작성·관리에 소요되는 비용 절감

※ 근로자에 대한 기초자료를 미리 전산으로 제출하여야 함

유형6 편리한 연말정산 서비스를 통해 자료수집, 세액계산, 지급명세서 작성

❑ 이용대상 : 홈택스의 편리한 연말정산에서 공제신고서와 간소화 자료를 간편제출 받고 지급명세서 작성 및 제출까지 하려는 회사

(근로자) 홈택스에서 간소화 자료를 이용하여 공제신고서를 작성한 후 온라인으로 제출

(회 사) 근로자 기초자료 등록 ⇨ 간편제출된 자료 검토(다운로드) ⇨ 홈택스에서 지급명세서 직접 작성 및 수정, 제출

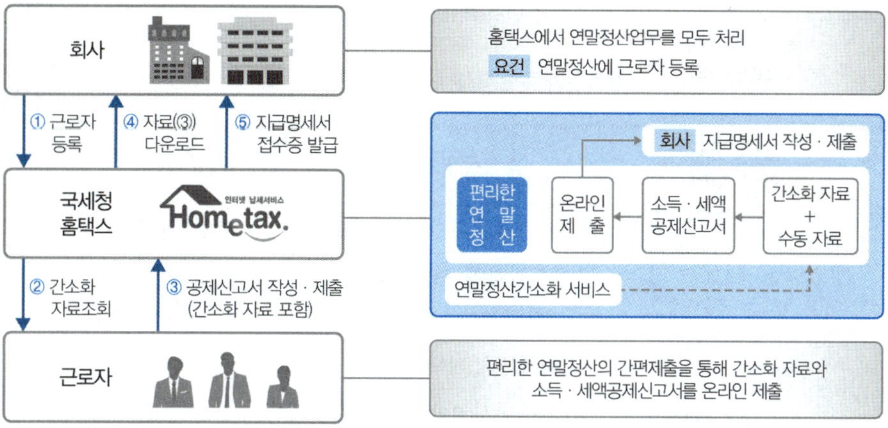

비고 : 홈택스에서 연말정산업무를 모두 처리할 수 있어 연말정산 프로그램 유지·보수 비용을 절감할 수 있음

※ 근로자에 대한 기초자료를 미리 전산으로 제출하여야 함

(2) 연말정산 관련 제출서류 리스트(근로자 → 원천징수의무자)

- 계속근로자는 변동이 없는 사항에 대해서는 제출하지 않아도 됨 다만, 지출금액 관련 서류는 무조건 매년 제출함
- 연말정산 증빙자료를 전자문서로 보관하는 경우 공인전자문서센터에 보관하지 않는 경우 원본을 별도 보관해야 함(서면징세-5302, 2022.8.26.)

공제항목			제출서류	발급처	인터넷
인적공제	본인·배우자·부양가족		주민등록표등본	시·군·구청 또는 읍·면·동주민센터	정부24
			가족관계증명서/혼인관계증명서		대법원 전자가족관계
	출생 신고 안된 자녀		출생증명서	의료기관	
	일시퇴거자		일시퇴거자 동거가족 상황표	본인 작성	
			본래주소지와 퇴거주소지 주민등록표등본	시·군·구청 또는 읍·면·동주민센터	정부24
			재학증명서(취학의 경우)	학교	
			요양증명서(요양의 경우)	요양기관	
			재직증명서(재직의 경우)	직장	
			사업자등록증사본(사업상 형편)	본인 보관	
	입양자		입양관계증명서/입양사실확인서	시·군·구청 또는 입양기관	대법원 전자가족관계
	수급자		수급자증명서	읍·면·동주민센터	정부24
	위탁아동		가정위탁보호확인서	시·군·구청	
	장애인	장애인복지법	장애인증명서/장애인등록증(복지카드) 사본	읍·면·동주민센터	정부24 간소화
		상이자	상이자증명서 사본	국가보훈부	
		그 외 개정	장애인증명서(소득세법 시행규칙 서식)/발달재활서비스 이용증명서	의료기관 또는 국가보훈부/발달재활서비스 제공기관	
	외국인		외국인등록사실증명/외국인등록증 사본(주민등록표등본에 갈음)	출입국·외국인사무소	정부24
	외국국적동포		외국국적동포 국내거소신고표/국내거소신고증(주민등록표등본에 갈음)	출입국·외국인사무소	정부24
	재외국민		재외국민등록부등본/재외국민등록증 사본(국내 주민등록 없는 재외국민)	재외공관	정부24
공적연금	국민연금		종(전) 근무지 지급명세서(원천징수부)	전 근무지	간소화
	공무원연금 등				

- 가족관계증명서: 주민등록표로 가족관계 확인이 어려운 경우
- 정부24: www.gov.kr
- 대법원 전자가족관계: efamily.scourt.go.kr
- 본래주소지와 퇴거주소지 주민등록표등본: 기숙사, 그 밖에 다수인이 동거하는 숙소에 거주하는 때에는 주민등록표초본으로 갈음가능
- 의료기관: 의료기관(병의원)에서 발급하는 경우 반드시 의사서명이 있어야 함
- 상이자증명서 사본: 국가유공자확인서/국가유공자에 준하는 군경 등 확인서/보훈보상대상자 확인서

▎국민주택규모 초과인 경우에만 제출

▎연장(갱신)차입금 또는 이전 주택에 대한 차입금을 공제받으려는 경우에는 연장(갱신) 시 계약서 또는 이전 주택에 대한 계약서를 제출

공제항목		제출서류	발급처	인터넷
공적 보험료	건강보험료	종(전) 근무지 지급명세서(원천징수부)	전 근무지	간소화
	고용보험료			간소화
주택 자금	월세액	월세액·거주자간 주택임차차입금 원리금 상환액 소득·세액공제명세서	본인 작성	2023년분부터 제공됨
		주민등록표등본	읍·면·동주민센터	정부24
		개별(공동)주택가격확인서	시·군·구청	정부24
		임대차계약증서 사본	본인 보관	
		월세액 지급 증명서류(현금영수증, 계좌이체 영수증, 무통장입금증 등)	본인 보관	간소화
	주택임차 차입금 (금융기관차입)	주택자금상환등증명서	금융회사 등	간소화
		임대차계약증서 사본	본인 보관	
		주민등록표등본	읍·면·동주민센터	정부24
	주택임차 차입금 (거주자차입)	월세액·거주자간 주택임차차입금 원리금 상환액 소득·세액공제명세서	본인 작성	
		주택자금상환등증명서	대주(貸主)	
		주민등록표등본	읍·면·동주민센터	정부24
		임대차계약증서 사본	본인 보관	
		금전소비대차계약서 사본	본인 보관	
		원리금 상환 증명서류 (계좌이체영수증 및 무통장입금증 등)	본인 보관	
	장기주택 저당차입금	장기주택저당차입금 이자상환증명서	금융회사 등	간소화
		주민등록표등본	읍·면·동주민센터	정부24
		개별(공동)주택가격확인서	시·군·구청	정부24
		건물등기사항증명서 또는 분양계약서 사본	등기소 또는 본인 보관	대법원 전자등기소
		기존 및 신규차입금의 대출계약서 사본(대환, 차환, 연장 시)	금융회사 등	
	주택마련저축	주택마련저축납입증명서 또는 통장사본	금융회사 등 또는 본인 보관	간소화
		주민등록표등본	읍·면·동주민센터	정부24

▎공공임대주택(LH, SH, GH 공무원연금공단) 월세만 조회 가능

▎외국인은 외국인등록표(증), 외국국적동포는 국내거소신고증도 같이 제출

▎www.iros.go.kr

공제항목			제출서류	발급처	인터넷
주택자금	주택자금차입금 이자세액공제		주택자금이자 세액공제 신청서	본인 작성	
			미분양주택확인서	지방자치단체	
			차입금이자상환증명서	금융회사 등	
			건물등기사항증명서 및 매매계약서	등기소 또는 본인 보관	대법원 전자등기소
저축투자	개인연금저축		개인연금저축납입증명서 또는 통장사본	금융회사 등 또는 본인 보관	간소화
	소기업·소상공인공제		공제부금납입증명서	중소기업중앙회	간소화
	투자조합 출자공제		출자 등 소득공제신청서	본인 작성	
			출자(투자)확인서	투자조합관리자 등	간소화
	우리사주 조합출연금		우리사주조합출연금액확인서	우리사주조합	
	(청년형)장기집합 투자증권저축		(청년형)장기집합투자증권저축 납입증명서	금융회사 등	간소화
	연금계좌	퇴직연금계좌	연금납입확인서	연금계좌취급자	간소화
		연금저축계좌	연금납입확인서	연금계좌취급자	간소화
		ISA계좌 만기시 추가납입액	연금납입확인서	연금계좌취급자	간소화
인적공제 관련지출	인적사항 관련		인적공제 관련 참조		
	신용카드 등 사용액		신용카드 등 소득공제 신청서	본인 작성	
			신용카드 등 사용금액 확인서	카드회사	간소화
	보험료	보장성, 장애인전용	보험료납입증명서 또는 보험료납입영수증	보험사업자	간소화
	의료비	신청서	의료비지급명세서	본인 작성	
		병·의원, (한)약국	계산서·영수증, 진료비(약제비)납입확인서	병의원, 약국	간소화
		장기요양	장기요양급여비 납부확인서	요양기관	간소화

출자(투자)확인서: 출자 또는 투자일로부터 2년이 되는 날이 속하는 과세연도까지 공제시기를 변경하고자 하는 경우에는 해당 확인서를 발급받을 때(수익증권에 투자할 때) 소득공제시기변경 신청서를 투자조합관리자 등에게 제출하여야 함

간소화(출자(투자)확인서): 벤처기업투자신탁수익증권에 한함

ISA계좌 만기시 추가납입액: 전환금액을 말함

2025년 9월 현재 장애인의 활동지원급여 중 본인부담금에 대한 제출서류에 대해 관련 법령이 없음. 다만 「활동지원급여 비용명세서(장애인 활동지원에 관한 법률 시행규칙[별지 제10호 서식])」으로 증명(제출)하면 될 것으로 판단됨

공제항목			첨부서류	발급처	비 고
인적공제 관련 지출	의료비	난임시술비	진료비(약제비)납입확인서 (난임시술 관련 진단서 또는 증명서 필요)	병의원, 약국	
		미숙아·선천성 이상아 의료비	진료비(약제비)납입확인서 (미숙아·선천성 이상아 의료비 관련 진단서 또는 증명서 필요)	병의원, 약국	
		건강보험 산정특례 대상자	건강보험산정특례 대상자임을 입증하는 서류	의료기관 등	
		안경(콘택트렌즈)	영수증(사용자의 성명과 시력교정용임을 안경사가 확인한 영수증)	구입처	간소화
		보청기, 장애인 보장구	영수증(사용자의 성명을 판매자가 확인)	구입처	
		구입·임차 의료기기	의사·치과의사·한의사의 처방전	병의원	
			영수증(의료기기명 기재 필요)	구입처	
		산후조리원 비용	영수증	산후조리원	간소화
		실손의료 보험금	해당 연도 중 수령한 실손의료보험금 확인 서류	보험사	간소화
	교육비(국내)	수업료, 등록금 등	교육비납입증명서 2023년부터 대학입학전형료, 수능응시료 자료 제공	교육기관 (학교, 학원, 체육시설, 보육시설, 유치원, 직업훈련시설 등)	간소화
		교복구입비	교육비납입증명서(중·고등학생에 한함)	구입처	
		학교 외 도서 구입비	방과후 학교 수업용 도서 구입 증명서 및 도서구입영수증 (초·중·고등학생에 한함)	교육기관, 구입처	
		장애인 특수 교육비	교육비납입증명서	사회복지시설 등	간소화
			장애인 특수 교육시설 해당 입증 서류	사회복지시설 등	
		학자금 대출 상환액	교육비납입증명서	한국장학재단 등	간소화
	교육비(국외)		교육비 납입을 증명할 수 있는 서류	국외 교육기관	
			재학증명서	국외 교육기관	
			부양가족의 유학자격 입증 서류 (중학교 졸업장 사본 등 학력인정서류, 국외유학인정서, 유학특례확인서, 동거사실증명서) 근로자가 국내에 근무하면서 학생이 유치원생, 초등학생, 중학생인 경우에 한함	교육기관, 교육장, 국립국제교육원	

> 2023년분부터 고향사랑기부금도 제공 (→ 간소화)

공제항목			첨부서류	발급처	비 고
인적공제 관련 지출	기부금	명세서	기부금명세서	본인 작성	
		정치자금	정치자금기부금 영수증	중앙선관위 또는 기부처	간소화
		이 외	기부금 영수증 (특별재난지역에 대한 기부금확인서)	기부처	간소화
외국납부 세액공제			외국납부 세액공제(필요경비산입) 신청서	본인 작성	
			납부세액 증명서류	외국정부 또는 본인 보관	
외국인 기술자 세액감면 개정			• 외국인 기술자의 근로소득세 감면신청서 • 다음 첨부서류 ① 교수 또는 연구기관 등의 연구원 ✔ 학위증명서(학사 학위 이상) ✔ 국외 대학 및 연구기관 등에서 5년(박사학위자는 2년) 이상 연구개발·기술개발 경험이 있음을 입증하는 증명서 ✔ 기업부설연구소 인정서·연구개발전담부서 인정서 및 그 밖에 조세특례제한법 시행령 제16조의 3 제2항 각 호의 기관 또는 부서에서 근무하고 있음을 증명하는 서류 ② 우수 해외인재 ✔ 우수 해외인재 확인서(「우수 해외인재 기준에 관한 고시」 별지 제1호 서식)		
외국인 근로자 세액감면			외국인 근로소득세액 감면신청서	본인 작성	
중소기업 취업자 소득세 감면 개정			중소기업 취업자 소득세 감면신청서 ✔ 다음 서류 첨부 제출 • 병적증명서(청년만) • 장애인 입증서류 • 경력단절여성·경력단절근로자 입증서류	본인 작성	
중소기업 핵심인력 성과보상기금 소득세 감면			중소기업 핵심인력 성과보상기금 수령액에 대한 소득세 감면신청서 ✔ 공제 납입금 수령서류 첨부	본인 작성	
성과공유 중소기업 근로자 경영성과급에 대한 소득세 감면			성과공유 중소기업 경영성과급 소득세 감면신청서	본인 작성	

> 전자기부금영수증 포함 (→ 기부금 영수증)

> 2021.2.17. 이후 국내에서 최초로 근로를 제공한 외국인기술자에 한함 (→ 다음 첨부서류)

> 다음 내용이 포함된 증명서를 말함 (→ 증명서)
> • 감면신청자 이름
> • 국외연구기관등의 명칭 및 주소
> • 국외연구기관등에서 근무한 기간·근무부서, 연구분야 및 해당 부서 책임자의 확인

다음 내용이 포함된 증명서를 말함
- 감면신청자 이름
- 국외연구기관등의 명칭 및 주소
- 국외연구기관등에서 근무한 기간, 근무부서, 연구분야 및 해당 부서 책임자의 확인

공제항목	첨부서류	발급처	비 고
내국인 우수 인력 국내복귀에 대한 소득세 감면	내국인 우수 인력의 국내복귀에 대한 소득세 감면 신청서 ✔ 다음 첨부서류 제출 • 박사학위증명서 • 재외국민등록부등본(해외거주사실증명서) • 국외연구기관등에서 5년 이상 연구개발·기술개발 경험이 있음을 입증하는 증명서 • 기업부설연구소 인정서·연구개발전담부서 인정서 및 그 밖에 조세특례제한법 시행령 제16조의 3 제2항 각 호의 기관 또는 부서에서 근무하고 있음을 증명하는 서류 개정	본인 작성	
외국인 교수 감면	근로소득에 대하여 조세조약에 따른 소득세 비과세·면제신청서 ✔ 거주자증명서 첨부	본인 작성	
벤처기업 주식매수선택권 행사이익에 대한 납부특례	벤처기업 주식매수선택권 행사이익 납부특례적용신청서	본인 작성	
벤처기업 주식매수선택권 행사이익에 대한 비과세특례	벤처기업 주식매수선택권 비과세특례적용명세서	본인 작성	
벤처기업 주식매수선택권 행사이익에 대한 양도소득 과세특례	특례적용신청서	본인 작성	
외국인 근로자 단일세율적용	외국인 근로자 단일세율적용신청서	본인 작성	

입국 당시 해당 외국의 거주자임을 증명하는 거주자증명서를 말함(서면국세제원-3142, 2021.7.14.)

(3) 국세청 제공 연말정산 서비스

국세청 제공 "원천징수의무자를 위한 연말정산 신고안내(2024)" 책자 참고

1) 국세청 제공 연말정산 서비스 개요

이용자	서비스 내용	사용 방법
공 통	연말정산 종합안내	국세청 홈페이지 ⇨ 국세신고 안내 ⇨ 연말정산
	연말정산 관련 서식	국세청 홈페이지 ⇨ 국세신고 안내 ⇨ 연말정산
	연말정산 관련 질의회신 및 판례조회	국세법령정보시스템
	인터넷 상담 및 회신	홈택스 ⇨ 상담·불복·제보
	간소화자료일괄제공서비스	근로자 ⇔ 회사 ⇔ 국세청

<table>
<tr><th>이용자</th><th colspan="2">서비스 내용</th><th>사용 방법</th></tr>
<tr><td rowspan="6">근로자</td><td rowspan="2">소득
공제
자료</td><td>연말정산 소득·세액공제 자료조회</td><td>홈택스 ⇨ 장려금·연말정산·기부금 ⇨ 연말정산간소화
[안내] ☎ 126－내선 1－5번</td></tr>
<tr><td>현금영수증 조회·발급·수정</td><td>홈택스 ⇨ 전자(세금)계산서·현금영수증·신용카드 ⇨ 현금영수증
[안내] ☎ 126－내선 1－1번</td></tr>
<tr><td rowspan="2">편리한
연말
정산</td><td>• 공제신고서 자동작성(간소화 자료 선택 후 신고서 자동 반영)
• 간편제출(작성된 공제신고서 및 증명자료 온라인 제출)</td><td>홈택스 ⇨ 장려금·연말정산·기부금 ⇨ 편리한 연말정산
[안내] ☎ 126－내선 1－5번</td></tr>
<tr><td>모의계산</td><td>홈택스 ⇨ 장려금·연말정산·기부금 ⇨ 편리한 연말정산</td></tr>
<tr><td>기타
사항</td><td>• 과거 지급명세서 조회
• 연금보험료 등 소득·세액공제 확인서 조회
• 취업 후 학자금 상환내역 조회
• 중소기업 취업자 감면명세 조회</td><td>홈택스 ⇨ 나의 홈택스
[안내] ☎ 126－내선 1－3번</td></tr>
<tr><td rowspan="4">전자
신고</td><td>• 원천징수이행상황 신고 및 환급신청
• 원천세 전자신고 안내</td><td>홈택스 ⇨ 세금신고 ⇨ 원천세 신고</td></tr>
<tr><td rowspan="4">원천징수
의무자</td><td>• 지급명세서 제출
• 지급명세서 제출방법 안내</td><td>홈택스 ⇨ 지급명세서·자료·공익법인 ⇨ 지급명세서 제출</td></tr>
<tr><td>• 간이지급명세서 제출
• 간이지급명세서 제출방법 안내</td><td>홈택스 ⇨ 지급명세서·자료·공익법인 ⇨ 일용·간이지급명세서 제출</td></tr>
<tr><td>프로
그램</td><td>지급명세서 전산매체 제출요령</td><td>홈택스 ⇨ 자료실</td></tr>
</table>

2024년 귀속 연말정산분부터 간소화서비스 자료 화면에서

1. 해당연도의 부양가족 소득요건(소득금액 100만원, 총급여 500만원) 충족여부를 제공함
   - ✔ Y(소득요건 불충족), N(소득요건 충족)으로 구분 표시됨
2. 소득요건은 간소화자료 제공 전 확인가능한 자료를 바탕으로 국세청이 판단함
3. "Y"로 표시된 부양가족 자료는 원천적으로 조회되지 않음
   - ✔ 해당 부양가족에 대해서는 인적공제 및 인적공제 관련 지출공제를 적용받을 수 없음
     → "Y"로 표시된 부양가족에 대해 공제받는 경우 가산세 대상이 됨
   - ✔ 소득요건과 무관한 의료비 및 장애인특수교육비 자료는 무조건 제공되며, 공제가능함

2) 편리한 연말정산 및 간소화 서비스

<table>
<tr><th>구 분</th><th>내 용</th></tr>
<tr><td>편리한 연말정산</td><td>
연말정산 방법과 무관하게 사용 가능(편리한 연말정산을 사용하지 않아도 이용 가능)
<table>
<tr><th>구 분</th><th>내 용</th></tr>
<tr><td>미리 알려주는 서비스
(절세계획 수립지원)</td><td>• 매년 1월부터 9월까지 신용카드 사용액 미리 제공(매년 11월 초부터 제공)
• 연간 예상세액 자동 계산 및 항목별 절세 Tip, 유의사항 제공
• 과거 3년간 세부담 증감 추이 및 실효세율에 대한 데이터(도표와 그래프 등) 제공
• 간소화 자료를 활용한 연말정산 모의계산 서비스 제공(근로자가 총급여 및 기납부세액 자료 등 국세청이 모르는 자료는 추가 입력)
• 맞벌이부부의 경우 부양가족 선택방법을 변경하여 맞벌이부부 세부담 합계가 최소화되는 상황에 대한 모의계산 기능 제공</td></tr>
<tr><td>미리 채워주는 서비스</td><td>근로자가 간소화서비스에서 공제자료를 선택하고 추가 수집자료(간소화에 없는 자료)를 입력하면 공제신고서 자동 작성</td></tr>
<tr><td rowspan="2">간편제출 서비스</td><td>간소화 자료 및 공제신고서를 온라인으로 회사에 제출</td></tr>
<tr><td>간소화 자료 등을 자체프로그램 이용하여 연말정산하는 세무대리인 또는 회사에 제출</td></tr>
</table>
편리한 연말정산 이용 시 가능
편리한 연말정산(간편제출 포함) 이용 시 가능
</td></tr>
<tr><td>연말정산 간소화</td><td>
1. 간소화 자료조회·제출
<table>
<tr><th>구 분</th><th>사용 방법</th></tr>
<tr><td>편리한 연말정산 이용</td><td>간소화 자료를 원천징수의무자에게 온라인 제출</td></tr>
<tr><td>간소화자료 일괄제공서비스 이용</td><td>간소화자료 일괄제공서비스에 동의한 근로자들의 간소화자료를 국세청에서 원천징수의무자에게 일괄제공</td></tr>
<tr><td>이 외</td><td>간소화 자료를 출력하거나 PDF로 다운받아 원천징수의무자에게 제출(업로드)</td></tr>
</table>
2. 부양가족 자료조회 등록 — 모바일 홈택스 앱에서도 가능
<table>
<tr><th>구 분</th><th>조회 등록 방법</th></tr>
<tr><td>홈택스
(온라인)
신청</td><td>• 가족관계증명서에서 근로자와 부양가족이 가족관계이고 부양가족의 인증수단이 있는 경우
<table>
<tr><th>구 분</th><th>내 용</th></tr>
<tr><td>미성년자</td><td>근로자(부모)가 자신의 인증서로 조회 신청 가능</td></tr>
<tr><td>이 외</td><td>부양가족 명의 인증서, 신용카드, 휴대폰, I-PIN 필요</td></tr>
</table>
• 가족관계증명서에서 가족관계가 확인되지 않거나 부양가족의 인증수단이 없는 경우
부양가족이 외국인 등으로 가족관계가 확인되지 않거나 3개월 이내에 가족관계가 변동된 경우
</td></tr>
</table>
</td></tr>
</table>

02

<table>
<tr><th>구 분</th><th>내 용</th></tr>
<tr><td>연말정산 간소화</td><td>
<table>
<tr><th>구 분</th><th>조회 등록 방법</th></tr>
<tr><td>홈택스
(온라인)
신청</td><td>
<table>
<tr><th>홈택스 로그인</th><th>제출서류</th></tr>
<tr><td>근로자</td><td>• 가족관계를 확인할 수 있는 서류
• 근로자 신분증(부양가족이 미성년자인 경우)
• 부양가족의 위임장 첨부
• 부양가족의 신분증</td></tr>
<tr><td>부양가족</td><td>• 가족관계를 확인할 수 있는 서류
• 부양가족의 신분증</td></tr>
</table>
</td></tr>
<tr><td>팩스
신청</td><td>
<table>
<tr><th>구 분</th><th colspan="2">내 용</th></tr>
<tr><td>신청서
작성</td><td colspan="2">홈택스 로그인 ⇨ 장려금·연말정산·기부금 ⇨ 연말정산간소화 ⇨ 부양가족 자료제공 동의신청 ⇨ 팩스신청 ⇨ 기재사항 입력</td></tr>
<tr><td>신청서
제출</td><td>• 신청서 출력
• 직인/서명</td><td>• 신분증 사본 부착
• 팩스전송(1544 – 7020)</td></tr>
</table>
</td></tr>
<tr><td>세무서
방문
신청</td><td>
다음 서류를 준비하여 가까운 세무서에서 신청
<table>
<tr><th>신청자</th><th>제출서류</th></tr>
<tr><td>본 인</td><td>• 가족관계확인서
• 제공동의신청서
• 신분증</td></tr>
<tr><td>대리인</td><td>• 가족관계확인서
• 제공동의신청서
• 민원서류위임장
• 부양가족 신분증 사본</td></tr>
</table>
신분증: 주민등록증, 운전면허증, 여권, 외국인등록증, 주민등록증 발급신청 확인서 등
</td></tr>
</table>

3. 유의사항

<table>
<tr><th>구 분</th><th>내 용</th></tr>
<tr><td>공제요건</td><td>
<table>
<tr><td>근무월 선택</td><td>• 입사월, 퇴사월, 휴직월 선택
• 이외 기간은 선택 안함</td></tr>
<tr><td>공제요건 검토</td><td>• 간소화자료는 자료제공 의미
• 근로자 본인이 반드시 공제요건 추가 검토</td></tr>
</table>
</td></tr>
<tr><td>조회되지
않는
의료비</td><td>
<table>
<tr><th>구 분</th><th>내 용</th></tr>
<tr><td>의료기관에
신청</td><td>1월 15일부터 17일(예정)까지 해당 의료기관에 자료제출 요청</td></tr>
<tr><td>홈택스 신청</td><td>
<table>
<tr><th>구 분</th><th>내 용</th></tr>
<tr><td>신 청</td><td>홈택스 ⇨ 장려금·연말정산·기부금 ⇨ 연말정산간소화 ⇨ 조회되지 않는 의료비 신고센터(기타)</td></tr>
<tr><td>확 인</td><td>• 의료기관이 자료 제출 시 1월 20일부터 간소화에서 확인 가능
• 제출하지 않는 경우 의료기관에서 직접 영수증 수령하여 제출</td></tr>
</table>
</td></tr>
</table>
</td></tr>
</table>
</td></tr>
</table>

근무월 선택: 해당 연도 중 일부만 선택해도 다음 사항은 해당 연도 전체금액이 조회됨
① 국민연금 ② 연금저축, 퇴직연금 ③ 개인연금저축 ④ 벤처기업투자신탁
⑤ 소기업·소상공인공제부금 ⑥ 실손의료보험금 ⑦ 기부금

<table>
<tr><th>구 분</th><th>내 용</th></tr>
<tr><td>연말정산
간소화</td><td>
<table>
<tr><th>구 분</th><th>내 용</th></tr>
<tr><td>자료
조회
범위</td><td>
<table>
<tr><th>구 분</th><th>내 용</th></tr>
<tr><td>본인 자료</td><td>모두 조회됨</td></tr>
<tr><td>부양가족
자료</td><td>다음 자료를 제외하고 모두 조회
• 국민연금, 건강보험료
• 개인연금저축, 연금저축, 퇴직연금, 소기업·소상공인 공제부금
• 주택자금(임차차입금원리금상환액, 저당차입금이자상환액, 주택마련저축)
• 대학원 교육비, 직업훈련비, 학자금대출원리금상환액
• 장기집합투자증권저축, 벤처기업투자신탁</td></tr>
</table>
2024년 귀속 연말정산분부터 간소화서비스 자료 화면에서
1. 해당연도의 부양가족 소득요건(소득금액 100만원, 총급여 500만원) 충족여부를 제공함
✔ Y(소득요건 불충족), N(소득요건 충족)으로 구분 표시됨
2. 소득요건은 간소화자료 제공 전 확인가능한 자료를 바탕으로 국세청이 판단함
3. “Y”로 표시된 부양가족 자료는 원천적으로 조회되지 않음
✔ 해당 부양가족에 대해서는 인적공제 및 인적공제 관련 지출공제를 적용받을 수 없음
→ “Y”로 표시된 부양가족에 대해 공제받는 경우 가산세 대상이 됨
✔ 소득요건과 무관한 의료비 및 장애인특수교육비 자료는 무조건 제공되며, 공제가능함
</td></tr>
<tr><td>삭제
신청</td><td>
<table>
<tr><th>구 분</th><th>내 용</th></tr>
<tr><td>삭제
신청절차</td><td>홈택스 ➪ 장려금·연말정산·기부금 ➪ 연말정산간소화 ➪ 소득·세액공제 자료 삭제(연말정산간소화자료)</td></tr>
<tr><td>유의사항</td><td>• 본인 자료만 삭제 가능
• 삭제된 자료는 복원 불가능
• 삭제된 자료가 필요한 경우 해당 기관에서 자료를 직접 발급받아 제출</td></tr>
</table>
</td></tr>
<tr><td>간소화
자료
일괄제공
서비스</td><td>
<table>
<tr><th>신청절차</th><th>내 용</th></tr>
<tr><td>신청</td><td>이용하고자 하는 근로자만 신청(근로자 ➪ 원천징수의무자)</td></tr>
<tr><td>명단등록</td><td>홈택스에 신청한 근로자 명단 등록(원천징수의무자 ➪ 홈택스)</td></tr>
<tr><td>동의</td><td>신청 동의 여부 확인 및 민감정보 삭제(근로자 ➪ 홈택스)</td></tr>
<tr><td>제공</td><td>동의 확인된 근로자의 간소화자료를 제공(홈택스 ➪ 원천징수의무자)
✔ 신청하지 않은 근로자의 자료는 근로자 본인이 종전과 동일하게 직접 원천징수의무자에게 제출</td></tr>
</table>
</td></tr>
</table>
</td></tr>
</table>

(4) 연말정산대상자 파악 및 분류

연말정산대상자에 따라 연말정산유형, 연말정산대상소득, 감면여부 및 합산 연말정산여부가 달라지며, 연말정산대상자에 대해 원천징수의무자가 연말정산의무를 이행하지 않을 경우 불이익 등이 발생한다. 따라서, 원천징수의무자는 연말정산대상자에 대해 다음과 같은 내용을 사전에 파악하여야 한다.

1) 연말정산시기별 연말정산대상자

<table>
<tr><th>구 분</th><th colspan="3">내 용</th></tr>
<tr><td rowspan="6">계속근로자</td><th colspan="2">구 분</th><th>내 용</th></tr>
<tr><td rowspan="2">계속
근로자</td><td>범 위
(예시)</td><td>• 해당 근무지에서 계속 근로하고 있는 근로자
• 해당 근무지에서 근무하다가 2025.12.31. 현재 휴직중인 근로자
• 해당 근무지에서 휴직하다가 2025.12.31. 현재 복직한 근로자
• 해당 근무지에 2025년 중 (재)입사하고 계속 근로하고 있는 근로자
• 해당 근무지에서 근무하다가 2025.12.31. 현재 타 근무지에 파견된 근로자
• 타 근무지에 파견되어 근무하다가 2025.12.31. 현재 해당 근무지로 복귀한 근로자</td></tr>
<tr><td>파악방법</td><td>Σ2025년 1월 ~ 12월 귀속 원천세 신고서 간이세액(A01) 인원 − Σ2025년 1월 ~ 12월 귀속 원천세 신고서 중도퇴사자(A02) 인원</td></tr>
<tr><td rowspan="2">연말
정산</td><td>대상 근로소득</td><td>2025년 근로소득</td></tr>
<tr><td>연말정산시기</td><td>2026.2.28.</td></tr>
<tr><td colspan="3"></td></tr>
<tr><td rowspan="6">중도퇴사자</td><th colspan="2">구 분</th><th>내 용</th></tr>
<tr><td rowspan="2">중도
퇴사자</td><td>범 위</td><td>• 해당 근무지에서 과세기간 중 퇴사한 근로자
• 해당 근무지에서 12.31.자로 퇴사한 근로자</td></tr>
<tr><td>파악방법</td><td>• 2025년 1월 ~ 12월 귀속 원천세 신고서 중도퇴사(A02) 인원
• 인사자료를 통해 2025년 퇴사자 확인</td></tr>
<tr><td rowspan="3">연말
정산</td><td>대상 근로소득</td><td>퇴직일까지의 근로소득</td></tr>
<tr><td>연말정산시기</td><td>퇴직월 급여 지급 시(미지급 시 원천징수시기특례 적용)</td></tr>
<tr><td>누락한 경우</td><td>• 즉시 해당월 원천세 수정신고
• 납부(징수)의 경우 원천징수납부지연가산세 함께 납부</td></tr>
</table>

2) 연말정산유형별 연말정산대상자

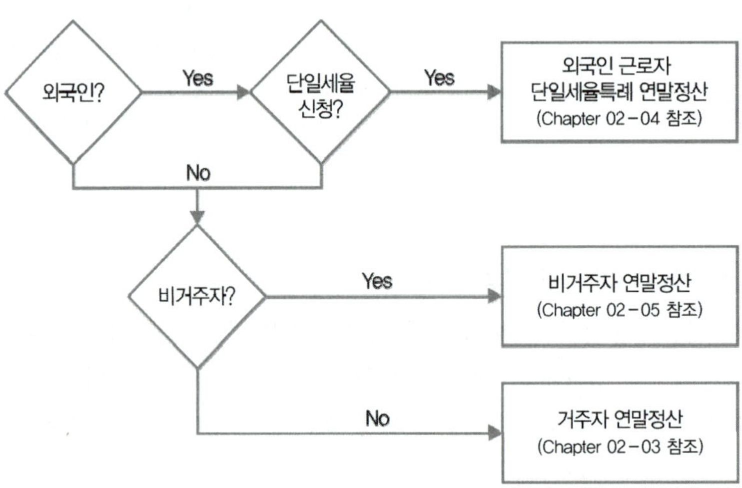

3) 합산 연말정산대상자

구 분	상 황	합산 연말정산
무조건 원천징수 의무자가 반드시 합산 연말정산을 수행해야 하는 경우	1. 본지점간 전출입한 근로자 2. 다음 상황에서 근로자가 퇴직급여를 받지 않고 현 근무지에 계속 취업한 경우 • 법인전환으로 법인에 승계된 개인기업 근로자 • 사업포괄양수도로 사업양수법인에 승계된 사업양도법인 근로자 • 합병 후 법인에 승계된 피합병법인 근로자 • 분할 후 분할신설법인에 승계된 분할법인 근로자 • 관계회사로부터 전출입된 근로자	1. 자료 전 근무지 소득자별원천징수부 2. 기납부세액 전 근무지 간이세액 전 근무지에서 중도퇴사 연말정산을 수행한 경우 "지급명세서 – 결정세액"으로 함
근로자가 합산 연말정산을 신청하면 원천징수 의무자가 합산 연말정산을 수행해야 하는 경우	다음과 같은 경우(예시임)로서 근로자가 종(전) 근무지 지급명세서를 제출(합산 연말정산을 신청)하는 경우 • 2 이상의 근무지에서 급여를 받는 근로자 • 다른 근무지(현 근무지)에서 퇴사하고 현 근무지에 (재)입사한 신규입사자 • 원천징수제외대상 근로소득이 있는, 납세조합에 가입된 근로자	1. 자료 종(전)근무지 지급명세서 전 근무지에서 발급받은 원천징수영수증에 근로소득금액이 과소기재된 사실을 알지 못하고 신 근무지에 제출하여 연말정산 한 경우 가산세 감면의 정당한 사유가 있다고 볼 수 없음(심사소득 2021–60, 2022.1.26.) 2. 기납부세액 전 근무지 결정세액 종(전)근무지 환급세액을 환급받지 못한 경우에도 "결정세액"으로 함

4) 이외 연말정산대상자에 포함되는 경우

상기 외 다음 근로자들도 연말정산대상자에 포함됨에 유의하기 바란다.

구 분	비 고
일반급여자가 된 일용근로자	p.237 참조
원천징수의무자 외 다른 사업자로부터 받은 근로소득이 있는 근로자	p.252 참조
원천징수의무자(사용내국법인)가 연말정산업무를 위임·대리받은 경우 법 소정 외국법인 소속 파견근로자	p.252 참조

5) 소득세 감면대상자 파악

① 소득세법 및 조세특례제한법상 소득세 감면대상자

감면대상자	근거법령	감면율	비 고
정부 간 협약에 따라 우리나라에 파견된 외국인에 대한 소득세 감면	소법 §59의 5	100%	p.488 참조
외국인 기술자에 대한 소득세 감면 개정	조특법 §18	70% or 50%	p.489 참조
중소기업 청년근로자 및 핵심인력 성과보상기금 수령액에 대한 소득세 감면 개정	조특법 §29의 6	90% or 50% or 30%	p.498 참조
성과공유 중소기업 근로자의 경영성과급에 대한 소득세 감면 개정	조특법 §19	50%	p.525 참조
내국인 우수인력의 국내복귀에 대한 소득세 감면 개정	조특법 §18의 3	50%	p.532 참조
중소기업 취업 청년에 대한 소득세 감면 개정	조특법 §30	90% or 70%	p.506 참조
조세조약의 교직자 조항에 따른 소득세 감면	각 조세조약	100%	p.540 참조

② 감면대상자 파악

구 분	내 용
현 근무지에서의 감면대상 여부	• 세법상 대상자 여부 확인 • 필요한 경우 현 근무지(사업자)가 중소·중견기업에 해당되는지 확인 • 감면신청서를 근로자로부터 제출받음
종(전) 근무지에서의 감면대상 여부	• 종(전) 근무지에 제출한 감면신청서 사본(원본대조필)을 제출받아 확인 • 종(전) 근무지 지급명세서 "감면소득" 및 "감면기간"란 확인

감면신청은 "필수요건"이 아니며, 연말정산 시까지 제출받으면 됨

③ 지급명세서 기재

구 분	내 용
감면 근로소득	과세대상 근로소득에 포함됨 why 감면은 "소득세를 감면"하는 것임 → "소득세"가 산출되는 과세대상 근로소득에 포함됨 → 비과세 근로소득은 소득세가 이미 영(0)임
지급명세서	(아래 표 참조)

구 분	근로소득지급명세서
외국인 기술자 소득세 감면(50%)	⑱-12(T01)
외국인 기술자 소득세 감면(70%)	⑱-36(T02)
성과공유 중소기업 경영성과급(50%)	⑱-33(T30)
중소기업 청년근로자 및 핵심인력 성과보상기금 소득세 감면(50%)	⑱-34(T40)

감면세액을 산출하기 위해 별도로 한 번 더 기재하는 것임

구 분	내 용	
	구 분	근로소득지급명세서
지급명세서	중견기업 청년근로자 및 핵심인력 성과보상기금 소득세 감면(30%)	⑱－37(T41)
	중소기업 청년근로자 및 핵심인력 성과보상기금 소득세 감면(청년 90%)	⑱－38(T42)
	중견기업 청년근로자 및 핵심인력 성과보상기금 소득세 감면(청년 50%)	⑱－39(T43)
	내국인 우수인력의 국내복귀에 대한 소득세 감면(50%)	⑱－35(T50)
	중소기업에 취업하는 청년에 대한 소득세 감면(70%)	⑱－27(T12)
	중소기업에 취업하는 청년에 대한 소득세 감면(90%)	⑱－32(T13)
	조세조약상 소득세 면제(교사·교수)	⑱－28(T20)

2. 근로자

연말정산대상자인 근로자는 적용받을 수 있는 소득·세액공제를 모두 파악하여 소득세를 절세하기 위해 다음과 같은 사전준비(예시임)를 한다.

사전준비	내 용
절세 관련	• 전년도와 달라진 비과세, 감면, 소득·세액공제 등의 내용 확인 • 적용가능한 소득·세액공제 및 세액감면 확인 • 편리한 연말정산에서 모의 연말정산 수행(맞벌이부부는 절세를 위해 모의 연말정산 적극적 활용 검토) • 부당 공제받지 않도록 유의
서류제출 관련	• 간소화자료 일괄제공서비스 동의 여부 결정 및 신청한 경우 민감정보 삭제 여부 확인 • 제출서류 준비 및 확인(누락여부, 계속근로자의 경우 제출 제외서류 확인) • 간소화 서비스에 부양가족 등록여부 확인(누락 시 추가 등록)
프로그램 입력 관련	프로그램에 자료 입력시 유의사항 확인
합산 연말정산 관련	과세기간 중 다른 근무지의 근로소득이 있는 경우 합산 연말정산 하는 것이 좋음 (합산 연말정산을 하지 않는 경우 개인적으로 종합소득세 신고납부를 해야 하는 불편함이 발생) • 2 이상의 근무지에 근무하는 경우 합산 연말정산 수행지(주된 근무지) 결정 • 재취직자 등 전 근무지 근로소득에 대한 지급명세서 확보 및 제출 • 종(전)근무지 근로소득(과세·비과세·감면소득) 및 기부담세액(결정세액, 간이세액) 확인

(1) 국세청 제공 연말정산 서비스

앞서 언급한 바, 이를 참고하기 바란다(p.267 참조).

(2) 주요 부당공제 유형

근로자가 알아두면 좋은 부당공제 유형을 제시하면 다음과 같다.

소득요건: 연간 소득금액 100만원(근로소득만 있는 경우 총급여 500만원) 이하

공 제	내 용	비 고
공 통	소득요건 불충족한 부양가족에 대해 다음을 공제받음 • 인적공제(기본, 추가, 자녀) • 인적공제 관련 지출공제(보험료, 의료비, 교육비, 기부금, 신용카드 등)	소득요건 불충족
인적 공제	맞벌이부부가 자녀를 중복으로 기본공제 받음	이중 공제
	형제자매가 부모를 중복으로 기본공제 받음	
	2024년에 사망한 부양가족에 대해 기본공제 받음	2025년 사망자는 가능
	2024년에 외국에서 영주하기 위해 출국한 직계존속을 기본공제 받음	부양하지 않는 것으로 봄
주택마련 저축공제	세대주의 배우자가 아닌 세대원인 근로자가 주택마련저축 납입액을 공제받음	세대주와 세대주의 배우자만 가능 개정
	2주택 이상 또는 국민주택규모 초과 주택을 소유한 근로자가 주택마련저축 납입액을 공제받음	최대 1주택(국민주택규모)만 가능
	무주택확인서를 제출하지 않고 주택청약종합저축을 공제받음	무주택확인서 제출 필수
	배우자 명의 저축을 공제받음	본인 명의 저축만 가능(모든 저축 공통)
	주택청약종합저축을 중도해지하고 공제받음	중도해지한 경우 공제불가 (만기, 주택당첨, 청년우대형주택청약종합저축 전환 제외)
신용카드 사용금액	기본공제 받은 형제자매 신용카드 사용액을 공제받음	형제자매는 무조건 불가
	맞벌이부부가 자녀 신용카드 사용액을 중복으로 공제받음	이중 공제
장기주택 저당차입금 이자상환액	세대주인 근로자가 취득 당시 기준시가 6억원(2019년~2021년 차입분은 5억원, 2014년~2018년 차입분은 4억원, 2013년 이전은 3억원) 초과 주택에 대해 공제받음	기준시가 요건 불충족
	세대주인 근로자가 국민주택규모 초과 주택(2013년 이전분)에 대해서 공제받음	2013년 이전분은 국민주택규모 이하여야 함

공 제	내 용	비 고
장기주택 저당차입금 이자상환액	과세기간 종료일(12.31.) 현재 2주택 이상을 보유한 근로자가 공제받음	12.31. 현재 1주택 이하여야 함
	배우자 명의 주택에 본인 차입금을 본인이 공제받음	주택 명의가 본인(공동명의 가능) 이어야 함
	본인 명의 주택에 배우자 차입금을 본인이 공제받음	차입금 명의가 본인(공동차입 가능) 이어야 함
	실제 동거하지 않으나 주민등록상 세대원인 부모가 1주택을 소유하고 있는 상황에서 본인이 소유한 주택에 대해 공제받음	주민등록 기준으로 주택수 판단
	주민등록상 별도 세대인 배우자가 1주택을 소유하고 있는 상황에서 본인이 소유한 주택에 대해 공제받음	배우자 소유주택은 무조건 합산하여 주택수 판단
	사업용주택(임대주택, 어린이집 등)을 소유하고 있는 상황에서 본인이 소유하고 있는 아파트에 대해 공제받음	사업용주택도 주택수에 포함
	세대원인 근로자가 해당 주택에 거주하지 않으면서 공제받음	세대원은 해당 주택에 전입되어 있어야 함
연금저축	개인연금저축을 연금저축으로 공제받음	공제율, 공제한도가 서로 다름
	배우자 명의 저축을 공제받음	본인 명의 저축만 가능(모든 저축 공통)
	개인연금저축을 중도해지하고 공제받음	중도해지한 경우 공제불가
보장성 보험료	기본공제받지 않은 부양가족이 피보험자 보험료를 공제받음	피보험자는 반드시 기본공제자여야 함
	보장성보험료를 장애인전용보장성보험으로 공제받음	공제율이 다름
의료비	의료비 중 보험회사로부터 보전받은 금액(실손의료보험금)을 차감하지 않고 공제받음	본인부담 아님
	사내근로복지기금에서 받은 의료비지원금을 차감하지 않고 공제받음	
	본인부담금 상한액을 초과하여 국민건강보험공단으로부터 환급받은 사후환급금	
	형제자매가 부모 의료비를 나누어서 공제받음	1명만 부양가족 의료비로 공제가능
	간병비를 공제받음	의료비가 아님

<table>
<tr><th>공 제</th><th>내 용</th><th>비 고</th></tr>
<tr><td rowspan="5">교육비</td><td>부양가족의 대학원 교육비를 공제받음</td><td>대학원 교육비는 본인만 가능</td></tr>
<tr><td>초·중·고등학생 학원비를 공제받음</td><td>학원비는 초등학교 입학전만 가능</td></tr>
<tr><td>직계존속의 평생교육원 교육비를 공제받음</td><td>직계존속 교육비는 공제불가(장애인특수교육비는 가능)</td></tr>
<tr><td>사내근로복지기금에서 받은 의료비지원금을 차감하지 않고 공제받음</td><td rowspan="2">본인부담 아님</td></tr>
<tr><td>회사(국가기관)로부터 소득세가 비과세되는 학자금(장학금)을 지원받고 해당 지원금을 차감하지 않고 공제받음</td></tr>
<tr><td rowspan="3">기부금</td><td>배우자가 기부한 정치자금을 공제받음</td><td>정치자금은 본인 명의만 가능</td></tr>
<tr><td>허위 또는 과다하게 작성된 기부금영수증으로 공제받음</td><td>부당한 방법으로 공제받은 것임</td></tr>
<tr><td>적법한 기부금영수증 발급단체가 아닌 곳에 기부하고 공제받음</td><td>기부금영수증이 있어야 함</td></tr>
</table>

■ 소득세법 시행규칙 [별지 제25호서식(1)] <개정 2014.3.14>

(3쪽 중 제1쪽)

①귀속연도	# 소 득 자 별 근 로 소 득 원 천 징 수 부				
징수의무자	② 법 인 명(상호)				
	③ 사업자등록번호				
④ 근무처					
소 득 자	⑤ 성 명	⑥ 주민등록번호		⑦ 입사일 퇴사일	
	⑧ 내외국인 구분 내국인1/외국인9	⑨ 국적		(국적코드 :)	
	⑩ 공제대상가족의 수(본인·배우자를 각각 1명으로 봄)			명	
	⑪ 20세 이하 자녀의 수			명	
	⑫ 감면 적용 여부 여 1, 부 2	⑬ 감면규정		⑭ 감면기간	~

Ⅰ. 근 로 소 득 지 급 명 세

월별	⑮ 지급 연월	1. 총 급 여									2. 징수세액				
		⑯ 급 여	⑰ 상 여	⑱ 인정상여	⑲ 주식매수선택권 행사이익	⑳ 우리사주조합 인출금	㉑ 임원퇴직소득금액 한도초과액	㉒ ~	~ ㉙	㉚ 계	간이세액표 적용 대상		그 외	㉞ 소득세계 (㉜+㉝)	㉟ 지방소득세
											㉛ 급여구간	㉜ 소득세	㉝ 소득세		
1															
2															
3															
4															
5															
6															
7															
8															
9															
10															
11															
12															
계															

297㎜×210㎜[백상지 80g/㎡(재활용품)]

(3쪽 중 제2쪽)

Ⅱ. 비 과 세 소 득

※ 「소득세법 시행규칙」 별지 제24호서식(1) 근로소득 원천징수영수증(제5쪽) 비과세 및 감면소득 코드 참조

월별	1. 지급명세서 작성 대상 비과세 소득								2. 지급명세서 작성 제외대상 비과세 소득 ※ 해당 원천징수의무자가 지급한 소득을 적음			
	⑮ 지급연월	국외근로소득 (코드 :)			㊴ 야간근로 수당 등 (O01)	㊵ 출산·보육수당 (Q01)	㊶ ~ ㊾ (코드 :)	㊿ 합계 (㊳+~+㊾)	(51) 일직료 등 (H02)	(52) 자가운전 보조금 (H03)	(53) ~ (59)	(60) 합계 ((51)+~+(59))
		㊱ 외화	㊲ 환율	㊳ 원화								
1												
2												
3												
4												
5												
6												
7												
8												
9												
10												
11												
12												
계												

297㎜×210㎜[백상지 80g/㎡(재활용품)]

(3쪽 중 제3쪽)

Ⅲ. 근 로 소 득 원 천 징 수 액 등

월별	1. 감면세액		⑬ 납세조합 공제세액	2. 차 감 원 천 징 수 액				3. 징수의무자 자체 증빙 지출액(소득공제)				
	⑪ 감면 소득	⑫ 감면세액		⑭ 소득세	⑮ 지방소득세	⑯ 농어촌 특별세	⑰ 외국납부 세액	⑱ 연금보험	⑲ 건강 보험	⑳ 고용보험	㉑ 기부금	㉒ 비고
1												
2												
3												
4												
5												
6												
7												
8												
9												
10												
11												
12												
계												

작성일:　　　년　　월　　일　　　　징수의무자 :　　　　　　　　(서명 또는 인)

※ ㉒ 비고란에는 ㉑ 기부금에 해당하는 기부금유형 및 코드를 적습니다.

297mm×210mm[백상지 80g/㎡(재활용품)]

[별지 제24호 서식(1)] 〈2025.6.30. 개정〉 (9쪽 중 제1쪽)

관리 번호	

[ ]근로소득 원천징수영수증
[ ]근로소득 지 급 명 세 서
([ ]소득자 보관용 [ ]발행자 보관용 [ ]발행자 보고용)

거주구분		거주자1/비거주자2	
거주지국		거주지국코드	
내 · 외국인		내국인1 /외국인9	
외국인단일세율적용		여 1 / 부 2	
외국법인소속 파견근로자 여부		여 1 / 부 2	
종교관련종사자 여부		여 1 / 부 2	
국적		국적코드	
세대주 여부		세대주1, 세대원2	
연말정산 구분		계속근로1, 중도퇴사2	

구분				
징 수 의무자	① 법인명(상 호)		② 대 표 자(성 명)	
	③ 사업자등록번호		④ 주 민 등 록 번 호	
	③-1 사업자단위과세자 여부	여1 / 부2	③-2 종사업장 일련번호	
	⑤ 소 재 지(주소)			
소득자	⑥ 성 명		⑦ 주 민 등 록 번 호(외국인등록번호)	
	⑧ 주 소			

	구 분		주(현)	종(전)	종(전)	⑯-1 납세조합	합 계
Ⅰ 근무처별소득명세	⑨ 근 무 처 명						
	⑩ 사업자등록번호						
	⑪ 근무기간		~	~	~	~	~
	⑫ 감면기간		~	~	~	~	~
	⑬ 급 여						
	⑭ 상 여						
	⑮ 인 정 상 여						
	⑮-1 주식매수선택권 행사이익						
	⑮-2 우리사주조합인출금						
	⑮-3 임원 퇴직소득금액 한도초과액						
	⑮-4 직무발명보상금						
	⑯ 계						
Ⅱ 비과세및감면소득명세	⑱ 국외근로	M0X					
	⑱-1 야간근로수당	O0X					
	⑱-2 보육수당	Q0X					
	⑱-3 출산지원금	Q0X					
	⑱-4 연구보조비	H0X					
	⑱-5						
	⑱-6						
	~						
	⑱-41 임원등 할인금액	W01					
	⑲ 수련보조수당	Y22					
	⑳ 비과세소득 계						
	⑳-1 감면소득 계						

	구 분				⑲ 소 득 세	⑳ 지방소득세	㉑ 농어촌특별세
Ⅲ 세액명세	⑦③ 결 정 세 액						
	기납부 세 액	⑦④ 종(전)근무지 (결정세액란의 세액을 적습니다)	사업자 등록 번호				
		⑦⑤ 주(현)근무지					
	⑦⑥ 납부특례세액						
	⑦⑦ 차 감 징 수 세 액(⑦③-⑦④-⑦⑤-⑦⑥)						

위의 원천징수액(근로소득)을 정히 영수(지급)합니다.

년 월 일

징수(보고)의무자 (서명 또는 인)

세 무 서 장 귀하

Ⅳ. 정산명세	㉑ 총급여(⑯, 외국인 단일 세율 적용 시 연간 근로소득)					
Ⅳ. 정산명세	㉒ 근로소득공제					
Ⅳ. 정산명세	㉓ 근로소득금액					
Ⅳ. 정산명세	종합소득공제	기본공제	㉔ 본인			
Ⅳ. 정산명세	종합소득공제	기본공제	㉕ 배우자			
Ⅳ. 정산명세	종합소득공제	기본공제	㉖ 부양가족(명)			
Ⅳ. 정산명세	종합소득공제	추가공제	㉗ 경로우대(명)			
Ⅳ. 정산명세	종합소득공제	추가공제	㉘ 장애인(명)			
Ⅳ. 정산명세	종합소득공제	추가공제	㉙ 부녀자			
Ⅳ. 정산명세	종합소득공제	추가공제	㉚ 한 부 모 가 족			
Ⅳ. 정산명세	종합소득공제	연금보험료공제	㉛ 국민연금보험료		대상금액	
Ⅳ. 정산명세	종합소득공제	연금보험료공제	㉛ 국민연금보험료		공제금액	
Ⅳ. 정산명세	종합소득공제	연금보험료공제	㉜ 공적 연금 보험료 공제	㉮ 공무원연금	대상금액	
Ⅳ. 정산명세	종합소득공제	연금보험료공제	㉜ 공적 연금 보험료 공제	㉮ 공무원연금	공제금액	
Ⅳ. 정산명세	종합소득공제	연금보험료공제	㉜ 공적 연금 보험료 공제	㉯ 군인연금	대상금액	
Ⅳ. 정산명세	종합소득공제	연금보험료공제	㉜ 공적 연금 보험료 공제	㉯ 군인연금	공제금액	
Ⅳ. 정산명세	종합소득공제	연금보험료공제	㉜ 공적 연금 보험료 공제	㉰ 사립학교교직원연금	대상금액	
Ⅳ. 정산명세	종합소득공제	연금보험료공제	㉜ 공적 연금 보험료 공제	㉰ 사립학교교직원연금	공제금액	
Ⅳ. 정산명세	종합소득공제	연금보험료공제	㉜ 공적 연금 보험료 공제	㉱ 별정우체국연금	대상금액	
Ⅳ. 정산명세	종합소득공제	연금보험료공제	㉜ 공적 연금 보험료 공제	㉱ 별정우체국연금	공제금액	
Ⅳ. 정산명세	종합소득공제	특별소득공제	㉝ 보험료	㉮ 건강보험료(노인장기요양보험료포함)	대상금액	
Ⅳ. 정산명세	종합소득공제	특별소득공제	㉝ 보험료	㉮ 건강보험료(노인장기요양보험료포함)	공제금액	
Ⅳ. 정산명세	종합소득공제	특별소득공제	㉝ 보험료	㉯ 고용보험료	대상금액	
Ⅳ. 정산명세	종합소득공제	특별소득공제	㉝ 보험료	㉯ 고용보험료	공제금액	
Ⅳ. 정산명세	종합소득공제	특별소득공제	㉞ 주택자금	㉮ 주택임차차입금 원리금상환액	대출기관	
Ⅳ. 정산명세	종합소득공제	특별소득공제	㉞ 주택자금	㉮ 주택임차차입금 원리금상환액	거주자	
Ⅳ. 정산명세	종합소득공제	특별소득공제	㉞ 주택자금	㉯ 장기주택저당차입금이자상환액 / 2011년 이전 차입분	15년 미만	
Ⅳ. 정산명세	종합소득공제	특별소득공제	㉞ 주택자금	㉯ 장기주택저당차입금이자상환액 / 2011년 이전 차입분	15년~29년	
Ⅳ. 정산명세	종합소득공제	특별소득공제	㉞ 주택자금	㉯ 장기주택저당차입금이자상환액 / 2011년 이전 차입분	30년 이상	
Ⅳ. 정산명세	종합소득공제	특별소득공제	㉞ 주택자금	㉯ 장기주택저당차입금이자상환액 / 2011년 이전 차입분	15년 이상 / 고정금리이면서 비거치상환 대출	
Ⅳ. 정산명세	종합소득공제	특별소득공제	㉞ 주택자금	㉯ 장기주택저당차입금이자상환액 / 2011년 이전 차입분	15년 이상 / 고정금리이거나 비거치상환대출	
Ⅳ. 정산명세	종합소득공제	특별소득공제	㉞ 주택자금	㉯ 장기주택저당차입금이자상환액 / 2012년 이후 차입분	15년 이상 / 고정금리이면서 비거치상환 대출	
Ⅳ. 정산명세	종합소득공제	특별소득공제	㉞ 주택자금	㉯ 장기주택저당차입금이자상환액 / 2012년 이후 차입분	15년 이상 / 고정금리이거나, 비거치상환 대출	
Ⅳ. 정산명세	종합소득공제	특별소득공제	㉞ 주택자금	㉯ 장기주택저당차입금이자상환액 / 2012년 이후 차입분	15년 이상 / 그 밖의 대출	
Ⅳ. 정산명세	종합소득공제	특별소득공제	㉞ 주택자금	㉯ 장기주택저당차입금이자상환액 / 2012년 이후 차입분	10년~15년 / 고정금리이거나, 비거치상환 대출	
Ⅳ. 정산명세	종합소득공제	특별소득공제	㉟ 계			
Ⅳ. 정산명세	㊱ 차감소득금액					
Ⅳ. 정산명세	그 밖의 소득공제	㊲ 개인연금저축				
Ⅳ. 정산명세	그 밖의 소득공제	㊳ 소기업·소상공인 공제부금				
Ⅳ. 정산명세	그 밖의 소득공제	㊴ 주택마련저축	㉮ 청약저축			
Ⅳ. 정산명세	그 밖의 소득공제	㊴ 주택마련저축	㉯ 주택청약종합저축			
Ⅳ. 정산명세	그 밖의 소득공제	㊴ 주택마련저축	㉰ 근로자주택마련저축			
Ⅳ. 정산명세	그 밖의 소득공제	㊵ 투자조합출자 등				
Ⅳ. 정산명세	그 밖의 소득공제	㊶ 신용카드등 사용액				
Ⅳ. 정산명세	그 밖의 소득공제	㊷ 우리사주조합 출연금				
Ⅳ. 정산명세	그 밖의 소득공제	㊸ 고용유지 중소기업 근로자				
Ⅳ. 정산명세	그 밖의 소득공제	㊹ 장기집합투자증권저축				
Ⅳ. 정산명세	그 밖의 소득공제	㊺ 청년형 장기집합투자증권저축				
Ⅳ. 정산명세	그 밖의 소득공제	㊻ 그 밖의 소득공제 계				
Ⅳ. 정산명세	㊼ 소득공제 종합한도 초과액					

㊽ 종합소득 과세표준						
㊾ 산출세액						
세액감면	㊿ 「소득세법」					
세액감면	51 「조세특례제한법」(52 제외)					
세액감면	52 「조세특례제한법」 제30조					
세액감면	53 조세조약					
세액감면	54 세액감면 계					
세액공제	55 근로소득					
세액공제	56 혼인세액공제					
세액공제	57 자녀				공제대상자녀 (명)	
세액공제	57 자녀				출산·입양자 (명)	
세액공제	연금계좌	58 「과학기술인공제회법」에 따른 퇴직연금			공제대상금액	
세액공제	연금계좌	58 「과학기술인공제회법」에 따른 퇴직연금			세액공제액	
세액공제	연금계좌	59 「근로자퇴직급여 보장법」에 따른 퇴직연금			공제대상금액	
세액공제	연금계좌	59 「근로자퇴직급여 보장법」에 따른 퇴직연금			세액공제액	
세액공제	연금계좌	60 연금저축			공제대상금액	
세액공제	연금계좌	60 연금저축			세액공제액	
세액공제	연금계좌	60-1 개인종합자산관리계좌 만기 시 연금계좌 납입액			공제대상금액	
세액공제	연금계좌	60-1 개인종합자산관리계좌 만기 시 연금계좌 납입액			세액공제액	
세액공제	특별세액공제	61 보험료	보장성		공제대상금액	
세액공제	특별세액공제	61 보험료	보장성		세액공제액	
세액공제	특별세액공제	61 보험료	장애인전용 보장성		공제대상금액	
세액공제	특별세액공제	61 보험료	장애인전용 보장성		세액공제액	
세액공제	특별세액공제	62 의료비			공제대상금액	
세액공제	특별세액공제	62 의료비			세액공제액	
세액공제	특별세액공제	63 교육비			공제대상금액	
세액공제	특별세액공제	63 교육비			세액공제액	
세액공제	특별세액공제	64 기부금	㉮ 정치자금 기부금	10만원 이하	공제대상금액	
세액공제	특별세액공제	64 기부금	㉮ 정치자금 기부금	10만원 이하	세액공제액	
세액공제	특별세액공제	64 기부금	㉮ 정치자금 기부금	10만원 초과	공제대상금액	
세액공제	특별세액공제	64 기부금	㉮ 정치자금 기부금	10만원 초과	세액공제액	
세액공제	특별세액공제	64 기부금	㉯ 고향사랑 기부금	10만원 이하	공제대상금액	
세액공제	특별세액공제	64 기부금	㉯ 고향사랑 기부금	10만원 이하	세액공제액	
세액공제	특별세액공제	64 기부금	㉯ 고향사랑 기부금	10만원 초과 (특별재난지역)	공제대상금액	
세액공제	특별세액공제	64 기부금	㉯ 고향사랑 기부금	10만원 초과 (특별재난지역)	세액공제액	
세액공제	특별세액공제	64 기부금	㉯ 고향사랑 기부금	10만원 초과 (일반)	공제대상금액	
세액공제	특별세액공제	64 기부금	㉯ 고향사랑 기부금	10만원 초과 (일반)	세액공제액	
세액공제	특별세액공제	64 기부금	㉰ 특례기부금		공제대상금액	
세액공제	특별세액공제	64 기부금	㉰ 특례기부금		세액공제액	
세액공제	특별세액공제	64 기부금	㉱ 우리사주조합기부금		공제대상금액	
세액공제	특별세액공제	64 기부금	㉱ 우리사주조합기부금		세액공제액	
세액공제	특별세액공제	64 기부금	㉲ 일반기부금(종교단체 외)		공제대상금액	
세액공제	특별세액공제	64 기부금	㉲ 일반기부금(종교단체 외)		세액공제액	
세액공제	특별세액공제	64 기부금	㉳ 일반기부금(종교단체)		공제대상금액	
세액공제	특별세액공제	64 기부금	㉳ 일반기부금(종교단체)		세액공제액	
세액공제	특별세액공제	65 계				
세액공제	특별세액공제	66 표준세액공제				
세액공제	67 납세조합공제					
세액공제	68 주택차입금					
세액공제	69 외국납부					
세액공제	70 월세액				공제대상금액	
세액공제	70 월세액				세액공제액	
세액공제	71 세액공제 계					
72 결정세액(㊾-54-71)						
82 실효세율(%) (72/㉑)×100						

⑱ 소득·세액공제 명세[인적공제항목은 해당란에 "○"표시(장애인 해당 시 해당 코드 기재)를 하며, 각종 소득공제·세액공제 항목은 공제를 위하여 실제 지출한 금액을 적습니다.]

인적공제 항목								각종 소득공제·세액공제 항목										
관계코드	성 명	기본공제		경로우대		출산입양	자료구분	보험료				의료비					교육비	
내·외국인	주민등록번호	부녀자	한부모	장애인	혼인세액공제	자녀		건강	고용	보장성	장애인전용보장성	일반	미숙아·선천성이상아	난임	6세이하 65세이상 장애인·건강보험 산정특례자	실손의료보험금	일반	장애인특수교육
인적공제 항목에 해당하는 인원수를 적습니다.							국세청 계											
							기타 계											
0		○					국세청											
	(근로자 본인)					—	기타											
							국세청											
	–						기타											
							국세청											
	–						기타											

각종 소득공제·세액공제 항목							
자료구분	신용카드등 사용액공제						기부금
	신용카드	직불카드등	현금영수증	문화체육사용분(총급여 7천만원 이하자만 기재)	전통시장사용분	대중교통이용분	
국세청 계							
기타 계							
국세청							
기타							
국세청							
기타							

작 성 방 법

「소득세법」제149조 제1호에 해당하는 납세조합이「소득세법」제127조 제1항 제4호 각 목에 해당하는 근로소득을 연말정산하는 경우에도 사용하며, 이 경우 "⑨ 근무처명"란 및 "⑩ 사업자등록번호"란에는 실제 근무처의 상호 및 사업자번호를 적습니다. 다만, 근무처의 사업자등록이 없는 경우 납세조합의 사업자등록번호를 적습니다.

1. 거주지국과 거주지국코드는 근로소득자가 비거주자에 해당하는 경우에만 적으며, 국제표준화기구(ISO)가 정한 ISO코드 중 국명약어 및 국가코드를 적습니다(※ ISO국가코드: 국세청홈페이지→국세정책/제도→국제조세정보→참고자료실→국제표준화기구(ISO)가 정한 국가코드에서 조회할 수 있습니다). 예) 대한민국 : KR, 미국 : US
2. 근로소득자가 외국인에 해당하는 경우에는 "내·외국인"란에 "외국인 9"를 선택하고 "국적 및 국적코드"란에 국제표준화기구(ISO)가 정한 ISO코드 중 국명약어 및 국가코드를 적습니다. 해당 근로소득자가 외국인근로자 단일세율적용신청서를 제출한 경우"외국인단일세율 적용"란에 여1을 선택합니다. 또한, 근로소득자가 종교관련종사자에 해당하는 경우에는 "종교관련종사자 여부"란에 여1을 선택합니다.
3. 원천징수의무자가「부가가치세법」에 따른 사업자단위 과세자에 해당할 경우 ③-1에서 여1을 선택하고, ③-2에 소득자가 근무하는 사업장의 종사업장 일련번호를 기재합니다.
4. 원천징수의무자는 지급일이 속하는 연도의 다음 연도 3월 10일(휴업 또는 폐업한 경우에는 휴업일 또는 폐업일이 속하는 달의 다음 다음 달 말일을 말합니다)까지 지급명세서를 제출해야 합니다.
5. "Ⅰ. 근무처별 소득명세"란은 비과세소득을 제외한 금액을 해당 항목별로 적고, "Ⅱ. 비과세 및 감면소득 명세"란에는 지급명세서 작성대상 비과세소득 및 감면대상을 해당 코드별로 구분하여 적습니다(적을 항목이 많은 경우 "Ⅱ. 비과세 및 감면소득 명세"란의 "⑳ 비과세소득 계"란 및 "⑳-1 감면세액 계"란에 총액만 적고, "Ⅱ.비과세 소득"란을 별지로 작성할 수 있습니다).
6.「소득세법」제127조 제1항 제4호의 각 목에 해당하는 근로소득과 그 외 근로소득[주(현)란] 더하여 연말정산하는 때에는 "⑯-1 납세조합"란에 각각 근로소득납세조합과「소득세법」제127조 제1항 제4호 각 목에 해당하는 근로소득을 적고,「소득세법」제150조에 따른 납세조합공제금액을 "㊲ 납세조합공제"란에 적습니다. 합병, 기업형태 변경 등으로 존속 법인 등이 연말정산을 하는 경우에는 피합병법인에서 발생한 소득과 기업형태 변경 전의 법인에서 발생한 소득은 근무처별 소득명세 종(전)란에 별도로 적습니다.
   또한, 동일회사 내 사업자등록번호가 다른 곳에서 전입 등을 하여 해당 법인이 연말정산을 하는 경우에는 전입하기 전 지점 등에서 발생한 소득은 "근무처별 소득명세 종(전)"란에 별도로 적습니다.
7. "㉑ 총급여"란에는 "⑯계"란의 금액을 적되, 외국인근로자가「조세특례제한법」(이하 이 서식에서 "조특법"이라 합니다) 제18조의2제2항에 따라 단일세율을 적용하는 경우에는 "⑯계"의 금액과 비과세소득금액을 더한 금액을 적습니다. 이 경우 소득세와 관련한 비과세·공제·감면 및 세액공제에 관한 규정은 적용하지 않습니다.
8. "종합소득 특별소득공제(㉝~㉞)"란과 "그밖의 소득공제(㊲~㊻)"란은 근로소득자 소득·세액 공제신고서(「소득세법 시행규칙」별지 제37호 서식)의 공제액을 적습니다(소득공제는 서식에서 정하는 바에 따라 순서대로 소득공제를 적용하여 종합소득과세표준과 세액을 계산합니다).
9. "연금계좌(㊽~㊿-1)"란과 "특별세액공제(61~66)"란은 근로소득자 소득·세액 공제신고서(「소득세법 시행규칙」별지 제37호 서식)의 공제대상금액 및 세액공제액을 적습니다.

작 성 방 법

10. ㊼ 소득공제 종합한도 초과액은 ㉞ 주택자금공제(㉮+㉯), ㊳ 소기업 · 소상공인 공제부금 소득공제, ㊴ 주택마련저축 소득공제(㉮+㉯+㉰), ㊵ 투자조합출자 등 소득공제(「조세특례제한법」제16조 제1항 제3호 · 제4호는 제외), ㊶ 신용카드등 사용액 소득공제액, ㊷ 우리사주조합 출연금 소득공제액, ㊹ 장기집합투자증권저축 소득공제액 전체를 합한 금액이 2,500만원을 초과하는 경우 적습니다.

11. ㊽ 종합소득 과세표준은 ㊱ 차감소득금액에서 ㊻ 그밖의 소득공제 계를 차감하고 ㊼ 소득공제 종합한도 초과액을 더하여 적습니다.

12. ㊆ 납부특례세액은「조세특례제한법」제16조의3제1항에 따라 주식매수선택권을 행사함으로써 얻은 이익에 대하여 벤처기업 또는 벤처기업이 발행주식 총수의 100분의 30 이상을 인수한 기업의 임원 또는 종업원이 원천징수의무자에게 납부특례의 적용을 신청한 경우에는 해당 과세기간의 결정세액에서 해당 과세기간의 근로소득금액 중 주식매수선택권을 행사함으로써 얻는 이익에 따른 소득금액을 제외하여 산출한 결정세액을 뺀 금액을 적습니다.

13. 파견외국법인 소속 파견근로자의 경우 기납부세액은 해당 파견근로자 개인별 근로소득에 대한 소득세로 실제 원천징수된 세액을 확인하여 적습니다. 다만, 파견근로자별로 원천징수세액을 구분하기 어려운 경우에는 사용내국법인이 파견외국법인에게 지급한 파견근로 대가에 대한 원천징수세액(2018. 6. 30.이전 17%, 2018. 7. 1.이후 19%)에 총 파견근로자의 결정세액 합계에 대한 각 파견근로자별 결정세액의 비율을 곱하여 적습니다.

14. 이 서식에 적는 금액 중 ㊇ 실효세율은 소수점 둘째 자리에서 반올림하여 소수점 첫째 자리만으로 표시하고 그 외는 소수점 이하 값만 버리며, ㊆ 차감징수세액이 소액 부징수(1천원 미만을 말합니다)에 해당하는 경우 세액을 "0"으로 적습니다.

15. "㊇ 소득 · 세액공제 명세"란은 다음과 같이 작성합니다.

가. 관계코드란

구 분	관계코드	구 분	관계코드	구 분	관계코드
소득자 본인 (소득세법 §50 ① 1)	0	소득자의 직계존속 (소득세법 §50 ① 3 가)	1	배우자의 직계존속 (소득세법 §50 ① 3 가)	2
배우자 (소득세법 §50 ① 2)	3	직계비속(자녀 · 손자녀 · 입양자) (소득세법 §50 ① 3 나)	4	직계비속(코드 4 제외) (소득세법 §50 ① 3 나)	5*
형제자매 (소득세법 §50 ① 3 다)	6	수급자(코드1~6제외) (소득세법 §50 ① 3 라)	7	위탁아동 (소득세법 §50 ① 3 마)	8

* 직계비속과 그 배우자가 장애인인 경우 그 배우자는 포함하되 코드 4는 제외합니다.

※ 관계코드 4~6은 소득자와 배우자의 각각의 관계를 포함합니다.

나. 내 · 외국인란: 내국인의 경우 "1"로, 외국인의 경우 "9"로 적습니다.

다. 인적공제항목란: 인적공제사항이 있는 경우 해당란에 "○" 표시를 합니다(해당 사항이 없을 경우 비워둡니다).

라. 국세청 자료란: 소득 · 세액공제 증명서류로 국세청 홈택스 홈페이지(www.hometax.go.kr)에서 제공하는 자료를 이용하는 경우 각 소득 · 세액공제 항목의 금액 중 소득 · 세액 공제대상이 되는 금액을 적습니다.

마. 기타 자료란: 국세청에서 제공하는 증명서류 외의 증명서류를 이용하는 경우를 말합니다(예를 들면, 시력교정용 안경구입비는 "의료비 항목"의 "기타"란에 적습니다).

바. 각종 소득 · 세액 공제 항목란: 소득 · 세액공제항목에 해당하는 실제 지출금액을 적습니다(소득 · 세액공제액이 아닌 실제 사용금액을 공제항목별로 구분된 범위 안에 적습니다).

사. 의료비(일반, 미숙아·선천성이상아, 난임, 65세이상 · 장애인 · 건강보험산정특례자)란: 해당 과세기간에 지출한 의료비 총액을 적습니다. (실손의료보험금란에는 해당 과세기간에 보험회사로부터 수령한 실손의료보험금을 적습니다)

16. 해당 근로소득자가 월세액, 거주자 간 주택임차자금 차입금 원리금 상환액을 소득 · 세액공제를 한 경우에는 근로소득지급명세서를 원천징수 관할 세무서장에게 제출 시 해당 명세서를 함께 제출해야 합니다.

17. 해당 근로소득자가 주택마련저축 · 장기집합투자증권저축 소득공제, 퇴직연금 · 연금저축 · 기부금 세액공제를 한 경우에는 근로소득지급명세서를 원천징수 관할 세무서장에게 제출 시 해당 명세서(기부금세액공제가 있는 경우에는「소득세법 시행규칙」별지 제45호 서식의 기부금명세서)를 함께 제출해야 합니다.

18. ㉞ 주택자금공제의 15년 이상 29년 이하, 30년 이상에는「소득세법 시행령」(이하 이 서식에서 "소득령"이라 합니다) 제112조 제10항 제5호가 해당되는 경우를 포함하여 적습니다.

19. ㊇ 소득 · 세액공제 명세 작성 시 인적공제 항목 중 본인 또는 부양가족이 장애인인 경우 다음의 코드를 해당 항목에 적습니다.

구분	코드
「장애인복지법」에 따른 장애인 등	1
「국가유공자 등 예우 및 지원에 관한 법률」에 따른 상이자 및 이와 유사한 자로서 근로능력이 없는 자	2
그밖에 항시 치료를 필요로 하는 중증환자	3

20. 전통시장 사용액과 대중교통 이용액은 전통시장이나 대중교통을 이용 시 신용카드, 현금영수증, 직불카드 · 선불카드 등으로 사용한 금액의 합계액을 적습니다.

21. 도서 · 신문 · 공연 · 박물관 · 미술관 · 체육시설사용분(이하 이 서식에서 "문화체육 사용분"이라 합니다)은 총급여가 7천만원 이하인 근로자에 한하여 적용하되 문화체육 사용분이 전통시장 사용분에도 해당할 경우 전통시장 사용분으로 공제 받습니다.

22. 총급여 7천만원 초과자의 문화체육 사용분은 신용카드, 현금영수증, 직불카드등 결제수단별 소득공제 금액에 포함하여 계산한 금액을 소득공제합니다.

(9쪽 중 제5쪽)

비과세 및 감면 소득 코드					
구분	법조문	코드	기재란	비과세항목	지급명세서 작성 여부
비과세	소득세법§12 3 가	A01		복무 중인 병(兵)이 받는 급여	×
	소득세법§12 3 나	B01		법률에 따라 동원 직장에서 받는 급여	×
	소득세법§12 3 다	C01		「산업재해보상보험법」에 따라 지급받는 요양급여 등	×
	소득세법§12 3 라	D01		「근로기준법」등에 따라 지급받는 요양보상금 등	×
	소득세법§12 3 마	E01		「고용보험법」등에 따라 받는 육아휴직급여 등	×
		E02		「국가공무원법」 등에 따라 받는 육아휴직수당 등[사립학교 직원이 학교의 정관·규칙에 따라 받는 육아휴직수당(월 150만원 한도) 포함]	×
	소득세법§12 3 바	E10		「국민연금법」에 따라 받는 반환일시금(사망으로 받는 것에 한함) 및 사망일시금	×
	소득세법§12 3 사	F01		「공무원연금법」등에 따라 받는 요양비 등	×
	소득세법§12 3 아	G01	⑱-5	비과세 학자금(소득령§ 11)	○
	소득세법§12 3 자	H02		소득령§12 2 ~ 3(일직료 · 숙직료 등)	×
		H03		소득령§12 3(자가운전보조금)	×
		H04		소득령§12 4, 8(법령에 따라 착용하는 제복 등)	×
		H05	⑱-18	소득령§12 9 ~ 11(경호수당, 승선수당 등)	○
		H06	⑱-4	소득령§12 12 가(연구보조비 등)-「유아교육법」,「초 · 중등교육법」	○
		H07	⑱-4	소득령§12 12 가(연구보조비 등)-「고등교육법」	○
		H08	⑱-4	소득령§12 12 가(연구보조비 등)-특별법에 따른 교육기관	○
		H09	⑱-4	소득령§12 12 나(연구보조비 등)	○
		H10	⑱-4	소득령§12 12 다(연구보조비 등)	○
		H14	⑱-22	소득령§12 13 가(보육교사 근무환경개선비)-「영유아보육법 시행령」	○
		H15	⑱-23	소득령§12 13 나(사립유치원 수석교사 · 교사의 인건비)-「유아교육법 시행령」	○
		H11	⑱-6	소득령§12 14 (취재수당)	○
		H12	⑱-7	소득령§12 15 (벽지수당)	○
		H13	⑱-8	소득령§12 16 (천재 · 지변 등 재해로 받는 급여)	○
		H16	⑱-24	소득령§12 17 (정부 · 공공기관 중 지방이전기관 종사자 이전지원금)	○
		H17	⑱-30	소득령§12 18(종교관련종사자가 소속 종교단체의 규약 또는 소속 종교단체의 의결기구의 의결 · 승인 등을 통하여 결정된 지급 기준에 따라 종교 활동을 위하여 통상적으로 사용할 목적으로 지급받은 금액 및 물품)	○
	소득세법§12 3 차	I01	⑱-19	외국정부 또는 국제기관에 근무하는 사람에 대한 비과세	○
	소득세법§12 3 카	J01		「국가유공자 등 예우 및 지원에 관한 법률」에 따라 받는 보훈급여금 및 학습보조비	×
	소득세법§12 3 타	J10		「전직대통령 예우에 관한 법률」에 따라 받는 연금	×
	소득세법§12 3 파	K01	⑱-10	작전임무 수행을 위해 외국에 주둔하는 군인 등이 받는 급여	○
	소득세법§12 3 하	L01		종군한 군인 등이 전사한 경우 해당 과세기간의 급여	×
	소득세법§12 3 거	M01	⑱	소득령§16①1(국외 등에서 근로에 대한 보수) 100만원	○
		M03	⑱	소득령§16①2(국외근로)	○
		M04	⑱	소득령§16①1(국외 등에서 근로에 대한 보수) 500만원	○
	소득세법§12 3 너	N01		「국민건강보험법」등에 따라 사용자 등이 부담하는 보험료	×
	소득세법§12 3 더	O01	⑱-1	생산직 등에 종사하는 근로자의 야간수당 등	○
	소득세법§12 3 러	P01	⑱-40	비과세 식사대(월 20만원 이하)	○
		P02		현물 급식	×
	소득세법§12 3 머	Q02	⑱-2	6세 이하의 자녀의 보육 관련 비과세 급여(월 20만원 이내)	○
		Q03	⑱-3	자녀출생일 이후 2년 이내에 받은 출산지원금(1회)	○
		Q04	⑱-3	자녀출생일 이후 2년 이내에 받은 출산지원금(2회)	○
	소득세법§12 3 버	R01		국군포로가 지급받는 보수 등	×
	소득세법§12 3 서	R10	⑱-21	「교육기본법」제28조 제1항에 따라 받는 장학금	○
	소득세법§12 3 어	R11	⑱-29	소득령 17의3 비과세 직무발명보상금	○
	소득세법§12 3 저	V01		사택 제공 이익	×
		V02		주택 자금 저리 · 무상 대여 이익	×
		V03		종업원 등을 수익자로하는 보험료 · 신탁부금 · 공제부금	×
		V04		공무원이 받는 상금과 부상(연 240만원 이내)	×
		V05		「영유아보육법 시행령」에 따라 사업주가 부담하는 보육비용	×
	소득세법§12 3 처	W01	⑱-41	임원등 할인금액 비과세	○
	구 조특법§ 15	S01	⑱-11	주식매수선택권 비과세	○
	조특법§16의2	U01	⑱-31	벤처기업 주식매수 선택권 행사이익 비과세	○
	조특법§ 88의4⑥	Y02	⑱-14	우리사주조합 인출금 비과세(50%)	○
		Y03	⑱-15	우리사주조합 인출금 비과세(75%)	○
		Y04	⑱-16	우리사주조합 인출금 비과세(100%)	○
	소득세법§12 3 자	Y22	⑲	소득령§12 13 다(전공의 수련보조수당)	○
감면	조특법§18	T01	⑱-12	외국인 기술자 소득세 감면(50%)	○
		T02	⑱-36	외국인 기술자 소득세 감면(70%)	○
	조특법§19	T30	⑱-33	성과공유 중소기업의 경영성과급에 대한 세액공제 등	○
	조특법§29조의6	T40	⑱-34	중소기업 청년근로자 및 핵심인력 성과보상기금 수령액에 대한 소득세 감면 등(50%)	○
		T41	⑱-37	중견기업 청년근로자 및 핵심인력 성과보상기금 수령액에 대한 소득세 감면 등(30%)	○
		T42	⑱-38	중소기업 청년근로자 및 핵심인력 성과보상기금 수령액에 대한 소득세 감면 등(청년 90%)	○
		T43	⑱-39	중견기업 청년근로자 및 핵심인력 성과보상기금 수령액에 대한 소득세 감면 등(청년 50%)	○
	조특법§18조의3	T50	⑱-35	내국인 우수인력의 국내복귀에 대한 소득세 감면	○
	조특법§30	T12	⑱-27	중소기업 취업자 소득세 감면(70%)	○
		T13	⑱-32	중소기업 취업자 소득세 감면(90%)	○
	조세조약	T20	⑱-28	조세조약상 소득세 면제(교사 · 교수)	○

연금 · 저축 등 소득 · 세액 공제명세서

1. 인적사항	① 상 호		② 사업자등록번호	
	③ 성 명		④ 주민등록번호	
	⑤ 주 소		(전화번호:)	
	⑥ 사업장 소재지		(전화번호:)	

2. 연금계좌 세액공제

1) 퇴직연금계좌

* 퇴직연금계좌에 대한 명세를 작성합니다.

퇴직연금 구분	금융회사 등	계좌번호 (또는 증권번호)	납입금액	세액공제금액

2) 연금저축계좌

* 연금저축계좌에 대한 명세를 작성합니다.

연금저축 구분	금융회사 등	계좌번호 (또는 증권번호)	납입금액	소득 · 세액 공제금액

3) 개인종합자산관리계좌 만기 시 연금계좌 납입액

* 납입 연금저축계좌 · 퇴직연금계좌에 대한 명세를 작성합니다.

연금 구분	금융회사 등	계좌번호 (또는 증권번호)	납입금액	세액공제금액

3. 주택마련저축 소득공제

* 주택마련저축 소득공제에 대한 명세를 작성합니다.

저축 구분	금융회사 등	계좌번호 (또는 증권번호)	납입금액	소득공제금액

4. 장기집합투자증권저축 소득공제

* 장기집합투자증권저축 소득공제에 대한 명세를 작성합니다.

금융회사 등	계좌번호 (또는 증권번호)	납입금액	소득공제금액

5. 중소기업 창업투자조합 출자 등에 대한 소득공제

* 중소기업창업투자조합 출자 등 소득공제에 대한 명세서를 작성합니다.

투자연도	투자구분	금융기관 등	계좌번호 (또는 증권번호)	납입금액

6. 청년형 장기집합투자증권저축 소득공제

* 청년형 장기집합투자증권저축 소득공제에 대한 명세서를 작성합니다.

가입일	계약기간	금융기관 등	계좌번호 (또는 증권번호)	납입금액	소득공제금액

작 성 방 법

1. 연금계좌 세액공제, 주택마련저축, 장기집합투자증권저축, 중소기업 창업투자조합 출자, 청년형 장기집합투자증권저축 등 소득공제를 받는 소득자에 대해서는 해당 소득 · 세액 공제에 대한 명세를 작성해야 합니다. 해당 계좌별로 납입금액과 소득 · 세액 공제금액을 적고, 공제금액이 영(0)인 경우에는 적지 않습니다.
2. 퇴직연금계좌에서 "퇴직연금 구분"란은 퇴직연금{확정기여형(DC), 개인형(IRP)} · 과학기술인공제회로 구분하여 적습니다.
3. 연금저축계좌에서 "연금저축 구분"란은 개인연금저축과 연금저축으로 구분하여 적습니다.
4. 개인종합자산관리계좌 만기 시 연금계좌 납입액에서 "연금 구분"란은 연금저축계좌와 퇴직연금계좌로 구분하여 적습니다.
   - 개인종합자산관리계좌 만기 시 연금계좌 납입액 공제세액은 개인종합자산관리계좌의 계약기간이 만료되고 해당 계좌잔액의 전부 또는 일부를 연금저축계좌 · 퇴직연금계좌로 납입한 경우 그 납입한 금액을 납입한 날이 속하는 과세기간의 연금계좌 납입액에 포함합니다(전환금액의 10%, 300만원 한도).
5. 주택마련저축 소득공제의 "저축 구분"란은 청약저축, 주택청약종합저축 및 근로자주택마련저축으로 구분하여 적습니다.
6. 중소기업창업투자조합 출자 등 소득공제의 "투자 구분"란은 벤처 등(「조세특례제한법」제16조 제1항 제3호 · 제 4호 · 제 6호), 조합1(「조세특례제한법」제16조 제1항 제1호 · 제5호), 조합2(「조세특례제한법」제16조 제1항 제2호) 로 구분하여 적습니다.
7. 청년형 장기집합투자증권저축에서 "계약기간" 란은 계약기간을 개월 수로 적습니다(월수 계산 시 1월 미만은 1월로 합니다).
8. 공제금액란은 근로소득자가 적지 않을 수 있습니다.

(9쪽 중 제7쪽)

[ ]월세액 · [ ]거주자 간 주택임차차입금 원리금 상환액 소득 · 세액공제 명세서
[무주택자 해당 여부 [ ]여, [ ]부]

1. 인적사항	① 상 호	② 사업자등록번호
	③ 성 명	④ 주민등록번호
	⑤ 주 소	(전화번호:)
	⑥ 사업장 소재지	(전화번호:)

2. 월세액 세액공제 명세

⑦ 임대인 성 명 (상 호)	⑧ 주민등록번호 (사업자번호)	⑨ 유형	⑩ 계약 면적(m^2)	⑪ 임대차계약서상 주소지	⑫ 계약서상 임대차 계약기간		⑬ 연간 월세액(원)	⑭ 세액공제 금액 (원)
					개시일	종료일		

※ ⑨ 유형 **구분코드** – 단독주택: 1, 다가구: 2, 다세대주택: 3, 연립주택: 4, 아파트: 5, 오피스텔: 6, 고시원 : 7, 기타: 8
※ ⑫ 계약서상 임대차계약기간 – 개시일과 종료일은 예시와 같이 기재 **(예시)** 2013.01.01.

3. 거주자 간 주택임차차입금 원리금 상환액 소득공제 명세

1) 금전소비대차 계약내용

⑮ 대주(貸主)	⑯ 주민등록번호	⑰ 금전소비대차 계약기간	⑱ 차입금 이자율	원리금 상환액			㉒ 공제금액
				⑲ 계	⑳ 원금	㉑ 이자	

2) 임대차 계약내용

㉓ 임대인 성 명 (상 호)	㉔ 주민등록번호 (사업자번호)	㉕ 유형	㉖ 계약 면적(m^2)	㉗ 임대차계약서상 주소지	㉘ 계약서상 임대차 계약기간		㉙ 전세 보증금 (원)
					개시일	종료일	

※ ㉕ 유형 구분코드 – 단독주택: 1, 다가구: 2, 다세대주택: 3, 연립주택: 4, 아파트: 5, 오피스텔: 6, 고시원 : 7, 기타: 8
※ ㉘ 계약서상 임대차계약기간 – 개시일과 종료일은 예시와 같이 기재 **(예시)** 2013.01.01.

작 성 방 법

1. 월세액 세액공제나 거주자 간 주택임차자금 차입금 원리금 상환액 공제를 받는 근로소득자에 대해서는 해당 소득 · 세액공제에 대한 명세를 작성해야 합니다.
2. 해당 임대차 계약별로 연간 합계한 월세액 · 원리금상환액과 소득 · 세액공제금액을 적으며, 공제금액이 "영(0)"인 경우에는 적지 않습니다.
3. ⑨, ㉕ 유형은 단독주택, 다가구주택, 다세대주택, 연립주택, 아파트, 오피스텔, 고시원, 기타 중에서 해당되는 **유형의 구분코드**를 적습니다.
4. ㉙ 전세보증금은 과세기간 종료일(12.31.) 현재의 전세보증금을 적습니다.

출산지원금 비과세 적용 명세서

1. 인적사항

구분		
징수의무자	① 상 호	② 사업자등록번호
	③ 사업장 소재지 (전화번호:)	
소득자	④ 성 명	⑤ 주민등록번호
	⑥ 주 소 (전화번호:)	

2. 출산지원금 비과세 대상 자녀 명세

⑦ 자녀 성명	⑧ 주민등록번호	출산지원금			⑫ 지급처 (사업자등록번호)
		⑨지급받은 날	⑩ 지급받은 금액	⑪ 지급회차 [1 또는 2]	

작성방법

1. 회사에서 받은 출산지원금에 대해 비과세를 적용받는 근로소득자는 해당 비과세 적용 명세를 작성해야 합니다.
2. 자녀의 출생일 이후 2년 이내에 회사로부터 첫 번째와 두 번째 지급받은 출산지원금만 비과세 대상에 해당됩니다. 다만, 2024년 1월 1일부터 2024.년 12월 31일까지의 기간에 지급받은 출산지원금은 2021년 1월 1일 이후 출생한 자녀에 대한 지급분도 비과세됩니다.
3. 개인인 사업자와 친족관계에 있는 자 또는 법인인 사업자의 지배주주등(해당 지배주주등과「국세기본법 시행령」제1조의2제1항에 따른 친족관계 또는 같은 조 제3항 제2호가목에 따른 경영지배관계에 있는 사람을 포함합니다)이 지급받은 출산지원금은 비과세 대상이 아니므로 본 서식 작성대상이 아닙니다.
4. 근로자가 지급받는 급여의 횟수는 사용자별로 계산합니다.
5. ⑪ 지급회차란: 출산지원금을 지급받은 횟수에 따라 '1' 또는 '2'로 적습니다.
6. 2회를 초과하여 지급받은 출산지원금은 비과세 대상에 해당하지 않으므로 작성하지 않습니다.

5 연말정산 세액계산 개요

근로소득

- 명칭 여하 불구하고 근로를 제공하고 받는 모든 대가(일용근로소득 제외)
- 합산 연말정산 시 종(전) 근무지 근로소득 합산

p.134 (−) **비과세 근로소득**

- 실비변상적 급여
  - 규정에 따라 받는 출장비, 자가운전보조금(월 20만원 한도)
  - 규정에 따라 교원·연구원 등이 받는 연구보조비(월 20만원 한도) 등
- 국외(북한 포함)에서 근로제공하고 받는 급여
  [월 100만원(선원 및 국외건설현장 등 근로자는 500만원) 한도]
- 월정액급여 210만원 이하로서 직전과세기간의 총급여액이 3,000만원 이하인 생산직근로자의 연장·야간·휴일근무수당(연 240만원 한도. 단, 일용·광산근로자는 한도 없음)
- 현물 식대(한도 없음) 또는 식사대(월 20만원 한도)
- 6세 이하 자녀보육수당(출산월부터 공제, 월 20만원 한도)
- 자녀 출생일 이후 2년 이내 사용자로부터 받는 출산지원금
- 비과세 본인 학자금(해당 과세기간에 납입할 금액 한도)
- 건강보험료, 고용보험료, 노인장기요양보험료 사용자 부담분(한도 없음)
- 비과세 직무발명보상금(연간 700만원 한도)
- 벤처기업 임직원의 주식매수선택권 행사이익(연 2억원)
- 자사·계열사의 재화·용역을 시가보다 할인구매한 이익(할인 구매한 재화·용역시가×20%와 연 240만원 중 큰 금액) 개정

(=) **총급여액**

- 의료비, 신용카드 등 사용금액, 주택마련저축, 월세액, 연금계좌 공제 시 활용

p.302 (−) **근로소득공제**

총급여액	근로소득공제	근로소득공제(속산표)
500만원 이하	총급여액 × 70%	총급여액 × 70%
500만원 초과 1,500만원 이하	500만원 초과액 × 40% + 350만원	총급여액 × 40% + 150만원
1,500만원 초과 4,500만원 이하	1,500만원 초과액 × 15% + 750만원	총급여액 × 15% + 525만원
4,500만원 초과 1억원 이하	4,500만원 초과액 × 5% + 1,200만원	총급여액 × 5% + 975만원
1억원 초과 3억 6,250만원 이하	1억원 초과액 × 2% + 1,475만원	총급여액 × 2% + 1,275만원
3억 6,250만원 초과	2,000만원	2,000만원

(=) **근로소득금액**

- 부녀자, 기부금, 투자조합출자, 소기업·소상공인공제 시 활용

p.311 (−) **인적공제**

- **기본공제** : 근로자 본인, 연간 소득금액 100만원(근로소득만 있는 경우 총급여 500만원) 이하인 부양가족(배우자 부양가족 포함)이 다음 요건(장애인은 나이요건 없음)을 충족하는 경우 1명당 150만원 공제(본인은 요건 없이 공제)

부양가족	배우자	직계비속	직계존속	형제자매	수급자	위탁아동
나이요건	없음	05.1.1. ~	~65.12.31.	~65.12.31. 05.1.1. ~	없음	05.1.1. ~
생계요건	없음	없음	재외국민 해외거주만 제외	별거 시 일시퇴거만 인정		없음

- **추가공제** : 기본공제 대상자에 대해 다음과 같이 공제(부녀자, 한부모는 기본공제 부양가족(직계비속) 있어야 함)

구 분	경로우대	장애인	부녀자 (근로소득금액 3,000만원 이하)	한부모 (부녀자 중복 시 한부모 우선)
요 건	~55.12.31.	장애인 서류 제출	기혼/ 미혼이고 부양가족 있는 세대주	배우자 없고, 직계비속 있는 경우
공 제	1명당 100만원	1명당 200만원	연 50만원(본인)	연 100만원(본인)

주민등록표등본에 기재된 외국인 · 외국국적동포도 공제가능하며, 세대원이 공제받는 경우 세대주는 모든 주택관련 공제 적용 불가

p.478 (−) **연금보험료 공제**

- 공적연금(국민·공무원·군인·사립학교교직원·별정우체국 연금) 전액 공제(본인부담분)

모든 지출공제 동일

p.348 (−) **특별소득공제**

- 보험료공제 : 건강보험료, 고용보험료, 노인장기요양보험료 본인부담분 전액
- 주택임차차입금원리금상환액 공제
  - 12.31. 무주택세대 세대주·세대원이 국민주택규모 주택(주거용 오피스텔 포함)을 임차하기 위해 차입한 차입금의 원리금상환액
  - 공제액 = 원리금상환액 × 40%(주택마련저축소득공제액과 합하여 400만원 한도)
- 장기주택저당차입금이자상환액공제
  - 12.31. 세대주·세대원이 취득 당시 기준시가 6억(2019 ~ 2021 차입 5억, 2014 ~ 2018 차입 4억, 2006 ~ 2013 차입 3억) 이하 주택(2013 이전 차입은 국민주택규모주택)을 취득하기 위해 소유권이전(보존)등기일로부터 3개월 이내 차입한 상환기간 15년(2003 이전 차입금과 2015 이후 고정금리 또는 비거치상환방식 차입금은 10년) 이상인 주택저당차입금의 이자상환액
  - 12.31. 현재 2주택 이상 보유하는 경우 공제불가
  - 공제액 : 주택마련저축소득공제액, 주택임차차입금원리금상환액 공제액과 합하여 다음 한도로 공제

<table>
<tr><th>차입시기</th><th colspan="2">10년 이상 15년 미만</th><th colspan="3">15년 이상 30년 미만</th><th>30년 이상</th></tr>
<tr><td rowspan="2">2012 ~</td><td>고정금리 or 비거치</td><td>기 타</td><td>고정금리 & 비거치</td><td colspan="2">고정금리 or 비거치</td><td>기 타</td></tr>
<tr><td>600만원</td><td>공제 불가</td><td>2,000만원</td><td colspan="2">1,800만원</td><td>800만원</td></tr>
<tr><td rowspan="3">~ 2011</td><td colspan="2" rowspan="3">600만원</td><td rowspan="2">고정금리 & 비거치</td><td rowspan="2">고정금리 or 비거치</td><td colspan="2">이외</td></tr>
<tr><td>15년 이상 30년 미만</td><td>30년 이상</td></tr>
<tr><td>2,000만원</td><td>1,800만원</td><td>1,000만원</td><td>1,500만원</td></tr>
</table>

p.408 (−) **그 밖의 소득공제**

- 개인연금저축공제(2000.12.31. 이전 가입) : 납입액의 40%(한도 72만원) 공제
- 소기업·소상공인 공제부금 소득공제 : 공제부금 납입액을 다음 한도로 공제(2016년 이후 가입자는 총급여 8,000만원 이하 법인대표자만 가능) 개정

근로소득금액	4,000만원 이하	4,000만원 초과 6,000만원 이하	6,000만원 초과 1억원 이하	1억원 초과
공제한도	600만원	500만원	400만원	200만원

- 주택마련저축소득공제
  - 과세기간 중 무주택 보유 세대[청약저축 2009 이전 가입자는 국민주택규모 1주택(2006 ~ 2009 가입은 취득·가입 당시 기준시가 3억원 이하 주택) 보유 포함] 세대주 또는 세대주의 배우자 개정 (12.31.)의 주택마련저축 납입액
  - 공제액 : 저축납입액 × 40%(주택임차차입금원리금상환액과 합하여 400만원 한도)

부부 각자의 저축에 대해 각자 공제 가능

청약저축·주택청약종합저축 연간 납입액 한도 300만원으로 상향됨

p.424 (−)

그 밖의 소득공제

■ 투자조합출자공제

- 2023 ~ 2025년 중 투자조합·벤처기업투자신탁 수익증권·벤처기업 등(개인투자조합을 통한 경우 포함)·크라우드펀딩을 통해 법 소정 중소기업 등에 투자·출자한 금액
- 공제액 : Min[출자·투자금액 × 10%(30%, 70%, 100%), 종합소득금액 × 50%]

■ 신용카드 등 사용금액 소득공제 : 일반공제금액 + 추가공제금액

개정 • 일반공제금액 = Min[공제율 40% 사용액 × 40% + 공제율 30% 사용액 × 30% + (공제율 15% 사용액 − 총급여 × 25%) × 15%, 일반공제한도]

개정 • 추가공제금액 = Min[일반공제 한도초과액, Min[전통시장 × 40% + 대중교통 × 40% + 문화·체육 × 30%, 300만원(7,000만원 초과자 200만원)]

※ 문화·체육 사용분은 총급여 7,000만원 이하자만 적용

※ 일반공제한도

총급여	7,000만원 이하	7,000만원 초과
일반공제한도	300만원	250만원

※ 공제율

사용액	공제율	사용액	공제율
전통시장 사용분	40%	직불카드 사용분	30%
대중교통 이용분	40%	문화·체육 사용분 (7,000만원 이하자에 한함)	30%
현금영수증 사용분	30%	신용카드 사용분	15%

■ 우리사주조합 출연금 소득공제

- 우리사주조합원이 우리사주를 취득하기 위해 출연한 출연금
- 공제액 : Min[출자금, 400만원(벤처기업 등은 1,500만원)]

■ 고용유지중소기업 근로자소득공제

- 고용유지중소기업·법소정 위기지역 내 중견기업 상시근로자 중 전년 대비 임금이 감소한 근로자
- 공제액 : Min[(직전연도 연간 임금총액 − 해당 연도 연간 임금총액) × 50%, 1,000만원]

■ 장기집합투자증권저축 소득공제

- 해당 과세기간 총급여액 8,000만원 이하인 근로자의 장기집합투자증권저축 납입액
- 공제액 : Min[장기집합투자증권저축 납입액 × 40%, 240만원]

■ 청년형 장기집합투자증권저축 소득공제

- 해당 과세기간 총급여액 8,000만원 이하인 거주자의 청년형 장기집합투자증권저축 납입액

  ✔ 다른 청년형 장기집합투자증권저축으로 요건을 충족하여 전환가입한 경우 포함
- 공제액 : 청년형 장기집합투자증권저축 납입액(연 600만원 한도) × 40%

p.484 (+) **소득공제종합한도초과액**

특별소득공제·그 밖의 소득공제(보험료·개인연금저축·투자조합출자 중 벤처투자분·고용유지중소기업근로자 공제 제외) 합계액이 2,500만원을 초과하는 경우 해당 초과금액

(=) **과세표준**

근로소득금액 − 인적공제 − 연금보험료공제 − 특별소득공제 − 그 밖의 소득공제 + 소득공제종합한도초과액

(×) **기본세율**

과세표준에 따라 6% ~ 45% 적용(누진방식)

(=) **산출세액**

과세표준	산출세액	산출세액(속산표)
1,400만원 이하	과세표준×6%	과세표준 × 6%
1,400만원 초과 5,000만원 이하	840,000원+(과세표준−14,000,000원)×15%	과세표준 × 15% − 1,260,000원
5,000만원 초과 8,800만원 이하	6,240,000원+(과세표준−50,000,000원)× 24%	과세표준 × 24% − 5,760,000원
8,800만원 초과 1억 5,000만원 이하	15,360,000원+(과세표준−88,000,000원)× 35%	과세표준 × 35% − 15,440,000원
1억 5,000만원 초과 3억원 이하	37,060,000원+(과세표준−150,000,000원)× 38%	과세표준 × 38% − 19,940,000원
3억원 초과 5억원 이하	94,060,000원+(과세표준−300,000,000원)× 40%	과세표준 × 40% − 25,940,000원
5억원 초과 10억원 이하	174,060,000원+(과세표준−500,000,000원)× 42%	과세표준 × 42% − 35,940,000원
10억원 초과	384,060,000+(과세표준−1,000,000,000원)× 45%	과세표준 × 45% − 65,940,000원

p.489 (−) **세액감면**

- **외국인 기술자 세액감면** : 취업일로부터 10년간 근로소득세 70% 또는 50% 감면 개정
- **중소기업 취업자 세액감면** : 15세 ~ 34세 청년, 60세 이상자, 장애인, 경력단절근로자가 중소기업에 취업하는 경우 취업일로부터 3년(청년 5년)간 근로소득세 70%(청년 90%) 감면(한도 200만원) 개정
- **중소기업 청년근로자 및 핵심인력 성과보상기금 수령액 세액감면** : 중소(중견)기업 핵심인력이 받는 내일채움공제 등 법소정 공제사업 수령액 중 중소·중견기업 기여금에 대한 근로소득세 50%(청년 90%)·30%(청년 50%) 감면 개정
- **성과공유 중소기업 근로자 경영성과급 세액감면** : 성과공유 중소기업 근로자(총급여 7,000만원 이하)가 받는 경영성과급에 대한 근로소득세 50% 감면 개정
- **내국인 우수인력 국내복귀에 대한 세액감면** : 국외에서 5년 이상 거주하면서 연구·기술개발 경험을 가진 내국인 우수인력(박사학위소지)이 국내에 거주하면서 연구기관 등에 연구원으로 근무하면서 취업일로부터 10년간 받는 근로소득에 대한 근로소득세 50% 감면 개정
- **조세조약에 따른 세액감면** : 조세조약에 따른 외국인 교직자 보수에 대한 근로소득세 100% 감면

p.550 (−) **세액공제**

- **근로소득 세액공제** : 산출세액 130만원 이하분 55%, 초과분 30%
  - ✔ 총급여액에 따라 20만원 ~ 74만원 한도
- **혼인세액공제** : 2024년부터 2026년까지 혼인신고한 경우(생애 1회) 50만원
  - ✔ 남편, 아내 모두 각각 본인에 대해 세액공제 가능
- **자녀 세액공제**
  1. 자녀 : 기본공제대상 8세 이상 자녀 및 손자녀(입양자·위탁아동 포함)가 있는 경우, 1명 25만원, 2명 55만원, 2명 초과부터는 1명당 40만원 개정
  2. 출생·입양 : 해당 과세기간에 출생한 자녀·입양신고한 입양자(손자녀 제외)가 기본공제자인 경우, 첫째 30만원, 둘째 50만원, 셋째부터 1명당 70만원

p.716 (−) | 세액공제

■ 연금계좌 세액공제 : 연금계좌납입액 × 12%(총급여 5,500만원 이하자 15%)

※ 연금계좌납입액 총한도 900만원(연금저축은 600만원) 한도

※ ISA계약기간 만료일로부터 60일 이내에 연금계좌로 전환납입하는 경우 납입금액 × 10%(300만원 한도)를 한도금액에 합산

■ 보장성보험료 세액공제(피보험자가 기본공제자인 보장성·장애인전용보장성보험료)

Min[일반보장성보험료, 100만원]×12%+Min[장애인전용보장성보험료, 100만원]×15%

■ 의료비 세액공제[환자가 기본공제대상자(소득, 나이요건 배제)인 의료비]

난임시술비×30%+미숙아·선천성 이상아 의료비×20%+본인·6세 이하자·65세 이상자·장애인·건강보험산정특례대상자 의료비×15%+Min[그 밖의 의료비−총급여액×3%, 700만원]×15%

※ 2021년 연말정산분부터 공제대상 의료비에 포함된 실손의료보험금만 반드시 제외하고 신청

✔ 과거연도분 의료비에 대한 실손의료보험금은 과거연도 연말정산·종소신고를 수정신고 → 2021.2.17. 이후 수정신고분부터 정당한 사유에 해당되어 보험금 수령연도에 대한 종합소득세 확정신고기한까지 수정신고 시 가산세 면제

✔ 공제대상자별로 실손의료보험금을 일반 → 6세 이하자·65세 이상자·장애인·건강보험산정특례자 → 미숙아·선천성 이상아 → 난임의료비 순서로 차감하되, 초과하는 경우 해당 공제대상자 의료비는 영(0)으로 함

■ 교육비 세액공제 : 학생이 기본공제자(나이요건 배제)인 다음 교육비의 합계액 × 15%

1. 본인교육비(대학원·시간제과정·직업훈련비, 학자금대출 상환액 포함)·장애인(소득요건 배제) 특수교육비 : 전액

   고등학교 졸업예정(현 고3), 조기졸업예정자 포함

2. 부양가족(직계존속·수급자 제외) 교육비 : 대학생 1명당 연 900만원, 이외 학생 1명당 연 300만원 한도

   고등학교 졸업(재수생), 검정고시합격자 포함

※ 2023년 연말정산분부터 대학입학전형료, 수능응시료 공제대상 교육비에 포함

■ 기부금 세액공제 : 코드별 공제한도 이내에서 다음과 같이 세액공제

<table>
<tr><th>코드</th><th>소득금액한도</th><th>세액공제율</th><th>이월공제</th></tr>
<tr><td>①20</td><td>근로소득금액</td><td>10만원 이하 100/110
10만원 초과 3,000만원 이하 15%
3,000만원 초과 25%</td><td>불가</td></tr>
<tr><td>②43·44</td><td>근로소득금액 − ①
기부금지출액 중 2,000만원까지 인정 개정</td><td>10만원 이하 100/110
10만원 초과 (개정) 코드 44 30%
코드 43 15%</td><td>불가</td></tr>
<tr><td>③10</td><td>근로소득금액 − ① − ②</td><td rowspan="2">공제순서를 고려한 누적공제대상금액 기준으로 다음 공제율 적용</td><td>10년</td></tr>
<tr><td>④42</td><td>(근로소득금액 − ① − ② − ③)×30%</td><td>불가</td></tr>
<tr><td>⑤40</td><td rowspan="2">(근로소득금액 − ① − ② − ③ − ④)×10%
+ Min[(근로소득금액 − ① − ② − ③ − ④)×20%, ⑤]</td><td rowspan="2">
<table>
<tr><th>연도</th><th>기본</th><th>초과</th></tr>
<tr><td>2015</td><td rowspan="3">15%</td><td>3,000만원 초과 25%</td></tr>
<tr><td>2016~2018</td><td>2,000만원 초과 30%</td></tr>
<tr><td>2019~2020</td><td>1,000만원 초과 30%</td></tr>
<tr><td>2021~2022</td><td>20%</td><td>1,000만원 초과 35%</td></tr>
<tr><td>2023</td><td rowspan="2">15%</td><td>1,000만원 초과 30%</td></tr>
<tr><td>2024</td><td>1,000만원 초과~3,000만원 이하 30%
3,000만원 초과 40%</td></tr>
<tr><td>2025 개정</td><td>15%</td><td>1,000만원 초과 30%</td></tr>
</table>
</td><td rowspan="2">10년</td></tr>
<tr><td>⑥41</td></tr>
</table>

p.633 (−)	세액공제	■ 납세조합 세액공제 : 납세조합이 원천징수한 근로소득에 대한 산출세액의 3%(최대 연 100만원 한도) 개정 ■ 주택차입금이자 세액공제 : (1995.11.1. ~ 1997.12.31. 취득한 미분양주택 차입금) 이자상환액 × 30% ※ 장기주택저당차입금이자상환액 소득공제와 중복적용 불가, 농어촌특별세 과세대상 ■ 외국납부 세액공제 : 거주자의 국외원천소득에 대한 외국납부세액(국외원천소득에 대한 산출세액 한도, 한도초과 시 10년 이월공제) ■ 월세액 세액공제 • 총급여 8,000만원 이하인 12.31. 무주택세대 세대주(세대원)가 국민주택규모 또는 기준시가 4억원 이하 주택(주거용 오피스텔, 고시원 포함)을 임차하고 전입된 기간 동안 지급한 월세액 • 세액공제금액 = 월세액(1,000만원 한도) × 15%(총급여액 5,500만원 이하자 17%) ■ 표준세액공제 : 특별소득공제 · 특별세액공제(정치자금 · 고향사랑 · 우리사주기부금 제외) · 월세액공제를 신청하지 않은 경우 연 13만원
(=)	결정세액	산출세액 − 세액감면 − 세액공제 ※ 음수인 경우 영(0)
p.732 (−)	기납부세액	주(현) 근무지 기납부세액과 종(전) 근무지 결정세액(연말정산 안한 경우 기납부세액) 합계액
p.734 (−)	납부특례세액	벤처기업 임직원이 주식매수선택권 행사이익에 대하여 납부특례를 신청한 경우 결정세액과 근로소득에서 해당 주식매수선택권 행사이익을 제외하고 산출한 결정세액의 차액
(=)	납부(환급)세액	결정세액 − 기납부세액 − 납부특례세액
	실효세율(%)	결정세액/총급여액 ※ 소수점 둘째자리에서 반올림

주민등록표등본에 기재된 외국인·외국국적동포도 공제가능하며, 세대원이 공제받는 경우 세대주는 모든 주택 관련 공제 적용 불가

03 거주자 연말정산

여기서는 가장 일반적인 거주자 연말정산(단일세율특례를 적용하지 않는 경우)에 대해 살펴보기로 한다.

1 근로소득·기납부세액 확정

1. 주(현) 근무지

(1) 인적사항 기재

1) 원천징수의무자 관련

원천징수의무자와 관련된 사항을 다음과 같이 각 해당란에 기재한다.

<table>
<tr><th>구 분</th><th colspan="3">내 용</th></tr>
<tr><td>①법인명(상호)</td><td colspan="3">법인명 또는 상호 기재</td></tr>
<tr><td rowspan="2">②대표자(성명)</td><td rowspan="2">원천징수의무자</td><td>법 인</td><td>법인대표자 성명</td></tr>
<tr><td>개 인</td><td>개인사업자 성명</td></tr>
<tr><td>③사업등록번호</td><td colspan="3">원천징수의무자 사업자등록번호 기재</td></tr>
<tr><td rowspan="2">④주민등록번호</td><td rowspan="2">원천징수의무자</td><td>법 인</td><td>법인등록번호</td></tr>
<tr><td>개 인</td><td>주민등록번호</td></tr>
<tr><td rowspan="4">③-1사업자단위
과세 여부</td><td colspan="2">회사의 사업장이 1개인 경우</td><td>부(2)</td></tr>
<tr><td rowspan="2">회사의 사업장 2개 이상인 경우</td><td>사업자단위과세자인 경우</td><td>여(1)</td></tr>
<tr><td>사업자단위과세자가 아닌 경우</td><td>부(2)</td></tr>
<tr><td colspan="3">사업장이 2 이상인 사업자가 본점 사업자번호 하나로 원천세 업무 및 부가세 업무를 처리하는 경우</td></tr>
<tr><td rowspan="4">③-2종사업장
일련번호</td><td>사업자단위과세 여부</td><td>원천징수의무자</td><td>기재방법</td></tr>
<tr><td rowspan="2">여(1)</td><td>본점(주사업장)</td><td>영(0)</td></tr>
<tr><td>종 사업장</td><td>해당 종 사업장 일련번호 기재</td></tr>
<tr><td>부(2)</td><td>각 사업장</td><td>공란(기재 안함)</td></tr>
<tr><td>⑤소재지(주소)</td><td colspan="3">원천징수의무자의 사업장 주소 기재</td></tr>
</table>

2) 소득자(연말정산대상 근로자) 관련

소득자와 관련된 사항을 다음과 같이 각 해당란에 기재한다.

<table>
<tr><th>구 분</th><th colspan="3">기재방법</th></tr>
<tr><td rowspan="2">거주자 구분코드</td><td rowspan="2">소득자</td><td>거주자</td><td>거주자(1)</td></tr>
<tr><td>비거주자</td><td>비거주자(2)</td></tr>
<tr><td rowspan="2">거주지국 코드</td><td rowspan="2">거주지국 코드</td><td>거주자(1)</td><td>공란 or KR</td></tr>
<tr><td>비거주자(2)</td><td>거주지국 코드(영문대문자)</td></tr>
<tr><td rowspan="3">내·외국인 구분</td><td rowspan="2">소득자</td><td>내국인</td><td>내국인(1)</td></tr>
<tr><td>외국인</td><td>외국인(9)</td></tr>
<tr><td colspan="3">재외국민 포함 (내국인)</td></tr>
<tr><td rowspan="3">외국인
단일세율 적용</td><td colspan="2">내국인(1)</td><td>부(2)</td></tr>
<tr><td rowspan="2">외국인(9)</td><td>단일세율 적용</td><td>여(1)</td></tr>
<tr><td>단일세율 적용 안함</td><td>부(2)</td></tr>
</table>

<table>
<tr><th>구 분</th><th>기재방법</th></tr>
<tr><td>외국법인소속 파견근로자 여부</td><td>
<table>
<tr><th rowspan="2">원천징수의무자</th><th colspan="2">소득자</th><th rowspan="2">기재방법</th></tr>
<tr><th>국 적</th><th>파견근로자 여부</th></tr>
<tr><td>개인사업자</td><td colspan="2">관계없음</td><td>부(2)</td></tr>
<tr><td rowspan="3">법 인</td><td>내국인(1)</td><td>관계없음</td><td>부(2)</td></tr>
<tr><td rowspan="2">외국인(9)</td><td>해 당</td><td>여(1)</td></tr>
<tr><td>아 님</td><td>부(2)</td></tr>
</table>
</td></tr>
<tr><td>종교관련종사자 여부</td><td>
<table>
<tr><td rowspan="2">소득자</td><td>종교관련종사자</td><td>여(1)</td></tr>
<tr><td>이 외</td><td>부(2)</td></tr>
</table>
</td></tr>
<tr><td>국적/국적코드</td><td>
<table>
<tr><td rowspan="2">국적/국적코드</td><td>내국인(1)</td><td>공란 or KR</td></tr>
<tr><td>외국인(9)</td><td>국적 코드(≠KR, 영문대문자)</td></tr>
</table>
</td></tr>
<tr><td>세대주 여부</td><td>
<table>
<tr><th colspan="2">소득자</th><th rowspan="2">기재방법</th></tr>
<tr><th>국 적</th><th>등본상 세대주/세대원</th></tr>
<tr><td rowspan="3">내국인(1)</td><td>12.31. 현재 세대주</td><td>세대주(1)</td></tr>
<tr><td>12.31. 현재 세대원</td><td>세대원(2)</td></tr>
<tr><td>12.31. 현재 세대주의 배우자</td><td>세대주의 배우자(3)</td></tr>
<tr><td>외국인(9)</td><td>관계없음</td><td>세대원(2)</td></tr>
</table>
재외국민(내국인임)은 등본상 세대주가 될 수 있음
주택마련저축 공제 가능 개정
세대원(2)인 경우 주택마련저축 공제 불가
</td></tr>
<tr><td>연말정산 구분</td><td>
<table>
<tr><td rowspan="2">소득자</td><td>계속근로자</td><td>계속근로(1)</td></tr>
<tr><td>중도퇴사자</td><td>중도퇴사(2)</td></tr>
</table>
</td></tr>
<tr><td>⑥성명</td><td>소득자(근로자)의 성명 기재 ✔ 영문자 입력 시 대문자로 기재</td></tr>
<tr><td>⑦주민등록번호</td><td>소득자(근로자)의 주민등록번호(외국인등록번호) 기재</td></tr>
<tr><td>⑧주소</td><td>소득자(근로자)의 등본상 주소 기재</td></tr>
<tr><td>⑪근무기간</td><td>해당 근무처에서 근무한 기간 기재</td></tr>
<tr><td>⑫감면기간</td><td>소득세 감면대상자인 경우 감면기간 기재 ✔ 근무기간 이내일 것</td></tr>
</table>

(2) 근로소득 · 기납부세액 확정

1) 근로소득 · 기납부세액 확정

연말정산대상자의 현 근무지 근로소득을 "소득자별 원천징수부"를 통해 다음과 같이 확정한다.

소득자별 원천징수부 → 근로소득지급명세서 (1쪽) 작성

■ 소득세법 시행규칙 [별지 제25호서식(1)] <개정 2014.3.14> (3쪽 중 제1쪽)

소 득 자 별 근 로 소 득 원 천 징 수 부

①귀속연도			
징수의무자	② 법 인 명(상호)	(주)선우	
	③ 사업자등록번호	211-81-21542	
④ 근무처	(주)선우		
소 득 자	⑤ 성 명 최 지 수	⑥ 주민등록번호 871116-1138027	⑦ 입사일 2025.5.1. / 퇴사일
	⑧ 내외국인 구분 (내국인1)/외국인9	⑨ 국적	(국적코드 :)
	⑩ 공제대상가족의 수(본인·배우자를 각각 1명으로 봄)		4 명
	⑪ 20세 이하 자녀의 수		2 명
	⑫ 감면 적용 여부 여 1, (부 2)	⑬ 감면규정	⑭ 감면기간 ~

Ⅰ. 근 로 소 득 지 급 명 세

월별	⑮ 지급연월	⑯ 급 여	⑰ 상 여	⑱ 인정상여	⑲ 주식매수선택권 행사이익	⑳ 우리사주조합 인출금	㉑ 임원퇴직소득금액 한도초과액	㉒ ~	~ ㉔	㉕ 계	㉖ 급여구간 (간이세액표 적용 대상)	㉗ 소득세 (간이세액표 적용 대상)	㉘ 소득세 (그 외)	㉙ 소득세계 (㉗+㉘)	㉚ 지방소득세
1															
	(중 략)														
12															
계		32,000,000	12,000,000							44,000,000		1,968,800		1,968,800	196,880

(1. 총 급 여: ⑯~㉕ / 2. 징수세액: ㉖~㉚)

(3쪽 중 제2쪽)

Ⅱ. 비 과 세 소 득

※ 「소득세법 시행규칙」 별지 제24호서식(1) 근로소득 원천징수영수증(제5쪽) 비과세 및 감면소득 코드 참조

월별	㉛ 지급연월	㉜ 외화 (국외근로소득(코드 :))	㉝ 환율	㉞ 원화	㉟ 야간근로수당 등 (O01)	㊱ 출산·보육수당 (Q01)	㊲~㊴ (코드 :)	㊵ 합계 (㉞+~+㊴)	㊶ 일직료 등 (H02)	㊷ 자가운전 보조금 (H03)	㊸ ~ ㊹	㊺ 합계 (㊶+~+㊹)
	(중 략)											
계						800,000		800,000				

(1. 지급명세서 작성 대상 비과세 소득: ㉜~㊵ / 2. 지급명세서 작성 제외대상 비과세 소득 ※ 해당 원천징수의무자가 지급한 소득을 적음: ㊶~㊺)

Ⅲ. 근 로 소 득 원 천 징 수 액 등

월별	㊻ 감면소득	㊼ 감면세액	㊽ 납세조합 공제세액	㊾ 소득세	㊿ 지방소득세	농어촌특별세	외국납부세액	연금보험	건강보험	고용보험	기부금	비고
	(중 략)											
계				1,968,800	196,880			1,980,000	1,759,520	396,000		

(1. 감면세액 / 2. 차 감 원 천 징 수 액 / 3. 징수의무자 자체 증빙 지출액(소득공제))

작성일: 년 월 일 징수의무자 : (서명 또는 인)

※ ⑫ 비고란에는 ⑪ 기부금에 해당하는 기부금유형 및 코드를 적습니다.

기부금 공제에서 공제

연금보험료 공제에서 공제

보험료 공제에서 공제

■ 소득세법 시행규칙 [별지 제24호서식(1)] <개정 2025.6.30.> (8쪽 중 제1쪽)

관리번호

[✓]근로소득 원천징수영수증
[ ]근로소득 지 급 명 세 서

([✓]소득자 보관용 [ ]발행자 보관용 [ ]발행자 보고용)

거주구분	(거주자1)/비거주자2
거주지국	거주지국코드
내·외국인	(내국인1)/외국인9
외국인단일세율적용	여 1 / (부 2)
외국법인소속 파견근로자 여부	여 1 / (부 2)
종교관련종사자 여부	여 1 / (부 2)
국적	국적코드
세대주 여부	(세대주1), 세대원2
연말정산 구분	(계속근로1), 중도퇴사2

징수의무자	① 법인명(상 호) (주)선우	② 대 표 자(성 명) 최 종 기
	③ 사업자등록번호 211-81-21542	④ 주 민 등 록 번 호 111122-0000123
	③-1 사업자단위과세자 여부 여1 / (부2)	③-2 종사업장 일련번호
	⑤ 소 재 지(주소) 서울시 강남구 도산대로 81길	
소득자	⑥ 성 명 최 지 수	⑦ 주 민 등 록 번 호(외국인등록번호) 871116-1138027
	⑧ 주 소 서울시 강남구 논현로 100길	

	구 분		주(현)	종(전)	종(전)	⑯-1 납세조합	합 계
Ⅰ 근무처별 소득명세	⑨ 근 무 처 명		(주)선우				
	⑩ 사업자등록번호		211-81-21542				
	⑪ 근무기간		2025.5.1.~12.31.	~	~	~	~
	⑫ 감면기간		~	~	~	~	~
	⑬ 급 여		32,000,000				
	⑭ 상 여		12,000,000				
	⑮ 인 정 상 여						
	⑮-1 주식매수선택권 행사이익						
	⑮-2 우리사주조합인출금						
	⑮-3 임원 퇴직소득금액 한도초과액						
	⑮-4 직무발명보상금						
	⑯ 계		44,000,000				
Ⅱ 비과세 및 감면 소득 명세	⑱ 국외근로	MOX					
	⑱-1 야간근로수당	O0X					
	⑱-2 보육수당	Q0X	800,000				
	⑱-3 출산지원금	Q0X					
	⑱-4 연구보조비	H0X					
	⑱-5						
	⑱-6						
	~						
	⑱-41						
	⑲ 수련보조수당	Y22					
	⑳ 비과세소득 계		800,000				
	⑳-1 감면소득 계						

	구 분		㉝ 소 득 세	㉞ 지방소득세	㉟ 농어촌특별세
Ⅲ 세액 명세	㊲ 결 정 세 액				
	기납부 세 액	㊳ 종(전)근무지 (결정세액란의 세액을 적습니다) / 사업자 등록 번호			
		㊴ 주(현)근무지	1,968,800	196,880	
	㊵ 납부특례세액				
	㊶ 차 감 징 수 세 액(㊲-㊳-㊴-㊵)				

위의 원천징수액(근로소득)을 정히 영수(지급)합니다.

년 월 일

징수(보고)의무자 (서명 또는 인)

세 무 서 장 귀하

2) 비과세 근로소득 각 기재란별 기재금액 한도(전산매체 기준)

해당 내용은 종(전) 근무지 근로소득·기납부세액 확정부분(p.301)을 참조하기 바란다.

3) 전산매체 주요 변경사항 – 주(현) 근무지 근로소득(과세·비과세·감면소득) 관련 개정

<table>
<tr><th>C레코드
(주(현)근무처 레코드)</th><th>내 용</th></tr>
<tr><td>항목추가</td><td><table><tr><th>번호</th><th>항 목</th><th>주요 오류기준</th></tr><tr><td>C60</td><td>⑱ – 41 W01 – 임원등할인제도</td><td>[C60] < 0이면 오류</td></tr></table></td></tr>
</table>

2. 종(전) 근무지 – 합산 연말정산하는 경우

(1) 종(전) 근무지 일반사항

주(현)란에 합산 기재하는 경우 지급명세서 가산세가 발생할 수 있음

<table>
<tr><th>구 분</th><th>내 용</th></tr>
<tr><td>종(전) 근무지 의미</td><td>원천징수의무자 사업자번호로 구분(법인 46013 – 3808, 1999.10.25.)</td></tr>
<tr><td>종(전) 근무지가 여러 곳인 경우</td><td>각각의 내용을 종(전) 근무지란에 구분 기재</td></tr>
<tr><td>본지점간 전출입한 경우</td><td><table><tr><th>구 분</th><th>내 용</th></tr><tr><td>사업자단위과세자인 경우</td><td>주(현)에 합산 기재</td></tr><tr><td>사업자단위과세자가 아닌 경우</td><td>종(전)에 반드시 구분 기재</td></tr></table></td></tr>
<tr><td>해당 근무지에 재입사한 경우</td><td>해당 근무지에서 근로자가 퇴사할 때 생성한 중도퇴사 연말정산 자료를 종(전)란에 반드시 구분 기재</td></tr>
<tr><td>반드시 종(전)란에
구분 기재하는 경우</td><td>다음 중 어느 하나가 다른 경우 종(전)에 구분 기재<table><tr><th>구 분</th><th>사 례</th></tr><tr><td>근무처명이 다름</td><td>다른 근무지를 퇴사하고 현 근무지에 입사한 신규입사자</td></tr><tr><td>사업자번호가 다름</td><td>본지점간 전출입한 근로자
(사업자단위과세자가 아닌 경우에 한함)</td></tr><tr><td>근무기간이 다름</td><td>• 해당 근무지에 재입사한 근로자
• 비정규직에서 정규직으로 전환 시 중도퇴사 연말정산을 수행한 경우 해당 근로자</td></tr></table></td></tr>
<tr><td>전산매체 – 납세조합
여부(D8) 기재</td><td><table><tr><td rowspan="2">종(전) 근무지</td><td>납세조합</td><td>여(1)</td></tr><tr><td>납세조합 아님</td><td>부(2)</td></tr></table></td></tr>
</table>

(2) 근로소득·기납부세액 확정

1) 근로소득·기납부세액 확정

연말정산대상자의 종(전) 근무지 근로소득을 종(전) 근무지의 "근로소득지급명세서"를 통해 다음과 같이 확정한다.

종(전) 근무지 지급명세서(소득자별원천징수부) → 주(현) 근무지 지급명세서에 합산

■ 소득세법 시행규칙 [별지 제24호서식(1)] <개정 2025.6.30.> (8쪽 중 제1쪽)

관리번호

[✓]근로소득 원천징수영수증
[ ]근로소득 지 급 명 세 서
([✓]소득자 보관용 [ ]발행자 보관용 [ ]발행자 보고용)

거주구분	거주자1 / 비거주자2
거주지국	거주지국코드
내·외국인	내국인1 / 외국인9
외국인단일세율적용	여 1 / 부 2
외국법인소속 파견근로자 여부	여 1 / 부 2
종교관련종사자 여부	여 1 / 부 2
국적	국적코드
세대주 여부	세대주1 / 세대원2
연말정산 구분	계속근로1 / 중도퇴사2

구분		
징수의무자	① 법인명(상호) (주)우인	② 대표자(성명) 김시라
	③ 사업자등록번호 101-81-48569	④ 주민등록번호 111122-0000124
	③-1 사업자단위과세자 여부 여1 / 부2	③-2 종사업장 일련번호 3
	⑤ 소재지(주소) 서울시 강남구 도산대로 81길	
소득자	⑥ 성명 최지수	⑦ 주민등록번호(외국인등록번호) 871116-1138027
	⑧ 주소 서울시 강남구 논현로 100길	

	구분	주(현)	종(전)	종(전)	⑯-1 납세조합	합계
I 근무처별소득명세	⑨ 근무처명	(주)우인				
	⑩ 사업자등록번호	101-81-48569				
	⑪ 근무기간	2025.1.1.~3.31.	~	~	~	~
	⑫ 감면기간	~	~	~	~	~
	⑬ 급여	10,500,000				10,500,000
	⑭ 상여	3,500,000				3,500,000
	⑮ 인정상여					
	⑮-1 주식매수선택권 행사이익					
	⑮-2 우리사주조합인출금					
	⑮-3 임원 퇴직소득금액 한도초과액					
	⑮-4 직무발명보상금					
	⑯ 계	14,000,000				14,000,000
II 비과세 및 감면소득명세	⑱ 국외근로 MOX					
	⑱-1 야간근로수당 O0X					
	⑱-2 보육수당 Q0X	300,000				300,000
	⑱-3 출산지원금 Q0X					
	⑱-4 연구보조비 H0X					
	⑱-5					
	⑱-6					
	~					
	⑱-41					
	⑲ 수련보조수당 Y22					
	⑳ 비과세소득 계	300,000				300,000
	⑳-1 감면소득 계					

	구분		㉘ 소득세	㉙ 지방소득세	㉚ 농어촌특별세
III 세액명세	㉓ 결정세액		0	0	
	기납부세액	㉔ 종(전)근무지 (결정세액란의 세액을 적습니다) 사업자등록번호			
		㉕ 주(현)근무지	458,220	45,810	
	㉖ 납부특례세액				
	㉗ 차감징수세액(㉓-㉔-㉕-㉖)		-458,220	-45,810	

위의 원천징수액(근로소득)을 정히 영수(지급)합니다.

2025년 4월 30일

징수(보고)의무자 (서명 또는 인)

세무서장 귀하

■ 소득세법 시행규칙 [별지 제24호서식(1)] <개정 2025.6.30.> (8쪽 중 제1쪽)

관리번호

[✓]근로소득 원천징수영수증
[ ]근로소득 지 급 명 세 서
([✓]소득자 보관용 [ ]발행자 보관용 [ ]발행자 보고용)

거주구분	거주자1 / 비거주자2
거주지국	거주지국코드
내·외국인	내국인1 / 외국인9
외국인단일세율적용	여 1 / 부 2
외국법인소속 파견근로자 여부	여 1 / 부 2
종교관련종사자 여부	여 1 / 부 2
국적	국적코드
세대주 여부	세대주1 / 세대원2
연말정산 구분	계속근로1 / 중도퇴사2

구분		
징수의무자	① 법인명(상호) (주)선우	② 대표자(성명) 최종기
	③ 사업자등록번호 211-81-21542	④ 주민등록번호 111122-0000123
	③-1 사업자단위과세자 여부 여1 / 부2	③-2 종사업장 일련번호
	⑤ 소재지(주소) 서울시 강남구 도산대로 81길	
소득자	⑥ 성명 최지수	⑦ 주민등록번호(외국인등록번호) 871116-1138027
	⑧ 주소 서울시 강남구 논현로 100길	

	구분	주(현)	종(전)	종(전)	⑯-1 납세조합	합계
I 근무처별소득명세	⑨ 근무처명	(주)선우	(주)우인			
	⑩ 사업자등록번호	211-81-21542	101-81-48569			
	⑪ 근무기간	2025.5.1.~12.31.	2025.1.1.~3.31.	~	~	~
	⑫ 감면기간	~	~	~	~	~
	⑬ 급여	32,000,000	10,500,000			42,500,000
	⑭ 상여	12,000,000	3,500,000			15,500,000
	⑮ 인정상여					
	⑮-1 주식매수선택권 행사이익					
	⑮-2 우리사주조합인출금					
	⑮-3 임원 퇴직소득금액 한도초과액					
	⑮-4 직무발명보상금					
	⑯ 계	44,000,000	14,000,000			58,000,000
II 비과세 및 감면소득명세	⑱ 국외근로 MOX					
	⑱-1 야간근로수당 O0X					
	⑱-2 보육수당 Q0X	800,000	300,000			1,100,000
	⑱-3 출산지원금 Q0X					
	⑱-4 연구보조비 H0X					
	⑱-5					
	⑱-6					
	~					
	⑱-41					
	⑲ 수련보조수당 Y22					
	⑳ 비과세소득 계	800,000	300,000			1,100,000
	⑳-1 감면소득 계					

	구분		㉘ 소득세	㉙ 지방소득세	㉚ 농어촌특별세
III 세액명세	㉓ 결정세액				
	기납부세액	㉔ 종(전)근무지 (결정세액란의 세액을 적습니다) 사업자등록번호 101-81-48569	0	0	
		㉕ 주(현)근무지	1,968,800	196,880	
	㉖ 납부특례세액				
	㉗ 차감징수세액(㉓-㉔-㉕-㉖)				

위의 원천징수액(근로소득)을 정히 영수(지급)합니다.

년 월 일

징수(보고)의무자 (서명 또는 인)

세무서장 귀하

전 근무지에서 발급받은 원천징수영수증에 근로소득금액이 과소기재된 사실을 알지 못하고 신 근무지에 제출하여 연말정산 한 경우 가산세 감면의 정당한 사유가 있다고 볼 수 없음(심사소득 2021-60, 2022.1.26.)

합산 방법	기납부세액 기재방법
지급명세서로 합산	지급명세서 ㉓결정세액 기재
원천징수부로 합산	원천징수부 차감원천징수세액 (64, 65, 66) 기재

2) 비과세 근로소득 각 기재란별 기재금액 한도(전산매체 기준)

항 목	각 근무처별 기재금액 한도	
	주(현)[C레코드]	종(전)[D레코드]
⑱-4 H06-유아·초중등	근무월수 × 20만원	근무월수 × 20만원
⑱-4 H07-고등교육법	근무월수 × 20만원	근무월수 × 20만원
⑱-4 H08-특별법	근무월수 × 20만원	근무월수 × 20만원
⑱-4 H09-연구기관 등	근무월수 × 20만원	근무월수 × 20만원
⑱-4 H10-기업부설연구소	근무월수 × 20만원	근무월수 × 20만원
⑱-6 H11-취재수당	근무월수 × 20만원	근무월수 × 20만원
⑱-7 H12-벽지수당	근무월수 × 20만원	근무월수 × 20만원
⑱-24 H16-정부·공공기관 지방이전기관 종사자 이주수당	근무월수 × 20만원	근무월수 × 20만원
⑱M01-국외근로 100만원	근무월수 × 100만원	근무월수 × 100만원
⑱M04-국외근로 500만원	근무월수 × 500만원 - 주(현) [⑱M01]	근무월수 × 500만원 - 종(전) [⑱M01]
⑱-1 O01-야간근로수당	240만원 (광산근로자는 한도 없음)	240만원 (광산근로자는 한도 없음)
⑱-40 P01-비과세 식사대	근무월수 × 20만원	근무월수 × 20만원
⑱-2 Q02-보육수당	근무월수 × 20만원	근무월수 × 20만원
⑱-29 R11-직무발명보상금	Min{700만원, 700만원 - Min[종(전) 근무지 ⑱-29 R11 합계, 700만원]}	700만원
⑱-11 S01-주식매수선택권	3,000만원	3,000만원
⑱-31 U01-벤처기업 주식매수선택권	2억원	2억원

(⑱-31 U01) 2 이상 근무지에서 동시에 수령하는 경우 최대 연간 2억원 한도로 비과세 됨
→ 2023.1.1. 이후 행사이익분부터 연 2억원 한도로 비과세되며, 벤처기업별로 총누적금액한도는 5억원임
→ 주(현), 종(전) 합하여 연 최대한도 2억원임
→ 2025년 9월말 현재 전산매체에는 해당 내용이 반영되어 있지 않음

(⑱-40 P01, ⑱-2 Q02) 2 이상 근무지에서 동시에 수령하는 경우 매월 20만원 한도로 비과세 됨
→ 주(현), 종(전) 합하여 연 최대한도 240만원임
→ 2025년 9월말 현재 전산매체에는 해당 내용이 반영되어 있지 않음

3) 전산매체 주요 변경사항 – 종(전) 근무지 근로소득(과세·비과세·감면소득) 관련 개정

D레코드 (종(전)근무처 레코드)	내 용	
	번 호	항 목	주요 오류기준
항목추가	D49	⑱–41 W01–임원등할인제도	[D49] < 0이면 오류

2 총급여액과 근로소득금액

과세기간 중 근로자의 근로기간이 1년 미만인 경우(과세기간이 1년 미만인 경우 포함)에도 도표에 따른 금액으로 함(소통 47–0…1)

앞서 근로소득을 확정하면, 총급여액과 근로소득금액이 다음과 같이 자동으로 확정된다.

<table>
<tr><th>구 분</th><th colspan="3">내 용</th></tr>
<tr><td>㉑ 총급여</td><td colspan="3">Σ{주(현) ⑯계 + 종(전) ⑯계}</td></tr>
<tr><td rowspan="8">㉒ 근로소득공제</td><td rowspan="2">총급여액(A)</td><td colspan="2">근로소득공제</td></tr>
<tr><td>원 칙</td><td>속산표</td></tr>
<tr><td>500만원 이하</td><td>A × 70%</td><td>A × 70%</td></tr>
<tr><td>500만원 초과
1,500만원 이하</td><td>350만원 + (A − 500만원) × 40%</td><td>A × 40% + 150만원</td></tr>
<tr><td>1,500만원 초과
4,500만원 이하</td><td>750만원 + (A − 1,500만원) × 15%</td><td>A × 15% + 525만원</td></tr>
<tr><td>4,500만원 초과
1억원 이하</td><td>1,200만원 + (A − 4,500만원) × 5%</td><td>A × 5% + 975만원</td></tr>
<tr><td>1억원 초과
3억 6,250만원 이하</td><td>1,475만원 + (A − 1억원) × 2%</td><td>A × 2% + 1,275만원</td></tr>
<tr><td>3억 6,250만원 초과</td><td>2,000만원</td><td>2,000만원</td></tr>
<tr><td>㉓ 근로소득금액</td><td colspan="3">㉑ 총급여 − ㉒ 근로소득공제</td></tr>
</table>

사례 근로소득금액

구 분	상황 1	상황 2	상황 3
총급여	3,333,333	5,000,000	58,000,000
근로소득공제	2,333,333	3,500,000	12,650,000
근로소득금액	1,000,000	1,500,000	45,350,000

한걸음 더

1. 총급여액과 근로소득금액

총급여액과 근로소득금액은 연말정산 시 다음과 같이 활용된다.

<table>
<tr><th>구 분</th><th>대상공제</th><th>공제적용</th></tr>
<tr><td rowspan="9">㉑ 총급여</td><td>근로소득공제</td><td>공제액 계산 시 활용</td></tr>
<tr><td>주택임차차입금
원리금상환액
(거주자 차입)</td><td>근로자가 총급여 5,000만원 이하일 것</td></tr>
<tr><td>소기업·
소상공인공제
(2016년 이후 가입자)</td><td>법인대표자로서 총급여 8,000만원 이하일 것 개정</td></tr>
<tr><td>주택마련저축
(근로자주택마련저축 제외)</td><td>근로자가 총급여 7,000만원 이하일 것</td></tr>
<tr><td>신용카드 등
소득공제</td><td>
<table>
<tr><th>구 분</th><th>공제적용</th></tr>
<tr><td>문 턱</td><td>총급여 × 25%</td></tr>
<tr><td>한 도</td><td>
<table>
<tr><th>총급여</th><th>일반공제 한도액</th></tr>
<tr><td>7,000만원 이하</td><td>300만원</td></tr>
<tr><td>7,000만원 초과</td><td>250만원</td></tr>
</table>
</td></tr>
<tr><td>도서·신문·
공연·박물관
·미술관·
영화상영관·
체육시설
사용액</td><td>
<table>
<tr><th>구 분</th><th>7,000만원 이하</th><th>7,000만원 초과</th></tr>
<tr><td>공제율</td><td>30%</td><td>신용카드 15%,
이외 30%</td></tr>
<tr><td>추가공제</td><td>100만원 추가</td><td>없음</td></tr>
</table>
</td></tr>
</table>
</td></tr>
<tr><td>(청년형)장기집합
투자증권저축</td><td>근로자가 총급여 8,000만원 이하일 것</td></tr>
<tr><td>세액감면</td><td>
<table>
<tr><th>구 분</th><th>공제적용</th></tr>
<tr><td>공 통</td><td>감면세액계산 시 활용</td></tr>
<tr><td>성과공유중소기업
경영성과급</td><td>근로자가 총급여 7,000만원 이하일 것</td></tr>
</table>
</td></tr>
<tr><td>근로소득
세액공제</td><td>
<table>
<tr><th>총급여</th><th>세액공제액 한도액</th></tr>
<tr><td>3,300만원 이하</td><td>74만원</td></tr>
<tr><td>4,300만원 이하</td><td>74만원 − (총급여 − 3,300만원) × 0.8%</td></tr>
<tr><td>7,000만원 이하</td><td>66만원</td></tr>
<tr><td>7,032만원 이하</td><td>66만원 − (총급여 − 7,000만원) × 50%</td></tr>
<tr><td>1억 2,000만원 이하</td><td>50만원</td></tr>
<tr><td>1억 2,060만원 이하</td><td>50만원 − (총급여 − 1억2,000만원) × 50%</td></tr>
<tr><td>1억 2,060만원 초과</td><td>20만원</td></tr>
</table>
</td></tr>
</table>

<table>
<tr><th>구 분</th><th>대상공제</th><th>공제적용</th></tr>
<tr><td rowspan="5">㉑ 총급여</td><td>연금계좌</td><td><table><tr><th>총급여</th><th>공제율</th></tr><tr><td>5,500만원 이하</td><td>15%</td></tr><tr><td>5,500만원 초과</td><td>12%</td></tr></table></td></tr>
<tr><td>의료비</td><td><table><tr><th>구 분</th><th>공제적용</th></tr><tr><td>문 턱</td><td>총급여 × 3%</td></tr></table></td></tr>
<tr><td>납세조합
세액공제</td><td>세액공제액 계산 시 활용</td></tr>
<tr><td>외국납부
세액공제</td><td>한도액 계산 시 활용</td></tr>
<tr><td>월세액</td><td><table><tr><th>구 분</th><th>공제적용</th></tr><tr><td>공제대상자</td><td>근로자가 총급여 8,000만원 이하일 것</td></tr><tr><td>공제율</td><td><table><tr><th>총급여</th><th>공제율</th></tr><tr><td>5,500만원 이하</td><td>17%</td></tr><tr><td>5,500만원 초과</td><td>15%</td></tr></table></td></tr></table></td></tr>
<tr><td rowspan="4">㉓ 근로
소득금액</td><td>부녀자공제</td><td>근로자가 근로소득금액 3,000만원 이하일 것</td></tr>
<tr><td>기부금</td><td>소득공제·세액공제 공제액 계산 시 활용</td></tr>
<tr><td>투자조합출자</td><td>공제한도(근로소득금액×50%) 적용 시 활용</td></tr>
<tr><td>소기업·
소상공인공제</td><td><table><tr><th>근로소득금액</th><th>공제한도</th></tr><tr><td>4,000만원 이하</td><td>500만원</td></tr><tr><td>1억원 이하</td><td>300만원</td></tr><tr><td>1억원 초과</td><td>200만원</td></tr></table></td></tr>
</table>

2. 총급여액과 기본공제대상자 소득요건

총급여액이 3,333,333원인 경우 근로소득금액은 100만원이 된다. 따라서 배우자·부양가족이 근로자이면서 총급여액이 3,333,333원을 초과하는 경우 해당 배우자 또는 부양가족은 연 소득금액이 100만원을 초과하므로 본인의 기본공제대상자가 될 수 없어야 한다. 그러나 소득세법에서는 근로소득만 있는 배우자와 부양가족의 해당 과세기간 총급여액이 5,000,000원 이하인 경우에는 소득금액이 150만원이 됨에도 불구하고 본인의 기본공제대상자가 될 수 있도록 예외사항을 두고 있다.

3. 총급여액과 면세점

가족 수에 따른 면세점은 다음과 같다.

구 분	내 용
면세점 의의	소득·세액공제 자료를 전혀 챙기지 않아도 인적공제 등 자동으로 반영되는 공제만으로 결정세액이 영(0)이 되어 기납부세액을 전액 환급받게 되는 총급여금액

<table>
<tr><th>구 분</th><th colspan="2">내 용</th></tr>
<tr><td rowspan="5">가족 수에 따른 면세점</td><th>구 분</th><th>면세점</th></tr>
<tr><td>독신(본인)</td><td>1,408만원 이하</td></tr>
<tr><td>2인 가족(본인, 배우자)</td><td>1,623만원 이하</td></tr>
<tr><td>3인 가족(본인, 배우자, 자녀 1명)</td><td>2,499만원 이하</td></tr>
<tr><td>4인 가족(본인, 배우자, 자녀 2명)</td><td>3,083만원 이하</td></tr>
</table>

3 소득공제

1. 소득공제 일반

(1) 소득공제 범위

연말정산 시 적용될 수 있는 소득공제는 다음과 같다.

<table>
<tr><th colspan="4">구 분</th><th>관련 규정</th><th>공제 가능한 지출기간</th><th>소득공제 적용순서</th><th>소득공제 종합한도 대상</th></tr>
<tr><td rowspan="8">종합 소득 공제</td><td rowspan="2">인적 공제</td><td colspan="2">기본공제</td><td>소법 §50</td><td></td><td>1</td><td></td></tr>
<tr><td colspan="2">추가공제</td><td>소법 §51</td><td></td><td>2</td><td></td></tr>
<tr><td rowspan="2">연금보험료 공제</td><td colspan="2">국민연금보험료공제</td><td rowspan="2">소법 §51의 3</td><td>1.1.~12.31.</td><td>16</td><td></td></tr>
<tr><td colspan="2">공적연금보험료공제</td><td>1.1.~12.31.</td><td>17</td><td></td></tr>
<tr><td rowspan="3">특별 소득 공제</td><td>보험료</td><td>건강보험료, 고용보험료, 노인장기요양보험료</td><td>소법 §52 ①</td><td>근무월</td><td>3</td><td></td></tr>
<tr><td rowspan="2">주택 자금</td><td>주택임차차입금 원리금상환액 (개정)</td><td>소법 §52 ④</td><td>근무월</td><td>4</td><td>○</td></tr>
<tr><td>장기주택저당차입금 이자상환액</td><td>소법 §52 ⑤</td><td>근무월</td><td>5</td><td>○</td></tr>
<tr><td colspan="3"></td><td></td><td></td><td></td><td></td></tr>
<tr><td rowspan="11">그 밖의 소득 공제</td><td colspan="3">개인연금저축에 대한 소득공제</td><td>구조특법 §86</td><td>1.1.~12.31.</td><td>6</td><td></td></tr>
<tr><td colspan="3">소기업·소상공인 공제부금에 대한 소득공제 (개정)</td><td>조특법 §86의 3</td><td>1.1.~12.31.</td><td>7</td><td>○</td></tr>
<tr><td colspan="3">주택마련저축 소득공제 (개정)</td><td>조특법 §87 ②</td><td>근무월</td><td>8</td><td>○</td></tr>
<tr><td colspan="2" rowspan="2">벤처투자조합출자 등에 대한 소득공제 (개정)</td><td>벤처기업 등 투자</td><td rowspan="2">조특법 §16</td><td rowspan="2">1.1.~12.31.</td><td rowspan="2">9</td><td></td></tr>
<tr><td>이외 투자</td><td>○</td></tr>
<tr><td colspan="3">신용카드 등 사용금액에 대한 소득공제 (개정)</td><td>조특법 §126의 2</td><td>근무월</td><td>10</td><td>○</td></tr>
<tr><td colspan="3">우리사주조합 출연금에 대한 소득공제</td><td>조특법 §88의 4 ①</td><td>근무월</td><td>11</td><td>○</td></tr>
<tr><td colspan="3">고용유지 중소기업 근로자 소득공제</td><td>조특법 §30의 3 ③</td><td></td><td>12</td><td></td></tr>
<tr><td colspan="3">장기집합투자증권저축에 대한 소득공제</td><td>조특법 §91의 16</td><td>근무월</td><td>13</td><td>○</td></tr>
<tr><td colspan="3">청년형 장기집합투자증권저축에 대한 소득공제</td><td>조특법 §91의 20</td><td>1.1.~12.31.</td><td>14</td><td></td></tr>
</table>

(2) 소득공제 적용순서

구 분	내 용
서식 번호 순서	근로소득지급명세서에서 정하는 바에 따라 순차적으로 소득공제를 적용하여 종합소득과세표준과 세액을 계산(법규소득 2010-395, 2010.12.31.; 근로소득지급명세서 작성방법 문단 8)
한도초과 발생 시 연금보험료공제 배제	소득공제 합계금액이 종합소득금액을 초과하는 경우 그 초과하는 금액을 한도로 연금보험료공제를 받지 않은 것으로 봄(소법 §51의 3 ③)
소득공제 적용순서	서식 번호순으로 공제하되 연금보험료공제를 마지막에 받음

(3) 소득공제 종합한도 초과액

다음 소득공제의 합계액이 2,500만원을 초과하는 경우 그 초과금액은 없는 것으로 한다(조특법 §132의 2 ①).

<table>
<tr><th>구 분</th><th colspan="2">내 용</th></tr>
<tr><td>종합한도 대상 소득공제</td><td colspan="2">• 주택임차차입금원리금상환액
• 장기주택저당차입금이자상환액
• 소기업·소상공인 공제부금에 대한 소득공제
• 주택마련저축 소득공제
• 벤처투자조합출자 등에 대한 소득공제 중 벤처기업 등 이외 투자분
• 신용카드 등 사용금액에 대한 소득공제
• 우리사주조합출연금에 대한 소득공제
• 장기집합투자증권저축에 대한 소득공제</td></tr>
<tr><td>공제한도</td><td colspan="2">2,500만원</td></tr>
<tr><td rowspan="3">한도초과 시</td><td>구 분</td><td>내 용</td></tr>
<tr><td>한도초과금액</td><td>지급명세서 "㊼ 소득공제 종합한도 초과액"에 기재
✔ 과세표준에 합산(과세표준 증가)</td></tr>
<tr><td>유의사항</td><td>대상 소득공제 총액에서 한도초과금액을 배제하는 것임
✔ 특정 소득공제금액에서 배제하는 것이 아님</td></tr>
</table>

(4) 기타사항

구 분	내 용
계산 시 발생하는 소수점 이하 금액	버림(국고금관리법 §47 ②)
과세기간 또는 부양기간이 1년 미만인 경우	월할 계산하지 않고 연액으로 공제(소통 50-0…1)

▌소득공제 요약▐

공제 구분				공제금액 관련: 공제순서에 따른 공제한도(순차한도) ✔ 제일 마지막에 연금보험료가 공제	공제금액 관련: 세법상 공제한도	공제금액 관련: 소득공제 종합한도 대상	공제명세서 작성 여부	공제 개요
종합소득공제	인적공제	기본공제	㉔본인	㉓근로소득금액	1,500,000	대상 아님(×)	근로소득지급명세서 (3쪽) ⑱소득·세액공제명세	무조건
			㉕배우자	㉓−㉔	1,500,000			12.31. 배우자
			㉖부양가족(　명)	㉓−㉔−㉕	1,500,000×인원수			요건(관계·소득·나이·생계)을 충족하는 본인·배우자 부양가족 ※ 장애인은 나이제한 없음
		추가공제	㉗경로우대(　명)	㉓−㉔−㉕−㉖	1,000,000×인원수			기본공제자+ ~ 1955.12.31.
			㉘장애인(　명)	㉓−㉔−⋯−㉗	2,000,000×인원수			기본공제자+장애인증명
			㉙부녀자	㉓−㉔−⋯−㉘	500,000			본인이 근로소득금액 3,000만원 이하 여성+기혼 or 배우자 없는 기본공제자가 있는 세대주 ※ 한부모와 중복 시 → 한부모 적용
			㉚한부모가족	㉓−㉔−⋯−㉙ ※ 다음 공제순서 →㉝_㉮	1,000,000			본인이 배우자 없는 기본공제 직계비속이 있는 경우 ※ 부녀자와 중복 시 → 한부모 적용
	연금보험료공제	㉛국민연금보험료		C−㊻	한도 없음		작성 안함(×)	본인부담분만 공제 ▌주민등록표등본에 기재된 외국인·외국국적동포도 공제 가능
		㉜공적연금보험료공제	㉮공무원연금	C−㊻−㉛				
			㉯군인연금	C−㊻−㉛−[㉜_㉮]				
			㉰사립학교교직원연금	C−㊻−㉛−[㉜_㉮]−[㉜_㉯]				
			㉱별정우체국연금	C−㊻−㉛−[㉜_㉮]−[㉜_㉯]−[㉜_㉰]				
	특별소득공제	㉝보험료	㉮건강보험료(노인장기요양보험료 포함)	㉓−㉔−⋯−㉙−㉚[=A]	한도 없음		근로소득지급명세서 (3쪽) ⑱소득·세액공제명세	본인부담분만 공제 ※근무월 지출분만 공제 ✔ 2023년 귀속 연말정산분부터 간소화에서 고용보험료 자료 제공
			㉯고용보험료	A−[㉝_㉮]				
		㉞주택자금	㉮주택임차차입금원리금상환액 — 대출기관 (개정)	A−[㉝_㉮]−[㉝_㉯]	[㉞_㉮]+㊵ ≤4,000,000	대상(○)	×	본인이 국민주택규모 주택(주거용 오피스텔) 임차+12.31. 무주택세대 세대주(세대원)+입주일/전입일등 중 빠른 날부터 3개월 이내 차입 ※근무월 지출분만 공제

▌대환대출의 경우에는 최초 차입금의 차입일로 계산 (개정)

공제 구분							공제금액 관련: 공제순서에 따른 공제한도 (순차한도) ✔ 제일 마지막에 연금보험료가 공제	공제금액 관련: 세법상 공제한도	공제금액 관련: 소득공제 종합한도 대상	공제명세서 작성 여부	공제 개요
종합소득공제	특별소득공제	㉞ 주택자금	㉮주택임차차입금원리금상환액	거주자			A−㉝−[㉞_㉮_대출기관]	[㉞_㉮]+㊵ ≤4,000,000	대상(○)	근로소득지급명세서 (7쪽) 월세액·거주자간 주택임차차입금원리금상환액 소득·세액공제명세서	본인이 국민주택규모 주택(주거용 오피스텔) 임차 +12.31. 무주택세대 세대주(세대원) +입주일/전입일등 중 빠른 날부터 1개월 이내 차입+총급여 5,000만원 이하 ※근무월 지출분만 공제
			㉯장기주택저당차입금이자상환액	2011년 이전 차입분		15년 미만	A−㉝−㉞_㉮	[㉞_㉮]+[㉞_㉯]+㊵ ≤6,000,000		×	주민등록표등본에 기재된 외국인·외국국적동포도 공제 가능 본인이 주택소유자/차입금 명의자(공동명의 포함) +12.31. 1주택 이하 세대 세대주(세대원) +국민주택규모 주택(2014 이후 규모 제한 없음) +취득 당시 기준시가 6억원(~05 차입금 제한 없음, 06~13 차입금 3억원, 14~18 차입금 4억원, 19~21 차입금 5억원) 이하 주택 +상환기간 15년(~03 차입금 10년) 이상 +소유권 이전(보전)등기일로부터 3개월 이내 차입 +취득 당시 1주택(~05 차입금 제한 없음, 06~13 차입금 무주택)일 것 ※근무월 지출분만 공제 ※세대원은 전입기간만 공제
						15년~29년	A−㉝−㉞_㉮ −[㉞_㉯_15년 미만]	[㉞_㉮]+[㉞_㉯]+㊵ ≤10,000,000			
						30년 이상	A−㉝−㉞_㉮−··· −[㉞_㉯_15년 ~ 29년]	[㉞_㉮]+[㉞_㉯]+㊵ ≤15,000,000			
				2011년 이전 차입분 (15년 이상)		고정금리 & 비거치 상환대출	A−㉝−㉞_㉮−··· −[㉞_㉯_30년 이상]	[㉞_㉮]+[㉞_㉯]+㊵ ≤20,000,000			
						고정금리 or 비거치 상환대출	A−㉝−㉞_㉮−··· −[㉞_㉯_고정금리 & 비거치]	[㉞_㉮]+[㉞_㉯]+㊵ ≤18,000,000			
				2012년 이후 차입분	15년 이상	고정금리 & 비거치 상환대출	A−㉝−㉞_㉮−··· −[㉞_㉯_고정금리 or 비거치]	[㉞_㉮]+[㉞_㉯]+㊵ ≤20,000,000			
						고정금리 or 비거치 상환대출	A−㉝−㉞_㉮−··· −[㉞_㉯_고정금리 & 비거치]	[㉞_㉮]+[㉞_㉯]+㊵ ≤18,000,000			
						그 밖의 대출	A−㉝−㉞_㉮−··· −[㉞_㉯_고정금리 or 비거치]	[㉞_㉮]+[㉞_㉯]+㊵ ≤8,000,000			
					10년 ~ 15년	고정금리 or 비거치 상환대출	A−㉝−㉞_㉮−··· −[㉞_㉯_그 밖의 대출]	[㉞_㉮]+[㉞_㉯]+㊵ ≤6,000,000			

<table>
<tr><th colspan="3" rowspan="2">공제 구분</th><th colspan="4">공제금액 관련</th><th rowspan="2">공제명세서
작성 여부</th><th rowspan="2">공제 개요</th></tr>
<tr><th>공제순서에 따른 공제한도
(순차한도)
✔ 제일 마지막에
연금보험료가 공제</th><th colspan="2">세법상 공제한도</th><th>소득공제
종합한도
대상</th></tr>
<tr><td rowspan="6">그 밖의
소득
공제</td><td colspan="2">㊲개인연금저축</td><td>A−㉝−㉞[=B]</td><td colspan="2">720,000</td><td>×</td><td>근로소득지급명세서 (6쪽)
연금·저축 등 소득·세액
공제명세서</td><td>2000.12.31.까지 가입</td></tr>
<tr><td colspan="2">㊳소기업·소상공인 공제부금 개정</td><td>B−㊲</td><td colspan="2">2,000,000 or 4,000,000
5,000,000 or
6,000,000</td><td>○</td><td>×</td><td>2016년 이후 가입자는 법인 대표자로서 총급여 7,000만원 이하자만 공제(~15년 이전 가입자는 모두 공제)</td></tr>
<tr><td rowspan="3">㊴주택마련저축
소득공제</td><td>㉮청약저축</td><td>B−㊲−㊳</td><td>1,200,000</td><td rowspan="3">[㉞_㉮]+㊴
≤4,000,000</td><td>○</td><td rowspan="3">근로소득지급명세서 (6쪽)
연금·저축 등 소득·세액
공제명세서</td><td rowspan="2">본인 총급여 7,000만원 이하
+1.1. ~ 12.31. 무주택(~09 가입자는 국민주택규모 1주택) 세대 세대주 또는 세대주의 배우자 개정
+본인 명의 저축
※ 본인과 배우자 모두 각자 명의 저축에 대해 각자 공제 가능
※ 근무월 지출분만 공제
※ 만기 전 해지한 경우 공제배제
(주택당첨, 청년우대형 주택청약종합저축 전환 제외)</td></tr>
<tr><td>㉯주택청약종합저축 개정</td><td>B−㊲−㊳−[㊴_㉮]</td><td>1,200,000</td><td>○</td></tr>
<tr><td>㉰근로자주택마련저축</td><td>B−㊲−…−[㊴_㉯]</td><td>720,000</td><td>○</td><td>1.1. ~ 12.31. 무주택 or 국민주택규모 1주택 세대 세대주+본인명의 저축
※ 근무월 지출분만 공제
※ 만기 전 해지한 경우 공제배제
(주택당첨 제외)</td></tr>
<tr><td colspan="2">㊵투자조합출자 등 개정</td><td>B−㊲−…−[㊴_㉰]</td><td colspan="2">근로소득금액×50%</td><td>△
(벤처기업
등 투자
제외)</td><td>근로소득지급명세서 (6쪽)
연금·저축 등 소득·세액
공제명세서</td><td>2023, 2024, 2025년에 벤처기업 등에 투자
※ 벤처기업투자신탁 수익증권은 연 3,000만원까지 인정
※ 개인투자조합을 통해서 벤처기업 등에 투자하는 경우 누적금액 기준으로 소득공제액 계산 개정</td></tr>
</table>

<table>
<tr><th colspan="2" rowspan="2">공제 구분</th><th colspan="3">공제금액 관련</th><th rowspan="2">공제명세서
작성 여부</th><th rowspan="2">공제 개요</th></tr>
<tr><th>공제순서에 따른 공제한도
(순차한도)
✔ 제일 마지막에
연금보험료가 공제</th><th>세법상 공제한도</th><th>소득공제
종합한도
대상</th></tr>
<tr><td rowspan="5">그 밖의
소득
공제</td><td>㊶신용카드 등 사용액 개정</td><td>B−㊲−⋯−㊵</td><td>일반공제 → 3,000,000
(총급여 7,000만원 초과
2,500,000)
추가공제 → 3,000,000
(총급여 7,000만원 초과
2,000,000)
전체 → 6,000,000
(총급여 7,000만원 초과
4,500,000)</td><td>○</td><td>근로소득지급명세서 (3쪽)
⑱소득·세액공제명세 개정</td><td>사용자가 본인/기본공제자(나이요건 적용배제)+사용금액이 문턱(총급여 × 25%) 초과
※ 근무월 지출분만 공제
※ 형제자매, 수급자, 위탁아동 사용분 제외
※ 대중교통 이용분 → 40%
전통시장 이용분 → 40%
총급여 7,000만원 이하자
도서·신문·공연·박물관·
미술관·영화상영관·체육시설 개정
이용분 → 30%
직불카드·현금영수증 사용액 → 30%
상기 외 신용카드 사용액 → 15%</td></tr>
<tr><td>㊷우리사주조합 출연금</td><td>B−㊲−⋯−㊶</td><td>4,000,000
단, 벤처기업 등인 경우
15,000,000</td><td>○</td><td>×</td><td>우리사주조합출연금확인서 제출
※ 근무월 지출분만 공제</td></tr>
<tr><td>㊸고용유지 중소기업근로자</td><td>B−㊲−⋯−㊷</td><td>10,000,000</td><td>×</td><td>×</td><td>고용유지 중소기업(위기지역 중견기업) 상시근로자 + 전년대비 임금이 삭감
→ 삭감된 임금총액×50%</td></tr>
<tr><td>㊹장기집합투자증권저축</td><td>B−㊲−⋯−㊸</td><td>2,400,000</td><td>○</td><td>근로소득지급명세서 (6쪽)
연금·저축 등 소득·세액
공제명세서</td><td>본인 총급여 8,000만원 이하
+ 본인 명의 저축
※ 근무월 지출분만 공제
※ 연도 중 일부라도 인출한 경우 공제배제</td></tr>
<tr><td>㊺청년형 장기집합투자증권저축</td><td>B-㊲-⋯-㊹[=C]
※ 다음 공제순서 → ㉛</td><td>한도 없음</td><td>×</td><td>근로소득지급명세서 (6쪽)
연금·저축 등 소득·세액공
제명세서</td><td>본인 총급여 8,000만원 이하
+ 본인 명의 저축
※ 1.1. ~ 12.31. 납입액 전액공제
※ 연도 중 일부라도 인출한 경우 공제배제
✔ 요건을 갖춘 전환가입은 공제 적용</td></tr>
</table>

연 600만원 한도로 납입가능 → 실제 한도 240만원

기본공제, 추가공제를 말함

2. 인적공제(소법 §50 · §51 · §53, 소령 §106 · §107 · §108 · §114, 소칙 §53의 4 · §54 · §59)

(1) 인적공제 개요

구 분			소득요건	나이요건: 장애인	나이요건: 비장애인	생계요건: 주민등록 동거	생계요건: 별 거	비 고	공제액
기본공제	본 인							무조건 공제	1명당 150만원
기본공제	배우자		있음					소득만 검토	1명당 150만원
기본공제	본인 또는 배우자의	직계존속	있음		~ 65.12.31.		주거형편 별거, 일시퇴거 인정	해외거주 재외국민인 직계존속만 불인정	1명당 150만원
기본공제	본인 또는 배우자의	직계비속: 직계비속 동거 입양자	있음		05.1.1. ~			소득, 나이만 검토	1명당 150만원
기본공제	본인 또는 배우자의	직계비속: 장애인 직계비속의 장애인 배우자	있음					소득만 검토	1명당 150만원
기본공제	본인 또는 배우자의	형제자매	있음		~65.12.31. 05.1.1. ~		일시퇴거만 인정	주거형편상 별거 불인정	1명당 150만원
기본공제	수급자		있음				일시퇴거만 인정	주거형편상 별거 불인정	1명당 150만원
기본공제	위탁아동		있음		05.1.1. ~			소득, 나이만 검토	1명당 150만원
추가공제	경로우대		70세 이상(~55.12.31.)인 기본공제자(본인 포함)						1명당 100만원
추가공제	장애인		장애인인 기본공제자(본인 포함)					장애인 입증서류 제출	1명당 200만원
추가공제	부녀자		본인이 근로소득금액 3,000만원 이하인 여성으로 • 배우자가 있거나 • 배우자가 없고, 기본공제자가 있는 세대주					부녀자, 한부모 중복 시 한부모 우선	50만원
추가공제	한부모		본인이 배우자 없고, 기본공제 직계비속이 있는 경우					부녀자, 한부모 중복 시 한부모 우선	100만원

요건[과세기간 종료일(12.31.) 현재]: 연도 중 사망하거나 장애가 치유된 경우 사망일 전일 또는 치유일 전일 상황에 따름

"공란"은 해당 요건 없음을 말함 → 해당 요건에 대해 검토(고려) 안 함

있음(소득요건): 연간 소득금액 100만원(근로소득만 있는 경우 총급여 500만원) 이하

일시퇴거: 취학, 질병요양, 근무, 사업상 이유로 주민등록상 동거하다가 주민등록상 전출(퇴거)한 경우를 말함

추가공제: 기본공제를 받은 거주자가 추가공제도 받으며, 요건이 충족되는 대로 중복적용 가능함(부녀자와 한부모가 중복되는 경우만 제외)

인적공제의 요건은 국외 거주 외국인인 경우에도 동일하게 적용됨(서울행법 2015구합7777, 2016.12.22.)

(2) 인적공제 요건 검토

소득세법 제50조, 제51조 및 제59조의 2에 따른 공제대상 배우자, 공제대상 부양가족, 공제대상 장애인 또는 공제대상 경로우대자에 해당하는지 여부 판정 시 과세기간 종료일 전(1.1. 포함)에 사망한 사람 또는 장애가 치유된 사람에 대해서는 사망일 전날 또는 치유일 전날의 상황에 따름(서면법령소득－1643, 2021.10.15.; 기준법령소득－162, 2021.10.15.)

1) 판정시기 및 판정방법

① 판정시기

인적공제요건 해당 여부 판정은 다음 시기를 기준으로 한다.

구 분	판정시기
원 칙	과세기간 종료일(12.31.)
과세기간 종료일(12.31.) 전에 사망한 사람	사망일 전일
장애가 치유된 사람	치유일 전일

② 판정방법

판정시기 기준으로 원칙적으로 공적인 서류에 따라 판정한다.

③ 2인 이상이 인적공제가 가능한 경우

배우자 또는 부양가족이 본인 또는 다른 거주자의 인적공제대상자(이하 "공제대상가족")가 되는 경우에는 다음과 같이 공제한다.

1명만 인적공제대상자로 신청해야 함

구 분		내 용		
공제원칙		해당 과세기간의 소득·세액공제신고서에 기재된 바에 따라 그중 1명의 공제대상가족으로 함		
2인 이상이 동시에 신청한 경우 또는 누구의 공제 대상인지 알 수 없는 경우	법정 적용 순서	구 분	상 황	공제적용(순서)
		배우자와 부양가족 경합	거주자의 공제대상 배우자가 다른 거주자의 공제대상 부양가족에 해당하는 사람	거주자의 공제대상배우자 (배우자공제가 우선한다는 의미)
		부양가족 경합	거주자의 공제대상 부양가족이 다른 거주자의 공제대상 부양가족에 해당하는 사람	• (1순위) 전년도에 공제받은 사람의 부양가족 • (2순위) 해당 연도 종합소득금액이 큰 사람의 부양가족
		거주자가 연도 중 사망한 경우	해당 과세기간의 중도에 사망한 거주자(이하 "피상속인")의 공제대상가족으로서 상속인의 공제대상가족에 해당하는 사람	피상속인의 공제대상가족
		거주자가 영주를 위해 출국한 경우	해당 과세기간의 중도에 외국에서 영주하기 위하여 출국한 거주자의 공제대상가족으로서 다른 거주자의 공제대상가족에 해당하는 사람	출국한 거주자의 공제대상가족

피상속인에 대한 인적공제액이 소득금액을 초과하는 경우 그 초과하는 부분은 상속인의 해당 과세기간 소득금액에서 공제할 수 있음

출국한 거주자에 대한 인적공제액이 소득금액을 초과하는 경우 그 초과하는 부분은 다른 거주자의 해당 과세기간 소득금액에서 공제할 수 있음

구 분		구 분		내 용
2인 이상이 동시에 신청한 경우 또는 누구의 공제 대상인지 알 수 없는 경우	예 규	실지 부양하는 사람 우선	배우자 공제 우선	거주자의 배우자는 거주자와 동거 여부 불문하고 거주자 본인이 배우자공제를 받아야 함(서일-1197, 2005.10.6.) **why** 특별한 사유가 없는 한 배우자 부양의무(민법 §826)로 거주자의 배우자를 실지 부양하는 것은 거주자 본인으로 봄
			부양 사실 입증자 우선	형제자매가 부모님을 중복으로 신청한 경우 실제 부양하였다는 사실을 입증하는 사람이 공제받음(국세청 제공 "원천징수의무자를 위한 연말정산 안내(2019)") 특별한 사유가 없는 한 부모와 같이 거주하고 있는 자가 부양하는 것으로 보며, 따로 거주하는 자녀는 생활비를 부모님 계좌로 송금한 자료 등을 통해 실지 부양 여부를 입증해야 함
			동거 우선	근로자와 동거하고 있는 직계비속에 대하여 동거하고 있지 않는 근로자의 부(父)가 부양가족공제를 적용받을 수는 없음(서면법령소득-807, 2015.9.24.)

▌2명 이상이 동시에 기본공제를 신청한 경우 인적공제대상자 판단▐

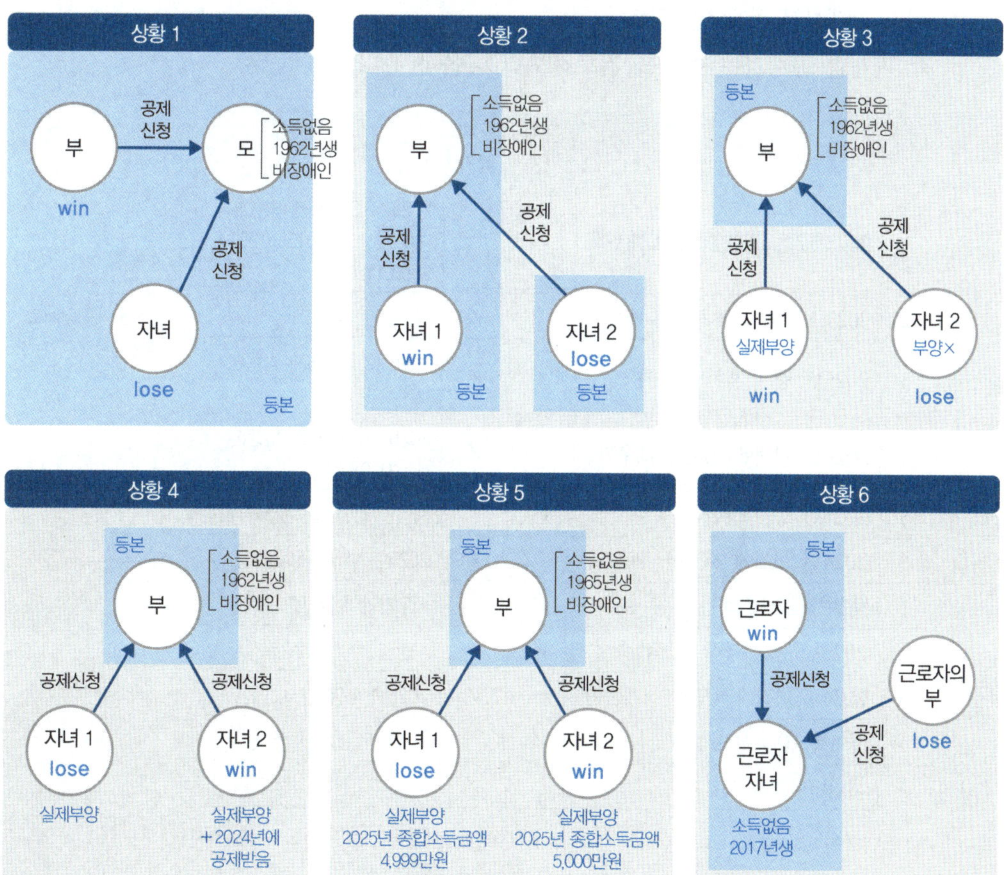

2) 관계요건

① 기본공제대상자 범위

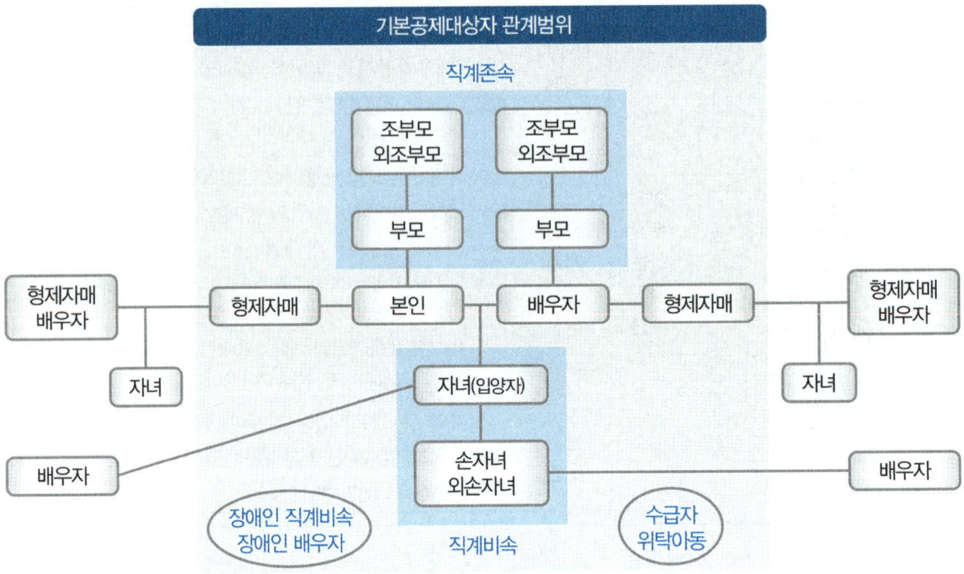

② 기본공제대상자 관계요건 검토

각 관계별 공제가능 여부를 검토해보면 다음과 같다.

관 계		상 황	공제 가능	공제 불가	why
배우자	1	2025.12.31. 혼인신고한 배우자	✓		2025.12.31. 현재 법률혼 배우자(서이 46013-12014, 2003.11.24.)
	2	2025.12.31. 현재 사실혼 배우자		✓	법률혼만 인정
	3	2025년 중 이혼한 배우자		✓	2025.12.31. 현재 법률혼 배우자 아님
	4	2024년 이전에 이혼한 배우자		✓	2025.12.31. 현재 법률혼 배우자 아님
	5	2025년 중 사망한 배우자	✓		사망일 전일 법률혼 배우자
	6	2024년 이전에 사망한 배우자		✓	2025년 부양가족이 아님
직계 존속	1	배우자 직계존속	✓		배우자와의 관계를 포함
	2	2025년 중 사망한 직계존속	✓		사망일 전일 직계존속
	3	2024년 이전에 사망한 직계존속		✓	2025년 부양가족이 아님
	4	새아버지(모와 법률혼)	✓		모와 가족관계 성립
	5	새어머니(부와 사실혼)		✓	부와 가족관계 성립 안됨

필요한 경우 혼인관계증명서로 확인필요

부모, (외)조부모, (외)증조부모

시아버지, 시어머니, 장인, 장모, 시할아버지, 시할머니, 처조부, 처조모

관 계		상 황	공제 가능	공제 불가	why
직계 존속	6	새어머니(부와 법률혼, 부는 사망)	✓		사망한 직계존속의 사망일 전일 기준으로 법률혼인 경우에는 공제가능 (소령 §106 ⑤)
	7	새아버지(모와 사실혼, 모는 사망)		✓	
	8	부와 이혼 후 재혼한 생모	✓		본인과 가족관계(소득 22601 －1044, 1991.5.27.)
	9	본인이 양자인 경우 양부모, 친부모	✓		양자의 경우 모두 인정 (소통 50－106…1 ① 1호)
	10	가족관계로 확인되지 않는 배우자의 생모	✓		실질 직계존속(서이 46013－12301, 2002.12.23.)
	11	배우자가 사망했지만 거주자가 계속 부양하는 사망한 배우자의 직계존속	✓		
	12	배우자 사망으로 거주자가 재혼한 경우 재혼한 배우자의 직계존속	✓		12.31. 현재 배우자와의 관계를 포함
	13	배우자 사망으로 거주자가 재혼한 경우 사망한 배우자의 직계존속		✓	거주자의 법률상 배우자의 직계존속이 아님(원천－3107, 2008.12.30.)
직계 비속	1	2025년 중 사망한 손자녀	✓		사망일 전일 직계비속
	2	2024년 이전에 사망한 직계비속		✓	2025년 부양가족이 아님
	3	2025.12.31. 출생하였으나 출생신고를 안 한 자녀	✓		실질 직계비속
	4	2025년 중 출생 후 사망한 자녀로 출생신고 및 사망신고를 하지 않은 경우 해당 자녀	✓		사망일 전일 현재 실질 직계비속(원천－251, 2009.3.27.)
	5	2026.1.1. 출생한 자녀		✓	2025.12.31. 현재 자녀가 아님
	6	2026.1.2. 입양한 자녀		✓	2025.12.31. 현재 자녀가 아님
	7	혼인 외 자로 가족관계 등록한 자녀	✓		법률상 자녀(서이 46013－12014, 2003.11.24.)
	8	혼인 외 자로 가족관계 등록 안한 자녀		✓	법률상 자녀가 아님
	9	거주자의 배우자가 거주자와 재혼(법률혼)한 경우로서 그 배우자가 종전 배우자와 혼인(법률혼) 중에 출산한 자녀	✓		배우자와의 관계를 포함

- 사실판단은 그러한 관계를 잘 아는 타인의 증명도 가능함 (직계존속 10)
- 병원의 출생증명서에 의해 확인 (직계비속 3)
- 병원 기록에 의해 가족관계, 출생 및 사망기록을 확인함 (직계비속 4)
- 해당 자녀는 본인, 배우자, 배우자의 종전 배우자 모두 신청가능함 → 1명만 신청 가능 (직계비속 9)
- 직계비속: 자녀, (외)손자녀, (외)증손자녀

관 계		상 황	공제 가능	공제 불가	why
직계비속	10	거주자의 배우자가 거주자와 재혼(사실혼)한 경우로서 그 배우자가 종전 배우자와 혼인(법률혼) 중에 출산한 자녀		✓	배우자가 가족관계가 성립 안함
	11	거주자의 배우자가 거주자와 재혼(법률혼)한 경우로서 그 배우자가 종전 배우자와 혼인(사실혼) 중에 출산한 자녀		✓	배우자와 해당 자녀의 가족관계가 성립 안함
	12	거주자가 이혼으로 자녀(미성년)에 대한 친권을 배우자가 행사하기로 하면서 동거하기로 하고 거주자는 그 양육비의 일부를 지급하는 경우 해당 미성년자	✓		본인 직계비속이고 부양하고 있음(소득 46011-1245, 1999.4.2.)
	13	입양한 양자(민법, 국내입양에 관한 특별법, 국제입양에 관한 법률 개정)	✓		양자도 자녀에 해당
	14	사실상 입양상태에 있는 사람으로서 거주자와 동거하는 경우(입양한 것은 아님)	✓		예외적으로 허용
	15	자녀(입양자)의 배우자(며느리, 사위)		✓	직계비속이 아님
	16	장애인 자녀(입양자)의 장애인 배우자(며느리, 사위)	✓		예외적으로 허용
형제자매	1	2025년 중 사망한 형제자매	✓		사망일 전일 형제자매
	2	2024년 이전에 사망한 형제자매		✓	2025년 부양가족이 아님
	3	배우자 형제자매	✓		배우자와의 관계를 포함
	4	본인 형제자매 배우자		✓	형제자매가 아님
	5	배우자 형제자매의 배우자		✓	형제자매가 아님
	6	본인이 양자인 경우 양가/친가 형제자매	✓		양자의 경우 모두 인정(소통 50-106…1 ① 1호)
	7	장애인 형제자매의 장애인 배우자		✓	형제자매가 아님
수급자	1	국민기초생활보장법에 따른 급여를 받는 자로서 배우자, 부양가족(직계존속, 직계비속, 형제자매)이 아닌 사람	✓		

등본이 같이 되어 있는 경우 배우자 및 배우자의 자녀 모두 "동거인"으로 표시됨(가족관계가 성립 안함)

이혼한 배우자도 공제가능하며, 이혼한 배우자가 재혼(법률혼)한 경우 그 배우자의 배우자도 가능함
→ 1명만 신청가능

부양할 다른 직계존속이나 친족 등이 없으며 해당 거주자가 계속적으로 부양할 사람(법인 46013-2511, 1999.7.2.)
예 친척이 본인뿐인 경우의 조카

처남댁(아주머니, 처남댁), 동서(형님, 동서), 시매부(서방님, 아주버님)

시숙(아주버님, 서방님, 도련님), 시누이(형님, 아가씨), 처남(형님, 처남), 처형, 처제

형수, 올케, 매형, 형부, 제수, 매부, 제부

관 계		상 황	공제 가능	공제 불가	why
위탁아동	1	2025.6.15.부터 계속 양육하는 위탁아동	✓		해당 연도 중 6개월 이상 양육
	2	2025.3.15. ~ 2025.10.30.까지 양육한 위탁아동	✓		해당 연도 중 6개월 이상 양육
	3	2025.10.15.부터 계속 양육하는 위탁아동		✓	해당 연도 중 6개월 이상 양육 안함
	4	2025.6.1. ~ 2025.9.30.까지 양육한 위탁아동		✓	해당 연도 중 6개월 이상 양육 안함
	5	2024.12.1. ~ 2025.6.30.까지 양육한 위탁아동	✓		직전연도에 소득공제를 받지 못한 경우 직전연도 위탁기간을 포함하여 6개월 판단
	6	2024.4.1. ~ 2025.3.31.까지 양육한 위탁아동으로 2024년에 소득공제를 받은 위탁아동		✓	직전연도에 소득공제를 받은 경우에는 해당 연도 기준 6개월 이상 양육기간 판단

과세기간종료일(12.31.) 현재 양육 여부와 관계없음(원천-76, 2010.1.26.).

아동복지법에 따라 가정위탁을 받아 양육하는 위탁아동(아동복지법 제16조 제4항에 따라 보호기간이 연장된 경우로서 20세 이하인 위탁아동 포함)

3) 나이요건

① 기본공제대상자별 나이요건

"공란"은 나이요건을 검토하지 않음을 말함

관 계			나이요건: 장애인 (p.329 참조)	나이요건: 비장애인
본 인				
배우자				
본인 또는 배우자의	직계존속			~ 1965.12.31.(60세 이상)
	직계비속	직계비속/동거입양자		2005.1.1. ~ (20세 이하)
		장애인 직계비속의 장애인 배우자		
	형제자매			~ 1965.12.31.(60세 이상) 2005.1.1. ~ (20세 이하)
수급자				
위탁아동				2005.1.1. ~ (20세 이하)

② 나이 확인 방법

주민등록표등본 등 제출서류에 기재된 주민등록번호 등으로 확인한다.

한걸음 더

연도 중에 사망한 부양가족

인적공제 대상여부 판단할 때 원칙적으로는 과세연도 종료일(12.31.) 현재 상황에 따르게 되어 있으나, 연도 중에 사망한 부양가족에 대해서는 사망일 전일 상황에 따르게 되어 있다(소법 §53 ④, 서면법령소득-1643, 2021.10.15. 외).

직계존속의 경우를 예를 들어 나이요건만을 고려한 공제여부를 검토하여 보면 다음과 같다.

출생일	상황	공제가능	공제불가	why
64.5.8.	25.12.31. 현재 생존	✔		25.12.31. 현재 만 60세 이상
64.5.8.	25.8.15. 사망	✔		사망일 전일(25.8.14.) 현재 만 60세 이상
65.6.18.	25.12.31. 현재 생존	✔		25.12.31. 현재 만 60세 이상
65.10.9.	25.11.5. 사망	✔		사망일 전일(25.11.4.) 현재 만 60세 이상
65.12.5.	25.12.5. 사망		✔	사망일 전일(25.12.4.) 현재 만 60세 미만
65.1.1.	25.1.1. 사망		✔	사망일 전일(24.12.31.) 현재 만 60세 미만
65.1.1.	25.1.2. 사망	✔		사망일 전일(25.1.1.) 현재 만 60세
66.1.1.	26.1.1. 사망		✔(25년)	25.12.31. 현재 만 60세 미만
			✔(26년)	사망일 전일(25.12.31.) 현재 만 60세 미만

4) 생계요건

① 기본공제대상자 생계요건

현실적으로 생계를 같이하는 동거가족을 의미하며, 반드시 주민등록상 세대를 같이 함을 요하지는 않으나 일상생활에서 볼 때 유·무상을 통하여 동일한 생활자금으로 생활하는 것을 의미(조심 2015부5817, 2016.2.1.; 조심 2017서3019, 2017.9.8.)

관 계			생계요건		
			주민등록상 동거	주민등록상 별거	
				주거형편상 별거	일시퇴거
본 인					
배우자					
본인 또는 배우자의	직계존속			인정(충족)	인정(충족)
	직계비속	직계비속 동거입양자			
		장애인 직계비속의 장애인 배우자			
	형제자매			인정 안함(불충족) ✔ 공제 불가	인정(충족)
수급자				인정 안함(불충족) ✔ 공제 불가	인정(충족)
위탁아동					

"공란"은 별도 검토 없이 생계요건이 충족됨을 말함

외국인 배우자가 외국에 거주하는 경우에도 공제가능(법인 46013-1617, 1995.6.14.)

직계비속이 외국에 거주하는 경우에도 공제가능

② 주거형편상 별거·일시퇴거 및 입증(확인)방법

주거형편상 별거

구 분	내 용
의 미	거주자가 결혼으로 인한 분가 또는 취업 등으로 인하여 직계존속과 주민등록표의 동일한 주소에서 생계를 함께 하고 있지 않지만 직계존속이 독립된 생계능력이 없어 해당 거주자가 실제로 부양하고 있는 경우를 말함(법인 46013-4386, 1999.12.22.)
적용대상	본인 또는 배우자 직계존속에게만 적용
직계존속의 독립된 생계능력	주거형편상 별거에 해당되지 않음 ✔ 일시퇴거 사유가 입증되면 인적공제 가능, 이외 경우는 인적공제불가
부 양	구 분: 판 단 내 용: 생활비의 일부를 보조하는 것은 생계를 같이하는 것으로 볼 수 없으며, 실제 생계를 같이하는지 여부는 별거사유, 직계존속의 재산상태 등을 종합하여 사실판단(서일-57, 2006.1.17.)

<table>
<tr><th>구 분</th><th>내 용</th></tr>
<tr><td>부 양</td><td>
<table>
<tr><th>구 분</th><th>내 용</th></tr>
<tr><td>입증
방법</td><td>부양하고 있음을 입증하는 다음의 서류를 제출(법인 46013-1325, 1999.4.10.)

1. 실제 부양하고 있다는 사실
→ 직계존속 계좌로 생활비를 송금한 자료

2. 다른 형제자매와 직계존속이 동거가족인 경우
(1) 다른 형제자매가 실제 부양하고 있지 않다는 사실
→ 직업이 없는 형제 등의 경우 주소지 관할세무서장으로부터 발급받은 미사업자라는 사실증명서와 지역의료보험증 사본
→ 해외에 이주한 형제 등의 경우 해외이주 사실을 증명할 수 있는 서류 등
(2) 다른 형제자매가 부양가족공제를 받지 않았다는 사실
→ 다른 형제 등이 연말정산 또는 종합소득세 신고 시 원천징수의무자 또는 관할세무서에 제출한 소득·세액공제신고서 사본

다른 형제자매가 소득이 없어야 하며, 공제를 받지 않았어야 가능함</td></tr>
</table>
</td></tr>
<tr><td>실 무</td><td>직계존속의 독립적 생계능력과 부양을 입증하는 것은 실무상으로 매우 어렵고 혼란을 발생시키는 점이 있는 바, 근로자 본인 책임하에 직계존속에 대한 부양가족공제를 신청받아 공제하는 방법도 가능함</td></tr>
</table>

영내에 기거하는 군인은 근무상 형편에 의거 일시퇴거한 자로 봄(소통 53-114…1)

일시퇴거

<table>
<tr><th>구 분</th><th>내 용</th></tr>
<tr><td>의 미</td><td>거주자 또는 동거가족이 취학, 질병의 요양, 근무상 또는 사업상의 형편으로 본래의 주소 또는 거소를 일시 퇴거한 경우</td></tr>
<tr><td>적용대상</td><td>• 본인 또는 배우자의 직계존속
• 본인 또는 배우자의 형제자매
• 수급자</td></tr>
<tr><td>일시퇴거</td><td>
<table>
<tr><th>구 분</th><th>내 용</th></tr>
<tr><td>퇴거자</td><td>다음 2가지 모두 포함
• 본인이 퇴거한 경우
• 동거가족이 퇴거한 경우</td></tr>
<tr><td>퇴거 전
동거여부</td><td>
<table>
<tr><th>주민등록상 동거하다가 퇴거한 경우</th><th>주민등록상 동거한 적이 없는 경우</th></tr>
<tr><td>일시퇴거에 해당</td><td>일시퇴거가 아님</td></tr>
</table>
</td></tr>
<tr><td>범 위</td><td>
<table>
<tr><th>다음 사유로 퇴거 → 일시퇴거에 해당</th><th>일시퇴거가 아닌 경우</th></tr>
<tr><td>• 취학 • 근로
• 질병요양 • 사업상</td><td>• 결혼
• 주거형편상 별거(법인 46013-3579, 1996.12.21.)</td></tr>
</table>
</td></tr>
</table>
</td></tr>
</table>

<table>
<tr><th>구 분</th><th colspan="3">내 용</th></tr>
<tr><td rowspan="6">일시퇴거</td><td>구 분</td><td colspan="2">내 용</td></tr>
<tr><td rowspan="5">확인
유의사항</td><td colspan="2">다음을 반드시 확인함</td></tr>
<tr><td>확인내용</td><td>서 류</td></tr>
<tr><td>퇴거 전 동거 여부</td><td>본래 주소지 등본을 반드시 확인</td></tr>
<tr><td>퇴거 사유</td><td>퇴거사유 입증서류 반드시 수령</td></tr>
<tr><td>결혼 여부</td><td>본인 또는 형제자매가 결혼하였는지 확인</td></tr>
</table>

▌부양가족 증명서류와 소득 유무 증명서류를 제출해야 함(법인 46013-1617, 1995.6.14.)

▌주거형편상 별거 및 일시퇴거 관련 공제사례▐

상 황	공제 가능	공제 불가	why
내국인의 직계존속이 해외에 거주하는 경우(이민, 영주권 취득)		✓	독립된 생계능력이 있는 것으로 봄(서일-1360, 2007.10.5.)
국내에서 거주하는 외국인 거주자가 본국 거주 비거주자인 직계존속을 부양하고 있는 경우	✓		해당 거주자가 부양하고 있음(재소득-84, 2010.2.10.)
거주자의 외국인 배우자 직계존속이 해외 본국에서 거주하고 있는 경우로 해당 거주자가 부양하고 있는 경우	✓		
동거하지 않는 거주자의 배우자를 다른 가족이 공제받는 경우		✓	민법상 부양의무로 배우자인 거주자가 그 배우자를 부양하고 있다고 봄(서일-1197, 2005.10.6.) ✔ 동거 여부에 불문하고 거주자 본인이 배우자공제를 받아야 함 ✔ 다른 가족이 공제받을 수 없음
시아버지(소득이 있는 장남과 동거가족임)와 주민등록표등본상 동거가족이 아닌 근로소득자(차남의 배우자)가 시아버지에 대해 기본공제 받는 경우		✓	소득있는 장남이 동거하며 실질부양을 하는 것으로 봄(서이 46013-10027, 2004.1.6.)
형제자매(거주자 본인의 직계존속과 동거하는 형제자매)와 주민등록표등본상 동거하지 않는 거주자 본인(배우자, 다른 형제자매와 동거)이 공제받는 경우		✓	일시퇴거 사유에 해당되지 않음 ✔ 해당 형제자매와 동거하는 거주자의 직계존속이 부양가족공제를 받아야 함(서일-1197, 2005.10.6.)

▌결혼으로 분가한 것에 해당

▌조세정책의 필요에 의해서 일정금액을 공제하여 주는 것이므로 그 요건에 대한 증명책임은 그 사유를 주장하는 납세의무자에게 있음(서울행법 2015구합7777, 2016.12.22.)

5) 소득요건

① 소득요건 개요

> 한국표준산업분류상의 작물재배업 중 곡물 및 기타 식량작물 재배업 소득은 사업소득에서 제외됨(소법 §19 ① 1호·③)

구 분	내 용
적용대상	배우자, 부양가족 모두

의 미

구 분	내 용
배우자/부양가족이 근로소득만 있는 경우	해당 과세기간 총급여 500만원 이하
이 외(원칙)	해당 과세기간 소득금액 합계액 100만원 이하

소득금액 합계액

구 분	내 용
소 득	다음 8가지 소득을 말함(법인 46013-371, 2001.2.16.) • 이자소득 • 배당소득 • 근로소득 • 사업소득 • 연금소득 • 기타소득 • 퇴직소득 • 양도소득
소득제외 (예시)	1. 논·밭농사 등의 곡물 및 기타 식량작물 재배업 소득(소득-505, 2009.4.3.) 2. 국민기초생활보장법에 따라 지급받는 기초생활수급금 및 기초연금법에 따라 받는 기초연금(소득세과-521, 2014.9.11.), 재난지원금 및 민생회복 소비쿠폰(서면법규소득-2524, 2025.7.21.) 3. 부당해고 등에 따른 명예훼손이나 정신적인 고통에 대한 배상 또는 위자료와 같이 신분 및 인격에 대한 손해배상금(서면1팀-63, 2006.1.18.) 4. 상장주식 거래이익(대주주 및 장외거래 제외)(소득집 94-0-13) 5. 이혼 시 재산분할(소통 88-0…1) 6. 국민건강보험공단이 실시하는 건강실천지원금제 시범사업에 참여한 사람들이 적립받는 지원금(연간 5~6만원 상당)(서면법령소득-6688, 2021.12.8.)
소득금액	소득금액 = 소득총액 − 비과세소득 − 분리과세소득 − 필요경비
비과세 분리과세	사례 1 작물재배업 소득(10억원 이하 전액 비과세)이 10억원인 경우 소득금액 = 소득총액 − 비과세소득 − 분리과세소득 − 필요경비 = 10억원 − 10억원 = 0 사례 2 일용근로소득(전액 분리과세)이 3,000만원인 경우 소득금액 = 소득총액 − 비과세소득 − 분리과세소득 − 필요경비 = 3,000만원 − 3,000만원 = 0 ✔ 사례 1·2에서 보듯이 비과세·분리과세는 금액과 상관없이 소득이 없는 것으로 간주하면 됨
필요경비	필요경비는 총수입금액에 대응하는 비용으로 다음과 같음 (아래 표 참조)
합계액	8가지 소득에 대한 소득금액의 합계액

필요경비

구 분	필요경비
이자·배당·퇴직소득	없음
사업·기타소득	총수입금액에 대응하는 비용(소법 §27·§37, 소령 §55·§87)
근로소득	근로소득공제액(소법 §47)
연금소득	연금소득공제액(소법 §47의 2)
양도소득	취득금액(기준시가), 자본적지출액 및 양도비 등(소법 §97), 장기보유특별공제(소법 §95)

> 이혼 시 받은 위자료도 해당됨

② 소득요건 확인

연말정산 시 소득요건은 다음과 같이 확인한다.

구 분	원천징수의무자	근로자
소득요건 확인 여부	무조건 확인하지 않음 why 소득세법에 입증서류를 받지 않도록 되어 있음	반드시 근로자 본인이 배우자/부양가족 소득요건 확인 ✔ 부당공제로 적출되는 경우 가산세 근로자 부담.

한걸음 더

과세관청에 신고되지 않는 소득에 대한 소득요건 판단은 다음과 같이 한다.

구 분		소득요건 판단	이 유
상 황	비과세소득에 해당되어 신고하지 않은 경우	제외하고 판단	비과세는 소득금액에서 제외
	과세소득에 해당되나 신고하지 않은 경우	포함하고 판단	과세소득은 소득금액에 포함

▌만약, 제외하고 판단하여 공제받았으나, 배우자 또는 부양가족의 소득금액이 과세관청으로부터 결정(경정)되어 소득요건을 불충족하게 되는 경우 부당공제로 공제세액과 가산세를 추징당할 수 있음

③ 비과세·분리과세 소득

▌비과세 소득(예시임)▐

근거법령	내 용
소법 §12	1. 공익신탁법에 따른 공익신탁의 이익 2. 다음의 비과세 사업소득 (1) 논·밭을 작물생산에 이용하게 함으로써 발생하는 소득 (2) 1주택을 소유한 자의 주택임대소득(고가주택 및 국외소재 주택 제외) (3) 농어가부업소득으로서 법 소정 규모 축산에서 발생하는 소득과 축산 외 연 3,000만원 이하인 소득 (4) 법 소정 전통주의 제조에서 발생하는 연 1,200만원 이하인 소득 (5) 조림기간 5년 이상인 임지의 임목의 벌채 또는 양도로 발생하는 소득으로서 연 600만원 이하의 금액 (6) 작물재배업에서 발생하는 소득으로서 해당 과세기간 수입금액의 합계액이 10억원 이하인 소득 (7) 연근해어업, 내수면어업 또는 양식어업에서 발생하는 소득으로서 해당 과세기간의 소득금액 합계액이 5,000만원 이하인 소득 3. 비과세 근로소득 및 퇴직소득(p.134 참조)

▌축산·고공품제조·민박·음식물판매·특산물제조·전통차제조·양어 및 그밖에 이와 유사한 활동에서 발생한 소득

▌(예) 근로의 제공으로 인한 부상·질병 또는 사망과 관련하여 받는 배상·보상 또는 위자의 성질이 있는 급여

근거법령	내 용
소법 §12	4. 비과세 연금소득(p.903 참조) 5. 비과세 기타소득 (1) 비과세 종교인소득(p.899 참조) (2) 종업원 등 또는 대학의 교직원이 퇴직한 후에 사용자 등 또는 산학협력단으로부터 지급받거나 대학의 학생이 소속 대학에 설치된 산학협력단으로부터 받는 직무발명보상금으로서 연간 700만원 이하의 금액(근로소득으로 비과세되는 금액이 있으면 해당 금액을 차감하며, 사용자 등 또는 산합협력단과 법소정 특수관계에 있는 자가 지급받는 경우는 제외) (3) 법령·조례에 따른 위원회 등의 보수를 받지 않는 위원(학술원 및 예술원의 회원 포함) 등이 받는 수당 (4) 이외 비과세 기타소득
소법 §20의 3	2001.12.31. 이후 납입된 연금기여금 및 사용자부담금을 기초하거나, 2001.12.31. 이전 근로제공을 기초로 하여 받는 공적연금소득
구조특법 §86	개인연금저축을 연금으로 수령하는 경우 해당 저축에서 발생한 소득
조특법 §16의 2	벤처기업 주식매수선택권 행사이익 중 연 2억원 이내의 금액
조특법 §87	장기주택마련저축의 이자소득·배당소득
	2025.12.31.까지 가입하는 청년우대형주택청약종합저축의 이자소득 중 500만원 이내의 금액
조특법 §87의 2	농어민의 농어가목돈마련저축의 이자소득과 저축장려금
조특법 §88의 2	비과세종합저축의 이자소득 또는 배당소득
조특법 §88의 4	우리사주조합원 과세인출주식(2년 이상 보유)에 대한 인출금 중 법 소정 금액
조특법 §88의 5	조합 등 출자금 등에 대한 배당소득(2025.12.31.까지)
조특법 §89의 3	조합 등 예탁금에 대한 이자소득(2025.12.31.까지)
조특법 §91의 14	재형저축의 이자소득·배당소득
조특법 §91의 17	해외주식투자 전용 집합투자기구에 2017.12.31.까지 투자한 것에 대한 배당소득
조특법 §91의 18	법 소정 개인종합자산관리계좌의 이자소득·배당소득
조특법 §91의 19	2026.12.31.까지 가입하는 장병내일준비적금(월 납입 40만원 한도 2025.1.1. 이후 납입분부터는 월 55만원 한도)의 이자소득
조특법 §91의 21	2022.12.31.까지 가입하는 청년희망적금(연 600만원 한도)의 이자소득
조특법 §91의 22	2025.12.31.까지 가입하는 청년도약계좌(연 840만원 한도)의 이자소득·배당소득

분리과세 소득(예시임)

근거법령	내 용
소법 §14	1. 일용근로자의 급여액(6% 원천징수) 2. 다음의 이자소득 및 배당소득 (1) 법원에 납부한 보증금 및 경락대금에서 발생하는 이자소득 (14% 원천징수) (2) 비실명이자소득 및 배당소득(45% 또는 90% 원천징수) (3) 직장공제회초과반환금(연분연승법에 따른 기본세율 원천징수) (4) 법인으로 보는 단체 외의 단체 중 수익을 구성원에게 배분하지 아니하는 단체로서 단체명을 표기하여 금융거래를 하는 단체가 금융회사 등으로부터 받는 이자소득 및 배당소득(14% 원천징수) (5) 조세특례제한법에 따라 분리과세되는 소득(아래 참조) (6) 상기 외 이자소득과 배당소득(출자공동사업에 따른 분배액 제외)의 합계금액이 2,000만원 이하인 경우(원천징수된 경우에 한함) 3. 주거용 건물 임대업에서 발생한 총수입금액의 합계액이 연 2,000만원 이하인 자의 주택임대소득 4. 다음의 기타소득 (1) 그 소득의 성격에도 불구하고 연금계좌에서 연금외수령하는 다음의 기타소득(15% 원천징수) ① 소득세법 제59조의 3 제1항에 따라 연금계좌 세액공제를 받은 금액 ② 연금계좌의 운용실적에 따라 증가된 금액 (2) 무조건 분리과세되는 다음 기타소득[20%(3억원 초과 30%) 원천징수] ① 복권 및 복권기금법에 따른 복권당첨금 ② 승마투표권(경마), 승자투표권(경정, 경륜), 소싸움경기투표권, 체육진흥투표권의 환급금, 슬롯머신 및 투전기 등의 당첨금품 ③ '②'와 유사한 소득으로서 기획재정부령으로 정하는 소득 (3) 법 소정 서화(書畵)·골동품의 양도로 발생하는 소득(20% 원천징수) (4) 원천징수된 기타소득금액(상기 '(1)부터 (3)'에 해당하는 경우 제외)이 연 300만원 이하인 경우(계약금이 위약금·배상금으로 대체되어 원천징수되지 않은 경우 포함)로서 분리과세를 선택한 경우(20% 원천징수) 5. 공적연금소득을 제외한 다음의 연금소득 (1) 의료목적, 천재지변이나 그 밖에 부득이한 사유 등 법 소정 요건을 갖추어 연금계좌에서 연금형태로 인출하는 다음의 연금소득(3~5% 원천징수) ① 소득세법 제59조의 3 제1항에 따라 연금계좌 세액공제를 받은 금액 ② 연금계좌의 운용실적에 따라 증가된 금액

배당소득금액은 Gross－up금액을 제외한 금액으로 판단함(소법 §14 ④)

종합소득세 신고·납부 시 종합소득에 합산하지 않는 경우 20%로 분리과세됨

근거법령	내 용
소법 §14	(2) 퇴직소득세 과세이연규정에 따라 원천징수되지 아니한 퇴직소득을 연금수령하는 연금소득(연금외수령하는 경우 원천징수세액의 70% 또는 60%) (3) '(1) 및 (2)'를 제외한 총연금액이 1,500만원 이하인 경우로 분리과세를 선택한 경우(3~5% 원천징수)
조특법 §18의 2	단일세율 과세특례가 적용되는 외국인 근로자 근로소득(19% 원천징수)
조특법 §88의 5	조합 등 출자금 등에 대한 배당소득(2026년부터, 26년 5%, 27년 이후 9% 원천징수)
조특법 §89	2014.12.31.까지 가입한 세금우대종합저축의 이자소득·배당소득(9% 원천징수)
조특법 §89의 3	조합 등 예탁금에 대한 이자소득(2026년부터, 26년 5%, 27년 이후 9% 원천징수)
조특법 §91의 18	법 소정 개인종합자산관리계좌의 이자소득·배당소득(9% 원천징수)
조특법 §91의 23	2027.12.31.까지 매입한 법소정 개인투자용 국채의 이자소득(14% 원천징수)

④ 소득금액 판단사례(이자·배당·사업·근로·기타·퇴직)

배우자/부양가족 소득관련 상황	소득요건		why
	충 족 (공제가능)	불충족 (공제불가)	
퇴사하면서 퇴직금 300만원 수령		✓	퇴직소득은 필요경비가 없으므로, 비과세가 아닌 경우 퇴직금이 퇴직소득금액이 됨 ✔ 퇴직금이 100만원 초과하면 소득요건 불충족
퇴사하면서 퇴직금 300만원 IRP(DC)계좌로 입금받음 (원천징수되지 않았음)		✓	퇴직소득세 과세이연이 적용된 경우 "과세만 이연"된 것이며 퇴직소득에 해당됨 ✔ 퇴직금 100만원 초과
근무 중 사망으로 퇴사하면서 퇴직금 500만원과 위로금 3억원 지급받음		✓	근무 중 사망으로 인하여 받는 위로금은 비과세이나, 퇴직금이 100만원 초과함
알바로 연 600만원 수령 (간이세액원천징수, 비과세 없음)		✓	간이세액원천징수된 경우 총급여 500만원 초과하면 안됨
알바로 연 1,000만원 수령 (일용근로 원천징수)	✓		일용근로소득은 분리과세 해당

반면, 2006 ~ 2012년 퇴직급여액을 IRP계좌로 이체한 경우 해당 금액은 "퇴직소득 과세이연"인 바, 인출시점에 퇴직소득으로 과세됨

총급여 = 310만원 − 10만원 = 300만원
근로소득금액 =300만원 − 300만원 × 70%(근로소득공제) = 90만원

배우자/부양가족 소득관련 상황	소득요건		why
	충 족 (공제가능)	불충족 (공제불가)	
1월에 퇴사하면서 퇴직금 100만원과 급여 310만원(비과세 식대 10만원 포함) 받음		✓	소득금액 = 퇴직소득금액 100만원 + 근로소득금액 90만원 = 190만원 ✔ 소득요건 불충족
이자·배당소득 1,000만원 있음(원천징수됨)	✓		2,000만원 이하 소득은 분리과세
복권당첨금 10억원 수령	✓		복권당첨금은 분리과세 해당
배우자가 강의로 받은 소득이 연 600만원 있음(기타소득 원천징수)	✓	✓	소득금액 = 600만원 − 600만원 × 60% = 240만원 ✔ 분리과세 선택하면 공제가능 종합과세 선택하면 공제불가 → 판단유보(5월에 결정) 기타소득금액 300만원 이하는 분리과세 선택가능
배우자가 간이과세 사업자로 연 매출 3,000만원 발생	✓	✓	사업소득금액을 연말정산 시까지 확정할 수 없음 ✔ 판단유보(5월에 결정)
모(母)가 논·밭농사로 연 4,000만원 매출 발생	✓		곡물 및 기타 식량작물 재배업 소득은 소득제외
부(父)가 주택임대소득으로 연 1,800만원 매출 발생	✓		주택임대소득 2,000만원 이하는 분리과세

일반과세/간이과세는 부가가치세법상 용어임
→ 소득금액 산출과는 무관

인적용역은 기타소득 원천징수 시 필요경비 60% 인정

사업소득금액은 필요경비를 차감해야 하나, 필요경비 확정은 5월이 되어야 확정됨

실무 Tip 소득금액 확인방법

지급명세서와 같은 용어

소 득	소득금액 확인 Tip	비 고
이자·배당	• 거의 대부분 원천징수됨 ✔ 원천징수영수증 확인 • 원천징수영수증 ⑯=[E, L, H, R, O, B]인 경우 비과세·분리과세이므로 소득제외 • 종합과세 ⑯=[T, D, G]인 『㉔소득금액』 합산 판단 • 종합과세 기준금액 2,000만원 이하이면서 원천징수된 이자·배당소득(p.325, 2.(6)을 말함)	
근 로	• 거의 대부분 원천징수됨 ✔ 원천징수영수증 확인 • 일용근로소득과 외국인근로자 연말정산 단일세율(19%) 적용 근로소득은 무조건 분리과세 • 이외 근로소득(일반급여자 근로소득)은 지급명세서 『㉑총급여』 확인 ✔ 다른 소득이 없다면 ㉑≤500만원 이하면 공제가능	원천징수 형태를 파악하는 게 중요
퇴 직	퇴직소득원천징수영수증 ⑰과세대상 퇴직급여 확인 ✔ ⑰>100만원이면 공제불가	과세이연되는 경우도 퇴직소득이 있는 것임
사 업	• 소득제외 사업소득, 비과세 사업소득 여부 확인 • 연말정산대상 사업자는 2월에 생성되는 지급명세서 『㉒사업소득금액』 확인 • 이외 사업자는 5월 종합소득세 확정신고 시 확정되는 종합소득금액 확인	사업소득자에 대한 소득금액 판단은 5월까지 유보하는 것이 좋음
연 금	• 공적연금소득은 1월 생성되는 지급명세서 『⑰연금소득금액』 확인 ✔ 공적연금 연 수령액이 5,166,666원 이하인 경우 소득금액 100만원 이하 충족 • 사적연금소득은 원천징수영수증 『㉛연금소득－종합과세』란 금액 합계액이 연 1,500만원 이하인 경우 분리과세 선택가능	사적연금은 분리과세 선택여부 확인 분리과세 선택여부는 5월에 확정됨
기 타	• 거의 대부분 원천징수됨 ✔ 원천징수영수증 확인 • 종교인소득은 2월에 생성되는 지급명세서 『⑲종교인소득금액』 확인 • 종교인소득 이외 기타소득은 원천징수영수증 『⑨소득구분코드－68 비과세 69 분리과세』인 경우 소득제외 • 종교인소득 이외 기타소득은 원천징수영수증 『⑮소득금액』 합계액이 연 300만원 이하인 경우 분리과세 선택가능	분리과세 선택여부 확인
양 도	• 양도소득세 신고서 『④양도소득금액』 확인 • 비과세 양도소득의 경우에도 신고서를 제출해야 하나 실무적으로 제출하지 않는 경우도 많음	양도세 신고여부 확인
여러 소득 있는 경우	• 비과세·분리과세소득 제외하고 소득금액을 합산하여 소득금액 합계액 100만원 이하 확인 • 총급여 500만원 기준 적용불가 why 근로소득이 있는 경우에만 적용가능	

2001.12.31. 이전 불입분에 대해 수령하는 금액은 과세되지 않음
→ 예를 들어, 2001.12.31. 이전 정년퇴직한 부양가족이 받는 공적연금은 비과세됨

(방법1) 연말정산 시 공제
→ 5월 확정신고 시 대상자가 아닌 경우 수정 반영
→ 반영하지 않는 경우 부당공제로 가산세 발생 위험 있음
(방법2) 연말정산 시 공제받지 않음
→ 5월 확정신고 시 또는 이후 경정청구로 공제받음

6) 장애인 요건

<table>
<tr><th>구 분</th><th colspan="2">내 용(소통 50－107…1 · 50－107…2)</th></tr>
<tr><td>장애인
범위</td><td colspan="2">다음의 자를 말함
1. 장애인복지법에 따른 장애인
2. 장애아동 복지지원법에 따른 장애아동 중 같은 법 제21조 제1항에 따른 발달재활서비스를 지원받고 있는 사람
3. 국가유공자 등 예우 및 지원에 관한 법률에 따른 상이자
4. 국가유공자 등 예우 및 지원에 관한 법률 시행령 별표 3에 규정한 상이등급 구분표에 게재하는 상이자와 같은 정도의 신체장애가 있는 자로서 근로능력이 없는 사람
5. 중단없이 주기적인 치료가 필요한 사람으로서 의료기관의 장이 취업·취학 등 일상적인 생활에 지장이 있다고 인정한 항시 치료를 요하는 중증환자
예 중풍환자, 말기암환자, 만성신부전증환자, 백혈병환자, 고엽제후유증환자 등</td></tr>
<tr><td rowspan="2">상이자</td><td>의 미</td><td>국가유공자 등 예우 및 지원에 관한 법률에 따라 상이등급을 받은 자</td></tr>
<tr><td>확인서류</td><td>국가유공자확인서/국가유공자에 준하는 군경 등 확인서</td></tr>
<tr><td rowspan="2">상이자와 같은
정도 신체
장애가 있는 자</td><td>의 미</td><td>보훈보상대상자 지원에 관한 법률에 따라 상이등급을 받은 자</td></tr>
<tr><td>확인서류</td><td>보훈보상대상자 확인서</td></tr>
<tr><td rowspan="2">장애아동
범위</td><td>의 미</td><td>장애아동 복지지원법에 따른 다음의 자
1. 18세 미만의 사람 중 장애인복지법 제32조에 따라 등록한 장애인
2. 6세 미만의 아동으로서 장애가 있다고 보건복지부장관이 별도로 인정하는 사람</td></tr>
<tr><td>확인서류</td><td>장애인등록증 / 장애인증명서(장애인등록 안 된 아동) / 발달재활서비스 이용을 증명하는 서류 개정</td></tr>
<tr><td rowspan="2">항시 치료를
요하는
중증환자</td><td>의 미</td><td>국민건강보험법 시행령 별표 2 제3호 라목 1)부터 10)까지 외의 부분 전단에 따른 희귀성 난치질환 등 또는 이와 유사한 질병·부상으로 인해 중단없이 주기적인 치료가 필요한 사람으로서 의료기관의 장이 취업·취학 등 일상적인 생활에 지장이 있다고 인정한 사람 개정</td></tr>
<tr><td>확인서류</td><td>장애인증명서(반드시 의사 서명 날인 / 의료기관 발급)</td></tr>
<tr><td>장애인
판단시기
(사례)</td><td colspan="2">앞서 설명한 바 이를 참고하기 바람(p.312 참조).
<table>
<tr><th rowspan="2">상 황</th><th colspan="2">2025년 연말정산 시</th><th rowspan="2">why</th></tr>
<tr><th>장애인</th><th>비장애인</th></tr>
<tr><td>2025.12.31. 장애 판정을 받은 경우</td><td>✓</td><td></td><td>25.12.31. 현재 장애인</td></tr>
<tr><td>2026.1.1. 장애 판정을 받은 경우</td><td></td><td>✓</td><td>25.12.31. 현재 장애인 아님</td></tr>
<tr><td>2026.1.1. 장애 치유판정을 받은 경우</td><td>✓</td><td></td><td>치유일 전일 25.12.31. 현재 장애인</td></tr>
<tr><td>2025.1.1. 장애 치유판정을 받은 경우</td><td></td><td>✓</td><td>2024년까지만 장애인임</td></tr>
</table></td></tr>
<tr><td>장애인
입증방법</td><td colspan="2">반드시 장애인임을 입증하는 서류를 제출하여 장애인임을 입증해야 함</td></tr>
</table>

7) 부녀자·한부모가족 공제 요건

구 분	내 용

공통사항

구 분	내 용
공제적용자	본인에 대해서만 적용
배우자 유무 세대주/세대원 판단	과세기간 종료일(12.31.) 현재 상황으로 판단 ✔ 본인이 연도 중 사망한 경우 사망일 현재상황으로 판단(법인 22601－777, 1991.4.17.)

배우자 유무에 대한 전산매체 오류검증기준

구 분	내 용
부녀자	배우자 유무 / 배우자 기본공제 여부 관계없음
한부모	• 기본공제된 배우자 있으면 ✔ 오류(공제불가) • 기본공제 안된 배우자 있으면 ✔ 경고 • 배우자 없으면 ✔ OK

중복적용 배제되는 경우

구 분	내 용
부녀자 vs 한부모	부녀자공제와 한부모공제 요건을 모두 충족 ✔ 한부모공제를 적용함(소법 §51 ① 단서)
한부모 vs 기본	기본공제를 적용받은 배우자가 있는 경우 ✔ 한부모공제 적용불가(전산매체 오류검증기준)

부녀자 한부모 공제 여부 판단

본 인	배우자	기본공제된 직계비속/입양자	기본공제된 부양가족	세대주/세대원	본인 2025년 근로소득금액	부녀자공제 한부모가족공제 적용
남 성	有	N/A	N/A	N/A	N/A	적용불가
	無	有	N/A	N/A	N/A	한부모가족공제
		無	N/A	N/A	N/A	적용불가
여 성	有	N/A	N/A	N/A	3,000만원 이하	부녀자공제
	無	有	N/A	N/A	N/A	한부모가족공제
		無	有	세대주	3,000만원 이하	부녀자공제
				세대원	N/A	적용불가
		無	無	N/A	N/A	적용불가

▎직계비속(입양자) 제외 (부양가족)

▎해당 부양가족과 동거하지 않아도 상관없음

▎총급여 41,470,588원 이하 (3,000만원 이하)

기타사항

구 분	부녀자	한부모
부양가족과의 동거 여부	부양가족이 생계요건 충족해야 함 ✔ 반드시 동거해야 하는 것은 아님 (서면1팀－887, 2004.7.1.)	부양가족의 생계요건 관계없음 why 직계비속은 생계요건 없음
부양가족이 연도 중 사망한 경우	부양가족의 사망일 전일 상황에 따라 기본공제 여부 판단 (법인 22601－777, 1991.4.17.)	

실무 Tip 배우자 기본공제와 한부모공제의 중복공제 여부

전산매체 오류검증기준에 따르면 배우자에 대한 기본공제가 있으면, 한부모공제가 배제된다. 이렇게 기본공제와 한부모공제가 충돌할 수 있는 경우를 살펴보면 다음과 같다.

상 황		대안	배우자 인적공제 적용	인적공제금액
25년 사망한 배우자와 미성년 자녀에 대해 기본공제 받고자 하는 남성		1	사망한 배우자에 대해 기본공제 적용	기본공제 450만원(= 150 × 3명) + 한부모공제 0원 = 450만원
		2	사망한 배우자에 대해 기본공제 미적용	기본공제 300만원(= 150 × 2명) + 한부모공제 100만원 = 400만원
25년 사망한 배우자와 미성년 자녀에 대해 기본공제 받고자 하는 여성	부녀자공제 요건을 충족하는 경우	1	사망한 배우자에 대해 기본공제 적용	기본공제 450만원(= 150 × 3명) + 한부모공제 0원 + 부녀자공제 50만원 = 500만원
		2	사망한 배우자에 대해 기본공제 미적용	기본공제 300만원(= 150 × 2명) + 한부모공제 100만원 = 400만원
	부녀자공제 요건을 불충족하는 경우	1	사망한 배우자에 대해 기본공제 적용	기본공제 450만원(= 150 × 3명) + 한부모공제 0원 = 450만원
		2	사망한 배우자에 대해 기본공제 미적용	기본공제 300만원(= 150 × 2명) + 한부모공제 100만원 = 400만원

- 사망한 배우자를 위한 보험료, 의료비, 교육비와 사망한 배우자가 지출(사용)한 기부금, 신용카드 등 사용금액 모두를 공제받음
- 기본공제되는 배우자가 있는 경우 한부모공제불가 **why** 전산매체 오류검증기준
- 한부모공제를 받지 못하는 경우 부녀자공제 요건이 충족되면 적용받을 수 있음
- 기본공제를 받지 않는 경우 사망한 배우자를 위해 지출한 의료비만 공제 가능함

결론적으로 2025년에 사망한 배우자가 있다면, 사망한 배우자에 대해 기본공제를 받고 사망한 배우자와 관련된 지출공제(보험료, 의료비, 교육비, 신용카드 등 사용액, 기부금)를 받는 것이 보다 유리하다.

02

(3) 인적공제 제출서류

1) **제출서류** — 인적공제 관련 지출공제(보험료, 의료비, 교육비, 기부금, 신용카드 등)에서도 활용

구 분		제출서류	발급처	인터넷
본인·배우자·부양가족		주민등록표등본	시·군·구청 또는 읍·면·동주민센터	정부24
		가족관계증명서 / 혼인관계증명서		대법원 전자 가족관계
출생 신고 안된 자녀		출생증명서	의료기관	
일시퇴거자		일시퇴거자 동거가족 상황표	본인 작성	
		본래주소지와 퇴거주소지 주민등록표등본	시·군·구청 또는 읍·면·동주민센터	정부24
		재학증명서(취학의 경우)	학교	
		요양증명서(요양의 경우)	요양기관	
		재직증명서(재직의 경우)	직장	
		사업자등록증사본(사업상 형편)	본인 보관	
입양자		입양관계증명서 / 입양사실확인서	시·군·구청 또는 입양기관	대법원 전자 가족관계
수급자		수급자증명서	읍·면·동주민센터	정부24
위탁아동		가정위탁보호확인서	시·군·구청	
장애인	장애인 복지법	장애인증명서 / 장애인등록증(복지카드) 사본	읍·면·동주민센터	정부24 간소화
	상이자	국가유공자확인서 / 국가유공자에 준하는 군경 등 확인서 / 보훈보상대상자 확인서	국가보훈부	
	그 외 (개정)	장애인증명서(소득세법 시행규칙 서식) / 발달재활서비스 이용증명서	의료기관 또는 국가보훈부 / 발달재활 서비스 제공기관	
외국인		외국인등록사실증명 / 외국인등록증 사본 (주민등록표등본에 갈음)	출입국·외국인사무소	정부24
외국국적 동포		외국국적동포 국내거소신고표 / 국내거소신고증(주민등록표등본에 갈음)	출입국·외국인사무소	정부24
재외국민		재외국민등록부등본 / 재외국민등록증 사본 (국내 주민등록 없는 재외국민)	재외공관	정부24

- 정부24: www.gov.kr
- 대법원 전자 가족관계: efamily.scourt.go.kr
- 가족관계증명서: 주민등록표로 가족관계 확인이 어려운 경우
- 본래주소지와 퇴거주소지 주민등록표등본: 기숙사, 그 밖에 다수인이 동거하는 숙소에 거주하는 때에는 주민등록표초본으로 갈음가능
- 국가유공자확인서: 소득세법에서는 "상이자증명서"의 표현을 사용하고 있으나, 현재 "상이자증명서"는 없음
- 의료기관: 의료기관(병의원)에서 발급하는 경우 반드시 의사 서명이 있어야 함

2) 제출서류 추가 사항

그럼에도 불구하고 본인 주민등록표등본은 반드시 제출받아 본인의 세대주/세대원 여부 등을 확인할 필요 있음

구 분			서류 제출
근로자별 제출의무	신규입사자		• 해당되는 서류 제출 • 주민등록표등본 등 본인을 확인하는 서류는 반드시 제출
	계속 근로자	공제대상 가족 등 변동 사항 있음	• 해당되는 서류 제출 • 주민등록표등본 등 본인을 확인하는 서류 반드시 제출
		공제대상 가족 등 변동사항 없음	제출할 필요 없음
장애인 증명서	장애가 1년 이상 지속될 것으로 예상되는 경우	근무지가 동일한 경우	장애기간 동안 다시 제출할 필요 없음
		근무지가 변동된 경우	• 새로운 근무지에 반드시 제출 • 전 근무지(또는 관할세무서에 제출한 경우에는 관할세무서)로부터 반환받아 제출 가능
	발급일이 다음연도인 경우		해당 과세기간에 장애기간이 포함되어 있으면 공제가능(소득 46011-653, 2000.6.16.)
가정위탁보호확인서			• 해당 과세기간 종료일(12.31.) 이후 발급분일 것 • 해당 과세기간에 가정위탁보호가 종결된 경우 종결일이 반드시 명시되어 있을 것

3) 제출서류 검토 사례(예시)

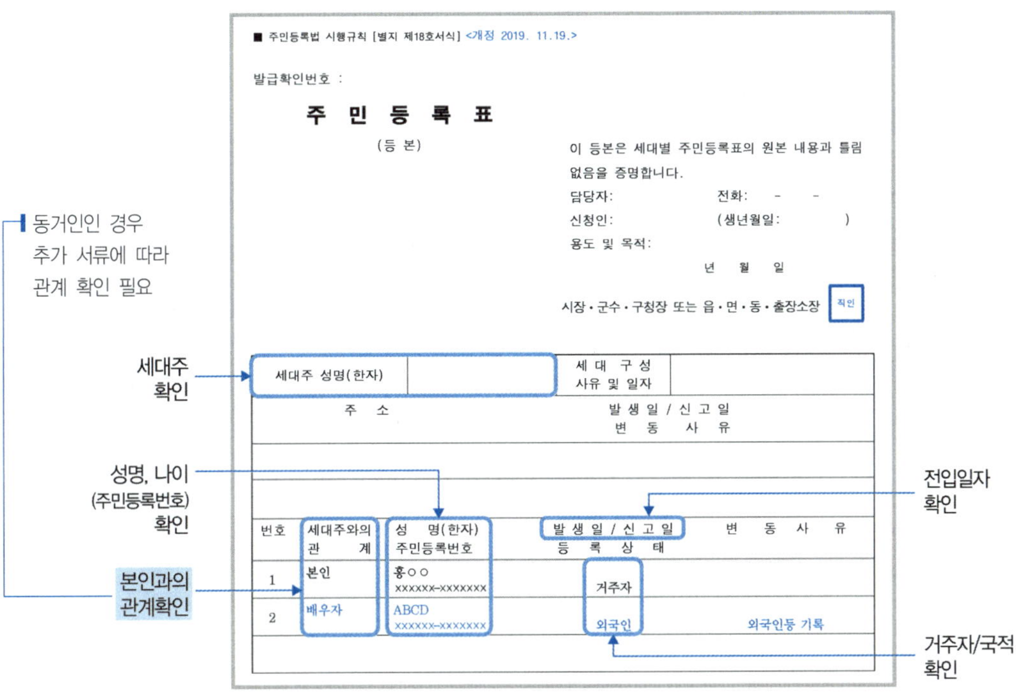
■ 주민등록법 시행규칙 [별지 제18호서식] <개정 2019. 11.19.>

발급확인번호 :

주 민 등 록 표
(등 본)

이 등본은 세대별 주민등록표의 원본 내용과 틀림 없음을 증명합니다.
담당자: 전화: - -
신청인: (생년월일:)
용도 및 목적:
년 월 일
시장·군수·구청장 또는 읍·면·동·출장소장 직인

세대주 성명(한자)		세 대 구 성 사유 및 일자	
주 소		발 생 일 / 신 고 일 변 동 사 유	

번호	세대주와의 관계	성 명(한자) 주민등록번호	발 생 일 / 신 고 일 등 록 상 태	변 동 사 유
1	본인	홍○○ xxxxxx-xxxxxxx	거주자	
2	배우자	ABCD xxxxxx-xxxxxxx	외국인	외국인등 기록

[별지 제1호 서식]

가 족 관 계 증 명 서(일 반)

등본에 없는 부양가족을 확인하는 서류

등록기준지	서울특별시 영등포구 은행로 1234

가족관계증명서 기준이 되는 사람

▎본인이 아닐 수 있음

구분	성 명	출생연월일	주민등록번호	성별	본
본인	김본인(金本人)	1978년 01월 01일	780101-1234567	남	金海

가족사항

구분	성 명	출생연월일	주민등록번호	성별	본
부	김양부(金養父)	1956년 01월 01일	560101-1234567	남	金海
모	이양모(李養母)	1957년 01월 01일	570101-2345678	여	全州
배우자	박여인(朴女人)	1981년 01월 01일	810101-2345678	여	密陽
자녀	윤양자(尹養子)	2012년 01월 01일	120101-4345678	여	坡平
자녀	김중삼(金中三)	2015년 01월 01일	150101-3234567	남	金海

기준인 가족(1촌 이내)의 관계/성명/주민등록번호 확인 가능

▎표시되지 않은 가족은 추가 가족관계증명서 필요(예 조부모/배우자 가족 등)

위 가족관계증명서(일반)는 가족관계등록부의 기록사항과 틀림없음을 증명합니다.

년 월 일

○○시(읍·면)장 ○ ○ ○ 직인

※ 위 증명서는 「가족관계의 등록 등에 관한 법률」 제15조제2항에 따른 등록사항을 현출한 일반증명서입니다.

입 양 관 계 증 명 서

친양자 입양자가 아닌 경우 제출받음

▎친양자 입양자는 자녀로 표시됨

등록기준지	서울특별시 영등포구 은행로 1234

양자를 입양한 사람임

✓ 본인 or 배우자여야 함

구분	성 명	출생연월일	주민등록번호	성별	본
본인	김본인(金本人)	1978년 01월 01일	780101-1234567	남	金海

입양사항

구분	성 명	출생연월일	주민등록번호	성별	본
친생부	김친부(金親父)	1953년 01월 01일	530101-1234567	남	金海
친생모	이친모(李親母) 사망	1954년 01월 01일	540101-2345678	여	全州
양부	김양부(金養父)	1956년 01월 01일	560101-1234567	남	金海
양모	이양모(李養母)	1957년 01월 01일	570101-2345678	여	全州
양자	윤양자(尹養子)	2013년 01월 01일	130101-4345678	여	坡平

양자의 성명/주민등록번호 확인

구분	상 세 내 용
입양	[신고일] 2025년 01월 20일 [양자] 윤양자 [입양승낙자] 부모

입양신고일이 2025년인지 확인

▎2025년 입양자는 출산, 입양세액공제 가능

위 입양관계증명서(상세)는 가족관계등록부의 기록사항과 틀림없음을 증명합니다. 단, 친양자입양관계는 친양자입양관계증명서에만 표시합니다.

년 월 일

○○시(읍·면)장 ○ ○ ○ 직인

※ 위 증명서는 「가족관계의 등록 등에 관한 법률」 제15조제3항에 따른 등록사항을 현출한 상세증명서입니다.

[별지 제39호서식] < 개정 2006.7.5>

본인여부 확인

본인 or 형제자매 여부 확인

퇴거사유에 따라 아래 서류 중 하나 첨부 확인

일시퇴거자동거가족상황표

①성 명		②주민등록번호 (납세번호)	-
③주 소			
일시퇴거자	④성 명	⑤주민등록번호	-
	⑥일시퇴거지주소	⑦소득자와의 관계	
	⑧퇴 거 사 유	⑨사업자등록번호	

「소득세법 시행령」 제114조제2항에 따라 일시퇴거자동거가족상황표를 제출합니다.

년 월 일

성명 (서명 또는 인)

귀하

구비서류	신청인 제출서류	담당 공무원 확인사항 (담당 공무원의 확인에 동의하지 아니하는 경우 신청인이 직접 제출하여야 하는 서류)	수 수 료
	1. 재학증명서 1부 (취학의 경우) 2. 요양증명서 1부 (요양의 경우) 3. 재직증명서 1부 (재직의 경우) 4. 주민등록표 등본 1부 (근로소득자가 「소득세법」 제140조(근로소득자의 소득공제신고)에 따라 소득공제신고를 하는 경우에 한합니다)	1. 사업자등록증(사업자의 경우에 한하며, 신청인이 확인에 동의하지 아니하는 경우에는 사업자등록증 사본 1부를 제출하여야 합니다) 2. 본래의 주소지와 일시 퇴거지의 주민등록표 등본(각 1부)	없 음

본인은 이 건 업무처리와 관련하여 「전자정부 구현을 위한 행정업무 등의 전자화촉진에 관한 법률」 제21조제1항에 따른 행정정보의 공동이용을 통하여 담당 공무원이 위의 담당 공무원 확인사항을 확인하는 것에 동의합니다.

신청인 (서명 또는 인)

210㎜×297㎜(신문용지 54g/㎡(재활용품))

형제자매 확인

제출받아 주민등록상 동거하다가 퇴거했는지 확인

■ 소득세법 시행규칙 [별지 제38호서식] <개정 2025.3.21.>

의료기관/ 보훈처/ 시 · 군 · 구청 여부 확인

지급명세서 기재사항이므로 반드시 기재 (1, 2, 3호) 여부 확인

장 애 인 증 명 서

1. 증명서 발급기관			
① 상 호		②사업자등록번호	- -
③ 대표자(성명)			
④ 소 재 지			
2. 소득자 (또는 증명서 발급 요구자)			
⑤ 성 명		⑥ 주민등록번호	-
⑦ 주 소			
3. 장애인			
⑧성 명		⑨주민등록번호	-
⑩ 소득자와의 관계	의	⑪장애예상기간 (또는 장애기간)	[ ] 영구 (. . .부터) [ ] 비영구(. . .부터 . . .까지)
⑫장 애 내 용	제 호	⑬용 도	소득공제 신청용

위 사람은 「소득세법」 제51조 제1항 제2호 및 같은 법 시행령 제107조 제1항에 따른 장애인에 해당함(또는 소득공제 받으려는 과세기간 중에 장애인이었으나 치유가 되었음)을 증명합니다.

년 월 일

진 료 자 (서명 또는 인)

발 행 자 (서명 또는 인)

귀 하

2022년 귀속 연말정산분부터 장애인 중 장애등급, 상이등급이 있는 장애인에 대해서는 간소화에서 관련 장애인증명서류가 발급됨

장애인 성명/ 주민등록번호/ 관계 확인

장애기간에 2025년 포함 여부 확인

발행자가 의료기관인 경우 반드시 의사서명 있는지 확인

■ 국가유공자 등 예우 및 지원에 관한 법률 시행규칙 [별지 제55호의5서식] <개정 2023. 6. 5.>

국가유공자(유족 또는 가족) 확인서

발급번호			
국가유공자	대상구분	보훈번호	훈격 또는 상이등급
	성명	생년월일	등록일자
선순위자	국가유공자와의 관계	성명	
확 인 대상자	국가유공자와의 관계	성명	주민등록번호
용도 및 제출처 (유의사항을 참고하여 작성)	용도	제출처	

장애인에 해당 → 성명

2025.12.31. 이전 여부 확인 → 등록일자

위 확인대상자는 「국가유공자 등 예우 및 지원에 관한 법률」 제4조 및 제5조의 적용 대상자임을 확인합니다.

년 월 일

지방보훈청장
보훈지청장 직인
제주특별자치도지사

■ 국가유공자 등 예우 및 지원에 관한 법률 시행규칙 [별지 제55호의6서식] <개정 2023. 6. 5.>

국가유공자에 준하는 군경 등(유족 또는 가족) 확인서

발급번호			
국가유공자에 준하는 군경 등	대상구분	보훈번호	상이등급
	성명	생년월일	등록일자
선순위자	국가유공자에 준하는 군경 등과의 관계	성명	
확 인 대상자	국가유공자에 준하는 군경 등과의 관계	성명	주민등록번호
용도 및 제출처 (유의사항을 참고하여 작성)	용도	제출처	

장애인에 해당 → 성명

2025.12.31. 이전 여부 확인 → 등록일자

위 확인대상자는 법률 제11041호로 개정되기 전의 「국가유공자 등 예우 및 지원에 관한 법률」 제73조의2에 따른 국가유공자에 준하는 군경 등, 그 유족 또는 가족임을 확인합니다.

년 월 일

지방보훈청장
보훈지청장 직인
제주특별자치도지사

■ 보훈보상대상자 지원에 관한 법률 시행규칙 [별지 제46호의5서식] <개정 2023. 6. 5.>

보훈보상대상자(유족 또는 가족) 확인서

발급번호			
보훈보상 대상자	대상구분	보훈번호	상이등급
	성명	생년월일	등록일자
선순위자	보훈보상대상자와의 관계	성명	
확 인 대상자	보훈보상대상자와의 관계	성명	주민등록번호
용도 및 제출처 (유의사항을 참고하여 작성)	용도	제출처	

장애인에 해당 → 성명

2025.12.31. 이전 여부 확인 → 등록일자

위 확인대상자는 「보훈보상대상자 지원에 관한 법률」 제2조 및 제3조의 적용 대상자임을 확인합니다.

년 월 일

지방보훈청장
보훈지청장 직인
제주특별자치도지사

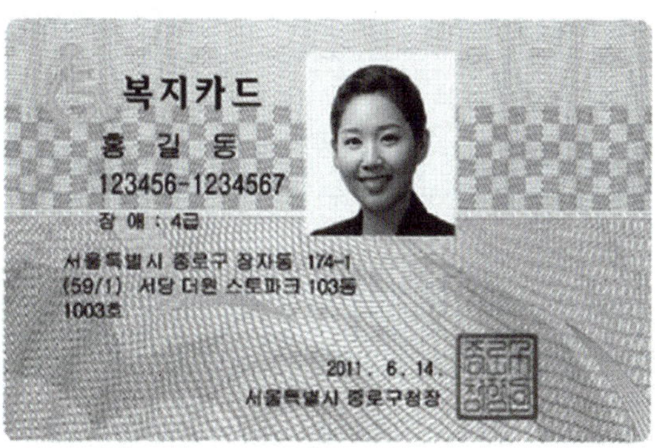

앞면

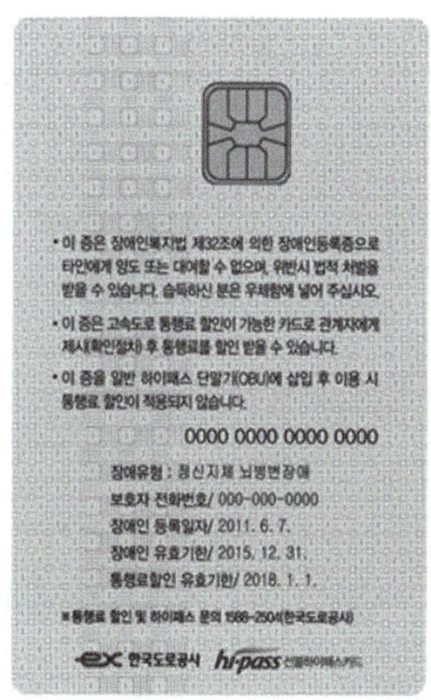

뒷면

발달재활서비스 제공기관 지정서

지정번호 : ○○○○○○

사업자등록번호 : ○○○-○○-○○○○○

사업기관명 : ○○○ 음악심리발달센터

소 재 지 : ○○시 ○○구 ○○로 ○○

사업기관 대 표 자 : ○○○ 생년월일 : ○○

지정기간 :

지자체가 지정한 발달재활서비스 지정기관 ✓장애인특수교육비 해당 교육기관

지정기간에 2025년 포함 여부 확인

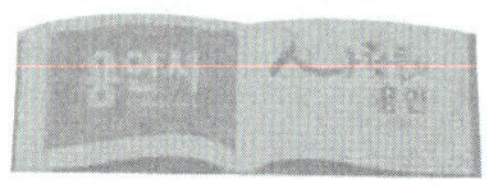

위 기관을 장애아동 발달재활서비스 제공기관으로 지정합니다.

용 인 시 장 직인

■ 국민기초생활 보장법 시행규칙 [별지 제3호의2서식] <개정 2015.4.20.>

제 호

수급자 증명서

1. 성명:

(생년월일:)

수급자 성명/주민등록번호 확인

2. 세대주 성명(시설명):

(세대주와의 관계:)

3. 주소(소재지):

4. 수급자 구분:

[ ] 생계급여 일반수급자	[ ] 생계급여 조건부 수급자	[ ] 의료급여 수급자
[ ] 주거급여 수급자	[ ] 교육급여 수급자	[ ] 보장시설 수급자

5. 제출용도:

(용 도)

(제출처)

「국민기초생활 보장법 시행규칙」 제40조에 따라 위와 같이 「국민기초생활 보장법」 제2조제2호에 따른 수급자임을 증명합니다.

년 월 일

특별자치시장·특별자치도지사·시장·군수·구청장·교육감 직인

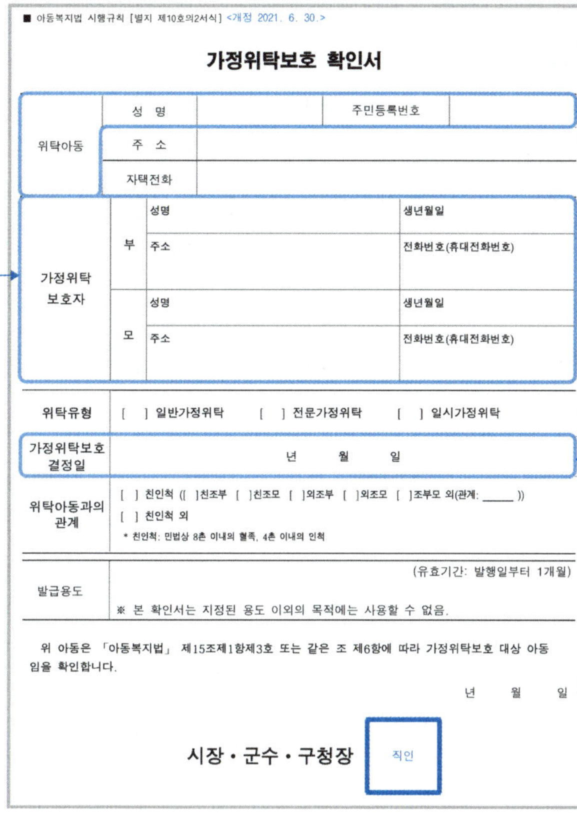

■ 아동복지법 시행규칙 [별지 제10호의2서식] <개정 2021. 6. 30.>

가정위탁보호 확인서

위탁아동	성 명		주민등록번호	
	주 소			
	자택전화			

가정위탁 보호자	부	성명	생년월일
		주소	전화번호(휴대전화번호)
	모	성명	생년월일
		주소	전화번호(휴대전화번호)

위탁유형	[ ] 일반가정위탁 [ ] 전문가정위탁 [ ] 일시가정위탁
가정위탁보호 결정일	년 월 일
위탁아동과의 관계	[ ] 친인척 ([ ]친조부 [ ]친조모 [ ]외조부 [ ]외조모 [ ]조부모 외(관계: ____)) [ ] 친인척 외 * 친인척: 민법상 8촌 이내의 혈족, 4촌 이내의 인척
발급용도	(유효기간: 발행일부터 1개월) ※ 본 확인서는 지정된 용도 이외의 목적에는 사용할 수 없음.

위 아동은 「아동복지법」 제15조제1항제3호 또는 같은 조 제6항에 따라 가정위탁보호 대상 아동임을 확인합니다.

년 월 일

시장・군수・구청장 직인

위탁아동 성명/주민등록번호 확인

본인 여부 확인

양육기간 (6개월 이상) 확인

2025년 중 위탁기간 종료된 경우 종결일 기재 여부 확인

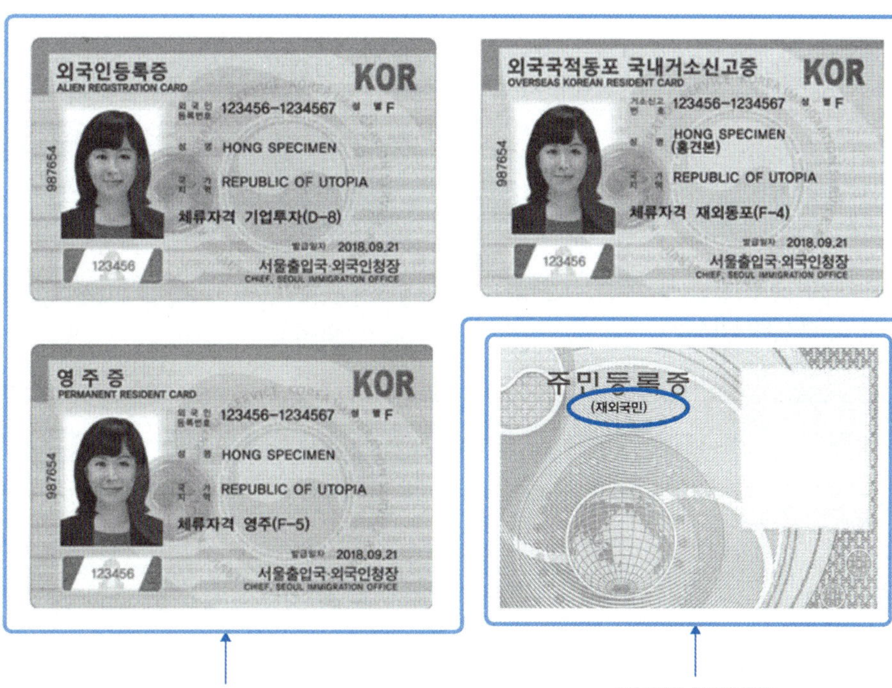

외국인등록증(3종)

재외국민 주민등록증

(4) 인적공제 지급명세서 작성

작성을 위해 배우자 및 부양가족의 내·외국인 여부도 추가로 확인해야 함

1) 세부명세서 – 소득·세액공제명세(근로소득지급명세서 3쪽)

근로자가 제출한 인적공제 자료를 바탕으로 다음과 같이 세부명세서(소득·세액공제명세 – 근로소득지급명세서 3쪽)를 작성한다.

해당 세부명세서는 근로자가 작성하여 원천징수의무자에게 제출하고, 원천징수의무자는 근로소득지급명세서의 일부로 과세관청에 제출하면 된다.

2) 공제명세 작성

소득공제 순서를 고려한 순차한도를 말함 (p.307 참조)

'1)'에서 작성된 세부명세서를 바탕으로 다음과 같이 공제명세(근로소득지급명세서 2쪽)를 작성한다.

<table>
<tr><th colspan="2">구 분</th><th>인원수</th><th>공제금액</th></tr>
<tr><td rowspan="3">기본공제</td><td>㉔본 인</td><td></td><td>Min[1,500,000, 순차한도]</td></tr>
<tr><td>㉕배우자</td><td></td><td><table><tr><th>기본공제 배우자</th><th>공제금액</th></tr><tr><td>없음</td><td>0</td></tr><tr><td>있음</td><td>Min[1,500,000, 순차한도]</td></tr></table></td></tr>
<tr><td>㉖부양가족</td><td>기본공제대상
부양가족 인원수 기재</td><td>Min[1,500,000 × 부양가족 인원수, 순차한도]</td></tr>
<tr><td rowspan="4">추가공제</td><td>㉗경로우대</td><td>경로우대공제 대상
인원수 기재</td><td>Min[1,000,000 × 경로우대 인원수, 순차한도]</td></tr>
<tr><td>㉘장애인</td><td>장애인공제 대상
인원수 기재</td><td>Min[2,000,000 × 장애인 인원수, 순차한도]</td></tr>
<tr><td>㉙부녀자</td><td></td><td><table><tr><th>부녀자 공제적용 여부</th><th>공제금액</th></tr><tr><td>적용 안됨</td><td>0</td></tr><tr><td>적용</td><td>Min[500,000, 순차한도]</td></tr></table></td></tr>
<tr><td>㉚한부모가족</td><td></td><td><table><tr><th>한부모 공제적용 여부</th><th>공제금액</th></tr><tr><td>적용 안됨</td><td>0</td></tr><tr><td>적용</td><td>Min[1,000,000, 순차한도]</td></tr></table></td></tr>
</table>

근로소득지급명세서(3쪽) → ⑱ 소득 · 세액공제 명세를 토대로 근로소득지급명세서(2쪽) 기본공제를 작성 → **근로소득지급명세서(2쪽)**

⑱ 소득 · 세액공제 명세[인적공제항목은 해... 공제를 위하여 실제 지출한 금액을 적...

관계코드	성 명	인적공제 항목 기본공제		경로우대	혼인세액공제	출산입양
내·외국인	주민등록번호	부녀자	한부모	장애인		자녀
인적공제 항목에 해당하는 인원수를 적습니다.						
0		○				
	(근로자 본인)					–
	–					
	–					

기본공제

- 기본공제 대상자에 해당되는 경우에만 "ㅇ" 표시
- 상단에는 해당 총인원수를 기재

추가공제

(1) 추가공제 대상자에 해당되는 경우에만 "ㅇ" 표시

- 장애인은 다음 코드를 기재

구 분	코 드
장애인복지법에 따른 장애인	1
상이자 및 이와 유사한 자로서 근로능력이 없는 자	2
그 밖에 항시 치료를 요하는 중증환자	3

- 부녀자와 한부모는 본인만 표시 가능 (중복표시 불가)

(2) 상단에는 추가공제 해당 총인원수를 기재

성명, 주민등록번호

기본공제 대상자의 인적사항 기재

내 · 외국인

구 분	코 드
내국인	1
외국인	9

관계코드

구 분	코 드
본인	0
본인 직계존속	1
배우자 직계존속	2
배우자	3
본인/배우자 자녀 및 손자녀(입양자)	4

구 분	코 드
본인/배우자 직계비속(코드 4 제외)	5
장애인 직계비속의 장애인 배우자	5
본인/배우자 형제자매	6
수급자(코드 1~6 제외)	7
위탁아동	8

Ⅳ 정산명세		㉑ 총급여(⑯, 외국인단일세율 적용시 연간 근로소득)	
		㉒ 근로소득공제	
		㉓ 근로소득금액	
	종합소득공제 기본공제	㉔ 본 인	1,500,000
		㉕ 배 우 자	
		㉖ 부 양 가 족(명)	
	추가공제	㉗ 경 로 우 대(명)	
		㉘ 장 애 인(명)	
		㉙ 부 녀 자	
		㉚ 한 부 모 가 족	

㉔ → 무조건 150만원 기재

㉕ → ⑱ 소득 · 세액공제명세에서 관계코드 3에 "ㅇ" 표시가 있는 경우 150만원 기재

㉖ → ⑱ 소득 · 세액공제명세에서 관계코드 1, 2, 4, 5, 6, 7, 8에 표시된 "ㅇ"의 개수만큼
(1) ㉖ 부양가족 (명)란에 인원수 표시
(2) 해당 인원수에 150만원을 곱한 금액을 기재

㉗ → ⑱ 소득 · 세액공제명세에서
(1) 경로우대 인원수를 (명)란에 기재
(2) 해당 인원수에 100만원을 곱한 금액을 기재

㉘ → ⑱ 소득 · 세액공제명세에서
(1) 장애인 인원수를 (명)란에 기재
(2) 해당 인원수에 200만원을 곱한 금액을 기재

㉙ → ⑱ 소득 · 세액공제 명세에서 부녀자에 "ㅇ" 표시된 경우 50만원 기재

㉚ → ⑱ 소득 · 세액공제 명세에서 한부모에 "ㅇ" 표시된 경우 100만원 기재

사례 인적공제 지급명세서 작성

근로소득지급명세서(3쪽) → **근로소득지급명세서(2쪽)**

(9쪽 중 제3쪽)

㉘ 소득 · 세액공제 명세[인적공제항목은 해당란에 "○" 표시(장애인 해당 시 해당 코드 기재)를 하며, 각종 소득공제 · 세액공제 항목은 공제를 위하여 실제 지출한 금액을 적습니다.]

인적공제 항목								각종 소득공제 · 세액공제 항목							
관계코드	성 명	기본공제			경로우대	혼인세액공제	출산입양	자료구분	보험료					교육비	
내·외국인	주민등록번호		부녀자	한부모	장애인		자녀		건강	고용	보장성	장애인전용보장성		일반	장애인특수교육
인적공제 항목에 해당하는 인원수를 적습니다.		5			1		1	국세청 계							
			○		1		1	기타 계							
0	김 은 경	○						국세청							
1	(근로자 본인)		○					기타							
3	최 지 수							국세청					(중략)		
1	870415-1031653							기타							
1	이 영 선	○			○			국세청							
1	551103-2019015				1			기타							
4	최 강 산	○						국세청							
1	160716-3059631						○	기타							
4	최 우 리	○						국세청							
1	200831-4059632							기타							
4	최 조 국	○					○	국세청							
1	251004-3059633							기타							

(9쪽 중 제2쪽)

IV 정산명세				
㉑ 총급여(⑯, 외국인단일세율 적용시 연간 근로소득)				
㉒ 근로소득공제				
㉓ 근로소득금액				
종합소득공제	기본공제	㉔ 본 인		1,500,000
		㉕ 배 우 자		
		㉖ 부 양 가 족(4명)		6,000,000
	추가공제	㉗ 경 로 우 대(1명)		1,000,000
		㉘ 장 애 인(1명)		2,000,000
		㉙ 부 녀 자		500,000
		㉚ 한 부 모 가 족		
	연금보험료공제	㉛ 국민연금보험료	대상금액	
			공제금액	
		㉜ 공적연금보험료공제 ㉮ 공무원연금	대상금액	
			공제금액	
		㉯ 군인연금	대상금액	
			공제금액	
		㉰ 사립학교교직원연금	대상금액	
			공제금액	

㊽ 종합소득 과세표준			
㊾ 산출세액			
세액감면	㊿ 「소득세법」		
	51 「조세특례제한법」(52 제외)		
	52 「조세특례제한법」 제30조		
	53 조세조약		
	54 세 액 감 면 계		
세액공제	55 근로소득		
	56 혼인세액공제		
	57 자녀	공제대상자녀 (1명)	150,000
		출산 · 입양자 (1명)	700,000
	연금계좌 58 「과학기술인공제회법」에 따른 퇴직연금	공제대상금액	
		세액공제액	
	59 「근로자퇴직급여 보장법」에 따른 퇴직연금	공제대상금액	
		세액공제액	
	60 연금저축	공제대상금액	
		세액공제액	
	60-1 개인종합자산관리계좌 만기 시 연금계좌 납입액	공제대상금액	
		세액공제액	

(5) 전산매체 주요 변경사항 – 인적공제 관련 개정

<table>
<tr><th>구 분</th><th colspan="4">내 용</th></tr>
<tr><td rowspan="4">E레코드
(소득·세액공제명세 레코드)</td><td>번 호</td><td>항 목</td><td>오류기준</td><td>비 고</td></tr>
<tr><td>E11, …</td><td>기본공제</td><td>20세 이하(05.1.1. 이후)
60세 이상(65.12.31. 이전)</td><td rowspan="3">나이기준 변경</td></tr>
<tr><td>E14, …</td><td>경로우대공제</td><td>70세 이상(55.12.31. 이전)</td></tr>
<tr><td>E17, …</td><td>자녀공제</td><td>8세 이상(17.12.31. 이전)</td></tr>
<tr><td rowspan="2">C레코드
(주(현)근무처 레코드)</td><td>번 호</td><td>항 목</td><td colspan="2">항목설명</td></tr>
<tr><td>C125 ⓑ</td><td>57 – ㉮
자녀세액공제</td><td colspan="2">자녀세액공제액 계산식 변경
✔ 1명 : 25만원
✔ 2명 : 55만원
✔ 3명 이상 : 55만원+(인원–2)×40만원</td></tr>
</table>

3. 지출공제 공통사항

지출액을 공제받는 소득·세액공제를 말함

(1) 지출공제 특징

<table>
<tr><th colspan="2">구 분</th><th>내 용</th></tr>
<tr><td colspan="2">지출자(부담자)</td><td>근로자 본인 부담분만 공제
✔ 지출관련 제출서류상 명의자가 본인이어야 함</td></tr>
<tr><td rowspan="2">지출기간</td><td>원 칙</td><td>해당 과세기간(1.1.~12.31.)에 지출한 금액을 공제</td></tr>
<tr><td>예 외</td><td>해당 과세기간 중 근무월(휴직기간 포함)에 지출한 금액만 공제</td></tr>
<tr><td rowspan="2">지출시점 판단</td><td>원 칙</td><td>지출일 기준(현금주의)으로 공제</td></tr>
<tr><td>예 외</td><td>사용한 시점 또는 대상이 된 시점에 공제</td></tr>
<tr><td rowspan="2">해지(일부 인출)하는 경우</td><td>원 칙</td><td>해지일이 속하는 연도에 부담한 금액 공제불가</td></tr>
<tr><td>예 외</td><td>주택마련저축, 보장성보험료, 연금계좌납입액은 예외적으로 공제가능</td></tr>
<tr><td rowspan="2">인적공제 관련 여부</td><td>관련 있음</td><td>보장성보험료·의료비·교육비·기부금·신용카드 등 사용액</td></tr>
<tr><td>관련 없음</td><td>이외 공제</td></tr>
</table>

1) 지출자(부담자)

연말정산 시 지출과 관련된 공제는 반드시 지출자(부담자)가 본인이어야 한다.

다만, 지출자(부담자)는 실질을 확인할 수 없는 바, 연말정산 시 제출서류상 명의자는 본인을 원칙으로 한다. 지출자(부담자, 명의자)와 관련된 지출공제 여부 사례를 예시하면 다음과 같다.

구 분		내 용
제출 서류 명의자	반드시 본인	(아래 표 1)
	타인명의 인정	(아래 표 2)
본인 부담이 아닌 경우	공제 가능한 경우	회사가 대신 부담한 금액 → 근로소득으로 과세되며, 지출액은 요건·한도 검토하여 공제됨
	공제배제 되는 경우	(아래 표 3)

제출 서류 명의자 – 반드시 본인

구 분	대상 소득·세액공제
가입자 (연금·저축·보험)	• 공적연금보험료 • 건강·노인장기요양·고용보험료 • 개인연금저축 • 소기업·소상공인 공제부금 • 주택마련저축 • (청년형)장기집합투자증권저축 • 연금계좌(퇴직연금·연금저축·과학기술인공제·ISA계좌 만기 시 추가납입액)
차입자	• 주택임차차입금원리금상환액 • 장기주택저당차입금이자상환액 • 주택차입금 이자
투자자	• 투자조합출자 • 우리사주조합출연금
기부자	정치자금·고향사랑·우리사주조합기부금
기 타	외국납부세액

ISA계좌 만기 시 추가납입액: 전환금액이라 함

제출 서류 명의자 – 타인명의 인정

대상소득·세액공제	내 용	
보장성보험료 (장애인전용 포함)	계약자	소득 없는 가족
	피보험자	기본공제자
신용카드 등 사용액	사용자	기본공제대상자(나이 배제, 형제자매·수급자·위탁아동·장애인 직계비속의 장애인 배우자 제외)
의료비	환자	기본공제대상자(소득·나이 배제)
장애인특수교육비	학생	기본공제대상자(소득·나이 배제)
일반교육비		기본공제대상자(나이 배제, 직계존속·수급자 제외)
기부금(정치자금·고향사랑·우리사주조합기부금 제외)	기부자	기본공제대상자(나이 배제)
월세액	계약자	기본공제대상자

소득 없는 가족: 예규(법인46013-3535, 1996.12.18.)에서는 "소득 없는 가족명의"로 하고 있으나, 실무적으로는 기본공제자로 적용해도 무방하다고 판단함

본인 부담이 아닌 경우 – 공제배제 되는 경우

소득·세액공제	내 용
공 통	• 사내근로복지기금 지원금 • 국가부담(지원)금
신용카드 등 사용액	법인(개인사업자) 비용 처리된 금액
의료비	실손의료보험금 수령액
교육비	• 소득세·증여세 비과세 장학금 • 학자금대출

공제배제 되는 경우: 소득에서 제외되며, 해당 지출액에서 차감하여 공제신청

실손의료보험금 수령액: 2019년 연말정산부터 실손의료보험금 수령액을 지급명세서에 기재하여 제출하도록 변경됨

학자금대출: 상환시점에 공제받음

2) 지출기간

지출공제에 있어 지출기간은 원칙적으로 1.1. ~ 12.31. 지출한 것을 공제받는다. 다만, 다음과 같이 예외적으로 근무월(휴직기간 포함) 또는 전입기간에 지출한 것만 공제받는 경우가 있다.

공제대상 지출기간	대상소득 · 세액공제
근무월(휴직월 포함) 지출분만 공제	• 건강 · 노인장기요양 · 고용보험료, 장애인전용 · 일반보장성보험료 • 주택임차차입금원리금상환액 · 장기주택저당차입금이자상환액 · 주택마련저축납입액 · 월세액 • 신용카드 등 사용금액 • 의료비 • 교육비 • 장기집합투자증권저축납입액 • 우리사주조합출연금
근무월(휴직월 포함) & 전입월 지출분만 공제	• 월세액 • 세대원이 신청한 장기주택저당차입금이자상환액 • 주거용 오피스텔에 대한 주택임차차입금원리금상환액

02

3) 지출시점 판단

지출시점은 원칙적으로 "지출한 때(현금주의)"로 판단한다. 다만, 다음과 같이 몇 가지 예외적인 경우가 있다.

<table>
<tr><th>지출시점 판단</th><th colspan="3">사 례</th></tr>
<tr><td>지출한 때(원칙)</td><td colspan="3">• 건강보험료 정산액은 정산한 연도에 공제(반영)
• 기부금을 신용카드로 결제한 경우 기부처가 수령한 연도에 공제(반영)</td></tr>
<tr><td rowspan="3">예 외</td><td colspan="2">대상소득 · 세액공제</td><td>내 용</td></tr>
<tr><td>신용카드 등 사용액</td><td>사용 기준</td><td>• 사용시점에 공제(결제일 기준 아님)
• 취소하는 경우 취소한 연도에 반영</td></tr>
<tr><td>교육비</td><td>학생 기준</td><td>• 본인 대학원 등록금을 선납한 경우 대학원생이 된 연도에 공제
• 대학교 등록금을 선납한 경우 대학생이 된 연도에 공제</td></tr>
</table>

예시된 경우만 학생 시점 기준으로 공제함

4) 해지(일부 인출)하는 경우

저축·보험은 해지 또는 일부 인출할 수 있다. 해당 사례와 그에 대한 공제 여부는 다음과 같다.

<table>
<tr><th rowspan="2">구 분</th><th colspan="2">해 지(일부인출 포함)</th></tr>
<tr><th>공제불가</th><th>공제가능</th></tr>
<tr><td>저 축</td><td>• 원칙적으로 공제불가
• (청년형)장기집합투자증권저축은 일부인출 시 인출한 연도부터 공제불가</td><td>• 저축만기로 해지한 경우 공제가능
• 주택마련저축은 주택당첨, 청년우대형 주택청약종합저축 전환 경우도 공제가능
• 연금저축은 순납입액으로 공제가능</td></tr>
<tr><td>보 험</td><td>N/A</td><td>해지시점까지의 납입분 공제가능</td></tr>
</table>

5) 인적공제와 관련된 지출공제

보장성보험료·의료비·교육비·기부금·신용카드 등 사용액은 다음과 같이 인적공제와 관계가 있다.

<table>
<tr><th colspan="3" rowspan="2">구 분</th><th colspan="4">인적공제 요건</th><th colspan="2">무조건 배제되는 경우</th></tr>
<tr><th>관 계</th><th>나 이</th><th>소 득</th><th>생 계</th><th>기본공제 여부와 관계없이 배제</th><th>타인 기본공제지</th></tr>
<tr><td colspan="2">보장성보험료</td><td>피보험자</td><td>○</td><td>○</td><td>○</td><td>○</td><td></td><td rowspan="6">타인이 기본공제 받은 경우 무조건 공제 배제
✔ 다음은 예외적으로 허용
• 환자가 배우자인 의료비
• 학생이 배우자인 장애인 특수교육비</td></tr>
<tr><td colspan="2">의료비</td><td>환 자</td><td>○</td><td></td><td></td><td>○</td><td></td></tr>
<tr><td rowspan="2">교육비</td><td>일반교육비</td><td>학 생</td><td>○</td><td></td><td>○</td><td>○</td><td>직계존속·수급자</td></tr>
<tr><td>장애인 특수교육비</td><td>학 생</td><td>○</td><td></td><td></td><td>○</td><td></td></tr>
<tr><td colspan="2">기부금
(정치자금·고향사랑·우리사주조합기부금 제외)</td><td>기부자</td><td>○</td><td></td><td>○</td><td>○</td><td></td></tr>
<tr><td colspan="2">신용카드 등 사용액</td><td>사용자</td><td>○</td><td></td><td>○</td><td>○</td><td>형제자매·수급자·위탁아동·장애인 직계비속의 장애인 배우자</td></tr>
</table>

(2) 간소화서비스 제공 지출공제 서류

지출공제의 상당부분이 다음과 같이 간소화서비스에서 제공된다. 다만, 간소화서비스에서 제공되지 않는 내용은 근로자가 해당 지출기관에서 별도로 서류를 발급받아야 한다.

2024년 귀속 연말정산분부터 간소화서비스 자료 화면에서

1. 해당연도의 부양가족 소득요건(소득금액 100만원, 총급여 500만원) 충족여부를 제공함
   ✔ Y(소득요건 불충족), N(소득요건 충족)으로 구분 표시됨
2. 소득요건은 간소화자료 제공 전 확인가능한 자료를 바탕으로 국세청이 판단함
3. "Y"로 표시된 부양가족 자료는 원천적으로 조회되지 않음
   ✔ 해당 부양가족에 대해서는 인적공제 및 인적공제 관련 지출공제를 적용받을 수 없음
   → "Y"로 표시된 부양가족에 대해 공제받는 경우 가산세 대상이 됨
   ✔ 소득요건과 무관한 의료비 및 장애인특수교육비 자료는 무조건 제공되며, 공제가능함

2023년 귀속 연말정산분부터 제공 (건강보험료·노인장기요양보험료·고용보험료)

간소화 조회되는 소득·세액공제	조회가능 내용	월 선택기능 관련	등록부양가족 자료 조회기능	비 고
연금보험료공제	국민연금	무조건 연도분 조회(×)	본인것만 조회(×)	지역가입자 납부내역도 조회
보험료공제	건강보험료·노인장기요양보험료·고용보험료	선택월만 조회(○)	×	소득월액 보험료도 조회
보장성보험료공제	보장성보험료·장애인전용보장성보험료	○	등록부양가족 자료도 조회(○)	
의료비공제	병원·약국·요양기관 의료비, 안경·콘텍트렌즈·보청기·의료기기·장애인보장구 구입비, 산후조리원 비용	○	○	난임·미숙아·선천성 이상아·산정특례자 의료비는 별도 확인 필요 (진단서 또는 증명서)
	실손의료보험금	×	○	공제대상자별로 해당 연도 공제대상 의료비에 대한 실손의료보험금만 차감하여 의료비 공제신청
교육비공제	어린이집·유치원 ~ 대학교 교육비, 장애인특수교육비, 학점은행제 교육비, 교복구입비	○	○	
	직업훈련비·학자금대출원리금상환액·대학원 교육비	○	×	
신용카드 등 사용액공제	신용카드·직불카드·현금영수증 사용액	○	○	전통·대중·문화체육 사용액으로 구분 조회
장기집합투자증권저축공제	장기집합투자증권저축 납입액	○	×	
청년형 장기집합투자증권저축공제	청년형 장기집합투자증권저축 납입액	×	×	
장기주택저당차입금 이자상환액공제	장기주택저당차입금 이자상환액	○	×	

세대원 중 세대주의 배우자만 공제 가능 개정

간소화 조회되는 소득·세액공제	조회가능 내용	월 선택기능 관련	등록부양가족 자료 조회기능	비 고
주택임차차입금 원리금상환액공제	주택임차차입금 원리금상환액	○	×	
주택마련저축공제	주택마련저축 납입액	○	×	본인이 세대원인 경우도 조회
개인연금저축공제	개인연금저축 납입액	×	×	
소기업·소상공인 공제부금공제	노란우산공제 납입액	×	×	
연금계좌 세액공제	연금저축·퇴직연금 납입액	×	×	
투자조합출자공제	벤처기업투자신탁 투자액	×	×	
기부금공제	기부금지출액	×	○	우리사주조합 기부금은 조회 안됨
월세액공제	공공임대주택 월세액·신용카드 월세액	○	○	LH, SH, GH, 공무원연금공단 월세액과 신용카드 월세액만 조회

2023년 귀속 연말정산분부터 고향사랑 기부금 자료 제공

4. 보험료공제(소법 §52 ①)

(1) 보험료공제 개요

공제구분		부담자 (명의자)	지출기간	공제한도	제출서류	세부명세서 작성·제출
보험료 공제	건강보험료 (노인장기요양 보험료 포함)	근로자 본인	해당 과세기간 중 근무월 지출분 (휴직기간 포함)	지출기간 지출금액 전액 인정	간소화·종(전) 근무지 지급명세서(원천징수부)	소득·세액공제 명세 (지급명세서 3쪽)
	고용보험료				간소화·종(전) 근무지 지급명세서(원천징수부)	

2023년 귀속 연말정산분부터 제공

(2) 보험료공제 요건

1) 지출기간 검토

구 분	내 용
지출기간	해당 과세기간(25.1.1.~12.31.) 중 근무기간에 지출한 금액만 공제

구 분	내 용
제출서류 검토	제출서류에서 지출기간에 대해서 검토 필요
지출월별 공제 여부	(아래 표 참조)
건강·고용 보험료 정산액	정산한 연도에 공제받음(원천-267, 2012.5.15.)

보험료 지출기간	공제가능	공제불가	why
입사 전		✓	근무기간 지출분만 인정
근무기간(입사 ~ 퇴사)	✓		
휴직기간	✓		
퇴사 후		✓	

2) 부담자(명의자) 요건

구 분		상 황	연말정산 시 공제 가능	연말정산 시 공제 불가	why
1	직장가입자 부담분	임금에서 원천공제되고 사용자가 공단에 납부한 부담금	✓		본인 급여에서 지급한 연도에 공제 (소통 52-0…1)
		임금에서 원천공제되었으나 사용자가 공단에 미납한 부담금	✓		
		간소화자료에 포함된 금액이나, 임금에서 원천공제되지 않은 금액		✓	
		임금에서 원천공제되었으나, 간소화자료에 포함되지 않은 금액	✓		
2	지역가입자 부담분	배우자명의 지역가입자 건강보험료		✓	본인 명의 부담금 아님
		입사 전 지역가입자로 납입한 건강보험료		✓	근무월 부담금 아님
		근무기간 중 부담한 지역가입자 건강보험료	✓		가입형태와 관계없이 근무월 부담분 공제 가능(서이 46013-10340, 2003.2.17.)
3	소득월액 보험료	근무월에 부담한 종합소득금액 7,200만원 초과로 추가부담한 소득월액보험료	✓		본인 부담금(서면법규-183, 2013.2.18.)
4	두리누리 사회보험사업 국가지원금	두리누리사회보험사업과 관련된 고용보험료 국가지원금		✓	본인 부담금 아님(서면법규-1491, 2012.12.14.)

▌간소화자료에서는 차감(-)되어 제공됨

▌소득세도 과세되지 않음

구 분		상 황	연말정산 시		why
			공제 가능	공제 불가	
5	사용자 부담액	사용자가 근로자 부담금을 대납한 건강보험료	✓		본인 부담금으로 보아 공제
		사용자가 의무로 부담하는 사용자 부담분		✓	사용자 의무부담분은 비과세(소법 §12 3호 너목)
6	국외 건강보험료	국외근로자가 부담하는 외국의 건강보험료(해당 국가의 의무부담분 포함)		✓	국내보험료만 공제 대상임(소법 §52 ①)
		국외근로자를 위하여 법인의 비용으로 지급하는 외국의 건강보험료(해당 국가의 의무부담분 포함)		✓	국외건강보험료는 공제 대상 아님(원천-707, 2011.11.2.)

소득세는 과세됨

사용자대납액이므로 소득세는 과세됨

(3) 보험료공제 제출서류 및 지급명세서 작성

1) 제출서류

구 분	주(현) 근무지 부담분	종(전) 근무지 부담분
건강보험료(노인장기요양보험료)	간소화자료 / 원천징수부	간소화자료 / 지급명세서 / 원천징수부
고용보험료	간소화자료 / 원천징수부	지급명세서 / 원천징수부

국민건강보험공단 홈페이지에서 조회 발급한 납부확인서도 가능

2) 제출서류 추가사항

상 황	공제방법	제출서류 처리
간소화자료 조회기간과 근무월이 다른 경우	근무월에 부담한 것만 공제가능	• 간소화자료 금액을 활용하지 않음 • 근무월만 조회된 자료를 근로자에게서 다시 제출받음
간소화자료 보수월액(고지금액)이 급여자료와 다른 경우	임금에서의 원천공제 여부를 기준으로 공제(서이 46013-10459, 2003. 3. 10.)	• 간소화자료가 아닌 근무지 부담액으로 공제 • 종(전) 근무지가 있는 근로자에게는 종(전) 근무지 지급명세서(원천징수부) 자료 추가 제출 요구

간소화자료는 소득월액만 확인하기 위해 활용하고, 나머지는 급여 자료를 활용하는 것이 좋음

3) 제출서류 검토

시정확인필
미검증
정부시정확인센터

2025년 귀속 소득 · 세액공제증명서류 : 기본내역 [건강보험료]

(조회기간 : 2025년 01~12월)

근무월 확인

■ 가입자 인적사항

성 명	주 민 등 록 번 호
김길동	810101-*******

본인 확인

■ 건강보험료(직장가입자) 내역

(단위:원)

근무월 확인

월별	보수월액(고지금액)		소득월액(납부금액)	
	건강보험료①	장기요양보험료②	건강보험료③	장기요양보험료④
01월	146,520	10,810	0	0
02월	146,520	10,810	0	0
03월	146,520	10,810	0	0
04월	152,280	11,230		0
05월	152,280	11,230		0
06월	152,280	11,230		0
07월	152,280	11,230		0
08월	152,280	11,230		0
09월	152,280	11,230		0
10월	155,280	11,530	0	0
11월	155,280	11,530	0	0
12월	155,280	11,530	0	0
연말정산	91,660	5,980	0	0
합계	1,910,740	140,380	0	0
총합계	2,051,120			

근로자가 제출한 간소화자료의 조회기간이 근무월과 다른 경우
- 금액 자료를 활용하지 않음
- 근로자에게 근무월만 조회된 자료를 다시 제출할 것을 요구함

근로자가 제출한 간소화자료의 보수월액과 급여 자료 금액이 다른 경우
- 합계 자료를 활용하지 않음
- 급여에서 부담한 금액으로 공제받음
- 종(전) 근무지가 있는 근로자에게는 종(전) 근무지 지급명세서(원천징수부) 추가제출 요구함

1. 보수월액 보험료 : 국민건강보험공단이 고지한 금액이며, 급여에서 원천공제된 금액과 다른 경우 회사로 문의하시기 바랍니다. 소득공제대상금액은 실제 급여에서 원천공제된 금액입니다. (둘 이상의 회사에 근무한 경우에는 합산한 보험료가 제공됩니다.)
2. 소득월액 보험료 : 보수외소득 7,200만원 초과자가 납부하는 보험료이며, 연간 납부한 금액이 제공됩니다.

일련번호 : 20251219-01181483

-1-

국세청
National Tax Service

- 본 증명서류는 「소득세법」 제165조 제1항에 따라 영수증 발급기관으로부터 수집한 서류로 소득·세액공제 충족 여부는 근로자가 직접 확인하여야 합니다.
- 본 증명서류에서 조회되지 않는 내역은 영수증 발급기관에서 직접 발급받으시기 바랍니다.

2025년 귀속 소득 · 세액공제 증명서류 : 기본내역
[고용보험료]

2023귀속 연말정산분부터 자료 제공 개정

(조회기간 : 2025년 01~12월)

근무월 확인

■ 가입자 인적사항

성 명	주민등록번호
고길동	770101-1234567

본인 확인

■ 고용보험료 고지내역

(단위:원)

월별	고지금액
01월	155,280
02월	155,280
03월	155,280
04월	163,280
05월	163,280
06월	163,280
07월	163,280
08월	163,280
09월	163,280
10월	163,280
11월	163,280
12월	0
합계	1,772,080

근무월 확인

근로자가 제출한 간소화자료의 조회기간이 근무월과 다른 경우
- 금액 자료를 활용하지 않음
- 근로자에게 근무월만 조회된 자료를 다시 제출할 것을 요구함

근로자가 제출한 간소화자료의 고지금액과 급여 자료 금액이 다른 경우
- 합계 자료를 활용하지 않음
- 급여에서 부담한 금액으로 공제받음
- 종(전) 근무지가 있는 근로자에게는 종(전) 근무지 지급명세서(원천징수부) 추가제출 요구함

1. 고지금액 : 근로복지공단이 고지한 금액이며, 실제 급여에서 원천공제된 금액과 다른 경우 회사로 문의하시기 바랍니다. 소득공제 대상금액은 실제급여에서 원천공제된 금액입니다. (둘 이상의 회사에 근무한 경우 합산한 보험료가 제공됩니다.)
2. 시점에 따라 월별 고지금액이 마이너스(-) 금액이 될 수 있습니다.
3. 건설업, 벌목업 사업장은 제공되지 않습니다.

일련번호 : 20251229-01620235

-2-

국세청 National Tax Service

- 본 증명서류는 「소득세법」 제165조 제1항에 따라 영수증 발급기관으로부터 수집한 서류로 소득·세액공제 충족 여부는 근로자가 직접 확인하여야 합니다.
- 본 증명서류에서 조회되지 않는 내역은 영수증 발급기관에서 직접 발급받으시기 바랍니다.

▌종(전) 근무지 보험료 부담액 확인방법▌

근로소득지급명세서 (3쪽)으로 확인하는 경우

(9쪽 중 제3쪽)

⑱ 소득·세액공제 명세[인적공제항목은 해당란에 "○"표시(장애인 해당 시 해당 코드 기재)를 하며, 각종 소득공제·세액공제 항목은 공제를 위하여 실제 지출한 금액을 적습니다.]

인적공제 항목							각종 소득공제·세액공제 항목											
관계코드	성 명	기본공제		경로우대	혼인	출산입양	자료구분	보험료				의료비					교육비	
내·외국인	주민등록번호	부녀자	한부모	장애인	세액공제	자녀		건강	고용	보장성	장애인전용보장성	일반	미숙아·선천성이상아	난임	6세이하·65세이상·장애인 건강보험산정특례자	실손의료보험금	일반	장애인특수교육
인적공제 항목에 해당하는 인원수를 적습니다.							국세청 계											
							기타 계											
0	(근로자 본인)	○					국세청											
							기타											
							국세청											
	-						기타											
							국세청											
	-						기타											

본인 부담액

원천징수부 (3쪽)으로 확인하는 경우

III. 근 로 소 득 원 천 징 수 액 등

월별	1. 감면세액		⑥③ 납세조합공제세액	2. 차 감 원 천 징 수 액				3. 징수의무자 자체 증빙 지출액(소득공제)				
	⑥① 감면소득	⑥② 감면세액		⑥④ 소득세	⑥⑤ 지방소득세	⑥⑥ 농어촌특별세	⑥⑦ 외국납부세액	⑥⑧ 연금보험	⑥⑨ 건강보험	⑦⓪ 고용보험	⑦① 기부금	⑦② 비고
1												
2												
(중 략)												
11												
12												
계												

본인 부담액

작성일: 년 월 일 징수의무자 : (서명 또는 인)

※ ⑦② 비고란에는 ⑦① 기부금에 해당하는 기부금유형 및 코드를 적습니다.

4) 지급명세서 작성

보험료공제는 다음과 같이 세부명세(소득·세액공제 명세–근로소득지급명세서 3쪽)가 작성된 후, 해당 세부명세를 바탕으로 공제명세(근로소득지급명세서 2쪽)를 작성한다.

구 분			기재방법
세부명세 (근로소득지급명세서 3쪽)	소득·세액공제 명세		근로자가 신청한 보험료 지출액 전액 기재
공제명세 (근로소득지급명세서 2쪽)	㉝보험료 공제	대상금액	근로자가 신청한 보험료 지출액 전액 기재
		공제금액	Min[대상금액, 순차한도]

▌세부명세와 금액이 일치해야 함

▌소득공제 순서를 고려한 순차한도를 말함(p.307 참조)

사례 보험료공제 지급명세서 작성

1. 근로자 홍길동의 보험료공제 자료

(1) 근무지 자료

구 분		제출자료	제출자료 금액
건강보험료 (노인장기요양보험료)	주(현) 근무지	원천징수부	1,542,080
	종(전) 근무지	종(전) 근무지 지급명세서	490,650
	소 계		2,032,730
고용보험료	주(현) 근무지	원천징수부	286,000
	종(전) 근무지	종(전) 근무지 지급명세서	90,990
	소 계		376,990

간소화자료와 금액이 다른 경우 급여에서 원천공제된 금액을 공제함

(2) 건강보험료 간소화 자료

구 분	보수월액(고지금액)	소득월액(납부금액)
합 계	1,612,170	1,121,400
총합계		2,733,570

2. 보험료 지출액 및 공제액 계산

구 분		제출자료	제출자료 금액
건강보험료 (노인장기요양 보험료)	주(현) 근무지 부담액	원천징수부	1,542,080
	종(전) 근무지 부담액	종(전) 근무지 지급명세서	490,650
	소득월액 부담액	간소화자료	1,121,400
	소 계		3,154,130
고용보험료	주(현) 근무지	원천징수부	286,000
	종(전) 근무지	종(전) 근무지 지급명세서	90,990
	소 계		376,990

3. 지급명세서 작성(예시)

근로소득지급명세서 (3쪽)으로 확인하는 경우

(9쪽 중 제3쪽)

㊳ 소득・세액공제 명세[인적공제항목은 해당란에 "○"표시(장애인 해당 시 해당 코드 기재)를 하며, 각종 소득공제・세액공제 항목은 공제를 위하여 실제 지출한 금액을 적습니다.]

관계코드 / 내・외국인	성명 / 주민등록번호	기본공제 / 부녀자	한부모	경로우대 / 장애인	혼인세액공제	출산입양 / 자녀	자료구분	보험료 건강	보험료 고용	보장성	장애인전용보장성	(중략)	교육비 일반	교육비 장애인특수교육
인적공제 항목에 해당하는 인원수를 적습니다.							국세청 계	1,121,400						
							기타 계	2,032,730	376,990					
0	홍 길 동	○					국세청	1,121,400						
	(근로자 본인)						기타	2,032,730	376,990					
							국세청							
	-						기타							
							국세청							
	-						기타							

근로소득지급명세서(3쪽) 작성방법

건강보험료(노인장기요양보험료 포함)와 고용보험료는
1. 반드시 본인란에 기재
2. 국세청(간소화)자료와 기타자료를 구분하여 보험료 지출금액을 기재

근로소득지급명세서 (2쪽)

Ⅳ 정산명세	종합소득공제				
	연금보험료공제	㉛ 국민연금보험료		대상금액	
				공제금액	
		㉜ 공적연금 보험료공제	㉮ 공무원연금	대상금액	
				공제금액	
			㉯ 군인연금	대상금액	
				공제금액	
			㉰ 사립학교교직원연금	대상금액	
				공제금액	
			㉱ 별정우체국연금	대상금액	
				공제금액	
		㉝ 보험료	㉮ 건강보험료(노인장기요양보험료포함)	대상금액	3,154,130
				공제금액	3,154,130
			㉯ 고용보험료	대상금액	376,990
				공제금액	376,990
			㉮ 주택임차차입금 원리금상환액	대출기관	
				거주자	

5. 주택관련 공제 공통사항

월세액, 주택임차차입금원리금상환액, 장기주택저당차입금이자상환액, 주택마련저축납입액

(1) 주요 공제요건

구 분	내 용
근로자일 것	주택관련 공제는 근로자(일용근로자 제외)만 가능
근로제공기간 지출한 것일 것	근무월(휴직월) 포함에 지출한 금액만 가능
해당 과세기간 종료일(12.31.) 현재 세대주 또는 세대원일 것	• 주민등록표 등본에 기재되어 있을 것 • 주민등록표 등본에 기재된 외국인·외국국적동포는 세대원에 해당 • 주민등록표 등본에 동거인으로 기재된 경우 별도 세대로 봄(사전법령소득-5, 2021.6.14.)
부부는 1명만 세대주로서 공제 적용	부부가 별도세대를 구성해 각각 세대주라 하더라도 1명만 세대주로 보고 공제 적용
세대주 또는 세대원이 동시 공제 불가능	• 세대주는 모든 주택관련 공제 가능 • 월세액·주택임차차입금 원리금 상환액·장기주택저당차입금 이자상환액 공제는 세대주가 주택관련 공제를 신청하지 않는 경우에 한하여 세대원 공제 가능 ✔ 주택마련저축공제만 세대주와 세대주의 배우자 동시 공제 가능 • 동거인과는 별개로 공제 가능
보유 주택수가 무주택 또는 1주택일 것	2주택 이상 보유한 경우 공제불가
보유 또는 임차한 주택 등의 규모가 국민주택규모 이하일 것	• 보유 또는 임차 주택 등 규모가 국민주택규모 이하만 가능(원칙) • 다음 경우는 국민주택규모 초과인 경우도 가능(예외적) ✔ 2014년 이후 차입한 장기주택저당차입금이자상환액 ✔ 2019년 이후 지급하는 계약일 당시 기준시가 3억원 이하 주택 등에 대한 월세액
보유 주택의 기준시가가 법 소정금액 이하일 것	보유 주택의 기준시가가 취득 당시 3억원 ~ 6억원 이하여야 함

상기 주요 공제요건을 요건별로 살펴보면 다음과 같다.

1) 근로소득자일 것

주택관련 공제를 적용받을 수 있는 사람	주택관련 공제를 적용받을 수 없는 사람
근로자(근로소득자)	• 일용근로자 why 일용근로자는 연말정산대상자 아님 • 연말정산대상 사업소득이 있는 자 • 연말정산대상 연금소득이 있는 자 • 연말정산대상 종교인소득이 있는 자

02

2) 근로제공기간에 지출한 것일 것

주택관련 공제		공제 가능한 지출기간	
		근무월 지출분	전입월 지출분
월세액		✓	✓
주택임차차입금원리금상환액 (전세자금대출원리금상환액)	주 택	✓	
	주거용 오피스텔	✓	✓
장기주택저당차입금이자상환액 (주택담보대출이자상환액)	세대주가 공제신청	✓	
	세대원이 공제신청	✓	✓
주택마련저축 납입액(주택청약종합저축 납입액)		✓	

실무 Tip 전입확인방법

실제 해당 주소에 거주하는지는 관계없음

구 분		내 용
전입의 의미		공제를 신청하는 주택 등의 주소 = 공제를 신청하는 근로자의 주민등록표등본 주소
전입 확인 방법	임차주택 등	임차주택 등의 주소 = 근로자(신청자)의 주민등록표등본 주소
	장기주택저당차입금 이자상환액(세대원신청)	주택의 등기사항증명서 주소 = 근로자(신청하는 세대원)의 주민등록표등본 주소

3) 과세기간 종료일(12.31.) 현재 세대주 또는 세대원일 것

세대주 또는 세대원의 판단은 다음과 같이 해당 과세기간 종료일(12.31.) 현재 상황에 따른다.

상 황	판단사례
부모님과 동거(세대원임)하다가 결혼으로 세대분리하고 세대주가 된 경우	세대주에 해당
부모님과 동거(세대원임)하다가 결혼으로 배우자(세대주)의 세대원이 된 경우	세대원에 해당
부모님과 별거(단독세대주)하다가 다시 합가하여 세대원이 된 경우	세대원에 해당
배우자(세대주)와 동일세대를 구성하다가 세대 분리하여 각각 세대주가 된 경우	1명만 세대주

부부는 무조건 동일세대로 보며, 1명만 세대주임

4) 세대주 또는 세대원일 것

"세대주 또는 세대원일 것"은 주택자금공제 신청근로자가 주민등록표등본에 등재되어 있을 것을 말한다. 다만, 주민등록표 등본에 동거인으로 기재된 사람과는 별개의 세대로 본다(사전법령소득-5, 2021.6.14.). 근로자의 성격별 주민등록 및 주택자금공제 여부를 살펴보면 다음과 같다.

해외에 이주하여 영주권 또는 이에 준하는 장기체류 자격을 취득한 사람이 국내에서 생업에 종사할 목적 등으로 영주귀국하기 위해 입증서류를 외교부에 제출하는 것을 말함

구 분			내 용	등본 여부	주택 공제
분류별 주민등록 여부 (주민등록법 §6 ①)	내국인		주민등록법에 따라 주민등록을 하게 되어 있음	있음	가능
	재외국민	주민등록 의무 있음	• 영주귀국 신고를 하는 경우 • 주민등록이 말소되었던 사람이 귀국 후 재등록 신고를 하는 경우 • 주민등록이 없었던 사람이 귀국 후 최초로 주민등록 신고를 하는 경우	있음	가능
		의무 없음	이외	없음	불가
	외국인·외국국적동포		주민등록법에 따라 주민등록표에 등재	있음	가능
			이외	없음	불가

주민등록법시행령 제6조의 2

2018.3.20. 이후부터 주택자금공제 가능

(서면법령국조-583, 2021.5.7.; 소법 부칙 §9·§10, 2020.12.29.; 조특법 부칙 §18, 2020.12.29.)

실무 Tip 외국인(외국국적동포 포함)의 주민등록 등재

구 분	내 용(주민등록법 시행령 §6의 2)
주민등록 등재 가능 외국인의 범위(이하 "외국인 등")	• 출입국관리법에 따라 체류지를 등록한 외국인 • 국내거소신고를 한 외국국적동포
체류지(등록지) 요건	외국인 등의 체류지가 외국인 등이 속할 세대의 세대주 주민등록지와 일치할 것
외국인과 세대주와의 관계요건	• 세대주의 배우자 • 세대주의 직계혈족 • 세대원(세대주의 가족)의 배우자 • 세대원의 직계혈족
등본기재 의미	• 시장·군수 또는 구청장이 관리목적에서 등재·기록하는 것임 • 외국인은 주민등록의무가 없으므로(주민등록법 §6) 세대원도 아님 ✔ 주택관련 공제 적용불가
해당 법령 시행일	2018.3.20.부터 시행

5) 부부는 1명만 세대주

구 분	내 용	
부부는 1명만 세대주	**부부의 세대 구성**	**세대주 / 세대원 판단 및 공제적용**
	동일세대	등본에 따라 세대주 / 세대원 판단하여 공제 적용
	별도세대 (각각 세대주인 경우)	동일세대와 동일하게 1명이 세대주, 다른 1명은 세대원으로 보아 공제적용
적 용	• 보유주택수 산정 시 적용 • 공제 신청 가능한 사람(세대원 신청 시 세대주 공제불가) 판단 시 적용	

부부는 무조건 동일세대(1명만 세대주)로 보아 공제적용자 판단
다만, 동거인과는 별개의 세대로 보므로(사전법령소득-5, 2021.6.14.)
세대주·세대원과 동거인은 별개로 주택공제 적용가능함

6) 세대주 또는 세대원이 동시에 주택관련 공제를 적용받는 것은 불가능

주택관련 공제		공제 신청 가능한 사람		세대원 공제 여부
		세대주	세대원	
월세액		✓	✓	세대주가 주택관련 공제를 신청하지 않는 경우에만 세대원 공제 가능
주택임차차입금원리금상환액 (전세자금대출원리금상환액)		✓	✓	
장기주택저당차입금 이자상환액 (주택담보대출이자상환액)	주택담보대출	✓	✓	
	분양권대출 (조합원입주권 포함)	✓		
주택마련저축 납입액(주택청약종합저축 납입액) 개정		✓	△	세대주와 세대주의 배우자가 각자 명의 저축에 대해 각자 공제 적용 가능

세대주의 배우자만 신청 가능 개정

7) 법소정 세대가 보유한 주택수가 무주택 또는 1주택 이하일 것

부부는 무조건 동일세대로 보므로, 부부합산으로 주택수 산정

주택수 포함 여부

주택수에 포함되는 경우	주택수에서 제외되는 경우
• 단독주택(단독주택, 다중주택, 다가구주택) • 공동주택(아파트, 연립주택, 다세대주택) • 사업용 주택 • 공가(빈집) • 상속받은 주택(공동상속주택 포함) • 미등기·무허가주택	• 오피스텔(주거용 포함) • 상가 • 고시원 • 사실상 폐가 • 분양권(조합원 입주권) • 타인이 상속받은 것으로 보는 공동상속주택

미등기·무허가주택도 주택수에 포함(법인-777, 1991.4.17.)

주택을 상속받는 경우

구 분	내 용
단독상속	해당 상속인의 주택수에 포함
공동상속	다음 순서로 소유한 자를 판단하여 해당 상속인의 주택수에 포함(원천-456, 2009.5.27.)

순 위	상속주택을 소유하는 것으로 보는 상속인
1순위	상속지분이 가장 큰 상속인
2순위	(상속지분이 동일한 경우) 해당 상속주택에 거주하는 상속인
3순위	(거주하는 자가 여러 명인 경우) 상속인 중 최연장자

공 가(빈집)

상황(소득-569, 2009.4.16.)	주택수 포함 여부
주택으로 사용하던 건물을 장기간 공가상태로 방치한 경우에도 공부상의 용도가 주거용으로 등재되어 있는 경우	주택수 포함
장기간 공가상태로 방치한 건물이 건축법상 건축물로 볼 수 없을 정도로 폐가가 된 경우	주택수 제외

공동상속주택을 재건축한 경우에도 해당 재건축주택은 공동상속주택으로 봄(원천-455, 2009.5.27.)

주택으로 볼 수 있는지 여부는 관련 사실 및 현장을 확인하여 판단

<table>
<tr><th>구 분</th><th colspan="5">내 용</th></tr>
<tr><td rowspan="13">주택
공제별
법소정 세대
보유주택수
제한</td><td colspan="3" rowspan="2">주택관련 공제</td><td colspan="2">법소정 세대 보유주택수 제한</td></tr>
<tr><td>주택수 산정 기준일</td><td>주택수</td></tr>
<tr><td colspan="3">월세액</td><td rowspan="2">과세기간 종료일(12.31.) 현재</td><td rowspan="2">무주택</td></tr>
<tr><td colspan="3">주택임차차입금원리금상환액</td></tr>
<tr><td rowspan="5">장기주택저당
차입금이자상환액</td><td rowspan="4">주 택</td><td>공 통</td><td>과세기간 종료일(12.31.) 현재</td><td>1주택 이하</td></tr>
<tr><td>~ 05 차입</td><td>취득 당시</td><td>제한 없음</td></tr>
<tr><td>06 ~ 13 차입</td><td>취득 당시</td><td>무주택</td></tr>
<tr><td>14 ~ 차입</td><td>취득 당시</td><td>1주택 이하</td></tr>
<tr><td colspan="2">분양권</td><td>분양권 취득 당시</td><td>무주택</td></tr>
<tr><td rowspan="4">주택
마련
저축</td><td rowspan="2">청약저축</td><td>2009 이전 가입</td><td rowspan="4">과세기간
(1.1. ~ 12.31.) 중</td><td>1주택 이하</td></tr>
<tr><td>2010 이후 가입</td><td>무주택</td></tr>
<tr><td colspan="2">주택청약종합저축</td><td>무주택</td></tr>
<tr><td colspan="2">근로자주택마련저축</td><td>1주택 이하</td></tr>
</table>

실무 Tip 부부가 별도세대(각각 세대주)인 경우의 부당공제 유형

상황	공제적 내용		부당공제 이유 (why)	공제적용 방법
	남편(세대주)	아내(세대주)		
1	보유주택(비거주)에 대한 장기주택저당차입금이자상환액 공제	주거하는 임차주택에 대해 월세액 공제	부부합산 1주택자 ✔ 월세액 공제불가	장기주택저당차입금이자상환액 공제적용
2	보유주택(비거주)에 대한 장기주택저당차입금이자상환액 공제	주거하는 임차주택에 대한 임차차입금원리금상환액 공제	부부합산 1주택자 ✔ 임차차입금원리금상환액 공제불가	장기주택저당차입금이자상환액 공제적용
3	보유주택에 대한 장기주택저당차입금이자상환액 공제	주택청약종합저축 납입액 공제	부부합산 1주택자 ✔ 주택청약종합저축 납입액 공제불가	장기주택저당차입금이자상환액 공제적용
4	본인 보유주택에 대한 장기주택저당차입금이자상환액 공제	본인 보유주택에 대한 장기주택저당차입금이자상환액 공제	부부합산 2주택자 ✔ 모두 공제불가	공제받지 못함
5	주거하는 임차주택에 대해 월세액 공제	주택청약종합저축 납입액 공제	1명은 세대원이므로 부부 중 1명만 공제적용 가능	절세되는 금액이 큰 사람이 공제적용
6	주택청약종합저축 납입액 공제	주거하는 임차주택에 대한 임차차입금원리금상환액 공제	1명은 세대원이므로 부부 중 1명만 공제적용 가능	절세되는 금액이 큰 사람이 공제적용

8) 보유 또는 임차한 주택 등의 규모가 국민주택규모 이하일 것

<table>
<tr><th colspan="3">주택관련 공제</th><th>보유하거나 임차한 주택 등</th><th>규모기준</th></tr>
<tr><td colspan="3">월세액</td><td>임차한 주택, 오피스텔, 고시원</td><td>국민주택규모 이하
✔ 2019년 연말정산분부터 계약일 당시 기준시가 4억원(2022년 분까지는 3억원) 이하인 국민주택규모초과주택 등도 가능</td></tr>
<tr><td colspan="3">주택임차차입금원리금상환액</td><td>임차한 주택, 오피스텔</td><td>국민주택규모 이하</td></tr>
<tr><td colspan="2" rowspan="2">장기주택저당 차입금이자상환액</td><td>~13 차입</td><td rowspan="2">보유한 주택, 분양권(조합원입주권 포함)</td><td>국민주택규모 이하</td></tr>
<tr><td>14~ 차입</td><td>규모기준 없음
✔ 국민주택규모 초과도 가능</td></tr>
<tr><td rowspan="4">주택 마련 저축</td><td rowspan="2">청약저축</td><td>~09 가입</td><td rowspan="4">보유한 주택</td><td>국민주택규모 이하</td></tr>
<tr><td>10~ 가입</td><td>규모기준 없음
why 무주택만 가능</td></tr>
<tr><td colspan="2">주택청약종합저축</td><td>규모기준 없음
why 무주택만 가능</td></tr>
<tr><td colspan="2">근로자주택마련저축</td><td>국민주택규모 이하</td></tr>
</table>

실무 Tip 규모확인 방법

<table>
<tr><th>구 분</th><th colspan="4">내 용</th></tr>
<tr><td rowspan="4">주택 등 규모확인 방법</td><td colspan="2">구 분</td><td colspan="2">규모확인 방법</td></tr>
<tr><td colspan="2">보유한 주택</td><td colspan="2">등기사항증명서 / 매매계약서</td></tr>
<tr><td colspan="2">보유한 분양권(조합원 입주권 포함)</td><td colspan="2">분양계약서</td></tr>
<tr><td colspan="2">임차한 주택, 오피스텔, 고시원</td><td colspan="2">임대차계약서</td></tr>
<tr><td rowspan="5">확인 시 유의사항</td><td colspan="4">해당 주택의 소재지도 함께 고려하여 다음과 같이 주거전용면적 확인</td></tr>
<tr><td colspan="2">구 분</td><td>주거전용면적</td><td>예</td></tr>
<tr><td colspan="2">수도권</td><td>85㎡ 이하</td><td>경기도 연천군</td></tr>
<tr><td rowspan="2">비수도권</td><td>도시지역이 아닌 읍면지역</td><td>100㎡ 이하</td><td>강원도 철원군</td></tr>
<tr><td>이 외</td><td>85㎡ 이하</td><td>충청북도 천안시</td></tr>
</table>

주택에 부수되는 토지면적은 특별한 경우가 아니고는 확인할 필요가 거의 없음

why 대부분이 도시지역 또는 공동주택(아파트, 다가구, 연립)에 거주하므로 부수되는 토지가 5배 또는 10배를 넘는 경우는 드물기 때문

9) 보유한 주택의 기준시가가 법 소정 금액 이하일 것

주택관련 공제별 보유한 주택의 기준시가(분양권은 분양금액) 기준은 다음과 같다.

<table>
<tr><th colspan="3" rowspan="3">주택관련 공제</th><th colspan="3">기준시가 기준</th></tr>
<tr><th colspan="2">보유한 주택</th><th>보유한 분양권
(조합원 입주권 포함)</th></tr>
<tr><th>기준일</th><th>기준시가</th><th>분양금액</th></tr>
<tr><td colspan="2" rowspan="6">장기주택
저당차입금
이자상환액</td><td>~05 차입</td><td></td><td>관계없음</td><td>관계없음</td></tr>
<tr><td>06 ~ 13 차입</td><td rowspan="5">취득 당시</td><td>3억원 이하</td><td>3억원 이하</td></tr>
<tr><td>14 ~ 18 차입</td><td>4억원 이하</td><td>4억원 이하</td></tr>
<tr><td>19 ~ 20 차입</td><td>5억원 이하</td><td>4억원 이하</td></tr>
<tr><td>21 ~ 차입</td><td>5억원 이하</td><td>5억원 이하</td></tr>
<tr><td>24 ~ 취득</td><td>6억원 이하</td><td>6억원 이하</td></tr>
<tr><td rowspan="5">주택
마련
저축</td><td rowspan="3">청약
저축</td><td>~05 가입</td><td></td><td>관계없음</td><td rowspan="6">규정 없음
why 분양권은 주택 수에 포함 안됨</td></tr>
<tr><td>06 ~ 09가입</td><td>저축 가입 당시 /
주택 취득 당시</td><td>3억원 이하</td></tr>
<tr><td>10 ~ 가입</td><td></td><td>규정 없음
why 무주택만 공제</td></tr>
<tr><td colspan="2">주택청약종합저축</td><td></td><td>규정 없음
why 무주택만 공제</td></tr>
<tr><td colspan="2">근로자주택마련저축</td><td></td><td>관계없음</td></tr>
<tr><td colspan="3">월세액
주택임차차입금원리금상환액</td><td></td><td>규정 없음
why 무주택만 공제</td></tr>
</table>

2019.1.1. 이후 지급분부터 국민주택규모 초과 임차주택의 월세액은 계약일 당시 기준시가가 4억원(2022년분까지는 3억원) 이하여야 함

실무 Tip 기준시가확인 방법

공제를 신청하는 주택의 기준시가를 확인하는 방법은 다음과 같이 홈택스를 활용하면 된다.

홈택스 ⇨ 장려금·연말정산·기부금 ⇨ 근로·자녀장려금 ⇨ 주택 등 기준시가조회

(2) 공제한도

주택관련 공제한도는 다음과 같이 적용된다.

구 분	내 용
월세액은 구분하여 세액공제 적용	월세액은 세액공제, 나머지 주택관련 공제는 소득공제이므로, 월세액과 나머지 공제를 각각 구분하여 한도적용(공제)함

<table>
<tr><th colspan="2">구 분</th><th>내 용</th></tr>
<tr><td colspan="2">월세액 공제한도</td><td>
<table>
<tr><th>해당 과세기간 총급여</th><th>세액공제 한도</th></tr>
<tr><td>5,500만원 이하</td><td>1,700,000원</td></tr>
<tr><td>5,500만원 초과 8,000만원 이하</td><td>1,500,000원</td></tr>
</table>
</td></tr>
<tr><td rowspan="2">소득공제 항목 공제한도</td><td>법령에 따른 적용방법</td><td>
<table>
<tr><th colspan="2">구 분</th><th colspan="3">공제한도 적용</th></tr>
<tr><th>장기주택 저당차입금 이자상환액 공제 여부</th><th>주택관련 공제</th><th>1차한도</th><th>2차한도</th><th>3차한도</th></tr>
<tr><td rowspan="2">없는 경우</td><td>주택임차차입금 원리금상환액</td><td>400만원</td><td rowspan="2">합하여 400만원</td><td rowspan="2"></td></tr>
<tr><td>주택마련저축 납입액</td><td>400만원</td></tr>
<tr><td rowspan="3">있는 경우</td><td>주택임차차입금 원리금상환액</td><td>400만원</td><td rowspan="2">합하여 400만원</td><td rowspan="3">모두 합하여 종합한도 적용</td></tr>
<tr><td>주택마련저축 납입액</td><td>400만원</td></tr>
<tr><td>장기주택 저당차입금 이자상환액</td><td colspan="2">장기주택저당차입금 유형별로 600만원 ~ 2,000만원(이하 "종합한도")</td></tr>
</table>
장기주택저당차입금 이자상환액의 차입금 시기·유형·만기에 따른 한도를 말함(p.391 참조)
</td></tr>
<tr><td>소득공제 순서를 고려한 실무적 적용방법</td><td>
<table>
<tr><th colspan="2">구 분</th><th rowspan="2">공제한도 적용</th></tr>
<tr><th>장기주택 저당차입금 이자상환액 공제 여부</th><th>주택관련 공제</th></tr>
<tr><td rowspan="2">없는 경우</td><td>주택임차차입금 원리금상환액</td><td>400만원</td></tr>
<tr><td>주택마련저축 납입액</td><td>400만원
− 주택임차차입금원리금상환액 공제액</td></tr>
<tr><td rowspan="3">있는 경우</td><td>주택임차차입금 원리금상환액</td><td>400만원</td></tr>
<tr><td>장기주택저당 차입금이자상환액</td><td>종합한도
− 주택임차차입금원리금상환액 공제액</td></tr>
<tr><td>주택마련저축 납입액</td><td>Min [400만원 − 주택임차차입금원리금상환액 공제액, 종합한도 − 주택임차차입금원리금상환액 공제액 − 저당차입금이자상환액 공제액]</td></tr>
</table>
</td></tr>
</table>

6. 주택임차차입금원리금상환액 공제(소법 §52 ④, 소령 §112 ①~⑤·별표 1의 2, 소칙 §57·§58, 조특법 §87 ④)

▍전세자금대출 원금 및 이자 상환액

(1) 주택임차차입금원리금상환액 공제 개요

▍해당 도표에서 언급하는 용어의 의미는 용어정의(p.54) 참조

▍세대주가 모든 주택관련 공제를 신청하지 않는 경우에만 세대원 공제 가능

▍주민등록표등본에 기재된 외국인·외국국적동포도 공제 가능

구 분		주택임차차입금원리금상환액	
		법 소정 대출기관 차입	거주자 차입
근로자(신청인)	세대주 여부	과세기간 종료일 현재(12.31.) 세대주 또는 세대원일 것	
	해당 과세기간 총급여	요건 없음	5,000만원 이하
	법소정 세대 보유주택수	과세기간 종료일 현재(12.31.) 법 소정 세대 무주택자일 것	
차입금	차입자	신청인(본인)	
	차입시기	입주일·전입일등 중 빠른날로부터 전후 3개월 이내	입주일·전입일등 중 빠른 날로부터 전후 1개월 이내
	기 타	대출기관이 임대인 계좌로 차입금을 직접 입금할 것	차입시기별 차입이자율이 다음일 것 차입시기 / 차입이자율 2016.3.16. ~ 2017.3. 9. / 연 1.8% 이상 2017.3.10. ~ 2018.3.20. / 연 1.6% 이상 2018.3.21. ~ 2019.3.19. / 연 1.8% 이상 2019.3.20. ~ 2020.3.12. / 연 2.1% 이상 2020.3.13. ~ 2021.3.15. / 연 1.8% 이상 2021.3.16. ~ 2023.3.19. / 연 1.2% 이상 2023.3.20. ~ 2024.3.21. / 연 2.9% 이상 2024.3.22. ~ 2025.3.20. / 연 3.5% 이상 2025.3.21.~ / 연 3.1% 이상 개정
임차주택	임차인	신청인(본인)	
	규모·공제대상	국민주택규모 주택 및 주거용 오피스텔	
	전입요건 - 주 택	명시적 전입요건 없음	
	전입요건 - 주거용 오피스텔	"주거용"이므로 전입되어 있어야 함	

▍(입주일) 계약서에 기재된 임대차계약 개시일

▍(전입일등) 해당 임차주택 주소지에 주민등록을 전입한 날. 단, 외국인은 외국인등록표의 체류지 등록일, 외국국적동포는 국내거소신고증의 거소신고일

▍(공제대상) 월세액과 달리 고시원은 대상이 아님

▍(차입금) 종전 차입금을 다른 대출기관으로부터 차입하여 상환하는 대환대출의 경우에는 최초 차입한 차입금을 기준으로 함 개정

<table>
<tr><th colspan="3" rowspan="2">구 분</th><th colspan="2">주택임차차입금원리금상환액</th></tr>
<tr><th>법 소정 대출기관 차입</th><th>거주자 차입</th></tr>
<tr><td rowspan="3">대상 원리금 상환액</td><td rowspan="2">지출 기간</td><td>주 택</td><td colspan="2">해당 과세기간 중 근무월(휴직기간 포함) 기간 지출분</td></tr>
<tr><td>주거용 오피스텔</td><td colspan="2">해당 과세기간 중 근무월(휴직기간 포함)이고 전입월인 기간 지출분</td></tr>
<tr><td colspan="2">지출금액</td><td colspan="2">지출기간에 지출한 금액 전액 인정</td></tr>
<tr><td rowspan="4">공 제</td><td colspan="2">공제금액</td><td colspan="2">주택임차차입금원리금상환액 × 40%</td></tr>
<tr><td rowspan="3">공제 한도</td><td>1차한도</td><td colspan="2">400만원</td></tr>
<tr><td>2차한도</td><td colspan="2">Min(주택임차차입금원리금상환액 공제 + 주택마련저축 공제, 400만원)</td></tr>
<tr><td>종합한도</td><td colspan="2">장기주택저당차입금이자상환액 공제한도</td></tr>
<tr><td colspan="3">제출서류</td><td>• 주민등록표 등본
• 임대차계약서 사본
• 간소화·주택자금상환 증명서</td><td>• 주민등록표 등본
• 임대차계약서 사본
• 주택자금상환증명서
• 원리금상환 입증서류(계좌이체영수증, 무통장입금증 등)
• 금전소비대차계약서(차입금계약서)</td></tr>
<tr><td colspan="3">세부명세서 작성·제출</td><td>없음</td><td>월세액·거주자간 주택임차차입금원리금상환액 소득·세액공제명세서
(지급명세서 7쪽)</td></tr>
</table>

외국인은 외국인등록표(증), 외국국적동포는 국내거소신고증도 같이 제출

장기주택저당차입금이자상환액공제를 적용받는 경우에만 종합한도가 적용됨. 다만, 월세액은 세액공제인 바, 종합한도 대상이 아님

(2) 추가적 상황에 대한 공제 여부

구 분	상 황	공제 가능	공제 불가
임대차계약을 연장(갱신)하는 경우	임대차계약 연장일 또는 갱신일부터 전후 3개월(거주자 차입은 1개월) 이내에 차입한 자금 원리금상환액	✓	
새로운 주택으로 이사하는 경우	주택임차자금차입금원리금상환액에 대한 소득공제를 받고 있던 사람이 이주하기 전 주택의 입주일과 전입일등 중 빠른날부터 전후 3개월(거주자 차입은 1개월) 이내에 차입한 자금원리금상환액	✓	

2014.2.21. 이후 지급분부터 적용, 증액 및 신규차입금 모두 인정된다고 판단됨

기존 주택의 임차차입금을 상환하지 않고 새로운 주택의 전세금으로 사용하는 경우로서 2014.2.21. 이후 지급분부터 적용되었음

구 분	상 황	공제 가능	공제 불가
새로운 주택으로 이사하는 경우	요건이 충족되지 않은 기존 주택의 임차차입금이 있던 사람이 새로운 주택으로 이주하면서 입주일과 전입일등 중 빠른날부터 전후 3개월(거주자 차입은 1개월) 이내 신규차입한 자금원리금상환액	✓	
회사에서 주택임차차금 대출받는 경우	A 공제회 근로자가 A 공제회에서 연 5% 이자율로 주택임차자금을 대출받는 경우 (원천-527, 2011.8.25.)		✓
대출기관 근로자가 해당 대출기관에서 대출받는 경우	법 소정 대출기관 소속근로자가 해당 대출기관에서 소속근로자만이 대출받을 수 있는 주택임차차입금을 저리로 대출받은 경우(법규소득 2014-112, 2014.6.2.)		✓
	법 소정 대출기관 소속근로자가 해당 대출기관에서 전세자금대출상품을 구입하여 대출받은 경우	✓	

새로운 주택의 신규차입금에 해당

소득세법에 따른 대출기관 및 거주자로부터의 차입금이 아님

회사에서 대출받은 경우에 해당

(3) 주택임차차입금원리금상환액 공제요건 및 공제한도

1) 차입자 및 임차인

구 분	본인(신청자)인 경우	본인(신청자)이 아닌 경우
차입자	공제대상	공제불가
임차인	공제대상	공제불가

실무적으로 임대차계약서로 확인하는 바, 임대차계약서를 보완하는 것도 하나의 방법

종전 차입금을 다른 대출기관에서 차입하여 상환하는 대환대출의 경우에는 최초 차입금을 기준으로 판단함 개정

2) 차입시기

상 황	입주일과 전입일등 중 빠른날	차입시기 판단
임대차계약일에 확정일자를 받는 경우	전입일등 why 확정일자를 받으면 전입됨	전입일등 전후 3개월 (거주자 차입은 1개월) 이내
입주 이후에 전입하는 경우	입주일	입주일 전후 3개월 (거주자 차입은 1개월) 이내

소칙 부칙 §1·§3, 2012.2.28.; 소칙 부칙 §1·§3, 2013.2.23.; 소칙 부칙 §1·§6 2014.3.14.; 소칙 부칙 §1·§3, 2015.3.13.; 소칙 부칙 §1·§6, 2016.3.16.; 소칙 부칙 §1·§2, 2017.3.10.; 소칙 부칙 §1·§4, 2018.3.21.; 소칙 부칙 §1·§4, 2019.3.20.; 소칙 부칙 §1·§6, 2021.3.16.; 소칙 부칙 §1·§5, 2023.3.20.; 소칙 부칙 §1·§4, 2024.3.22.; 소칙 부칙 §1·§7, 2025.3.21.; 국세청 제공 원천징수의무자를 위한 연말정산 신고안내, 2017.12.

3) 차입이자율

거주자로부터 차입한 주택임차차입금원리금상환액 공제요건 중 차입이자율에 대한 경과조치는 다음과 같다(소칙 부칙 §1·§8, 2020.3.13. 외).

차입시기	차입이자율	차입시기	차입이자율
2012.2.28. ~ 2013.2.22.	연 4.0% 이상	2019.3.20. ~ 2020.3.12.	연 2.1% 이상
2013.3.23. ~ 2014.3.13.	연 3.4% 이상	2020.3.13. ~ 2021.3.15.	연 1.8% 이상
2014.3.14. ~ 2015.3.12.	연 2.9% 이상	2021.3.16. ~ 2023.3.19.	연 1.2% 이상
2015.3.13. ~ 2016.3.15.	연 2.5% 이상	2023.3.20. ~ 2024.3.21.	연 2.9% 이상
2016.3.16. ~ 2017.3. 9.	연 1.8% 이상	2024.3.22. ~ 2025.3.20.	연 3.5% 이상
2017.3.10. ~ 2018.3.20.	연 1.6% 이상	2025.3.21. ~	연 3.1% 이상 개정
2018.3.21. ~ 2019.3.19.	연 1.8% 이상		

4) 전입

공제대상	세법상 전입요건	추가사항
주 택	명시적 규정 없음 ✔ 전입기간이 아닌 기간에 지출한 금액도 공제가능	없음
주거용 오피스텔		"주거용" ✔ 주소지가 전입되어 있음 ✔ 전입기간에 지출한 것만 공제하는 것이 타당하다고 판단됨

통상 전입되어 있으면 "주거용", 사업자등록이 되어 있으면 "업무용", 둘다 없으면 "업무용"으로 봄

5) 공제한도

구 분	내 용
주택임차차입금원리금상환액 공제한도	400만원
다른 소득공제 대상 주택관련 공제가 있는 경우	p.362 참조

(4) 다른 주택관련 공제와 중복적용 여부(예시임)

사례에서 전세자금원리금만 있는 경우 해당 전세자금원리금 대신 월세액으로 대체해도 동일한 결과임

근로자(신청자)의 2025년 상황		공제가능 여부			
		전세자금 원리금	월 세	저당 차입금	저축 납입액
무주택 근로자가 전세자금 원리금을 상환하면서, 주택청약종합저축납입액도 있는 경우	세대주	공제 가능 (○)			○
	세대원	○			공제 가능 (△)

세대주의 배우자만 가능 개정

근로자(신청자)의 2025년 상황			공제가능 여부			
			전세자금 원리금	월 세	저당 차입금	저축 납입액
무주택 근로자가 보증부월세 조건으로 주택을 임차하여 전세자금원리금을 상환하는 동시에 월세액도 있는 경우	세대주 / 세대원		○	○		
주택청약종합저축 납입액이 있는 무주택 근로자가 보증부월세 조건의 주택을 임차하여 전세자금원리금을 상환하는 동시에 월세액도 있는 경우	세대주		○	○		○
	세대원		○	○		△
무주택 근로자가 전세자금원리금을 상환하다가, 주택을 구입해 저당차입금 이자를 상환하는 경우	세대주		×		○	
	세대원	전입 경우	×		○	
		이외	×		×	
주택청약종합저축 납입액이 있는 무주택 근로자가 전세자금원리금을 상환하다가, 주택을 구입하여 저당차입금 이자를 상환하는 경우	세대주		×		○	×
	세대원	전입 경우	×		○	×
		이외	×		×	×
청약저축(2009년 가입) 납입액이 있는 무주택 근로자가 전세자금원리금을 상환하다가, 주택을 구입하여 저당차입금 이자를 상환하는 경우	세대주		×		○	△
	세대원	전입 경우	×		○	△
		이외	×		×	△
청약저축(2009년 가입)납입액과 주택저당차입금이자상환액 공제를 적용받던 근로자(세대주)가 해당 주택을 매각(무주택자)하고 보증부월세로 이주하여 전세자금원리금을 상환하는 동시에 월세액도 지출하는 경우	세대주		○	○	△	○

- 세대주의 배우자만 가능 (개정)
- 12.31. 현재 1주택자에 해당
- 세대원은 저당차입금 대상 주택에 전입한 경우에만 공제 가능
- 주택청약종합저축은 과세기간 내 무주택이어야 함
- 해당 주택이 국민주택규모 이하이고, 취득 당시 기준시가 3억원 이하면 공제가능하나, 이외는 공제불가
- 해당 주택이 국민주택규모 이하·취득 당시 기준시가 3억원 이하로서 세대주의 배우자만 가능 (개정)
- 12.31. 현재 무주택자에 해당
- 상환기간 요건(통상 15년 이상)을 충족하지 못하면 공제불가

(5) 주택임차차입금원리금상환액 공제 제출서류

1) 제출서류 리스트

법령에서는 제출받는 것에 대해 규정하고 있지 않으나, 실무적으로는 제출받아야 함 (임대차계약증서 사본)

금융회사 자료보다는 간소화자료로 활용하는 것이 좋음 (주택자금상환등증명서)

구 분	제출서류	발급처	인터넷
주택임차차입금 원리금상환액 (금융기관차입)	주택자금상환등증명서	금융회사 등	간소화
	임대차계약증서 사본	본인 보관	
	주민등록표등본	읍·면·동주민센터	정부24
주택임차차입금 원리금상환액 (거주자차입)	월세액·거주자간 주택임차차입금 원리금상환액 소득·세액공제명세서	본인 작성	
	주택자금상환등증명서	대주(貸主)	
	주민등록표등본	읍·면·동주민센터	정부24
	임대차계약증서 사본	본인 보관	
	금전소비대차계약서 사본	본인 보관	
	원리금상환 증명서류 (계좌이체영수증 및 무통장입금증 등)	본인 보관	
연장(갱신) 차입금·이전 주택차입금을 공제받고자 하는 경우	상기 서류 + 연장(갱신) 관련 임대차계약서 사본	본인 보관	
	상기 서류 + 이전 주택에 대한 임대차계약서 사본	본인 보관	
외국인·외국국적 동포인 경우	외국인등록표(증)·국내거소신고증	본인 보관	정부24

2) 공제요건별 제출서류 확인방법

주택관련 용어의미는 용어정의(p.54) 참조

공제요건(상황)	확인방법(사항)	제출서류(확인서류)	유의사항
세대주 / 세대원일 것	주민등록표등본 제출 여부	주민등록표등본	외국인·외국국적동포는 기재되어 있는 경우 공제 가능
차입자가 본인일 것	간소화·주택자금상환증명서 차입자 확인	간소화·주택자금상환증명서	
차입일이 입주일·전입일등 중 빠른 날로부터 전후 3개월 (거주자차입 1개월) 이내일 것	• 입주일 ✔ 임대차계약서 계약기간 개시일 확인 • 전입일등 ✔ 주민등록표등본 전입일 ✔ 외국인등록표(증) 체류지등록일 ✔ 국내거소신고증 거소신고일 • 차입일 ✔ 간소화·주택자금상환증명서 차입일 확인	임대차계약서 사본, 주민등록표등본·외국인등록표(증)·국내거소신고증, 간소화·주택자금상환증명서	전후 3개월 (거주자 차입 1개월) 모두 고려

공제요건(상황)	확인방법(사항)	제출서류(확인서류)	유의사항
거주자 차입이자율이 법 소정이자율 이상일 것	금전소비대차계약서에서 약정이자율 확인	금전소비대차계약서 사본	경과조치에 따라 차입시기별 이자율 확인
임차인이 본인일 것	임대차계약서 계약자 확인	임대차계약서 사본	
임차주택이 국민주택규모 이하 주택·주거용 오피스텔일 것	• 주택 / 오피스텔 ✔ 임대차계약서 종류 확인 • 국민주택규모 ✔ 임대차계약서 전용면적 확인 • 주거용오피스텔 ✔ 해당 오피스텔 주소에 전입되었는지 확인	임대차계약서 사본, 주민등록표등본	오피스텔은 전입확인 필수
지출기간	간소화·주택자금상환증명서 (거주자 차입은 상환증명서류 포함) 지출기간이 근무월(주거용오피스텔은 근무월·전입월)인지 확인	간소화·주택자금상환증명서, 상환증명서류 (계좌이체 등)	오피스텔은 근무월 & 전입월 충족해야 함
연장(갱신) 차입금을 공제받는 경우	• 연장일(갱신일) ✔ 연장(갱신) 임대차계약서 사본 확인 • 차입일 ✔ 간소화·주택자금상환증명서 차입일 확인	연장(갱신) 임대차계약서, 간소화·주택자금상환증명서	연장일 또는 갱신일 전후 3개월(거주자 차입 1개월) 이내 확인
이전 주택 차입금을 공제받는 경우	• 이전 주택 입주일 ✔ 이전 주택임대차계약서 입주일 확인 • 이전 주택 전입일등 ✔ 주민등록표등본 ✔ 외국인등록표(증) 체류지등록일 ✔ 국내거소신고증 거소신고일 • 차입일 ✔ 간소화·주택자금상환증명서 차입일 확인	이전 주택 임대차계약서, 주민등록표등본, 간소화·주택자금상환증명서	이전 주택 입주일 또는 전입일등 중 빠른 날로부터 전후 3개월(거주자 차입 1개월) 이내 확인
해당 과세기간 총급여 5,000만원 이하일 것(거주자 차입)	근로자 본인 또는 원천징수 의무자가 급여자료 확인	없음	
과세기간 종료일(12.31.) 현재 무주택 법 소정 세대일 것	근로자 본인 확인	없음	근로자 본인만 확인가능하므로 부당공제받지 않도록 안내
세대원 신청 시 세대주가 주택관련 공제를 받지 않을 것	근로자 본인 확인	없음	

3) 제출서류 검토

2025년 귀속 소득 · 세액공제증명서류 : 상세내역
[주택임차차입금 원리금상환액]

(조회기간 : 2025년 01~12월)

근무월 확인

■ 차입자 인적사항

성 명	주 민 등 록 번 호
김길동	810101-*******

본인 확인

■ 주택임차차입금 상환내역

(단위:원)

취급기관		1월	2월	3월	4월	상환액계
상품명	사업자번호	5월	6월	7월	8월	
계좌번호	대출일	9월	10월	11월	12월	
A금융사		113,590	51,370	56,880	0	677,520
주택도시기금 서민주택전세자금대출 (기타)	502-82-03***	111,920	55,040	56,880	56,880	
1320100754580	2024-03-31	0	119,920	55,040	0	
합 계						677,520

입주일(임대차계약서 확인), 전입일등(주민등록등본 · 외국인 등록표(증) · 국내거소신고증) 중 빠른날로부터 전후 3개월 확인

근로자가 제출한 간소화자료의 조회기간이 근무월과 다른 경우
- 금액 자료를 활용하지 않음
- 근로자에게 근무월만 조회된 자료를 다시 제출할 것을 요구함

1. 공제대상자 : 무주택 세대의 세대주(세대주가 주택임차차입금 원리금 상환액, 주택마련저축 및 장기주택저당차입금 이자상환액 공제를 받지 아니한 경우에는 세대의 구성원)인 근로자
※ 임대차계약증서는 소득공제를 받는 근로자(세대주, 세대원) 명의여야 함
2. 공제대상금액 : 과세기간 종료일(12.31.) 현재 무주택 세대의 세대주인 근로자가 국민주택규모 주택 (주거용 오피스텔 포함)을 임차하기 위하여 대출기관 또는 대부업 등을 경영하지 아니하는 거주자로부터 차입한 주택임차차입금 원리금 상환금액의 40%
※ 주택임차차입금 공제 요건은 연말정산간소화 등에서 확인하시기 바랍니다.

일련번호 : 20251219-01171375

-16-

국세청
National Tax Service

- 본 증명서류는 「소득세법」 제165조 제1항에 따라 영수증 발급기관으로부터 수집한 서류로 소득·세액공제 충족 여부는 근로자가 직접 확인하여야 합니다.
- 본 증명서류에서 조회되지 않는 내역은 영수증 발급기관에서 직접 발급받으시기 바랍니다.

• 주택 · 오피스텔 여부 확인
• 오피스텔의 경우 소재지 주소와 주민등록등본 주소가 동일한지 확인(전입 여부 확인)

전세 여부 확인

부 동 산 임 대 차 계 약 서

☐ 전세 ☐ 월세

임대인과 임차인 쌍방은 아래 표시 부동산에 관하여 다음 계약내용과 같이 임대차계약을 체결한다.

1.부동산의 표시

소 재 지				
토 지	지 목		면 적	㎡(평)
건 물	구조·용도		면 적	㎡(평)
임대할부분			면 적	㎡(평)

국민주택규모 확인

2. 계약내용

제 1 조 (목적) 위 부동산의 임대차에 한하여 임대인과 임차인은 합의에 의하여 임차보증금 및 차임을 아래와 같이 지불하기로 한다.

보 증 금	금 원정 (₩)	㉞
계 약 금	금 원정은 계약시에 지불하고 영수함. 영수자( )	
중 도 금	금 원정은 년 월 일에 지불하며	
잔 금	금 원정은 년 월 일에 지불한다.	
차 임	금 원정은 년 월 일에 지불한다.	

제 2조 (존속기간) 임대인은 위 부동산을 임대차 목적대로 사용·수익할 수 있는 상태로 ______년______월______일까지 임차인에게 인도하며, 임대차 기간은 인도일로부터 ______년______월______일까지로 한다.

제 3조 (용도변경 및 전대 등) 임차인은 임대인의 동의없이 위 부동산의 용도나 구조를 변경하거나 전대·임차권 양도 또는 담보제공을 하지 못하며 임대차 목적 이외의 용도로 사용할 수 없다.

제 4조 (계약의 해지) 임차인이 계속하여 2회 이상 … 해지 할 수 있다.

제 5조 (계약의 종료) 임대차계약이 종료된 경우에 … 임대인은 보증금을 임차인에게 반환하고, 연체 임대료 …

제 6조 (계약의 해제) 임차인이 임대인에게 중도금 … 환하고, 임차인은 계약금을 포기하고 이 계약을 해제할 수 있다.

• 입주일에 해당
• 차입일(간소화 자료 확인)이 입주일 · 전입일등(주민등록등본 · 외국인등록표(증) · 국내거소신고증 확인) 중 빠른날로부터 전후 3개월 이내인지 확인

제 7조 (채무불이행과 손해배상) 임대인 또는 임차인이 본 계약상의 내용에 대하여 불이행이 있을경우 그 상대방은 불이행한 자에 대하여 서면으로 최고하고 계약을 해제 할 수 있다. 그리고 계약 당사자는 계약해제에 따른 손해배상을 각각 상대방에 대하여 청구할 수 있으며, 손해배상에 대하여 별도의 약정이 없는 한 계약금을 손해배상의 기준으로 본다.

제 8조 (중개수수료) 부동산중개업자는 임대인과 임차인이 본 계약을 불이행 함으로 인한 책임을지지 않는다. 또한, 중개수수료는 본 계약체결과 동시에 계약 당사자 쌍방이 각각 지불하며, 중개업자의 고의나 과실없이 본 계약이 무효·취소 또는 해약되어도 중개수수료는 지급한다. 공동중개인 경우에 임대인과 임차인은 자신이 중개 의뢰한 중개업자에게 각각 중개수수료를 지급한다.(중개수수료는 거래가액의 ______%로 한다.)

특약사항

첨 부 서 류
☐ 중개대상물확인·설명서
☐ 등기부등본
☐ 토지대장
☐ 임야대장
☐ 건축물관리대장
☐ 토지이용계획확인원
☐ 위임장(인감첨부/미첨부)
☐ 업무보증관계증서 사본
☐ 중개의뢰계약서(일반/전속)

본 계약을 증명하기 위하여 계약 당사자가 이의 없음을 확인하고 각각 서명·날인한다. 년 월 일

임대인	주 소						㉞
	주민등록번호		전 화		성 명		
	대 리 인	주 소	주민등록번호		성 명		
임차인	주 소						㉞
	주민등록번호		전 화		성 명		
	대 리 인	주 소	주민등록번호		성 명		
중개업자	사무소소재지		㉞				㉞
	사무소명칭						
	대 표						
	등 록 번 호	전 화			전 화		

본인 확인

※ 중개업자는 이 계약서와 별도로 부동산중개업법 제17조 및 제 19조 규정에 의거 중개대상물 확인설명서와 업무보증 관계증서(공제증서 등) 사본을 첨부하여 거래당사자와 쌍방에게 교부합니다.
※ 임대인, 임차인 및 중개업자는 매장마다 간인하여야 하며, 각 1통씩 보관합니다.

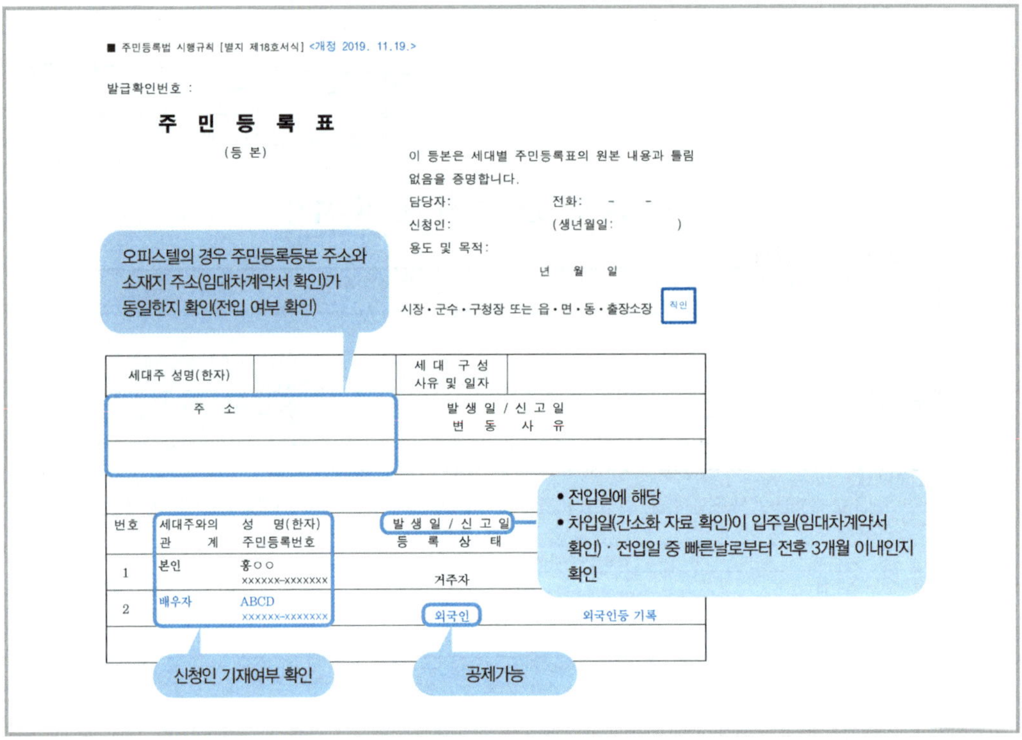

■ 주민등록법 시행규칙 [별지 제18호서식] <개정 2019. 11. 19.>

발급확인번호 :

주 민 등 록 표

(등 본)

이 등본은 세대별 주민등록표의 원본 내용과 틀림 없음을 증명합니다.

담당자: 전화: - -

신청인: (생년월일:)

용도 및 목적:

년 월 일

시장·군수·구청장 또는 읍·면·동·출장소장 직인

세대주 성명(한자)		세대 구성 사유 및 일자		
주 소		발생일 / 신고일 변동 사유		
번호	세대주와의 관계 / 성 명(한자) 주민등록번호	발생일 / 신고일 등록 상태		
1	본인 / 홍○○ xxxxxx-xxxxxxx	거주자		
2	배우자 / ABCD xxxxxx-xxxxxxx	외국인	외국인등 기록	

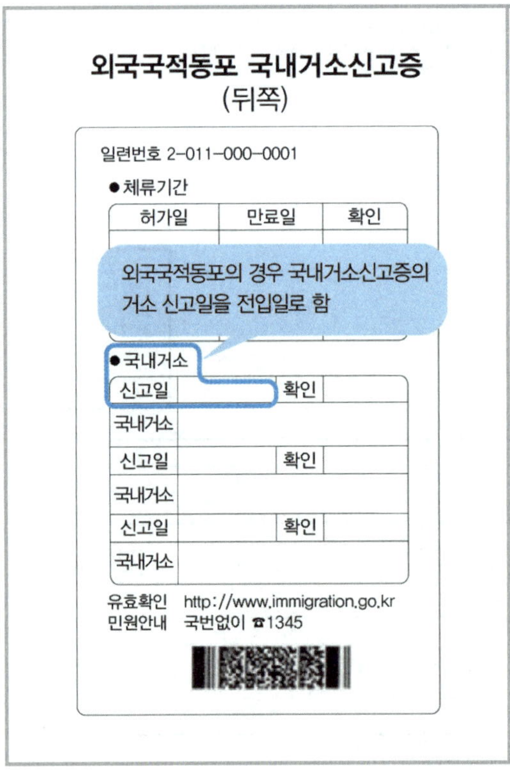

외국국적동포 국내거소신고증

(뒤쪽)

일련번호 2-011-000-0001

● 체류기간

허가일	만료일	확인

● 국내거소

신고일		확인	
국내거소			
신고일		확인	
국내거소			
신고일		확인	
국내거소			

유효확인 http://www.immigration.go.kr

민원안내 국번없이 ☎1345

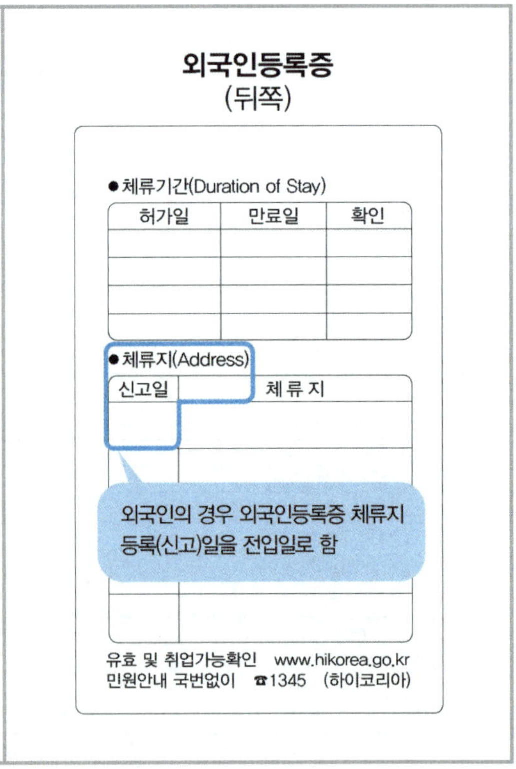

외국인등록증

(뒤쪽)

● 체류기간(Duration of Stay)

허가일	만료일	확인

● 체류지(Address)

신고일	체 류 지

유효 및 취업가능확인 www.hikorea.go.kr

민원안내 국번없이 ☎1345 (하이코리아)

(6) 주택임차차입금원리금상환액공제 지급명세서 작성

1) 세부명세서 – 월세액 · 거주자간 주택임차차입금원리금상환액 소득 · 세액공제명세서 (근로소득지급명세서 7쪽)

거주자로부터 주택임차차입금을 차입하여 원리금을 상환하고 해당 금액에 대해 공제를 받은 근로자에 대해서만 근로자가 제출한 자료를 바탕으로 다음과 같이 월세액 · 거주자간 주택임차차입금원리금상환액 소득 · 세액공제명세서(근로소득지급명세서 7쪽)를 작성한다. 해당 명세서는 근로자가 작성하여 원천징수의무자에게 제출하고, 원천징수의무자는 근로소득지급명세서의 일부로 과세관청에 제출하면 된다.

소득자의 무주택자 여부(01 : 여, 02 : 부) 기재
✔02(부)인 경우 공제 불가

(8쪽 중 제7쪽)

[ ] 월세액·[ ] 거주자 간 주택임차차입금 원리금 상환액 소득·세액공제 명세서

[무주택자 해당여부 [ ]여, [ ]부]

1. 인적사항	① 상 호	② 사업자등록번호
	③ 성 명	④ 주민등록번호
	⑤ 주 소	(전화번호:)
	⑥ 사업장 소재지	(전화번호:)

(중 략)

- ⑰기간 중 2025년이 반드시 포함되어야 함
- ⑰금전소비대차계약기간 개시일(차입일)을 참조하여 차입시기별 이자율 요건에 맞는지 검토 필요(전산검증 편리)

해당 명세서가 과세관청에 제출되면, ⑮대주(자금을 빌려준 사람)에게 "㉑이자"금액에 대해 종합소득세 신고의무가 발생
✓ 해당 이자는 "비영업대금이익"에 해당되어 금액 크기와 무관하게 반드시 종합소득세 신고납부의무가 있기 때문

3. 거주자 간 주택임차차입금 원리금 상환액 소득공제 명세

원리금상환액 증명서류(계좌이체 등)

1) 금전소비대차 계약내용

⑮ 대주(貸主)	⑯ 주민등록번호	⑰ 금전소비대차 계약기간	⑱ 차입금 이자율	원리금 상환액 ⑲ 계	⑳ 원금	㉑ 이자	㉒ 공제금액

2) 임대차 계약내용

㉓ 임대인 성 명 (상 호)	㉔ 주민등록번호 (사업자번호)	㉕ 유형	㉖ 계약 면적(㎡)	㉗ 임대차계약서 상 주소지	㉘ 계약서 상 임대차 계약기간 개시일	종료일	㉙ 전세보증금 (원)

금전소비대차계약서

임대차계약서

근로소득지급명세서 (2쪽) ㉞-㉮ 거주자 금액과 일치

임차 주택 등의 유형을 아래와 같이 기재 → 고시원은 기재불가

구 분	번 호	구 분	번 호
단독주택	1	아파트	5
다가구	2	오피스텔	6
다세대주택	3	고시원	7
연립주택	4	기 타	8

- 임대차계약서에 기재된 임차 개시일(입주일)과 종료일 기재
- 해당 기간 중 2025년이 반드시 포함되어야 함

- 과세기간 종료일(12.31.) 현재 전세보증금을 기재
- 통상 임대차계약서의 전세보증금을 기재하면 됨

2) 공제명세 작성

근로자가 신청한 주택임차차입금원리금상환액을 바탕으로 다음과 같이 공제명세(근로소득 지급명세서 2쪽)를 작성한다.

소득공제 순서를 고려한 순차한도를 말함(p.307 참조)

구 분		기재방법
㉞-㉮ 주택임차차입금 원리금상환액	대출기관	공제금액(A) = Min[원리금상환액 × 40%, 400만원, 순차한도]
	거주자	공제금액(B) = Min[원리금상환액 × 40%, 400만원 − A, 순차한도]

세대주인 근로자
+ 2009년 이전 청약저축가입자
+ 저당차입금이자상환액 있는 주택 당기 중 매각(상환기간 요건충족)
+ 보증부월세로 이사(전입)하면서 전세자금대출을 받는 경우

사례 주택관련 공제(공통사례)

1. 자료

근로자(총급여 7,000만원)의 2025년 주택관련 지출내역은 다음과 같다. 공제요건은 모두 충족하며, 순차한도는 충분하다고 가정한다.

공제구분	임차차입금원리금상환액 (금융기관 차입)	저당차입금이자상환액 (11차입, 상환기간 25년)	청약저축납입액	월세액
지출금액	900,000	9,200,000	1,200,000	450,000

고정금리 또는 비거치식 상환대출 아님

2. 지급명세서 작성(예시)

1) 공제금액 계산

주어진 사례에서 주택임차차입금원리금상환액 공제액을 산출해보면 다음과 같다.

구 분		기재방법
㉞-㉮	대출기관	공제금액(A) = Min[원리금상환액 × 40%, 400만원, 순차한도] = Min[900,000 × 40%, 4,000,000] = 360,000
	거주자	공제금액(B) = Min[원리금상환액 × 40%, 400만원 − A, 순차한도] = Min[0 × 40%, 4,000,000 − 360,000] = 0

2) 지급명세서 작성

여기서는 주택임차차입금원리금상환액에 대해서만 예시하기로 한다.

근로소득지급명세서 (2쪽)

Ⅳ 정산명세	종합소득공제	특별소득공제	㉝ 보험료	㉮ 건강보험료(노인장기요양보험료포함)	대상금액	
					공제금액	
				㉯ 고용보험료	대상금액	
					공제금액	
			㉞ 주택자금	㉮ 주택임차차입금 원리금상환액	대출기관	360,000(A)
					거주자	

주택담보대출 이자 상환액

7. 장기주택저당차입금이자상환액 공제(소법 §52 ⑤~⑥·§99 ①, 소령 §112 ①·③·⑤·⑧~⑫·⑭·⑮, 소령 §164 ⑪, 소칙 §58, 조특법 §87 ⑤·§98의 3·§99)

(1) 장기주택저당차입금이자상환액 공제 개요

해당 도표에서 언급하는 용어의 의미는 용어정의(p.54) 참조

<table>
<tr><th colspan="3" rowspan="3">구 분</th><th colspan="7">2023.12.31. 이전에 취득한 소득공제 대상 주택</th><th rowspan="3">2024.1.1. 이후 취득한 소득공제 대상 주택</th></tr>
<tr><th colspan="7">공제 신청하는 장기주택저당차입금이자상환액 차입금의 차입일</th></tr>
<tr><th>~ 2000.10.31.</th><th>2000.11.1. ~ 2003.12.31.</th><th>2004.1.1. ~ 2005.12.31.</th><th>2006.1.1. ~ 2013.12.31.</th><th>2014.1.1. ~ 2014.12.31.</th><th>2015.1.1. ~ 2018.12.31.</th><th>2019.1.1. ~</th></tr>
<tr><td rowspan="4">대상 주택</td><td colspan="2">규 모</td><td colspan="4">국민주택규모 이하</td><td colspan="4">규모 제한 없음</td></tr>
<tr><td rowspan="2">기준 시가</td><td>취득일 당시</td><td colspan="3">기준시가 제한 없음</td><td>3억원 이하</td><td colspan="2">4억원 이하</td><td>5억원 이하</td><td>6억원 이하</td></tr>
<tr><td>취득 이후</td><td colspan="8">관계없음</td></tr>
<tr><td colspan="2">소유자</td><td colspan="8">근로자(신청자) 본인[공동명의 소유 인정]</td></tr>
<tr><td rowspan="4">대상 차입금</td><td colspan="2">상환기간
(거치기간 포함)</td><td colspan="2">10년 이상</td><td colspan="3">15년 이상</td><td colspan="3">15년(고정금리 or 비거치분할상환은 10년) 이상</td></tr>
<tr><td colspan="2">차입일</td><td>제한 없음</td><td colspan="7">소유권이전(보존)등기일로부터 3개월 이내</td></tr>
<tr><td colspan="2">차입자</td><td colspan="8">근로자(신청자) 본인[공동명의 차입 인정]</td></tr>
<tr><td colspan="2">차입처</td><td colspan="8">주택도시기금·금융회사 등</td></tr>
<tr><td rowspan="6">근로자(신청자) 본인</td><td rowspan="3">법 소정 세대 보유 주택 수</td><td>대상주택 취득당시</td><td colspan="3">제한 없음</td><td>무주택</td><td colspan="4">무주택 또는 1주택</td></tr>
<tr><td>해당 과세기간</td><td colspan="4">2주택 이상 보유기간 3개월 이내</td><td colspan="4">제한 없음</td></tr>
<tr><td>과세기간 종료일 (12.31.)</td><td colspan="8">무주택 또는 1주택</td></tr>
<tr><td colspan="2">세대주 여부</td><td colspan="8">과세기간 종료일 현재(12.31.) 세대주 또는 세대원일 것</td></tr>
<tr><td rowspan="2">전입 여부</td><td>세대주</td><td colspan="8">제한 없음(전입하지 않아도 됨)</td></tr>
<tr><td>세대원</td><td colspan="8">반드시 전입</td></tr>
</table>

세대주가 모든 주택관련 공제를 신청하지 않는 경우에만 세대원 공제 가능

주민등록표등본에 기재된 외국인·외국국적동포도 공제 가능

취득 당시 이미 보유한 주택에 대해서는 규모, 기준시가 등 제한 없음

<table>
<tr><th colspan="3" rowspan="3">구 분</th><th colspan="7">2023.12.31. 이전에 취득한 소득공제 대상 주택</th><th rowspan="3">2024.1.1. 이후 취득한 소득공제 대상 주택</th></tr>
<tr><th colspan="7">공제 신청하는 장기주택저당차입금이자상환액 차입금의 차입일</th></tr>
<tr><th>~ 2000.10.31.</th><th>2000.11.1. ~ 2003.12.31.</th><th>2004.1.1. ~ 2005.12.31.</th><th>2006.1.1. ~ 2013.12.31.</th><th>2014.1.1. ~ 2014.12.31.</th><th>2015.1.1. ~ 2018.12.31.</th><th>2019.1.1. ~</th></tr>
<tr><td rowspan="4">대상 이자</td><td rowspan="2">지출 기간</td><td>세대주</td><td colspan="8">해당 과세기간 중 근무월(휴직기간 포함) 기간 지출분</td></tr>
<tr><td>세대원</td><td colspan="8">해당 과세기간 중 근무월(휴직기간 포함)이고 전입월인 기간 지출분</td></tr>
<tr><td rowspan="2">지출 금액</td><td>단독차입</td><td colspan="8">지출기간에 지출 + 본인부담 이자 + 전액 인정</td></tr>
<tr><td>공동차입</td><td colspan="8">지출기간에 지출 + 약정상 본인부담 차입금에 대한 이자 + 전액 인정
(약정이 없는 경우에는 1/n로 보아 공제대상 이자금액 산정)</td></tr>
<tr><td rowspan="2">공 제</td><td colspan="2">공제금액</td><td colspan="8">지출금액 전액 공제</td></tr>
<tr><td colspan="2">공제한도
(종합한도)</td><td colspan="8">차입시기·상환기간·상환방식·금리형태 고려하여 차등한도 적용
(최소 600만원 ~ 최대 2,000만원)</td></tr>
<tr><td colspan="3">제출서류</td><td colspan="8">• 간소화·장기주택저당차입금이자상환증명서
• 개별·공동주택가격확인서
• 등기사항증명서(인터넷등기소)
• 주민등록표등본</td></tr>
<tr><td colspan="3">세부명세서 작성·제출</td><td colspan="8">제출하지 않음</td></tr>
</table>

장기주택저당차입금이자상환액 공제한도가 주택관련 공제(월세액 제외) 종합한도임

외국인은 외국인등록표(증), 외국국적동포는 국내거소증도 함께 제출

(2) 추가 상황에 대한 공제 여부

1) 장기주택저당차입금이자상환액 공제를 적용받던 사람이 차입금을 중도에 상환하는 경우

<table>
<tr><th>구 분</th><th colspan="4">내 용</th></tr>
<tr><td>상 황</td><td colspan="4">• 장기주택저당차입금이자상환액 공제를 적용받던 주택을 매각하는 경우
• 여유자금이 생겨 상환기간 중 차입금을 중도에 상환하는 경우</td></tr>
<tr><td rowspan="7">공제 요건</td><td colspan="4">1. 상환기간</td></tr>
<tr><th>구 분</th><th colspan="3">내 용</th></tr>
<tr><td>판단방법</td><td colspan="3">최초차입일부터 최종상환일까지의 기간으로 산정</td></tr>
<tr><td>공제적용</td><td colspan="3">상환기간(최종상환일까지의 기간)이 15년 이상인 경우에만 공제(원천-160, 2010. 2.23.)</td></tr>
<tr><td rowspan="3">사 례</td><th>최초차입일 ~ 최종 상환일(중도상환일)</th><th>중도상환차입금이자 공제가능 여부</th><th>금융기관 증명서류 발급 여부 (간소화자료 조회 여부)</th></tr>
<tr><td>16년</td><td>공제가능</td><td>발급함(조회됨)</td></tr>
<tr><td>9년</td><td>공제불가</td><td>발급안함(조회 안됨)</td></tr>
<tr><td></td><td colspan="4">2. 이외 : 개요(p.376) 도표 참조하여 요건 검토</td></tr>
</table>

2) 장기주택저당차입금을 장기주택저당차입금으로 대환하는 경우

2003.1.1. 이후 대환분부터 적용

<table>
<tr><th>구 분</th><th>내 용</th></tr>
<tr><td>공제
요건</td><td>
1. 기준시가

<table>
<tr><th>구 분</th><th colspan="3">내 용</th></tr>
<tr><td>판단방법</td><td colspan="3">취득시점 기준시가 적용</td></tr>
<tr><td rowspan="4">사 례</td><td colspan="2">2013년 차입분</td><td rowspan="2">대환차입금 공제가능 여부</td></tr>
<tr><td>취득 당시 기준시가</td><td>대환 당시 기준시가</td></tr>
<tr><td>2억원</td><td>4억원</td><td>공제가능
why 취득당시 3억원 이하</td></tr>
<tr><td>4억원</td><td>3억원</td><td>공제불가
why 취득당시 3억원 초과</td></tr>
</table>

2. 상환기간

<table>
<tr><th>구 분</th><th colspan="2">내 용</th></tr>
<tr><td>판단방법</td><td colspan="2">최초차입일 기준으로 판단</td></tr>
<tr><td rowspan="3">사 례</td><td>상 황</td><td>대환차입금 공제가능 여부</td></tr>
<tr><td>최초차입금(상환기간 15년) 차입 6년 경과 후 상환기간 10년으로 대환한 경우</td><td>공제가능
why 상환기간 16년</td></tr>
<tr><td>최초차입금(상환기간 15년) 차입 10년 경과 후 상환기간 4년으로 대환한 경우</td><td>공제불가
why 상환기간 14년</td></tr>
</table>

3. 명의 : 차입금의 채무자가 해당 저당권이 설정된 주택의 소유자일 것

기존 차입금의 연장(승계)으로 봄

4. 이전방식

(1) 해당 금융회사 등 또는 다른 금융회사 등이 기존의 장기주택저당차입금의 잔액을 직접 상환하고 해당 주택에 저당권을 설정하는 형태로 장기주택저당차입금을 이전하는 방식

(2) 해당 차입자가 신규로 차입한 장기주택저당차입금으로 기존의 장기주택저당차입금의 잔액을 즉시 상환하고 해당 주택에 저당권을 설정하는 형태로 장기주택저당차입금을 이전하는 방식

5. 이외 : 개요(p.376) 도표 참조하여 요건 검토
</td></tr>
</table>

2023년 귀속 연말정산 또는 종합소득세 신고분부터 적용가능 (소령 부칙 §8 ①, 2024.2.29.)

3) 단기주택저당차입금을 장기주택저당차입금으로 대환하거나 만기연장하는 경우

대환 – 2004.1.1. 이후 대환분부터 적용
만기연장 – 2007.2.28. 이후 최초 만기연장분부터 적용

구 분	내 용
대환·만기연장	상환기간이 15년 미만인 것을 제외하고 다른 요건을 충족하는 단기주택저당차입금의 차입자가 기존 차입금의 상환기간 중 다음과 같이 만기연장·대환하는 경우

구 분	내 용	비 고
만기연장	기존 차입금의 상환기간을 15년 이상으로 연장하는 경우	차입금 1건
대 환	해당 주택에 저당권을 설정하고 상환기간을 15년 이상으로 하는 신규차입금으로 기존 단기주택저당차입금을 상환하는 경우	차입금 2건

공제요건

1. 기준시가

구 분	내 용
판단방법	

구 분	내 용	why
만기연장	만기연장 당시 기준시가 적용	기존 차입금은 공제대상이 아님 ✔ 만기연장·대환시점 기준으로 최초 판단
대 환	대환 당시 기준시가 적용	

기준시가 적용

만기연장·대환시점	기준시가 적용
2024.1.1. ~	6억원 이하
2021.2.17. ~ 2023.12.31.	5억원 이하
이외	4억원 이하

사 례

취득 당시 기준시가(2023년)	만기연장·대환 당시 기준시가(2024년)	만기연장(대환)차입금 공제가능 여부
5억원	6억원	공제불가 why 5억원 초과
5억원	4.9억원	공제가능 why 5억원 이하

2. 차입시점

구 분	내 용
만기연장	최초차입일 기준으로 판단 ✔ 기존 차입금 차입시점이 등기일로부터 3개월 이내면 충족
대 환	대환시점을 기준으로 판단 ✔ 대환시점이 등기일로부터 3개월 이내인 경우에만 충족

3. 명의
   차입금의 채무자가 해당 저당권이 설정된 주택의 소유자일 것

4. 이외
   개요(p.376) 도표 참조하여 요건 검토

한걸음 더

주택저당차입금이 2건 이상인 경우 — 간소화자료 등에 차입금 이자가 2건 이상인 경우 포함

구 분	내 용
상 황	• 주택취득 시 2곳 이상 금융기관에서 저당차입금을 차입하는 경우 • 주택취득 시 저당차입금을 차입한 후 다시 저당차입금을 추가로 차입하는 경우 • 공제받던 장기주택저당차입금을 대환하는 경우 • 공제대상이 아닌 단기주택저당차입금을 공제대상 장기주택저당차입금으로 대환하는 경우
공제요건	(아래 표 참조)

구 분	공제요건 검토
대환의 경우	대환 시 공제요건 검토(p.378 ~ p.379 참조)
이 외	• 각 차입금별로 공제요건 검토 • 차입시기 요건이 중요 why 소유권이전(보존)등기일로부터 3개월 경과 후 차입 → 공제불가

4) **주택취득과 함께 차입금을 승계(인수)하는 경우** — 예 주택을 상속받는 경우

구 분	구 분	내 용
공제요건	기준시가 적용	차입금 승계(인수)시점 2024.1.1. ~ : 기준시가 6억원 이하 2021.2.17. ~ 2023.12.31. : 기준시가 5억원 이하 이외 : 기준시가 4억원 이하
	상환기간	• 상환기간 15년 이상일 것 • 상환기간은 해당 주택 전 소유자의 최초차입을 기준으로 판단
	차입시점	기존 차입금의 차입시점과는 관계없음 why 주택취득 시 차입금을 승계 ↔ 취득일 = 차입일
	명 의	차입금의 채무자가 해당 저당권이 설정된 주택의 소유자일 것
	이 외	개요(p.376) 도표 참조하여 요건 검토
		기존 차입금이 주택소유권이전등기 또는 보존등기일부터 3개월 이내에 차입한 차입금이 아니어도 공제가능(서이 46013-11801, 2003.10.17.)
사 례		父가 이자상환공제를 받고 있다가 사망하여 子가 주택 및 장기주택저당차입금을 상속받는 경우 상속시점에 子가 대상자에 해당되고, 해당 차입금이 공제요건을 충족하는 경우에 상속받은 장기주택저당차입금은 공제대상임(서이 46013-12211, 2002.12.10.)

기준시가 적용 세부:

차입금 승계(인수)시점	기준시가 적용
2024.1.1. ~	6억원 이하
2021.2.17. ~ 2023.12.31.	5억원 이하
이외	4억원 이하

5) 주택취득과 함께 차입금을 차입하는 경우

<table>
<tr><th>구 분</th><th colspan="2">내 용</th></tr>
<tr><td rowspan="4">공제
요건</td><td>구 분</td><td>내 용</td></tr>
<tr><td>기준시가</td><td>주택취득 당시로 판단</td></tr>
<tr><td>차입금
차입방식</td><td>주택양수자가 주택양도자의 주택을 담보로 상환기간이 15년 이상인 차입금을 차입한 후 즉시 소유권을 주택양수자에게로 이전할 것</td></tr>
<tr><td>이 외</td><td>개요(p.376) 도표 참조하여 요건 검토</td></tr>
</table>

6) 양도소득세 과세특례대상 미분양주택 취득에 대한 차입금의 경우

<table>
<tr><th>구 분</th><th colspan="2">내 용</th></tr>
<tr><td>대상
차입금</td><td colspan="2">양도소득세 과세특례대상 미분양주택을 2009.2.12.부터 2010.2.11.까지의 기간 중에 최초로 취득하는 자가 해당 주택취득 시 차입하는 차입금</td></tr>
<tr><td>대상
확인
방법</td><td colspan="2">시장·군수·구청장은 미분양주택 현황 및 사업계획승인 신청서류 등에 따라 미분양주택임을 확인하고 해당 매매계약서(2부)에 미분양주택임을 확인하는 날인을 하여야 하며, 사업주체는 매매계약서 중 1부를 해당 매매계약자에게 발급하여야 함(조특령 §98의 3 ⑧·⑨)
✔ 미분양주택은 매매계약서에서 시장·군수·구청장의 날인으로 확인 가능</td></tr>
<tr><td rowspan="4">공제
요건</td><td>구 분</td><td>내 용</td></tr>
<tr><td>기준시가</td><td>주택취득 당시로 판단 ✔ 취득 당시 기준시가 3억원 이하일 것</td></tr>
<tr><td>상환기간</td><td>5년 이상일 것 ✔ 요건 충족 시 15년 이상으로 보아 공제 적용</td></tr>
<tr><td>이 외</td><td>개요(p.376) 도표 참조하여 요건 검토</td></tr>
</table>

7) 양도소득세 감면대상 신축주택 취득에 대한 차입금의 경우

구 분	내 용
대상 신축 주택	• 자기가 건설한 주택(주택조합·정비사업조합을 통하여 조합원이 취득하는 주택 포함)으로서 신축주택취득기간 사이에 사용승인 또는 사용검사(임시 사용승인 포함)를 받은 주택 • 주택건설사업자로부터 취득하는 주택으로서 신축주택취득기간에 주택건설업자와 최초로 매매계약을 체결하고 계약금을 납부한 자가 취득하는 주택(주택조합·정비사업조합을 통하여 취득하는 주택으로 법 소정 주택을 포함하되, 매매계약일 현재 다른 자가 입주한 사실이 있거나 신축주택취득기간 중 법 소정의 사유에 해당하는 사실이 있는 주택은 제외)
대상 차입금	대상 신축주택을 취득하기 위하여 차입한 사실이 확인되는 경우
공제 요건	주택, 차입금 요건을 제외하고 모두 적용하여 공제 여부 판단

1998년 5월 22일부터 1999년 6월 30일까지의 기간
(국민주택의 경우에는 1998년 5월 22일부터 1999년 12월 31일까지로 함)

8) **주택분양권에 대한 차입금의 경우** ─ 분양권에 대한 중도금 대출을 말함

<table>
<tr><th>구 분</th><th>내 용</th></tr>
<tr><td>공제 요건</td><td>
<table>
<tr><th>구 분</th><th>내 용</th></tr>
<tr><td>주택분양권</td><td>주택법에 따른 사업계획승인을 받아 건설되는 주택(주택조합 및 정비사업조합의 조합원이 취득하는 주택 또는 그 조합을 통하여 취득하는 주택 포함)을 취득할 수 있는 권리 ✔ 분양권·조합원입주권을 의미</td></tr>
<tr><td>적용대상 근로자</td><td>주택분양권 취득 당시 무주택 세대주인 근로자</td></tr>
<tr><td>분양권 요건</td><td>
<table>
<tr><th rowspan="2">분양권 취득시기</th><th rowspan="2">차입시기</th><th colspan="2">분양권 요건</th></tr>
<tr><th>분양받을 주택규모</th><th>주택분양권 가격</th></tr>
<tr><td>2024.1.1. 이후</td><td>2024.1.1. ~</td><td>제한 없음</td><td>6억원 이하</td></tr>
<tr><td rowspan="4">2023.12.31. 이전</td><td>2021.1.1. ~</td><td>제한 없음</td><td>5억원 이하</td></tr>
<tr><td>2014.1.1. ~ 2020.12.31.</td><td>제한 없음</td><td>4억원 이하</td></tr>
<tr><td>2006.1.1. ~ 2013.12.31.</td><td>국민주택규모</td><td>3억원 이하</td></tr>
<tr><td>~ 2005.12.31.</td><td>제한 없음</td><td>제한 없음</td></tr>
</table>
</td></tr>
<tr><td>주택분양권가격 산정방법</td><td>
분양계약서(조합원입주권 동일)의 분양가격(금액)임
<table>
<tr><th colspan="2">구 분</th><th>주택분양권가격</th></tr>
<tr><td rowspan="2">조합원 입주권</td><td>청산금 납부</td><td>기존건물과 그 부수토지 평가액+납부한 청산금</td></tr>
<tr><td>청산금 수취</td><td>기존건물과 그 부수토지 평가액-지급받은 청산금</td></tr>
<tr><td colspan="2">이 외</td><td>분양가격</td></tr>
</table>
</td></tr>
<tr><td>차입금 요건
(중도금대출 요건)</td><td>
<table>
<tr><th>구 분</th><th>내 용</th></tr>
<tr><td>차입처</td><td>금융회사·주택도시기금</td></tr>
<tr><td>저당차입금 전환조건</td><td>그 주택 완공 시 장기주택저당차입금으로 전환할 조건으로 차입할 것(그 주택 완공 전에 조건 변경하는 경우 포함)</td></tr>
<tr><td>대출기간</td><td>기간 제한 없음</td></tr>
</table>
2007.1.1. 이후 최초로 차입조건을 변경하는 분부터 적용
✔ 대출계약서를 제출받아 확인
</td></tr>
<tr><td>장기주택 저당차입금으로 보는 기간</td><td>
<table>
<tr><th>저당차입금 전환조건 약정시점</th><th>장기주택저당차입금으로 보는 기간</th></tr>
<tr><td>최초차입 시</td><td>차입일 ~ 소유권이전등기일</td></tr>
<tr><td>중도에 조건변경 시</td><td>변경일 ~ 소유권이전등기일</td></tr>
</table>
</td></tr>
</table>
</td></tr>
</table>

한걸음 더

주택분양권에 대한 차입금

2005.12.31. 이전 대출분은 주택분양권의 수와 관계없이 공제가능

상 황	내 용	비 고
주택분양권 2개 이상	주택분양권이 2개 이상인 경우 해당 과세기간에는 공제불가	2주택자와 동일하게 적용배제
주택분양권 중도매매	공제대상 주택분양권에 대한 차입금을 차입한 근로자가 해당 분양권을 해당 주택의 취득 전에 양도하고 해당 분양권의 양수인이 분양권 취득과 함께 해당 차입금을 승계하는 경우 다음과 같이 공제적용(서일-121, 2006.1.31.) [분양권 양도자] 양도일까지 공제적용 [분양권 양수자] 요건 충족 시 양수일부터 공제적용	분양권 중도매매 시 상환기간 요건이 없는 바, 중도매매일까지 공제적용
분양가격이 기준을 초과하는 경우	분양가격이 3억원을 초과하여 공제를 적용받을 수 없으나, 해당 주택이 완공되어 장기주택저당차입금으로 전환함에 있어 전환 당시 해당 주택의 기준시가가 3억원 이하에 해당되고 전환된 차입금이 장기주택저당차입금 요건을 충족하는 경우 전환일 이후부터 소득공제를 적용받을 수 있음(원천-514, 2009.6.16.)	2013.12.31. 이전 주택분양권 사례임
주택완공 시 기준시가 요건을 불충족하는 경우	공제대상 주택분양권을 소유한 근로자가 주택이 완공되어 소유권보존 등기되고 장기주택저당차입금으로 전환된 경우, 그 전환 당시 해당 주택의 기준시가가 요건을 충족하지 못하게 되는 경우 전환일 이후부터 이자상환액 공제를 적용받을 수 없음(원천-895, 2010.11.27.)	주택분양권 대출과 완공 후 주택에 대한 저당차입금은 별개임
1주택자가 주택분양권을 취득하는 경우	공제대상 저당차입금이자상환액을 상환하고 있는 근로자(1주택자)가 상속으로 분양권을 상속받는 경우 다음과 같이 공제됨(서일-1740, 2007.12.26.) [저당차입금이자상환액] 공제가능 / 분양권은 주택수에 불포함 [분양권대출이자상환액] 공제불가 / 1주택자가 취득	
1주택분양권자가 1주택을 취득하는 경우	무주택 세대 세대주가 주택분양권을 취득하여 저당차입금이자상환액공제를 적용받다가 1주택을 취득하여 주택에 대한 저당차입금이자상환액도 발생하게 되는 경우 다음과 같이 공제됨 [저당차입금이자상환액] 공제가능 / 분양권은 주택수에 불포함 [분양권대출이자상환액] 공제가능 / 무주택자가 취득	

주택분양권 중도매매 세부:

분양권 양도자	분양권 양수자
양도일까지 공제적용	요건 충족 시 양수일부터 공제적용

1주택자가 주택분양권을 취득하는 경우 세부:

구 분	공제 여부	why
저당차입금이자상환액	공제가능	분양권은 주택수에 불포함
분양권대출이자상환액	공제불가	1주택자가 취득

1주택분양권자가 1주택을 취득하는 경우 세부:

구 분	공제 여부	why
저당차입금이자상환액	공제가능	분양권은 주택수에 불포함
분양권대출이자상환액	공제가능	무주택자가 취득

9) 기타

구 분	내 용	공제 여부
일정기간 사용 후 분양되는 임대아파트인 경우	일정기간 사용 후 분양되는 임대아파트 관련 임차인이 차입한 금액(서일-412, 2006.3.31.)	공제불가 why 주택소유자 아님
	임대기간 만료 후 소유권이 이전되는 시점에 신규 차입자금이 요건을 충족하는 경우(서일-412, 2006.3.31.)	공제가능
부담부증여로 취득하는 주택인 경우	부담부증여로 취득한 주택(저당차입금 주택요건 충족)의 증여등기일로부터 3개월 이내에 해당 주택에 저당권을 설정하고 상환기간 15년 이상의 장기주택저당차입금을 금융회사로부터 대출받아 그 증여재산에 담보된 채무를 상환(전세금을 반환) 시 그 차입금(원천-537, 2011.8.30.)	공제가능
저당권이 설정된 주택이 재건축되는 경우	저당차입금이자상환액 소득공제를 적용받은 거주자가 재건축절차인 관리처분인가과정에서 저당권이 설정된 주택의 신탁이전등기 및 주택저당권이 말소되는 경우(소득세제과-237, 2016.6.2.)	공제불가 why 저당권이 설정된 주택 소유자가 아님

(3) 장기주택저당차입금이자상환액공제 요건 및 한도

1) 공제대상 주택의 범위

장기주택저당차입금이자상환액을 포함한 주택관련 공제에 있어 공제가능한 주택 등의 범위는 다음과 같다.

구 분		월세액	주택임차차입금원리금상환액 (전세자금대출원리금)	장기주택저당차입금 이자상환액 (주택담보대출이자)
공제대상 주택 등 범위	주 택	공제대상 (○)	○	○
	주거용 오피스텔	○	○	공제대상 아님(×)
	고시원	○	×	×

오피스텔은 건축법상 업무시설에 해당 (서일-567, 2004.4.19.)

2) 기준시가

기준시가는 다음과 같이 판단한다.

<table>
<tr><th>구 분</th><th colspan="4">내 용</th></tr>
<tr><td rowspan="5">기준시가 관련 경과조치</td><td colspan="3">구 분</td><td>기준시가</td></tr>
<tr><td colspan="3">원 칙</td><td>부동산가격 공시에 관한 법률에 의한 개별·공동주택가격</td></tr>
<tr><td rowspan="3">차입일 당시 공시된 개별·공동주택 가격이 없는 경우</td><td colspan="2">2008.1.1. 이후 차입</td><td>차입일 이후 부동산가격 공시에 관한 법률에 따라 최초로 공시된 가격</td></tr>
<tr><td rowspan="2">2007.12.31. 이전 차입</td><td>개별주택</td><td>해당 주택과 구조·용도·이용상황 등 이용가치가 유사한 인근주택을 표준으로 보고 같은 법 제16조 제7항의 규정에 따른 비준표에 따라 납세지 관할세무서장이 평가한 가액</td></tr>
<tr><td>공동주택</td><td>인근 유사공동주택의 거래가격·임대료 및 해당 공동주택과 유사한 이용가치를 지닌다고 인정되는 공동주택의 건설에 필요한 비용추정액 등을 종합적으로 참작하여 납세지 관할세무서장이 평가한 가액</td></tr>
<tr><td>기준시가 확인방법</td><td colspan="4">홈택스 ⇨ 장려금·연말정산·기부금 ⇨ 근로·자녀장려금 ⇨ 주택 등 기준시가조회</td></tr>
<tr><td>공동명의의 주택</td><td colspan="4">공동명의로 취득하는 주택에 대하여 공제대상 주택의 기준시가는 인명별로 안분하지 않고 해당 주택의 기준시가를 기준으로 판단(서일-778, 2006.6.13.)</td></tr>
</table>

3) 법소정 세대 보유주택수 변동

▌법소정 세대 보유주택수에 대한 공제요건▐

<table>
<tr><th colspan="2">차입금 차입시기</th><th>~ 05.12.31.</th><th>06.1.1. ~ 13.12.31.</th><th>14.1.1. ~</th></tr>
<tr><td colspan="2">취득 당시</td><td>제한 없음</td><td>무주택</td><td>무주택 또는 1주택</td></tr>
<tr><td rowspan="2">취득이후</td><td>해당 과세기간 중
(1.1.~12.31.)</td><td colspan="2">2주택 이상 보유기간이 3개월 이내</td><td>제한 없음</td></tr>
<tr><td>해당 과세기간 종료일(12.31.)</td><td colspan="3">무주택 또는 1주택</td></tr>
</table>

2025년 1주택자(저당차입금 있음)가 신규주택(저당차입금 있음)을 취득하는 경우

<table>
<tr><th colspan="4" rowspan="2">상 황</th><th colspan="2">보유주택수만을 고려한 저당차입금이자 공제가능 여부</th></tr>
<tr><th>기존주택
저당차입금이자</th><th>신규주택
저당차입금이자</th></tr>
<tr><td rowspan="2">기존주택
매각 후
신규주택
취득</td><td colspan="3">~ 13.12.31. 차입</td><td rowspan="2">공제가능(○)
why 과세기간 중 2주택 기간 없음 & 12.31. 1주택</td><td rowspan="2">공제가능(○)
why 취득 시 무주택 & 12.31. 1주택</td></tr>
<tr><td colspan="3">14.1.1. ~ 차입</td></tr>
<tr><td rowspan="4">신규주택
취득 후
기존주택
매각</td><td rowspan="3">~
13.12.31.
차입</td><td colspan="2">공제받고
있었던 경우</td><td>공제가능(○)
why 개정규정 적용(과세기간 중 2주택 기간 고려하지 않음 & 12.31. 1주택)</td><td rowspan="3">공제가능(○)
why 취득 시 1주택이고 12.31. 1주택</td></tr>
<tr><td rowspan="2">이 외</td><td>2주택
기간
3개월
초과</td><td>공제불가(×)
why 종전규정 적용(과세기간 중 2주택 기간 3개월 초과)</td></tr>
<tr><td>2주택
기간
3개월
이하</td><td>공제가능(○)
why 종전규정 적용(과세기간 중 2주택 기간 3개월 이하)</td></tr>
<tr><td colspan="3">14.1.1. ~ 차입</td><td>공제가능(○)
why 과세기간 중 2주택 기간 고려하지 않음 & 12.31. 1주택</td><td>공제가능(○)
why 취득 시 1주택이고 12.31. 1주택</td></tr>
<tr><td>세대합가</td><td colspan="3">저당차입금이자상환액 공제를 적용받은 거주자가 별도 세대원의 세대합가로 2주택자가 되었으나, 세대원의 주택이 2개월 이내 양도된 경우(원천-623, 2010.7.29.)</td><td>공제가능(○)
why 과세기간 중 2주택 기간 3개월 이하 & 12.31. 1주택</td><td>N/A</td></tr>
</table>

- 같은 일자에 취득·양도한 경우도 동일(원천-239, 2010.3.17.)

- 2014.1.1. 전에 차입한 장기주택저당차입금의 이자상환액에 대하여 종전규정에 따라 공제를 받고 있던 자가 2014.1. 1. 이후 다른 주택의 취득으로 장기주택저당차입금을 차입하거나 세대 구성원이 주택을 취득함으로써 2주택 이상을 보유하게 된 경우에는 종전규정(연도 중 2주택 이상 보유기간이 3개월 초과 시 공제배제)에도 불구하고 개정된 규정(연도 중 2주택 보유기간 적용하지 않고, 12.31. 현재 1주택 이하인 경우에는 공제적용)에 따라 2014.1.1. 전에 차입한 장기주택저당차입금의 이자상환액을 공제함(소법 부칙 §4 ②·§19, 2014.1.1.)

- 해당 요건은 2013.12.31. 이전 차입금만 고려함

<table>
<tr><th colspan="2" rowspan="2">상 황</th><th colspan="2">보유주택수만을 고려한 저당차입금이자 공제가능 여부</th></tr>
<tr><th>기존주택
저당차입금이자</th><th>신규주택
저당차입금이자</th></tr>
<tr><td>배우자
취득</td><td>세대주가 저당차입금이자 공제대상 주택을 소유한 상태에서 배우자가 주택을 취득한 경우(법규소득-29, 2010.2.26.)</td><td>공제불가
why 12.31. 2주택(부부합산)</td><td>공제불가
why 12.31. 2주택(부부합산)</td></tr>
<tr><td>상 속</td><td>세대주가 저당차입금이자 공제대상 주택을 소유한 상태에서 배우자가 주택을 상속받아 2주택자가 된 경우(원천-456, 2009.5.27.)</td><td>공제불가(×)
why 12.31. 2주택(부부합산)</td><td>N/A</td></tr>
</table>

공동상속의 경우에는 다음 순서로 소유자를 판단
① 상속지분이 가장 큰 상속인
② 해당 주택에 거주하는 상속인
③ 상속인 중 최연장자

4) 차입금 요건

상 황	내 용	공제대상 차입금 여부
한도거래방식 차입금	대출약관에 의해 일정 한도액을 설정하고 약정된 한도액 범위 내에서 차입과 상환을 반복할 수 있는 '한도거래'방식으로 차입한 차입금	공제대상 아님 (서일-1243, 2006.9.12.)

5) 차입시점

<table>
<tr><th>구 분</th><th>내 용</th></tr>
<tr><td>차입시점
요건</td><td><table><tr><th>차입금 차입시기</th><th>차입시점 요건</th></tr><tr><td>2000.10.31. 이전</td><td>관계없음</td></tr><tr><td>2000.11. 1. 이후</td><td>주택소유권이전등기일 또는 보존등기일부터 3개월 이내에 차입한 장기주택저당차입금일 것</td></tr></table></td></tr>
<tr><td>등기일 경과 후 보존용도 대출을 받는 경우</td><td>3월 준공 승인된 아파트를 입주하면서 6월 등기접수를 하고 등기권리증이 발급되었으나, 대출 심사과정에서 기일 경과로 아파트 구입에 대한 신규대출을 받지 못하고 보존용도로 대출이 발생한 경우에도 차입일이 등기일로부터 3개월이 경과되면 공제받을 수 없음(서일-1542, 2006.11.13.)</td></tr>
</table>

6) 명의 요건

<table>
<tr><th>구 분</th><th>내 용</th></tr>
<tr><td>명의 요건</td><td>
<table>
<tr><th rowspan="3">구 분</th><th colspan="3">공제가능 장기주택저당차입금이자상환액</th></tr>
<tr><th rowspan="2">본인명의 차입</th><th colspan="2">공동명의 차입</th></tr>
<tr><th>채무분담비율 약정 있음</th><th>채무분담비율 약정 없음</th></tr>
<tr><td>본인 명의 주택</td><td rowspan="2">본인 부담 이자</td><td rowspan="2">본인 채무부담분 이자</td><td rowspan="2">1/n로 나눈 이자</td></tr>
<tr><td>공동명의 주택</td></tr>
</table>
</td></tr>
<tr><td>타인명의
(공동명의 아님)</td><td>
<table>
<tr><th rowspan="3">구 분</th><th colspan="4">장기주택저당차입금이자상환액 공제 여부</th></tr>
<tr><th colspan="2">본인(甲)의 공제신청 여부</th><th colspan="2">배우자(乙)의 공제신청 여부</th></tr>
<tr><th>본인(甲) 명의 차입</th><th>배우자(乙) 명의 차입</th><th>본인(甲) 명의 차입</th><th>배우자(乙) 명의 차입</th></tr>
<tr><td>본인(甲) 명의 주택</td><td>공제가능</td><td>공제불가(×)
why 乙명의 차입금</td><td>공제불가(×)
why 甲명의 주택·차입금</td><td>공제불가(×)
why 甲명의 주택</td></tr>
<tr><td>배우자(乙) 명의 주택</td><td>공제불가(×)
why 乙명의 주택</td><td>공제불가(×)
why 乙명의 주택·차입금</td><td>공제불가(×)
why 甲명의 차입금</td><td>공제가능</td></tr>
</table>
</td></tr>
<tr><td>차입금을 타인명의 차입금으로 상환(명의변경) 시</td><td>
<table>
<tr><th rowspan="2">상 황</th><th colspan="2">공제가능 여부</th></tr>
<tr><th>취득일로부터 3개월 이내</th><th>취득일로부터 3개월 경과</th></tr>
<tr><td>본인명의 차입금을 배우자명의 차입금으로 상환
(원천-453, 2009.5.7.)</td><td rowspan="3">공제가능</td><td rowspan="3">공제불가</td></tr>
<tr><td>배우자명의 차입금을 본인명의 차입금으로 상환
(원천-289, 2010.4.2.)</td></tr>
<tr><td>공동명의 차입금을 본인명의 차입금으로 명의 변경(원천-468, 2009.5.29.)</td></tr>
</table>
</td></tr>
<tr><td>주택·차입금 명의 모두 변경</td><td>배우자명의로 취득한 주택에 배우자 저당차입금 실행 후 배우자의 소득이 적어 부부 공동명의 등기 후 대출 명의를 남편으로 이전하는 경우 신규차입금은 저당차입금이자상환액 공제불가(원천-163, 2010.2.23.)
why 근로자 본인명의(공동명의 포함)로 취득한 주택이어야 함
→ 배우자명의를 공동명의로 명의 변경한 것은 취득이 아니라고 봄</td></tr>
</table>

7) 이자상환액

- 소유권이전(보존)등기일로부터 3개월 이내 차입한 것일 것
- 주택소유자가 차입금 채무자일 것

구 분	공제대상 이자상환액 포함 여부
해당 과세기간 중 차입금 요건을 충족하지 못하게 되는 경우	그 사유가 발생하는 날부터 공제불가
선급한 이자상환액	공제대상(서일-107, 2006.1.26.)
상환하지 못한 이자·연체이자	공제대상 아님(제도 46013-436, 2000.11.22.)
사내근로복지기금에서 지원받은 이자상환액	공제대상 아님(서면법규-1302, 2012.11.6.) └ 근로소득에도 해당 안됨(소득제외)
원천징수의무자가 대납한 이자상환액	공제대상 ─ 근로소득으로 과세
공동명의 차입금인 경우	다음과 같이 공제대상 이자상환액 산정 채무분담비율 약정 있음: 본인 채무부담분 이자 채무분담비율 약정 없음: 1/n로 나눈 이자
대환·만기연장으로 차입금이 증액된 경우	기존 차입금(증액 전 차입금) 잔액에 대한 이자만 공제대상(서일-574, 2008.4.25.) └ 금융기관에서 계산하여 증명서류 발급
주택취득과 함께 차입금을 승계받은 경우	다음과 같이 공제대상 이자상환액 산정(서이 46013-10190, 2003.1.27.) 주택양도인: 채무자 변경 전까지 본인이 부담하는 이자상환액 주택양수인: 채무자 변경 후부터 본인이 부담하는 이자상환액
분양권 중도매매의 경우	다음과 같이 공제대상 이자상환액 산정(서일-121, 2006.1.31.) 양도인: 양도일 전일까지 본인이 부담하는 이자상환액 양수인: 양수일 이후부터 본인이 부담하는 이자상환액
대위변제 이자상환액	(아래 표 참조)

대위변제 이자상환액:

상 황	공제 여부
시행사가 장기주택저당차입금 이자를 대위변제하고, 개별등기 후 입주자로부터 되돌려 받는 이자(원천-258, 2009.3.30.)	공제불가
주택건설사업자가 아파트 건설공사 중에 부도 발생하여 ○○주택보증(주)가 당해 공사를 승계하여 건설업체의 국민주택기금 융자금에 대한 이자를 대위변제하고, 개별등기 후 입주자로부터 되돌려 받고 있는 이자(입주일부터 국민주택기금의 채무자를 건설사업자에서 입주자 앞으로 대환처리한 날까지에 대한 이자)(서이 46013-10932, 2002.5.1.)	공제불가
장기주택저당차입금에 대한 이자를 시행사가 대위변제하고 주택완공시 이를 지급하기로 하는 이자후불제 분양권을 취득하였으나, 혜택이 중단되어 직접 이자를 부담한 경우(사전법규소득-32, 2024.6.26.)	공제가능

사례 장기주택저당차입금을 2회 대환하는 경우

1. 자료

구 분	내 용	
	대환·상환 내역	해당 과세기간 중 이자상환액
최초장기주택저당차입금(A은행)	5,000만원을 차입하여 1,000만원 상환 (차입금 잔액 4,000만원)	–
2차장기주택저당차입금(B은행)	8,000만원으로 대환하여 2,000만원을 상환 (차입금 잔액 6,000만원)	1,800,000
3차장기주택저당차입금(C은행)	10,000만원으로 대환	500,000

2. 공제대상 이자상환액 계산

(1) 2차장기주택저당차입금(B은행)에 대한 공제대상 이자상환액

① 2차차입금 중 최초차입금부분 계산

구 분	차입금액	상환액	잔 액	비 고
최초차입금	5,000만원	1,000만원	4,000만원	
2차차입금				
계	8,000만원	2,000만원	6,000만원	
(최초차입금)	4,000만원			2차차입금 중 최초차입금부분
(증액차입금)	4,000만원			

② 2차장기주택저당차입금(B은행)에 대한 공제대상 이자상환액

$$= 1,800,000 \times \frac{4,000만원}{8,000만원} = 900,000$$

(2) 3차장기주택저당차입금(C은행)에 대한 공제대상 이자상환액

① 3차차입금 중 최초차입금부분 계산

구 분	차입금액	상환액	잔 액	비 고
2차차입금				
계	8,000만원	2,000만원	6,000만원	
(최초차입금)	4,000만원	1,000만원	3,000만원	이자상환액 산정 시 평균법 사용 → 차입금 상환액도 평균법 사용
(증액차입금)	4,000만원	1,000만원	3,000만원	
3차차입금				
계	10,000만원			
(최초차입금)	3,000만원			3차차입금 중 최초차입금부분
(증액차입금)	7,000만원			

② 2차장기주택저당차입금(B은행)에 대한 공제대상 이자상환액

$$= 500,000 \times \frac{3,000만원}{10,000만원} = 150,000$$

8) 공제한도

① 장기주택저당차입금이자상환액 공제한도

장기주택저당차입금이자상환액 공제한도(이하 "종합한도")는 해당 차입금의 차입시기·상환기간·상환방식에 따라 다음과 같이 구분된다.

고정금리방식, 비거치식 분할상환방식 의미는 용어정의(p.54) 참조

차입시기	상환기간 (거치기간 포함)	금리유형·상환방식	공제한도 (종합한도)
~ 2011.12.31.	15년 미만	관계없음	6,000,000
	15년 이상 ~ 30년 미만		10,000,000
	30년 이상		15,000,000
	15년 이상	고정금리 and 비거치식 상환	20,000,000
		고정금리 or 비거치식 상환	18,000,000
2012.1.1. ~	15년 이상	고정금리 and 비거치식 상환	20,000,000
		고정금리 or 비거치식 상환	18,000,000
		이외	8,000,000
	10년 이상 ~15년 미만	고정금리 or 비거치식 상환	6,000,000
		이외	0

2011.12.31. 이전 차입금의 이자상환액 공제한도는 공제한도 중 유리한 것을 선택하면 됨(소법 부칙 §16 ②, 2023.12.31.)

고정금리 and 비거치식 상환 포함

고정금리 and 비거치식 상환 제외

공제대상 아님

한걸음 더

2011.12.31. 이전 차입금의 이자상환액 공제한도는 2024.1.1. 이후 개정된 공제한도를 적용하되, 불리한 경우에는 개정 이전의 공제한도를 적용할 수 있음(소법 부칙 §16 ②, 2023.12.31.).

1. 양도소득세 과세특례대상 미분양주택

구 분	내 용		
차입시기	2011.12.31. 이전 차입금에 해당		
상환기간 적용	5년을 15년으로 봄		
공제한도 적용	상환기간	금리유형·상환방식	공제한도
	5년 이상	고정금리 and 비거치식 상환	20,000,000
		고정금리 or 비거치식 상환	18,000,000
	5년 이상 30년 미만	이외	10,000,000
	30년 이상	이외	15,000,000

2. 과세기간 중에 상환기간이 서로 다른 차입금에 대한 이자상환액이 있는 경우

구 분	내 용		
상황(예시)	상환기간 15년 이상인 장기주택저당차입금(A)와 상환기간 30년 이상인 장기주택저당차입금(B)를 차입한 경우(원천-726, 2010.9.13.)		
공제한도 적용	상환기간		공제한도
	1차한도	15년 이상 차입금(A)	10,000,000
		30년 이상 차입금(B)	15,000,000
	2차한도(A와 B의 합산한도)		15,000,000
	소득공제대상 주택관련 공제 종합한도		15,000,000

다음과 같이 공제대상 장기주택저당차입금이 2건 이상인 경우(예시)
① 대환한 경우
② 주택 취득 시 등기일로부터 3개월 이내에 2곳 이상에서 차입한 경우

제일 큰 한도금액을 합산한도로 함

합산한도를 종합한도로 함

3. 2011년 이전 차입금의 만기연장 등

상 황(서면법규-1489, 2012.12.14.)	공제한도 적용
2011.12.31. 이전 단기주택저당차입금 → 2012.1.1. 이후 대환·만기연장 → 공제대상 장기주택저당차입금	2012년 이후 차입금으로 보아 공제한도 적용
2011.12.31. 이전 장기주택저당차입금 → 2012.1.1. 이후 금리유형·상환방식 등을 변경하면서 상환기간 연장	2011년 이전 차입금으로 보아 공제한도 적용

② 주택관련 다른 공제(월세액 제외)가 있는 경우 공제한도

이에 대해선 주택관련 공제 공통사항(p.362)을 참조하기 바란다.

(4) 주택관련 다른 공제와 중복적용 여부(예시임)

이에 대해서는 p.366을 참조하기 바란다.

한걸음 더

장기주택저당차입금이자상환액공제와 주택자금차입금 이자세액공제(p.636 참조)가 동시에 적용되는 경우 그중 하나만 선택해서 적용받아야 한다.

(5) 장기주택저당차입금이자상환액공제 제출서류

1) **제출서류 리스트**

계속근로자는 변동이 없는 사항에 대해서는 제출하지 않아도 됨
다만, 지출금액 관련서류는 무조건 매년 제출함

<table>
<tr><th colspan="3">구 분</th><th>제출서류</th><th>발급처</th><th>인터넷</th></tr>
<tr><td rowspan="9">주 택</td><td colspan="2" rowspan="4">일반적인 경우(공통)</td><td>장기주택저당차입금 이자상환증명서 (이하 "이자상환증명서")</td><td>금융회사 등</td><td>간소화</td></tr>
<tr><td>주민등록표등본</td><td>읍·면·동주민센터</td><td>정부24</td></tr>
<tr><td>개별(공동)주택가격확인서</td><td>시·군·구청</td><td>정부24</td></tr>
<tr><td>건물등기사항증명서 (등기부등본)</td><td>등기소</td><td>대법원 전자 등기소</td></tr>
<tr><td colspan="2">대환·만기연장</td><td>기존 및 신규차입금의 대출계약서 사본</td><td>금융회사 등</td><td></td></tr>
<tr><td rowspan="2">양도세 감면대상 신축주택</td><td>자기 건설주택</td><td>다음 중 하나만 제출
• 사용승인서 사본
• 사용검사서 사본
• 임시사용승인서 사본</td><td>본인 보관</td><td></td></tr>
<tr><td>주택건설 사업자 건설주택</td><td>다음 모두 제출
• 주택매매계약서 사본
• 계약금납부 입증서류
• 주택건설사업자확인서</td><td>본인 보관</td><td></td></tr>
</table>

<table>
<tr><td rowspan="3">주택분양권</td><td>장기주택저당차입금 이자상환증명서</td><td>금융회사 등</td><td>간소화</td></tr>
<tr><td>분양계약서 사본</td><td>본인 보관</td><td></td></tr>
<tr><td>대출계약서 사본</td><td>금융회사 등</td><td></td></tr>
</table>

- 주민등록표등본: 외국인은 외국인등록표(증), 외국국적동포는 국내거소증도 함께 제출
- 개별(공동)주택가격확인서: 2006.1.1. 이후 차입금만 제출
- 대법원 전자 등기소: www.iros.go.kr
- 주택건설사업자확인서: 감면배제 주택이 아님을 시장·군수·구청장이 확인한 서류

실무 Tip

1. 하나의 금융기관에 장기주택저당차입금이 2건 이상인 경우

하나의 금융기관에 공제대상 장기주택저당차입금이 2건 이상인 경우, 장기주택저당차입금 이자상환증명서 발급은 다음과 같이 된다(소득세법 시행규칙 별지 제44호의 4 서식 작성방법).

상 황	금융기관 발급방법	제출방법
해당 금융회사로부터 차입한 저당차입금 1건 + 다른 금융회사로부터 이전된 저당차입금 1건	별도 증명서로 구분하여 발급	별도 증명서류로 제출요청 why 정확한 공제 여부확인·한도적용
해당 금융회사로부터 차입한 저당차입금 2건	언급 없음	

2. 장기주택저당차입금 이자상환증명서와 간소화자료

장기주택저당차입금이자상환액 공제에 있어 간소화자료에서 다음과 같이 조회되지 않는 자료가 많기 때문에, 금융기관에서 발급하는 장기주택저당차입금이자상환증명서를 제출받아 연말정산업무를 수행할 것을 권한다.

구 분	간소화자료 (국세청 발급)	장기주택저당차입금 이자상환증명서 (금융기관 발급)
고정금리·비거치식	요건 충족여부 별도 계산 확인	구분 표시되어 있음(별도 확인 불필요)
주택취득일/저당권설정일	누락되는 경우 많음	기재하여 발급해야 함
주택면적/주택주소지/기준시가	기재 안됨	기재하여 발급해야 함
대환·만기연장 차입금명세	기재 안됨	세부사항 기재하여 발급해야 함

2) 공제요건별 제출서류 확인방법

주택관련 용어의미는 용어정의(p.54) 참조

공제요건(상황)	확인방법(사항)	제출서류(확인서류)	유의사항
세대주/세대원일 것	주민등록표등본 제출 여부	주민등록표등본	외국인·외국국적 동포는 기재되어 있는 경우 공제 가능
전입 여부 (세대원에 한함)	• 주택 소재지 주소 = 주민등록표등본 주소 • 주택 소재지 주소 ✔ 등기사항증명서 표제부 확인 (제일 앞부분)	등기사항증명서· 주민등록표등본	세대원만 확인
주택규모 (국민주택규모 이하)	소재지별 전용면적(85㎡ or 100㎡ 이하) 확인 ✔ 등기사항증명서 표제부(건물내역 부분) 확인	등기사항증명서· 이자상환증명서	2013.12.31. 이전 차입분만 확인
취득일 기준시가	• 취득일 ✔ 등기사항증명서 등기원인일 확인 • 기준시가 ✔ 가격확인서 확인	등기사항증명서· 가격확인서	2006.1.1. 이후 차입분만 확인

공제요건(상황)	확인방법(사항)	제출서류(확인서류)	유의사항
주택소유자	등기사항증명서 갑구 맨 아래 소유자 확인	등기사항증명서	반드시 본인
차입자	간소화·이자상환증명서 차입자 확인	간소화· 이자상환증명서	반드시 본인
상환기간	간소화·이자상환증명서 상환기간 확인	간소화· 이자상환증명서	10년 미만 무조건 공제불가
차입일이 소유권이전 등기일로부터 3개월 이내일 것	• 차입일 ✔ 간소화·이자상환증명서 상환기간 시작일 • 소유권이전(보존)등기일 ✔ 등기사항증명서 접수일 확인	간소화· 이자상환증명서· 등기사항증명서	경과한 경우 공제불가
금리유형·상환방식	간소화·이자상환증명서에서 해당 여부 확인	간소화· 이자상환증명서	간소화는 별도 계산 확인 필요(70% 이상)
지출기간	간소화·이자상환증명서 지출기간이 근무월인지 확인 (세대원은 전입월 여부도 확인)	간소화· 이자상환증명서	세대원은 근무월 & 전입월 충족해야 함
장기주택저당차입금을 대환한 경우	이자상환증명서로 대환 세부내역 확인	이자상환증명서	
단기주택저당차입금을 만기연장한 경우	• 만기연장 당시 기준시가 확인 • 기존차입금 차입일 요건 확인 (등기일~차입일 3개월 이내) • 이자상환증명서로 만기연장 세부내역 확인	이자상환증명서· 가격확인서· 등기사항증명서	
단기주택저당차입금을 장기주택저당차입금으로 대환한 경우	• 대환 당시 기준시가 확인 • 신규차입금 차입일 요건 확인 (등기일 ~ 차입일 3개월 이내) • 이자상환증명서로 대환 세부내역 확인	이자상환증명서· 가격확인서· 등기사항증명서	
주택분양권인 경우	주택규모, 분양금액 ✔ 분양계약서로 확인	분양계약서	• 규모 ✔ 2013.12.31. 이전분만 확인 • 분양금액 ✔ 2006.1.1. 이후분만 확인
	장기주택저당차입금 전환조건 여부 확인	대출계약서	반드시 전환조건이 있어야 함
법소정 세대 보유주택수 요건	근로자 본인 확인	없음	근로자 본인만 확인 가능하므로 부당공제받지 않도록 안내
세대원 신청 시 세대주가 주택관련 공제를 받지 않을 것	근로자 본인 확인	없음	

3) 제출서류 검토

■ 소득세법 시행규칙 [별지 제44호의4서식] <개정 2025.3.21.>

근로자 본인

장기주택저당차입금 이자상환증명서

① 성명		② 주민등록번호	-
③ 주소			
④ 대출종류		⑤ 차입금상환기간(거치기간포함)	~ (상환기간 : 년)

상환방식 확인

⑤-1 상환유형	공제 한도				
		2,000만원	[ ] 고정금리	차입금 / 고정금리 방식 차입금	(/) 고정금리이자 지급기간 :
			[ ] 비거치식	차입금 / 비거치식 분할상환 방식 차입금	(/) 상환기간 연수(1년미만 기간은 1년으로 봄) :
				해당 연도 상환 차입금	
		1,800만원	[ ] 고정금리	차입금 / 고정금리 방식 차입금	(/) 고정금리이자 지급기간 :
			[ ] 비거치식	차입금 / 비거치식 분할상환 방식 차입금	(/) 상환기간 연수(1년미만 기간은 1년으로 봄) :
				해당 연도 상환 차입금	
		600만원	[ ] 고정금리	차입금 / 고정금리 방식 차입금	(/) 고정금리이자 지급기간 :
			[ ] 비거치식	차입금 / 비거치식 분할상환 방식 차입금	(/) 상환기간 연수(1년미만 기간은 1년으로 봄) :
				해당 연도 상환 차입금	
		800만원	[ ] 기타		

⑥ 주택취득일(주택소유권이전등기 또는 보존등기일)		⑦ 저당권설정일		⑧ 주택면적	전용면적 ㎡
⑧-1 주택 물건지				⑧-2 기준시가	

( )년도 장기주택저당차입금이자상환 현황

⑨월별	⑩상환일	⑪이자	⑨월별	⑩상환일	⑪이자
1			7		
2			8		
3			9		
4			10		
5			11		
6			12		
⑫ 연간합계액			사용목적	특별소득공제 신청용	
⑬ 소득공제대상액(⑫ 또는 ⑲)					

대환 만기연상 세부내역 확인

금융회사 간 직접 상환하는 형태로 다른 금융회사로부터 장기주택저당차입금을 이전한 경우 및 상환기간을 연장(전환)하는 경우 아래의 ⑭ ~ ⑲란을 작성해야 합니다.

이전(연장, 전환)전 장기주택저당차입금 명세			⑰ 이전(연장, 전환) 당시 해당 금융회사에서 차입한 금액	⑱ 연장, 전환 당시 주택의 기준시가(주택분양권의 가격)	⑲ 소득공제대상액 [⑫×(⑯/⑰과 1 중 적은수)]
⑭ 금융회사명(점포명)	⑮ 상환기간(거치기간포함)	⑯ 차입금의 원금잔액			
	~ (상환기간연수: 년)				

「소득세법 시행령」 제113조제1항 및 같은 법 시행규칙 제58조제1항제4호에 따라 주택자금공제 요건을 갖추어 장기주택저당차입금에 대한 이자를 위와 같이 상환하였음을 증명해 주시기 바랍니다.

년 월 일

신청인 (서명 또는 인)

위와 같이 장기주택저당차입금에 대한 이자를 상환하였음을 증명합니다.

년 월 일

(금융회사 등의 장) (서명 또는 인)

작 성 방 법

1. ④ 대출종류란에는 무주택자의 중도금대출, 기존주택구입, 주택분양권 대출 여부를 적습니다.
2. ⑤ 차입금상환기간란에는 해당 차입금의 약정에 의한 최초 차입일과 최종상환 예정일을 적습니다. 중도에 상환하는 경우 최초 차입일과 최종 상환일을 적어야 합니다. 해당 과세기간에 중도상환 등으로 장기주택저당차입금 요건을 충족하지 않은 경우에는 해당 과세기간의 이자 상환액에 대해 장기주택저당차입금 이자상환증명서를 발행할 수 없습니다.
3. 해당 금융회사 등에서 차입한 장기주택저당차입금이 있는 사람이 다른 금융회사로부터 별도의 장기주택저당차입금을 해당 금융회사로 이전한 경우에는 해당 금융회사는 기존의 장기주택저당차입금과 이전받은 장기주택저당차입금에 대한 이자상환증명서를 별도로 발행해야 합니다.

210㎜×297㎜[백상지 80g/㎡(재활용품)]

구 분	내 용	대 안
단기주택저당차입금을 만기연장 · 대환한 경우	만기연장 · 대환 당시 주택 기준시가	가격확인서로 확인
주택분양권의 경우	분양가격	분양계약서로 확인

상환기간/상환기간 시작일(차입일)/상환기간 종료일 확인

구 분	상환기간 종료일
상환중인 경우	약정에 따른 최종상환예정일
중도상환한 경우	최종상환일

근로자가 제출한 이자상환액증명서 조회기간이 근무월과 다른 경우
- ⑬에 기재된 금액을 활용하지 않음
- 근무월 금액의 합계액을 재계산하거나, 근로자에게 재계산 자료를 제출할 것을 요구함

구 분	내 용	대 안
주택취득일	소유권이전(보존)등기일 확인	등기사항증명서 갑구 확인
주택면적	국민주택규모 확인	등기사항증명서 표제부 확인
주택물건지	주택소재지 주소 확인	등기사항증명서 표제부 확인
기준시가	주택취득일 현재 기준시가 확인	가격확인서 확인

2025년 귀속 소득·세액공제증명서류 : 상세내역
[장기주택저당차입금 이자상환액]

(조회기간 : 2025년 01~12월)

■ 차입자 인적사항

성 명	주 민 등 록 번 호
김길동	810101-*******

본인 확인

■ 장기주택저당차입금 이자상환내역 (단위:원)

취급기관(사업자번호)	대출종류 / 상품명 / 주택취득일/저당권설정일 / 최초차입일/최종상환예정일(상환기간)	차입금 / 고정금리 차입금 / 비거치식 상환차입금 / 당해년원금 상환액	1월 / 4월 / 7월 / 10월	2월 / 5월 / 8월 / 11월	3월 / 6월 / 9월 / 12월	연간 합계액	소득공제 대상액
A금융사 (502-82-03***)	해당없음	0	13,093	12,916	11,506	98,145	98,145
	부동산담보	0	12,562	11,986	12,208		
	2011-01-29/2011-01-29	0	11,643	12,231	0		
	2011-01-29/2026-03-20 (15년)	0	0	0	0		

취득일/저당권설정일 확인

상환기간/차입일
(상환기간 시작일) 확인

근로자가 제출한 간소화자료 조회기간이 근무월과 다른 경우
- 소득공제대상액에 기재된 금액을 활용하지 않음
- 근무월 금액의 합계액을 재계산하거나, 근로자에게 근무월 자료를 제출할 것을 요구함

1. 공제 대상 : 과세기간 종료일 현재 무주택 또는 1주택을 보유한 세대의 세대주(세대주가 주택임차차입금 원리금 상환액, 주택마련저축 및 장기주택저당차입금 이자상환액 공제를 받지 아니한 경우에는 세대의 구성원)인 근로자가 취득 당시 기준시가 6억원 이하(2023.12.31. 이전은 5억원 이하, 2018.12.31. 이전은 4억원 이하, 2013.12.31. 이전은 3억원 이하)인 주택을 취득하기 위하여 당해 주택에 저당권을 설정하고 금융기관 또는 도시주택기금으로부터 차입한 장기주택저당차입금에 대한 이자상환액
※ 주택소유자가 근로자 본인이어야 하며, 본인 명의 차입금이 공제대상임
2. 공제한도 : 주택마련저축 납입액 공제, 주택임차차입금원리금상환액공제와 합하여 차입연도, 상환기간 및 상환종류 등에 따라 연 600만원, 800만원, 1000만원, 1500만원, 1800만원, 2000만원 한도

일련번호 : 20251219-01171375

-4-

국세청
National Tax Service

- 본 증명서류는 「소득세법」 제165조 제1항에 따라 영수증 발급기관으로부터 수집한 서류로 소득·세액공제 충족 여부는 근로자가 직접 확인하여야 합니다.
- 본 증명서류에서 조회되지 않는 내역은 영수증 발급기관에서 직접 발급받으시기 바랍니다.

2011년 이전 차입금(상환기간 15년)에 해당
- 금리유형(고정금리)·상환방식(비거치식) 확인 필요 있음
- 한도 최소 1,000만원~최대 2,000만원
  ✓ 사례의 경우 고정금리·비거치식 상환에 해당되지 않으므로 한도 1,000만원 적용

시 청 확 인 필
미검증
정부시청확인센터

2025년 귀속 소득·세액공제증명서류 : 상세내역
[장기주택저당차입금 이자상환액]

(조회기간 : 2025년 01~12월)

■ 차입자 인적사항

성 명	주 민 등 록 번 호
김길동	810101-*******

■ 장기주택저당차입금 이자상환내역 (단위:원)

취급기관 (사업자번호)	대출종류 / 상품명 / 주택취득일/저당권설정일 / 최초차입일/최종상환예정일(상환기간)	차입금 / 고정금리차입금 / 비거치식상환차입금 / 당해년원금상환액	1월 / 4월 / 7월 / 10월	2월 / 5월 / 8월 / 11월	3월 / 6월 / 9월 / 12월	연간 합계액	소득공제 대상액
D금융사 (106-82-60***)	해당없음	0	71,087	71,087	64,208	845,860	845,860
	교보NEW프라임모기지론 2	0	71,132	70,170	72,509		
	2012-04-12/2012-04-12	0	70,170	72,509	72,509		
	2012-04-12/2027-04-13 (15 년)	0	70,132	71,324	69,023		

2012년 이후(상환기간 15년)에 해당
- 금리유형(고정금리)·상환방식(비거치식) 확인 필요
  ✓ 사례의 경우 해당란에 금액이 없으므로 "그 밖의 대출"에 해당
- 한도 8,000,000원 적용대상

1. 공제 대상 : 과세기간 종료일 현재 무주택 또는 1주택을 보유한 세대의 세대주(세대주가 주택임차차입금 원리금 상환액, 주택마련저축 및 장기주택저당차입금 이자상환액 공제를 받지 아니한 경우에는 세대의 구성원)인 근로자가 취득 당시 기준시가 6억원 이하(2023.12.31. 이전은 5억원 이하, 2018.12.31. 이전은 4억원 이하, 2013.12.31. 이전은 3억원 이하)인 주택을 취득하기 위하여 당해 주택에 저당권을 설정하고 금융기관 또는 도시주택기금으로부터 차입한 장기주택저당차입금에 대한 이자상환액

※ 주택소유자가 근로자 본인이어야 하며, 본인 명의 차입금이 공제대상임

2. 공제한도 : 주택마련저축 납입액 공제, 주택임차차입금원리금상환액공제와 합하여 차입연도, 상환기간 및 상환종류 등에 따라 연 600만원, 800만원, 1000만원, 1500만원, 1800만원, 2000만원 한도

일련번호 : 20251219-01171375

-1-

국세청 National Tax Service

- 본 증명서류는 『소득세법』 제165조 제1항에 따라 영수증 발급기관으로부터 수집한 서류로 소득·세액공제 충족 여부는 근로자가 직접 확인하여야 합니다.
- 본 증명서류에서 조회되지 않는 내역은 영수증 발급기관에서 직접 발급받으시기 바랍니다.

2025년 귀속 소득 · 세액공제증명서류 : 상세내역
[장기주택저당차입금 이자상환액]

(조회기간 : 2025년 01~12월)

■ 차입자 인적사항

성 명	주 민 등 록 번 호
김길동	810101-*******

■ 장기주택저당차입금 이자상환내역 (단위:원)

취급기관 (사업자번호)	대출종류	차입금	1월	2월	3월	연간 합계액	소득공제 대상액
	상품명	고정금리 차입금	4월	5월	6월		
	주택취득일/저당권설정일	비거치식 상환차입금	7월	8월	9월		
	최초차입일/최종상환예정일 (상환기간)	당해년원금 상환액	10월	11월	12월		
D금융사 (106-82-60***)	해당없음	60,000,000	149,180	146,300	131,000	1,612,420	1,612,420
	가계주택구입자금대출	0	142,430	135,490	138,670		
	2016-01-18/2016-01-18	60,000,000	131,030	132,540	131,240		
	2016-01-18/2026-01-18 (10 년)	6,000,000	125,050	127,380	122,110		

2012년 이후 차입금(상환기간 10년)에 해당
- 금리유형(고정금리) · 상환방식(비거치식) 확인 필요
  - ✓ 차입금 금액과 고정금리차입금 · 비거치식 상환차입금 금액 비율 각각 확인
  - ✓ 각각 70% 이상이면 고정금리 · 비거치식에 해당
  - ✓ 사례의 경우 비거치식에만 해당
- 한도 6,000,000원 적용대상 **why** 고정금리이거나 비거치식, 둘 중 하나에 해당

1. 공제 대상 : 과세기간 종료일 현재 … 상환액, 주택마련저축 및 장기주택… 취득 당시 기준시가 6억원 이하(2023.12.31. 이전은 5억원 이하, 2018.12.31. 이전은 4억원 이하, 2013.12.31. 이전은 3억원 이하)인 주택을 취득하기 위하여 당해 주택에 저당권을 설정하고 금융기관 또는 도시주택기금으로부터 차입한 장기주택저당차입금에 대한 이자상환액

※ 주택소유자가 근로자 본인이어야 하며, 본인 명의 차입금이 공제대상임

2. 공제한도 : 주택마련저축 납입액 공제, 주택임차차입금원리금상환액공제와 합하여 차입연도, 상환기간 및 상환종류 등에 따라 연 600만원, 800만원, 1000만원, 1500만원, 1800만원, 2000만원 한도

일련번호 : 20251219-01171375

-10-

국세청
National Tax Service

- 본 증명서류는 『소득세법』 제165조 제1항에 따라 영수증 발급기관으로부터 수집한 서류로 소득·세액공제 충족 여부는 근로자가 직접 확인하여야 합니다.
- 본 증명서류에서 조회되지 않는 내역은 영수증 발급기관에서 직접 발급받으시기 바랍니다.

2025년 귀속 소득 · 세액공제증명서류 : 기본내역 [장기주택저당차입금 이자상환액]

(조회기간 : 2025년 01~12월)

■ 차입자 인적사항

성 명	주 민 등 록 번 호
김길동	810101-*******

■ 장기주택저당차입금 이자상환내역 (단위:원)

취급기관 (사업자번호)	대출종류 (상품명)	최초차입일 최종상환예정일 / 차입금	상환기간 / 고정금리 차입금	주택 취득일 / 비거치식 상환차입금	저당권 설정일 / 당해년 원금상환액	연간합계액	소득공제 대상액
A금융사 (502-82-03***)	해당없음 (주거환경개선주택 자금대출)	2005-09-22 2025-09-22	20년	2005-09-22	2005-09-22	1,677,837	1,677,837
		0	0	0	0		
A금융사 (502-82-03***)	해당없음 (주택자금대출)	2010-08-14 2025-08-14	15년	2010-08-14	2010-08-14	1,491,091	1,491,091
		0	0	0	0		

차입처 또는 차입내역이 2건 이상인 경우
- 금융기관이 발급하는 「장기주택저당차입금 이자상환증명서」 추가 제출요구
- 대환(만기연장)의 경우 신규 · 기존대출계약서 사본도 추가 제출요구
- 이후 추가 제출서류에 따라 공제요건 충족 여부를 확인

사례의 경우 주택이 2주택인 것으로 의심
12.31. 현재 2주택 여부를 근로자에게 문의하여 확인(또는 해당 주택에 대한 등기사항증명서를 제출받아 확인)

1. 공제 대상 : 과세기간 종료일 현재 무주택 또는 1주택을 보유한 세대의 세대주(세대주가 주택임차차입금 원리금 상환액, 주택마련저축 및 장기주택저당차입금 이자상환액 공제를 받지 아니한 경우에는 세대의 구성원)인 근로자가 취득 당시 기준시가 6억원 이하(2023.12.31. 이전은 5억원 이하, 2018.12.31. 이전은 4억원 이하, 2013.12.31. 이전은 3억원 이하)인 주택을 취득하기 위하여 당해 주택에 저당권을 설정하고 금융기관 또는 도시주택기금으로부터 차입한 장기주택저당차입금에 대한 이자상환액

※ 주택소유자가 근로자 본인이어야 하며, 본인 명의 차입금이 공제대상임

2. 공제한도 : 주택마련저축 납입액 공제, 주택임차차입금원리금상환액공제와 합하여 차입연도, 상환기간 및 상환종류 등에 따라 연 600만원, 800만원, 1000만원, 1500만원, 1800만원, 2000만원 한도

일련번호 : 20251219-01171375

-4-

국세청 National Tax Service

- 본 증명서류는 『소득세법』 제165조 제1항에 따라 영수증 발급기관으로부터 수집한 서류로 소득·세액공제 충족 여부는 근로자가 직접 확인하여야 합니다.
- 본 증명서류에서 조회되지 않는 내역은 영수증 발급기관에서 직접 발급받으시기 바랍니다.

등기사항전부증명서(말소사항 포함)－집합건물

[집합건물] 서울특별시 청구아파트 제106동 제6층 고유번호 1113-1996-106008

【 표 제 부 】 (1동의 건물의 표시)

표시번호	접 수	소재지번,건물명칭 및 번호	건 물 내 역	등기원인 및 기타사항
1 (전 1)	2006년9월24일	서울특별시 청구아파트 제106동	철근콘크리트조 슬래브지붕 15층 아파트 1층 586.92㎡ 2층 584.28㎡ 3층 578.58㎡ 4층 578.58㎡ 5층 578.58㎡ 6층 578.58㎡ 7층 578.58㎡ 8층 578.58㎡ 9층 578.58㎡ 10층 578.58㎡ 11층 578.58㎡ 12층 578.58㎡ 13층 578.58㎡ 14층 578.58㎡ 15층 578.58㎡ 지1층 599.64㎡	도면편철장 2책90장

소재지 확인

(대지권의 목적인 토지의 표시)

표시번호	소 재 지 번	지 목	면 적	등기원인 및 기타사항
1 (전 1)	1. 서울특별시	대	43114.8㎡	2006년9월24일

[인터넷 발급] 문서 하단의 바코드를 스캐너로 확인하거나, 인터넷등기소(http://www.iros.go.kr)의 발급확인 메뉴에서 발급확인번호를 입력하여 위·변조 여부를 확인할 수 있습니다. 발급확인번호를 통한 확인은 발행일부터 3개월까지 5회에 한하여 가능합니다.

발행번호 11120026003198112010961031781006000400410828271111 1/4 발급확인번호 AAML-IIQK-0087 발행일 2025/12/31

토지면적임
건물면적의 5배(10배) 초과 여부 확인

주택규모 확인
✓ 국민주택규모에 해당

[집합건물] 서울특별시 청구아파트 제106동 제6층 고유번호 1113-1996-106008

【 표 제 부 】 (전유부분의 건물의 표시)

표시번호	접 수	건물번호	건 물 내 역	등기원인 및 기타사항
1 (전 1)	2006년9월24일	제6층 제606호	철근콘크리트조 84.77㎡	도면편철장 제2책90장

(대지권의 표시)

표시번호	대지권종류	대지권비율	등기원인 및 기타사항
1 (전 1)	1 소유권대지권	43114.8분의 46.20	2006년8월30일 대지권 2006년9월24일

【 갑 구 】 (소유권에 관한 사항)

순위번호	등 기 목 적	접 수	등 기 원 인	권 리 자 및 기 타 사 항
3	소유권이전	2017년9월19일 제111170호	2017년9월19일	소유자

소유권이전(보존)
등기일 확인

소유자 확인

취득일/취득사유 확인

발행번호 11120026003198112010961031781006000400420828271111 2/4 발급확인번호 AAML-IIQK-0087 발행일 2025/12/31

차입일에 해당
✓ 사례의 경우 차입금을 승계한 경우임

최초차입금액(현재 차입금 잔액)과 다름
✓ 금융기관이 설정하는 가상금액임

[집합건물] 서울특별시 청구아파트 제106동 제6층 고유번호 1113-1996-106008

【 을 구 】 (소유권 이외의 권리에 관한 사항)				
순위번호	등 기 목 적	접 수	등 기 원 인	권 리 자 및 기 타 사 항
6	근저당권설정	2016년4월28일 제14455호	2016년4월28일 설정계약	채권최고액 금72,000,000원 근저당권자 주식회사우리은행 110111-0023393 서울 중구 회현동1가 203 (여신서비스센터)
6-2	6번근저당권변경	2017년10월17일 제120836호	2017년10월17일 계약인수	채무자
8	전세권설정	2017년10월22일 제123043호	2017년10월20일 설정계약	전세금 금250,000,000원 범 위 건물 전부 존속기간 2029년 10월 20일까지 반환기 2029년 10월 20일 전세권자 서울특별시 청구아파트 106-606
8-1				8번 등기는 건물만에 관한 것임 2017년10월22일 부기

-- 이 하 여 백 --

발행번호 11120026003198112010961031781006000400430828271111 3/4 발급확인번호 AAML-IIQK-0087 발행일 2025/12/31

차입금 내역(근저당권설정 내역) 확인

전세권설정(전세금)은 차입금이 아님

■ 부동산 가격공시에 관한 법률 시행규칙 [별지 제18호서식]

공동주택가격 확인(신청)서

접수번호	접수일	처리기간 즉시

신 청 인	성명(법인명)
	주소
	전화번호

	신청대상 공동주택					확인내용
가격기준연도(기준일)	소재지 및 지번	지번	명칭(단지명)	동명	호명	공동주택가격(원)

「부동산 가격공시에 관한 법률 시행규칙」 제1…

첨부서류	없음

「부동산 가격공시에 관한 법률 시행규칙」 제1…

이 확인합니다.

시장 · 군수 · 구…

공제대상주택 여부 확인

■ 부동산 가격공시에 관한 법률 시행규칙 [별지 제15호서식]

개별주택가격 확인(신청)서

접수번호	접수일	처리기간 즉시

신 청 인	성명(법인명)
	주소
	전화번호

	신청대상 주택					확인내용
가격기준 연 도(기준일)	소재지 및 지번	대지면적(㎡)		건물연면적(㎡)		개별주택가격(원)
		전체	산정	전체	산정	

…법률 시행규칙」 제13조에 따라 개별주택가격 확인을 위와 같이 신청합니다.

수수료: 시·군·구의 조례에 따름

…법률 시행규칙」 제13조에 따라 귀하의 신청에 대한 개별주택가격을 위와 같

년 월 일

시장 · 군수 · 구청장 직인

210mm×297mm[백상지(80g/㎡)]

구 분	내 용
단기주택저당차입금을 만기연장 · 대환하여 공제대상 장기주택저당차입금이 된 경우	만기연장일 · 대환일 현재 기준시가를 확인
이 외	주택취득일 현재 기준시가를 확인

※ 분양계약서 (사례는 조합원 입주권)임

59.99	(m²)형

공급계약서

주택재개발정비사업 조합원 아파트

	동		호

■ 재산의 표시 : 서울특별시 ○○

※ 국민주택규모 확인

구 분	계약 면적					세대별 대지지분
	주거전용면적 (공급면적)(A)	주거공용면적 (B)	전용 + 주거공용면적 (C = A + B)	기타공용면적 (지하주차장포함)(D)	합계(C + D)	
면 적(m²)	59.99	23.73	83.72	37.75	121.47	27.82

■ 조합원 총분담금

구 분	분양가격(A)	권리가액(B)	총분담금(C = A − B)
금 액(원)	359,000,000	255,899,646	103,100,354

※ 상기 분담금은 "시행자"의 관리처분계획(변경)기준으로 작성되었으며, 사업추진과정에서 사업비 총액의 과부족금이 발생할 경우 관리처분변경절차를 이행 후 잔금 납부시 최종 정산한다.

※ 분양가격 확인

※ 분담금 ≠ 분양가격

■ 분담금 납부방법

① "조합원"은 조합원 권리가액에 따른 총 분담금을 아래에 정한 방법에 따라 환급받거나 또는 납부하기로 한다. "시행자"와 "시공자"는 중도금 납부일을 "조합원"에게 별도 통보할 의무를 지지 않는다. 단, 중도금 납부일을 조정할 경우 "시행자"는 "조합원"에게 별도로 서면 통보하여야 한다.

총분담금	계약금 (15%)	중도금(60%)						잔금 (25%)
		1차(10%)	2차(10%)	3차(10%)	4차(10%)	5차(10%)	6차(10%)	
납부일	계약시							입주지정일
금 액(원)	15,465,053	10,310,035	10,310,035	10,310,035	10,310,035	10,310,035	10,310,035	25,775,091

② 잔금은 "시행자"와 "시공자"가 추후 통보하는 입주지정기간 만료일까지 납부하여야 한다. (단, 입주지정기간 만료일 이전에 입주할 경우에는 잔금을 완납하여야 하며, 이 경우 계약 일반 조항 제3조의 선납할인을 적용하지 아니한다.)

■ 분담금 납부계좌

지정은행	계좌번호	예금주

※ 상기 분담금 납부계좌는 세대별로 부여된 고유계좌로서, 세대별로 계좌가 상이하므로 입금시 유의하시기 바랍니다. 현금 및 자기앞수표에 한하여 타 은행 계좌이체 및 무통장 입금이 가능합니다.(단, 이체 및 입금 수수료는 "조합원"이 별도 부담함)

■ 입주예정일 : 예정 (입주예정일은 사업추진과정에서 조정 될 수 있습니다)

상기 표시내역은 주택재개발정비사업조합이 도시및주거환경정비법 제48조 제1항, 조합 정관 등의 규정에 의거한 관리처분계획의 인가 내용에 따라 종전 토지등의 소유자에게 재개발 후 공급하는 토지 및 건축시설로서 조합정관상의 재개발사업시행자인 주택재개발정비사업조합을 "시행자"라 칭하고, "시행자"의 조합원을 "조합원", 시공자인 삼성물산 주식회사를 "시공자"라 칭하여 다음과 같은 방법으로 조합원 분담금 납부 및 아파트 공급 계약을 체결한다. 또한 "시행자"는 본 분담금 납부 및 아파트공급계약에 따라 관련 업무의 제반 관리를 "시공자"에게 위임할 수 있으며, "조합원"은 이에 대해 이의를 제기하지 않는다.

년 월 일

"시 행 자"		"시 공 자"
○○시 ○○구 재정비촉진구역 주택재개발정비사업조합 조 합 장		○○시 ○○구 ○○길 ○ ○ 물 산 주 식 회 사 ○ ○ ○ 직인
"조합원"	성 명 : 주민등록번호 : 주 소 : 전 화 번 호 :	핸드폰 :

※ 근로자(신청자) 확인

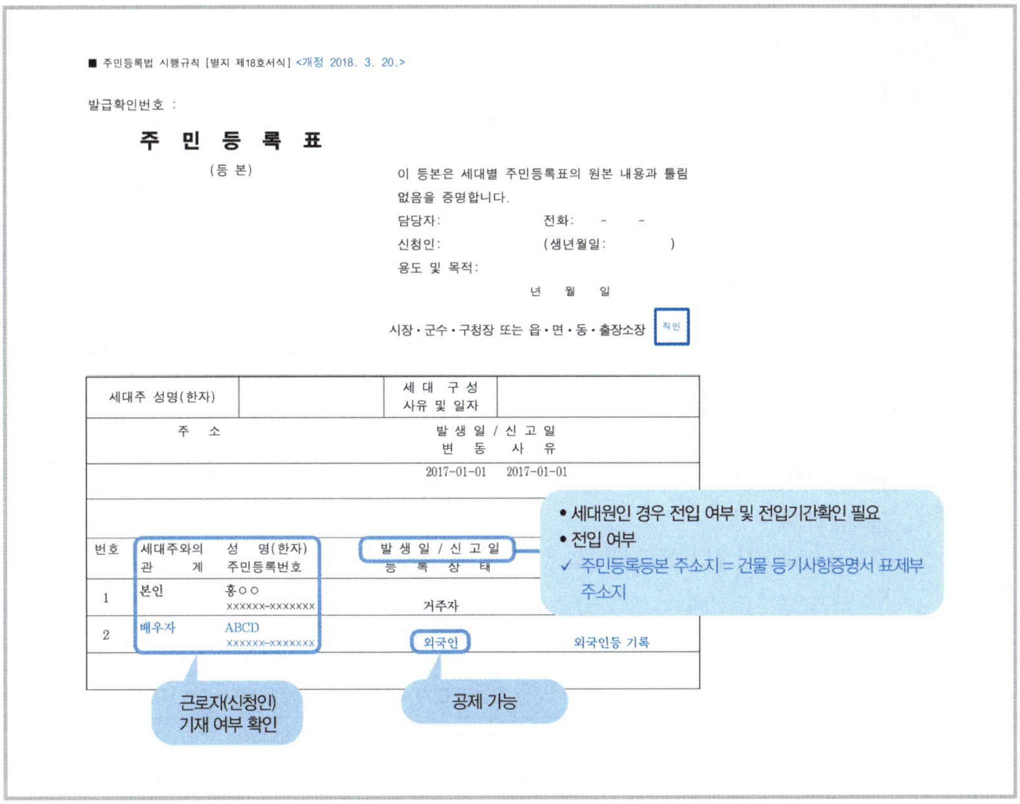

■ 주민등록법 시행규칙 [별지 제18호서식] <개정 2018. 3. 20.>

발급확인번호 :

주 민 등 록 표

(등 본)

이 등본은 세대별 주민등록표의 원본 내용과 틀림 없음을 증명합니다.

담당자: 전화: - -

신청인: (생년월일:)

용도 및 목적:

년 월 일

시장 · 군수 · 구청장 또는 읍 · 면 · 동 · 출장소장 직인

세대주 성명(한자)		세 대 구 성 사유 및 일자	
주 소		발 생 일 / 신 고 일 변 동 사 유	
		2017-01-01 2017-01-01	

번호	세대주와의 관계	성 명(한자) 주민등록번호	발 생 일 / 신 고 일 등 록 상 태	
1	본인	홍○○ xxxxxx-xxxxxxx	거주자	
2	배우자	ABCD xxxxxx-xxxxxxx	외국인	외국인등 기록

(6) 장기주택저당차입금이자상환액공제 지급명세서 작성

근로자가 신청한 장기주택저당차입금이자상환액을 바탕으로 다음과 같이 공제명세(근로소득지급명세서 2쪽)를 작성한다.

소득공제순서를 고려한 순차한도를 말함(p.308 참조)

구 분				기재방법
㉞-㉯ 장기주택저당차입금 이자상환액	2011년 이전 차입분	15년 미만		Min[이자상환액, 600만원 – 주택임차차입금원리금상환액, 순차한도]
		15년~29년		Min[이자상환액, 1,000만원 – 주택임차차입금원리금상환액, 순차한도]
		30년 이상		Min[이자상환액, 1,500만원 – 주택임차차입금원리금상환액, 순차한도]
	2011년 이전 차입분 (15년 이상)	고정금리이면서 비거치상환대출		Min[이자상환액, 2,000만원 – 주택임차차입금원리금상환액, 순차한도]
		고정금리이거나 비거치상환대출		Min[이자상환액, 1,800만원 – 주택임차차입금원리금상환액, 순차한도]
	2012년 이후 차입분	15년 이상	고정금리이면서 비거치상환대출	Min[이자상환액, 2,000만원 – 주택임차차입금원리금상환액, 순차한도]
			고정금리이거나 비거치상환대출	Min[이자상환액, 1,800만원 – 주택임차차입금원리금상환액, 순차한도]
			그 밖의 대출	Min[이자상환액, 800만원 – 주택임차차입금원리금상환액, 순차한도]
		10년 이상	고정금리이거나 비거치상환대출	Min[이자상환액, 600만원 – 주택임차차입금원리금상환액, 순차한도]

사례 주택관련 공제(공통사례)

1. 자료

세대주인 근로자
+ 2009년 이전 청약저축가입자
+ 저당차입금이자상환액 있는 주택 당기 중 매각(상환기간 요건 충족)
+ 보증부월세로 이사(전입)하면서 전세자금대출을 받는 경우

근로자(총급여 7,000만원)의 2025년 주택관련 지출내역은 다음과 같다. 공제요건은 모두 충족하며, 순차한도는 충분하다고 가정한다.

공제구분	임차차입금원리금상환액 (금융기관 차입)	저당차입금이자상환액 (11차입, 상환기간 25년)	청약저축납입액	월세액
지출금액	900,000	9,200,000	1,200,000	450,000

고정금리 또는 비거치식 상환대출 아님

2. 지급명세서 작성(예시)

(1) 공제금액 계산

주어진 사례에서 장기주택저당차입금이자상환액 공제액을 산출하여 보면 다음과 같다.

구 분		기재방법
㉞-㉮	대출기관	공제금액(A) = Min[원리금상환액 × 40%, 400만원, 순차한도] = Min[900,000 × 40%, 4,000,000] = 360,000
	거주자	공제금액(B) = Min[원리금상환액 × 40%, 400만원 − A, 순차한도] = Min[0 × 40%, 4,000,000 − 360,000] = 0
㉞-㉯	2011년 이전 15년~29년	공제금액(C) = Min[이자상환액, 종합한도 − (A + B), 순차한도] = Min[9,200,000, 10,000,000 − 360,000] = 9,200,000

(2) 지급명세서 작성

여기서는 주택임차차입금원리금상환액과 장기주택저당차입금이자상환액에 대해서만 예시하기로 한다.

근로소득지급명세서 (2쪽)

Ⅳ. 정산명세	종합소득공제	특별소득공제	㉞ 주택자금	㉮ 주택임차차입금 원리금상환액		대출기관	360,000(A)
						거주자	
				㉯ 장기주택 저당 차입금 이자 상환액	2011년 이전 차입분	15년 미만	
						15년~29년	9,200,000(C)
						30년 이상	
					15년 이상	고정금리이면서 비거치상환 대출	
						고정금리이거나 비거치상환대출	
					2012년 이후 차입분 15년 이상	고정금리이면서 비거치상환 대출	
						고정금리거나, 비거치상환 대출	
						그 밖의 대출	
					10년~15년	고정금리이거나, 비거치상환 대출	

8. 차가감 소득금액

다음과 같이 산식에 따라 산출된 금액을 기재한다.

근로소득지급명세서 (2쪽)

구분							금액
IV 정산명세	㉑ 총급여(⑯, 외국인단일세율 적용시 연간 근로소득)						
	㉒ 근로소득공제						
	㉓ 근로소득금액						
	종합소득공제	기본공제	㉔ 본 인				A
			㉕ 배 우 자				B
			㉖ 부 양 가 족(명)				C
		추가공제	㉗ 경 로 우 대(명)				D
			㉘ 장 애 인(명)				E
			㉙ 부 녀 자				F
			㉚ 한 부 모 가 족				G
		연금보험료공제	㉛ 국민연금보험료			대상금액	
						공제금액	H
			㉜ 공적연금보험료공제	㉮ 공무원연금		대상금액	
						공제금액	I
				㉯ 군인연금		대상금액	
						공제금액	J
				㉰ 사립학교교직원연금		대상금액	
						공제금액	K
				㉱ 별정우체국연금		대상금액	
						공제금액	L
		특별소득공제	㉝ 보험료	㉮ 건강보험료(노인장기요양보험료포함)		대상금액	
						공제금액	M
				㉯ 고용보험료		대상금액	
						공제금액	N
			㉞ 주택자금	㉮ 주택임차차입금 원리금상환액		대출기관	O
						거주자	P
				㉯ 장기주택저당차입금 이자상환액	2011년 이전 차입분	15년 미만	Q
						15년~29년	R
						30년 이상	S
						15년 이상 고정금리이면서 비거치상환 대출	T
						15년 이상 고정금리이거나, 비거치상환 대출	U
					2012년 이후 차입분	15년 이상 고정금리이면서 비거치상환 대출	V
						15년 이상 고정금리이거나, 비거치상환 대출	W
						15년 이상 그 밖의 대출	X
						10년~15년 고정금리이거나, 비거치상환 대출	Y
			㉟ 계				㉮
	㊱ 차 감 소 득 금 액						㉯

㉮ = M + N + O + P + ⋯ + Y

㉯ = Max[㉓ − (A + B + C + D + ⋯ + K + L + ㉮), 0]

9. 개인연금저축 소득공제(구조특법 §86 ①, 구조특령 §80 ①; 조특법 부칙 §40, 2013.1.1.)

2000.12.31.까지 가입한 저축 → 2001.1.1. 이후부터는 "연금저축"

(1) 개인연금저축 소득공제 개요

구 분		개인연금저축 소득공제
계좌명의자		소득자 본인
지 출(납입)	지출기간	해당 과세기간(1.1.~12.31.)
	납입금액	전액 인정
공 제	공제금액	납입액 × 40%
	공제한도	72만원
제출서류		간소화·납입증명서(통장사본 가능)
세부명세서 작성·제출		연금·저축 등 소득·세액공제명세서(지급명세서 6쪽)

공제한도를 충족하는 연 납입액 → 180만원

최초 제출연도 다음연도부터 가능하며, 해당 과세기간 납입액이 확인 가능해야 함

(2) 개인연금저축 소득공제 요건

개인연금저축 소득공제 요건은 간소화자료를 제출받는 것으로 충분하다. 다만, 소득공제에 있어 다음 사항에 유의한다.

간소화자료에서 공제요건 모두 검토가능

구 분	상 황	공제가능여부	
		공 제	공제 불가
개인연금저축을 중도해지한 경우	근로자가 개인연금저축을 중도해지한 경우 해당 연도 저축 납입액(서일-531, 2005.5.18.)		✓
사내근로복지기금이 대납한 경우	노동부장관으로부터 인가받은 정관의 규정에 의하여 사내근로복지기금법에 의한 사내근로복지기금에서 근로자의 개인연금저축을 납입해준 경우(법인 46013-2791, 1998.9.28.)	✓	
배우자명의 저축인 경우	배우자명의의 개인연금저축납입액(재경부 소득 46073-37, 2002.1.26.)		✓
연금저축납입액도 있는 경우	개인연금저축가입자도 연금저축에 동시 가입하여 납입하고 있는 경우	✓	

연금저축도 세액공제 받음

(3) 개인연금저축 소득공제 제출서류 검토

개인연금저축 확인

2025년 귀속 소득 · 세액공제증명서류 : 기본(지출처별)내역 [개인연금저축]

(조회기간 : 2025년 01~12월)

근무월 확인 필요없음

■ 가입자 인적사항

성 명	주 민 등 록 번 호
김길동	810101-*******

본인 확인

■ 개인연금저축 납입내역

(단위:원)

상호	사업자번호	계좌/증권번호	계약시작일	계약종료일	납입금액 계
A협동조합중앙회	219-82-01***	04411218821005	1999-07-23	2029-07-23	2,760,000
C금융투자	116-81-36***	03001107662005	2000-08-25	2030-08-25	3,300,000
합 계					6,060,000

연금 · 저축 등 소득 · 세액공제명세서(지급명세서 6쪽) 기재 · 제출됨(금융기관/계좌별로 구분기재)

전액 인정

※ 개인연금저축은 근무기간과 관계없이 연간 납입액을 기준으로 소득공제 금액을 계산하므로 조회기간을 선택하여 조회한 경우에도 1년 전체 납입액이 조회됩니다.
1. 개인연금저축(2000.12.31. 이전 가입) : 근로자(사업소득자)가 가입한 개인연금저축 연간 불입액의 40% 공제 (연 72만원 한도) - 연도 중에 중도 해지한 경우에는 당해 연도 납입액은 공제대상에 해당되지 않음
2. 개인연금저축을 다른 금융기관으로 이전한 경우 이전 후 금융기관에서 연간 납입액을 제출합니다.

일련번호 : 20251219-01171367

-1-

국세청 National Tax Service

• 본 증명서류는 「소득세법」 제165조 제1항에 따라 영수증 발급기관으로부터 수집한 서류로 소득·세액공제 충족 여부는 근로자가 직접 확인하여야 합니다.
• 본 증명서류에서 조회되지 않는 내역은 영수증 발급기관에서 직접 발급받으시기 바랍니다.

(4) 개인연금저축 소득공제 지급명세서 작성

개인연금저축 소득공제를 받는 근로자에 대해서만 다음과 같이 세부명세(연금·저축 등 소득·세액공제명세서－근로소득지급명세서 6쪽)가 작성된 후, 해당 내용을 바탕으로 공제명세(근로소득지급명세서 2쪽)를 작성한다.

<table>
<tr><th colspan="2">구 분</th><th colspan="3">기재방법</th></tr>
<tr><td rowspan="3">세부명세
(근로소득지급명세서 6쪽)</td><td rowspan="3">연금·저축 등
소득·
세액공제명세서</td><td colspan="3">근로자가 신청한 개인연금저축에 대한 다음 내역 기재</td></tr>
<tr><td>소득공제구분
(전산매체 코드)</td><td>금융회사</td><td>저축내용</td></tr>
<tr><td>개인연금저축
(21)</td><td>• 회사명(금융회사코드)
• 사업자번호</td><td>• 계좌번호
• 납입금액</td></tr>
<tr><td>공제명세
(근로소득지급명세서 2쪽)</td><td>㊲개인연금저축</td><td colspan="3">Min[납입액 × 40%, 72만원, 순차한도]</td></tr>
</table>

▎소득공제 순서를 고려한 순차한도를 말함(p.309 참조)

사례 개인연금저축 소득공제

1. 자료

근로자 이몽룡이 제출한 2025년 개인연금저축 납입액 관련 자료(간소화자료)는 다음과 같다.

저축구분 (소득공제구분)	가입자	상 호	사업자번호	계좌번호	납입금액
개인연금저축	이몽룡	A중앙회	219－82－01***	04411218821005	2,760,000
개인연금저축	성춘향 (배우자)	C금융사	116－81－36***	03001107662005	3,300,000

2. 지급명세서 작성(예시)

근로소득지급명세서 (6쪽)

(8쪽 중 제6쪽)

연금·저축 등 소득·세액 공제명세서

1. 인적사항

2. 연금계좌 세액공제

1) 퇴직연금계좌

* 퇴직연금계좌에 대한 명세를 작성합니다.

(중략)

2) 연금저축계좌

* 연금저축계좌에 대한 명세를 작성합니다.

연금저축 구분	금융회사 등	계좌번호 (또는 증권번호)	납입금액	소득·세액 공제금액
개인연금저축	A중앙회	04411218821005	2,760,000	720,000

▎개인연금저축 납입액은 연 180만원까지 인정되므로, A중앙회 납입액만 공제한 것임
→ C금융사 납입액을 공제해도 됨

근로소득지급명세서 (2쪽)

<table>
<tr><td rowspan="8">그 밖의 소득공제</td><td colspan="2">㊲ 개인연금저축</td><td>720,000</td></tr>
<tr><td colspan="2">㊳ 소기업·소상공인 공제부금</td><td></td></tr>
<tr><td rowspan="3">㊴ 주택마련 저축소득공제</td><td>㉮ 청약저축</td><td></td></tr>
<tr><td>㉯ 주택청약종합저축</td><td></td></tr>
<tr><td>㉰ 근로자주택마련저축</td><td></td></tr>
<tr><td colspan="2">㊵ 투자조합출자 등</td><td></td></tr>
<tr><td colspan="2">㊶ 신용카드등 사용액</td><td></td></tr>
<tr><td colspan="2">㊷ 우리사주조합 출연금</td><td></td></tr>
</table>

10. 소기업·소상공인공제부금 소득공제(조특법 §86의 3 ①, 조특령 §80의 3 ①)

노란우산공제

(1) 소기업·소상공인공제부금 소득공제 개요

<table>
<tr><th colspan="2">구 분</th><th colspan="6">소기업·소상공인공제부금 공제</th></tr>
<tr><td colspan="2">계좌명의자</td><td colspan="6">본인명의</td></tr>
<tr><td rowspan="2">지 출</td><td>지출기간</td><td colspan="6">해당 과세기간(1.1. ~ 12.31.)</td></tr>
<tr><td>납입금액</td><td colspan="6">전액 인정</td></tr>
<tr><td colspan="2" rowspan="9">공제요건</td><td rowspan="2">가입시기</td><td colspan="3">구 분</td><td rowspan="2" colspan="2">근로소득 연말정산 시 공제 여부</td></tr>
<tr><td colspan="2">내 용</td><td>개정규칙 적용 여부 (간소화자료)</td></tr>
<tr><td rowspan="2">~ 2015.12.31.</td><td colspan="2">2015.12.31.까지 중소기업중앙회에서 향후 사업소득금액에서 공제할 것을 신청</td><td>Y</td><td colspan="2">공제불가(×)
why 사업소득에서 공제</td></tr>
<tr><td colspan="2">이외</td><td>N</td><td colspan="2">공제(○)
why 종합소득에서 공제</td></tr>
<tr><td rowspan="3">2016.1.1. ~
개정</td><td rowspan="2">신청인이 법인 대표자</td><td>해당 과세기간 총급여 8,000만원 이하</td><td rowspan="3">관계없음</td><td colspan="2">공제(○)
why 근로소득에서 공제</td></tr>
<tr><td>8,000만원 초과</td><td colspan="2" rowspan="2">공제불가(×)
why 사업소득에서 공제</td></tr>
<tr><td colspan="2">이외</td></tr>
<tr><td colspan="8"></td></tr>
<tr><td colspan="8"></td></tr>
<tr><td colspan="2" rowspan="5">공제한도
개정</td><td colspan="3">해당 과세기간의 근로소득금액</td><td colspan="3">공제한도</td></tr>
<tr><td colspan="3">4,000만원 이하</td><td colspan="3">600만원</td></tr>
<tr><td colspan="3">4,000만원 초과 6,000만원 이하</td><td colspan="3">500만원</td></tr>
<tr><td colspan="3">6,000만원 초과 1억원 이하</td><td colspan="3">400만원</td></tr>
<tr><td colspan="3">1억원 초과</td><td colspan="3">200만원</td></tr>
<tr><td colspan="2">제출서류</td><td colspan="6">간소화자료·공제부금납입증명서(통장사본 가능)</td></tr>
<tr><td colspan="2">세부명세서 작성·제출</td><td colspan="6">제출하지 않음</td></tr>
</table>

통장사본 가능: 최초 제출연도 다음 연도부터 가능하며, 해당 과세기간 공제 납입액을 확인할 수 있어야 함

(2) 소기업·소상공인공제부금 소득공제 요건

소기업·소상공인공제부금 소득공제 요건은 간소화자료를 제출받는 것으로 충분하다. 다만, 소득공제에 있어 다음 사항에 유의한다.

<table>
<tr><th>구 분</th><th>상 황</th></tr>
<tr><td>폐업으로
중도해지 후
신규가입한 경우</td><td>거주자가 공제부금을 납부하던 중 폐업 등 조세특례제한법 시행령 제80조의 3 제4항에서 정하는 사유가 발생하여 소기업·소상공인공제에서 공제금을 지급받고, 같은 연도 중에 다시 사업을 개시하여 소기업·소상공인공제에 새로 가입하여 공제부금을 납부한 경우 다음과 같이 공제됨(서면소득-6247, 2017.2.17.)
<table><tr><th>구 분</th><th>공제가능 여부</th></tr><tr><td>폐업 전 납입한 금액</td><td>공제불가</td></tr><tr><td>신규 가입 후 납입한 금액</td><td>공제요건에 따라 공제 여부 검토</td></tr></table></td></tr>
</table>

(3) 소기업·소상공인공제부금 소득공제 제출서류 검토

2025년 귀속 소득 · 세액공제증명서류 : [소기업 · 소상공인 공제부금]

(조회기간 : 2025년 01~12월)

근무월 확인 필요없음

■ 가입자 인적사항

성 명	주 민 등 록 번 호
김길동	810101-*******

본인 확인

■ 공제부금 납입현황

공제계약번호 또는 증서번호	가입일자 / 개정규칙 적용 여부	납입방법
201801100***	2018-01-10 Y	월납(Month)

(단위:원)

월	납입일자	납입금액	월	납입일자	납입금액
01 월	2025-01-10	420,000	07 월	2025-07-10	420,000
02 월	2025-02-10	420,000	08 월	2025-08-11	420,000
03 월	2025-03-10	420,000	09 월	2025-09-10	420,000
04 월	2025-04-10	420,000	10 월	2025-10-10	420,000
05 월	2025-05-12	420,000	11 월	2025-11-10	420,000
06 월	2025-06-10	420,000	12 월	2025-12-10	420,000
소득공제대상액		5,040,000	납입금액 계		5,040,000

전액 인정

사례의 경우 2018년 가입자이므로, 다음과 같이 공제 여부가 결정됨

구 분	공제 여부
신청인 = 법인대표자 & 총급여 8,000만원 이하	공제가능(○)
이외	공제불가(×)

1. 2016년 이후 가입하는 경우에는 사업소득금액(법인의 대표자로서 해당 과세기간의 총급여액이 8천만원 이하인 경우 근로소득금액)에서 공제하고 폐업 등으로 해지 시 퇴직소득세를 과세
(단, 2015.12.31. 이전에 가입한 경우라도 2015.12.31.까지 중소기업중앙회에 개정 규정 적용을 신청한 경우 개정 규정 적용)

사업(근로)소득금액	4천만원 이하	4천만원~6천만원	6천만원~1억원	1억원 초과
공제한도	600만원	500만원	400만원	200만원

일련번호 : 20251219-01181491

-1-

국세청
National Tax Service

• 본 증명서류는 「소득세법」 제165조 제1항에 따라 영수증 발급기관으로부터 수집한 서류로 소득·세액공제 충족 여부는 근로자가 직접 확인하여야 합니다.
• 본 증명서류에서 조회되지 않는 내역은 영수증 발급기관에서 직접 발급받으시기 바랍니다.

(4) 소기업·소상공인공제부금 소득공제 지급명세서 작성

근로자가 신청한 소기업·소상공인공제부금 소득공제 자료를 바탕으로 공제명세(근로소득지급명세서 2쪽)를 작성한다.

구 분		기재방법
공제명세 (근로소득지급명세서 2쪽)	㊳소기업·소상공인공제부금	Min[납입액, 공제한도, 순차한도]

- 공제한도: 개요 부분(p.411) 참조
- 순차한도: 소득공제 순서를 고려한 순차한도를 말함(p.309 참조)

사례 소기업·소상공인공제부금 소득공제

1. 자료

이몽룡(총급여 6,000만원)이 제출한 2025년 소기업·소상공인공제부금 납입액 관련 자료(간소화자료)는 다음과 같다. 다만, 순차한도는 충분하다고 가정한다.

저축구분	가입자	계약번호 (증서번호)	가입일자	개정규칙 적용 여부	납입금액
소기업·소상공인 공제부금	이몽룡	201801100***	2018.01.10.	Y	5,040,000

2. 지급명세서 작성

(1) 이몽룡이 법인대표자가 아닌 경우

공제대상이 아니므로 공제금액이 '0'이 된다.

(2) 이몽룡이 법인대표자인 경우

① 공제 여부 및 공제금액

2016년 이후 가입자이고, 총급여 8,000만원 이하인 법인대표자인 바, 다음과 같이 공제된다.

총급여	근로소득공제	근로소득 금액	공제한도	공제금액
60,000,000	60,000,000 × 5% + 9,750,000 = 12,750,000	47,250,000	5,000,000	Min[납입금액, 공제한도] = Min[5,040,000, 5,000,000] = 5,000,000

② 지급명세서 작성

근로소득지급명세서 (2쪽)

그 밖의 소득공제			
	㊲ 개인연금저축		
	㊳ 소기업·소상공인 공제부금		5,000,000
	㊴ 주택마련저축소득공제	㉮ 청약저축	
		㉯ 주택청약종합저축	
		㉰ 근로자주택마련저축	

11. 주택마련저축 소득공제(조특법 §87 ①·②·④·⑤, 구조특법 §87 ①~③, 조특령 §81 ①·②·⑤·⑩, 구조특령 §81 ①·②·④·⑤, 소법 §52 ④·§99 ①, 구소법 §52 ②, 구소령 §112 ③, 조특칙 §34, 소칙 §58 ④·⑤)

(1) 주택마련저축 소득공제 개요

도표에서 언급하는 용어의 의미는 용어정의(p.54) 참조

청약저축을 주택청약종합저축으로 전환가입하는 경우 가입일은 기존 청약저축의 가입일로 봄(금융세제과-528, 2024.10.8.)

청년우대형 주택청약종합저축 포함

<table>
<tr><th colspan="3" rowspan="2">구 분</th><th colspan="6">주택마련저축 소득공제</th></tr>
<tr><th colspan="4">청약저축</th><th>주택청약종합저축</th><th>근로자주택마련저축</th></tr>
<tr><th colspan="3">저축 가입시기</th><th>~ 05.12.31.</th><th>06.1.1. ~ 07.12.31.</th><th>08.1.1 ~ 09.12.31.</th><th>10.1.1. ~ 15.8.31.</th><th>09.5.6. ~</th><th>~ 04.2.29.</th></tr>
<tr><td rowspan="2">근로자</td><td colspan="2">세대주 여부 (개정)</td><td colspan="6">해당 과세기간 종료일(12.31.) 현재 세대주 또는 세대주의 배우자
세대주와 세대주의 배우자 각자 명의 저축에 대해 각자 공제 신청 가능</td></tr>
<tr><td colspan="2">해당 과세기간 총급여</td><td colspan="5">7,000만원 이하</td><td>관계없음</td></tr>
<tr><td rowspan="3">해당 과세기간 중 법 소정세대가 보유한 주택요건</td><td colspan="2">주택수</td><td colspan="3">무주택 또는 국민주택규모 1주택 이하</td><td>무주택</td><td>무주택
2026년 2월말까지 무주택확인서를 반드시 제출(근로자 → 해당 금융기관)</td><td>무주택 또는 국민주택 규모 1주택 이하</td></tr>
<tr><td rowspan="2">보유 주택 기준 시가</td><td>가입 후 취득</td><td rowspan="2">관계없음</td><td rowspan="2">가입당시 3억원 이하</td><td>취득 당시 3억원 이하</td><td colspan="2" rowspan="2">관계없음
why 무주택만 공제</td><td rowspan="2">관계없음</td></tr>
<tr><td>취득 후 가입</td><td>가입 당시 3억원 이하</td></tr>
<tr><td rowspan="2">지 출</td><td colspan="2">지출기간</td><td colspan="6">해당 과세기간 중 근무월(휴직기간 포함) 기간 지출분</td></tr>
<tr><td colspan="2">지출기간 저축납입액 중 공제대상 납입액 한도</td><td colspan="5">연 300만원 이하
최초 제출연도(주택청약종합저축의 경우에는 무주택확인서를 제출한 연도) 다음연도부터 가능하며, 해당 과세기간 공제납입액을 확인할 수 있어야 함</td><td>월 15만원 이하 (연 180만원 이하)</td></tr>
<tr><td rowspan="4">공 제</td><td colspan="2">공제금액</td><td colspan="6">공제대상 납입액 × 40%</td></tr>
<tr><td rowspan="3">공제 한도</td><td>1차한도</td><td colspan="6">400만원</td></tr>
<tr><td>2차한도</td><td colspan="6">Min[주택임차차입금원리금상환액 공제 + 주택마련저축 공제, 400만원]</td></tr>
<tr><td>종합한도</td><td colspan="6">장기주택저당차입금이자상환액 공제한도</td></tr>
<tr><td colspan="3">제출서류</td><td colspan="6">• 간소화자료·주택마련저축납입증명서(통장사본 가능)
• 주민등록표등본</td></tr>
<tr><td colspan="3">세부명세서 작성·제출</td><td colspan="6">연금·저축 등 소득·세액공제명세서(지급명세서 6쪽)</td></tr>
</table>

장기주택저당차입금이자상환액공제를 적용받는 경우에만 종합한도가 적용됨
단, 월세액은 세액공제로 종합한도 대상이 아님

(2) 주택마련저축 소득공제 요건

1) 무주택확인서 개정

주택청약종합저축에 한하여 무주택확인서를 제출한 경우에만 공제가능하다. 이에 대한 내용은 다음과 같다.

구 분	내 용
의 미	주택을 소유하지 않은 세대의 세대주 또는 세대주의 배우자임을 근로자 본인이 확약하는 서류
제출대상자	주택청약종합저축에 가입한 무주택 세대의 세대주 또는 세대주의 배우자가 주택마련저축공제를 받고자 하는 경우 why 주택청약종합저축은 누구나 가입 가능한 반면, 주택마련저축공제는 무주택 세대 세대주 또는 세대주의 배우자만 공제가능하기 때문
제출기한	소득공제 받으려는 다음연도 2월 말일까지
제출방법	근로자 본인이 직접 저축가입한 금융기관에 제출
제출이유	무주택확인서를 제출하지 않은 경우 간소화자료가 조회되지 않아 주택마련저축 소득공제 적용불가 ✔ 간소화자료로만 공제받을 수 있음
공제세액 추징	저축가입일로부터 5년 이내 해지하거나, 국민주택규모 초과 주택에 당첨된 경우 소득공제받은 납입금액의 6%를 추징

실무적으로는 12.31.까지 제출하는 것이 좋음

원천징수의무자에게 제출하는 것이 아님

2) 공제대상 저축 판단사례

① 청약저축 가입자의 보유주택수 변동

청약저축에 가입한 근로자는 해당 과세기간 중 보유한 주택의 수, 규모 등에 따라 그 공제 여부가 복잡하게 적용된다. 이에 대한 사례를 살펴보면 다음과 같다.

요건충족: 국민주택규모로서 가입·취득 당시 기준시가 3억원 이하인 경우를 말함

2025년 중 법소정 세대 보유주택 변동	2009.12.31. 이전 가입분	2010.1.1. 이후 가입분
무주택 → 요건충족 1주택 취득	공제가능(○)	공제불가(×) why 해당 연도 내 무주택만 가능
무주택 → 요건불충족 1주택 취득	×	
요건충족 1주택 보유 → 매각 → 무주택	○	
요건불충족 1주택 보유 → 매각 → 무주택	×	
요건충족 1주택 보유 → 매각 → 요건충족 1주택 취득	○ why 2주택 기간 없음	
요건충족 1주택 보유 → 매각 → 요건 불충족 1주택 취득	×	

2025년 중 법소정 세대 보유주택 변동	2009.12.31. 이전 가입분	2010.1.1. 이후 가입분
요건충족 1주택 보유 → 요건충족 1주택 추가취득	× why 일시 2주택	공제불가(×)
요건불충족 1주택 보유 → 매각 → 요건충족 1주택 취득	×	
2주택 보유 → 1주택 매각	× why 일시 2주택	

▎해당 2주택 중 1주택을 연도 말까지 매각하는 경우도 동일 ▎2주택 모두를 매각하는 경우도 동일

② 이외 주택마련저축 소득공제 여부 사례

주택마련저축에 대한 공제 여부를 추가 사례를 통해 살펴보기로 한다.

▎근로자주택마련저축은 총급여 제한 없음 ▎2013년 연말정산분부터 적용배제

구 분	내 용	공제가능	공제불가
타인명의	배우자명의 주택청약종합저축		✓
공제종료	• 청약예금 · 청약부금 • 내집마련주택부금(대출용) (법인 46013-77, 1998.1.13.) • 장기주택마련저축		✓
총급여	총급여 8,000만원인 근로자가 납입한 주택청약종합저축		✓ why 총급여 7,000만원 초과
별도세대 맞벌이부부	별도세대를 구성하고 있는 맞벌이부부가 납입한 주택청약종합저축(부부합산 무주택)	✓	✓
법소정 세대 보유주택수	별도세대를 구성하고 있는 배우자가 2주택자인 경우 본인(무주택)이 납입한 청약저축		✓ why 부부합산 2주택
	별도세대를 구성하고 있는 배우자가 1주택자인 경우 본인(별도 1주택 소유)이 납입한 청약저축		
	동일세대를 구성하고 있는 배우자가 국민주택규모 초과 1주택을 소유하고 있는 경우 본인(무주택)이 납입한 청약저축		✓ why 부부합산 국민주택규모 초과 주택소유
	별도세대를 구성하고 있는 부모와 공동명의로 국민주택규모 초과 주택을 취득한 경우 본인이 납입한 청약저축		✓ why 공동명의도 본인 소유

▎1명은 세대주 → 1명만 공제가능

02

구 분		내 용	공제가능	공제불가
법소정 세대 보유주택수		별도세대를 구성하고 있는 배우자가 국민주택 규모 초과 주택분양권을 보유하고 있는 경우 본인(무주택)이 납입한 주택청약종합저축	✓ why 분양권은 주택수에 불포함	
		별도세대를 구성하고 있는 배우자가 국민주택 규모 주택조합원입주권을 보유하고 있는 경우 본인(무주택)이 납입한 주택청약종합저축	✓ why 조합원 입주권은 주택수에 불포함	
해 지	만기 등	저축의 만기, 주택당첨 또는 청년우대형 주택청약종합저축으로 전환하기 위해 해지하는 경우	✓	
	이 외	저축 만기 전에 해지하는 경우(주택당첨 아님)		✓
금 액	미 납	해당 연도에 불입하지 않은 저축납입액		✓
	선 납	다음연도분을 선납한 경우 해당 저축납입액	✓	

무주택확인서는 금융기관에 제출하는 것임에 유의

공제대상 납입액을 한도로 공제받음

(3) 주택마련저축 소득공제 제출서류 검토

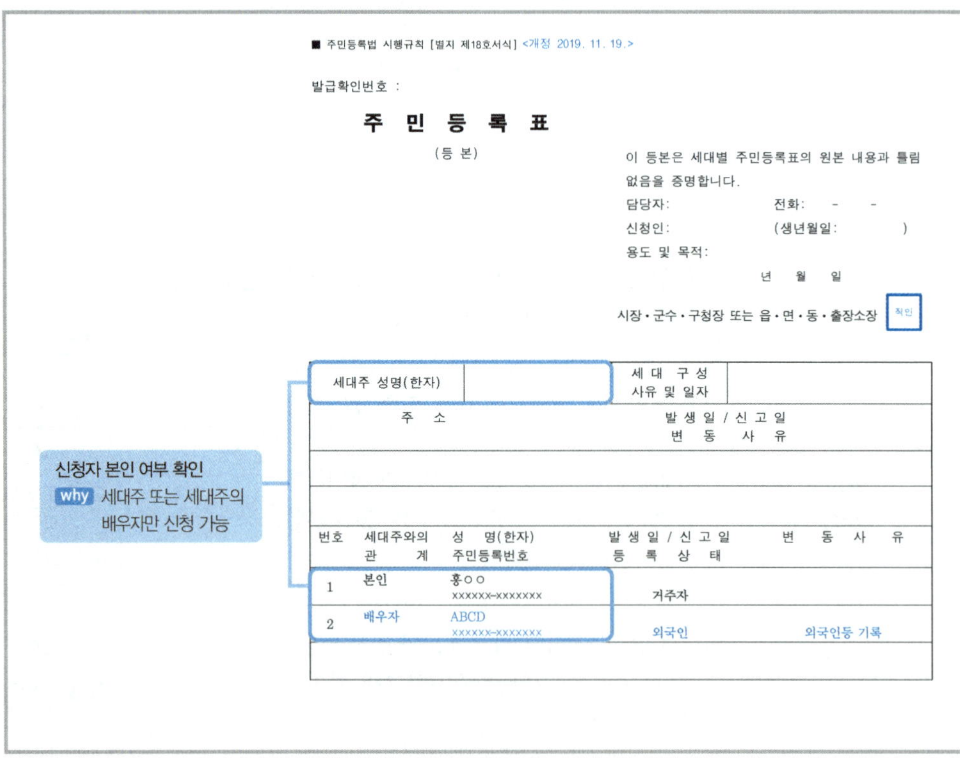
■ 주민등록법 시행규칙 [별지 제18호서식] <개정 2019. 11. 19.>

발급확인번호 :

주 민 등 록 표

(등 본)

이 등본은 세대별 주민등록표의 원본 내용과 틀림 없음을 증명합니다.

담당자: 전화: - -

신청인: (생년월일:)

용도 및 목적:

년 월 일

시장·군수·구청장 또는 읍·면·동·출장소장 직인

세대주 성명(한자)		세 대 구 성 사유 및 일자		
주 소		발 생 일 / 신 고 일 변 동 사 유		
번호	세대주와의 관 계	성 명(한자) 주민등록번호	발 생 일 / 신 고 일 등 록 상 태	변 동 사 유
1	본인	홍○○ xxxxxx-xxxxxxx	거주자	
2	배우자	ABCD xxxxxx-xxxxxxx	외국인	외국인등 기록

신청자 본인 여부 확인
why 세대주 또는 세대주의 배우자만 신청 가능

시 정 확 인 필
미검증
정부시정확인센터

근로자가 제출한 간소화자료 조회기간이 근무월과 다른 경우
• 금액 자료를 활용하지 않음
• 근로자에게 근무월만 조회된 자료를 다시 제출할 것을 요구함

2025년 귀속 소득 · 세액공제증명서류 : 기본(취급기관별)내역 [주택마련저축]

(조회기간 : 2025년 01~12월)

근무월 확인

■ 계약자 인적사항

성 명	주 민 등 록 번 호
김길동	810101-*******

본인 확인

■ 주택마련저축 납입내역

(단위:원)

취급기관 (사업자번호)	계좌번호	저축구분	저축명	가입일자	납입금액 계
C은행 (620-83-00***)	47030788103354	청약저축	청약저축	2009-04-09	1,200,000
C은행 (620-83-00***)	64680701085582	주택청약종합저축	주택청약종합저축	2016-12-19	2,200,000
A금융사 (502-82-03***)	59391007443225	주택청약종합저축	주택청약종합저축	2009-12-31	1,200,000
합 계					4,600,000

근로자가 무주택확인서를 2월말까지 제출한 경우에만 조회됨
• 조회되지 않는 경우 공제불가
• 주택청약종합저축은 간소화자료로만 공제가능

• 연금 · 저축 등 소득 · 세액공제명세서 (지급명세서 6쪽)에 기재 · 제출됨
• 저축종류/금융기관/계좌별로 구분하여 기재

1. 공제대상 : 총급여액이 7천만원 이하이고, 연도 중 주택을 소유하지 아니한 세대의 세대주가 본인 명의로 해당 연도에 납입한 금액(청약저축, 주택청약저축은 300만원 한도, 근로자주택마련저축은 월 납입액 15만원 이하)의 40%(세대주 또는 세대주의 배우자가 아닌 경우 공제대상 아님)
※ 2014.12.31.이전 가입자 중 총급여 7천만원 초과자는 2018년 납입분부터 공제대상 아님
※ '09.12.31. 이전 가입한 청약저축의 경우 국민주택규모의 주택으로서 청약저축 가입 당시 기준시가(가입 후 주택을 취득하는 경우에는 취득 당시 기준시가)가 3억원 이하인 주택을 한 채만 소유한 세대의 세대주인 근로자도 공제 가능
※ 주택청약종합저축은 무주택 확인서를 다음연도 2월말까지 저축취급기관에 제출한 경우 공제 가능
※ 연도 중에 중도 해지한 경우에는 공제대상에 해당되지 않음. 단, 주택 당첨으로 인하여 해지된 청약저축의 경우에는 공제 가능
2. 공제한도 : 주택임차차입금 원리금상환액과 합하여 연 400만원

일련번호 : 20251219-01181493

-1-

국세청
National Tax Service

• 본 증명서류는 「소득세법」 제165조 제1항에 따라 영수증 발급기관으로부터 수집한 서류로 소득·세액공제 충족 여부는 근로자가 직접 확인하여야 합니다.
• 본 증명서류에서 조회되지 않는 내역은 영수증 발급기관에서 직접 발급받으시기 바랍니다.

(4) 주택마련저축 소득공제 지급명세서 작성

1) 세부명세

주택마련저축 소득공제를 적용받은 근로자에 대해서만 다음과 같이 세부명세(연금·저축 등 소득·세액공제명세서－근로소득지급명세서 6쪽)를 작성한다.

해당 명세서는 근로자가 작성하여 원천징수의무자에게 제출하고, 원천징수의무자는 근로소득지급명세서의 일부로 과세관청에 제출하면 된다.

세부명세서	소득공제구분(전산매체 코드)	금융회사	저축내용
연금·저축 등 소득·세액공제명세서(근로소득지급명세서 6쪽)	청약저축(31) 주택청약종합저축(32) 근로자주택마련저축(34)	• 회사명(금융회사코드) • 사업자번호	• 계좌번호 • 납입금액

2) 공제명세 작성

'1)'에서 작성된 세부명세서(연금·저축 등 소득·세액공제명세서－지급명세서 6쪽)를 바탕으로 다음과 같이 공제명세(근로소득지급명세서 2쪽)를 작성한다.

구 분		기재방법
㊴주택마련저축 소득공제	㉮청약저축	Min – 청약저축 납입금액 합계액 × 40% (장기주택저당차입금이자상환액공제를 적용받은 경우에만 고려함(도표에서 동일)) – 1,200,000 – 4,000,000 – 주택임차차입금원리금상환액 공제액 – 종합한도 – 주택임차차입금원리금상환액 공제액 – 장기주택저당차입금이자상환액 공제액 – 순차한도 (소득공제 순서를 고려한 순차한도를 말함 (p.309 참조))
	㉯주택청약종합저축	Min – 주택청약종합저축 납입금액 합계액 × 40% – 1,200,000 – 4,000,000 – 주택임차차입금원리금상환액 공제액 – 청약저축 공제액 – 종합한도 – 주택임차차입금원리금상환액 공제액 – 장기주택저당차입금이자상환액 공제액 – 청약저축 공제액 (소득공제 대상 주택관련공제의 종합한도를 말함 (p.362 참조)) – 순차한도
	㉰근로자주택마련저축	Min – 근로자주택마련저축 납입금액 합계액 × 40% – 720,000 – 4,000,000 – 주택임차차입금원리금상환액 공제액 – 청약저축·주택청약종합저축 공제액 – 종합한도 – 주택임차차입금원리금상환액 공제액 – 장기주택저당차입금이자상환액 공제액 – 청약저축·주택청약종합저축 공제액 – 순차한도

사례 주택관련 공제(공통사례)

1. 자료

근로자(총급여 7,000만원)의 2025년 주택관련 지출내역은 다음과 같다. 공제요건은 모두 충족하며, 순차한도는 충분하다고 가정한다.

세대주인 근로자
+ 2009년 이전 청약저축가입자
+ 저당차입금이자상환액 있는 주택 당기 중 매각(상환기간 요건 충족)
+ 보증부월세로 이사(전입)하면서 전세자금대출을 받는 경우

공제구분	임차차입금원리금상환액 (금융기관 차입)	저당차입금이자상환액 (11차입, 상환기간 25년)	청약저축 납입액	월세액
지출금액	900,000	9,200,000	1,200,000	450,000

저당차입금이자상환액: 고정금리 또는 비거치식 상환대출 아님

2. 주택마련저축 소득공제액 계산

주어진 사례에서 주택마련저축 소득공제액을 산출하여 보면 다음과 같다.

구 분		기재방법
㉞-㉮	대출기관	공제금액(A) = Min[원리금상환액 × 40%, 400만원, 순차한도] = Min[900,000 × 40%, 4,000,000] = 360,000
	거주자	공제금액(B) = Min[원리금상환액 × 40%, 400만원 − A, 순차한도] = Min[0 × 40%, 4,000,000 − 360,000] = 0
㉞-㉯	2011년 이전 15년~29년	공제금액(C) = Min[이자상환액, 종합한도 − (A + B), 순차한도] = Min[9,200,000, 10,000,000 − 360,000] = 9,200,000
㊴-㉮	청약저축	공제금액(D) = Min[청약저축 납입금액 합계액×40%, 1,200,000, 4,000,000−주택임차차입금원리금상환액 공제액, 종합한도−주택임차차입금원리금상환액 공제액 −장기주택저당차입금이자상환액 공제액, 순차한도] = Min[1,200,000 × 40%, 1,200,000, 4,000,000 − 360,000, 10,000,000 − 360,000 − 9,200,000, 순차한도] = 440,000

사례 주택마련저축 소득공제

1. 자료

(1) 주택마련저축 납입액

세대주인 근로자 이몽룡(총급여 6,900만원)이 제출한 2025년 주택마련저축 납입액 관련 자료(간소화자료)는 다음과 같다.

저축구분 (소득공제구분)	가입자	상 호	사업자번호	계좌번호	납입금액
청약저축	이몽룡	C은행	620－83－00***	47030788103354	1,200,000
주택청약종합저축	이몽룡	C은행	620－83－00***	64680701085582	2,200,000
주택청약종합저축	이몽룡	A금융사	502－82－03***	59391007443225	1,200,000

(2) 추가 자료

근로자 이몽룡은 주택마련저축 이외 주택관련 공제를 신청하지 않았으며, 순차한도는 충분하다.

2. 지급명세서 작성(예시)

(1) 세부명세서－연금·저축 등 소득·세액공제명세서(근로소득지급명세서 6쪽)

근로소득지급명세서 (6쪽)

(8쪽 중 제6쪽)

연금 · 저축 등 소득 · 세액 공제명세서

1. 인적사항

(중략)

3. 주택마련저축 소득공제

* 주택마련저축 소득공제에 대한 명세를 작성합니다.

저축 구분	금융회사 등	계좌번호 (또는 증권번호)	납입금액	소득공제금액
청약저축	C은행	47030788103354	1,200,000	480,000
주택청약종합저축	C은행	64680701085582	2,200,000	880,000
주택청약종합저축	A금융사	59391007443225	1,200,000	320,000

▌주택청약종합저축 납입액은 연 300만원까지 인정되므로, 해당 저축 중 80만원에 대해 40% 공제됨
→ 다음과 같이 소득공제 적용가능
① C은행－720,000
② A금융사－480,000

(2) 공제명세－근로소득지급명세서 2쪽

근로소득지급명세서 (2쪽)

그밖의 소득공제	㊲ 개인연금저축		
	㊳ 소기업 · 소상공인 공제부금		
	㊴ 주택마련저축소득공제	㉮ 청약저축	480,000
		㉯ 주택청약종합저축	1,200,000
		㉰ 근로자주택마련저축	
	㊵ 투자조합출자 등		
	㊶ 신용카드등 사용액		
	㊷ 우리사주조합 출연금		
	㊸ 고용유지 중소기업 근로자		
	㊹ 장기집합투자증권저축		
	㊺ 청년형장기집합투자증권저축		
	㊻ 그밖의 소득공제 계		

공제명세에는 저축별로 공제금액 합계가 기재됨

■ 조세특례제한법 시행규칙 [별지 제58호의7서식] <개정 2025. 3. 21.>

무 주 택 확 인 서

본인은 [ ]주택청약종합저축·[ ]청년우대형주택청약종합저축 가입자로서 이 확인서를 제출하는 과세기간(주택청약종합저축에 한함) 또는 저축의 가입 당시(청년우대형주택청약종합저축에 한함)에 주택을 소유하지 않은 세대[1)]의 세대주 또는 세대주의 배우자에 해당함을 확약하며,

이 확인서를 제출한 날 이후 국민주택규모를 초과하는 주택에 청약하여 당첨된 경우 등 「조세특례제한법」 제87조 제7항 각 호에 따른 사유가 발생한 경우(주택청약종합저축에 한함) 또는 청년우대형주택청약종합저축 계약일로부터 2년 이내에 원금이나 이자 등을 인출하거나 계약을 해지한 경우 등 「조세특례제한법」 제87조 제6항에 따른 사유가 발생한 경우에는 같은 조 제2항 및 제3항에 따라 감면받았던 세액에 상당하는 금액이 추징되는 것에 동의합니다.

20 . . .

예금주(본인): (인)

위 내용을 확약하고 자필서명(날인)하여 본인의 __________(가족관계 기재)인 __________(성명 기재)을 통해 제출합니다.

예금주(본인): (인)

위 사실을 확인합니다.

대리(수임)인: (인)

1) 본인, 배우자, 같은 주소·거소에서 생계를 같이하는 본인·배우자의 직계존비속, 형제자매를 포함한 세대를 말합니다.

210㎜×297㎜(신문용지 54g/㎡)

중소기업 또는 벤처기업을 인수·합병하거나 다른 벤처투자조합 등이 보유하고 있는 주식 등의 자산을 매수하는 벤처투자조합 등 대통령령으로 정하는 벤처투자조합을 말함

12. 벤처투자조합출자 등에 대한 소득공제(조특법 §16, 조특령 §14)

(1) 벤처투자조합출자 등에 대한 소득공제 개요

도표에서 언급하는 용어의 의미는 용어정의(p.54) 참조

구 분	벤처투자조합출자 등에 대한 소득공제
투자·출자자	소득자 본인

공제대상 투자·출자 및 투자·출자연도

공제대상 투자·출자		투자·출자일 2023	2024	2025
조 합	투자조합에 출자	○	○	○
조 합	벤처기업투자신탁 수익증권 투자	○	○	○
조 합	창업·벤처전문 사모집합투자기구에 투자	○	○	○
벤 처	개인투자조합을 통해 벤처기업 등에 투자	○	○	○
벤 처	벤처기업 등에 직접 투자	○	○	○
벤 처	법 소정 중소기업 등에 투자	○	○	○

(원칙) 출자일 또는 투자일이 속하는 과세연도에 공제하되, (선택) 출자 또는 투자 후 2년이 되는 날이 속하는 과세연도까지 1과세연도를 선택하여 공제시기 변경을 신청하는 경우 신청 과세연도에 공제가능

공제대상 투자·출자 특례

투자 당시에는 벤처기업 등·법 소정 중소기업 등(이하 "벤처")에 해당하지 않았으나, 투자일부터 2년이 되는 날이 속하는 과세연도까지 벤처에 해당되는 경우에도 공제가능 (2018.1.1. 이후 투자분부터 적용)

공제대상 투자·출자금액

구 분	공제대상 투자·출자금액
2018.2.13. 이후 설정된 벤처기업투자신탁 수익증권 투자	연 3,000만원 한도(모든 투자액 합계)
2024.2.29. 이후 벤처투자 촉진에 관한 법률 제51조 제6항에 해당하는 벤처투자조합에 출자하는 경우	거주자가 벤처투자조합에 출자한 금액 × $\frac{\text{벤처투자조합이 벤처기업 등에 투자한 금액}}{\text{벤처투자조합의 출자액 총액}}$
개인투자조합을 통해 벤처기업 등에 투자 (개정)	거주자가 개인투자조합에 출자한 누적금액 × $\frac{\text{개인투자조합이 벤처기업 등에 투자한 누적금액}}{\text{개인투자조합의 출자액 총액}}$ − 이미 소득공제된 투자액
이 외	출자·투자금액 전액

공 제

공제율 (누진방식으로 적용)

구 분	투자·출자금액	투자·출자일 2023	2024	2025
조 합	관계없음	10%	10%	10%
벤 처	1,500만원 이하	100%	100%	100%
벤 처	1,500만원 초과 ~ 3,000만원 이하	100%	100%	100%
벤 처	3,000만원 초과 ~ 5,000만원 이하	70%	70%	70%
벤 처	5,000만원 초과	30%	30%	30%

공제 한도·순서: 근로소득금액 × 50%

✔ '벤처'투자분(공제율 100%~30%)과 '조합'투자분(공제율 10%)이 동시에 있는 경우 '벤처'투자분을 우선 공제(국세청 제공 전산매체 제출요령)

해당 과세연도에 개인투자조합이 벤처기업 등에 여러 번 투자한 경우에는 마지막에 투자한 날을 기준으로 계산함 (개정)

구 분	투자조합출자 등 소득공제
제출서류	• 출자 등 소득공제신청서 • 출자 또는 투자확인서 • 간소화자료
세부명세서 작성·제출	연금·저축 등 소득·세액공제명세서(지급명세서 6쪽)
소득공제 종합한도	투자구분: 조 합 – 소득공제종합한도: 대상(○) 투자구분: 벤 처 – 소득공제종합한도: 대상 아님(×)

벤처기업투자신탁 수익증권 투자금액만 가능

출자 또는 투자일이 속하는 연도부터 2년이 되는 날이 속하는 과세연도까지 공제시기를 변경하고자 하는 경우에는 투자조합관리자 등에게 확인서를 발급받을 때(수익증권에 투자할 때) 「소득공제시기 변경 신청서」를 제출해야 함

(2) 벤처투자조합출자 등에 대한 소득공제 요건

1) 공제대상 투자·출자

① 벤처기업투자신탁 수익증권에 투자

벤처기업투자신탁은 다음 요건을 갖춘 신탁을 말한다.

구 분		내 용	공제대상 투자금액
공통요건		• 자본시장과 금융투자업에 관한 법률에 의한 투자신탁(같은 법 제251조에 따른 보험회사 특별계정 제외)으로 계약기간이 3년 이상일 것 • 통장으로 거래될 것	
개별요건	~2018.2.12. 설정	신탁설정일부터 6개월 이내에 신탁재산 50% 이상을 벤처기업육성에 관한 특별조치법 제2조 제2항 규정에 의해 벤처기업에 투자·운용하는 것일 것	한도 없음
	2018.2.13.~ 설정	1. 투자신탁의 설정일부터 6개월(사모집합투자기구에 해당하지 않는 경우에는 9개월) 이내에 투자신탁 재산총액에서 다음 '(1) 및 (2)'에 따른 비율의 합계가 50% 이상일 것. 이 경우 투자신탁 재산총액에서 '(1). ①'에 따른 투자 재산의 평가액이 차지하는 비율은 15% 이상이어야 한다. (1) 벤처기업에 다음의 투자를 하는 재산 평가액의 합계액이 차지하는 비율 ① 벤처기업육성에 관한 특별조치법 제2조 제1호에 따른 투자 ② 타인 소유의 주식 또는 출자지분을 매입해서 취득하는 방법으로 하는 투자	1인당 연 3,000만원 한도

공제율 10%를 고려하면, 소득공제금액 한도는 300만원임

'1.의 본문 후단 및 2.의 요건'의 충족 여부를 판단할 때 벤처기업투자신탁이 '1. (1) ① 또는 ② 중 어느 것'에 따라 취득한 주식인지 여부가 불분명한 주식을 매도하는 경우에는 벤처기업투자신탁의 재산총액에서 각각의 주식의 평가액이 차지하는 비율에 비례하여 해당 주식을 각각 매도한 것으로 보며, 2022.2.15. 이후 매도분부터 적용함(조특령 §14 ⑬; 조특령 부칙 §6, 2022.2.15.)

해당 규정은 2019.2.12. 이후 설정된 경우부터 적용

구 분		내 용	공제대상 투자금액
개별요건	2018.2.13. ~ 설정	⑵ 벤처기업이었던 기업이 벤처기업에 해당하지 않게 된 이후 7년이 지나지 않은 기업으로서 자본시장과 금융투자업에 관한 법률에 따른 코스닥시장에 상장한 중소기업 또는 중견기업에 '⑴. ① 및 ②'에 따른 투자를 하는 재산 평가액의 합계액이 차지하는 비율 2. '1.'의 요건을 갖춘 날부터 매 6개월마다 '1.'에 따른 비율(투자신탁재산의 평가액이 투자원금보다 적은 경우로서 같은 후단에 따른 비율이 15% 미만인 경우에는 이를 15%로 봄)을 매일 6개월 동안 합산하여 같은 기간의 총일수로 나눈 비율이 각각 50% 및 15% 이상일 것 단 투자신탁 해지일 전 6개월에 대해서는 적용 안됨	1인당 연 3,000만원 한도

용어정의(p.54) 참조

② 개인투자조합을 통해 벤처기업 등에 투자

개인투자조합이 거주자로부터 출자받은 금액을 다음과 같이 투자하는 것을 말한다.

구 분	내 용
투자기한	출자일이 속하는 과세연도의 다음 과세연도 종료일까지
투자처	벤처기업 등 (용어정의(p.54) 참조)
공제대상 투자금액	$\text{거주자가 개인투자조합에 출자한 누적금액} \times \dfrac{\text{개인투자조합이 벤처기업 등에 투자한 누적금액}}{\text{개인투자조합의 출자액 총액}} - \text{이미 소득공제된 거주자의 투자액}$ · 거주자가 개인투자조합에 출자한 누적금액: 개인투자조합이 벤처기업 등에 투자할 당시 거주자 개인의 출자한 금액의 총액 · 개인투자조합의 출자액 총액: 개인투자조합이 벤처기업 등에 투자할 당시 개인투자조합의 출자 총액 $= \text{개인투자조합이 벤처기업 등에 투자한 누적금액} \times \dfrac{\text{거주자가 개인투자조합에 출자한 누적금액}}{\text{개인투자조합의 출자액 총액}} - \text{이미 소득공제된 거주자의 투자액}$ · 개인투자조합이 벤처기업 등에 투자한 누적금액: 개인투자조합이 벤처기업 등에 투자할 당시 개인투자조합이 벤처기업 등에 투자한 금액의 총액 · 거주자가 개인투자조합에 출자한 누적금액 / 개인투자조합의 출자액 총액: 개인투자조합이 벤처기업 등에 투자할 당시 거주자 개인의 출자지분을 말함

해당 과세연도에 개인투자조합이 벤처기업 등에 여러 번 투자한 경우에는 마지막에 투자한 날을 기준으로 계산함 개정

한걸음 더

개인투자조합의 조합원·출자액에 변동이 있는 경우 투자시점을 기준으로 상기 도표 산식에 따라 산출된 금액에서 이미 소득공제가 적용된 개별 거주자의 출자액을 차감한 금액을 소득공제 금액으로 한다(서면법규소득-3683, 2023.9.21.).

사례 조합원·출자액에 변동이 있는 경우

구분	투자 내용	금 액
자료	개인들이 개인투자조합(A)에 출자한 총액(1차 출자)	600,000,000
	거주자 김민경이 개인투자조합(A)에 출자한 금액(1차 출자)	50,000,000
	개인투자조합(A)이 벤처기업(B)에 투자한 금액(1차 투자)	300,000,000
	개인들이 개인투자조합(A)에 출자한 총액(2차 출자)	500,000,000
	거주자 김민경이 개인투자조합(A)에 출자한 금액(2차 출자)	100,000,000
	개인투자조합(A)이 벤처기업(C)에 투자한 금액(2차 투자)	470,000,000
소득공제 대상금액	벤처기업(B)에 투자한 금액 중 거주자 김민경이 공제받을 금액	$25,000,000 = 50,000,000 \times \frac{300,000,000}{600,000,000}$
	벤처기업(C)에 투자한 금액 중 거주자 김민경이 공제받을 금액	$80,000,000 = 150,000,000 \times \frac{770,000,000}{600,000,000 + 500,000,000} - 25,000,000$

- 1차 투자 당시 개인이 개인투자조합에 출자한 금액 (50,000,000)
- 2차 투자 당시 개인이 개인투자조합에 출자한 총액 (150,000,000)
- 이미 소득공제 받은 투자액 (25,000,000)
- 1차 투자 당시 개인투자조합의 출자 총액 (600,000,000)
- 2차 투자 당시 개인투자조합의 출자 총액 (600,000,000+500,000,000)
- 2차 투자 당시 개인투자조합의 투자 총액 (770,000,000)

③ 법 소정 중소기업 등에 투자

구 분	내 용
법 소정 중소기업 등	벤처기업 등에서 벤처기업을 제외한 나머지 기업. 이 경우 '창업 후 3년 이내 중소기업'은 '창업 후 7년 이내 중소기업'으로 함
투자방식	자본시장과 금융투자업에 관한 법률 제117조의 10에 따라 온라인 소액투자 중개 방법으로 모집하는 창업 후 7년 이내의 중소기업으로서, 법 소정 중소기업 등의 지분증권에 투자하는 경우

- 온라인 소액투자 중개 방법: 크라우드 펀딩(온라인 플랫폼을 이용해 다수의 소액투자자로부터 자금을 조달하는 방식)을 말함

④ 투자조합출자 등 소득공제 여부 사례

구 분	내 용	공제 여부 등
타인 지분 등을 양수하는 경우	타인의 출자지분이나 투자지분 또는 수익증권을 양수하는 방법으로 출자 또는 투자하는 경우	공제불가(×)
투자조합에 출자	소재·부품전문투자조합이 출자금 중 일부만을 소재·부품전문기업에 투자한 경우(서일 46011-11754, 2003.12.4.)	거주자가 투자조합에 출자한 금액전액 공제가능(○)

2018.1.1. 이후 투자분부터 투자한 날에는 벤처가 아니었으나 투자일로부터 2년이 되는 날이 속하는 과세연도까지 벤처에 해당되는 경우 공제 가능함

구 분	내 용	공제 여부 등
특수관계 벤처기업 등에 투자하는 경우	소득세법 또는 법인세법에 의한 특수관계에 있는 자가 벤처기업 등에 투자하는 경우	공제가능(○)
벤처기업 확인 전에 투자한 경우	벤처기업으로 확인받기 전에 벤처기업에 투자한 금액(법인 46013-2446, 2000.12.23.)	공제가능(△)
벤처기업에 대여한 자금을 출자전환한 경우	거주자가 벤처기업에 자금을 대여했다가 이를 출자전환한 경우(서면법령소득-832, 2015.11.19.)	공제가능(○)
특정금전신탁을 통해 투자하는 경우	거주자가 본인 의사에 따라 투자대상 및 투자비중 등을 결정하는 증권사의 특정금전신탁 형태로 개인투자조합에 출자한 금액을 개인투자조합이 벤처기업 등에 투자하는 경우(사전법령소득-436, 2019.9.11.)	공제가능(○)
주식매수 선택권을 행사하는 경우	벤처기업 임직원이 부여받은 주식매수선택권을 행사하여 벤처기업의 주식을 취득하는 경우(사전법령소득-2047, 2019.10.17.)	공제가능(○)
자기주식을 양수하는 경우	거주자가 벤처기업이 보유한 자기주식을 양수하는 방법으로 취득한 경우(서면법령소득-539, 2020.12.18.)	공제불가(×)
개인투자조합을 통하여 전환사채를 인수하는 경우	거수자가 개인투자조합을 통하여 벤처기업등이 발행한 무담보전환사채를 인수하는 방법으로 투자하는 경우(서면법규소득-1037, 2025.2.28.)	공제가능(○)
	개인투자조합이 전환사채 만기일이 지난 후에 투자금액을 회수하는 경우(서면법규소득-1037, 2025.2.28.)	공제불가(×)
개인투자조합 등록일 전에 투자한 경우	개인투자조합 등록신청일부터 등록일 사이에 벤처기업에 투자한 경우(사전법규소득-291, 2025.5.15.)	공제불가(×)

⑤ 공제시기에 대한 선택 여부

개요 도표 참조(p.424)

구 분		내 용
공제받을 연도	원 칙	출자 또는 투자일이 속하는 과세연도(공제대상 투자·출자특례에 해당되는 경우에는 벤처에 해당하게 된 날이 속하는 과세연도)
	선택	출자 또는 투자일이 속하는 과세연도부터 2년이 되는 날이 속하는 과세연도까지 거주자가 선택하는 1과세연도에 공제가능 → 출자 또는 투자확인서를 발급받을 때(벤처기업 투자신탁 수익증권에 투자하는 경우에는 수익증권에 투자할 때) 투자조합관리자 등에게 소득공제 시기 변경 신청서[별지 제5호 서식 부표(2)]를 제출
공제받을 금액		구 분: 내 용 하나의 투자금액: 분할하여 여러 연도에 공제받을 수 없음 서로 다른 투자금액: 각 투자마다 연도를 선택하여 공제받을 수 있음

(3) 벤처투자조합출자 등에 대한 소득공제 제출서류 검토

[별지 제5호서식 부표(1)] <개정 2025. 3. 21.>

출자 또는 투자확인서

출자자 (투자자)	① 성 명		② 생년월일
	③ 주 소		(☎ :)
제출처	□ 원 천 징 수 의 무 자 / □ 납 세 자 조 합	④ 법인명(상호)	
		⑤ 대표자(성명)	⑥ 사업자등록번호
		⑦ 소재지(주소)	
	□ 세무서장	⑧ 주소지관할서	세무서장
투자조합관리자등	⑨ 법인명(상호)		(☎ :)

신청자 본인 확인

확인서 발급처

출자(투자)금액명세

출자(투자)내역						벤처기업투자내역		
⑩ 출자일 (투자일)	투자조합(위탁회사) 또는 투자신탁				⑮ 출자금액 (투자금액)	⑯ 투자일	⑰ 투자기업명	⑱ 투자금액
	⑪ 투자 구분	⑫ 조합명 (위탁회사명) 또는 투자신탁명	⑬ 계좌 번호	⑭ 출자 총액				
. . .						. . .		
. . .						. . .		
. . .						. . .		
계						계		

「조세특례제한법 시행령」 제14조제6항에 따라 위와 같이 출자(투자)하였음을 확인합니다.

년 월 일

확인자 (서명 또는 인)

세무서장 귀하

작성방법

1. "⑪ 투자 구분"란: 벤처 등(「조세특례제한법」 제16조제1항제3호·제4호·제6호), 조합1(「조세특례제한법」 제16조제1항제1호·제5호), 조합2(「조세특례제한법」 제16조제1항제2호)로 구분하여 적습니다.
2. 벤처기업투자신탁의 수익증권에 투자하는 경우에는 ⑭란은 적지 않습니다.
3. "⑯ 투자일"란부터 "⑱ 투자금액"란까지: 개인투자조합·개인이 벤처기업에 투자한 내역을 적습니다.

210mm×297mm[백상지 80g/㎡ 또는 중질지 80g/㎡]

- 확인서 내역에 대해 판단이 어려운 경우 기재된 전화번호로 발행처에 전화문의 필요
- 투자구분은 다음과 같은 이유로 매우 중요함
  ① 공제율 결정 요소
  ② 공제순서 결정
  ③ 투자구분이 "조합"인 경우 소득공제 종합한도 대상

다음과 같이 기재내용을 파악하고, 해당 내용이 신청서(또는 연말정산프로그램)에 적절하게 기재되었는지 확인

공제대상 투자·출자		출자일 투자일 (⑩·⑯)	확인서 발급처 (⑨)	기재란	투자구분 (⑪)	투자·출자 금액 판단 (⑮~⑱)	투자·출자 구분
투자조합에 출자	벤촉법 §51 ⑥에 해당하는 벤처투자조합에 출자	23년~25년 확인	투자조합	⑩~⑱	조특법 §16 ① 1호	⑮ × ⑱/⑭	조합 등
	이외			⑩~⑮		⑮	
벤처기업투자신탁 수익증권 투자			집합투자업자 또는 금융회사	⑩~⑮ [⑭ 제외]	조특법 §16 ① 2호	⑮	조합 등
창업·벤처전문 사모집합투자기구에 투자			사모집합 투자기구	⑩~⑮	조특법 §16 ① 5호	⑮	조합 등
개인투자조합을 통해 벤처기업 등에 투자 (개정)			개인투자조합	⑩~⑱	조특법 §16 ① 3호	⑮ × ⑱/⑭ − 이미 공제된 투자액	벤처 등
벤처기업 등에 직접 투자			벤처기업 등	⑯~⑱	조특법 §16 ① 4호	⑱	벤처 등
법 소정 중소기업 등에 투자			투자중개업자	⑩~⑮	조특법 §16 ① 6호	⑮	벤처 등

- 개인투자조합에 투자한 경우 ⑩~⑱ 모든 칸이 기재되며, ⑮ × ⑱/⑭ − 이미 공제된 투자액이 공제대상 투자금액임 (개정)

출자 등 소득공제신청서 ⑤ 투자구분란에 "조합등(조특법 §16 ① 2호)"으로 기재

2025년 귀속 소득 · 세액공제증명서류 : 기본내역 [벤처기업 투자신탁]

(조회기간 : 2025년 01 ~ 12월)

■ 투자자 인적사항

신청자 본인 확인

성 명	주 민 등 록 번 호
김길동	810101-*******

출자 등 소득공제신청서 ⑥ 벤처 등 또는 조합 등의 명칭, ⑧ 금융기관 · 계좌번호란에 기재

■ 투자금액 명세 (단위:원)

납입연도	취급기관 (사업자번호)	계좌번호	투자신탁명	투자금액 계
2025	JM 은행(주) (104-86-39***)	54655500058433	A투자증권	3,000,000
2025	(주) NN은행 (202-81-14***)	21489006443313	B투자증권	9,000,000

2023 ~ 2025년 확인

- 출자 등 소득공제신청서 ⑨ 출자금액(투자금액)란에 기재
- 투자금액 중 연 3,000만원 한도로 공제가능

-거주자가 조세특례제한법 제16조 제1항 제2호에 따른 벤처기업투자신탁에 투자하는 경우, 투자금액의 10%(종합소득 금액의 50%한도)를 투자일이 속하는 과세연도부터 투자 후 2년이 되는 날이 속하는 과세연도까지 거주자가 선택하는 1과세연도의 종합소득 금액에서 공제 (공제를 적용받을 수 있는 투자액은 거주자 1명당 3천만원)

일련번호 : 20251219-01181490

-2-

국세청 National Tax Service

- 본 증명서류는 『소득세법』 제165조 제1항에 따라 영수증 발급기관으로부터 수집한 서류로 소득·세액공제 충족 여부는 근로자가 직접 확인하여야 합니다.
- 본 증명서류에서 조회되지 않는 내역은 영수증 발급기관에서 직접 발급받으시기 바랍니다.

[별지 제5호 서식 부표(1)] (2025.3.21. 개정)

출자 또는 투자확인서

신청자 본인 확인

출자자(투자자)	① 성 명 최 한 방	② 생년월일 1975. 12. 25.
	③ 주 소 경기도 용인시 기흥구 (☎ :)	

제출처	□ 원천징수의무자 □ 납세자조합	④ 법인명(상호) 쪽 박(주)	
		⑤ 대표자(성명) 홍 길 동	⑥ 사업자등록번호 123 - 81 - 45678
		⑦ 소재지(주소) 서울특별시 종로구	
	□ 세무서장	⑧ 주소지관할서 세무서장	

투자조합관리자등	⑨ 법인명(상호) 대박 개인투자조합 (☎ : 031 - 123 - 4567)

출자 등 소득공제신청서 ⑤ 투자구분란에 "벤처 등(조특법 §16 ① 3호)" 으로 기재

2023 ~ 2025년 확인

출자(투자)금액명세

출자(투자)내역						벤처기업투자내역		
⑩ 출자일(투자일)	투자조합(위탁회사) 또는 투자신탁				⑮ 출자금액(투자금액)	⑯ 투자일	⑰ 투자기업명	⑱ 투자금액
	⑪ 투자 구분	⑫ 조합명(위탁회사명) 또는 투자신탁명	⑬ 계좌번호	⑭ 출자 총액				
2025.9.5.	벤처 등(조특법 §16 ① 3호)	대박 개인투자조합		600,000,000	50,000,000	2025.10.14.	왕대박(주)	300,000,000
계				600,000,000	50,000,000	계		300,000,000

출자 등 소득공제신청서 ⑥ 벤처 등 또는 조합 등의 명칭(위탁회사 · 벤처기업명 · 투자신탁명)란에 기재

출자 등 소득공제신청서 ⑨출자금액(투자금액)란에 25,000,000 기재

✓ $25,000,000 = ⑮ \times \frac{⑱}{⑭} = 50,000,000 \times \frac{300,000,000}{600,000,000}$

✓ 이미 공제된 투자액이 있는 경우 산식에 따라 산출된 금액에서 해당 금액을 차감하여 기재

「조세특례제한법 시행령」제14조 제6항에 따라 위와 같이 출자(투자)하였음을 확인합니다.

2026년 1월 27일

확인자 (서명 또는 인)

세무서장 귀하

작 성 방 법

1. "⑪ 투자 구분"란: 벤처 등(「조세특례제한법」 제16조제1항제3호·제4호·제6호), 조합1(「조세특례제한법」 제16조제1항제1호·제5호), 조합2(「조세특례제한법」 제16조제1항제2호)로 구분하여 적습니다.
2. 벤처기업투자신탁의 수익증권에 투자하는 경우에는 ⑭란은 적지 않습니다.
3. "⑯ 투자일"란부터 "⑱ 투자금액"란까지: 개인투자조합·개인이 벤처기업에 투자한 내역을 적습니다.

210mm×297mm[백상지 80g/㎡ 또는 중질지 80g/㎡]

■ 조세특례제한법 시행규칙 [별지 제5호서식] <개정 2025. 3. 21.>

출자 등 소득공제 신청서

신청자 본인 확인

접수번호	접수일	처리기간	즉시

① 성 명　　　② 생년월일

③ 주 소

(전화번호:　　　)

출자(투자) 금액 명세

④ 출자일(투자일)	⑤ 투자 구분 (벤처 등, 조합1 · 2)	⑥ 벤처 등 또는 조합1 · 2의 명칭 (위탁회사 · 벤처기업명 · 투자신탁명)	⑦ 벤처 등 또는 조합1 · 2의 사업자 등록번호	⑧ 금융기관 · 계좌번호	⑨ 출자금액 (투자금액)	⑩ 공제대상금액 [⑨×10(30,50,70,100)%]	⑪ 한도액 (종합소득금액 ×50%)	⑫ 공제금액 (⑩ · ⑪ 중 적은 금액)
. . .								
. . .								
. . .								
계								

신청인은 「조세특례제한법 시행령」 제14조제6항에 따라 출자 등 소득공제신청서를 제출하며, 위 내용을 충분히 검토하였고 신청인이 알고 있는 사실 그대로를 정확하게 적었음을 확인합니다.

신청인

세 무 서 장 귀하

첨부서류	출자 또는 투자확인서(별지 제5호서식 부표)

해당란은 공란으로 제출받음

why 근로자가 산출하여 기재하기 어려우며, 해당 신청서는 과세관청에 제출하는 서식이 아님

작성방법

1. "⑤ 투자 구분"란: 벤처 등(「조세특례제한법」 제16조제1항제3호 · 제4호 · 제6호), 조합1(「조세특례제한법」 제16조제1항제1호 · 제5호) 또는 조합2(「조세특례제한법」 제16조제1항제2호)로 구분하여 적습니다.
2. "⑦ 벤처 등 또는 조합1 · 2의 사업자등록번호"란: 투자 대상 "벤처 등", "조합1" 또는 "조합2"의 해당 사업자등록번호를 적습니다.
3. "⑨ 출자금액(투자금액)"란: 다음 각 목의 금액을 적습니다.
   가. 벤처투자조합, 민간재간접벤처투자조합, 신기술사업투자조합 또는 전문투자조합에 출자하는 경우: 출자액. 다만, 「조세특례제한법 시행령」 제14조제14항에 해당하는 경우에는 다음 계산식에 따라 계산한 금액을 적습니다.

      거주자가 벤처투자조합에 출자한 금액 × (벤처투자조합이 벤처기업등에 투자한 금액 / 벤처투자조합의 출자액 총액)

   나. 벤처기업투자신탁의 수익증권에 투자한 경우: 투자액. 다만, 투자액이 3천만원을 초과하는 경우에는 3천만원을 적습니다.
   다. 개인투자조합을 통해 벤처기업등에 투자한 경우: 다음 계산식에 따라 계산한 금액

      거주자가 개인투자조합에 출자한 누적 금액 × (개인투자조합이 벤처기업등에 투자한 누적 금액 / 개인투자조합의 출자액 총액) − 소득공제가 이미 적용된 투자액

   라. 벤처기업등에 직접 투자한 경우: 투자액
   마. 창업 · 벤처전문사모집합투자기구에 투자하는 경우: 투자액
   바. 온라인소액투자중개의 방법으로 모집하는 창업 후 7년 이내의 중소기업으로서 「조세특례제한법 시행령」 제14조제3항 제2호부터 제4호까지 기업의 지분증권에 투자하는 경우: 투자액
4. "⑩ 공제대상금액"란: 2018.1.1. 이후 「조세특례제한법」 제16조제1항제3호 · 제4호 또는 제6호에 해당하는 출자 또는 투자한 금액 중 3천만원 이하의 금액은 100%, 3천만원 초과부터 5천만원 이하 금액은 70%, 5천만원 초과 금액은 30% (2015.1.1.~2017.12.31. 기간 중 「조세특례제한법」 제16조제1항제3호 또는 제4호에 해당하는 출자 또는 투자한 금액 중 1천5백만원 이하의 금액은 100%, 1천5백만원 초과부터 5천만원 이하 금액은 50%, 5천만원 초과 금액은 30%)를 적용하고, 그 외의 경우 출자 또는 투자한 금액의 10%를 적용합니다.
5. "⑪ 한도액"란: 해당 과세연도의 종합소득금액의 50/100에 상당하는 금액을 적습니다.

210㎜× 297㎜[백상지 80g/㎡ 또는 중질지 80g/㎡]

출자 또는 투자확인서	출자등 소득공제신청서	
⑪ 투자구분	⑤ 투자구분	⑨ 출자금액(투자금액)
조특법 §16 ① 1호	조특법 §16 ① 1호	출자 또는 투자확인서 ⑮ 또는 ⑮× ⑱/⑭ 금액
조특법 §16 ① 2호	조특법 §16 ① 2호	출자 또는 투자확인서 ⑮ 금액
조특법 §16 ① 5호	조특법 §16 ① 5호	출자 또는 투자확인서 ⑮ 금액
조특법 §16 ① 3호	조특법 §16 ① 3호	출자 또는 투자확인서 ⑮×⑱/⑭ 금액−이미 공제된 투자액 (개정)
조특법 §16 ① 4호	조특법 §16 ① 4호	출자 또는 투자확인서 ⑱ 금액
조특법 §16 ① 6호	조특법 §16 ① 6호	출자 또는 투자확인서 ⑮ 금액

출자 또는 투자확인서의 ⑩ 출자일(투자일) 또는 ⑯ 투자일 기재

출자 또는 투자확인서	출자등 소득공제신청서
⑫ 조합명(위탁회사명) 또는 투자신탁명 ⑰ 투자기업명	⑥ 벤처 등 또는 조합1 · 2의 명칭 (위탁회사 · 벤처기업명 · 투자신탁명)
금융회사	금융회사명 기재
이외	위탁회사 · 벤처기업명 · 투자신탁명 등 기재

출자 또는 투자확인서	출자등 소득공제신청서
⑬ 계좌번호	⑧ 금융기관 · 계좌번호
계좌 · 증권번호 있음	계좌 · 증권번호
증명서발급번호 있음	증명서발급번호
이외	공란

한걸음 더

출자 또는 투자확인서 발급방법

구 분	내 용
벤처기업·개인투자조합에 출자하여 간접투자하거나 근로자가 직접 출자	투자한 벤처기업을 통하여 중소벤처기업부 또는 중소벤처기업부 산하 지방청에 일괄발급 신청. 이때 다음 서류를 제출 • 투자실적확인요청서(공문) • 투자 또는 출자확인서 2부 • 벤처기업의 법인등기부등본 1부 • 투자자명세표 1부 • 주금납입증명서(투자자 개인별 명세표 첨부) 1부
이 외	별도 제출서류 없이 투자조합관리자 등에게 확인서 발급신청

(4) 벤처투자조합출자 등에 대한 소득공제 지급명세서 작성

1) 세부명세서 작성 – 연금·저축 등 소득·세액공제명세서(지급명세서 6쪽)

벤처투자조합출자 등에 대한 소득공제를 적용받은 근로자에 대해서만 해당 근로자가 제출한 출자 등 소득공제신청서와 출자 또는 투자확인서를 바탕으로 다음과 같이 세부명세서(연금·저축 등 소득·세액공제명세서 – 지급명세서 6쪽)를 작성한다.

해당 명세서는 근로자가 작성하여 원천징수의무자에게 제출하고, 원천징수의무자는 근로소득지급명세서의 일부로 과세관청에 제출하면 된다.

■ 조세특례제한법 시행규칙 [별지 제5호서식] <개정 2025. 3. 21.>

출자 등 소득공제 신청서

접수번호	접수일	처리기간 즉시

① 성 명	② 생년월일
③ 주 소 (전화번호:)	

출자(투자) 금액 명세

④ 출자일(투자일)	⑤ 투자구분(벤처 등, 조합1 · 2)	⑥ 벤처 등 또는 조합1 · 2의 명칭(위탁회사 · 벤처기업명 · 투자신탁명)	⑦ 벤처 등 또는 조합1 · 2의 사업자 등록번호	⑧ 금융기관 · 계좌번호	⑨ 출자금액(투자금액)	⑩ 공제대상금액 [⑨×10(30,50, 70,100)%]	⑪ 한도액(종합소득금액×50%)	⑫ 공제금액(⑩ · ⑪ 중 적은 금액)
. . .								
. . .								
. . .								
계								

신청인은 「조세특례제한법 시행령」 제14조제6항에 따라 출자 등 소득공제신청서를 제출하며, 위 내용을 충분히 검토하였고 신청인이 알고 있는 사실 그대로를 정확하게 적었음을 확인합니다.

년 월 일

신청인 (서명 또는 인)

세 무 서 장 귀하

❶ ❷ ❸

근로소득지급명세서 (6쪽)

(8쪽 중 제6쪽)

연금 · 저축 등 소득 · 세액 공제명세서

1. 인적사항	① 상 호		② 사업자등록번호	
	③ 성 명		④ 주민등록번호	
	⑤ 주 소	(전화번호:)		
	⑥ 사업장 소재지	(전화번호:)		

(중략)

5. 중소기업 창업투자조합 출자 등에 대한 소득공제

* 중소기업창업투자조합 출자 등 소득공제에 대한 명세서를 작성합니다.

투자연도	투자구분	금융기관 등	계좌번호(또는 증권번호)	납입금액

❶ 투자연도(2023, 2024, 2025)와 다음과 같이 투자구분 기재

출자 등 소득공제신청서	연금·저축 등 소득·세액공제 명세서	
⑤ 투자구분(벤처 등, 조합 1·2)	투자구분	전산매체 [F14]
조합 1	조합 1	1
조합 2	조합 2	3
조합 1	조합 1	1
벤처 등	벤처	2
벤처 등	벤처	2
벤처 등	벤처	2

❷ 금융회사 등은 다음과 같이 기재

출자 또는 투자확인서	출자 등 소득공제신청서	연금·저축 등 소득·세액공제명세서	전산매체	
⑫ 조합명(위탁회사명) 또는 투자신탁명 ⑰ 투자기업명	⑥ 벤처 등 또는 조합 1·2의 명칭 (위탁회사·벤처기업명·투자신탁명)	금융회사 등	금융회사코드	상 호
금융회사	금융회사명 기재	금융회사명 기재	해당 코드	상호기재
이외	위탁회사·벤처기업명·투자신탁명 등 기재	위탁회사·벤처기업명·투자신탁명 등 기재	ZZZ	공란

❷ 계좌번호(증권번호)는 다음과 같이 기재

출자 또는 투자확인서	출자 등 소득공제신청서	연금·저축 등 소득·세액공제명세서	전산매체
⑬ 계좌번호	⑧ 금융기관·계좌번호	계좌번호(증권번호)	계좌번호(증권번호)
계좌·증권번호 있음	계좌·증권번호	계좌·증권번호	계좌·증권번호
증명서발급번호 있음	증명서발급번호	증명서발급번호	증명서발급번호
이외	공란	공란	ZZZZZZ

❸ 납입금액은 ⑨출자금액(투자금액) 기재

개요 도표 참조(p.424 참조)

실무 Tip 벤처투자조합출자 등에 대한 소득공제금액이 공제한도(순차한도)를 초과하는 경우

관련 법령이나 안내(예규 포함)에 벤처투자조합출자 등에 대한 소득공제 받으려는 연도에 2개 이상의 투자금액이 있고 산출된 소득공제금액이 공제한도(순차한도)를 초과하는 경우 공제 적용 순서에 대한 구체적 언급이 없다. 다만, 다음 사항들을 고려하여 투자받을 금액을 선택하면 될 것으로 판단한다.

구 분	내 용
투자연도 고려	투자한 연도 이후 2년이 되는 연도까지 1개 연도를 선택하여 공제받을 수 있음 ✔ 먼저 발생된 것을 먼저 공제받는 것이 유리
공제율 고려	투자구분이 "벤처"인 경우 공제율이 높음 ✔ "벤처"를 공제받는 것이 유리
소득공제종합한도 대상 고려	투자구분이 "조합"인 경우 소득공제종합한도 대상이 되는 바, 공제금액이 부인될 우려가 있음 ✔ "벤처"를 공제받는 것이 유리

구 분	내 용
벤처기업투자신탁 개별한도 고려	2018.2.13. 이후 벤처기업투자신탁에 투자한 경우 개별 한도 300만원 있음
하나의 투자금액은 분할 공제불가	하나의 투자금액을 분할하여 여러 연도에 공제받을 수 없음
종합소득 확정신고 시 소득한도 증가	벤처투자조합출자 등에 대한 소득공제의 한도는 종합소득금액의 50%임 ✔ 다른 종합소득이 있는 경우 종합소득 신고 때 추가로 공제가능

2) 공제명세 작성

'1)'에서 작성된 세부명세서(연금·저축 등 소득·세액공제명세서－지급명세서 6쪽)를 바탕으로 다음과 같이 공제명세(근로소득지급명세서 2쪽)를 작성한다.

▌공제율(p.424 참조)을 적용하여 소득공제대상금액을 산출. 다만 2018.2.13. 이후 벤처기업투자신탁 투자분은 연 300만원 한도로 소득공제되며, 공제한도(근로소득금액×50%)도 고려하여 산출함에 유의

구 분	내 용
㊵투자조합출자 등	Min [소득공제금액 순차한도

▌소득공제 순서를 고려한 순차한도를 말함(p.309 참조)

사례

상황	투자 내용	투자금액	소득공제금액	비 고
1	2025년 벤처기업에 6,000만원 투자	60,000,000	47,000,000	= 30,000,000 × 100% + 20,000,000 × 70% + 10,000,000 × 30%
2	2025년 벤처기업투자신탁에 4,000만원 투자	40,000,000	3,000,000	= Min[40,000,000, 30,000,000] ×10%

▌2018.2.13. 이후 벤처기업투자신탁 투자분은 연 3,000만원까지만 공제대상금액임

사례 벤처투자조합출자 등에 대한 소득공제

1. 자료

근로소득금액 1억원의 근로자가 벤처투자조합출자 등에 대한 소득공제를 위해 제출한 출자 또는 투자확인서 내용은 다음과 같다. 순차한도는 충분하다고 가정한다.

투자일	투자기업명	투자금액	증명서발급번호
2025.5.22.	대박벤처(주)	60,000,000	없음

2. 지급명세서 작성

근로소득지급명세서 (6쪽)

(8쪽 중 제6쪽)

연금 · 저축 등 소득 · 세액 공제명세서

1. 인적사항

(중략)

5. 중소기업 창업투자조합 출자 등에 대한 소득공제

* 중소기업창업투자조합 출자 등 소득공제에 대한 명세서를 작성합니다.

투자연도	투자구분	금융기관 등	계좌번호 (또는 증권번호)	납입금액
2025	벤처	대박벤처(주)		60,000,000

근로소득지급명세서 (2쪽)

그밖의 소득공제			
	㊲ 개인연금저축		
	㊳ 소기업 · 소상공인 공제부금		
	㊴ 주택마련 저축소득공제	㉮ 청약저축	
		㉯ 주택청약종합저축	
		㉰ 근로자주택마련저축	
	㊵ 투자조합출자 등		47,000,000
	㊶ 신용카드등 사용액		
	㊷ 우리사주조합 출연금		
	㊸ 고용유지 중소기업 근로자		
	㊹ 장기집합투자증권저축		
	㊺ 청년형장기집합투자증권저축		
	㊻ 그밖의 소득공제 계		

Min
- 소득공제금액 = 납입금액 × 공제율 = 47,000,000
- 공제한도 = 근로소득금액 × 50% = 50,000,000
- 순차한도

[별지 제5호 서식 부표(2)] 〈개정 2025. 3. 21.〉

소득공제 시기 변경신청서

<table>
<tr><td rowspan="2">출자자
(투자자)</td><td colspan="2">① 성명</td><td>② 생년월일</td></tr>
<tr><td colspan="3">③ 주소
(☎)</td></tr>
<tr><td rowspan="4">제출처</td><td rowspan="3">[ ] 원천징수의무자
[ ] 납세자 조합</td><td colspan="2">④ 법인명(상호)</td></tr>
<tr><td>⑤ 대표자(성명)</td><td>⑥ 사업자등록번호</td></tr>
<tr><td colspan="2">⑦ 소재지(주소)</td></tr>
<tr><td>[ ] 세무서장</td><td colspan="2">⑧ 주소지관할서 세무서장</td></tr>
<tr><td colspan="2">투자조합관리자등</td><td colspan="2">⑨ 법인명(상호)
(☎)</td></tr>
</table>

출자(투자)금액명세

<table>
<tr><td colspan="6">출자(투자)내역</td><td colspan="3">벤처기업투자내역</td></tr>
<tr><td rowspan="2">⑩ 출자일
(투자일)</td><td colspan="4">투자조합(위탁회사) 또는 투자신탁</td><td rowspan="2">⑮ 출자금액
(투자금액)</td><td rowspan="2">⑯ 투자일</td><td rowspan="2">⑰ 투자기업명</td><td rowspan="2">⑱ 투자금액</td></tr>
<tr><td>⑪ 투자 구분</td><td>⑫ 조합명
(위탁회사명)
또는 투자신탁명</td><td>⑬ 계좌
번호</td><td>⑭ 출자
총액</td></tr>
<tr><td>. . .</td><td></td><td></td><td></td><td></td><td></td><td>. . .</td><td></td><td></td></tr>
<tr><td>. . .</td><td></td><td></td><td></td><td></td><td></td><td>. . .</td><td></td><td></td></tr>
<tr><td>계</td><td></td><td></td><td></td><td></td><td></td><td>계</td><td></td><td></td></tr>
</table>

출자 또는 투자에 대한 소득공제 변경 신청 내역

⑲ 출자(투자) 과세연도	⑳ 출자금액 (투자금액)	㉑ 출자 또는 투자에 대한 소득공제 변경 신청 과세연도

「조세특례제한법 시행령」 제14조 제7항에 따라 위와 같이 소득공제 시기 변경을 신청합니다.

년 월 일

확인자 (서명 또는 인)

투자조합관리자 등 귀하

작성방법

1. "① 성명"란부터 "⑱ 투자금액"란까지: 별지 제5호 서식 부표(1)의 출자 또는 투자 확인서와 동일하게 적습니다.
2. "⑲ 출자(투자) 과세연도"란: ⑩란 및 ⑯란의 출자일 또는 투자일이 속하는 과세연도를 적습니다.
3. "⑳ 출자금액(투자금액)"란: 출자(투자) 과세연도에 출자(투자)한 금액 연간합계액을 적습니다.
4. "㉑ 출자 또는 투자에 대한 소득공제 변경 신청 과세연도"란: 출자 또는 투자 후 2년이 되는 날이 속하는 과세연도 중 1과세연도를 선택하여 적습니다.

210mm×297mm[백상지 80g/㎡ 또는 중질지 80g/㎡]

13. 신용카드 등 사용금액 소득공제(조특법 §126의 2, 조특령 §121의 2, 조특칙 §52의 3)

(1) 신용카드 등 사용금액 소득공제 개요

▌해당 도표에서 언급하는 용어의 의미는 용어정의(p.54) 참조

구 분			내 용
공제대상 신용카드 등 사용금액	사용자	범 위	• 근로자 본인의 기본공제대상자(나이요건 배제, 관계·소득·생계요건은 충족) • 형제자매·수급자·위탁아동·장애인 직계비속의 장애인 배우자 제외(기본공제 여부와 무관)
		판 단	명의자 기준으로 판단(서일-836, 2007.6.19.) ✔ 대금시급자(결제자) 기준이 아님 ▌법인개별카드 사용액은 제외 (서이 46013-10066, 2002.1.10.)
	사용기간		해당 과세기간 중 근무월(휴직기간 포함) 기간 지출분
	사용금액		• 신용카드 사용금액 • 직불카드 등 사용금액 • 현금영수증 사용금액
	사용제외 금액		• 국외에서 사용한 금액 • 면세점(내국인면세점)·선박·항공기에서 구입한 면세물품 • 개인사업자 또는 법인 비용 처리된 금액 • 자동차 구입금액·리스료·자동차 렌트비 • 세액공제를 적용받은 월세액·기부금 등 • 국민연금·건강보험료·고용보험료·보장성보험료 • 어린이집, 유치원, 초·중·고등학교, 대학교, 대학원 교육비 • 국세, 지방세, 전기·수도·가스·전화료, 아파트관리비 • 상품권 구입금액 등 • 가상자산의 매도·매수·교환 등에 따른 수수료 • 체육활동을 위한 강습비 및 입회금액 등 체육시설의 이용과 직접 관련이 없는 체육시설 이용 외 비용 개정
	사용금액 조회 (간소화)		(아래 표 참조)
공 제	공제요건		공제대상 신용카드 등 사용금액 > 총급여 × 25%(문턱)
	사용금액 구분		(아래 표 참조)

▌2025.7.1. 이후 수영장 및 체력단련장을 이용하기 위한 사용액을 말함 개정

▌도서·신문·공연·박물관·미술관·영화상영관·체육시설 사용액을 말함

사용금액 조회(간소화)

구 분	전통시장	대중교통	문화체육	일 반
현금영수증	A	B	C	D
직불카드	E	F	G	H
신용카드	I	J	K	L

사용금액 구분

구 분	총급여 7,000만원 이하	총급여 7,000만원 초과
전통시장사용분	A + E + I	A + E + I
대중교통이용분	B + F + J	B + F + J
문화체육 사용분	C + G + K	–
현금영수증 사용분	D	C + D
직불카드 사용분	H	G + H
신용카드 사용분	L	K + L

▌직불카드, 직불전자지급수단(제로페이 포함), 기명식선불카드·선불전자지급수단·전자화폐

▌체육시설 이용분과 체육시설 이용 외 비용이 분리되지 않는 경우에는 전체 금액의 50%를 체육시설 이용 외 비용으로 봄

<table>
<tr><th colspan="2">구 분</th><th>내 용</th></tr>
<tr><td rowspan="5">공 제</td><td>공제율</td><td><table><tr><th>사용액</th><th>공제율</th><th>사용액</th><th>공제율</th></tr><tr><td>전통시장사용분</td><td>40%</td><td>현금영수증사용분</td><td>30%</td></tr><tr><td>대중교통이용분</td><td>40%</td><td>직불카드 사용분</td><td>30%</td></tr><tr><td>문화체육 사용분
(7,000만원 이하자에 한함)</td><td>30%</td><td>신용카드 사용분</td><td>15%</td></tr></table></td></tr>
<tr><td>개정
공제대상
금액</td><td>문턱 초과 사용금액 × 공제율
✔공제대상 사용자(p.441 참조)의 공제기간(근무월) 사용액만 공제가능
✔공제율이 낮은 사용금액부터 문턱을 차감하여 초과사용금액 산출
✔공제율이 같은 경우 차감 순서가 없음
→ 공제율이 같은 사용금액 총액에서 문턱을 차감</td></tr>
<tr><td>일반
공제금액</td><td>일반공제금액 = Min[공제대상금액, 일반공제한도]<table><tr><th>해당 과세기간 총급여</th><th>일반공제한도</th></tr><tr><td>7,000만원 이하</td><td>300만원</td></tr><tr><td>7,000만원 초과</td><td>250만원</td></tr></table></td></tr>
<tr><td>개정
추가
공제금액</td><td>공제대상금액 > 일반공제한도
✔ 다음 금액을 추가루 공제
추가공제금액 = Min [공제대상금액 − 일반공제한도
Min[전통시장 사용분 × 40%
+ 대중교통이용분 × 40%
+ 문화체육 사용분 × 30%, 300만원
(총급여 7,000만원 초과자 200만원)]</td></tr>
<tr><td>공제금액</td><td>Min[일반공제금액 + 추가공제금액, 순차한도]
순차한도: 소득공제 순서를 고려한 순차 한도를 말함(p.310 참조)</td></tr>
<tr><td colspan="2">제출서류</td><td>• 신용카드 등 소득공제 신청서
• 신용카드 등 사용금액 확인서·간소화</td></tr>
<tr><td colspan="2">세부명세서 작성·제출</td><td>소득·세액공제명세(지급명세서 3쪽)
✔ 총급여 7,000만원 이하자에 한해 문화체육 사용금액을 구분 기재</td></tr>
</table>

(2) 신용카드 등 사용금액 소득공제 요건

1) 사용자

신용카드 등 사용금액 공제대상 '사용자'는 근로자 본인 또는 본인의 기본공제대상자(나이요건 배제, 관계·소득·생계요건은 충족)여야 한다. 다만, 형제자매, 수급자, 위탁아동은 기본공제 여부와 관계없이 공제대상 "사용자"에서 제외한다. 이에 대하여 살펴보면 다음과 같다.

내 용	공제가능	공제불가
형수가 사용자인 신용카드 등 사용금액을 신청한 경우		✓ why 형제자매 배우자는 관계요건을 충족하지 않음
기본공제를 받은 형제자매의 신용카드 등 사용금액을 신청한 경우	기본공제 여부와 관계없음	✓ why 형제자매·수급자·위탁아동 신용카드 등 사용액은 공제불가
기본공제를 받은 장애인 자녀의 장애인 배우자가 사용자인 신용카드 등 사용금액을 신청한 경우(원천-338, 2009.4.15.)		✓ why 직계비속 배우자 신용카드 등 사용금액은 공제불가
혼인 전 배우자가 사용한 신용카드 등 사용금액을 신청한 경우(서이 46013-10828, 2001.12.28.)		✓ why 관계요건 성립 전 사용액에 해당
이혼으로 과세기간 종료일 현재 기본공제자가 아니게 된 배우자의 이혼 전 신용카드 등 사용금액을 신청한 경우(서이 46013-10376, 2003.2.24.)		✓ why 결혼·이혼의 사유로 더 이상 기본공제자가 아니게 된 경우 공제불가
결혼으로 과세기간 종료일 현재 기본공제자가 아니게 된 직계존비속의 결혼 전 신용카드 등 사용금액을 신청한 경우(서이 46013-10376, 2003.2.24.)		
20세 초과 자녀(장애인 아님)의 신용카드 등 사용금액을 맞벌이부부인 본인과 배우자가 나누어 신청한 경우	✓ why 1명의 부양가족으로만 신청가능	✓ why 1명의 부양가족으로만 신청가능
맞벌이부부에 있어 배우자가 사용자인 신용카드 등 사용금액을 본인이 신청한 경우(서이 46013-12306, 2002.12.23.)		✓ why 소득요건을 고려하므로 배우자 신용카드 등 사용금액은 기본공제된 경우에만 가능
배우자가 기본공제 받은 미성년 자녀 현금영수증 사용금액을 본인이 신청한 경우		✓ why 타인이 기본공제 받은 경우 공제불가

맞벌이부부는 신용카드 등 사용금액을 각자 공제받아야 함

실무 Tip

1. **신용카드 등 사용금액 사용자의 범위에 대한 실무적 고찰**

   신용카드 등 사용금액에 있어 배우자 사용액은 기본공제된 경우에만 가능하며, 나머지 부양가족(형제자매·수급자·위탁아동 제외)도 나이요건을 배제한 본인의 기본공제대상자여야 한다. 신용카드 등 사용금액 공제대상자(사용자)에 대한 범위를 정리하여 보면 다음과 같다.

▌신용카드 등 사용금액 사용자 범위▐

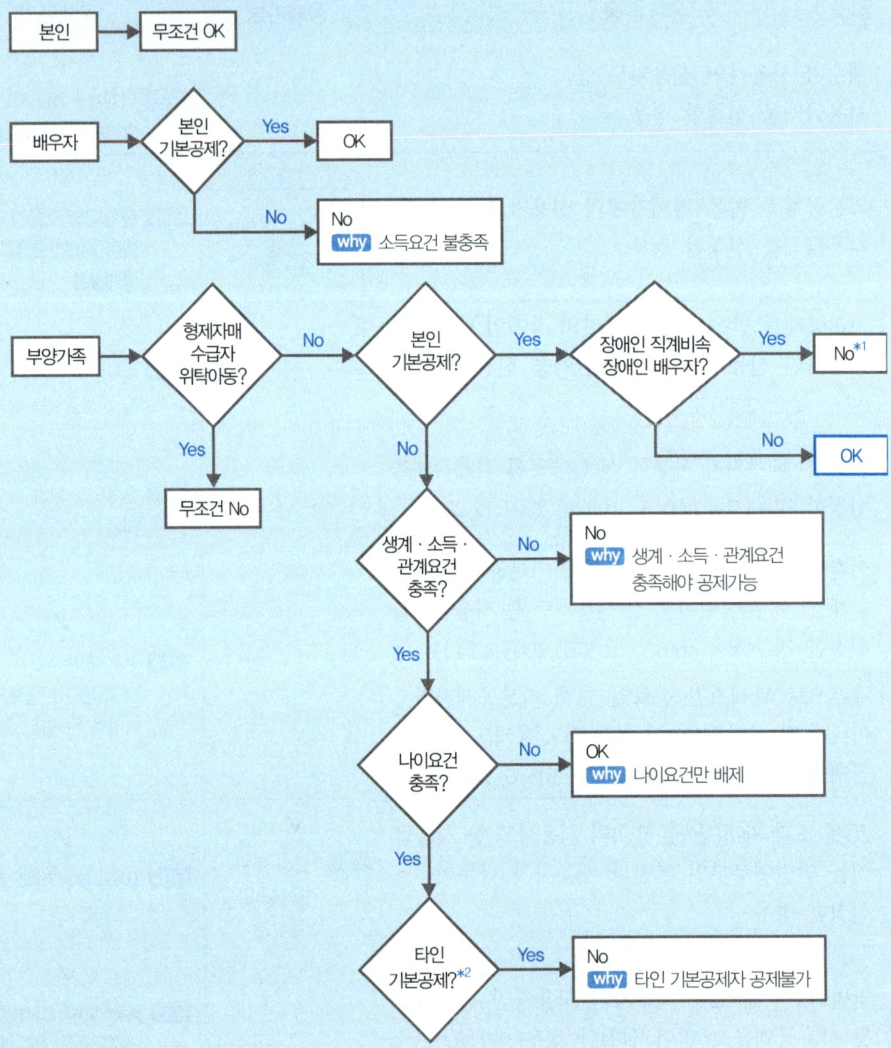

*1 본인이 기본공제 받은 장애인 직계비속의 장애인 배우자 ┌ 신용카드 등 사용금액 → 공제불가
└ 보험료, 의료비, 교육비, 기부금 → 공제가능

*2 해당 사항은 기본공제요건(관계, 생계, 소득, 나이요건)을 모두 충족하나 기본공제 신청없이 신용카드 등 사용금액만 신청한 것임
→ 타인이 기본공제 받았을 수 있으므로, 반드시 타인 기본공제 여부 확인 필요

예1 19세 대학생 자녀에 대해 기본공제 신청없이 신용카드 등 사용금액만 신청한 경우

예2 70세 아버지에 대해 기본공제 신청없이 신용카드 등 사용금액만 신청한 경우

2. 나이요건만을 충족하지 못하여 기본공제를 받지 못한 부양가족 신용카드 등 사용금액

나이요건만을 충족하지 못하여 기본공제를 받지 못한 부양가족이 동시에 다른 거주자의 부양가족에 해당되는 경우에는 다음과 같이 공제받아야 한다(서일-1524, 2007.11.6.).

구 분	내 용
공제받을 사람 결정	생계요건 등 소득세법상 공제요건에 따라 1명의 부양가족으로 함 ✔ 1명만 부양가족으로 하여 공제신청 가능함
신청대상 지출	의료비·교육비 ✔ 나이요건을 배제하고 공제받는 신용카드 등 사용금액·기부금도 적용
타인이 부담한 금액	공제신청 시 본인부담분만 신청가능 ✔ 타인이 부담한 금액은 공제받을 수 없음

3. 맞벌이부부

맞벌이부부인 경우 다음과 같이 신용카드 등 사용금액 신청이 가능하다.

구 분	신용카드 등 사용금액 공제방법	
	부부 신용카드 등 사용금액	나머지 부양가족 사용금액
2명 모두 근로자인 경우	본인이 사용자인 사용액에 대해서 본인만 공제가능 ✔ 각자 명의 카드 사용액을 각자 공제신청	부양가족에 대한 기본공제를 받는 사람이 받거나 1명의 부양가족 사용액으로 공제받아야 하므로, 부부합산 절세 전략 검토 필요
1명은 근로자, 1명은 사업자 등 다른 소득이 있는 경우	근로자만 본인이 사용자인 사용액에 대해 공제가능하며, 소득 있는 배우자 사용액은 신청이 불가	근로자만 신용카드 등 사용금액 공제 가능하며, 타인의 기본공제자 사용액은 공제불가하므로 부부합산 절세 전략 검토 필요

편리한 연말정산의 모의 연말정산 적극적 활용 검토

편리한 연말정산의 모의 연말정산 활용이 어려운 바, 전문가 의뢰 검토

2) 사용금액

공제대상 신용카드 등 사용금액은 다음과 같다.

<table>
<tr><th colspan="2">구 분</th><th>내 용</th></tr>
<tr><td colspan="2">신용카드 등 사용금액</td><td>해당 과세기간(1.1.~12.31.)에 사용한(기재된 또는 납부한) 다음 금액의 합계액

1. 신용카드를 사용하여 그 대가로 지급하는 금액
2. 현금영수증에 기재된 금액
3. 직불카드 등을 사용하여 그 대가로 지급하는 금액

1번 항목 메모: 코로나19로 인한 어려움을 극복하기 위해 아동 1인당 40만원의 아동돌봄쿠폰 돌봄포인트를 지급받은 보호자가 신용카드를 사용한 금액(서면법령소득-4086, 2020.12.3.)
2번 항목 메모: 공무원이 직원 전용 온라인 쇼핑몰에서 공무원 복지포인트로 재화 또는 용역을 구매하면서 현금영수증을 발급받은 경우(서면법령소득-4162, 2020.11.27.)
3번 항목 메모: 직불카드, 기명식선불카드, 직불전자지급수단(제로페이 포함), 기명식선불 전자지급수단, 기명식 전자화폐</td></tr>
<tr><td rowspan="2">기명식</td><td>의 미</td><td>다음 어느 하나에 의해 실지명의가 확인되는 것

1. 신청에 의하여 발급받은 선불카드·선불전자지급수단·전자화폐로 사용자명의가 확인되는 것
2. 무기명선불카드 등의 경우 다음 어느 하나에 해당하는 것
(1) 실제사용자가 최초로 사용하기 전에 해당 무기명선불카드등을 발행한 신용카드업자, 전자금융거래업자 및 금융기관에 주민등록번호 또는 무기명선불카드등을 등록하여 사용자 인증을 받은 것
(2) 실제사용자가 최초로 사용하기 전에 금융기관에 개설한 실제사용자 본인의 예금계좌와 연결한 것

2번 항목 메모: 무기명선불카드, 무기명선불전자지급수단, 무기명전자화폐</td></tr>
<tr><td>선불형 교통카드 등록</td><td>선불형 교통카드는 무기명이므로 해당 사용액을 소득공제받기 위해서 다음과 같이 홈페이지에서 사용자 등록을 하여야 함
<table><tr><th>선불형 교통카드</th><th>등록 홈페이지</th></tr><tr><td>티머니 교통카드</td><td>www.tmoney.co.kr</td></tr><tr><td>대경카드(iM유페이)</td><td>www.imupay.co.kr</td></tr><tr><td>마이비카드</td><td>www.mybi.co.kr</td></tr><tr><td>부산 하나로카드</td><td>www.busanhanaro.com</td></tr></table></td></tr>
<tr><td colspan="2">현금영수증</td><td><table><tr><th>구 분</th><th>내 용</th></tr><tr><td>소급발급 금지</td><td>현금영수증은 이미 지급받은 현금에 대해서는 소급발급되지 않음(서일-1059, 2007.7.27.)</td></tr><tr><td>수정발급 가능</td><td>발급된 현금영수증에 대한 재화 또는 용역거래의 취소, 변경 등 수정사항이 발생한 경우에는 수정발급이 가능(서삼-1701, 2005.10.6.)</td></tr><tr><td>추후 본인 확인 가능</td><td>인증수단(핸드폰번호 등)을 제시하지 않아 가맹점이 국세청 지정코드로 현금영수증을 자진발급한 경우 홈택스(www.hometax.go.kr) 및 상담센터(☎126)를 통해 본인 귀속으로 정정가능</td></tr><tr><td>현금영수증 발급을 거부하는 경우</td><td>현금거래 후 현금영수증을 발급받지 못한 때에는 거래일로부터 5년 이내에 현금거래확인신청서[별지 제77호 서식]와 거래사실을 객관적으로 입증할 수 있는 증명서류(영수증, 무통장입금증 등 신고내용이</td></tr></table></td></tr>
</table>

구 분	내 용		
현금영수증	구 분		내 용
	현금영수증 발급을 거부하는 경우		사실이라는 증명자료)를 세무서장에게 제출하는 경우 확인을 거쳐 소득공제 받을 수 있음(조특법 §126의 5, 조특령 §121의 5)
	외국인도 발급 가능		외국인이 현금영수증의 발급을 요청하는 경우 해당 외국인이 제시하는 외국인등록번호 등의 신분인식수단으로 현금영수증을 발급하여야 함(전자세원－531, 2010.9.29.)
	제3자 명의 발급여부		재화 또는 용역을 공급받은 자가 아닌 제3자 명의로 현금영수증 발급할 수 없음(서면전자세원－4873, 2020.11.5.)
	사례	지로 결제	재화 또는 용역을 공급받은 자가 지로(giro)의 방식으로 그 대금을 지급하고 현금영수증 발급을 요청하는 경우 현금영수증가맹점은 현금영수증을 발급해야 함(소득세제과－562, 2020.11.6.)
		가상화폐 결제	재화 또는 용역을 공급받은 자가 가상화폐로 대금을 지급하는 경우 현금영수증 발급대상에 해당하지 않음(서면법령소득－3366, 2021.3.22.)
		사립대학교 기숙사비	수익사업에 해당하는 기숙사를 운영하는 사립대학교는 거래 상대방이 현금영수증의 발급을 요청하는 경우 기숙사비에 대하여 현금영수증을 발급해야 함(서면전자세원－250, 2020.11.3.)

3) 사용제외금액

① 사용제외금액 범위

신용카드 등을 사용한 금액이더라도 다음 금액은 신용카드 등 사용금액에서 제외된다. 다만, 해당 제외금액의 대부분은 간소화자료에서 이미 제외되어 조회되고 있다.

구 분	제외되는 금액	유의사항
국외사용	국외에서 사용한 금액	
현금서비스	현금서비스금액	
매출취소	매출이 취소된 금액 ✔ 동일연도에 매출이 취소되는 경우 취소된 월의 사용금액에서 차감(서면법령소득-4953, 2021.8.17.)	확인서 발급 후에 매출이 취소된 사용금액 ✔ 다음 과세연도 신용카드 사용금액에서 차감 → 차감 후 잔액이 음수인 경우 '영(0)'으로 봄
비정상적 사용행위	비정상적인 사용행위에 해당하는 경우 • 물품 또는 용역의 거래없이 이를 가장하거나 실제 매출금액을 초과하여 신용카드 등으로 거래를 하는 행위 • 신용카드 등을 사용하여 대가를 지급하는 자가 다른 신용카드 등 가맹점 명의로 거래가 이루어지는 것을 알고도 신용카드 등에 의한 거래를 하는 행위	확인서 발급 후에 비정상적인 사용행위가 있음을 안 경우 다음 과세연도 신용카드 등 사용금액에서 제외 상호가 실제와 달리 기재된 매출전표 등을 교부받은 때에는 비정상적 사용행위 사실을 알고 거래한 것으로 봄

구 분	제외되는 금액	유의사항
자동차	자동차를 신용카드 등으로 구입하는 경우	중고자동차를 신용카드 등으로 구입한 경우 10%는 사용금액에 포함
국민연금·보험료	국민연금, 건강보험료, 노인장기요양보험료 또는 고용보험료 및 보험계약의 보험료(공제료)를 신용카드 등으로 사용한 경우	연금보험료공제·보험료공제·보험료 세액공제만 적용받음 생명보험(공제)계약, 손해보험(공제)계약 및 우체국보험계약
교육비	유아교육법, 초·중등교육법, 고등교육법 또는 특별법에 의한 학교(대학원 포함) 및 영유아보육법에 의한 어린이집에 납부하는 수업료·입학금·보육비용 기타 공납금을 신용카드 등으로 사용한 경우	교육비 세액공제만 적용받음
제세금·공과금	정부 또는 지방자치단체에 납부하는 국세·지방세, 전기료·수도료·가스료·전화료(정보사용료·인터넷이용료 등 포함)·아파트관리비·텔레비전시청료(종합유선방송법에 의한 종합유선방송의 이용료 포함) 및 도로통행료를 신용카드 등으로 사용한 경우	
유가증권	상품권 등 유가증권 구입비를 신용카드 등으로 사용한 경우	
리스료	리스료(여객자동차운수사업법에 의한 자동차대여사업의 자동차대여료 포함)를 신용카드 등으로 사용한 경우	자동차 관련 리스·렌트비만 사용금액에서 제외 ✔ 나머지는 공제가능
취득세·등록세 부과대상	지방세법에 의하여 취득세 또는 등록에 대한 등록면허세가 부과되는 재산의 구입비용을 신용카드 등으로 사용한 경우	부동산·선박·항공기·차량·기계장비·골프회원권·승마회원권·콘도미니엄회원권·종합체육시설이용회원권·요트회원권 등이 있음(지법 §7·§23)
국가·지자체 거래	부가가치세법시행령 제46조 제1호 및 제3호에 해당하는 업종 외의 업무를 수행하는 국가·지방자치단체 또는 지방자치단체조합(의료법에 따른 의료기관 및 지역보건법에 따른 보건소 및 조세특례제한법 제126조의 2 제2항 제3호 가목 및 나목에 따른 문화체육관광부 장관이 지정하는 법인 또는 사용자는 제외)에 지급하는 사용료·수수료 등의 대가를 신용카드 등으로 사용한 경우	부가가치세법시행령 제46조 제1호 및 제3호에 해당하는 업종에 해당하는 금액과 문화체육관광부 장관이 지정하는 법인 또는 사업자에게 사용한 도서·공연 등 사용금액은 신용카드 등 사용금액 공제가능
금융기관 거래	차입금이자상환액, 증권거래수수료 등 금융·보험용역과 관련한 지급액, 수수료, 보증료, 가상자산거래 수수료 및 이와 비슷한 대가를 신용카드 등으로 사용한 경우	

구 분	제외되는 금액	유의사항
정치자금·고향사랑기부금	정치자금·고향사랑기부금을 신용카드 등으로 사용한 경우(세액공제를 적용받은 경우에 한함)	기부금 세액공제를 적용받지 않은 경우 신용카드 등 사용금액 공제가능
월세액	월세액을 신용카드 등으로 사용한 경우(세액공제를 적용받은 경우에 한함)	월세액 세액공제를 적용받지 않은 경우 신용카드 등 사용금액 공제가능
면세품	보세판매장, 지정면세점(제주도 여행객 면세점), 선박 및 항공기에서 판매하는 면세물품의 구입비용	2019년부터 공제대상 금액에서 제외
수영장·체력단련장 비용 개정	체육활동을 위한 강습비 및 입회금액 등 체육시설의 이용과 직접 관련이 없는 체육시설이용 외 비용	체육시설 이용금액과 체육시설의 비용이 분리되지 않는 경우에는 전체 금액의 50%만 공제대상임
법인 비용	사업소득과 관련된 비용·법인의 비용에 해당하는 경우	개인사업자 또는 법인의 비용으로 처리된 금액은 신용카드 등 사용금액에서 반드시 제외 예 회식비를 직원명의 카드로 결제 ✔ 연말정산 시 해당 금액을 그 직원 신용카드 등 사용금액에서 제외
실지 명의 확인 불가	긴급재난생활비로 지급된 모바일상품권(실지명의가 확인되지 않음)으로 지급하는 대가	실지명의가 확인되는 경우에는 공제가능(소득세제과-244, 2020.5.22.).

02

한걸음 더

신용카드 등 사용금액에서 제외되는 금액

1. 법인·개인사업자 비용 처리되는 신용카드 등 사용금액

법인·개인사업자 비용 처리되는 신용카드 등 사용금액은 다음과 같이 처리된다.

비용 항목	신용카드 등 사용명의자	비용 보전 여부	소득세 과세 여부	신용카드 등 사용금액 포함 여부	법인세 처리	
기업업무추진비(접대비)	임직원	보전	과세하지 않음(×)	사용금액에서 제외(×)	기준금액 이하 (한 차례 기업업무추진비(접대비) 금액(부가세 포함)이 3만원(경조금 20만원)인 경우)	법정증명서류에 해당 ✔ 손금(비용) 인정
					기준금액 초과	법정증명서류에 해당 안됨 ✔ 손금불산입 (법인세 부담)
기업업무추진비(접대비) 외	임직원	보전	×	×	법정증명서류에 해당 ✔ 손금(비용) 인정	
			과세함(○)	○ (해당 금액을 과세한 바, 본인부담금에 해당되므로 사용금액에 포함되어야 함)		
	파견근로자	보전	×	×	법정증명서류에 해당 ✔ 손금(비용) 인정(서면법령법인-3525, 2017.5.22.)	

2. 다른 소득·세액공제와 중복적용 여부

신용카드 등 사용금액 중 보험료, 교육비 등 일부 금액에 대해서는 중복공제가 배제되는데 이에 대해 살펴보면 다음과 같다.

(신용카드 등 소득공제 외 다른 소득·세액공제 적용 여부: 다른 요건이 있는 경우 해당 요건을 충족해야 공제가능)

신용카드 등을 사용한 금액			신용카드 등 소득공제 외 다른 소득·세액공제 적용 여부	신용카드 등 소득공제 적용 여부	신용카드 간소화 자료 포함 여부	중복 공제 여부
국민연금			연금보험료 소득공제 적용	적용배제(×)	제외(×)	중복불가(×)
보험료	건강보험료, 고용보험료, 노인장기요양보험료,		보험료 소득공제 적용			
	(장애인전용)보장성보험료		보험료 세액공제 적용			
	이외 보험료		공제 배제			
의료비			의료비 세액공제 적용	적용(○)	포함(○)	중복가능(○)
교육비	어린이집, 유치원, 초등학교·중학교·고등학교, 대학교 (특별법에 의한 학교, 대학원 포함) 교육비		교육비 세액공제 적용	×	×	×
	체육시설·학원교습비	취학전아동	교육비 세액공제 적용	○	○	○
		이 외	공제 배제			×
	이외 교육비 세액공제대상		교육비 세액공제 적용			○
월세액	월세액공제 적용받음		월세액 세액공제 적용	×	○	×
	월세액공제 적용받지 않음		공제 배제	○		×
정치자금·고향사랑 기부금	기부금공제 적용받음		기부금 세액공제 적용	×	○	×
	기부금공제 적용받지 않음		공제 배제	○		×

(이외 보험료) 예 생명보험(공제) 보험료

(이외 교육비 세액공제대상) 예 장애인특수교육비

3. 국가·지방자치단체와의 거래

국가·지방자치단체와의 거래에 있어 신용카드 등 사용금액 포함 여부는 다음과 같다(부령 §46 1호·3호, 부칙 §35).

구 분	내 용
국가·지자체 범위	국가·지방자치단체 또는 지방자치단체조합. 단, 의료법에 따른 의료기관 및 지역보건법에 따른 보건소 제외
신용카드 등 사용금액에 포함되는 거래	1. 우체국이 제공하는 다음 용역 (1) 소포우편물을 방문접수하여 배달하는 용역 (2) 우편주문판매

구 분	내 용
신용카드 등 사용금액에 포함되는 거래	2. 부동산임대업, 도매 및 소매업, 음식점업·숙박업, 골프장 및 스키장운영업, 기타 스포츠시설 운영업. 다만, 다음에 해당되는 경우는 제외 • 국방부 또는 국군이 군인, 일반군무원, 그 밖에 이들과 생계를 같이하는 배우자, 직계존비속에게 제공하는 소매업, 음식점업·숙박업, 기타 스포츠시설 운영업(골프연습장 운영업 제외) 관련 재화 또는 용역 • 국가, 지방자치단체 또는 지방자치단체조합이 그 소속 직원의 복리후생을 위해 구내에서 식당을 직접 경영하여 음식을 공급하는 용역 • 국가 또는 지방자치단체가 사회기반시설에 대한 민간투자법에 따른 사업시행자로부터 같은 법 제4조 제1호 및 제2호의 방식에 따라 사회기반시설 또는 사회기반시설의 건설용역을 기부채납받고 그 대가로 부여하는 시설관리운영권

한걸음 더

신용카드 등 사용금액 소득공제 관련 원천징수납부지연가산세 면제특례

원천징수의무자가 근로자 소득·세액공제신고서 및 신용카드소득공제신청서에 기재된 신용카드 등 사용금액에 대한 소득공제금액에 신용카드 등 사용금액에 포함되지 않는 금액이 포함되어 있음을 근로소득세액의 연말정산 시까지 확인할 수 없는 경우에는 원천징수하여야 할 세액에 미달하여 세액을 납부한 경우에도 국세기본법 제47조의 5 제1항에 따른 원천징수납부지연가산세를 부과하지 않는다.

② 신용카드 등 사용금액 포함 여부 사례

상 황	포함 여부
학교 외 기관이 운영하는 온라인 학점인정 교육과정에 신용카드로 지불한 수강료(서면법규소득-341, 2024.9.25.)	○ why 학교 외 기관 운영
대학교에서 재학생 또는 일반인을 대상으로 실시하는 외국어강좌를 수강하고 신용카드 등으로 지급한 수강료(서일-1149, 2005.9.29.)	× why 대학 교육비에 해당
근로소득이 있는 거주자가 정수기 렌탈 등의 사용료를 현금으로 지급하고 현금영수증을 발급받는 경우(원천-174, 2011.3.28.)	○ why 일반적인 렌탈비는 공제가능
철도공사에서 판매하는 철도승차권 구입비용을 현금으로 지급하고 현금영수증을 발급받는 경우(서일-320, 2005.3.22.)	○ why 국가·지자체에 해당 안됨
주택신축판매업자가 발코니 확장 및 샷시설치 공사를 하고 현금영수증을 발급하였을 때 그 대가가 등록세 과세표준에 포함되는 경우(서삼-903, 2006.5.17.)	× why 등록세 부과대상
종업원이 복리후생비(영어교육비, 휴가 및 레저활동비, 체력단련비, 자녀보육비, 문화활동비)를 선지출하고 해당 영수증을 회사가 제출받아 정산한 후 급여로 지급하며 원천징수하는 경우(서이 46013-10871, 2003.4.29.)	○ why 과세되어 본인부담금에 해당
법인의 임직원이 법인개별카드를 업무와 관련없이 사용하고 그 사용금액을 임직원 본인이 부담하는 경우(서이 46013-10066, 2002.1.10.)	× why 근로자 본인명의 아님

의료비로 보아 세액공제 가능

상 황	포함 여부
법인이 신용카드업자로부터 종업원이 사용자로 지정된 법인신용카드를 발급받아 종업원별로 일정한도를 정하여 복리후생적 목적으로 사용하게 하고 그 대금을 해당 법인이 지급하고 근로소득으로 원천징수하는 경우 그 복지카드 사용대가(서일-348, 2007.3.14.)	× why 근로자 본인명의 아님
근로소득이 있는 거주자가 지정기부금 단체에 신용카드를 이용하여 기부하는 경우 해당 신용카드결제금액(원천-305, 2011.5.25.)	× why 중복공제 배제
근로소득이 있는 거주자가 교통사고로 자신이 직접 부담하여야 할 의료비를 착오로 국민건강보험공단에 보험급여를 부당청구하여 해당 보험급여에 상당하는 금액을 국민건강보험법 제57조에 따라 기타징수금으로 신용카드 납부하는 경우 그 기타징수금(서면법규-382, 2013.4.3.)	× why 건강보험공단에 납부하는 보험료에 해당
근로소득이 있는 거주자가 소유차량이 손상되어 자동차 정비업소에서 정비한 후 수리비 중 일부를 가해차량 소유주가 가입한 손해보험회사에서 지급하고, 정비업소는 손해보험회사가 지급한 수리비용에 대해 청구인 명의로 현금영수증을 발급한 경우 해당 비용(서면법령소득-915, 2015.12.10.)	× why 본인부담금 '영(0)'
근로소득이 있는 거주자의 조세특례제한법 제126조의 2 제1항 각 호의 어느 하나에 해당하는 금액 중 다회용컵의 회수를 보장하기 위하여 받는 보증금(서면법령소득-3180, 2021.6.29.)	× why 재화·용역대가 아님

4) 공제문턱(최저사용금액)

신용카드 등 사용금액 소득공제를 적용받으려면, 근로자가 신청하는 공제대상 신용카드 등 사용금액의 합계액이 총급여의 25%를 초과하여야 한다.

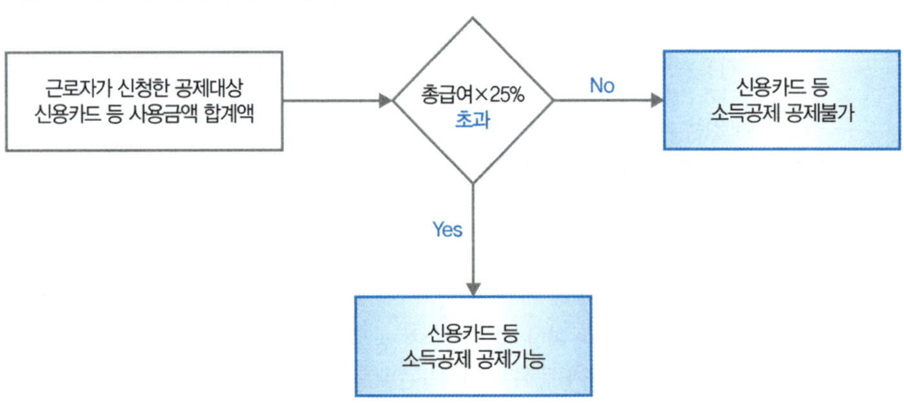

(3) 신용카드 등 사용금액 소득공제 제출서류

신용카드 등 사용금액 소득공제를 위해서 근로자로부터 ① 신용카드 등 소득공제 신청서와 ② 신용카드 등 사용금액 확인서 또는 간소화자료를 제출받도록 되어 있다.

다만, 신용카드 등 사용금액 확인서 또는 간소화자료만 제출받아도 무방하다.

2025년 귀속 소득 · 세액공제증명서류 : 기본(사용처별)내역 [신용카드]

(조회기간 : 2025년 01~12월)

근무월 확인

근로자가 제출한 간소화자료의 조회기간이 근무월과 다른 경우
- 금액 자료를 활용하지 않음
- 근로자에게 근무월만 조회된 자료를 다시 제출할 것을 요구함

■ 사용자 인적사항

성 명	주 민 등 록 번 호
박민성	611113-*******

- 본인 · 본인 기본공제 대상자(나이요건 배제) 여부 확인
- 배우자는 기본공제된 경우에만 공제가능
- 형제자매 · 수급자 · 위탁아동은 무조건 공제불가
- 본인 기본공제자인 장애인 직계비속의 장애인 배우자도 공제불가

■ 신용카드 등 사용금액 집계 (단위:원)

일반	전통시장분	대중교통이용분	문화체육	합계금액
13,722,861	480,000	83,540	254,000	14,540,401

■ 신용카드 등 사용내역 (단위:원)

구분	사 업 자 번 호	상 호	종 류	공제대상금액합계
신용카드	202-81-48079	HH카드	일반	8,067,017
신용카드	202-81-48079	HH카드	전통시장	78,000
신용카드	202-81-48079	HH카드	대중교통	83,540
신용카드	202-81-48079	HH카드	도서공연등	74,000
신용카드	213-86-15419	YY카드주식회사	일반	5,655,844
신용카드	213-86-15419	YY카드주식회사	전통시장	402,000
신용카드	213-86-15419	YY카드주식회사	도서공연등	180,000
인별합계금액				14,540,401

1. 공제대상 : 근로제공 기간 동안 사용한 신용카드 등 사용금액의 합계액
중고자동차 구입금액의 10%는 일반 … 전통시장 사용분에 포함)
※ 중고자동차 구입금액의 10%가 공제 … 금액 확인서'를 재발급받으시기 바랍니다.

공제율 15%

- 공제율 40%
- 일반공제한도 초과 시 추가공제 가능[전통시장분, 대중교통이용분, 문화체육 이용분 합하여 한도 300만원(7,000만원 초과자는 200만원)]
- 근로자는 대중교통이용분 금액이 누락된 경우 영수증, 승차권 등 대중교통이용분임을 증명할 수 있는 자료를 제출하여 신용카드 등 사용금액 소득공제를 신청 가능

29-01440100

국 세 청
National Tax Service

… 집한 서류로 소득·세액공제 충족 여부는 근로자가 직접 확인하여야 합니다.
• 본 증명서류에서 조회되지 않는 내역은 영수증 발급기관에서 직접 발급받으시기 바랍니다.

- 공제율 40%
- 일반공제한도 초과 시 추가공제 가능[전통시장분, 대중교통이용분, 문화체육 이용분 합하여 한도 300만원(7,000만원 초과자는 200만원)]
- 근로자는 전통시장사용분 금액이 누락된 경우 영수증 등 전통시장사용분임을 증명할 수 있는 자료를 제출하여 신용카드 등 사용금액 소득공제를 신청 가능

- 7,000만원 이하자에 한해 별도로 구분하여 공제
  ✓ 7,000만원 초과자는 "일반" 사용액으로 합산하여 공제
- 공제율 30%
- 7,000만원 이하자에 한해 일반공제한도 초과 시 추가공제 가능[전통시장분, 대중교통이용분, 문화체육 이용분 합하여 한도 300만원(7,000만원 초과자는 200만원)]
- 도서 · 신문 · 공연 · 박물관 · 미술관 · 영화상영관 · 체육시설 사용분이 누락된 경우 영수증, 입장권 등 도서 · 신문 · 공연 · 박물관 · 미술관 · 영화상영관 · 체육시설 사용분임을 증명할 수 있는 자료를 제출하여 신용카드 등 사용금액 소득공제를 신청 가능 개정

02

미검증

2025년 귀속 소득 · 세액공제증명서류 : 기본(사용처별)내역 [직불카드 등]

(조회기간 : 2025년 01~12월)

근무월 확인

근로자가 제출한 간소화자료의 조회기간이 근무월과 다른 경우
- 금액 자료를 활용하지 않음
- 근로자에게 근무월만 조회된 자료를 다시 제출할 것을 요구함

■ 사용자 인적사항

성 명	주 민 등 록 번 호
김국세	780408-*******

- 본인 · 본인 기본공제 대상자(나이요건 배제) 여부 확인
- 배우자는 기본공제된 경우에만 공제가능
- 형제자매 · 수급자 · 위탁아동은 무조건 공제불가
- 본인 기본공제자인 장애인 직계비속의 장애인 배우자도 공제불가

■ 신용카드 등 사용금액 집계

일반	전통시장	대중교통	문화체육	합계금액
122,500	0	449,750	0	572,250

■ 신용카드 등 사용내역

(단위:원)

구분	사 업 자 번 호	상 호	종 류	공제대상금액합계
직불카드 등	202-81-48079	HH카드	일반	122,500
직불카드 등	129-86-38970	RR모빌리티	대중교통	9,320
직불카드 등	104-81-83559	X머니(주)	대중교통	5,250
직불카드 등	102-81-21843	(주) SS은행	대중교통	435,180
인별합계금액				572,250

공제율 30%

1. 공제대상 : 근로제공 기간 동안 사용한 신용카드 등 사용금액의 합계액
2. 사용처 구분 : 일반사용분, 전통시장사용분, 대중교통이용분, 도서공연등 사용분으로 구분 (중고자동차 구매금액의 10%는 일반사용금액에 포함되며 중고자동차 판매 사업장이 전통시장내에 있는 경우 전통시장 사용분에 포함)
※ 실제 사용하신 사용내역과 간소화자료가 다른 경우 신용카드 사업자 등에게 '신용카드 등 사용금액 확인서'를 재발급 받으시기 바랍니다.

- **공제율 40%**
- 일반공제한도 초과 시 추가공제 가능[전통시장분, 대중교통이용분, 문화체육 이용분 합하여 한도 300만원(7,000만원 초과자는 200만원)]
- 근로자는 전통시장사용분 금액이 누락된 경우 영수증 등 전통시장사용분임을 증명할 수 있는 자료를 제출하여 신용카드 등 사용금액 소득공제를 신청 가능

- **공제율 40%**
- 일반공제한도 초과 시 추가공제 가능[전통시장분, 대중교통이용분, 문화체육 이용분 합하여 한도 300만원(7,000만원 초과자는 200만원)]
- 근로자는 대중교통이용분 금액이 누락된 경우 영수증, 승차권 등 대중교통이용분임을 증명할 수 있는 자료를 제출하여 신용카드 등 사용금액 소득공제를 신청 가능

- 7,000만원 이하자에 한해 별도로 구분하여 공제
  ✓ 7,000만원 초과자는 "일반" 사용액으로 합산하여 공제
- **공제율 30%**
- 7,000만원 이하자에 한해 일반공제한도 초과 시 추가공제 가능[전통시장분, 대중교통이용분, 문화체육 이용분 합하여 한도 300만원(7,000만원 초과자는 200만원)]
- 도서 · 신문 · 공연 · 박물관 · 미술관 · 영화상영관 · 체육시설 사용분이 누락된 경우 영수증, 입장권 등 도서 · 신문 · 공연 · 박물관 · 미술관 · 영화상영관 · 체육시설 사용분임을 증명할 수 있는 자료를 제출하여 신용카드 등 사용금액 소득공제를 신청 가능 개정

시청확인필 미검증

2025년 귀속 소득 · 세액공제증명서류 [현금영수증]

(조회기간 : 2025년 01~12월)

> 근무월 확인

> 근로자가 제출한 간소화자료의 조회기간이 근무월과 다른 경우
> - 금액 자료를 활용하지 않음
> - 근로자에게 근무월만 조회된 자료를 다시 제출할 것을 요구함

■ 사용자 인적사항

성 명	주 민 등 록 번 호
김국세	780408-*******

> - 본인 · 본인 기본공제 대상자(나이요건 배제) 여부 확인
> - 배우자는 기본공제된 경우에만 공제가능
> - 형제자매 · 수급자 · 위탁아동은 무조건 공제불가
> - 본인 기본공제자인 장애인 직계비속의 장애인 배우자도 공제불가

■ 현금영수증 사용금액 집계

일반	전통시장	대중교통	문화체육	합계금액
225,500	18,700	15,400	16,020	275,620

■ 현금영수증 사용내역

(단위:원)

구분	종류	월별 공제대상금액				공제대상금액
		01월	02월	03월	04월	
		05월	06월	07월	08월	
		09월	10월	11월	12월	
현금영수증	일반거래	0	0	0	0	225,500
		225,500	0	0	0	
		0	0	0	0	

> 공제율 30%

1. 공제대상 : 근로제공 기간 동안 사용한 현금영수증 사용금액의 합계액,
   중고자동차 구입금액의 10%는 일반사용금액에 포함됨(중고자동차 판매 사업장이 전통시장 내에 있는 경우 전통시장 사용분에 포함)

※ 중고자동차 구입금액의 10%가 공제대상금액에 포함되어 있지 않은 경우 거래증빙을 첨부하여 홈택스(「홈택스>상담/제보>현금영수증 미발급>미발급 신고하기」) 또는 세무서(현금영수증미발급 신고서 제출)에 신청

> - 공제율 40%
> - 일반공제한도 초과 시 추가공제 가능[전통시장분, 대중교통이용분, 문화체육 이용분 합하여 한도 300만원(7,000만원 초과자는 200만원)]
> - 근로자는 전통시장사용분 금액이 누락된 경우 영수증 등 전통시장사용분임을 증명할 수 있는 자료를 제출하여 신용카드 등 사용금액 소득공제를 신청 가능

> - 공제율 40%
> - 일반공제한도 초과 시 추가공제 가능[전통시장분, 대중교통이용분, 문화체육 이용분 합하여 한도 300만원(7,000만원 초과자는 200만원)]
> - 근로자는 대중교통이용분 금액이 누락된 경우 영수증, 승차권 등 대중교통이용분임을 증명할 수 있는 자료를 제출하여 신용카드 등 사용금액 소득공제를 신청 가능

> - 7,000만원 이하자에 한해 별도로 구분하여 공제
>   ✓ 7,000만원 초과자는 "일반" 사용액으로 합산하여 공제
> - 공제율 30%
> - 7,000만원 이하자에 한해 일반공제한도 초과 시 추가공제 가능[전통시장분, 대중교통이용분, 문화체육 이용분 합하여 한도 300만원(7,000만원 초과자는 200만원)]
> - 도서 · 신문 · 공연 · 박물관 · 미술관 · 영화상영관 · 체육시설 사용분이 누락된 경우 영수증, 입장권 등 도서 · 신문 · 공연 · 박물관 · 미술관 · 영화상영관 · 체육시설 사용분임을 증명할 수 있는 자료를 제출하여 신용카드 등 사용금액 소득공제를 신청 가능 개정

(4) 신용카드 등 사용금액 소득공제 지급명세서 작성

1) 세부명세서

신용카드 등 사용금액 소득공제를 적용받은 근로자에 대해서만 다음과 같이 세부명세(소득·세액공제명세－지급명세서 3쪽)를 작성한다.

해당 명세서는 근로자가 작성하여 원천징수의무자에게 제출하고, 원천징수의무자는 근로소득지급명세서의 일부로 과세관청에 제출하면 된다.

근로소득지급명세서 (3쪽) (9쪽 중 제3쪽)

⑱ 소득·세액공제 명세[인적공제항목은 해당란에 "○"표시(장애인 해당 시 해당 코드 기재)를 하며, 각종 소득공제·세액공제 항목은 공제를 위하여 실제 지출한 금액을 적습니다.]

인적공제 항목							각종 소득공제·세액공제 항목											
관계코드	성 명	기본공제	경로우대			출산입양	자료구분	보험료				의료비					교육비	
내·외국인	주민등록번호	부녀자	한부모	장애인	혼인세액공제	자녀		건강	고용	보장성	장애인전용보장성	일반	미숙아·선천성이상아	난임	6세이하 65세이상 장애인·건강보험	실손의료보험금	일반	장애인특수교육
인적공제 항목에 해당하는 인원수를 적습니다.																		
0		○																
	(근로자 본인)					–	기타											
							국세청											
	–						기타											
							국세청											
	–						기타											

> **사용자 인적사항을 기재**
> ✓ 관계코드, 내·외국인, 성명, 주민등록번호 기재방법 → 기본공제 참조

자료구분	각종 소득공제·세액공제 항목						
	신용카드등 사용액공제						기부금
	신용카드	직불카드등	현금영수증	문화체육사용분 (총급여 7천만원 이하자만 기재)	전통시장 사용분	대중교통 이용분	
국세청 계							
기타 계							
국세청							
기타							

근로소득지급명세서 (3쪽) 작성방법

1. 「신용카드 등 소득공제신청서」와 「신용카드 등 사용금액 확인서」를 참조하여

- 신용카드 등 사용자(명의자) 및 자료종류(국세청자료, 기타자료)별로
- 신용카드, 직불카드 등, 현금영수증, 문화체육사용분, 전통시장사용분 및 대중교통이용분으로 구분하여 다음과 같이 공제대상 신용카드 등 사용금액을 기재 ✓ 공제금액을 기재하지 않음에 유의

구 분	총급여 7,000만원 이하 근로자	총급여 7,000만원 초과 근로자
신용카드	신용카드 – 일반금액	신용카드 – 일반금액 + 신용카드 – 문화체육 금액
현금영수증	현금영수증 – 일반금액	현금영수증 – 일반금액 + 현금영수증 – 문화체육 금액
직불카드 등	직불카드 – 일반금액	직불카드 – 일반금액 + 직불카드 – 문화체육 금액
문화체육사용분 개정	신용카드·직불카드·현금영수증 사용액 중 문화체육 금액 합계액	기재 안함 → 무조건 '영(0)'
전통시장사용분	신용카드·직불카드·현금영수증 사용액 중 전통시장사용분 금액 합계액	
대중교통이용분	신용카드·직불카드·현금영수증 사용액 중 대중교통이용분 금액 합계액	

※ 사용자
(1) 본인의 기본공제대상자(나이요건 배제) ✓ 기본공제에 "○" 표시가 없어도 기재가능
(2) 형제자매, 수급자, 위탁아동(관계코드 6, 7, 8) 제외
(3) 기본공제된 장애인 직계비속의 장애인 배우자 제외

2. 상단에는 국세청자료와 기타자료로 구분하여 신용카드 등 사용금액의 합계액을 기재

2) 공제금액

'1)'에서 작성된 세부명세서를 바탕으로 다음과 같이 공제금액을 산출한다.

① 공제대상금액(㉮) 개정

case 1 최저사용금액[총급여 × 25%] ≤ 공제율 15% 사용분

㉮ = 공제율 40% 사용분 × 40%
+ 공제율 30% 사용분 × 30%
+ (공제율 15% 사용분 − 최저사용금액) × 15%

case 2 공제율 15% 사용분 < 최저사용금액[총급여 × 25%]
≤ (공제율 15% 사용분 + 공제율 30% 사용분)

㉮ = 공제율 40% 사용분 × 40%
+ (공제율 30% 사용분 + 공제율 15% 사용분 − 최저사용금액) × 30%

case 3 공제율 15% 사용분 + 공제율 30% 사용분 < 최저사용금액[총급여 × 25%]
≤ 신용카드 등 사용금액 (공제대상 신용카드 등 사용금액 전체 금액을 말함)

㉮ = (신용카드 등 사용금액 − 최저사용금액) × 40%

case 4 신용카드 등 사용금액 < 최저사용금액[총급여 × 25%]

㉮ = 0

② 일반공제한도(㉯)

해당 과세기간 총급여	일반공제한도(㉯)
7,000만원 이하	300만원
7,000만원 초과	250만원

③ 일반공제금액(㉰)

일반공제금액(㉰) = Min [공제대상금액(㉮), 일반공제한도(㉯)]

④ 추가공제금액(㉱)

추가공제금액(㉱)

= Min [공제대상금액(㉮) − 일반공제금액(㉰), Min [전통시장사용분 × 40% + 대중교통이용분 × 40% + 문화·체육 사용분 × 30%, 3,000,000(7,000만원 초과자는 2,000,000)]]

⑤ 공제금액(㉮)

공제금액(㉮) = Min	일반공제금액(㉰) + 추가공제금액(㉱) 순차한도

소득공제 순서를 고려한 순차한도를 말함(p.310 참조)

3) 공제명세

'2)'에서 산출된 공제금액을 다음과 같이 공제명세(지급명세서-2쪽)에 기재한다.

근로소득지급명세서 (2쪽)

Ⅳ 정산명세	그 밖의 소득공제	㊴ 주택마련저축소득공제	㉮ 청약저축	
			㉯ 주택청약종합저축	
			㉰ 근로자주택마련저축	
		㊵ 투자조합출자 등		
		㊶ 신용카드등 사용액		㉮
		㊷ 우리사주조합 출연금		
		㊸ 고용유지 중소기업 근로자		

4) 전산매체 주요 변경사항 개정

E레코드 (소득·세액공제 명세서 레코드) 항목변경

번호	항목	데이터 타입	항목설명
E35	문화체육 사용분	9(10)	국세청에서 제공하는 증명서류의 도서·공연·박물관·미술관·영화상영관·체육시설 사용금액[도서·공연등에 사용한 신용카드, 직불(제로페이 사용금액 포함)·선불카드, 현금영수증 사용금액] ✔ 도서·공연·박물관·미술관·영화상영관·체육시설 사용분은 총급여 7천만원 이하 근로자만 공제 가능, 총급여 7천만원 초과자의 도서·공연·박물관·미술관·영화상영관·체육시설 사용분은 신용카드, 현금영수증, 직불카드등 결제수단별 소득공제 금액에 합산하여 공제
E55	문화체육 사용분	9(10)	국세청에서 제공하는 증명서류 외 도서·공연·박물관·미술관·영화상영관·체육시설 사용금액[도서·공연등에 사용한 신용카드, 직불(제로페이 사용금액 포함)·선불카드 사용금액] ✔ 도서·공연·박물관·미술관·영화상영관·체육시설 사용분은 총급여 7천만원 이하 근로자만 공제 가능, 총급여 7천만원 초과자의 도서·공연·박물관·미술관·영화상영관·체육시설 사용분은 신용카드, 현금영수증, 직불카드 등 결제수단별 소득공제 금액에 합산하여 공제

C레코드 ((주(현)근무처 레코드) 항목설명 (오류기준) 변경

번호	항목	데이터 타입	항목설명
C107	㊶신용카드 등 소득공제	9(8)	신용카드 등 소득공제금액 계산식 변경 1. 일반공제금액 산식 변경 ✔ 전통시장사용분 공제율 40% 적용 ✔ 문화체육 사용분 공제율 30% 적용(7,000만원 이하자에 한함) ✔ 공제율이 낮은 사용금액부터 문턱을 차감하여 초과사용금액 산출(15%, 30%, 40%) 순서로 차감 ✔ 소비증가분 공제대상금액 산식 삭제 2. 추가공제금액 산식 변경 ✔ 소비증가분 공제액에 대한 산식 삭제

한걸음 더

신용카드 등 사용금액 소득공제 금액 산출 Logic

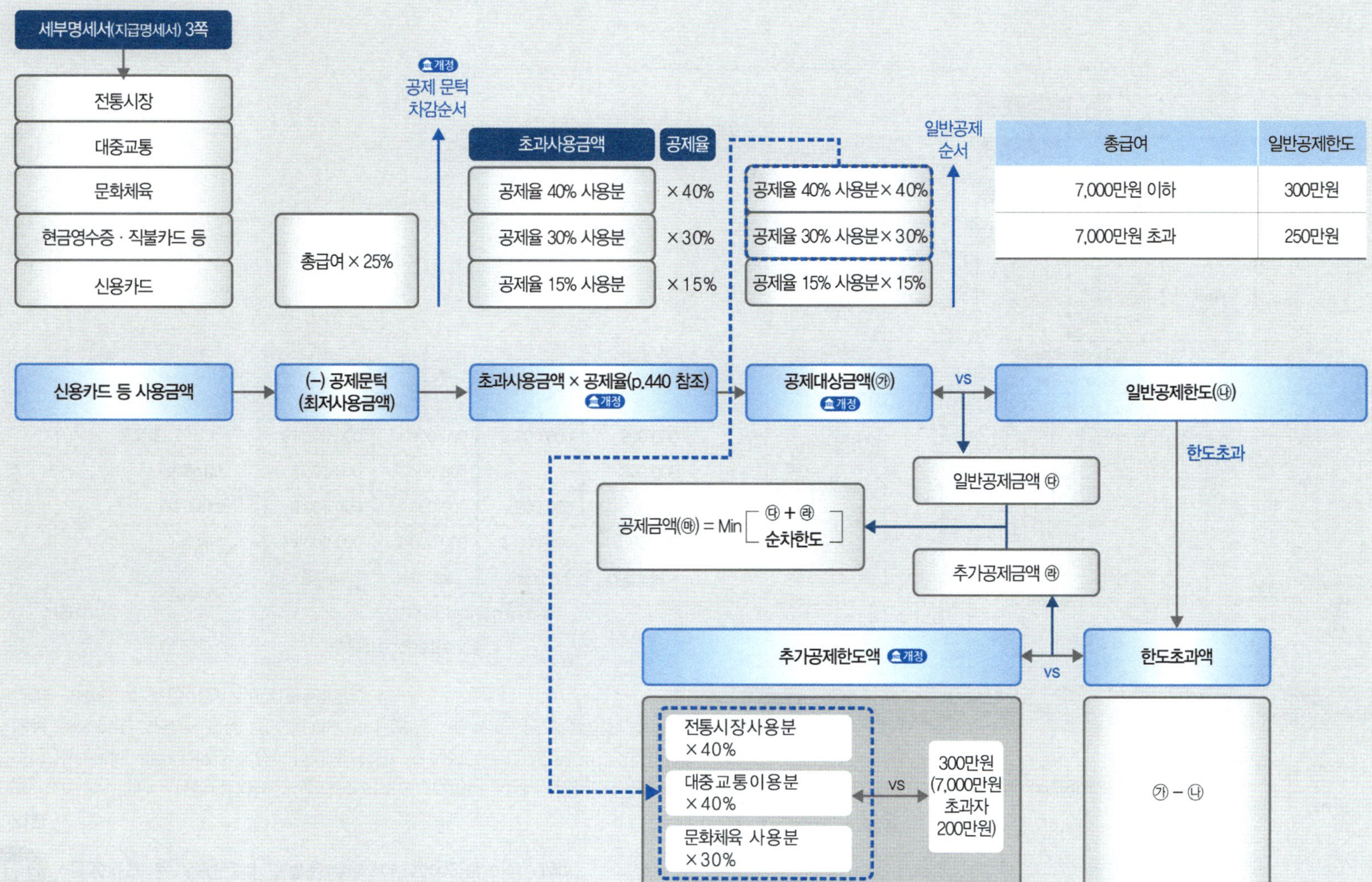

총급여	일반공제한도
7,000만원 이하	300만원
7,000만원 초과	250만원

사례 신용카드 등 사용금액 소득공제(총급여 7,000만원 이하 사례)

1. 자료

2025년 1년 내내 상용근로자인 근로자 오진명의 2025년 신용카드 등 사용금액에 대한 소득공제 관련 내역은 다음과 같다. 다만, 오상진은 본인 오진명의 기본공제 대상자(자녀)로, 자료는 모두 간소화자료이다. 또한, 순차한도는 충분하다고 가정하며, 오진명의 총급여는 6,800만원이다.

사용자	신용카드 등 사용내역				
	결제수단	소득공제대상 사용금액			
		일 반	문화체육	전통시장	대중교통
오진명	신용카드	24,000,000	1,000,000	2,800,000	200,000
	현금영수증	5,000,000	300,000	500,000	-
오상진	직불카드	2,700,000	200,000	-	300,000
총합계		31,700,000	1,500,000	3,300,000	500,000

2. 지급명세서 작성

1) 세부명세서(소득 · 세액공제명세 – 지급명세서 3쪽)

(9쪽 중 제3쪽)

⑱ 소득 · 세액공제 명세[인적공제항목은 해당란에 "○"표시(장애인 해당 시 해당 코드 기재)를 하며, 각종 소득공제 · 세액공제 항목은 공제를 위하여 실제 지출한 금액을 적습니다.]

인적공제 항목								각종 소득공제 · 세액공제 항목										
관계코드	성 명	기본공제		경로우대	혼인	출산입양		자료구분	보험료				의료비				교육비	
내 · 외국인	주민등록번호	부녀자	한부모	장애인	세액공제	자녀			건강	고용	보장성	장애인전용보장성	일반	난임	6세이하 · 65세이상 · 장애인건강보험산정특례자	실손의료보험금	일반	장애인특수교육
인적공제 항목에 해당하는 인원수를 적습니다.		2						국세청 계										
								기타 계										
0	오진명	○						국세청										
1	(근로자 본인)							기타										
4	오상진	○						국세청										
1	041009-x×xxxxx							기타										
								국세청										
	–							기타										

각종 소득공제 · 세액공제 항목

자료구분	신용카드등 사용액공제						기부금
	신용카드	직불카드등	현금영수증	문화체육사용분 (총급여 7천만원 이하자만 기재)	전통시장 사용분	대중교통 이용분	
국세청 계	24,000,000	2,700,000	5,000,000	1,500,000	3,300,000	500,000	
기타 계							
국세청	24,000,000		5,000,000	1,300,000	3,300,000	200,000	
기타							
국세청		2,700,000		200,000		300,000	
기타							
국세청							
기타							

2) 공제금액

① 신용카드 등 사용금액 구분 및 집계

구분	공제율	오진명	오상진	합계
신용카드 사용분	15%	24,000,000	-	24,000,000
직불카드 등 사용분(현금영수증 포함)	30%	5,000,000	2,700,000	7,700,000
문화체육 사용분		1,300,000	200,000	1,500,000
대중교통이용분	40%	200,000	300,000	500,000
전통시장사용분	40%	3,300,000	-	3,300,000
합계(신용카드 등 사용금액)		33,800,000	3,200,000	37,000,000

② 공제문턱(최저사용금액) = 총급여 × 25% = 68,000,000 × 25% = 17,000,000

③ 공제대상금액(㉮)

최저사용금액 17,000,000 ≤ 공제율 15% 사용분 24,000,000 → **case 1** 에 해당

∴ 공제대상금액(㉮) = 공제율 40% 사용분 × 40% + 공제율 30% 사용분 × 30%
+ (공제율 15% 사용분 − 최저사용금액) × 15%
= 3,800,000 × 40% + 9,200,000 × 30% + (24,000,000 − 17,000,000) × 15%
= 5,330,000

④ 일반공제한도(㉯)

총급여 = 68,000,000 → 일반공제한도(㉯) = 3,000,000

⑤ 일반공제금액(㉰)

일반공제금액(㉰) = Min[공제대상금액(㉮), 일반공제한도(㉯)] = Min[5,330,000, 3,000,000] = 3,000,000

⑥ 추가공제금액(㉣)

추가공제금액(㉣) = Min [공제대상금액(㉮) − 일반공제금액(㉰), Min [전통시장사용분 × 40% + 대중교통이용분 × 40% + 문화체육 사용분 × 30%, 3,000,000]]

= Min [5,330,000(㉮) − 3,000,000(㉰), Min [1,320,000 + 200,000 + 450,000, 3,000,000]]

= 1,970,000

⑦ 공제금액(㉤)

공제금액(㉤) = Min [일반공제금액(㉰) + 추가공제금액(㉣), 순차한도] = 4,970,000

순차한도: 소득공제 순서를 고려한 순차한도를 말함(p.310 참조)

3) 공제명세(지급명세서 2쪽)

근로소득지급명세서 (2쪽)

IV 정산명세	그 밖의 소득공제	㊴ 주택마련저축소득공제	㉮ 청약저축	
			㉯ 주택청약종합저축	
			㉰ 근로자주택마련저축	
		㊵ 투자조합출자 등		
		㊶ 신용카드등 사용액		4,970,000
		㊷ 우리사주조합 출연금		
		㊸ 고용유지 중소기업 근로자		

사례 신용카드 등 사용금액 소득공제(총급여 7,000만원 초과 사례)

1. 자료

2025년 1년 내내 상용근로자인 근로자 오진명의 2025년 신용카드 등 사용금액에 대한 소득공제 관련 내역은 다음과 같다. 다만, 오상진은 본인 오진명의 기본공제 대상자(자녀)로, 자료는 모두 간소화자료이다. 또한, 순차한도는 충분하다고 가정하며, 오진명의 총급여는 7,200만원이다.

사용자	결제수단	신용카드 등 사용내역			
		소득공제대상 사용금액			
		일 반	문화체육	전통시장	대중교통
오진명	신용카드	24,000,000	1,000,000	2,800,000	200,000
	현금영수증	5,000,000	300,000	500,000	-
오상진	직불카드	2,700,000	200,000	-	300,000
총합계		31,700,000	1,500,000	3,300,000	500,000

2. 지급명세서 작성

1) 세부명세서(소득 · 세액공제명세 – 지급명세서 3쪽)

(9쪽 중 제3쪽)

㊳ 소득 · 세액공제 명세[인적공제항목은 해당란에 "○"표시(장애인 해당 시 해당 코드 기재)를 하며, 각종 소득공제 · 세액공제 항목은 공제를 위하여 실제 지출한 금액을 적습니다.]

인적공제 항목									각종 소득공제 · 세액공제 항목										
관계코드	성 명	기본공제		경로우대	혼인	출산입양	자료구분	보험료				의료비					교육비	
내·외국인	주민등록번호	부녀자	한부모	장애인	세액공제	자녀		건강	고용	보장성	장애인전용보장성	일반	난임	6세이하 · 65세이상 · 장애인건강보험산정특례자	실손의료보험금	일반	장애인특수교육
인적공제 항목에 해당하는 인원수를 적습니다.		2					국세청 계										
							기타 계										
0	오진명	○					국세청										
1	(근로자 본인)						기타										
4	오상진	○					국세청										
1	041009-xxxxxxx						기타										
							국세청										
	–						기타										

- 총급여 7,000만원 초과자는 기재하지 않음
- 문화체육 사용액을 결제수단별로 기재

자료구분	각종 소득공제 · 세액공제 항목						
	신용카드등 사용액공제						기부금
	신용카드	직불카드등	현금영수증	문화체육사용분(총급여 7천만원 이하자만 기재)	전통시장 사용분	대중교통 이용분	
국세청 계	25,000,000	2,900,000	5,300,000		3,300,000	500,000	
기타 계							
국세청	25,000,000		5,30,000		3,300,000	200,000	
기타							
국세청		2,900,000				300,000	
기타							
국세청							
기타							

2) 공제금액

① 신용카드 등 사용금액 구분 및 집계

구분	공제율	오진명	오상진	합계
신용카드 사용분	15%	25,000,000	-	25,000,000
직불카드 등 사용분(현금영수증 포함)	30%	5,300,000	2,900,000	8,200,000
문화체육 사용분		-	-	-
대중교통이용분	40%	200,000	300,000	500,000
전통시장사용분	40%	3,300,000	-	3,300,000
합계(신용카드 등 사용금액)		33,800,000	3,200,000	37,000,000

② **공제문턱**(최저사용금액) = 총급여 × 25% = 72,000,000 × 25% = 18,000,000

③ 공제대상금액(㉮)

최저사용금액 18,000,000 ≤ 공제율 15% 사용분 25,000,000 → case 1 에 해당

∴ 공제대상금액(㉮) = 공제율 40% 사용분 × 40% + 공제율 30% 사용분 × 30% + (공제율 15% 사용분 − 최저사용금액) × 15%
= 3,800,000 × 40% + 8,200,000 × 30% + (25,000,000 − 18,000,000) × 15%
= 5,030,000

④ 일반공제한도(㉯)

총급여 = 72,000,000 → 일반공제한도(㉯) = 2,500,000

⑤ 일반공제금액(㉰)

일반공제금액(㉰) = Min[공제대상금액(㉮), 일반공제한도(㉯)] = Min[5,030,000, 2,500,000] = 2,500,000

⑥ 추가공제금액(㉱)

$$\text{추가공제금액(㉱)} = \text{Min}\begin{cases} \text{공제대상금액(㉮)} - \text{일반공제금액(㉰)} \\ \text{Min}\begin{cases} \text{전통시장사용분} \times 40\% + \text{대중교통이용분} \times 40\% + \text{문화체육 사용분} \times 30\% \\ 2{,}000{,}000 \end{cases} \end{cases}$$

$$= \text{Min}\begin{cases} 5{,}030{,}000\text{(㉮)} - 2{,}500{,}000\text{(㉰)} \\ \text{Min}\begin{cases} 1{,}320{,}000 + 200{,}000 + 0 \\ 2{,}000{,}000 \end{cases} \end{cases}$$

$$= 1{,}520{,}000$$

⑦ 공제금액(㉲)

$$\text{공제금액(㉲)} = \text{Min}\begin{cases} \text{일반공제금액(㉰)} + \text{추가공제금액(㉱)} \\ \text{순차한도} \end{cases} = 4{,}020{,}000$$

순차한도: 소득공제 순서를 고려한 순차한도를 말함(p.310 참조)

3) 공제명세(지급명세서 2쪽)

근로소득지급명세서 (2쪽)

IV 정산명세	그 밖의 소득공제	㊴ 주택마련저축소득공제	㉮ 청약저축	
			㉯ 주택청약종합저축	
			㉰ 근로자주택마련저축	
		㊵ 투자조합출자 등		
		㊶ 신용카드등 사용액		4,020,000
		㊷ 우리사주조합 출연금		
		㊸ 고용유지 중소기업 근로자		

14. 우리사주조합출연금 소득공제(조특법 §88의 4 ①)

(1) 우리사주조합출연금 소득공제 개요

<table>
<tr><th colspan="2">구 분</th><th>우리사주조합출연금 소득공제</th></tr>
<tr><td colspan="2">투자자</td><td>근로자 본인(우리사주조합원)</td></tr>
<tr><td colspan="2">공제대상</td><td>근로복지기본법에 따른 우리사주조합원이 우리사주를 취득하기 위해 우리사주조합에 출자하는 경우</td></tr>
<tr><td rowspan="3">지출·
공제</td><td>지출기간</td><td>해당 과세기간 중 근무월(휴직기간 포함) 기간 지출분</td></tr>
<tr><td>공제금액</td><td>지출기간에 지출한 우리사주조합 출연금</td></tr>
<tr><td>공제한도</td><td><table><tr><th>구 분</th><th>공제한도</th></tr><tr><td>벤처기업 등 출자</td><td>1,500만원</td></tr><tr><td>이 외</td><td>400만원</td></tr></table></td></tr>
<tr><td colspan="2">제출서류</td><td>우리사주조합출연금액 확인서</td></tr>
<tr><td colspan="2">세부명세서 작성·제출</td><td>제출하지 않음</td></tr>
</table>

(2) 우리사주조합출연금 소득공제 요건 및 제출서류 검토

1) 공제요건

구 분	내 용	공제 여부
비과세대상으로 통지한 경우	우리사주조합원이 출자금에 대한 소득공제를 받지 않을 예정으로 해당 출자금으로 취득한 우리사주를 한국증권금융에 예탁하는 때에 '비과세대상 주식'으로 통지한 경우 (법규소득-17, 2010.2.19.)	공제불가 (×)
자회사·손자회사 종업원이 지주회사 우리사주를 취득하는 경우	근로복지기본법에 의하여 금융지주회사의 자회사 및 손자회사에 소속된 종업원이 지주회사의 우리사주조합원으로 가입하여 지주회사의 주식을 취득하기 위하여 우리사주조합에 금품을 출자하는 경우(서이 46013-11660, 2003.9.17.)	공제가능 (○)
대출금으로 출자하는 경우	우리사주조합원이 우리사주를 취득하기 위하여 근로자가 금융기관에서 대출받아 출자하는 경우(원천-262, 2009.3.30.)	공제가능 (○)

2) 제출서류 검토

우리사주조합 출연금액 확인서

1. 출연자

근로자 본인 확인

성명	주민등록번호	주소	소속	비고

2. 출연일 :

2025년 중
근무월에 출연 여부 확인

3. 출연금액 :

공제대상금액

4. 사용목적 : 소득·세액공제신청서(연말정산용) 첨부서류

조세특례제한법 제88조의4 제1항의 규정에 의하여 위와 같이 출연하였음을 확인합니다.

년 월 일

확인자 (인)

벤처기업 등 여부 확인

(3) 우리사주조합출연금 소득공제 지급명세서 작성

근로자가 신청한 우리사주조합출연금 소득공제 자료를 바탕으로 공제명세(근로소득지급명세서 2쪽)를 작성한다.

구 분		기재방법
공제명세(근로소득지급명세서 2쪽)	㊷우리사주조합 출연금	Min[납입액, 공제한도, 순차한도]

- 공제한도: 개요 부분(p.464) 참조
- 순차한도: 소득공제 순서를 고려한 순차한도를 말함(p.310 참조)

사례 우리사주조합출연금 소득공제

1. 자료

대박벤처(주)에 계속 근무하고 있는 근로자 홍길동은 2025년 중 우리사주를 취득하기 위해 16,000,000원을 출연하고, 소득공제를 위해 우리사주조합출연금액 확인서를 제출하였다. 단, 순차한도는 충분하다고 가정한다.

2. 지급명세서 작성

벤처기업 등에 출연한 경우 1,500만원 한도로 공제된다. 사례의 경우 지급명세서를 작성하여 보면 다음과 같다.

근로소득지급명세서 (2쪽)

Ⅳ 정산명세	그 밖의 소득공제	㊲ 개인연금저축		
		㊳ 소기업·소상공인 공제부금		
		㊴ 주택마련저축소득공제	㉮ 청약저축	
			㉯ 주택청약종합저축	
			㉰ 근로자주택마련저축	
		㊵ 투자조합출자 등		
		㊶ 신용카드등 사용액		
		㊷ 우리사주조합 출연금		15,000,000
		㊸ 고용유지 중소기업 근로자		

15. 고용유지중소기업 근로자 소득공제(조특법 §30의 3, 조특령 §27의 3, 법령 §40 ①; 법인-1330, 2009.11.27.)

(1) 고용유지중소기업 근로자 소득공제 개요

구 분	내 용
공제대상자	고용유지중소기업 또는 법 소정 위기지역 내 중견기업에 근로하는 상시근로자가 직전연도 대비 해당 연도 임금총액이 감소한 경우
공제금액	Min [(직전 과세연도 연간 임금총액 − 해당 과세연도 연간 임금총액) × 50%, 1,000만원]
제출서류	없음
세부명세서 작성·제출	제출하지 않음

(2) 고용유지중소기업 근로자 소득공제 요건

1) 고용유지중소기업

요건충족 여부 확인 시 해당 과세연도 중에 근로관계가 성립한 상시근로자는 제외함

구 분	내 용
고용유지 중소기업	1. 중소기업기본법 제2조에 따른 중소기업일 것 2. 다음 요건을 모두 충족할 것 (1) 해당 과세연도 상시근로자 1인당 시간당 임금이 직전 과세연도에 비하여 감소하지 않은 경우 (2) 해당 과세연도 상시근로자 수가 직전연도에 비하여 감소하지 않은 경우 (3) 해당 과세연도 상시근로자 1인당 연간 임금총액이 직전 과세연도에 비하여 감소한 경우
상시근로자	근로기준법에 따라 근로계약을 체결한 근로자로 다음에 해당하는 자는 제외 1. 근로계약기간이 1년 미만인 자 2. 임원 3. 해당 기업의 최대주주 또는 최대출자자(개인사업자의 경우 대표자)와 그 배우자 4. '3.'에 해당하는 자의 직계존비속과 그 배우자 5. 근로소득원천징수부에 의하여 근로소득세를 원천징수한 사실이 확인되지 아니하고 다음 어느 하나에 해당하는 보험료 등의 납부사실도 확인되지 아니하는 사람 (1) 국민연금법 제3조 제1항 제11호 및 제12호에 따른 부담금 및 기여금 (2) 국민건강보험법 제69조에 따른 직장가입자의 보험료 6. 근로기준법 제2조 제1항 제9호에 따른 단시간근로자

1개월간의 소정 근로시간이 60시간 이상인 근로자는 상시근로자로 봄

<table>
<tr><th>구 분</th><th>내 용</th></tr>
<tr><td>임금총액</td><td>
<table>
<tr><th>구 분</th><th>내 용</th></tr>
<tr><td>임금총액</td><td>직전·해당 과세연도에 상시근로자에게 지급한 통상임금과 정기상여금 등 고정급 성격의 금액을 합산한 금액</td></tr>
<tr><td>제외되는 금액</td><td>임금피크제 보전수당(원천-71, 2010.1.22.)</td></tr>
</table>
계산 시 해당 과세연도 중에 근로관계가 성립한 상시근로자의 임금총액과 근로시간은 제외
</td></tr>
<tr><td>상시근로자 1인당 시간당 임금</td><td>
<table>
<tr><th>구 분</th><th>내 용</th></tr>
<tr><td>상시근로자 1인당 시간당 임금</td><td>$\frac{\Sigma \text{과세연도에 상시근로자에게 지급한 임금총액}}{\text{상시근로자의 근로시간 합계}}$</td></tr>
<tr><td>근로시간 합계</td><td>직전·해당 과세연도 상시근로자의 근로계약상 근로시간의 합계</td></tr>
</table>
근로기준법 제2조 제1항 제9호에 따른 단시간근로자로서 1개월간의 소정 근로시간이 60시간 이상인 경우에는 실제 근로시간으로 함
</td></tr>
<tr><td>상시 근로자수</td><td>$\frac{\Sigma \text{직전·해당 과세연도 매월 말일 현재의 상시근로자 수}}{\text{직전·해당 과세연도 개월 수}}$</td></tr>
<tr><td>상시근로자 1인당 연간 임금총액</td><td>$\frac{\Sigma \text{과세연도에 상시근로자에게 지급한 임금총액}}{\text{과세연도의 상시근로자수}}$
계산 시 해당 과세연도 중에 근로관계가 성립한 상시근로자는 제외</td></tr>
<tr><td>유의사항</td><td>
상시근로자 수 및 상시근로자 1인당 연간 임금총액을 산정할 때 다음 사항에 유의
<table>
<tr><th>구 분</th><th>내 용</th></tr>
<tr><td>직전·해당 과세연도 중에 사망, 정년퇴직 및 이에 준하는 사유로 근로관계가 종료되어 상시근로자가 감소된 경우</td><td>그 감소인원은 직전 과세연도부터 근무하지 않은 것으로 보아 상시근로자 수 및 상시근로자 1인당 연간 임금총액을 산정할 때 제외</td></tr>
<tr><td>직전·해당 과세연도 중에 합병 또는 사업의 포괄양수 등에 의하여 종전의 사업부문에서 종사하던 상시근로자를 승계한 경우</td><td>그 승계인원은 직전 과세연도부터 승계한 기업에서 근무한 것으로 보아 상시근로자 수 및 상시근로자 1인당 연간 임금총액을 산정</td></tr>
<tr><td>직전·해당 과세연도 중에 분할 또는 사업의 포괄양도 등에 의하여 상시근로자가 감소한 경우</td><td>그 감소인원은 직전 과세연도부터 분할 또는 사업을 포괄양도한 기업 등에서 근무하지 않은 것으로 보아 상시근로자 수 및 상시근로자 1인당 연간 임금총액을 산정할 때 제외</td></tr>
</table>
</td></tr>
</table>

2) 위기지역 내 중견기업

구 분	내 용
위기지역 내 중견기업	1. 조세특례제한법 시행령 제6조의 4 제1항에 따른 중견기업일 것 2. 위기지역 내에 있을 것 3. 고용유지중소기업 요건 '2.'를 충족할 것(p.467 참조)

구 분	내 용
위기지역	1. 고용정책 기본법 제32조 제1항에 따라 지원할 수 있는 지역으로서 고용정책 기본법 시행령 제29조에 따라 고용노동부장관이 지정·고시하는 고용위기지역 2. 고용정책 기본법 제32조의 2 제2항에 따라 선포된 고용재난지역 3. 지역 산업위기 대응 및 지역경제 회복을 위한 특별법 제10조 제1항에 따라 지정된 산업위기대응특별지역

3) 소득공제대상 상시근로자

<table>
<tr><th>구 분</th><th>내 용</th></tr>
<tr><td>소득공제대상 상시근로자</td><td>다음 요건을 모두 충족하는 근로자일 것
1. 상시근로자일 것
✔ 근로계약기간이 1년 미만인 사람이지만 근로계약의 연속된 갱신으로 인하여 그 근로계약의 총기간이 1년 이상인 근로자는 '소득공제대상 상시근로자'에 포함
2. 직전 과세연도에 비하여 해당 과세연도의 임금총액이 감소하였을 것
✔ 회사가 인건비로 계상하여 정상적으로 지급한 후 반납된 금액은 해당되지 않음</td></tr>
<tr><td>임금총액 산정</td><td>'임금총액'은 통상임금과 정기상여금 등 고정급 성격의 금액을 합산한 것을 말하며, 근로자 유형별로 다음과 같이 산정

1. 직전 과세연도 중에 근로관계가 성립한 상시근로자
(실제 근로관계가 지속적으로 유지된 기간의 일수 → 총근무일수)
<table><tr><th>직전 과세연도 연간 임금총액</th><th>해당 과세연도 연간 임금총액</th></tr><tr><td>직전 과세연도에 해당 근무지에서 지급받은 임금총액</td><td>직전 과세연도의 연간 임금총액 × (직전 과세연도의 총근무일수 / 해당 과세연도의 총근무일수)</td></tr></table>
2. 해당 과세연도 중에 근로관계가 종료된 상시근로자
<table><tr><th>직전 과세연도 연간 임금총액</th><th>해당 과세연도 연간 임금총액</th></tr><tr><td>직전 과세연도의 연간 임금총액 × (해당 과세연도의 총근무일수 / 직전 과세연도의 총근무일수)</td><td>해당 과세연도에 해당 근무지에서 지급받은 임금총액</td></tr></table>
3. 직전 과세연도에 근로관계가 성립하였으나 해당 과세연도에 종료된 경우
<table><tr><th>구 분</th><th>연간 임금총액</th></tr><tr><td>직전 과세연도 총근무일수 < 해당 과세연도 총근무일수</td><td>직전 과세연도 중에 근로관계가 성립한 상시근로자로 보아 산정</td></tr><tr><td>해당 과세연도 총근무일수 < 직전 과세연도 총근무일수</td><td>해당 과세연도 중에 근로관계가 종료된 상시근로자로 보아 산정</td></tr></table></td></tr>
</table>

구 분	내 용
임금총액 산정	4. 직전·해당 과세연도 중 합병 또는 분할 등에 의하여 근로관계가 승계된 상시근로자

구 분	직전 과세연도 연간 임금총액	해당 과세연도 연간 임금총액
직전 과세연도 중 합병·분할	종전 근무지에서 받은 임금총액 +현 근무지에서 받은 임금총액	현 근무지에서 받은 임금총액
해당 과세연도 중 합병·분할	현 근무지에서 받은 임금총액	종전 근무지에서 받은 임금총액 +현 근무지에서 받은 임금총액

(3) 고용유지중소기업 근로자 소득공제 지급명세서 작성

고용유지중소기업 근로자 소득공제 대상이 되는 근로자의 소득공제액을 다음과 같이 공제명세(근로소득지급명세서 2쪽)에 기재한다.

구 분		기재방법
공제명세 (근로소득지급명세서 2쪽)	㊸고용유지 중소기업 근로자	Min[감소된 임금총액 × 50%, 1,000만원, 순차한도]

순차한도: 소득공제 순서를 고려한 순차한도를 말함(p.310 참조)

한걸음 더

고용유지중소기업·위기지역 내 중견기업의 법인세·소득세 공제

본문에서 언급한 고용유지중소기업 또는 위기지역 내 중견기업에 해당되는 경우 다음 산식에 따른 금액을 법인세 또는 사업소득에 대한 소득세에서 공제한다.

$$세액공제액 = Max[① + ②, 0]$$

① = (직전 과세연도 상시근로자 1인당 연간 임금총액 − 해당 과세연도 상시근로자 1인당 연간 임금총액) × 해당 과세연도 상시근로자 수 × 10%

② = (해당 과세연도 상시근로자 1인당 시간당 임금 − 직전 과세연도 상시근로자 1인당 시간당 임금 × 105%) × 해당 과세연도 전체 상시근로자의 근로시간 합계 × 15%

16. 장기집합투자증권저축 소득공제(조특법 §91의 16, 조특령 §93의 2)

2015.12.31.까지 가입 ✔ 2016.1.1.부터 가입불가

(1) 장기집합투자증권저축 소득공제 개요

구 분		장기집합투자증권저축 소득공제
근로자	계좌명의자	근로자 본인
	해당 과세기간 총급여	8,000만원 이하
지 출(납입)	지출기간	해당 과세기간 중 근무월(휴직기간 포함) 지출분
	납입금액	전액 인정
공 제	공제금액	납입액×40%
	공제한도	240만원
제출서류		간소화·납입증명서
세부명세서 작성·제출		연금·저축 등 소득·세액공제명세서(지급명세서 6쪽)

공제한도를 충족하는 연 납입액 → 600만원

(2) 장기집합투자증권저축 소득공제 요건

장기집합투자증권저축 소득공제 요건에 있어 다음 사항에 유의한다.

구 분	상 황	공제 불가
해당 연도에만 공제불가한 경우	• 해당 과세기간에 근로소득만 있으며 총급여액이 8,000만원을 초과하는 경우 • 해당 과세기간에 근로소득 및 종합소득과세표준에 합산되지 않는 종합소득이 있는 경우로서 총급여액이 8,000만원을 초과하는 경우 • 해당 과세기간에 근로소득이 없는 경우	✓
해당 연도부터 계속 공제불가한 경우	• 해당 저축의 가입일부터 10년 미만의 기간 내에 해당 저축으로부터 원금·이자·배당·주식 또는 수익증권 등의 전부 또는 일부를 인출하거나 해당 계약을 해지 또는 제3자에게 양도한 경우	✓

why 10년이 가입유지 조건임

(3) 장기집합투자증권저축 소득공제 제출서류 검토

근로자가 제출한 간소화자료의 조회기간이 근무월과 다른 경우
• 금액 자료를 활용하지 않음
• 근로자에게 근무월만 조회된 자료를 다시 제출할 것을 요구함

2025년 귀속 소득 · 세액공제증명서류 : 기본내역
[장기집합투자증권저축]

장기집합투자증권저축 확인

(조회기간 : 2025년 01~12월)

근무월 확인

■ 가입자 인적사항

성 명	주 민 등 록 번 호
김길동	810101-*******

본인 확인

■ 장기집합투자증권저축 내역 (단위:원)

취급기관 (사업자번호)	계좌번호	펀드명	가입일자	연납입액	소득공제 대상금액
A금융사 (502-82-03***)	23725504138482	밸류 포커스 소득공제	2015-09-28	6,000,000	2,400,000
A금융사 (502-82-03***)	250084183497	한국밸류10년투자소득공제증권투자신탁[채권혼합]종류C	2015-04-30	6,000,000	2,400,000
B카드사 (212-82-03***)	1181305906139	신영마라톤소득공제(주식)C	2015-04-30	6,000,000	2,400,000

• 연금 · 저축 등 소득 · 세액공제명세서 (지급명세서 6쪽)에 기재 · 제출됨
• 저축종류/금융기관/계좌별로 구분하여 기재

1. 근로소득이 있는 거주자가 공제 요건을 갖춘 장기집합투자증권저축에 '15.12.31.까지 가입하는 경우 가입한 날부터 10년 동안 각 과세기간에 납입한 금액(연 600만원 한도)의 40%에 해당하는 금액(최고 240만원)을 해당 과세기간의 근로소득금액에서 공제 (해당 과세기간의 근로소득금액을 한도로 함)
※ 농어촌특별세 비과세
2. 가입요건 : 가입 당시 직전 과세기간의 총급여액이 5천만 원 이하인 근로소득이 있는 거주자
※ 소득공제 배제 : ① 가입 후 해당 과세기간 총 급여액이 8천만원을 초과하는 경우
② 가입일 부터 10년 미만의 기간 내에 해당 저축으로부터 원금·이자·배당·주식 또는 수익증권 등의 전부 또는 일부를 인출하거나 해당 계약을 해지 또는 제3자에게 양도한 경우 해당 과세기간부터 공제하지 아니함

일련번호 : 20251219-01181490

-1-

국세청 National Tax Service

• 본 증명서류는 『소득세법』 제165조 제1항에 따라 영수증 발급기관으로부터 수집한 서류로 소득·세액공제 충족 여부는 근로자가 직접 확인하여야 합니다.
• 본 증명서류에서 조회되지 않는 내역은 영수증 발급기관에서 직접 발급받으시기 바랍니다.

(4) 장기집합투자증권저축 소득공제 지급명세서 작성

장기집합투자증권저축 소득공제를 받은 근로자에 대해서만 다음과 같이 세부명세(연금·저축 등 소득·세액공제명세서－근로소득지급명세서 6쪽)가 작성된 후, 해당 내용을 바탕으로 공제명세(근로소득지급명세서 2쪽)를 작성한다.

<table>
<tr><th colspan="2">구 분</th><th colspan="3">기재방법</th></tr>
<tr><td rowspan="3">세부명세
(근로소득지급명세서 6쪽)</td><td rowspan="3">연금·저축 등 소득·세액 공제명세서</td><td colspan="3">근로자가 신청한 장기집합투자증권저축에 대한 다음 내역 기재</td></tr>
<tr><td>소득공제구분
(전산매체 코드)</td><td>금융회사</td><td>저축내용</td></tr>
<tr><td>장기집합투자증권저축(51)</td><td>• 회사명(금융회사코드)
• 사업자번호</td><td>• 계좌번호
• 납입금액</td></tr>
<tr><td>공제명세
(근로소득지급명세서 2쪽)</td><td>㊹장기집합투자증권저축</td><td colspan="3">Min[납입액 × 40%, 240만원, 순차한도]</td></tr>
</table>

소득공제 순서를 고려한 순차한도를 말함(p.310 참조)

사례 장기집합투자증권저축 소득공제

1. 자료

근로자(총급여 7,000만원) 이몽룡이 제출한 2025년 장기집합투자증권저축 납입액 관련 자료(간소화 자료)는 다음과 같다. 순차한도는 충분하다고 가정한다.

저축구분 (소득공제구분)	가입자	상 호	사업자번호	계좌번호	납입금액
장기집합투자증권저축	이몽룡	A금융사	502－82－03***	250084183497	6,000,000

2. 지급명세서 작성(예시)

근로소득지급명세서 (6쪽)

(9쪽 중 제6쪽)

연금ㆍ저축 등 소득ㆍ세액 공제명세서

1. 인적사항

(중략)

4. 장기집합투자증권저축 소득공제

* 장기집합투자증권저축 소득공제에 대한 명세를 작성합니다.

금융회사 등	계좌번호 (또는 증권번호)	납입금액	소득공제금액
A금융사	250084183497	6,000,000	2,400,000

근로소득지급명세서 (2쪽)

그밖의 소득공제			
	㊲ 개인연금저축		
	㊳ 소기업ㆍ소상공인 공제부금		
	㊴ 주택마련저축소득공제	㉮ 청약저축	
		㉯ 주택청약종합저축	
		㉰ 근로자주택마련저축	
	㊵ 투자조합출자 등		
	㊶ 신용카드등 사용액		
	㊷ 우리사주조합 출연금		
	㊸ 고용유지 중소기업 근로자		
	㊹ 장기집합투자증권저축		2,400,000
	㊺ 청년형장기집합투자증권저축		
	㊻ 그밖의 소득공제 계		

17. 청년형 장기집합투자증권저축에 대한 소득공제(조특법 §91의 20, 조특령 §93의 6)

2022.1.1. 이후 신규가입분부터 2025.12.31.까지 가입한 분에 한함 개정

(1) 청년형 장기집합투자증권저축 소득공제 개요

구 분		청년형 장기집합투자증권저축 소득공제
거주자	계좌명의자	본인
	해당 과세기간 총급여	8,000만원 이하
지출	지출기간	해당 과세기간(1.1.~12.31.)
	납입금액	전액 인정
공제	공제금액	납입액 × 40%
	공제한도	없음
제출서류		간소화·납입증명서
세부명세서 작성·제출		연금·저축 등 소득·세액공제명세서(지급명세서 6쪽)

연 납입액 한도가 600만원인 바, 240만원까지만 공제가능함

(2) 장기집합투자증권저축 소득공제 요건

장기집합투자증권저축 소득공제 요건에 있어 다음 사항에 유의한다.

구 분	상 황	공제 여부
해당 연도에만 공제불가한 경우	• 해당 과세기간에 근로소득만 있으며 총급여액이 8,000만원을 초과하는 경우 • 해당 과세기간에 근로소득과 종합소득과세표준에 합산되지 아니하는 종합소득만 있는 경우로서 총급여액이 8,000만원을 초과하는 경우 • 해당 과세기간의 종합소득과세표준에 합산되는 종합소득금액이 6,700만원을 초과하는 경우 • 해당 과세기간에 근로소득 및 종합소득과세표준에 합산되는 종합소득금액이 없는 경우	공제 불가
해당 연도부터 계속 공제불가한 경우	• 해당 계약을 해지한 경우 1. 해당 저축을 가입한 가입자가 가입요건을 충족하지 못한 것으로 국세청장이 저축취급기간에 통보한 경우 통보를 받은 날에 해지한 것으로 봄(조특법 §91의 20 ⑩) 2. 청년형장기집합투자증권저축이 자본시장과 금융투자업에 관한 법률 제232조에 따른 전환형집합투자기구로 설립·설정된 경우로서 가입자가 집합투자규약에 따라 다른 집합투자증권으로 전환하는 경우는 해지로 보지 않음(조특령 §93의 6 ⑨) • 해당 저축의 가입일부터 3년이 경과하기 전에 해당 저축으로부터 원금·이자·배당·주식 또는 수익증권의 전부 또는 일부를 인출하거나 제3자에게 양도한 경우 why 의무 가입기간 최소가 3년임	공제 불가

구 분	상 황	공제 여부
소득공제대상인 경우	• 다음 요건(이하 "전환가입요건")을 모두 갖추어 다른 청년형 장기집합투자증권저축에 전환가입한 경우 1. 기존 청년형 장기집합투자증권저축의 해지일이 속하는 달의 다음 달 말일까지 다른 청년형 장기집합투자증권저축에 가입할 것(저축 취급기관이 동일한 경우로 한정함) 2. 기존 청년형 장기집합투자증권저축을 해지함으로써 지급받은 금액 전액을 다른 청년형 장기집합투자증권저축에 납입할 것	공제 가능
소득공제대상이 아닌 경우	• 조세특례제한법에 따른 비과세 등 조세특례를 적용받는 경우 • 소득세법 제20조의 3 제1항 제2호를 적용받는 저축 등의 경우 • 2021.12.31. 이전 집합투자증권을 청년형 장기집합투자증권저축으로 이체하는 경우(조특법 부칙 §6, 2021.12.28.) • 전환가입요건을 충족하지 못한 경우로서 다른 청년형 장기집합투자증권에 전환가입한 경우	공제 불가

해당 연도에 납입한 금액 모두 공제가능
단, 이전되는 기존 납입금액은 이중공제되지 않음

(3) 청년형 장기집합투자증권저축 소득공제 지급명세서 작성

청년형 장기집합투자증권저축 소득공제를 받은 근로자에 대해서만 다음과 같이 세부명세(연금·저축 등 소득·세액공제명세서－근로소득지급명세서 6쪽)가 작성된 후, 해당 내용을 바탕으로 공제명세(근로소득지급명세서 2쪽)를 작성한다.

구 분		기재방법
세부명세(근로소득 지급명세서 6쪽)	연금·저축 등 소득·세액 공제명세서	근로자가 신청한 청년형 장기집합투자증권저축에 대한 다음 내역 기재 [소득공제구분(전산매체코드): 청년형 장기집합투자증권저축(81)] [금융회사: • 회사명(금융회사코드) • 사업자번호] [저축내용(전산매체번호): • 가입일(F15) • 계약기간(F16) • 계좌번호(F10) • 납입금액(F11)]
공제명세(근로소득지급명세서 2쪽)	㊺청년형 장기집합투자증권저축	Min[납입액 × 40%, 순차한도]

소득공제구분(전산매체코드)	금융회사	저축내용(전산매체번호)
청년형 장기집합투자증권저축(81)	• 회사명(금융회사코드) • 사업자번호	• 가입일(F15) • 계약기간(F16) • 계좌번호(F10) • 납입금액(F11)

소득공제 순서를 고려한 순차한도를 말함(p.310 참조)

사례 청년형 장기집합투자증권저축 소득공제

1. 자료

근로자(총급여 7,000만원) 이몽룡이 제출한 2025년 청년형 장기집합투자증권저축 납입액 관련 자료는 다음과 같다. 순차한도는 충분하다고 가정한다.

가입자	상 호	사업자번호	가입일	계약기간	계좌번호	납입금액
이몽룡	B금융사	503-82-03***	2023.6.3.	36개월	241145679478	3,500,000

2. 지급명세서 작성(예시)

근로소득지급명세서 (6쪽)

(9쪽 중 제6쪽)

연금·저축 등 소득·세액 공제명세서

1. 인적사항

(중략)

6. 청년형장기집합투자증권저축 소득공제
* 청년형장기집합투자증권저축 소득공제에 대한 명세를 작성합니다.

가입일	계약기간	금융회사 등	계좌번호 (또는 증권번호)	납입금액	소득공제금액
2023.6.3.	36개월	B금융사	241145679478	3,500,000	1,400,000

근로소득지급명세서 (2쪽)

그밖의 소득공제	㊲ 개인연금저축		
	㊳ 소기업·소상공인 공제부금		
	㊴ 주택마련 저축소득공제	㉮ 청약저축	
		㉯ 주택청약종합저축	
		㉰ 근로자주택마련저축	
	㊵ 투자조합출자 등		
	㊶ 신용카드등 사용액		
	㊷ 우리사주조합 출연금		
	㊸ 고용유지 중소기업 근로자		
	㊹ 장기집합투자증권저축		
	㊺ 청년형장기집합투자증권저축		1,400,000
	㊻ 그밖의 소득공제 계		

18. 연금보험료공제(소법 §51의 3)

(1) 연금보험료공제 개요

<table>
<tr><th colspan="2">공제구분</th><th>부담자
(명의자)</th><th>지출기간</th><th>공제한도</th><th>제출서류</th><th>세부명세
작성·제출</th></tr>
<tr><td colspan="2">국민연금보험료공제</td><td rowspan="5">근로자
본인</td><td rowspan="5">해당
과세기간
(1.1.
~
12.31.)</td><td rowspan="5">지출금액
전액인정</td><td>간소화·
종(전) 근무지
지급명세서
(원천징수부)</td><td rowspan="5">제출하지
않음</td></tr>
<tr><td rowspan="4">공적연금
보험료공제</td><td>공무원연금</td><td rowspan="4">종(전) 근무지
지급명세서
(원천징수부)</td></tr>
<tr><td>군인연금</td></tr>
<tr><td>사립학교교직원
연금</td></tr>
<tr><td>별정우체국연금</td></tr>
</table>

(2) 연금보험료공제 요건

1) 지출기간 검토

<table>
<tr><th>구 분</th><th colspan="4">내 용</th></tr>
<tr><td>지출기간</td><td colspan="4">해당 과세기간(1.1. ~ 12.31.)에 지출</td></tr>
<tr><td>제출서류 검토</td><td colspan="4">제출서류에서 지출기간에 대해서는 검토 필요 없음</td></tr>
<tr><td rowspan="5">지출월별 공제 여부</td><td>공적연금 부담금 지출기간</td><td>공제가능</td><td>공제불가</td><td>why</td></tr>
<tr><td>입사 전</td><td>✓</td><td></td><td rowspan="4">1.1.~12.31.
모든 지출 인정</td></tr>
<tr><td>근무기간(입사 ~ 퇴사)</td><td>✓</td><td></td></tr>
<tr><td>휴직기간</td><td>✓</td><td></td></tr>
<tr><td>퇴사 후</td><td>✓</td><td></td></tr>
</table>

2) 부담자(명의자) 요건

구 분		상 황	연말정산 시 공제 가능	연말정산 시 공제 불가	why
1	직장가입자 부담분	임금에서 원천공제되고 사용자가 공단에 납부한 부담금	✓		임금에서 원천공제 여부로 공제함(서이 46013-10459, 2003.3.10.)
		임금에서 원천공제되었으나 사용자가 공단에 미납한 부담금	✓		
2	지역가입자 부담분	배우자명의 지역가입자 국민연금		✓	본인명의 부담금 아님
		지역가입자로 납부한 본인 부담금	✓		가입형태와 관계없이 본인 부담금 공제 (서이 46013-10340, 2003.2.17.)
3	두리누리 사회보험사업 국가지원금	두리누리사회보험사업과 관련된 국민연금 국가지원금 (간소화자료에서는 차감(-)되어 제공됨)		✓	본인 부담금 아님 (서면법규-1491, 2012.12.14.) (소득세도 과세되지 않음)
4	사용자 대납액	사용자가 근로자 부담금을 대납한 금액	✓		본인 부담금으로 보아 공제 (소득세는 과세됨)
5	연금제도변경 소급부담분	근로자의 사업장이 국민연금 가입대상에서 사립학교교직원연금 적용대상으로 변경됨에 따라 해당 근로자가 사립학교교직원연금법의 규정에 따라 개인 부담금을 소급하여 납부하는 경우 그 소급 개인부담금	✓		본인 부담금 (서일-1559, 2005.12.19.)
6	추가납부 부담금	종합소득이 있는 거주자가 사업의 중단이나 실직 등으로 인하여 국민연금법 제77조의 2의 제1항의 규정에 따라 납부하지 아니한 2001.1.1. 이후분의 국민연금보험료를 같은 법 제77조의 3의 규정에 의하여 추후 납부하는 경우 해당 추납보험료	✓		본인 부담금 (서일-1338, 2006.9.25.)
7	반납금	퇴직한 공무원이 공무원으로 재임용되어 공무원연금관리공단에 반납하여야 하는 반납금(퇴직 당시 수령한 퇴직급여액과 이자)		✓	공제대상 아님 (원천-205, 2009.3.16.)

3) 소득공제 순서

소득공제 합계금액이 종합소득금액을 초과하는 경우 그 초과 금액을 한도로 연금보험료공제를 받지 않은 것으로 본다. 즉, 연금보험료공제가 소득공제의 마지막 공제에 해당된다.

(3) 연금보험료공제 제출서류 및 지급명세서 작성

1) 제출서류

국민연금공단 홈페이지에서도 조회 발급 가능

구 분	주(현) 근무지 부담분	종(전) 근무지 부담분	지역가입자 부담분
국민연금	간소화자료/원천징수부	간소화자료/ 지급명세서/원천징수부	간소화자료 ✔ 간소화자료 제출 시에만 확인가능
이외 공적연금	원천징수부	지급명세서/원천징수부	N/A

2) 제출서류 검토

2025년 귀속 소득 · 세액공제증명서류 [국민연금보험료]

(조회기간 : 2025년 01 ~ 12월)

근무월 확인 필요 없음

■ 가입자 인적사항

성 명	주 민 등 록 번 호
김길동	810101-*******

본인 확인

■ 국민연금보험료 내역

(단위:원)

월별	직장가입자 고지금액	지역가입자 등 납부금액
01월	76,990	88,870
02월	76,990	0
03월	76,990	0
04월	76,990	0
05월	76,990	0
06월	76,990	0
07월	76,990	0
08월	0	0
09월	0	0
10월	0	307,520
11월	0	153,760
12월	0	0
직장가입자 소급고지금액	0	
추납보험료 납부금액		1,385,910
실업크레딧 납부금액		10,170
합계	538,930	1,946,230
총합계		2,485,160

주(현), 종(전) 근무지 부담액과 다른 경우 근무지 부담액으로 공제

원칙적으로 전액 공제

1. 직장가입자 고지금액 : 국민연금공단이 고지한 금액이며, 실제 급여에서 원천공제된 금액과 다른 경우 회사로 문의하시기 바랍니다. 소득공제대상금액은 실제 급여에서 원천공제된 금액입니다. (둘 이상의 회사에 근무한 경우 합산한 보험료가 제공됩니다.)

※ 두루누리 연금보험료 지원 근로자는 해당 지원금이 공제된 금액으로 월별 고지금액이 제공되며, 지원금 공제 시점에 따라 월별 고지금액이 마이너스(-) 금액이 될 수 있습니다.

2. 지역가입자 · 추납보험료 · 실업크레딧 납부금액은 연간 납부한 금액이 제공됩니다. (지역가입자 등 납부금액은 12월에 납부 총액 표기)

일련번호 : 20251219-01181484

-1-

국세청 National Tax Service

• 본 증명서류는 「소득세법」 제165조 제1항에 따라 영수증 발급기관으로부터 수집한 서류로 소득·세액공제 충족 여부는 근로자가 직접 확인하여야 합니다.
• 본 증명서류에서 조회되지 않는 내역은 영수증 발급기관에서 직접 발급받으시기 바랍니다.

▌종(전) 근무지 부담액 확인방법▐

근로소득지급명세서(2쪽)로 확인하는 경우

(9쪽 중 제2쪽)

IV 정산명세	㉑ 총급여(⑯, 외국인단일세율 적용시 연간 근로소득)					
	㉒ 근로소득공제					
	㉓ 근로소득금액					
	종합소득공제	기본공제	㉔ 본 인			
			㉕ 배 우 자			
			㉖ 부 양 가 족(명)			
		추가공제	㉗ 경 로 우 대(명)			
			㉘ 장 애 인(명)			
			㉙ 부 녀 자			
			㉚ 한 부 모 가 족			
		연금보험료공제	㉛ 국민연금보험료		대상금액	
					공제금액	
			㉜ 공적연금보험료공제	㉮ 공무원연금	대상금액	
					공제금액	
				㉯ 군인연금	대상금액	
					공제금액	
				㉰ 사립학교교직원연금	대상금액	
					공제금액	
				㉱ 별정우체국연금	대상금액	
					공제금액	

㊽ 종합소득 과세표준			
㊾ 산출세액			
세액감면	㊿ 「소득세법」		
	51 「조세특례제한법」(52 제외)		
	52 「조세특례제한법」 제30조		
	53 조세조약		
	54 세 액 감 면 계		
	55 근로소득		
	56 혼인세액공제		
	57 자녀	공제대상자녀 (명)	
		출산·입양자 (명)	
연금계좌	58 「과학기술인공제회법」에 따른 퇴직연금	공제대상금액	
		세액공제액	
		공제대상금액	
		세액공제액	
	60 연금저축	공제대상금액	
		세액공제액	
	60-1 개인종합자산관리계좌 만기 시 연금계좌 납입액	공제대상금액	
		세액공제액	
	보장성	공제대상금액	
		세액공제액	

본인 부담분
✓ 공제금액 아님에 유의

원천징수부(3쪽)로 확인하는 경우

(3쪽 중 제3쪽)

III. 근 로 소 득 원 천 징 수 액 등

월별	1. 감면세액		63 납세조합 공제세액	2. 차 감 원 천 징 수 액				3. 징수의무자 자체 증빙 지출액(소득공제)				
	61 감면소득	62 감면세액		64 소득세	65 지방소득세	66 농어촌특별세	67 외국납부세액	68 연금보험	69 건강보험	70 고용보험	71 기부금	72 비고
계												

본인 부담분

작성일: 년 월 일 징수의무자 : (서명 또는 인)

※ 72 비고란에는 71 기부금에 해당하는 기부금유형 및 코드를 적습니다.

3) 지급명세서 작성

연금보험료공제는 다음과 같이 공제명세(근로소득지급명세서 2쪽)만 작성한다.

구 분		기재방법
㉛국민연금보험료공제 ~ ㉜공적연금보험료공제	대상금액	근로자가 신청한 공적연금 지출액 전액 기재
	공제금액	Min[대상금액, 순차한도]

▌소득공제 순서를 고려한 순차한도를 말함(p.307 참조)

사례 연금보험료공제 지급명세서 작성

1. 자료

(1) 근무지 자료 내역

구 분	제출자료	연금구분	제출자료 금액
주(현) 근무지	원천징수부	국민연금	1,312,200
종(전) 근무지	종(전) 근무지 지급명세서	국민연금	900,000
합 계			2,212,200

(2) 간소화자료

구 분	직장가입자 고지금액	지역가입자 등 납부금액
합 계	2,212,200	153,000
총합계		2,365,200

(3) 순차한도 내역

장기집합투자증권 소득공제 차감 후 근로소득금액 잔액(연금보험료공제 순차한도)은 2,100,000원이다.

2. 지급명세서 작성(예시)

근로소득지급명세서(2쪽)로 확인하는 경우

(9쪽 중 제2쪽)

Ⅳ 정산명세			㉑ 총급여(⑯, 외국인단일세율 적용시 연간 근로소득)		
			㉒ 근로소득공제		
			㉓ 근로소득금액		
	종합소득공제	기본공제	㉔ 본 인		
			㉕ 배 우 자		
			㉖ 부 양 가 족(명)		
		추가공제	㉗ 경 로 우 대(명)		
			㉘ 장 애 인(명)		
			㉙ 부 녀 자		
			㉚ 한 부 모 가 족		
		연금보험료공제	㉛ 국민연금보험료	대상금액	2,365,200
				공제금액	2,100,000
			㉜ 공적연금 보험료공제 ㉮ 공무원연금	대상금액	
				공제금액	
			㉜ 공적연금 보험료공제 ㉯ 군인연금	대상금액	
				공제금액	
			㉜ 공적연금 보험료공제 ㉰ 사립학교교직원연금	대상금액	
				공제금액	
			㉜ 공적연금 보험료공제 ㉱ 별정우체국연금	대상금액	
				공제금액	
			㉝ ㉮ 건강보험료(노인장기요양보험료포함)	대상금액	
				공제금액	

	㊽ 종합소득 과세표준		
	㊾ 산출세액		
세액감면	㊿ 「소득세법」		
	(51) 「조세특례제한법」((52) 제외)		
	(52) 「조세특례제한법」 제30조		
	(53) 조세조약		
	(54) 세 액 감 면 계		
	(55) 근로소득		
	(56) 혼인세액공제		
연금계좌		공제대상금액	
		세액공제액	
	(59) 「근로자퇴직급여 보장법」에 따른 퇴직연금	공제대상금액	
		세액공제액	
	(60) 연금저축	공제대상금액	
		세액공제액	
	(60)-1 개인종합자산관리계좌 만기 시 연금계좌 납입액	공제대상금액	
		세액공제액	
	(61) 보험료 보장성	공제대상금액	
		세액공제액	
	(61) 보험료 장애인전용 보장성	공제대상금액	
		세액공제액	

순차한도가 초과되더라도 지출금액 기재

순차한도 고려하여 금액 기재

19. 소득공제종합한도초과액(조특법 §132의 2 ①) · 과세표준

근로소득지급명세서(2쪽)

(9쪽 중 제2쪽)

㉑ 총급여(⑯, 외국인단일세율 적용시 연간 근로소득)		
㉒ 근로소득공제		
㉓ 근로소득금액		
기	㉔ 본 인	

㊽ 종합소득 과세표준		㉮-㉯+㉰
㊾ 산출세액		
세	㊿ 「소득세법」	
	(51) 「조세특례제한법」((52) 제외)	

소득공제종합한도초과액 및 과세표준 계산

구 분	㊼소득공제종합한도초과액	㊽과세표준
A + B + … O + P1 + Q + R + S ≤ 25,000,000	0	㊱ − ㊻
A + B + … O + P1 + Q + R + S > 25,000,000	(A + B + … O + P1 + Q + R + S) − 25,000,000	㊱ − ㊻ + ㊼

Ⅳ 정산명세 / 종합소득공제 / 보험료공제	㉜ 공적연금보험료공제	㉯ 군인연금		대상금액	
				공제금액	
		㉰ 사립학교교직원연금		대상금액	
				공제금액	
		㉱ 별정우체국연금		대상금액	
				공제금액	
	㉝ 보험료	㉮ 건강보험료(노인장기요양보험료포함)		대상금액	
				공제금액	
		㉯ 고용보험료		대상금액	
				공제금액	
특별소득공제	㉞ 주택자금	㉮ 주택임차차입금 원리금상환액	대출기관		A
			거주자		B
		㉯ 장기주택저당차입금 이자상환액 / 2011년 이전 차입분	15년 미만		C
			15년~29년		D
			30년 이상		E
			15년 이상	고정금리이면서 비거치상환 대출	F
				고정금리이거나, 비거치상환 대출	G
		2012년 이후 차입분	15년 이상	고정금리이면서 비거치상환 대출	H
				고정금리이거나, 비거치상환 대출	I
				그 밖의 대출	J
			10년~15년	고정금리이거나, 비거치상환 대출	K
	㉟ 계				
㊱ 차 감 소 득 금 액					
그 밖의 소득공제	㊲ 개인연금저축				
	㊳ 소기업 · 소상공인 공제부금				L
	㊴ 주택마련저축소득공제	㉮ 청약저축			M
		㉯ 주택청약종합저축			N
		㉰ 근로자주택마련저축			O
	㊵ 투자조합출자 등				P1(조합)/P2(벤처)
	㊶ 신용카드등 사용액				Q
	㊷ 우리사주조합 출연금				R
	㊸ 고용유지 중소기업 근로자				
	㊹ 장기집합투자증권저축				S
	㊺ 청년형 장기집합투자증권저축				
	㊻ 그 밖의 소득공제 계				㉯
㊼ 소득공제 종합한도 초과액					㉰

세액공제 / 연금계좌	퇴직연금		세액공제액	
	(60) 연금저축		공제대상금액	
			세액공제액	
	(60)-1 개인종합자산관리계좌 만기 시 연금계좌 납입액		공제대상금액	
			세액공제액	
특별세액공제	(61) 보험료	보장성	공제대상금액	
			세액공제액	
		장애인전용 보장성	공제대상금액	
			세액공제액	
	(62) 의료비		공제대상금액	
			세액공제액	
	(63) 교육비		공제대상금액	
			세액공제액	
	(64) 기부금 ㉮ 정치자금기부금	10만원 이하	공제대상금액	
			세액공제액	
		10만원 초과	공제대상금액	
			세액공제액	
	㉯ 고향사랑기부금	10만원 이하	공제대상금액	
			세액공제액	
		10만원 초과(일반)	공제대상금액	
			세액공제액	
		10만원 초과(특별재난지역)	공제대상금액	
			세액공제액	
	㉰ 특례기부금		공제대상금액	
			세액공제액	
	㉱ 우리사주조합 기부금		공제대상금액	
			세액공제액	
	㉲ 일반기부금(종교단체 외)		공제대상금액	
			세액공제액	
	㉳ 일반기부금(종교단체)		공제대상금액	
			세액공제액	
	(67)			
	(68)			
	(69)			
	(70) 월세액		공제대상금액	
			세액공제액	
	(71) 세 액 공 제 계			
(72) 결 정 세 액((49)-(54)-(71))				
(82) 실효세율(%) ((72)/㉑)×100				

「㊵ 투자조합출자 등 소득공제」는 연금 · 저축 등 소득 · 세액공제명세서 '5. 중소기업 창업투자조합 출자 등에 대한 소득공제'에서 투자구분이 '조합1/조합2'인 경우의 소득공제금액만을 고려

4 산출세액 및 세액감면

1. 산출세액(소법 §15 1호·§137 ①·§55 ① 1호)

'종합소득산출세액'이란 다음과 같이 종합소득과세표준에 기본세율(또는 소득세율)을 적용하여 산출된 세액을 말한다.

소수점 이하 버림(국고금관리법 §47 ②)

종합소득과세표준(㊼)	종합소득산출세액(㊽)	
	소득세법	속산표
~1,400만원	과세표준×6%	과세표준×6%
1,400만원 ~5,000만원	840,000원+(과세표준－14,000,000원)×15%	과세표준×15%－1,260,000원
5,000만원 ~8,800만원	6,240,000원+(과세표준－50,000,000원)×24%	과세표준×24%－5,760,000원
8,800만원 ~1억 5,000만원	15,360,000원+(과세표준－88,000,000원)×35%	과세표준×35%－15,440,000원
1억 5,000만원 ~3억원	37,060,000원+(과세표준－150,000,000원)×38%	과세표준×38%－19,940,000원
3억원~5억원	94,060,000원+(과세표준－300,000,000원)×40%	과세표준×40%－25,940,000원
5억원~10억원	174,060,000원+(과세표준－500,000,000원)×42%	과세표준×42%－35,940,000원
10억원~	384,060,000원+(과세표준－1,000,000,000원)×45%	과세표준×45%－65,940,000원

사례 종합소득산출세액

종합소득 과세표준	종합소득산출세액		
	계산결과	계산방식－소득세법	계산방식－속산법
20,000,000	1,740,000	=840,000+(20,000,000－14,000,000)×15%	=20,000,000×15%－1,260,000
100,000,000	19,560,000	=15,360,000+(100,000,000－88,000,000)×35%	=100,000,000×35%－15,440,000

2. 세액감면 공통사항

(1) 세액감면 범위

2023.12.31. 이전(소재·부품·장비 관련 외국인 기술자는 2022.12.31. 이전)에 국내에서 최초로 근로를 제공하는 경우 10년간 감면 적용됨

관련 법령	감 면	감면적용기한	감면율
소법 §59의 5	정부 간 협약에 따라 우리나라에 파견된 외국인에 대한 소득세 감면	없음	100%
조특법 §18	외국인 기술자에 대한 소득세 감면 개정	2026.12.31.	50% or 70%
조특법 §29의 6	중소기업 핵심인력 성과보상기금 수령액에 대한 소득세 감면 개정	2027.12.31.	90% or 50% or 30%
조특법 §19	성과공유 중소기업 근로자의 경영성과급에 대한 소득세 감면 개정	2027.12.31.	50%
조특법 §30	중소기업 취업자에 대한 소득세 감면 개정	2026.12.31.	90% or 70%
조특법 §18의 3	내국인 우수인력 국내복귀에 대한 소득세 감면 개정	2025.12.31.	50%
각 조세조약	조세조약의 교직자 조항에 따른 소득세 감면	없음	100%

2027.12.31.까지 내일채움공제 등에 가입하여 3년 이상 납입하고 공제금을 수령할 경우 감면 적용됨

2026.12.31.까지 중소기업체에 취업하는 청년 등은 5년(또는 3년) 동안 감면 적용됨

2025.12.31.까지 국내에 복귀하여 연구기관 등에 연구원으로 취업하는 경우 10년 동안 감면 적용됨

(2) 감면대상자 파악

감면신청이 "필수요건"은 아니며(교직자 감면은 신청 필수), 연말정산 시까지 제출받으면 됨

구 분	내 용
현 근무지에서의 감면대상 여부	• 세법·조세조약상 대상자 여부 확인 • 일부 감면은 현 근무지(사업자)가 중소·중견기업에 해당되는지 확인 필요 • 감면신청서를 근로자로부터 제출받음
종(전) 근무지에서의 감면대상 여부	• 종(전) 근무지에 제출한 감면신청서 사본(원본대조필)을 제출받아 확인 • 종(전) 근무지 지급명세서(1쪽) "감면소득" 내역 및 "감면기간"란 확인

(3) 지급명세서 기재사항 및 기재방법

기재사항			기재내용	비 고
지급 명세서 (1쪽)	⑫감면기간		감면대상자가 해당 근무지에서 소득세 감면을 적용받은 기간	근무지별로 ⑪근무기간을 벗어날 수 없음
	감면 소득 명세	⑱-12(T01)	외국인 기술자 50% 감면대상 근로소득	근무지별로 ⑯계를 초과할 수 없음
		⑱-36(T02)	외국인 기술자 70% 감면대상 근로소득	
		⑱-33(T30)	성과공유 중소기업 경영성과급	
		⑱-34(T40)	중소기업 핵심인력 성과보상기금(50%)	
		⑱-37(T41)	중견기업 핵심인력 성과보상기금(30%)	
		⑱-38(T42)	중소기업 핵심인력 성과보상기금(청년 90%)	

<table>
<tr><th colspan="3">기재사항</th><th>기재내용</th><th>비 고</th></tr>
<tr><td rowspan="6">지급
명세서
(1쪽)</td><td rowspan="6">감면
소득
명세</td><td>⑱-39(T43)</td><td>중견기업 핵심인력 성과보상기금(청년 50%)</td><td rowspan="6">근무지별로
⑯계를
초과할 수 없음</td></tr>
<tr><td>⑱-35(T50)</td><td>내국인 우수인력 국내복귀 근로소득</td></tr>
<tr><td>⑱-27(T12)</td><td>중소기업 취업자 70% 감면대상 근로소득</td></tr>
<tr><td>⑱-32(T13)</td><td>중소기업 취업 청년 90% 감면대상 근로소득</td></tr>
<tr><td>⑱-28(T20)</td><td>조세조약 감면대상 교직자 근로소득</td></tr>
<tr><td>⑳-1</td><td>감면소득 합계액</td></tr>
<tr><td rowspan="5">지급
명세서
(2쪽)</td><td colspan="2">㊿「소득세법」</td><td>정부 간 협약에 따라 우리나라에 파견된 외국인에 대한 소득세 감면세액</td><td rowspan="5">지급명세서(2쪽)
감면세액 있음
○ →
← ×
지급명세서(1쪽)
감면기간·감면소득
있음</td></tr>
<tr><td colspan="2">㉛「조세특례제한법」
(㉜ 제외)</td><td>외국인 기술자·성과공유 중소기업 경영성과급·중소기업 핵심인력 성과보상기금·내국인 우수인력 국내복귀 근로소득에 대한 소득세 감면세액</td></tr>
<tr><td colspan="2">㉜「조세특례제한법」
제30조</td><td>중소기업 취업자 소득세 감면세액</td></tr>
<tr><td colspan="2">㉝조세조약</td><td>조세조약의 교직자 조항에 따른 소득세 감면세액</td></tr>
<tr><td colspan="2">㉞세액감면계</td><td>감면세액 합계액</td></tr>
</table>

감면세액 계산 시 발생하는 소수점 이하 금액은 버리고 기재함(국고금관리법 §47 ②)

감면기간·감면소득이 있더라도 산출세액이 '0'이면 감면세액이 없을 수 있음

(4) 세액감면 적용순서 및 감면한도

세액감면 적용순서 및 감면한도는 다음과 같다.

<table>
<tr><th colspan="2">구 분</th><th>내 용</th><th>비 고</th></tr>
<tr><td colspan="2">소득공제·
세액공제와의 순서</td><td>소득공제 → 세액감면 → 세액공제</td><td>계산 Logic에 따름</td></tr>
<tr><td colspan="2">세액감면 내 순서</td><td>세법에 별도로 정한 바 없음</td><td>중소기업 취업자 소득세 감면 세액이 있는 경우 성과공유 중소기업 경영성과급 소득세 감면 계산 시 취업자 소득세 감면세액을 고려하여 산출</td></tr>
<tr><td rowspan="2">세액감면
한도</td><td>감면한도</td><td>• 산출세액을 한도로 함</td><td></td></tr>
<tr><td>한도
초과 시</td><td>• 한도초과 시 이월적용 없음
• 한도초과 세액 배제순서 없음
• 적용되는 감면이 2개 이상인 경우 임의로 어느 하나 선택하여 한도초과세액 감면배제</td><td></td></tr>
</table>

02

3. 정부 간 협약에 따라 우리나라에 파견된 외국인에 대한 소득세 감면(소법 §59의 5 ①·§75 ②, 소령 §138 ②)

<table>
<tr><th colspan="2">구 분</th><th>정부 간 협약에 따라 우리나라에 파견된 외국인에 대한 소득세 감면</th></tr>
<tr><td colspan="2">감면대상자·소득</td><td>정부 간 협약에 따라 우리나라에 파견된 외국인이 그 쌍방 또는 일방 당사국의 정부로부터 받는 급여</td></tr>
<tr><td rowspan="2">감면 신청</td><td>제출서류</td><td>외국인근로소득 세액감면신청서[별지 제18호 서식]</td></tr>
<tr><td>제출방법·기한</td><td>국내에서 근로소득금액을 지급하는 자를 통해 그 감면을 받고자 하는 달의 다음 달 10일까지 원천징수 관할세무서장에게 제출</td></tr>
<tr><td colspan="2">감면세액</td><td>$$종합소득산출세액 \times \frac{감면대상\ 근로소득금액}{종합소득금액} \times 100\%$$
why 연말정산 시 종합소득금액=감면대상 근로소득</td></tr>
<tr><td colspan="2">지급명세서 기재</td><td><table><tr><th>구 분</th><th>지급명세서 기재</th></tr><tr><td>감면기간</td><td>(1쪽) ⑫감면기간</td></tr><tr><td>감면소득</td><td>기재란 없음</td></tr><tr><td>감면세액</td><td>(2쪽) ㊿「소득세법」</td></tr></table></td></tr>
</table>

4. 외국인 기술자에 대한 소득세 감면(조특법 §18, 조특령 §16, 조특칙 §9)

(1) 외국인 기술자에 대한 소득세 감면 개요

2021.2.17. 이후 국내에서 최초로 근로를 제공한 외국인 기술자에 한함

구 분		외국인 기술자에 대한 소득세 감면
감면대상자·소득		법 소정 외국인 기술자가 국내에서 내국인에게 근로를 제공하고 감면기간 내에 받는 근로소득
감면 신청	제출서류 개정	• 외국인 기술자의 근로소득세 감면신청서[별지 제7호 서식] • 다음 첨부서류 ① 교수 또는 연구기관 등의 연구원 ✔ 학위증명서(학사 학위 이상) ✔ 국외의 대학 및 연구기관 등에서 5년(박사학위자는 2년) 이상 연구개발·기술개발 경험이 있음을 입증하는 증명서 ✔ 기업부설연구소 인정서·연구개발전담부서 인정서 및 그 밖에 조세특례제한법 시행령 제16조의 3 제2항 각 호의 기관 또는 부서에서 근무하고 있음을 증명하는 서류 다음 내용이 포함된 증명서를 말함 • 감면신청자 이름 • 국외연구기관등의 명칭 및 주소 • 국외연구기관등에서 근무한 기간, 근무부서, 연구분야 및 해당 부서 책임자의 확인 ② 우수 해외인재 ✔ 우수 해외인재 확인서(「우수 해외인재 기준에 관한 고시」 별지 제1호 서식)
	제출방법·기한	근로를 제공한 날이 속하는 달의 다음 달 10일까지 원천징수의무자를 통해 원천징수 관할세무서장에게 제출(근로자 → 원천징수의무자 → 관할세무서) 2022.12.31. 이전에 국내에서 최초로 근로를 제공하는 경우에만 적용
감면기간·감면율		(아래 표 참조)

구 분	감면기간	감면율
2020.1.1. 이후 소재·부품·장비관련 외국인기술자가 국내에서 최초로 근로를 제공하는 경우	국내에서 최초로 근로를 제공한 날 ~3년이 되는 날이 속하는 달의 말일	70%
	3년이 되는 날이 속하는 달의 다음 달 1일~2년이 되는 날이 속하는 달의 말일	50%
2019.1.1. 이후 국내에서 최초로 근로를 제공하는 경우	국내에서 최초로 근로를 제공한 날 ~10년이 되는 날이 속하는 달의 말일	50%

2023.12.31. 이전 국내에서 최초로 근로를 제공하는 경우에만 적용

2023.1.1. 당시 국내에서 최초로 근로를 제공한 날부터 5년이 지나지 않은 외국인기술자도 적용(조특법 부칙 §1·§9, 2022.12.31.)

소재·부품·장비산업 경쟁력강화 및 공급망 안정화를 위한 특별조치법에 따른 특화선도기업, 전문기업, 강소기업 및 창업기업에서 근무하는 사람을 말함

<table>
<tr><th>구 분</th><th colspan="3">외국인 기술자에 대한 소득세 감면</th></tr>
<tr><td>감면세액</td><td colspan="3">$종합소득산출세액 \times \frac{감면대상기간\ 총급여액}{해당\ 과세기간\ 총급여액} \times 감면율$</td></tr>
<tr><td rowspan="6">지급명세서
작성·제출</td><td>구 분</td><td>지급명세서 기재란</td><td>기재내용</td></tr>
<tr><td>감면기간</td><td>(1쪽) ⑫감면기간</td><td>해당 과세기간 중 해당 근무처에서 근무한 기간 중 감면기간 해당 기간</td></tr>
<tr><td rowspan="2">감면소득</td><td>(1쪽) ⑱－12(T01)</td><td>감면율 50% 대상 감면소득</td></tr>
<tr><td>(1쪽) ⑱－36(T02)</td><td>감면율 70% 대상 감면소득</td></tr>
<tr><td>감면세액</td><td>(2쪽) ㉑「조세특례제한법」(㉒ 제외)</td><td>산출된 감면세액</td></tr>
</table>

내국인 우수인력 국내복귀 근로소득·성과공유 중소기업 경영성과급·중소기업 핵심인력 성과보상기금에 대한 소득세 감면세액과 합산 기재

(2) 외국인 기술자에 대한 소득세 감면 요건검토 및 지급명세서 작성

1) 감면대상 외국인 기술자

소득세 감면대상 외국인 기술자에 대해 살펴보면 다음과 같다.

<table>
<tr><th>구 분</th><th colspan="2">내 용</th></tr>
<tr><td rowspan="4">감면대상</td><td colspan="2">다음에 해당하는 외국인 기술자가 국내에서 내국인에게 근로를 제공할 것
엔지니어링진흥법 제2조 제1호·제5호, 같은 법 시행령 제2조 및 제3조에서 규정하고 있는 엔지니어링활동에 관한 과학기술을 말함(사전법령국조－655, 2017.11.3.)</td></tr>
<tr><td>국내에서 최초로 근로를 제공한 날</td><td>외국인기술자의 범위</td></tr>
<tr><td>～2021.2.16.</td><td>1. 엔지니어링산업 진흥법 제2조 제5호에 따른 엔지니어링기술의 도입계약(계약금액을 30만달러 이상으로 한정함)에 따라 기술을 제공하는 자
2. 다음 요건을 갖춘 외국인투자기업의 연구개발시설에서 연구원으로 근무하는 자
① 자연계분야 학사학위 소지자로서 3년 이상의 연구경력이 있거나 자연계분야의 석사 이상의 학위를 가진 연구전담인력 5명 이상을 상시 고용하고 있을 것
② 독립된 연구시설을 갖추고 있을 것
③ 연구개발을 위한 시설투자금액이 1억원 이상일 것
④ 해당 연구개발시설 또는 연구개발시설을 설치한 외국인투자기업이 발행한 의결권 있는 주식총수나 출자총액의 30% 이상을 외국인이 소유할 것</td></tr>
<tr><td>2021.2.17.～</td><td>1. 엔지니어링산업 진흥법 제2조 제5호에 따른 엔지니어링기술의 도입계약(계약금액을 30만달러 이상으로 한정함)에 따라 기술을 제공하는 사람
2. 다음 요건을 모두 갖춘 사람
① 자연계·이공계·의학계 분야의 학사 학위 이상을 소지한 사람일 것
조세특례제한법 시행규칙 [별표 1의 2]를 말함(p.534 참조)
② 국외의 대학 및 연구기관 등에서 5년(박사 학위 소지한 사람은 박사 학위 취득 전 경력을 포함하여 2년) 이상 연구개발 및 기술개발 경험이 있을 것
외국의 대학과 그 부설연구소, 국책연구기관 및 기업부설연구소를 말함</td></tr>
</table>

구 분	내 용
감면대상	**국내에서 최초로 근로를 제공한 날**: 2021.2.17. ~ / **외국인기술자의 범위**: ✔ 연구원으로 근무한 기간을 합산하여 판단 ✔ 학위 취득 기간 및 휴직 등으로 인해 실제로 연구원으로 근무하지 않은 기간은 제외 ✔ 다음 내용이 포함된 증명서를 함께 제출 • 감면신청자의 이름 • 국외연구기관등의 명칭 및 주소 • 국외연구기관등에서 근무한 기간, 근무부서, 연구분야 및 해당 부서 책임자의 확인 (국세기본법 시행령 제1조의 2 제4항 제1호 나목의 요건(임원 임면권 행사 등 사실상 영향력 요건)은 적용하지 않음) (행정 사무만을 담당하는 사람은 제외 ✔ 행정사무를 겸업하는 것은 가능) ③ 근로를 제공하는 기업과 친족관계 또는 경영지배관계에 있지 않을 것 ④ 다음 어느 하나에 해당하는 사람일 것 (행정 사무만을 담당하는 사람은 제외 ✔ 행정사무를 겸업하는 것은 가능) 가. 법 소정 기관 또는 부서에서 연구원으로 근무하는 사람 나. 출입국관리법 시행령 별표 1의 2 제14호의 교수(E-1) 체류자격에 해당하는 사람으로서 연구개발특구의 육성에 관한 특별법 제2조 제1호의 연구개발특구 또는 첨단의료복합단지 육성에 관한 특별법 제2조 제1호의 첨단의료복합단지에 소재한 대학, 산업대학, 전문대학 또는 기술대학 및 그 부설 연구기관의 교육 및 지도 활동에 종사하는 사람일 것 (2024.1.1. 이후 근로를 제공하는 경우부터 적용) 3. 첨단산업 인재혁신 특별법 제28조 제1항에 따른 우수 해외인재 (2025.2.28. 이후 지급분부터 적용 개정) (조세특례제한법 시행령 제16조의 3[내국인 우수 인력의 국내복귀에 대한 소득세 감면]에 따른 감면대상 연구기관등 (p.533 참조)을 말함)

외국인 기술자

구 분	내 용	감면 여부
외국인	대한민국의 국적을 가지지 아니한 사람(2010.1.1. 이후부터 적용)	감면가능(○)
기술자	자기가 습득한 산업기술을 직접 제공하는 자에 한정(구조특법집행기준 18-16-1 ②)	감면가능(○)
임원·사용인	관계없음(구조특법집행기준 18-16-1 ②)	감면가능(○)
감면기간 중 대한민국 국적 취득	내국인 지위에서 지급받는 근로소득(국일 46017-765, 1997.12.24.)	감면불가(×)
업 무	기술개발 및 제조에 해당하지 않는 마케팅부서 업무를 수행하는 외국인(국제세원-505, 2009.3.11.)	감면불가(×)
하도급용역 기술자	엔지니어링기술도입계약의 주계약자인 독일법인으로부터 해당 계약내용 중 일부 기술용역을 하도급받은 덴마크법인이 해당 하도급용역을 수행하기 위하여 자사소속 기술자를 국내에 파견하는 경우 과학기술부장관이 해당 하도급용역이 당초 신고수리된 엔지니어링기술도입계약의 범위에 포함됨을 확인하는 경우(국총 46017-499, 1999.7.16.)	감면 여부 확인필요(△)

2009.12.31.까지는 대한민국 국적을 보유하고 있는 개인으로서 외국에 영주하고 있는 자(재외국민)를 포함(국이 46523-442, 1994.8.3.)

구 분	내 용
국내에서 내국인에게 근로제공	(아래 표 참조)

국내원천소득에 해당되지 않아 소득세법상 납세의무가 없음(서이-2726, 2004.12.24.)

구 분	내 용	감면 여부
국외에서 용역수행	외국인 기술자가 내국법인과 고용계약을 체결하고 국외에서 용역을 수행하고 지급받은 대가 (서이-2726, 2004.12.24.)	감면불가(×)
외국 관계사에서 파견	외국 관계회사로부터 파견되어 국내에서 내국법인에게 근로를 제공하는 외국인 기술자의 경우 그 외국인 기술자와 내국법인간의 형식적인 고용계약 체결 여부에 불구하고 해당 외국인 기술자가 내국법인에 실질적으로 고용되어 근로를 제공하는지 여부를 판단 (조특법집행기준 18-16-2)	감면 여부 검토필요 (△)
국내외에서 용역수행	외국인 기술자가 내국법인과 고용계약을 체결하고 일부는 국내에서 용역을 수행하고 일부는 국외에서 용역을 수행하고 대가를 지급받는 경우 (국제세원-529, 2010.11.26.)	국내용역 수행대가만 감면가능(○)
기술제공 외국법인 국내사업장 업무 동시수행	외국인 기술자가 해당 기술제공 외국법인 국내사업장의 업무를 동시에 수행하는 경우 (국일 46017-9, 1998.1.7.)	내국법인에게 제공하는 기술용역 관련 근로소득만 감면가능(○)
외국인투자 기업에 고용된 경우	외국인 기술자가 외국인투자기업에 근로를 제공하고 지급받는 근로소득(소득 46011-2806, 1997.10.29.)	감면가능(○) why 내국인에게 기술제공하고 대가를 수령
외국법인에게 근로제공하는 경우	외국인 기술자가 외국법인에 고용되어 근로를 제공하고 지급받는 근로소득(국이 22601-47, 1991.1.29.)	감면불가(×) why 내국인이 아님
외국법인 국내지점에 근로제공하는 경우	외국법인이 내국법인과 엔지니어링기술도입계약을 체결하고, 해당 외국법인 소속의 외국인 기술자가 외국법인의 국내지점에 파견되어 국내에서 내국법인에게 기술을 제공하고 외국법인의 국내지점으로부터 지급받는 급여(국제세원-423, 2011.9.2.)	감면가능(○) why 내국인에게 기술제공하고 대가를 수령
	외국법인(A)가 국내 선박제조업체(B)에 석유시추장비 및 장비의 설치용역 제공에 대한 계약을 체결하여 공급하고, A의 국내지점(C)는 B와 별도 계약을 체결하여 A가 B에 제공하기로 한 석유시추장비를 설치하고 관련 용역을 제공하기 위해 석유시추장비의 설치에 대한 전문 지식 및 기술을 보유한 외국인 기술자를 A로부터 파견받아 그 외국인 기술자와 고용계약을 체결하고 A를 대신하여 국내 선박제조업체에 용역을 제공하고 해당 외국인 기술자에게 급여를 지급하는 경우(조심 2011서1801, 2012.3.27.)	감면불가(×) why 내국인(B)과 근로계약을 체결하여 근로를 제공한 것이 아님

건전한 사회통념, 상관행 및 구체적인 정황 (작업거부권, 구체적인 지시, 시간적·장소적 제약 및 법인의 복무규정준수 등) 등을 고려하여 판단

구 분	내 용

국내에서 내국인에게 근로제공

구 분	내 용	감면 여부
독립적으로 용역을 제공하는 경우	일본거주자인 외국인 기술자가 독립적으로 내국인에게 인적용역을 제공하고 지급받는 대가(서이-1456, 2007.8.3.)	감면불가(×) why 근로(종속적 인적용역)에 해당 안됨
근무지가 2곳인 경우	국내에서 복수의 내국인(법인 포함)에게 근로를 제공하고 근로소득을 지급받는 경우(서이 46017-12213, 2002.12.10.)	감면가능(○)

감면불가(×): 조세특례제한법 제18조의 규정이 적용되지 않고 한·일조세조약 제14조의 규정이 적용되는 것임

감면가능(○): 근로소득 각각에 대해 조세감면이 적용

감면대상 근로소득

감면대상 근로소득을 예시하면 다음과 같음(구조특법집행기준 18-0-2 ①)

- 비상근 외국인 기술자의 국내 근로소득
- 법인세법에 따라 상여로 처분된 금액(인정상여)
- 법인의 주주총회, 기타 이에 준하는 의결기관의 결의에 의하여 상여로 받는 소득으로서 감면기간 중에 결의된 것
- 외국인 기술자의 근로대가로 지급하는 체류비 및 기술료
- 스톡옵션을 행사하여 얻은 소득(서이-2762, 2004.12.28.)
- 원천징수제외대상 근로소득(서이-462, 2004.3.16.)

원천징수제외대상 근로소득: 다만, 해당 소득은 연말정산 시 과세·감면되지 않고 종합소득확정신고 시 과세·감면됨

감면기간

구 분	내 용
감면기간 시작일	'국내에서 최초로 근로를 제공한 날'이라 함은 해당 기술용역계약건별로 그와 관련한 국내 근로계약일을 의미하는 것이 아니라 '입국하여 국내에서 최초로 근로를 제공한 날'을 의미함(국조 22601-116, 1992.9.18.)
중도에 외국인 기술자가 되는 경우	외국인이 국내에서 2003.7.1.~2007.9.30.까지 외국인 기술자가 아닌 자격으로 근무를 하다 2007.10.1.부터 조세특례제한법시행령 제16조 제1항 제2호의 2에 해당하는 연구기관에서 외국인 기술자로 연구개발과제물의 수행기간마다 근로를 제공하는 계약직 연구원으로 계속 근무하는 경우 해당 외국인 기술자가 국내에서 최초로 근로를 제공한 날은 2007.10.1.임(법규소득 2012-229, 2012.6.19.)
감면기간 중단 여부	감면기간은 해당 외국인이 국내에서 최초로 근로를 제공한 날로부터 기산하여 연속적으로 감면기간이 속하는 달까지로 계산하는 것으로, 퇴직 후 재입사 시 근로를 제공하지 않은 퇴직기간도 해당 감면기간에 포함(조특법집행기준 18-16-2) ✔ 연속적으로 감면기간 적용
감면기간이 남은 경우	국내의 다른 근무지에서 근무한 사실이 있는 경우에는 국내에 입국하여 최초로 근로를 제공한 날부터 연속된 2년의 기간 중 종전 근무지의 근무기간을 제외한 잔여기간 동안 발생한 소득에 대하여 소득세를 면제받을 수 있음(서이-574, 2004.3.24.; 국제세원-137, 2012.3.21.) → 잔여기간 감면가능(○)

구 분	구 분	내 용
감면기간	감면기간이 종료된 경우	다른 내국법인에게 최초로 근로를 제공하였다가 그로부터 2년 이상 경과 후 해당 내국법인에게 고용되어 근로를 제공한 경우 소득세를 면제받을 수 없음(조심 2012부5132, 2013.4.19.) → 감면기간 종료로 감면불가(×)
감면기간	감면기간이 종료된 경우	2009년 5월부터 5년간 소득세 감면을 적용받았던 외국인 기술자가 2017년도 중 재입국하여 국내에서 근로를 제공하고 지급받는 근로소득은 외국인 근로자에 대한 과세특례가 적용되지 않음(사전법령국조-593, 2017.10.12.) → 감면기간 종료로 감면불가(×)

2) 감면신청

외국인 기술자가 소득세 감면을 적용받으려면 감면신청을 해야 하나, 해당 감면신청절차는 '필수요건'은 아니다. 감면신청과 관련된 사항을 살펴보면 다음과 같다.

해당 내용은 모든 감면에 동일하게 적용됨

구 분		내 용
감면 신청	필수요건 여부	감면신청은 감면의 필수적 요건이 아님(조특법집행기준 18-16-3 ②) ✔ 감면신청 여부와 상관없이 해당 소득이 면제대상임이 확인되면 감면가능(○)
감면 신청	기한 경과 후 제출 시	감면신청서가 기한을 경과하여 지연제출된 경우(재국조-120, 2003.12.23.) ✔ 해당 소득이 면제대상으로 확인되는 경우 감면가능(○) ✔ 확정신고 후에는 경정청구절차에 따라 감면가능(○)
감면 신청	계속제출 여부	신청서를 제출한 후 고용관계의 변동이 없는 한 그 후 계속 신청한 것으로 봄 ✔ 계속 제출할 필요는 없음
신청서 기재오류		감면신청서에 종사하는 산업분야를 다르게 기재했으나 해당 기술집약적인 산업에 실제 종사하는 경우(국총 46017-408, 1999.6.10.) ✔ 감면가능(○)
원천징수제외대상 근로소득이 있는 경우		원천징수대상 근로소득과 원천징수제외대상 근로소득이 함께 있는 경우(서이-462, 2004.3.16.) ✔ 각각의 원천징수의무자(납세조합 미가입자는 주소지 관할세무서장)에게 제출

사례 외국인 기술자에 대한 소득세 감면

1. 자료

제조(주)에 근무하는 소재·부품·장비관련 외국인 기술자가 아닌 소득세 감면대상 외국인 기술자 M. Smith의 2025년 근로소득 관련 내역은 다음과 같다. 다른 자료는 없다고 가정한다.

입사일	근로계약기간	2025년 총급여	2025년 산출세액
2024.8.1.	2024.8.1.~2026.7.31.	100,000,000	13,882,836

2. 지급명세서 작성

구 분	지급명세서 기재	
	기재란	기재금액 등
지급명세서(1쪽)	⑪근무기간	2025.8.1.~2025.12.31.
	⑫감면기간	2025.8.1.~2025.12.31.
	⑯계	100,000,000
	⑱-12(T01) 외국인 기술자	100,000,000
	⑳-1 감면소득계	100,000,000
지급명세서(2쪽)	㉑총급여	100,000,000
	㊾산출세액	13,882,836
	51「조세특례제한법」(52 제외)	6,941,418
	54세액감면계	6,941,418

감면기간은 실지 감면기간을 기재하는 것이 아니라, ⑪근무기간 중 감면기간을 기재함

산출세액의 50%가 감면됨

02

근로제공일의 다음 달 10일까지 원천징수의무자를 통해 원천징수관할 세무서장에게 제출
(근로자 → 원천징수의무자 → 관할세무서장)

■ 조세특례제한법 시행규칙 [별지 제7호서식] <개정 2025. 3. 21.>

외국인기술자의 근로소득세 감면신청서

외국인 기술자의 인적사항 기재

※ [ ]에는 해당되는 곳에 √표를 합니다.

접수번호	접수일자	처리기간	즉시

소득자	① 성 명			
	② 주 소 (전화번호:)			
	③ 외국인등록번호 또는 여권번호		④ 국 적	

⑤ 입국 목적			⑥ 입국 연월일	
입국 후의 근무처	⑦ 업 태		⑧ 업 태(종목)	
	⑨ 주 소		⑩ 사업자등록번호	
	⑪ 대표자 성명			

감면기간이 아닌 근로계약기간 기재

⑫ 근로계약기간 또는 체재기간	년 월 일부터 년 월 일까지
⑬ 근로소득세 감면근거	[ ] 「조세특례제한법 시행령」 제16조제1항제1호 [ ] 「조세특례제한법 시행령」 제16조제1항제2호 [ ] 「조세특례제한법 시행령」 제16조제1항제3호
⑭ 연구기관 유형 (근로소득세 감면근거가 영 제16조제1항제2호인 경우)	[ ] 「조세특례제한법 시행령」 제16조의3 제2항제1호 [ ] 「조세특례제한법 시행령」 제16조의3 제2항제2호 [ ] 「조세특례제한법 시행령」 제16조의3 제2항제3호 [ ] 「조세특례제한법 시행령」 제16조의3 제2항제4호 [ ] 「조세특례제한법 시행령」 제16조의3 제2항제5호 [ ] 「조세특례제한법 시행령」 제16조의3 제2항제6호 [ ] 「조세특례제한법 시행령」 제16조의3 제2항제7호 [ ] 「조세특례제한법 시행령」 제16조의3 제2항제8호

「조세특례제한법 시행령」 제16조제3항에 따라 위와 같이 외국인기술자의 근로소득세 감면을 신청합니다.

년 월 일

신 청 인 (서명 또는 인)

세무서장 귀하

외국인 기술자 서명/날인

첨부서류	1. 「조세특례제한법 시행령」 제16조제1항제2호에 따라 감면을 받는 경우 가. 학위증명서 나. 국외의 대학 및 연구기관 등에서 5년(박사 학위 소지자의 경우 2년) 이상 연구개발 및 기술개발 경험이 있음을 증명할 수 있는 서류로서 「조세특례제한법 시행규칙」 제9조제5항제2호 각 목의 내용이 포함된 증명서 다. 「기초연구진흥 및 기술개발지원에 관한 법률 시행규칙」 별지 제5호서식의 기업부설연구소 인정서, 같은 규칙 별지 제7호서식의 연구개발전담부서 인정서 및 그 밖에 영 제16조의3 제2항 각 호의 기관 또는 부서에서 근무하고 있음을 증명하는 서류 2. 「조세특례제한법 시행령」 제16조제1항제3호에 따라 감면을 받는 경우 가. 우수 해외인재 확인서(「우수 해외인재 기준에 관한 고시」 별지 제1호서식)	수수료 없 음

210mm× 297mm[백상지 80g/㎡]

구분	내용
[ ] 「조세특례제한법 시행령」 제16조 제1항 제1호	엔지니어링기술도입계약에 따라 기술을 제공하는 외국인 기술자
[ ] 「조세특례제한법 시행령」 제16조 제1항 제2호	법소정 기관 또는 부서에서 연구원으로 근무하는 외국인 근로자
[ ] 「조세특례제한법 시행령」 제16조 제1항 제3호	우수 해외인재

대상 연구기관(p.533 참조)의 번호 기재
✔ 2021.2.17. 이후 국내에서 최초로 근로를 제공하는 외국인 기술자만 기재

[별지 제1호 서식]

Certificate No.
제 2025-ooo호

최초발급일 Date of Initial Issuance
2025.00.00.

K-Tech Pass 확인서
(Certificate of K-Tech Pass)

기 업 명:
(Company Name)

성 명:
(Name)

여권번호: (Passport No.)

외국인기술자 본인 확인

생년월일:
(Date of Birth)

국 적:
(Nationality)

본 패스 소지자를 「첨단산업 인재혁신 특별법」제28조에 따른 우수 해외인재로 확인합니다.
This is to certify that the bearer of the pass is recognized as an outstanding overseas talent under Article 28 of the Special Act on Talent Innovation in the High-Tech Industry.

년(Year) 월(Month) 일(Day)

K O T R A 사 장 직인

257mm×364mm[보존용지 120g/㎡]

5. 중소기업 청년근로자 및 핵심인력 성과보상기금 수령액에 대한 소득세 감면

(조특법 §29의 6 ①, 조특령 §26의 6, 기획재정부 고시 제2025-22호)

(1) 중소기업 청년근로자 및 핵심인력 성과보상기금 수령액에 대한 소득세 감면 개요

구 분		중소기업 청년근로자 및 핵심인력 성과보상기금 수령액에 대한 소득세 감면
감면 대상·소득 (개정)	2024.12.31. 이전 가입	청년내일채움공제 및 (청년재직자)내일채움공제에 2024.12.31.까지 가입한 중소기업 또는 중견기업의 근로자(이하 "핵심인력")가 공제납입금을 5년 이상 납입하고 그 성과보상기금으로부터 공제금을 수령하는 경우에 해당 공제금 중 해당 기업이 부담한 법 소정 기여금(이하 "기여금") 부분 ▮ 중소기업: 중소기업기본법상 중소기업 ▮ 중견기업: 조세특례제한법상 중견기업 ▮ 청년내일채움공제(2년, 3년형)에 가입한 경우에는 해당 공제 만기까지 납입한 후에 (청년재직자)내일채움공제에 연계가입하여 합산기간 5년 이상을 납입한 경우에 감면가능함
	2025.1.1. 이후 가입	중소기업 인력지원 특별법 제35조의 6 제1항에 따른 공제규정에 따라 운영되는 다음의 공제사업에 2027.12.31.까지 가입한 핵심인력이 공제납입금을 3년 이상 납입하고 그 성과보상기금으로부터 공제금을 수령하는 경우에 해당 공제금 중 해당 기업이 부담한 기여금 부분 1. 내일채움공제 2. 청년재직자 내일채움공제 3. 청년재직자 내일채움공제 플러스 4. 중소기업재직자 우대 저축공제 5. 청년내일채움공제 6. 청년내일채움공제 연계형 내일채움공제 ▮ 2025.3.14. 이후 가입분부터는 해당 기업이 사업을 폐업·휴업하거나 법인을 해산하는 경우 핵심인력이 공제납입금을 3년 이상 납입하지 못하고 공제금을 수령하게 된 경우에도 감면대상·소득임(조특법 부칙 §5, 2025.3.14.)
감면 신청	근로자 → 원천징수의무자	<table><tr><th>구 분</th><th>내 용</th></tr><tr><td>제출서류</td><td>• 중소기업 핵심인력 성과보상기금 수령액에 대한 소득세 감면 신청서[별지 제10호의 6 서식] • 성과보상기금(내일채움공제)에서 공제납입금을 수령하였다는 증명서류 ▮ 납부내역서 등 ▮ 실무적으로는 연말정산 시까지 제출하면 됨</td></tr><tr><td>제출기한</td><td>공제금을 수령하는 날이 속하는 달의 다음 달 말일까지</td></tr></table>▮ 중소기업 또는 중견기업의 근로자가 성과보상기금으로부터 만기 시 수령하는 공제금 중 근로소득에 해당하는 기업기여금에 대한 원천징수의무자는 해당 중소기업 또는 중견기업임(기획재정부 소득세제과-526, 2019.9.18.)
	원천징수의무자 → 관할세무서	<table><tr><th>구 분</th><th>내 용</th></tr><tr><td>제출서류</td><td>중소기업 핵심인력 성과보상기금 수령액에 대한 소득세 감면대상 명세서[별지 제10호의 7 서식]</td></tr><tr><td>제출기한</td><td>신청서 수령일의 다음 달 10일까지</td></tr></table>

▮ 근로자가 중도퇴사한 후 내일채움공제의 만기금액을 수령하는 경우에도 해당 근로자가 감면을 적용받기 위해서는 퇴사한 원천징수의무자에게 감면신청서를 제출하여야 하며, 원천징수의무자는 관할 세무서장에게 감면대상명세서를 제출하고 해당 감면대상 기여금을 해당 중도퇴사자의 근로소득금액으로 인식하여 중도퇴사 연말정산을 재정산해야 함(서면원천-2485, 2024.10.7.)

구 분		중소기업 청년근로자 및 핵심인력 성과보상기금 수령액에 대한 소득세 감면
감면 세액	중소기업 근로자	산출세액 × $\frac{\text{중소기업이 부담한 기여금}}{\text{해당 과세기간 총급여액}}$ ×50%(법소정 청년은 90%)
	중견기업 근로자	산출세액 × $\frac{\text{중견기업이 부담한 기여금}}{\text{해당 과세기간 총급여액}}$ ×30%(법소정 청년은 50%)
지급명세서 작성·제출		(see table below)

▎감면신청서 서식 ⑪의 금액

▎해당 총급여액에 기여금이 포함되어야 함에 유의

구 분	지급명세서 기재란	기재내용
감면 기간	(1쪽) ⑫감면기간	과세기간 개시일 ~공제 가입 종료일
감면 소득	(1쪽) ⑱−34(T40)	중소기업이 부담한 기여금(감면율 50%)
	(1쪽) ⑱−37(T41)	중견기업이 부담한 기여금(감면율 30%)
	(1쪽) ⑱−38(T42)	중소기업이 부담한 기여금(감면율 청년 90%)
	(1쪽) ⑱−39(T43)	중견기업이 부담한 기여금(감면율 청년 50%)
감면 세액	(2쪽) ㉛「조세특례제한법」(㉜ 제외)	산출된 감면세액

▎감면신청서 서식 ⑥종료일의 날짜

▎중소기업 근로자로서 공제납입금을 납입하다가 소속기업이 중견기업으로 전환된 후 공제금을 수령하는 경우 감면율은 중소기업의 감면율을 적용함(사전법규소득-111, 2024.4.1.)

▎내국인 우수인력 국내복귀 근로소득·성과공유 중소기업 경영성과급·외국인 기술자에 대한 소득세 감면세액과 합산 기재

(2) 중소기업 청년근로자 및 핵심인력 성과보상기금 수령액에 대한 소득세 감면 요건 검토

구 분	내 용
감면대상자 (핵심인력)	직무 기여도가 높아 해당 기업의 대표자가 장기재직이 필요하다고 지정하는 근로자로서, 다음에 해당하는 사람은 제외함 1. 해당 기업의 최대주주 또는 최대출자자(개인사업자의 경우에는 대표자)와 그 배우자(사실상의 혼인관계에 있는 자 포함) 2. '1.'에 해당하는 사람의 직계존비속(그 배우자 포함) 또는 친족관계에 있는 사람
법 소정 청년	15세 이상 34세(병역을 이행한 사람의 경우에는 6년을 한도로 병역을 이행한 기간을 현재 연령에서 빼고 계산한 연령을 말함) 이하인 사람 중 다음에 해당하는 사람을 제외한 사람을 말함(조특령 §26의 8 ③ 1호) 1. 기간제 및 단시간근로자 보호 등에 관한 법률에 따른 기간제근로자 및 단시간근로자 2. 파견근로자 보호 등에 관한 법률에 따른 파견근로자 3. 청소년 보호법에 따른 청소년유해업소에 근무하는 같은 법에 따른 청소년
성과보상기금	중소기업 인력지원 특별법 제35조의 2에 따라 중소벤처기업부장관이 중소기업 핵심인력의 장기재직 촉진 및 중소기업 인력양성을 위하여 설치한 중소기업 핵심인력 성과보상기금(청년재직자 내일채움공제·내일채움공제) ✔ 2020.1.1. 이후 공제금 수령분부터 청년내일채움공제(2년, 3년형) 만기 후 (청년재직자)내일채움공제로 연계가입하여 합산기간 5년 이상 납입하고 공제기금으로 수령하는 경우도 감면 대상임

구 분	내 용
기여금	<table><tr><th>구 분</th><th>내 용</th></tr><tr><td>의 미</td><td>성과보상기금 재원 중 중소기업 인력지원 특별법 제35조의 3 제1호에 따라 중소기업 또는 중견기업이 부담하는 기여금 ✔ 청년내일채움공제(2년, 3년형) 가입기간 중 기업기여금은 기여금(과세대상 근로소득)에 포함되지 않음(소득세제과-463, 2019.8.9.) → 감면대상도 아님 why 정부가 지급하는 채용유지지원금(2년형 450만원, 3년형 670만원)에서 기업기여금(2년형 400만원, 3년형 600만원)을 적립하기 때문(소득세제과-463, 2019.8.9.) → 기업부담이 아님 ✔ 공기업이 부담하는 기여금은 과세대상 근로소득에는 해당하나, 감면대상은 아님(소득세제과-463, 2019.8.9.) why 중소·중소기업 기여금만 감면대상</td></tr><tr><td>과세 여부</td><td>과세대상 근로소득(총급여)에 포함 → 연말정산 시 총급여에 포함되도록 처리하여야 함(소득세제과-526, 2019.9.18.) └ 총급여에도 포함되고, 감면소득에도 포함됨에 유의 why 감면소득은 과세근로소득에 포함되기 때문</td></tr></table>

한걸음 더

성과보상기금 수령액 중 기여금에 대한 원천징수

근로자가 성과보상기금 수령을 원천징수의무자에게 신고하는 경우 해당 수령액은 과세대상 근로소득(총급여)에 해당되므로 원천징수의무자는 다음과 같이 원천징수한다.

신고시기	원천징수
연도 중	지급대상기간이 없는 상여로 보아 간이세액 원천징수 ✔ 연말정산 시 총급여에 포함되어 연말정산됨
연말정산 시	연말정산 시 총급여에 포함하여 연말정산

사례 성과보상기금 수령액 중 기여금에 대한 원천징수

1. 자료

(1) 중소기업 근로자 홍길동은 2025년 12월 성과보상기금을 수령하였고, 해당 내용을 원천징수의무자인 회사에 신고하였다. 성과보상기금 수령액 중 기여금(회사부담분)은 14,400,000원이다.

(2) 근로자 홍길동의 2025년 총급여(비과세 제외)는 매월 3,000,000원이고, 2025년 12월 현재 마지막으로 받은 상여는 9월 추석상여금이다.

(3) 근로자 홍길동의 기본공제대상가족은 4인(8세 이상 20세 이하 자녀 2명 포함)이다.

(4) 근로소득 간이세액조견표 내용(일부)은 다음과 같다고 가정한다.

총급여	공제대상자 4인	공제대상자 6인
3,000,000	26,690	17,100
7,800,000	741,310	681,310
10,000,000	1,215,840	1,155,840
14,000,000 초과 시	10,000,000일 때 세액+1,372,000+(총급여−14,000,000)×98%×38%	

2. 원천징수

홍길동의 경우 기본공제대상가족은 4인(8세 이상 20세 이하 자녀 2명 포함)인 바 공제대상자 6인으로 간이세액표를 적용한다.

중소기업 근로자이므로 감면율 50% 적용

(1) 지급대상기간이 없는 상여로 보아 원천징수하는 경우(원칙적인 방법)

구 분	결과 값	계산내역
10~12월 총급여	23,400,000	=3,000,000×3(개월)+14,400,000
10~12월 평균총급여	7,800,000	=23,400,000÷3(개월)
10~12월 평균감면소득	4,800,000	=14,400,000÷3(개월)
10~12월 간이세액표 세액 합계(감면고려 전)	2,043,930	=681,310×3(개월)
10~12월 감면소득에 대한 감면세액	628,901	=2,043,930×4,800,000÷7,800,000 ×50%(감면율)
10~12월 징수세액	1,415,020	=2,043,930−628,901(10원 미만 절사)
10~11월 이미 징수한 징수세액	34,200	=17,100×2
12월 원천징수할 세액	1,380,820	=1,415,020−34,200

(2) 총액을 지급액으로 보아 원천징수하는 경우(실무적으로 가능)

구 분	결과 값	계산내역
12월 총급여	17,400,000	=3,000,000+14,400,000
간이세액표 세액(감면고려 전)	3,794,000	=1,155,840+1,372,000 + (17,400,000−14,000,000)×98%×38%
감면소득에 대한 감면세액	1,569,931	=3,794,000×14,400,000÷17,400,000 × 50%(감면율)
12월 원천징수할 세액	2,224,060	=3,794,000−1,569,931(10원 미만 절사)

(3) 중소기업 청년근로자 및 핵심인력 성과보상기금 수령액에 대한 소득세 감면 제출서류 검토 및 지급명세서 작성

■조세특례제한법 시행규칙 [별지 제10호의6서식] <개정 2025. 6. 30.>

중소기업 청년근로자 및 핵심인력 성과보상기금 수령액에 대한 소득세 감면신청서

감면대상자 확인

1. 신청인	① 성명	② 주민등록번호	
	③ 주소	④ 근로자 유형	[ ] 청년(15세~34세) [ ] 그 외

감면기간 종료일

2025.3.14. 이후 가입분에 한하여 감면대상에 해당함

중소기업 청년근로자 및 핵심인력 성과보상기금 가입 기간(5년, 3년)	
⑤ 가입일	년 월 일
⑥ 종료일	년 월 일

3. 성과보상기금 해지 사유

⑦ 납입 기간(5년·3년) 충족 [ ]	⑧ 회사의 폐업·휴업 [ ]	⑨ 법인의 해산 [ ]

4. 중소기업 청년근로자 및 핵심인력 성과보상기금에서 수령한 공제금

⑩ 총 수령 금액	원
- ⑪ 기업이 부담한 기여금(감면대상)	원
- ⑫ 근로자가 납부한 공제납입금(旣 과세)	원
- ⑬ 그 외 금액(이자소득세 과세)	원

「조세특례제한법」 제29조의6제1항 및 같은 법 시행령 제26조의6제5항에 따라 위와 같이 중소기업 청년근로자 및 핵심인력 성과보상기금 수령액에 대한 소득세 감면을 신청합니다.

년 월 일

활용하지 않음에 유의

신청인 (서명 또는 인)

원천징수의무자 귀하

첨부서류	중소기업 청년근로자 및 핵심인력 성과보상기금에서 공제납입금을 수령하였다는 것을 증명하는 서류 1부	수수료 없 음

유의사항

1. 감면신청서를 사실과 다르게 신청하는 경우에는 부당하게 감면받은 세액에 가산세를 가산하여 추징하게 됩니다.
2. 감면을 적용받기 위한 중소기업 청년근로자 및 핵심인력 성과보상기금 납입 기간은 다음과 같습니다. 다만, 해당 기업이 사업을 폐업하거나 휴업하는 경우 및 법인을 해산하는 경우로 공제금을 수령하게 된 경우에는 납입 기간이 3년 미만인 경우에도 감면을 적용받을 수 있습니다.
   가. 2024.12.31. 이전 가입한 경우: 5년
   나. 2025.1.1. 이후 가입한 경우: 3년
3. 감면을 신청한 경우 청년근로자 및 핵심인력 성과보상기금 만기 시 수령한 공제금 중 기업이 부담한 기여금에 대해 중소기업의 경우 소득세의 50%(청년근로자 90%), 중견기업의 경우 30%(청년근로자 50%)를 감면받을 수 있습니다.

210mm× 297mm[백상지 80g/㎡]

해당 기여금을 근무지에서 지급한 총급여액에 별도로 합산하고, 동시에 감면율별로 해당 감면소득란에 기재

사례 중소기업 근로자 관련 소득세 감면(공통사례)

1. 자료

(1) 성과공유 중소기업(제조업 영위)인 율도(주)에 계속 근무하는 홍길동은 2025년 중 내일채움공제로부터 공제납입금을 수령하였으며, 다음과 같이 감면신청서를 율도(주)에 제출하였다.

■조세특례제한법 시행규칙 [별지 제10호의6서식] <개정 2025. 6. 30.>

중소기업 청년근로자 및 핵심인력 성과보상기금 수령액에 대한 소득세 감면신청서

1. 신청인	① 성명 홍 길 동	② 주민등록번호	951004 - 1234567
	③ 주소 서울특별시 성북구	④ 근로자 유형	[√] 청년(15세~34세) [ ] 그 외

2. 중소기업 청년근로자 및 핵심인력 성과보상기금 가입 기간(5년, 3년)

⑤ 가입일	2020 년 12 월 4 일
⑥ 종료일	2025 년 12 월 4 일

3. 성과보상기금 해지 사유

⑦ 납입 기간(5년・3년) 충족 [√]	⑧ 회사의 폐업・휴업 [ ]	⑨ 법인의 해산 [ ]

4. 중소기업 청년근로자 및 핵심인력 성과보상기금에서 수령한 공제금

⑩ 총 수령 금액	21,470,017 원
- ⑪ 기업이 부담한 기여금(감면대상)	14,400,000 원
- ⑫ 근로자가 납부한 공제납입금(旣 과세)	6,000,000 원
- ⑬ 그 외 금액(이자소득세 과세)	1,070,017 원

「조세특례제한법」 제29조의6제1항 및 같은 법 시행령 제26조의6제5항에 따라 위와 같이 중소기업 청년근로자 및 핵심인력 성과보상기금 수령액에 대한 소득세 감면을 신청합니다.

2025 년 12 월 5 일

신청인 홍 길 동 (서명 또는 인)

원천징수의무자 율도(주) 귀하

(2) 근로자 홍길동에게 대한 2025년 연말정산 관련 자료(일부)는 다음과 같다.

구 분		내 용	비 고
근무기간		2025.1.1.~12.31.	
중소기업 취업자 감면신청일		2020.5.1.	2025.5.31. 감면기간 종료
총급여	2025 총급여	55,200,000	• 감면대상 경영성과급 5,000,000 포함 • 감면대상 성과보상기금 수령액 중 기여금 14,400,000 포함
	25.5.31.까지 총급여	17,000,000	
산출세액		4,397,832	

2. 지급명세서 작성

구 분	지급명세서 기재		
	기재란	기재금액 등	why
지급명세서 (1쪽)	⑪근무기간	2025.1.1.~2025.12.31.	
	⑫감면기간	2025.1.1.~2025.12.4.	감면기간은 감면신청서 ⑥종료일까지로 기재
	⑯계	55,200,000	해당 근무처 지급 총급여
	⑱-38(T42) 중소기업 핵심인력 성과보상기금 소득세 감면	14,400,000	감면신청서 ⑪의 기여금 기재
지급명세서 (2쪽)	㉑총급여	55,200,000	
	㊾산출세액	4,397,832	
	㉛「조세특례제한법」 (㉜ 제외)	1,032,534	4,397,832×[⑱-38]/㉑×90%

감면이 2건 이상일 경우 감면기간 기재방법에 대한 구체적 안내 없음
→근무기간 이내이면 됨

감면신청서 ⑪의 기여금 포함 확인

사례의 경우 내일채움공제 계약기간 종료일로 기재함

신청서 수령일의 다음달 10일까지 원천징수 관할세무서장에게 제출

■ 조세특례제한법 시행규칙 [별지 제10호의7서식] <개정 2025. 6. 30.>

중소기업 청년근로자 및 핵심인력 성과보상기금 수령액에 대한 소득세 감면 대상 명세서

1. 원천징수의무자	상 호		사업자등록번호	
	사업장소재지 (전화번호 :)		원천징수의무자 유형	[ ] 중소기업 [ ] 중견기업

2. 감면 적용 대상자 명단

성 명	주민 등록번호	중소기업 청년근로자 및 핵심인력 성과보상 기금 가입일	중소기업 청년근로자 및 핵심인력 성과보상 기금 종료일	수령한 공제금 중 기업이 부담한 기여금	근로자 유형 1. 청년(15세~34세) 2. 그 외	해지사유 1. 납입 기간 충족 2. 회사의 폐업·휴업 3. 법인의 해산

감면대상자 인적사항 기재

감면신청서에 기재된 가입일⑤, 종료일⑥ 기재

감면신청서에 기재된 기여금⑪ 기재

감면신청서에 기재된 근로자유형④ 기재

감면신청서 3.란의 내용을 기재

제한법」 ... 법 시행 ... 성과보상기 ... 득세 감면

년 월 일

원천징수의무자 (서명 또는 인)

세무서장 귀하

작 성 방 법

1. "수령한 공제금 중 기업이 부담한 기여금"란: 기업이 해당 청년근로자 및 핵심인력을 위하여 성과보상기금 가입일부터 종료일까지 성과보상기금에 부담한 기여금 총액을 적습니다.
2. "근로자 유형"란: 청년(15세~34세)에 해당하는 경우는 '1'을 적고, 그 외의 경우는 '2'를 적습니다.
3. "해지사유"란: 납입 기간을 충족한 경우 '1'을 적고, 회사의 폐업·휴업인 경우 '2'를 적으며, 법인의 해산인 경우 '3'을 적습니다.
4. 감면을 적용받기 위한 중소기업 청년근로자 및 핵심인력 성과보상기금 납입 기간은 다음과 같습니다. 다만, 해당 기업이 사업을 폐업하거나 휴업하는 경우 및 법인을 해산하는 경우로 공제금을 수령하게 된 경우에는 납입 기간이 3년 미만인 경우에도 감면을 적용받을 수 있습니다.
   가. 2024.12.31. 이전 가입한 경우: 5년
   나. 2025.1.1. 이후 가입한 경우: 3년

210㎜× 297㎜[백상지 80g/㎡ 또는 중질지 80g/㎡]

6. 중소기업 취업자에 대한 소득세 감면(조특법 §30·§29의 3 ①·§29의 8 ②, 조특령 §27, 조특령 §26의 3 ②~④·§26의 8 ⑩·⑫·⑬, 조특칙 §14의 3)

(1) 중소기업 취업자에 대한 소득세 감면 개요

<table>
<tr><th colspan="2">구 분</th><th>중소기업 취업자에 대한 소득세 감면</th></tr>
<tr><td colspan="2">감면대상자·소득</td><td>법 소정 청년·60세 이상자·장애인·경력단절여성·경력단절근로자가 중소기업체에 2026.12.31.까지 취업하는 경우 감면기간 내에 그 중소기업체로부터 받는 근로소득 개정</td></tr>
<tr><td rowspan="2">감면 신청</td><td>근로자 → 원천징수의무자
(2019.1.1. 이후부터 퇴사자는 직접 본인 주소지 관할세무서장에게 감면신청 가능)</td><td>(실무적으로는 연말정산 시까지 제출하면 됨)
<table><tr><th>구 분</th><th>내 용</th></tr><tr><td>제출서류</td><td>• 중소기업 취업자 소득세 감면신청서[별지 제11호 서식]
• 병역복무기간을 증명하는 서류(병적증명서)
• 장애인 입증서류
• 경력단절여성·경력단절근로자임을 입증하는 서류</td></tr><tr><td>제출기한</td><td>취업일이 속하는 달의 다음 달 말일까지</td></tr></table>장애인 입증서류: 장애인등록증(복지카드) / 국가유공자확인서 / 국가유공자에 준하는 군경 등 확인서 / 보훈보상대상자확인서 / 5.18 민주유공자증서 / 고엽제후유(의)증환자 등 확인서
경력단절여성·경력단절근로자 입증서류: 의료기관 진단서(확인서)·주민등록표등본(가족관계증명서)·재학증명서·장애인증명서</td></tr>
<tr><td>원천징수의무자 → 관할세무서</td><td><table><tr><th>구 분</th><th>내 용</th></tr><tr><td>제출서류</td><td>중소기업 취업자 소득세 감면대상명세서[별지 제11호의 2 서식]</td></tr><tr><td>제출기한</td><td>신청서를 받은 날이 속하는 달의 다음 달 10일까지</td></tr></table></td></tr>
<tr><td rowspan="2">감면 기간</td><td>감면기간</td><td><table><tr><th colspan="3">구 분</th><th>감면기간</th></tr><tr><td rowspan="3">청년</td><td colspan="2">원 칙</td><td>소득세를 감면받은 해당 기업 최초취업일~5년이 되는 날이 속하는 달의 말일</td></tr><tr><td rowspan="2">병역 후 1년 이내 복직</td><td>복직한 날이 원칙적인 감면기간 종료 전</td><td>소득세를 감면받은 해당 기업 최초취업일~7년이 되는 날이 속하는 달의 말일</td></tr><tr><td>복직한 날이 원칙적인 감면기간 종료 후</td><td>해당 기업 복직일~2년이 되는 날이 속하는 달의 말일</td></tr><tr><td colspan="3">60세 이상자·장애인
경력단절여성·경력단절근로자</td><td>소득세를 감면받은 해당 기업 최초취업일~3년이 되는 날이 속하는 달의 말일</td></tr></table></td></tr>
<tr><td>감면기간 적용</td><td>소득세 감면기간은 소득세를 감면받은 사람이 다른 중소기업체에 취업하거나 해당 중소기업체에 재취업하는 경우 또는 합병·분할·사업 양도 등으로 다른 중소기업체로 고용이 승계되는 경우와 관계없이 소득세를 감면받은 최초취업일부터 계산</td></tr>
</table>

- 소득세 감면을 받던 청년이 병역을 이행한 후 1년 이내에 다른 중소기업체에 취업하는 경우 소득세를 감면받은 최초 취업일부터 5년이 되는 날이 속하는 달까지 발생하는 소득에 대하여 세액감면을 적용함(서면법규소득-2150, 2024.12.23.)
- 2016.1.1. 이후 취업하여 지급받는 분부터 적용

구 분		중소기업 취업자에 대한 소득세 감면
감면세액	감면율·감면한도	(아래 표 참조)
	감면세액	$\text{Min}[\text{감면세액 한도, 산출세액} \times \frac{\text{감면기간 총급여액}}{\text{해당 과세기간 총급여액}} \times \text{감면율}]$
지급명세서 작성·제출		(아래 표 참조)

감면율·감면한도

감면대상 취업자	최초취업일	감면율	감면세액 한도
청 년	2012.1.1.~	90%	연 200만원
60세 이상자·장애인	2016.1.1.~	70%	연 200만원
경력단절여성	2017.1.1.~2025.3.13.	70%	연 200만원
경력단절근로자	2025.3.14.~	70%	연 200만원

지급명세서 작성·제출

구 분	지급명세서 기재란	기재내용
감면기간	(1쪽) ⑫감면기간	해당 과세기간 중 해당 중소기업체 근무기간 중 감면기간 해당 기간
감면소득	(1쪽) ⑱－27(T12)	감면율 70% 대상 감면소득
	(1쪽) ⑱－32(T13)	감면율 90% 대상 감면소득
감면세액	(2쪽) ㊾「조세특례제한법」 제30조	산출된 감면세액

- 감면율 70% 대상 감면소득: 60세 이상자·장애인·경력단절여성·경력단절근로자 기재
- 감면율 90% 대상 감면소득: 청년만 기재가능

중소기업 취업자 소득세 감면 개정 연혁

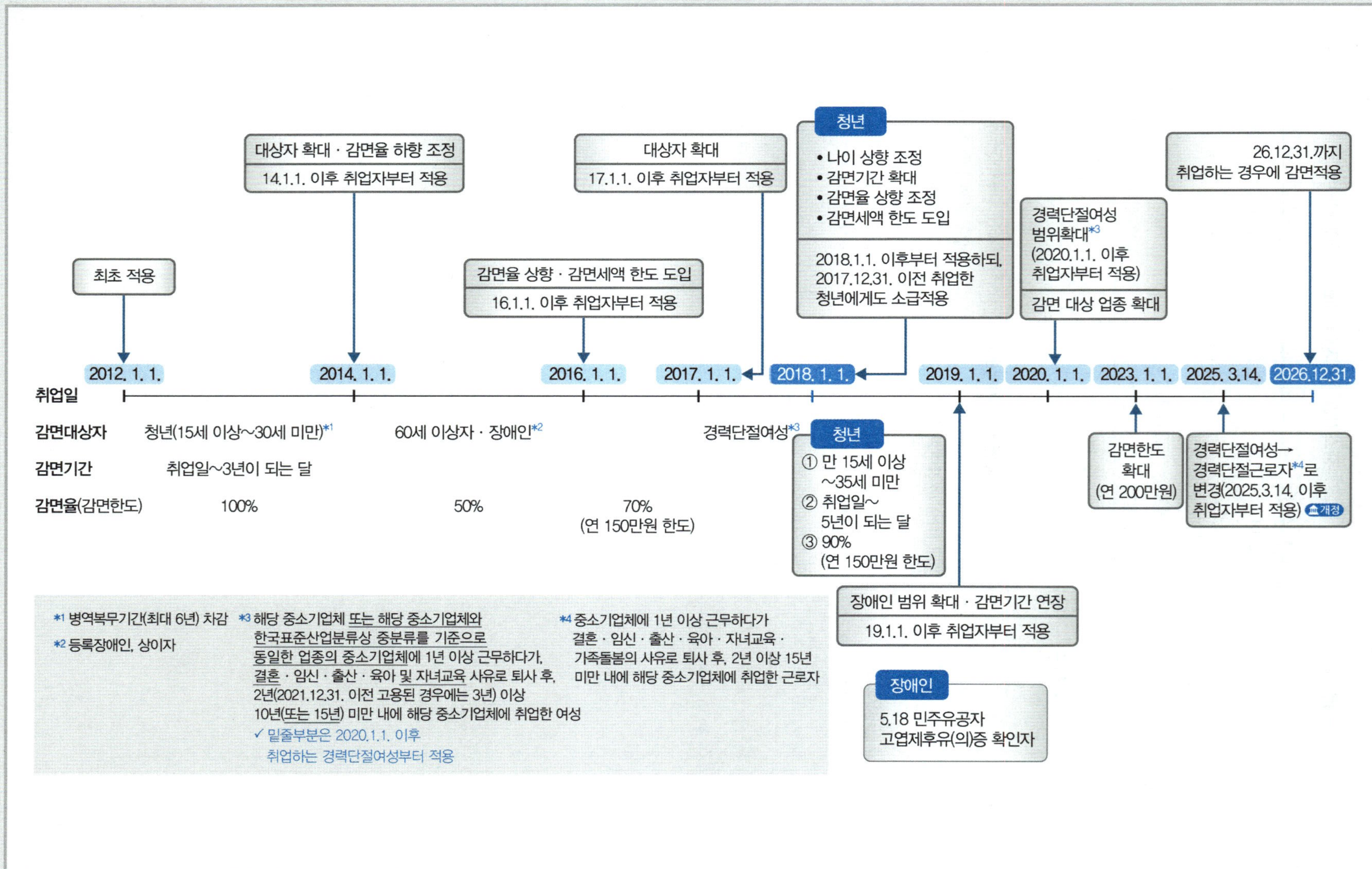

(2) 중소기업 취업자에 대한 소득세 감면 공제요건

1) 중소기업체

'중소기업체'는 다음을 말한다.

비영리법인은 원칙적으로 중소기업기본법 적용대상이 아님

구 분	내 용
중소기업	중소기업기본법 제2조에 따른 중소기업
비영리법인 포함 여부	비영리법인 포함
주된 사업	다음 사업을 주된 사업으로 영위할 것 1. 농업, 임업 및 어업 2. 광업 3. 제조업 4. 전기·가스·증기 및 공기조절 공급업 5. 수도, 하수 및 폐기물처리, 원료재생업 6. 건설업 7. 도매 및 소매업 8. 운수 및 창고업(관세사법에 따른 통관업 제외) 개정 9. 숙박 및 음식점업 (주점 및 비알콜 음료점업 제외) 10. 정보통신업(비디오물 감상실 운영업, 가상자산 매매 및 중개업 제외) 개정 11. 부동산업(부동산임대업 제외) 개정 12. 연구개발업 13. 광고업 14. 시장조사 및 여론조사업 15. 건축기술·엔지니어링 및 기타 과학기술서비스업 16. 기타 전문, 과학 및 기술 서비스업(수의업 제외) 개정 17. 사업시설관리 및 사업지원 서비스업 18. 기술 및 직업훈련 학원, 컴퓨터학원 19. 사회복지 서비스업 20. 개인 및 소비용품 수리업 21. 창작 및 예술관련 서비스업 22. 도서관, 사적지 및 유사 여가 관련 서비스업 23. 스포츠 서비스업 감면이 적용되지 않는 주요 업종(예시) → 금융·보험업, 보건업(병원 등), 전문서비스업(변호사·변리사·회계사업 등), 음식점업 중 비알콜음료점업, 기타 개인서비스업 등을 주된 사업으로 영위하는 기업
제외되는 경우	• 국가, 지방자치단체(지방자치단체조합 포함) • 공공기관 및 지방공기업

감면대상명세서에 "주업종코드"란 기재

2025.2.28. 이후 취업자부터 적용

2) 감면대상자

중소기업 취업자 소득세 감면대상자는 다음과 같다.

병역법 제36조에 따른 전문연구요원·산업기능요원은 병역을 이행한 자로 보지 않음

구 분	내 용		
감면대상자	구 분	감면대상자	
		병역이행	청년의 범위
	청 년	미이행	근로계약체결일 현재 연령(연월일) =만 15세 이상 만 35세 미만인 사람
		이 행	근로계약체결일 현재 연령(연월일) -병역이행기간(연월일/6년 한도) =만 15세 이상 만 35세 미만인 사람

근로계약 체결일 현재 정확하게 만 35세인 경우 감면대상 청년이 아님(재소득-163, 2013.4.1.)

구 분	내 용
감면대상자	(아래 표 참조)

감면대상자

구 분	감면대상자
60세 이상자	근로계약체결일 현재 연령(연월일)이 만 60세 이상인 사람
장애인	• 장애인복지법에 따른 장애인 • 국가유공자 등 예우 및 지원에 관한 법률에 따른 상이자 • 5·18민주화운동부상자 • 고엽제후유의증환자로서 장애등급 판정을 받은 사람

[2019.1.1. 이후 취업하는 자부터 장애인으로 보아 감면대상에 포함] (5·18민주화운동부상자, 고엽제후유의증환자로서 장애등급 판정을 받은 사람)

경력단절 여성

다음 요건을 모두 충족하는 여성

구 분		2019.12.31. 이전 취업	2020.1.1.~2025.3.13. 취업	입 증
퇴직 전 근무처		해당 중소기업	• 해당 중소기업 • 해당 중소기업과 동종업종의 중소기업	퇴직전 근무처의 사업자등록증
퇴직 전 근무기간		퇴직 전 근무처에서 1년 이상 근무하다가 퇴사했을 것		근로소득원천징수부
퇴사 사유	결 혼	N/A	퇴직한 날부터 1년 이내에 혼인한 경우	가족관계증명서
	임 신	퇴직한 날부터 2년 이내에 임신하거나 보소생식술(체내·체외인공수정 포함)을 받은 경우		의료기관 진단서·확인서
	출 산	퇴직일 당시 임신상태인 경우		의료기관 진단서
	육 아	퇴직일 당시 8세 이하·초등학교 2학년 이하 직계비속이 있는 경우	퇴직일 당시 8세 이하 자녀가 있는 경우	주민등록표등본·재학증명서
	자녀 교육	N/A	퇴직일 당시 초·중등교육법에 따른 학교에 재학 중인 자녀가 있는 경우	재학증명서
복직기한		퇴직한 날부터 3년 이상 10년 미만의 기간이 지났을 것	퇴직한 날부터 2년 이상 15년 미만의 기간이 지났을 것	

[한국표준산업분류상 중분류가 동일할 것] (동종업종)

[초등학교, 중학교, 고등학교, 특수학교 등을 말함(초중등교육법 §2)] (초·중등교육법에 따른 학교)

[2021.12.31. 이전 고용된 경우에는 3년으로 함 (조특법 부칙 §9, 2021.12.28.)] (2년)

경력단절 근로자

2025.3.14. 이후 취업한 다음 요건을 모두 충족하는 근로자

구 분		내 용	입 증
퇴직 전 근무처·근무기간		중소기업에서 1년 이상 근무하다가 퇴사	퇴직전 근무처의 근로소득원천징수부
퇴사 사유	결혼·임신·출산·육아·자녀교육	2020.1.1. 이후 취업한 경력단절 여성과 동일	
	가족 돌봄	퇴직일 당시 다음 가족이 있는 경우 • 장애인복지법에 따라 등록된 장애인 자녀 • 같은 세대 구성원인 70세 이상 또는 장애인복지법에 따라 등록된 장애인 직계존속(배우자 직계존속 포함)	장애인 등록증(장애인증명서) / 가족관계증명서
복직기한		퇴직한 날부터 2년 이상 15년 미만의 기간이 지났을 것	

구 분	내 용
감면대상에서 제외되는 사람	다음의 자는 감면대상자에서 제외 1. 임원 2. 해당 기업 최대주주 또는 최대출자자(개인사업자의 경우에는 대표자)와 그 배우자 3. '2.'에 해당하는 자의 직계존비속(그 배우자 포함) 및 친족관계인 사람 4. 일용근로자 5. 다음 어느 하나에 해당하는 보험료 등의 납부사실이 확인되지 아니하는 사람(다만, 국민연금법 제6조 단서에 따라 국민연금 가입 대상이 되지 아니하는 자와 국민건강보험법 제5조 제1항 단서에 따라 건강보험 가입자가 되지 아니하는 자는 제외) (1) 국민연금법 제3조 제1항 제11호 및 제12호에 따른 부담금 및 기여금 (2) 국민건강보험법 제69조에 따른 직장가입자의 보험료 이에 해당하는 사람은 감면가능

한걸음 더

중소기업 취업자에 대한 소득세 감면을 적용함에 있어서 "청년" 및 "경력단절 여성"에 모두 해당하는 경우에는 다음과 같이 "청년"으로 감면을 적용받은 기간을 제외한 나머지 기간에 대해서 "경력단절 여성"으로 소득세 감면을 적용받을 수 있다(서면법규소득-5836, 2022.11.9.).

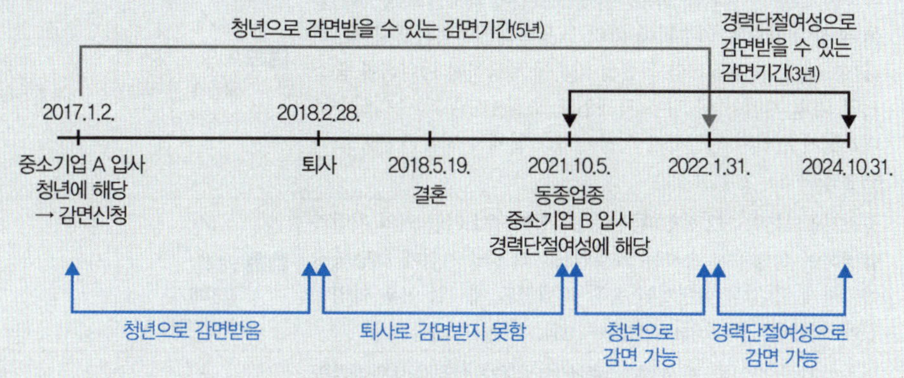

3) 감면대상 판단 사례

상 황	공제가능	공제불가
소득세 감면대상 청년이 민법 제32조에 따라 설립된 법인으로서 중소기업기본법 제2조에 따른 중소기업의 기준을 충족하고 조세특례제한법시행령 제27조 제3항에 해당하는 사업을 영위하는 비영리 재단법인에 2012.1.1. 이후 취업하는 경우(원천-542, 2012.10.11.)	✓ why 비영리법인도 포함	
비영리법인인 지역농업협동조합이 열거된 사업을 주된 사업으로 하고 중소기업요건을 충족하는 경우(소득세제과-663, 2019.12.12.)		

상 황	공제가능	공제불가
취업일이 속하는 과세연도에는 중소기업체에 해당하였으나 해당 중소기업체가 그 규모의 확대 등으로 그 다음연도부터 중소기업기본법 제2조 제3항과 조세특례제한법시행령 제2조 제2항에서 규정하고 있는 유예기간 중에 있는 중소기업인 경우(법규소득 2012-213, 2012.5.31.; 서면원천-448, 2025.2.24.)	✓ why 유예기간 중에 있는 기업은 중소기업	
중소기업체가 중소기업 요건을 미충족하는 등의 사유로 중소기업체에서 제외되었다가 다시 중소기업체에 해당하게 된 경우(서면법령소득-22597, 2015.10.4.)	✓ why 중소기업체에 해당된 기간에 받은 근로소득	✓ why 중소기업체가 아닌 기간에 받은 근로소득
취업일이 속하는 과세연도에는 조세특례제한법 제30조 제1항에서 규정하는 중소기업체에 해당하였으나, 실질적 독립성 기준 부적합으로 유예기간 없이 그 다음연도부터 중소기업체에 해당하지 아니하게 된 경우 그 다음연도부터 받는 근로소득(원천-471, 2013.9.6.)		✓ why 소득 지급자가 중소기업이 아님
조세특례제한법 제30조 제1항에 따른 중소기업에 취업하는 청년에 대한 소득세 감면을 적용받던 중소기업이 과세연도 중 대기업에 주식이 100% 인수됨에 따라 조세특례제한법시행령 제2조 제1항 제3호의 실질적인 독립성 기준에 해당하지 아니하여 중소기업 외의 기업이 된 경우 과세연도 초일(1.1.)부터 주식인수로 대기업에 편입된 전일까지 해당 중소기업에서 지급한 근로소득(서면법규-24, 2014.1.13.)	✓ why 독립성 기준 불충족 전까지는 중소기업	
중소기업기본법 제2조에 따른 중소기업이 중소기업 외의 기업과 합병하여 합병일이 속하는 과세연도부터 중소기업에 해당하지 아니하게 된 경우 합병일이 속한 과세연도 개시일 이후 합병일 전에 지급한 근로소득(서면법규-1064, 2013.10.1.)	✓ why 합병일 전일까지는 중소기업	
중소기업에 취업한 자가 해당 중소기업체가 상호출자제한기업집단에 지정되어 그 지정된 날부터 중소기업에 해당하지 않게 된 경우 중소기업에 해당하는 기간 동안 지급받은 근로소득(사전법령소득-866, 2021.12.23.) ㅣ이 경우 유예기간의 적용이 없음	✓ why 중소기업체에 해당된 기간에 받은 근로소득	
2011.12.31. 이전에 중소기업체에 취업한 자(경력단절여성·경력단절근로자 제외)가 2012.1.1. 이후 계약기간 연장 등을 통해 해당 중소기업체에 재취업하는 경우		✓ why 2012.1.1. 이후 최초취업자부터 적용
소득세 감면대상 청년이 2011.12.31. 이전에 중소기업체에 취업하였다가 퇴사한 후 2012.1.1. 이후 해당 중소기업체에 다시 재취업하는 경우(원천-576, 2012.10.25.)		✓
2011.12.31. 이전 중소기업에 취업한 자가 법인세법에 따른 특수관계에 있는 다른 중소기업에 2012.1.1. 이후 전입하여 근무하는 경우(원천-480, 2012.9.13.)		✓

ㅣ계약기간 연장을 통해 중소기업에 재취업한 경우에 한정하여 해당 규정을 적용하는 것은 아니며(사전법령해석소득-0062, 2019.5.10.), 퇴직금 정산 및 신규 입사의 절차를 거쳤다고 하더라도 그것이 근로형태를 변경하는 과정에서 이루어진 형식적인 절차에 불과한 것이라면 근로관계가 실질적으로 단절되었다고 볼 수 없어 감면을 적용받을 수 없음(서면원천-4912, 2023.4.10.)

ㅣ다른 중소기업체에 취업하는 경우에는 가능

전문연구요원·산업기능요원은 병역의무를 이행한 것으로 보지 않으므로, 입사시점 청년 나이요건 판단시 유의검토시 유의해야 함

상 황	공제가능	공제불가
소득세 감면대상 청년이 2012.1.1. 이전에 대(중소)기업 등에 정규직이나 비정규직으로 근무한 사실 여부와 관계없이 2012.1.1. 이후 소득세 감면대상 중소기업체에 정규직으로 취업하여 근무하는 경우(법규소득 2012-213, 2012.5.31.)	✓	
파견근로자보호 등에 관한 법률에 따라 파견사업주에 고용되어 중소기업기본법 제2조에 따른 중소기업으로서 조세특례제한법시행령 제27조 제3항에 해당하는 중소기업에 파견근무를 하다가 퇴직한 후 2012.1.1. 이후 해당 중소기업의 정규직 근로자로 취업하여 근무하는 경우(서면법규-42, 2013.1.16.)	✓	
병역법 제36조에 따른 전문연구요원·산업기능요원(청년에 해당)이 감면대상 중소기업체에 취업하는 경우	✓	
건설업체에 일용근로자로 고용된 후 근무기간이 1년을 경과하여 일용근로자에서 상용근로자로 전환되는 경우(서면법령소득-22603, 2015.7.17.)	✓	✓
중소기업체에 해당하는 기업에 취업한 청년이 최대주주에 해당하여 중소기업 취업자에 대한 소득세 감면을 적용받지 못하던 중 최대주주가 아니게 된 경우(사전법령소득-351, 2021.8.20.)	✓ why 최대주주가 아닌 기간에 받은 근로소득	✓ why 최대주주인 기간에 받은 근로소득
회사가 감면대상 업종을 주업종으로 영위하다가 감면배제 업종으로 주업종을 변경한 경우(서면원천-343, 2025.2.24.)	✓ why 주업종 변경 전까지 공제가능	✓ why 주업종 변경 후부터 공제불가

일용근로자에서 제외되는 때를 취업일로 하여 중소기업 취업자 해당 여부를 판단하거나 감면기간을 계산함

감면기간은 소득세를 감면받은 최초 취업일부터 계산

4) 감면신청

중소기업 취업자 감면을 받고자 하는 자는 다음과 같이 감면신청을 하여야 하나, 필수요건은 아님에 유의하기 바란다.

구 분	내 용	
근로자 → 원천징수의무자	구 분	내 용
	제출서류	• 중소기업 취업자 소득세 감면신청서[별지 제11호 서식] • 병역복무기간을 증명하는 서류(병적증명서) • 장애인 입증서류 • 경력단절여성·경력단절근로자임을 입증하는 서류
	제출기한	취업일이 속하는 달의 다음 달 말일까지
	지연제출	신청기한 경과 후 제출하는 경우에도 감면 적용 가능(원천-428, 2012.8.17.)

실무적으로는 연말정산 시까지 제출하면 됨

구 분	내 용		
원천징수의무자 → 관할세무서	구 분	내 용	
	제출서류	중소기업 취업자 소득세 감면대상명세서[별지 제11호의 2 서식]	
	제출기한	신청서를 받은 날이 속하는 달의 다음 달 10일까지	
	지연제출	명세서를 제출기한 경과 후 제출하는 경우에도 감면 적용 가능 (서면법령소득-22597, 2015.10.4.)	

한걸음 더

중소기업 취업자 소득세 감면 감면신청

1. 취업자가 다음연도 이후에 소득세 감면을 신청한 경우

(1) 재직자의 경우

신청기한 경과 후 제출하는 경우에도 감면 적용 가능하므로(원천-428, 2012.8.17.), 원천징수의무자에게 감면신청서를 제출하면 된다.

이러한 경우 다음과 같이 소득세 감면을 적용받는다.

구 분	소득세 감면 적용방법
신청일이 속하는 연도	해당 연도 연말정산 시 감면 적용
신청일이 속하는 연도 이전연도	근로자가 홈택스에서 직접 경정청구하여 적용(p.871 참조) 또는 원천징수의무자가 경정청구하여 적용

연말정산 시 감면을 적용하는 것으로 충분
→ 연도 중 간이세액 징수에 대해 소급하여 감면을 적용하여도 기납부세액만 변동되는 것이므로 의미 없음

(2) 퇴사자인 경우

2019.1.1. 이후부터 퇴사자가 직접 해당 근로자의 주소지 관할세무서장에게 감면신청을 할 수 있다.

2. 2018년 세법 개정

2018.5.29.과 2018.8.28.에 조세특례제한법 개정으로 청년에 대한 나이요건 및 감면기간 요건이 다음과 같이 변경되었다.

구 분	종 전	개 정	적용례
나이 요건	만 15세 이상 만 30세 미만	만 15세 이상 만 35세 미만	2018.1.1. 이후부터 적용 단, 2017.12.31. 이전 취업 청년에게도 적용하되 종전에 나이요건을 충족하지 못하여 감면을 적용받지 못했던 청년은 2018.1.1.부터 개정규정에 따른 감면기간(5년) 종료일까지 감면 적용됨
감면 기간	취업일로부터 3년이 되는 날이 속하는 달의 말일까지	취업일로부터 5년이 되는 날이 속하는 달의 말일까지	2018.1.1. 이후부터 적용 단, 2017.12.31. 이전 종전 규정에 따라 감면기간(3년)이 종료된 청년도 2018.1.1. 이후부터 개정규정에 따른 감면기간(5년) 종료일까지 감면 적용하며, 이미 적용받고 있던 청년은 개정규정에 따른 감면기간(5년) 종료일까지 감면기간이 연장됨
감면율	취업일에 따라 70% (한도 150만원), 50%, 100% 적용	90% (한도 150만원)	2018.1.1. 이후부터 적용

2023.1.1. 이후 소득분부터는 200만원 적용

다만, 상기와 같이 개정된 규정을 적용받기 위해서는 종전에 감면신청을 한 청년이더라도 새로이 감면신청을 하여야 한다(2018년 귀속 연말정산 세액계산 및 지급명세서 제출방법 안내, 2018.10.). 만약, 상기 규정을 적용받아야 하는 청년이라면 감면신청을 지연해도 감면 적용이 가능하고, 경정청구도 허용되고 있으며, 퇴사자라면 2019.1.1. 이후부터 관할세무서에 직접 신청도 가능하므로 감면신청을 놓치지 말고 해야 할 것으로 판단된다.

상황 1 **2017.5.10. 입사한 청년이 2017.6.30.까지 감면신청한 경우**

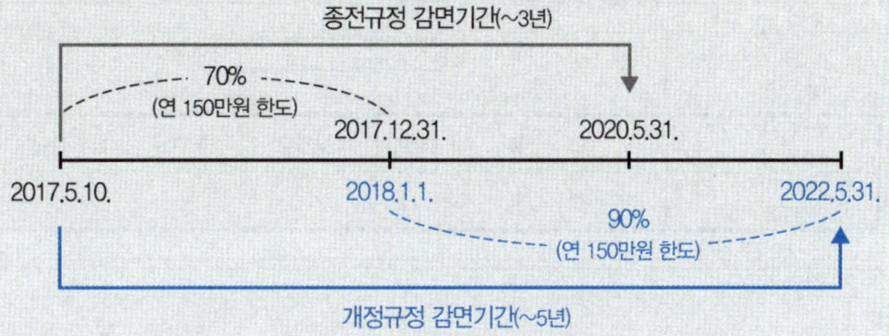

상황 2 **2014.6.2. 입사한 청년이 2014.7.31.까지 소득세 감면신청한 경우**

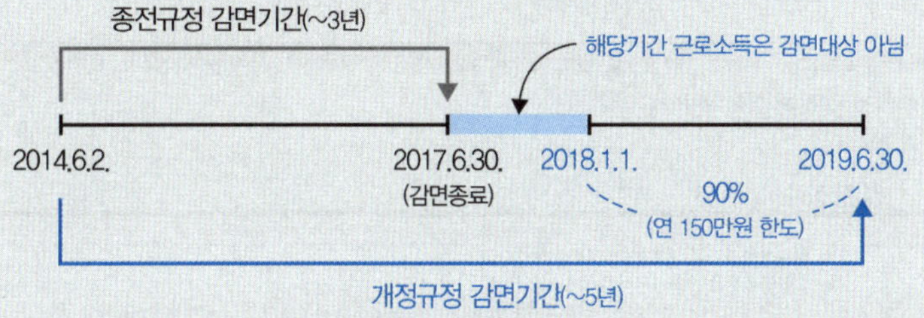

상황 3 **2017. 6. 5. 입사한 청년(여성, 취업일 현재 만 31세)인 경우**
(종전규정) 감면대상 청년 아님
(개정규정) 감면대상 청년에 해당 ✓ 감면신청 가능 → 2021년 신청

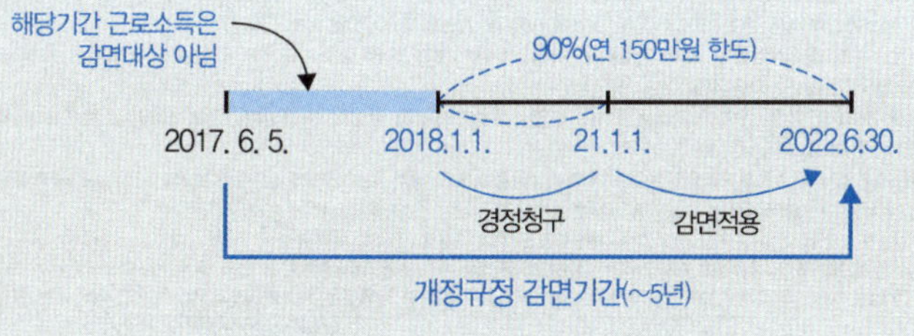

(3) 중소기업 취업자에 대한 소득세 감면 제출서류 검토 및 지급명세서 작성

■조세특례제한법 시행규칙 [별지 제11호서식] <개정 2025. 6. 30.>

중소기업 취업자 소득세 감면신청서

근로자 본인 확인

※ [ ]에는 해당되는 곳에 √표를 합니다.

1. 신청인	① 성 명	② 주민등록번호
	③ 주 소	④ 취업자 유형 [ ] 청년(15세~34세) [ ] 60세 이상 사람 [ ] 장애인 [ ] 경력단절근로자

경력단절근로자는 재취업일 기재

2. 취업 시 연령

⑤ 중소기업에 취업한 날 연령	년 월 일 (취업일: , 생년월일:)
⑥ 병역근무기간* (6년을 한도로 함)	년 월 일 (입대일ㆍ소집일: , 전역일ㆍ소집해제일:)
⑦ 병역근무기간 차감 후 연령*(⑤ - ⑥)	년 월 일

* ⑥ 및 ⑦은 '청년'만 작성합니다.

3. 감면기간

⑧ 시작일*: 년 월 일 * 2012. 1. 1. 이후 소득세 감면을 받은 최초 취업일	⑨ 종료일*: 년 월 일 * 시작일부터 3년(청년 5년)이 되는 날(병역이행 후 1년 이내 동일 중소기업에 복직하는 경우 복직한 날부터 2년이 되는 날을 말하며, 그 복직한 날이 최초 취업일부터 5년이 지나지 아니한 경우에는 최초 취업일부터 7년이 되는 날을 말합니다)이 속하는 달의 말일

「조세특례제한법」 제30조 제1항 및 같은 법 시행령 제27조 제5항에 따라 위와 같이 중소기업 취업자에 대한 소득세 감면을 신청합니다.

년 월 일

신청인 (서명 또는 인)

원천징수의무자 귀하

첨부서류	1. 병역복무기간을 증명하는 서류 1부 2. 장애인등록증(수첩, 복지카드) 사본 1부 3. 「소득세법」 제143조에 따라 발급받은 근로소득 원천징수영수증 1부(「조세특례제한법」 제30조에 따라 중소기업 취업 감면을 적용받은 청년 등이 다른 중소기업체에 취업하거나 해당 중소기업체에 재취업하는 경우로 한정합니다)	수수료 없 음

유 의 사 항

1. 감면신청서를 사실과 다르게 신청하는 경우에는 부당하게 감면받은 세액에 가산세를 가산하여 추징하게 됩니다.
2. 장애인은 「장애인복지법」에 따른 장애인과 「국가유공자 등 예우 및 지원에 관한 법률」에 따른 상이자를 말합니다.
3. 2013. 12. 31. 이전에 취업한 청년이 해당 중소기업체에 계속하여 근무하는 경우 취업일부터 3년간 해당 중소기업체에서 받는 근로소득의 소득세 100%를 감면받을 수 있습니다.
4. 2014. 1. 1.부터 2015. 12. 31. 까지 중소기업체에 최초 취업자는 취업일부터 3년간, 재취업자는 소득세 감면기간 종료일까지 해당 중소기업체에서 받는 근로소득의 소득세 50%를 감면받을 수 있습니다
5. 2016. 1. 1. 이후 중소기업체에 최초 취업자는 취업일부터 3년간 해당 중소기업체에서 받는 근로소득의 소득세 70%를 감면(한도 200만원)받을 수 있습니다.
6. 청년의 경우 2018년 이후 귀속 근로소득부터는 취업일로부터 5년간 감면이 적용되며, 근로소득의 소득세 90%를 감면(한도 200만원)받을 수 있습니다.
7. 중소기업체 재취업자의 소득세 감면기간 ⑧ 시작일과 ⑨ 종료일은 최초 감면신청서 상 감면기간의 시작일과 종료일을 적습니다.
8. 경력단절 근로자는 「조세특례제한법」 제29조의8제2항에서 규정하고 있는 근로자를 말합니다 (동종업종 기업에서 1년 이상 근무하다가 결혼, 임신, 출산 ,육아, 자녀교육 및 가족돌봄의 사유로 퇴직하고 2년 이상 15년 이내의 기간이 경과한 후 동종업종 중소기업에 재취업하는 근로자로서 최대주주 또는 최대출자자나 그와 특수관계인이 아닌 경우).
9. 「조세특례제한법 시행령」 제27조제3항 각 호에 따른 사업을 주된 사업으로 영위하는 중소기업으로부터 받은 근로소득만 감면대상입니다.

210㎜× 297㎜[백상지 80g/㎡ 또는 중질지 80g/㎡]

구분	내용
공통	청년만 기재
⑥	• 병적증명서 입영연월일, 전역연월일 기재 확인 • 입대일과 전역일의 기간을 연월일로 기재 • 입대일과 전역일의 기간이 6년 초과 시 6년으로 기재
⑦	• 해당 기간의 나이요건(만 15세 이상 만 35세 미만) 여부 확인 • 정확하게 35년으로 산출되는 경우 공제불가

■ 병역법 시행규칙 [별지 제5호서식] <개정 2019. 2. 27.> 정부24(www.gov.kr)에서도 신청할 수 있습니다.

병적증명서

발행번호		유효기간	
용 도	[ ]공직자 등 신고용	[ ]( )	
인적사항	성명	생년월일	
군복무 여 부	[ ]군 복무를 마친 사람	[ ]군 복무를 마치지 않은 사람	
병역사항			

신청자 본인 확인

군복무 마친 사람인 경우 병역사항에서 입영일 / 전역일 확인

「병역법 시행규칙」 제8조에 따라 위와 같이 병적을 증명합니다.

년 월 일

○○지방병무청(병무지청)장 직인

210㎜×297㎜[백상지 80g/㎡]

■ 5·18민주유공자예우에 관한 법률 시행규칙 [별표 1] <개정 2023. 6. 5.>

5·18민주유공자 증서(제2조 관련)

제　　호

중소기업 취업자 감면 적용대상 장애인에 해당
✓ 인적공제 장애인(증명서)에는 해당되지 않음

5·18민주유공자 증서

본인 확인

성　　명:
생년월일:

5·18 민주화운동에 참여하여 민주주의와 인권 발전에 기여하였으므로 그 명예를 기리기 위하여 이 증서를 드립니다.

년　　월　　일

대 통 령 ○ ○ ○ 인

이 증서를 5·18민주유공자증부에 기재합니다.

국가보훈부장관 ○ ○ ○ 인

415mm×295mm(황화일지 195g/㎡)

■ 고엽제후유의증 등 환자지원 및 단체설립에 관한 법률 시행규칙 [별지 제8호의8서식] <개정 2022. 2. 18.>

고엽제후유(의)증환자 등 확인서

중소기업 취업자 감면대상 장애인에 해당
✓ 인적공제 장애인(증명서)에 해당 안됨

발급번호			
확인대상자 (고엽제후유(의)증환자, 고엽제후유증 2세환자)	대상구분	보훈번호	장애등급
	성명	생년월일	등록일자

본인 확인

용도 및 제출처 (유의사항을 참고하여 작성)	용도	제출처

위 확인대상자는 「고엽제후유의증 등 환자지원 및 단체설립에 관한 법률」 제3조에 따른 적용 대상자임을 확인합니다.

년 월 일

지방보훈청장
보훈지청장 직인
제주특별자치도지사

유의사항

※ 이 확인서는 「고엽제후유의증 등 환자지원 및 단체설립에 관한 법률」 제7조의5 또는 제7조의9에 따른 교육지원 또는 취업지원 용도로는 사용할 수 없습니다.

※ 용도 및 제출처란은 작성을 원하지 않는 경우 작성하지 않을 수 있습니다.

확인

우편번호	주소		전화번호	팩스번호
담당부서명	과장	주무	담당자	전자우편주소

[210mm×297mm[백상지(80g/㎡) 또는 중질지(80g/㎡)]

02

사례 중소기업 근로자 관련 소득세 감면(공통사례)

1. 자료

(1) 성과공유 중소기업(제조업 영위)인 율도(주)에 계속 근무하는 홍길동은 2025년 중 내일채움공제로부터 공제납입금을 수령하였으며, 다음과 같이 감면신청서를 율도(주)에 제출하였다.

■조세특례제한법 시행규칙 [별지 제10호의6서식] <개정 2025. 6. 30.>

중소기업 청년근로자 및 핵심인력 성과보상기금 수령액에 대한 소득세 감면신청서

1. 신청인	① 성명 홍 길 동	② 주민등록번호	951004 - 1234567
	③ 주소 서울특별시 성북구	④ 근로자 유형	[√] 청년(15세~34세) [ ] 그 외

2. 중소기업 청년근로자 및 핵심인력 성과보상기금 가입 기간(5년, 3년)

⑤ 가입일	2020 년 12 월 4 일
⑥ 종료일	2025 년 12 월 4 일

3. 성과보상기금 해지 사유

⑦ 납입 기간(5년·3년) 충족 [√]	⑧ 회사의 폐업·휴업 [ ]	⑨ 법인의 해산 [ ]

4. 중소기업 청년근로자 및 핵심인력 성과보상기금에서 수령한 공제금

⑩ 총 수령 금액	21,470,017 원
- ⑪ 기업이 부담한 기여금(감면대상)	14,400,000 원
- ⑫ 근로자가 납부한 공제납입금(旣 과세)	6,000,000 원
- ⑬ 그 외 금액(이자소득세 과세)	1,070,017 원

「조세특례제한법」 제29조의6제1항 및 같은 법 시행령 제26조의6제5항에 따라 위와 같이 중소기업 청년근로자 및 핵심인력 성과보상기금 수령액에 대한 소득세 감면을 신청합니다.

2025 년 12 월 5 일

신청인 홍 길 동 (서명 또는 인)

원천징수의무자 율도(주) 귀하

(2) 근로자 홍길동에 대한 2025년 연말정산 관련 자료(일부)는 다음과 같다.

구 분		내 용	비 고
근무기간		2025.1.1.~12.31.	
중소기업 취업자 감면신청일		2020.5.1.	2025.5.31. 감면기간 종료
총급여	2025 총급여	55,200,000	• 감면대상 경영성과급 5,000,000 포함 • 감면대상 성과보상기금 수령액 중 기여금 14,400,000 포함
	25.5.31.까지 총급여	17,000,000	
산출세액		4,397,832	

2. 지급명세서 작성

감면이 2건 이상일 경우 감면기간 기재방법에 대한 구체적 안내 없음
→ 근무기간 이내이면 됨

구 분	지급명세서 기재		
	기재란	기재금액 등	why
지급명세서(1쪽)	⑪근무기간	2025.1.1.~2025.12.31.	
	⑫감면기간	2025.1.1.~2025.12.4.	감면기간은 감면신청서 ⑥종료일까지로 기재
	⑯계	55,200,000	해당 근무처 지급 총급여
	⑱-38(T42) 중소기업 핵심인력 성과보상기금 소득세 감면	14,400,000	감면신청서 ⑪의 기여금 기재
	⑱-32(T13) 중소기업 취업 청년 소득세 감면 90%	17,000,000	취업자 감면대상기간 총급여만 기재
지급명세서(2쪽)	㉑총급여	55,200,000	
	㊾산출세액	4,397,832	
	㊿「조세특례제한법」(52 제외)	1,032,534	4,397,832×[⑱-38] / ㉑×90%
	52「조세특례제한법」 제30조	1,218,964	4,397,832×[⑱-32]/㉑×90%

사례의 경우 내일채움공제 계약기간 종료일로 기재함

감면신청서 ⑪의 기여금 포함 확인

감면신청서 수령일의 다음 달 10일까지 원천징수 관할세무서장에게 제출

■ 조세특례제한법 시행규칙 [별지 제11호의2서식] <개정 2025. 6. 30.>

중소기업 취업자 소득세 감면 대상 명세서

업종코드는 추가자료 20(홈택스 자료실) 참조

1. 원천징수의무자	상 호	사업자등록번호
	사업장소재지 (전화번호 :)	주업종코드

감면신청서 2. 취업 시 연령과 동일하게 기재

2. 감면 적용 대상자 명단

성 명	주민등록번호	취업일	취업자 유형	중소기업 취업 시 연령	병역근무기간 (6년을 한도로 함)	병역근무기간 차감 후 연령	감면기간	
							시작일	종료일
							시작일	종료일
							시작일	종료일
							시작일	종료일

감면대상자 인적사항 기재

청년 · 60세 이상인 사람 · 장애인 · 경력단절근로자로 구분기재

감면신청서 시작일(⑧), 종료일(⑨) 기재

「조세특례제한법」 제30조 제3항 및 같은 법 시행령 제27조 제6항에 따라 중소기업 취업자 소득세 감면 대상 명세서를 제출합니다.

년 월 일

원천징수의무자 (서명 또는 인)

세무서장 귀하

작성방법

1. "취업자 유형"은 '청년', '60세 이상 사람', '장애인', '경력단절근로자'로 구분하여 적습니다.
2. "병역근무기간"과 "병역근무기간 차감 후 연령"은 취업자 유형이 '청년'인 경우 적습니다.
3. "감면기간"란에는 「조세특례제한법 시행규칙」 별지 제11호서식 「중소기업 취업자 소득세 감면신청서」의 ⑧ · ⑨란의 시작일과 종료일을 적습니다.
4. "주업종코드"란에는 원천징수의무자의 주업종코드를 기재합니다.(「조세특례제한법 시행령」 제27조제3항 각 호에 따른 사업을 주된 사업으로 영위하는 중소기업으로부터 받은 근로소득만 감면대상입니다.)

210㎜× 297㎜[백상지 80g/㎡ 또는 중질지 80g/㎡]

한걸음 더

1. 중소기업 취업자 감면에 대한 소득세 추징

중소기업 취업자 감면대상이 아닌 근로자가 감면을 받은 경우 다음과 같이 세액을 추징한다.

<table>
<tr><th>구 분</th><th>내 용</th></tr>
<tr><td>퇴직자가
직접 관할세무서에
감면신청한 경우</td><td>해당 근로자의 주소지 관할세무서장이 다음 금액을 해당 근로자에게 소득세로 즉시 부과 · 징수함

과소징수된 금액×105%</td></tr>
<tr><td>근로자가
원천징수의무자에게
감면신청한 경우</td><td>
<table>
<tr><th colspan="2">구 분</th><th>내 용</th></tr>
<tr><td colspan="2">감면 부적격대상자 통지</td><td>해당 근로자가 감면대상 요건에 해당되지 않는 사실이 확인되는 때에는 원천징수의무자에게 그 사실을 통지함(원천징수 관할세무서장 → 원천징수의무자)</td></tr>
<tr><td rowspan="2">부적격통지를
받은
원천징수의무자</td><td>계속근로자
세액 추징</td><td>그 통지를 받은 날 이후 근로소득을 지급하는 때에 다음 세액을 추가 징수함

과소징수된 원천징수세액×105%</td></tr>
<tr><td>퇴직자 통지</td><td>해당 근로자가 퇴직한 경우 중소기업 취업자 소득세 감면 부적격 대상 퇴직자명세서[별지 제11호의 3 서식]에 기재하여 원천징수 관할세무서장에게 제출·통지함(원천징수의무자 → 원천징수 관할세무서장)</td></tr>
<tr><td colspan="2">원천징수 관할세무서장의
추가 원천징수</td><td>해당 근로자의 주소지 관할세무서장이 다음 세액을 해당 퇴직근로자에게 소득세로 즉시 부과·징수함

과소징수된 원천징수세액×105%</td></tr>
</table>
</td></tr>
</table>

2. 중소기업 취업자 감면대상이 아닌 기업의 감면 적용

중소기업 취업자 감면대상 기업이 아닌 기업이 소득세 감면을 적용하였다면 소득세 감면 규정을 적용한 해당 연도에 대하여 원천세 수정신고를 하고 감면을 적용받은 근로자의 지급명세서를 수정제출해야 한다(서면원천-2927, 2024.9.25.).

■ 조세특례제한법 시행규칙 [별지 제11호의3서식] <개정 2015.3.13.>

중소기업 취업자 소득세 감면 부적격 대상 퇴직자 명세서

<table>
<tr><td rowspan="2">1. 원천징수의무자</td><td>상 호</td><td>사업자등록번호</td></tr>
<tr><td colspan="2">사업장 소재지
(전화번호 :)</td></tr>
</table>

2. 감면 적용 부적격 대상 퇴직자 명세

성 명	주민등록번호	입사일	퇴직일	비 고

「조세특례제한법」 제30조 및 같은 법 시행령 제27조제7항에 따라 중소기업 취업자 소득세 감면 부적격 대상자가 같은 법 제30조제4항에 따른 통지일 이전에 퇴직하였음을 같은 법 제30조제5항 단서에 따라 통지합니다.

년 월 일

원천징수의무자 (서명 또는 인)

세무서장 귀하

첨부서류	퇴직소득 지급명세서 1부	수수료 없 음

210㎜× 297㎜[백상지 80g/㎡ 또는 중질지 80g/㎡]

7. 성과공유 중소기업 근로자의 경영성과급에 대한 소득세 감면(조특법 §19, 조특령 §17)

(1) 성과공유 중소기업 근로자의 경영성과급에 대한 소득세 감면 개요

구 분		성과공유 중소기업 근로자의 경영성과급에 대한 소득세 감면
감면대상·소득·기한		성과공유 중소기업의 근로자(해당 과세기간 총급여 7,000만원 이하)가 해당 중소기업으로부터 경영성과급을 2019.1.1.부터 2027.12.31.까지 받는 경우 그 경영성과급 개정 ※ 근로자: 임원 제외
감면신청	근로자 → 원천징수의무자	구 분 / 내 용 제출서류: 성과공유 중소기업 경영성과급 소득세 감면신청서[별지 제8호의 4 서식] 제출기한: 경영성과급을 지급받은 날이 속하는 달의 다음 달 말일까지 ※ 실무적으로는 연말정산 시까지 제출하면 됨
	원천징수의무자 → 관할세무서	구 분 / 내 용 제출서류: 성과공유 중소기업 경영성과급 소득세 감면대상명세서[별지 제8호의 5 서식] 제출기한: 신청서 수령일이 속하는 달의 다음 달 말일까지 ※ 원천징수의무자가 소득세 감면대상 명세서를 기한 후 제출하는 경우에도 소득세 감면을 적용받을 수 있음(서면원천-509, 2025.3.25.)
감면세액		(산출세액 - 중소기업 취업자 감면세액) × 경영성과급 / 해당 과세기간 총급여액 × 50%
지급명세서 작성·제출		구 분 / 지급명세서 기재란 / 기재내용 감면기간: (1쪽) ⑫감면기간 / 감면대상 경영성과급을 수령하는 과세기간의 근무기간 감면소득: (1쪽) ⑱-33(T30) / 감면대상 경영성과급 감면세액: (2쪽) 51「조세특례제한법」(52 제외) / 산출된 감면세액

- 해당 과세기간 총급여액: 조세특례제한법 제29조의 6 제1항에 따른 "기여금"이 포함됨(사전법규소득-13, 2024.5.30.)
- (2쪽) 51「조세특례제한법」: 내국인 우수인력 국내복귀 근로소득·중소기업 핵심인력 성과보상기금 수령액·외국인 기술자에 대한 소득세 감면세액과 합산 기재
- 중소기업 취업자 감면세액: 중소기업 취업자 소득세 감면을 적용받는 경우 해당 감면세액을 차감함
  - ✔ 중소기업 취업자 감면이 우선 적용(계산)되어야 함
  - ✔ 중소기업 취업자 감면을 적용받지 않는 경우 영(0)으로 적용함
  - ✔ 중소기업 취업자 감면과 중복 적용 배제된다는 의미임
  - ✔ 중소기업 취업자 감면소득에 감면대상 경영성과급의 포함 여부와 무관함

(2) 성과공유 중소기업 근로자의 경영성과급에 대한 소득세 감면 요건 검토

<table>
<tr><th>구 분</th><th>내 용</th></tr>
<tr><td>성과공유
중소기업</td><td>중소기업 인력지원 특별법 제27조의 2 제1항에 따른 중소기업

중소벤처기업부장관이 발급하는 성과공유기업 확인서가 있는 중소기업 기본법 제2조 제1항에 따른 중소기업을 말함. 따라서, 매출액 증가로 조세특례제한법 상 중견기업에 해당하더라도 중소기업기본법 상 중소기업에 해당되면 공제대상 중소기업에 해당함(기준법령법인-90, 2021.10.15.)</td></tr>
<tr><td>감면대상자
(핵심인력)</td><td>성과공유 중소기업 근로자로서 경영성과급을 받는 사람. 다만, 다음에 해당하는 사람은 제외함

1. 해당 과세기간 총급여 7,000만원 초과인 사람
2. 해당 기업의 최대주주 또는 최대출자자(개인사업자의 경우에는 대표자)와 그 배우자(사실상의 혼인관계에 있는 자 포함)
3. '2.'에 해당하는 자와 친족관계에 있는 사람
4. 임원(법령 §40 ①)</td></tr>
<tr><td>경영성과급</td><td>
<table>
<tr><th>구 분</th><th>내 용</th></tr>
<tr><td>의 미</td><td>중소기업과 근로자가 경영목표 설정 및 그 목표 달성에 따른 성과급 지급에 관한 사항을 사전에 서면으로 약정하고 이에 따라 근로자에게 지급하는 성과급(우리사주조합을 통하여 성과급으로서 근로자에게 지급하는 우리사주 포함)일 것(중소기업 인력지원 특별법 시행령 §26의 2 ① 1호)</td></tr>
<tr><td>수입
시기</td><td>
<table>
<tr><th>성과급 결정방법</th><th>성과급 귀속시기</th></tr>
<tr><td>매출액·영업이익률 등
계량적 요소를 평가</td><td>계량적 요소가 확정되는 날</td></tr>
<tr><td>영업실적과 인사고과에 따른
비계량적 요소를 포함하여 평가</td><td>개인별 지급액이 확정되는 연도</td></tr>
</table>
</td></tr>
</table>
</td></tr>
</table>

중소기업 인력지원 특별법 제27조의 2 제1항에 따른 중소기업이 2020과세연도에 조세특례제한법 시행령 제17조에서 규정하는 요건을 갖추어 경영성과급 지급약정을 체결하고 그 약정에 따라 중소기업에 해당하는 2020과세연도에 대한 경영성과급을 2021과세연도에 지급하는 경우로서 지급하는 과세연도에 규모의 확대 등으로 중소기업에 해당하지 않게 되었더라도 조세특례제한법 제19조가 적용 가능함(사전법령법인-831, 2021.10.19.)

발급번호: 제2021

성과공유기업 확인서

사업자번호(법인번호) ○○○○○○

기 업 명 ○○○

대표자명 ○○○

유효기간 2021년 ~ 2022년

위 기업은 「중소기업인력지원 특별」 제27조의2에 따른 '성과공유기업'임을 확인하며 같은 법 시행령 제26조의2에 따라 성과 공유기업 확인서를 발급합니다.

〈 성과공유 유형 〉

성과공유 유형	성과공유도입기업	미래성과공유기업
① 성과급 지급		○
② 성과보상공제사업의 가입		○
③ 임금수준의 상승		○
④ 우리사주제도 운영		
⑤ 사내(공동)근로복지기금 운영		
⑥ 주식매수선택권제도 부여		○
⑦ 기타유형 *		

* ⑦ 기타유형: 인재육성중소기업, 직무발명보상우수기업, 인적자원개발우수기업, 가족친화인증기업, 노사문화우수기업, 청년친화강소기업

2021년

중소벤처기업부장관 직인

거짓 또는 부정한 방법으로 본 확인서를 발급받은 경우 「중소기업 인력지원 특별법」 제27조의2제3항에 따라 정부지원을 취소하고 지원 금액의 반환을 요구할 수 있습니다.

(3) 성과공유 중소기업 근로자의 경영성과급에 대한 소득세 감면 제출서류 검토 및 지급명세서 작성

■조세특례제한법 시행규칙 [별지 제8호의4서식] <신설 2019. 3. 20.>

성과공유 중소기업 경영성과급 소득세 감면 신청서

신청자 본인

1. 신청인	① 성 명	② 주민등록번호
	③ 주 소	

2. 감면 요건

적용 요건	여	부
④ 총급여액 7천만원 이하	V	
⑤ 최대주주 및 특수관계인		V

3. 감면대상 성과급

⑥ 지급확정일	년 월 일
⑦ 지 급 금 액	원

「조세특례제한법」 제19조 제2항 및 같은 법 시행령 제17조 제9항에 따라 위와 같이 성과공유 중소기업 경영성과급 수령액에 대한 소득세 감면을 신청합니다.

감면대상 경영성과급 기재

년 월 일

신청인 (서명 또는 인)

원천징수의무자 귀하

유 의 사 항

1. 공제신청서를 사실과 다르게 신청하는 경우에는 부당하게 감면받은 세액에 가산세를 가산하여 추징하게 됩니다.
2. 감면을 신청한 경우 수령한 경영성과급에 대한 소득세의 50%를 감면받을 수 있습니다.
3. 지급확정일은 계량적 요소에 따라 성과급을 지급하는 경우는 계량적 요소가 확정된 날을 말하며, 계량적 · 비계량적 요소로 평가하여 그 결과에 따라 지급하는 경우 개인별 지급액이 확정되는 날을 말합니다.
4. "⑤ 최대주주 및 특수관계인"이란 해당 기업의 최대주주 또는 최대출자자(개인사업자의 경우 대표자)와 그 배우자 및 그 직계존속, 친족관계에 있는 사람을 의미합니다.

210㎜× 297㎜[백상지 80g/㎡ 또는 중질지 80g/㎡]

총급여 7,000만원 이하 "여", 최대주주 및 특수관계인 "부"로 표시되어야 감면적용 가능

성과급 결정방법	성과급 귀속시기
매출액 · 영업이익률 등 계량적 요소를 평가	계량적 요소가 확정되는 날
영업실적과 인사고과에 따른 비계량적 요소를 포함하여 평가	개인별 지급액이 확정되는 날

사례 중소기업 근로자 관련 소득세 감면(공통사례)

1. 자료

(1) 성과공유 중소기업(제조업 영위)인 율도(주)에 계속 근무하는 홍길동은 2025년 중 내일채움공제로부터 공제납입금을 수령하였으며, 다음과 같이 감면신청서를 율도(주)에 제출하였다.

■조세특례제한법 시행규칙 [별지 제10호의6서식] <개정 2025. 6. 30.>

중소기업 청년근로자 및 핵심인력 성과보상기금 수령액에 대한 소득세 감면신청서

1. 신청인	① 성명 홍 길 동	② 주민등록번호	951004 - 1234567
	③ 주소 서울특별시 성북구	④ 근로자 유형	[√] 청년(15세~34세) [ ] 그 외

2. 중소기업 청년근로자 및 핵심인력 성과보상기금 가입 기간(5년, 3년)	
⑤ 가입일	2020 년 12 월 4 일
⑥ 종료일	2025 년 12 월 4 일

3. 성과보상기금 해지 사유		
⑦ 납입 기간(5년·3년) 충족 [√]	⑧ 회사의 폐업·휴업 [ ]	⑨ 법인의 해산 [ ]

4. 중소기업 청년근로자 및 핵심인력 성과보상기금에서 수령한 공제금	
⑩ 총 수령 금액	21,470,017 원
- ⑪ 기업이 부담한 기여금(감면대상)	14,400,000 원
- ⑫ 근로자가 납부한 공제납입금(旣 과세)	6,000,000 원
- ⑬ 그 외 금액(이자소득세 과세)	1,070,017 원

「조세특례제한법」 제29조의6제1항 및 같은 법 시행령 제26조의6제5항에 따라 위와 같이 중소기업 청년근로자 및 핵심인력 성과보상기금 수령액에 대한 소득세 감면을 신청합니다.

2025 년 12 월 5 일

신청인 홍 길 동 (서명 또는 인)

원천징수의무자 율도(주) 귀하

(2) 근로자 홍길동에 대한 2025년 연말정산 관련 자료(일부)는 다음과 같다.

구 분		내 용	비 고
근무기간		2025.1.1.～12.31.	
중소기업 취업자 감면신청일		2020.5.1.	25.5.31. 감면기간 종료
총급여	2025 총급여	55,200,000	• 감면대상 경영성과급 5,000,000 포함 • 감면대상 성과보상기금 수령액 중 기여금 14,400,000 포함
	25.5.31.까지 총급여	17,000,000	
산출세액		4,397,832	

2. 지급명세서 작성

구 분	지급명세서 기재		
	기재란	기재금액 등	why
지급명세서(1쪽)	⑪근무기간	2025.1.1. ～2025.12.31.	사례의 경우 내일채움공제 계약기간 종료일로 기재함
	⑫감면기간	2025.1.1. ～2025.12.4.	감면기간은 감면신청서 ⑥종료일까지로 기재
	⑯계	55,200,000	해당 근무처 지급 총급여
	⑱－38(T42) 중소기업 핵심인력 성과보상기금 소득세 감면	14,400,000	감면신청서 ⑪의 기여금 기재
	⑱－32(T13) 중소기업 취업 청년 소득세 감면 90%	17,000,000	취업자 감면대상기간 총급여만 기재
	⑱－33(T30) 성과공유 중소기업 경영성과급	5,000,000	감면대상 경영성과급 기재
	⑳－1 감면소득계	36,400,000	감면소득 합계 기재
지급명세서(2쪽)	㉑총급여	55,200,000	
	㊾산출세액	4,397,832	
	㊿「조세특례제한법」(㊿ 제외)	1,176,504	4,397,832×[⑱－38] / ㉑×90% ＋(4,397,832－1,218,964) ×[⑱－33] / ㉑×50% ＝1,032,534＋143,970
	52「조세특례제한법」 제30조	1,218,964	4,397,832×[⑱－32] / ㉑×90%
	54세액감면계	2,395,468	감면세액 합계 기재

감면이 2건 이상일 경우 감면기간 기재방법에 대한 구체적 안내 없음
→ 근무기간 이내이면 됨

감면신청서 ⑪의 기여금 기재 포함 확인

신청서 수령일의 다음 달 말일까지 원천징수 관할세무서장에게 제출

■ 조세특례제한법 시행규칙 [별지 제8호의5서식] <신설 2019. 3. 20.>

성과공유 중소기업 경영성과급 소득세 감면 대상 명세서

1. 원천징수의무자	상 호	사업자등록번호
	사업장소재지 (전화번호 :)	

2. 감면 적용 대상자 명단

성 명	주민 등록번호	경영성과급 서면약정여부	총급여액 7천만원 이하 여부	최대주주, 특수관계인 해당 여부	경영성과급 금액
		(여), 부	(여), 부	여, (부)	
		여, 부	여, 부	여, 부	
		여, 부	여, 부	여, 부	
		여, 부	여, 부	여, 부	

감면대상자 인적사항 기재

"여, 여, 부"로 표시된 경우에만 감면대상임

감면대상 경영성과급 기재

「조세특례제한법」 제19조 제2항 및 같은 법 시행령 제17조 제10항에 따라 성과공유 중소기업 경영성과급 수령액에 대한 소득세 감면 대상 명세서를 제출합니다.

년 월 일

원천징수의무자 (서명 또는 인)

세무서장 귀하

작성방법

1. "성과공유 중소기업"이란 「중소기업 인력지원 특별법」 제27조의2 제1항에 따른 성과공유 중소기업을 말합니다.
2. "최대주주 및 특수관계인"이란 해당 기업의 최대주주 또는 최대출자자(개인사업자의 경우 대표자)와 그 배우자 및 그 직계존속, 친족관계에 있는 사람을 의미합니다.

210㎜× 297㎜[백상지 80g/㎡ 또는 중질지 80g/㎡]

8. 내국인 우수 인력의 국내복귀에 대한 소득세 감면(조특법 §18의 3, 조특령 §16의 3, 조특칙 §10)

(1) 내국인 우수 인력의 국내복귀에 대한 소득세 감면 개요

구 분		내국인 우수 인력의 국내복귀에 대한 소득세 감면
감면대상·소득		학위 취득 후 국외에서 5년 이상 거주하면서 연구개발 및 기술개발 경험을 가진 법 소정 내국인 우수인력이 국내에 거주하면서 법 소정 연구기관 등에 취업하여 받는 근로소득 (학위 취득 후: 박사학위 취득 후를 말함(서면법규소득-4520, 2023.9.26.)) (취업: 2020.1.1.부터 2025.12.31.까지 취업하는 경우에 한함)
감면 신청	제출서류	• 내국인 우수인력의 국내복귀에 대한 소득세 감면 신청서[별지 제7호의 2 서식] • 다음의 첨부서류 ✔ 박사학위증명서 ✔ 재외국민등록부등본(해외거주사실증명서) (국외에서 5년 이상 거주하였음을 증명해야 함) ✔ 국외연구기관등에서 5년 이상 연구개발·기술개발 경험이 있음을 입증하는 증명서 다음 내용이 포함된 증명서를 말함 • 감면신청자 이름 • 국외연구기관등의 명칭 및 주소 • 국외연구기관등에서 근무한 기간, 근무부서, 연구분야 및 해당 부서 책임자의 확인 ✔ 기업부설연구소 인정서·연구개발전담부서 인정서 및 그 밖에 조세특례제한법 시행령 제16조의 3 제2항 각 호의 기관 또는 부서에서 근무하고 있음을 증명하는 서류 개정
	제출방법·기한	근로를 제공한 날이 속하는 달의 다음 달 10일까지 원천징수의무자를 거쳐 원천징수 관할세무서장에게 제출(근로자 → 원천징수의무자 → 관할세무서)
감면기간		취업일부터 10년이 되는 날이 속하는 달의 말일까지 (10년: 2023.1.1. 당시 취업일부터 5년이 지나지 않은 내국인 우수인력에 대해서도 적용(조특법 부칙 §1·§11, 2022.12.31.)) ✔ 취업일 → 감면대상 연구기관등에 취업하여 소득세 감면을 신청한 경우 해당 연구기관등에 최초로 취업한 날짜 ✔ 다른 연구기관등에 취업하는 경우에도 소득세 감면이 적용된 최초 취업일로부터 감면기간 적용
감면세액·감면율		$\text{산출세액} \times \dfrac{\text{감면대상기간 총급여액}}{\text{해당 과세기간 총급여액}} \times 50\%$
지급명세서 작성·제출		(아래 표 참조)

지급명세서 작성·제출:

구 분	지급명세서 기재란	기재내용
감면기간	(1쪽) ⑫ 감면기간	해당 과세기간 중 해당 근무처에서 근무한 기간 중 감면기간 해당 기간
감면소득	(1쪽) ⑱-35(T50)	감면기간 중 지급한 총급여액
감면세액	(2쪽) 51 「조세특례제한법」(52 제외)	산출된 감면세액

(「조세특례제한법」(52 제외): 성과공유 중소기업 경영성과급·중소기업 핵심인력 성과보상기금 수령액·외국인기술자에 대한 소득세 감면세액과 합산 기재)

(2) 내국인 우수 인력의 국내복귀에 대한 소득세 감면 요건 검토

<table>
<tr><th>구 분</th><th colspan="2">내 용</th></tr>
<tr><td>대상 연구기관등</td><td colspan="2">다음 어느 하나에 해당하는 기관 또는 부서
(기업부설연구소 인정서 또는 연구개발전담부서 인정서가 있을 것
✔ 과학기술정보통신부 장관의 인정을 받은 것을 말함)
1. 기업부설연구소·연구개발전담부서(기초연구진흥 및 기술개발지원에 관한 법률 §14의 2 ①)
2. 정부출연연구기관(정부출연연구기관 등의 설립·운영 및 육성에 관한 법률 §2) 및 과학기술분야 정부출연연구기관과 그 부설 연구기관(과학기술분야 정부출연연구기관 등의 설립·운영 및 육성에 관한 법률 §2)
3. 특정연구기관 및 그 부설 연구기관(특정연구기관 육성법 §2)
4. 대학, 산업대학, 전문대학 또는 기술대학 및 그 부설연구기관(고등교육법 §2)
5. 한국해양과학기술원(한국해양과학기술원법)
6. 국방과학연구소(국방과학연구소)
7. 전문생산기술연구소(산업기술혁신 촉진법 §42)
8. 산업기술연구조합(산업기술연구조합 육성법)</td></tr>
<tr><td rowspan="8">감면대상자
(국내복귀
우수인력)</td><td colspan="2">연구개발 및 기술개발 경험을 가진 사람으로서 다음에 해당하는 사람</td></tr>
<tr><td>구 분</td><td>요 건</td></tr>
<tr><td>국 적</td><td>해당 과세기간 종료일 현재 내국인일 것
(대한민국 국적을 가진 사람을 말함
✔ 다른 나라 국적을 가진 경우도 가능)</td></tr>
<tr><td>학 위</td><td>자연계·이공계·의학계 분야의 박사학위를 소지한 사람일 것
(조세특례제한법 시행규칙 [별표 1의 2]에 예시되어 있음)</td></tr>
<tr><td>해외거주</td><td>대상 연구기관등에 취업한 날 또는 소득세를 최초로 감면받는 날이 속하는 과세기간의 직전 5개 과세기간 동안 국외에서 거주했을 것
✔ 1개 과세기간에 183일 이상 국외에서 체류한 경우 해당 과세기간에는 국외에서 거주한 것으로 봄</td></tr>
<tr><td>국내거주</td><td>국내에서 거주할 것(국내로 복귀)</td></tr>
<tr><td>해외경험
(업무)</td><td>외국의 대학(그 부설연구소 포함), 국책연구기관 및 기업부설연구소에서 연구원으로 근무하여 5년 이상 연구개발 및 기술개발 경험이 있을 것
(행정사무만을 담당하는 사람은 제외
✔ 행정사무를 겸업하는 것은 가능)
✔ 연구원으로 근무한 기간을 합산하여 5년 판단
✔ 휴직 등으로 실제 연구원으로 근무하지 않은 기간은 제외</td></tr>
<tr><td>국내업무</td><td>대상 연구기관등에서 연구원으로 근무할 것
(행정사무만을 담당하는 사람은 제외
✔ 행정사무를 겸업하는 것은 가능)</td></tr>
<tr><td></td><td>특수관계</td><td>근로를 제공하는 기업과 친족관계 또는 경영지배관계에 있지 않을 것
(국세기본법 시행령 제1조의 2 제4항 제1호 나목의 요건(임원 임면권 행사 등 사실상 영향력 요건)은 적용하지 않음)</td></tr>
</table>

[별표 1의 2] (2021.3.16. 개정)

소득세 감면 대상 학문분야 예시(조세특례제한법 시행규칙 제9조 및 제10조 관련)

구 분	학문분야	세부분야
1. 자연과학단	가. 수학	대수학·이산수학·정보수학, 위상수학·기하학, 응용수학, 응용통계, 해석학, 확률·이론통계
	나. 물리학	광학·원자물리·분자물리, 응집물질물리1(유전체·강상관계), 응집물질물리2(반도체·자성체), 응집물질물리3(나노·초전도체), 입자·장물리·천체물리, 통계물리·복합물리, 핵물리·플라즈마
	다. 화학	무기화학, 유기화학·생화학, 물리화학, 분석화학, 나노화학, 고분자화학, 전기화학·광화학·융합화학
	라. 지구과학	지구·지질과학, 대기과학, 해양·극지과학, 천문·우주과학
2. 생명과학단	가. 분자생명	분자생물학, 신경생물학, 발생생물학, 구조생물 및 생물물리학, 유전자발현, 감염생물학, 노화·암생물학, 면역학
	나. 기초생명	세포생물학, 유전학, 생화학, 생리학, 식물학, 미생물학, 분류·생태·환경생물학
	다. 기반생명	생물공학, 식량작물 및 원예작물, 응용생물화학, 농림생태환경, 동물자원학, 수의학, 수산학, 식품학, 영양학
3. 공학단	가. 기계	설계생산, 열공학, 유체공학, 응용역학, 자동화계측, 기계가공
	나. 건설·교통	건축계획 및 설계, 건축시공재료, 건축설비환경, 건축구조, 토목구조·시공·재료공학, 지반공학, 수공학, 교통·측량
	다. 재료	금속재료, 반도체·전자재료, 세라믹재료, 나노·융복합 소재
	라. 화공	화학공정, 화공재료공정, 생물공정, 섬유공학, 고분자공학
4. 정보통신 기술(ICT)·융합연구단	가. 전기·전자	전력기술·기기, 계측·제어, 집적회로, 반도체소자, 광소자, 신호처리
	나. 통신	전자기·통신부품, 통신(원천), 통신(응용), 컴퓨터네트워크
	다. 컴퓨터·소프트웨어	정보보안, 컴퓨터시스템·처리, 소프트웨어, 인공지능, 영상·그래픽스, 데이터베이스·정보처리
	라. 정보기술융합	정보·콘텐츠융합, 시스템융합, 최적화 및 데이터융합
	마. 바이오·의료융합	기기, 센싱 및 나노바이오물질, 재료, 뇌인지과학
	바. 에너지·환경융합	폐기물 및 자원재활용, 수질 및 대기질관리, 차세대에너지
	사. 산업기술융합	산업공학, 지속가능과학, 융합문제해결기술, 감성공학, 생활과학
5. 의약학단	가. 기초의학	분자세포의학, 감염의학, 면역의학, 인체시스템의학, 약리의학, 재생의학, 종양의학, 신경의학, 유전 및 유전체의학
	나. 응용의학	정신의학, 소화기의학, 대사·내분비의학, 심혈관·혈액·신장·호흡기의학, 병리·진단의학, 방사선의학, 외상 및 응급중증의학, 근골격계 및 재활의학, 생식발달의학, 안과학, 이비인후과학, 피부과학, 예방 및 직업환경의학
	다. 치의학	두개안면 생물학, 두개안면 형태·병태·재생학, 예방보건·재료·응용기초
	라. 한의학	기초한의학, 응용한의학
	마. 간호학	기초간호 및 임상간호중재, 건강관리 및 예방간호중재
	바. 약학	기초생명약학, 응용생명약학, 약품화학 및 천연물, 물리약학 및 약제학

(3) 내국인 우수 인력의 국내복귀에 대한 소득세 감면 제출서류 검토 및 지급명세서 작성

[별지 제7호의 2 서식] (2025.3.21. 신설)

근로를 제공한 날이 속하는 달의 다음 달 10일까지 원천징수의무자를 거쳐 원천징수 관할세무서장에게 제출(근로자 → 원천징수의무자 → 관할세무서)

신청자 본인

내국인 우수 인력의 국내복귀에 대한 소득세 감면신청서

※ [ ]에는 해당되는 곳에 √표를 합니다.

1. 소득자	① 성 명	② 주민등록번호
	③ 주 소 (전화번호:)	
2. 국외 거주기간	④ 국외거주시작일 또는 시작 과세기간	⑤ 국외거주종료일 또는 종료 과세기간
3. 원천징수 의무자	⑥ 업 태	⑦ 업 태(종목)
	⑧ 소재지	⑨ 사업자등록번호
	⑩ 감면기간 시작일 : 년 월 일 종료일 : 년 월 일 (시작일로부터 10년이 되는 날이 속하는 달까지 감면 가능)	
	⑪ 연구기관 유형 [ ]「조세특례제한법 ... [ ]「조세특례제한법 ... [ ]「조세특례제한법 시행령」 제16조의3 제2항 제3호 [ ]「조세특례제한법 시행령」 제16조의3 제2항 제4호 [ ]「조세특례제한법 시행령」 제16조의3 제2항 제5호 [ ]「조세특례제한법 시행령」 제16조의3 제2항 제6호 [ ]「조세특례제한법 시행령」 제16조의3 제2항 제7호 [ ]「조세특례제한법 시행령」 제16조의3 제2항 제8호	

- 재외국민등록부등본(해외거주사실증명서)과 대조 확인
- 해당 기간이 적어도 5년 이상이어야 감면 가능

- 시작일 : 감면대상 연구기관등에 취업하여 감면을 적용받은 경우로서 대상 연구기관등에 최초로 취업한 날짜
- 종료일 : 시작일로부터 10년이 되는 날이 속하는 달의 말일

「조세특례제한법 제한법」 제18조의3 및 같은법 시행령 제16조의3 제3항에 따라 위와 같이 내국인 우수 인력의 국내복귀에 대한 소득세 감면을 신청합니다.

대상 연구기관 등(p.533 참조)의 번호와 동일하게 기재

년 월 일

신 청 인 (서명 또는 인)

세무서장 귀하

첨부서류	1. 박사학위증명서 2. 국외에서 5년이상 거주하였음을 증명할 수 있는 서류(예시 : 해외거주사실증명서, 재외국민등록부 등) 3. 국외의 대학 및 연구기관 등에서 5년 이상 연구개발 및 기술개발 경험이 있음을 증명할 수 있는 서류 4. 「기초연구진흥 및 기술개발지원에 관한 법률 시행규칙」 별지 제5호서식의 기업부설연구소 인정서, 같은 규칙 별지 제7호서식의 연구개발전담부서 인정서 및 그 밖에 영 제16조의3제2항 각 호의 기관 또는 부서에서 근무하고 있음을 증명하는 서류	수수료 없 음

작성방법

1. 내국인 우수 인력의 국내복귀에 대한 소득세 감면 신청은 취업한 날 또는 최초 감면받은 날이 속하는 과세기간의 직전 5개과세기간동안 국외에서 거주하여야 합니다.
2. "연구기관 유형"은 소득자가 국내에 취업한 연구기관 등이 해당하는 항목을 표시합니다.
3. "감면기간"란에는 소득세 감면을 받은 최초 취업일을 시작일로 기재하고 시작일로부터 5년이 되는 날이 속하는 달의 말일을 종료일로 기재합니다.

210mm× 297mm[백상지 80g/㎡]

증명번호

재외국민등록부등본

1. 성　명	(한글)	
	(영문)	
2. 생년월일		3. 성별
4. 주민등록번호		
5. 대한민국내 등록기준지 (등록기준지가 있는 경우)		
6. 병역관계		
7. 체류국내 주소 또는 거소		
8. 체류목적 및 자격	거주	영주자
9. 최초입국일 (귀국예정일이 있는 경우 함께 기재)	최초입국일 :	(귀국예정일 :　　)
10. 여권번호 및 그 밖의 사항		
11. 등록공관 및 등록일자	주미국대한민국 대사관	

위의 내용이 재외국민등록부와 동일한 내용임을 확인합니다.

외 교 부 장 관 (주미국대한민국 대사관의 장)

EMBASSY OF THE REPUBLIC OF KOREA WASHINGTON D.C.(2) 대한민국대사관

Republic of Korea 영수필증 US$0.50 재외공관 영사수입금

[문서번호:] [발급일자: 2019년 10월 10일]

제 2019 호

기업부설연구소 인정서

1. 연 구 소 명: (주)○○○○○ 기업부설연구소
   [소속기업명: (주)○○○○○]

2. 소 재 지: 경기도 수원시

3. 신고 연월일: 2019년 09월 24일

※ 유효기간: 2022년 1월 1일(소기업 인정요건 창업일로부터 3년까지)

과학기술정보통신부

「기초연구진흥 및 기술개발지원에 관한 법률」 제14조의 2제1항 및 같은 법 시행령 제27조제1항에 따라 위와 같이 기업부설연구소로 인정합니다.

2019년 10월 10일

한국산업기술진흥협회장

※ 한국산업기술진흥협회에서 발급되었으며 "https://www.rnd.or.kr"에서 "문서번호"를 입력하면 원본대조 및 유효성을 검증할 수 있습니다.

[문서번호] [발급일자: 2019년 02월 26일]

제 2019 호

연구개발전담부서 인정서

1. 전담부서명: 연구개발전담부서

   [소속기업명: (주)○○○○○]

2. 소 재 지: 서울특별시 영등포구

3. 신고 연월일: 2019년 02월 19일

과학기술정보통신부

「기초연구진흥 및 기술개발지원에 관한 법률」 제14조의 2제1항 및 같은 법 시행령 제27조제1항에 따라 위와 같이 기업의 연구개발전담부서로 인정합니다.

2019년 2월 25일

한국산업기술진흥협회장

※ 한국산업기술진흥협회에서 발급되었으며 "http://WWW.RND.OR.KR"에서 "문서번호"를 입력하여 원본대조 및 유효성을 검증할 수 있습니다.

사례 내국인 우수 인력의 국내복귀에 대한 소득세 감면

1. 자료

(주)○○소프트에 근무하는 소득세 감면대상 홍길동의 2025년 근로소득 관련 내역은 다음과 같다. 다른 자료는 없다고 가정한다.

입사일	근로계약기간	2025년 총급여	2025년 산출세액
2025.7.1.	2025.7.1.~2028.6.31.	100,000,000	13,882,836

2. 지급명세서 작성

감면기간은 실지 감면기간을 기재하는 것이 아니라, 해당 과세기간 중 근로기간 중 감면기간을 기재함

구 분	지급명세서 기재	
	기재란	기재금액 등
지급명세서 (1쪽)	⑪ 근무기간	2025.7.1.~2025.12.31.
	⑫ 감면기간	2025.7.1.~2025.12.31.
	⑯ 계	100,000,000
	⑱ - 35(T50)	100,000,000
	⑳ - 1	100,000,000
지급명세서 (2쪽)	㉑ 총급여	100,000,000
	㊾ 산출세액	13,882,836
	㉛「조세특례제한법」(㊾ 제외)	6,941,418
	㉞ 세액감면 계	6,941,418

산출세액의 50%가 감면됨

9. 조세조약의 교직자 조항에 따른 소득세 감면

(1) 조세조약의 교직자 조항에 따른 소득세 감면 개요

교육법에서 규정한 각종 학교를 말함 (서이-1775, 2005.11.4.)

외국교수 등 특정인의 사적이익을 위한 경우 제외

<table>
<tr><th colspan="2">구 분</th><th>조세조약의 교직자 조항에 따른 소득세 감면</th></tr>
<tr><td colspan="2">감면대상자·소득</td><td>조세조약에 따라 대학 등의 인가된 교육기관 등에 교직자가 초청되어 강의나 연구활동 등의 용역을 제공하고 받는 보수</td></tr>
<tr><td rowspan="2">감면 신청</td><td>근로자
→
원천징수 의무자</td><td>
<table>
<tr><th>구 분</th><th>내 용</th></tr>
<tr><td>제출서류</td><td>• 근로소득에 대하여 조세조약에 따른 소득세 비과세·면제 신청서 [별지 제29호의 2 서식](감면대상자가 3부 작성)
• 거주자증명서(거주지국 발급)[필수] — 입국 당시 거주지국 거주자임을 반드시 증명해야 함 (서면국세제원-3142, 2021.7.14.)</td></tr>
<tr><td>제출기한</td><td>규정 없음 — 연말정산 시 제출받으면 됨</td></tr>
<tr><td>필수 여부</td><td>감면신청 필수
✔ 신청서 등을 제출하지 않으면 감면 적용 배제</td></tr>
</table>
</td></tr>
<tr><td>원천징수 의무자
→
관할세무서</td><td>
<table>
<tr><th>구 분</th><th>내 용</th></tr>
<tr><td>제출서류</td><td>근로소득에 대하여 조세조약에 따른 소득세 비과세·면제 신청서 [별지 제29호의 2 서식](근로자 작성 3부 중 2부 제출)</td></tr>
<tr><td>제출기한</td><td>근로대가를 지급하는 날이 속하는 달의 다음 달 9일까지 — 해당 신청서는 제출 후 기재사항에 변동이 생긴 경우 및 신청서를 제출한 날부터 3년이 지난 경우에는 다시 작성하여 제출해야 함</td></tr>
</table>
</td></tr>
<tr><td colspan="2">감면기간</td><td>조세조약에서 규정하는 감면기간을 초과하지 않는 기간</td></tr>
<tr><td colspan="2">감면세액</td><td>$\text{산출세액} \times \frac{\text{감면대상 근로소득금액}}{\text{종합소득금액}} \times 100\%$</td></tr>
<tr><td colspan="2">지급명세서 작성·제출</td><td>
<table>
<tr><th>구 분</th><th>지급명세서 기재란</th><th>기재내용</th></tr>
<tr><td>감면기간</td><td>(1쪽) ⑫감면기간</td><td>감면대상 교직자 보수를 수령하는 과세기간의 근무기간</td></tr>
<tr><td>감면소득</td><td>(1쪽) ⑱-28(T20)</td><td>감면대상 교직자 보수</td></tr>
<tr><td>감면세액</td><td>(2쪽) ⑸ 조세조약</td><td>산출된 감면세액</td></tr>
</table>
</td></tr>
</table>

실무 Tip

교직자 보수에 대한 세무처리는 다음과 같다. 조세조약에 따른 구체적인 면세요건은 조세조약 체결국마다 다르므로, 실제 적용 시 조세조약을 검토하여 면제 여부를 확인하기 바란다.

<table>
<tr><th>구 분</th><th>내 용</th></tr>
<tr><td>외국인 교직자 세무처리</td><td>
<table>
<tr><th colspan="2">구 분</th><th>내 용</th></tr>
<tr><td>조제조약이 체결되어 있는 경우</td><td>면제조항 있고 면제요건 충족</td><td>조세조약에 따라 소득세 면제</td></tr>
</table>
</td></tr>
</table>

독립적 인적용역의 경우 과세함을 원칙으로 함

<table>
<tr><th colspan="2">구 분</th><th>내 용</th></tr>
<tr><td colspan="2">외국인 교직자 세무처리</td><td>
<table>
<tr><th colspan="2">구 분</th><th colspan="3">내 용</th></tr>
<tr><td rowspan="3">조세조약이 체결되어 있는 경우</td><td rowspan="3">면제조항 없거나 면제요건 불충족</td><th colspan="2">구 분</th><th>조세조약 적용</th></tr>
<tr><td colspan="2">독립적인 자격으로 용역수행</td><td>독립적 인적용역</td></tr>
<tr><td colspan="2">이 외</td><td>종속적 인적용역</td></tr>
<tr><td colspan="2" rowspan="5">조세조약이 체결되어 있지 않은 경우</td><th colspan="2">구 분</th><th>국내세법 적용</th></tr>
<tr><td rowspan="2">거주자인 경우</td><td>독립적 용역제공</td><td>사업소득·기타소득 과세</td></tr>
<tr><td>종속적 용역제공</td><td>근로소득 과세</td></tr>
<tr><td rowspan="2">비거주자인 경우</td><td>독립적 용역제공</td><td>국내원천 인적용역소득 과세</td></tr>
<tr><td>종속적 용역제공</td><td>국내원천 근로소득 과세</td></tr>
</table>
국내세법에 따를 경우 교직자 보수는 종속적용역 제공에 해당되는 바, 근로소득으로 과세됨
</td></tr>
<tr><td rowspan="2">조세 조약</td><td>주요국 교직자 감면</td><td>
<table>
<tr><th colspan="2">구 분</th><th>주요 국가</th></tr>
<tr><td rowspan="2">교직자 조항 있음</td><td>2년 감면</td><td>미국, 러시아, 영국, 호주, 뉴질랜드, 아일랜드</td></tr>
<tr><td>3년 감면</td><td>중국</td></tr>
<tr><td colspan="2">교직자 조항 없음</td><td>캐나다</td></tr>
</table>
대부분 조세조약에서 2년 감면 적용
</td></tr>
<tr><td>조세조약 찾기</td><td>국세법령정보시스템(홈페이지) ⇨ 법령 ⇨ 조세조약</td></tr>
</table>

종속적 인적용역에 해당하는 경우 대부분의 조세조약에서 한국 세법에 따라 과세하도록 규정하고 있음

예 캐나다와 체결한 조세조약에는 교직자에 대한 면세규정이 없으므로 국내 세법의 규정에 의하여 과세(국일 46017-128, 1997.2.19.)

(2) 조세조약의 교직자 조항에 따른 소득세 감면요건 검토

조세조약의 교직자 조항에 따른 소득세 감면요건에 대한 사례를 살펴보면 다음과 같다.

1) 교수 여부

구 분	상 황	감면적용(면제)	감면배제(과세)
거주국에서 교수가 아닌 경우	국내 대학교에서 미국 거주자를 강의 목적으로 1년간 초청하여 강의를 담당하게 하고 보수를 지급하는 경우로서 해당 미국 거주자가 미국에서 교원 신분이 아닌 일반인인 경우(국일 46017-244, 1996.4.29.)	✓	
우리나라에서 교수가 아닌 경우	미국 거주자가 인가된 교육기관의 교장으로 우리나라에 초청되어 학교행정 전반을 총괄하는 인적용역을 제공하고 지급받는 대가(서면법규-1247, 2014.11.28.)		✓ why 강의·연구 아님

2) 인가된 교육기관

면세조항 적용불가
→ 독립적 인적용역 조항 적용

구 분	상 황	감면적용(면제)	감면배제(과세)
인가받지 않은 교육기관인 경우	인가받지 않은 교육기관이 조세협약국의 교수를 단기간(1개월 미만) 초청해 강의 등 용역대가를 지급하는 경우(국일 46017-563, 1996.10.10.)		✓
다른 교육기관과 이중으로 계약하고 받는 대가	인가된 교육기관에서 2년 이내의 강의를 목적으로 초청되어 초청된 후 2년 이내의 기간 동안 강의를 목적으로 다른 인가된 교육기관과 이중으로 계약하고 그 다른 인가된 교육기관의 강의로부터 발생하는 소득(재국조-558, 2009.8.26.)	✓ (2년간 감면)	
기타 유사한 교육기관인 경우	사단법인 한국금융연수원은 정부가 비영리기관으로 인정하는 기타 유사한 교육기관에 해당되는바 영국인 교수가 해당 연수원에서 강의를 하고 받게 되는 보수(국일 46017-277, 1997.4.22.)		

3) 감면기간

당사자의 고용계약기간에 따라 판단(국제세원-296, 2009.6.8.).

구 분	내 용	감면적용(면제)	감면배제(과세)
면제요건 충족	한·미조세조약 제20조에 따른 소득세 면제요건을 충족하는 미국 거주자(국제세원-393, 2009.7.23.)	✓ (도착일 ~ 2년간 감면)	
	호주 거주자가 우리나라 대학교, 대학, 학교 또는 기타 인가된 교육기관의 초청에 따라 해당 교육기관에서의 교수나 연구 또는 양자의 목적만으로 2년을 초과하지 아니하는 기간 동안 우리나라를 방문하는 경우 그와 같은 교수나 연구에 대한 보수(서이-634, 2008.4.7.).		
	국내 방문 직전에 러시아 거주자였던 러시아 발레 강사가 ◇◇학교의 초청에 따라 강의 목적으로만 국내에 입국하여 ◇◇학교에서 강의용역을 수행하고 취득하는 보수는(서면국제세원-4887, 2016.11.10.)		
계약기간 연장·재계약	동일한 교수(미국 거주자)와의 매년 강의계약이 별도의 독립된 계약에 해당하지 않고 단순히 당초 계약기간 연장에 해당하는 경우 우리나라에 도착한 일자로부터 2년을 초과하는 기간의 강의 대가(국제세원-53, 2010.1.28.).		✓
	재계약으로 인하여 2년을 초과하게 되는 경우 해당 재계약으로 인한 강의 등의 인적용역소득(서이-1775, 2005.11.4.)		
당초 감면기간내 계약	미국 거주자가 2년을 초과하지 아니할 예정의 기간 동안 초청되어 강의 등의 용역을 제공하는 경우 강의 등에 대한 인적용역으로부터 받는 소득(서이-1775, 2005.11.4.)	✓	

구 분	내 용	감면적용(면제)	감면배제(과세)
당초 감면기간 초과 계약	일본인이 당초 2년을 초과하는 기간으로 계약을 체결한 경우(국제세원-146, 2009.3.24.)		✓
	당초 2년을 초과하는 계약기간으로 강의를 수행하던 중 2년을 초과하지 않는 기간 내에 계약을 중도해약하는 경우(외인 1264.37-3854, 1981.11.6.)		✓
	프랑스 거주자가 강의나 연구 목적으로 우리나라에서 2년을 초과하여 근로계약을 체결한 경우에도 해당 계약기간 중 최초 2년의 보수(기획재정부 국제조세협력과-168, 2017.3.20.; 서면법령국조-3857, 2017.3.24.)	✓	
입국 후 조세조약 발효	외국인 교수가 조세조약의 발효 이전에 이미 입국하여 강의를 하고 있었다면 입국일로부터 2년이 되는 기간 중 개정조약이 발효되어 적용되는 날 이후의 고용계약의 잔여일의 보수(국일 46017-277, 1997.4.22.)	✓	

이는 미국 거주자도 마찬가지임(서이-1775, 2005.11.4.)

4) 교직자의 보수

구 분	내 용	감면적용(면제)	감면배제(과세)
부속병원 환자진료 용역대가	인가된 교육기관인 국내 대학에서 2년 내 기간 동안 초청한 미국의 임상학 교수에게 급여지급과는 별도로 그 대학부속병원에서 환자를 진료하는 대가로 지급하는 진료수당(국일 46017-341, 1995.5.25.)	✓ why 강의·연구목적	
타방에서 면제되는 경우	한·영조세조약에 의하여 영국인 교수가 한국에서 면세된 보수에 대하여 영국에서 다시 면세받거나 영국에서 그의 납세액을 계산함에 있어 동 보수상당액을 공제받을 권리가 있는 경우(국일 46017-277, 1997.4.22.).		✓
국외에서 학술논문 집필대가 수령	비거주자인 미국교수가 국외에서 학술논문을 집필하여 주고 지급받는 대가(서이-1913, 2007.10.23.)		✓ why 국외 원천소득
퇴직소득 포함 여부	한·미조세조약 제20조(교직자)의 요건을 충족한 미국 거주자가 퇴직으로 인해 지급받는 소득(재국조-558, 2009.8.26.)	✓	
강의 외 다른 용역대가 포함	대구경북과학기술원이 미국 의과대학 교수를 2년의 기간 동안 초청하여 뇌과학부를 신설하기 위한 교수채용, 학생모집, 강의설계, 부서예산편성, 부서설비 기획조언, 강의를 수행 및 자문하는 용역을 제공받고 지급하는 대가(법규국조 2010-149, 2010.5.31.)	✓ why 강의·연구	✓ why 강의·연구 이외 대가

(퇴직소득 포함 여부 주석) 제공된 용역의 대가로서 퇴직으로 지급받는 소득을 포함함(서이-1775, 2005.11.4.)

소득세법 제119조 제6호, 같은 법 시행령 제179조 제6항 제2호 및 한·미조세조약 제18조에 따른 독립적 인적용역에 해당되어 미화 3,000불을 초과하는 경우 우리나라에서 과세

▌조세조약의 교직자 조항에 따른 소득세 감면 제출서류 및 지급명세서 작성▐

▌근로대가를 지급하는 달의 다음 달 9일까지 원천징수 관할세무서장에게 제출
(근로자에게 제출 받은 3부 중 2부를 제출)

■ 소득세법 시행규칙 [별지 제29호의2서식(3)] <개정 2024.3.22>

근로소득에 대하여 조세조약에 따른 소득세 비과세 · 면제 신청서

※ [ ]에는 해당되는 곳에 √표를 합니다. (앞쪽)

접수번호	접수일	처리기간	즉시

교수 인적사항 기재

소득자	① 성명			
	② 주민(외국인)등록번호			
	③ 주 소			
	④ 거 주 지 국		⑤ 거주지국 코드	

원천징수의무자 인적사항 기재

소득 지급자	⑥ 법 인 명(상 호)	(국문)	(영문)
	⑦ 대 표 자(성 명)		
	⑧ 사업자(주민, 외국인)등록번호		
	⑨ 소재지 또는 주소		

⑩ 소득유형 [ ]이사의 보수 [ ]연예인·체육인 [ ]정부용역 [ ]학생 [ ]훈련생 [V]교수 [ ]기타 — 교수에 표시

⑪ 구 분	⑫ 입국목적	⑬ 입국년월일	⑭ 출국일	⑮ 계약기간	⑯ 계약금액
이번 입국					
종전 입국					

(단위: 원)

⑰ 지급일	⑱ 지급액	⑲ 세율	⑳ 원천징수할 세액	㉑ 비과세·면제세액

조세조약 규정을 refer

㉒ 비과세 또는 면제근거	대한민국과 간의 조세조약 제 조 제 항 제 호
㉓ 비과세 또는 면제기간	년 월 일 ~ 년 월 일

「소득세법」 제156조의2 및 같은 법 시행령 제207조의2에 따라 근로소득에 대한 소득세의 비과세·면제신청서를 제출합니다.

년 월 일

신청인 소득자 (서명 또는 인)
(경유) 소득지급자 (서명 또는 인)

세무서장 귀하

대 리 인	㉔ 대리인 유형	[ ]납세관리인 [ ]기타대리인
	㉕ 성명 또는 법인명	
	㉖ 사업자(주민, 외국인)등록번호	
	㉗ 주소 또는 소재지	
	㉘ 납세지 관할 세무서	

필수서류이며 미제출 시 감면배제됨

첨부서류	1. 소득자의 거주지국의 권한 있는 당국자가 발급하는 거주자증명서 2. 고용계약서 사본, 학생: 재학증명서, 교부금 수령자: 수령 증명서 3. 비과세 또는 면제 근거서류 사본

위 사실을 확인합니다.

년 월 일

세무서장 직인

* 세무서장은 이 확인서에 불구하고 위 신청서 내용이 사실과 다른 경우에는 관련 법률에 따라 경정 또는 결정할 수 있습니다.

210mm×297mm[백상지 80g/㎡(재활용품)]

(뒤쪽)

작성방법

※ 접수번호 및 접수일은 신청인 또는 소득지급자가 작성하지 않습니다.

1. 이 신청서는 비거주자가 국내세법에 따른 국내원천소득 중 근로소득에 대하여 우리나라와 체결한 조세조약의 규정에 따라 비과세 또는 면제를 받으려는 경우에 제출하는 것입니다.
2. 이 신청서는 3부를 작성하고 거주지국에서 발급하는 거주자증명서를 첨부하여 해당 소득의 지급자에게 제출하며 해당 소득의 지급자는 근로대가를 지급하는 날이 속하는 달의 다음 달 9일까지 그 지급자의 납세지 관할 세무서장에게 2부를 제출합니다. 이 신청서는 제출 후 기재사항에 변동이 생긴 경우 및 이 신청서를 제출한 날부터 3년이 지난 경우에는 이 신청서를 다시 작성하여 제출합니다.
3. 이 신청서는 소득자가 거주자증명서를 첨부하지 못하거나 소득자란에 대리인을 적는 경우에는 이 신청서의 제출 효력이 없습니다.
4. 해당 자료명 [ ]란에 "∨"를 표시하여 구분합니다.
5. ① 성명란은 소득을 지급받는 자의 성명을 적습니다. 다만, 외국인은 성명을 영문으로 적고, 여권에 기록된 영문성명 전부를 적어야 합니다.
6. ②,⑧,㉖ 사업자(주민, 외국인)등록번호란: 아래의 표를 참조하여 적습니다.

	구 분	기 재 번 호
(1)	원 칙	주민등록번호 또는 사업자등록번호
(2)	(1)의 기재번호를 부여받지 않은 경우	[개인] 국내거소신고증상의 국내거소신고번호(재외국민, 외국국적동포인 경우) 또는 외국인등록표상의 외국인등록번호(외국인인 경우)를 적고, 그 번호가 없는 경우 여권상의 여권번호를 적습니다.
(3)	(1),(2)의 기재번호를 부여받지 않은 경우	투자등록증상의 투자등록번호를 적고, 그 번호가 없는 경우 해당 거주지국의 납세번호(Taxpayer Identification Number)를 적습니다.

7. ③ 주소란은 번지(number), 거리(street), 시(city), 도(state), 우편번호(postal zone), 국가(Country) 순으로 적습니다.
8. ④ 거주지국란과 ⑤ 거주지국 코드란은 국제표준화기구(ISO)가 정한 국가별 ISO코드 중 국명(약어) 및 국가코드를 적습니다.
9. ⑥ 법인명(상호)란은 소득지급자가 법인인 경우에는 법인명을, 개인인 경우에는 상호를 한글과 영문으로 함께 적으며, ⑦ 대표자(성명)란은 대표자 및 사업자의 성명을 적습니다.
10. ⑨ 소재지 또는 주소란은 지급자의 본점(사업장) 소재지를 적고, 사업장이 없는 경우에는 주소지를 적습니다.
11. ⑩ 소득유형란은 해당 유형을 찾아 [ ]에 "∨"를 표시합니다.
12. ⑫란은 「출입국관리법」에 따른 외국인의 체류자격(예: 산업연수 D-3)을 적고, ⑬, ⑭란은 출입국관리법에 의한 입·출국년월일을 적습니다.
13. ⑮, ⑯란은 고용계약서상의 계약기간 및 계약금액을 적습니다.
14. ⑱, ⑲ 및 ⑳란에는 신청 시의 환율에 의한 원화금액을 적습니다. 다만, 추후 확정되는 비과세 면제세액은 지급시점의 환율에 의한 원화금액으로 계산함에 유의해야 합니다.
15. ㉔~㉘란은 신청서를 본인 외의 대리인에 의해서 제출하는 경우에 적는 것으로서, 「국세기본법」 제82조에 따른 납세관리인 외의 대리인에 의해서 제출하는 경우에는 그 위임관계를 증명하는 위임장을 그 국문번역문과 함께 제출하여 주시기 바랍니다.
16. 이 신청서(첨부서류가 있는 경우 그 서류를 포함합니다)를 제출받은 소득지급자는 이를 「소득세법 시행령」 제207조의2 제1항에 따라 소득을 지급하는 날이 속하는 달의 다음 달 9일까지 소득지급자의 납세지 관할 세무서장에게 제출하여야 합니다.
17. 이 신청서(첨부서류가 있는 경우 그 서류를 포함합니다)를 제출받은 소득지급자는 이를 「소득세법 시행령」 제207조의2 제1항에 따른 기한의 다음 날부터 5년 간 보관해야 하며 소득지급자의 납세지 관할 세무서장이 그 제출을 요구하는 경우에는 이를 제출해야 합니다.

사례 조세조약의 교직자 조항에 따른 소득세 감면

1. 자료

대한대학에서 강의하고 있는 소득세 감면대상 미국인 교수 A. Einstein의 2025년 근로소득 관련 내역은 다음과 같으며, 소득·세액공제 자료는 제출하지 않았다.

계약기간	2025년 총급여	조세조약상 비과세 신청서	산출세액
2025.3.2.~2027.2.28.	150,000,000	제출	31,562,500

2. 지급명세서 작성

감면기간은 실지 감면기간을 기재하는 것이 아니라, 근로기간 중 감면기간을 기재

구 분	지급명세서 기재	
	기재란	기재금액 등
지급명세서 (1쪽)	⑪근무기간	2025.3.2.~2025.12.31.
	⑫감면기간	2025.3.2.~2025.12.31.
	⑯계	150,000,000
	⑱－28(T20) 조세조약상 교직자 감면	150,000,000
	⑳－1 감면소득계	150,000,000
지급명세서 (2쪽)	㉑총급여	150,000,000
	㊾산출세액	31,562,500
	(53)조세조약	31,562,500
	(54)세액감면계	31,562,500
	(72)결정세액(㊾－(54)－(71))	0

감면대상이 아닌 근로소득이 없다면, 조세조약에 따라 면제를 적용받는 외국인 교직자는 연말정산 시 소득·세액공제 서류를 제출할 필요 없음
why 감면율 100%

5 세액공제

1. 세액공제 공통사항

(1) 세액공제 범위

연말정산 시 적용될 수 있는 세액공제는 다음과 같다.

<table>
<tr><th colspan="2">세액공제</th><th>관련규정</th><th>공제가능한 지출기간</th><th>세액공제 적용순서</th><th>이월공제 여부</th></tr>
<tr><td colspan="2">근로소득</td><td>소법 §59</td><td></td><td>1</td><td>×</td></tr>
<tr><td colspan="2">자 녀 개정</td><td>소법 §59의 2</td><td></td><td>2</td><td>×</td></tr>
<tr><td colspan="2">혼 인</td><td>조특법 §92</td><td></td><td>3</td><td>×</td></tr>
<tr><td colspan="2">연금계좌</td><td>소법 §59의 3</td><td>1.1.~12.31.</td><td>15</td><td>×</td></tr>
<tr><td rowspan="8">특별
세액
공제</td><td>보장성보험료</td><td>소법 §59의 4 ①</td><td>근무월</td><td>4</td><td>×</td></tr>
<tr><td>의료비</td><td>소법 §59의 4 ②</td><td>근무월</td><td>5</td><td>×</td></tr>
<tr><td>교육비</td><td>소법 §59의 4 ③</td><td>근무월</td><td>6</td><td>×</td></tr>
<tr><td>정치자금기부금</td><td>조특법 §76 ①</td><td>1.1.~12.31.</td><td>7</td><td>×</td></tr>
<tr><td>고향사랑기부금</td><td>조특법 §58</td><td>1.1.~12.31.</td><td>8</td><td>×</td></tr>
<tr><td>특례·일반기부금 개정</td><td>소법 §59의 4 ④</td><td>1.1.~12.31.</td><td rowspan="2">13</td><td>○(10년)</td></tr>
<tr><td>우리사주조합기부금</td><td>조특법 §88의 4 ⑬</td><td>1.1.~12.31.</td><td>×</td></tr>
<tr><td>표준 세액공제</td><td>소법 §59의 4 ⑨</td><td></td><td>9</td><td>×</td></tr>
<tr><td colspan="2">납세조합 개정</td><td>소법 §150 ③</td><td></td><td>10</td><td>×</td></tr>
<tr><td colspan="2">주택자금이자</td><td>구조세감면규제법 §92의 4</td><td>1.1.~12.31.</td><td>11</td><td>×</td></tr>
<tr><td colspan="2">외국납부</td><td>소법 §57</td><td>1.1.~12.31.</td><td>14</td><td>○(10년)</td></tr>
<tr><td colspan="2">월세액 개정</td><td>조특법 §95의 2</td><td>근무월</td><td>12</td><td>×</td></tr>
</table>

세액감면 순차한도는 법에 정해진 바 없으나, 서식 번호순으로 산출하는 것으로 기술하였음

세액감면 · 세액공제 개요

감면·공제구분			감면·공제금액: 공제순서에 따른 공제한도(순차한도)	감면·공제금액: 세법상 감면·공제 계산식(감면·공제한도)	공제명세서 작성 여부	공제 개요
세액감면	㊿「소득세법」		㊾산출세액	산출세액×감면소득비율	×	정부 간 협약에 따라 우리나라에 파견된 외국인이 받는 보수
세액감면	⑤①「조세특례제한법」(⑤② 제외)		㊾ – ㊿	산출세액×감면소득비율×70% or 50%	×	• 외국인 기술자 → 최초 근로제공일부터 10년까지 50% 감면 • 소재·부품·장비 관련 외국인 기술자 → 최초 근로제공일로부터 5년까지 70%(최초 3년 경과 후부터는 50%) 감면 • 2025.2.28. 이후 우수 해외인재에게 지급하는 경우 포함 개정
				산출세액×감면소득비율×중소기업(50%, 청년 90%)·중견기업(30%, 청년 50%)		중소·중견기업 핵심인력이 받는 내일채움공제 등(3년 이상 가입) 수령액 중 기업기여금 개정
				산출세액×감면소득비율×50% ※ 중소기업 취업자 소득세 감면(⑤②) 적용 시 중복혜택 배제		성과공유 중소기업 근로자가 받는 경영성과급
				산출세액×감면소득비율×50%		국외에서 5년 이상 연구·기술개발 경험이 있는 내국인 우수인력(박사학위소지)이 국내로 복귀하여 연구기관 등에서 연구원으로 받는 근로소득 → 최초 근로제공일로부터 10년까지 감면
세액감면	⑤②「조세특례제한법」 제30조		㊾ – ㊿ – ⑤①	산출세액×감면소득비율×70%(청년 90%) ※ 감면한도 연 2,000,000	×	청년, 60세 이상, 장애인, 경력단절근로자 → 취업일로부터 3년(청년 5년)까지 감면 개정
세액감면	⑤③조세조약		㊾ – ㊿ – ⑤① – ⑤②	산출세액×감면소득비율	×	조세조약에 따라 면제되는 강의·연구 교수 보수
세액공제	⑤⑤근로소득		㊾산출세액 – ⑤④세액감면계	㉑총급여 따라 20만원~74만원 ※ 중소기업 취업자 소득세 감면(⑤③)적용 시 중복혜택 배제	×	모든 근로자
세액공제	⑤⑥혼 인		㊾ – ⑤④ – ⑤⑤	50만원	근로소득지급명세서 (3쪽) ⑦⑧소득·세액공제명세	혼인신고한 모든 근로자 ✔ 재혼 포함 ✔ 사실혼 제외
세액공제	⑤⑦자 녀	공제대상자녀 개정	㊾ – ⑤④ – ⑤⑤ – ⑤⑥	공제대상자녀 1명 25만원, 2명 55만원+추가자녀 1명당 40만원	근로소득지급명세서 (3쪽) ⑦⑧소득·세액공제명세	공제대상자녀 → 8세 이상자, 손자녀·입양자·위탁아동 포함
세액공제	⑤⑦자 녀	출산·입양자	㊾ – ⑤④ – ⑤⑤ – ⑤⑥ – ⑤⑦공제대상자녀 ※ 다음 공제순서 → ⑥①	첫째 300,000, 둘째 500,000, 셋째 이상 1명당 700,000	근로소득지급명세서 (3쪽) ⑦⑧소득·세액공제명세	공제대상자녀 → 2025년 출생·입양자(손자녀·위탁아동 제외)
세액공제	연금계좌	⑤⑧과학기술인공제	D – ⑥⑨	납입액×15%(5,500만원 초과 12%) ※ 납입액한도 900만원	근로소득지급명세서 (6쪽) 연금·저축 등 소득·세액공제명세서	과학기술인공제회법에 따른 퇴직연금 계좌
세액공제	연금계좌	⑤⑨퇴직연금	D – ⑥⑨ – ⑤⑧			근로자퇴직급여 보장법에 따른 퇴직연금계좌(DCP, IRP)
세액공제	연금계좌	⑥⓪연금저축	D – ⑥⑨ – ⑤⑧ – ⑤⑨	납입액×15%(5,500만원 초과 12%) ※ 납입액한도 600만원		금융회사 등에 가입한 연금저축
세액공제	연금계좌	⑥⓪-1 개인종합자산관리계좌 만기시 연금계좌 납입액	D-⑥⑨ – ⑤⑧ – ⑤⑨ – ⑥⓪	납입액×15%(5,500만원 초과 12%) ※ 한도 = Min[전환금액×10%, 300만원]		ISA 잔액을 만기 60일 이내에 연금계좌로 납입한 금액
세액공제	특별세액공제	⑥①보험료 – 보장성	㊾ – ⑤④ – ⑤⑤ – ⑤⑥ – ⑤⑦[= A]	공제대상보험료×12% ※ 공제대상보험료 100만원 한도	근로소득지급명세서 (3쪽) ⑦⑧소득·세액공제명세	계약자·피보험자 → 본인 근로자, 본인 기본공제자
세액공제	특별세액공제	⑥①보험료 – 장애인 전용보장성	A – ⑥①보장성	공제대상보험료×15% ※ 공제대상보험료 100만원 한도		
세액공제	특별세액공제	⑥②의료비	A – ⑥①	(공제대상 의료비 – 총급여×3%)×15%(난임 30%, 미숙아·선천성 이상아 20%) ※ 공제대상 의료비 본인·6세 이하자·65세 이상자·장애인·건강보험산정특례자 의료비, 미숙아·선천성 이상아 의료비 및 난임시술비(한도 없음)+그 밖의 의료비(700만원 한도) ※ 문턱(총급여×3%)은 일반→본인·6세 이하자·65세 이상자·장애인·건강보험산정특례자→미숙아·선천성 이상아→난임의료비 순서로 차감	근로소득지급명세서 (3쪽) ⑦⑧소득·세액공제명세	환자 → 본인 근로자, 본인 기본공제대상자(나이·소득 배제) ※ 공제대상 의료비 > 총급여×3% ※ 공제대상자별로 해당 연도 공제대상의료비에 대한 실손의료보험금만 차감 ✔ 과거연도 의료비에 대한 실손의료보험금은 과세연도 연말정산·종소신고 수정신고 ✔ 2021.2.17. 이후 수정신고분부터는 보험금 수령연도에 대한 종합소득세 확정신고기한까지 수정신고시 가산세 면제 ✔ 일반 → 6세 이하자·65세 이상자·장애인·건강보험산정특례자 → 미숙아·선천성 이상아 → 난임의료비 순서로 차감 ※ 총급여와 관계없이 산후조리원 비용(출산 1회당 한도 200만원) 공제

세액공제 제일 마지막 순서

전환금액이라 함

▮ 고등학교 졸업예정(현 고3), 조기졸업예정자 포함

▮ 고등학교 졸업(재수생), 검정고시합격자 포함

감면·공제구분					감면·공제금액 공제순서에 따른 공제한도 (순차한도)	감면·공제금액 세법상 감면·공제 계산식 (감면·공제한도)	공제명세서 작성 여부	공제 개요
세액 공제	특별 세액 공제	⑥③교육비			A – ⑥① – ⑥②	공제대상 교육비×15% ※ 공제대상 교육비 • 본인, 장애인특수교육비 → 한도 없음 • 대학생 → 1명당 9,000,000 • 이외 → 1명당 3,000,000	근로소득지급명세서(3쪽) ⑦⑧소득·세액공제명세서	일반교육비 학생 → 본인 근로자, 본인 기본공제대상자(나이 배제) 장애인특수교육비 학생 → 본인 근로자, 본인 기본공제대상자(나이·소득 배제) ※ 대학원비, 직업훈련비, 학자금대출 원리금상환액은 본인만 가능 ※ 2023년 연말정산분부터 대학입학전형료, 수능응시료 공제대상 교육비에 포함
		⑥④ 기부금	㉮ 정치 자금 기부금	10만원 이하	A – ⑥① – ⑥② – ⑥③	Min[대상 기부금, ㉓]×100 / 110	근로소득지급명세서(3쪽) ⑦⑧소득·세액공제명세서 +기부금명세서	본인명의 기부금만 가능 ※ 공제율 적용 • 10만원 이하 → 100/110 • 10만원 초과 3,000만원 이하 → 15% • 3,000만원 초과 → 25%
				10만원 초과	A – ⑥① – ⑥② – ⑥③ – [⑥④_㉮_10만원 이하]	Min[대상 기부금, ㉓ – 정치자금(10만원 이하)]×15%(25%)		
			㉯ 고향 사랑 기부금 개정	10만원 이하	A – ⑥① – ⑥② – ⑥③ – ⑥④_㉮	Min[대상 기부금, ㉓ – 정치자금]×100/110		본인 명의 기부금만 가능(2,000만원 한도) ※ 공제율 적용 • 10만원 이하 → 100/110 • 10만원 초과(특별재난) → 30% • 10만원 초과(일반) → 15% ※ 공제순서 • 10만원까지는 코드 43(일반) 우선 공제 → 10만원 초과분부터는 코드 44(특별재난) 우선 공제 적용
				10만원 초과 (특별재난지역)	A – ⑥① – ⑥② – ⑥③ – ⑥④_㉮ – [⑥④_㉯10만원 이하]	Min[대상기부금, ㉓ – 정치자금 – 고향사랑(10만원 이하)]×30%		
				10만원 초과 (일반)	A – ⑥① – ⑥② – ⑥③ – ⑥④_㉮ – [⑥④_㉯10만원 이하] – [⑥④_㉯10만원 초과(특별재난)] ※ 다음 공제순서 → ⑥⑥	Min[대상기부금, ㉓ – 정치자금 – 고향사랑(10만원 이하) – 고향사랑 10만원 초과(특별재난지역)]×15%		
			㉰특례		B – ⑥⑥ – ⑥⑦ – ⑥⑧ – ⑦⓪[= C]	Min[대상 기부금, ㉓ – 정치자금 – 고향사랑]×공제율		• 기부자 → 본인 근로자, 본인 기본공제대상자(나이 배제) ※ 우리사주조합기부금은 본인명의 기부금만 가능 • 기부금 공제대상금액을 공제순서대로 공제율 적용 ※ 공제순서 ┌ (코드)20 → 43·44 → 10 → 42 → 40 → 41 └ (연도)2015 → … → 2022 → 2023 → 2024 → 2025 ※ 공제율 적용(코드 40, 41, 42) * 15년 지출분 → 15%(3,000만원 초과분 25%) * 16~18년 지출분 → 15%(2,000만원 초과분 30%) * 19~20년 지출분 → 15%(1,000만원 초과분 30%) * 21~22년 지출분 → 20%(1,000만원 초과분 35%) * 23년 지출분 → 15%(1,000만원 초과분 30%) * 24년 지출분 → 15%(1,000만원 초과 3,000만원 이하 30%, 3,000만원 초과 40%) * 25년 지출분 → 15%(1,000만원 초과분 30%) 개정 • 공제한도 초과 시 10년 이월공제
			㉱우리사주조합 기부금		C – [⑥④_㉰]	Min[대상 기부금, {㉓ – 정치자금 – 고향사랑 – 특례}×30%] ×공제율		
			㉲일반 (종교단체외)		C – [⑥④_㉰] – [⑥④_㉱]	Min[대상 기부금, 소득금액×(10~30%)]×공제율 * 소득금액 = ㉓ – 정치자금 – 고향사랑 – 특례 – 우리사주조합기부금		
			㉳일반 (종교단체)		C – [⑥④_㉰] – [⑥④_㉱] – [⑥④_㉲] ※ 다음 공제순서 → ⑥⑨			
		⑥⑥표준 세액공제			A – ⑥① – ⑥② – ⑥③ – [⑥④_㉮] – [⑥④_㉯][= B]	130,000	×	특별소득공제(㉝~㉞),특별세액공제(⑥①~⑥③, ⑥④_㉰, ⑥④_㉲·㉳), 월세액공제(⑦⓪)를 신청하지 않은 근로자
	⑥⑦납세조합공제				B – ⑥⑥	Min[산출세액×원천징수제외대상소득비율×3%, 100만원×근로제공월수/12] 개정		납세조합에서 원천징수한 원천징수제외대상 근로소득이 있는 자
	⑥⑧주택차입금				B – ⑥⑥ – ⑥⑦ ※ 다음 공제순서 → ⑦⓪	주택차입금이자상환액×30%		1995.11.1.~1997.12.31. 미분양 주택 취득 시 차입한 차입금 ※ 농어촌특별세 20% 부담 ※ 장기주택저당차입금이자상환액 공제와 중복적용 불가
	⑥⑨외국납부				C – [⑥④_㉰] – [⑥④_㉱] – [⑥④_㉲] – [⑥④_㉳][= D] ※ 다음 공제순서 → ⑤⑧	Min[외국납부세액, 산출세액×국외원천소득비율 한도]		국외원천소득에 대해 외국정부에 납부한(할) 세액이 있는 거주자 ※ 공제한도 초과 시 10년 이월공제
	⑦⓪월세액				B – ⑥⑥ – ⑥⑦ – ⑥⑧ ※ 다음 공제순서 → ⑥④_㉰	Min[공제대상 월세액, 1,000만원] ×17%(5,500만원 초과 15%)	근로소득지급명세서(7쪽) 월세액·거주자간 주택 임차차입금원리금 상환액 소득·세액공제명세서	12.31. 무주택 세대주(세대원)인 근로자(총급여 8,000만원 이하) +국민주택규모 또는 기준시가 4억원 이하 주택(주거용 오피스텔, 고시원)을 임차하고 지급한 월세액+공제대상 주택 등에 전입

이월분도 기재 ▮

해당 과세기간 지출분만 기재 ▮

주민등록표등본에 기재된 외국인·외국국적동포도 공제 가능 ▮

한걸음 더

연말정산 시 세액감면 및 세액공제 적용

구 분	내 용(소법 §60·§61)
세액감면·세액공제 적용순서	조세에 관한 법률을 적용할 때 소득세 감면 규정과 세액공제 규정이 동시에 적용되는 경우 그 적용순서는 다음과 같음 1순위 소득세의 감면 ↓ 2순위 이월공제되지 않는 세액공제 ↓ 3순위 이월공제되는 세액공제 중 이월된 미공제액 ↓ 4순위 이월공제되는 세액공제 중 해당 과세기간 중 발생한 세액공제액
세액공제액이 산출세액을 초과하는 경우	구 분: 이월공제 내 용: 다음 세액공제액이 산출세액을 초과하는 경우 초과금액에 포함된 소득세법 제59조의 4 제4항에 따른 기부금 세액공제액에 대한 기부금은 10년간 이월공제 (소득금액한도를 초과하는 금액도 동일하게 10년 이월공제) • 자녀 세액공제 • 연금계좌 세액공제 • 특별세액공제(보장성보험료·의료비·교육비·기부금·표준) • 정치자금·고향사랑기부금·우리사주조합기부금 세액공제 구 분: 마지막 세액공제 내 용: 소득세법·조세특례제한법에 따른 감면액 및 세액공제액의 합계액이 해당 과세기간의 합산 과세되는 종합소득산출세액을 초과하는 경우 그 초과하는 금액을 한도로 연금계좌 세액공제를 받지 않은 것으로 봄 (연금계좌 세액공제가 감면·공제의 제일 마지막 순서라는 의미)

(2) 순차한도 초과 시

세액공제 적용 시 순차한도를 초과하는 경우 다음을 고려한다.

구 분		내 용
한도초과세액		소득세법 제59조의 4 제4항에 따른 기부금은 이월공제 받음
공제대상금액 역산	대상 세액공제	순차한도를 초과하는 경우 다음 세액공제에 대해서만 공제대상금액을 역산 (나머지 세액공제는 추후 관리가 필요 없기 때문에 공제대상금액을 역산할 필요 없음) • 기부금 ✔ 기부금명세서를 작성하고, 한도초과분에 대한 기부금을 이월하기 위해 • 연금계좌 ✔ 추후 연금인출 시 과세제외금액을 산출하기 위해
	역산방법	순차한도 고려한 세액공제액 산출 ✔ 공제율 적용하여 공제대상금액 역산 (역산 시 발생하는 소수점 이하는 소수 첫째자리에서 올림하여 처리)

(3) 소수점 이하 금액 발생 시

공제세액 계산 시 발생하는 소수점 이하 금액은 버린다(국고금관리법 §47 ②).

2. 근로소득 세액공제(소법 §59 ①·②, 조특령 §27 ⑨)

지급명세서(2쪽)에 기재　　　세액공제순서에 따른 순차한도를 말함(p.541 참조)

<table>
<tr><th colspan="2">구 분</th><th>근로소득 세액공제</th></tr>
<tr><td colspan="2">공제대상자</td><td>모든 근로자</td></tr>
<tr><td rowspan="3">근로
소득
세액
공제액</td><td>세액공제액
(55)</td><td>$\text{Min}\left[\text{Min}\left[\begin{array}{c}\text{산출세액에}\\\text{따른 공제액}\\\text{한도액}\end{array}\right] \times \left(1 - \frac{\text{중소기업 취업자 소득세 감면세액}}{\text{산출세액}}\right), \text{순차한도}\right]$</td></tr>
<tr><td>산출세액에
따른
공제액</td><td>
<table>
<tr><th rowspan="2">산출세액</th><th colspan="2">산출세액에 따른 공제액</th></tr>
<tr><th>소득세법</th><th>속산법</th></tr>
<tr><td>~ 130만원</td><td>산출세액×55%</td><td>산출세액×55%</td></tr>
<tr><td>130만원 ~</td><td>71.5만원
+(산출세액－130만원)×30%</td><td>산출세액×30%+32.5만원</td></tr>
</table>
</td></tr>
<tr><td>한도액</td><td>
<table>
<tr><th rowspan="2">총급여</th><th colspan="2">한도액</th></tr>
<tr><th>소득세법</th><th>속산법</th></tr>
<tr><td>~ 3,300만원</td><td>74만원</td><td>74만원</td></tr>
<tr><td>3,300만원 ~
4,300만원</td><td>74만원
－(총급여액－3,300만원)×0.8%</td><td>100.4만원
－총급여액×0.8%</td></tr>
<tr><td>4,300만원 ~
7,000만원</td><td>66만원</td><td>66만원</td></tr>
<tr><td>7,000만원 ~
7,032만원</td><td>66만원
－(총급여액－7,000만원)×50%</td><td>3,566만원
－총급여액×50%</td></tr>
<tr><td>7,032만원 ~
1억 2,000만원</td><td>50만원</td><td>50만원</td></tr>
<tr><td>1억 2,000만원 ~
1억 2,060만원</td><td>50만원
－(총급여액－1억2,000만원)×50%</td><td>6,050만원
－총급여액×50%</td></tr>
<tr><td>1억 2,060만원 ~</td><td>20만원</td><td>20만원</td></tr>
</table>
</td></tr>
<tr><td colspan="2">세부명세서 작성·제출</td><td>제출하지 않음</td></tr>
</table>

사례 근로소득 세액공제

1. 자료

중소기업 근로자 관련 소득세 감면(공통사례)과 동일하다(p.520 참조).

근로자	총급여(㉑)	산출세액(㊾)	중소기업 취업자 소득세 감면액(52)
홍길동	55,200,000	4,397,832	1,218,964

2. 지급명세서 작성

구 분	금 액	계산근거
⑮근로소득	477,065	(1) 산출세액에 따른 공제액 4,397,832×30%+32.5만원=1,644,349 (2) 한도액=660,000 why 총급여 5,520만원 (3) 공제액=Min[1,644,349, 660,000]×(1- ㉜/㊾)=477,065

3. 혼인 세액공제(조특법 §92, 조특령 §94)

(1) 혼인 세액공제 개요

법률혼을 의미함

구 분	결혼 세액공제
공제대상자	2024.1.1.~2026.12.31까지 혼인신고를 한 거주자
세액공제액	500,000
제출서류	혼인관계증명서
세부명세서 작성·제출	소득·세액공제명세서(지급명세서 3쪽)

(2) 혼인 세액공제 요건 검토

내 용	공제여부
23.12.31. 이전에 혼인신고를 한 경우	공제불가 ✔ 개정법률 시행 이전임
23.12.31.에 결혼식을 하였으나 24.1.2.에 혼인신고를 한 경우	공제가능 ✔ 2024년 귀속 연말정산 또는 종합소득세 신고분부터 공제가능 ✔ 나이와 관계없이 혼인신고를 한 경우 남편, 아내 모두 각각 세액공제 적용가능
24.12.31.에 결혼식을 하였으나 25.1.2.에 혼인신고를 한 경우	공제가능 ✔ 다만, 2025년 귀속 연말정산 또는 종합소득세 신고시에 공제가능
26.12.31.에 결혼식을 하였으나 27.1.4.에 혼인신고를 한 경우	공제불가 ✔ 26.12.31.까지 혼인신고를 한 경우에만 공제가능
혼인신고를 하지는 않았으나, 결혼식을 한 사실혼 관계인 경우	공제불가 ✔ 법률혼인 경우에만 공제가능
23년 이전에 이혼하고 24년에 재혼(법률혼)한 경우	공제가능 ✔ 초혼, 재혼여부와 관계없이 공제 가능
24년에 혼인(법률혼)하여 세액공제를 적용받은 거주자가 25년 중 이혼하고 26년 중 재혼(법률혼)한 경우	공제불가 ✔ 24년부터 26년까지 혼인신고(법률혼)한 경우로써 24년부터 26년까지 거주자당 1회만 적용가능

한걸음 더

혼인신고를 하여 결혼 세액공제를 적용받은 근로자가 혼인무효소송에 따라 혼인무효 판결이 이루어진 경우에는 다음과 같이 된다.

구 분	사후조치		
	세액공제액	가산세	이자상당액
판결이 확정된 날이 속하는 달의 다음달부터 3개월이 되는 날까지 수정신고 또는 기한후 신고를 한 경우	신고시 자진 납부	면제	신고시 자진 납부
이외의 경우	추징	추징	없음

50만원×(종합소득세 과세표준 신고기한 다음날부터 수정신고·기한후신고를 한 날)×(국세기본법 시행령 제27조의 4에 따른 이자율)

(3) 혼인 세액공제 제출서류 및 지급명세서 작성

1) 제출서류 및 제출서류 검토

근로자로부터 혼인관계증명서를 제출받아 공제요건을 검토한다.

2) 지급명세서 작성

① 세부명세서 – 소득·세액공제명세(근로소득지급명세서 3쪽)

근로자가 제출한 혼인관계증명서를 바탕으로 공제요건에 해당되는 경우 다음과 같이 세부명세서(소득·세액공제명세 – 근로소득지급명세서 3쪽)에 표시한다.

⑱ 소득·세액공제 명세

관계코드 / 내·외국인	성 명 / 주민등록번호	인적공제 항목: 기본공제		경로우대 / 장애인	혼인세액공제	출산입양 / 자녀
		부녀자	한부모			
인적공제 항목에 해당하는 인원수를 적습니다.					1	
0		○			○	
	(근로자 본인)					
	-					
	-					

- 근로자 본인이 해당연도 중 혼인신고(법률혼)를 한 경우 "○" 표시
- 상단에는 1을 기재

② 공제명세 작성

'①'에서 작성된 세부명세서에 "○"가 표시된 경우 다음과 같이 공제명세(지급명세서–2쪽)에 세액공제액을 기재한다.

구 분		기재방법
공제명세 (근로소득지급명세서 2쪽)	㊻ 혼인세액공제	Min[500,000, 순차한도]

세액공제순서에 따른 순차한도를 말함(p.547 참조)

대법원 음성서비스

혼인관계증명서(일반)

등록기준지	

구분	성 명	출생연월일	주민등록번호	성별	본
본인					

근로자 본인 여부 확인

혼인사항

구분	성 명	출생연월일	주민등록번호	성별	본
배우자					

구 분	상 세 내 용
혼인	[신고일] [배우자] [배우자의주민등록번호] [처리관서]

25년 여부 확인

위 혼인관계증명서(일반)는 가족관계등록부의 기록사항과 틀림없음을 증명합니다.

년 월 일

법원행정처 전산정보중앙관리소 전산운영책임관

※ 위 증명서는 「가족관계의 등록 등에 관한 법률」 제15조제2항에 따른 등록사항을 현출한 일반증명서입니다.

발급시각 :
신청인 :

발행번호 :

1 / 1

※ 전자가족관계등록시스템(https://efamily.scourt.go.kr)의 증명서 진위확인 메뉴에서 발급일부터 3개월까지 위변조 여부를 확인할 수 있습니다.

4. 자녀 세액공제(소법 §59의 2)

(1) 자녀 세액공제 개요

관계코드 4, 8

구 분		자녀 세액공제
자 녀	공제대상자	공제대상자녀 및 손자녀가 있는 거주자
	공제대상 자녀	기본공제자인 자녀·손자녀·입양자·위탁아동 중 8세 이상(~17.12.31.)인 사람 개정
	세액공제액 개정	$Min\left[\begin{array}{l}자녀수\times 250,000+Max\left[\begin{array}{c}자녀수-2\\0\end{array}\right]\times 150,000+Min\left[\begin{array}{c}자녀수-1\\1\end{array}\right]\times 50,000\\순차한도\end{array}\right.$ 순차한도: 세액공제순서에 따른 순차한도를 말함(p.547 참조)
출생·입양	공제대상자	공제대상 출생·입양 자녀가 있는 거주자 (관계코드 4(손자녀 제외))
	공제대상 출생·입양 자녀	출생 자녀: 2025.1.1.~12.31. 출생한 자녀 개정 — 주민등록번호로 판단 입양 자녀: 2025.1.1.~12.31. 입양신고한 자녀 개정 — 입양신고일로 판단
	세액공제액	$Min\left[\begin{array}{l}300,000(첫째)+500,000(둘째)+700,000\times 셋째\ 이상\ 자녀수\\순차한도\end{array}\right.$
자녀 세액공제와 출생·입양 세액공제 중복공제 여부		(아래 표 참조)
제출서류		인적공제와 동일
세부명세서 작성·제출		소득·세액공제명세서(지급명세서 3쪽)

구 분		자 녀	출생·입양
2025년 출생 자녀		공제불가(×)	공제가능(○)
2025년 입양 자녀	8세 이상	○	○
	8세 미만	×	○
이외 자녀·손자녀·입양자·위탁아동	8세 이상	○	×
	8세 미만	×	×

(세액공제액) 가족관계등록부 상의 자녀를 기준으로 나이순서와 관계없이 사망한 자녀를 포함하여 출산·입양신고한 순서를 기준으로 첫째, 둘째, 셋째 등 순서를 판단함(소득세제과-523, 2019.9.18.)

(2) 자녀 세액공제 요건 검토

구 분		내 용	공제 여부
자 녀	관계·기본공제	본인이 기본공제를 받은 배우자만의 자녀 (배우자가 종전의 배우자와 혼인(법률혼에 한함) 중에 출산한 자녀를 말함)	공제가능 why 자녀에 해당
		본인이 기본공제를 받은 (외)손자녀·(외)증손자녀 (관계코드 4에 해당)	공제가능 why 손자녀도 자녀세액공제가능
		배우자가 기본공제를 받은 자녀	공제불가 why 본인 기본공제자 아님
		본인이 기본공제를 받은 장애인 자녀의 20세 초과 장애인 배우자 (관계코드 5에 해당)	공제불가 why 자녀가 아님

원칙적으로 2026년에 초등학교에 취학해야 하나, 특례에 따라 일찍 초등학생이 된 초등 1학년생

구 분		내 용	공제 여부
자 녀	나이·취학 여부	기본공제를 받은 2022년생 미취학 아동	공제불가 why 8세 미만임
		기본공제를 받은 2017년생 취학아동 초·중등 교육법에 따라 취학한 2025년 초등 2학년생	공제가능 why 8세 이상 기본공제자면 가능
		기본공제를 받은 2019년생 취학아동	공제불가 why 8세 미만임
		20세 초과로 기본공제를 받지 못한 자녀	공제불가 why 기본공제가 전제
		본인이 기본공제를 받은 20세 초과 장애인 자녀	공제가능 why 8세 이상 기본공제자면 가능
		본인이 기본공제를 받은 2025년생 자녀	공제불가 why 8세 미만임 ✔ 출생·입양 공제는 가능
		본인이 기본공제를 받은 2025년 입양한 입양자(2016년생)	공제가능 why 8세 이상 기본공제자면 가능 ✔ 출생·입양 공제도 가능
출생·입양	관계·기본공제	본인이 기본공제를 받은 2025년 입양한 입양자(2016년생)	공제가능 why 2025년 출생·입양자에 해당 ✔ 자녀 공제도 가능
		본인이 기본공제를 받은 2024년 입양한 입양자(2016년생)	공제불가 why 2025년 출생·입양자만 가능 ✔ 자녀 공제는 가능
		2025년부터 가정위탁 받아 본인이 기본공제를 받은 위탁아동(2016년생) 관계코드 8에 해당	공제불가 why 출생·입양 자녀가 아님 ✔ 자녀 공제는 가능
		배우자가 기본공제를 받은 2025년생 자녀	공제불가 why 기본공제가 전제
		본인이 기본공제를 받은 (외)손자녀·(외)증손자녀(원천-210, 2014.6.11.) 관계코드 4에 해당	공제불가 why 자녀만 공제가능

한걸음 더

1. 관계코드로 본 자녀 세액공제

지급명세서는 전산매체로 제출하는데, 해당 전산매체에 기록되는 관계코드와 자녀 세액공제와의 관계는 다음과 같다.

<table>
<tr><th>관 계</th><th>관계코드</th><th>자녀 세액공제 가능 여부</th><th>출생·입양 세액공제 여부</th></tr>
<tr><td>본인 자녀·입양자</td><td>4</td><td rowspan="2">공제가능(○)</td><td rowspan="2">공제가능(○)</td></tr>
<tr><td>배우자 자녀·입양자</td><td>4</td></tr>
<tr><td>본인·배우자
(외)손자녀·(외)증손자녀</td><td>4</td><td>공제가능(○)</td><td>공제불가(×)</td></tr>
<tr><td>본인·배우자 직계비속
(관계코드 4 제외)</td><td>5</td><td rowspan="2">공제불가(×)</td><td rowspan="2">공제불가(×)</td></tr>
<tr><td>장애인 직계비속의
장애인 배우자</td><td>5</td></tr>
<tr><td>위탁아동</td><td>8</td><td>공제가능(○)</td><td>공제불가(×)</td></tr>
</table>

2. 자녀와 관련된 세액공제의 개정연혁

자녀와 관련된 세액공제가 매년 개정되었는 바, 이를 살펴보면 다음과 같다.

<table>
<tr><th colspan="2">자녀 관련
세액공제</th><th>2016</th><th>2017</th><th>2018</th><th>2019</th><th>2020 ~
2022</th><th>2023</th><th>2024</th><th>2025~</th></tr>
<tr><td rowspan="2">자녀
(입양자·
위탁아동
포함)</td><td>공제
대상</td><td colspan="2">자녀</td><td>6세
이상
자녀</td><td>7세 이상·
7세 미만
취학아동
자녀</td><td>7세 이상</td><td colspan="3">8세 이상</td></tr>
<tr><td>공제
금액</td><td colspan="6">1명: 15만원
2명: 30만원
3명 이상: 30만원+(자녀수−2)×30만원</td><td>1명: 15만원
2명: 35만원
3명 이상: 35만원+(자녀수−2)×30만원</td><td>1명: 25만원
2명: 55만원
3명 이상: 55만원+(자녀수−2)×40만원</td></tr>
<tr><td rowspan="2">6세 이하
(입양자·
위탁아동
포함)</td><td>공제
대상</td><td colspan="2">6세 이하 자녀가 2명 이상</td><td colspan="6" rowspan="2">폐지</td></tr>
<tr><td>공제
금액</td><td colspan="2">(6세 이하 자녀수−1)×15만원</td></tr>
<tr><td rowspan="2">출생·
입양
(위탁아동
제외)</td><td>공제
대상</td><td colspan="8">해당과세기간 출생·입양 자녀가 있는 경우</td></tr>
<tr><td>공제
금액</td><td>출생·입양
자녀수×
30만원</td><td colspan="7">첫째 30만원, 둘째 50만원, 셋째 이상 1명당 70만원</td></tr>
</table>

(3) 자녀 세액공제 제출서류 및 지급명세서 작성

1) 제출서류 및 제출서류 검토

인적공제와 동일하므로 인적공제부분을 참조하기 바란다(p.327 참조).

2) 지급명세서 작성

① 세부명세서 – 소득 · 세액공제명세(근로소득지급명세서 3쪽)

근로자가 제출한 인적공제 자료를 바탕으로 다음과 같이 세부명세서(소득 · 세액공제명세 – 근로소득지급명세서 3쪽)를 작성한다.

해당 세부명세서는 근로자가 작성하여 원천징수의무자에게 제출하고, 원천징수의무자는 근로소득지급명세서의 일부로 과세관청에 제출하면 된다.

② 공제명세 작성

'①'에서 작성된 세부명세서를 바탕으로 다음과 같이 공제명세를 작성한다.

근로소득지급명세서(3쪽)

근로소득지급명세서(3쪽) ⑱소득 · 세액공제 명세를 토대로 근로소득지급명세서(2쪽) 기본공제를 작성

⑱ 소득 · 세액공제 명세[인적공제항목은 해… 공제를 위하여 실제 지출한 금액을 적…

관계코드 / 내·외국인	성명 / 주민등록번호	기본공제: 부녀자	기본공제: 한부모	경로우대: 장애인	혼인세액공제	출산입양 / 자녀
인적공제 항목에 해당하는 인원수를 적습니다.						
0	(근로자 본인)	○				
	–					
	–					

근로소득지급명세서(2쪽)

세액공제		
㊺ 근로소득		
㊻ 혼인세액공제		
㊼ 자녀	공제대상자녀 (명)	
	출산 · 입양자 (명)	

출산 · 입양

- 기본공제대상자로서 관계코드가 4(손자녀 제외)이며, 2025년 중 출생한 자녀 · 입양한 입양자인 경우에만 "ㅇ" 표시 (개정)
- 상단에는 해당 총인원수를 기재

자녀

- 기본공제대상자로서 관계코드가 4, 8이며, 2017년 이전 출생만 "ㅇ" 표시 (개정)
- 좌측 및 상단에 해당 총인원수를 기재

⑱ 소득 · 세액공제 명세에서 자녀에 표시된 "ㅇ"의 개수만큼

(1) ㊼ 자녀 공제대상자녀 (명)란에 인원수 표시

(2) 해당 인원수×25만원+Max[(해당 인원수−2), 0]×15만원+Min[(해당 인원수−1), 1]×5만원을 기재(순차한도 고려) (개정)

⑱ 소득 · 세액공제 명세에서 출산 · 입양에 표시된 "ㅇ"의 개수만큼

(1) ㊼ 자녀 출산 · 입양자(명)란에 인원수 표시

(2) 해당 자녀가 첫째인 경우 30만원, 둘째인 경우 50만원, 셋째 이상인 경우 자녀 1명당 70만원을 합한 금액을 기재(순차한도 고려)

성명, 주민등록번호

기본공제 대상자의 인적사항 기재

내 · 외국인

구분	코드
내국인	1
외국인	9

관계코드

구분	코드	구분	코드
본인	0	본인/배우자 직계비속(코드 4 제외)	5
본인 직계존속	1	장애인 직계비속의 장애인 배우자	5
배우자 직계존속	2	본인/배우자 형제자매	6
배우자	3	수급자(코드 1~6 제외)	7
본인/배우자 자녀 및 손자녀(입양자)	4	위탁아동	8

사례 인적공제 지급명세서 작성

근로소득지급명세서 (3쪽)

⑱ 소득·세액공제 명세

인적공제 항목						
관계코드	성 명	기본공제		경로우대	혼인세액공제	출산입양
내·외국인	주민등록번호	부녀자	한부모	장애인		자녀
인적공제 항목에 해당하는 인원수를 적습니다.		5		1		1
		○		1		1
0	김 은 경		○			
1	(근로자 본인)	○				
3	최 지 수					
1	870415-1031653					
1	이 영 선		○	○		
1	551103-2019015			1		
4	최 강 산		○			
1	160716-3059631					○
4	최 우 리		○			
1	200831-4059632					
4	최 조 국		○			○
1	251004-3059633					

근로소득지급명세서 (2쪽)

IV 정산명세	㉑ 총급여(⑯, 외국인단일세율 적용시 연간 근로소득)			
	㉒ 근로소득공제			
	㉓ 근로소득금액			
	종합소득공제	기본공제	㉔ 본 인	1,500,000
			㉕ 배 우 자	
			㉖ 부 양 가 족(4 명)	6,000,000
		추가공제	㉗ 경 로 우 대(1 명)	1,000,000
			㉘ 장 애 인(1 명)	2,000,000
			㉙ 부 녀 자	500,000
			㉚ 한 부 모 가 족	

근로소득지급명세서 (2쪽)

세액공제	㊺ 근로소득		
	㊻ 혼인세액공제		
	㊼ 자녀	공제대상자녀 (1 명)	150,000
		출산·입양자 (1 명)	700,000

(4) 전산매체 주요 변경사항

Chapter 02 – 03 – **3** 참조(p.343)

5. 보장성보험료 세액공제(소법 §59의 4 ①, 소령 §113·§118의 4, 소칙 §58·§61의 3)

(1) 보장성보험료 세액공제 개요

구 분		보장성보험료 세액공제	
		보장성보험료(장애인전용보장성보험료 제외)	장애인전용보장성보험료
공제대상보험료	계약자	• 근로자 본인 • 근로자 본인 기본공제자(서일-124, 2005.1.27.)	
	피보험자	본인 기본공제자	본인 기본공제자인 장애인
	부담자	근로자 본인	
	지출기간	해당 과세기간 중 근무월(휴직기간 포함) 지출분	
	지출금액	전액 인정	
세액공제액		Min[Min[공제대상보험료, 100만원] × 12%, 순차한도]	Min[Min[공제대상보험료, 100만원] × 15%, 순차한도]

본인 기본공제자인 장애인을 수익자로 하는 보험도 포함

종피보험자도 포함

세액공제순서에 따른 순차한도를 말함(p.547 참조)

구 분	보장성보험료 세액공제	
	보장성보험료(장애인전용보장성보험료 제외)	장애인전용보장성보험료
중복공제 여부	• 보장성보험료를 장애인전용보장성보험료로 공제받는 것 불가 • 한도를 합하여 200만원으로 적용하는 것도 불가	
제출서류	간소화자료 · 보험료납입증명서(보험료납입영수증)	
세부명세서 작성 · 제출	소득 · 세액공제 명세(지급명세서 3쪽)	

(2) 보장성보험료 세액공제 요건 검토

1) 공제대상 보험료 — 해당 보험만 간소화자료에서 조회됨

구 분	보장성보험료(장애인전용보장성보험료 제외)	장애인전용보장성보험료
공통 요건	다음의 어느 하나에 해당하는 보험 · 보증 · 공제의 보험료 · 보증료 · 공제료일 것 1. 생명보험 2. 상해보험 3. 화재 · 도난이나 그 밖의 손해를 담보하는 가계에 관한 손해보험 4. 수산업협동조합법 · 신용협동조합법 또는 새마을금고법에 따른 공제 5. 군인공제회법 · 한국교직원공제회법 · 대한지방행정공제회법 · 경찰공제회법 및 대한소방공제회법에 따른 공제 6. 주택 임차보증금의 반환을 보증하는 것을 목적으로 하는 보험 · 보증. 다만, 보증대상 임차보증금이 3억원을 초과하는 경우는 제외한다.	
개별 요건	1. 만기에 환급되는 금액이 납입보험료를 초과하지 않는 보험의 보험료일 것 2. 보험계약(보험료납입영수증)에 보험료공제 대상임이 표시된 보험의 보험료일 것	1. 기본공제대상자 중 장애인을 피보험자 또는 수익자로 하는 장애인전용보험일 것 2. 보험료(공제료) 납입영수증에 장애인전용보험(공제)으로 표시된 보험(공제)일 것

2) 공제요건 검토 사례

구 분	내 용	공제가능	공제불가
계약자 · 피보험자	타인의 기본공제자가 피보험자인 경우		✓
	종피보험자가 본인, 주피보험자가 자녀(배우자가 기본공제 받음)인 보험료(법인 46013-2822, 1999.7.16.)	✓ (종피보험자가 기본공제자여도 가능)	
	맞벌이부부에 있어 남편이 계약자, 피보험자가 부부공동인 보험료(서일-124, 2005.1.27.)	✓(남편만) why 종피보험자 포함	
	맞벌이부부에 있어 계약자는 아내이고, 남편이 기본공제받은 직계존비속을 피보험자로 하는 보험료		✓(남편, 아내) 남편: 타인의 기본공제자가 피보험자 아내: 계약자가 본인 · 본인 기본공제자 아님

구 분	내 용	공제가능	공제불가
계약자·피보험자	맞벌이부부에 있어 남편 계약자, 아내가 피보험자인 보험료		✓(남편, 아내) 남편 → 계약자가 본인·본인 기본공제자 아님 아내 → 타인의 기본공제자가 피보험자
	맞벌이부부에 있어 남편 계약자이고 피보험자인 보험료	✓(남편만)	
	피보험자가 아직 태어나지 않은 태아인 보험료		✓ why 피보험자가 기본공제자 아님
근무월에 지출하지 않은 경우	근로자가 퇴사한 후에 지출한 보험료		✓ why 근무월 지출분 아님
해지한 경우	연도 중 보험을 해지한 경우 해지 시점까지 납입한 보험료	✓	
미납 보험료	납부하지 않은 보험료		✓
선납 보험료	다음연도분 포함 1년분을 선납한 보험료	✓	
리스료에 포함된 보험료	리스료에 포함된 보험료(서이 46013-10920, 2002.5.1.)		✓
회사가 대납한 보험료	보장성보험료를 사용자가 지급하여 주는 경우(소통 52-0…2)	✓ 근로소득으로 과세 후, 한도내에서 세액공제받음	
보험료로 충당한 해약 환급금	생명보험(저축성보험에 순수보장성보험이 추가된 유니버셜연금보험)에 가입한 근로자가 보험료 납입이 어려워 보험약관에 따라 해약환급금상당액을 순수보장부분의 보험료로 충당한 금액(원천-489, 2009.6.4.)	✓	
외국 보험사에 납부한 보험료	국민건강보험법시행령 제64조 제4항에 의하여 보험가입대상에서 제외된 직장가입적용사업장에 근무하는 거주자인 재외국민 또는 외국인이 국내에 근무하는 동안 외국보험회사에 납부한 보험료는 공제대상 보험료에 해당되지 않는다(원천-363, 2009.4.24.).		✓ why 국내보험사만 가능
국내보험사에 외화로 납부한 보험료	국내 보험회사에게 미국 달러화로 납부하는 경우(서이 46013-11804, 2003.10.17.)	✓ 해당 보험료 원화환산은 해당 보험료 납입일 기준환율에 따름	
계약자가 여행사·유학원인 경우	보험회사가 여행사 또는 유학원을 보험계약자로 하고 여행객 또는 유학생을 피보험자로 하는 보장성보험계약을 체결하고 여행객 등이 부담한 보험료를 여행사 등으로부터 수취하는 경우(서면법규-33, 2013.1.14.)	✓ 보험회사는 해당 피보험자에게 세액공제용 보험료 납입증명서를 발급	

(3) 보장성보험료 세액공제 제출서류 검토

2025년 귀속 소득 · 세액공제증명서류 : 기본(지출처별)내역 [보장성 보험, 장애인전용보장성보험]

(조회기간 : 2025년 01~12월)

근무월 확인

■ 계약자 인적사항

성 명	주 민 등 록 번 호
홍부인	870101-*******

본인 · 본인 기본공제자 확인

■ 보장성보험(장애인전용보장성보험)납입내역

(단위:원)

종류	상 호 / 사업자번호 / 종피보험자1	보험종류 / 증권번호 / 종피보험자2	주피보험자 / 종피보험자3		납입금액 계
보장성	C보험사	보험12			1,041,600
	123-23-33***	215117005515	870101-*******	홍부인	
보장성	A보험사	보험23			600,000
	202-81-45***	995140237425	870101-*******	홍부인	
인별합계금액					1,641,600

보장성 · 장애인전용보장성 확인

전액 인정

근로자가 제출한 간소화자료의 조회기간이 근무월과 다른 경우
- 금액 자료를 활용하지 않음
- 근로자에게 근무월만 조회된 자료를 다시 제출할 것을 요구함

1. 공제 대상 : 근로소득자가 소득세법 제50조 제1항에 따른 기본공제대상자를 피보험자로 하는 보험과 기본공제대상자 중 장애인을 피보험자로 하는 보험 중 만기에 환급되는 금액이 납입보험료를 초과하지 아니하는 보험의 보험계약에 따라 지급하는 보험료(임차보증금 3억원 미만의 주택 임차보증금 반환 보증보험료 포함)
2. 공제 한도 : 100만원

일련번호 : 20251219-01171363

-4-

국세청 National Tax Service

- 본 증명서류는 「소득세법」 제165조 제1항에 따라 영수증 발급기관으로부터 수집한 서류로 소득·세액공제 충족 여부는 근로자가 직접 확인하여야 합니다.
- 본 증명서류에서 조회되지 않는 내역은 영수증 발급기관에서 직접 발급받으시기 바랍니다.

(4) 보장성보험료 세액공제 지급명세서 작성

보장성보험료 세액공제를 적용받은 근로자에 대해서만 다음과 같이 세부명세(소득·세액공제 명세-근로소득지급명세서 3쪽)를 작성하고 이를 바탕으로 공제명세(근로소득지급명세서 2쪽)도 작성한다. 해당 세부명세서는 근로자가 작성하여 원천징수의무자에게 제출하고, 원천징수의무자는 근로소득지급명세서의 일부로 과세관청에 제출하면 된다.

근로소득지급명세서(3쪽)

⑱ 소득·세액공제 명세[인적공제항목은 해당란에 "○"표시(장애인 해당 시 세액공제 항목은 공제를 위하여 실제 지출한 금액을 적습니다.]

관계코드 / 내·외국인	성명 / 주민등록번호	기본공제: 부녀자	한부모	경로우대 / 장애인	혼인세액공제	출산입양 자녀	자료구분	보험료: 건강	고용	보장성	장애인전용보장성
인적공제 항목에 해당하는 인원수를 적습니다.							국세청 계			B	D
							기타 계			A	C
0		○					국세청				
	(근로자 본인)						기타				
							국세청				
	-						기타				
							국세청				
	-						기타				
							국세청				
	-						기타				

근로소득지급명세서(3쪽) 작성방법

1. 보험료영수증 등을 참조하여
   - 피보험자(기본공제대상자) 및 보험 종류별(보장성, 장애인전용 보장성)로
   - 국세청자료와 기타자료로 구분하여 보험료지출금액을 기재
     → 공제금액을 기재하지 않음에 유의

   ※ 피보험자
   → 반드시 기본공제에 "○" 표시되어 있어야 함
   → 주피보험자가 기본공제자가 아닌 경우 기본공제대상 종피보험자 기준(여러 명인 경우 임의로 한 명 선택)으로 기재
2. 상단에는 국세청자료와 기타자료로 구분하여 보험료 지출금액의 합계액을 기재

피보험자 인적사항을 기재
✓ 관계코드, 내·외국인, 성명, 주민등록번호 기재방법
→ 인적공제 참조

근로소득지급명세서(2쪽)

Ⅳ 정산명세	세액공제	특별세액공제	⑥ 보험료	보장성	공제대상금액	E
					세액공제액	F
				장애인전용 보장성	공제대상금액	G
					세액공제액	H

순차한도를 초과하더라도 역산하지 않음

세액공제순서에 따른 순차한도를 말함 (p.547 참조)

구분	공제대상금액	세액공제액
보장성보험료	E = Min [보장성보험료 납입금액(A+B), 1,000,000]	F = Min[E × 12%, 순차한도]
장애인전용 보장성보험료	G = Min [장애인전용보장성보험료 납입금액(C+D), 1,000,000]	H = Min[G × 15%, 순차한도]

사례 보장성보험료 세액공제

1. 자료

근로자 이몽룡(총급여 6,900만원)이 제출한 2025년 보장성보험료 납입액 관련 자료는 다음과 같으며, 근로자 이몽룡의 보장성보험료 세액공제 차감 전 산출세액은 24만원이다.

보험료구분	계약자	피보험자		납입금액	제출자료 발급처
		주피보험자	종피보험자		
보장성	이몽룡	성춘향(맞벌이 배우자, 891004－2111111)	이몽룡	1,500,000	간소화
장애인 전용보장성	이몽룡	이방원(소득 없는 등록 장애인 직계존속, 541001－1234567)		1,200,000	보험회사

2. 지급명세서 작성

1) 공제대상금액 및 세액공제액 계산

구 분	공제대상금액	세액공제액
보장성 보험료	E = Min [보장성보험료 납입금액, 1,000,000] = 1,000,000	F = Min[E × 12%, 순차한도] = Min[1,000,000 × 12%, 240,000] = 120,000
장애인전용 보장성 보험료	G = Min [장애인전용보장성보험료 납입금액, 1,000,000] = 1,000,000	H = Min[G × 15%, 순차한도] = Min[1,000,000 × 15%, 240,000 − 120,000] = 120,000

2) 지급명세서 작성

근로소득지급명세서(3쪽)

⑱ 소득 · 세액공제 명세[인적공제항목은 해당란에 "○"표시(장애인 해당 시 해당 코드 공제를 위하여 실제 지출한 금액을 적습니다.]

인적공제 항목								각종 소득공제 · 세액공제 항목				
관계코드 / 내·외국인	성 명 / 주민등록번호	기본공제	부녀자	한부모	경로우대 / 장애인	혼인세액공제	출산입양 / 자녀	자료구분	보험료 건강	보험료 고용	보험료 보장성	보험료 장애인전용보장성
인적공제 항목에 해당하는 인원수를 적습니다.		2						국세청 계			1,500,000	
					1			기타 계				1,200,000
0	이 몽 룡	○						국세청				
1	(근로자 본인)							기타			1,500,000	
3	성 춘 향	○						국세청				
1	891004－2111111							기타				
1	이 방 원							국세청				
1	541001－1234567				1			기타				1,200,000

(중략)

▎주피보험자가 기본공제자가 아닌 경우 기본공제자인 종피보험자 기준으로 기재

근로소득지급명세서(2쪽)

Ⅳ 정산명세	세액공제	특별세액공제	㉑ 보험료	구분	항목	금액
				보장성	공제대상금액	1,000,000
					세액공제액	120,000
				장애인전용 보장성	공제대상금액	1,000,000
					세액공제액	120,000

▎순차한도를 초과하지만 역산하지 않음

한걸음 더

종전의 기본공제대상자를 위한 인적공제 관련 지출

소득세법에서는 보장성보험료·의료비·교육비 세액공제를 적용함에 있어 과세기간 종료일(12.31.) 이전에 혼인·이혼·별거·취업 등의 사유로 기본공제대상자에 해당되지 않게 되는 종전의 배우자·부양가족·장애인 또는 과세기간 종료일 현재 65세 이상인 사람을 위하여 이미 지급한 보장성보험료·의료비·교육비에 대한 세액공제액을 종합소득산출세액에서 공제하도록 하고 있다(소법 §59의 4 ⑤). 이에 대하여 몇 가지 상황별로 공제 여부 등에 대해 살펴보기로 한다. 다만, 상기 규정은 보장성보험료·의료비·교육비 세액공제에만 적용되며, 신용카드 등 사용금액 소득공제와 기부금 세액공제에는 적용되지 않음에 유의하기 바란다.

관련된 규정 없음

1. 상황 1 이혼한 배우자(소득 없음)

(1) 기본공제 여부 ✔ 기본공제 불가

why 12.31.현재 법률상 배우자가 아님

(2) 이혼시점까지 지출한 비용에 대한 공제 여부 → 다음과 같이 공제 적용

이혼시점까지 지출한 비용		본인의 공제 여부	지급명세서 기재
보장성보험료	계약자 – 본인 피보험자 – 배우자(또는 부부공동)	공제가능(○)	본인 지출금액에 포함하여 기재
의료비	환자 – 배우자		
교육비	학생 – 배우자		
신용카드 등 사용금액	사용자 – 배우자	공제불가(×)	N/A
기부금	기부자 – 배우자		

이혼한 배우자를 소득·세액공제명세에 기재할 경우 전산매체 제출 시 다음 문제가 발생됨
① 보장성보험료는 기본공제가 되어야 기재 가능하나, 이혼한 배우자는 기본공제할 수 없음
② 이혼한 배우자를 부양가족에 기재할 경우 한부모가족공제를 적용받을 수 없음
→ 본인 지출금액에 포함하여 기재하고, 추후 소명하면 될 것으로 판단함

2. 상황 2 취업한 만 19세 자녀(2025년 총급여 300만원만 있음)

(1) 기본공제 여부 ✔ 기본공제 가능

why 12.31. 현재 관계·나이·소득요건 모두 충족

(2) 자녀를 위해 지출한 비용에 대한 공제 여부 → 다음과 같이 공제적용

구 분	자녀에 대한 지출의 본인 공제 여부	자녀에 대한 지출의 자녀 공제 여부
취업 이전 지출	공제가능(○) why 본인이 자녀를 기본공제 받을 수 있음	자녀가 공제받는 것이 의미 없음 why 자녀 총급여 300만원 → 근로소득금액 90만원 → 자녀 본인의 기본공제 150만원으로 과세표준 영(0)이 됨
취업 이후 지출		

3. 상황 3 **취업한 만 19세 자녀**(2025년 총급여 2,000만원만 있음)

(1) 기본공제 여부 ✔ 기본공제 불가

why 소득요건 불충족

✔ 총급여 500만원 초과

(2) 자녀를 위해 지출한 비용에 대한 공제 여부 → 다음과 같이 공제적용

보장성보험료의 경우에는 자녀를 기본공제자로 하지 않으므로, 본인 지출금액에 포함하여 공제받음

<table>
<tr><th colspan="3">지출시점·지출내역</th><th>자녀에 대한 지출의
본인 공제 여부</th><th>자녀에 대한 지출의
자녀 공제 여부</th></tr>
<tr><td rowspan="5">취업
이전</td><td>보장성
보험료</td><td>계약자-본인
피보험자-자녀</td><td rowspan="3">공제가능(○)
why 규정 있음
(소법 §59의 4 ⑤)</td><td rowspan="3">공제불가(×)
why 입사 전 지출</td></tr>
<tr><td>의료비</td><td>환자-자녀</td></tr>
<tr><td>교육비</td><td>학생-자녀</td></tr>
<tr><td>신용카드 등
사용금액</td><td>사용자-자녀</td><td rowspan="2">공제불가(×)
why 규정 없음</td><td>공제불가(×)
why 입사 전 지출</td></tr>
<tr><td>기부금</td><td>기부자-자녀</td><td>공제가능(○)
why 기부금은
해당 과세기간
지출전액 공제</td></tr>
<tr><td rowspan="5">취업
이후</td><td>보장성
보험료</td><td>계약자-본인
피보험자-자녀</td><td rowspan="5">공제불가(×)
why 규정 없음</td><td>공제불가(×)
why 계약자가 본인·본인
기본공제자 아님</td></tr>
<tr><td>의료비</td><td>환자-자녀</td><td rowspan="3">공제가능(○)
why 입사 후 지출</td></tr>
<tr><td>교육비</td><td>학생-자녀</td></tr>
<tr><td>신용카드 등
사용금액</td><td>사용자-자녀</td></tr>
<tr><td>기부금</td><td>기부자-자녀</td><td>공제가능(○)
why 기부금은
해당 과세기간
지출전액 공제</td></tr>
</table>

의료비의 경우에는 생계요건을 충족하고 본인이 부담한 경우 공제가능

취업시점에 계약자를 자녀로 변경하면, 취업 이후 보장성보험료는 자녀가 공제받을 수 있음

해당 도표에서 언급하는 용어의 의미는 용어정의(p.54) 참조

6. 의료비 세액공제(소법 §59의 4 ②, 소령 §118의 5·§216의 3, 소칙 §58·§61의 4)

(1) 의료비 세액공제 개요

재가급여·시설급여비용 및 장기요양급여 월 한도액을 초과하여 본인이 부담한 부담금(노인장기요양보험법 §40 ①·③ 3호)

구 분		의료비 세액공제
공제 대상 의료비	환 자	근로자 본인의 기본공제대상자(나이·소득요건 배제, 관계·생계요건은 충족)
	공제대상 의료비	• 진찰·진료·질병예방을 위하여 의료기관(병원·의원·조산원)에 지급한 비용 • 치료·요양을 위하여 의약품(한약 포함)을 구입하고 지급하는 비용 • 장애인보장구 구입·임차비용 • 의사·치과의사·한의사 등의 처방에 따라 의료기기를 직접 구입·임차한 비용 • 시력보정용 안경·콘택트렌즈 구입비용 • 보청기 구입비용 • 장기요양급여에 대한 비용으로서 실제 지출한 본인일부부담금 • 장애인 활동 지원에 관한 법률에 따른 활동지원급여에 대한 비용으로서 실제 지출한 본인부담금 • 산후조리·요양의 대가로 산후조리원에 지급하는 비용 (난임시술과 관련하여 처방받은 의약품 구입비용 포함) (수급자인 장애인에게 제공되는 활동보조, 방문목욕, 방문간호 등의 서비스를 말함)
	부담자	근로자 본인
	지출기간	해당 과세기간 중 근무월(휴직기간 포함) 지출분
	지출금액	(아래 표 참조)
	차감금액	실손의료보험금(ⓔ)은 공제대상 의료비에서 차감 ✔ 공제대상자별로 공제대상의료비에서 실손의료보험금을 차감 ✔ 차감시 일반 → 6세 이하자·65세 이상자·장애인·건강보험산정특례자 → 미숙아·선천성 이상아 → 난임의료비 순서로 차감 ✔ 실손의료보험금이 공제대상의료비를 초과하는 경우 해당 공제대상자의 공제대상의료비는 영(0)으로 함
공 제	문 턱	공제대상 의료비(공제대상자별로 실손의료보험금 차감후 금액을 말함)합계액 > 총급여×3%(문턱) → 의료비공제 가능
	환자·의료비 성격별 의료비 공제한도·공제율 (19.1.1. ~ 개정)	(아래 표 참조)

지출금액:

구 분	의료비로 인정되는 금액(한도)
시력보정용 안경·콘택트렌즈 구입비용	환자 1명당 연 50만원 이내
산후조리·요양의 대가로 지급하는 산후조리원 비용	출산 1회당 200만원 이내
이외 공제대상 의료비	전액 인정

환자·의료비 성격별 의료비 공제한도·공제율:

난임시술비 확인필요(진단서 등) / 미숙아·선천성 이상아 의료비 확인필요(진단서 등)

환자·의료비 성격별 공제대상 의료비 구분	공제한도	공제율	총급여×3% (문턱)차감순서
난임시술비(ⓐ)	전액 인정	30%	4
미숙아·선천성 이상아 의료비(ⓑ)	전액 인정	20%	3
본인·6세 이하자·65세 이상자·장애인·건강보험산정특례자 의료비(ⓒ)	전액 인정	15%	2
일반 의료비(ⓓ)	700만원 한도	15%	1

~ 60.12.31. 개정

장애인증명서 등 장애인 입증필요 / 건강보험산정특례자 확인필요

<table>
<tr><th colspan="2">구 분</th><th>의료비 세액공제</th></tr>
<tr><td rowspan="2">공 제</td><td>공제대상금액
(ⓕ)</td><td>$\text{Max}\begin{bmatrix} 0 \\ \text{ⓐ}+\text{ⓑ}+\text{ⓒ}+\text{Min}\begin{bmatrix} \text{ⓓ}-\text{총급여}\times 3\% \\ 7{,}000{,}000 \end{bmatrix} \end{bmatrix}$</td></tr>
<tr><td>세액
공제액(ⓖ)</td><td>$\text{Min}\begin{bmatrix} \text{ⓐ} \\ \text{ⓕ} \end{bmatrix}\times 30\%+\text{Min}\begin{bmatrix} \text{Max(ⓐ, ⓕ)}-\text{ⓐ} \\ \text{ⓑ} \end{bmatrix}\times 20\%+\text{Max}\begin{bmatrix} \text{ⓕ}-\text{ⓐ}-\text{ⓑ} \\ 0 \end{bmatrix}\times 15\%$</td></tr>
<tr><td colspan="2">제출서류</td><td>
<table>
<tr><th colspan="2">구 분</th><th>개별 기관
(건강보험공단 포함)</th><th>간소화</th><th>추가 요건</th></tr>
<tr><td rowspan="8">공제
대상
의료비</td><td>의료기관 지출</td><td rowspan="2">진료비(약제비)납입확인서·의료비부담명세서</td><td rowspan="9">○</td><td rowspan="3">간소화 외
개별기관 자료는
지출처 인적사항
반드시 기재</td></tr>
<tr><td>약국 지출</td></tr>
<tr><td>장기요양비용
지출</td><td>장기요양급여비용명세서·의료비부담명세서</td></tr>
<tr><td>의료기기 구입·
임차 비용</td><td>구입·임차 영수증
+처방전(의료기관)</td><td rowspan="5">지출처
인적사항·
환자명
반드시 기재</td></tr>
<tr><td>장애인보장구
구입·임차비용</td><td>구입·임차 영수증</td></tr>
<tr><td>보청기·안경·
콘텍트렌즈
구입비용</td><td>구입 영수증</td></tr>
<tr><td>산후조리·
요양비용</td><td>지출 영수증</td></tr>
<tr><td colspan="2"></td></tr>
<tr><td>의료비
차감액</td><td>실손의료보험금</td><td>실손의료보험금
지급내역서</td><td>없음</td></tr>
</table>
</td></tr>
<tr><td colspan="2">세부명세서
작성·제출</td><td>• 소득·세액공제명세(지급명세서 3쪽)
• 의료비지급명세서</td></tr>
</table>

- 처방전(의료기관)은 필수
- 상호, 사업자번호
- 실손의료보험금을 차감하여 기재하지 않음(기재대상 아님)
- 실손이료보현금은 별도란에 기재
- 난임의료비, 미숙아·선천성 이상아 의료비는 진단서 또는 증명서가 추가로 필요
- 2025년 9월 현재 장애인의 활동지원급여 중 본인부담금에 대한 제출서류에 대해 관련 법령이 없음. 다만 「활동지원 급여 비용 명세서(장애인 활동지원에 관한 법률 시행규칙 [별지 제10호 서식])」으로 증명(제출)하면 될 것으로 판단됨

(2) 의료비 세액공제 요건 검토

1) 환자

의료비 세액공제를 적용받으려면 해당 의료비의 "환자"가 근로자 본인 또는 본인의 기본공제대상자(나이·소득요건 배제, 관계·생계요건은 충족)여야 한다. 이에 대하여 살펴보면 다음과 같다.

구 분	내 용	공제가능	공제불가
관계요건 충족 여부	형수가 환자인 의료비를 본인이 부담한 경우		✓ why 형제자매 배우자는 관계요건을 충족하지 않음
	기본공제를 받은 장애인 자녀의 장애인 배우자가 환자인 의료비를 본인이 부담한 경우	✓ why 직계비속 배우자는 원칙적으로 관계요건을 충족하지 못하나, 기본공제된 경우에는 공제가능	
생계요건 충족 여부	해외에 거주하는 아버지(재외국민)가 치료를 위해 일시 귀국하여 국내병원에서 치료를 받은 의료비를 본인(내국인)이 부담한 경우		✓ why 이민 간 직계존속(재외국민)은 생계요건을 충족하지 않음
나이 요건만을 충족하지 못한 경우	20세 초과 자녀(장애인 아님)의 의료비를 본인과 배우자가 나누어 부담하고 본인이 자녀 의료비 전액을 신청한 경우	✓ why 본인부담분은 공제가능	✓ why 타인부담분 공제불가
타인이 기본공제 받은 경우	맞벌이부부에 있어 배우자가 환자인 의료비를 본인이 부담한 경우	✓ why 소득요건을 검토하지 않으므로 배우자 의료비는 무조건 공제	
	배우자가 기본공제 받은 미성년 자녀 의료비를 본인이 신청한 경우		✓ why 타인이 기본공제 받은 경우 공제불가

실무 Tip

1. 환자의 범위에 대한 실무적 고찰

배우자 의료비는 무조건 공제대상이며, 나머지 부양가족도 나이요건과 소득요건을 배제하고 환자의 범위를 판단하므로 현실적으로 근로자가 신청하는 거의 대부분의 의료비가 공제가능하다. 이때도 유의할 경우가 있는 바, 의료비 공제대상자(환자)에 대한 범위를 정리해보면 다음과 같다.

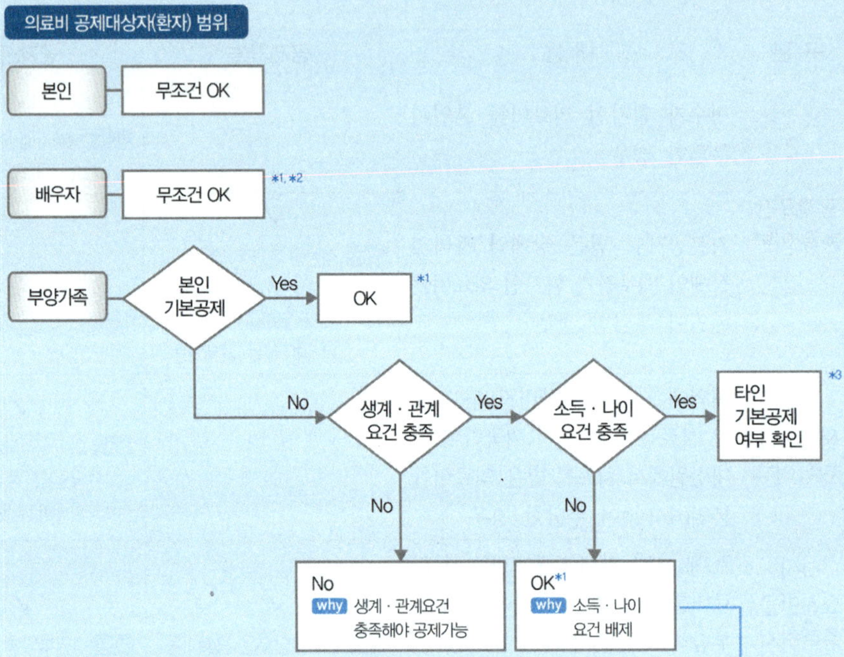

*1 본인부담분에 한하여 공제가능

*2 근로자인 맞벌이 부부는 부부의료비를 자유롭게 공제가능 → 후술하는 '3. 맞벌이 부부' 참조

*3 해당 사항은 기본공제요건(생계 · 관계 · 나이 · 소득요건)을 모두 충족하지만 기본공제 신청 없이 의료비 공제만 신청한 경우임

✓ 타인의 기본공제자 여부 반드시 확인 필요 → 타인의 기본공제자인 경우 의료비 공제불가

예1 6세 자녀에 대해 기본공제 신청 없이 의료비 공제만 신청한 경우

예2 70세 아버지에 대해 기본공제 신청 없이 의료비 공제만 신청한 경우

2. 나이요건만을 충족하지 못하여 기본공제를 받지 못한 부양가족 의료비

나이요건만을 충족하지 못하여 기본공제를 받지 못한 부양가족이 동시에 다른 거주자의 부양가족에 해당되는 경우에는 다음과 같이 공제받아야 한다(서일-1524, 2007.11.6.).

구 분	내 용
공제받을 사람 결정	생계요건 등 소득세법상 공제요건에 따라 1명의 부양가족으로 함 ✔ 1명만 부양가족으로 하여 공제신청 가능함
신청대상 지출	의료비·교육비 ✔ 나이요건을 배제하고 공제받는 신용카드 등 사용금액·기부금도 적용
타인이 부담한 금액	공제신청 시 본인부담분만 신청가능 ✔ 타인이 부담한 금액은 공제받을 수 없음

3. 맞벌이부부

맞벌이부부인 경우 다음과 같이 의료비 신청이 가능하다.

구 분	의료비 공제방법	
	부부의료비	나머지 부양가족 의료비
2명 모두 근로자인 경우	자유롭게 부부의료비를 나누어 신청 가능하나, 문턱을 고려하면 소득이 낮은 사람에게 의료비를 몰아주는 것이 유리	부양가족에 대하여 기본공제를 받는 사람이 받거나 1명만 부양가족 의료비로 신청가능하므로, 부부합산 절세전략 검토 필요
1명은 근로자, 1명은 사업자 등 다른 소득이 있는 경우	근로자만 의료비공제가 가능하므로, 1명의 근로자에게 의료비를 몰아주는 것이 유리	근로자만 의료비공제가 가능하며 타인의 기본공제자 의료비는 공제불가하므로, 부부합산 절세전략 검토 필요

- 편리한 연말정산의 모의 연말정산 적극적 활용 검토
- 편리한 연말정산의 모의 연말정산 활용이 어려운 바, 전문가 의뢰 검토

사례 의료비 공제대상자 판단사례

상황 1

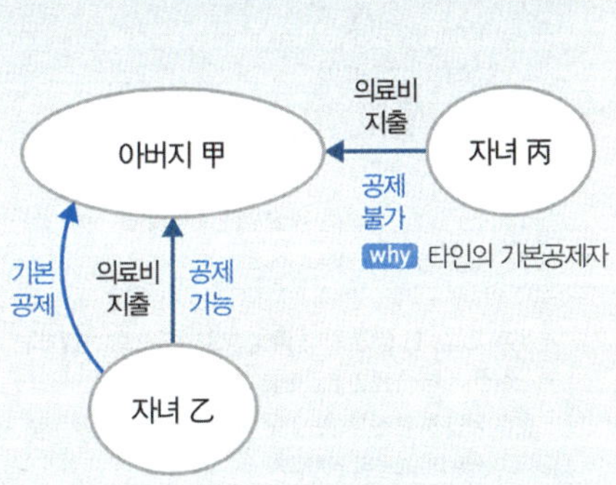

상황 2

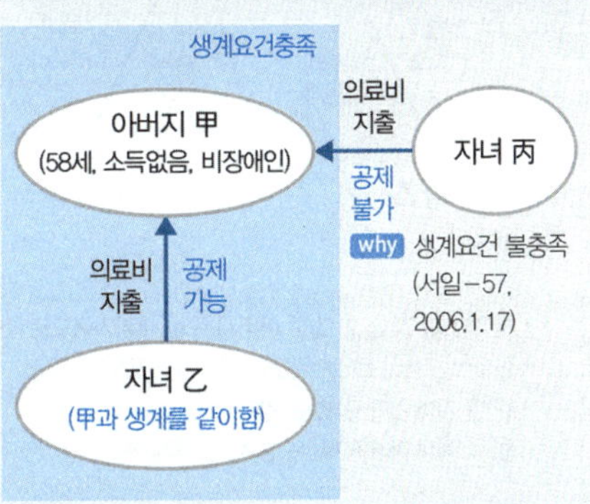

상황 3

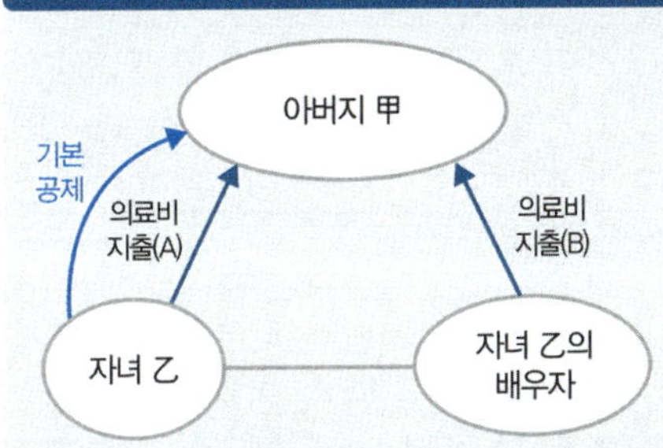

본인부담분 A에 대해서만 공제가능 (서일-57, 2006.1.17.)

B에 대해서 공제불가
why 타인의 기본공제자 의료비 (재소득-649, 2006.10.24.)

상황 4

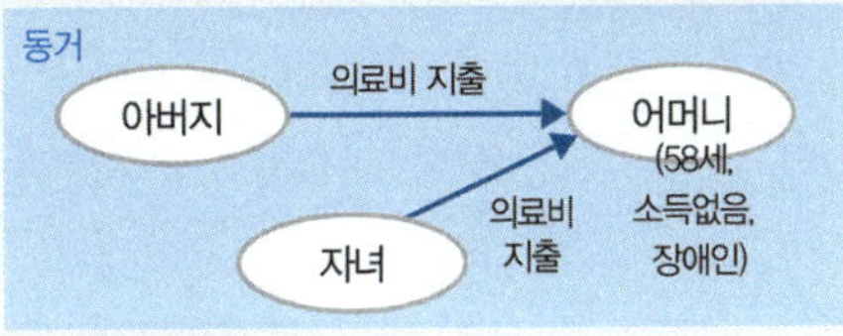

- 어머니 기본공제
  - ✓ 아버지가 받아야 함(서일-1197, 2005.10.6.)
  - why 어머니의 부양의무자는 아버지(배우자)임
- 자녀가 지출한 어머니 의료비
  - ✓ 자녀가 공제불가
  - why 타인의 기본 공제자

상황 5

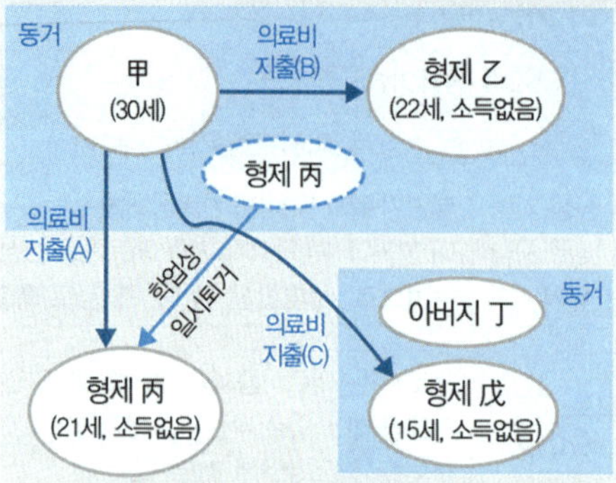

- 甲은 A, B에 대해서 공제가능
  why 기본공제자는 아니나, 관계 · 생계요건을 충족
- 甲은 C에 대해서는 공제불가
  why 형제 戊의 생계요건은 아버지 丁이 충족
  (아버지 丁의 기본공제자)

상황 6

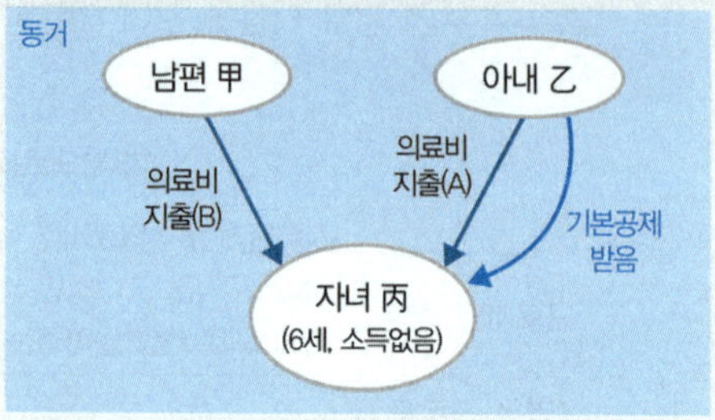

- 남편 甲 ✓ 의료비 A, B 모두 공제불가
  why B는 타인 기본공제자 의료비이며
  A는 본인부담분 아님
- 아내 乙 ✓ 본인부담분 A만 공제가능

상황 7

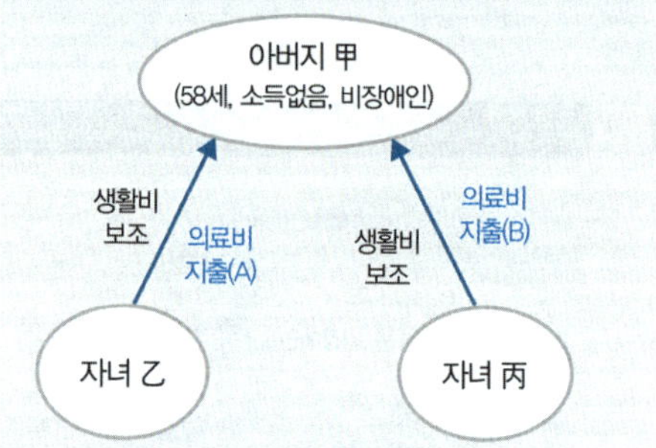

- 자녀 乙과 丙 중 한 명만 아버지 甲을 부양가족으로 신청가능
- 신청한 자녀만 본인부담분을 의료비 공제받음
  예1 자녀 乙이 공제받는 경우 A만 공제가능
  예2 자녀 丙이 공제받는 경우 B만 공제가능

상황 8

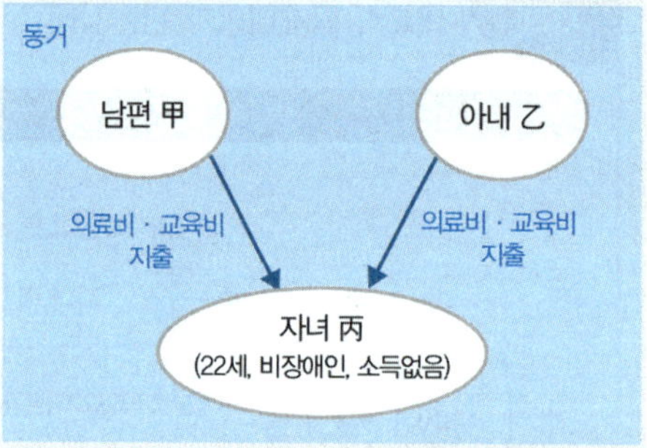

- 甲과 乙 중 한 명만 자녀 丙을 부양가족으로 신청가능
- 신청한 자녀만 본인부담분을 의료비 공제받음
  예 남편 甲이 신청하는 경우 아내 乙이 자녀 丙을 위해 지출한
  의료비, 교육비 공제불가

2) 공제 여부 사례

의료비 성격별로 공제 여부에 대해 살펴보면 다음과 같다.

구 분	상 황(내용)	공제가능	공제불가
병원비	의료기관에서 의료비와 함께 청구한 식대	✓	
	간병인에게 지급하는 간병비		✓ why 의료기관에 지출한 것이 아님
	선천성 구순열(언청이) 수술 (법인 46013－3443, 1996.12.11.)	✓ why 진찰·진료·질병예방을 위한 비용	
	라식 수술비(근시교정시술비) (재소득 46073－203, 2000.12.28.)		
	질병의 치료를 위한 탈모로 인한 이식수술비 (법인 46013－4396, 1995.12.1.)		
	선천적으로 한쪽 귀가 없는 청각장애인의 청각기능 회복과 귀의 성형을 위하여 지급하는 수술비 (소득 46011－2140, 1994.7.26.)		
	정신적 고통에 대한 치료목적이 확인되는 (의사의 소견서 첨부) 화상흉터 및 사마귀제거 수술비		
	질병을 원인으로 유방을 절제한 후 이를 재건하기 위하여 의료기관에 지급한 비용 (재소득－86, 2013.2.13.)		
	의료기관에 지급한 보철, 틀니, 질병예방차원의 스케일링 비용 및 예방접종비용 (법인 46013－787, 1998.3.30.)		
	진료, 질병예방 목적으로 지급된 MRI 촬영비		
	임신 중 초음파·양수검사비, 출산 관련 분만비용 (외국에서의 출산비용은 제외)		
	의사의 저작기능장애 진단서가 첨부된 치열교정비 (법인 46013－787, 1998.3.30.).		
	임플란트(인공치아 심는 것) 치료가 필요하다고 의사가 판단한 진단서를 첨부하는 경우		
	불임으로 인한 인공수정시술을 받은 경우 검사료, 시술비 등		

난임시술비에 해당
- 전액 인정·공제율 30%
- 난임시술비 확인필요(난임진단서 등)

건강검진 결과 지방간, 복부지방과대, 고혈압 등이 확인되어 근본적 원인인 복부비만을 해결하기 위해 지방흡입수술을 받은 경우 해당 의료비가 공제대상 의료비에 해당하는지 여부는 시술이나 수술의 목적 등 제반관계를 종합적으로 고려하여 사실판단함(사전법규소득-1872, 2022.1.18.)

구 분	상 황(내용)	공제가능	공제불가
병원비	미용·성형수술을 위한 비용		✓ why 질병치료 목적으로 보지 않음
	치료목적 등이 아닌 진단서발급비용, 임신중절수술비용 등		
	출산과 관련한 태반 제대혈 실시비용과 보관비용		
건강증진 의약품 구입비용	건강증진을 위한 의약품(보약 등) 구입비용		✓ why 치료·요양 목적 아님
	건강기능식품에 관한 법률에 의한 건강기능식품 구입비용(서일-1085, 2007.7.30.)		
약품 구입비용	국내에서 구할 수 없는 희귀병의 의약품을 자가치료를 목적으로 식품의약품안전청고시 제1998-114호(1998.11.27.)에 의하여 국·공립병원장, 보건소장 또는 의료법상 의료기관(조산원 제외)의 진단서를 발급받아 환자의 진료병원 소재지의 시·도지사의 추천을 받고 수입하는 희귀병 의약품의 구입비	✓ why 치료·요양을 위한 의약품 구입	
	의사의 처방전 없이 약사법 제2조 규정에 의한 의약품을 약국에서 구입하는 경우 (서일-629, 2004.5.4.)		
산후조리 비용	출산 후 산후조리원 또는 산후조리원을 운영하는 의료기관에 지출한 비용	✓	
	출산 후 산리조리를 위해 산후도우미를 가정에서 이용하고 지출한 비용		✓ why 산후조리원 비용만 공제 가능
	유산 후 산후조리원에 산후조리비용으로 지출한 비용		✓ why 출산만 가능
	해외에서 출산하고 해외에서 지출한 산후조리비용		✓ why 국내 지출만 가능
	계약금 명목으로 출산전 지출한 산후조리원 비용		✓ why 출산후 산후조리원 이용 시 공제 가능
의료기관 범위	장애인의 언어재활을 위한 사설학원의 학원비용 (법인 46013-3172, 1998.10.28.)		✓ why 의료기관이 아님
	장애인의 자폐증 치료를 위한 특수교육원비 (법인 46013-25, 1997.1.8.)		
	의료기관이 아닌 기관에 지급한 응급환자이송비용 및 식대 등		
	교통사고 장애인의 스포츠센터 재활비용		

의료비 영수증 발급처가 한국희귀의약품센터임

구입영수증으로 공제가능(p.581 참조)

출산 1회당 200만원 한도로 의료비 공제가능

다만, 교육비 요건에 충족하는 경우 교육비로는 공제가능

구 분	상 황(내용)	공제가능	공제불가
해외 의료비	외국에 소재한 대학병원에 지급한 의료비 (법인 46013-2952, 1996.10.24.)		✓ why 국내 의료기관·지출분만 공제가능
	근로소득이 있는 거주자가 기본공제대상 자녀를 위해 외국에서 구입(보청기 구입영수증은 구입처에서 수령하였으나, 국내 사업자등록번호가 없는 해외상사에서 구입)한 보청기 구입비용(서면법규-327, 2013.3.21.)		
	국외근로자 및 기본공제대상자를 위해 법인의 비용으로 지급하는 국외의료비(원천-707, 2011.11.2.)		
의료용품 구입	의료기상사에서 직접 구입한 물리치료기구 (법인 46013-469, 1994.2.16.)		✓ why 의료기기상에서 구입·임차한 의료기기만 가능
	의료용품점에서 구입하여 사용하는 온열치료기 구입비용(법인 46013-2400, 1998.8.25.)		
장애인 보장구 구입비용	척수수막류라는 희귀난치병으로 인해 배뇨장애가 있는 어린이가 과세기간 종료일(12.31.) 현재 장애인증명서를 발급받지 않은 상태에서 장애인보장구인 기저귀를 구매하였을 경우 해당 비용 (서일-527, 2008.4.15.)	✓	

다만, 일반 의료비로 공제받음

영수증 발급처가 의료기기상사인 경우 다음을 모두 충족해야 공제가능
① 의료기기명이 기재되어 있을 것
② 처방전(의사 등)이 제출될 것
③ ①과 ②에 기재된 의료기기명이 동일할 것
④ 환자(사용자)가 기재되어 있을 것
⑤ 발급처 인적사항(상호, 사업자번호)이 기재되어 있을 것

3) 부담자

의료비는 지출공제에 해당되므로 당연히 근로자 본인이 부담한 것만을 공제받아야 한다. 부담자별 공제 여부를 살펴보면 다음과 같다.

근로소득으로 과세 → 의료비 세액공제 받음

구 분	상 황	공제 여부	
		공제가능	공제불가
회사 부담	근로자가 부담하여야 할 의료비를 회사가 대신 부담한 경우(서일-769, 2006.6.13.)	✓	
	회사에서 소속 근로자 및 근로자 가족의 건강검진비를 지원하는 금액(원천세과-390, 2024.3.28.)		
사내근로복지기금 보조금	사내근로복지기금으로부터 지급받은 의료비 (재소득 46073-206, 2001.11.8.)		✓ why 본인부담금이 아님

2019년 귀속 연말정산분부터 반드시 공제대상 의료비에서 차감 후 의료비공제 신청해야 함

구 분	상 황	공제 여부	
		공제가능	공제불가
보험금 수령액	실손의료보험금		✓ why 본인부담금이 아님
	계약자 법인, 피보험자 및 수익자가 종업원인 단체순수보장성보험 또는 단체환급부보장성보험에서 종업원의 부상·질병 또는 사망으로 인한 보험금의 지급사유가 발생하여 종업원 또는 그 유족이 지급받는 보험금(서일-68, 2006.1.18.)		
	사내근로복지기금에서 근로자를 피보험자로 하여 가입한 단체상해보험에서 수령하는 보험금(서일-569, 2004.4.19.)		
국가 지원금	국민건강보험공단으로부터 국민건강보험법 제45조에 따른 부가급여인 '출산 전 진료비' 지원금을 지원받는 경우 해당 지원금으로 지급하는 진료비(원천-471, 2009.2.12.)		
	국민건강보험공단으로부터 지급받는 건강생활유지비로 지출한 의료비(서일-1480, 2007.10.30.)		
	난임부부 시술비 지원사업에 따라 받는 지원금		
	산후도우미 지원사업에 따른 지원금		
	재난지원금으로 지출한 공제대상의료비	✓ why 재난지원금으로 지출한 의료비는 본인부담분으로 봄	
공단 추징금	보험급여의 제한사유(고의로 사고를 발생시킨 때 등)로 징수(법인 46013-3576, 1996.12.21.)	✓ why 결과적으로 본인부담	
	보험자부담 요양급여기간의 초과로 인하여 징수(법인 46013-4069, 1995.11.2.)		
	근로소득이 있는 거주자가 교통사고로 자신이 직접 부담하여야 할 의료비를 착오로 국민건강보험공단에 보험급여를 부당청구하여 해당 보험급여에 상당하는 금액을 국민건강보험법 제57조에 따라 기타징수금으로 납부하는 경우 해당 기타징수금(서면법규-382, 2013.4.3.)		
공단 환급금	연간 보험적용 본인부담금이 상한액을 초과하여 국민건강보험공단으로부터 환급받은 금액		✓ why 본인부담 의료비를 환급받음

4) 지출기간

공제대상 의료비 지출기간은 해당 과세기간 중 근무월(휴직기간)에 지출한 의료비로 한다. 지출기간 관련 사항에 대해 살펴보면 다음과 같다.

<table>
<tr><th colspan="2">구 분</th><th colspan="2">내 용</th></tr>
<tr><td rowspan="5">공제대상
의료비</td><td>지출기간</td><td colspan="2">해당 과세기간 중 근무월(휴직기간) 지출분</td></tr>
<tr><td>지출시점
판단기준</td><td colspan="2">실지 지급일 기준(현금주의)</td></tr>
<tr><td rowspan="3">사 례</td><td>상 황</td><td>의료비공제
적용연도</td></tr>
<tr><td>12월 31일 사망한 기본공제대상자인 부양가족의 의료비를 다음연도에 지출한 경우(사전법령소득-46, 2019.2.15.)</td><td>지출한
다음연도</td></tr>
<tr><td>부양가족대상인 직계존속이 진료를 받던 중 1992년에 사망하였고 2년 후인 1994년도에 공단으로부터 진료초과로 인하여 추가로 진료비 납부통지를 받고 납부한 경우(법인 46013-3496, 1994.12.21.)</td><td>납부한 날이
속하는 연도</td></tr>
</table>

5) 실손의료보험금

2019년 귀속 연말정산분부터 실손의료보험금을 공제대상 의료비에서 차감하도록 다음과 같이 관련 내용이 명확하게 법령 등에 추가되었다.

<table>
<tr><th>구 분</th><th colspan="2">내 용</th></tr>
<tr><td rowspan="3">실손의료보험금
지급자료 제출
(보험사 등→
자료집중기관
→ 국세청)</td><td>구 분</td><td>내 용(소법 §165 ①, 소령 §118의 5 ①·§216의 3 ⑦)</td></tr>
<tr><td>제출기관
(보험사 등)</td><td>1. 보험회사
2. 수산업협동조합·신용협동조합·새마을금고
3. 군인공제회·한국교직원공제회·대한지방행정공제회·경찰공제회·대한소방공제회
4. 우정사업본부</td></tr>
<tr><td>제출대상</td><td>보험·공제계약에 따라 실제 부담한 의료비를 실손의료보험금으로 지급한 경우</td></tr>
<tr><td>실손의료보험금
처리
(근로자)</td><td colspan="2">실손의료보험금을 공제대상 의료비에서 차감
✔ 해당연도 공제대상 의료비에 대한 실손의료보험금만 차감
→ 과거연도 의료비에 대한 실손의료보험금은 차감할 수 없음
✔ 공제대상자별로 실손의료보험금을 공제대상의료비에서 일반 → 6세 이하자·65세 이상자·장애인·건강보험산정특례자 → 미숙아·선천성 이상아 → 난임의료비 순서로 차감</td></tr>
<tr><td rowspan="3">실손의료보험금
조회</td><td>조회처</td><td>조회방법</td></tr>
<tr><td>국세청(홈택스)</td><td>홈택스 로그인 ⇨ 장려금·연말정산·기부금 ⇨ 연말정산 간소화</td></tr>
<tr><td>보험회사</td><td>가입한 보험회사로 개별 문의하여 조회</td></tr>
<tr><td>실손의료보험금
세무처리 상담</td><td colspan="2">실손의료보험금 관련 복잡하고 다양한 사례가 많을 것인데, 이러한 경우 국세청(☎ 126)에 문의하거나 각 보험사로 문의</td></tr>
<tr><td>지급명세서</td><td colspan="2">소득·세액공제명세(3쪽) 의료비에 기재(전산매체 E레코드에 기재)하여 과세관청에 제출</td></tr>
</table>

한걸음 더

실손의료보험금에 대한 고찰

실손의료보험금 관련 내용이 2019년부터 시행되었는 바, 여러 궁금한 사항이 있을 수 있다. 이에 대해 살펴보기로 하자.

Q1 2019년부터 개정된 것인가?

A1 결론부터 말하면 아니다.

2019년 연말정산분부터 명확하게 실손의료보험금을 공제대상 의료비에 차감하도록 법령이 개정되었지만, 해당 내용(실손의료보험금을 공제대상 의료비에서 차감하는 것)은 실지 개정된 것이 아니다. 왜냐하면, 이미 법령에 "근로자인 거주자가 … 지급한 의료비를 공제한다(소법 §59의 4 ②)."라고 규정하고 있는 바, 보험회사 등으로부터 해당 의료비를 청구하여 환급받았다면 "본인이 부담"한 것이 아니므로 공제받지 않아야 한다. 관련 예규도 2005년에 생성된 바 있다.

Q2 조회되는 금액은 2019년부터인가?

A2 그렇다. 2019년에 받은 실손의료보험금부터 조회되며, 2018년 이전에 받은 금액은 조회되지 않는다.

Q3 의료비 발생연도도 조회되는가?

A3 아니다. 단순히 지급된 연도기준으로만 조회된다.

Q4 과거연도 의료비에 대하여 올해 실손의료보험금을 수령한 경우, 즉 의료비 지출연도와 실손의료보험금 수령연도가 서로 다른 경우 어떻게 의료비에서 차감해야 하는가?

A4 2020년까지는 실손의료보험금을 수령한 연도를 기준으로 공제대상 의료비에서 차감하도록 안내하였으나, 2021년 귀속 연말정산분부터는 공제대상 의료비 지출연도를 기준으로 실손의료보험금을 공제대상 의료비에서 차감하도록 변경하였다(소득세법 시행규칙 [별지 제37호 서식] 소득·세액공제신고서 작성방법).

즉 2021년부터는 다음과 같이 실손의료보험금을 처리하면 된다.

실손의료보험금의 공제대상 의료비 지출연도		공제대상 의료비에서 차감하는 방법
과거 연도	의료비 공제를 적용받은 경우	과거연도 의료비에서 차감해야 함 ✔ 해당 과거연도 연말정산·종합소득세 신고에 대해 수정신고 ✔ 가산세 불이익 없음
	의료비 공제를 적용받지 않은 경우	의료비 공제를 적용받지 않았으므로 고려대상이 아님 ✔ 해당 과거연도 연말정산·종합소득세 신고를 수정신고하지 않음
해당 연도		연말정산(또는 종합소득세 신고) 시 공제대상 의료비에서 차감하고 의료비 신청

2021.2.17. 이후 수정신고분부터 정당한 사유에 해당되는 것으로 보아 보험금 수령 연도에 대한 종합소득세 신고기한까지 수정신고하는 경우 가산세 면제(국기법 §48 ①, 국기령 §28 ①)

Q5 휴직으로 1년 동안 근무하지 않아 근로소득이 없는 사람이 2025년에 실손의료보험금을 받았다면?

A5 2025년 근로소득이 없는 바 다음과 같이 처리하면 된다.

구 분	세무상 처리
2025년 공제대상 의료비 및 해당 의료비에 대한 실손의료보험금	2025년 귀속 근로소득이 없는 바, 연말정산대상자가 아니다. 따라서 의료비 세액공제도 적용받을 수 없으므로, 근로자 본인에게는 의미 없는 자료이다. 다만, 다른 가족의 부양가족이 되어 그 다른 가족의 인적공제대상자가 된다면, 그 다른 가족이 근로자 본인의 공제대상 의료비 및 실손의료보험금에 대하여 의료비 세액공제를 적용받을 수는 있을 것이다.
2024년 이전 공제대상 의료비 및 해당 의료비에 대한 실손의료보험금	앞서 언급한 A4와 같은 방법으로 처리하면 된다.

Q6 배우자에 대한 의료비는 조건없이 신청가능하여 배우자 의료비를 공제 신청하는데, 배우자가 실손의료보험금을 받은 경우 공제대상 의료비에서 차감해야 하는가?

A6 공제대상 의료비에 대한 실손의료보험금을 차감하는 것은 본인부담금이 영(0)이 되었기 때문인 바, 본인이 아닌 배우자가 수령한 경우라도 실지 본인부담금이 없는 것으로 보는 것이 타당하므로 차감하고 신청하여야 할 것이다.

Q7 공제대상 의료비는 근무월 지출분만 집계하여 의료비공제 신청하는데, 근무월이 아닌 달에 지출한 의료비에 대해 받은 실손의료보험금도 차감하여 신청하는가?

A7 차감하지 않는다. 왜냐하면, 공제대상 의료비에 대해서 받은 실손의료보험금만 차감하여야 신청하는 것이 당연하기 때문이다.

Q8 다른 의료비 지출로 받은 실손의료보험금을 의료비 공제율이 다른 난임시술비에서 차감해도 되는가?

A8 원칙적으로는 공제대상 의료비와 1:1로 매칭하여 실손의료보험금을 차감하는 것이 타당하다. 다만, 공제대상 의료비 및 실손의료보험금 금액을 전산매체로 신고하게 되어 있고, 해당 금액을 전산 Logic에 따라 의료비 공제가 계산되어지는데, 국세청이 제공하는 Logic에 따르면 공제대상자별로 근로자에게 유리한 순서(일반 → 6세 이하자 · 65세 이상자 · 장애인 · 건강보험산정특례자 → 미숙아 · 선천성 이상아 → 난임의료비)로 차감하도록 되어 있다.
따라서, 1:1로 매칭하여 실손의료보험금을 차감하지 않고, 공제대상 의료비에 포함되어 있는 실손의료보험금을 의료비공제대상자별로만 매칭하여 의료비 공제를 신청하면 된다.

Q9 실손의료보험금을 차감하는 방법이 매우 어려운 것 같다. 좋은 방법이 있는가?

A9 판단이 어려운 경우 국세청(☎126) 또는 각 보험사로 문의하여 판단하는 것도 좋은 방법이다.

02

(3) 의료비 세액공제 제출서류 검토

1) 제출서류 리스트 및 요건

<table>
<tr><th colspan="2" rowspan="2">구 분</th><th colspan="3">제출서류 발급처</th><th colspan="4">제출서류 요건</th></tr>
<tr><th>홈택스</th><th>공 단</th><th>개별기관</th><th>공통요건</th><th>지출기간</th><th>추가요건</th><th>금액요건</th></tr>
<tr><td rowspan="8">공제대상 의료비</td><td>의료기관 지출
(병원비)</td><td rowspan="8">조회 가능
(○)</td><td rowspan="3">의료비 부담 명세서</td><td rowspan="2">진료비
(약제비)
납입 확인서·계산서·영수증</td><td rowspan="3">난임·미숙아·선천성 이상아·건강보험 산정 특례자 확인 필요
(진단서 또는 증명서)</td><td rowspan="8">입사자는 근무월
(휴직기간 포함)
자료일 것</td><td rowspan="3">없음</td><td rowspan="3">없음</td></tr>
<tr><td>약국 지출
(의약품구입)</td></tr>
<tr><td>요양기관
(장기요양 비용)</td><td>장기요양 급여비용 명세서</td></tr>
<tr><td>의료기기 구입·임차 비용</td><td rowspan="5">자료 없음
(×)</td><td>구입·임차 영수증·처방전</td><td rowspan="5">발급처 인적사항
(상호·사업자번호),
환자명
(사용자명)
기재</td><td>의료기기명 기재된 영수증·처방전 필수</td><td>없음</td></tr>
<tr><td>장애인보장구 구입·임차 비용</td><td>구입·임차 영수증</td><td>없음</td><td>없음</td></tr>
<tr><td>보청기 구입비용</td><td rowspan="2">구입 영수증</td><td>없음</td><td>없음</td></tr>
<tr><td>안경·콘택트렌즈 구입비용</td><td>시력 교정용임을 발행자가 확인</td><td>환자 1명당 연 50만원 한도</td></tr>
<tr><td>산후조리원 비용</td><td>지출 영수증</td><td>없음</td><td>출산 1회당 연 200만원 한도</td></tr>
<tr><td>의료비 차감액</td><td>실손의료 보험금</td><td>조회 가능
(○)</td><td>자료 없음
(×)</td><td>실손의료 보험금 지급 내역서</td><td colspan="4">없음</td></tr>
</table>

2025년 9월 현재 장애인의 활동지원급여 중 본인부담금에 대한 제출서류에 대해 관련 법령이 없으나, 「활동지원 급여비용 명세서(장애인 활동지원에 관한 법률 시행규칙 [별지 제10호 서식])」으로 증명(제출)하면 될 것으로 판단함

해당 서식은 지출 시마다 받는 영수증(명세서)이며, 1년 전체가 조회가능한 장기요양급여비 납부확인서로도 가능함

한걸음 더

제출서류 관련 추가 사항

1. 건강보험공단 자료를 제출한 경우

건강보험공단 자료를 간소화에서 동일하게 제공하는 것이며 건강보험공단 자료는 의료비지급명세서에 세부적으로 기재하는 반면 국세청 자료는 환자별 총액만 기재하므로, 가급적 국세청 자료를 제출하도록 안내한다.

2. 간소화자료 금액이 실지 지출액보다 작은 경우

간소화자료는 의료기관·약국·요양기관에서 건강보험공단에 제공한 자료를 조회하는 것이므로, 의료기관 등이 비급여(전액 본인부담)에 대해서 자료를 제출하지 않는 경우 실지 지출액보다 작은 금액이 조회될 수 있다. 이러한 경우 개별기관에서 발급받은 서류를 제출하도록 안내한다.

3. 간소화자료와 개별기관 자료를 동시에 제출하는 경우

해당 자료를 확인하여 다음과 같이 안내한다.

구 분	내 용
환자가 다른 경우	자료가 다르고, 환자도 다르므로 공제가능
환자가 같은 경우	환자가 동일하므로, 동일금액이 중복되어 있을 수 있음 ✔ 간소화자료에서 지출처가 동일한 것이 있는지 확인 ✔ 동일한 것이 없다면 공제가능하나, 동일한 지출처가 있다면 보완 제출 요청

4. 서류가 완전하지 않은 경우

근로자가 연말정산 시 원천징수의무자에게 공제용으로 제출한 것으로서 기재사항에 하자가 있는 의료비영수증을 추후 보완하여 적격 영수증으로 인정되는 경우에는 공제가능하다(법인 476013-4574, 1995.12.15.). 즉 보완을 요청하면 된다.

5. 처방전 없이 일반의약품을 구입한 경우

의사의 처방전 없이 약사법 제2조 규정에 의한 의약품을 약국에서 구입하는 경우 정규영수증 등을 제출하여도 공제가능하지만(서일-629, 2004.5.4.), 원천징수의무자는 연말정산 시 이와 같은 사례에 대해서는 의료비공제를 적용해주기 어려울 것이다.

왜냐하면, ①약국에서 발행하는 영수증(카드전표·현금영수증·간이영수증)에 일반의약품 여부가 기재되어 있지 않고, ②사용자(환자) 또한 불분명하기 때문이다. 다만, 사용자가 약국에서 처방전 없이 일반의약품을 구매할 때 ⓐ신분증을 제시하고, ⓑ현금영수증 승인번호가 기재된 약제비 계산서·영수증(국민건강보험요양급여의 기준에 관한 규칙[별지 제12호의 2 서식])을 발급받아 연말정산 시 제출하면 공제가능하다.

약국에서는 의약품 외에 다른 물품 등도 판매하기 때문

02

2) 제출서류 검토

근로자가 제출한 간소화자료의 조회기간이 근무월과 다른 경우
- 금액 자료를 활용하지 않음
- 근로자에게 근무월만 조회된 자료를 다시 제출할 것을 요구함

2025년 귀속 소득 · 세액공제증명서류 : 기본(지출내역)내역 [의료비]

(조회기간 : 2025년 01 ~ 12월)

근무월 확인

■ 환자 인적사항

성 명	주 민 등 록 번 호
김길동	810101-*******

- 본인 · 본인 기본공제대상자(나이 · 소득요건 배제) 여부 확인
- 배우자는 기본공제 여부와 관계없이 공제가능
- 장애인 · 건강보험산정특례자 여부 확인

■ 의료비 지출내역

(단위:원)

사 업 자 번 호	상 호	종 류	지출금액 계
1-85-61*	A***	안경 또는 콘텍트렌즈 구입비용	40,000
6-11-31*	C***	의료기기 구입비	158,000
2-15-95*	A**	일반	
1-13-39*	F***	보청기 또는 장애인 구 구입비용	
8-91-03*	S**	일반	36,800
0-90-55*	K**	일반	13,500
의료비 인별합계금액			479,380
안경구입비 인별합계금액			40,000
인별합계금액			519,380

처방전(의료기관 발행) 제출 여부 확인

환자 1명당 50만원 초과 여부 확인

why 의료비지급명세서에 환자 1명당 50만원까지만 기재 가능

동일한 환자에 대해 의료기관(약국)등 자료와 간소화 자료를 동시에 제출했을 경우
→ 상세(일별)내역 제출 요청

1. 공제 대상 : 근로자 본인 및 부양가족(나이 및 소득의 제한을 받지 않음)을 위해 지출한 의료비 중 총급여액의 3%를 초과한 금액
   ※ 미용 목적 성형(교정) 비용 및 건강기능식품(보약) 구입비용, 국민건강보험공단이 지급한 '본인부담금상한제 사후환급금' 및 출산 전 진료비원지원금에 해당하는 의료비, 사내근로복지기금 지원 의료비 등은 세액공제대상이 아님
2. 공제 한도 : 본인 · 장애인 · 6세 이하자 · 65세 이상 자 · 미숙아·선천성 이상아 · 건강보험 산정특례자 · 난임시술비(한도 없음) 그 외 부양가족(700만원)
   ※ 시력보정용 안경(콘택트렌즈) 구입비는 1인당 연 50만원 이내,
   2019년 이후 지출한 산후조리 비용은 출산 1회당 연 200만원 이내

일련번호 : 20251219-01181485

-1-

국세청 National Tax Service

- 본 증명서류는 「소득세법」 제165조 제1항에 따라 영수증 발급기관으로부터 수집한 서류로 소득·세액공제 충족 여부는 근로자가 직접 확인하여야 합니다.
- 본 증명서류에서 조회되지 않는 내역은 영수증 발급기관에서 직접 발급받으시기 바랍니다.

> 근로자가 제출한 간소화자료의 조회기간이 근무월과 다른 경우
> - 금액 자료를 활용하지 않음
> - 근로자에게 근무월만 조회된 자료를 다시 제출할 것을 요구함

2025년 귀속 소득 · 세액공제증명서류 : 상세(일별)내역 [의료비]

(조회기간 : 2025년 01 ~ 12월)

> 근무월 확인

■ 환자 인적사항

성 명	주 민 등 록 번 호
홍부인	870101-*******

> - 본인 · 본인 기본공제대상자(나이 · 소득요건 배제) 여부 확인
> - 배우자는 기본공제 여부와 관계없이 공제가능
> - 장애인 · 건강보험산정특례자 여부 확인

■ 의료비 지출내역

(단위:원)

사업자번호	상 호	종 류	날 짜	지출금액
1-85-61*	A***	안경 또는 콘텍트렌즈 구입비용	2025-12-16	170,000
지출금액 계				170,000
6-11-31*	C***	의료기기 구입비	2025-07-22	134,000
지출금액 계				134,000
2-92-63*	B**		2025-01-04	6,600
지출금액 계				6,600
1-13-39*	F***	보청기 또는 장애인 보장구 구입비용	2025-02-05	400,000
지출금액 계				400,000
8-91-03*	S**	일반	2025-03-11	18,900
지출금액 계				18,900
의료비 인별합계금액				559,500
안경구입비 인별합계금액				170,000
인별합계금액				729,500

> 처방전(의료기관 발행) 제출 여부 확인

> 환자 1명당 50만원 초과 여부 확인
> why 의료비지급명세서에 환자 1명당 50만원까지만 기재 가능

> 동일한 환자에 대해 의료기관(약국)등의 자료와 간소화자료를 동시에 제출했을 경우 상세(일별)내역을 제출받아 동일지출처, 동일금액 중복 여부 확인

1. 공제 대상 : 근로자 본인 및 부양가족 … 초과한 금액
   ※ 미용 목적 성형(교정) 비용 및 건강기능식품(보약) 구입비용, … 환급금' 및 출산 전 진료비원지원금에 해당하는 의료비, 사내근로복지기금 지원 의료비 등은 세액공제대상이 아님
2. 공제 한도 : 본인 · 장애인 · 6세 이하자 · 65세 이상 자 · 미숙아·선천성 이상아 · 건강보험 산정특례자 · 난임시술비(한도 없음) 그 외 부양가족(700만원)
   ※ 시력보정용 안경(콘택트렌즈) 구입비는 1인당 연 50만원 이내,
   2019년 이후 지출한 산후조리 비용은 출산 1회당 연 200만원 이내

일련번호 : 20251219-01171372

-6-

국세청
National Tax Service

- 본 증명서류는 『소득세법』 제165조 제1항에 따라 영수증 발급기관으로부터 수집한 서류로 소득·세액공제 충족 여부는 근로자가 직접 확인하여야 합니다.
- 본 증명서류에서 조회되지 않는 내역은 영수증 발급기관에서 직접 발급받으시기 바랍니다.

02

2025년 귀속 소득 · 세액공제증명서류 : 상세(일별)내역[의료비]

(조회기간 : 2025년 01 ~ 12월)

근무월 확인

근로자가 제출한 간소화자료의 조회기간이 근무월과 다른 경우
✓ 금액자료를 활용하지 않음
✓ 근로자에게 근무월만 조회된 자료를 다시 제출할 것을 요구함

■ 환자 인적사항

성 명	주민등록번호
홍부인	870101-*******

산후조리원 비용은 한도(출산 1회당 200만원) 검증을 위해 반드시 상세(일별) 내역 자료를 받는 것이 좋음

■ 의료비 지출내역

(단위:원)

사업자번호	상 호	종 류	날 짜	지출금액
5-03-71*	K*****	산후조리원 비용	2025-01-25	1,800,000
			2025-12-24	2,900,000
지출금액 계				4,700,000
의료비 인별합계금액				0
안경구입비 인별합계금액				0
산후조리원 인별합계금액				4,700,000
인별합계금액				4,700,000

동일한 환자에 대해 산후조리원 자료와 간소화자료를 동시에 제출했을 경우 상세(일별)내역을 제출받아, 동일지출처, 동일금액 중복여부 확인

- 본인 · 본인 기본공제대상자(나이 · 소득요건 배제)여부 확인
- 배우자는 기본공제 여부와 관계없이 공제가능
- 장애인 · 건강보험산정특례자 여부 확인

사례의 경우
✓ 출산 1회에 대한 산후조리원 비용을 나누어 지출한 경우 200만원 공제가능
✓ 출산 2회에 대한 산후조리원 비용인 경우 380만원 공제가능
✓ 1월분은 출산 후 산후조리원 비용이나, 12월분은 유산 후 산후조리원 비용인 경우 180만원 공제가능
∴ 정확한 공제금액 산출을 위해 출산여부 및 출산횟수 확인 필요

1. 공제 대상 : 근로자 본인 및 부양가족(나이 및 소득의 제한을 받지 않음)을 위해 지출한 의료비 중 총급여액의 3%를 초과한 금액
   ※ 미용 목적 성형(교정) 비용 및 건강기능식품(보약) 구입비용, 국민건강보험공단이 지급한 '본인부담금상한제 사후환급금' 및 출산 전 진료비원지원금에 해당하는 의료비, 사내근로복지기금 지원 의료비 등은 세액공제대상이 아님
2. 공제 한도 : 본인 · 장애인 · 6세 이하자 · 65세 이상 자 · 미숙아·선천성 이상아 · 건강보험 산정특례자 · 난임시술비(한도 없음) 그 외 부양가족(700만원)
   ※ 시력보정용 안경(콘택트렌즈) 구입비는 1인당 연 50만원 이내,
   2019년 이후 지출한 산후조리 비용은 출산 1회당 연 200만원 이내

일련번호 : 20251219-01171372

-2-

국세청 National Tax Service

- 본 증명서류는 『소득세법』 제165조 제1항에 따라 영수증 발급기관으로부터 수집한 서류로 소득·세액공제 충족 여부는 근로자가 직접 확인하여야 합니다.
- 본 증명서류에서 조회되지 않는 내역은 영수증 발급기관에서 직접 발급받으시기 바랍니다.

2025년 귀속 소득 · 세액공제증명서류 : 기본내역 [실손의료보험금]

(조회기간 : 2025년 01 ~ 12월)

■ 수익자 인적사항

성 명	주 민 등 록 번 호
고길동	790101-*******

■ 실손의료보험금 수령내역 (단위:원)

상호	상품명	보험계약자		수령금액 계
사업자번호	계약(증권)번호	피보험자		
B손해보험 주식회사	무)생명암보험	109-81-15809	조은 주식회사	2,650,000
201-81-45593	A101-1*****	790101-*******	고길동	
A화재해상보험	AAA 실손보험	790101-*******	고길동	241,000
411-83-04999	2020-1*****	790101-*******	고길동	
인별합계금액				2,891,000

피보험자가 의료비공제 신청 대상자(환자)인지 확인

2025년 공제대상 의료비로 신청한 의료비 금액에 대한 실손의료보험금만 의료비 신청금액에서 차감함

✓ 과거연도분 공제대상 의료비에 대한 실손의료보험금은 과거연도분 연말정산 · 종합소득세 신고를 수정신고
→ 2021.2.17. 이후 수정신고분부터 보험금 수령연도에 대한 종합소득세 확정신고기한까지 수정신고시 가산세 면제

1. 의료비 세액공제를 받는 경우, 의료비 공제대상금액에서 실손의료보험금 수령액을 차감한 금액으로 공제받아야 합니다.

일련번호 : 20251222-01320070

-7-

국세청 National Tax Service

- 본 증명서류는 『소득세법』 제165조 제1항에 따라 영수증 발급기관으로부터 수집한 서류로 소득·세액공제 충족 여부는 근로자가 직접 확인하여야 합니다.
- 본 증명서류에서 조회되지 않는 내역은 영수증 발급기관에서 직접 발급받으시기 바랍니다.

■ 국민건강보험 요양급여의 기준에 관한 규칙 [별지 제12호의2서식] <개정 2015.5.29.>

진료비(약제비) 납입 확인서

환자 성명						주민등록번호				
진료·조제일자 (진료기간)	구분 (입원, 외래)	진료비(약제비) 내역						소득공제 대상액		
		총액 (①+②+③+④)	급여			비급여	본인 부담 총액 (②+③+④)	카드	현금 영수증	현금
			일부 본인부담		③ 전액 본인 부담	④ 본인 부담금				
			① 공단 부담금	② 본인 부담금						
계										

근무월 확인

근로자가 제출한 간소화자료의 조회기간이 근무월과 다른 경우
- 금액 자료를 활용하지 않음
- 근로자에게 근무월만 조회된 자료를 다시 제출할 것을 요구함

소득공제 [

- 간소화자료 금액이 실지 지출한 금액보다 작을 경우 제출하도록 안내
- 제출 시 간소화자료와 환자·지출처·지출금액이 중복되지 않도록 안내

요양기관 종류	[ ] 의원급·보건		
	[ ] 상급종합병원	[ ] 약국·한국희귀의약품센터	
사업자등록번호		상호	전화번호
사업장 소재지			

한국희귀의약품센터를 통해 국내에서 구할 수 없는 희귀병의 의약품을 자가치료를 목적으로 국·공립병원장, 보건소장 또는 의료법상 의료기관(조산원 제외)의 진단서를 발급받아 환자의 진료병원 소재지의 시·도지사의 추천을 받아 수입하는 희귀병 의약품의 구입비

년 월 일

※ 「국민건강보험법」 제48조 또는 「의료급여법」 제11조의3에 따라 환자가 전액 부담한 비용과 비급여로 부담한 비용의 타당성 여부 ... kr)에 확인 요청하실 수 있습니다.

※ 이 납입확인서는 「소득세법」에 ...

- 본인·본인 기본공제대상자(나이·소득요건 배제) 여부 확인
- 배우자는 기본공제 여부와 관계없이 공제가능
- 장애인·6세 이하자·65세 이상자·건강보험산정특례자 여부 확인
- 난임·미숙아·선천성 이상아 의료비는 진단서 또는 증명서 추가 필요

알림 : 현금영수증 문의 126 인터넷 홈페이지: http://현금영수증.kr

210㎜×297㎜[백상지 80g/㎡(재활용품)]

■ 국민건강보험 요양급여의 기준에 관한 규칙 [별지 제10호서식] <개정 2017. 6. 29.>

약제비 계산서·영수증

처방전 없이 약국에서 일반의약품을 구매한 금액을 공제받고자 하는 경우 제출하는 서류

영수증번호(연월-일련번호)				
환자 성명	조제일	투약일수	야간(공휴일)조제	
			[ ] 야간 [ ] 공휴일	

항목	급여			비급여
	일부 본인부담		전액 본인부담	
	본인부담금	공단부담금		
약품비				
조제기본료				
복약지도료				
조제료				
관리료				
「국민건강보험법」 제41조의4에 따른 요양급여				
65세 이상 등 정액				
합계	①	②	③	④

• 본인 · 본인 기본공제대상자(나이 · 소득요건 배제) 여부 확인
• 배우자는 기본공제 여부와 관계없이 공제가능
• 장애인 · 6세 이하자 · 65세 이상자 · 건강보험산정특례자 여부 확인
• 난임 · 미숙아 · 선천성 이상아 의료비는 진단서 또는 증명서 추가 필요

해당란에 기재된 경우에만 의료비 공제대상임

공제대상 의료비

⑤ 약제비 총액 (①+②+③+④)		납부한 금액	카드	
			현금영수증	
⑥ 환자부담 총액 (⑤-②)			현금	
			합계	

현금영수증( )		* 요양기관 임의활용공간
신분확인번호		
현금영수증 승인번호		

처방한 요양기관	[ ] 의원급·보건기관 [ ] 병원급 [ ] 종합병원 [ ] 상급종합병원		
사업자등록번호		상 호	
사업장 소재지			
전화번호		대 표 자	[인]

근무월 확인

년 월 일

항목별 설명	일반사항 안내
1. 일부 본인부담: 일반적으로 본인부담률은 요양기관의 종별에 따라 30% ~ 50% (의료급여 500원)이나, 환자 자격 등에 따라 달라질 수 있습니다. ※ 「국민건강보험법」 제41조의4에 따른 요양급여에는 보건복지부장관이 고시한 본인부담률이 적용됩니다. 2. 전액 본인부담: 「국민건강보험법 시행규칙」 별표 6 또는 「의료급여법 시행규칙」 별표 1의2에 따라 적용되는 항목으로 건강보험에서 금액을 정하고 있으나 진료비 전액을 환자 본인이 부담합니다.	1. 야간(공휴일)조제 등 이 계산서·영수증에 대한 세부내용은 요양기관에 요구하여 제공받을 수 있습니다. 2. 「국민건강보험법」 제48조 또는 「의료급여법」 제11조의3에 따라 환자가 전액 부담한 비용과 비급여로 부담한 비용의 타당성 여부를 건강보험심사평가원(☎1644-2000, 홈페이지: www.hira.or.kr)에 확인 요청하실 수 있습니다. 3. 계산서·영수증은 「소득세법」에 따른 의료비 공제신청 또는 「조세특례제한법」에 따른 현금영수증 공제신청(현금영수증 승인번호가 적힌 경우만 해당합니다)에 사용할 수 있습니다. 다만, 지출증빙용으로 발급된 "현금영수증(지출증빙)"은 공제신청에 사용할 수 없습니다. (현금영수증 문의 126 인터넷 홈페이지: http://현금영수증.kr)

148mm×210mm(백상지 80/㎡)

■ 장애인활동 지원에 관한 법률 시행규칙 [별지 제10호서식]

- 본인 · 본인 기본공제대상자(나이 · 소득요건 배제) 여부 확인
- 배우자는 기본공제여부와 관계없이 공제가능
- 장애인 여부 확인

활동지원급여비용 명세서

활동지원기관	기관명		활동지원기관번호
수 급 자	성명		생년월일
	주소 (전화번호:)		
급여 제공 기간	. . . ~ . . .		

근무월 확인

항 목	세부 제공 내역		급여비용 금액(원)
	제공일	제공 내용	
활동보조	. . .	( )시간	
	. . .	( )시간	
	. . .	( )시간	
	. . .	( )시간	
	. . .	( )시간	
	. . .	( )시간	
	. . .	( )시간	
	. . .	( )시간	
	. . .	( )시간	
	. . .	( )시간	
	. . .	( )시간	
	. . .	( )시간	
방문목욕	. . .	( )회	
	. . .	( )회	
	. . .	( )회	
방문간호	. . .	( )회 ( )시간	
	. . .	( )회 ( )시간	
	. . .	( )회 ( )시간	
급여비용 합계			

공제대상 의료비

「장애인활동 지원에 관한 법률」 제22조제3항 및 같은 법 시행규칙 제23조에 따라 위와 같이 활동지원급여비용 명세서를 발급합니다.

년 월 일

활동지원기관의 장(대표자) (서명 또는 인)

210㎜ × 297㎜[일반용지60g/㎡(재활용품)]

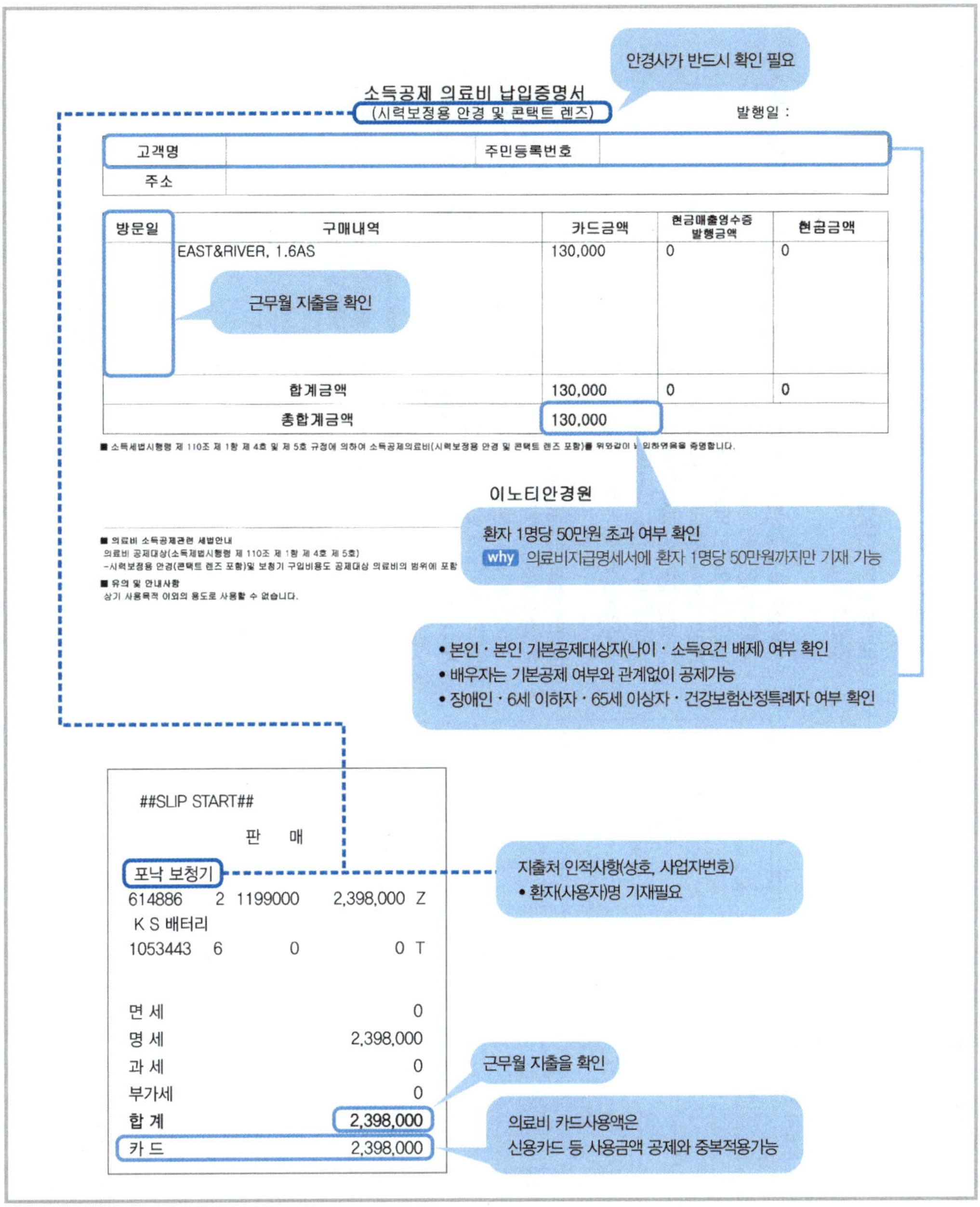

소득공제 의료비 납입증명서
(시력보정용 안경 및 콘택트 렌즈)

발행일 :

고객명		주민등록번호	
주소			

방문일	구매내역	카드금액	현금매출영수증 발행금액	현금금액
	EAST&RIVER, 1.6AS	130,000	0	0
합계금액		130,000	0	0
총합계금액		130,000		

■ 소득세법시행령 제 110조 제 1항 제 4호 및 제 5호 규정에 의하여 소득공제의료비(시력보정용 안경 및 콘택트 렌즈 포함)를 위와같이 납입하였음을 증명합니다.

이노티안경원

■ 의료비 소득공제관련 세법안내
의료비 공제대상(소득제법시행령 제 110조 제 1항 제 4호 제 5호)
-시력보정용 안경(콘택트 렌즈 포함)및 보청기 구입비용도 공제대상 의료비의 범위에 포함

■ 유의 및 안내사항
상기 사용목적 이외의 용도로 사용할 수 없습니다.

##SLIP START##
판 매
포낙 보청기
614886 2 1199000 2,398,000 Z
K S 배터리
1053443 6 0 0 T

면 세	0
명 세	2,398,000
과 세	0
부가세	0
합 계	2,398,000
카 드	2,398,000

(4) 의료비 세액공제 지급명세서 작성

1) 의료비지급명세서 및 세부명세서

의료비 세액공제를 적용받는 근로자에 대해서만 다음과 같이 의료비지급명세서와 세부명세(소득·세액공제명세－지급명세서 3쪽)를 작성한다.

해당 명세서는 근로자가 작성하여 원천징수의무자에게 제출하고, 원천징수의무자는 근로소득지급명세서의 일부로 과세관청에 제출하면 된다.

[별지 제43호 서식] (2025.3.21. 개정)

의료비지급명세서

의료비 특별세액공제액이 있는 근로자
✓ 의료비지급명세서를 별도 파일로 작성하여 2025.3.10.까지 근로소득지급명세서와 함께 제출

소득자 인적사항	
① 성 명	② 주민등록번호 (또는 외국인등록번호)
③ 상 호	④ 사업자등록번호

( )년 의료비 지급명세

의료비 공제 대상자		지급처			지급명세			
⑤ 주민등록번호	⑥ 본인 등 해당 여부	⑦ 사업자등록번호	⑧ 상호	⑨ 의료증빙코드	⑩ 건수	⑪ 금액	⑫ 미숙아·선천성 이상아 해당 여부	⑬ 난임시술비 해당 여부
-		- -						
-		- -						
-		- -						
-		- -						
-		- -						
-		- -						
-		- -						
-		- -						
-		- -						
		합 계						

「소득세법」 제59조의4와 같은 법 시행령 제113조제1항 및 제118조의5제3항에 따라 의료비를 공제받기 위하여 의료비지급명세서를 제출합니다.

년 월 일

제출자 (서명 또는 인)

세무서장 귀하

의료비영 수증의 건수를 기재
- 국세청자료(코드 1)인 경우 기재 안함

공제대상자 및 지급처별로 의료비영수증의 종류에 따라 다음 코드 중 하나만을 기재
- 국세청 연말정산간소화 자료 → 1
- 국민건강보험공단 의료비부담명세서 → 2
- 진료비계산서, 약제비계산서(개별 병 · 의원, 조산원, (한)약국 영수증) → 3
- 장기요양급여비용 명세서(개별 요양기관 영수증) → 4
- 그 밖의 영수증(안경 · 콘택트렌즈 · 보청기 · 장애인보장구 · 의료기기 · 산후조리비용 영수증) → 5

의료비영수증의 금액을 기재
- 국세청자료(코드 1)인 경우 지급처 구별 없이 공제대상자별로 의료비 전체 금액을 기재
- 의료비공제가 가능한 금액만을 기입하며, 동일한 의료비명세를 중복하여 기재하지 않음 (예) 국세청자료에 포함된 금액을 별도의 진료비계산서(개별 영수증)를 첨부하는 경우
- 안경 · 콘택트렌즈 구입비용은 공제대상자(환자) 1명당 연 50만원 이내의 금액만을 기재
- 산후조리비용은 출산(유산 제외) 1회당 200만원 이내의 금액만을 기재
- 실손의료보험금은 차감하지 않고 기재(기재대상이 아님)
- 실손의료보험금을 제외한 나머지 국가지원금 등 본인부담금이 아닌 금액은 차감하고 기재
- 재난지원금으로 지출한 공제대상 의료비는 차감하지 않음에 유의

의료비 지급내용이
- 난임시술비에 해당하는 경우 → 'ㅇ' 표시
- 난임시술비에 해당하지 않는 경우 → '×' 표시

의료비 지급내용이
- 미숙아 · 선천성 이상아에 해당하는 경우 → 'ㅇ' 표시
- 미숙아 · 선천성 이상아에 해당하지 않는 경우 → '×' 표시

의료비공제대상자(환자, 사용자)의 주민등록번호 기재

의료비영수증의 상호, 사업자등록번호 기재
- 국세청자료(코드 1)인 경우 기재 안함

의료비공제대상자가
- 본인 · 장애인 · 건강보험산정특례대상자 · 6세 이하자(2019.1.1. 이후 출생자) · 65세 이상자(1960.12.31. 이전 출생자) → 'ㅇ' 표시
- 그 밖의 기본공제대상자 → '×' 표시

근로소득지급명세서(3쪽)

⑱ 소득·세액공제 명세[인적공제항목은 해당란에 "○"표시(장애인 해당 시 해당 코드 기재)를 하며, 각종 소득공제·세액공제 항목은 공제를 위하여 실제 지출한 금액을 적습니다.]

인적공제 항목							각종 소득공제·세액공제 항목							
관계코드	성 명	기본공제		경로우대	혼인세액공제	출산입양	자료구분		의료비					
내·외국인	주민등록번호	부녀자	한부모	장애인		자녀			일반	미숙아·선천성이상아	난임	6세이하·65세이상·장애인·건강보험산정특례자	실손의료보험금	
인적공제 항목에 해당하는 인원수를 적습니다.							국세청 계	(중략)						(중략)
							기타 계							
0			○				국세청							
	(근로자 본인)						기타							
							국세청							
	-						기타							
							국세청							
	-						기타							

환자 인적사항을 기재

✓ 관계코드, 내·외국인, 성명, 주민등록번호 기재방법
→ 기본공제 참조

근로소득지급명세서 (3쪽) 작성방법

1. 의료비지급명세서를 참조하여
   - 환자(기본공제대상자) 및 성격별(일반, 미숙아·선천성 이상아, 난임, 6세 이하자, 65세 이상자, 장애인, 건강보험산정특례자)로
   - 국세청자료와 기타자료로 구분하여 의료비지출금액을 기재
     - ✓ 공제금액을 기재하지 않음에 유의
     - ✓ 실손의료보험금은 의료비지급명세서 기재대상이 아니므로 별도로 제출(입력)받아 기재

   ※ 환자
   → 본인의 기본공제대상자(나이·소득요건 배제)
   → 기본공제에 "○" 표시가 없어도 기재가능

2. 상단에는 국세청자료와 기타자료로 구분하여 의료비 지출금액(일반, 미숙아·선천성 이상아, 난임, 6세 이하자, 65세 이상자, 장애인, 건강보험산정특례자)과 실손의료보험금의 합계액을 기재
   - ✓ 의료비 지출금액 합계액=「의료비지급명세서 ⑪ 금액 합계」
   - ✓ 실손의료보험금은 의료비지급명세서에 기재되지 않으므로 참조불가

실손의료보험금 기재방법

구 분	내 용
의료비지급명세서	차감하여 기재하지 않음
소득·세액공제명세(지급명세서 3쪽)	별도란에 기재하여 제출

2) 세액공제액

'1)'에서 작성된 의료비지급명세서와 세부명세를 바탕으로 다음과 같이 의료비 세액공제액을 산출한다.

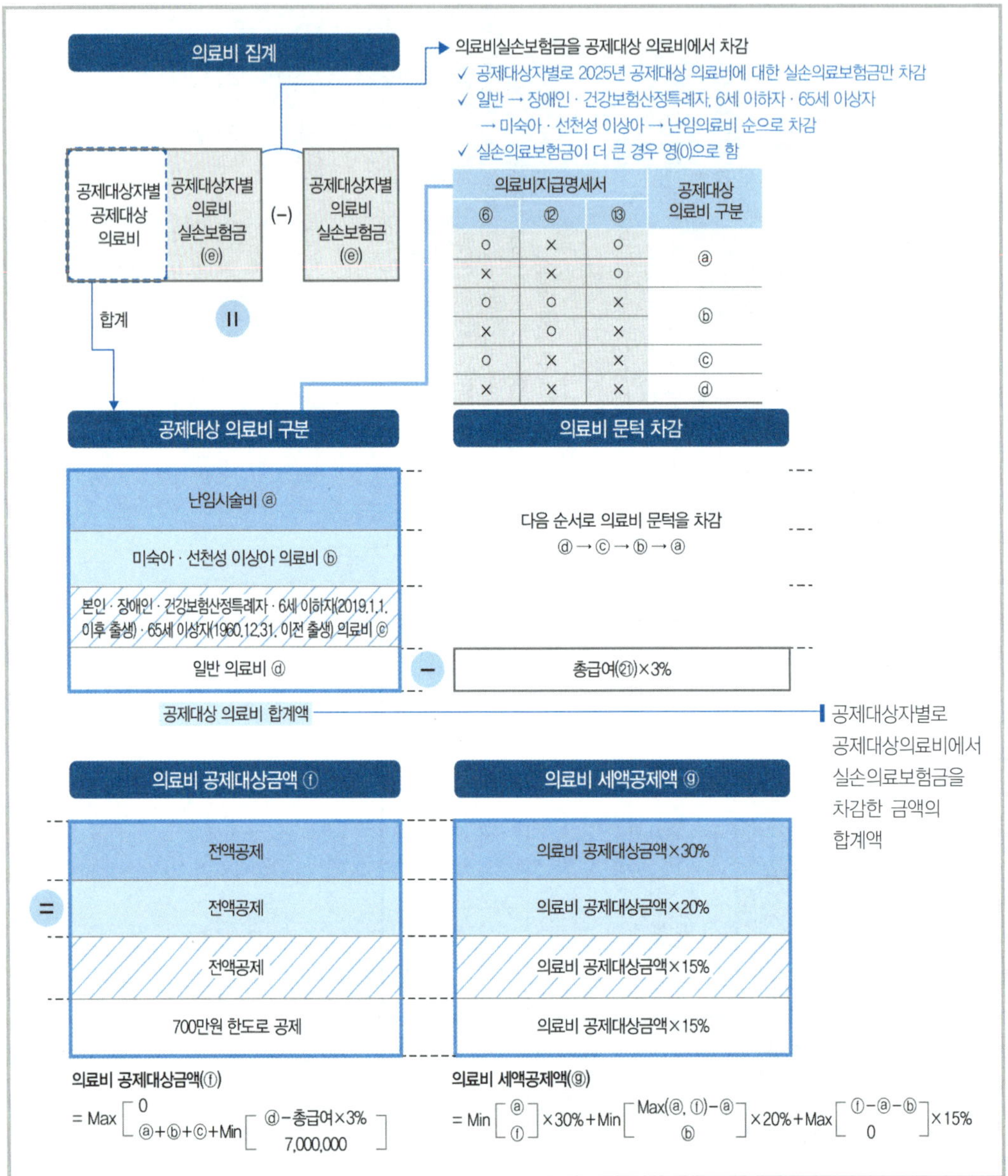

3) 공제명세

'2)'에서 산출된 공제대상금액과 세액공제액을 다음과 같이 공제명세(지급명세서-2쪽)에 기재한다.

순차한도로 세액공제액이 산출되더라도 역산하지 않음

구 분		기재방법	
공제명세 (근로소득지급명세서 2쪽)	㊷의료비	공제대상금액	ⓕ
		세액공제액	Min[ⓖ, 순차한도]

세액공제 순서를 고려한 순차한도를 말함(p.547 참조)

(p.547 참조)

사례 의료비 세액공제

1. 자료

계속근로자 이몽룡(총급여 6,000만원)이 제출한 2025년 의료비 세액공제 관련 자료는 다음과 같다. 다만, 순차한도는 충분하다고 가정한다.

환 자	의료비 내역				비 고
	내 용	지출처	금 액	자료종류	
이몽룡 (880707-1222222)	일반		500,000	간소화	실손의료보험금 30만원 수령
	안경	A안경사 (211-11-76455)	250,000	안경원	시력교정용 확인
성춘향 (901004-2111111) (소득없음)	일반		300,000	간소화	실손의료보험금 20만원 수령
	안경	A안경사 (211-11-76455)	550,000	안경원	시력교정용 확인
	난임 시술	B병원 (213-82-05096)	4,000,000	병원	국가지원금 150만원 수령
	산후 조리	C산후조리원 (369-85-00123)	2,200,000	산후조리원	
이방원 (551001-1234567) (등록장애인, 소득없음)	일반		1,000,000	간소화	
	보청기	D의료기 (211-35-61777)	2,500,000	의료기상	

2. 지급명세서 작성

1) 의료비지급명세서 및 세부명세서(소득·세액공제명세서-지급명세서 3쪽)

[별지 제43호 서식] (2025.3.21. 개정)

의료비지급명세서

소득자 인적사항			
① 성 명	이 몽 룡	② 주민등록번호 (또는 외국인등록번호)	880707-1222222
③ 상 호		④ 사업자등록번호	

(2025)년 의료비 지급명세

의료비 공제 대상자		지급처			지급명세			
⑤ 주민등록번호	⑥ 본인 등 해당 여부	⑦ 사업자등록번호	⑧ 상호	⑨ 의료증빙코드	⑩ 건수	⑪ 금액	⑫ 미숙아·선천성이상아 해당 여부	⑬ 난임시술비 해당 여부
880707-1222222	○	- -		1		500,000	×	×
880707-1222222	○	211-11-76455	A안경사	5	1	250,000	×	×
901004-2111111	×	- -		1		300,000	×	×
901004-2111111	×	211-11-76455	A안경사	5	1	500,000	×	×
901004-2111111	×	213-82-05096	B병원	3	1	2,500,000	×	○
901004-2111111	×	369-85-00123	C산후조리원	5	1	2,000,000	×	×
551001-1234567	○	- -		1		1,000,000	×	×
551001-1234567		211-35-61777	D의료기	5	1	2,500,000	×	×
-		- -						
		합 계				9,550,000		

「소득세법」 제59조의4와 같은 법 시행령 제113조제1항 및 제118조의5제3항에 따라 의료비를 공제받기 위하여 의료비지급명세서를 제출합니다.

2026년 1월 31일

제출자 이 몽 룡 (서명 또는 인)

세무서장 귀하

- 실손의료보험금을 차감하여 기재하지 않음에 유의
- 출산 1회당 200만원 한도로 기재
- 국가지원금은 차감하여 기재
- 환자 1명당 50만원까지만 기재

근로소득지급명세서 (3쪽)

⑱ 소득·세액공제 명세[인적공제항목은 해당란에 "○"표시(장애인 해당 시 해당 코드 기재)를 하며, 각종 소득공제·세액공제 항목은 공제를 위하여 실제 지출한 금액을 적습니다.]

인적공제 항목							각종 소득공제·세액공제 항목							
관계코드	성 명	기본공제		경로우대	혼인세액공제	출산입양	자료구분		의료비					
내·외국인	주민등록번호	부녀자	한부모	장애인		자녀			일반	미숙아·선천성이상아	난임	6세이하 65세이상 장애인·건강보험산정특례자	실손의료보험금	
인적공제 항목에 해당하는 인원수를 적습니다.		3		1			국세청 계	(중략)	1,800,000				500,000	(중략)
				1			기타 계		5,250,000		2,500,000			
0	이 몽 룡	○					국세청		500,000				300,000	
1	(근로자 본인)					—	기타		300,000					
3	성 춘 향						국세청		2,500,000		2,500,000		200,000	
1	901004-2111111						기타		1,000,000					
1	이 방 원			0			국세청		2,500,000					
1	551001-1234567			1			기타							

2) 세액공제액 계산

의료비 집계

공제대상 의료비

대상자	일반 ⓓ	미숙아 등 ⓑ	난임 ⓐ	본인·6세 이하·65세 이상자 등 ⓒ
이몽룡	–	–	–	450,000
성춘향	2,600,000	–	2,500,000	–
이방원	–	–	–	3,500,000
합계	2,600,000		2,500,000	3,950,000

(옆 표의 내역을 왼쪽 표로 옮겨 집계)

▌실손보험금을 공제대상자별로 일반 → 본인 등 → 미숙아 등 → 난임 순서로 차감

지급명세서 및 의료비지급명세서 내역

대상자	일반	미숙아 등	난임	본인 등	실손의료 보험금
이몽룡	750,000				300,000
성춘향	2,800,000		2,500,000		200,000
이방원	3,500,000				
합계	7,050,000		2,500,000		500,000

=

공제대상 의료비 구분

- 난임시술비 ⓐ → 2,500,000
- 미숙아·선천성 이상아 의료비 ⓑ → 0
- 본인·6세 이하자·65세 이상자·장애인·건강보험산정특례자 의료비 ⓒ → 3,950,000
- 일반 의료비 ⓓ → 2,600,000

9,050,000

의료비 문턱 차감

다음 순서로
의료비 문턱을 차감
ⓓ → ⓒ → ⓑ → ⓐ

– 총급여(㉑)×3% → 1,800,000

=

의료비 공제대상금액 ⓔ	의료비 세액공제액 ⓕ
2,500,000	2,500,000×30%
0	0×20%
3,950,000	3,950,000×15%
800,000 ✓ 700만원 한도 이내	800,000×15%
(=) 7,250,000	(=) 1,462,500

의료비 공제대상금액(ⓕ)

$= \text{Max}\begin{bmatrix} 0 \\ ⓐ+ⓑ+ⓒ+\text{Min}\begin{bmatrix} ⓓ-\text{총급여}\times3\% \\ 7{,}000{,}000 \end{bmatrix} \end{bmatrix}$

$= \text{Max}\begin{bmatrix} 0 \\ 2{,}500{,}000+0+3{,}950{,}000+\text{Min}\begin{bmatrix} 2{,}600{,}000-1{,}800{,}000 \\ 7{,}000{,}000 \end{bmatrix} \end{bmatrix}$

$= 7{,}250{,}000$

의료비 세액공제액(ⓖ)

$= \text{Min}\begin{bmatrix} ⓐ \\ ⓕ \end{bmatrix}\times30\%+\text{Min}\begin{bmatrix} \text{Max}(ⓐ, ⓕ)-ⓐ \\ ⓑ \end{bmatrix}\times20\%+\text{Max}\begin{bmatrix} ⓕ-ⓐ-ⓑ \\ 0 \end{bmatrix}\times15\%$

$= \text{Min}\begin{bmatrix} 2{,}500{,}000 \\ 7{,}250{,}000 \end{bmatrix}\times30\%$

$+\text{Min}\begin{bmatrix} \text{Max}\begin{pmatrix} 2{,}500{,}000 \\ 7{,}250{,}000 \end{pmatrix}-2{,}500{,}000 \\ 0 \end{bmatrix}\times20\%$

$+\text{Max}\begin{bmatrix} 7{,}250{,}000-2{,}500{,}000-0 \\ 0 \end{bmatrix}\times15\%$

$= 1{,}462{,}500$

3) 공제명세(지급명세서 2쪽)

'2)'에서 산출된 공제대상금액과 세액공제액을 다음과 같이 공제명세(지급명세서-2쪽)에 기재한다.

공제명세 (지급명세서-2쪽)	㉒의료비	공제대상금액	7,250,000
		세액공제액	1,462,500

해당 도표에서 언급하는 용어의 의미는 용어정의(p.54) 참조

7. 교육비 세액공제(소법 §59의 4 ③·⑦, 소령 §118의 6, 소칙 §58·§61의 5·§61의 6)

(1) 교육비 세액공제 개요

구 분			교육비 세액공제
공제대상교육비	일반교육비	학 생	• 근로자 본인의 기본공제대상자(나이요건 배제, 관계·소득·생계요건은 충족) • 직계존속·수급자 제외(기본공제 여부와 무관) • 국외교육비 학생 추가 요건 (아래 표)
		공제대상 교육기관	(아래 표)
		공제대상 교육비	(아래 표)
		부담자	근로자 본인
		지출기간	해당 과세기간 중 근무월(휴직기간 포함) 지출분
		지출금액	(아래 표)
		차감금액	(아래 표)

학 생 – 국외교육비 학생 추가 요건

국외교육비 학생		신청인(본인)이 국내에서 근무: 근로자가 과세기간 종료일(12.31.) 현재 내국인	신청인(본인)이 국내에서 근무: 이 외	신청인(본인)이 국외에서 근무
유치원생·초등학생·중학생	자비유학자·특례유학자	공제가능(○)	공제불가(×)	○
	이 외	×	×	○
고등학생·대학생		○	×	○

자비유학자: 국외유학에 관한 규정 제5조에 따른 자비유학의 자격이 있는 사람

특례유학자: 국외유학에 관한 규정 제15조에 따라 유학하는 자로서 부양의무자와 국외에서 동거한 기간이 1년 이상인 사람

공제대상 교육기관

구 분	공제대상 교육기관: 취학 전 아동	공제대상 교육기관: 초·중·고·대학생	공제대상 교육기관: 본인만 인정
국내·외	• 유치원	• 초등학교 • 중학교 • 고등학교 • 대학교	• 대학원
국내만 인정	• 어린이집 • 학원 • 체육시설	• 평생교육시설 • 학점은행제 • 독학학위제	• 직업훈련시설 • 시간제과정

공제대상 교육비

구 분	공제대상 교육비
원 칙	수업료·입학금·보육비용·수강료 및 그 밖의 공납금
예외적으로 인정(국내교육비에 한함)	(아래 표)

구 분	내용: 학교 등에 지출	내용: 학교 외 지출
취학 전 아동	• 급식비 • 방과후 과정 수업료 및 특별활동비 (도서구입비 포함)	
초·중·고	• 급식비(위탁 포함) • 교과서대 • 현장체험학습비 • 방과후 과정 수업료 및 특별활동비 (도서구입비 포함) • 대학입학전형료 및 수능응시료	• 교복(체육복) (중·고등학생에 한함) • 방과후 학교 수업용 도서구입비
본 인		• 학자금대출원리금상환액

지출금액

구 분	교육비로 인정되는 금액(한도)
중·고등학생 교복(체육복)	학생 1명당 연 50만원 이내
초·중·고등학생 현장체험학습비	학생 1명당 연 30만원 이내
이외 공제대상 교육비	전액 인정

차감금액

구 분	교육비 차감금액
학자금대출 원리금상환액	• 연체로 인해 추가로 지급하는 금액 • 원리금 감면·면제받은 금액 • 지자체 또는 공공기관 등으로부터 지원받아 상환한 금액

해당 사례의 경우 본인 부담금 '0'

구 분			교육비 세액공제
공제대상교육비	일반교육비	차감금액	(아래 표 참조)
공제대상교육비	장애인특수교육비	학 생	• 근로자 본인의 기본공제대상자(나이·소득요건 배제, 관계·생계요건은 충족)인 장애인 • 지자체가 지정한 발달재활서비스 제공기관 교육비의 경우에는 만 18세 미만(2008.1.1. 이후 출생)인 사람 개정
		공제대상교육기관	(아래 표 참조)
		부담자	근로자 본인
		지출기간	해당 과세기간 중 근무월(휴직기간 포함) 지출분
		지출금액	전액 인정(교육비 차감액은 일반교육비 부분 참조)

일반교육비 – 차감금액

구 분	교육비 차감금액
학자금대출 원리금상환액	• 2016.12.31. 이전 본인 또는 부양가족이 교육비 세액공제를 받은 금액 • 본인이 아닌 부양가족 등이 상환한 금액
이외 교육비	• 소득세·증여세가 비과세되는 장학금·학자금 • 학자금 대출로 지급한 교육비

장애인특수교육비 – 공제대상 교육기관

구 분	공제대상 교육기관
국 내	• 사회복지시설 • 보건복지부장관이 장애인 재활교육을 실시하는 기관으로 인정한 비영리법인 • 지자체가 지정한 발달재활서비스 제공기관
국 외	사회복지시설·비영리법인과 유사한 시설·법인

공 제

공제시기

원 칙	지출시점에 공제	
예 외	상 황	공제시기
	고3 학생이 대학교 입학금 납부	대학생이 된 연도
	본인 대학원 입학 전 납부한 교육비	대학원생이 된 연도

국외교육비 원화환산

상 황	기준일	환 율
국내에서 해외로 외화를 송금	송금한 날	대고객외국환매도율
국외에서 직접 납부	납부일	매매기준율(재정환율)

공제한도

교육비		공제한도
본인 교육비·장애인특수교육비		한도 없음
이 외 교육비	대학생	학생 1명당 연 900만원
	이 외	학생 1명당 연 300만원

고등학교 졸업(재수생), 검정고시합격자 포함

고등학교 졸업예정(현 고3), 조기졸업예정자 포함

공제대상금액: Σ(학생별 공제대상 교육비, 학생별 공제한도)

근로자가 국내 근무하는 내국인 경우로서 학생이 유치원생, 초등학생, 중학생인 경우에 한함

세액공제액: Min[공제대상금액×15%, 순차한도] ← 세액공제 순서에 따른 순차한도를 말함(p.548 참조)

제출서류

2023년부터 대학입학전형료, 수능응시료 자료 제공

구 분			제출서류
일반교육비	국내교육비	공 통	교육비납입증명서·간소화자료
		학교 외 도서구입비	방과후 학교 수업용 도서구입증명서·도서구입영수증(초·중·고등학생에 한함)
	국외교육비		• 교육비 납입을 증명할 수 있는 서류 • 재학증명서 • 부양가족의 유학자격 입증서류(중학교 졸업장 사본 등 학력인정서류, 국외유학인정서, 유학특례확인서, 동거사실증명서)
장애인특수교육비			• 교육비 납입증명서·간소화자료 • 장애인 특수교육시설 해당 입증서류

세부명세서 작성·제출	소득·세액공제명세(지급명세서 3쪽)

(2) 교육비 세액공제 요건

1) 학생

① 일반교육비

일반적인 교육비 세액공제를 적용받으려면 해당 교육비의 "학생"이 근로자 본인 또는 본인의 기본공제대상자(나이요건 배제, 관계·소득·생계요건은 충족)여야 한다. 다만, 직계존속과 수급자는 기본공제 여부와 관계없이 공제대상 "학생"에서 제외한다. 이에 대하여 살펴보면 다음과 같다.

기본공제 여부와 관계없음

구 분	내 용	공제가능	공제불가
관계요건 충족 여부	형수가 학생인 교육비를 본인이 부담한 경우		✓ why 형제자매 배우자는 관계요건을 충족하지 못함
	기본공제를 받은 아버지 평생교육원 교육비를 본인이 부담한 경우		✓ why 직계존속 교육비는 관계요건을 충족하지 않음
	기본공제를 받은 장애인 자녀의 장애인 배우자가 학생인 교육비를 본인이 부담한 경우	✓ why 직계비속 배우자는 원칙적으로 관계요건을 충족하지 못하나, 기본공제 된 경우에는 공제가능	
	공부상 친자임이 확인되지 않는 배우자가 종전의 배우자와 사실혼 중에 출산한 자녀(배우자 자녀)를 위해 지급한 대학교 등록금 (원천-78, 2010.1.26.)		✓ why 배우자가 종전의 배우자와 사실혼 관계에서 출산한 자녀로, 가족관계상 본인 자녀도 아님
생계요건 충족 여부	근로자와 동거한 적이 없는 처남의 교육비를 실지 지출한 경우 (조심 2010서396, 2010.4.8.)		✓ why 생계요건(일시퇴거)을 충족하지 못함
나이 요건만을 충족하지 못한 경우	20세 초과 자녀(비장애인)의 교육비를 본인과 배우자가 나누어 부담하고 본인이 자녀 교육비 전액을 신청한 경우	✓ why 본인부담분은 공제가능	✓ why 타인부담분 공제불가

구 분	내 용	공제가능	공제불가
타인이 기본공제 받은 경우	맞벌이부부의 배우자가 학생인 교육비를 본인이 부담한 경우		✓ why 소득요건을 고려하므로 배우자 교육비는 기본공제된 경우에만 가능
	배우자가 기본공제 받은 미성년 자녀 교육비를 본인이 신청한 경우		✓ why 타인이 기본공제 받은 경우 공제불가

실무 Tip

1. 일반교육비 학생의 범위에 대한 실무적 고찰

일반교육비에 있어 배우자 교육비는 기본공제된 경우에만 가능하며, 나머지 부양가족(직계존속·수급자 제외)도 나이요건을 배제한 본인의 기본공제대상자여야 한다. 일반교육비 공제대상자(학생) 범위에 대해 정리하여 보면 다음과 같다.

일반교육비 공제대상자(학생) 범위

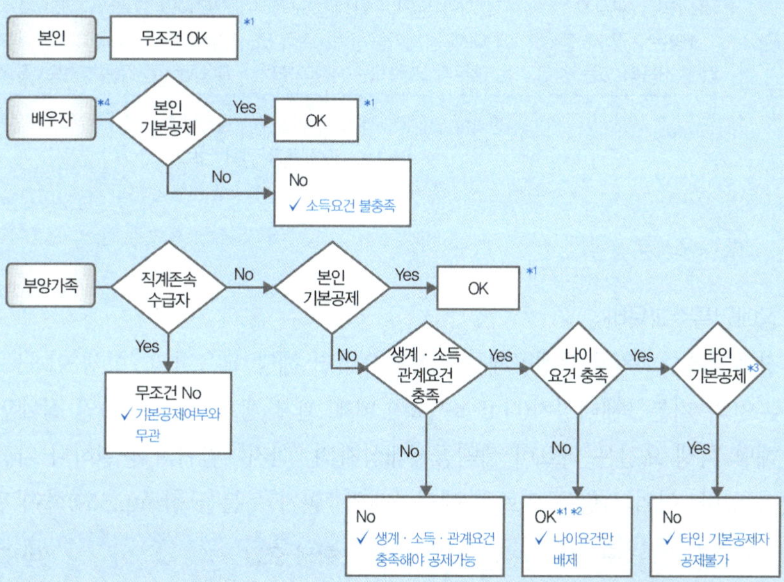

*1 본인부담분에 한하여 공제가능

*2 후술하는 '2' 참조

*3 해당 사항은 기본공제요건(관계 · 생계 · 소득 · 나이요건)을 모두 충족하나, 기본공제 신청 없이 일반교육비만 신청한 것임
→ 타인이 기본공제 받았을 수 있으므로, 반드시 타인 기본공제 여부 확인 필요
✓ 타인이 기본 공제자인 경우 교육비 공제불가
예 19세 대학생 자녀에 대해 기본공제 신청 없이 일반교육비만 신청한 경우

*4 후술하는 '3. 맞벌이 부부' 참조

2. 나이요건만을 충족하지 못하여 기본공제를 받지 못한 부양가족 교육비

나이요건만을 충족하지 못하여 기본공제를 받지 못한 부양가족이 동시에 다른 거주자의 부양가족에 해당되는 경우에는 다음과 같이 공제받아야 한다(서일-1524, 2007.11.6.).

구 분	내 용
공제받을 사람 결정	생계요건 등 소득세법상 공제요건에 따라 1명의 부양가족으로 함 ✔ 1명만 부양가족으로 하여 공제신청 가능함
신청대상 지출	의료비·교육비 ✔ 나이요건을 배제하고 공제받는 신용카드 등 사용금액·기부금도 적용
타인이 부담한 금액	공제신청 시 본인부담분만 신청가능 ✔ 타인이 부담한 금액은 공제받을 수 없음

3. 맞벌이부부

맞벌이부부인 경우 다음과 같이 일반교육비 신청이 가능하다.

구 분	일반교육비 공제방법	
	부부 교육비	나머지 부양가족 교육비
2명 모두 근로자인 경우	본인이 학생인 교육비에 대해서 본인만 공제가능 ✔ 각자 교육비 신청	부양가족에 대한 기본공제를 받는 사람이 받거나 1명만 부양가족 교육비로 신청가능하므로, 부부합산 절세전략 검토 필요
1명은 근로자, 1명은 사업자 등 다른 소득이 있는 경우	근로자만 본인이 학생인 교육비에 대해 공제가능하며, 소득 있는 배우자 교육비는 신청이 불가	근로자만 교육비공제가 가능하며, 타인의 기본공제자 교육비는 공제불가하므로 부부합산 절세전략 검토 필요

편리한 연말정산의 모의 연말정산 활용이 어려운 바, 전문가 의뢰 검토

편리한 연말정산의 모의 연말정산 적극적 활용 검토

② 장애인특수교육비

장애인특수교육비 세액공제를 적용받으려면 해당 교육비의 "학생"이 근로자 본인 또는 본인의 기본공제대상자(나이·소득요건 배제, 관계·생계요건은 충족)인 장애인이어야 한다. 해당 학생 요건은 의료비 세액공제대상자의 "환자" 범위와 동일하나 다음과 같이 차이가 있다. 이외 사항은 의료비 세액공제의 "환자"부분을 참조(p.569)하여 판단하면 된다.

구 분	학생 요건	비 고
장애인특수교육비(공통)	반드시 "장애인"	장애인 입증서류 필요
지자체가 지정한 발달재활서비스 제공기관 장애인특수교육비	만 18세 미만	2008.1.1. 이후 출생

2) 공제대상 교육기관

교육비 공제대상 교육기관 여부에 대하여 살펴보면 다음과 같다.

필요한 경우 인가증 확인

구 분	내 용	공제가 안되는 경우(×)
어린이집	특별자치도지사·시장·군수·구청장 인가 필요	인가 받지 않은 어린이집 보육비
학원·체육시설	• 취학 전 아동만 공제가능 • 학원·체육시설은 등록 필요 초등학교 입학 전(1, 2월) 학원·체육시설 교육비는	• 초·중·고등학생 학원비·체육시설 수강료 • 등록된 학원이 아닌 학원에 지출한 경우
유치원	교육감 인가 필요	인가 받지 않은 유치원
영어유치원	학원에 해당 ✔ 취학 전 아동만 공제가능	초등학생 영어유치원 수강료
대안학교	교육감 인가 필요	인가 받지 않은 대안학교
대학교	교육부장관 인가 필요	인가 받지 않은 대학
국제학교	특별법에 따른 학교에 해당하면 공제가능	
학점은행제·독학학위제	국가평생교육진흥원(☎1600－0400)에 문의	
직업훈련시설 평생교육시설	HRD－Net(www.hrd.go.kr → 훈련기관·고용센터 기관찾기)에서 확인 가능	
국외교육기관	유치원·초등학교·중학교·고등학교·대학교·대학원만 인정	• 국외에 소재하는 외국대학의 정규 교육과정이 아닌 해당 대학의 편·입학을 위해 설치된 예비교육과정에 지급한 금액(원천－934, 2009.11.12.) • 외국의 대학부설 어학연수과정에 대한 수업료
사회복지시설	보건복지부 문의(서일－834, 2007.6.18.)	

제주특별자치도 설치 및 국제자유도시 조성을 위한 특별법에 따라 설립된 국제학교(KIS JEJU 및 NLCS JEJU)의 교육비는 공제대상 교육비에 해당(원천－62, 2012.2.8.)

일반 사찰에서 운영하는 미인가 불교대학

3) 공제대상 교육비

대학입학자격이 있는 사람에게 시간제로 등록하여 그 대학의 수업을 받게 하는 과정을 말함

① 본인만 공제되는 교육비

다음 교육비는 본인만 공제된다.

- 대학원의 1학기 이상에 상당하는 교육과정 교육비
- 고등교육법 제36조 규정에 따른 시간제과정에 지급하는 교육비
- 직업능력개발훈련시설에서 실시하는 직업능력개발훈련을 위해 지급한 수강료
- 학자금대출원리금상환액

해당 교육비에 대해 살펴보면 다음과 같다.

<table>
<tr><th>구 분</th><th colspan="2">내 용</th></tr>
<tr><td rowspan="5">대학원 교육비</td><th>구 분</th><th>내 용</th></tr>
<tr><td>교육비 범위</td><td>• 대학원 박사과정 등록금 포함
• 박사과정 심사비, 박사과정 지도비 등 정규과정에 포함되는 수업료로서 대학원에 납입된 금액 포함</td></tr>
<tr><td>국외 소재 대학원</td><td>공제대상(서일 46011-10389, 2003.3.28.)</td></tr>
<tr><td>계절대학 교육과정</td><td>대학원의 총경영자과정, 전문상담교사양성과정이 계절대학 교육과정인 경우 대학 또는 대학원의 1학기 이상에 상당하는 과정인지 여부는 사실판단할 사항임(서이 46013-10419, 2002.3.7.)</td></tr>
<tr><td>학·석사 통합과정
(치)의학전문대학원</td><td>(치)의학전문대학원은 고등교육법 시행령 제22조에 따라 대학원에 해당(원천세과-300, 2011.5.24.)</td></tr>
</table>

따라서 자녀를 위해 지출한 (치)의학전문대학원의 교육비는 연말정산 시 교육비 공제를 받을 수 없음

<table>
<tr><th>구 분</th><th colspan="2">내 용</th></tr>
<tr><td rowspan="4">학자금대출 원리금 상환액</td><th>구 분</th><th>내 용</th></tr>
<tr><td>학자금대출 교육비 공제</td><td>
<table>
<tr><th>구 분</th><th>2016.12.31. 이전</th><th>2017.1.1. 이후</th></tr>
<tr><td>공제받는 사람</td><td>본인 또는 부양가족</td><td>본인만</td></tr>
<tr><td>공제금액</td><td>대출원금(교육비)</td><td>상환원금과 이자</td></tr>
<tr><td>공제시기</td><td>교육비 납입시점</td><td>상환시점</td></tr>
<tr><td>납입증명서</td><td>대출원금 포함 발급</td><td>대출원금 제외 발급</td></tr>
</table>
</td></tr>
<tr><td>공제대상 교육비 제외금액</td><td>
<table>
<tr><th>공제제외 금액</th><th>why</th></tr>
<tr><td>연체로 추가 지급하는 금액</td><td>원리금이 아님</td></tr>
<tr><td>감면·면제받은 원리금</td><td>본인부담금 영(0)</td></tr>
<tr><td>지자체·공공기관 등으로부터 지원받아 상환한 금액</td><td>본인부담금 영(0)</td></tr>
<tr><td>직계비속 등 부양가족이 상환한 원리금</td><td>본인부담금 영(0)</td></tr>
<tr><td>2016.12.31. 이전 교육비 세액공제를 받은 금액</td><td>중복공제 배제</td></tr>
</table>
</td></tr>
<tr><td>2016.12.31. 이전 교육비 세액공제 받은 금액이 있는 경우</td><td>2016.12.31. 이전 본인 또는 부양가족이 교육비 세액공제를 받은 금액이 있는 경우 그 초과 부분부터 본인만 교육비 세액공제 가능</td></tr>
</table>

사례 학자금대출원리금상환액

1. 자료

2020년에 대학을 졸업하고 2025년에 취업한 근로자 이몽룡(2025년 총급여 2,000만원)의 학자금대출 및 교육비 공제와 관련된 내용은 다음과 같다. 이방원은 이몽룡의 아버지다.

연 도	학자금대출금액	등록금납부액	교육비납입증명서상 공제대상 교육비(A)	이몽룡의 학자금대출 원리금상환액	(A)에 대해 교육비 공제를 받은 사람
2016	3,000,000	4,000,000	4,000,000	–	이방원
2017	3,000,000	4,000,000	1,000,000	–	
2018	3,000,000	4,000,000	1,000,000	–	
2019	1,000,000	2,000,000	1,000,000	–	
2025	–	–	–	1,000,000	–

교육비는 나이요건이 없으므로, 이방원이 자녀교육비로 공제가능

2. 2025년 학자금대출원리금상환액 공제 여부

구 분	내 용
2016.12.31. 이전 교육비 세액공제를 받은 학자금대출 금액(B)	3,000,000
2017.1.1. 이후 (B)에 대한 상환금액	1,000,000
2025년 학자금대출 원리금상환액에 대한 이몽룡의 교육비 세액공제 적용 여부	공제불가

why 2016.12.31. 이전 교육비 세액공제를 적용받은 금액을 초과하여 상환한 금액이 없음

✔ 2016.12.31. 이전 교육비 세액공제를 적용받은 금액을 확인하기 어려운 경우 2016.12.31. 이전 학자금대출금액을 초과하여 상환하는 금액부터 공제받음

② 예외적으로 인정되는 국내교육비

공제대상 교육비는 공제대상 교육기관에 지출하는 수업료·입학금·보육비용·수강료 및 그 밖의 공납금 등만 가능하다. 다만, 다음과 같이 국내에서 지출되는 것으로서 일부 금액에 대해서는 예외적으로 공제대상 교육비로 인정하고 있다.

유치원, 어린이집, 학원, 체육시설에 지출한 것만 공제가능

<table>
<tr><th colspan="3" rowspan="2">구 분</th><th>취학 전 아동</th><th colspan="2">초·중·고등학생</th></tr>
<tr><th>공제 여부</th><th>공제 여부</th><th>비 고</th></tr>
<tr><td colspan="3">급식비</td><td>공제가능
(○)</td><td>○</td><td></td></tr>
<tr><td rowspan="3">방과후
과정 등</td><td colspan="2">수업료·특별활동비</td><td>○</td><td>○</td><td></td></tr>
<tr><td rowspan="2">도서
구입비</td><td>공제대상
교육기관에
지출</td><td>○</td><td>○</td><td></td></tr>
<tr><td>외부(서점)
구입</td><td>×</td><td>○</td><td>학교장 확인필요</td></tr>
<tr><td rowspan="2">교과서
구입비</td><td colspan="2">학교에서 구입</td><td>×</td><td>○</td><td></td></tr>
<tr><td colspan="2">외부(서점) 구입</td><td>×</td><td>×</td><td></td></tr>
<tr><td colspan="3">현장체험학습비</td><td>×</td><td>○</td><td>학생 1명당 연 30만원 이내</td></tr>
<tr><td colspan="3">교복·체육복 구입</td><td>×</td><td>○(중·고등학생만)</td><td>학생 1명당 연 50만원 이내</td></tr>
</table>

③ 국외교육비

부양가족을 위해 공제대상 국외교육기관에 지출한 교육비라 하더라도 다음 요건을 충족한 경우에만 공제받을 수 있다.

<table>
<tr><th colspan="2" rowspan="2">교육비공제
신청자(근로자)</th><th colspan="2">유치원생·초등학생·중학생</th><th rowspan="2">고등학생·대학생</th></tr>
<tr><th>자비유학자
특례유학자</th><th>이 외</th></tr>
<tr><td rowspan="2">국내에서 근무</td><td>과세기간
종료일(12.31.)
현재 내국인</td><td>공제가능(○)</td><td>공제불가(×)</td><td>공제가능(○)</td></tr>
<tr><td>이 외</td><td>×</td><td>×</td><td>×</td></tr>
<tr><td colspan="2">국외에서 근무</td><td>○</td><td>○</td><td>○</td></tr>
</table>

고등학생·대학생은 자비유학자 등의 추가 요건 없음

상기 도표에서 언급된 자비유학자·특례유학자에 대하여 살펴보면 다음과 같다.

구 분	내 용
자비유학자	중학교 졸업 이상 학력: 국내교육기관에서의 학력인정을 말함(글로벌정책담당관-962, 2012.2.28.) 유학인정을 받은 사람: 교육장·국립국제교육원장의 유학인정을 받은 사람
특례유학자	국외에서 1년 이상 거주하다 국내로 귀국한 근로자에 한정하여 적용(법인 46013-48, 1999.1.6.)
사 례	국내에서 계속 근무하는 근로자가 배우자와 초등학생 자녀만 국외로 이주하여 지출하는 자녀 국외교육비: 공제불가(×) why 근로자와 국외에서 1년 이상 동거하지 않았음 국내에서 중학교를 졸업하지 않고 유학 간 자녀 교육비(유학인정자도 아님): 공제불가(×) why 자비유학자에 해당되지 않음

국외유학에 관한 규정은 국가의 중등 의무교육을 감안하면서 조기유학의 폐해를 막고자 자비유학 자격을 중학교 졸업 이상의 학력을 갖추도록 하고 있는 것임

✔ 외국에서 해당 학교교육을 수료한 자를 인정하지 않음

✔ 중학생 이전 유학생에게만 적용됨에 유의

4) 부담자

교육비는 지출공제에 해당하므로 당연히 근로자 본인이 부담한 것만을 공제받아야 한다. 따라서, 소득세 또는 증여세가 비과세되는 장학금 또는 학자금을 받은 경우 본인부담금이 없는 것에 해당되므로 공제대상 교육비에서 해당 장학금 등을 차감해야 한다.

이에 대해 살펴보면 다음과 같다.

구 분	내 용
교육비 차감액	소득세 또는 증여세가 비과세되는 다음의 장학금 또는 학자금 1. 근로복지기본법에 따른 사내근로복지기금으로부터 받은 장학금 또는 학자금 2. 재학 중인 학교로부터 받은 장학금 또는 학자금 3. 근로자인 학생이 직장으로부터 받은 장학금 또는 학자금 4. 국외근무공무원에게 지급되는 자녀 등에 대한 장학금 또는 학자금 5. 그 밖에 각종 단체로부터 받은 장학금 또는 학자금 6. 고용보험법 시행령 제43조에 따른 근로자수강지원금 7. 소득세법 시행령 제118조의 6 제9항에 따른 학자금 대출
수령방법 여부	계좌입금 등으로 직접 지급받았는지, 학비를 감면 받았는지와 관계없이 공제대상 교육비에서 차감
차감시점	해당 장학금 또는 학자금(지원금액)이 지급될 것이 확정되는 시점에 차감하여 교육비 공제를 적용(서면법령소득-2074, 2016.5.26.; 서면원천-2923, 2025.3.25.) ✔ 지급받은 시점이 아님에 유의

2017년부터 공제대상 교육비에서 차감되며, 상환 시 원리금을 본인만 공제받음

<table>
<tr><th colspan="2">구 분</th><th>내 용</th></tr>
<tr><td rowspan="2">추후 변동 시점</td><td>처리 원칙</td><td>그 차액을 정산하여 경정청구 또는 수정신고해야 함(서면법령소득-2074, 2016.5.26.)</td></tr>
<tr><td>사 례</td><td>
<table>
<tr><th>상 황</th><th>세무처리</th></tr>
<tr><td>연말정산이 완료된 후 사내근로복지기금으로부터 소득세가 비과세되는 장학금을 지급받은 경우 (서일-926, 2005.7.27.)</td><td>그 지급액이 확정되는 날이 속하는 연도에 당초 공제받은 교육비에서 그 장학금을 차감한 금액을 공제대상 교육비 금액으로 하여 재정산함</td></tr>
</table>
</td></tr>
</table>

5) 지출기간

공제대상 교육비 지출기간은 해당 과세기간 중 근무월(휴직기간)에 지출한 교육비로 한다. 지출기간 관련 사항에 대해 살펴보면 다음과 같다.

<table>
<tr><th colspan="2">구 분</th><th>내 용</th></tr>
<tr><td rowspan="3">공제대상 교육비</td><td>지출기간</td><td>해당 과세기간 중 근무월(휴직기간) 지출분</td></tr>
<tr><td>지출시점 판단기준</td><td>
• 실지 지급일 기준(현금주의)
• 다만, 다음 2가지 경우는 예외
<table>
<tr><th>상 황</th><th>공제시기</th></tr>
<tr><td>고3 학생이 대학교 입학금 납부</td><td>대학생이 된 연도</td></tr>
<tr><td>본인 대학원 입학 전 납부한 교육비</td><td>대학원생이 된 연도</td></tr>
</table>
</td></tr>
<tr><td>사 례</td><td>
<table>
<tr><th>상 황</th><th>교육비공제 적용연도</th></tr>
<tr><td>고등학교 진학을 위해 중학생이 12월에 지급한 고등학교 등록금 등 교육비가 있는 경우(원천-180, 2010.3.3.)</td><td>지급일</td></tr>
<tr><td>고3 학생이 해당 연도에 납부한 대학교입학금(서이 46013-10624, 2001.11.28.)</td><td>대학생이 된 연도</td></tr>
<tr><td>근로소득이 있는 거주자의 기본공제대상자인 자녀가 고등학교 재학 중 학점인정 등에 관한 법률 제3조 제1항에 따른 학점인정 교육기관에 수시 합격함에 따라 해당 거주자가 자녀의 입학등록금을 선납한 경우(원천-186, 2012.4.10.)</td><td>교육기관에 입학한 연도</td></tr>
<tr><td>국내 대학을 휴학한 대학생이 외국대학 입학을 위해 등록금 등을 12월에 지급한 경우(원천-75, 2010.1.26.)</td><td>지급일</td></tr>
<tr><td>외국의 교육기관에 9월부터 그 다음해 8월까지의 수업료를 9월에 일시납부하는 경우(법인 46013-2893, 1997.11.10.)</td><td>지급일</td></tr>
<tr><td>기본공제대상자인 자녀가 전문대학 재학 중 4년제 대학 편입시험에 합격하여 편입 직전연도에 4년제 대학 교육비를 납부한 경우(서면법규-300, 2013.3.15.)</td><td>지급일</td></tr>
<tr><td>근로자 본인이 대학원에 입학하기 전에 납부한 교육비(법인 46013-335, 2001.2.10.)</td><td>대학원생이 된 연도</td></tr>
</table>
</td></tr>
</table>

6) 교육비 공제 여부 사례

상 황	공제가능	공제불가
유치원 종일반 운영비(근로자를 위한 연말정산안내, 2010년 국세청)	✓	
소득세법 시행령 제17조의 4 2호의 2에 따라 비과세 근로소득으로 처리되는 위탁보육료(서면원천-306, 2025.2.24.)		✓ why 소득세 비과세 됨 → 본인부담금 '0'
근로소득이 있는 거주자가 초등학생 자녀를 위하여 영재교육진흥법 제2조에 따라 고등교육법 제2조에 의한 학교에 설치·운영되는 영재교육원에 지급한 수업료(서면법규-381, 2013.4.3.)	✓	
학교운영지원비 또는 기성회비(서일-1313, 2004.9.22.)	✓	
예능학교 등의 경우 정규교과과정에 해당하는 실기교육을 위한 실기지도비(법인 22601-2355, 1990.12.13.)	✓	
외국어고등학교가 정규수업시간에 외국어 회화실습을 위하여 수업료와 별도로 징수하는 회화실습비(법인 46013-4371, 1995.11.28.)	✓	
대학입학전형료, 수능응시료	✓	
대학에 재학 중인 기본공제대상자를 위한 계절학기 수업료(원천-418, 2009.5.15.)	✓	
국외교육비 중 여름학교 수업료, 과외활동비가 정규교육과정에 해당되는 경우	✓	
우리나라의 고등교육법에 따른 학교에 해당하는 국외 소재 대학에 재학 중인 학생(소득세법 시행령 제110조의 3 제4항 각호에 따른 학생에 한함)이 국내 대학의 계절학기과정을 수강하고 취득한 학점이 해당 대학에서 학점으로 인정되는 경우 해당 교육과정을 수강하기 위한 교육비(원천-79, 2010.1.26.)	✓	
학교 재직 근로자의 자녀에 대하여 면제한 학비상당액을 근로소득에 합산한 경우 해당 등록금 및 학비상당액(법인 46013-3351, 1996.12.3.)	✓ why 근로소득 과세	
보육기관에 실제 지급한 영수증을 제출받아 월 10만원 범위 내에서 실비를 지원하고 소득세법에 따라 비과세하는 경우 해당 교육비(서일-1575, 2006.11.21.)		✓ why 소득세 비과세 됨 → 본인부담금 '0'
사내근로복지기본법에 따라 사내근로복지기금으로부터 받은 장학금(서일-1522, 2004.11.11.)		
대학생이 소득세 및 증여세가 비과세되는 장학금을 재학 중인 학교로부터 받는 경우(원천-557, 2011.9.5.)		
공무원이 받은 소득세 비과세 대상 국외근무공무원에게 지급되는 자녀 등에 대한 학자금 등(서일-225, 2004.2.12.)		

국외 등에서 근무하고 받는 수당 중 국내에서 근무할 경우에 지급받을 금액상당액을 초과하여 받는 금액은 소득세법상 비과세소득에 해당함

상 황	공제가능	공제불가
소득세법에 따른 비과세 학자금을 근무 회사로부터 지원받아 교육비 소득공제를 하지 아니한 근로자가 의무복무기간 불이행으로 회사의 규정에 따라 이를 반납한 경우 해당 학교에 지급한 교육비(원천-211, 2010.3.11.)		✓ why 소득세 비과세 됨 → 본인 부담금 '0'
거주자가 국비로 대학을 졸업한 후 공무원으로 임용되어 의무복무기간을 불이행함으로써 「○○대학설치법」에 따라 의무복무 불이행기간에 상당하는 학비를 상환하는 경우 그 상환하는 학비(법규소득 2012-84, 2012.3.16.)		✓ why 공제대상 교육기관 아닌 곳에 지출
근로자 본인 또는 자녀의 등록금을 금융기관으로부터 융자받아 납부하고 학교 졸업 후 약정에 의하여 상환하는 경우 해당 상환액(법인 46013-616, 1996.2.24.)		
학습지를 이용하고 지급한 교육비		
학교로 인가받지 않은 국내 외국인학교에 지급한 교육비(법인 46013-3984, 1998.12.19.)		
초등학교 취학의무가 있는 자녀가 초등학교에 입학하지 않고 비인가 대안학교에 입학한 경우 해당 자녀를 위하여 지출하는 비인가 대안학교 교육비 및 일반학원의 학원비(서면법규-291, 2013.3.15.)		
스쿨버스이용료·기숙사비		✓ why 공제대상 교육비 아님
독학학위제 과정에 해당되지 않는 교육과정을 위해 매학기에 지급하는 영어수업 수업료, 자율적 운영경비 등(원천-239, 2012.5.2.)		
퇴직 후 지급받은 전직연수비 및 자녀 학자금지원금을 지출한 교육비(서일-434, 2005.4.22.)		✓ why 근무기간 지출분 아님

감염병 전염 우려로 학기 중에 대학교 기숙사에 입사함에 따라 학기 초 미리 납입한 기숙사비 중 입사보류기간의 기숙사비를 대학교로부터 장학금으로 지급받게 되는 경우(사전법령소득-812, 2020.11.23.)

7) 공제한도

공제대상 교육비는 전액 인정되는 것이 아니라, 다음과 같이 한도가 적용된다.

<table>
<tr><th colspan="2">교육비</th><th>공제한도</th><th colspan="2">세부한도</th></tr>
<tr><td colspan="2">본인 교육비·장애인특수교육비</td><td>한도 없이 전액 인정</td><td colspan="2"></td></tr>
<tr><td rowspan="4">이외 교육비</td><td>대학생</td><td>학생 1명당 연 900만원</td><td colspan="2"></td></tr>
<tr><td rowspan="3">이 외</td><td rowspan="3">학생 1명당 연 300만원</td><td>구 분</td><td>내 용</td></tr>
<tr><td>중·고등학생 교복(체육복)</td><td>학생 1명당 연 50만원 이내</td></tr>
<tr><td>초·중·고등학생 현장체험학습비</td><td>학생 1명당 연 30만원 이내</td></tr>
</table>

대학생: 고등학교 졸업(재수생), 검정고시합격자 포함

이 외: 고등학교 졸업예정(현 고3), 조기졸업예정자 포함

다만, 본인 이외 부양가족 교육비 공제한도 적용 시 다음과 같이 적용됨에 유의한다.

<table>
<tr><th>구 분</th><th>국내교육비</th><th>국외교육비</th></tr>
<tr><td>취학 전 아동 → 초등학생</td><td rowspan="3">합하여 연 300만원 한도 적용 (서일-156, 2006.2.6.)</td><td rowspan="3">합하여 연 300만원 한도 적용</td></tr>
<tr><td>초등학생 → 중학생</td></tr>
<tr><td>중학생 → 고등학생</td></tr>
<tr><td>고등학생 → 대학생</td><td>합하여 연 900만원 한도 적용</td><td><table><tr><th>구 분</th><th>내 용</th></tr><tr><td>1차한도</td><td>ⓐ=Min[고등학생 교육비, 연 300만원]</td></tr><tr><td>2차한도</td><td>ⓑ=Min[대학생 교육비, 연 900만원]</td></tr><tr><td>공제대상 교육비 (3차한도)</td><td>ⓒ=Min[ⓐ+ⓑ, 연 900만원]</td></tr></table></td></tr>
</table>

사례 국외교육비 공제한도 적용

1. 자료

근로자 홍길동의 자녀 홍새벽의 각 상황별 국외교육비 자료는 다음과 같다.

(단위 : 만원)

상 황	고등학생 교육비(㉮)	대학생 교육비(㉯)	교육비 합계
1	200	500	700
2	200	800	1,000
3	400	400	800
4	400	500	900
5	400	700	1,100
6	400	1,000	1,400

2. 각 상황별 공제대상 교육비(소득세법 규정)

(단위 : 만원)

상 황	고등학생 교육비(㉮)	대학생 교육비(㉯)	1차한도(ⓐ) Min[㉮,300]	2차한도(ⓑ) Min[㉯,900]	공제대상 교육비 [3차한도, (ⓒ)] Min[㉮+㉯, 900]
1	200	500	200	500	700
2	200	800	200	800	900
3	400	400	300	400	700
4	400	500	300	500	800
5	400	700	300	700	900
6	400	1,000	300	900	900

3. 지출액 총액으로 대학생 한도 900만원을 적용하는 경우

사례와 같이 해당 연도 중 고등학생에서 대학생이 되어 한도가 서로 다른 교육비가 동시에 발생하는 경우 지출액 총액에 대해 대학생 한도 900만원을 적용하면 된다고 생각할 수 있는데, 이는 다음 결과와 같이 소득세법 규정과 달리 잘못된 결과를 초래한다.

(단위 : 만원)

상 황	고등학생 교육비(㉮)	대학생 교육비(㉯)	총지출액 (㉮+㉯)	대학생 한도 적용 Min[㉮+㉯, 900]	공제대상 교육비(ⓒ)	산출결과
1	200	500	700	700	700	동일(=)
2	200	800	1,000	900	900	동일(=)
3	400	400	800	800	700	상이(≠)
4	400	500	900	900	800	상이(≠)
5	400	700	1,100	900	900	동일(=)
6	400	1,000	1,400	900	900	동일(=)

4. 결론

상기 결과에서 볼 수 있듯이 총지출액에 대해 대학생 한도 900만원만을 적용하는 것은 소득세법과 다른 결과가 초래될 수 있으므로, 반드시 소득세법에 따라 한도를 적용하기 바란다. 이를 위해서는 국외교육비로서 고등학생이 대학생이 된 경우에는 다음과 같은 방법 중 하나로 교육비 세액공제를 적용하여야 할 것이다.

구 분	근로자	원천징수의무자
대안 1	동일한 학생에 대한 교육비 지출액을 고등학생·대학생 교육비로 구분하여 입력 (㉮, ㉯를 구분하여 입력)	소득세법에 따른 한도액 적용방법(1차, 2차, 3차 한도를 순차적용)으로 공제대상 교육비(ⓒ)산출
대안 2	소득세법에 따른 한도액 적용방법(1차한도, 2차한도만 적용)에 따라 산출된 공제대상 교육비(㉮+㉯)를 산출하여 대학생 교육비로 입력	입력된 공제대상 교육비(㉮+㉯)에 대해 대학생 교육비 한도(900만원)를 적용하여 공제대상 교육비(ⓒ) 산출

(3) 교육비 세액공제 제출서류

1) 제출서류 리스트

2023년 귀속 연말정산분부터 대학입학전형료, 수능응시료 자료 제공

교육비		제출서류	발급처	비 고
일반 교육비	수강료, 입학금, 등록금, 학자금대출 원리금상환액 등 (공통)	교육비납입증명서	• 교육기관 등 • 간소화	초·중·고등학생 현장체험학습비는 1명당 연 30만원 한도
	학원·체육시설 수강료	교육비납입증명서	• 학원 • 간소화	취학 전 아동만
	교복·체육복 구입비	교육비납입증명서	• 구입처 • 간소화	• 중·고등학생만 • 판매처 확인 필수

교육비		제출서류	발급처	비 고
일반 교육비	학교 외 방과후 학교수업용 도서구입비	방과후 학교수업용 도서구입증명서	본인 작성	• 초·중·고등학생만 • 학교장 확인 필수
		도서구입영수증(카드전표 등)	구입처	
	국외교육비	교육비납입을 증명할 수 있는 서류	국외 교육기관	
		재학증명서	국외 교육기관	
		부양가족의 유학자격 입증서류(중학교 졸업장 사본 등 학력인정서류, 국외유학인정서, 유학특례확인서, 동거사실증명서)	교육기관, 교육장, 국립국제교육원	근로자가 국내에 근무하면서 학생이 취학 전 아동·초등학생·중학생인 경우만
장애인 특수교육비		• 교육비납입증명서 • 장애인 특수교육시설 해당 입증서류	• 사회복지시설 등 • 간소화	특수교육시설 입증자료 필수

한걸음 더

제출서류 유의사항

교육비 관련 서류제출에 있어 다음 사항에 유의한다.

구 분		내 용
교육비 납입증명서	발급원칙	해당 교육기관 등이 공제대상 교육비[입학금, 수업료, 급식비, 교과서대금, 방과후학교 등의 수업료, 특별활동비, 보육비용, 장애인특수교육비, 그 밖의 교육비]를 구분 기재하여 발급(서일-1313, 2004.9.22.)
	장학금 등이 있는 경우	교육비 차감대상인 장학금 등[근로자수강지원금 등 포함]을 지급한 경우에는 학비를 감면받았거나 계좌입금 등으로 직접 지급하였는지를 불문하고 그 장학금 등의 합계액을 '⑮장학금 등의 수혜액'란에 모두 기재하여 발급
국외교육비 유학자격 입증서류		최초제출 이후 변동사항이 없는 경우 해당 서류를 다시 제출하지 않아도 됨
교복·체육복 구입비	간소화	간소화자료로 충분
	교복구입처	교육비납입증명서 'Ⅱ. 교복구입명세'란에 해당 내역을 판매자로부터 기재받아 제출
학점은행제 교육기관이 해산한 경우		국가평생교육진흥원에서 발급한 교육비납입증명서로 가능
자녀학비보조수당을 받은 사람		자녀학비보조수당 금액의 범위 안에서 해당 법령이 정하는 바에 따라 소속 기관장에게 이미 제출한 취학자녀의 재학증명서로 갈음 가능

2) 제출서류 검토

2025년 귀속 소득·세액공제증명서류 : 기본(지출처별)내역
[교육비]

(조회기간 : 2025년 01 ~ 12월)

근무월 확인

■ 학생 인적사항

• 취학 전 아동 확인
• 1, 2월에 지출한 분은 근무월인 경우 공제가능
• 기본공제 여부 확인
✓ 나이 요건을 충족하는 경우 기본공제자만 교육비 공제 가능

	성 명	주 민 등 록 번 호
	김둘리	220101-*******

■ 교육비 지출내역

(단위:원)

교육비구분	학교명	사업자번호	구분	지출금액계
보육시설	***보육시설	**2-83-04***	일반교육비	112,680
학원	***학원	**5-83-02***	일반교육비	965,940
학원	***학원	**6-82-01***	일반교육비	1,840,720
일반교육비 합계금액				2,919,340
현장학습비 합계금액				0

취학 전 아동은 현장체험학습비, 교복(체육복)구입비, 방과 후 도서 외부구입비 공제불가

근로자가 제출한 간소화자료의 조회기간이 근무월과 다른 경우
• 금액 자료를 활용하지 않음
• 근로자에게 근무월만 조회된 자료를 다시 제출할 것을 요구함

1. 아이행복(사랑)카드 : 아이행복(사랑)카드를 이용하여 지급한 보육료 중 부모부담금액(정부지원금 제외)이며, 추가로 지급한 보육료가 있는 경우 해당 보육시설에서 '교육비납입증명서'를 발급받아 공제 가능합니다.
2. 대학(원)교육비 : 등록금 등 교육비에서 학자금대출과 장학금을 차감한 금액을 제공합니다.
※ 2017년 귀속부터 직계비속 등이 학자금 대출(한국장학재단에서 시행하는 학자금 대출 중 등록금 대출에 한함)을 받아 지급하는 교육비는 공제대상에서 제외되며, 대출받은 자가 대출금을 상환하는 연도에 원금과 이자상환액에 대하여 공제받을 수 있습니다.
3. 공제 한도 : 근로자 본인·장애인특수교육비(전액), 취학전 아동·초·중·고등학생(연 300만원), 대학생(연 900만원), 교복구입비용(중·고등학생 1명당 연50만원), 현장학습비(초·중·고등학생 1명당 연 30만원)

일련번호 : 20251219-01171365

-4-

국세청 National Tax Service

• 본 증명서류는 「소득세법」 제165조 제1항에 따라 영수증 발급기관으로부터 수집한 서류로 소득·세액공제 충족 여부는 근로자가 직접 확인하여야 합니다.
• 본 증명서류에서 조회되지 않는 내역은 영수증 발급기관에서 직접 발급받으시기 바랍니다.

2025년 귀속 소득 · 세액공제증명서류 : 기본(지출처별)내역 [교육비]

(조회기간 : 2025년 01 ~ 12월)

근무월 확인

■ 학생 인적사항

성 명	주 민 등 록 번 호
김철수	040101-*******

■ 교육비 지출내역

(단위:원)

교육비구분	학교명	사업자번호	구분	지출금액계
대학교	***대학교	**8-83-00***	일반교육비	505,740
일반교육비 합계금액				505,740
현장학습비 합계금액				0

대학생은 현장체험학습비 공제불가

- 배우자의 경우 기본공제된 경우에만 가능
- 나머지 부양가족(직계존속, 수급자 제외)의 경우 나이 관계없이 공제가능
- 나이요건 충족 시 기본공제 여부 확인 ✓ 기본공제 안된 경우 타인 기본공제 확인

근로자가 제출한 간소화자료의 조회기간이 근무월과 다른 경우
- 금액 자료를 활용하지 않음
- 근로자에게 근무월만 조회된 자료를 다시 제출할 것을 요구함

1. 아이행복(사랑)카드 : 아이행복(사랑)카드를 이용하여 지급한 보육료 중 부모부담금액(정부지원금 제외)이며, 추가로 지급한 보육료가 있는 경우 해당 보육시설에서 '교육비납입증명서'를 발급받아 공제 가능합니다.
2. 대학(원)교육비 : 등록금 등 교육비에서 학자금대출과 장학금을 차감한 금액을 제공합니다.

※ 2017년 귀속부터 직계비속 등이 학자금 대출(한국장학재단에서 시행하는 학자금 대출 중 등록금 대출에 한함)을 받아 지급하는 교육비는 공제대상에서 제외되며, 대출받은 자가 대출금을 상환하는 연도에 원금과 이자상환액에 대하여 공제받을 수 있습니다.

3. 공제 한도 : 근로자 본인·장애인특수교육비(전액), 취학전 아동·초·중·고등학생(연 300만원), 대학생(연 900만원), 교복구입비용(중·고등학생 1명당 연50만원), 현장학습비(초·중·고등학생 1명당 연 30만원)

일련번호 : 20251219-01171365

-3-

국세청
National Tax Service

- 본 증명서류는 「소득세법」 제165조 제1항에 따라 영수증 발급기관으로부터 수집한 서류로 소득·세액공제 충족 여부는 근로자가 직접 확인하여야 합니다.
- 본 증명서류에서 조회되지 않는 내역은 영수증 발급기관에서 직접 발급받으시기 바랍니다.

2025년 귀속 소득 · 세액공제증명서류 : 기본(지출처별)내역 [교육비]

(조회기간 : 2025년 01 ~ 12월)

근무월 확인

■ 학생 인적사항

성 명	주 민 등 록 번 호
김영희	080101-*******

■ 교육비 지출내역

(단위:원)

교육비구분	학교명	사업자번호	구분	지출금액계
고등학교	***고등학교	**1-83-04***	일반교육비	105,740
고등학교	***고등학교	**1-83-04***	체험현장학습비	100,000
고등학교	***고등학교	**3-83-00***	일반교육비	800,000
고등학교	***고등학교	**3-83-00***	체험현장학습비	1,100,000
일반교육비 합계금액				905,740
현장학습비 합계금액				1,200,000

초 · 중 · 고등학생은 학생 1명당 연 30만원 한도 공제가능

- 배우자의 경우 기본공제된 경우에만 가능
- 나머지 부양가족(직계존속, 수급자 제외)의 경우 나이 관계없이 공제가능
- 기본공제 여부 확인 ✓ 나이요건을 충족하는 경우 기본공제자만 교육비 공제 가능

근로자가 제출한 간소화자료의 조회기간이 근무월과 다른 경우
- 금액 자료를 활용하지 않음
- 근로자에게 근무월만 조회된 자료를 다시 제출할 것을 요구함

1. 아이행복(사랑)카드 : 아이행복(사랑)카드를 이용하여 지급한 보육료 중 부모부담금액(정부지원금 제외)이며, 추가로 지급한 보육료가 있는 경우 해당 보육시설에서 '교육비납입증명서'를 발급받아 공제 가능합니다.
2. 대학(원)교육비 : 등록금 등 교육비에서 학자금대출과 장학금을 차감한 금액을 제공합니다.
※ 2017년 귀속부터 직계비속 등이 학자금 대출(한국장학재단에서 시행하는 학자금 대출 중 등록금 대출에 한함)을 받아 지급하는 교육비는 공제대상에서 제외되며, 대출받은 자가 대출금을 상환하는 연도에 원금과 이자상환액에 대하여 공제받을 수 있습니다.
3. 공제 한도 : 근로자 본인·장애인특수교육비(전액), 취학전 아동·초·중·고등학생(연 300만원), 대학생(연 900만원), 교복구입비용(중·고등학생 1명당 연50만원), 현장학습비(초·중·고등학생 1명당 연 30만원)

일련번호 : 20251219-01171365

-6-

국세청 National Tax Service

- 본 증명서류는 「소득세법」 제165조 제1항에 따라 영수증 발급기관으로부터 수집한 서류로 소득·세액공제 충족 여부는 근로자가 직접 확인하여야 합니다.
- 본 증명서류에서 조회되지 않는 내역은 영수증 발급기관에서 직접 발급받으시기 바랍니다.

2025년 귀속 소득 · 세액공제증명서류 : 기본(지출처별)내역 [교육비]

(조회기간 : 2025년 01 ~ 12월)

근무월 확인

■ 학생 인적사항

성 명	주 민 등 록 번 호
홍영희	100101-*******

■ 교육비 지출내역

(단위:원)

교육비구분	학교명	사업자번호	구분	지출금액계
장애인재활교육기관	***장애인재활교육기관	**1-83-04***	일반교육비	2,760,000
발달재활서비스제공기관	***발달재활서비스제공기관	**7-82-00***	일반교육비	680,000
일반교육비 합계금액				3,440,000
현장학습비 합계금액				0

- 장애인특수교육비에 해당 ✓ 특수교육시설 입증서류 첨부 필수
- 배우자의 경우 기본공제와 무관하게 공제가능
- 나머지 부양가족의 경우 나이 · 소득요건 관계없이 공제 가능
- 나이요건 충족 시 기본공제 여부 확인 ✓ 기본공제 안된 경우 타인 기본공제 확인
- 지자체가 지정한 발달재활서비스 제공기관인 경우 학생 나이요건 있음 ✓ 만 18세미만(2008.1.1.이후 출생)

근로자가 제출한 간소화자료의 조회기간이 근무월과 다른 경우
- 금액 자료를 활용하지 않음
- 근로자에게 근무월만 조회된 자료를 다시 제출할 것을 요구함

1. 아이행복(사랑)카드 : 아이행복(사랑)카드를 이용하여 지급한 보육료 중 부모부담금액(정부지원금 제외)이며, 추가로 지급한 보육료가 있는 경우 해당 보육시설에서 '교육비납입증명서'를 발급받아 공제 가능합니다.
2. 대학(원)교육비 : 등록금 등 교육비에서 학자금대출과 장학금을 차감한 금액을 제공합니다.

※ 2017년 귀속부터 직계비속 등이 학자금 대출(한국장학재단에서 시행하는 학자금 대출 중 등록금 대출에 한함)을 받아 지급하는 교육비는 공제대상에서 제외되며, 대출받은 자가 대출금을 상환하는 연도에 원금과 이자상환액에 대하여 공제받을 수 있습니다.

3. 공제 한도 : 근로자 본인·장애인특수교육비(전액), 취학전 아동·초·중·고등학생(연 300만원), 대학생(연 900만원), 교복구입비용(중·고등학생 1명당 연50만원), 현장학습비(초·중·고등학생 1명당 연 30만원)

일련번호 : 20251219-01171365

-5-

국세청
National Tax Service

- 본 증명서류는 「소득세법」 제165조 제1항에 따라 영수증 발급기관으로부터 수집한 서류로 소득·세액공제 충족 여부는 근로자가 직접 확인하여야 합니다.
- 본 증명서류에서 조회되지 않는 내역은 영수증 발급기관에서 직접 발급받으시기 바랍니다.

2025년 귀속 소득 · 세액공제증명서류 : 기본(지출처별)내역 [직업훈련비]

(조회기간 : 2025년 01 ~ 12월)

근무월 확인

■ 수강생 인적사항

성 명	주 민 등 록 번 호
김길동	930101-*******

■ 직업훈련비 납입내역

(단위:원)

교육기관명	사업자번호	과정명	과정코드	지출금액 계
FF 아카데미	605-85-44***	디지털디자인향상과정(웹표준 및웹접근성)	AIG201600001202663	189,450
FF 아카데미	605-85-44***	실내건축설계 향상과정(Auto CAD)	AIG201600001201248	60,250
Q 직업학교	617-19-53***	중국어 초급 2	ACG2016200062191918	552,000
합계금액				**801,700**

신청자 본인 확인
✓ 본인만 가능 – 대학원, 시간제과정, 직업훈련비, 학자금대출원리금상환액

근로자가 제출한 간소화자료의 조회기간이 근무월과 다른 경우
✓ 금액자료를 활용하지 않음
✓ 근로자에게 근무월만 조회된 자료를 다시 제출할 것을 요구함

1. 세액공제대상금액 : 근로자직업능력개발법 제2조에 따른 직업능력개발훈련시설에서 실시하는 직업능력개발훈련을 위하여 지급한 수강료
※ 고용보험법시행령 제43조에 따른 근로자 직업능력 향상 지원금을 받은 경우 이를 차감한 금액
2. 공제대상금액한도 : 한도 없음

일련번호 : 20251219-01171365

-6-

국세청 National Tax Service

• 본 증명서류는 「소득세법」 제165조 제1항에 따라 영수증 발급기관으로부터 수집한 서류로 소득·세액공제 충족 여부는 근로자가 직접 확인하여야 합니다.
• 본 증명서류에서 조회되지 않는 내역은 영수증 발급기관에서 직접 발급받으시기 바랍니다.

2025년 귀속 소득 · 세액공제증명서류 : 기본(지출처별)내역 [교복구입비]

(조회기간 : 2025년 01 ~ 12월)

근무월 확인

■ 학생 인적사항

성 명	주 민 등 록 번 호
김철수	110101-*******

■ 교복구입비 지출내역

(단위:원)

사업자번호	상호	지출금액 계
314-83-01***	***학교	242,000
305-16-25***	OK교복	52,000
605-01-59***	학생교복	142,000
인별합계금액		436,000

중 · 고등학생에 한하여 교복(체육복) 구입비 학생 1명당 연 50만원 한도 공제가능

기본공제여부 확인
✓ 나이요건을 충족하는 경우 기본공제자만 교육비 공제 가능

근로자가 제출한 간소화자료의 조회기간이 근무월과 다른 경우
✓ 금액자료를 활용하지 않음
✓ 근로자에게 근무월만 조회된 자료를 다시 제출할 것을 요구함

1. 공제 대상 : 중·고등학교 학생의 교복구입비용
2. 공제 한도 : 학생 1명당 연 50만원
   (교복구입비와 수업료 등 교육비를 합하여 연 300만원 공제한도 적용)

일련번호 : 20251219-01171365

-7-

국세청
National Tax Service

• 본 증명서류는 『소득세법』 제165조 제1항에 따라 영수증 발급기관으로부터 수집한 서류로 소득·세액공제 충족 여부는 근로자가 직접 확인하여야 합니다.
• 본 증명서류에서 조회되지 않는 내역은 영수증 발급기관에서 직접 발급받으시기 바랍니다.

2025년 귀속 소득 · 세액공제증명서류 : 기본내역 [교육비:학자금대출 원리금상환액]

(조회기간 : 2025년 01 ~ 12월)

근무월 확인

■ 가입자 인적사항

성 명	주 민 등 록 번 호
김길동	930101-*******

■ 학자금대출 원리금상환내역

(단위:원)

자료제출기관		원리금상환액 (공제대상금액)
상호	사업자번호	
장학재단	**4-82-10***	530,225
행복기금	**0-87-71***	866,373
학자금 공사	**4-81-86***	7,838,368
인별합계금액		9,234,966

신청자 본인 확인
✓ 본인만 가능 – 대학원, 시간제과정, 직업훈련비, 학자금대출원리금상환액

2016.12.31. 이전에 교육비공제를 적용받은 금액을 초과하여 상환하는 금액부터 공제가능함에 유의
✓ 해당 여부는 근로자 본인이 판단하여 확인
✓ 2016.12.31. 이전 교육비 공제를 받은 금액을 확인하기 어려운 경우 2016.12.31. 이전 학자금대출 금액을 초과하는 금액부터 공제받음

근로자가 제출한 간소화자료의 조회기간이 근무월과 다른 경우
✓ 금액자료를 활용하지 않음
✓ 근로자에게 근무월만 조회된 자료를 다시 제출할 것을 요구함

1. 공제 대상 : 학자금대출(등록금 대출에 한정)의 원리금 상환에 지출한 교육비 (대출금의 상환 연체로 인하여 추가로 지급하는 금액은 제외)
   ※ 공제대상 학자금대출의 종류
   ① 한국장학재단 설립 등에 관한 법률 제2조제2호에 따른 취업후 상환 학자금 대출 및 같은 조 3호에 따른 일반 상환 학자금 대출
   ② 농어업인 삶의 질 향상 및 농어촌 지역 개발 촉진에 관한 특례법 시행령 제17조제1항제4호에 따른 학자금 융자 지원 사업을 통한 학자금 대출
   ③ 한국주택금융공사법에 따라 한국주택금융공사가 금융기관으로부터 양수한 학자금 대출
2. 공제 한도 : 한도 없음

일련번호 : 20251219-01171365

-8-

국세청 National Tax Service

• 본 증명서류는 『소득세법』 제165조 제1항에 따라 영수증 발급기관으로부터 수집한 서류로 소득·세액공제 충족 여부는 근로자가 직접 확인하여야 합니다.
• 본 증명서류에서 조회되지 않는 내역은 영수증 발급기관에서 직접 발급받으시기 바랍니다.

2025년 귀속 소득 · 세액공제 증명서류 : 기본(지출처별)내역
[수능응시료, 대학입학전형료]

(조회기간 : 2025년 01 ~ 12월)

2023귀속 연말정산분부터 자료 제공

근무월 확인

■ 학생 인적사항

성 명	주 민 등 록 번 호
고철수	070101-3234567

■ 교육비 지출내역

(단위:원)

교육비구분	학교명	사업자번호	구분	최종고교학력	지출금액계
수능응시료	한국교육평가원	117-82-00060	일반교육비	고등학교 졸업예정	42,000
대학입학전형료	동서울대학교	129-82-00699	일반교육비	고등학교 졸업예정	30,000
대학입학전형료	서울대학교간호대학	101-82-21212	일반교육비	고등학교 졸업예정	30,000
대학입학전형료 등 합계금액					102,000

✓ 학생별 교육비공제한도

구 분	공제한도	공제율
고등학교 졸업예정자(조기졸업 포함)	300만원	15%
고등학교 졸업, 검정고시 합격	900만원	

• 배우자의 경우 기본공제된 경우에만 가능
• 나머지 부양가족(직계존속, 수급자 제외)의 경우 나이 관계없이 공제가능
• 기본공제 여부 확인 ✓ 나이요건을 충족하는 경우 기본공제자만 교육비 공제 가능

1. 수능응시료·대학입학전형료는 지출한 연도에 공제를 받을 수 있으며, 근로기간에 지출한 비용에 대해 공제받을 수 있습니다.
2. 한국교육평가원 또는 각 대학의 전형별 환급일정에 따라 발생한 환급액은 공제대상에서 제외됩니다.
3. 공제 한도 : 졸업예정자 및 조기졸업자는 연 3백만원이며, 졸업한 자, 검정고시 및 조기졸업은 연 9백만원

일련번호 : 20251219-01640122

-10-

국세청
National Tax Service

• 본 증명서류는 『소득세법』 제165조 제1항에 따라 영수증 발급기관으로부터 수집한 서류로 소득·세액공제 충족 여부는 근로자가 직접 확인하여야 합니다.
• 본 증명서류에서 조회되지 않는 내역은 영수증 발급기관에서 직접 발급받으시기 바랍니다.

■ 소득세법 시행규칙 [별지 제44호서식] <개정 2023. 12. 29.>

(앞쪽)

교 육 비 납 입 증 명 서

① 상 호 | ② 사업자등록번호 | 화 번호 | 주민등록번호

신청인 | ⑧ 주소

대상자 | ⑨ 성명 | ⑩ 신청인과의 관계

> • 중 · 고등학생 교복 · 체육복 구입비용 (학생 1명당 연 50만원 한도 공제가능)
> → 교복(체육복) 판매업자로부터 해당란에 확인받고 발급받아 제출함
> • 'Ⅰ. 교육비부담명세' 란에 기재하지 않음

> 입학금, 수업료, 급식비, 교과서대금, 방과후 학교 등의 수업료(학교 등에서 구입한 도서의 구입비 포함), 현장체험학습비, 특별활동비, 보육비용, 장애인특수교육비, 학자금상환액, 그 밖의 교육비로 구분 기재

> 산식에 따른 금액을 기재하되, 음수는 '영(0)' 기재

Ⅰ. 교육비 부담 명세

⑪ 납부연월	⑫ 종 류	⑬ 구 분	⑭ 총교육비(A)	⑮ 장학금 등(B)		⑯ 공제대상 교육비부담액(C=A-B)
				학비감면 등	직접지급액	
.						
.						
.						
.						
계						

Ⅱ. 교복 구입 명세

⑰ 구입연월	⑱ 품 목	⑲ 수 량	⑳ 단 가	㉑ 금 액
.				
.				
.				
.				
계				

사용목적	교육비공제 신청용

「소득세법 시행령」 제113조 ...

위와 같이 교육비를 지 ...

210mm×297mm[백상지 80g/㎡(재활용품)]

> 다음 어느 하나에 해당하는 장학금 또는 학자금을 받은 경우에는 학비를 감면받았거나 계좌입금 등으로 직접 지급받았는지를 불문하고 그 장학금 등의 합계액을 모두 기재
> • 사내근로복지기금으로부터 받은 장학금 또는 학자금
> • 재학 중인 학교로부터 받은 장학금 또는 학자금
> • 근로자인 학생이 직장으로부터 받은 장학금 또는 학자금
> • 국외근무공무원에게 지급되는 자녀 등에 대한 장학금 또는 학자금
> • 그 밖에 각종 단체로부터 받은 장학금 또는 학자금
> • 근로자수강지원금
> • 학자금대출

> • 근무월 확인
> • 근로자가 제출한 자료의 조회기간이 근무월과 일치하는지 확인
> ✓ 근무월에 지출된 금액만 공제함

> 보육시설, 학원, 체육시설, 유치원, 초등학교, 중학교, 고등학교, 특별법에 따른 학교, 대학교, 전공대학, 원격대학, 학위취득과정, 대학원, 시간제과정, 직업능력개발훈련시설, 사회복지시설, 보건복지부장관이 인정한 장애인재활교육기관, 지방자치단체가 지정한 발달재활서비스 제공기관, 한국장학재단으로 구분 기재

구 분	원 칙	무조건 공제불가	배우자	유의사항
일반교육비	본인 · 본인 기본공제대상자 (나이요건 배제)	직계존속 · 수급자	기본공제된 경우만 가능	나이요건 충족 시 • 기본공제 여부 확인 • 타인 기본공제자 Check
장애인 특수교육비	본인 · 본인 기본공제대상자 (나이 · 소득요건 배제)인 장애인	장애인이 아닌 경우	기본공제와 관계없이 공제가능	

▎지자체가 지정한 발달재활서비스 제공기관의 학생인 경우 나이요건 있음
✔ 만 18세 미만(2008.1.1. 이후 출생)

■ 소득세법 시행규칙 [별지 제44호의2서식] <개정 2014.3.14>

방과후 학교 수업용 도서 구입 증명서 (학교 외 구입분)

① 학교명		② 사업자등록번호
③ 대표자		④ 전 화 번 호
⑤ 주 소		
신청인	⑥ 성명	⑦ 주민등록번호
	⑧ 주소	
대상자	⑨ 성명	⑩ 신청인과의 관계

• 초 · 중 · 고등학생에 한함
• 기본공제 여부 확인 ✓ 타인 기본공제자 Check

도서 구입 명세

⑪ 구입연월	⑫ 도서명	⑬ 방과후 수업명	⑭ 수량	⑮ 단가	⑯ 금액
.					
.					
.					
.					
계					

• 근무월 확인
• 근로자가 제출한 자료의 조회기간이 근무월과 일치하는지 확인
✓ 근무월에 지출된 금액만 공제함

(붙임: 도서구입 시 발급받은 현금영수증, 신용카드 전표, 도서를 구입한 것임을 증명할 수 있는 서류 등)

사용목적	교육비공제 신청용

「소득세법 시행령」 제118조의6 제1항 제5호에 따라 위와 같이 학교 외에서 구입한 도서가 방과후 학교 수업용 도서임을 증명해 주시기 바랍니다.

구입증명서류 첨부 및 학교장 확인은 필수

년 월 일

신청인 (서명 또는 인)

위와 같이 구입한 도서가 방과후 학교 수업용 도서임을 증명합니다.

년 월 일

학교장 (인)

210㎜×297㎜[백상지 80g/㎡(재활용품)]

02

보육료 납입증명서

이름		주민등록번호	
주소			
대상 영유아	이름	주민등록번호	
	어린이집명	소득자 관계	
	어린이집 주소		

> • 취학 전 아동 확인(2025 기준 취학 전 아동 → 2019.1.1. 이후 출생)
> • 기본공제 여부 확인 ✓ 타인 기본공제자 확인

> 취학 전 아동 현장체험학습비 ✓ 공제불가

보육료 납입 내역

납입연월일	금액	납입연월일	금액
1월	특별활동비 0원 보호자부담금 0원	7월	특별활동비 90,000원 보호자부담금46,600원
2월	현장학습비 160,000원 특별활동비 0원 보호자부담금 0원	8월	
3월	특별활동비 90,000원 보호자부담금46,600원	9월	특별활동비 90,000원 보호자부담금46,600원
4월	특별활동비 90,000원 보호자부담금46,600원	10월	특별활동비 90,000원 보호자부담금46,600원
5월	특별활동비 90,000원 보호자부담금46,600원	11월	특별활동비 90,000원 보호자부담금46,600원
6월	특별활동비 90,000원 보호자부담금46,600원	12월	특별활동비 90,000원 보호자부담금46,600원
합 계 1,526,000원			
용도	보육비 공제신청서		

> 보육비용을 의미 ✓ 공제가능

> • 방과후 수업료 및 특별활동비(도서구입비 포함)
> ✓ 공제가능

소득세법 시행령 제113조 제1항의 규정에 의하여 위와 같이 보육료를 납입하였음을 증명하여 주시기 바랍니다.

신청인 (서명 또는 인)

위와 같이 보육료를 납입하였음을 증명합니다.

> • 근무월 확인
> • 근로자가 제출한 자료의 조회기간이 근무월과 일치하는지 확인
> ✓ 근무월에 지출된 금액만 공제함

【참고】 국립국제교육원장이 발급하는 국외유학인정서 (예시)

발행번호 제 호

• 유학생이 취학 전 아동·초등학생·중학생인 경우 공제대상 학생임을 입증하는 서류
• 기본공제 여부 확인 ✓ 타인 기본공제자 확인

국 외 유 학 인 정 서

자비유학자에 해당

1. 유학자
가. 주소 : ○○시 ○○구 ○○동
나. 성명 : ○○시 ○○구 ○○동
다. 주민등록번호 : ○○○○○○-○○○○○○○
2. 유학국 :○○○
3. 유학기관 : The Purcell School
4. 전공 및 과정 : 작곡(Composition)전공으로 중등교육과정(Secondary School)
5. 유학기간 :

유학기간에 2025년 포함 여부 확인

6. 유학인정사유 : 영국정부의 정책적 지원을 받은 음악영재 교육기관인 Purcell School로부터 장학생으로 선발된 예능특기자로서 조기교육대상자임

위 학생은 국외유학에 관한 규정 제5조 제1항 제3호 가목에 따라 위와 같이 국외 유학을 인정합니다.

년 월 일

국 립 국 제 교 육 원 장 (인) 확인

교 육 비 납 입 증 명 서

1. 교 육 생

성 명	○○○	생년월일						
주 소	○○시 ○○구 ○○동							

2. 장애인특수교육시설

> 지자체가 지정한 지정서 첨부 여부 확인(필수)

시 설 명	○○○○○	사업자등록번호	○○○-○○-○○○○○
소 재 지	○○도 ○○시 ○○구 ○○○	전화번호	○○) ○○○-○○○○
시설구분	장애아동복지지원법 제21조 제3항에 따른 지방자치단체가 지정한 발달재활서비스 제공기관		

교 육 비 납 입 내 역 (년도)

> 2025년 확인

⑧ 납 부 월 일	⑨ 납 입 금 액(원)
7월 27일	86,000
8월 31일	86,000
9월 26일	
10월 31일	
11월 30일	86,000
12월 28일	42,000
계	472,000
사 용 목 적	소득공제 신청용

> • 근무월 확인
> • 근로자가 제출한 자료의 조회기간이 근무월과 일치하는지 확인
> ✓ 근무월에 지출된 금액만 공제함

소득세법 제52조 및 소득세법시행령 제113조 제1항의 규정에 의하여 위와 같이 교육비를 납부하였음을 증명합니다.

○○○ ○○○센터 직인

구분	원칙	무조건 공제불가	배우자	유의사항
장애인 특수교육비	본인·본인 기본공제대상자 (나이·소득요건 배제)인 장애인	장애인이 아닌 경우	기본공제와 관계없이 공제가능	나이요건 충족 시 • 기본공제 여부 확인 • 타인 기본공제자 확인

지자체가 지정한 발달재활서비스 제공기관의 학생인 경우 나이요건 있음

✔ 만 18세 미만(2008.1.1. 이후 출생)

발달재활서비스 제공기관 지정서

지정번호 : ○○○○○○

사업자등록번호 : ○○○-○○-○○○○○

지자체가 지정한 발달재활서비스 지정기관 ✓장애인특수교육비 해당 교육기관

사업기관명 : ○○○ 음악심리발달센터

소 재 지 : ○○시 ○○구 ○○로 ○○

사업기관 대 표 자 : ○○○ 생년월일 : ○○

지정기간에 2025년 포함 여부 확인

지정기간 :

위 기관을 장애아동 발달재활서비스 제공기관으로 지정합니다.

용 인 시 장 직인

제　-　호

사회복지법인설립허가증

법 인 명 : 사회복지법인

사회복지시설 ✓ 장애인특수교육비 해당 교육기관

소 재 지 : 서울시

대표자 성명 : ○○○　　주민등록번호 : ○○○○○○-○○○○○○○

목　　적 : 장애를 가진 사람들의 자립생활능력 향상과 생활을 하면서 겪게 되는 사회적·물리적 환경을 개선, 가능한 자신의 선택과 결정으로 자신의 삶을 영위할 수 있도록 지원하며 더불어 살아가는 아름다운 세상을 만들기 위함을 목적으로 함

사업의 종류

1. 장애인 직업재활시설 설치운영
2. 장애인 공동생활가정 설치운영
3. 장애인 재활프로그램 지원
4. 그 밖에 이 법인 목적달성에 필요한 사업

허 가 조 건 : 이면기재

사회복지사업법 제16조의 규정에 의하여 사회복지법인의 설립을 위와 같이 허가합니다.

년　월　일

서 울 특 별 시 장 직인

(4) 교육비 세액공제 지급명세서 작성

1) 세부명세서

교육비 세액공제를 적용받은 근로자에 대해서만 다음과 같이 세부명세(소득·세액공제명세－지급명세서 3쪽)를 작성한다. 해당 명세서는 근로자가 작성하여 원천징수의무자에게 제출하고, 원천징수의무자는 근로소득지급명세서의 일부로 과세관청에 제출하면 된다.

근로소득지급명세서(3쪽)

(8쪽 중 제3쪽)

⑱ 소득·세액공제 명세[인적공제항목은 해당란에 "○"표시(장애인 해당 시 해당 코드 기재)를 하며, 각종 소득공제·세액공제 항목은 공제를 위하여 실제 지출한 금액을 적습니다.]

인적공제 항목							각종 소득공제·세액공제 항목											
관계코드	성 명	기본공제		경로우대	혼인세액공제	출산입양	자료구분	보험료				의료비					교육비	
내·외국인	주민등록번호	부녀자	한부모	장애인		자녀		건강	고용	보장성	장애인전용보장성	일반	미숙아·선천성이상아	난임	6세이하·65세 이상·장애인·건강보험산정특례자	실손의료보험금	일반	장애인특수교육
인적공제 항목에 해당하는 인원수를 적습니다.							국세청 계											
							기타 계											
0		○					국세청											
	(근로자 본인)						기타											
							국세청											
	-						기타											
							국세청											
	-						기타											

학생 인적사항을 기재

✓ 관계코드, 내·외국인, 성명, 주민등록번호 기재방법 → 기본공제 참조

근로소득지급명세서 (3쪽) 작성방법

1. 교육비납입증명서 등을 참조하여

- 학생(기본공제대상자) 및 교육비 성격별(일반, 장애인특수교육)로
- 국세청자료와 기타자료로 구분하여 교육비지출금액을 기재

✓ 공제금액을 기재하지 않음에 유의

※ 학생

일반교육비	① 본인의 기본공제대상자(나이요건 배제) ✓ 기본공제에 "○" 표시가 없어도 기재가능 ② 직계존속, 수급자(관계코드 1, 2, 7) 기재불가
장애인특수교육비	① 본인의 기본공제대상자(소득요건 배제)인 장애인 ✓ 기본공제에 "○" 표시가 없어도 기재가능 ② 발달재활서비스 제공기관의 경우 2008.1.1. 이후 출생자

2. 상단에는 국세청자료와 기타자료로 구분하여 교육비 지출금액의 합계액을 기재

참고 전산매체에서는 일반교육비 공제 대상자에 대하여 다음과 같이 기재하도록 하고 있음

구분	번호	구분	번호	구분	번호	구분	번호
본인	1	취학 전 아동	2	초·중·고등학생	3	대학생	4

✓ 장애인특수교육비만 있는 경우 코드 기재 안함

✓ 일반교육비와 장애인특수교육비가 동시에 있는 경우 일반교육비 코드 기재함

고등학교 졸업예정(현 고3), 조기졸업예정자 포함

고등학교 졸업(재수생), 검정고시합격자 포함

2) 공제명세

'1)'에서 작성된 세부명세서를 바탕으로 산출된 공제대상금액과 세액공제액을 다음과 같이 공제명세(지급명세서 – 2쪽)에 기재한다.

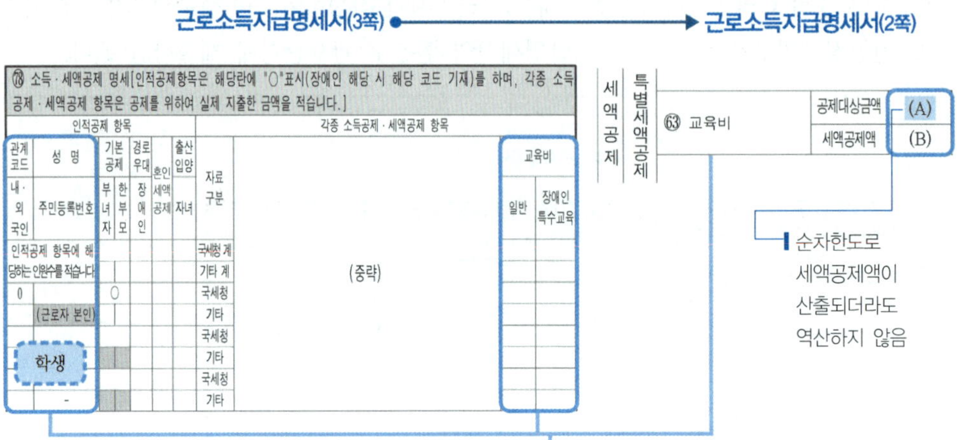

근로소득지급명세서 (2쪽) 작성방법

(1단계) 세부명세서를 참조하여 교육비 공제대상금액(A)을 산출

구 분	지급대상자	교육비 공제대상금액(A)	
		공제대상교육비의 범위	한도액
일반 교육비	기본공제대상자(나이제한 없음)인 배우자 · 직계비속 · 입양자 · 형제자매 · 위탁아동	어린이집의 영유아, 유치원아, 취학 전 아동 교육비, 초 · 중 · 고등학생 교육비	학생 1명당 연 300만원
		대학생 교육비	학생 1명당 연 900만원
	본인	대학원 및 시간제과정 교육비, 직업능력개발훈련비, 학자금대출원리금상환액 포함	전액
	직계존속 · 수급자	해당 없음	해당 없음
장애인 특수교육비	기본공제대상자인 장애인 (소득 제한 없음)	장애인재활교육을 위해 사회복지시설 등에 지급한 비용	전액

※ 국외교육비의 공제대상금액 산출 시 한도액 적용 유의사항
해당 연도 중 고등학생에서 대학생이 된 경우
- 고등학생으로서 지출한 금액은 300만원 한도(1차한도).
- 대학생으로서 지출한 금액은 900만원 한도 내의 금액을 계산한 후(2차한도).
- 각각의 한도 내의 금액 합계액을 900만원 한도로 공제(3차한도)

✓ 고등학생 교육비와 대학생 교육비를 반드시 구분하여 한도 적용

▎고등학교 졸업예정(현 고3), 조기졸업예정자 포함

▎고등학교 졸업(재수생), 검정고시합격자 포함

(2단계) 해당 교육비 공제대상금액(A)의 15%에 해당하는 세액공제액(B)을 순차한도 고려하여 산출

(3단계) 해당 교육비 공제대상금액(A)와 세액공제액(B)를 근로소득지급명세서 교육비에 기재

▎세액공제 순서를 고려한 순차한도를 말함 (p.548 참조)

사례 교육비 세액공제

1. 자료

계속근로자 이몽룡(총급여 6,000만원, 배우자 없음)이 제출한 2025년 교육비 세액공제 관련 자료는 다음과 같다. 다만, 순차한도는 충분하다고 가정한다.

학 생	교육비 내역			
	내 용	지출처	금 액	자료종류
이몽룡(880707 – 1222222)	직업훈련비	A직업전문학교	100,000	간소화
이장원(151004 – 3111111) (초등학생)	학원비	B영어학원	2,400,000	
	체험학습비	C초등학교	250,000	간소화
이차석(191001 – 3222222) (항시치료를 요하는 중증환자, 미취학아동)	장애인특수교육비	D음악치료학원	600,000	
	유치원	E유치원	3,240,000	
	학원비	B영어학원	2,400,000	

2. 지급명세서 작성

1) 세부명세서(소득 · 세액공제명세서 – 지급명세서 3쪽)

근로소득지급명세서(3쪽)

⑱ 소득 · 세액공제 명세[인적공제항목은 해당란에 "○"표시(장애인 해당 시 해당 코드 기재)를 하며, 각종 소득공제 · 세액공제 항목은 공제를 위하여 실제 지출한 금액을 적습니다.]

인적공제 항목							각종 소득공제 · 세액공제 항목			
관계코드	성 명	기본공제		경로우대	혼인세액공제	출산입양	자료구분		교육비	
내·외국인	주민등록번호	부녀자	한부모	장애인		자녀			일반	장애인 특수교육
인적공제 항목에 해당하는 인원수를 적습니다.		3					국세청 계	(중략)	350,000	
			1	1		1	기타 계		5,640,000	600,000
0	이 몽 룡	○					국세청		100,000	
1	(근로자 본인)		○				기타			
4	이 장 원	○					국세청		250,000	
1	151004-3111111					○	기타			
4	이 차 석	○					국세청		5,640,000	600,000
1	191001-3222222			3			기타			

초등학생이므로 학원비는 공제불가

전산매체에는 상기 자료 외에 추가로 다음 사항이 입력되어 제출됨

구분	번호	구분	번호	구분	번호
이몽룡	1 (본인)	이차석	2 (취학 전 아동)	이장원	3 (초 · 중 · 고등학생)

2) 공제명세(지급명세서 2쪽)

① 공제대상금액 및 세액공제액

(단위 : 원)

학 생	내 용	지출금액 (㉠)	한도액 (㉡)	공제대상금액 (A) = Min[㉠, ㉡]	세액공제액(B) Min[㉢×15%, 순차한도]
이몽룡	본인교육비	100,000	없음	100,000	
이장원	초등학생교육비	250,000	3,000,000	250,000	
이차석	취학전아동교육비	5,640,000	3,000,000	3,000,000	
	장애인특수교육비	600,000	없음	600,000	
합 계				3,950,000	592,500

② 공제명세(지급명세서 - 2쪽)

(단위 : 원)

공제명세 (지급명세서 - 2쪽)	⑥③교육비	공제대상금액	3,950,000
		세액공제액	592,500

8. 표준세액공제(소법 §59의 4 ⑨)

(1) 표준세액공제 개요 및 지급명세서 작성

근로자 연말정산 시 '특별소득공제, 특별세액공제(정치자금 · 우리사주조합기부금 제외) 및 월세액 세액공제'를 신청하지 않은 경우 표준세액공제(연 13만원)를 종합소득산출세액에서 공제한다. 즉 다음과 같이 2가지 방법 중 유리한 방법(결정세액이 작은 것)으로 연말정산한다(국세청 제공 지급명세서 전자제출요령 참조).

구 분	특별소득공제 · 특별세액공제 · 월세액 세액공제	표준세액공제
방법 1	적용	적용배제
방법 2	적용배제	적용

정치자금 · 고향사랑 · 우리사주조합기부금 제외

근로소득지급명세서(2쪽)

구분		항목		세부	금액 구분	표시
Ⅳ. 정산명세 / 종합소득공제		㉱ 별정우체국연금			대상금액	
					공제금액	
	특별소득공제	㉝ 보험료	㉮ 건강보험료(노인장기요양보험료포함)		대상금액	
					공제금액	A
			㉯ 고용보험료		대상금액	
					공제금액	B
		㉞ 주택자금	㉮ 주택임차차입금원리금상환액		대출기관	C
					거주자	D
			㉯ 장기주택저당차입금이자상환액	2011년 이전 차입분	15년 미만	E
					15년~29년	F
					30년 이상	G
				2011년 이전 차입분 15년 이상	고정금리이면서 비거치상환 대출	H
					고정금리이거나 비거치상환대출	I
				2012년 이후 차입분 15년 이상	고정금리이면서 비거치상환 대출	J
					고정금리거나, 비거치상환 대출	K
					그 밖의 대출	L
				2012년 이후 차입분 10년~15년	고정금리이거나, 비거치상환 대출	M
		㉟ 계				
㊱ 차감소득금액						
그 밖의 소득공제		㊲ 개인연금저축				
		㊳ 소기업 · 소상공인 공제부금				
		㊴주택마련저축	㉮ 청약저축			
			㉯ 주택청약종합저축			
			㉰ 근로자주택마련저축			
		㊵ 투자조합출자 등				
		㊶ 신용카드등 사용액				
		㊷ 우리사주조합 출연금				
		㊸ 고용유지 중소기업 근로자				
		㊹ 장기집합투자증권저축				

구분		항목		세부	금액 구분	표시
세액공제	연금계좌	만기 시 연금계좌 납입액			세액공제액	
	특별세액공제	⑹ 보험료		보장성	공제대상금액	
					세액공제액	N
				장애인전용보장성	공제대상금액	
					세액공제액	O
		⑹ 의료비			공제대상금액	
					세액공제액	P
		⑹ 교육비			공제대상금액	
					세액공제액	Q
		⑹ 기부금	㉮ 정치자금기부금	10만원 이하	공제대상금액	
					세액공제액	
				10만원 초과	공제대상금액	
					세액공제액	
			㉯ 고향사랑기부금	10만원 이하	공제대상금액	
					세액공제액	
				10만원 초과(특별재난지역)	공제대상금액	
					세액공제액	
				10만원 초과(일반)	공제대상금액	
					세액공제액	
			㉰ 특례기부금		공제대상금액	
					세액공제액	R
			㉱ 우리사주조합기부금		공제대상금액	
					세액공제액	
			㉲ 일반 기부금(종교단체 외)		공제대상금액	
					세액공제액	S
			㉳ 일반기부금(종교단체)		공제대상금액	
					세액공제액	T
		⑹ 계				
		⑹ 표준세액공제				@
	⑹ 납세조합공제					
	⑹ 주택차입금					
	⑹ 외국납부					
	⑺ 월세액				공제대상금액	
					세액공제액	U

구분		⑹ = ⓐ	A, B, …, M, N, O, P, …, U
방법 1	(A+B+…+M)+(N+O+…+T+U) > 0	0	해당 소득 · 세액공제액
방법 2	(A+B+…+M)+(N+O+…+T+U) = 0	Min[130,000, 순차한도]	0

세액공제순서를 고려한 순차한도를 말함(p.548 참조)

(2) 표준세액공제 적용 시 법정·지정기부금의 이월 여부

표준세액공제가 적용되는 경우 법정·지정기부금은 다음과 같은 이유로 이월되지 않는다.

소득세법상 표준세액공제는 특별소득공제 · 특별세액공제 · 월세액공제를 신청하지 않은 경우에 적용

↓

표준세액공제가 적용된 경우 특례 · 일반기부금을 신청하지 않은 것임

↓

신청하지 않았으므로(기부금에 대한 자료가 없으므로) 기부금명세서와 소득 · 세액공제명세(지급명세서 3쪽)에 기재되지도 않았을 것임

↓

기부금명세서에 공제대상기부금으로 기재될 금액이 없으므로 이월공제 대상이 아님

↓

기부금명세서 전산매체 오류검증기준도 다음과 같이 이월되지 않음을 명시하고 있음

전산매체 항목	오류내용 기준	내 용
해당 연도에 공제받지 못한 금액_이월금액 (H17)	특례기부금(10), 종교단체외 일반기부금(40), 종교단체 일반기부금(41)이면서 기부연도가 '2025'이고 표준세액공제 > 0인 경우 이월금액 ≠ 0이면 오류	표준세액공제가 적용되는 경우 (표준세액공제 > 0) → 2025년 특례·일반기부금 이월액 = 0 ✔ 이월되지 않음 ✔ 소멸 또는 공제로 봄

9. 납세조합 세액공제(소법 §150 ③)

(1) 납세조합 세액공제 개요

2027.12.31.까지 원천징수제외대상 근로소득이 있는 자가 납세조합에 가입된 경우 연말정산 시 다음과 같이 해당 원천징수제외대상 근로소득에 대한 산출세액의 3%(최대 연 100만원 한도)를 산출세액에서 공제한다. 개정

<table>
<tr><th rowspan="3" colspan="2">구 분</th><th rowspan="3">원천징수 제외대상 근로소득만 있는 경우</th><th colspan="3">원천징수제외대상 근로소득과 원천징수대상 근로소득이 모두 있는 경우</th></tr>
<tr><th colspan="2">합산 연말정산을 하는 경우</th><th>이 외</th></tr>
<tr><th></th><th></th><th></th></tr>
<tr><td colspan="2">원천징수 의무자</td><td>납세조합</td><td>납세조합</td><td>원천징수대상 근로소득을 지급하는 자</td><td>원천징수대상 근로소득을 지급하는 자</td></tr>
<tr><td colspan="2">연말정산대상 소득</td><td>원천징수 제외대상 근로소득</td><td>원천징수 제외대상 근로소득</td><td>원천징수제외대상 근로소득 +원천징수대상 근로소득</td><td>원천징수대상 근로소득</td></tr>
<tr><td rowspan="5">납세 조합 세액 공제</td><td>적용 여부</td><td>적용</td><td>적용</td><td>적용</td><td>적용 안함</td></tr>
<tr><td>대상 소득</td><td>원천징수 제외대상 근로소득</td><td>원천징수 제외대상 근로소득</td><td>원천징수제외대상 근로소득</td><td>없음</td></tr>
<tr><td>세액 공제액</td><td>산출세액 ×3%</td><td>산출세액 ×3%</td><td>$\text{산출세액} \times \dfrac{\text{원천징수 제외대상 총급여}}{\text{총급여}} \times 3\%$</td><td>0</td></tr>
<tr><td>세액 공제액 한도</td><td colspan="3"><table><tr><th>구 분</th><th>내 용</th></tr><tr><td>원칙</td><td>100만원</td></tr><tr><td>근로제공기간이 1년 미만인 경우</td><td>$100\text{만원} \times \dfrac{\text{근로제공월수}}{12}$</td></tr><tr><td>해당 과세기간이 1년 미만인 경우</td><td>$100\text{만원} \times \dfrac{\text{해당 과세기간의 월수}}{12}$</td></tr></table></td><td>해당 없음</td></tr>
<tr><td>제출 서류</td><td>없음</td><td>없음</td><td>납세조합 지급명세서</td><td>없음</td></tr>
</table>

- 원천징수대상 근로소득과 원천징수제외대상 근로소득을 합산하는 경우: 원천징수의무자별로 주(현), 납세조합으로 구분하여 기재
- 세액공제액: 해당 산식에 따른 금액에 세액공제액한도와 순차 한도(p.548 참조)를 고려한 금액이 세액공제액임
- 총급여: 원천징수대상 총급여와 원천징수제외대상 총급여 합계액
- 근로제공월수: 법에 근로제공일수가 1월 미만 것에 대한 구체적 규정이 없지만, 1월 미만은 1월로 하여 납세자가 유리하게 적용하면 될 것으로 판단됨
- 이 외: 종합소득세 확정신고납부 대상이며, 종합소득세 신고 시 납세조합 세액공제를 적용받음(서일-530, 2008.4.15.)

(2) 납세조합 세액공제 적용 여부 검토

납세조합 세액공제 적용 시 다음 사항에 유의한다.

상 황	공제가능	공제불가
납세조합에 신고하지 않은 소득 또는 가입 전에 발생한 근로소득을 연말정산 시 신고하여 납세조합이 소득세를 원천징수하는 경우(서이-192, 2005.1.27.)		✓
원천징수제외대상 근로소득에 대하여 납세조합이 연말정산을 한 후 추가로 성과급 등이 지급되어 납세조합이 이를 포함하여 해당 연말정산을 재정산하여 다음 달 10일까지 납부하는 경우(서이 46013-10355, 2003.2.18.)	✓	
납세조합에 가입한 근로자가 원천징수제외대상 근로소득을 해당 월에 납세조합을 통하여 신고하였고, 원천징수대상 근로소득에 대해서 간이세액표에 따라 계산한 해당 월의 소득세가 없는 경우로서 합산 연말정산을 받고자 하는 경우(서일-530, 2008.4.15.)	✓	

종합소득세 확정신고로도 적용받을 수 있음

납세조합 세액공제는 급여수령 시 원천징수대상 근로소득에 대한 원천징수의 예에 따라 원천징수하여 납세조합공제를 한 금액을 다음 달 10일까지 실제로 납부한 때에 한하여 적용하는 것임

(3) 납세조합 세액공제 지급명세서 작성

1) 원천징수의무자 및 소득명세

원천징수제외대상 근로소득에 대해 연말정산하는 경우 원천징수의무자별로 다음과 같이 근로소득지급명세서(1쪽)을 작성한다.

① 원천징수의무자가 납세조합인 경우

<table>
<tr><th colspan="3">구 분</th><th>내 용</th></tr>
<tr><td colspan="3">징수의무자</td><td>납세조합 인적사항(상호, 사업자번호 등) 기재</td></tr>
<tr><td rowspan="3">주(현)</td><td colspan="2">근무처명</td><td>연말정산대상 근로자가 실지로 근무하는 근무처 명칭(상호)</td></tr>
<tr><td rowspan="2">사업자
번호</td><td>근무처
사업자번호
있음</td><td>근무처 사업자번호</td></tr>
<tr><td>근무처
사업자번호
없음</td><td>납세조합 사업자번호</td></tr>
<tr><td colspan="3">근무기간·소득명세</td><td>연말정산대상 근로자가 근무처에서 근무한 기간·그 근무처에서 받은 원천징수제외대상 근로소득의 세부명세 기재</td></tr>
</table>

② 원천징수의무자가 원천징수대상 근로소득을 지급하는 자인 경우 ← 합산 연말정산

구 분		내 용
징수의무자		원천징수대상 근로소득을 지급하는 사업자 인적사항(상호, 사업자번호 등) 기재
주(현)	근무처명	원천징수대상 근로소득을 지급하는 사업자 명칭(상호)
	사업자번호	원천징수대상 근로소득을 지급하는 사업자 사업자번호
	근무기간·소득명세	근로자가 해당 근무처에서 근무한 기간·소득명세 기재
납세조합	근무처명	근로자가 납세조합에서 받아 제출한 지급명세서에 기재된 내용을 그대로 "⑯－1납세조합"란에 기재
	사업자번호	
	근무기간·소득명세	

2) 납세조합 세액공제

납세조합 세액공제가 적용되는 경우 '(1) 납세조합 세액공제 개요'에서 언급한 납세조합 세액공제액을 지급명세서(2쪽)에 해당란(㊻납세조합공제)에 기재한다.

사례 납세조합 세액공제

1. 자료

1년 내내 근로한 홍길동은 원천징수대상 근로소득과 원천징수제외대상이 모두 있는 근로자로 원천징수제외대상 근로소득에 대한 지급명세서를 납세조합으로부터 발급받아 현 근무지 율도(주)에 제출하여, 율도(주)에서 합산 연말정산을 수행하고 있다. 납세조합 세액공제 전까지의 합산 연말정산 수행내용의 일부는 다음과 같으며, 순차한도는 충분하다고 가정한다.

구 분	내 용			
지급명세서(1쪽)	구 분	주(현)	⑯－1 납세조합	합 계
	⑨근무처명	율도(주)	DaeBak Inc.	
	⑩사업자번호	123－81－45678	220－87－12345	
	⑯계	50,000,000	40,000,000	90,000,000
지급명세서(2쪽)	㉑총급여			90,000,000
	㊾산출세액			7,200,000

2. 지급명세서 작성

1) 납세조합 세액공제액

$$=\text{산출세액} \times \frac{\text{원천징수제외대상 총급여}}{\text{총급여}} \times 3\% = 7,200,000 \times \frac{40,000,000}{90,000,000} \times 3\% = 96,000$$

(원천징수제외대상 총급여: 납세조합(⑯－1)의 ⑯계, 총급여: ㉑총급여, 한도 1,000,000)

2) 지급명세서 작성

세액공제	㊻납세조합공제	96,000

10. 주택자금이자 세액공제(구조감법 §67의 2·§92의 4 ①, 구조감령 §64의 2·§88의 4, 구조감칙 §45의 2)

(1) 주택자금이자 세액공제 개요

<table>
<tr><th colspan="2">구 분</th><th>내 용</th></tr>
<tr><td colspan="2">공제대상자</td><td>• 1995.11.1.~1997.12.31. 기간 중 공제대상 미분양주택을 취득했을 것
• 미분양주택 취득당시 무주택 또는 1주택만을 소유하는 세대의 세대주였을 것
• 미분양주택 취득당시 1주택만을 소유한 경우에는 미분양주택 취득 후 1년 내에 종전 주택을 양도하였을 것</td></tr>
<tr><td colspan="2">공제대상 미분양주택</td><td>서울시 외의 지역에 소재하는 다음 요건을 모두 갖춘 국민주택규모 이하의 주택일 것
1. 주택건설촉진법에 의하여 사업계획승인을 얻어 건설하는 주택(임대주택법에서 규정하는 임대주택 제외)으로서 해당 주택의 소재지 관할시장·군수·구청장이 1995.10.31. 현재 미분양주택임을 확인한 주택
2. 주택건설업자로부터 최초로 분양받은 주택(임대주택법에서 규정하는 임대주택 제외)으로서 해당 주택이 완공된 후 다른 자가 입주한 사실이 없는 주택</td></tr>
<tr><td rowspan="2">공제 대상 차입금</td><td>원 칙</td><td>미분양주택을 취득하는 자가 해당 미분양주택의 취득과 직접 관련하여 1995.11.1. 이후 차입한 금액으로서 다음 어느 하나에 해당하는 금액일 것
1. 주택도시기금으로부터 차입하는 금액
2. 한국주택은행이 미분양주택의 취득자에게 특별지원하는 대출금</td></tr>
<tr><td>예 외</td><td><table><tr><th>구 분</th><th>내 용</th></tr><tr><td>미분양주택 취득 후 그 미분양주택을 양도·매매계약을 해지한 경우 또는 다른 주택을 취득한 경우</td><td>그 미분양주택 양도일·매매계약의 해지일 또는 다른 주택의 취득일 현재 상환되지 않은 차입금을 제외
✔ 이미 상환된 차입금에 대한 이자만 공제대상</td></tr><tr><td>2주택 이상의 미분양주택을 취득하는 경우</td><td>최초로 취득한 1주택에 대한 차입금만 공제대상</td></tr></table></td></tr>
<tr><td colspan="2">세액공제액</td><td>Min [주택자금차입금에 대한 해당 연도 이자상환액×30%, 순차한도]
└ 세액공제순서를 고려한 순차한도를 말함 (p.548 참조)</td></tr>
<tr><td colspan="2">제출서류</td><td>• 주택자금이자 세액공제 신청서
• 미분양주택확인서
• 차입금이자상환증명서
• 건물등기사항증명서
• 매매계약서</td></tr>
<tr><td rowspan="2">기타 사항</td><td>중복 배제</td><td>장기주택저당차입금 이자상환액공제와 주택자금차입금 이자세액공제가 동시에 적용되는 경우 ✔ 하나만 선택해서 적용받아야 함(소령 §112 ⑫)</td></tr>
<tr><td>농어촌 특별세 과세</td><td>주택자금이자 세액공제액×20%
└ 결론적으로 세액공제액의 80%만 절세</td></tr>
</table>

└ 분양건설업체에서 발급한 사본(원본대조필)도 가능

(2) 주택자금이자 세액공제 지급명세서 작성

주택자금이자 세액공제가 적용되는 경우 '(1) 주택자금이자 세액공제 개요'에서 언급한 주택자금이자 세액공제액과 농어촌특별세를 각각 지급명세서(2쪽 – ⑱주택차입금)과 지급명세서(1쪽 – ⑱농어촌특별세) 해당란에 기재한다.

사례 주택자금이자 세액공제

1. 자료

근로자 홍길동은 1995년 12월에 구조세감면규제법 제67조의 2 규정의 미분양주택을 취득하고 (취득당시 무주택 세대 세대주였음), 해당 미분양주택과 관련하여 주택도시기금으로부터 15,000,000원을 차입하여 2025년 중 이자 600,000원을 상환하였다.

2025년 연말정산 시 장기주택저당차입금이자상환액 소득공제 대신 주택자금차입금이자 세액공제를 적용받기로 하였다. 다만, 순차한도는 충분하다고 가정한다.

2. 지급명세서 작성

구 분	내 용			
지급명세서(2쪽)	세액공제	⑱주택차입금	180,000 (600,000×30%)	
지급명세서(1쪽)	구 분	⑲소득세	⑳지방소득세	㉑농어촌특별세
	⑬결정세액			36,000 (180,000×20%)

[별지 제41호 서식] (95. 12. 30 신설)

주 택 자 금 이 자 세 액 공 제 신 청 서

신청인	① 성 명		② 주민등록번호	-
	③ 주 소			

1. 주택취득현황

④ 주 택 소 재 지	⑤ 주 택 면 적	⑥ 취 득 일

2. 이자상환 내역

일련번호	⑦차입금종류	⑧ 차 입 기 관	⑨차입금잔액	⑩이자상환액	⑪공제세액 (⑩ ×30%)
계					

조세감면규제법시행령 제88조의4의 규정에 의하여 신청서를 제출합니다.

년 월 일

신 청 인 (서명 또는 인)

세무서장 귀하

첨부서류 : 1. 미분양주택확인서 1부
2. 차입금이자상환증명서 1부
3. 매매계약서 및 등기부등본 각 1부

210㎜×297㎜(신문용지 54g/㎡(재활용품))

세대주가 모든 주택관련 공제를 신청하지 않는 경우에만 세대원 공제 가능

11. 월세액 세액공제(조특법 §95의 2, 조특령 §95)

사글세액, 보증부월세 월세액 포함

(1) 월세액 세액공제 개요

해당 도표에서 언급하는 용어의 의미는 용어정의(p.54) 참조

구 분			월세액
근로자(신청인)	세대주 여부		과세기간 종료일 현재(12.31.) 세대주 또는 세대원일 것
	총급여		해당 과세기간 8,000만원 이하
	보유주택수		과세기간 종료일 현재(12.31.) 법 소정 세대 무주택자일 것
임차주택	임차인(계약자)		신청인(본인)·본인 기본공제자 (주민등록표등본에 기재된 외국인·외국국적동포도 공제 가능)
	공제대상 주택 등		주택·주거용 오피스텔·고시원
	규모·기준시가		국민주택규모 이하 또는 기준시가 4억원 이하 ① 해당 기준시가 규정은 2019.1.1. 이후 지급하는 월세부터 적용 ② 계약일(갱신·연장은 갱신·연장일) 현재 기준시가로 판단해야 함 (서면법규소득-2540, 2024.4.30.) ③ 고시원인 경우 기준시가 요건 적용 여부가 불분명함 → 적용하지 않는 것으로 판단됨
	전입요건		반드시 전입되어 있어야 함 (임대차계약서 주소지=주민등록표등본 주소지(외국인 또는 외국국적동포의 경우에는 국내체류지 또는 국내거소지))
대상 월세액	지출자		신청인(본인) 부담분
	지출기간		해당 과세기간 중 근무월(휴직기간 포함)이고 전입월인 기간 지출분
	지출금액		지출기간에 지출한 본인부담분 전액 인정
공 제	세액공제액		Min[공제대상 월세액×공제율, 순차한도] (세액공제순서를 고려한 순차한도를 말함(p.548 참조))
	공제대상 월세액	해당금액	$\left[\begin{array}{l}\text{임대차계약서상 주택임차기간 중}\\ \text{지급하여야 하는 월세액의 합계액}\end{array}\right] \times \dfrac{\text{해당 과세기간 \& 전입기간 \& 근무기간 \& 임차기간 일수}}{\text{주택임대차 계약기간의 총일수}}$
		한 도	1,000만원
	공제율(세액공제액 한도)		(아래 표 참조)
제출서류			• 주민등록표등본 (외국인은 외국인등록표(증), 외국국적동포는 국내거소신고증도 같이 제출) • 임대차계약서 사본 • 개별·공동주택가격확인서 (홈택스에서도 조회가능) • 월세 지급 입증서류(현금영수증, 계좌이체영수증, 무통장입금증 등)·간소화
세부명세서 작성·제출			월세액·거주자간 주택임차차입금원리금상환액 소득·세액공제명세서 (지급명세서 7쪽)

공제율(세액공제액 한도):

해당 과세기간 총급여액	공제율	세액공제액 한도
5,500만원 이하	17%	170만원
5,500만원 초과 8,000만원 이하	15%	150만원

임차인이 세대구분형 공동주택의 세대별로 구분된 공간을 임차한 경우 국민주택규모의 주택 여부는 임차한 부분에 해당하는 전용면적을 기준으로 판단함(소득세제과-433, 2023.5.19.)

간소화: 공공임대주택(LH, SH, GH, 공무원연금공단) 월세액 및 신용카드 월세액 자료가 제공됨

(2) 월세액 세액공제 요건 검토

1) 기준시가 요건 적용

고시원의 기준시가 요건 적용에 대해 법령상 명확한 규정 없음
→ 적용하지 않는 것으로 판단됨

2019년 귀속 연말정산분부터 월세액 공제를 적용받으려는 주택에 대해 기준시가 요건이 추가되었다. 다만, 국민주택규모 이하 주택은 기준시가와 관계없이 "국민주택규모 이하"요건으로 공제대상이 되는 바, 기준시가 요건은 국민주택규모 초과 주택에 대해서만 적용된다. 또한, 기준시가 요건이 2019년부터 2022년 귀속분까지는 3억원 이하였으나, 2022.12.31. 세법개정으로 2023년 귀속분부터는 4억원 이하로 확대되었다. 따라서, 2025년에 지급하거나 계약연장한 경우 다음 사례와 같이 기준시가 요건을 적용하면 된다.

국민주택규모 이하 주택이거나
계약일 현재 기준시가 4억원 이하면 됨
✔ 계약기간 중 기준시가 상승·하락은 공제여부와 관계없음

<table>
<tr><th colspan="2">구 분</th><th>상 황</th><th>공제 가능</th><th>공제 불가</th></tr>
<tr><td rowspan="4">2025년에 지급한 월세액</td><td>국민주택규모 +4억원 이하</td><td>국민주택규모 주택(계약일 현재 기준시가 3.9억원)을 임차하고 지급하는 월세액</td><td rowspan="3">✓</td><td rowspan="3"></td></tr>
<tr><td>국민주택규모 +4억원 초과</td><td>국민주택규모 주택(계약일 현재 기준시가 4.1억원)을 임차하고 지급하는 월세액</td></tr>
<tr><td>국민주택규모초과 +4억원 이하</td><td>국민주택규모 초과주택(계약일 현재 기준시가 3.9억원)을 임차하고 지급하는 월세액</td></tr>
<tr><td>국민주택규모초과 +4억원 초과</td><td>국민주택규모 초과주택(계약일 현재 기준시가 4.1억원)을 임차하고 지급하는 월세액</td><td></td><td>✓</td></tr>
<tr><td colspan="2">2025년 중 계약연장(갱신) 시 기준시가 요건 적용</td><td>임대차계약을 연장하거나 갱신하는 경우 해당 주택의 기준시가가 4억원을 초과하게 되는 경우</td><td>✓</td><td>✓</td></tr>
</table>

국민주택규모 이하 주택은 기준시가와 관계없이 공제 가능하지만,
국민주택규모초과 주택은 연장일·갱신일 현재 기준시가 4억원을 초과하게 되면 공제불가

국민주택규모 초과이고 계약일(갱신·연장은 갱신일·연장일)
현재 기준시가 4억원 초과면 공제불가

2) 공동명의 임차 등

구 분	상 황	공제가능	공제불가
공동명의 임차	본인과 형제자매가 공동으로 공제대상 주택을 임차하고, 월세를 나누어 부담한 경우	✓ (본인부담분만 공제가능)	✓ why 형제자매가 신청하는 경우
	본인과 형제자매가 공동으로 공제대상 주택을 임차하고, 형제자매가 모두 부담한 월세액인 경우		✓ why 본인부담분 아님
	근로자가 등본상 세대원으로 되어 있는 직장동료와 공동명의로 주택을 계약하고 공동으로 월세를 부담하며 거주하고 있는 경우(사전법령소득-22636, 2015.7.30.)	✓ 본인 부담분만 공제가능	✓ why 직장동료가 신청하는 경우
	근로자가 등본상 동거인으로 되어 있는 직장동료와 공동명의로 주택을 계약하고 공동으로 월세를 부담하여 거주하고 있는 경우(사전법령소득-5, 2021.6.14.)	✓ 본인부담분만 공제가능하며, 동거인과 별개 세대로 보므로 동거인도 주택관련공제를 별도로 적용받을 수 있음	
타인명의의 임차	기본공제자가 아닌 형제자매 명의로 임차한 공제대상 주택 월세를 본인이 부담한 경우		✓ why 본인·본인기본공제자 계약 아님
맞벌이부부 주택수	별도세대를 구성하여 각각이 세대주인 맞벌이 부부로서, 배우자가 1주택을 소유하는 경우 본인이 부담한 공제대상 임차주택 월세액		✓ why 부부합산 12.31. 1주택
전 입	근로자(본인) 자녀가 지방에서 대학을 다니고 있어, 본인명의로 계약하여 지출하고 있는 지방소재 공제대상 임차주택 월세액(자녀만 전입되어 있음)		✓ why 반드시 전입
확정일자	공제대상 임차주택에 전입은 되어 있으나, 확정일자는 받지 않은 경우 지출하는 월세액	✓ why 확정일자 요건 없음	

주택관련 공제는 세대원이 신청하는 경우 세대주 공제불가

확정일자 요건은 2014년 귀속 연말정산분부터 폐지되었음

3) 계약조건 변경 등

구 분	상 황	공제 가능	비 고
계약기간 중 임대인(집주인) 변경	월세액 공제를 적용받던 계약기간 중에 임대인(집주인)이 매매·상속 등의 사유로 변경된 경우	✓	새로운 임대인의 인적사항(성명·주민등록번호 등)에 대해 자료가 제출되어야 함 ✔ 계약서 등을 추가로 제출해야 함
동일조건 계약연장	월세액 공제를 적용받던 계약기간이 종료되어 동일 조건으로 계약을 연장한 경우	✓	연장된 계약기간에 대해 자료가 제출되어야 함 ✔ 계약서를 추가로 제출해야 함
조건변경 갱신계약	월세액 공제를 적용받던 계약기간이 종료되어 다른 조건(월세액 변동 등)으로 계약을 갱신한 경우	✓	변경사항에 대해 자료가 제출되어야 함 ✔ 계약서를 추가로 제출해야 함
신규 임차주택으로 이사	월세액 공제를 적용받던 계약기간이 종료되어 새로운 임차주택(공제요건 충족)으로 이사하는 경우	✓	기존뿐 아니라 새로운 임차주택 월세도 공제가능 ✔ 신규 주택에 대한 계약서 제출
미납월세를 보증금으로 충당	공제대상 임차주택에 대해 월세를 미납하여 보증금으로 월세를 충당한 경우	✓	충당에 대한 입증서류 필요 ✔ 입증하지 못하는 경우 공제불가
회사가 월세를 대납	회사가 근로자가 계약한 공제대상 임차주택에 대한 월세를 대납한 경우	✓	근로소득으로 과세 후 월세액 공제 적용
LH공사 등에 지출하는 월세	공제대상 임차주택 월세를 LH공사 등에 지출하는 경우	✓	임대인이 법인·개인사업자의 경우 월세지출서류로 현금영수증 가능

한걸음 더

주택임차차입금원리금상환액과 월세액 비교

구 분			월세액	주택임차차입금원리금상환액	
				금융기관 차입	거주자 차입
12.31. 현재 무주택 세대주·세대원일 것			○	○	○
해당 과세기간 총급여			8,000만원 이하	관계없음	5,000만원 이하
임차주택	주택 등 범위	주 택	○	○	○
		주거용오피스텔	○	○	○
		고시원	○	대상아님(×)	×
	국민주택규모 이하		○	○	○
	기준시가 4억원 이하		△	관계없음	관계없음

△ 국민주택규모 초과 주택의 경우에만 기준시가 요건 적용

구 분			월세액	주택임차차입금원리금상환액	
				금융기관 차입	거주자 차입
임차주택	전 입	주 택	○	관계없음	관계없음
		주거용오피스텔	○	○	○
		고시원	○	N/A	N/A
근무월 지출분일 것			○	○	○
임차인	본 인		○	○	○
	본인 기본공제자		○	공제불가(×)	공제불가(×)
공 제	지출금액에 대한 공제한도		1,000만원	1,000만원	
	저당차입금이자·주택마련저축공제와의 공제한도 적용		별도 한도 적용	합하여 공제한도 적용	
세부명세서 작성·제출(지급명세서 7쪽)			○	×	○

1,000만원: 원리금상환액×40%가 공제한도 400만원이 되는 원리금상환액임

(3) 다른 주택 관련 공제와의 중복적용 여부(예시)

근로자(신청자)의 2025년 상황			공제가능 여부			
			전세자금 원리금	월 세	저당 차입금	저축 납입액
무주택 근로자가 월세액을 지출하면서, 주택청약종합저축 납입액도 있는 경우	세대주			공제가능(○)		○
	세대원			○		공제가능(△)
무주택 근로자가 보증부월세 조건으로 주택을 임차하여 전세자금원리금을 상환하는 동시에 월세액도 있는 경우	세대주/세대원		○	○		
주택청약종합저축 납입액이 있는 무주택 근로자가 보증부월세 조건으로 주택을 임차하여 전세자금원리금을 상환하는 동시에 월세액도 있는 경우	세대주		○	○		○
	세대원		○	○		△
무주택 근로자가 월세액을 지출하면서, 주택을 구입하여 저당차입금 이자를 상환하는 경우	세대주			×	○	
	세대원	전입한 경우		×	○	
		이외		×	×	

세대주 월세 ×: 12.31. 현재 1주택자에 해당

△: 세대주의 배우자만 가능 개정

이외 저당차입금 ×: 세대원은 저당차입금 대상 주택에 전입한 경우에만 공제가능

근로자(신청자)의 2025년 상황			공제가능 여부			
			전세자금 원리금	월 세	저당 차입금	저축 납입액
주택청약종합저축 납입액이 있는 무주택 근로자가 월세액을 지출하다가, 주택을 구입하여 저당차입금 이자를 상환하는 경우	세대주			×	○	×
	세대원	전입한 경우		×	○	×
		이외		×	×	×
청약저축(2009년 가입) 납입액이 있는 무주택 근로자가 월세액을 지출하다가, 주택을 구입하여 저당차입금 이자를 상환하는 경우	세대주			×	○	△
	세대원	전입한 경우		×	○	△
		이외		×	×	△
청약저축(2009년 가입)납입액과 주택저당차입금 이자상환액 공제를 적용받던 근로자(세대주임)가 해당 주택을 매각(무주택자가 됨)하고 보증부월세로 이주하여 월세액을 지출하면서, 전세자금원리금을 상환하는 경우	세대주		○	○	△	○

12.31. 현재 무주택자에 해당

상환기간 요건(통상 15년 이상)을 충족하지 못하면 공제불가

해당 주택이 국민주택규모 이하·취득 당시 기준시가 3억원 이하로서 세대주의 배우자만 가능 개정

해당 주택이 국민주택규모 이하이고, 취득당시 기준시가가 3억원 이하면 공제가능하나, 이외는 공제불가

주택청약종합저축은 과세기간 내 무주택이어야 함

(4) 월세액 세액공제 제출서류

1) 제출서류 리스트

외국인은 외국인등록표(증), 외국국적동포는 국내거소신고증도 같이 제출

홈택스에서도 조회가능

구 분	제출서류	발급처	인터넷
원 칙	월세액·거주자간 주택임차차입금 원리금상환액 소득·세액공제명세서	본인 작성	
	주민등록표등본	읍·면·동주민센터	정부24
	임대차계약증서 사본	본인 보관	
	개별·공동주택가격확인서	시·군·구청	정부24
	월세액 지급 증명서류(현금영수증, 계좌이체영수증, 무통장입금증 등)	본인 보관	간소화
연장(갱신) 등의 경우	연장(갱신) 관련 임대차계약서 사본	본인 보관	

법에서는 명시적 제출(근로자) 및 확인의무(원천징수의무자)를 규정하고 있지 않음

✔ 원천징수의무자가 확인하고자 하는 경우 제출받음(국민주택규모 초과에 한함)

공공임대주택(LH, SH, GH, 공무원연금공단) 월세액 자료와 신용카드 월세자료가 제공됨

2) 공제요건별 제출서류 확인방법

외국인은 관리목적상 등재된 것이며, 주민등록의무가 없기 때문

공제요건(상황)		확인방법(사항)	제출서류(확인서류)	유의사항
세대주/세대원일것		주민등록표등본 제출 여부	주민등록표등본	외국인·외국국적 동포는 기재되어 있는 경우 공제 가능
임차인이 본인·기본공제자일 것		임차인 확인	임대차계약서 사본·간소화	본인 기본공제자 계약분도 인정
임차주택	주택 종류	주택/오피스텔/고시원 ✔ 임대차계약서 계약서 종류확인	임대차계약서 사본	
	국민 주택규모	계약면적 확인	임대차계약서 사본·간소화	고시원은 면적확인 필요 없음
	기준 시가	• 계약(연장, 갱신)일 ✔ 임대차계약서 확인 • 기준시가 ✔ 가격확인서(홈택스 가능) 확인	임대차계약서, 개별·공동주택 가격확인서	• 계약 이후 변동은 관계없음 • 국민주택규모 초과인 경우에만 제출 • 고시원은 기준시가 확인필요 없음
	전 입	임차주택 등의 주소지 = 주민등록표등본 주소지	임대차계약서 사본·간소화, 주민등록표등본	반드시 전입
지출기간		월세액 지출기간이 근무월 & 전입월인지 확인	지출입증서류(현금영수증, 계좌이체 등)·간소화	반드시 근무월 & 전입월 충족해야 함
지출자		월세액 지출자가 본인인지 확인	지출입증서류(현금영수증, 계좌이체 등)·간소화	타인부담분 제외
연장·갱신·소유주 변경 등		해당 사항을 확인할 수 있는 임대차계약서를 제출받아 변경사항 등을 확인	연장(갱신) 임대차계약서 등	
해당 과세기간 총급여 8,000만원 이하일 것		근로자 본인 또는 원천징수의무자가 급여자료 확인	없음	
과세기간 종료일(12.31.) 현재 무주택 법 소정 세대일 것		근로자 본인 확인	없음	근로자 본인만 확인가능하므로 부당 공제받지 않도록 안내
세대원이 신청하는 경우 세대주가 주택관련 공제를 받지 않을 것		근로자 본인 확인	없음	

외국인 또는 외국국적동포의 경우에는 국내체류지 또는 국내거소지

간소화는 계약자 기준으로 제공되므로 본인부담 여부는 추가 확인 필요

3) 제출서류 검토

계약일 현재 해당 주택 등 기준시가 확인

주택/오피스텔/고시원 확인

부 동 산 임 대 차 계 약 서

주민등록표등본 · 외국인등록표(증) 또는 국내거소신고증과 대조하여 전입 여부 · 기간확인

□ 전세 □ 월세

임대인과 임차인 쌍방은 아래 표시 부동산에 관하여 다음 계약내용과 같이 임대차계약을 체결한다.

1.부동산의 표시

주택규모 확인(고시원 제외)
✓ 국민주택규모 초과인 경우 계약일 당시 기준시가 확인 필요

소 재 지				
토 지	지 목		면 적	
건 물	구조·용도		면 적	㎡(평)
임대할부분			면 적	㎡(평)

2. 계약내용

제 1 조 (목적) 위 부동산의 임대차에 한하여 임대인과 임차인은 합의에 의하여 임차보증금 및 차임을 아래와 같이 지불하기로 한다.

보 증 금	금 원정 (₩)	㉤
계 약 금	금 원정은 계약시에 지불하고 영수함. 영수자( )	
중 도 금	금 원정은 년 월 일에 지불하며	
잔 금	금 원정은 년 월 일에 지불한다.	
차 임	금 원정은 년 월 일에 지불한다.	

제 2조 (존속기간) 임대인은 위 부동산을 임대차 목적대로 사용·수익할 수 있는 상태로 ______년____월_____일까지 임차인에게 인도하며, 임대차 기간은 인도일로부터 ________년______월_____일까지로 한다.

제 3조 (용도변경 및 전대 등) 임차인은 임대인의 동의없이 위 부동산의 용도나 구조를 변경하거나 전대·임차권 양도 또는 담보제공을 하지 못하며 임대차 목적 이외의 용도로 사용할 수 없다.

제 4조 (계약의 해지) 임차인이 계속하여 2회 이상 차임의 지급을 연체하거나 제3조를 위반하였을 때 임 ... 수 있다.

월세액 · 임차기간 확인

제 5조 (계약의 종료) 임대차계약이 종료된 경우에 임차인은 위 부동산을 원상으로 회복하여 임대인에게 반환한다. 이러한 경우 임대인은 보증금을 임차인에게 반환하고, 연체 임대료 또는 손해배상금이 있을 때는 이들을 제하고 그 잔액을 반환한다.

제 6조 (계약의 해제) 임차인이 임대인에게 중도금(중도금이 없을때는 잔금)을 지불하기 전까지, 임대인은 계약금의 배액을 상환하고, 임차인은 계약금을 포기하고 이 계약을 해제할 수 있다.

제 7조 (채무불이행과 손해배상) 임대인 또는 임차인이 본 계약상의 내용에 대하여 불이행이 있을경우 그 상대방은 불이행한 자에 대하여 서면으로 최고하고 계약을 해제 할 수 있다. 그리고 계약 당사자는 계약해제에 따른 손해배상을 각각 상대방에 대하여 청구할 수 있으며, 손해배상에 대하여 별도의 약정이 없는 한 계약금을 손해배상의 기준으로 본다.

제 8조 (중개수수료) 부동산중개업자는 임대인과 임차인이 본 계약을 불이행 함으로 인한 책임을지지 않는다. 또한, 중개수수료는 본 계약체결과 동시에 계약 당사자 쌍방이 각각 지불하며, 중개업자의 고의나 과실없이 본 계약이 무효·취소 또는 해약되어도 중개수수료는 지급한다. 공동중개인 경우에 임대인과 임차인은 자신이 중개 의뢰한 중개업자에게 각각 중개수수료를 지급한다.(중개수수료는 거래가액의 ________%로 한다.)

특약사항

첨 부 서 류
□ 중개대상물확인·설명서
□ 등기부등본
□ 토지대장
□ 임야대장
□ 건축물관리대장
□ 토지이용계획확인원
□ 위임장(인감첨부/미첨부)
□ 업무보증관계증서 사본
□ 중개의뢰계약서(일반/전속)

임대인 인적사항 확인

본 계약을 증명하기 위하여 계약 당사자가 이의 없음을 확인하고 각각 서명·날인한다. 년 월 일

임대인	주 소						㉤
	주민등록번호		전 화		성 명		
	대 리 인	주 소	주민등록번호		성 명		
임차인	주 소						㉤
	주민등록번호		전 화		성 명		
	대 리 인	주 소	주민등록번호		성 명		
중개업자	사무소소재지						
	사무소명칭		㉤				㉤
	대 표						
	등록번호		전 화		전 화		

본인 · 본인 기본공제자 여부 확인

※ 중개업자는 이 계약서와 별도로 부동산중개업법 제17조 및 제 19조 규정에 의거 중개대상물 확인 · 설명서와 업무보증 관계증서(공제증서 등) 사본을 첨부하여 거래당사자와 쌍방에게 교부합니다.
※ 임대인, 임차인 및 중개업자는 매장마다 간인하여야 하며, 각 1통씩 보관합니다.

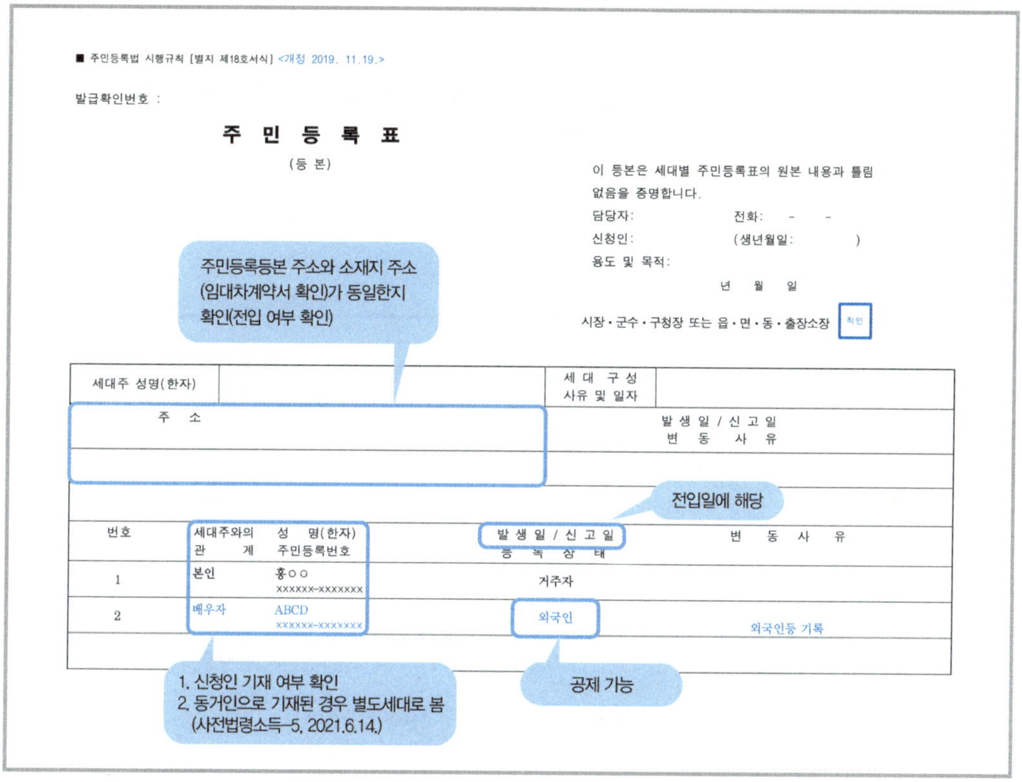

■ 주민등록법 시행규칙 [별지 제18호서식] <개정 2019. 11. 19.>

발급확인번호 :

주 민 등 록 표

(등 본)

이 등본은 세대별 주민등록표의 원본 내용과 틀림
없음을 증명합니다.
담당자: 전화: - -
신청인: (생년월일:)
용도 및 목적:
년 월 일
시장·군수·구청장 또는 읍·면·동·출장소장 직인

세대주 성명(한자)		세대구성 사유 및 일자	
주 소		발생일/신고일 변동사유	

번호	세대주와의 관계	성명(한자) 주민등록번호	발생일/신고일 등록상태	변동사유
1	본인	홍○○ xxxxxx-xxxxxxx	거주자	
2	배우자	ABCD xxxxxx-xxxxxxx	외국인	외국인등 기록

(5) 월세액 세액공제 지급명세서 작성

1) 세부명세서 : 월세액·거주자간 주택임차차입금원리금 상환액 소득·세액공제명세서(근로소득지급명세서 7쪽)

공제대상 임차주택에 대해 월세액 세액공제를 받은 근로자에 대해서만 근로자가 제출한 자료를 바탕으로 다음과 같이 월세액·거주자간 주택임차차입금원리금 상환액 소득·세액공제명세서(근로소득지급명세서 7쪽)를 작성한다. 해당 명세서는 근로자가 작성하여 원천징수의무자에게 제출하고, 원천징수의무자는 근로소득지급명세서의 일부로 과세관청에 제출하면 된다.

소득자의 무주택자 여부(01 : 여, 02 : 부) 기재
✔02(부)인 경우 공제 불가

[ ] 월세액·[ ] 거주자 간 주택임차차입금 원리금 상환액 소득·세액공제 명세서

[무주택자 해당여부 [ ]여, [ ]부]

1. 인적사항	① 상 호	② 사업자등록번호
	③ 성 명	④ 주민등록번호
		(전화번호:)
	⑥ 사업장 소재지	(전화번호:)

해당 연도 중 이사 등의 사유로 공제대상 월세가 2건 이상인 경우 반드시 구분기재

2. 월세액 세액공제 명세

⑦ 임대인 성 명 (상 호)	⑧ 주민등록번호 (사업자번호)	⑨ 유형	⑩ 계약 면적(㎡)	⑪ 임대차계약서 상 주소지	⑫ 계약서 상 임대차 계약기간		⑬ 연간 월세액(원)	⑭ 세액공제금액 (원)
					개시일	종료일		

- 다음 산식에 따라 산출된 금액을 기재

해당 과세기간 총급여액	⑭월세액 세액공제액
5,500만원 이하	Min[Max[⑬연간 월세액, 1,000만원]×17%, 순차한도]
5,500만원 초과 8,000만원 이하	Min[Max[⑬연간 월세액, 1,000만원]×15%, 순차한도]

- 공제명세(근로소득지급명세서 2쪽) ⑦⓪ 월세액_세액공제액과 일치

- 다음 산식에 따라 산출된 금액을 기재

[임대차계약서상 주택임차기간 중 지급하여야 하는 월세액의 합계액] × (해당 과세기간 & 전입기간 & 근무기간 & 임차기간 일수) / (주택임대차 계약기간의 총일수)

- 공제명세(근로소득지급명세서 2쪽) ⑦⓪ 월세액_공제대상금액과는 일치하지 않을 수 있음

why ⑦⓪ 월세액_공제대상금액 → 연간 월세액을 1,000만원 한도로 고려한 후 금액을 기재

- 임대차계약서의 임차면적 기재
- 소재지별로 국민주택규모 여부 확인

✓ 고시원 제외

- 임대차계약서에 기재된 임차주택 등의 소재지와 임대차 계약기간 기재
- 계약기간 중 임대인이 매매 등의 사유로 변경되거나, 계약연장·갱신된 경우에도 임차기간이 상이하므로 구분기재 원칙

임차주택 등의 유형을 아래와 같이 기재

구 분	번 호	구 분	번 호	구 분	번 호	구 분	번 호
단독주택	1	다가구	2	다세대주택	3	연립주택	4
아파트	5	오피스텔	6	고시원	7	기타	8

- 임대인 인적사항을 다음과 같이 기재

임대인 구분	성명(상호)	주민등록번호(사업자번호)
법인(LH공사 등)	상호(법인명)	사업자번호
개 인	성명	주민등록번호·사업자번호

- 계약기간 중 임대인이 매매 등의 사유로 변경된 경우 구분기재 원칙

2) 공제명세 작성

'1)'에 따른 세부명세서(근로소득지급명세서 7쪽)를 바탕으로 다음과 같이 공제명세를 작성한다.

구 분		기재방법
⑦⓪월세액	공제대상금액	Min[세부명세서 ⑬연간월세액 합계액, 1,000만원]
	세액공제액	세부명세서 ⑭세액공제액 금액 합계

사례 월세액 세액공제

1. 자료

2025.4.8. 입사 후 계속 근로하고 있는 총급여액이 5,000만원인 근로자 이항복의 2025년 연말정산 시 신청한 월세액 관련 내역은 다음과 같다. 순차한도는 충분하다고 가정한다.

구 분	내 역
임차인	이항복(세대주), 이덕형(직장동료, 동거인)
임차기간	2025.4.6.~2027.4.5.
소재지	경기도 광주시 태전동로 11
유 형	아파트
임차면적	82.3㎡
보증금	2,000만원
월세액	월 80만원(이항복과 이덕형 공동부담)
월세 지급시기	매월 5일 지급
임대인 성명(주민등록번호)	이율곡(651225-1123456)
전입 여부	2025.5.8. 전입

직장동료 이덕형 본인도 별도 세대로 판단하므로 (사전법령소득-5, 2021.6.14.) 월세액공제 적용받을 수 있다.

2. 지급명세서 작성

1) 월세액 세액공제액

본인부담분만 공제가능

구 분	결과 값	계산근거
임대차계약기간 총월세액	9,600,000	800,000×24×1/2=9,600,000
임대차계약기간 총일수	730일	=270일(25.4.6~12.31.) +365일(26.1.1.~12.31.)+95일(27.1.1.~4.5.)

구 분	결과 값	계산근거
해당 과세기간 중 임차기간 & 근무기간 & 전입기간 일수	238일	해당 과세기간(25.1.1.~12.31.) 임차기간(25.4.6.~12.31.) & 근무기간(25.4.8.~12.31.) & 전입기간(25.5.8.~12.31.) → 25.5.8.~12.31.
연간 월세액	3,129,863	9,600,000×238일÷730일(소수점 이하 버림)
공제대상금액	3,129,863	Min[연간 월세액, 1,000만원]
세액공제액	532,076	공제대상금액×공제율 17%(소수점 이하 버림)

2) 세부명세서(월세액·거주자간 주택임차차입금원리금 상환액 소득·세액공제명세서 - 지급명세서 7쪽)

[✓] 월세액·[ ] 거주자 간 주택임차차입금원리금 상환액 소득·세액공제 명세서

[무주택자 해당여부 [✓]여, [부]]

(중략)

2. 월세액 세액공제 명세

⑦ 임대인 성 명 (상 호)	⑧ 주민등록번호 (사업자번호)	⑨ 유형	⑩ 계약 면적(㎡)	⑪ 임대차계약서 상 주소지	⑫ 계약서 상 임대차 계약기간		⑬ 연간 월세액(원)	⑭ 세액공제금액 (원)
					개시일	종료일		
이율곡	651225 -11223456	5	82.3	경기도 광주시 태전동로 11	2025. 04.06.	2027. 04.05.	3,129,863	532,076

(이하 중략)

3) 공제명세(지급명세서 2쪽)

세액공제	⑩월세액	공제대상금액	3,129,863
		세액공제액	532,076

3. 연간 월세액에 대한 실무적 간편법

본문에서는 법령에 따라 일할계산하는 원칙에 따라 월세액 세액공제액을 산출하였으나, 실무적 간편법으로 실지 지출액 기준으로 산출하여도 큰 차이가 발생하지 않는다. 주어진 사례의 경우 실지 지출액을 기준으로 세액공제액을 산출하여 보면 다음과 같다.

구 분	결과 값	계산근거
연간 월세액	3,200,000	해당 과세기간 & 임차월(2025년 4~12월) & 근무월(2025년 4~12월) & 전입월(2025년 5~12월) → 5월 이후 지출액 = 80만원×8개월×1/2
공제대상금액	3,200,000	Min[연간 월세액, 1,000만원]
세액공제액	544,000	공제대상금액×공제율 17%(소수점 이하 버림)
원칙적 방법과의 차이	11,924	544,000 - 532,076

실무 Tip 월세액 관련 절세

월세액 세액공제와 관련된 절세 tip은 다음과 같다.

1. 반드시 전입
2. 현금영수증 발급받기
3. 경정청구 활용하기

1. 전입

월세액 공제를 위해서는 반드시 해당 주택에 전입되어 있어야 한다.

그러나 현실적으로 임대인의 거부 등의 사유로 전입되어 있지 않은 경우가 있는데, 이러한 경우 공제받을 수 없다. 따라서, 월세액 공제를 위해서는 반드시 해당 임차주택 등에 전입되어 있어야 한다는 것을 유념하여야 한다.

2. 현금영수증

월세액을 지출한 경우 연말정산 시 신용카드 등 사용금액과 중복적용은 불가하지만, 다음과 같이 현금영수증을 발급받으면 신용카드 등 사용금액에 대한 소득공제는 적용받을 수 있다.

구 분		월세액 세액공제 요건 충족		월세액 세액공제 요건 불충족	
월세액 지출증명서류		현금영수증	이 외	현금영수증	이 외
공제 적용 여부	월세액 세액공제	두 공제 중 하나 선택 적용가능 ✔ 대부분 월세액공제 유리	공제가능	공제불가	
	신용카드 등 사용금액에 대한 소득공제		공제불가 why 현금영수증 없음	공제가능 why 현금영수증 있음	공제불가 why 현금영수증 없음

이를 위해서는 임대인이 현금영수증을 발급해 줘야 하는데, 임대인이 이를 거부하는 경우가 있다. 이러한 경우에는 홈택스에서 다음과 같이 현금영수증 발급을 신청할 수 있으며, 이를 통해 신용카드 등 사용금액에 대한 소득공제를 적용받을 수 있다.

> 홈택스 로그인(인증서 등) ⇨ 상담·불복·제보 ⇨ 현금영수증·신용카드 미발급/발급거부 ⇨ 주택임차료(월세) 현금영수증 발급신청 ⇨ 신청내역 입력

3. 경정청구

해당 주택 등에 전입이 되어 있더라도 해당 주택에서 거주하는 동안 월세액 공제를 못받게 되는 경우가 있다. 이러한 경우 홈택스에서 경정청구를 활용하여 공제 받을 수 있다. 이에 대해서는 경정청구 부분을 참고하기 바란다.

12. 기부금 세액공제(소법 §59의 4 ④·§59의 4 ⑧·§61 ②, 구소법 §52 ⑥·⑧, 조특법 §58·§76 ①·§88의 4 ⑬, 소령 §79 ④·§81 ③~⑥·§113·§118의 7, 조특령 §53의 2, 소칙 §58)

(1) 기부금 세액공제 개요

<table>
<tr><th colspan="3">구 분</th><th>내 용</th></tr>
<tr><td rowspan="6">공제대상 기부금</td><td rowspan="3">해당 연도 지출분</td><td>기부금 코드·기부자</td><td>
<table>
<tr><th colspan="2">기부금 구분</th><th>코 드</th><th>기부자</th></tr>
<tr><td colspan="2">정치자금</td><td>20</td><td>본인</td></tr>
<tr><td rowspan="2">고향사랑 (개정)</td><td>일반</td><td>43</td><td rowspan="2">본인</td></tr>
<tr><td>특별재난지역</td><td>44</td></tr>
<tr><td colspan="2">특례</td><td>10</td><td>본인·본인 기본공제자
(나이요건 배제)</td></tr>
<tr><td colspan="2">우리사주조합</td><td>42</td><td>본인</td></tr>
<tr><td rowspan="2">일반</td><td>종교단체 외</td><td>40</td><td rowspan="2">본인·본인 기본공제자
(나이요건 배제)</td></tr>
<tr><td>종교단체</td><td>41</td></tr>
</table>
</td></tr>
<tr><td>지출기간</td><td>해당 과세기간(1.1.~12.31.)</td></tr>
<tr><td>공제대상 기부금액</td><td>기부금액−기부장려금 신청금액</td></tr>
<tr><td rowspan="2">이월분</td><td>기부금 코드·지출연도 (개정)</td><td>
<table>
<tr><th>코 드</th><th>지출연도</th></tr>
<tr><td>10</td><td rowspan="3">2015, 2016, 2017, 2018, 2019,
2020, 2021, 2022, 2023, 2024</td></tr>
<tr><td>40</td></tr>
<tr><td>41</td></tr>
</table>
</td></tr>
<tr><td>기부자</td><td>관계없음
why 지출연도에 이미 공제대상 기부자 여부 판단
→ 해당 기부자의 2025년 본인 기본공제 여부와 관계없음</td></tr>
<tr><td>공 제</td><td colspan="2">공제가능금액
(소득한도 검토)</td><td>
<table>
<tr><th>코 드</th><th>소득한도</th><th>공제가능금액</th></tr>
<tr><td>20</td><td>근로소득금액(㉮)</td><td>A=Min
[코드20, 소득한도]</td></tr>
<tr><td>43·44 (개정)</td><td>㉮−A</td><td>B=Min
[코드43·44, 2,000만원, 소득한도]</td></tr>
<tr><td>10</td><td>㉮−A−B</td><td>C=Min
[코드10, 소득한도]</td></tr>
<tr><td>42</td><td>[㉮−A−B−C]×30%</td><td>D=Min
[코드42, 소득한도]</td></tr>
<tr><td>40·41</td><td>[㉮−A−B−C−D]×10%
+Min[(㉮−A−B−C−D)×20%, 코드40]</td><td>E=Min
[코드40·41, 소득한도]</td></tr>
</table>
</td></tr>
</table>

세액공제 순서를 고려한 순차한도를 말함(p.548 참조)

<table>
<tr><th colspan="2">구 분</th><th>내 용</th></tr>
<tr><td rowspan="2">공 제</td><td>세액공제
개정</td><td>공제가능금액(A~E)에 대하여 다음 공제율로 산출된 금액에 대해 순차한도 고려하여 세액공제
<table>
<tr><th>구 분</th><th>세액공제</th></tr>
<tr><td>20</td><td>
<table>
<tr><th>공제대상금액(A)</th><th>공제율</th></tr>
<tr><td>10만원 이하분</td><td>100/110</td></tr>
<tr><td>10만원 초과 ~ 3,000만원 이하분</td><td>15%</td></tr>
<tr><td>3,000만원 초과분</td><td>25%</td></tr>
</table></td></tr>
<tr><td>43·44</td><td>고향사랑기부금(일반)을 먼저 적용
<table>
<tr><th>공제대상금액(B)</th><th>코드</th><th>공제율</th></tr>
<tr><td>10만원 이하분</td><td>43·44</td><td>100/110</td></tr>
<tr><td rowspan="2">10만원 초과 2,000만원 이하분</td><td>44</td><td>30%</td></tr>
<tr><td>43</td><td>15%</td></tr>
</table></td></tr>
<tr><td>10·40·41</td><td>
<table>
<tr><th>지출연도</th><th>공제대상금액(C, E) · 공제율</th></tr>
<tr><td>15</td><td>15%(3,000만원 초과 25%)</td></tr>
<tr><td>16 ~ 18</td><td>15%(2,000만원 초과 30%)</td></tr>
<tr><td>19, 20</td><td>15%(1,000만원 초과 30%)</td></tr>
<tr><td>21, 22</td><td>20%(1,000만원 초과 35%)</td></tr>
<tr><td>23</td><td>15%(1,000만원 초과 30%)</td></tr>
<tr><td>24</td><td>15%(1,000만원 초과 ~ 3,000만원 이하 30%, 3,000만원 초과 40%)</td></tr>
<tr><td>25</td><td>15%(1,000만원 초과 30%)</td></tr>
</table></td></tr>
<tr><td>42</td><td>
<table>
<tr><th>공제대상금액(D)</th><th>공제율</th></tr>
<tr><td>1,000만원 이하분</td><td>15%</td></tr>
<tr><td>1,000만원 초과분</td><td>30%</td></tr>
</table></td></tr>
</table></td></tr>
<tr><td>공제순서
개정</td><td>• 코드20 ⇨ 코드43·44 ⇨ 코드10 ⇨ 코드42 ⇨ 코드40 ⇨ 코드41
• 이월기부금(기부연도가 빠른 순서) ⇨ 해당 연도 기부금</td></tr>
<tr><td rowspan="2">소멸
이월</td><td>사 유</td><td>소득한도 및 순차한도를 초과하는 경우</td></tr>
<tr><td>기부금 유형·연도별 소멸·이월
개정</td><td>
<table>
<tr><th rowspan="2">코 드</th><th colspan="2">기부금 지출연도</th></tr>
<tr><th>소 멸</th><th>이 월</th></tr>
<tr><td>20</td><td>2025</td><td>이월 불가</td></tr>
<tr><td>43·44</td><td>2025</td><td>이월 불가</td></tr>
<tr><td>10</td><td>2015</td><td>2016~2025 why 10년 이월공제</td></tr>
<tr><td>42</td><td>2025</td><td>이월 불가</td></tr>
<tr><td>40</td><td rowspan="2">2015</td><td rowspan="2">2016~2025 why 10년 이월공제</td></tr>
<tr><td>41</td></tr>
</table></td></tr>
</table>

02

┃ 전자기부금영수증 포함

<table>
<tr><th>구 분</th><th colspan="3">내 용</th></tr>
<tr><td rowspan="7">제출서류

┃ 2024년 귀속 종합소득세 신고대상자가 아닌 계속근로자는 제출의무 면제(원천징수의무자가 해당 자료 보관)</td><td colspan="2">구 분</td><td>제출서류</td></tr>
<tr><td rowspan="5">2025년 지출분</td><td>원 칙</td><td>기부금영수증·간소화</td></tr>
<tr><td>정치자금</td><td>정치자금영수증(정치자금법)</td></tr>
<tr><td>회사일괄징수기부금</td><td>제출서류 없음(원천징수부 갈음)</td></tr>
<tr><td>종교단체 기부금</td><td>종교단체 입증서류 반드시 첨부(설립허가증·소속증명서)</td></tr>
<tr><td>특별재난지역자원봉사</td><td>자원봉사확인서(지자체장 발급)</td></tr>
<tr><td colspan="2">이월 기부금</td><td>2024년 기부금명세서</td></tr>
<tr><td>세부명세서 작성·제출</td><td colspan="3">• 기부금명세서
• 소득·세액공제명세서 (지급명세서 3쪽)

• 우리사주조합기부금(42)은 간소화에서 조회되지 않음 ┃
• 2023년분부터 고향사랑기부금(43·44) 간소화자료 제공</td></tr>
</table>

┃ 전산매체 제출 시 지급명세서에 포함하여 제출(H, I 레코드)

(2) 기부금 세액공제 요건

1) 기부금영수증

기부금단체에 해당되면 해당 단체를 기부금공제대상 기부금단체로 규정하고 있는 소득세법 또는 법인세법 등 관련 법령을 기재하여 기부금영수증을 발행하여야 한다(기부금영수증 작성방법). 즉, 공제대상 기부금의 경우 기부단체로부터 기부금영수증을 발급받을 수 있으므로, 기부금영수증을 제출하지 않은 경우 기부금공제를 적용받을 수 없다.

기부금 단체 해당 여부	발급의무	사 례
해 당	있음	법정기부금단체에 해당하는 연구기관의 분사무소로 등재되어 있는 부설기관이 기부금을 수령하는 경우에는 해당 부설기관의 명의로 기부금영수증을 발급함(서면법규-292, 2014.3.31.)
해당되지 않는 경우	발급 불가	기부금대상 민간단체로 지정받지 못한 단체가 기부금을 받은 경우로서 대표자 및 주소지가 특정교회와 동일한 경우라도 지정기부금단체에 해당하지 않으면 해당 교회의 부설기관으로 보아 해당 단체 명의로 기부금영수증을 발급할 수 없음(사전법령소득-709, 2018.12.10.)

한걸음 더

1. 기부금단체 근거법령

기부금단체는 2021년부터 기부금영수증에 다음과 같은 기부금단체 근거법령을 기재하여 발급하도록 되었다.

기부금공제대상 기부금단체 근거법령	코 드
「법인세법」 제24조 제2항 제1호 가목(국가 · 지방자치단체), 나목(국방헌금과 국군장병 위문금품)	101
「법인세법」 제24조 제2항 제1호 다목(천재지변으로 생기는 이재민을 위한 구호금품)	102
「법인세법」 제24조 제2항 제1호 라목(같은 목에 열거된 사립학교, 비영리 교육재단, 산학협력단 등의 기관(병원은 제외한다)에 시설비 · 교육비 · 장학금 또는 연구비로 지출하는 기부금)	103
「법인세법」 제24조 제2항 제1호 마목(같은 목에 열거된 병원에 시설비 · 교육비 또는 연구비로 지출하는 기부금)	104
「법인세법」 제24조 제2항 제1호 바목[사회복지사업, 그밖의 사회복지활동의 지원에 필요한 재원을 모집 · 배분하는 것을 주된 목적으로 하는 비영리법인(일정 요건을 충족하는 법인만 해당)으로서 기획재정부장관이 지정·고시하는 법인]	105
「소득세법」 제34조 제2항 제1호 나목(「재난 및 안전관리 기본법」에 따른 특별재난지역을 복구하기 위하여 자원봉사를 한 경우 그 용역의 가액에 대해 기부금영수증을 발급하는 단체)	116
「정치자금법」에 따른 정당(후원회, 선거관리위원회 포함)	201
「법인세법 시행령」 제39조 제1항 제1호 가목(「사회복지사업법」에 따른 사회복지법인)	401
「법인세법 시행령」 제39조 제1항 제1호 나목(「영유아보육법」에 따른 어린이집)	402
「법인세법 시행령」 제39조 제1항 제1호 다목(「유아교육법」에 따른 유치원, 「초 · 중등교육법」 및 「고등교육법」에 따른 학교, 「국민 평생 직업능력 개발법」에 따른 기능대학, 「평생교육법」 제31조 제4항에 따른 전공대학 형태의 평생교육시설 및 같은 법 제33조 제3항에 따른 원격대학 형태의 평생교육시설)	403
「법인세법 시행령」 제39조 제1항 제1호 라목(「의료법」에 따른 의료법인)	404
「법인세법 시행령」 제39조 제1항 제1호 마목[(종교의 보급, 그밖에 교화를 목적으로 「민법」 제32조에 따라 문화체육관광부장관 또는 지방자치단체의 장의 허가를 받아 설립한 비영리법인(그 소속단체를 포함한다)]	405
「법인세법 시행령」 제39조 제1항 제1호 바목(기획재정부장관이 지정하여 고시한 법인)	406
「법인세법 시행령」 제39조 제1항 제2호 가목(「유아교육법」에 따른 유치원의 장 등이 추천하는 개인에게 교육비 · 연구비 · 장학금으로 지출하는 기부금)	407
「법인세법 시행령」 제39조 제1항 제2호 나목(공익신탁으로 신탁하는 기부금)	408
「법인세법 시행령」 제39조 제1항 제2호 다목(기획재정부장관이 지정하여 고시하는 기부금)	409
「법인세법 시행령」 제39조 제1항 제4호(같은 호 각 목에 열거된 사회복지시설 또는 기관 중 무료 또는 실비로 이용할 수 있는 시설 또는 기관)	410
「법인세법 시행령」 제39조 제1항 제6호(기획재정부장관이 지정하여 고시하는 국제기구)	411
「소득세법 시행령」 제80조 제1항 제2호(노동조합 등의 회비)	421
「소득세법 시행령」 제80조 제1항 제5호(공익단체)	422
「조세특례제한법」 제88조의 4(우리사주조합)	461
「조세특례제한법」 제58조(고향사랑 기부금)	462

2. 전자기부금영수증

2021.7.1.부터 기부금단체는 국세청장이 구축한 전자기부금영수증 발급 시스템을 이용하는 방법으로 "전자기부금영수증"을 발행할 수 있게 되었으며, 2025.1.1. 이후 기부금 수령분부터 직전 사업연도에 받은 기부금에 대하여 발급한 기부금영수증 금액의 총합계액이 3억원 초과인 기부금단체는 해당 사업연도에 받은 기부금에 대하여 다음 사업연도 1.10.까지 전자기부금 영수증을 발급하여야 한다(법법 §112의 2, 소법 §160의 3, 법령 §155의 2, 소령 §208의 3). 개정

기부자는 당연히 기부금공제를 적용받을 수 있으며, 기부금단체는 기부금영수증 발급명세 작성·보관·제출의무가 면제된다(법법 §112의 2, 소법 §160의 3).

3. 기부금 표본조사 및 허위 기부금영수증

기부금 세액공제 등의 적격성을 확인하기 위해 과세관청은 다음과 같이 기부금에 대해 표본조사를 실시하고, 허위 기부금영수증으로 공제받은 경우 가산세를 부과하고 있다.

구 분		내 용(소법 §175, 소령 §226)	
표본 조사	대상자	기부금 세액공제 또는 필요경비 산입금액이 100만원 이상인 개인	
	표 본	1%	
	선정절차	기부금단체에 대한 확인과 기부금 세액공제 이력 등 전산분석 실시	
	실시기한	해당 과세기간 종료일(12.31.)로부터 2년 이내	
	고 지	원천징수의무자를 통해 서면확인 후 고지 또는 수정신고	
	세액공제 불성실 유형 (표본선정 가능성↑)	• 기부금영수증 매매 행위로 취득한 거짓 기부금영수증 • 폐업·고발된 기부금단체 명의 기부금영수증 • 설립 허가되지 않은 종교단체 등으로부터 발급받은 기부금영수증 • 기부금명세서 제출의무를 이행하지 않은 경우 • 위조·변조한 기부금영수증으로 세액공제를 신청한 경우	
허위 기부금 영수증	허위 영수증 판단기준	다음 사항을 종합적으로 검토하여 사실판단함 • 기부금액 지출방법 • 기부단체의 적격성 여부 • 수취한 기부금영수증 형식 및 내용 • 기부단체의 확인내용	
	정상적인 영수증으로 인정되기 어려운 경우	**상 황**	**사 례**
		기부금품을 무기명으로 함에 투입하여 실제 기부금액, 기부자명 등을 확인할 수 없는 경우	불전함이나 봉헌함 등에 무기명으로 투입하는 기부금
		기부금영수증상 '일련번호', '기부일자' 등 기재사항과 기부단체가 작성 보관하고 있는 기부금영수증발급명세 상의 내용이 상이한 경우	기부단체가 기부금영수증발급명세를 작성·보관하지 않는 경우
		백지 기부금영수증을 발급받아 근로자가 직접 수기로 작성한 경우	기부금영수증을 매매로 취득하여 허위로 기재하여 공제받는 경우
		부적격 기부단체에 기부한 경우(실지 지출은 확인됨)	등록(설립) 전 종교단체에 기부하고 기부금공제를 신청하는 경우
		대가성 비용을 지출하고 기부금영수증을 발급받는 경우	사주·궁합·택일·작명 등은 대가성으로 봄

<table>
<tr><th colspan="2">구 분</th><th>내 용(소법 §175, 소령 §226)</th></tr>
<tr><td rowspan="4">허위
기부금
영수증</td><td>허위 영수증
적발사례</td><td>
<table>
<tr><th>상 황</th><th>why</th></tr>
<tr><td>거주자(甲)가 실제기부금을 납부하였다고 주장하면서 ○○사로부터 발급받은 기부금영수증과 甲의 해당 기간 계좌거래내역서를 제출하고 있으나, Ⓐ기부날짜와 출금날짜간에 어떠한 상관관계도 찾을 수 없으며, Ⓑ세무서장의 기부금영수증 허위발급 조사 당시 ○○사 주지스님은 해당 거주자의 기부금영수증에 기재된 것처럼 고액 기부금은 없는 것으로 확인·진술하였고, Ⓒ기부금영수증 발급명세서(소법 §160의 3 ①)를 작성·보관하지 않는 등 甲이 기부하였다는 사실을 증명할 수 없으므로 기부금공제를 부인하여 과세한 처분은 정당함(조심 2011부1271, 2011.5.24.)</td><td>Ⓐ 실지 지출 불확실
Ⓑ 기부단체 확인으로 기부내역 부인
Ⓒ 기부단체가 명세서 작성·보관하지 않음</td></tr>
<tr><td>○○○의 주지 권○○이 Ⓐ○○○에서 발행한 기부금 내역과 금액은 모두 실제 기부내역과 관계없이 임의로 기재하였으며 사실과 다른 허위 기부금영수증을 발행하여 주고 발행에 따른 대가를 수취한 것으로 진술하고 있는 점, Ⓑ기부금영수증을 발행한 ○○○는 기부금영수증을 발행하는 시스템이 전혀 없으며, 쟁점기부금영수증 내역이 불사대장이나 ○○○의 장부 등에 기재되어 있지 않는 점, Ⓒ1회에 걸쳐 ○○○원을 기부하였다고 주장하나 쟁점기부금영수증에는 5회에 걸쳐 기부금을 제공한 것으로 기재되어 있는 점 등을 종합하여 볼 때 쟁점기부금영수증은 청구인이 실제로 기부하고 교부받은 정당한 영수증으로 보기 어려운 것으로 판단되므로 처분청이 쟁점기부금영수증에 의한 기부금 공제를 부인하여 과세한 처분은 정당함(조심 2012구4253, 2012.12.5.)</td><td>Ⓐ 허위 기부금영수증을 매매하였음
Ⓑ 기부단체가 명세서 작성·보관하지 않음
Ⓒ 기부금영수증과 실지 기부내역에 대한 주장이 상이</td></tr>
</table>
</td></tr>
<tr><td>입증책임</td><td>
<table>
<tr><th>상 황</th><th>입증책임</th></tr>
<tr><td>허위 기부금영수증이라고 주장하는 경우</td><td>처분청</td></tr>
<tr><td>허위 기부금영수증이 아니라고 주장하는 경우</td><td>납세의무자
(대법원2017두50225, 2017.10.16.)</td></tr>
</table>
</td></tr>
<tr><td>소명방법</td><td>• 금융계좌로 이체한 경우 → 계좌이체 증명서류
• 기부단체가 보관하고 있는 기부금영수증 발급명세 사본
→ 기부금영수증상 '일련번호' 등 기재사항이 일치해야 함</td></tr>
<tr><td>불이익</td><td>근로자에게 직접 다음 2가지 가산세 부과
• 부당과소신고가산세 → 부당과소신고 세액×40%
• 납부지연가산세 → 해당 세액×대략 연 8.03%
예 2년 경과 후 적출되는 경우 → 세액의 약 56% 가산세 부과</td></tr>
</table>

주장하는 자가 입증책임 있음

4. 기부단체의 기부금영수증 발급명세 작성·보관·제출의무

기부단체는 다음과 같이 기부자별 기부금영수증 발급명세를 작성·보관·제출하여야 한다. 다만, 전자기부금영수증을 발급한 경우는 제외한다.

기부금영수증을 2부 작성하여 1부를 기부자에게 발급하고, 나머지 1부를 편철·보관하는 경우에는 발급명세를 작성·보관하지 않을 수 있음

발급명세	내 용(법법 §112의 2, 법령 §155의 2, 소법 §160의 3, 소령 §208의 3)
의무자	개인·내국법인에게 필요경비 산입·기부금 세액공제·손금산입하기 위하여 필요한 기부금 영수증을 발급하는 개인·법인
기재사항	다음 내용을 기재 1. 기부자의 성명, 주민등록번호 및 주소 (기부자가 법인인 경우에는 상호, 사업자등록번호와 본점 등의 소재지) 2. 기부내용·코드·기부금액 3. 기부금 기부일자·일련번호 4. 기부금영수증 발급일자·발급번호
보관기한	기부금영수증을 발급한 날부터 5년간 보관
작성 보관서류	• 법인세법 시행규칙 [별지 제75호의 2 서식] • 소득세법 시행규칙 [별지 제29호의 7 서식(1)]
제출의무	(아래 표)

제출의무

구 분		내 용
총액명세	기재사항	해당 과세기간의 기부금영수증 총발급건수 및 금액 등
	제출의무 (무조건)	해당 과세기간의 다음연도 6.30.까지 (2025년 귀속분은 2026.6.30.까지)
	제출서류	• 법인세법 시행규칙 [별지 제75호의 3 서식] • 소득세법 시행규칙 [별지 제29호의 7 서식(2)]
발급명세 (세부명세)	제출의무 (요청시)	국세청장·지방국세청장 또는 관할세무서장이 요청하는 경우

2) 기부자

① 해당 연도 지출 기부금

공제대상 기부금 중 2025년 지출 기부금에 대한 기부자 범위는 다음과 같다.

기부금 코드	기부자 범위		
	본 인	본인 기본공제대상자 (나이요건 배제)	이외의 자
20·43·44·42 개정	○	×	×
10·40·41	○	○	×

기부금 코드가 10·40·41인 기부금에 대한 공제 여부를 살펴보면 다음과 같다.

구 분	내 용	공제가능	공제불가
관계요건 충족 여부	형수가 기부자인 기부금을 신청하는 경우		✓ why 형제자매 배우자는 관계요건을 충족하지 않음
	기본공제를 받은 장애인 자녀의 장애인 배우자가 기부자인 기부금을 신청하는 경우	✓ why 직계비속 배우자는 원칙적으로 관계요건을 충족하지 못하나, 기본공제된 경우에는 공제가능	
	공부상 친자임이 확인되지 않는 배우자가 종전의 배우자와 사실혼 중에 출산한 자녀(배우자 자녀)가 기부자인 기부금을 신청하는 경우		✓ why 배우자가 종전의 배우자와 사실혼 관계에서 출산한 자녀이며, 가족관계상 본인 자녀도 아님
생계요건 충족 여부	근로자와 동거한 적이 없는 처남의 기부금을 신청하는 경우		✓ why 생계요건(일시퇴거)을 충족하지 않음
나이요건만을 충족하지 못한 경우	20세 초과 자녀(비장애인)의 기부금을 본인과 배우자가 나누어 신청한 경우	✓ why 1명만 부양가족으로 신청가능	✓ why 1명만 부양가족으로 신청가능
타인이 기본공제 받은 경우	맞벌이부부에 있어 배우자가 기부자인 기부금을 신청하는 경우		✓ why 소득요건을 고려하므로 배우자 기부금은 기본공제된 경우에만 가능
	배우자가 기본공제 받은 미성년 자녀가 기부자인 기부금을 본인이 신청한 경우		✓ why 타인이 기본공제 받은 경우 공제불가

실무 Tip

1. **기부금 코드가 10·40·41인 기부금의 기부자 범위에 대한 실무적 고찰**

   기부금 코드가 10·40·41인 기부금에 있어 배우자명의 기부금은 기본공제된 경우에만 가능하며, 나머지 부양가족도 나이요건을 배제한 본인의 기본공제대상자여야 한다. 이를 정리하여 보면 다음과 같다.

기부금코드가 10 · 40 · 41인 기부금의 기부자 범위

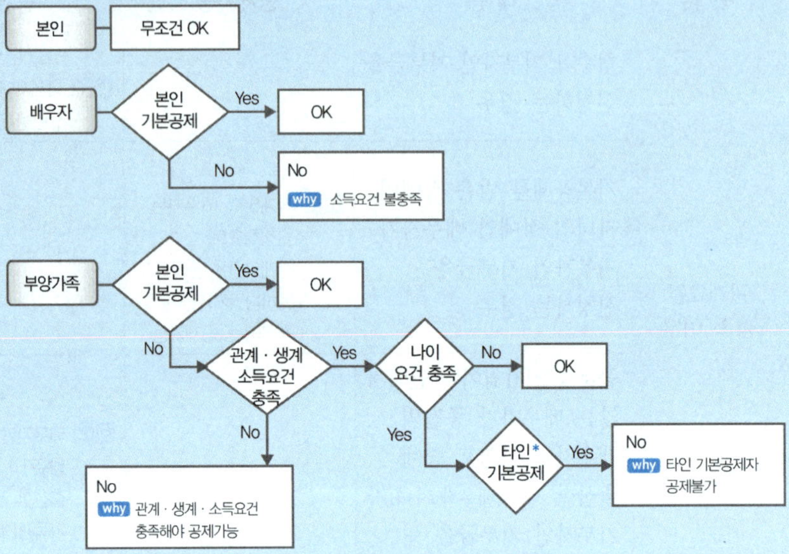

*해당 부양가족은 기본공제요건(관계 · 생계 · 나이 · 소득요건)을 모두 충족하나, 기본공제 신청 없이 기부금만 신청한 것임

→ 타인이 기본공제 받았을 수 있으므로, 반드시 타인 기본공제 여부 확인 필요

예1 19세 대학생 자녀에 대해 기본공제 신청 없이 기부금만 신청한 경우

예2 70세 아버지에 대해 기본공제 신청 없이 기부금만 신청한 경우

2. 나이요건만을 충족하지 못하여 기본공제를 받지 못한 부양가족 법정·지정기부금

나이요건만을 충족하지 못하여 기본공제를 받지 못한 부양가족이 동시에 다른 거주자의 부양가족에 해당되는 경우에는 다음과 같이 공제받아야 한다(서일-1524, 2007.11.6.).

구 분	내 용
공제받을 사람 결정	생계요건 등 소득세법상 공제요건에 따라 1명의 부양가족으로 함 ✔ 1명만 부양가족으로 하여 공제신청 가능함
신청대상 지출	의료비·교육비 ✔ 나이요건을 배제하고 공제받는 신용카드 등 사용금액·기부금도 적용
타인이 부담한 금액	공제신청 시 본인부담분만 신청가능 ✔ 타인이 부담한 금액은 공제받을 수 없음

3. 맞벌이부부

맞벌이부부인 경우 다음과 같이 기부금 공제신청이 가능하다.

<table>
<tr><th rowspan="2">구 분</th><th colspan="2">해당 연도 지출 기부금 공제방법</th></tr>
<tr><th>부부 기부금</th><th>나머지 부양가족 기부금</th></tr>
<tr><td>2명 모두 근로자인 경우</td><td rowspan="2">본인이 기부자인
기부금에 대해서 본인만 공제가능
✔ 각자 기부금을 각자 신청</td><td rowspan="2">부양가족에 대한 기본공제를 받는 사람이 받거나 1명만 부양가족 기부금으로 신청가능하므로,
부부합산 절세전략 검토 필요</td></tr>
<tr><td>1명은 근로자
1명은 사업자 등
다른 소득이 있는 경우</td></tr>
</table>

편리한 연말정산의 모의 연말정산 적극적 활용 검토하되, 필요한 경우 전문가 도움 활용

② 이월 기부금

이월 기부금은 이미 해당 기부금을 지출한 연도에 기부자에 대해 '①'에 따라 기부자 요건을 검토하여 공제대상이 된 기부금이므로, 기부자를 검토하지 않는다.

예를 들어 2024년도에는 본인의 기본대상자였던 배우자가 2025년 중 소득요건을 충족하지 못하게 되어 더 이상 본인의 기본공제대상자가 아니게 되더라도 배우자가 2024년에 지급한 코드 10·40·41인 기부금에 대해 2024년도 연말정산 시 세액공제를 신청하였으나 한도초과 사유로 2025년으로 이월된 기부금은 2025년 연말정산 시 본인 기부금 지급액으로 보아 기부금 세액공제를 적용받는다.

3) 공제대상 기부금

① 공제대상 기부금의 범위

공제대상 기부금은 다음과 같이 구분된다.

코 드	내 용
20	정치자금법에 따라 정당(후원회 및 선거관리위원회 포함)에 기부한 정치자금
43	지방자치단체에 기부한 고향사랑기부금(고향사랑기부금 중 코드44 제외)
개정 44	특별재난지역으로 선포된 지방자치단체에 3개월 이내에 기부한 고향사랑기부금
10	소득세법 제34조 제2항 제1호에 따른 특례기부금
42	우리사주조합원이 아닌 자가 우리사주조합에 지출하는 기부금
40	소득세법 제34조 제3항 제1호에 따른 일반기부금(코드 41 제외)
41	소득세법 제34조 제3항 제1호에 따른 일반기부금 중 종교의 보급, 그 밖의 교화를 목적으로 민법 제32조에 따라 문화체육관광부장관 또는 지방자치단체의 장의 허가를 받아 설립한 비영리법인(그 소속단체 포함)의 고유목적사업비로 지출하는 기부금

② 기부금 판단 사례

코드 20

내 용	공제대상	공제불가
내국인이 정치자금법에 따라 선거관리위원회에 기탁한 정치자금(조특통 76-0…1 ①)	✓	
당원이 아닌 거주자(법인 포함)가 특별지원비·찬조비 등을 정당에 직접 지출한 경우(조특통 76-0…1 ②)		✓

▌코드 10▐

내 용	공제대상	공제불가
북한지역의 수해복구 지원을 위한 구호금품을 기부금 모집처를 경유하여 기부하는 경우(서이-2202, 2007.12.4.)	✓ why 해외 천재지변도 포함	
중국 쓰촨성 지진피해와 관련하여 주한중국대사관에 기부하고 영수증을 받는 경우(법규법인 2009-84, 2009.4.1.)		
일본적십자사에 기부한 기부금이 객관적으로 확인할 수 있는 증빙에 따라 일본의 지진피해에 따른 이재민을 구호하기 위한 구호금품에 해당하는 것으로 확인되는 경우(법규소득 2011-177, 2011.5.26.)		
공무원이 복무규정에 따른 근무시간 중에 재난 및 안전관리기본법에 따라 특별재난지역으로 선포된 지역의 복구를 위하여 자원봉사한 경우(재소득-50, 2008.2.1.)		✓
거주자가 사립학교법에 따른 사립학교가 운영하는 병원에 시설비, 교육비 또는 연구비로 지출하는 기부금(소득-467, 2010.4.15.)	✓	
자녀가 다니는 학교의 학교용지 취득에 대한 부담금을 기부한 경우		✓
초등학교 급식비(법인 46013-3962, 1998.12.18.)		✓ (교육비로 공제가능)
임금 반납금을 법정기부금 기부처에 기부하는 경우(원천-238, 2010.3.17.)	✓	
거주자가 평생교육시설 장학금으로 지출하는 기부금(서일-302, 2006.3.7.)	✓	
거주자인 근로소득자 등이 국·공립학교에 도서를 기부하는 경우(서이-444, 2006.2.28.)	✓	
학교운영위원회 또는 후원회 등을 통해 국·공립학교 등에 지출하는 기부금(서이 46012-11185, 2003.6.23.)	✓	
사립학교의 신축·증설, 시설확충 및 그 밖에 교육환경 개선을 목적으로 설립된 비영리재단법인인 한국사학진흥재단에 지출하는 기부금(서이-240, 2006.1.27.)	✓	
특별재난지역선포일 전에 특별재난지역에 지출한 이재민을 위한 구호금품 가액(기획재정부 법인세제과-326, 2020.3.24.)	✓	
코로나19 퇴치를 위해 지출하는 기부금(기획재정부 법인세제과-326, 2020.3.24.)	✓	
코로나19 퇴치를 위하여 병원에 지출하는 기부금(서면법인-2411, 2020.11.6.)	✓	
베트남 정부에 코로나19 관련 기부금을 지급하고 베트남 정부로부터 기부자의 성명, 기부금액, 기부목적, 기부금 지급일 등이 기재된 기부금 영수증을 받은 경우(사전법령법인-1153, 2021.8. 19.)	✓	
우즈베키스탄의 코로나19 피해와 관련하여 주한우즈베키스탄 대사관에 현물기부금으로 환자용 수송침대를 기증하고 대사관에서 기부자의 성명, 기부금액, 기부목적, 기부금 지급일 등을 기재하여 임의로 작성한 기부금영수증을 받은 경우(사전법령법인-582, 2020.8.28.)	✓	

사회복지사업법에 따른 사회복지법인에 해당하는지는 보건복지부장관으로부터 사회복지 법인의 허가를 받아 설립등기를 하였는지 여부에 따라 판단 (서일-1409, 2007.10.12.)

코드 40

내 용	공제대상	공제불가
2018.3.2. 주무관청의 허가를 받아 설립하였으나 2019.9.30. 지정기부금단체로 지정·고시된 법인에게 2019.1.1. 전에 지출한 기부금(서면법령법인-1200, 2020.3.26.)		✓
사회복지사업법에 따라 설립된 사회복지법인에 고유목적사업비로 지출한 기부금(서일-775, 2004.6.8.)	✓	
지정기부금단체 직원의 회식비를 지출하는 경우 (법인-2587, 2008.9.24.)		✓
국민건강보험공단(공단 소속기관인 지사 및 병원 포함)의 고유목적사업비로 지출하는 기부금(서일-1227, 2005.10.12.)	✓	
북한용천참사성금을 우리민족서로돕기운동에 낸 기부금 (서이-1172, 2004. 6.10.)	✓	
조합원 자격이 있는 근로자가 해당 노동조합의 규약에서 정한 조합비를 노동조합에 납부하는 금액(서일 46011-10313, 2002.3.13.)	✓	
전국교직원노동조합원의 자격으로 노동조합규약에서 정한 분회비를 납부한 경우(서일-528, 2004.4.8.)	✓	
노동조합의 조합원인 근로자가 해당 노동조합의 경상경비 등의 보전을 위하여 임시총회의 결의에 따라 모든 조합원이 동일한 기준에 의하여 추가로 납부하는 노동조합비(서일-113, 2006.1.27.).	✓	
교육기본법 제15조에 따른 교원단체에 평생회원이 납부하는 회비 (서면법규소득-1114, 2025.4.8.)	✓	
교육기본법 제15조에 따른 교원단체에 명예회원이 납부하는 후원금(서면법규소득-1114, 2025.4.8.)		✓
노동조합의 규약에서 정하고 있는 조합비 이외의 금액(원천-322, 2010.4.15.; 원천-175, 2011.3.28.; 원천세과-964, 2024.9.25.)		✓
근로자(조합원)가 부서별 업무실적에 따라 차등지급받은 성과급을 균등재분배하기 위해 노동조합비로 납부하고, 해당 노동조합이 이를 근로자(조합원)들에게 균등분배하는 경우 해당 노동조합비(서이 46013-10759, 2003.4.11.)		✓
임직원이 임의로 조직한 임의단체(직장협의회 등)에 납부한 회비 (서이 46013-10155, 2002.1.24.; 법인 46013-1689, 1996.6.12.)		✓
근로자 참여 및 협력증진에 관한 법률 제4조에 따라 설치하는 노사협의회에 근로자가 납부하는 회비(원천-322, 2009.4.9.)		✓

지정일이 속하는 연도의 1.1. 이후 지출분부터 지정기부금에 해당

사회복지법인의 회비, 임원회비, 찬조금이 이에 해당하는지 여부는 해당 사회복지법인의 정관, 구체적인 사업활동 등을 고려하여 판단 (서일-775, 2004.6.8.)

내 용	공제대상	공제불가
활동내용이 실질적으로 불우이웃돕기를 영위하는 이웃사랑복지회에 월회비로 지출하는 기부금(서이-1328, 2005.8.18.)	✓	
병역을 마치고 등록금이 없어 학업을 계속하지 못하는 대학생에게 직접 지출하는 등록금(서일-812, 2007.6.14.)		✓
사내 봉사단을 결성하여 급여에서 공제한 회비를 불우이웃을 돕기 위하여 지출하고 기부받는 자의 기부목적·기부일자 등이 기재된 영수증에 의하여 기부사실이 확인되는 경우(서일-1546, 2004.11.19.)	✓	
의료업을 영위하는 사업자가 무상으로 제공하는 치료·수술 등의 의료용역(서면1팀-1443, 2004.10.26.)		✓
개인이 사회복지시설에 무상 제공하는 자문용역의 대가 상당액(소득-306, 2012.4.9.)		✓
인력파견업을 영위하는 개인사업자가 사용업체가 부담한 인건비를 업무와 관련없이 보조하여 주는 경우 해당 보조금(서면법령소득-1414, 2017.10.20.)		✓
임금 반납금을 지정기부금 기부처에 기부하는 경우 (원천-238, 2010.3.17.)	✓	
유니세프 한국위원회에 지출하는 기부금 (서이-1748, 2006.9.12.)	✓	
유니세프 미국위원회에 지출하는 기부금(소득 22601-2178, 1992.10.16.)		✓
외국의 비영리 공익·자선사업단체에 해당 단체의 고유목적사업비로 지출하는 기부금(서이-1163, 2008.6.11.)		✓
대한체육회 준가맹단체인 (사)대한체스연맹에 운동선수 양성, 단체경기 비용 등으로 지출하는 기부금(서면법령법인-1650, 2016.1.18.)	✓	
정부로부터 허가 또는 인가를 받지 아니한 장학단체에 지출한 기부금(서이-2663, 2006.12.27.)		✓
기획재정부령이 지정한 지정기부금 적용대상단체가 아닌 대한노인복지후원회에 지출한 기부금(서일-1541, 2005.12.14.)		✓
평택특별법협의회에 기부하는 금액(법인-3962, 2008.12.12.)		✓
대한체육회 회원종목단체에 운동선수양성, 단체경기비용, 생활체육진흥 등에 지출하는 기부금(서면법인-4662, 2020.11.18.)	✓	

불우이웃을 돕기 위하여 지출하는 기부금은 국민기초수급자, 차상위대상자, 한부모가정, 소년소녀가정 등 법적인 대상자 해당 여부와 관계없이 부양의무자가 없는 노인·아동 또는 심신장애로 근로능력이 없거나 사회통념상 경제적 능력의 부족 등으로 생활이 어려운 불우이웃을 돕기 위한 기부금을 말하며, 불우이웃 해당 여부는 사실판단함 (법인 46013-1374, 1995.5.19.)

불우이웃에 해당하여 기부금공제를 적용받기 위해서는 기부금을 지급받는 자로부터 기부금영수증을 발급받아 원천징수의무자에게 제출하여야 함 (원천-850, 2009.10.15.)

노동조합 및 노동관계조정법, 교원의 노동조합 설립 및 운영 등에 관한 법률 또는 공무원의 노동조합 설립 및 운영 등에 관한 법률에 따른 노동조합을 말함

내 용	공제대상	공제불가
노동조합 및 노동관계조정법 시행령 제11조의 9 제2항부터 제4항에 따라 공시시스템에 회계 결산결과를 공표하지 않은 노동조합의 조합비(소령 §80 ① 2호 가목)	✓	✓

2023.9.30.까지 지출한 분과 직전연도 종료일 현재 조합원수가 1,000명 미만인 노동조합(노동조합의 산하조직, 노동조합 규약에 따라 일정금액을 교부받은 연합단체 또는 다른 노동조합 포함)의 조합비의 경우는 결산결과 공표와 관계없이 공제가능

2023.10.1. 이후 지출분으로서 직전연도 종료일 현재 조합원수가 1,000명 이상인 노동조합(노동조합의 산하조직, 노동조합 규약에 따라 일정금액을 교부받은 연합단체 또는 다른 노동조합 포함)이 결산결과를 공표하지 않은 경우 공제불가

코드 41

내 용	공제대상 기부금 여부	
	공제대상	공제불가
종교의 보급, 기타 교화를 목적으로 설립하여 주무관청에 등록된 단체의 고유목적사업에 직접 사용하는 고정자산인 교회를 신축하기 위하여 지출하는 기부금(법인 46012-1134, 2000.5.10.)	✓	
유교의 인·의·예·지와 예악사항을 계승하여 인재양성과 사회교화, 예능전수교육을 목적으로 하는 성균관 산하 교육기관(단체)이며, 중요무형문화재 제85호 예능보유단체로 인정받은 석전대제보존회에 지출한 기부금(서이-2400, 2006.11.23.).		✓ why 종교단체가 아님
비영리법인의 소속단체가 고유번호를 부여받지 않은 경우라도 개별교회가 소속된 총회 등이 주무관청에 등록되어 있음을 입증하는 증명서류와 대표자 주민등록번호를 기재한 기부금영수증을 제출하는 경우(소득-1301, 2010.12.31.).	✓ why 고유번호가 필수요건 아님	
○○○이 주무관청에 등록된 종교단체에 해당한다며 세무서장이 발급한 고유번호증, 부동산등기법에 따라 ○○○이 발급한 종교단체 등록증명서, 문화체육관광부 종무국장이 발송한 종교단체 주요현황조사 협조요청 공문 등을 제출하였다 하더라도, ○○○이 주무관청에 등록된 사실이 나타나지 않은 경우(조심 2012구2645, 2012.7.23. 외)		✓ why 종교단체로 등록 안됨

종교단체는 지자체 또는 문화체육관광부에 등록되어야 함 → 설립허가증이 있어야 함

과세당국에서 오랜 기간 청구인의 연말정산 시 ○○○이 발행한 기부금영수증에 대하여 아무런 지도나 제재조치가 없다가 별안간 기부금 공제대상이 아니라 하여 과세한 처분은 과세관청이 ○○○이 발급한 기부금영수증에 대하여 과세를 하지 않겠다는 의사표시를 한 사실이 확인되지 않으므로 '신의성실의 원칙'에 위배되지 않으며 정당한 것으로 판단됨 → 기존에 공제받은 것에 대해 문제삼지 않았다고 해서 종교단체로 인정했다는 것은 아님

종교단체가 주무관청에 등록되어 있는지 여부와 해당 기부금을 고유목적사업비로 사용하는지 여부는 사실판단함(서이-1308, 2007.7.11.)

비영리법인으로 설립허가를 받고 관할세무서장으로부터 고유번호를 부여받았다 하여, 연말정산 관련 기부금 공제대상단체에 해당하는 것은 아님(서일-1348, 2007.10.4.)

내 용	공제대상 기부금 여부	
	공제대상	공제불가
개인사찰이 불교종단에 사찰등록을 하고 종단의 규약, 사찰 등록증, 주지 임명장을 근거로 관할세무서에 신청하여 국세기본법 제13조 제2항 요건을 충족하여 '법인으로 보는 단체'로 승인을 받아 고유번호를 부여받은 후 임의로 탈종을 한 경우 해당 개인사찰에 기부한 기부금(법인-550, 2012.9.12.)		✓ why 종단에 소속되어 있지 않음
종교의 보급, 그 밖에 교화를 목적으로 민법 제32조에 따라 문화체육관광부장관으로부터 설립허가를 받아 설립한 비영리법인인 사단법인 한국기독교총연합회에 기부한 경우(법인-180, 2012.3.13.)	✓	
한국기독교총연합회의 소속단체가 아닌 회원교단과 회원단체에 기부하는 경우(법인-180, 2012.3.13.)	✓	✓
카드회사와 고객의 사전약정에 따라 카드사용금액의 일정비율을 각 고객별로 적립한 후 일정시점에서 그 적립금을 현금화하여 종교단체의 고유목적사업비로 기부하는 경우로서 기부금영수증에 의해 기부사실을 확인할 수 있는 경우(서이 46013-10776, 2002.4.12.)	✓	
거주자가 49재 등을 위하여 지정기부금 대상 종교단체인 비영리법인에 지출하고 해당 비영리법인이 고유목적사업비로 지출하는 금액(재소득-71, 2014.2.3.)	✓ why 2013년부터 적용	

설립허가증이 있는 종단에 소속되어 있어야 함
→ 산하단체는 소속증명서가 있어야 함
→ 고유번호 또는 납세번호가 있다고 해서 종교단체는 아님

해당 회원교단과 회원단체가 종교의 보급, 그 밖에 교화를 목적으로 민법 제32조에 따라 주무관청으로부터 설립허가를 받아 설립한 비영리법인에 해당되는 경우 그에 소속된 개별교회는 지정기부금 단체에 해당됨
→ 한기총 산하 단체가 아닌 단체로 별도 등록된 종교단체면 공제가능하다는 의미

한걸음 더

종교단체 지정기부금으로 인정받기 위한 요건

종교단체에 기부한 기부금이 공제대상 지정기부금이 되려면 다음 요건을 모두 충족하여야 한다.

공제대상 기부금이 되기 위한 요건	확인방법	연말정산 시 제출서류
지자체·문화체육관광부에 등록되어 있을 것	설립허가증 (지자체·문화체육관광부 발급) 있음	• 기부금영수증 • 종교단체 입증서류 (설립허가증·소속증명서)
총회·중앙회·교단에 소속되어 있을 것	소속증명서 (총회·중앙회·교단 발급) 있음	
고유목적사업비로 지출	기부금영수증에 금액 기재 발급	

4) 공제제외대상 기부금(기부장려금 신청금액)

코드가 10·40·41인 기부금 중 다음과 같이 조세특례제한법 제75조에 따라 기부장려금단체에 기부장려금으로 신청한 기부금액(이하 "기부장려금")은 공제대상 기부금액에서 제외된다.

구 분	내 용(조특법 §75, 조특령 §71)
기부장려금 의미	기부금 세액공제를 신청할 수 있는 거주자(이하 "기부자")가 본인이 기부금 세액공제를 받는 대신 그 기부금에 대한 세액공제 상당액(이하 "기부장려금"이라 함)을 당초 기부금을 받은 자가 받을 수 있도록 하는 제도
기부장려금단체 지정	**대상 단체**: 기부금영수증을 발급하는 자 **단체 추천(국세청)**: 기부금영수증 발급명세서의 작성·보관 의무 등 납세협력의무의 이행과 회계 투명성 등 법 소정 요건을 갖춘 것으로 인정되어 국세청장이 추천 **단체 지정**: 기획재정부장관이 지정
기부장려금 신청 (기부자→ 기부장려금단체)	기부자가 기부장려금 신청서를 해당 기부장려금단체에 제출
기부장려금 신청명세 제출 (기부장려금단체→ 관할세무서장)	기부장려금단체는 기부금영수증 발급명세서를 납세지 관할세무서장에게 제출할 때(다음연도 6.30.까지) 기부장려금 신청명세를 제출
기부장려금 환급 (관할세무서장→ 기부장려금단체)	**기부장려금 결정**: 기부장려금 = 1. − 2. 1. 기부장려금을 신청한 기부자의 해당 과세기간의 종합소득 결정세액 2. 기부자가 기부장려금을 신청한 기부금에 대하여 기부금 세액공제를 신청한 것으로 보아 계산한 종합소득 결정세액 **환급기한**: 기부장려금 신청명세 제출기한이 지난 후 4개월 이내 **환급방법**: 국세환급금에 관한 국세기본법 제51조를 준용하여 지급
기부금 세액공제와 기부장려금을 중복하여 신청한 경우	**중복신청 시점** / **세무처리** 기부장려금 신청명세 제출기한 전 / 기부금 세액공제를 신청한 것임 기부장려금 신청명세 제출기한 후 / 기부장려금을 신청한 것임

이 경우 기부금 세액공제액을 계산할 때 기부장려금을 신청한 기부금에 대해서는 지정기부금의 한도액을 적용하지 않음

한걸음 더

기부장려금 신청을 하는 것이 좋은가?

기부장려금은 기부자가 받을 기부금 공제세액을 기부처가 받도록 하는 좋은 취지의 제도이다. 그러나, 결론부터 말하면 기부장려금을 신청하는 것이 결코 유리하지 않다. 이에 대해 살펴본다.

1. 기부처가 기부금 공제세액을 받게 하고자 하는 경우

예를 들어 10,000,000원의 기부금에 대하여 기부처가 해당 기부금에 대한 공제세액을 받게 하고자 하는 경우를 살펴보자.

방 법	처리결과	기부처 수령금액
기부장려금 신청하는 방법	① 기부시점에 기부금 10,000,000원 전액 기부장려금 신청 ② 기부자 → 연말정산 시 세액공제 적용 안됨 why 공제대상기부금 = '0' ③ 기부처 → 향후 기부장려금 1,500,000원 수령	10,000,000(기부금) +1,500,000(기부장려금) → 11,500,000
기부금 공제를 적용 받고 공제세액을 다시 기부하는 방법	① 기부시점에 기부장려금 신청하지 않고, 전액 기부 ② 기부자 → 연말정산 시 10,000,000원에 대해 세액공제 적용됨 → 공제세액 1,500,000원을 다시 기부 → 다음 연말정산 시 1,500,000원에 대해 세액공제 적용됨 → 공제세액 225,000원을 다시 기부 → (기부 및 공제를 반복) ③ 기부처 → 기부장려금 수령액 = '0'	10,000,000(기부금) +1,500,000(기부금) +225,000(기부금) +… → 11,500,000보다 큼

상기 결과에서 알 수 있듯이 기부자가 공제세액을 받고 다시 기부하고, 다시 공제받고 기부하는 방법이 기부처가 더 큰 금액을 기부받을 수 있다.

2. 한도초과가 예상되는 경우

기부자가 한도초과(소득한도초과, 세액공제 순차한도초과)가 예상되어 기부한 금액을 모두 공제받지 못할 경우 기부장려금을 신청하는 것에 대해 생각해 볼 수 있다.
그러나, 이러한 방법 역시 기부자에게 유리하지 않다. 왜냐하면, 기부장려금을 신청한 경우에는 이월공제가 적용되지 않으나, 기부자가 기부금 공제를 신청한 경우에는 이월공제가 적용되기 때문이다.

3. 기부금영수증 발급대상 여부

기부장려금단체가 기부장려금을 지급받는 경우 해당 기부장려금은 기부금영수증 발급대상에 해당하지 않는다(서면법규법인-6602, 2022.4.28.).

5) 지출기간(공제시기)

공제대상 기부금의 지출기간(공제시기)은 다음과 같다.

2018.12.31. 개정으로 2013년 이후 지출분부터 10년 이월공제 허용

<table>
<tr><th colspan="2">구 분</th><th>내 용</th></tr>
<tr><td colspan="2">해당 연도(2025년) 지출 기부금</td><td>해당 과세기간(1.1.~12.31.)
✔ 입사 전, 퇴사 후 기부금액도 모두 공제 가능</td></tr>
<tr><td colspan="2">2025년 연말정산 시 공제가능한 이월기부금</td><td>
<table>
<tr><th rowspan="2">코 드</th><th colspan="2">2025년 공제가능한 이월기부금 지출연도</th></tr>
<tr><th>소득공제 대상</th><th>세액공제 대상</th></tr>
<tr><td>10·40·41</td><td>없음</td><td>2015, 2016, 2017, 2018, 2019, 2020, 2021, 2022, 2023, 2024</td></tr>
</table>
</td></tr>
<tr><td colspan="2">과거연도 지출기부금</td><td>
<table>
<tr><th>구 분</th><th>내 용</th></tr>
<tr><td>상 황</td><td>2025년 연말정산 시 2024년 이전 지출한 기부금영수증을 제출</td></tr>
<tr><td>세무처리</td><td>해당 기부금 지출연도 연말정산(또는 종합소득세) 경정청구(○)
✔ 2025년 연말정산 반영 불가(×)</td></tr>
<tr><td>why</td><td>"이월"이란 기부금 지출연도에 연말정산·종합소득세에 반영하였으나, 한도초과로 인해 공제받지 못한 기부금을 그 다음연도부터 10년 동안 연말정산·종합소득세 계산에 반영한다는 의미
✔ 기부금 지출연도를 포함하여 10년 중 기부자가 임의로 선택한 연도에 공제한다는 의미가 아님</td></tr>
</table>
</td></tr>
<tr><td rowspan="2">기타 사항</td><td>인·허가 중인 지정기부금 단체(종교단체 포함)에 지출한 기부금</td><td>
<table>
<tr><th>구 분</th><th>내 용</th></tr>
<tr><td>기부금 공제시기</td><td>인·허가 받은 연도에 기부금영수증 발급(법인 46012-2684, 1994.9.23.; 원천-201, 2010.3.5.)</td></tr>
<tr><td>지출시점</td><td>공제불가
why 인·허가 받은 단체만 가능</td></tr>
<tr><td>사 례</td><td>2025년 12월에 기부한 종교단체 기부금에 있어 종교단체가 2026년 2월에 주무관청에 등록된 경우
→기부금영수증 2026년 2월에 발급
→2026년에 공제받음</td></tr>
</table>
</td></tr>
<tr><td>신용카드로 기부한 경우</td><td>
<table>
<tr><th>구 분</th><th>내 용</th></tr>
<tr><td>기부금 공제시기</td><td>신용카드 등이 결제되어 기부단체가 실제 수령한 일자에 기부금영수증 발급(서면법인-3230, 2018.1.19.)</td></tr>
<tr><td>신용카드 사용시점</td><td>공제불가
why 기부단체가 수령하지 않음</td></tr>
<tr><td>사 례</td><td>2025년 12월에 신용카드로 기부하고 해당 기부단체가 2026년 1월에 실제로 수령한 경우
→기부금영수증 2026년 1월에 발급
→2026년에 공제받음</td></tr>
</table>
</td></tr>
</table>

6) 기부금액 계산

기부금에 대한 금액 계산은 다음과 같이 한다.

구 분	기부금액 계산
금전으로 기부	해당 금전가액
금전 외 기부	(아래 표)

금전 외 기부

구 분	내용
원 칙	제공한 때의 시가
국립박물관·국립미술관에 제공하는 기증유물	문화체육관광부에 두는 위원회에서 산정한 금액으로 가능
특별재난지역 자원봉사용역	(아래 표)
사 례	(아래 표)

특별재난지역 자원봉사용역

구 분	내 용
인건비	봉사일수(총봉사시간/8)×80,000원
물건비	제공할 당시 시가

사 례

기부자산	내 용
상장주식	기부 당일 증권시장 종가 (제도 46011-11126, 2001.5.15.)
부동산	기부 당시 부동산 시가 (서일-1011, 2005.8.26.)

- 사업자는 Max[시가, 장부금액]로 함
- ① 봉사용역에 부수되어 발생하는 유류비·재료비 등 직접비용 → 자원봉사용역제공장소로의 이동을 위한 유류비·교통비 등 간접경비 제외 ② 구입영수증 등으로 입증 → 비구입물품, 영수증이
- ① 소수점 이하 → 1일 ② 개인별로 봉사시간 산정
- 상속세 및 증여세법에 따른 최대주주 등의 보유주식에 대한 할증평가 규정은 적용되지 않음 (소득-794, 2010.7.9.)

(3) 기부금 세액공제 제출서류

1) 제출서류 리스트

구 분		제출서류
공 통		기부금명세서
2025년 지출분	원 칙	기부금영수증(기부단체)·간소화(국세청)
	정치자금	정치자금영수증(정치자금법)
	회사일괄징수기부금	제출서류 없음(원천징수의무자가 원천징수부 활용)
	종교단체기부금	종교단체 입증서류 반드시 첨부(설립허가증·소속증명서)
	특별재난지역 자원봉사	자원봉사 등에 대한 기부금 확인서(지자체장 발급)

- 기부금명세서는 근로자에게 제출받지 않고 근로자가 제출한 기부금영수증 등으로 원천징수의무자가 대신 작성가능
- 2023년부터 고향사랑기부금 자료 제공
- 전자기부금 영수증 포함
- 여의도 순복음교회, 천주교성당, 조계사 등 널리 알려진 종교단체는 제출하지 않아도 됨
- 2025년에 특별재난지역으로 선포된 곳(2025.9.8. 현재)
  - 경기 포천군 이동면(전투기 오폭)
  - 경남 산청군·하동군, 울산광역시 울주군, 경북 의성군·안동시·청송군·영양군·영덕군(산불)
  - 경기 가평군·포천시, 충남 서산군·예산군·천안시·공주시·아산시·당진시·부여군·청양군·홍성군·서천군(판교면·비인면), 전남 담양군·나주시·함평군·광양시 다압면·구례군(간전면·토지면)·화순군 이서면·영광군(군남면·염산면)·신한군(지도읍·임자면·자은면·흑산면), 경남 산청군·합천군·진주시·의령군·하동군·함양군·밀양시 무안면·거창군(남상면·신원면), 광주광역시 북구·광산구 어룡동·광산구 삼도동, 경북 청도군, 세종특별시 전동면, 충북 청주시 옥산면·오창읍(호우)

구 분		제출서류
이월 기부금	2024년 귀속 종합소득세 신고자	2024년 기부금명세서
	2025년 신규입사자	
	이외 근로자	제출서류 없음(원천징수의무자 보관자료 활용)

한걸음 더

기부금영수증

구 분	사 례	기부금영수증
정치자금	정당당비 영수증	전산출력영수증
	익명으로 정치자금을 후원회명의로 개설된 계좌에 기부하고 후원회로부터 기부금영수증을 발급받지 않은 경우	금융기관이 발급한 입금증 ✔ 정치자금을 기부한 자의 성명 등 인적사항, 기부받은 후원회 명칭과 그 계좌번호, 기부금액, 기부일자가 기재
회 비	교원단체회비를 급여에서 공제하여 지급하는 경우(법인 46013－2406, 2000.12.19.)	회비납입 여부를 확인할 수 있는 급여지급대장(원천징수부) 등
	교원단체회비를 근로자 본인이 별도로 납부한 경우(법인 46013－2406, 2000.12.19.)	교원단체연합회가 발행하는 회비납입영수증
금융기관 대행수납	금융기관이 기부금대상단체(법정기부금, 지정기부금 모두)와 계약에 의하여 기부금수납 업무를 대리하는 경우(서이－93, 2004.1.28.)	금융기관이 발급한 기부금납입영수증 ✔ 기부자 및 받는 자의 인적사항 등이 기재
분사무소가 있는 기부금 단체	지정기부금단체의 분사무소에 기부금을 기부하는 경우	주사무소 명의로 발급한 기부금영수증

❙ 전국교직원 노동조합 조합비도 동일(서이 46013－10533, 2001.11.15.)

❙ 분사무소 명의로는 발급할 수 없음(기획재정부 법인세제과－326, 2021.7.9.)
✔ 분사무소 명의로 발급한 기부금영수증은 기부금영수증 발급불성실 가산세 규정 적용
✔ 2021.7.9. 이후 발급하는 분부터 적용

02

2) 제출서류 검토

2025년 지출 기부금

[별지 제45호의2서식] <개정 2025. 6. 30.>

일련번호	

기 부 금 영 수 증

※ 뒤쪽의 작성방법을 읽고 작성하여 주시기 바랍니다. (앞쪽)

❶ 기부자

성명(법인명)	주민등록번호 (사업자등록번호)
주소(소재지)	

❷ 기부금 단체

단 체 명	사업자등록번호(고유번호)
(지점명)	(지점 사업자등록번호 등)
소 재 지	기부금공제대상 기부금단체 근거법령
(지점 소재지)	

• 기부금 단체의 지점(분사무소)이 기부받은 경우, 지점명 등을 추가로 기재할 수 있습니다.

❸ 기부금 모집처(언론기관 등)

단 체 명	사업자등록번호
소 재 지	

❹ 기부내용

코 드	구 분 (금전 또는 현물)	연월일	내용: 품명	내용: 수량	내용: 단가	금 액

「소득세법」 제34조, 「조세특례제한법」 제58조 · 제76조 · 제88조의 ... 기부금을 위와 같이 기부하였음을 증명하여 주시기 바랍니다.

신청인

위와 같이 기부금을 기부받았음을 증명합니다.

기부금 수령인

- 기부금단체는 기부금영수증 발행 시 일련번호를 부여하도록 되어 있음
- 일련번호가 없는 경우 허위 기부금으로 의제될 수 있음

- 기부금단체 인적사항 기재 여부 확인
- 상호 · 사업자번호는 지급명세서(전산매체) 제출 시 필수 기재사항이므로 반드시 있어야 함(정치자금 제외)
  - ✓ 사업자번호는 대표자 주민등록번호로 갈음 가능
  - ✓ 상호 · 사업자번호가 없는 경우 기부금 신청자(본인)에게 다시 제출할 것을 요구
- 기부금단체가 종교단체(코드 41)인 경우 종교단체입증서류(소속증명서 · 설립허가증) 첨부 여부 확인
  - ✓ 종교단체입증서류(소속증명서 · 설립허가증)가 없는 경우 근로자(본인)에게 제출 요구
  - ✓ 유명한 종교단체(여의도순복음교회, 조계사, 천주교성당 등)는 제출 제외 가능
- 기부금단체 근거법령에는 다음과 같이 코드가 기재되어 있어야 하며, 해당 사항이 기재되어 있지 않은 경우에는 기부금 신청자(본인)에게 다시 제출할 것을 요구

기부금공제대상 기부금단체 근거법령	코드
「법인세법」 제24조 제2항 제1호가목(국가 · 지방자치단체), 나목(국방헌금과 국군장병 위문금품)	101
「법인세법」 제24조 제2항 제1호다목(천재지변으로 생기는 이재민을 위한 구호금품)	102
「법인세법」 제24조 제2항 제1호라목(같은 목에 열거된 사립학교, 비영리 교육재단, 산학협력단 등의 기관(병원은 제외한다)에 시설비 · 교육비 · 장학금 또는 연구비로 지출하는 기부금)	103
「법인세법」 제24조 제2항 제1호마목(같은 목에 열거된 병원에 시설비 · 교육비 또는 연구비로 지출하는 기부금)	104
「법인세법」 제24조 제2항 제1호바목[사회복지사업, 그밖의 사회복지활동의 지원에 필요한 재원을 모집 · 배분하는 것을 주된 목적으로 하는 비영리법인(일정 요건을 충족하는 법인만 해당)으로서 기획재정부장관이 지정 · 고시하는 법인]	105
「소득세법」 제34조 제2항 제1호나목(「재난 및 안전관리 기본법」에 따른 특별재난지역을 복구하기 위하여 자원봉사를 한 경우 그 용역의 가액에 대해 기부금영수증을 발급하는 단체)	116
「정치자금법」에 따른 정당(후원회, 선거관리위원회 포함)	201
「법인세법 시행령」 제39조 제1항 제1호가목(「사회복지사업법」에 따른 사회복지법인)	401
「법인세법 시행령」 제39조 제1항 제1호나목(「영유아보육법」에 따른 어린이집)	402
「법인세법 시행령」 제39조 제1항 제1호다목(「유아교육법」에 따른 유치원, 「초 · 중등교육법」 및 「고등교육법」에 따른 학교, 「국민 평생 직업능력 개발법」에 따른 기능대학, 「평생교육법」 제31조 제4항에 따른 전공대학 형태의 평생교육시설 및 같은 법 제33조 제3항에 따른 원격대학 형태의 평생교육시설)	403
「법인세법 시행령」 제39조 제1항 제1호라목(「의료법」에 따른 의료법인)	404
「법인세법 시행령」 제39조 제1항 제1호마목[(종교의 보급, 그밖에 교화를 목적으로 「민법」 제32조에 따라 문화체육관광부장관 또는 지방자치단체의 장의 허가를 받아 설립한 비영리법인(그 소속단체를 포함한다)]	405
「법인세법 시행령」 제39조 제1항 제1호바목(기획재정부장관이 지정하여 고시한 법인)	406
「법인세법 시행령」 제39조 제1항 제2호가목(「유아교육법」에 따른 유치원의 장 등이 추천하는 개인에게 교육비 · 연구비 · 장학금으로 지출하는 기부금)	407
「법인세법 시행령」 제39조 제1항 제2호나목(공익신탁으로 신탁하는 기부금)	408
「법인세법 시행령」 제39조 제1항 제2호다목(기획재정부장관이 지정하여 고시하는 기부금)	409
「법인세법 시행령」 제39조 제1항 제4호(같은 호 각 목에 열거된 사회복지시설 또는 기관 중 무료 또는 실비로 이용할 수 있는 시설 또는 기관)	410
「법인세법 시행령」 제39조 제1항 제6호(기획재정부장관이 지정하여 고시하는 국제기구)	411
「소득세법 시행령」 제80조 제1항 제2호(노동조합 등의 회비)	421
「소득세법 시행령」 제80조 제1항 제5호(공익단체)	422
「조세특례제한법」 제88조의4(우리사주조합)	461
「조세특례제한법」 제58조(고향사랑 기부금)	462

- 2025.1.1.~12.31.에 기부한 것인지 확인
- 2024.12.31. 이전 기부금인 경우
  → 해당 기부금 지출연도 연말정산 (또는 종합소득세 신고)을 경정청구해야 함
  - ✓ 2025년 연말정산에 반영할 수 없음

- 기부금 코드별로 다음과 같이 공제대상 기부자 판단

기부금 코드	기부자의 범위: 본 인	기부자의 범위: 본인 기본공제대상자 (나이요건 배제)	기부자의 범위: 이외의 자
20, 43, 44, 42 (개정)	공제가능(○)	×	×
10, 40, 41	○	○	×
50	공제불가(×)	×	×

- 기부자 인적사항이 없는 경우 기부금 신청자(본인)에게 다시 제출할 것을 요구

- 금융기관, 방송사, 신문사, 통신회사 등이 기부금을 대신 접수하여 기부금단체에 전달하는 경우 해당 금융기관 등이 자신의 인적사항을 기재함
- 기부금 신청자(본인)가 직접 기부하는 경우에는 공란임

시정확인필 미검증 정부시정확인센터

2025년 귀속 소득 · 세액공제증명서류 : 기본(지출처별)내역[기부금]

(조회기간 : 2025년 01~12월)

■ 기부자 인적사항

성 명	주 민 등 록 번 호
고길동	770101-1234567

■ 기부금 지출내역 (단위:원)

사업자번호	단체명	기부유형	기부금액 합계	공제대상 기부금액	기부장려금 신청금액
-**-**	*****1	정치자금기부금	10,000	5,000	5,000
108-82-05789	사회복지법인 한국 컴패션	우리사주조합기부금	210,000	210,000	0
408-83-00944	화순군청(고향사랑)	고향사랑기부금	80,000	80,000	0
인별합계금액					295,000

• 기부금 코드별로 다음과 같이 공제대상 기부자 판단

코드	기부자의 범위		
	본 인	본인 기본공제대상자 (나이요건 배제)	이외의 자
20 · 43 · 44	○	×	×
10 · 40 · 41	○	○	×

• 우리사주조합기부금(코드42) · 공제제외기부금(코드50)는 간소화자료에서 조회되지 않음

• 코드별로 사업자번호 · 단체명 확인

코 드	사업자번호 · 단체명
10 · 40 · 41 · 43 · 44	반드시 기재
20	기재 없어도 무방

• 코드20 기부금은 기부금단체 인적사항 기재가 없어도 공제가능

• 2025.1.1.~12.31.에 기부한 것인지 확인
• 2024.12.31. 이전 기부금인 경우
→ 해당 기부금 지출연도 연말정산 (또는 종합소득세 신고)을 경정청구해야 함
✓ 2025년 연말정산에 반영할 수 없음

※ 조세특례제한법에 따른 '정치자금기부금'과 '우리사주조합기부금'은 근로자 본인이 지급한 기부금에 한해 공제받을 수 있습니다.

일련번호 : 20251229-01640126

기부금 코드별로 다음과 같이 기부금액란 기재

코 드	공제대상기부금액	기부장려금 신청금액
10 · 40 · 41	기재(○)	기재(○)
20 · 43 · 44		기재 불가(×)

…관으로부터 수집한 서류로 …접 발급받으시기 바랍니다.

■ 소득세법 시행규칙 [별지 제36호의2서식] <개정 2025.3.21.>

코드 10에 해당

특별재난지역 자원봉사용역 등에 대한 기부금확인서

① 성 명 (상 호)		②주민등록번호 (사업자등록번호)	
③ 주 소 (사업장소재지)		④전화번호	
⑤자원봉사장소		⑥자원봉사기간	

기부금 신청자(본인) 또는
본인의 기본공제자(나이요건 배제) 여부 확인

자원봉사용역 제공내용					
자원봉사용역	⑦자원봉사시간	⑧자원봉사일수 (⑦÷8시간)	⑨환산 일수	⑩일당	⑪ 공제대상금액 (⑨ × ⑩)
			일	80,000원	
⑫ 인 건 비 소 계					
봉사용역에 부수되는 물건비	⑬항 목 명	⑭수량	⑮단가		⑯ 공제대상금액 (⑭ × ⑮)
⑰ 물 건 비 소 계					
⑱ 합 계 (⑫ + ⑰)					

공제대상기부금액

「소득세법」 제34조 제3항 제2호 및 「소득세법 시행령」 제81조 제6항에 따라 특별재해(재난)지역에 대한 봉사용역을 위와 같이 제공하였음을 확인하여 주시기 바랍니다.

년 월 일

신청인 (서명 또는 인)

위와 같이 자원봉사용역을 제공하였음을 확인합니다.

년 월 일

(지방자치단체장 또는 자원봉사센터장 등) (서명 또는 인)

(확인자 고유번호 : □□□-□□-□□□□□)

작 성 방 법

1. 환산일수 = 총봉사시간/8시간(환산결과 소수점 이하부분은 1일로 계산함)
2. 개인사업자의 경우 인건비는 본인분에 한정함 (종업원의 자원봉사분은 종업원 개인의 기부금으로 소득공제)

210㎜×297㎜(일반용지 70g/㎡(재활용품))

- 2025.1.1.~12.31.에 봉사한 것인지 확인
- 2024.12.31. 이전 봉사한 경우
  → 해당 봉사연도 연말정산(또는 종합소득세 신고)을 경정청구해야 함
  ✓ 2025년 연말정산에 반영할 수 없음

정당은 정치자금영수증 발행 시 일련번호를 부여하도록 되어 있음
✓ 일련번호가 없는 경우 허위 기부금으로 의제될 수 있음

NO.

당비영수증 「기부금」

코드 20에 해당

금　　: 일금 일십일만원정(110000)
납부자성명 : ○○○　　생년월일 ○○○○○○○○
직　　업 : ○○○　　전화번호 ○○)○○○-○○○○

기부금 신청자(본인) 여부 확인
✓ 다른 사람인 경우 공제불가

납부일	구분	금액
0127	당비	10,000
0225	당비	10,000
0325	당비	10,000
0425	당비	10,000
0526	당비	10,000
0625	당비	10,000
0725	당비	10,000
0825	당비	10,000
0925	당비	10,000
1027	당비	10,000
1125	당비	10,000
합계		110,000

- 2025.1.1.~12.31.에 기부한 것인지 확인
- 2024.12.31. 이전 기부금인 경우
  → 해당 기부금 지출연도 연말정산(또는 종합소득세 신고)을 경정청구 해야 함
  ✓ 2025년 연말정산에 반영할 수 없음

공제대상기부금액

년 12월 31일

- 이 영수증은 정치자금법 제5조의 규정에 의하여 발행된 것입니다.
- 이 영수증에 기재된 금액에 대해서는 조세특례제한법이 정하는 바에 따라 10만원까지는 세액공제를 10만원을 초과하는 금액에 대하여는 소득공제를 받을 수 있습니다.(정치자금법 제59조)
- 당비영수증을 거짓으로작성하여 위조·변조하여 사용한 자는 처벌을 받습니다.
- 서울특별시 OO구 OO동 OOO-OOO TEL : OO-OOOO-OOOO

고유번호(사업자번호) :　　인

전자적으로 발행된 경우에는 회계책임자 날인 생략 가능
✓ 이외 경우에는 반드시 회계책임자 날인 있어야 함

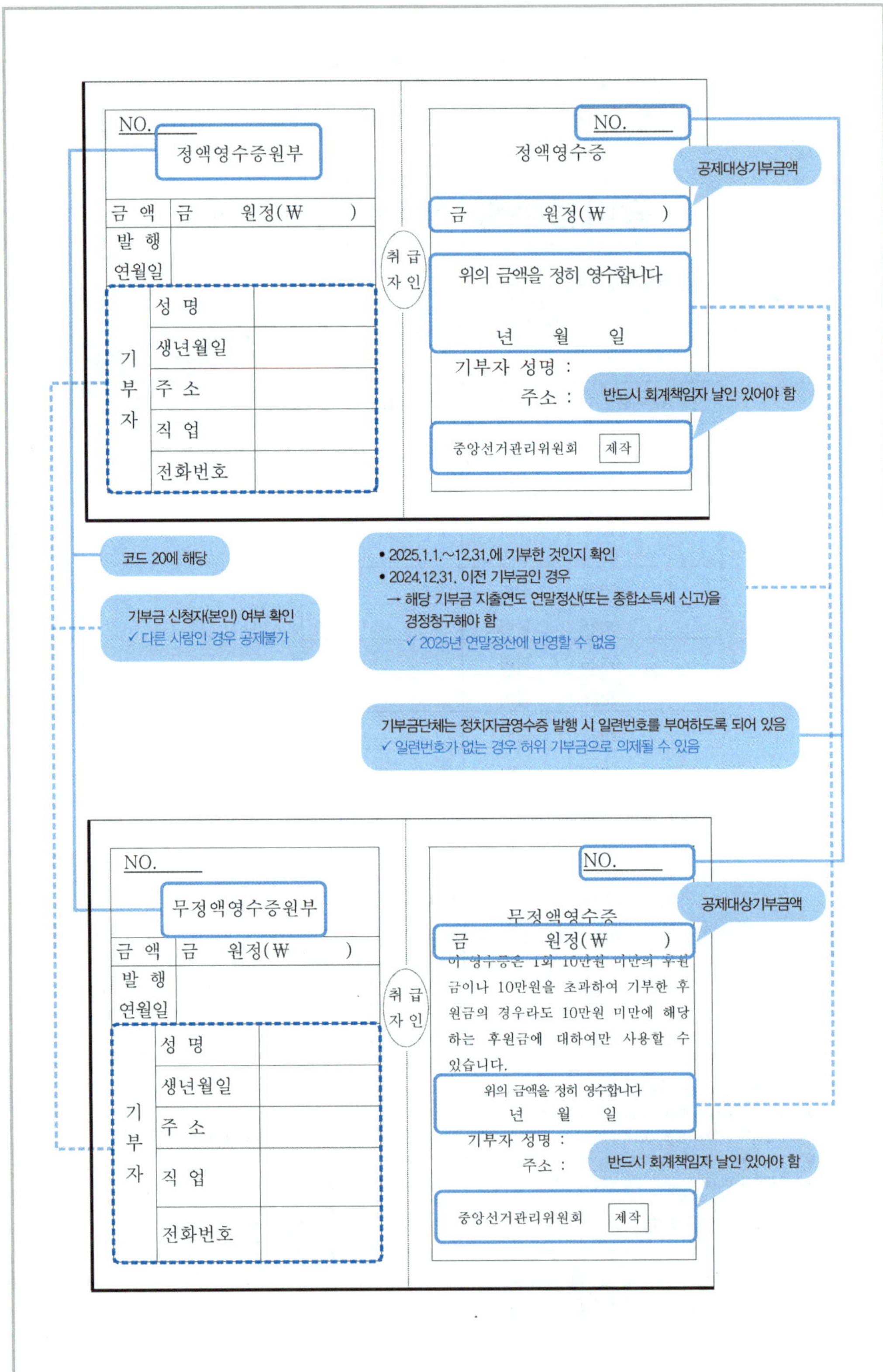
NO.
정액영수증원부
금 액 금 원정(₩)
발 행 연월일
기부자 성 명
생년월일
주 소
직 업
전화번호
취급자 인
NO.
정액영수증
공제대상기부금액
금 원정(₩)
위의 금액을 정히 영수합니다
년 월 일
기부자 성명 :
주소 :
반드시 회계책임자 날인 있어야 함
중앙선거관리위원회 제작
코드 20에 해당
기부금 신청자(본인) 여부 확인
✓ 다른 사람인 경우 공제불가
• 2025.1.1.~12.31.에 기부한 것인지 확인
• 2024.12.31. 이전 기부금인 경우
→ 해당 기부금 지출연도 연말정산(또는 종합소득세 신고)을 경정청구해야 함
✓ 2025년 연말정산에 반영할 수 없음
기부금단체는 정치자금영수증 발행 시 일련번호를 부여하도록 되어 있음
✓ 일련번호가 없는 경우 허위 기부금으로 의제될 수 있음
NO.
무정액영수증원부
금 액 금 원정(₩)
발 행 연월일
기부자 성 명
생년월일
주 소
직 업
전화번호
취급자 인
NO.
무정액영수증
공제대상기부금액
금 원정(₩)
이 영수증은 1회 10만원 미만의 후원금이나 10만원을 초과하여 기부한 후원금의 경우라도 10만원 미만에 해당하는 후원금에 대하여만 사용할 수 있습니다.
위의 금액을 정히 영수합니다
년 월 일
기부자 성명 :
주소 :
반드시 회계책임자 날인 있어야 함
중앙선거관리위원회 제작

[별지 제45호의 2 서식] (2025.6.30. 개정)

일련번호	

기 부 금 영 수 증

※ 뒤쪽의 작성방법을 읽고 작성하여 주시기 바랍니다. (앞쪽)

❶ 기부자

성명(법인명)		주민등록번호 (사업자등록번호)	
주소(소재지)			

❷ 기부금 단체

단 체 명	(재)천주교수원교구유지재단	사업자등록번호 (고유번호)	135-82-00919
소 재 지	수원시 장안구 정자동 578	기부금공제대상 기부금단체 근거법령	405

❸ 기부금 모집처(언론기관 등)

단 체 명		사업자등록번호	
소 재 지			

❹ 기부내용

코 드	구 분 (금전 또는 현물)	연월일	내 용 품명	수량	단가	금 액
41						0
41						0
41						0
41						0
41						0
41						0
41						0
41						0
41						0
41						0
41	금전					1,200,000
						1,200,000

「소득세법」 제34조, 「조세특례제한법」 제76조 · 제88조의4 및 「법인세법」 제24조에 따른 기부금을 위와 같이 기부하였음을 증명하여 주시기 바랍니다.

년 월 일

신청인 (서명 또는 인)

위와 같이 기부금을 기부받았음을 증명합니다.

기부금 수령인 천주교 성당 주임신부 (인)

※ 주임신부 날인이 없는 것은 무효임

(재)천주교수원교구유지재단 이사장 이용훈

유형, 코드 : 소득세법 제34조제2항, 법인세법 제24조제2항에 따른 기부금 : 법정, 코드 10
조세특례제한법 제76조에 따른 기부금 : 정치자금, 코드 20
소득세법 제34조제1항(종교단체 기부금 제외), 법인세법 제24조제1항에 따른 기부금 : 지정, 코드 40
소득세법 제34조제1항에 따른 기부금 중 종교단체기부금 : 종교단체 코드 41
조세특례제한법 제88조의4에 따른 기부금 : 우리사주, 코드 42
필요경비(손금) 및 소득공제금액대상에 해당되지 아니하는 기부금 : 공제제외, 코드 50

기부금단체는 기부금영수증 발행 시 일련번호를 부여하도록 되어 있음
✓ 일련번호가 없는 경우 허위 기부금으로 의제될 수 있음

기부금 신청자(본인) 또는 본인의 기본공제자(나이요건 배제) 여부 확인

- 코드 41에 해당
- 기부금단체 인적사항 기재 여부 확인
  - ✓ 상호 · 사업자번호는 지급명세서(전산매체) 제출 시 필수 기재사항이므로 반드시 있어야 함(정치자금 제외)
  - ✓ 상호 · 사업자번호가 없는 경우 기부금 신청자(본인)에게 다시 제출할 것을 요구
- 종교단체입증서류(소속증명서 · 설립허가증) 첨부 여부 확인
  - ✓ 종교단체입증서류(소속증명서 · 설립허가증)가 없는 경우 근로자(본인)에게 제출 요구
  - ✓ 유명한 종교단체(여의도순복음교회, 조계사, 천주교성당 등)는 제출 제외 가능

- 공제대상기부금액
- 종전 서식을 활용하는 단체인 경우 기부장려금신청금액란이 없을 수 있음
  - ✓ 해당 란이 없는 경우 기부장려금신청금액이 없는 것임

- 2025.1.1.~12.31.에 기부한 것인지 확인
- 2024.12.31. 이전 기부금인 경우
  → 해당 기부금 지출연도 연말정산(또는 종합소득세 신고)을 경정청구해야 함
  - ✓ 2025년 연말정산에 반영할 수 없음

발행자(종교단체명, 종교단체 대표자)의 날인이 있어야 함

(앞 쪽)

제516호 [법인설립허가일 : 1967.12.28.]

법인설립허가증

1. 법인 명칭 : 재단법인 천주교 수원교구 유지재단

2. 소 재 지 : 경기도 수원시 장안구 정자동 578

3. 대 표 자
   ○ 성　　명 : 이 용 훈
   ○ 생년월일 : 1951년 9월 13일
   ○ 주　　소 : 경기도 수원시 장안구 정자동 578

4. 사업내용
   ○ 천주교 수원교구에 속하는 제 교회의 운영, 포교, 구교, 자선, 유아보육, 청소년선도, 노령자보호, 사후안위사업

5. 허가조건 : 뒷면에 기재

「민법」 제32조와 「문화체육관광부 및 문화재청 소관 비영리법인의 설립 및 감독에 관한 규칙」 제4조에 따라 위 법인의 설립을 허가합니다.

2013년 2월 3일(관리감독권한 변경에 따른 재교부)

문 화 체 육 관 광 부 장 관 직인

사용용도 : 연말정산 제출용

종교단체는 지방자치단체 · 문화체육관광부에 등록되어 있어야 함
✔사례의 경우 기부금공제대상 종교단체에 해당

전 통 사 찰 등 록 증

1. 등 록 번 호 : 제 46호

2. 명 칭 : ○ ○ ○(암)

3. 소 재 지 : ○ ○ 시 ○○구 ○○동

4. 주 지 의 성 명 : ○ ○ ○

주 소 : ○ ○ 시 ○○구 ○○동

5. 창 립 년 월 일 : ○○○년

6. 등 록 년 월 일 : ○○○○년 ○○월 ○○일

전통사찰보존법 제 3조 및 동법 시행령 제 5조 2항에 의거 위와 같이 등록하였음을 증명함.

년 월 일

경 상 남 도 지 사 직인

종교단체는 지방자치단체 · 문화체육관광부에 등록되어 있어야 함
✓ 사례의 경우 기부금공제대상 종교단체에 해당

제 ○○○○-○○호

확 인 원

소속증명에 해당

사 찰 명 ○○○○○○

소 재 지 ○○시 ○○구 ○○동

소 속 ○○○○○○

등록년월일 ○○○○년 ○○월 ○○일

용 도 연말정산 확인용

(본 증명은 용도이외의 사용은 일체무효임)

상기 사찰은 대한불교조계종에 등록된 사찰임을 확인하여 주시기 바랍니다.

불기 ○○○○(○○○○)년 ○○월 ○○일

위원인 ○○(○○○) (인)

종교단체는 종파의 총회·중앙회 등에 소속되어 있어야 함

✓ 사례의 경우 조계종 산하 사찰에 해당하며, 기부금공제대상 종교단체에 해당

위 증 명 함

불기 ○○○○(○○○○)년 ○○월 ○○일

(유효기간 : 발행일로부터 3개월)

대한불교조계종 ○○○○ 직인

재단법인 대한예수교 장로회 ○○○○ ○○○

우 ○○○-○○○/ ○○ ○○○구 ○○동 ○○○-○ / TEL(○○)○○○-○○○○

문 서 번 호 : ○○○○ 20○○ - ○○
시 행 일 자 : ○○○○. ○○. ○○.
제 목 : 재단소속증명
성 명 : 대한예수교 장로회 ○○교회
주 소 : ○○시 ○○구 ○○동
용 도 : 연말정산용.

위 교회는 본 재단법인 대한예수교 장로회 ○○○○ ○○○에 소속된 교회임을 증명함. 끝.

종교단체는 종파의 총회·중앙회 등에 소속되어 있어야 함
✓ 사례의 경우 대한예수교 장로회 산하 교회에 해당하며, 기부금공제대상 종교단체에 해당

재단법인 대한예수교 장로회
○○○○ ○○○○
○○시 ○○구 ○○동
직인

원천징수부 (3쪽)

월별	1. 감면세액 ⑥1 감면소득	⑥2 감면세액	⑥3납세조합공제세액	2. 차감원천징수액 ⑥4소득세	⑥5지방소득세	⑥6농어촌특별세	⑥7외국납부세액	3. 징수의무자 자체 증빙 지출액(소득공제) ⑥8연금보험	⑥9건강보험	⑦0고용보험	⑦1기부금	⑦2비고
1												
2												
(중 략)												
11												
12												
계												

Ⅲ. 근로소득 원천징수액 등

작성일자 : 년 월 일

징수의무자 : (서명 또는 인)

※ ⑦2 비고란에는 ⑦1기부금에 해당하는 기부금유형 및 코드를 적습니다.

- 공제대상 회사일괄징수기부금에 해당 ✓ 원천징수부가 기부금영수증에 해당
- 기부금명세서(전산매체) 작성 → 기부처 인적사항은 다음과 같이 기재

구분	내용
상호	회사일괄기부금
사업자번호	기재 안함

이월기부금 – 2024년 기부금명세서

■ 소득세법 시행규칙 [별지 제45호서식] <개정 2023.3.20.>

기 부 금 명 세 서

※ 뒤쪽의 작성방법을 읽고 작성하여 주시기 바랍니다. (앞쪽)

❶ 인적사항	① 근무지 또는 사업장 상호		② 사업자등록번호	
	③ 성 명	임 문 혁	④ 주민등록번호	800219 – ×××××××
	⑤ 주 소	서울시 강남구 역삼로 17길	(전화번호 :)	
	⑥ 사업장 소재지		(전화번호 :)	

(중 략) 기부금 신청자(본인) 여부 확인 → 다른 사람인 경우 공제불가

❹ 기부금 조정 명세

기부금 코드	기부 연도	⑯ 기부금액	⑰ 전년까지 공제된 금액	⑱ 공제대상 금액(⑯–⑰)	해당 연도 공제금액 필요경비	세액(소득)공제	해당 연도에 공제받지 못한 금액 소멸금액	이월금액
10	2024	1,600,000	–	1,600,000		1,600,000	–	–
20	2024	400,000	–	400,000		400,000	–	–
40	2024	1,000,000	–	1,000,000		1,000,000	–	–
41	2024	3,000,000	–	3,000,000		2,000,000	–	1,000,000

2025년에 공제가능한 기부금에 해당
- 2025년 기부금명세서 기부금코드, 기부연도, ⑯기부금액란에 동일하게 기재
- 2025년 기부금명세서 ⑱공제대상금액(⑯ – ⑰)란에 이월금액란과 동일한 금액 기재
- 2025년 기부금명세서 ⑰전년까지 공제된 금액
  = ⑯기부금액 – ⑱공제대상금액(⑯ – ⑰)
  = 2024년 기부금명세서 ⑯기부금액 – 2024년 기부금명세서 이월금액

✓ 기부금명세서 작성사례 p.687 참조

(4) 기부금 세액공제 지급명세서 작성

1) 지급명세서 작성 개요

기부금 세액공제와 관련된 지급명세서 작성은 다음과 같이 그 과정이 매우 복잡하다.

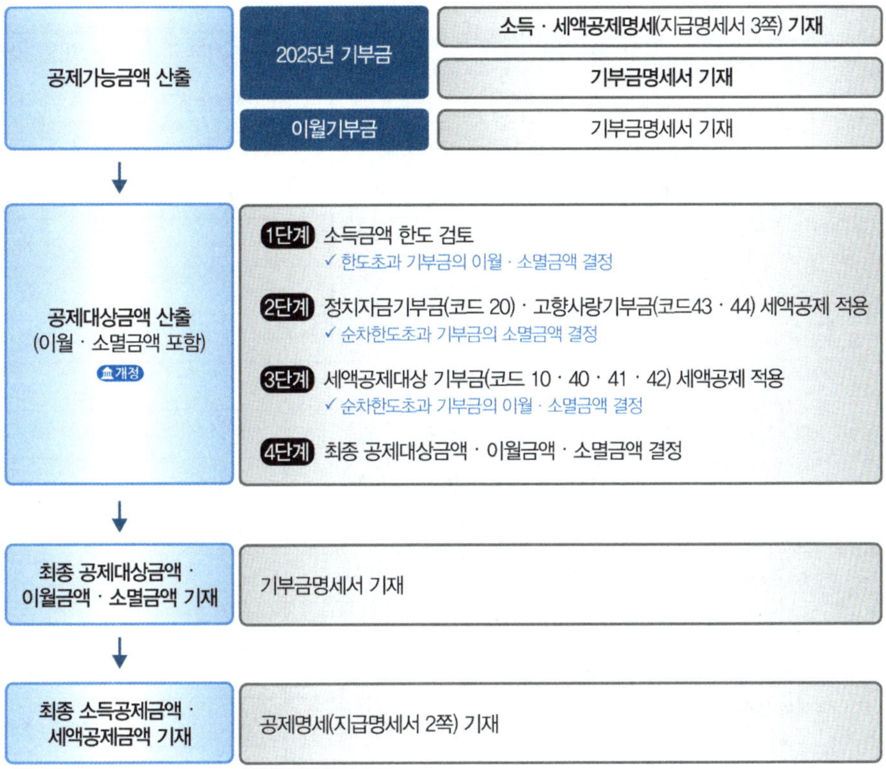

2) **공제가능금액 산출**

기부금 세액공제 신청자(근로자 본인)가 제출한 기부금영수증 등을 참고하여 기부금명세서와 소득·세액공제명세(지급명세서 3쪽)를 작성하여, 공제가능금액을 산출한다. 이때, 다음 사항에 유의한다.

기부금액 – 기부장려금신청금

구 분			2025년 기부금	이월기부금
기부금 명세서	기재 여부		기재(○)	○
	기부처 내역	정치자금(코드 20)	기재 안함(×)	×
		이외 기부금	○	×
	기부자 인적사항		○	×
	기부금 내역	기부금액	○	○
		공제대상기부금액	○	○
		기부장려금신청금액	○	×
		코드·연도	○	○
		건수·기부내용(금전·현물)	○	×
		자료 종류(국세청·기타)	×	×
소득·세액공제명세 (지급명세서 3쪽)	기재 여부		○	×
	기부처 내역		×	×
	기부자 인적사항		○	×
	기부금 내역	자료 종류(국세청·기타)	○	×
		기부금액	○	×

공제대상기부금액 + 기부장려금신청금액

2024년 기부금명세서 ⑯기부금액

2024년 기부금명세서 이월금액

기부금명세서 작성방법을 살펴보면 다음과 같다.

① 2025년 기부금

기 부 금 명 세 서

※ 뒤쪽의 작성방법을 읽고 작성하여 주시기 바랍니다. (앞쪽)

❶ 인적사항	① 근무처 또는 사업장 상호	② 사업자등록번호
	③ 성 명	④ 주민등록번호
	⑤ 주 소	(전화번호 :)
	⑥ 사업장 소재지	(전화번호 :)

❷ 해당 연도 기부 명세

⑦ 코드	⑧ 기부 내용	기부처 ⑨ 상호(법인명)	기부처 ⑩ 사업자 등록번호 등	⑪ 기부자 관계코드	⑪ 기부자 성명	⑪ 기부자 주민등록번호	건수	기부금액 ⑫ 합계(⑬+⑭)	⑬ 공제대상 기부금액	공제제외 기부금 ⑭ 기부장려금 신청금액	⑮ 기타
20											

❸ 구분코드별 기부금의 합계

기부자 구분	총 계	특례기부금	정치자금 기부금	고향사랑기부금(일반)	고향사랑기부금(특별재난지역)	일반기부금(종교단체 외)	일반기부금(종교단체)	우리사주조합 기부금	기부장려금 신청금액	기타
코 드		10	20	43	44	40	41	42	10, 40, 41	50
합 계		A	B	C	D	E	F	G		
본 인										
배우자										
직계비속										
직계존속										
형제자매										
그 외										

❹ 기부금 조정 명세

기부금 코드	기부 연도	⑯ 기부금액	⑰ 전년까지 공제된 금액	⑱ 공제대상 금액(⑯-⑰)	해당 연도 공제금액 필요경비	해당 연도 공제금액 세액(소득)공제	해당 연도에 공제받지 못한 금액 소멸금액	해당 연도에 공제받지 못한 금액 이월금액
10		A						
20		B						
43		C						
44		D						
40		E						
41		F						
42		G						

210㎜ × 297㎜(백상지 80g/㎡)

기부금 신청자 및 원천징수 의무자의 인적사항 기재

- 다음과 같이 공제대상 기부금 코드 기재 (개정)

구분	코드	명칭
소득세법 제34조 제2항 제1호에 따른 특례기부금	10	특례기부금
조세특례제한법 제76조에 따른 기부금	20	정치자금기부금
소득세법 제34조 제3항 제1호에 따른 일반기부금(공익단체기부금 포함, 종교단체기부금 제외)	40	일반기부금(종교단체외)
소득세법 제34조 제3항 제1호에 따른 일반기부금 중 종교단체기부금	41	일반기부금(종교단체)
조세특례제한법 제88조의 4에 따른 우리사주조합기부금	42	우리사주조합기부금
조세특례제한법 제58조에 따른 고향사랑기부금(일반)	43	고향사랑기부금(일반)
조세특례제한법 제58조에 따른 고향사랑기부금(특별재난지역)	44	고향사랑기부금(특별재난)

- 정치자금이 있는 경우 → 정치자금을 최상단에 기재

- 금전 또는 현물 기재

- 기부처 상호 · 사업자번호 기재
- 사업자번호 → 대표자 주민등록번호 기재 가능
- 정치자금 → 기재 생략 가능
- 회사일괄징수기부금 → 다음과 같이 기재

구분	내용
상호	회사일괄기부금
사업자번호	기재 안함

기부금 영수증의 기부금 내역(건수, 기부금액) 기재

「❷ 해당 연도 기부 명세」를 바탕으로 기부자 관계코드와 기부금 코드별로 기부금액을 기재

- 기부자 인적사항 기재(전산매체에는 내국인 · 외국인 구분도 기재)
- 관계코드는 다음과 같이 기재

구분	관계코드	구분	관계코드
거주자 본인	1	직계존속	4
배우자	2	형제자매	5
직계비속	3	이 외	6

- 정치자금(20) · 우리사주(42) · 고향사랑(43 · 44) → 관계코드 '1'만 가능

「❸ 구분코드별 기부금의 합계」를 바탕으로 기부금 코드별로 공제대상기부금을 기부금액에 기재
→ ⑯기부금액 = 「구분코드별 기부금의 합계」 공제대상기부금

- 기부연도 → 2025기재
- ⑰전년까지 공제된 금액 → 영(0) 기재 why 2025년 지출 기부금
- ⑱공제대상금액(⑯ - ⑰) → ⑯기부금액 기재 why ⑰ = 영(0)

■ 소득세법 시행규칙 [별지 제45호서식] <개정 2025.6.30.>

기 부 금 명 세 서

※ 뒤쪽의 작성방법을 읽고 작성하여 주시기 바랍니다. (앞쪽)

❶ 인적사항	① 근무지 또는 사업장 상호		② 사업자등록번호	
	③ 성 명		④ 주민등록번호	
	⑤ 주 소		(전화번호 :)	
	⑥ 사업장 소재지		(전화번호 :)	

❷ 해당 연도 기부 명세

⑦ 코드	⑧ 기부 내용	기 부 처		⑪ 기부자			기부 명세				
		⑨상호 (법인명)	⑩사업자 등록번호 등	관계 코드	성명	주민 등록번호	건수	기부금액			
								⑫ 합계 (⑬+⑭)	⑬ 공제대상 기부금액	공제제외 ⑭기부 장 려 금 신청금액	기부금 ⑮기타

(중략)

근로소득지급명세서 – ⑰소득·세액공제 명세

⑰ 소득·세액공제 명세[인적공제항목은 해당란에 "O" 표시(장애인 해당 시 해당 코드 기재)를 하며, 각종 소득공제·세액공제 항목은 공제를 위하여 실제 지출한 금액을 적습니다.]

인적공제 항목								각종 소득공제·세액공제 항목						
관계 코드	성 명	기본 공제		경로 우대	혼인 세액 공제	출산 입양	자료 구분	보험료				(중략)	기부금
내·외 국인	주민등록번호	부녀자	한부모	장애인		자녀		건강	고용	보장성	장애인전용 보장성		
인적공제 항목에 해당하는 인원수를 적습니다.							국세청 계						
							기타 계						
0		O					국세청						
	(근로자 본인)						기타						
							국세청						
	–						기타						
							국세청						
	–						기타						

근로자가 제출한 자료 종류를 기재

기부금명세서 ⑫합계 기재
✓ 공제대상금액이 아님에 유의
✓ 기부장려금신청금액 포함 기재

- 「기부금명세서」 기부자를 바탕으로 기부자 인적사항 기재
- 관계코드는 다음과 같이 기재 → 소득·세액공제명세 기준으로 관계코드 입력

관 계	관계코드	
	기부금 명세서	소득·세액공제명세(지급명세서 3쪽)
거주자 본인	1	0
본인 직계존속	4	1
배우자 직계존속	4	2
배우자	2	3
직계비속(자녀, 손자녀, 입양자)	3	4
직계비속(자녀, 손자녀, 입양자 제외)	3	5
형제자매	5	6
수급자	6	7
위탁아동	6	8

② 이월기부금

기 부 금 명 세 서 - 2024년

※ 뒤쪽의 작성방법을 읽고 작성하여 주시기 바랍니다. (앞쪽)

❶ 인적사항	① 근무지 또는 사업장 상호		② 사업자등록번호	
	③ 성 명	임 문 혁	④ 주민등록번호	800219 - ×××××××
	⑤ 주 소	서울시 강남구 역삼로 17길	(전화번호 :)	
	⑥ 사업상 소재지		(전화번호 :)	

(중 략)

❹ 기부금 조정 명세

기부금 코드	기부 연도	⑯ 기부금액	⑰ 전년까지 공제된 금액	⑱ 공제대상 금액(⑯-⑰)	해당 연도 공제금액		해당 연도에 공제받지 못한 금액	
					필요경비	세액(소득)공제	소멸금액	이월금액
10	2024	1,600,000	-	1,600,000		1,600,000	-	-
20	2024	400,000	-	400,000		400,000	-	-
40	2024	1,000,000	-	1,000,000		1,000,000	-	-
41	2024	3,000,000	-	3,000,000		2,000,000	-	1,000,000

기부금 코드, 기부 연도, 기부금액 그대로 기재

기 부 금 명 세 서 - 2025년

※ 뒤쪽의 작성방법을 읽고 작성하여 주시기 바랍니다. (앞쪽)

❶ 인적사항	① 근무지 또는 사업장 상호		② 사업자등록번호	
	③ 성 명	임 문 혁	④ 주민등록번호	800219 - ×××××××
	⑤ 주 소	서울시 강남구 역삼로 17길	(전화번호 :)	
	⑥ 사업상 소재지		)	

이월 금액 기재

(중 략)

❹ 기부금 조정 명세

기부금 코드	기부 연도	⑯ 기부금액	⑰ 전년까지 공제된 금액	⑱ 공제대상 금액(⑯-⑰)	해당 연도 공제금액		해당 연도에 공제받지 못한 금액	
					필요경비	세액(소득)공제	소멸금액	이월금액
41	2024	3,000,000	2,000,000	1,000,000				

⑯-⑱로 역산하여 기재

3) 공제대상금액 산출

① 소득금액한도 검토 개정

기부금 구분 (코드)	공제대상금액 산출	공제대상금액 배분순서	한도초과 발생 시 한도초과금액 ✔ 기부금명세서 해당란 기재 소멸금액	이월금액
20	공제대상금액(A) = Min [Σ 기부금명세서 ⑱공제대상금액 중 코드 20 / 근로소득금액]	2025(20)	한도초과금액	이월불가
43·44	공제대상금액(B) = Min [Σ 기부금명세서 ⑱공제대상금액 중 코드 43·44 / 근로소득금액 − A / 2,000,000]	2025(44) → 2025(43)	한도초과금액	이월불가
10	공제대상금액(C) = Min [Σ 기부금명세서 ⑱공제대상금액 중 코드 10 / 근로소득금액 − A − B]	2015(10) → 2016(10) → 2017(10) → 2018(10) → 2019(10) → 2020(10) → 2021(10) → 2022(10) → 2023(10) → 2024(10) → 2025(10)	2015(10) why 10년 이월	한도초과금액 중 2016 이후분
42	공제대상금액(D) = Min [Σ 기부금명세서 ⑱공제대상금액 중 코드 42 / (근로소득금액 − A − B − C) × 30%]	2025(42)	한도초과금액	이월불가
40·41	공제대상금액(E) = Min [Σ 기부금명세서 ⑱공제대상금액 중 코드 40·41 / (근로소득금액 − A − B − C − D) × 10% + Min [(근로소득금액 − A − B − C − D) × 20% / Σ 기부금명세서 ⑱공제대상금액 중 코드 40]]	2015(40) → 2016(40) → 2017(40) → 2018(40) → 2019(40) → 2020(40) → 2021(40) → 2022(40) → 2023(40) → 2024(40) → 2025(40) → 2015(41) → 2016(41) → 2017(41) → 2018(41) → 2019(41) → 2020(41) → 2021(41) → 2022(41) → 2023(41) → 2024(41) → 2025(41)	2015(40) 2015(41) why 10년 이월	한도초과금액 중 2016 이후분

② 정치자금기부금(코드 20) 세액공제

다음과 같이 공제대상금액(A)에 대해 정치자금기부금 세액공제를 적용한다.

구 분	세액공제액 산출
정치자금 10만원 이하분	Min[Min[공제대상금액(A), 10만원]×100/110 , 순차한도] (순차한도: 세액공제 순서를 고려한 순차한도를 말함(p.548 참조))
정치자금 10만원 초과분	Min[Min[공제대상금액(A′)*, 29,900,000]×15%+Max[공제대상금액(A′)*−29,900,000, 0]×25% , 순차한도] * 공제대상금액(A′)=공제대상금액(A)−100,000

(정치자금 10만원 초과분: 공제대상금액(A)이 10만원 초과인 경우에만 고려(계산))

구 분	순차한도 이내인 경우		순차한도를 초과하는 경우		
	세액공제 − 세액공제액	세액공제 − 공제대상금액	세액공제 − 세액공제액	세액공제 − 공제대상금액 (역산, 소수 첫째자리 올림)	한도초과 기부금 해당액 (전액 소멸−이월불가)
정치자금 10만원 이하분	공제율을 적용하여 산출된 세액	공제대상금액(㉠) =Min [공제대상금액 (A), 10만원]	순차한도	공제대상금액(㉡) =순차한도 ÷100/110	소멸금액 =공제대상금액(㉠) −공제대상금액(㉡)
정치자금 10만원 초과분	공제율을 적용하여 산출된 세액	공제대상금액(㉢) =공제대상금액 (A′)	순차한도	공제대상금액(㉣) =순차한도 ÷공제율	소멸금액 =공제대상금액(㉢) −공제대상금액(㉣)

(공제율: ① 순차한도 ≤ 4,485,000 → 15%
② 순차한도 > 4,485,000 → 4,485,000 초과분만 25%)

③ 고향사랑기부금(코드 43·44) 세액공제 개정

다음과 같이 공제대상금액(B)에 대해 고향사랑기부금 세액공제를 적용한다.

구 분	세액공제액 산출
고향사랑 10만원 이하분 (일반·특별재난)	Min[Min[공제대상금액(B), 10만원]×100/110 , 순차한도] (순차한도: 세액공제 순서를 고려한 순차한도를 말함(p.548 참조))
고향사랑 10만원 초과분 (특별재난)	Min[Min[공제대상금액(B)−100,000, 코드44]×30% , 순차한도]
고향사랑 10만원 초과분	Min[Max[Min[공제대상금액(B)−100,000−코드44, 코드43], 0]×15% , 순차한도]

(고향사랑 10만원 초과분: 공제대상금액(B)이 10만원 초과인 경우에만 고려(계산))

구 분	순차한도 이내인 경우		순차한도를 초과하는 경우		
	세액공제 - 세액공제액	세액공제 - 공제대상금액	세액공제 - 세액공제액	세액공제 - 공제대상금액 (역산, 소수 첫째자리 올림)	한도초과 기부금 해당액 (전액 소멸 - 이월불가)
고향사랑 10만원 이하분 (일반·특별재난)	공제율을 적용하여 산출된 세액	공제대상금액(㉠) = Min [공제대상금액(B), 10만원]	순차한도	공제대상금액(㉡) = 순차한도 ÷ 100/110	소멸금액 = 공제대상금액(㉠) - 공제대상금액(㉡)
고향사랑 10만원 초과분 (특별재난)	공제율을 적용하여 산출된 세액	공제대상금액(㉢) = Min [공제대상금액(B) - 10만원, 코드44]	순차한도	공제대상금액(㉣) = 순차한도 ÷ 30%	소멸금액 = 공제대상금액(㉢) - 공제대상금액(㉣)
고향사랑 10만원 초과분 (일반)	공제율을 적용하여 산출된 세액	공제대상금액(㉤) = Max {Min[공제대상금액(B) - 10만원 - 코드44, 코드43], 0}	순차한도	공제대상금액(㉥) = 순차한도 ÷ 15%	소멸금액 = 공제대상금액(㉤) - 공제대상금액(㉥)

사례 고향사랑기부금 세액공제

1. 자료

다음은 근로자 이몽룡이 제출한 기부금 관련 자료이다.

구 분		금 액
근로소득금액		50,000,000
기부금세액공제 전 산출세액 잔액(순차한도)		4,000,000
기부금	정치자금(코드 20)	100,000
	고향사랑기부금(코드 43)	9,000,000
	고향사랑기부금(코드 44)	12,000,000

2. 소득한도 검토

구 분	소득금액 한도	기부금 한도	지출한 기부금	공제대상 기부금
정치자금(코드 20)	50,000,000	없음	100,000	100,000
고향사랑(코드 43·44)	49,900,000	20,000,000	21,000,000	20,000,000

3. 소득한도 검토 후 공제대상기부금

고향사랑기부금(코드 43·44)에 있어 코드 44가 우선 공제되므로(공제율이 크기 때문), 근로자 이몽룡의 공제대상 기부금은 다음과 같이 구성된다.

구 분	지출금액	공제대상 기부금	소멸되는 기부금
정치자금(코드 20)	100,000	100,000	–
고향사랑(코드 44)	12,000,000	12,000,000	–
고향사랑(코드 43)	9,000,000	8,000,000	1,000,000

4. 세액공제 검토

구분	공제대상 기부금	공제율	산출된 세액공제액	세액공제 순차한도	세액공제 금액
정치자금 (코드 20)	100,000	100/110	90,909	4,000,000	90,909
고향사랑 10만원 이하	100,000	100/110	90,909	3,909,091	90,909
고향사랑 10만원 초과 (특별재난지역)	12,000,000	30%	3,600,000	3,818,182	3,600,000
고향사랑 10만원 초과 (일반)	7,900,000	15%	1,185,000	218,182	218,182

- 12,000,000: Min[20,000,000 – 100,000, 12,000,000]
- 7,900,000: Min[20,000,000 – 100,000 – 12,000,000, 8,000,000]

5. 세액공제 후 기부금 공제 · 소멸 내역

구 분	지출금액	소득금액한도 초과액	세액공제된 기부금	소멸되는 기부금
정치자금(코드 20)	100,000	–	100,000	–
고향사랑(코드 44)	12,000,000	–	12,000,000	–
고향사랑(코드 43)	9,000,000	1,000,000	1,454,547	6,545,453

- 1,454,547: 218,182÷15%(역산, 소수 첫째자리 올림)

④ 코드 10·40·41·42인 기부금 세액공제

다음과 같이 공제대상금액(C, D, E)에 포함되어 있는 세액공제대상 코드 10·40·41·42인 기부금에 대해 세액공제를 적용한다.

공제순서를 고려한 누적공제대상금액 산출

공제대상금액(C, D, E)에 포함되어 있는 세액공제대상 코드 10·40·41·42인 기부금을 공제순서를 고려하여 누적 공제대상금액 산출

↓

공제가능세액 산출

산출된 누적공제대상금액을 기준으로 기부금 지출연도별로 다음 공제율을 적용하여 공제가능세액을 산출

기부금 지출연도	공제순서를 고려한 누적공제대상금액	공제대상금액에 대한 세액공제 공제율 적용
2015	3,000만원 이하분	15%
	3,000만원 초과분	25%
2016, 2017, 2018	2,000만원 이하분	15%
	2,000만원 초과분	30%
2019, 2020	1,000만원 이하분	15%
	1,000만원 초과분	30%
2021, 2022	1,000만원 이하분	20%
	1,000만원 초과분	35%
2023	1,000만원 이하분	15%
	1,000만원 초과분	30%
2024	1,000만원 이하분	15%
	1,000만원 초과분 3,000만원 이하분	30%
	3,000만원 초과분	40%
2025 개정	1,000만원 이하분	15%
	1,000만원 초과분	30%

↓

세액공제액 산출

공제가능세액에 순차한도를 적용하여 세액공제액 산출

└ 세액공제 순서를 고려한 순차한도를 말함(p.548 참조)

↓

공제대상금액 결정

구 분	공제대상금액 결정
순차한도 이내	공제대상금액(C, D, E)
순차한도 초과 시	순차한도에 공제율을 적용하여 공제대상 금액을 역산(소수 첫째자리 올림)

↓

최종 공제대상금액 · 소멸금액 · 이월금액 결정

- 앞서 산출된 결과에 따라 최종 공제대상금액, 소멸금액, 이월금액을 결정
- 코드 10·40·41인 기부금은 소멸금액＝영(0)
  why 10년 이월공제
- 코드 42인 기부금은 이월금액＝영(0)
  why 이월불가

4) 명세서 작성

'2)'와 '3)'에서 산출된 결과를 바탕으로 다음과 같이 명세서를 작성한다.

구 분		기부금명세서	소득·세액공제명세 (지급명세서-3쪽)	공제명세 (지급명세서-2쪽)
공제가능 기부금	2025년 지출	기재(○)	○	기재 안함(×)
	이월기부금	○	×	×
최종 공제대상기부금		○	×	○
소멸금액·이월금액		○	×	×
소득공제금액·세액공제액		×	×	○

공제가능기부금의 명세서 작성은 '2)'에서 살펴본 바, 여기서는 나머지 부분에 대해서만 살펴보기로 한다.

기부금명세서 –「❹ 기부금 조정 명세」

❹ 기부금 조정 명세

기부금 코드	기부 연도	⑯ 기부금액	⑰ 전년까지 공제된 금액	⑱ 공제대상 금액(⑯-⑰)	해당 연도 공제금액		해당 연도에 공제받지 못한 금액	
					필요경비	세액(소득)공제	소멸금액	이월금액
20								
44								
43								
10								
42								
40								
41								

기재하지 않음
✓ 무조건 = 영(0)

• 2) 및 3)에서 산출된 최종 공제대상금액 · 소멸금액 · 이월금액을 기재(기부금액 기재)

구 분	해당연도 공제금액	소멸금액	이월금액
코드 20	순차한도 내 공제대상금액 → 3) ② 참조	⑱공제대상금액 중 해당연도 공제금액 초과액	기재불가
코드 43 · 44	순차한도 내 공제대상금액 → 3) ③ 참조	⑱공제대상금액 중 해당연도 공제금액 초과액	기재불가
코드 10	순차한도 내 공제대상금액 → 3) ④ 참조	⑱공제대상금액 중 해당연도 공제금액 초과액을 공제순서에 따라 배분한 후 2015년분은 소멸금액란에, 2016년 이후분은 이월금액란에 기재	
코드 42		⑱공제대상금액 중 해당연도 공제금액 초과액	기재불가
코드 40 · 41		⑱공제대상금액 중 해당연도 공제금액 초과액을 공제순서에 따라 배분한 후 2015년분은 소멸금액란에, 2016년 이후분은 이월금액란에 기재	

• 기부금 이월공제 규정에 따른 기부금 코드별 공제금액, 해당연도 공제금액, 소멸금액, 이월금액의 기재가능한 기부연도

기부금 코드	「❹ 기부금 조정 명세」에 기재가능한 기부연도		
	공제대상금액 해당연도 공제금액	해당연도에 공제받지 못한 금액	
		소멸금액	이월금액
20	2025	2025	기재불가
43 · 44	2025	2025	기재불가
10	2015, 2016, 2017, 2018,2019, 2020, 2021, 2022, 2023, 2024, 2025	2015	2016, 2017, 2018, 2019, 2020, 2021, 2022, 2023, 2024, 2025
42	2025	2025	기재불가
40	2015, 2016, 2017, 2018,2019, 2020, 2021, 2022, 2023, 2024, 2025	2015	2016, 2017, 2018, 2019, 2020, 2021, 2022, 2023, 2024, 2025
41	2015, 2016, 2017, 2018, 2019, 2020, 2021, 2022, 2023, 2024, 2025	2015	2016, 2017, 2018, 2019, 2020, 2021, 2022, 2023, 2024, 2025

지급명세서 (2쪽) –「정산명세」–「특별세액공제 ·기부금」

정산 명세	세액 공제	특별 세액 공제	㊹ 기부금	㉮ 정치 자금 기부금	10만원 이하	공제대상금액	
						세액공제액	
					10만원 초과	공제대상금액	
						세액공제액	
				㉯ 고향 사랑 기부금	10만원 이하	공제대상금액	
						세액공제액	
					10만원 초과 (특별재난지역)	공제대상금액	
						세액공제액	
					10만원 초과 (일반)	공제대상금액	
						세액공제액	
				㉰ 특례기부금		공제대상금액	
						세액공제액	
				㉱ 우리사주조합 기부금		공제대상금액	
						세액공제액	
				㉲ 일반기부금 (종교단체 외)		공제대상금액	
						세액공제액	
				㉳ 일반기부금 (종교단체)		공제대상금액	
						세액공제액	

공제대상금액

기부금명세서 해당연도 공제금액을 기부금 코드 · 연도별로 다음과 같이 기재

코 드	연 도	공제대상금액
20	2025	㉮정치자금기부금
43 · 44	2025	㉯고향사랑기부금(일반 · 특별재난)
10	2015 ~ 2025	㉰특례기부금
42	2025	㉱우리사주조합기부금
40	2015 ~ 2025	㉲일반기부금(종교단체 외)
41	2015 ~ 2025	㉳일반기부금(종교단체)

세액공제액

3) ②, ③, ④에서 산출된 세액공제액을 기재

사례 기부금 세액공제 (1)

1. 자료

(1) 다음은 근로소득금액이 40,000,000원인 계속근로자 임문혁의 2025년 기부금 내역이다. 다만, 기부자는 모두 임문혁의 기본공제대상자이다.

코드	기부처		기부자			기부금액		발급처
	상 호	사업자번호	성 명	관 계	주민등록번호	기부금액	기부장려금 신청금액	
10	○○ 사립학교	612－83－02779	신현경	배우자	830301－2******	2,600,000	－	간소화
20	**	***－**－*****	임문혁	본인	800219－1******	400,000	－	간소화
40	△△ 노동조합	505－82－08497	임문혁	본인	800219－1******	1,000,000	－	노동조합
41	☆☆성당	128－82－08500	임서준	아들	090815－3******	3,000,000	－	성당

(2) 임문혁의 2024년 기부금명세서 중 이월금액 관련 내역은 다음과 같다. 임문혁은 2024년 귀속 종합소득세 신고대상자가 아니며, 세액공제에 대한 순차한도는 충분하다고 가정한다.

기부금명세서 - 2024년

(중 략)

❹ 기부금 조정 명세

기부금 코드	기부 연도	⑯기부 금액	⑰전년까지 공제된 금액	⑱공제대상 금액(⑯－⑰)	해당연도 공제금액		해당연도에 공제받지 못한 금액	
					필요경비	세액(소득)공제	소멸금액	이월금액
10	2024	2,000,000	-	2,000,000		2,000,000	-	-
20	2024	400,000	-	400,000		400,000	-	-
40	2024	1,000,000	-	1,000,000		1,000,000	-	-
41	2024	3,000,000	-	3,000,000		2,000,000	-	1,000,000

2. 명세서 작성

(1) 공제가능금액 산출

기부금 세액공제를 적용하기 위해 공제신청한 기부금에 대해 기부금명세서 및 소득·세액공제명세(지급명세서－3쪽)를 작성하여 보면 다음과 같다.

1) 기부금명세서

■ 소득세법 시행규칙 [별지 제45호서식] <개정 2025.6.30.>

기 부 금 명 세 서

※ 뒤쪽의 작성방법을 읽고 작성하여 주시기 바랍니다. (앞쪽)

❶ 인적사항			
① 근무지 또는 사업장 상호		② 사업자등록번호	
③ 성 명	임 문 혁	④ 주민등록번호	800219－1××××××
⑤ 주 소	서울시 강남구 역삼로 17길	(전화번호 :)	
⑥ 사업장 소재지		(전화번호 :)	

❷ 해당 연도 기부 명세

⑦ 코드	⑧ 기부 내용	기부처: ⑨ 상호(법인명)	기부처: ⑩ 사업자 등록번호 등	⑪ 기부자: 관계코드	⑪ 기부자: 성명	⑪ 기부자: 주민등록번호	기부 명세: 건수	기부금액: ⑫ 합계(⑬+⑭)	기부금액: ⑬ 공제대상 기부금액	공제제외 기부금: ⑭ 기부장려금 신청금액	공제제외 기부금: ⑮ 기타
20	금전			1	임문혁	800219－1xxxxxx	1	400,000	400,000	－	－
10	금전	○○사립학교	612－83－02779	2	신현경	830301－2xxxxxx	1	2,600,000	2,600,000	－	－
40	금전	△△노동조합	505－82－08497	1	임문혁	800219－1xxxxxx	1	1,000,000	1,000,000	－	－
41	금전	☆☆성당	128－82－08500	3	임서준	090815－3xxxxxx	1	3,000,000	3,000,000	－	－

❸ 구분코드별 기부금의 합계

기부자 구분	총 계	공제대상 기부금: 특례기부금	정치자금기부금	고향사랑기부금(일반)	고향사랑기부금(특별재난지역)	일반기부금(종교단체 외)	일반기부금(종교단체)	우리사주조합 기부금	공제제외기부금: 기부장려금 신청금액	기타
코 드		10	20	43	44	40	41	42	10,40,41	50
합 계	7,000,000	2,600,000	400,000			1,000,000	3,000,000			
본 인	1,400,000		400,000			1,000,000				
배우자	2,600,000	2,600,000								
직계비속	3,000,000						3,000,000			
직계존속										
형제자매										
그 외										

❹ 기부금 조정 명세

기부금 코드	기부 연도	⑯ 기부금액	⑰ 전년까지 공제된 금액	⑱ 공제대상 금액(⑯－⑰)	해당 연도 공제금액: 필요경비	해당 연도 공제금액: 세액(소득)공제	해당 연도에 공제받지 못한 금액: 소멸금액	해당 연도에 공제받지 못한 금액: 이월금액
20	2025	400,000	－	400,000				
10	2025	2,600,000	－	2,600,000				
40	2025	1,000,000	－	1,000,000				
41	2025	3,000,000	－	3,000,000				
41	2024	3,000,000	2,000,000	1,000,000				

210㎜×297㎜(백상지 80g/㎡)

2) 소득 · 세액공제명세(지급명세서 3쪽)

근로소득지급명세서 (3쪽) – ⑱ 소득 · 세액공제 명세

(9쪽 중 제3쪽)

⑰ 소득 · 세액공제 명세[인적공제항목은 해당란에 "○"표시(장애인 해당 시 해당 코드 기재)를 하며, 각종 소득공제 · 세액공제 항목은 공제를 위하여 실제 지출한 금액을 적습니다.]

관계코드 내·외국인	성 명 주민등록번호	기본공제	부녀자	한부모	경로우대 장애인	혼인세액공제	출산입양 자녀	자료구분	(중략)	기부금
인적공제 항목에 해당하는 인원수를 적습니다.								국세청 계		3,000,000
								기타 계		4,000,000
0	임 문 혁	○						국세청		400,000
1	(근로자 본인)							기타		1,000,000
3	신 현 경	○						국세청		2,600,000
1	830301-2******							기타		
4	임 서 준	○						국세청		
1	090815-3******						○	기타		3,000,000

(2) 공제대상금액 산출

1) 소득금액한도 검토

기부금 구분(코드)	공제대상금액 산출
20	공제대상금액(A) = Min [Σ기부금명세서 ⑱공제대상금액 중 코드 20, 근로소득금액] = Min [400,000, 40,000,000] = 400,000
10	공제대상금액(C) = Min [Σ기부금명세서 ⑱공제대상금액 중 코드 10, 근로소득금액 – A – B] B: 고향사랑기부금이 없으므로 "0"이 된다. = Min [2,600,000, 40,000,000 – 400,000] = 2,600,000
42	공제대상금액(D) = Min [Σ기부금명세서 ⑱공제대상금액 중 코드 42, (근로소득금액 – A – C) × 30%] Min [0, (40,000,000 – 400,000 – 2,600,000) × 30%] = 0
40·41	공제대상금액(E) = Min [Σ기부금명세서 ⑱공제대상금액 중 코드 40·41, (근로소득금액 – A – C – D) × 10% + Min[(근로소득금액 – A – C – D) × 20%, Σ기부금명세서 ⑱공제대상금액 중 코드 40]] = Min [1,000,000 + 3,000,000 + 1,000,000, (40,000,000 – 400,000 – 2,600,000) × 10% + Min[(40,000,000 – 400,000 – 2,600,000) × 20%, 1,000,000]] = 4,700,000 공제대상금액(E)을 공제순서를 고려하여 다음과 같이 배분

기부금명세서			공제순서에 따른 공제대상금액 · 소멸금액 · 이월금액			
기부금 코드	기부연도	⑱공제대상금액	공제순서	공제대상금액	소멸금액	이월금액
40	2025	1,000,000	1	1,000,000	–	–
41	2024	1,000,000	2	1,000,000	–	–
41	2025	3,000,000	3	2,700,000	–	300,000
합 계		5,000,000		4,700,000	–	300,000

⇩ 기부금명세서

2) 소득공제대상 이월기부금 소득공제 적용

대상 기부금이 없으므로 생략한다.

3) 정치자금기부금(코드 20) 세액공제

세액공제에 대한 순차한도가 충분하므로 세액공제액·최종 공제대상금액·소멸금액·이월금액은 다음과 같다.

구 분	세액공제액	최종 공제대상금액	소멸금액	이월금액
정치자금 10만원 이하	Min[100,000×100/110, 순차한도] = 90,909	100,000	–	–
정치자금 10만원 초과	Min[(400,000 – 100,000)×15%, 순차한도] = 45,000	300,000	–	–
	⇩ 공제명세(지급명세서 2쪽)	⇩ 기부금명세서 & 공제명세 (지급명세서2쪽)	⇩ 기부금 명세서	

4) 코드 10·40·41·42인 기부금 세액공제

공제대상 우리사주조합기부금(코드 42)이 없으므로, 코드 10·40·41인 기부금에 대해서만 세액공제를 적용하면 된다.

① 누적공제대상금액 산출 및 공제율 결정

공제순서를 고려한 누적공제대상금액 산출				공제율 결정	
코 드	기부연도	공제대상금액	누적공제대상금액	공제율	근 거
10	2025	2,600,000	2,600,000	15%	1,000만원 이하 15%
40	2025	1,000,000	3,600,000	15%	
41	2024	1,000,000	4,600,000	15%	1,000만원 이하 15%
41	2025	2,700,000	7,300,000	15%	1,000만원 이하 15%

② 세액공제액·최종 공제대상금액·소멸금액·이월금액 산출

세액공제에 대한 순차한도가 충분하므로 세액공제액·최종 공제대상금액·소멸금액·이월금액은 다음과 같다.

공제순서를 고려한 세액공제액 산출					최종 공제대상금액	소멸 금액	이월 금액
코 드	기부연도	공제대상금액	공제율	세액공제액			
10	2025	2,600,000	15%	390,000	2,600,000	–	–
40	2025	1,000,000	15%	150,000	1,000,000	–	–
41	2024	1,000,000	15%	150,000	1,000,000	–	–
41	2025	2,700,000	15%	405,000	2,700,000	–	–
				⇩ 공제명세 (지급명세서 2쪽)	⇩ 기부금명세서 & 공제명세 (지급명세서2쪽)	⇩ 기부금명세서	

(3) 명세서 작성

'(1)과 (2)'의 결과를 정리하여 명세서를 작성하여 보면 다음과 같다.

1) 결과 정리

코 드	기부연도	공제가능 기부금액	최종공제대상금액	소멸금액	이월금액	세액공제액
10	2025	2,600,000	2,600,000	–	–	390,000
20	2025	400,000	400,000	–	–	135,909
40	2025	1,000,000	1,000,000	–	–	150,000
41	2024	1,000,000	1,000,000	–	–	150,000
41	2025	3,000,000	2,700,000	–	300,000	405,000
합 계		8,000,000	7,700,000	–	300,000	1,230,909

2) 기부금명세서

■ 소득세법 시행규칙 [별지 제45호서식] <개정 2025.6.30.>

기 부 금 명 세 서

※ 뒤쪽의 작성방법을 읽고 작성하여 주시기 바랍니다. (앞쪽)

❶ 인적사항	① 근무지 또는 사업장 상호	② 사업자등록번호
	③ 성 명 임 문 혁	④ 주민등록번호 800219－1××××××
	⑤ 주 소 서울시 강남구 역삼로 17길	(전화번호 :)
	⑥ 사업장 소재지	(전화번호 :)

❷ 해당 연도 기부 명세

⑦ 코드	⑧ 기부 내용	기 부 처		⑪ 기부자			기부 명세				
							건수	기부금액			
								⑫ 합계 (⑬+⑭)	⑬ 공제대상 기부금액	공제제외 기부금	
		⑨ 상호 (법인명)	⑩ 사업자 등록번호 등	관계 코드	성명	주민 등록번호				⑭ 기부 장 려 금 신청금액	⑮기타
20	금전			1	임문혁	800219 －1xxxxxx	1	400,000	400,000	–	–
10	금전	○○사립 학교	612－83 －02779	2	신현경	830301 －2xxxxxx	1	2,600,000	2,600,000	–	–
40	금전	△△노동 조합	505－82 －08497	1	임문혁	800219 －1xxxxxx	1	1,000,000	1,000,000	–	–
41	금전	☆☆성당	128－82 －08500	3	임서준	090815 －3xxxxxx	1	3,000,000	3,000,000	–	–

❸ 구분코드별 기부금의 합계

기부자 구 분	총 계	공제대상 기부금							공제제외 기부금	
		특 례 기부금	정치자금 기부금	고향사랑기부금 (일반)	고향사랑기부금 (특별재난지역)	일반기부금 (종교단체 외)	일반기부금 (종교단체)	우리사주조합 기 부 금	기부장려금 신청금액	기타
코 드		10	20	43	44	40	41	42	10, 40, 41	50
합 계	7,000,000	2,600,000	400,000			1,000,000	3,000,000			
본 인	1,400,000		400,000			1,000,000				
배우자	2,600,000	2,600,000								
직계비속	3,000,000						3,000,000			
직계존속										
형제자매										
그 외										

❹ 기부금 조정 명세

기부금 코드	기부 연도	⑯기부금액	⑰ 전년까지 공제된 금액	⑱공제대상 금액(⑯－⑰)	해당 연도 공제금액		해당 연도에 공제받지 못한 금액	
					필요경비	세액(소득)공제	소멸금액	이월금액
20	2025	400,000	-	400,000		400,000	-	-
10	2025	2,600,000	-	2,600,000		2,600,000	-	-
40	2025	1,000,000	-	1,000,000		1,000,000	-	-
41	2025	3,000,000	-	3,000,000		2,700,000	-	300,000
41	2024	3,000,000	2,000,000	1,000,000		1,000,000	-	-

210㎜×297㎜(백상지 80g/㎡)

3) 공제명세(지급명세서 2쪽)

Ⅵ 정산명세	세액공제	특별세액공제	㊿ 기부금	㉮ 정치자금기부금	10만원 이하	공제대상금액	100,000
						세액공제액	90,909
					10만원 초과	공제대상금액	300,000
						세액공제액	45,000
				㉯ 고향사랑기부금	10만원 이하	공제대상금액	
						세액공제액	
					10만원 초과(특별재난지역)	공제대상금액	
						세액공제액	
					10만원 초과(일반)	공제대상금액	
						세액공제액	
				㉰ 특례기부금		공제대상금액	2,600,000
						세액공제액	390,000
				㉱ 우리사주조합기부금		공제대상금액	
						세액공제액	
				㉲ 일반기부금(종교단체 외)		공제대상금액	1,000,000
						세액공제액	150,000
				㉳ 일반기부금(종교단체)		공제대상금액	3,700,000
						세액공제액	555,000

기부금 세액공제는 월세액공제 다음인 바, 순차한도가 950만원이라는 의미임

사례 기부금 세액공제 (2)

1. 자료

(1) 근로소득금액은 70,000,000원이며, 월세액공제 후 잔여 산출세액은 9,500,000원이다.

(2) 공제가능 기부금액은 다음과 같으며, 정치자금기부금과 고향사랑기부금은 없다.

(단위 : 원)

구분 \ 기부금 코드	코드 10	코드 42	코드 40	코드 41
2015년(이월분)	3,000,000	–	2,000,000	4,000,000
2018년(이월분)	2,000,000	–	3,000,000	3,000,000
2025년	5,000,000	20,000,000	3,000,000	5,000,000
합 계	10,000,000	20,000,000	8,000,000	12,000,000

2. 공제대상금액 산출

1) 소득한도 검토

근로소득금액 70,000,000원을 기준으로 공제대상금액을 산출하여 보면 다음과 같다.

기부금 코드	공제대상금액 산출
10	공제대상금액(C) = Min [Σ기부금명세서 ⑱공제대상금액 중 코드 10, 근로소득금액 − A − B] = Min [10,000,000, 70,000,000 − 0] = 10,000,000

기부금 코드	공제대상금액 산출
42	공제대상금액(D) = Min [Σ기부금명세서 ⑱공제대상금액 중 코드 42, (근로소득금액 − A − B − C)×30%] = Min [20,000,000, (70,000,000 − 10,000,000)×30%] = 18,000,000
40·41	공제대상금액(E) = Min [Σ기부금명세서 ⑱공제대상금액 중 코드 40·41, (근로소득금액 − A − B − C − D)×10% + Min[(근로소득금액 − A − B − C − D)×20%, Σ기부금명세서 ⑱공제대상금액 중 코드 40]] = Min [8,000,000 + 12,000,000, (70,000,000 − 10,000,000 − 18,000,000)×10% + Min[(70,000,000 − 10,000,000 − 18,000,000)×20%, 8,000,000]] = 12,200,000

2) 공제대상금액 및 소멸금액, 이월금액 결정

상기 결과 및 기부금 공제순서를 고려한 공제대상금액 및 소멸금액, 이월금액은 다음과 같다.

코드	지출연도	공제가능 기부금	공제대상금액 (C, D, E)	세액공제대상 공제대상금액(F)	소멸금액 (G1)	이월금액 (H1)
10	2015	3,000,000	10,000,000	3,000,000	−	−
	2018	2,000,000		2,000,000	−	−
	2025	5,000,000		5,000,000	−	−
42	2025	20,000,000	18,000,000	18,000,000	2,000,000	−
40	2015	2,000,000	12,200,000	2,000,000	−	−
	2018	3,000,000		3,000,000	−	−
	2025	3,000,000		3,000,000	−	−
41	2015	4,000,000		4,000,000	−	−
	2018	3,000,000		200,000	−	2,800,000
	2025	5,000,000		−	−	5,000,000
합 계		50,000,000	40,200,000	40,200,000	2,000,000	7,800,000

2025년 지출분 1,000만원 이하 15%, 1,000만원 초과 30%

3. 세액공제대상 공제대상금액에 대한 누적공제대상금액 산출, 공제율 결정 및 공제가능한 세액공제액 산출

'2.'에서 산출된 공제대상금액(F)을 바탕으로 기부금 공제순서를 고려하여 산출한 누적공제대상금액과 이를 고려한 각각의 공제대상금액에 대한 적용 공제율, 그리고 공제가능한 세액공제액을 산출하여 보면 다음과 같다.

2014~2015년분 3,000만원 초과 25%

코드	지출연도	세액공제대상 공제대상금액(F)	누적공제대상금액	공제율(I)	공제가능한 세액공제액(J = F × I)
10	2015	3,000,000	3,000,000	15%	450,000
	2018	2,000,000	5,000,000	15%	300,000
	2025	5,000,000	10,000,000	15%	750,000
42	2025	18,000,000	28,000,000	30%	5,400,000
40	2015	2,000,000	30,000,000	15%	300,000
	2018	3,000,000	33,000,000	30%	900,000
	2025	3,000,000	36,000,000	30%	900,000
41	2015	4,000,000	40,000,000	25%	1,000,000
	2018	200,000	40,200,000	30%	60,000
합 계		40,200,000			10,060,000

2014~2015년분 3,000만원까지 15%

2016~2018년분 2,000만원 초과 30%

4. 최종 세액공제액 및 공제대상금액 산출

'3.'에 따라 산출된 자료를 바탕으로 최종적인 세액공제액 및 공제대상금액을 산출하여 보면 다음과 같다.

순차한도를 초과하는 경우에만 역산(소수 첫째자리 올림)

코드	지출연도	공제대상금액에 대한 세액공제액(J)	공제가능한 세액공제액 잔액	세액공제액(K)	공제율(I)	최종 공제대상금액 (L = K ÷ I)
			9,500,000			
10	2015	450,000	9,050,000	450,000	15%	3,000,000
	2018	300,000	8,750,000	300,000	15%	2,000,000
	2025	750,000	8,000,000	750,000	15%	5,000,000
42	2025	5,400,000	2,600,000	5,400,000	30%	18,000,000
40	2015	300,000	2,300,000	300,000	15%	2,000,000
	2018	900,000	1,400,000	900,000	30%	3,000,000
	2025	900,000	500,000	900,000	30%	3,000,000
41	2015	1,000,000	–	500,000	25%	2,000,000
	2018	60,000	–	–	–	–
합 계		10,060,000		9,500,000		38,000,000

5. 공제금액(최종 공제대상금액), 소멸금액, 이월금액의 산출

'4.'에 따라 산출된 자료를 바탕으로 공제가능 기부금을 공제금액(최종 공제대상금액), 소멸금액, 이월금액으로 배분하여 보면 다음과 같다.

코드	지출연도	공제가능 기부금	최종 공제대상금액(L)	소멸금액(G)	이월금액(H)
10	2015	3,000,000	3,000,000	-	-
	2018	2,000,000	2,000,000	-	-
	2025	5,000,000	5,000,000	-	-
42	2025	20,000,000	18,000,000	2,000,000	-
40	2015	2,000,000	2,000,000	-	-
	2018	3,000,000	3,000,000	-	-
	2025	3,000,000	3,000,000	-	-
41	2015	4,000,000	2,000,000	2,000,000 (10년 이월공제기간 종료)	-
	2018	3,000,000	-	-	3,000,000
	2025	5,000,000	-	-	5,000,000
합 계		50,000,000	38,000,000	4,000,000	8,000,000

6. 명세서 작성

(1) 공제명세(지급명세서 2쪽)

상기 결과 바탕으로 공제명세(지급명세서 2쪽)를 작성(예시)하여 보면 다음과 같다.

				(중략)		
Ⅵ 정산명세	세액공제	특별세액공제	⑭ 기부금	㉰ 특례기부금	공제대상금액	10,000,000
					세액공제액	1,500,000
				㉱ 우리사주조합 기부금	공제대상금액	18,000,000
					세액공제액	5,400,000
				㉲ 일반기부금 (종교단체 외)	공제대상금액	8,000,000
					세액공제액	2,100,000
				㉳ 일반기부금 (종교단체)	공제대상금액	2,000,000
					세액공제액	500,000

(2) 기부금명세서 작성(예시)

상기 결과 바탕으로 기부금명세서를 작성(예시)하여 보면 다음과 같다.

(중 략)

❹ 기부금 조정 명세

기부금 코드	기부 연도	⑯ 기부 금액	⑰ 전년까지 공제된 금액	⑱ 공제대상 금액(⑯-⑰)	해당연도 공제금액		해당연도에 공제받지 못한 금액	
					필요경비	세액(소득)공제	소멸금액	이월금액
10	2025			5,000,000		5,000,000	-	-
10	2015			3,000,000		3,000,000	-	-
10	2018			2,000,000		2,000,000	-	-
42	2025			20,000,000		18,000,000	2,000,000	-
40	2025			3,000,000		3,000,000	-	-
40	2015			2,000,000		2,000,000	-	-
40	2018			3,000,000		3,000,000	-	-
41	2025			5,000,000		-	-	5,000,000
41	2015			4,000,000		2,000,000	2,000,000	-
41	2018			3,000,000		-	-	3,000,000

■ 조세특례제한법 시행규칙[별지 제53호의4서식] <신설 2021.3.16.>

기 부 장 려 금 신 청 서

● 해당 서식은 기부금단체에 제출하는 것임
✓원천징수의무자가 받는 서식은 아님
● 기부장려금을 신청하는 것이 유리하지 않음(본문 참조)

❶ 기부장려금 신청인

성명	주민등록번호
주소(소재지)	

❷ 기부장려금단체

단체(법인)명	비영리민간단체 (사업자)등록번호
소 재 지	

❸ 기부장려금 신청대상 기부내용

코 드	구 분	연월일	내 용			금 액
			품명	수량	단가	

본인은 「소득세법」 제59조의4 제4항에 따라 기부금 세액공제를 신청할 수 있는 거주자(사업소득만 있는 자는 제외하되, 「소득세법」 제73조 제1항 제4호에 따른 사업자는 포함)로서 본인이 기부금 세액공제를 받는 대신 그 기부금에 대한 세액공제 상당액을 상기 기부장려금단체가 지급받을 수 있도록 위와 같이 신청합니다.

년 월 일

신청인 (서명 또는 인)

귀하

작성방법 및 유의사항

1. 「소득세법」 제34조 제2항 제1호에 따른 기부금, 「소득세법」 제34조 제3항 제1호에 따른 기부금에 대해 기부장려금을 신청할 수 있으며, ❸기부내용의 코드는 다음 구분에 따라 적습니다.

기부금 구분	코드
「소득세법」 제34조 제2항 제1호에 따른 기부금	10
「소득세법」 제34조 제1항 제1호(종교단체 기부금 제외)에 따른 기부금	40
「소득세법」 제34조 제1항 제1호에 따른 기부금 중 종교단체기부금	41

2. ❸ 기부장려금 신청대상 기부내용의 구분란에는 "금전기부"의 경우에는 "금전", "현물기부"의 경우에는 "현물"로 적고, 내용란은 현물기부의 경우에만 적습니다.

3. 기부금 세액공제와 기부장려금을 중복하여 신청한 경우에는 기부금 세액공제를 신청한 것으로 봅니다.

210mm×297mm[백상지 80g/㎡(재활용품)]

13. 외국납부 세액공제(소법 §57, 소령 §117, 소칙 §60)

외국납부세액에 대한 세무처리는
① 세액공제방식과
② 필요경비산입 방식이 있음
→ 연말정산 시에는 ①세액공제방식만 적용가능하며, 이월공제기간이 종료된 다음연도에 소득금액 계산 시 필요경비로 산입할 수 있음

(1) 외국납부 세액공제 개요

구 분		내 용
공제대상		• 거주자일 것 • 근로소득금액에 국외원천근로소득이 포함되어 있을 것 • 그 국외원천근로소득에 대해 외국정부에 납부하였거나 납부할 세액이 있을 것
공제대상 외국납부세액		다음에 해당하는 외국납부세액 1. 개인의 소득금액을 과세표준으로 하여 과세된 세액과 그 부가세액 2. '1.'과 유사한 세목에 해당하는 것으로서 소득 외의 수입금액 기타 이에 준하는 것을 과세표준으로 하여 과세된 세액
공 제	세액공제액	Min[공제대상 외국납부세액, 공제한도, 순차한도]
	공제한도	산출세액 × $\frac{\text{국외원천근로소득금액}}{\text{근로소득금액}}$
	이월공제	공제한도를 초과하는 외국납부세액은 10년간 이월하여 공제
	공제순서	먼저 발생한 외국납부세액을 먼저 공제(발생연도가 빠른 것부터 공제)
	공제방법	외국납부세액 발생 국가별로 공제
	연말정산 시 공제받지 못한 경우	• 종합소득세 확정신고 시 공제가능 • 신고기간 경과후 5년 이내 경정청구도 가능(조심 2008서3917, 2010.2.4.)
제출서류		• 외국납부 세액공제(필요경비산입)신청서 • 납부세액 증명서류
세부명세서 작성·제출		제출하지 않음

세액공제 순서를 고려한 순차한도를 말함(p.548 참조)

2015.1.1. 이후 발생된 외국납부세액 공제가능
✔ 2014.12.31. 이전 외국납부세액은 2019.12.31.로 종전 규정에 따른 이월공제기간(5년) 종료

(2) 외국납부 세액공제 요건

1) 공제대상

외국납부 세액공제 대상자는 ⓐ거주자의 ⓑ근로소득금액에 국외원천근로소득이 포함되어 있고 ⓒ해당 국외원천근로소득에 대해 외국정부에 납부하였거나 납부할 세액이 있는 경우이다. 공제대상에 대해 살펴보면 다음과 같다.

구 분	내 용		
조세조약 체결 여부	조제조약 체결 여부와 관계없이 적용가능		
공제대상 판단사례	상 황	적용 여부	why
	거주자가 국내원천소득에 대하여 외국에서 납부한 세액(서이-991, 2007.5.23.)	적용불가 (×)	국내원천소득에 대해 외국정부에 납부한 세금

구 분	내 용
공제대상 판단사례	**상 황** / **적용 여부** / **why**
	국내에서 수행되는 용역 등과 관련하여 발생한 성공보수금 및 기타 금원에 대해 미국에 소득세를 신고납부한 경우(행법 2008구합13019, 2009.2.6.) / 적용불가 (×) / 국내원천소득에 대해 외국정부에 납부한 세금
	비거주자인 상태에서 부여받은 스톡옵션을 거주자 상태에서 행사하여 발생한 소득으로써 국외 원천지국에서 적법하게 납부한 세금(서이-811, 2007.5.1.) / 적용가능 (○) / 거주자의 국외원천소득에 대해 외국정부에 납부한 세금임

2) 국외원천소득

과세되는 소득만 국외원천소득으로 봄
→ 국외근로소득 비과세 규정에 따라 비과세되는 근로소득은 제외됨

구 분	내 용
국외원천소득	• 국외에서 발생한 소득 • 거주자의 근로소득금액 계산에 관한 규정을 준용하여 산출한 금액으로 함
국내세법에 따라 비과세 되는 경우	**[구 분] 국외원천소득 포함 여부** — **[내 용]** 불포함 ✔ 외국납부 세액공제 적용불가 **[구 분] 적용불가 사례** — **[내 용]** • 국외에서 근무하는 종업원이 해당 해외근무에 따라 지급받는 소득에 대하여 외국에서 소득세가 과세되었으나, 해당 소득이 우리나라에서는 과세소득에 포함되지 않는 경우 외국납부 세액공제의 대상이 되지 않음(소득 46011-536, 1999.2.9.) • 회사운영비, 항공료 등과 비과세급여가 국내세법에 따라 과세표준에 산입되지 않아 과세되지 않은 반면 러시아에서는 과세된 경우에 있어, 회사운영비, 항공료 등과 비과세급여에 대하여 러시아에서 부담한 세액은 외국납부세액 공제를 적용받을 수 없음(조심 2017중2493, 2017.9.8.)
국내에서 지급받는 경우	국외원천소득에는 국내에서 지급받는 국외근로소득을 포함(법인 46013-2064, 1999.6.2.) ✔ 국외근로에 대한 대가 일부를 국내에서 지급하는 경우에도 국외원천소득으로 봄 → 해당 소득에 대한 외국납부세액 공제 적용가능 예 해외 파견근로자에 대한 급여는 외국법인이 부담하고, 상여는 내국법인이 부담하는 경우
해외기술연수 관련 급여	거주자가 해외기술연수 중에 내국법인으로부터 지급받은 급여는 국외원천소득이 아님(서이-1777, 2004.8.25.) ✔ 외국납부 세액공제 적용불가
국외원천근로소득금액 계산	**[구 분] 국외근로소득만 있는 경우** — **[국외원천근로소득금액]** 총급여 - 근로소득공제 **[구 분] 국내근로소득과 국외근로소득 모두 있는 경우** — **[국외원천근로소득금액]** $\text{근로소득금액} \times \frac{\text{국외근로소득 총급여}}{\text{총급여}}$

3) 공제대상 외국납부세액

국내세법에 따라 과세되는 소득만 국외원천소득에 해당되므로, 국내세법에 따라 비과세되는 국외원천소득에 대해 외국정부에 납부한 세액은 공제 불가

<table>
<tr><th colspan="2">구 분</th><th>내 용</th></tr>
<tr><td colspan="2">외국납부세액</td><td>거주자의 해당 연도 과세표준금액에 포함된 국외원천소득에 대하여 납부하였거나 납부할 것으로 확정된 금액</td></tr>
<tr><td colspan="2">공제대상
외국납부세액
귀속과세연도</td><td><table><tr><th>공제가능</th><th>공제불가</th></tr><tr><td>2015, 2016, 2017, 2018, 2019,
2020, 2021, 2022, 2023, 2024, 2025</td><td>2014 이전
✔ 종전규정에 따른
이월공제기간(5년) 종료</td></tr></table></td></tr>
<tr><td colspan="2">부담자</td><td>본인부담(조심 2017중5022, 2018.12.26.)</td></tr>
<tr><td colspan="2">외국 지방정부</td><td>포함(소득 46011-1730, 1994.6.14.)</td></tr>
<tr><td colspan="2">가산세</td><td>제외</td></tr>
<tr><td colspan="2">가산금</td><td>포함</td></tr>
<tr><td rowspan="2">조세
조약</td><td>감면세액</td><td>조세조약의 상대국에서 그 국외원천소득에 대하여 소득세를 감면받은 세액의 상당액은 그 조세조약에서 정하는 범위에서 공제대상 외국납부세액으로 봄 ✔ 포함됨</td></tr>
<tr><td>한도초과</td><td>외국납부세액이 조세조약에 따른 비과세·면제·제한세율에 관한 규정에 따라 계산한 세액을 초과하는 경우 그 초과하는 세액은 제외</td></tr>
<tr><td colspan="2">과세기간 상이</td><td>거주자의 국외원천소득이 발생한 외국의 과세기간이 우리나라와 상이한 경우 외국납부세액공제 대상 외국소득세액은 다음과 같이 계산함(서면국제세원-2623, 2020.8.26.)

$$\text{외국납부세액 공제대상 외국소득세액} = \text{외국소득세액} \times \frac{\text{외국의 해당 과세기간 국외원천소득 중 우리나라 과세기간 해당 국외원천소득}}{\text{외국의 해당 과세기간 국외원천소득}}$$</td></tr>
<tr><td colspan="2">국외소득이
종합·퇴직·
양도소득으로
구분 안된 경우</td><td>국외원천소득이 종합소득·퇴직소득·양도소득으로 구분하여 과세되지 않은 경우에는 다음 금액을 외국납부세액으로 봄

$$\text{해당 과세연도 외국납부세액} = \text{외국납부세액} \times \frac{\text{근로소득금액}}{\text{종합소득금액} + \text{퇴직소득금액} + \text{양도소득금액}}$$</td></tr>
<tr><td colspan="2">외국납부세액
변동</td><td><table><tr><th>구 분</th><th>내 용</th></tr><tr><td>외국납부세액
변동사유</td><td>외국정부가 국외원천소득에 대한 소득세의 결정을 경정함으로써 외국납부세액에 변동이 생긴 경우</td></tr><tr><td>수정신고 등</td><td><table><tr><th>외국납부세액 변동</th><th>세무처리</th></tr><tr><td>증가하게 되는 경우(외국정부에 추가 납부)</td><td>경정청구 가능</td></tr><tr><td>감소하게 되는 경우(외국정부로부터 환급)</td><td>수정신고해야 함</td></tr></table></td></tr></table></td></tr>
</table>

(부담자) 처분청은 본인명의로 납부하지 않은 외국납부세액은 본인의 외국납부 세액공제를 적용할 수 없다는 의견이나, 임직원 등의 명의로 외국에서 납부한 세액은 그 실제 부담자의 외국납부세액으로서 공제받는 것이 타당함

(한도초과) 다만, 2023.8.8. 이후 납부했거나 납부할 외국소득세액으로서 러시아연방정부가 비우호국과의 조세조약 이행중단을 내용으로 하는 자국 법령에 근거하여 조세조약에 따른 비과세·면제·제한세율에 관한 규정에 따라 계산한 세액을 초과하여 과세한 세액은 포함함

<table>
<tr><th>구 분</th><th colspan="3">내 용</th></tr>
<tr><td rowspan="6">환 산</td><td>구 분</td><td colspan="2">환 산</td></tr>
<tr><td>원 칙</td><td colspan="2">납부일의 기준환율·재정환율 적용</td></tr>
<tr><td>미 납</td><td colspan="2">해당 과세기간 종료일의 기준환율·재정환율 적용(사전법령소득-283, 2019.12.31.)</td></tr>
<tr><td rowspan="3">외국정부로부터
환급받는 경우
(국내에 추가납부)</td><td>환급세액 납부일</td><td>환 산</td></tr>
<tr><td>분 명</td><td>납부일의 기준환율·재정환율 적용</td></tr>
<tr><td>불분명</td><td>다음 환율 적용
$\frac{\text{해당 과세기간 동안 외국정부에 납부한 외국납부세액의 원화금액}}{\text{해당 과세기간 동안 외국정부에 납부한 외국납부세액의 외화금액}}$</td></tr>
</table>

- 미납: 납기 미도래 또는 분납으로 미납된 경우
- 환급세액 납부일: 환급세액을 외국정부에 최초로 납부한 날을 말함
- 해당 과세기간: 환급받은 외국납부세액의 귀속연도

4) 공제한도

외국납부세액 공제액은 외국납부세액을 공제하되, 다음 금액을 한도(이하 "공제한도")로 한다.

구 분	공제한도
원 칙	$산출세액 \times \frac{국외원천근로소득금액}{근로소득금액}$
예 외	조세특례제한법·그 밖의 법률에 따라 세액감면·면제를 적용받는 경우 $산출세액 \times \frac{국외원천근로소득금액 - \frac{세액감면·면제대상}{국외원천근로소득금액} \times 세액감면·면제비율}{근로소득금액}$

5) 이월공제

<table>
<tr><th>구 분</th><th colspan="2">내 용</th></tr>
<tr><td>이월공제 대상</td><td colspan="2">공제대상 외국납부세액이 공제한도를 초과하는 경우</td></tr>
<tr><td>이월공제 기간</td><td colspan="2">해당 과세기간의 다음 과세기간개시일부터 10년 이내 끝나는 과세기간까지</td></tr>
<tr><td rowspan="3">이월공제가
불가능한 경우</td><td>상 황</td><td>why</td></tr>
<tr><td>이월 과세기간에 해당 거주자의 국외원천소득이 없는 경우(제도 46017-10523, 2001.4.11.)</td><td>공제한도=영(0)</td></tr>
<tr><td>공제한도를 초과하지는 않으나 세액공제 순서에 따라 산출세액이 부족한 경우
(순차한도를 초과하는 경우 해당 세액)</td><td>근거 규정 없음
✔ 공제한도 초과액만 이월가능</td></tr>
</table>

- 이월 과세기간에 해당 거주자의 국외원천소득이 없는 경우: 공제가 안된 다음연도에 국외원천소득이 발생되고 이월기간 내에 있다면 다시 공제가능함

(3) 외국납부 세액공제 제출서류

<table>
<tr><th colspan="2">구 분</th><th>내 용</th></tr>
<tr><td colspan="2">제출서류</td><td>• 외국납부 세액공제(필요경비산입) 신청서[별지 제11호 서식]
• 납부세액 증명서류</td></tr>
<tr><td rowspan="2">제출기한</td><td>원 칙</td><td>국외원천소득이 합산된 기간의 연말정산을 할 때 원천징수의무자에게 제출</td></tr>
<tr><td>연장
특례</td><td><table><tr><th>구 분</th><th>내 용</th></tr><tr><td>연장기한</td><td>외국정부로부터 결정통지를 받은 날로부터 3개월 이내</td></tr><tr><td>특례사유</td><td>다음 사유로 연말정산 때까지 제출할 수 없는 경우
• 외국정부의 국외원천소득에 대한 소득세의 결정통지의 지연
• 과세기간이 서로 다른 경우
• 외국정부가 국외원천소득에 대한 소득세의 결정을 경정함으로써 외국납부세액에 변동이 생긴 경우</td></tr></table></td></tr>
</table>

해당 정부나 세무당국의 확인서류로서 국외원천소득에 대한 외국납부세액임을 증명할 수 있는 외국납부 세액공제계산서, 외국납부세액영수증

해당 서식을 근로자가 직접 작성하여 제출하는 것이 원칙 → 작성이 까다로운 바, 원천징수의무자가 대신 작성하는 것도 가능하다고 판단됨

(4) 외국납부 세액공제 지급명세서 작성

외국납부 세액공제를 적용받는 경우 다음과 같이 산출된 외국납부세액 공제액을 공제명세(지급명세서 2쪽-㊴외국납부)에 기재하면 된다.

㊴외국납부=Min[공제대상외국납부세액, 공제한도, 순차한도]

세액공제 순서를 고려한 순차한도를 말함 (p.548 참조)

사례 공제대상 외국납부 세액

1. 자료

(1) 거주자 김민경의 2025년 국외원천소득의 내역은 다음과 같다.

구 분		국내세법에 따른 소득구분		합 계
		과세소득	비과세소득	
외국정부 세법에 따른 소득구분	과세소득	68,000,000*	1,000,000	69,000,000
	비과세소득	2,000,000	3,000,000	5,000,000
합 계		70,000,000	4,000,000	74,000,000

* 68,000,000원 중 우리나라 세법에 따른 과세기간에 발생한 소득은 35,000,000원이다.

(2) 거주자 김민경은 외국정부 세법에 따라 과세소득 69,000,000원에 대해 해당 외국정부에 10,350,000원을 납부하였다.

2. 공제대상 외국납부세액

사례의 경우 공제대상 외국납부세액은 다음을 고려하여 산출한다.

ⓐ 국내세법에 따라 거주자의 해당 과세연도 과세표준금액에 포함된 국외원천소득에 대하여 외국정부에 납부한 세액만 공제대상 외국납부세액이다.

ⓑ 그 국외원천소득에는 국내세법에 따라 비과세되는 소득은 제외되므로, 국내세법에 따라 비과세되는 소득에 대해 외국정부에 납부한 외국납부세액은 공제대상이 아니다.

→ 사례의 경우 국외원천소득은 70,000,000원이다.

→ 다만, 70,000,000원 중 68,000,000원에 대해서만 외국정부에 세금을 납부한 것인 바, 69,000,000원에 대한 세금 중 68,000,000원만 외국납부세액공제 대상이 된다.

ⓒ 외국정부세법에 따른 과세기간이 우리나라 세법에 따른 과세기간과 상이한 경우 공제대상 외국납부세액은 외국정부세법에 따른 과세기간의 국외원천소득 중 우리나라 세법에 따른 과세기간에 해당하는 기간에 발생한 국외원천소득이 차지하는 비율을 반영하여 계산한다.

→ 사례의 경우 외국정부세법에 따른 과세기간의 국외원천소득은 68,000,000원이며, 해당 금액 중 우리나라 과세기간의 국외원천소득은 35,000,000원이다.

앞서 살펴본 내용을 바탕으로 공제대상 외국납부세액을 산출하여 보면 다음과 같다.

$$\text{공제대상 외국납부세액} = \text{외국납부세액} \times \frac{\text{A 중 국내세법에 따른 과세대상소득(B)}}{\text{외국정부세법에 따른 과세대상소득(A)}} \times \frac{\text{B 중 우리나라 과세기간 해당 국외원천소득}}{\text{외국의 해당 과세기간 국외원천소득(B)}}$$

$$= 10{,}350{,}000 \times \frac{68{,}000{,}000}{69{,}000{,}000} \times \frac{35{,}000{,}000}{68{,}000{,}000} = 5{,}250{,}000$$

사례 외국납부 세액공제

1. 자료

다음은 2025년 중 베트남에서 근무하다가 국내로 돌아온 근로자 정약용(900707 – 1******, 경기도 수원시 영통구)의 외국납부세액 공제 관련 자료이며, 순차한도는 충분하다고 가정한다.

구 분		내 용
근로소득 내역	국내근로소득	40,000,000(비과세 4,000,000 포함)
	국외근로소득(베트남 근무)	20,000,000 (비과세 6,000,000 포함, 조특법 등에 따른 감면 없음)
당기 발생 외국납부세액		국외근로소득 20,000,000에 대해 1,200,000 납부
이월된 외국납부세액(2024년 발생)		2,300,000 발생 / 500,000 이월
연말정산 시	근로소득금액	37,750,000
	과세표준	28,000,000
	산출세액	3,120,000

2. 외국납부 세액공제

$1,200,000 \times \frac{20,000,000 - 6,000,000}{20,000,000}$

구 분			내 용	계산근거
공제대상 외국납부세액			1,340,000	= 840,000(당기발생) + 500,000(이월액)
공제한도	국외근로소득 총급여		14,000,000	= 20,000,000 – 6,000,000(비과세)
	국내근로소득 총급여		36,000,000	= 40,000,000 – 4,000,000(비과세)
	총급여		50,000,000	= 14,000,000 + 36,000,000
	국외근로소득 금액		10,570,000	$= 37,750,000 \times \frac{14,000,000}{50,000,000}$ why 총급여 비율로 안분
	공제한도		873,600	$= 3,120,000 \times \frac{10,570,000}{37,750,000}$ why 소득금액 비율로 안분
공제세액	공제세액	금 액	873,600	= Min[1,340,000, 873,600, 순차한도]
		배 분	2024년 500,000 2025년 373,600	먼저 발생한 금액을 먼저 공제
	한도 초과	금 액	466,400	= 1,340,000 – 873,600
		배 분	2025년 466,400	10년 이월(2035년까지 공제가능)

사례의 경우 2025년 중 국내로 귀국한 바, 2026년 이후 국외근로소득이 없다면 실지로는 이월공제 받을 수 없음

3. 외국납부 세액공제 신청서

■ 소득세법 시행규칙 [별지 제11호서식] <개정 2021. 3. 16.>

외국납부세액공제 신청서

(3쪽 중 제1쪽)

접수번호	접수일	처리기간

신청인	성명	정약용	주민등록번호	900707-1******
	주소	경기도 수원시 영통구		

1. 외국납부세액공제 적용(선택한 경우의 [ ] 에 V표 합니다.)

[V] 예

[ ] 아니오

2. 국가별 세액공제 총괄명세 ('1. 외국납부세액공제 적용방법'에서 '예'를 선택한 경우만 작성)

(단위 : 원)

① 연번	②국가명	③국가 코드	당기 공제대상 세액		⑥국가별 공제한도	⑦당기 실제 세액공제액	⑧이월배제액	⑨차기이월액
			④전기 이월액	⑤당기 외국납부세액 발생액				
1	베트남		500,000	840,000	873,600	873,600		466,400
2								
3								
4								
5								
합 계			500,000	840,000		873,600		466,400

3. 필요경비산입 명세 ('1. 외국납부세액공제 적용방법'에서 '아니오'를 선택한 경우만 작성)

(단위 : 원)

구 분	금 액
⑩ 매출원가 계상	
⑪ 판매비와 일반관리비에 계상	
⑫ 제조원가에 계상	
⑬ 그 밖의 계정과목에 계상	
⑭ 세무조정에 의한 필요경비 산입	
합계(⑩+⑪+⑫+⑬+⑭)	

「소득세법」 제57조 제1항에 따라 외국납부세액공제를 신청합니다.

2026년 1월 31일

신 청 인 정 약 용 (서명 또는 인)

세무서장 귀하

첨부서류	외국납부세액의 증빙서류, 감면근거(발생국가의 관련법령, 조문) 등

210㎜×297㎜(백상지 80g/㎡)

■ 소득세법 시행규칙 [별지 제11호서식 부표 1] <개정 2021.3.16.> (앞쪽)

과 세 기 간	2025.1.1. ~ 2025.12.31.	**국가별 외국납부세액공제 명세서**	성 명	정약용
			주민등록번호	900707-1******

※ 본 서식은 국외원천소득(결손)이 발생한 각 국가별로 구분하여 각각 작성하여야 합니다.

1. 국외원천소득(결손) 발생국가

① 국가명	베트남	② 국가코드	V	N

2. 공제한도 계산

(단위 : 원)

구 분		금 액
③ 국외원천소득 대응 비용 차감 전 국외원천소득		14,000,000
④ 국외원천소득에 대응하는 비용 등		3,430,000
⑤ 국외원천소득 대응 비용 차감 후 국외원천소득(③-④)		10,570,000
감면되는 국외원천소득	⑥ 국외원천소득 중 조세특례제한법 등에 따른 감면적용대상금액	-
	⑦ 감면비율	
	⑧ 차감되는 감면 국외원천소득(⑥ × ⑦)	
⑨ 외국납부세액 공제대상 국외원천소득(⑤-⑧)		10,570,000
⑩ 기준 국외원천소득(결손국가가 없는 경우=⑨, 있는 경우 작성방법 참조)		10,570,000
공제한도	⑪ 종합소득 산출세액 (또는 퇴직소득 산출세액)	3,120,000
	⑫ 종합소득금액 (또는 퇴직소득금액)	37,750,000
	⑬ 공제한도(⑪ × ⑩ / ⑫)	873,600
당기공제 대상세액	⑭ 전기 이월액	500,000
	⑮ 당기 외국납부세액 발생액	840,000
	⑯ 당기 공제대상 세액 (⑭+⑮)	1,340,000
이월배제액	⑰ 한도초과액(⑮-⑬, 음수인 경우 영(0))	0
	⑱ 이월배제 대상 외국납부세액	0
	⑲ 이월배제 외국납부세액(⑰과 ⑱ 중 작은 금액)	0
⑳ 차기 이월액(⑯-⑬-⑲, 음수인 경우 영(0))		466,400

국외원천소득에 해당되는 근로소득공제금액 기재
✓ 총급여 비례로 배분

3. 공제세액 계산

(단위 : 원)

㉑ 과세 기간	㉒ 당초 외국 납부세액 발생액	㉓ 전기 누적 공제액	㉔ 당초 이월 배제액	㉕ 당기 공제대상 세액 (㉒-㉓-㉔=⑯)	㉖ 당기 실제 세액공제액 (합계≤⑲)	㉗ 이월배제액 (⑲)	㉘ 차기이월액 (㉕-㉖-㉗)
2024	2,300,000	1,800,000		500,000	500,000		-
당 기	840,000			840,000	373,600		466,400
합 계				1,340,000	873,600		466,400

210mm×297mm[백상지 80g/㎡ 또는 중질지 80g/㎡]

■ 소득세법 시행규칙 [별지 제11호서식 부표 2] <개정 2021.3.13.>

(앞쪽)

과 세 기 간	2025.1.1. ~ 2025.12.31.	**소득종류별 외국납부세액 명세서**	성 명	정약용
			주민등록번호	900707-1******

(단위 : 원)

① 연번	소득발생처			⑤ 소득 구분 코드	⑥국외원천 소득		외국납부세액		
	②국가명	③ 코드	④상호(성명)				⑦직접	⑧간주	⑨하이브리드 (Hybrid)
1	베트남		DaeBak Inc.	근로	10,570,000	세목	개인소득세		
						세액	1,200,000		
2						세목			
						세액			
3						세목			
						세액			
4						세목			
						세액			
5						세목			
						세액			
6						세목			
						세액			
7						세목			
						세액			
8						세목			
						세액			
9						세목			
						세액			
10						세목			
						세액			
11						세목			
						세액			
12						세목			
						세액			
13						세목			
						세액			
14						세목			
						세액			
15						세목			
						세액			
합 계					10,570,000	세액	1,200,000		

210㎜×297㎜[백상지 80g/㎡ 또는 중질지 80g/㎡]

14. 연금계좌 세액공제(소법 §59의 3, 소령 §118의 2, 소칙 §61의 2)

DBP는 거주자 개인명의 계좌가 아니므로 공제대상이 아님

2001.1.1. 이후 가입부터 "연금저축"
✔ 2000.12.31. 이전 가입분은 "개인연금저축"

(1) 연금계좌 세액공제 개요

<table>
<tr><th colspan="3">구 분</th><th colspan="2">연금계좌 세액공제</th></tr>
<tr><td rowspan="2">공제대상</td><td colspan="2">계좌명의자</td><td colspan="2">소득자 본인</td></tr>
<tr><td colspan="2">대상계좌</td><td colspan="2">과학기술인공제회 퇴직연금 · 퇴직연금(DCP, IRP) · 연금저축</td></tr>
<tr><td rowspan="2">지 출
(납입)</td><td colspan="2">지출기간</td><td colspan="2">해당 과세기간(1.1.~12.31.)</td></tr>
<tr><td colspan="2">납입금액</td><td colspan="2">전액 인정</td></tr>
<tr><td rowspan="5">공 제</td><td rowspan="2">공제대상
납입금액
한도</td><td>전환금액이 없는 경우</td><td colspan="2">(단위 : 만원)
<table><tr><th>구 분</th><th colspan="2">공제대상 납입금액 한도</th></tr><tr><td>과학기술인공제회 퇴직연금</td><td>900</td><td rowspan="3">900</td></tr><tr><td>퇴직연금</td><td>900</td></tr><tr><td>연금저축</td><td>600</td></tr></table></td></tr>
<tr><td>전환금액이 있는 경우</td><td colspan="2">전환금액이 없는 경우 공제대상 납입금액 한도
+Min[전환금액×10%, 300만원]</td></tr>
<tr><td colspan="2">공제율</td><td colspan="2"><table><tr><th>총급여</th><th>공제율</th></tr><tr><td>5,500만원 이하</td><td>15%</td></tr><tr><td>5,500만원 초과</td><td>12%</td></tr></table>직전 과세기간과 해당 과세기간에 걸쳐 납입한 경우에는 300만원에서 직전 과세기간에 적용된 금액을 차감한 금액으로 함</td></tr>
<tr><td colspan="2">세액공제액</td><td colspan="2">Min[Min[납입금액, 공제대상납입금액 한도]×공제율, 순차한도]
세액공제 순서를 고려한 순차한도를 말함(p.547 참조)</td></tr>
<tr><td colspan="2">공제순서</td><td colspan="2">세액공제 마지막 공제에 해당
✔ 과학기술인공제회 → 퇴직연금 → 연금저축 → ISA 전환금액 순서로 공제
✔ ISA 전환금액은 ISA 전환 퇴직연금 → ISA 전환 연금저축 순으로 공제</td></tr>
<tr><td colspan="3">제출서류</td><td colspan="2">간소화 · 납입확인서</td></tr>
<tr><td colspan="3">세부명세서
작성 · 제출</td><td colspan="2">연금 · 저축 등 소득 · 세액공제명세서(지급명세서 6쪽)</td></tr>
</table>

전환금액: 개인종합자산관리계좌(ISA)의 계약기간 만료일로부터 60일 이내에 ISA계좌 계약기간 만료일 잔액의 전부 또는 일부를 연금계좌로 납입한 경우 그 납입한 금액을 말함

(2) 연금계좌 세액공제 요건 검토

구 분	내 용	공제가능	공제불가
퇴직금 납입액	DCP 가입 퇴직자가 퇴직할 때까지 DCP계좌로 받은 퇴직급여(과세이연 됨)		✓ why 과세이연 된 경우 공제배제
	DBP 가입 퇴직자가 퇴직 시 IRP계좌로 받은 퇴직급여(과세이연 됨)		
	소득세가 원천징수된 퇴직급여를 받은 날로부터 30일 경과 후 연금저축계좌에 납입하면서 과세이연을 신청한 경우 해당 납입금액(과세이연 됨)		
	소득세가 원천징수된 퇴직급여를 받은 날로부터 90일 경과 후 연금저축에 납입한 경우 해당 납입금액	✓ why 과세이연 되지 않음	
	DCP 가입 퇴직자가 퇴직할 때까지 DCP계좌에 본인부담으로 추가 납입한 금액	✓ why 본인 추가 부담분은 공제가능	
다른 연금계좌로 계약을 이전하여 납입되는 금액	연금계좌에서 다른 연금계좌로 계약을 이전함으로써 납입되는 금액	✓	✓ why 전년도 이전분은 기납입액임
	근로자가 퇴직하는 연도에 DCP계좌에 납입한 추가부담금으로서 퇴직 후 동일연도에 IRP계좌로 이체하여 운용 중인 경우 해당 추가부담금(서면법규－464, 2013.4.22.)	✓	
세액공제 한도액 초과납입금의 납입금 전환특례	연금계좌의 가입자가 이전 과세기간에 연금계좌에 납입한 연금보험료 중 연금계좌 세액공제를 받지 않은 금액이 있는 경우로서 그 금액의 전부 또는 일부를 해당 과세기간에 연금계좌에 납입한 연금보험료로 전환하여 줄 것을 연금계좌취급자에게 신청한 경우 그 전환을 신청한 금액(소령 §118의 3)	✓ why 공제받지 않은 금액임	
인 출	연금계좌에서 해당 과세기간에 납입한 금액 중 일부를 인출한 경우 해당 인출금		✓

해당 연도에 납입한 금액은 최초 납입금이므로 공제받을 수 있음

ISA 만기 전환금액도 연금계좌세액공제 한도액 초과납입금 전환특례 대상임(서면법규소득－1973, 2024.9.25.)

이러한 경우 간소화자료가 조회되지 않음

다만, 해당 과세기간에 납입한 금액이 더 큰 경우, 즉 순납입액이 있는 경우 해당 순납입액으로 공제가능

구 분	내 용	공제가능	공제불가
인 출	연금계좌에서 전액을 인출한 경우 해당 과세기간에 납입한 금액		✓ why 순납입액 '0'
ISA 전환금액	2025년 8월 ISA계좌 만기후 12월에 만기잔액 전액을 연금계좌로 납입한 경우		✓ why 60일 초과
	2025년 10월 ISA계좌 만기후 11월에 만기잔액을 연금계좌로 납입한 경우	✓	
	2024년 12월에 ISA 계좌 만기후 만기잔액 중 일부를 연금계좌에 납입하고, 나머지 만기 잔액은 2025년 1월 초 연금계좌로 납입한 경우	✓	
선납한 경우	다음연도 연금저축 납입액을 미리 선납한 경우	✓ why 해당 과세기간 지출	

다만, 공제한도 내에서 공제가능

ISA계좌 만기후 60일 이내에 연금계좌로 납입한 경우에만 공제가능

2개 연도에 걸쳐 납입한 경우 한도 300만원에서 전년도에 공제받은 금액을 차감하고 공제

한걸음 더

1. 연금계좌 가입자의 연금보험료 납입

연금계좌의 가입자는 다음 요건을 갖추어 연금계좌 세액공제 대상 연금계좌 납입액(납입전환 특례에 따라 연금계좌에 납입한 것으로 보는 금액 포함. 이하 "연금보험료")을 납입할 수 있다(소령 §40의 2 ②).

- 다음 금액('3.' 및 '4.'에 따라 연금계좌로 납입하는 총누적금액의 합계액은 1억원을 한도로 함)을 합한 금액 이내(연금계좌가 2개 이상인 경우에는 그 합계액)의 금액을 납입할 것

1. 연간 1,800만원
2. 전환금액
3. 국내에 소유한 주택(이하 "연금주택")을 양도하고 이를 대체하여 다른 주택(이하 "축소주택")을 취득(연금주택을 양도한 거주자의 배우자가 취득하는 경우 포함)하거나 취득하지 않은 거주자로서 다음 요건을 모두 충족하는 거주자가 연금주택 양도가액에서 축소주택 취득가액(취득하지 않은 경우 0으로 함)을 뺀 금액(이하 "주택차액"이라 하며, 해당 금액이 0보다 작은 경우에는 0으로 함) 중 연금계좌로 납입하는 금액
   (1) 연금주택 양도일 현재 거주자 또는 그 배우자가 60세 이상일 것
   (2) 연금주택 양도일 현재 거주자 및 그 배우자가 국내에 소유한 주택을 합산했을 때 연금주택 1주택만 소유하고 있을 것(연금주택을 양도하기 전에 축소주택을 취득한 경우로서 축소주택을 취득한 날부터 6개월 이내에 연금주택을 양도한 경우에는 연금주택 양도일 현재 연금주택 1주택만 소유하고 있는 것으로 봄)
   (3) 연금주택 양도일 현재 연금주택의 기준시가가 12억원 이하일 것
   (4) 축소주택의 취득가액이 연금주택의 양도가액 미만일 것(축소주택을 취득한 경우만 해당)
   (5) 연금주택 양도일부터 6개월 이내에 주택차액을 연금주택 소유자의 연금계좌로 납입할 것

4. 국내에 소유한 토지 또는 건물(이하 "연금부동산")을 양도한 거주자로서 다음의 요건을 모두 충족하는 거주자가 연금부동산의 양도가액에서 연금부동산의 취득가액을 뺀 금액(해당 금액이 0보다 작은 경우에는 0으로 하며, 이하 "연금부동산 양도차액") 중 연금계좌로 납입하는 금액
   (1) 연금부동산 양도일 현재 거주자가 기초연금법 제2조 제3호에 따른 기초연금 수급자일 것
   (2) 연금부동산 양도일 현재 거주자 및 그 배우자가 1주택 또는 무주택 세대의 구성원일 것
   (3) 연금부동산 양도일 현재 연금부동산을 보유한 기간이 10년 이상일 것
   (4) 연금부동산 양도일부터 6개월 이내에 연금부동산 양도차액을 연금부동산 소유자의 연금계좌로 납입할 것

✔ 해당 과세기간 이전의 연금보험료는 납입할 수 없으나, 보험계약의 경우 최종납입일이 속하는 달의 말일부터 3년 2개월이 경과하기 전에는 그동안의 연금보험료를 납입가능

- 연금수령 개시를 신청한 날(연금수령 개시일을 사전에 약정한 경우 약정에 따른 개시일) 이후에는 연금보험료를 납입하지 않을 것

2. 퇴직소득세 과세이연

거주자의 퇴직소득이 다음 어느 하나에 해당하는 경우에는 해당 퇴직소득에 대한 소득세를 연금외수령하기 전까지 원천징수하지 않는다. 이 경우 퇴직소득에 대한 소득세가 이미 원천징수된 경우 해당 거주자는 원천징수세액에 대한 환급을 신청할 수 있다(소법 §146 ②).

- 퇴직일 현재 연금계좌에 있거나 연금계좌로 지급되는 경우
- 퇴직하여 지급받은 날부터 60일 이내에 연금계좌에 입금되는 경우

3. 연금계좌 세액공제 한도액 초과납입금 등의 해당 연도 납입금으로의 전환특례

<table>
<tr><th colspan="2">구 분</th><th>내 용(소령 §118의 3)</th></tr>
<tr><td colspan="2">납입금 전환특례 요건</td><td>연금계좌의 가입자가 이전 과세기간에 연금계좌에 납입한 연금보험료 중 연금계좌 세액공제를 받지 않은 금액이 있을 것</td></tr>
<tr><td rowspan="3">납입금 전환 신청</td><td>신 청</td><td>해당 과세기간에 연금계좌에 납입한 연금보험료로 전환하여 줄 것을 연금계좌취급자에게 신청</td></tr>
<tr><td>신청금액</td><td>세액공제를 받지 않은 금액의 전부 또는 일부</td></tr>
<tr><td>제출서류</td><td>연금보험료 등 소득·세액 공제확인서[별지 제26호의 2 서식](세무서)</td></tr>
<tr><td colspan="2">납입금 전환</td><td>그 신청을 한 날에 다시 해당 연금계좌에 납입한 연금보험료로 봄
✔ 신청을 한 날이 속하는 연도에 공제받을 수 있음</td></tr>
</table>

■ 소득세법 시행규칙 [별지 제26호의2서식] <개정 2024.3.22.>

연금보험료 등 소득·세액 공제확인서

소득자	① 성명	홍 길 동	② 주민등록번호	911004-*******
	③ 주소	서울특별시 강남구 *** *** ***		

1. 과세기간별 연금보험료 등 소득·세액 공제 명세

④ 확인 기간	2018.1.1. ~ . . .

과세연도	공적연금 소득공제액	연금계좌 소득·세액 공제액	소상공인 소득공제액
(중략)			
2024	2,472,280	1,200,000	
2025	2,537,080	1,200,000	
합계액	5,009,360	⑤ 2,400,000	

※ 각 과세연도의 연금계좌 소득·세액 공제액란에 표기되는 금액은 2013년 이전분의 경우 소득공제액을, 2014년 이후분의 경우 세액공제액(괄호 안은 세액공제 대상금액)*을 의미합니다.
* 연금계좌 납입액에 대한 소득세 공제 제도: 2014년 이후 지출분부터 소득공제에서 세액공제로 전환

※ 합계액(⑤)란에 표기되는 금액은 2013년까지의 소득공제액과 2014년 이후의 세액공제 대상금액의 합계액입니다.

2. 연금계좌 연금수령 개시 및 해지 명세

⑥ 연금계좌 소득·세액 공제금액 합계 (⑤)	2,400,000
⑦ 연금수령개시 및 해지된 연금계좌에서 소득·세액 공제 받은 금액	
⑧ 연금계좌 소득·세액 공제금액 잔액 (⑥-⑦)	

※ ⑦란과 관련하여 2013.1.1 전에 개시되거나 해지된 연금계좌와 관련된 금액은 그 내용을 확인할 수 있는 서류를 연금계좌취급자에게 직접 제출해야 합니다.

위와 같이 「소득세법 시행령」 제201조의10 제1항에 따라 과세제외금액 확인을 위한 연금보험료 등 소득·세액 공제 확인서를 발급합니다.

2025 년 12 월 5 일

세 무 서 장 직인

- 기재된 금액은 연금계좌세액공제를 신청하여 적용된 납입금액을 의미 ✓ 세액공제액이 아님
- 해당 금액보다 초과납입한 경우 납입전환특례 대상 납입금이 있는 것임
- 이런 경우 과세기간 종료일(12.31.) 이전에 납입전환특례 신청에 대해 검토해 볼 필요 있음

(3) 연금계좌 세액공제 제출서류 검토

연금계좌 세액공제는 간소화자료를 제출받으면 충분하다.

2025년 귀속 소득 · 세액공제증명서류 : 기본내역
[연금저축]

(조회기간 : 2025년 01~12월)

2025년 확인

■ 가입자 인적사항

성 명	주 민 등 록 번 호
김국세	780408-*******

본인 확인

■ 연금저축 납입내역 (단위:원)

상호	사업자번호	당해년도 납입금액(ISA계좌만기전환 납입금액)	당해년도 인출금액(ISA계좌만기전환 납입금액중 인출금액 포함)	순납입금액(ISA계좌만기전환 순납입금액)
계좌번호		ISA계좌만기전환납입금액	ISA계좌만기전환인출금액	ISA계좌만기전환순납입금액
W중앙회	219-82-01220	1,000,000	0	1,000,000
983102*****		0	0	0
Y자산운용(주)	107-87-08658	4,000,000	0	4,000,000
002470*****		1,000,000	0	1,000,000
순납입금액 합계				5,000,000

• 연금 · 저축 등 소득 · 세액공제 명세서(지급명세서 6쪽)에 다음과 같이 기재

2. 연금계좌 세액공제

1) 퇴직연금계좌
* 퇴직연금계좌에 대한 명세를 작성합니다.

퇴직연금 구분	금융회사 등	계좌번호(또는 증권번호)	납입금액	세액공제금액

2) 연금저축계좌
* 연금저축계좌에 대한 명세를 작성합니다.

퇴직연금 구분	금융회사 등	계좌번호(또는 증권번호)	납입금액	소득 · 세액 공제금액
연금저축	W중앙회	983102*****	1,000,000	
연금저축	Y자산운용	002470*****	3,000,000	

3) ISA 만기시 연금계좌 납입액
* 납입 연금저축계좌 · 퇴직연금계좌에 대한 명세를 작성합니다.

퇴직연금 구분	금융회사 등	계좌번호(또는 증권번호)	납입금액	세액공제금액
연금저축	Y자산운용	002470*****	1,000,000	

※ 연금계좌(연금저축, 퇴직연금) 납

조회기간을 선택하여 조회한 경우

1. 연금저축(2001.1.1. 이후 가입) :
2. 세액공제 대상금액 : 납입액(전환
3. 공제 한도 : 연금저축 및 퇴직연금
4. 연금저축을 다른 금융기관으로 이

일련번호 : 20251229-01450114

-2-

국세청 National Tax Service

• 본 증명서류는 『소득세법』 제165조 제1항에 따라 영수증 발급기관으로부터 수집한 서류로 소득·세액공제 충족 여부는 근로자가 직접 확인하여야 합니다.
• 본 증명서류에서 조회되지 않는 내역은 영수증 발급기관에서 직접 발급받으시기 바랍니다.

2025년 귀속 소득 · 세액공제증명서류 : 기본(지출처별)내역 [퇴직연금]

(조회기간 : 2025년 01~12월)

2025년 확인

■ 가입자 인적사항

성 명	주 민 등 록 번 호
김국세	780408-*******

■ 퇴직연금 납입내역 (단위:원)

본인 확인

상호	사업자번호	당해년도 납입금액 (ISA계좌만기전환 납입금액 포함)	당해년도 인출금액 (ISA계좌만기전환 납입금액중 인출금액 포함)	순납입금액 (ISA계좌만기전환 순납입금액 포함)
계좌번호	연금구분	ISA계좌만기전환 납입금액	ISA계좌만기전환 인출금액	ISA계좌만기전환 순납입금액
C금융투자	116-81-36684	1,000,000	100,000	900,000
215080*****	근로자퇴직급여보장법	0	0	0
순납입금액 합계				900,000

• 연금 · 저축 등 소득 · 세액공제 명세서(지급명세서 6쪽)에 다음과 같이 기재

2. 연금계좌 세액공제

1) 퇴직연금계좌
* 퇴직연금계좌에 대한 명세를 작성합니다.

퇴직연금 구분	금융회사 등	계좌번호 (또는 증권번호)	납입금액	세액공제금액
근로자퇴직급여보장법	C금융투자	214080*****	900,000	

※ 연금계좌(연금저축, 퇴직연금) 납입액은 근무기간과 관계없이 연간 납입액을 기준으로 세액공제 금액을 계산하므로 조회기간을 선택하여 조회한 경우에도 1년 전체 납입액이 조회됩니다.
1. 퇴직연금 : 연간 근로자 부담금 공제(회사 부담금 제외)
2. 공제 대상 : 납입액(전환 신청 금액 포함)에서 인출액을 제외한 순납입액 합계
3. 공제 한도 : 연금저축 및 퇴직연금 순납입액을 합하여 연 900만원 한도
   (연금저축계좌만 있는 경우 600만원을 한도로 함)
4. 퇴직연금을 다른 금융기관으로 이전한 경우 이전 후 금융기관에서 연간 납입액을 제출합니다.

일련번호 : 20251229-01450114

-3-

국세청 National Tax Service

• 본 증명서류는 『소득세법』 제165조 제1항에 따라 영수증 발급기관으로부터 수집한 서류로 소득·세액공제 충족 여부는 근로자가 직접 확인하여야 합니다.
• 본 증명서류에서 조회되지 않는 내역은 영수증 발급기관에서 직접 발급받으시기 바랍니다.

(4) 연금계좌 세액공제 지급명세서 작성

1) 세부명세

연금계좌 세액공제를 적용받은 근로자에 대해서만 다음과 같이 세부명세(연금·저축 등 소득·세액공제명세서－근로소득지급명세서 6쪽)를 작성한다. 해당 명세서는 근로자가 작성하여 원천징수의무자에게 제출하고, 원천징수의무자는 근로소득지급명세서의 일부로 과세관청에 제출하면 된다.

세부명세서	소득공제 구분 (전산매체 코드)	금융회사	저축내용
연금·저축 등 소득·세액공제명세서 (근로소득지급명세서 6쪽)	과학기술인공제(12)	• 회사명(금융회사 코드) • 사업자번호	• 계좌번호 • 납입금액
	근로자퇴직급여 보장법(11)		
	연금저축(22)		
	전환금액 연금구분_연금저축(71)		
	전환금액 연금구분_퇴직연금(72)		

2) 공제명세 작성

'1)'에서 작성된 세부명세서(연금·저축 등 소득·세액공제명세서－지급명세서 6쪽)를 바탕으로 다음과 같이 공제명세를 작성한다. 다만, 다음에 유의한다.

전환금액을 말함

- 과학기술인공제 퇴직연금, 근로자퇴직급여보장법 퇴직연금, 연금저축, ISA 만기 시 연금계좌납입액 순으로 작성(산출)
- 세액공제액 산출 후, 공제대상금액 산출
  why 순차한도를 초과하는 경우 공제대상금액을 역산해야 하기 때문

역산 시 발생하는 소수점 이하는 소수 첫째자리에서 올림

① 과학기술인공제 퇴직연금(⑱과학기술인공제)

구 분	기재방법
세액공제액(B)	Min[Min[과학기술인공제 납입금액(A), 900만원]×공제율(M) , 순차한도]
공제대상금액(C)	공제대상금액(C)＝세액공제액(B)÷공제율(M)

순차한도: 세액공제 순서에 따른 순차한도를 말함(p.547 참조)

공제율(M): 15%(총급여 5,500만원 초과 12%)

② 근로자퇴직급여 보장법 퇴직연금(㊾ 「근로자퇴직급여보장법」에 따른 퇴직연금)

구 분	기재방법
세액공제액(E)	Min[Min[퇴직연금 납입금액(D), 900만원 − C] × 공제율(M), 순차한도] └ 퇴직연금 납입금액: 전환금액 제외 └ 공제율: 15%(총급여 5,500만원 초과 12%)
공제대상금액(F)	공제대상금액(F) = 세액공제액(E) ÷ 공제율(M)

③ 연금저축(㊿연금저축)

구 분	기재방법
세액공제액(H)	Min[Min[연금저축 납입금액(G), 900만원 − C − F, 600만원] × 공제율(M), 순차한도] └ 연금저축 납입금액: 전환금액 제외
공제대상금액(I)	공제대상금액(I) = 세액공제액(H) ÷ 공제율(M)

└ 공제율: 15%(총급여 5,500만원 초과 12%)

④ 연금저축(㊿ − 1 ISA 만기시 연금계좌납입액)

구 분	기재방법
세액공제액(L)	Min[[ⓒ + ⓓ] × 공제율(M), 순차한도] ✔ ⓒ와 ⓓ는 다음과 같이 계산함 ⓐ = 전환금액 중 퇴직연금 잔여한도 = 900만원 + Min[전환금액(퇴직연금 + 연금저축)[J + K] × 10%, 3,000,000] − C − F − I └ 전환금액(퇴직연금 + 연금저축): ISA계좌 만기시 연금계좌(퇴직연금, 연금저축)로 납입한 금액 ⓑ = 전환금액 중 연금저축 잔여한도 = 600만원 + Min[전환금액(연금저축)[J] × 10%, 3,000,000] − I └ 전환금액 중 연금저축 잔여한도: ISA계좌 만기 시 연금저축계좌로 납입한 금액 ⓒ = 전환금액 중 퇴직연금 공제대상금액 = Min[ⓐ, 전환금액(퇴직연금)[K]] └ 전환금액(퇴직연금): ISA계좌 만기 시 퇴직연금계좌로 납입한 금액 ⓓ = 전환금액 중 연금저축 공제대상금액 ㉮ 전환금액(퇴직연금)이 있는 경우 : ⓓ = Min[ⓐ − ⓒ, ⓑ, 전환금액(연금저축)] ㉯ 전환금액(연금저축)만 있는 경우 : ⓓ = Min[ⓑ, 전환금액(연금저축)]
공제대상금액(M)	공제대상금액(M) = 세액공제액(L) ÷ 공제율(M) ✔ 순차한도 초과 시 ⓒ부터 공제

└ 공제율: 15%(총급여 5,500만원 초과 12%)

근로소득지급명세서(6쪽) → 근로소득지급명세서(6쪽) 2. 연금계좌 세액공제를 바탕으로 근로소득지급명세서(2쪽) 연금계좌세액공제를 작성 → **근로소득지급명세서(2쪽)**

(8쪽 중 제6쪽)

연금 · 저축 등 소득 · 세액 공제명세서

1. 인적사항	① 상 호		② 사업자등록번호	
	③ 성 명		④ 주민등록번호	
	⑤ 주 소	(전화번호 :)		
	⑥ 사업장 소재지	(전화번호 :)		

2. 연금계좌 세액공제

1) 퇴직연금계좌

* 퇴직연금계좌에 대한 명세를 작성합니다.

퇴직연금 구분	금융회사 등	계좌번호 (또는 증권번호)	납입금액	세액공제금액
과학기술인공제회			A	B
퇴직연금(DCP · IRP)			D	E

2) 연금저축계좌

* 연금저축계좌에 대한 명세를 작성합니다.

연금저축 구분	금융회사 등	계좌번호 (또는 증권번호)	납입금액	소득 · 세액 공제금액
연금저축			G	H

3) 개인종합자산관리계좌 만기시 연금계좌 납입액

* 납입 연금저축계좌 · 퇴직연금계좌에 대한 명세를 작성합니다.

연금구분	금융회사 등	계좌번호 (또는 증권번호)	납입금액	세액 공제금액
연금저축계좌			J	L_1
퇴직연금계좌			K	L_2

3. 주택마련저축 소득공제

* 주택마련저축 소득공제에 대한 명세를 작성합니다.

저축 구분	금융회사 등	계좌번호 (또는 증권번호)	납입금액	소득공제금액

1. 퇴직연금계좌는 과학기술인공제회, 퇴직연금(DCP, IRP)으로 구분 기재
2. 연금저축계좌는 연금저축, 개인연금저축으로 구분 기재
3. ISA 만기시 연금계좌납입액은 연금저축계좌, 퇴직연금계좌로 구분 기재

Ⅳ 정산명세	세액공제	연금계좌	㉞ 「과학기술인공제회법」에 따른 퇴직연금	공제대상금액	C
				세액공제액	B
			㉟ 「근로자퇴직급여 보장법」에 따른 퇴직연금	공제대상금액	F
				세액공제액	E
			㊱ 연금저축	공제대상금액	I
				세액공제액	H
			㊱-1 개인종합자산관리계좌 만기시 연금계좌 납입액	공제대상금액	M
				세액공제액	L

$L_1 + L_2$

사례 연금계좌 세액공제(1) – ISA 전환금액이 없는 경우

1. 자료

(1) 연금계좌 납입액

근로자 이몽룡(총급여 6,900만원)이 제출한 2025년 연금계좌 납입액 관련 자료(간소화자료)는 다음과 같으며, ISA에서 연금계좌로 전환된 금액은 없다.

저축 구분 (소득공제 구분)	가입자	상 호	사업자번호	계좌번호	납입금액
연금저축	이몽룡	A중앙회	219－82－01***	983102135692	3,000,000
연금저축	이몽룡	B증권사	202－81－48***	983102366790	1,800,000
퇴직연금	이몽룡	C금융사	116－81－36***	707222091928	5,000,000

(2) 추가 자료

근로자 이몽룡의 연금계좌 세액공제 차감 전 산출세액은 80만원이다.

2. 지급명세서 작성(예시)

1) 공제대상금액 및 세액공제액 계산

① 근로자퇴직급여 보장법 퇴직연금(⑲「근로자퇴직급여 보장법」에 따른 퇴직연금)

구 분	기재방법
세액공제액(E)	Min [Min[퇴직연금 납입금액(D), 9,000,000]×공제율(M) / 순차한도] ← 세액공제 순서에 따른 순차한도를 말함(p.547 참조) ＝Min [Min[5,000,000, 9,000,000]×12% / 800,000] ＝600,000(E) (12%: 총급여 5,500만원 초과자)
공제대상금액(F) ✔ 순차한도 이내	공제대상금액＝퇴직연금 납입금액＝5,000,000(F)

② 연금저축(⑳연금저축)

구 분	기재방법
세액공제액(H)	Min [Min[연금저축 납입금액(G), 9,000,000－F, 6,000,000]×공제율(M) / 순차한도] ＝Min [Min[4,800,000, 9,000,000－5,000,000, 6,000,000]×12% / 800,000－600,000(E)] ＝200,000(H)
공제대상금액(I) ✔ 순차한도 초과	공제대상금액＝세액공제액(H)÷공제율(M) ＝200,000÷12%＝1,666,667(I)

(1,666,667: 소수 첫째자리에서 올림)

2) 세부명세서 – 연금·저축 등 소득·세액공제명세서(근로소득지급명세서 6쪽)

근로소득지급명세서(6쪽)

(8쪽 중 제6쪽)

연금·저축 등 소득·세액 공제명세서

1. 인적사항	① 상 호		② 사업자등록번호	
	③ 성 명		④ 주민등록번호	
	⑤ 주 소	(전화번호:)		
	⑥ 사업장 소재지	(전화번호:)		

2. 연금계좌 세액공제

1) 퇴직연금계좌

* 퇴직연금계좌에 대한 명세를 작성합니다.

퇴직연금 구분	금융회사 등	계좌번호 (또는 증권번호)	납입금액	세액공제금액
퇴직연금	C금융사	707222091928	5,000,000	600,000

2) 연금저축계좌

* 연금저축계좌에 대한 명세를 작성합니다.

연금저축 구분	금융회사 등	계좌번호 (또는 증권번호)	납입금액	소득·세액 공제금액
연금저축	A중앙회	983102135692	3,000,000	200,000
연금저축	B증권사	983102366790	1,800,000	0

반대로 A중앙회를 '0'으로 하고, B증권사를 200,000으로 해도 됨

3) 공제명세 – 근로소득지급명세서 2쪽

근로소득지급명세서(2쪽)

IV 정산명세	세액공제	연금계좌 세액공제	㊳ 「과학기술인공제회법」에 따른 퇴직연금	공제대상금액	
				세액공제액	
			㊴ 「근로자퇴직급여 보장법」에 따른 퇴직연금	공제대상금액	5,000,000
				세액공제액	600,000
			㊵ 연금저축	공제대상금액	1,666,667
				세액공제액	200,000

사례 연금계좌 세액공제(2) – ISA 전환금액(연금저축)이 있는 경우

1. 자료

근로자 이몽룡이 제출한 2025년 연금저축 납입액 자료는 다음과 같다. 다만, 세액공제액에 대한 순차한도는 충분하다고 가정한다.

구 분	금 액
연금저축 납입액(ISA 전환금액 포함)(A)	10,500,000
ISA 만기시 연금저축 납입액(연금저축 전환금액)(B)	10,000,000

2. 공제대상금액 산출

구 분		금 액	계산내역
연금저축 개별한도(전환금액 없는 경우)(C)		6,000,000	
ISA 전환금액 고려 연금저축 전체 한도(D)		7,000,000	=C+Min[B×10%, 3,000,000]
연금저축 공제대상금액(E)		500,000	=Min[A−B, C]
전환금액에 대한 공제대상금액	연금저축 전환금액에 대한 잔여한도(F)	6,500,000	=D−E
	공제대상금액(G)	6,500,000	=Min[F, B]

3. 지급명세서 작성(일부)

구 분	내 용			금 액	비 고
정산명세 (지급명세서 2쪽)	⑥⓪ 연금저축	공제대상금액		500,000	E
	⑥⓪−1 ISA계좌 만기시 추가납입액	공제대상금액		6,500,000	G
연금·저축 등 소득·세액공제 명세서 (지급명세서 6쪽)	2) 연금저축계좌	연금저축	납입금액	500,000	A−B
	3) ISA 만기시 연금계좌 납입액	연금저축	납입금액	10,000,000	B

사례 연금계좌 세액공제(3) – ISA 전환금액(퇴직연금)이 있는 경우

1. 자료

근로자 이몽룡이 제출한 2025년 퇴직연금 납입액 자료는 다음과 같다. 다만, 세액공제액에 대한 순차한도는 충분하다고 가정한다.

구 분	금 액
퇴직연금 납입액(ISA 전환금액 포함)(A)	21,000,000
ISA 만기시 퇴직연금 납입액(퇴직연금 전환금액)(B)	15,000,000

2. 공제대상금액 산출

구 분	금 액	계산내역
퇴직연금 개별한도(전환금액 없는 경우)(C)	9,000,000	
ISA 전환금액 고려 전체 한도(D)	10,500,000	=C+Min[B×10%, 3,000,000]
퇴직연금 공제대상금액(E)	6,000,000	=Min[A−B, C]

구 분		금 액	계산내역
전환금액에 대한 공제대상금액	퇴직연금 전환금액에 대한 잔여한도(F)	4,500,000	=D−E
	공제대상금액(G)	4,500,000	=Min[F, B]

3. 지급명세서 작성(일부)

구 분	내 용			금 액	비 고
정산명세 (지급명세서 2쪽)	㊾ 근로자퇴직급여보장법 퇴직연금	공제대상금액		6,000,000	E
	㊿−1 ISA계좌 만기시 추가납입액	공제대상금액		4,500,000	G
연금·저축 등 소득·세액공제 명세서 (지급명세서 6쪽)	2) 연금저축계좌	퇴직연금	납입금액	6,000,000	A−B
	3) ISA 만기시 연금계좌 납입액	퇴직연금	납입금액	15,000,000	B

사례 연금계좌 세액공제(4) − ISA 전환금액(퇴직연금, 연금저축)이 있는 경우로서 순차한도가 충분한 경우

1. 자료

근로자 이몽룡(총급여 6,900만원)이 제출한 2025년 퇴직연금 납입액 자료는 다음과 같다. 다만, 세액공제액에 대한 순차한도는 충분하다고 가정한다.

구 분	금 액
퇴직연금 납입액(ISA 전환금액 포함)(A)	20,000,000
ISA 만기시 퇴직연금 납입액(퇴직연금 전환금액)(B)	15,000,000
연금저축 납입액(ISA 전환금액 포함)(C)	13,800,000
ISA 만기시 연금저축 납입액(연금저축 전환금액)(D)	10,000,000

2. 공제대상금액 산출

구 분	금 액	계산내역
연금계좌 전체한도(전환금액 없는 경우) =퇴직연금 개별한도(전환금액 없는 경우)(E)	9,000,000	
연금저축 개별한도(F)	6,000,000	
ISA 전환금액 고려 전체 한도 =ISA 전환금액 고려 퇴직연금 한도(G)	11,500,000	=E+Min[(B+D)×10%, 3,000,000]
ISA 전환금액 고려 연금저축 한도(K)	7,000,000	=F+Min[D×10%, 3,000,000]
퇴직연금 공제대상금액(L)	5,000,000	=Min[A−B, E, E]

<table>
<tr><th colspan="2">구 분</th><th>금 액</th><th>계산내역</th></tr>
<tr><td colspan="2">연금저축 공제대상금액(M)</td><td>3,800,000</td><td>=Min[C−D, F, E−L]</td></tr>
<tr><td rowspan="3">전환금액에 대한 공제대상금액</td><td>전환금액 중 퇴직연금 잔여한도(ⓐ)</td><td>2,700,000</td><td>=G−L−M</td></tr>
<tr><td>전환금액 중 연금저축 잔여한도(ⓑ)</td><td>2,200,000</td><td>=K−M</td></tr>
<tr><td>공제대상금액(N)</td><td>2,700,000</td><td>공제대상금액(N)=ⓒ+ⓓ
ⓒ 전환금액 중 퇴직연금 공제대상금액
=Min[ⓐ, B]=2,700,000
ⓓ 전환금액 중 연금저축 공제대상금액
[전환금액(퇴직연금)이 있는 경우]
=Min[ⓐ−ⓒ, ⓑ, D]=0</td></tr>
</table>

3. 지급명세서 작성(일부)

총급여 5,500만원 초과

<table>
<tr><th>구 분</th><th colspan="3">내 용</th><th>금 액</th><th>비 고</th></tr>
<tr><td rowspan="6">정산명세
(지급명세서 2쪽)</td><td rowspan="2">㊾ 근로자퇴직급여 보장법 퇴직연금</td><td colspan="2">공제대상금액</td><td>5,000,000</td><td>L</td></tr>
<tr><td colspan="2">세액공제액</td><td>600,000</td><td>공제율 12%</td></tr>
<tr><td rowspan="2">㊿ 연금저축</td><td colspan="2">공제대상금액</td><td>3,800,000</td><td>M</td></tr>
<tr><td colspan="2">세액공제액</td><td>456,000</td><td>공제율 12%</td></tr>
<tr><td rowspan="2">㊿−1 ISA계좌 만기시 추가납입액</td><td colspan="2">공제대상금액</td><td>2,700,000</td><td>N</td></tr>
<tr><td colspan="2">세액공제액</td><td>324,000</td><td>공제율 12%</td></tr>
<tr><td rowspan="4">연금·저축 등 소득·세액공제 명세서
(지급명세서 6쪽)</td><td>2) 연금저축계좌</td><td>퇴직연금</td><td>납입금액</td><td>5,000,000</td><td>A−B</td></tr>
<tr><td>2) 연금저축계좌</td><td>연금저축</td><td>납입금액</td><td>3,800,000</td><td>C−D</td></tr>
<tr><td>3) ISA 만기시 연금계좌 납입액</td><td>퇴직연금</td><td>납입금액</td><td>15,000,000</td><td>B</td></tr>
<tr><td>3) ISA 만기시 연금계좌 납입액</td><td>연금저축</td><td>납입금액</td><td>10,000,000</td><td>D</td></tr>
</table>

사례 연금계좌 세액공제(5) – ISA 전환금액(퇴직연금, 연금저축)이 있는 경우로서 순차한도가 충분하지 않은 경우

1. 자료

세액공제액에 대한 순차한도가 1,236,000만원인 것을 제외하고는 사례3과 동일하다.

2. 세액공제 순서

퇴직연금 → 연금저축 → ISA 전환 퇴직연금 → ISA 전환 연금저축 순서로 세액공제 되며, 주어진 경우 세액공제율이 12%(총급여 5,500만원 초과)에 해당되므로 다음과 같이 세액공제된다.

구 분		공제대상금액	공제율	세액공제 가능액	순차한도	세액공제액	최종 공제대상금액	비 고
퇴직연금		5,000,000 (L)	12%	600,000	1,236,000	600,000	5,000,000 (L)	순차한도 이내
연금저축		3,800,000 (M)	12%	456,000	636,000	456,000	3,800,000 (M)	순차한도 이내
ISA 계좌 만기시 추가 납입액	퇴직 연금	2,700,000 (ⓒ)	12%	324,000	180,000	180,000	1,500,000	= 180,000 ÷12% (순차한도 초과로 역산)
ISA 계좌 만기시 추가 납입액	연금 저축	0 (ⓓ)	12%	0	0	0	0	

3. 지급명세서 작성(일부)

구 분	내 용		금 액
정산명세 (지급명세서 2쪽)	㊾ 근로자퇴직급여보장법 퇴직연금	공제대상금액	5,000,000
		세액공제액	600,000
	㊿ 연금저축	공제대상금액	3,800,000
		세액공제액	456,000
	㊿-1 ISA계좌 만기시 추가납입액	공제대상금액	1,500,000
		세액공제액	180,000

순차한도를 고려하여 산출된 최종 공제대상금액을 기재

6 징수(환급)세액

1. 징수(환급)세액 개요

연말정산 결과로 산출되는 징수(환급)세액은 다음과 같이 산출된다(소법 §15 2호·§137·§137의 2·§138·§150 ③, 소령 §196 ③, 조특법 §16의 3, 지법 §103의 13·§103의 15·§103의 17·§103의 18, 농특법 §3·§4·§5, 농특령 §4, 국고금관리법 §47). 해당 도표는 근로소득지급명세서(1쪽) – Ⅲ. 세액명세의 각 기재란을 의미한다.

구 분			⑲소 득 세	⑳지방소득세	㉑농어촌특별세
⑬결정세액			산출세액 – 세액감면 합계 – 세액공제 합계	소득세 결정세액×10%	주택차입금이자 세액공제액×20%
기납부 세액	⑭종(전)	지급명세서로 합산 연말정산	종(전) 지급명세서 ⑬결정세액_⑲소득세	종(전) 지급명세서 ⑬결정세액_⑳지방소득세	종(전) 지급명세서 ⑬결정세액_㉑농어촌특별세
		원천징수부로 합산 연말정산	종(전) 원천징수부 ⑭소득세	종(전) 원천징수부 ⑮지방소득세	종(전) 원천징수부 ⑯농어촌특별세
	⑮주(현)		주(현) 원천징수부 ⑭소득세	주(현) 원천징수부 ⑮지방소득세	주(현) 원천징수부 ⑯농어촌특별세
⑯납부특례세액			소득세 결정세액과 ⑮–1 주식매수선택권 행사이익을 영(0)으로 한 연말정산 소득세 결정세액의 차액	지방소득세 결정세액과 ⑮–1 주식매수선택권 행사이익을 영(0)으로 한 연말정산 지방소득세 결정세액의 차액	농어촌특별세 결정세액과 ⑮–1 주식매수선택권 행사이익을 영(0)으로 한 연말정산 농어촌특별세 결정세액의 차액
⑰징수(환급)세액			구 분 / 내 용 산 식: 소득세 ⑬–⑭–⑮–⑯ 음수허용 여부: 음수 허용 원단위 금액: 버림 (10원 단위까지 산출, 음수 동일) 소액부징수: 0≤소득세 산식 < 1,000 → 0	구 분 / 내 용 산 식: 지방소득세 ⑬–⑭–⑮–⑯ 음수허용 여부: 음수 허용 원단위 금액: 버림 (10원 단위까지 산출, 음수 동일) 소액부징수: 0 ≤ 소득세 산식 < 1,000 → 0	구 분 / 내 용 산 식: 농어촌특별세 ⑬–⑭–⑮–⑯ 음수허용 여부: 음수 허용 원단위 금액: 버림 (10원 단위까지 산출, 음수 동일) 소액부징수: 0 ≤ 농어촌특별세 산식 < 1,000 → 0

- 음수면 영(0)으로 함 → 순차한도를 고려할 경우 음수가 되지 않음
- 계산 시 발생되는 소수점 이하 금액은 버림
- 2013.8.13. 이후 부여받은 벤처기업 임직원 주식매수선택권 행사이익에 대해 납부특례를 신청한 경우에 한함(행사가격과 시가와의 차액을 현금으로 받는 경우 제외)
- 지방소득세는 특별징수에 대한 소액부징수 규정 없음 다만, 소득세가 소액부징수인 경우 동일하게 징수하지 않음

한걸음 더

1. 소득세 결정세액

소득세 결정세액은 근로소득지급명세서(2쪽) – 정산명세에도 다음과 같이 기재된다.

근로소득지급명세서 – 정산명세 – 결정세액

⑫결정세액(㊾ – ㊹ – ⑪)	

2. 실효세율

(1) 서식 개정

2020년 귀속 연말정산분부터 근로소득지급명세서(2쪽) – 정산명세에 "실효세율"을 기재하도록 변경되었다.

근로소득지급명세서 – 정산명세 – 실효세율

㉒실효세율(%)(⑫/㉑)	

(2) 전산매체 기재방법

	번 호	항 목	데이터 타입	항목설명	오류기준
C레코드 (주(현)근무처 레코드)	C152	㉒실효 세율	9(3)	• 계산방법 : 소득세_결정세액(⑫) /총급여(㉑) • 실효세율은 소숫점 둘째자리에서 반올림하여 소숫점 첫째 자리만으로 표시 – 정수 2자리 + 소수 1자리 기재 ※ 예 15.0% → 150, 35.2% → 352, 0% → 000	1. [C152] < 0이면 오류 2. [C151ⓐ] = 0인 경우 : [C152] ≠ 0이면 오류 3. [C152] ≠ [C151ⓐ]/[C76]

2. 농어촌특별세 결정세액

주택차입금이자 세액공제를 적용받은 근로자는 다음의 농어촌특별세를 부담해야 한다.

농어촌특별세 결정세액 = 주택차입금이자 세액공제액 × 20%

사례 농어촌특별세 결정세액

1. 자료

근로자 홍길동은 1995년 12월에 구조세감면규제법 제67조의 2 규정의 미분양주택을 취득하고 (취득 당시 무주택 세대 세대주였음), 해당 미분양주택과 관련하여 주택도시기금으로부터 15,000,000원을 차입하여 2025년 중 이자 600,000원을 상환하였다.

2025년 연말정산 시 장기주택저당차입금이자상환액 소득공제 대신 주택자금차입금이자 세액공제를 적용받기로 하였다. 다만, 순차한도는 충분하다고 가정한다.

02

2. 지급명세서 작성

180,000×20% → 36,000
600,000×30% → 180,000

(단위 : 원)

구 분	내 용			
지급명세서(2쪽)	세액공제	⑱주택차입금		180,000
지급명세서(1쪽)	구 분	⑲소득세	⑳지방소득세	㉑농어촌특별세
	⑬결정세액			36,000

3. 납부특례세액(조특법 §16의 3, 조특령 §14의 3)

벤처기업으로부터 주식매수선택권을 부여받았으나 이를 행사할 때 그 주식매수선택권의 부여법인이 벤처기업에 해당하지 않게 되는 경우에도 납부특례 규정 요건을 충족한 경우에는 해당 특례를 적용받을 수 있음(서면법령소득-3480, 2021.8.31.)

(1) 납부특례세액 개요

구 분	내 용		
적용대상 주식매수 선택권	구 분	내 용	
	적용대상 주식매수선택권	벤처기업 임직원이 2013.8.13. 이후부터 2027.12.31.까지 벤처기업 육성에 관한 특별법 제16조의 3에 따라 부여받은 주식매수선택권 및 상법 제340조의 2 또는 제542조의 3에 따라 벤처기업으로부터 부여받은 주식매수선택권 개정	
	퇴직 후 행사하는 경우	적용대상 주식매수선택권을 퇴직 후 행사하는 것도 포함	
	제외되는 경우	• 주식매수선택권의 행사가격과 시가와의 차액을 현금으로 받는 경우 • 재직 당시 벤처기업이 아닌 기업으로부터 주식매수선택권을 부여받고 퇴직 후 해당 기업이 벤처기업 요건을 충족한 시점에 주식매수선택권을 행사하는 경우(사전법령소득-1296, 2021.3.8.)	
적용대상 행사이익	구 분	내 용	
	행사이익	주식매수선택권 행사 당시의 시가와 실제 매수가액과의 차액(주식에는 신주인수권을 포함)	
	비과세 적용	조세특례제한법 제16조의 2에 따라 비과세되는 금액은 제외	
	지급명세서	(지급명세서 1쪽) ⑮-1 주식매수선택권 행사이익란에 기재	
납부특례 적용신청	구 분		내 용
	납부특례신청 (임직원 → 벤처기업)	제출서류	벤처기업 주식매수선택권 행사이익 납부 특례적용신청서[별지 제6호의 3 서식]
		제출기한	주식매수선택권을 행사한 날이 속하는 달의 다음 달 5일까지
	명세서 제출 (벤처기업 → 관할세무서)	제출서류	벤처기업 주식매수선택권 행사이익 납부 특례적용대상명세서[별지 제6호의 4 서식]

특례적용신청서를 제출받은 원천징수의무자는 임직원 등이 주식매수선택권 행사로 취득한 주식이 입고된 계좌를 관리하는 금융회사 등에 해당 주식의 주식매수선택권 행사 당시 시가정보를 제공해야 함 개정

<table>
<tr><th>구 분</th><th>내 용</th></tr>
<tr><td>납부특례 적용신청</td><td>
<table>
<tr><th colspan="2">구 분</th><th>내 용</th></tr>
<tr><td>명세서 제출
(벤처기업 → 관할세무서)</td><td>제출기한</td><td>주식매수선택권을 행사한 날이 속하는 달의 다음 달 10일까지</td></tr>
<tr><td colspan="2">종합소득세 확정신고 시
납부특례신청
(임직원 → 관할세무서)</td><td>주식매수선택권을 행사한 날이 속하는 과세기간의 종합소득과세표준 확정신고를 할 때 다음과 같이 납부특례신청
<table>
<tr><th>상 황</th><th>신청방법</th></tr>
<tr><td>원천징수의무자에게
이미 신청한 경우</td><td>특례신청서 사본 제출</td></tr>
<tr><td>원천징수의무자에게 신청하지
않았으나 납부특례를
적용받고자 하는 경우</td><td>특례신청서 작성 제출</td></tr>
</table>
</td></tr>
</table>
</td></tr>
<tr><td>납부특례
신청 시
납부방법</td><td>
<table>
<tr><th>구 분</th><th>납부특례대상 주식매수선택권 행사이익에 대한 세액</th></tr>
<tr><td>원천징수</td><td>원천징수하지 않음</td></tr>
<tr><td>연말정산</td><td>다음의 납부특례세액을 결정세액에서 차감하여 연말정산
납부특례세액
= 납부특례대상 주식매수선택권 행사이익을 포함한 해당 과세기간 근로소득금액에 대한 결정세액
− 납부특례대상 주식매수선택권 행사이익을 제외한 해당 과세기간 근로소득금액에 대한 결정세액</td></tr>
<tr><td>종합소득세
신고납부</td><td>
<table>
<tr><th>구 분</th><th>내 용</th></tr>
<tr><td>과세표준
신고</td><td>주식매수선택권 행사이익을 포함하여 종합소득과세표준을 신고</td></tr>
<tr><td>납부특례
세액 계산</td><td>납부특례세액
= 납부특례대상 주식매수선택권 행사이익을 포함한 해당 과세기간 종합소득금액에 대한 결정세액
− 납부특례대상 주식매수선택권 행사이익을 제외한 해당 과세기간 종합소득금액에 대한 결정세액</td></tr>
<tr><td>납부특례</td><td>
<table>
<tr><th rowspan="2">부여받은 시기</th><th colspan="2">납부특례</th></tr>
<tr><th>최 초</th><th>분할납부세액</th></tr>
<tr><td>2015.12.31.까지</td><td>1/3만
납부
가능</td><td>다음 과세연도부터 분할납부세액의 1/2에 해당하는 금액을 2개 연도에 분할납부</td></tr>
<tr><td>2016.1.1. 이후</td><td>1/5만
납부
가능</td><td>다음 과세연도부터 분할납부세액의 1/4에 해당하는 금액을 4개 연도에 분할납부</td></tr>
</table>
</td></tr>
</table>
</td></tr>
</table>
</td></tr>
</table>

▌전액 납부도 가능

대상 행사이익에 대한 세액을 징수하지 않음 ▌

▌행사이익에서 비과세되는 금액을 차감하여 소득금액을 산출함에 유의

02

(2) 제출서류 검토

■ 조세특례제한법 시행규칙 [별지 제6호의3서식] <개정 2022. 3. 18.>

벤처기업 주식매수선택권 행사이익 납부 특례적용신청서

1. 신청인 및 원천징수의무자 현황

신 청 인		원천징수의무자		
성 명		법인명		
주민등록번호		대표자		
주 소		사업자등록번호		
직 책		사업장소재지		
		벤처기업확인내역	번 호	평가기관
			확인일자	유효기간

벤처기업육성에 관한 특별조치법 제25조에 따른 벤처기업 확인서에 기재된 내용을 기재

2. 해당 연도에 행사한 주식매수선택권에 관한 사항

주식매수선택권 행사일	① 행사한 수량	② 1주당 행사가액	③ 행사일의 1주당 시가	④ 행사이익 [①×(③-②)]

3. 납부특례 신청내용

[ ] 원천징수 제외	[ ] 분할납부

「조세특례제한법」 제16조의3제1항 및 같은 법 시행령 제14조의3제2항에 따라 벤처기업 주식매수선택권 행사이익 납부특례 적용을 신청합니다.

년 월 일

신청인 (서명 또는 인)

귀하

- 벤처기업 임직원이 (2013.8.13.~2027.12.31. 부여받은) 주식매수선택권 행사이익에 대해 원천징수를 하지 않고 종합소득세 확정신고 시 납부를 하거나 분할하여 납부하려는 경우에 작성
- 주식매수선택권을 행사한 날의 다음 달 5일까지 원천징수의무자(벤처기업)에게 제출하거나 종합소득세 확정신고 시 관할세무서장에게 제출

1. ... 주식매수선택권 행사이익에 대해 원천징수를 하지 않고 종합소득세 확정신고 시 납부를 하거나 분할하여 납부하려는 경우에 작성합니다.
2. 벤처기업 확인내역은 「벤처기업육성에 관한 특별조치법」 제25조에 따른 벤처기업확인서에 기재된 내용을 적습니다.
3. 주식매수선택권 행사이익을 원천징수 대상에서 제외하는 경우 원천징수 제외에 표시하고, 이미 원천징수를 한 후 분할납부를 신청하는 경우에는 분할납부 항목에만 표시하며, 둘 다 신청하는 경우에는 양쪽 모두에 표시합니다.

다음과 같이 선택하여 기재

구 분	[ ] 원천징수제외	[ ] 분할납부
원천징수만 제외(일시납부)	✔	표시 안함
이미 원천징수한 후 분할납부 신청	표시 안함	✔
원천징수 · 분할납부 모두 신청	✔	✔

■ 조세특례제한법 시행규칙 [별지 제6호의4서식] <개정 2019. 3. 20.>

벤처기업 주식매수선택권 행사이익 납부 특례적용대상명세서

1. 원천징수의무자

법 인 명		사업자등록번호	
사 업 장 소 재 지	(전화번호:)		

2. 납부특례 적용대상 명세서

성 명	직 책	주민등록번호	주식매수선택권 행사일	행사이익	납부특례신청내용	
					원천징수 제외	분할납부
					[ ]	[ ]
					[ ]	[ ]
					[ ]	[ ]
					[ ]	[ ]
					[ ]	[ ]
					[ ]	[ ]

신청한 납부특례 방법을 그대로 표시

「조세특례제한법」 제16조의3제1항 및 같은 법 시행령 제14조의3 제3항에 따라 벤처기업 주식매수선택권 행사이익 납부 특례적용대상명세서를 제출합니다.

년 월 일

원천징수의무자 (서명 또는 인)

세무서장 귀하

작 성 방 법

1. 주식매수선택권 행사이익은 벤처기업 주식매수선택권 행사이익 납부특례 적용신청서의 행사이익을 적습니다.
2. 납부특례 신청내용은 신청한 납부특례 방법에 따라 표시합니다.

210㎜× 297㎜[백상지 80g/㎡ 또는 중질지 80g/㎡]

벤처기업 임직원이 (2013.8.13.~2027.12.31. 부여받은) 주식매수선택권 행사이익에 대해 납부특례를 신청한 경우 원천징수의무자가 주식매수선택권을 행사한 날의 다음 달 10일까지 원천징수의무자 관할세무서장에게 제출

7 거주자 연말정산 종합사례

1. 자료

다음은 2025년 근로자 송기택(관리직)의 연말정산 관련 내용이다.

(1) 인적사항

성 명	주민등록번호	관 계	비 고
송기택	870116-1138027	본인	세대주, 서울시 강남구 논현로 100길
김충숙	920415-2031653	배우자	2025년 총급여 5,500만원인 근로자
박영선	551103-2019015	본인 직계존속	등록 장애인, 소득 없음
송기우	160716-3059631	자녀	초등학생, 소득 없음
송기정	210831-3059632	자녀	미취학아동, 소득 없음
김충재	980306-1028496	배우자 형제자매	대학생, 소득 없음

(2) 근무지·근로소득 내역

구 분			현 근무지	전 근무지
근무지 내역	회사명		㈜선우	㈜우인
	사업자번호		211-81-21542	101-81-48569
	대표이사		이동익	홍길동
	주 소		서울시 강남구 도산대로 81길	서울시 서초구 서초대로 1길
	사업자단위과세 여부		부	부
	근무기간		2025.5.1.~12.31.	2025.1.1.~4.30.
	중소기업 여부		부	부
근로 소득 내역	급 여		매월 4,000,000원	매월 3,500,000원
	상 여		월급여액 300% 수령	월급여액 100% 수령
	식사대		매월 20만원(식사제공 없음)	매월 20만원(식사제공 없음)
	보육수당		매월 20만원(사규 있음)	매월 20만원(사규 있음)
	시간 외 근무수당		연 400,000원	-
	경영성과급 (비계량적 요소 포함 평가)		연 2,000,000원 (2026년 2월 확정)	-
	기납부세액	소득세	매월 259,600원	중도퇴사 연말정산 결정세액 영(0)원
		지방세	매월 25,960원	

(3) 소득·세액공제 신청내역

1) 신용카드 등 사용내역 – 전액 본인 사용내역(간소화자료 제출)

구 분	전통시장	대중교통	문화체육	일 반
신용카드	1,367,400	2,000,000	1,500,000	27,405,000
현금영수증	1,000,000	–	–	1,800,000

2) 이외 소득·세액공제 신청내역

지출내역 구분			지출금액	대상자	간소화 자료 여부	비 고
연 금	국민연금	현 근무지	1,998,000	본인	부(×)	
		전 근무지	787,480	본인	×	
	퇴직연금		3,600,000	본인	여(○)	○○보험(계좌 0987654321)
	연금저축		3,600,000	본인	○	• △△보험(계좌 1234567890) • ISA계좌 없음
보험료	건 강	현 근무지	1,777,680	본인	×	
		전 근무지	700,680	본인	×	
	고 용	현 근무지	399,600	본인	×	
		전 근무지	157,480	본인	×	
	보장성		900,000	김충숙	○	
	보장성		1,200,000	본인	○	
	장애인전용보장성		600,000	박영선	○	
의료비	병·의원		1,285,000	본인	○	실손의료보험금 1,000,000 있음
	병·의원		500,000	김충숙	○	실손의료보험금 없음
	병·의원		1,000,000	박영선	○	실손의료보험금 없음
	안경구입		150,000	송기우	×	• 시력·교정용 확인 • ○○안경 (513–13–62030)
	보약구입		500,000	송기우	×	• 신용카드매출전표 제출 • ○○한의원 (213–91–05055)
	병·의원		115,000	송기정	○	실손의료보험금 없음

<table>
<tr><th colspan="2">지출내역 구분</th><th>지출금액</th><th>대상자</th><th>간소화 자료 여부</th><th>비 고</th></tr>
<tr><td rowspan="5">교육비</td><td>학원비</td><td>1,200,000</td><td>송기정</td><td>×</td><td></td></tr>
<tr><td>학원비</td><td>1,200,000</td><td>송기우</td><td>×</td><td></td></tr>
<tr><td>어린이집</td><td>500,000</td><td>송기정</td><td>○</td><td></td></tr>
<tr><td>초등학교</td><td>400,000</td><td>송기우</td><td>○</td><td></td></tr>
<tr><td>대학교</td><td>2,000,000</td><td>김충재</td><td>×</td><td>장학금 3,000,000 제외됨</td></tr>
<tr><td rowspan="3">기부금</td><td>코드 41</td><td>3,000,000</td><td>박영선</td><td>×</td><td>• 기부장려금신청금액 없음
• ○○성당
(135－82－00919)</td></tr>
<tr><td>코드 20</td><td>900,000</td><td>본인</td><td>○</td><td></td></tr>
<tr><td>코드 10</td><td>200,000</td><td>본인</td><td>○</td><td>• 기부장려금신청금액 없음
• 사회복지공동모금회
(116－82－14426)</td></tr>
<tr><td rowspan="2">주 택</td><td>주택청약종합저축</td><td>2,400,000</td><td>본인</td><td>○</td><td>• 2020년 가입
• ○○은행
(222000123456)</td></tr>
<tr><td>주택
저당차입금이자</td><td>4,800,000</td><td>본인</td><td>○</td><td>• 2025년 취득 주택
• 취득 당시 무주택 세대주
• 취득 당시 기준시가 5.1억원
• 상환기간 15년
• 변동금리·거치식 분할상환방식</td></tr>
</table>

2. 소득공제신고서 등

> 근로자가 원천징수의무자에게 제출하는 경우에는 공제금액란은 기재하지 않고 제출하여도 됨

근로자가 연말정산 시 제출하는 소득공제신고서·의료비지급명세서·기부금명세서를 작성(예시)하여 보면 다음과 같다.

[별지 제37호 서식(1)] (2025.6.30. 개정) (9쪽 중 제1쪽)

소득·세액 공제신고서/근로소득자 소득·세액 공제신고서(2025년 소득에 대한 연말정산용)

※ 근로소득자는 신고서에 소득·세액 공제 증명서류를 첨부하여 원천징수의무자(소속 회사 등)에게 제출하며, 원천징수의무자는 신고서 및 첨부서류를 확인하여 근로소득 세액계산을 하고 근로소득자에게 즉시 근로소득원천징수영수증을 발급해야 합니다. 연말정산 시 근로소득자에게 환급이 발생하는 경우 원천징수의무자는 근로소득자에게 환급세액을 지급해야 합니다.

소득자 성명	송기택	주민등록번호	870116-1138027
근무처 명칭	㈜선우	사업자등록번호	211-81-21542
세대주 여부	[ㅇ]세대주 [ ]세대원	국 적	(국적 코드:)
근무기간	2025.5.1.~2025.12.31.	감면기간	~
거주구분	[ㅇ]거주자 [ ]비거주자	거주지국	(거주지국 코드:)
인적공제 항목 변동 여부	[ㅇ]전년과 동일 [ ]변동	분납신청 여부	[ ]신청 [ㅇ]미신청
원천징수세액 선택	[ ]120% [ㅇ]100% [ ]80%	※ 근로소득자 본인이 원하는 경우 매월 원천징수하는 세액을 법령상 세액의 120%, 100%, 80% 중 선택할 수 있습니다.	

Ⅰ. 인적공제 및 소득·세액공제 명세

관계코드 내·외국인	성 명 주민등록번호	소득금액 기준 (백만원) 초과여부	기본공제 부녀자	기본공제 한부모	경로우대 장애인	혼인세액공제	출산입양 자녀	자료구분	보험료 건강	보험료 고용	보험료 보장성	보험료 장애인 전용 보장성	의료비 일반	의료비 미숙아·선천성이상아	의료비 난임	의료비 6세이하·65세이상·장애인·건강보험 산정특례자	의료비 실손의료 보험금
인적공제 항목에 해당하는 인원수를 적습니다.			4		1			국세청계			2,100,000	600,000	1,900,000			1,000,000	1,000,000
					1		1	기타 계	2,478,360	557,080			650,000				
0	송기택		ㅇ					국세청			1,200,000		1,285,000				1,000,000
1	(근로자 본인)							기타	2,478,360	557,080							
3	김충숙	√						국세청			900,000		500,000				
1	920415-2031653							기타									
1	박영선		ㅇ		ㅇ			국세청				600,000				1,000,000	
1	551103-2019015				1			기타									
4	송기우		ㅇ					국세청									
1	160716-3059631						ㅇ	기타					650,000				
4	송기정		ㅇ					국세청					115,000				
1	210831-3059632							기타									
6	김충재							국세청									
1	980306-1028496							기타									

각종 소득·세액 공제 항목

자료구분	교육비 일반	교육비 장애인	신용카드등 사용액 공제 신용카드	직불카드등	현금영수증	문화·체육 사용분 (총급여 7천만원 이하자만 기재)	전통시장사용분	대중교통 이용분	기부금
국세청 계	900,000		27,405,000		1,800,000	1,500,000	2,367,400	2,000,000	1,100,000
기타 계	4,400,000								3,000,000
국세청			27,405,000		1,800,000	1,500,000	2,367,400	2,000,000	1,100,000
기타									
국세청									
기타									
국세청									
기타									3,000,000
국세청	400,000								
기타	1,200,000								
국세청	500,000								
기타	1,200,000								

유의사항

1. "인적공제 항목 변동 여부"란에는 해당 항목에 "√"표시합니다(인적공제 항목이 전년과 동일한 경우에는 주민등록표등본을 제출하지 않습니다).

(중 략)

(9쪽 중 제2쪽)

구분		지출명세				지출구분	금 액	한도액	공제액
Ⅱ. 연금보험료 공제	연금보험료 (국민연금, 공무원연금, 군인연금, 교직원연금 등)	국민연금보험료			종(전)근무지	보험료	787,480	전액	
					주(현)근무지	보험료	1,998,000	전액	
		국민연금보험료 외의 공적연금보험료			종(전)근무지	보험료		전액	
					주(현)근무지	보험료		전액	
		연금보험료 계					2,785,480		
Ⅲ. 특별소득공제	보험료	국민건강보험 (노인장기요양보험 포함)			종(전)근무지	보험료	700,680	전액	
					주(현)근무지	보험료	1,777,680	전액	
		고용보험			종(전)근무지	보험료	157,480	전액	
					주(현)근무지	보험료	399,600	전액	
		보험료 계					3,035,440		
	주택자금	주택임차차입금			대출기관차입	원리금상환액		작성방법 참조	
					거주자 차입				
		장기주택저당차입금	2011년 이전 차입분		15년 미만	이자 상환액		작성방법 참조	
					15년~29년				
					30년 이상				
				15년 이상	고정금리이면서 비거치상환 대출				
					고정금리이거나, 비거치상환 대출				
			2012년 이후 차입분	15년 이상	고정금리이면서 비거치상환 대출				
					고정금리이거나, 비거치상환 대출				
					기타 대출		4,800,000		
				10년 ~ 15년	고정금리이거나, 비거치상환 대출				
		주택자금 공제액 계							
Ⅳ. 그 밖의 소득공제	개인연금저축(2000년 이전 가입)					납입금액		납입액 40%와 72만원	
	소기업 · 소상공인 공제부금					납입금액		작성방법 참조	
	주택마련저축	청약저축				납입금액		작성방법 참조	
		근로자주택마련저축				납입금액		작성방법 참조	
		주택청약종합저축				납입금액	2,400,000	작성방법 참조	
		주택마련저축 소득공제 계					2,400,000		
	투자조합 출자 등	2023년 출자 · 투자분			벤처 등	출자 · 투자금액		작성방법 참조	
					조합1				
					조합2				
		2024년 출자 · 투자분			벤처 등	출자 · 투자금액		작성방법 참조	
					조합1				
					조합2				
		2025년 출자 · 투자분			벤처 등	출자 · 투자금액		작성방법 참조	
					조합1				
					조합2				
		투자조합 출자 등 소득공제 계							
	신용카드등 사용액	① 신용카드				사용금액	27,405,000		
		② 직불 · 선불카드				사용금액			
		③ 현금영수증				사용금액	1,800,000		
		④ 문화체육사용분 등(총급여 7천만원 이하자)				사용금액	1,500,000		
		⑤ 전통시장사용분				사용금액	2,367,400		
		⑥ 대중교통이용분				사용금액	2,000,000		
		계(①+②+③+④+⑤+⑥)					35,072,400		
	우리사주조합 출연금					출연금액		작성방법 참조	
	고용유지중소기업 근로자					임금삭감액		작성방법 참조	
	장기집합투자증권저축					납입금액		작성방법 참조	
	청년형장기집합투자증권저축					납입금액		작성방법 참조	

210mm×297mm[백상지80g/㎡ 또는 중질지80g/㎡]

(9쪽 중 제3쪽)

구분		세액감면 · 공제명세	세액감면 · 공제 명세			
V. 세액감면 및 공제 / 세액감면	외국인 근로자	입국목적	[ ]정부간 협약 [ ]「조세특례제한법」상 감면 [ ]조세조약 상 감면			
	외국인 근로자	기술도입계약 또는 근로제공일		감면기간 만료일		
	외국인 근로자	외국인 근로소득에 대한 감면	접수일		제출일	
	외국인 근로자	근로소득에 대한 조세조약 상 면제	접수일		제출일	
	성과공유 중소기업 경영성과급 감면		시작일		종료일	
	중소기업 청년근로자 및 핵심인력 성과보상기금 수령액 감면		시작일		종료일	
	내국인 우수 인력 국내 복귀 감면		시작일		종료일	
	중소기업 취업자 감면		취업일		감면기간 종료일	

구분	공 제 종 류			명세		한도액	공제대상금액	공제율	공제세액
세액공제	연금계좌		「과학기술인공제회법」에 따른 퇴직연금	납입금액		작성방법 참조		12%, 15%	
	연금계좌		「근로자퇴직급여 보장법」에 따른 퇴직연금	납입금액	3,600,000				
	연금계좌		연금저축	납입금액	3,600,000				
	연금계좌		ISA 만기 시 연금계좌 납입액	납입금액					
	연금계좌		연금계좌 계		7,200,000				
	특별세액공제	보험료	보장성	보험료	2,100,000	100만원		12%	
	특별세액공제	보험료	장애인전용보장성	보험료	600,000	100만원		15%	
	특별세액공제	보험료	보험료 계		2,700,000				
	특별세액공제	의료비	본인 · 6세 이하자 · 65세 이상자 · 장애인 · 건강보험산정특례자	지출액	2,285,000	작성방법 참조		15%	
	특별세액공제	의료비	난임시술비	지출액				20%	
	특별세액공제	의료비	미숙아 · 선천성이상아	지출액					
	특별세액공제	의료비	그밖의 공제대상자	지출액	1,265,000			15%	
	특별세액공제	의료비	실손의료보험금 계	수령액	1,000,000				
	특별세액공제	의료비	의료비 계		2,550,000				
	특별세액공제	교육비	소득자 본인	공납금(대학원 포함)		전액		15%	
	특별세액공제	교육비	취학전 아동 (1명)	유치원 · 학원비 등	1,700,000	1명당 300만원			
	특별세액공제	교육비	초 · 중 · 고등학교(1명)	공납금	1,600,000	1명당 300만원			
	특별세액공제	교육비	대학생(대학원 불포함) (1명)	공납금	2,000,000	1명당 900만원			
	특별세액공제	교육비	장애인 (명)	특수교육비		전액			
	특별세액공제	교육비	교육비 계		5,300,000				
	특별세액공제	기부금	정치자금 기부금 10만원 이하	기부금액	100,000	작성방법 참조		100/110	
	특별세액공제	기부금	정치자금 기부금 10만원 초과	기부금액	800,000			15%,25%	
	특별세액공제	기부금	고향사랑 기부금 10만원 이하	기부금액				100/110	
	특별세액공제	기부금	고향사랑 기부금 10만원 초과 (특별재난지역)	기부금액				30%	
	특별세액공제	기부금	고향사랑 기부금 10만원 초과(일반)	기부금액				15%	
	특별세액공제	기부금	특례기부금	기부금액	200,000			15%, 30% 또는 40%	
	특별세액공제	기부금	우리사주조합기부금	기부금액					
	특별세액공제	기부금	일반기부금(종교단체 외)	기부금액					
	특별세액공제	기부금	일반기부금(종교단체)	기부금액	3,000,000				
	특별세액공제	기부금	기부금 계		4,100,000				

구분	항목	명세	금액	명세	내용
세액공제	외국납부세액	국외원천소득			
	외국납부세액	납세액(외화)			
	외국납부세액	납세액(원화)		–	
	외국납부세액	납세국명		납부일	
	외국납부세액	신청서제출일		국외근무처	
	외국납부세액	근무기간		직책	
	주택자금차입금이자세액공제	이자상환액		30%	
	월세액 세액공제	지출액		15% 또는 17%	

신고인은 「소득세법」 제140조에 따라 위의 내용을 신고하며, 위 내용을 충분히 검토하였고 신고인이 알고 있는 사실 그대로를 정확하게 적었음을 확인합니다.

2026년 1월 31일

신고인 송 기 택 (서명 또는 인)

VI. 추가 제출 서류

1. 외국인근로자 단일세율적용신청서 제출 여부(○ 또는 × 로 적습니다)					제출 (×)
2. 종(전)근무지 명세	종(전)근무지명	㈜우인	종(전)급여총액	17,500,000	종(전)근무지 근로소득 원천징수영수증 제출 (○)
	사업자등록번호	101-81-48569	종(전) 결정세액	0	
3. 연금 · 저축 등 소득 · 세액 공제명세서 제출 여부 (○ 또는 × 로 적습니다)	제출 (○) ※ 연금계좌, 주택마련저축 등 소득 · 세액공제를 신청한 경우 해당 명세서를 제출해야 합니다.				
4. 월세액 · 거주자 간 주택임차차입금 원리금상환액 소득 · 세액공제 명세서 제출여부 (○ 또는 × 로 적습니다)	제출 (×) ※ 월세액, 거주자 간 주택임차차입금 원리금상환액 소득 · 세액공제를 신청한 경우 해당 명세서를 제출해야 합니다.				
5. 그밖의 추가 제출 서류	① 의료비지급명세서 (○), ② 기부금명세서 (○), ③ 소득 · 세액공제 증명서류				

유 의 사 항

1. 근로소득자가 종(전)근무지 근로소득을 원천징수의무자에게 신고하지 않은 경우에는 근로소득자 본인이 종합소득세 신고를 해야 하며, 신고하지 않은 경우 가산세 부과 등 불이익이 따릅니다.
2. 현 근무지의 연금보험료 · 국민건강보험료 및 고용보험료 등은 신고인이 기재하지 않아도 됩니다.
3. "공제금액"란은 근로소득자가 원천징수의무자에게 제출하는 경우 적지 않을 수 있습니다.

210mm×297mm[백상지80g/㎡ 또는 중질지80g/㎡]

(9쪽 중 제8쪽)

연금 · 저축 등 소득 · 세액 공제명세서

1. 인적사항	① 상 호	㈜ 선우	② 사업자등록번호	211-81-21542
	③ 성 명	송기택	④ 주민등록번호	870116-1138027
	⑤ 주 소	서울시 강남구 논현로 100길 (전화번호:)		
	⑥ 사업장 소재지	서울시 강남구 도산대로 81길 (전화번호:)		

2. 연금계좌 세액공제

1) 퇴직연금계좌
 * 퇴직연금계좌에 대한 명세를 작성합니다.

퇴직연금 구분	금융회사 등	계좌번호 (또는 증권번호)	납입금액	세액공제금액
퇴직연금	ㅇㅇ보험	0987654321	3,600,000	

2) 연금저축계좌
 * 연금저축계좌에 대한 명세를 작성합니다.

연금저축 구분	금융회사 등	계좌번호 (또는 증권번호)	납입금액	소득 · 세액 공제금액
연금저축	△△보험	1234567890	3,600,000	

3) 개인종합자산관리계좌 만기 시 연금계좌 납입액
 * 납입 연금저축계좌 · 퇴직연금계좌에 대한 명세를 작성합니다.

연금 구분	금융회사 등	계좌번호 (또는 증권번호)	납입금액	세액공제금액

3. 주택마련저축 소득공제
 * 주택마련저축 소득공제에 대한 명세를 작성합니다.

저축 구분	금융회사 등	계좌번호 (또는 증권번호)	납입금액	소득공제금액
주택청약종합저축	△△은행	222000123456	2,400,000	

4. 장기집합투자증권저축 소득공제
 * 장기집합투자증권저축 소득공제에 대한 명세를 작성합니다.

금융회사 등	계좌번호 (또는 증권번호)	납입금액	소득공제금액

5. 중소기업 창업투자조합 출자 등에 대한 소득공제
 * 중소기업창업투자조합 출자 등 소득공제에 대한 명세서를 작성합니다.

투자연도	투자 구분	금융기관 등	계좌번호 (또는 증권번호)	납입금액

6. 청년형장기집합투자증권저축 소득공제
 * 청년형장기집합투자증권저축 소득공제에 대한 명세를 작성합니다.

가입일	계약기간	금융기관 등	계좌번호 (또는 증권번호)	납입금액	소득공제금액

작 성 방 법

1. 연금계좌 세액공제, 주택마련저축 · 장기집합투자증권저축 · 중소기업창업투자조합 출자, 청년형장기집합투자증권저축 등 소득공제를 받는 소득자에 대해서는 해당 소득 · 세액 공제에 대한 명세를 작성해야 합니다. 해당 계좌별로 납입금액과 소득 · 세액 공제금액을 적고, 공제금액이 영(0)인 경우에는 적지 않습니다.
2. 퇴직연금계좌에서 "퇴직연금 구분"란은 퇴직연금{확정기여형(DC), 개인형(IRP)} · 과학기술인공제회로 구분하여 적습니다.
3. 연금저축계좌에서 "연금저축 구분"란은 개인연금저축과 연금저축으로 구분하여 적습니다.
4. ISA 만기 시 연금계좌 납입액에서 "연금 구분"란은 연금저축계좌와 퇴직연금계좌로 구분하여 적습니다.
   – ISA 만기 시 연금계좌 납입액 공제세액은 개인종합자산관리계좌의 계약기간이 만료되고 해당 계좌잔액의 전부 또는 일부를 연금저축계좌 · 퇴직연금계좌로 납입한 경우 그 납입한 금액을 납입한 날이 속하는 과세기간의 연금계좌 납입액에 포함합니다(전환금액의 10%, 300만원 한도).
5. 주택마련저축 공제의 "저축 구분"란은 청약저축, 주택청약종합저축 및 근로자주택마련저축으로 구분하여 적습니다.
6. 중소기업창업투자조합 출자 등 소득공제의 "투자 구분"란은 벤처 등(「조세특례제한법」제16조 제1항 제3호 · 제4호 · 제6호), 조합1(「조세특례제한법」제16조 제1항 제1호 · 제5호), 조합2(「조세특례제한법」 제16조 제1항 제2호) 로 구분하여 적습니다.
7. 청년형 장기집합투자증권저축에서 "계약기간" 란은 계약기간을 개월 수로 적습니다(월수 계산 시 1월 미만은 1월로 합니다).
8. 공제금액란은 근로소득자가 적지 않을 수 있습니다.

210mm×297mm[백상지 80g/㎡ 또는 중질지 80g/㎡]

■ 소득세법 시행규칙 [별지 제43호 서식] 〈개정 2025. 3. 21.〉

의료비지급명세서

소득자 인적사항			
① 성 명	송 기 택	② 주민등록번호 (또는 외국인등록번호)	870116-1138027
③ 상 호	㈜선우	④ 사업자등록번호	211-81-21542

(2025)년 의료비 지급명세

의료비 공제 대상자		지급처			지급명세			
⑤ 주민등록번호	⑥ 본인 등 해당 여부	⑦ 사업자등록번호	⑧ 상호	⑨ 의료 증빙 코드	⑩ 건수	⑪ 금액	⑫ 미숙아·선천성이상아 해당 여부	⑬ 난임 시술비 해당 여부
870116-1138027	○	- -		1		1,285,000	×	×
920415-2031653	×	- -		1		500,000	×	×
551103-2019015	○	- -		1		1,000,000	×	×
160716-3059631	×	513-13-62030	ㅇㅇ안경	5	1	150,000	×	×
160716-3059631	×	213-91-05055	ㅇㅇ한의원	5	1	500,000	×	×
210831-3059632	×	- -		1		115,000	×	×
-		- -						
-		- -						
-		- -						
		합 계			2	3,550,000		

「소득세법」 제59조의4와 같은 법 시행령 제113조제1항 및 제118조의5제3항에 따라 의료비를 공제받기 위하여 의료비지급명세서를 제출합니다.

2026년 1월 31일

제출자 송 기 택 (서명 또는 인)

세무서장 귀하

첨부서류	작성방법 5번란의 증빙자료 ( )매 (의료비 지급명세 순서와 일치되도록 편철합니다.)

작 성 방 법

(의료비 공제를 받으려는 근로자는 원천징수의무자에게 이 의료비지급명세서를 제출해야 합니다.)

1. ③항과 ④항은 「조세특례제한법」 제122조의3에 따른 사업자의 경우에만 적으며, 2008년 1월 1일 이후 발생하는 분부터 적용합니다.
2. 의료비 지급내용 중 의료비 공제가 가능한 내용만 적고, 같은 의료비명세를 중복하여 적을 수 없습니다.
   (예) 국세청장이 연말정산간소화서비스를 통해 제공하는 의료비자료에 포함된 금액을 별도의 진료비계산서를 첨부하여 중복으로 적는 경우
3. 본인 등 해당 여부란은 본인 · 6세 이하자 · 65세 이상자 · 장애인 · 건강보험 산정특례자인 경우에 "○"표시를 하며, 그 밖의 기본공제대상자인 경우에는 "×" 표시를 합니다.
4. 국세청장이 연말정산간소화서비스를 통해 제공하는 의료비자료의 경우에는 의료비 공제대상자 별로 의료비 지출 합계액을 적습니다. 따라서 지급처의 사업자등록번호, 건수를 적지 않습니다.
5. 의료증빙코드란에는 공제대상자 및 지급처별로 다음의 하나만을 선택하여 적습니다.
   · 국세청장이 연말정산간소화서비스를 통해 제공하는 의료비 자료 = 1
   · 국민건강보험공단의 의료비부담명세서 = 2
   · 진료비계산서, 약제비계산서 = 3
   · 「노인장기요양보험법 시행규칙」 별지 제24호서식 장기요양급여비용 명세서 = 4
     (장기요양급여비용 명세서의 '급여 본인부담금①' 란의 금액만을 적습니다.
     장기요양비급여액은 의료비공제대상이 아니므로 적는 금액에 포함할 수 없습니다.)
   · 기타 의료비 영수증 = 5
   ※ 신용카드 · 현금영수증 소득공제 증명서류는 의료비 세액공제증명서류로 사용하실 수 없습니다.
6. ⑫ 미숙아·선천성이상아 해당 여부 및 ⑬ 난임시술비 해당 여부란은 의료비 지급내용이 미숙아·선천성이상아 및 난임시술비에 해당하는 경우에 각각 "○"표시를 하며, 해당하지 않는 경우에는 "×" 표시를 합니다.
7. 의료비 지급명세란이 부족할 때에는 별지로 작성합니다.

210mm×297mm[백상지 80g/㎡(재활용품)]

02

■ 소득세법 시행규칙 [별지 제45호서식] 〈개정 2025. 6. 30.〉

기 부 금 명 세 서

※ 뒤쪽의 작성방법을 읽고 작성하여 주시기 바랍니다. (앞쪽)

❶ 인적사항	① 근무지 또는 사업장 상호	㈜선우	② 사업자등록번호	211-81-21542
	③ 성 명	송 기 택	④ 주민등록번호	870116-1138027
	⑤ 주 소	서울시 강남구 논현로 100길	(전화번호 :)	
	⑥ 사업장 소재지	서울시 강남구 도산대로 81길	(전화번호 :)	

❷ 해당 연도 기부 명세

⑦ 코드	⑧ 기부내용	기 부 처		⑪ 기부자			기부 명세				
								기부금액			
										공제 제외 기부금	
		⑨ 상호 (법인명)	⑩ 사업자 등록번호 등	관계 코드	성명	주민 등록번호	건수	⑫ 합계 (⑬+⑭)	⑬ 공제대상 기부금액	⑭ 기부 장려금 신청금액	⑮ 기타
20	금전			1	송기택	870116-1138027	1	900,000	900,000	-	-
10	금전	사회복지 공동모금회	116-82-14426	1	송기택	870116-1138027	1	200,000	200,000	-	-
41	금전	ㅇㅇ성당	135-82-00919	4	박영선	551103-2019015	12	3,000,000	3,000,000	-	-

❸ 구분코드별 기부금의 합계

기부자 구 분	총 계	공제대상 기부금							공제제외 기부금	
		특례기부금	정치자금 기부금	고향사랑 기부금 (일반)	고향사랑 기부금 (특별재난)	일반기부금 (종교단체 외)	일반기부금 (종교단체)	우리사주조합 기 부 금	기부장려금 신청금액	기타
코 드		10	20	43	44	40	41	42	10,40,41	50
합 계	4,100,000	200,000	900,000				3,000,000			
본 인	1,100,000	200,000	900,000							
배우자										
직계비속										
직계존속	3,000,000						3,000,000			
형제자매										
그 외										

❹ 기부금 조정 명세

기부금 코드	기부 연도	⑯ 기부금액	⑰ 전년까지 공제된 금액	⑱ 공제대상 금액(⑯-⑰)	해당 연도 공제금액		해당 연도에 공제받지 못한 금액	
					필요경비	세액(소득)공제	소멸금액	이월금액
20	2025	900,000		900,000				
10	2025	200,000		200,000				
41	2025	3,000,000		3,000,000				

210mm×297mm[백상지 80g/㎡ 또는 중질지 80g/㎡]

3. 세액계산

(1) 총급여액 확정

구 분		총급여	비과세	계산내역 등	지급명세서 기재
현 근무지	급 여	32,000,000		=4,000,000×8	⑬급여
	상 여	12,000,000		=4,000,000×300%	⑭상여
	식사대	–	1,600,000	=200,000×8 (월 20만원 이내 비과세)	⑱–40 비과세식사대
	보육수당	–	1,600,000	=200,000×8 (월 20만원 이내 비과세)	⑱–2 출산·보육수당
	시간 외 근무수당	400,000		생산직근로자 비과세 대상 아님	⑭상여
	경영성과급	–		비계량적 요소 포함 평가 ✔ 개인별 지급액이 확정된 2026년 소득임	기재 안함 ✔ 2026년에 기재
	총급여계	44,400,000			⑯계
	지급명세서 비과세계		3,200,000		⑳비과세소득계
전 근무지	급 여	14,000,000		=3,500,000×4	⑬급여
	상 여	3,500,000		=3,500,000×100%	⑭상여
	식사대	–	800,000	=200,000×4 (월 20만원 이내 비과세)	⑱–40 비과세식사대
	보육수당	–	800,000	=200,000×4 (월 20만원 이내 비과세)	⑱–2 출산·보육수당
	총급여계	17,500,000			⑯계
	지급명세서 비과세계		1,600,000		⑳비과세소득계
총 계	총급여계	61,900,000			⑯계
	지급명세서 비과세계		4,800,000		⑳비과세소득계

(2) 근로소득금액

구 분	금 액	계산내역
총급여	61,900,000	⑯ 계
근로소득공제	12,845,000	=61,900,000×5%+9,750,000
근로소득금액	49,055,000	=61,900,000−12,845,000

(3) 종합소득공제·차가감소득금액

구 분		금 액	계산내역 등
기본공제	본 인	1,500,000	무조건 적용
	배우자	−	소득금액 요건 불충족
	부양가족	4,500,000	본인 직계존속·자녀 2명 ✔ 충족 배우자 형제자매 ✔ 나이요건만 불충족
추가공제	경로우대	1,000,000	본인 직계존속(만 70세)
	장애인	2,000,000	본인 직계존속(등록 장애인)
	부녀자	−	남성으로 적용불가
	한부모	−	배우자가 있어 적용불가
국민연금		2,785,480	=1,998,000(현 근무지)+787,480(전 근무지)
보험료	건강보험료	2,478,360	=1,777,680(현 근무지)+700,680(전 근무지)
	고용보험료	557,080	=399,600(현 근무지)+157,480(전 근무지)
저당차입금 이자상환액	2012년 이후 −그 밖의 대출	4,800,000	변동금리·거치식 상환방식 대출 ✔ 한도 500만원 적용
종합소득공제계		19,620,920	=인적공제+연금보험료공제+특별소득공제
차가감소득금액		29,434,080	=근로소득금액−종합소득공제계 =49,055,000−19,620,920

(4) 그 밖의 소득공제

<table>
<tr><th>구 분</th><th>금 액</th><th>계산내역 등</th></tr>
<tr><td>주택마련
저축</td><td>–</td><td>1주택 소유자 ✔ 주택청약종합저축 공제불가</td></tr>
<tr><td>신용카드 등
사용금액</td><td>4,526,460</td><td>① 최저사용금액＝총급여×25%＝61,900,000×25%＝15,475,000
② 사용금액 구분
<table><tr><th>구분</th><th>전통시장</th><th>대중교통</th><th>문화·체육</th><th>현금영수증</th><th>신용카드</th></tr><tr><td>사용금액</td><td>2,367,400</td><td>2,000,000</td><td>1,500,000</td><td>1,800,000</td><td>27,405,000</td></tr><tr><td>공제율</td><td>40%</td><td>40%</td><td>30%</td><td>30%</td><td>15%</td></tr></table>③ 공제대상금액 ✔ 최저사용금액 ≤ 공제율 15% 사용액
= 공제율 40% 사용액 × 40% + 공제율 30% 사용액 × 30%
+ (공제율 15% 사용액 – 최저사용금액) × 15%
= 4,367,400 × 40% + 3,300,000 × 30%
+ (27,405,000 – 15,475,000) × 15%
= 4,526,460
④ 일반공제한도＝3,000,000(총급여 7,000만원 이하)
⑤ 일반공제금액＝Min[4,526,460, 3,000,000]＝3,000,000
⑥ 일반공제금액 한도초과액＝4,526,460－3,000,000＝1,526,460
⑦ 추가공제 가능금액
= Min[전통시장 × 40% + 대중교통 × 40% +
문화체육 × 30%, 300만원]
= Min[2,367,400 × 40% + 2,000,000 × 40%
+ 1,500,000 × 30%, 300만원]
= 2,196,960
⑧ 추가공제금액
＝Min[일반공제금액 한도초과액, 추가공제 가능금액]
＝1,526,460
⑨ 신용카드 등 공제금액
＝일반공제금액＋추가공제금액＝4,526,460</td></tr>
<tr><td>그 밖의
소득공제계</td><td>4,526,460</td><td></td></tr>
</table>

(5) 과세표준 · 산출세액

구 분	금 액	계산내역 등
소득공제종합 한도 초과액	–	소득공제 종합한도 대상 소득공제 합계액 =4,800,000(저당차입금이자상환액)+4,526,460(신용카드 등 사용액) =9,326,460 ✔ 2,500만원 초과액 없음
과세표준	24,907,620	=차가감소득금액 – 그 밖의 소득공제계 =29,434,080 – 4,526,460
산출세액	2,476,143	=24,907,620×15% – 1,260,000

(6) 세액공제

구 분		금 액	순차한도	계산내역 등
근로소득		660,000	2,476,143	① 계산금액 =715,000+(2,476,143 – 1,300,000)×30% =1,067,842 ② 한도액=660,000 why 총급여 4,300만원~7,000만원
자 녀		150,000	1,816,143	기본공제대상 8세 이상 자녀 1명
보험료	보장성	120,000	1,666,143	① 피보험자가 배우자(김충숙)인 보험료는 공제불가 ✔ 배우자가 기본공제자 아님 ② 본인이 피보험자인 보험만 공제가능 Min[1,200,000, 1,000,000]×12% =1,000,000×12%=120,000
	장애인 전용	90,000	1,546,143	피보험자가 기본공제자인 장애인(박영선)이므로 공제가능 Min[600,000, 1,000,000]×15% =600,000×15%=90,000

<table>
<tr><th>구 분</th><th>금 액</th><th>순차한도</th><th>계산내역 등</th></tr>
<tr><td>의료비</td><td>28,950</td><td>1,456,143</td><td>
① 의료비 문턱
=총급여×5%=61,900,000×3%=1,857,000
② 의료비 구분
✔ 보약구입비용은 공제불가, 차감할 실손의료보험금 1,000,000
<table>
<tr><th>구 분</th><th>금 액</th><th>비 고</th></tr>
<tr><td>난임시술비, 미숙아·선천성 이상아 의료비</td><td>–</td><td>해당 지출 없음</td></tr>
<tr><td>본인·장애인·6세 이하자·65세 이상자·건강보험산정 특례자 의료비</td><td>2,285,000</td><td>=1,285,000(본인)
+1,000,000
(장애인 직계존속)</td></tr>
<tr><td>그 밖의 의료비</td><td>765,000</td><td>=500,000(배우자)
+150,000
(자녀 송기우·안경)
+115,000
(자녀 송기정·병의원)</td></tr>
</table>
③ 공제금액
={(1,285,000−1,000,000)+1,000,000
+Min[765,000−1,857,000, 7,000,000]}×15%
=193,000×15%=28,950
</td></tr>
<tr><td>교육비</td><td>615,000</td><td>1,427,193</td><td>
① 교육비 구분 ✔ 초등학생 자녀(송기우) 학원비 공제불가
<table>
<tr><th>구 분</th><th>금 액</th><th>비 고</th></tr>
<tr><td>취학 전 아동
(송기정)</td><td>1,700,000</td><td>학원비 공제가능
→한도 3,000,000</td></tr>
<tr><td>초등학생(송기우)</td><td>400,000</td><td>한도 3,000,000</td></tr>
<tr><td>대학생(김충재)</td><td>2,000,000</td><td>나이제한 없으므로 공제가능
→한도 9,000,000</td></tr>
<tr><td>공제대상 교육비계</td><td>4,100,000</td><td></td></tr>
</table>
② 공제금액=4,100,000×15%=615,000
</td></tr>
</table>

<table>
<tr><th colspan="2">구 분</th><th>금 액</th><th>순차한도</th><th>계산내역 등</th></tr>
<tr><td rowspan="3">기부금</td><td>코드 20</td><td>210,909</td><td>812,193</td><td rowspan="3">① 기부금 구분
<table>
<tr><th>코드</th><th>금 액</th><th>비 고</th></tr>
<tr><td>20</td><td>900,000</td><td></td></tr>
<tr><td>10</td><td>200,000</td><td>사회복지공동모금회</td></tr>
<tr><td>41</td><td>3,000,000</td><td>성당기부금</td></tr>
</table>
② 소득금액한도 검토
<table>
<tr><th>코드</th><th>소득금액한도</th><th>공제가능 기부금</th></tr>
<tr><td>20</td><td>근로소득금액(㉠)
=49,055,000</td><td>A=900,000</td></tr>
<tr><td>10</td><td>㉠−A=48,155,000</td><td>B=200,000</td></tr>
<tr><td>41</td><td>(㉠−A−B)×10%
=4,795,500</td><td>C=3,000,000</td></tr>
</table>
③ 공제금액
<table>
<tr><th colspan="2">코드</th><th>공제금액</th><th>계산근거</th></tr>
<tr><td rowspan="2">20</td><td>10만원 이하</td><td>90,909</td><td>=100,000×100/110</td></tr>
<tr><td>10만원 초과</td><td>120,000</td><td>=800,000×15%</td></tr>
<tr><td colspan="2">10</td><td>30,000</td><td>=200,000×15%</td></tr>
<tr><td colspan="2">41</td><td>450,000</td><td>=3,000,000×15%</td></tr>
</table></td></tr>
<tr><td>코드 10</td><td>30,000</td><td>601,284</td></tr>
<tr><td>코드 41</td><td>450,000</td><td>571,284</td></tr>
<tr><td rowspan="2">연금계좌</td><td>퇴직연금</td><td>121,284</td><td>121,284</td><td>① 계산금액=Min[3,600,000, 9,000,000]×12%
=432,000
✔ 퇴직연금 900만원 한도,
총급여액 5,500만원 초과자 공제율 12%
② 공제금액=Min[계산금액, 순차한도]=121,284
③ 공제대상금액(역산)=121,284÷12% =1,010,700</td></tr>
<tr><td>연금저축</td><td>–</td><td>–</td><td>① 계산금액=Min[3,600,000, 9,000,000−
1,010,700, 6,000,000]×12%=432,000
✔ 연금저축 개별한도 600만원, 연금계좌 총 한도 900만원,
총급여액 5,500만원 초과자 공제율 12%
② 공제금액=Min[계산금액, 순차한도]=0
③ 공제대상금액(역산)=0÷12%=0</td></tr>
<tr><td colspan="2">세액공제계</td><td>2,476,143</td><td></td><td></td></tr>
</table>

(7) 징수(환급)세액

구 분		소득세		지방소득세	
		금 액	계산근거	금 액	계산근거
결정세액		–	=산출세액 –세액감면·공제계 =2,476,143–2,476,143	–	=소득세 결정세액 ×10%
기납부세액	주(현)	2,076,800	=259,600×8(원천징수부)	207,680	=25,960×8 (원천징수부)
	종(전)	–	지급명세서 결정세액	–	지급명세서 결정세액
차감징수세액		(–)2,076,800	=결정세액–기납부세액	(–)207,680	=결정세액 –기납부세액

(8) 실효세율

구 분	금 액	계산근거
실효세율	0.0%	결정세액÷총급여=0÷61,900,000

02

4. 지급명세서 작성

'3.'에서 산출된 연말정산 결과에 따른 근로소득지급명세서 · 의료비지급명세서 · 기부금명세서를 작성(예시)하여 보면 다음과 같다.

■ 소득세법 시행규칙 [별지 제24호서식(1)] <개정 2025. 6. 30.> (9쪽 중 제1쪽)

관리번호	

[✓]근로소득 원천징수영수증
[ ]근로소득 지 급 명 세 서
([ ]소득자 보관용 [ ]발행자 보관용 [ ]발행자 보고용)

거주구분	(거주자1)/비거주자2
거주지국	거주지국코드
내 · 외국인	(내국인1)/외국인9
외국인단일세율적용	여 1 /(부 2)
외국법인소속 파견근로자 여부	여 1 /(부 2)
종교관련종사자 여부	여 1 /(부 2)
국적	국적코드
세대주 여부	(세대주1), 세대원2
연말정산 구분	(계속근로1), 중도퇴사2

구분	항목	내용	항목	내용
징수의무자	① 법인명(상 호)	㈜선우	② 대 표 자(성 명)	이 동 익
	③ 사업자등록번호	211-81-21542	④ 주 민 등 록 번 호	
	③-1 사업자단위과세자 여부	여1 /(부2)	③-2 종사업장 일련번호	
	⑤ 소 재 지(주소)	서울시 강남구 도산대로 81길		
소득자	⑥ 성 명	송 기 택	⑦ 주 민 등 록 번 호(외국인등록번호)	870116-1138027
	⑧ 주 소	서울시 강남구 논현로 100길		

	구 분		주(현)	종(전)	종(전)	⑯-1 납세조합	합 계
Ⅰ 근무처별소득명세	⑨ 근 무 처 명		㈜선우	㈜우인			
	⑩ 사업자등록번호		211-81-21542	101-81-48569			
	⑪ 근무기간		2025.5.1.~12.31.	2025.1.1.~4.30.	~	~	~
	⑫ 감면기간		~	~	~	~	~
	⑬ 급 여		32,000,000	14,000,000			46,000,000
	⑭ 상 여		12,400,000	3,500,000			15,900,000
	⑮ 인 정 상 여						
	⑮-1 주식매수선택권 행사이익						
	⑮-2 우리사주조합인출금						
	⑮-3 임원 퇴직소득금액 한도초과액						
	⑮-4 직무발명보상금						
	⑯ 계		44,400,000	17,500,000			61,900,000
Ⅱ 비과세및감면소득명세	⑱ 국외근로	MOX					
	⑱-1 야간근로수당	OOX					
	⑱-2 보육수당	QOX	1,600,000	800,000			2,400,000
	⑱-3 출산지원금	QOX					
	⑱-4 연구보조비	HOX					
	⑱-5						
	⑱-6						
	~						
	⑱-40 비과세식사대	P01	1,600,000	800,000			2,400,000
	⑱-41 임원등할인금액	W01					
	⑲ 수련보조수당	Y22					
	⑳ 비과세소득 계		3,200,000	1,600,000			4,800,000
	⑳-1 감면소득 계						

	구 분			⑲ 소 득 세	⑳ 지방소득세	㉑ 농어촌특별세
Ⅲ 세액명세	㉓ 결 정 세 액			0	0	
	기납부세 액	㉔ 종(전)근무지 (결정세액란의 세액을 적습니다)	사업자 등록 번호 101-81-48569	0	0	
		㉕ 주(현)근무지		2,076,800	207,680	
	㉖ 납부특례세액					
	㉗ 차 감 징 수 세 액(㉓-㉔-㉕-㉖)			-2,076,800	-207,680	

위의 원천징수액(근로소득)을 정히 영수(지급)합니다.

2026년 2월 28일

징수(보고)의무자 ㈜선우 이 동 익 (서명 또는 인)

세 무 서 장 귀하

Ⅳ 정산명세

구분	항목	세부 항목	구분	금액
	㉑ 총급여(⑯, 외국인단일세율 적용시 연간 근로소득)			61,900,000
	㉒ 근로소득공제			12,845,000
	㉓ 근로소득금액			49,055,000
종합소득공제 / 기본공제	㉔ 본인			1,500,000
	㉕ 배우자			
	㉖ 부양가족(3명)			4,500,000
추가공제	㉗ 경로우대(1명)			1,000,000
	㉘ 장애인(1명)			2,000,000
	㉙ 부녀자			
	㉚ 한부모가족			
연금보험료공제	㉛ 국민연금보험료		대상금액	2,785,480
			공제금액	2,785,480
	㉜ 공적연금보험료공제	㉮ 공무원연금	대상금액	
			공제금액	
		㉯ 군인연금	대상금액	
			공제금액	
		㉰ 사립학교교직원연금	대상금액	
			공제금액	
		㉱ 별정우체국연금	대상금액	
			공제금액	
특별소득공제	㉝ 보험료	㉮ 건강보험료(노인장기요양보험료포함)	대상금액	2,478,360
			공제금액	2,478,360
		㉯ 고용보험료	대상금액	557,080
			공제금액	557,080
	㉞ 주택자금	㉮ 주택임차차입금 원리금상환액	대출기관	
			거주자	
		㉯ 장기주택저당차입금 이자상환액 / 2011년 이전 차입분	15년 미만	
			15년~29년	
			30년 이상	
			15년 이상 고정금리이면서 비거치상환 대출	
			15년 이상 고정금리이거나, 비거치상환 대출	
		2012년 이후 차입분	15년 이상 고정금리이면서 비거치상환 대출	
			15년 이상 고정금리이거나, 비거치상환 대출	4,800,000
			그밖의 대출	
			10년~15년 고정금리이거나, 비거치상환 대출	
	㉟ 계			7,835,440
	㊱ 차감소득금액			29,434,080
그밖의 소득공제	㊲ 개인연금저축			
	㊳ 소기업·소상공인 공제부금			
	㊴ 주택마련저축소득공제	㉮ 청약저축		
		㉯ 주택청약종합저축		
		㉰ 근로자주택마련저축		
	㊵ 투자조합출자 등			
	㊶ 신용카드등 사용액			4,526,460
	㊷ 우리사주조합 출연금			
	㊸ 고용유지 중소기업 근로자			
	㊹ 장기집합투자증권저축			
	㊺ 청년형장기집합투자증권저축			
	㊻ 그밖의 소득공제 계			4,526,460
	㊼ 소득공제 종합한도 초과액			

구분	항목	세부 항목	구분	금액
	㊽ 종합소득 과세표준			24,907,620
	㊾ 산출세액			2,476,143
세액감면	㊿ 「소득세법」			
	(51) 「조세특례제한법」((52) 제외)			
	(52) 「조세특례제한법」 제30조			
	(53) 조세조약			
	(54) 세액감면 계			
세액공제	(55) 근로소득			660,000
	(56) 혼인세액공제			
	(57) 자녀	공제대상자녀 (1명)		150,000
		출산·입양 (명)		
연금계좌	(58) 「과학기술인공제회법」에 따른 퇴직연금		공제대상금액	
			세액공제액	
	(59) 「근로자퇴직급여 보장법」에 따른 퇴직연금		공제대상금액	1,010,700
			세액공제액	121,284
	(60) 연금저축		공제대상금액	
			세액공제액	
	(60)-1 개인종합자산관리계좌 만기 시 연금계좌 납입액		공제대상금액	
			세액공제액	
특별세액공제	(61) 보험료	보장성	공제대상금액	1,000,000
			세액공제액	120,000
		장애인전용 보장성	공제대상금액	600,000
			세액공제액	90,000
	(62) 의료비		공제대상금액	193,000
			세액공제액	28,950
	(63) 교육비		공제대상금액	4,100,000
			세액공제액	615,000
	(64) 기부금 ㉮ 정치자금기부금	10만원 이하	공제대상금액	100,000
			세액공제액	90,909
		10만원 초과	공제대상금액	800,000
			세액공제액	120,000
	㉯ 고향사랑기부금	10만원 이하	공제대상금액	
			세액공제액	
		10만원 초과(특별재난지역)	공제대상금액	
			세액공제액	
		10만원 초과(일반)	공제대상금액	
			세액공제액	
	㉰ 특례기부금		공제대상금액	200,000
			세액공제액	30,000
	㉱ 우리사주조합기부금		공제대상금액	
			세액공제액	
	㉲ 일반기부금(종교단체 외)		공제대상금액	
			세액공제액	
	㉳ 일반기부금(종교단체)		공제대상금액	3,000,000
			세액공제액	450,000
	(65) 계			1,544,859
	(66) 표준세액공제			
	(67) 납세조합공제			
	(68) 주택차입금			
	(69) 외국납부			
	(70) 월세액		공제대상금액	
			세액공제액	
	(71) 세액공제 계			2,476,143
	(72) 결정세액(㊿-(55)-(71))			0
	(82) 실효세율(%) ((72)/㉑)×100			0.0

02

⑱ 소득·세액공제 명세[인적공제항목은 해당란에 "○"표시(장애인 해당 시 해당 코드 기재)를 하며, 각종 소득공제·세액공제 항목은 공제를 위하여 실제 지출한 금액을 적습니다.]

인적공제 항목							각종 소득공제·세액공제 항목											
관계코드	성 명	기본공제		경로우대		출산입양	자료구분	보험료				의료비					교육비	
내·외국인	주민등록번호	부녀자	한부모	장애인	혼인세액공제	자녀		건강	고용	보장성	장애인전용보장성	일반	미숙아·선천성이상아	난임	6세이하·65세이상·장애인·건강보험산정특례자	실손의료보험금	일반	장애인특수교육
인적공제 항목에 해당하는 인원수를 적습니다.		4		1			국세청 계			1,200,000	600,000	1,900,000			1,000,000	1,000,000	900,000	
				1		1	기타 계	2,478,360	557,080			150,000					3,200,000	
0	송기택	○					국세청			1,200,000		1,285,000				1,000,000		
1	(근로자 본인)						기타	2,478,360	557,080									
3	김충숙						국세청					500,000						
1	920415-2031653						기타											
1	박영선	○		○			국세청				600,000				1,000,000			
1	551103-2019015			1			기타											
4	송기우	○					국세청										400,000	
1	160716-3059631					○	기타					150,000						
4	송기정	○					국세청					115,000					500,000	
1	210831-3059632						기타										1,200,000	
6	김충재	○					국세청											
1	980306-1028496						기타										2,000,000	

각종 소득공제·세액공제 항목							
자료구분	신용카드등 사용액공제						기부금
	신용카드	직불카드등	현금영수증	문화체육 사용분 (총급여 7천만원 이하자만 기재)	전통시장 사용분	대중교통 이용분	
국세청 계	27,405,000		1,800,000	1,500,000	2,367,400	2,000,000	1,100,000
기타 계							3,000,000
국세청	27,405,000		1,800,000	1,500,000	2,367,400	2,000,000	1,100,000
기타							
국세청							
기타							3,000,000

작 성 방 법

「소득세법」 제149조제1호에 해당하는 납세조합이 「소득세법」 제127조제1항제4호 각 목에 해당하는 근로소득을 연말정산하는 경우에도 사용하며, 이 경우 "⑨ 근무처명"란 및 "⑩ 사업자등록번호"란에는 실제 근무처의 상호 및 사업자번호를 적습니다. 다만, 근무처의 사업자등록이 없는 경우 납세조합의 사업자등록번호를 적습니다.

1. 거주지국과 거주지국코드는 근로소득자가 비거주자에 해당하는 경우에만 적으며, 국제표준화기구(ISO)가 정한 ISO코드 중 국명약어 및 국가코드를 적습니다(※ ISO국가코드: 국세청홈페이지→국세정책/제도→국제조세정보→참고자료실→국제표준화기구(ISO)가 정한 국가코드에서 조회할 수 있습니다). 예) 대한민국 : KR, 미국 : US

2. 근로소득자가 외국인에 해당하는 경우에는 "내·외국인"란에 "외국인 9"를 선택하고 "국적 및 국적코드"란에 국제표준화기구(ISO)가 정한 ISO코드 중 국명약어 및 국가코드를 적습니다. 해당 근로소득자가 외국인근로자 단일세율적용신청서를 제출한 경우"외국인단일세율 적용"란에 여1을 선택합니다. 또한, 근로소득자가 종교관련종사자에 해당하는 경우에는 "종교관련종사자 여부"란에 여1을 선택합니다.

3. 원천징수의무자가 「부가가치세법」에 따른 사업자단위 과세자에 해당할 경우`③-1에서 여1을 선택하고, ③-2에 소득자가 근무하는 사업장의 종사업장 일련번호를 기재합니다.

4. 원천징수의무자는 지급일이 속하는 연도의 다음 연도 3월 10일(휴업 또는 폐업한 경우에는 휴업일 또는 폐업일이 속하는 달의 다음 다음 달 말일을 말합니다)까지 지급명세서를 제출해야 합니다.

5. "Ⅰ. 근무처별 소득명세"란은 비과세소득을 제외한 금액을 해당 항목별로 적고, "Ⅱ. 비과세 및 감면소득 명세"란에는 지급명세서 작성대상 비과세소득 및 감면대상을 해당 코드별로 구분하여 적습니다(적을 항목이 많은 경우 "Ⅱ. 비과세 및 감면소득 명세"란의 "⑳ 비과세소득 계"란 및 "⑳-1 감면세액 계"란에 총액만 적고, "Ⅱ.비과세 소득"란을 별지로 작성할 수 있습니다).

6. 「소득세법」 제127조제1항제4호의 각 목에 해당하는 근로소득과 그 외 근로소득[주(현)란] 더하여 연말정산하는 때에는 "⑯-1 납세조합"란에 각각 근로소득납세조합과 「소득세법」 제127조제1항제4호 각 목에 해당하는 근로소득을 적고,「소득세법」 제150조에 따른 납세조합 공제금액을 "㊿ 납세조합공제"란에 적습니다. 합병, 기업형태 변경 등으로 존속 법인 등이 연말정산을 하는 경우에는 피합병법인에서 발생한 소득과 기업형태 변경 전의 법인에서 발생한 소득은 근무처별 소득명세 종(전)란에 별도로 적습니다.
또한, 동일회사 내 사업자등록번호가 다른 곳에서 전입 등을 하여 해당 법인이 연말정산을 하는 경우에는 전입하기 전 지점 등에서 발생한 소득은 "근무처별 소득명세 종(전)"란에 별도로 적습니다.

7. "㉑ 총급여"란에는 "⑯계"란의 금액을 적되, 외국인근로자가 「조세특례제한법」(이하 이 서식에서 "조특법"이라 합니다) 제18조의2제2항에 따라 단일세율을 적용하는 경우에는 "⑯계"의 금액과 비과세소득금액을 더한 금액을 적습니다. 이 경우 소득세와 관련한 비과세·공제·감면 및 세액공제에 관한 규정은 적용하지 않습니다.

8. "종합소득 특별소득공제(㉝~㉞)"란과 "그 밖의 소득공제(㊲~㊻)"란은 근로소득자 소득·세액 공제신고서(「소득세법 시행규칙」 별지 제37호서식)의 공제액을 적습니다(소득공제는 서식에서 정하는 바에 따라 순서대로 소득공제를 적용하여 종합소득과세표준과 세액을 계산합니다).

9. "연금계좌(㊿~㊿-1)"란과 "특별세액공제(61~66)"란은 근로소득자 소득·세액 공제신고서(「소득세법 시행규칙」 별지 제37호서식)의 공제대상금액 및 세액공제액을 적습니다.

연금 · 저축 등 소득 · 세액 공제명세서

1. 인적사항	① 상 호	㈜ 선우	② 사업자등록번호	211-81-21542
	③ 성 명	송기택	④ 주민등록번호	870116-1138027
	⑤ 주 소	서울시 강남구 논현로 100길 (전화번호:)		
	⑥ 사업장 소재지	서울시 강남구 도산대로 81길 (전화번호:)		

2. 연금계좌 세액공제

1) 퇴직연금계좌
 * 퇴직연금계좌에 대한 명세를 작성합니다.

퇴직연금 구분	금융회사 등	계좌번호 (또는 증권번호)	납입금액	세액공제금액
퇴직연금	ㅇㅇ보험	0987654321	3,600,000	121,284

2) 연금저축계좌
 * 연금저축계좌에 대한 명세를 작성합니다.

연금저축 구분	금융회사 등	계좌번호 (또는 증권번호)	납입금액	소득 · 세액 공제금액

3) 개인종합자산관리계좌 만기 시 연금계좌 납입액
 * 납입 연금저축계좌 · 퇴직연금계좌에 대한 명세를 작성합니다.

연금 구분	금융회사 등	계좌번호 (또는 증권번호)	납입금액	세액공제금액

3. 주택마련저축 소득공제
 * 주택마련저축 소득공제에 대한 명세를 작성합니다.

저축 구분	금융회사 등	계좌번호 (또는 증권번호)	납입금액	소득공제금액

4. 장기집합투자증권저축 소득공제
 * 장기집합투자증권저축 소득공제에 대한 명세를 작성합니다.

금융회사 등	계좌번호 (또는 증권번호)	납입금액	소득공제금액

5. 중소기업 창업투자조합 출자 등에 대한 소득공제
 * 중소기업창업투자조합 출자 등 소득공제에 대한 명세서를 작성합니다.

투자연도	투자 구분	금융기관 등	계좌번호 (또는 증권번호)	납입금액

6. 청년형장기집합투자증권저축 소득공제
 * 청년형장기집합투자증권저축 소득공제에 대한 명세를 작성합니다.

가입일	계약기간	금융기관 등	계좌번호 (또는 증권번호)	납입금액	소득공제금액

작 성 방 법

1. 연금계좌 세액공제, 주택마련저축 · 장기집합투자증권저축 · 중소기업창업투자조합 출자, 청년형장기집합투자증권저축 등 소득공제를 받는 소득자에 대해서는 해당 소득 · 세액 공제에 대한 명세를 작성해야 합니다. 해당 계좌별로 납입금액과 소득 · 세액 공제금액을 적고, 공제금액이 영(0)인 경우에는 적지 않습니다.
2. 퇴직연금계좌에서 "퇴직연금 구분"란은 퇴직연금{확정기여형(DC), 개인형(IRP)} · 과학기술인공제회로 구분하여 적습니다.
3. 연금저축계좌에서 "연금저축 구분"란은 개인연금저축과 연금저축으로 구분하여 적습니다.
4. 개인종합자산관리계좌 만기 시 연금계좌 납입액에서 "연금 구분"란은 연금저축계좌와 퇴직연금계좌로 구분하여 적습니다.
 – 개인종합자산관리계좌 만기 시 연금계좌 납입액 공제세액은 개인종합자산관리계좌의 계약기간이 만료되고 해당 계좌잔액의 전부 또는 일부를 연금저축계좌 · 퇴직연금계좌로 납입한 경우 그 납입한 금액을 납입한 날이 속하는 과세기간의 연금계좌 납입액에 포함합니다(전환금액의 10%, 300만원 한도).
5. 주택마련저축 공제의 "저축 구분"란은 청약저축, 주택청약종합저축 및 근로자주택마련저축으로 구분하여 적습니다.
6. 중소기업창업투자조합 출자 등 소득공제의 "투자 구분"란은 벤처 등(「조세특례제한법」제16조 제1항 제3호 · 제4호 · 제6호), 조합1(「조세특례제한법」제16조 제1항 제1호 · 제5호), 조합2(「조세특례제한법」 제16조 제1항 제2호) 로 구분하여 적습니다.
7. 청년형 장기집합투자증권저축에서 "계약기간" 란은 계약기간을 개월 수로 적습니다(월수 계산 시 1월 미만은 1월로 합니다).
8. 공제금액란은 근로소득자가 적지 않을 수 있습니다.

210mm×297mm[백상지 80g/㎡ 또는 중질지 80g/㎡]

02

■ 소득세법 시행규칙 [별지 제43호 서식] 〈개정 2025. 3. 21.〉

의료비지급명세서

소득자 인적사항			
① 성 명	송 기 택	② 주민등록번호 (또는 외국인등록번호)	870116-1138027
③ 상 호	㈜선우	④ 사업자등록번호	211-81-21542

(2025)년 의료비 지급명세

의료비 공제 대상자		지급처			지급명세			
⑤ 주민등록번호	⑥ 본인 등 해당 여부	⑦ 사업자등록번호	⑧ 상호	⑨ 의료증빙코드	⑩ 건수	⑪ 금액	⑫ 미숙아·선천성이상아 해당 여부	⑬ 난임시술비 해당 여부
870116-1138027	ㅇ	- -		1		1,285,000	×	×
920415-2031653	×	- -		1		500,000	×	×
551103-2019015	ㅇ	- -		1		1,000,000	×	×
160716-3059631	×	513-13-62030	ㅇㅇ안경	5	1	150,000	×	×
210831-3059632	×	- -		1		115,000	×	×
-		- -						
-		- -						
-		- -						
-		- -						
		합 계			1	3,050,000		

「소득세법」 제59조의4와 같은 법 시행령 제113조제1항 및 제118조의5제3항에 따라 의료비를 공제받기 위하여 의료비지급명세서를 제출합니다.

2026년 1월 31일

제출자 송 기 택 (서명 또는 인)

세무서장 귀하

첨부서류	작성방법 5번란의 증빙자료 ( )매 (의료비 지급명세 순서와 일치되도록 편철합니다.)

작 성 방 법

(의료비 공제를 받으려는 근로자는 원천징수의무자에게 이 의료비지급명세서를 제출해야 합니다.)

1. ③항과 ④항은 「조세특례제한법」 제122조의3에 따른 사업자의 경우에만 적으며, 2008년 1월 1일 이후 발생하는 분부터 적용합니다.
2. 의료비 지급내용 중 의료비 공제가 가능한 내용만 적고, 같은 의료비명세를 중복하여 적을 수 없습니다.
   (예) 국세청장이 연말정산간소화서비스를 통해 제공하는 의료비자료에 포함된 금액을 별도의 진료비계산서를 첨부하여 중복으로 적는 경우
3. 본인 등 해당 여부란은 본인 · 6세 이하자 · 65세 이상자 · 장애인 · 건강보험 산정특례자인 경우에 "ㅇ"표시를 하며, 그 밖의 기본공제대상자인 경우에는 "×" 표시를 합니다.
4. 국세청장이 연말정산간소화서비스를 통해 제공하는 의료비자료의 경우에는 의료비 공제대상자 별로 의료비 지출 합계액을 적습니다. 따라서 지급처의 사업자등록번호, 건수를 적지 않습니다.
5. 의료증빙코드란에는 공제대상자 및 지급처별로 다음의 하나만을 선택하여 적습니다.
   · 국세청장이 연말정산간소화서비스를 통해 제공하는 의료비 자료 = 1
   · 국민건강보험공단의 의료비부담명세서 = 2
   · 진료비계산서, 약제비계산서 = 3
   · 「노인장기요양보험법 시행규칙」 별지 제24호서식 장기요양급여비용 명세서 = 4
     (장기요양급여비용 명세서의 '급여 본인부담금①' 란의 금액만을 적습니다.
     장기요양비급여액은 의료비공제대상이 아니므로 적는 금액에 포함할 수 없습니다.)
   · 기타 의료비 영수증 = 5
   ※ 신용카드 · 현금영수증 소득공제 증명서류는 의료비 세액공제증명서류로 사용하실 수 없습니다.
6. ⑫ 미숙아·선천성이상아 해당 여부 및 ⑬ 난임시술비 해당 여부란은 의료비 지급내용이 미숙아·선천성이상아 및 난임시술비에 해당하는 경우에 각각 "ㅇ"표시를 하며, 해당하지 않는 경우에는 "×" 표시를 합니다.
7. 의료비 지급명세란이 부족할 때에는 별지로 작성합니다.

210mm×297mm[백상지 80g/㎡(재활용품)]

■ 소득세법 시행규칙 [별지 제45호서식] 〈개정 2025. 6. 30.〉

기 부 금 명 세 서

※ 뒤쪽의 작성방법을 읽고 작성하여 주시기 바랍니다. (앞쪽)

❶ 인적사항	① 근무지 또는 사업장 상호	㈜선우	② 사업자등록번호	211-81-21542
	③ 성 명	송 기 택	④ 주민등록번호	870116-1138027
	⑤ 주 소	서울시 강남구 논현로 100길	(전화번호 :)	
	⑥ 사업장 소재지	서울시 강남구 도산대로 81길	(전화번호 :)	

❷ 해당 연도 기부 명세

⑦ 코드	⑧ 기부내용	기 부 처		⑪ 기부자			기부 명세				
								기부금액			
										공제 제외 기부금	
		⑨ 상호 (법인명)	⑩ 사업자 등록번호 등	관계 코드	성명	주민 등록번호	건수	⑫ 합계 (⑬+⑭)	⑬ 공제대상 기부금액	⑭ 기부 장려금 신청금액	⑮ 기타
20	금전			1	송기택	870116-1138027	1	900,000	900,000	-	-
10	금전	사회복지 공동모금회	116-82-14426	1	송기택	870116-1138027	1	200,000	200,000	-	-
41	금전	ㅇㅇ성당	135-82-00919	4	박영선	551103-2019015	12	3,000,000	3,000,000	-	-

❸ 구분코드별 기부금의 합계

기부자 구 분	총 계	공제대상 기부금							공제제외 기부금	
		특례기부금	정치자금 기부금	고향사랑 기 부 금 (일반)	고향사랑 기 부 금 (특별재난)	일반기부금 (종교단체 외)	일반기부금 (종교단체)	우리사주조합 기 부 금	기부장려금 신청금액	기타
코 드		10	20	43	44	40	41	42	10,40,41	50
합 계	4,100,000	200,000	900,000				3,000,000			
본 인	1,100,000	200,000	900,000							
배우자										
직계비속										
직계존속	3,000,000						3,000,000			
형제자매										
그 외										

❹ 기부금 조정 명세

기부금 코드	기부 연도	⑯ 기부금액	⑰ 전년까지 공제된 금액	⑱ 공제대상 금액(⑯-⑰)	해당 연도 공제금액		해당 연도에 공제받지 못한 금액	
					필요경비	세액(소득)공제	소멸금액	이월금액
20	2025	900,000	-	900,000	-	900,000	-	-
10	2025	200,000	-	200,000	-	200,000	-	-
41	2025	3,000,000	-	3,000,000	-	3,000,000	-	-

210mm×297mm[백상지 80g/㎡ 또는 중질지 80g/㎡]

04 외국인 근로자 연말정산

1 외국인 근로자 연말정산 개요

단기거주 외국인은 국내에서 지급되거나 국내로 송금된 경우만 과세

구 분	내 용
외국인 근로자	대한민국 국적이 없는 근로자

연말정산 대상 소득

구 분	거주자인 경우	비거주자인 경우
국내원천근로소득	대상(○)	대상(○)
국외원천근로소득	대상(○)	대상 아님(×)

연말정산 방법

구 분	거주자인 경우	비거주자인 경우
단일세율 과세특례 신청	단일세율(19%) 과세특례적용	
단일세율 과세특례 미신청	거주자 연말정산	비거주자 연말정산

단일세율 과세특례

구 분		내 용
적용대상 근로소득		국내에서 근로를 제공하고 받은 근로소득
적용방법	원 칙	국내에서 최초로 근로를 제공한 날부터 20년 이내에 끝나는 과세기간까지 받는 근로소득
	적용제외	특수관계기업에서 근무하는 경우
결정세액		• 근로소득총액×19% • 모든 비과세·소득공제·세액공제·세액감면 적용 배제 ✔ 비과세소득 중 복리후생적 비과세 근로소득인 사택제공이익(소령 §17의4 1호)만 근로소득총액에 합산하지 않음
세부명세서 작성·제출		• 소득·세액공제명세(지급명세서 3쪽)만 작성 • 본인에 대한 인적사항과 기본공제만 기재
적용신청		연말정산 시 단일세율 적용 신청서 제출(필수) ✔ 제출하지 않은 경우 추후 경정청구 불가
적용기한		2026.12.31.까지 국내에서 최초로 근로를 제공하기 시작하는 경우
매월분 단일세율 원천징수와의 관계		관계없음 ✔ 반드시 연말정산 시 신청서 제출 필요

내국인 우수인력 국내복귀에 대한 소득세 감면은 적용 불가하며, 주택자금공제에 있어 주민등록표등본에 기재된 외국인·외국국적동포는 다음 주택공제는 적용 가능하나 이외 외국인은 주택자금공제를 적용받을 수 없다.
✔ 주택임차차입금 원리금상환액 공제
✔ 장기주택저당차입금 이자상환액 공제
✔ 월세액 공제

종합소득세 신고 시 제출 가능

2 외국인 근로자

외국인 근로자는 다음과 같다.

구 분	내 용		
외국인	구 분		내 용
	외국인		대한민국 국적이 없는 사람
	판단 사례	대한민국 국적도 있고 외국 국적도 있는 사람(이중국적자)	내국인
		대한민국 국적이 있는 개인으로 외국에 영주하고 있는 사람	내국인
외국인 근로자	구 분		내 용
	외국인 근로자		근로를 제공하고 있는 외국인 임직원(일용근로자 제외)
	판단 사례	출자임원	포함(서일 46011-10032, 2004.1.6.)
		불법체류자	포함(국이 46523-210, 1993.5.3.)

불법체류자에 대한 체류기간을 일시적으로 연장한 경우도 포함

외국 영주권을 취득했거나 영주권에 갈음하는 체류허가를 받은 사람

02

3 외국인 근로자 연말정산대상 근로소득

1. 외국인 근로자 납세의무

외국인 근로자도 내국인 근로자와 마찬가지로 거주자·비거주자 여부에 따라 납세의무·연말정산대상 근로소득 범위가 다음과 같이 달라진다(소법 §2·§127·§137·§150).

구 분	납세의무	연말정산대상 근로소득
거주자인 외국인 근로자	국내외 모든 소득	국내외 모든 근로소득 중 원천징수대상
비거주자인 외국인 근로자	국내원천소득	국내원천근로소득 중 원천징수대상

납세조합에서 원천징수하는 원천징수제외대상 근로소득도 포함

2. 단기거주 외국인 거주자 과세특례

외국인 비거주자는 과세특례가 없음
→ 국내원천근로소득에 대해 무조건 과세(조세조약에서 별도로 정한 경우 제외)

거주자인 외국인 근로자는 내국인 근로자와 달리 다음과 같은 과세특례가 있다(소법 §3 ① 단서).

구 분	내 용
대상 외국인 근로자	해당 과세기간 종료일 10년 전부터 국내에 주소나 거소를 둔 기간의 합계가 5년 이하인 외국인 거주자(단기거주 외국인 거주자)
과세특례	(아래 표 참조)
사 례	단기 거주 외국인이 일본법인의 국내자회사인 내국법인에 파견되어 국내에서 근로를 수행하고 그 근로대가를 일본법인으로부터 일본 현지에서 지급받는 급여(서면법규-1402, 2013.12.26.) ✔ 국내원천소득에 해당 → 무조건 과세

과세특례:

구 분	내 용: 국내에서 지급되거나 국내로 송금	내 용: 이 외
국내근로소득	특례대상 아님 ✔ 무조건 과세	
국외근로소득	과세	과세 제외 ✔ 특례

국외에서 지급받는지에 관계없음

4 외국인 근로자 연말정산

과세특례를 적용하지 않는, 비거주자인 외국인 근로자의 연말정산은 후술하는 Chapter 02-05 참조

1. 거주자인 외국인 근로자가 단일세율 과세특례를 적용하지 않는 경우

거주자인 외국인 근로자 연말정산의 내용은 앞서 살펴본 바 있다(Chapter 02-03 참조). 다만, 내국인의 경우와 비교하여 보면 다음과 같은 차이가 있다.

구 분		거주자-내국인 근로자	거주자-외국인 근로자
주택관련 소득·세액공제	주택임차차입금원리금	적용가능(○)	• 주민등록표등본에 기재된 외국인 → 적용가능(○) • 이외 외국인 → 적용불가(×)
	장기주택저당차입금이자		
	월세액		
	주택마련저축		적용불가(×) why 세대주만 가능
	주택차입금이자		
세액감면	소득세법(소법 §59의 5)	적용불가(×) why 내국인은 감면불가	적용가능(○)
	외국인 기술자		
	조세조약(교직자 보수)		
	내국인 우수인력 (조특법 §18의 3)	적용가능(○)	적용불가(×) why 내국인만 감면가능
이외 비과세, 소득·세액공제, 세액감면		동일하게 적용가능(○)	

2018.3.20.부터 주민등록표등본에 기재된 외국인은 세대원에 해당되는 것으로 보아 공제가능(서면법령국조-583, 2021.5.7.)

2. 단일세율 과세특례를 적용하는 경우

거주자·비거주자와 관계없이 모든 외국인 근로자가 적용가능(서이-2552, 2004.12.7.)

외국인 근로자는 다음과 같이 내국인 근로자와 달리 단일세율 과세특례(19%, 분리과세)를 신청하여 적용받을 수 있다(조특법 §18의 2, 조특령 §16의 2).

(1) 단일세율 과세특례 적용대상 근로소득

구 분		내 용
적용대상 근로소득		외국인 근로자가 국내에서 근무함으로써 받는 근로소득
국내에서 근무하여 받는 근로소득	적용 원칙	(아래 표 ①)
	사 례	(아래 표 ②)
원천징수 제외대상 근로소득		다음과 같이 특례적용 가능(서이-192, 2005.1.27.) (아래 표 ③)

① 적용 원칙

구 분	내 용
국내에서 근무하고 지급받는 근로소득	적용대상(서이-459, 2007.3.19.)
국외에서 근무하고 지급받는 근로소득	적용제외(서일-796, 2007.6.13.)

② 사 례

구 분	특례적용 여부
일본법인의 임원으로 일본 내에서 근무하는 일본인이 해당 일본법인의 특수관계자인 내국법인의 비상근임원으로 선임되어 내국법인으로부터 임원보수지급규정에 의하여 임원보수를 지급받는 경우(서이-1158, 2006.6.20.)	적용불가(×)
내국법인에 고용되어 그 내국법인의 국외항행 선박에 승무하는 비거주자인 외국인 근로자가 국내에 근로수행에 필요한 생활 근거지를 유지하지 않고 국내 생활관계가 없어 정착비용 등 국내근무에 따른 추가적 비용이 발생하지 않는 경우(국제세원-2150, 2008.11.12.)	적용불가(×)

③ 원천징수 제외대상 근로소득

근로소득			연말정산		종합소득세 확정신고
원천징수 대상	원천징수제외대상		원천징수대상 근로소득 원천징수 의무자	납세조합	
	납세조합 가입	미가입			
×	○	×	N/A	과세특례 적용	N/A
×	×	○	N/A	N/A	과세특례 적용
○	○	×	과세특례 적용	과세특례 적용	N/A why 과세특례 → 분리과세
○	×	○	과세특례 적용	N/A	과세특례 적용

납세조합 세액공제 적용불가 why 모든 비과세, 공제, 감면 배제

원천징수제외대상 근로소득에 대해서만 과세특례 적용 why 분리과세

원천징수대상 근로소득에 대해 과세특례 적용

원천징수제외대상 근로소득에 대해 과세특례 적용

02

외국인투자촉진법에 따른 외국인투자기업으로서 법인세 등 감면 요건(업종, 지역, 투자금액 등)을 갖춘 외국인투자기업을 말함 → 자세한 내용은 해당 법령 참조

(2) 단일세율 과세특례 적용 여부

<table>
<tr><th>구 분</th><th>내 용</th></tr>
<tr><td>특수관계기업에 근무하는 경우</td><td>
<table>
<tr><th>구 분</th><th>내 용</th></tr>
<tr><td>과세특례 적용 여부</td><td>적용불가(×) ✔ 6~45% 누진과세</td></tr>
<tr><td>특수관계기업 근무</td><td>외국인 근로자가 근로를 제공하는 기업이 Ⓐ해당 과세연도 종료일 현재 조세특례제한법 제121조의 2에 따라 법인세·소득세·취득세·재산세를 각각 감면받는 기업 또는 조세특례제한법 시행령 제116조의 2 제3항부터 제10항까지의 감면요건을 갖춘 기업을 제외한 경우로서 Ⓑ법인기업인 경우에는 경영지배관계, 개인기업인 경우에는 친족관계에 있는 기업에 근무하는 경우를 말함</td></tr>
</table>
</td></tr>
<tr><td>지역본부에 근무하는 경우</td><td>
<table>
<tr><th colspan="2">구 분</th><th>내 용</th></tr>
<tr><td rowspan="2">과세특례</td><td>적용 여부</td><td>적용가능(○)</td></tr>
<tr><td>적용기간·대상소득</td><td>국내에서 최초로 근로를 제공한 날부터 20년 이내에 끝나는 과세기간까지 받는 근로소득</td></tr>
<tr><td colspan="2">지역본부</td><td>2개 이상의 해외법인에 대하여 생산, 판매, 물류, 인사 등 기업의 핵심기능에 대한 지원 및 조정의 기능을 수행하는 국내법인으로서 상시근로자, 모기업의 요건 등 산업통상자원부령으로 정하는 기준 및 절차를 충족하는 지역본부(외국인투자촉진법 시행령 §20의 2 ⑤ 1호)</td></tr>
</table>
</td></tr>
<tr><td>이 외</td><td>
<table>
<tr><th>구 분</th><th>내 용</th></tr>
<tr><td>적용 여부</td><td>적용가능(○)</td></tr>
<tr><td>적용기간·대상소득</td><td>국내에서 최초로 근로를 제공한 날부터 20년 이내에 끝나는 과세기간까지 받는 근로소득</td></tr>
<tr><td>국내에서 최초로 근무를 제공한 날</td><td>
<table>
<tr><th>상 황</th><th>국내에서 최초로 근로를 제공한 날
(소득세제과-135, 2023.2.21.)</th></tr>
<tr><td>2013.12.31. 이전에 국내에서 근로를 제공하였던 근로자가 2014.1.1. 이후 재입국하여 국내에서 근로를 제공하는 경우</td><td>2014.1.1. 이후 재입국하여 국내에서 근로를 제공한 날</td></tr>
<tr><td>2014.1.1. 현재 국내에서 근로를 제공하고 있는 경우</td><td>2014.1.1.</td></tr>
</table>
</td></tr>
<tr><td>20년 적용 방법</td><td>외국인 근로자가 입국하여 국내에서 최초로 근로를 제공한 날부터 기산하여 연속적으로 계산(기획재정부 소득세제과-224, 2016.5.25.)</td></tr>
</table>
</td></tr>
</table>

20년 중 국외로 나가는 경우에도 20년 기산은 계속됨

개정규정은 2023.1.1. 현재 국내에서 최초로 근로를 제공한 날부터 20년이 지나지 않은 외국인근로자도 적용(조특법 부칙 §1·§10, 2022.12.31.)

실무 Tip 2023년 세법 개정에 따른 외국인 근로자 단일세율 과세특례 적용 유의사항

1. 외국인근로자 단일세율 과세특례 적용기간에 대한 개정연혁

구 분	~ 2013.12.31.	2014.1.1. ~ 2022.12.31.	2023.1.1. ~
적용기간	제한 없음	국내에서 최초로 근로를 제공한 날부터 5년 이내에 끝나는 과세기간까지	국내에서 최초로 근로를 제공한 날부터 20년 이내에 끝나는 과세기간까지

2. 2023년 세법 개정에 따른 외국인 근로자 단일세율 과세특례 적용사례

국내에서 최초로 근로를 제공한 날부터 20년 이내에 끝나는 과세기간까지 받는 근로소득에 대해 과세특례가 적용가능하므로, 2023년 세법 개정에 따른 외국인 근로자 단일세율 과세특례 적용사례를 살펴보면 다음과 같다.

상황 1

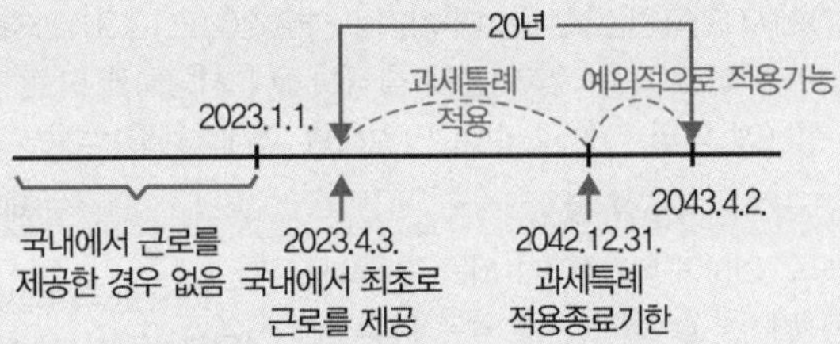

상황 2

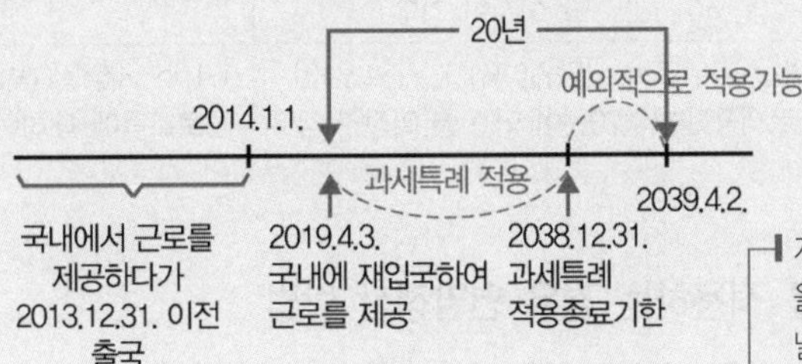

상황 3

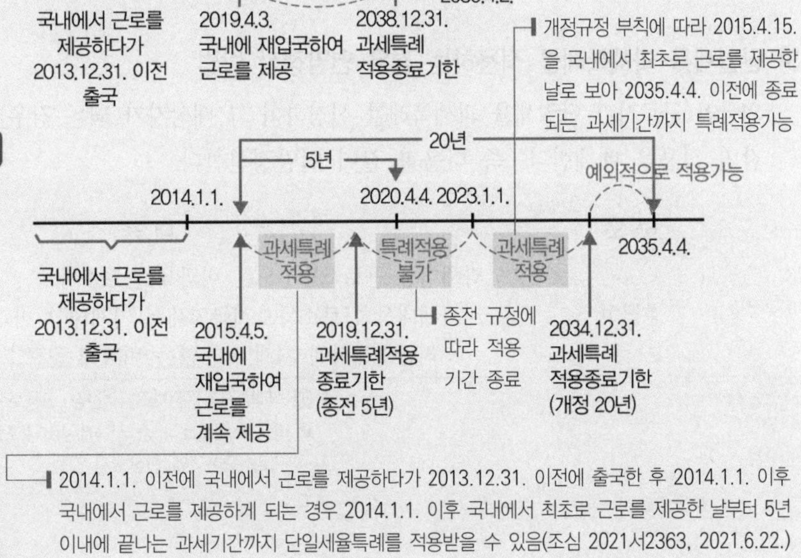

상황 4

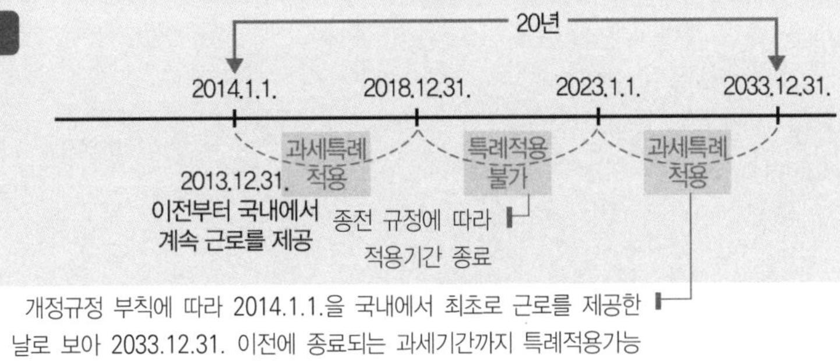

3. 과세특례적용기간 중 출국하는 경우 적용기간 적용

외국인 근로자가 입국하여 국내에서 최초로 근로를 제공한 날부터 기산하여 20년을 적용한다(기획재정부 소득세제과-224, 2016.5.25.).

즉 20년 중 국외로 나가는 경우에도 20년 기간은 중단되지 않고 기산이 계속된다.

예를 들어 상기 '2.' 〈상황 1〉에서 2026년부터 2028년까지 외국인 근로자가 출국하였다가, 2029년에 다시 입국하더라도 과세특례적용은 2043.4.2. 이전에 끝나는 과세기간까지 적용되는 것이다.

4. 예외적으로 과세특례가 적용되는 경우

상기 '2.' 〈상황 1〉부터 〈상황 3〉까지 언급된 예외적으로 과세특례가 적용되는 경우라 함은 출국으로 인하여 비거주자가 되거나 사망하는 경우를 의미한다.

예를 들어 〈상황 1〉에서 외국인근로자는 대부분의 경우 2042.12.31.까지 과세특례를 적용받을 수 있으나, 2043.1.1.부터 2043.4.2. 이전에 출국하거나 사망하게 되는 경우 소득세법에 따른 과세기간(소법 §5) 적용에 따라 다음과 같이 단일세율 과세특례를 적용받을 수 있다.

구 분	상 황	과세특례적용
출국	출국으로 인하여 비거주자가 되는 경우로서 출국일(과세기간 종료일)이 최초 근로제공일부터 20년이 되는 날 이전인 경우	1.1. ~ 출국일(과세기간 종료일)까지 국내 근로소득에 대하여 과세특례 적용 가능
사망	사망하는 경우로서 사망일(과세기간 종료일)이 최초 근로제공일부터 20년이 되는 날 이전인 경우	1.1. ~ 사망일(과세기간 종료일)까지 국내 근로소득에 대하여 과세특례 적용 가능

(3) 단일세율 과세특례를 적용하는 경우 연말정산 방법

외국인 근로자가 단일세율 과세특례를 신청하여 그 대상자가 되는 경우 모든 비과세·공제·감면 적용을 배제한다. 즉 다음과 같이 연말정산한다.

구 분	내 용
총급여	과세대상 근로소득+모든 비과세 근로소득 =과세대상 근로소득+지급명세서 기재대상 비과세 근로소득 +지급명세서에 기재되지 않은 비과세 근로소득

예 식대, 자가운전보조금, 건강·고용보험료 회사부담분 등

✔ 비과세 근로소득 중 사택제공이익(소령 §17의 4 1호)만 근로소득총액에 합산하지 않음

구 분		내 용
근로소득공제		적용배제(×)
근로소득금액		=총급여
소득공제	특별소득공제	적용배제(×)
	그 밖의 소득공제	적용배제(×)
소득공제 종합한도 초과액		=영(0)
과세표준		=근로소득금액=총급여
산출세액		=과세표준×19%=근로소득금액×19%=총급여×19%
세액감면		적용배제(×)
세액공제		적용배제(×)
결정세액		소득세: =산출세액 / 지방소득세: =소득세 결정세액×10% / 농어촌특별세: 영(0)
기납부세액		주(현)·종(전) 근무지 등에서 이미 부담한 소득세·지방소득세 등
납부특례세액		벤처기업 임직원 주식매수선택권 행사이익 납부특례세액
차감징수세액		결정세액－기납부세액－납부특례세액

소득공제 종합한도 대상 소득공제액=영(0) → 한도초과액=영(0)

주택차입금이자 세액공제=영(0)

(4) 단일세율 과세특례를 적용하는 경우 명세서 작성

외국인 단일세율 과세특례가 적용되는 경우 지급명세서는 다음과 같이 작성된다.

구 분		작성 여부
근로소득 지급명세서	징수의무자, 소득자, 근무처별소득명세, 비과세·감면소득명세, 세액명세(1쪽)	작성(○)
	정산명세(2쪽)	작성(○)
	소득·세액공제명세(3쪽)	작성(○)
	연금·저축 등 소득·세액공제명세서(6쪽)	작성 안함(×) why 공제 안함
	월세액·거주자간 주택임차차입금원리금상환액 소득·세액공제명세서	작성 안함(×)
의료비지급명세서		작성 안함(×)
기부금명세서		작성 안함(×)

① 본인에 대한 인적사항 및 기본공제는 단일세율 과세특례가 적용되는 경우에도 반드시 표시되어야 함
② 지출관련 사항은 기재하지 않음

■ 소득세법 시행규칙 [별지 제24호서식(1)] <개정 2025.6.30.> (9쪽 중 제1쪽)

관리번호	

[✓]근로소득 원천징수영수증
[ ]근로소득 지 급 명 세 서
([ ]소득자 보관용 [ ]발행자 보관용 [ ]발행자 보고용)

거주구분	거주자1/비거주자2		
거주지국		거주지국코드	
내·외국인	내국인1 / (외국인9)		
외국인단일세율적용	(여 1) / 부 2		
외국법인소속 파견근로자 여부	여 1 / 부 2		
종교관련종사자 여부	여 1 / 부 2		
국적		국적코드	
세대주 여부	세대주1, (세대원2)		
연말정산 구분	계속근로1, 중도퇴사2		

징수의무자	① 법인명(상 호)		② 대 표 자(성 명)	
	③ 사업자등록번호		④ 주 민 등 록 번 호	
	③-1 사업자단위과세자 여부	여1 / 부2	③-2 종사업장 일련번호	
	⑤ 소 재 지(주소)			
소득자	⑥ 성 명	Albert Ein.	⑦ 주 민 등 록 번 호(외국인등록번호)	
	⑧ 주 소			

	구 분		주(현)	종(전)	종(전)	⑯-1 납세조합	합 계
Ⅰ 근무처별 소득명세	⑨ 근 무 처 명						
	⑩ 사업자등록번호						
	⑪ 근무기간		~	~	~	~	~
	⑫ 감면기간		~	~	~	~	~
	⑬ 급 여						
	⑭ 상 여						
	⑮ 인 정 상 여						
	⑮-1 주식매수선택권 행사이익						
	⑮-2 우리사주조합인출금						
	⑮-3 임원 퇴직소득금액 한도초과액						
	⑮-4 직무발명보상금						
	⑯ 계						
Ⅱ 비과세 및 감면소득 명세	⑱ 국외근로	MOX					
	⑱-1 야간근로수당	O0X					
	⑱-2 보육수당	Q0X					
	⑱-3 출산지원금	Q0X					
	⑱-4 연구보조비	H0X					
	⑱-5						
	⑱-6						
	~						
	⑱-41 임원등할인금액						
	⑲ 수련보조수당	Y22					
	⑳ 비과세소득 계						
	⑳-1 감면소득 계						

	구 분			(79) 소 득 세	(80) 지방소득세	(81) 농어촌특별세
Ⅲ 세액명세	(73) 결 정 세 액			A×19%	소득세 결정세액×10%	0
	기납부 세 액	(74) 종(전)근무지 (결정세액란의 세액을 적습니다)	사업자 등록 번호			
		(75) 주(현)근무지				
	(76) 납부특례세액					
	(77) 차 감 징 수 세 액((73)-(74)-(75)-(76))					

위의 원천징수액(근로소득)을 정히 영수(지급)합니다.

년 월 일

징수(보고)의무자 (서명 또는 인)

세 무 서 장 귀하

210mm×297mm[백상지 80g/㎡(재활용품)]

구분		내용
근무처별 소득명세	감면기간	기재하지 않음
	이 외	단일세율 과세특례 적용하지 않는 경우와 동일하게 기재
비과세·감면소득명세	감면소득	기재하지 않음 → 무조건 영(0)
	비과세	단일세율 과세특례 적용하지 않는 경우와 동일하게 기재
세액명세		단일세율 과세특례 적용하지 않는 경우와 동일하게 기재

구분	내용
내·외국인	반드시 '외국인(9)' 표시
외국인 단일세율 적용	반드시 '여(1)' 표시
세대주 여부	반드시 '세대원' 표시 ✓ 외국인 모두가 세대원은 아니지만 세대원으로 기재
이 외	단일세율 과세특례 적용하지 않는 경우와 동일하게 기재

비과세근로소득 중 사택제공이익(소령 §17의 4 1호)만 근로소득총액에 합산하지 않음

(9쪽 중 제2쪽)

구분		항목		세부	금액
Ⅳ. 정산명세		㉑ 총급여(⑯, 외국인 단일 세율 적용 시 연간 근로소득)			A
		㉒ 근로소득공제			
		㉓ 근로소득금액			A
	종합소득공제 / 기본공제	㉔ 본인			
		㉕ 배우자			
		㉖ 부양가족(명)			
	추가공제	㉗ 경로우대(명)			
		㉘ 장애인(명)			
		㉙ 부녀자			
		㉚ 한 부 모 가 족			
	연금보험료공제	㉛ 국민연금보험료		대상금액	
				공제금액	
		㉜ 공적연금보험료공제	㉮ 공무원연금	대상금액	
				공제금액	
			㉯ 군인연금	대상금액	
				공제금액	
			㉰ 사립학교교직원연금	대상금액	
				공제금액	
			㉱ 별정우체국연금	대상금액	
				공제금액	
	특별소득공제	㉝ 보험료	㉮ 건강보험료(노인장기요양보험료포함)	대상금액	
				공제금액	
			㉯ 고용보험료	대상금액	
				공제금액	
		㉞ 주택자금	㉮ 주택임차차입금원리금상환액	대출기관	
				거주자	
			㉯ 장기주택저당차입금이자상환액 / 2011년 이전 차입분	15년 미만	
				15년~29년	
				30년 이상	
			15년 이상	고정금리이면서 비거치상환 대출	
				고정금리이거나 비거치상환대출	
			2012년 이후 차입분 / 15년 이상	고정금리이면서 비거치상환 대출	
				고정금리거나, 비거치상환 대출	
				그 밖의 대출	
			10년~15년	고정금리이거나, 비거치상환 대출	
		㉟ 계			
		㊱ 차감소득금액			A
	그 밖의 소득공제	㊲ 개인연금저축			
		㊳ 소기업 · 소상공인 공제부금			
		㊴ 주택마련저축	㉮ 청약저축		
			㉯ 주택청약종합저축		
			㉰ 근로자주택마련저축		
		㊵ 투자조합출자 등			
		㊶ 신용카드등 사용액			
		㊷ 우리사주조합 출연금			
		㊸ 고용유지 중소기업 근로자			
		㊹ 장기집합투자증권저축			
		㊺ 청년형 장기집합투자증권저축			
		㊻ 그 밖의 소득공제 계			
		㊼ 소득공제 종합한도 초과액			

구분		항목		세부	금액
		㊽ 종합소득 과세표준			A
		㊾ 산출세액			A × 19%
세액감면		㊿ 「소득세법」			
		51 「조세특례제한법」(52 제외)			
		52 「조세특례제한법」 제30조			
		53 조세조약			
		54 세액감면 계			
세액공제		55 근로소득			
		56 혼인세액공제			
		57 자녀		공제대상자녀 (명)	
				출산 · 입양자 (명)	
	연금계좌	58 「과학기술인공제회법」에 따른 퇴직연금		공제대상금액	
				세액공제액	
		59 「근로자퇴직급여 보장법」에 따른 퇴직연금		공제대상금액	
				세액공제액	
		60 연금저축		공제대상금액	
				세액공제액	
		60–1 개인종합자산관리계좌 만기 시 연금계좌 납입액		공제대상금액	
				세액공제액	
	특별세액공제	61 보험료	보장성	공제대상금액	
				세액공제액	
			장애인전용보장성	공제대상금액	
				세액공제액	
		62 의료비		공제대상금액	
				세액공제액	
		63 교육비		공제대상금액	
				세액공제액	
		64 기부금	㉮ 정치자금기부금 / 10만원 이하	공제대상금액	
				세액공제액	
			㉮ 정치자금기부금 / 10만원 초과	공제대상금액	
				세액공제액	
			㉯ 고향사랑기부금 / 10만원 이하	공제대상금액	
				세액공제액	
			㉯ 고향사랑기부금 / 10만원 초과(특별재난지역)	공제대상금액	
				세액공제액	
			㉯ 고향사랑기부금 / 10만원 초과(일반)	공제대상금액	
				세액공제액	
			㉰ 특례기부금	공제대상금액	
				세액공제액	
			㉱ 우리사주조합 기부금	공제대상금액	
				세액공제액	
			㉲ 일반 기부금(종교단체 외)	공제대상금액	
				세액공제액	
			㉳ 일반기부금(종교단체)	공제대상금액	
				세액공제액	
		65 계			
		66 표준세액공제			
		67 납세조합공제			
		68 주택차입금			
		69 외국납부			
		70 월세액		공제대상금액	
				세액공제액	
		71 세액공제 계			
		72 결정세액(49–54–71)			A × 19%
		82 실효세율(%) (72/21) × 100			19.0

음영 표시된 부분은 반드시 영(0) 기재

(9쪽 중 제3쪽)

⑱ 소득·세액공제 명세[인적공제항목은 해당란에 "○"표시(장애인 해당 시 해당 코드 기재)를 하며, 각종 소득공제·세액공제 항목은 공제를 위하여 실제 지출한 금액을 적습니다.]

인적공제 항목

관계코드 / 내·외국인	성 명 / 주민등록번호	기본공제 / 부녀자	한부모	경로우대 / 장애인	혼인세액공제	출산입양 / 자녀
인적공제 항목에 해당하는 인원수를 적습니다.						
0		○				
	(근로자 본인)					
	-					
	-					

각종 소득공제·세액공제 항목

자료구분	보험료 건강	보험료 고용	보험료 보장성	보험료 장애인 전용 보장성	의료비 일반	의료비 미숙아·선천성 이상아	의료비 난임	의료비 6세이하·65세이상·장애인·건강보험 산정특례자	의료비 실손 의료 보험금	교육비 일반	교육비 장애인 특수교육
국세청 계											
기타 계											
국세청											
기타											
국세청											
기타											
국세청											
기타											

각종 소득공제·세액공제 항목

자료구분	신용카드등 사용액공제 신용카드	직불카드등	현금영수증	문화체육 사용분 (총급여 7천만원 이하자만 기재)	전통시장 사용분	대중교통 이용분	기부금
국세청 계							
기타 계							
국세청							
기타							
국세청							
기타							

작 성 방 법

「소득세법」 제149조제1호에 해당하는 납세조합이 「소득세법」 제127조제1항제4호 각 목에 해당하는 근로소득을 연말정산하는 경우에도 사용하며, 이 경우 "⑨ 근무처명"란 및 "⑩ 사업자등록번호"란에는 실제 근무처의 상호 및 사업자번호를 적습니다. 다만, 근무처의 사업자등록번호가 없는 경우 납세조합의 사업자등록번호를 적습니다.

1. 거주지국과 거주지국코드는 근로소득자가 비거주자에 해당하는 경우에만 적으며, 국제표준화기구(ISO)가 정한 ISO코드 중 국명약어 및 국가코드를 적습니다(※ ISO국가코드: 국세청홈페이지→국세정책/제도→국제조세정보→참고자료실→국제표준화기구(ISO)가 정한 국가코드에서 조회할 수 있습니다). 예) 대한민국 : KR, 미국 : US
2. 근로소득자가 외국인에 해당하는 경우에는 "내·외국인"란에 "외국인 9"를 선택하고 "국적 및 국적코드"란에 국제표준화기구(ISO)가 정한 ISO코드 중 국명약어 및 국가코드를 적습니다. 해당 근로소득자가 외국인근로자 단일세율적용신청서를 제출한 경우"외국인단일세율 적용"란에 여1을 선택합니다. 또한, 근로소득자가 종교관련종사자에 해당하는 경우에는 "종교관련종사자 여부"란에 여1을 선택합니다.
3. 원천징수의무자가 「부가가치세법」에 따른 사업자단위 과세자에 해당할 경우 ③-1에서 여1을 선택하고, ③-2에 소득자가 근무하는 사업장의 종사업장 일련번호를 기재합니다.
4. 원천징수의무자는 지급일이 속하는 연도의 다음 연도 3월 10일(휴업 또는 폐업한 경우에는 휴업일 또는 폐업일이 속하는 달의 다음 다음 달 말일을 말합니다)까지 지급명세서를 제출해야 합니다.
5. "Ⅰ. 근무처별 소득명세"란은 비과세소득을 제외한 금액을 해당 항목별로 적고, "Ⅱ. 비과세 및 감면소득 명세"란에는 지급명세서 작성대상 비과세소득 및 감면대상을 해당 코드별로 구분하여 적습니다(적을 항목이 많은 경우 "Ⅱ. 비과세 및 감면소득 명세"란의 "⑳ 비과세소득 계"란 및 "⑳-1 감면세액 계"란에 총액만 적고, "Ⅱ.비과세 소득"란을 별지로 작성할 수 있습니다).
6. 「소득세법」 제127조제1항제4호의 각 목에 해당하는 근로소득과 그 외 근로소득[주(현)란] 더하여 연말정산하는 때에는 "⑯-1 납세조합"란에 각각 근로소득납세조합과 「소득세법」 제127조제1항제4호 각 목에 해당하는 근로소득을 적고, 「소득세법」 제150조에 따른 납세조합 공제금액을 "⑰ 납세조합공제"란에 적습니다. 합병, 기업형태 변경 등으로 존속 법인 등이 연말정산을 하는 경우에는 피합병법인에서 발생한 소득과 기업형태 변경 전의 법인에서 발생한 소득은 근무처별 소득명세 종(전)란에 별도로 적습니다.
   또한, 동일회사 내 사업자등록번호가 다른 곳에서 전입 등을 하여 해당 법인이 연말정산을 하는 경우에는 전입하기 전 지점 등에서 발생한 소득은 "근무처별 소득명세 종(전)"란에 별도로 적습니다.

…특례제한법」(이하 이 서식에서 "조특법"이라 합니다) 제18조의2제2항에 …을 더한 금액을 적습니다. 이 경우 소득세와 관련한 비과세·공제·

… 근로소득자 소득·세액 공… 오 …서대로 소득공제를 적용하여 …).

… 공제신고서(「소득세법 시행규칙」 별지 제37호서식)의 공제대상금액 및 세액공제액을 적습니다.

- 외국인 근로자 본인에 대한 인적사항과 본인 기본공제는 기재
- 내·외국인은 반드시 '9' 기재
- 본인 이외 배우자·부양가족에 대한 인적사항 등은 기재 불가

지출명세는 모두 기재하지 않음

(5) 내국인·외국인의 변동이 발생한 경우(내국인⇆외국인)

과세기간 중 국적 취득 등의 사유로 내국인·외국인의 변동이 발생한 경우에는 다음과 같이 연말정산한다.

<table>
<tr><th>구 분</th><th>내 용</th></tr>
<tr><td>외국인
→
내국인</td><td>
외국인 근로자가 과세기간 중 대한민국 국적을 취득한 경우 다음과 같이 연말정산(재소득-121, 2007.2.12.)
<table>
<tr><th>구 분</th><th>1.1.~대한민국 국적 취득 전일 근로소득</th><th>대한민국 국적 취득일 이후 근로소득</th><th>지급명세서</th></tr>
<tr><td>단일세율 과세특례 신청</td><td>단일세율 과세특례 적용 ✔ 분리과세</td><td>해당 근로소득에 대해서만 6~45% 누진세율 적용</td><td>각각 2장 작성</td></tr>
<tr><td>단일세율 과세특례 미신청</td><td colspan="2">해당 과세기간 전체 근로소득에 대해 6~45% 누진세율 적용</td><td>1장 작성</td></tr>
</table>
</td></tr>
<tr><td>내국인
→
외국인</td><td>
내국인이 과세기간 중 대한민국 국적을 포기하고 외국 국적을 취득한 경우 다음과 같이 연말정산(국제세원-2282, 2008.11.21.; 국제세원-281, 2009.6.2.)
<table>
<tr><th>구 분</th><th>1.1.~외국 국적 취득 전일 근로소득</th><th>외국 국적 취득일 이후 근로소득</th><th>지급명세서</th></tr>
<tr><td>단일세율 과세특례 신청</td><td>해당 근로소득에 대해서만 6~45% 누진세율 적용</td><td>단일세율 과세특례 적용 ✔ 분리과세</td><td>각각 2장 작성</td></tr>
<tr><td>단일세율 과세특례 미신청</td><td colspan="2">해당 과세기간 전체 근로소득에 대해 6~45% 누진세율 적용</td><td>1장 작성</td></tr>
</table>
</td></tr>
<tr><td>실무적 적용방법</td><td>
외국인의 기간 근로소득에 대해 단일세율 과세특례 적용한 결정세액
+내국인의 기간 근로소득에 대해 6~45% 누진세율 적용한 결정세액
<table>
<tr><th>상 황</th><th>내 용</th><th>지급명세서</th></tr>
<tr><td>단일세율 과세특례를 신청한 경우 결정세액
< 단일세율 과세특례를 미신청한 경우 결정세액</td><td>단일세율 과세특례 적용</td><td>각각 2장 작성</td></tr>
<tr><td>단일세율 과세특례를 신청한 경우 결정세액
> 단일세율 과세특례를 미신청한 경우 결정세액</td><td>단일세율 과세특례 배제</td><td>1장 작성</td></tr>
</table>
전체 과세기간 근로소득에 대해 6~45% 누진세율 적용한 결정세액
</td></tr>
</table>

(6) 적용신청과 경정청구

종합소득세 확정신고 시 적용받고자 하는 자는 확정신고 시 납세지 관할세무서장에게 제출

구 분		내 용
적용 선택 여부		과세기간 단위로 단일세율 과세특례 적용신청을 선택할 수 있음 → 외국인 근로자라고 해서 무조건 신청해야 하는 것이 아님 → 매 과세기간마다 다른 방법으로 연말정산 가능함
제출서류		외국인 근로자 단일세율 적용신청서(별지 제8호 서식)
제출처·제출기한		연말정산 시까지 원천징수의무자·납세조합에 제출하여야 함(제출 필수)
경정청구	제출하지 않은 경우	단일세율 적용신청서를 연말정산·종합소득세 확정신고 시 제출하지 않은 경우 → 단일세율 과세특례 적용을 위한 경정청구 불가(서이-497, 2007.3.23.)
	제출한 경우	단일세율적용 신청서를 제출한 외국인 근로자에 대해 단일세율 과세특례를 적용하여 연말정산하고 지급명세서를 제출기한 내에 제출한 경우 → 누진세율로 계산한 원천징수세액과의 차액을 경정청구 가능(심사소득 2017-53, 2017.10.31.)
매월분 단일세율(19%) 원천징수와의 관계		관계없음 ✔ 매월분 근로소득에 대해 단일세율(19%) 적용 여부와 관계없이 연말정산 시 단일세율 과세특례 적용 여부 선택 가능

근무지가 2개인 경우에는 주된 근무지 원천징수의무자에게 제출(서이-142, 2005.1.20.)

원천징수의무자 또는 근로자 모두 가능

누진세율과 단일세율 중 유리한 것 선택 가능

■ 조세특례제한법 시행규칙 [별지 제8호서식] <개정 2019. 3. 20.>

외국인근로자 단일세율적용신청서

❶ 신청인	성명	외국인등록번호
	국적	직책
	주소	

❷ 단일세율 적용신청 근로소득(과세기간: 년도)

근 무 처	사업자등록번호	소 재 지	근 로 소 득

위의 근로소득에 대하여 「조세특례제한법」 제18조의2 제2항 및 같은 법 시행령 제16조의2 제4항에 따라 외국인근로자 단일세율의 적용을 신청합니다.

년 월 일

신청인(소득자) (서명 또는 인)

귀하

210㎜×297㎜[백상지 80g/㎡ 또는 중질지 80g/㎡]

- 외국인 인적사항 기재
- 외국인등록번호가 없는 경우 여권번호 기재

- 과세기간 단위로 신청가능
- 매월분 근로소득에 대한 단일세율(19%) 원천징수와 관계 없이 신청 가능

02

(7) 지급명세서·간이지급명세서 제출

단일세율특례를 적용하는 경우에도 지급명세서·간이지급명세서 제출에 대한 모든 사항은 단일세율특례를 적용하지 않는 경우와 동일하다(소법 §164·§164의 3).

한걸음 더

외국인 근로자 단일세율 원천징수

외국인 근로자는 매월분 근로소득에 대해 간이세액표에 따른 세액 대신 다음과 같이 단일세율 원천징수를 적용받을 수 있다(조특법 §18의 2, 조특령 §16의 2).

구 분		내 용
신 청	대상 근로자	신청일 현재 외국인 근로자
	제출서류	단일세율적용 원천징수(포기)신청서(별지 제8호의 2 서식)
	제출기한	근로를 제공한 날이 속하는 달의 다음 달 10일까지
	제출방법	외국인 근로자 ⇨ 원천징수의무자 ⇨ 원천징수관할세무서장
	단일세율 원천징수 적용	신청서를 제출한 달부터 단일세율(19%) 원천징수 적용
	원천징수세액	매월분 근로소득×19% ✔ 비과세근로소득 중 사택제공이익(소령 §17의 4 1호)만 근로소득총액에 합산하지 않음
	계속 신청 여부	최초 1회만 제출(국제세원-201, 2011.5.3.)
포 기	대상 근로자	단일세율 원천징수신청서를 제출한 외국인 근로자
	제출서류	단일세율적용 원천징수(포기)신청서(별지 제8호의 2 서식)
	제출방법	외국인 근로자 ⇨ 원천징수의무자 ⇨ 원천징수관할세무서장
	간이세액 원천징수 적용	제출일이 속하는 과세기간 다음 과세기간부터 간이세액 적용
단일세율 과세특례와의 관계		별도 사항임 ✔ 연말정산 시 단일세율 과세특례 신청서를 제출하여도 매월분에 대해 단일세율 원천징수를 적용받고자 하는 경우 별도 제출 필요

■ 조세특례제한법 시행규칙 [별지 제8호의2서식] <개정 2024. 3. 22.>

외국인근로자 단일세율적용 원천징수(포기)신청서

❶ 원천징수 의무자	법인명(상호)	대표자(성명)
	사업자등록번호	주민등록번호
	소재지(주소)	
❷ 소득자	성 명	외국인등록번호 또는 여권번호
	국 적	
	주 소	
❸ 구 분	[ ] 단일세율적용 신청	[ ] 단일세율적용 포기

위의 소득자에 대하여 「조세특례제한법」 제18조의2 제5항 및 같은 법 시행령 제16조의2 제6항 또는 제7항에 따라 매월분의 근로소득을 지급할 때 단일세율의 적용(포기)을 신청합니다.

년 월 일

신청인(소득자) (서명 또는 인)

세 무 서 장 귀하

신청한 달부터 단일세율(19%) 원천징수 적용

포기 신청한 과세기간까지는 단일세율(19%) 원천징수 적용

- 외국인 인적사항 기재
- 외국인등록번호가 없는 경우 여권번호 기재

연말정산 시 적용되는 단일세율 과세특례 신청서와 별도 신청서임
→ 연말정산 시 단일세율 과세특례 신청서를 제출하여도 원천징수(포기) 신청서를 제출하지 않으면 매월분 근로소득에 대해 간이세액표에 따른 세액을 원천징수함

210㎜×297㎜[백상지 80g/㎡ 또는 중질지 80g/㎡]

05 비거주자 연말정산

1 비거주자 연말정산 개요

> 거주자·비거주자 구별은 Chapter 01-03-1 납세의무자 참조

<table>
<tr><th>구 분</th><th>내 용</th></tr>
<tr><td>비거주자</td><td>거주자가 아닌 개인</td></tr>
<tr><td>연말정산대상 소득</td><td>
<table>
<tr><th>구 분</th><th>연말정산대상 소득</th></tr>
<tr><td>조세조약이 있는 국가의 비거주자</td><td>조세조약상 대한민국에 과세권이 있는 경우 국내원천근로소득에 대해서만 연말정산</td></tr>
<tr><td>조세조약이 없는 국가의 비거주자</td><td>국내원천근로소득에 대해서만 연말정산</td></tr>
</table>
</td></tr>
<tr><td>연말정산 방법</td><td>
<table>
<tr><th>구 분</th><th>내국인-비거주자</th><th>외국인-비거주자</th></tr>
<tr><td>단일세율 과세특례 신청</td><td rowspan="2">비거주자 연말정산</td><td>과세특례적용</td></tr>
<tr><td>단일세율 과세특례 미신청</td><td>비거주자 연말정산</td></tr>
</table>
</td></tr>
<tr><td>비거주자 연말정산
(단일세율 적용배제)</td><td>
<table>
<tr><th>구 분</th><th>내 용</th></tr>
<tr><td>적용대상 근로소득</td><td>국내원천근로소득</td></tr>
<tr><td>적용대상 소득·세액공제·세액감면</td><td>• 근로소득공제
• 본인에 대한 인적공제(기본·경로우대·장애인·부녀자)
• 연금보험료 소득공제(국민·공적연금)
• 우리사주조합출연금 소득공제
• 세액감면
• 근로소득 세액공제
• 납세조합 세액공제</td></tr>
<tr><td>세부명세서 작성·제출</td><td>• 소득·세액공제명세(지급명세서 3쪽)만 작성
• 본인에 대한 인적사항과 인적공제만 기재</td></tr>
</table>
</td></tr>
</table>

단일세율 과세특례를 적용하는 경우는 'Chapter 02-04'를 참조하기 바라며, 이하 단일세율 과세특례를 적용하지 않는 비거주자 연말정산에 대해 살펴보기로 한다.

2 비거주자 연말정산대상 근로소득

1. 비거주자 납세의무

비거주자는 국내원천소득에 대해서만 납세의무가 있다(소법 §2 ①·§3 ②). 즉 국외원천소득에 대해서는 납세의무가 없으므로, 연말정산 시 국내원천소득에 대해서만 연말정산하면 된다. 다만, 비거주자는 다른 나라의 거주자이므로 조세조약이 체결된 나라의 거주자인 경우 조세조약에 따라 우리나라에 과세권이 있는지도 함께 살펴봐야 함에 유의하기 바란다.

<table>
<tr><th rowspan="2">구 분</th><th colspan="2">과세요건</th><th rowspan="2">과세 여부</th></tr>
<tr><th>조세조약상
대한민국 과세권 여부</th><th>소득세법상
국내원천소득 해당 여부</th></tr>
<tr><td rowspan="4">조세조약 체결된
국가의 거주자</td><td rowspan="2">과세권 있음(○)</td><td>국내원천소득 해당(○)</td><td>과세(○)</td></tr>
<tr><td>국외원천소득 해당(×)</td><td rowspan="3">과세 불가(×)</td></tr>
<tr><td rowspan="2">과세권 없음(×)</td><td>국내원천소득 해당(○)</td></tr>
<tr><td>국외원천소득 해당(×)</td></tr>
<tr><td rowspan="2">조세조약이 체결되지
않은 국가의 거주자</td><td rowspan="2">N/A</td><td>국내원천소득 해당(○)</td><td>과세(○)</td></tr>
<tr><td>국외원천소득 해당(×)</td><td>과세 불가(×)</td></tr>
</table>

2. 국내원천근로소득

(1) 국내원천근로소득 범위

국내원천 근로소득에는 다음과 같은 것이 있다(소법 §119 7호, 소령 §179 ⑧).

- 국내에서 제공하는 근로의 대가로서 받는 급여
- 거주자 또는 내국법인이 운용하는 외국항행선박·원양어업선박 및 항공기의 승무원이 받는 급여
- 내국법인의 임원의 자격으로서 받는 급여
- 법인세법에 따라 상여로 처분된 금액(인정상여)

(2) 국내원천근로소득 판단사례

상 황	국내원천근로소득 해당 여부	
	해당됨 ✔ 연말정산대상	해당되지 않음 ✔ 연말정산대상 아님
비거주자가 외국에서 근무함에 따라 거주자 또는 국내법인으로부터 지급받는 급여(소통 3-0…4)		✓ why 비거주자의 국외근로소득
내국법인이 전적으로 국외에서 활동하는 비거주자인 중국 현지인을 고용하여 급여를 지급하는 경우(서이-1670, 2005.10.19.)		
비거주자가 내국법인 미국지점의 업무만을 수행하기 위해 미국지점에서 고용되어 지급받는 급여(국내계좌로 지급받는 분 포함)(제도 46017-10387, 2001.4.2.)		
내국법인의 해외자회사에 고용되어 국외에서만 근로를 제공하는 비거주자가 국내모회사로부터 받은 주식매수선택권을 행사하여 얻은 이익(국제세원-301, 2011.6.24.)		
국외에서만 근로를 제공한 비거주자가 근로의 대가로 부여받은 스톡옵션을 퇴사 후 행사함으로 인하여 발생하는 이익(국제세원-398, 2009.7.27.)		
내국법인이 일본에서만 업무를 수행하는 일본 거주자(내국법인의 임원은 제외)를 고용하여 지급하는 급여(국제세원-552, 2009.11.6.)		
비거주자에 해당하는 재외공관 행정직원이 현지 공관장으로부터 지급받는 급여(서면국제세원-1559, 2018.8.28.)		
영국 거주자가 내국법인의 대표이사로서 국·내외에서 제공한 근로대가 및 임원의 자격으로 내국법인으로부터 지급받는 급여(서면법령국조-5505, 2017.2.8.)	✓	
비거주자가 임원으로서 보수의 지급원인이 되는 직무가 국내에서 행해지는 경우에는 해당 비거주자에게 지급하는 보수(사전법령국조-61, 2019.2.20.)	✓	
미국거주자가 내국법인으로부터 이사회의 구성원 자격으로 수취하는 임원의 보수로서 임원으로서의 용역을 미국에서만 수행하는 경우(서면법령국조-2116, 2020.7.28.)		✓

비거주자의 직무가 국내에서 행해지는 것인지 여부는 이사회에 참석하여 회사의 중요 의사결정사항에 의결권을 행사하는지 여부 등을 종합적으로 고려하여 사실판단

소득세법 제119조 제7호 및 한 · 미 조세조약 제19조

상 황	국내원천근로소득 해당 여부	
	해당됨 ✔ 연말정산대상	해당되지 않음 ✔ 연말정산대상 아님
비거주자가 국내사업장 등에 일시체류하면서 기술지도를 행하고 국내체류기간에 제공한 근로의 대가로 지급받는 급여(외국에서 지급하는 경우 포함)(소통 119－0…1)	✓	해당 국가와의 조세조약 등에서 별도로 규정한 경우는 제외
외국인이 외국법인의 국내사업장에 파견되어 근로를 제공하고 수령하는 급여(본사에서 지급하거나 국내사업장의 손금으로 계산하는가의 여부에 관계없음)(소통 119－0…2)		
비거주자인 근로자가 외국법인으로부터 스톡옵션을 부여받아 국내지점 근무기간 중에 스톡옵션을 행사하여 얻은 이익(서이－849, 2006.5.15.)	✓ why 국내근로제공의 대가로 부여받은 주식매수선택권은 근무기간 뿐 아니라 퇴직 후 행사이익도 과세대상	
스위스 거주자인 비거주자가 국내에서 근로를 제공하거나 내국법인의 임원인 경우 내국법인으로부터 주식매수선택권을 부여받아 이를 행사함으로써 얻는 이익(서면국제세원－3642, 2019.11.27.)		
비거주자가 외국법인의 국내지점에 근무 후 일정한 조건이 성취되는 경우 실물주식으로 전환되는 주식매수선택권을 부여받아 퇴직 후 이를 행사함에 따라 발생하는 주식매수선택권의 행사이익(서이－708, 2006.4.28.)		
국내에서 수행되는 근로제공의 대가로 주식매수선택권을 부여받아 퇴직 후 비거주자(미국 거주자)의 상태에서 이를 행사하여 얻은 이익(사전법령소득－513, 2016.11.24.).		
비거주자가 내국법인의 이사회 구성원(임원) 자격으로 주식매수선택권을 부여받아 퇴직 후 출국하여 이를 행사하는 경우(서이－639, 2006.4.19.)		
비거주자인 외국인 기술자가 내국법인과 고용계약을 체결하고 대가를 지급받을 때 일부는 국내에서 용역을 수행하고 일부는 국외에서 용역을 수행하고 대가를 받는 경우(서이－2726, 2004.12.24.)	✓ (국내용역대가)	✓ (국외용역대가)
국외에서만 근로를 제공한 비거주자가 근로의 대가로 부여받은 스톡옵션을 퇴사 후 행사함으로 인하여 발생하는 이익(행사당시의 시가와 실제 매수가액과의 차액)(서이－1453, 2007.8.3.)		✓ why 국외근로제공의 대가로 인한 소득

02

<table>
<tr><th rowspan="2" colspan="2">상 황</th><th colspan="2">국내원천근로소득 해당 여부</th></tr>
<tr><th>해당됨
✔ 연말정산대상</th><th>해당되지 않음
✔ 연말정산대상 아님</th></tr>
<tr><td colspan="2">내국법인에서 미국법인의 일본 현지 자회사로 파견 나간 근로자가 미국법인에서 부여한 주식매수선택권을 일본 현지 자회사에서 근무하는 동안 행사한 경우 비거주자의 지위에서 주식매수선택권을 행사한 경우(국심 2002서278, 2003.1.18.)</td><td></td><td>✓
why 비거주자의 국외근로소득</td></tr>
<tr><td colspan="2">영어봉사 장학생 프로그램에 따라 국내 입국 후 각 교육청에 배정되어 국·공립학교에서 영어보조교사 등으로 활동하는 대학생에게 우리나라 정부가 지급하는 숙박비·체재비(항공업자에게 지급하는 항공료 포함)를 제외한 활동비(국제세원-1160, 2008.7.4.)</td><td>✓</td><td></td></tr>
<tr><td rowspan="2">내국법인이 운용하는 외국항행선박에 탑승하여 선원으로서 수행하는 고용에 관한 급여</td><td>인도네시아, 중국, 미얀마 거주자</td><td>✓
why 조세조약상 과세권 있음</td><td></td></tr>
<tr><td>필리핀 거주자</td><td></td><td>✓
why 조세조약상 과세권 없음</td></tr>
</table>

한·인도네시아 조세조약 제15조 제3호, 한·중국 조세조약 제15조 제3호, 한·미얀마 조세조약 제15조 제3호와 소득세법 제119조 제7호 및 같은 법 시행령 제179조 제8항의 규정

주식매수선택권 행사소득은 옵션부여 당시가 아닌 그 '행사시점'에서 소득이 발생 (서이-960, 2007.5.17.)

한·필리핀 조세조약 제15조 제3호

3. 비과세 근로소득

비거주자의 국내원천근로소득에 대한 비과세 규정은 거주자의 경우와 동일하게 적용한다(소법 §12). 예를 들어, 비거주자인 임원에게 지급하는 체제비 등에 대한 비과세 여부는 다음과 같이 판단한다.

<table>
<tr><th colspan="2">구 분</th><th>내 용</th></tr>
<tr><td rowspan="2">비거주자인 임원에게 지급하는 실비변상적 성질의 급여</td><td>비과세</td><td>비거주자인 비상근임원인 사외이사에게 지급하는 보수 중 실비변상 정도의 체재비, 항공료 등(서이-473, 2007.3.21.)</td></tr>
<tr><td>과 세</td><td>국내 근로기간 중 업무수행을 위하여 비거주자 임원에게 제공된 숙박비, 항공권, 택시비, 식비 및 여비 등이 합리적 또는 경제적이라고 인정되는 범위를 초과하는 경우(서면법령국조-5505, 2017.2.8.)</td></tr>
</table>

3 비거주자 연말정산

1. 일반적인 경우

외국인단일세율 과세특례를 적용하지 않는 비거주자에 대한 연말정산의 내용(시기, 방법 등)은 거주자의 경우와 동일하다. 다만, 소득·세액공제에 있어 적용받을 수 없는 것이 있다. 비거주자의 연말정산을 거주자의 연말정산과 비교하여 보면 다음과 같다.

<table>
<tr><th colspan="4">구 분</th><th>거주자 연말정산</th><th>비거주자 연말정산</th></tr>
<tr><td colspan="4">연말정산대상 근로소득</td><td>국내외 모든 근로소득</td><td>국내원천근로소득</td></tr>
<tr><td colspan="4">비과세 근로소득</td><td colspan="2">적용(○)</td></tr>
<tr><td colspan="4">총급여</td><td colspan="2">근로소득총액－비과세</td></tr>
<tr><td colspan="4">근로소득공제</td><td colspan="2">적용(○)</td></tr>
<tr><td colspan="4">근로소득금액</td><td colspan="2">총급여－근로소득공제</td></tr>
<tr><td rowspan="20">소득
공제</td><td rowspan="7">인적
공제</td><td rowspan="3">기 본</td><td>본 인</td><td>○</td><td>○</td></tr>
<tr><td>배우자</td><td>○</td><td rowspan="2">적용불가(×)</td></tr>
<tr><td>부양가족</td><td>○</td></tr>
<tr><td rowspan="4">추 가</td><td>경로우대</td><td>○</td><td rowspan="3">비거주자 본인에
대해서만 적용(○)</td></tr>
<tr><td>장애인</td><td>○</td></tr>
<tr><td>부녀자</td><td>○</td></tr>
<tr><td>한부모</td><td>○</td><td>× (기본공제 부양가족 없음)</td></tr>
<tr><td>연금보험료</td><td colspan="2">국민·공적연금</td><td>○</td><td>○</td></tr>
<tr><td rowspan="3">특별
소득
공제</td><td colspan="2">(건강·고용)보험료</td><td>○</td><td>×</td></tr>
<tr><td colspan="2">주택임차차입금원리금</td><td>○</td><td>×</td></tr>
<tr><td colspan="2">주택저당차입금이자</td><td>○</td><td>×</td></tr>
<tr><td rowspan="9">그
밖의
소득
공제</td><td colspan="2">개인연금저축</td><td>○</td><td>×</td></tr>
<tr><td colspan="2">소기업·소상공인공제</td><td>○</td><td>×</td></tr>
<tr><td colspan="2">주택마련저축</td><td>○</td><td>×</td></tr>
<tr><td colspan="2">투자조합출자</td><td>○</td><td>×</td></tr>
<tr><td colspan="2">신용카드 등 사용금액</td><td>○</td><td>×</td></tr>
<tr><td colspan="2">우리사주조합출연금</td><td>○</td><td>○</td></tr>
<tr><td colspan="2">고용유지중소기업 근로자</td><td>○</td><td>×</td></tr>
<tr><td colspan="2">장기집합투자증권저축</td><td>○</td><td>×</td></tr>
<tr><td colspan="2">청년형 장기집합투자증권저축</td><td>○</td><td>×</td></tr>
</table>

적용하나, 실지로는 고려 안 해도 됨
why 비거주자 소득공제종합한도 대상 소득공제
→ 우리사주조합출연금 소득공제만 있음
→ 최대 공제금액 1,500만원
→ 한도초과 발생하지 않음

<table>
<tr><th colspan="3">구 분</th><th>거주자 연말정산</th><th>비거주자 연말정산</th></tr>
<tr><td colspan="3">소득공제 종합한도 초과액</td><td>○</td><td>○</td></tr>
<tr><td colspan="3">과세표준</td><td colspan="2">근로소득금액 − 소득공제
+ 소득공제 종합한도 초과액</td></tr>
<tr><td colspan="3">산출세액</td><td colspan="2">6~45% 누진세율</td></tr>
<tr><td rowspan="7">세액
감면</td><td colspan="2">소득세법(소법 §59의 5)</td><td>○(외국인만 가능)</td><td>○(외국인만 가능)</td></tr>
<tr><td colspan="2">외국인 기술자</td><td>○(외국인만 가능)</td><td>○(외국인만 가능)</td></tr>
<tr><td colspan="2">중소기업 핵심인력 성과보상기금</td><td>○</td><td>○</td></tr>
<tr><td colspan="2">성과공유 중소기업 경영성과급</td><td>○</td><td>○</td></tr>
<tr><td colspan="2">중소기업 취업자</td><td>○</td><td>○</td></tr>
<tr><td colspan="2">내국인 우수인력</td><td>○(내국인만 가능)</td><td>○(내국인만 가능)</td></tr>
<tr><td colspan="2">조세조약(교직자 보수)</td><td>○(외국인만 가능)</td><td>○(외국인만 가능)</td></tr>
<tr><td rowspan="13">세액
공제</td><td colspan="2">근로소득</td><td>○</td><td>○</td></tr>
<tr><td colspan="2">혼인</td><td>○</td><td>×</td></tr>
<tr><td colspan="2">자녀, 출생·입양</td><td>○</td><td>×</td></tr>
<tr><td colspan="2">연금계좌</td><td>○</td><td>×</td></tr>
<tr><td rowspan="5">특별
세액
공제</td><td>(보장성)보험료</td><td>○</td><td>×</td></tr>
<tr><td>의료비</td><td>○</td><td>×</td></tr>
<tr><td>교육비</td><td>○</td><td>×</td></tr>
<tr><td>기부금</td><td>○</td><td>×</td></tr>
<tr><td>표 준</td><td>○</td><td>×</td></tr>
<tr><td colspan="2">납세조합</td><td>○</td><td>○</td></tr>
<tr><td colspan="2">주택차입금이자</td><td>○</td><td>×</td></tr>
<tr><td colspan="2">외국납부</td><td>○</td><td>×</td></tr>
<tr><td colspan="2">월세액</td><td>○</td><td>×</td></tr>
<tr><td rowspan="3" colspan="2">결정세액</td><td>소득세</td><td colspan="2">산출세액 − 세액감면 − 세액공제</td></tr>
<tr><td>지방소득세</td><td colspan="2">소득세 결정세액 × 10%</td></tr>
<tr><td>농어촌특별세</td><td>주택차입금이자
세액공제 × 20%</td><td>영(0)</td></tr>
</table>

기본공제 부양가족 없음

적용하나, 실지로는 적용불가
why 5년간 성과보상기금에 가입해야 함
→ 사실상 거주자만 가능

소득세법 제126조 제5항에 따르면, 공제가능하나, 국세청 제공 전산매체 제출의 경우에는 공제할 수 없음으로 되어 있음

주택차입금이자 세액공제 적용불가

구 분	거주자 연말정산	비거주자 연말정산
기납부세액	주(현)·종(전) 근무지 등에서 이미 부담한 소득세 등	
납부특례세액	벤처기업 임직원 주식매수선택권 행사이익 납부특례세액	
차감징수세액	결정세액 − 기납부세액 − 납부특례세액	

2. 특별한 경우

(1) 납세의무자 구분이 변경된 경우(거주자 ⇆ 비거주자)

구 분	내 용(소통 3-0…2, 소통 3-0…3)
비거주자 → 거주자	국내에 처음으로 주소를 두거나 또는 비거주자가 183일 이상 국내에 거소를 둠으로써 거주자로 되는 경우 다음과 같이 각각 연말정산함 (지급명세서가 2장 생성됨) **비거주자 기간 국내원천근로소득**: 비거주자 연말정산 적용(분리과세) (1.1.부터 거주자 기간 전일까지) **거주자 기간 근로소득**: 거주자 연말정산 적용(종합과세) (주소를 둔 날 또는 183일이 되는 날부터 과세기간 종료일까지; 국내에 국내사업장 또는 국내원천 부동산소득이 있는 경우 해당 소득과 합산과세)
거주자 → 비거주자	거주자가 주소 또는 거소를 국외에 이전하여 비거주자가 되는 경우 다음과 같이 각각 연말정산함 (지급명세서가 2장 생성됨) **거주자 기간 근로소득**: 거주자 연말정산 적용(종합과세) (1.1.부터 출국일 또는 국내에 주소가 없는 것으로 보는 사유가 발생한 날까지; 비거주자 기간에 종합과세하는 국내원천소득이 있는 경우 거주자 기간에 발생한 모든 소득 합산과세) **비거주자 기간 국내원천근로소득**: 비거주자 연말정산 적용(분리과세) (거주자 기간 다음 날부터 과세기간 종료일까지)

(2) 거주자가 비거주자인 상태에서 당초 근무에 대한 추가 근로소득이 발생하는 경우

상 황	연말정산
외국인 거주자가 국내에서 외국법인의 국내지점 또는 외국인투자법인과 근로계약을 체결하고 근로를 제공한 후 그 외국인거주자가 소득세법에 따른 근로소득세액의 연말정산을 종료하고, 파견기간이 종료되어 출국함에 따라 비거주자인 상태에서 외국법인의 국내지점 또는 외국인투자법인이 당초의 근로제공에 대한 상여(인센티브)를 추가로 지급하는 경우	원천징수의무자인 외국법인의 국내지점 또는 외국인투자법인은 그 상여(인센티브)를 추가로 지급하는 때에 당초의 근로소득세액의 연말정산을 다시 함(서이-942, 2005.6.28.) ✔ 거주자 연말정산 재정산

3. 비거주자 연말정산명세서 작성

외국인 단일세율 과세특례가 적용되지 않는 비거주자 연말정산의 경우 지급명세서는 다음과 같이 작성된다.

구 분		작성 여부
근로소득지급명세서	징수의무자, 소득자, 근무처별소득명세, 비과세·감면소득명세, 세액명세(1쪽)	작성(○)
	정산명세(2쪽)	
	소득·세액공제명세(3쪽)	작성(○)
	연금·저축 등 소득·세액공제명세서(6쪽)	작성안함(×) why 공제 안함
	월세액·거주자간 주택임차차입금원리금상환액 소득·세액공제명세서	
의료비지급명세서		
기부금명세서		

① 본인에 대한 인적공제 사항만 기재
② 지출관련 사항은 기재 안함

■ 소득세법 시행규칙 [별지 제24호서식(1)] <개정 2025.6.30.> (9쪽 중 제1쪽)

관리번호	

[✓]근로소득 원천징수영수증
[ ]근로소득 지 급 명 세 서

([ ]소득자 보관용 [ ]발행자 보관용 [ ]발행자 보고용)

거주구분		거주자1 / 비거주자2	
거주지국		거주지국코드	
내·외국인		내국인1 /외국인9	
외국인단일세율적용		여 1 / 부 2	
외국법인소속 파견근로자 여부		여 1 / 부 2	
종교관련종사자 여부		여 1 / 부 2	
국적		국적코드	
세대주 여부		세대주1, 세대원2	
연말정산 구분		계속근로1, 중도퇴사2	

징 수 의무자	① 법인명(상 호)		② 대 표 자(성 명)	
	③ 사업자등록번호		④ 주 민 등 록 번 호	
	③-1 사업자단위과세자 여부	여1 / 부2	③-2 종사업장 일련번호	
	⑤ 소 재 지(주소)			
소득자	⑥ 성 명		⑦ 주 민 등 록 번 호(외국인등록번호)	
	⑧ 주 소			

	구 분		주(현)	종(전)	종(전)	⑯-1 납세조합	합 계
Ⅰ 근무처별소득명세	⑨ 근 무 처 명						
	⑩ 사업자등록번호						
	⑪ 근무기간		~	~	~	~	~
	⑫ 감면기간		~	~	~	~	~
	⑬ 급 여						
	⑭ 상 여						
	⑮ 인 정 상 여						
	⑮-1 주식매수선택권 행사이익						
	⑮-2 우리사주조합인출금						
	⑮-3 임원 퇴직소득금액 한도초과액						
	⑮-4 직무발명보상금						
	⑯ 계						
Ⅱ 비과세 및 감면소득명세	⑱ 국외근로	MOX					
	⑱-1 야간근로수당	OOX					
	⑱-2 보육수당	QOX					
	⑱-3 출산지원금	QOX					
	⑱-4 연구보조비	HOX					
	⑱-5						
	⑱-6						
	~						
	⑱-41 임원등할인금액	W01					
	⑲ 수련보조수당	Y22					
	⑳ 비과세소득 계						
	⑳-1 감면소득 계						

	구 분			(79) 소 득 세	(80) 지방소득세	(81) 농어촌특별세
Ⅲ 세액명세	(73) 결 정 세 액					0
	기납부 세 액	(74) 종(전)근무지 (결정세액란의 세액을 적습니다)	사업자 등록 번호			
		(75) 주(현)근무지				
	(76) 납부특례세액					
	(77) 차 감 징 수 세 액((73)-(74)-(75)-(76))					

위의 원천징수액(근로소득)을 정히 영수(지급)합니다.

년 월 일

징수(보고)의무자 (서명 또는 인)

세 무 서 장 귀하

210mm×297mm[백상지 80g/㎡(재활용품)]

단일세율을 적용하지 않는 거주자 연말정산과 동일하게 기재

구분	내용
거주 구분	반드시 '비거주자(2)' 표시
외국인 단일세율 적용	반드시 '부(2)' 표시
이 외	단일세율을 적용하지 않는 거주자 연말정산과 동일하게 기재

(9쪽 중 제2쪽)

구분					금액
㉑ 총급여(⑯, 외국인 단일 세율 적용 시 연간 근로소득)					
㉒ 근로소득공제					
㉓ 근로소득금액					
Ⅳ. 정산명세 / 종합소득공제	기본공제	㉔ 본인			
		㉕ 배우자			
		㉖ 부양가족(명)			
	추가공제	㉗ 경로우대(명)			
		㉘ 장애인(명)			
		㉙ 부녀자			
		㉚ 한 부 모 가 족			
	연금보험료공제	㉛ 국민연금보험료		대상금액	
				공제금액	
		㉜ 공적연금보험료공제	㉮ 공무원연금	대상금액	
				공제금액	
			㉯ 군인연금	대상금액	
				공제금액	
			㉰ 사립학교교직원연금	대상금액	
				공제금액	
			㉱ 별정우체국연금	대상금액	
				공제금액	
	특별소득공제	㉝ 보험료	㉮ 건강보험료(노인장기요양보험료포함)	대상금액	
				공제금액	
			㉯ 고용보험료	대상금액	
				공제금액	
		㉞ 주택자금	㉮ 주택임차차입금원리금상환액	대출기관	
				거주자	
			㉯ 장기주택저당차입금이자상환액 / 2011년 이전 차입분	15년 미만	
				15년~29년	
				30년 이상	
				15년 이상 고정금리이면서 비거치상환 대출	
				15년 이상 고정금리이거나, 비거치상환 대출	
			㉯ 장기주택저당차입금이자상환액 / 2012년 이후 차입분	15년 이상 고정금리이면서 비거치상환 대출	
				15년 이상 고정금리이거나, 비거치상환 대출	
				15년 이상 그 밖의 대출	
				10년~15년 고정금리이거나, 비거치상환 대출	
		㉟ 계			
㊱ 차감소득금액					
그 밖의 소득공제	㊲ 개인연금저축				
	㊳ 소기업 · 소상공인 공제부금				
	㊴ 주택마련저축	㉮ 청약저축			
		㉯ 주택청약종합저축			
		㉰ 근로자주택마련저축			
	㊵ 투자조합출자 등				
	㊶ 신용카드등 사용액				
	㊷ 우리사주조합 출연금				
	㊸ 고용유지 중소기업 근로자				
	㊹ 장기집합투자증권저축				
	㊺ 청년형 장기집합투자증권저축				
	㊻ 그 밖의 소득공제 계				
㊼ 소득공제 종합한도 초과액					

구분					금액
㊽ 종합소득 과세표준					
㊾ 산출세액					
세액감면	㊿ 「소득세법」				
	(51) 「조세특례제한법」(52 제외)				
	(52) 「조세특례제한법」 제30조				
	(53) 조세조약				
	(54) 세액감면 계				
세액공제	(55) 근로소득				
	(56) 혼인세액공제				
	(57) 자녀			공제대상자녀 (명)	
				출산 · 입양자 (명)	
	연금계좌	(58) 「과학기술인공제회법」에 따른 퇴직연금		공제대상금액	
				세액공제액	
		(59) 「근로자퇴직급여 보장법」에 따른 퇴직연금		공제대상금액	
				세액공제액	
		(60) 연금저축		공제대상금액	
				세액공제액	
		(60)-1 개인종합자산관리계좌 만기 시 연금계좌 납입액		공제대상금액	
				세액공제액	
	특별세액공제	(61) 보험료	보장성	공제대상금액	
				세액공제액	
			장애인전용 보장성	공제대상금액	
				세액공제액	
		(62) 의료비		공제대상금액	
				세액공제액	
		(63) 교육비		공제대상금액	
				세액공제액	
		(64) 기부금	㉮ 정치자금기부금 10만원 이하	공제대상금액	
				세액공제액	
			㉮ 정치자금기부금 10만원 초과	공제대상금액	
				세액공제액	
			㉯ 고향사랑기부금 10만원 이하	공제대상금액	
				세액공제액	
			㉯ 고향사랑기부금 10만원 초과(특별재난지역)	공제대상금액	
				세액공제액	
			㉯ 고향사랑기부금 10만원 초과(일반)	공제대상금액	
				세액공제액	
			㉰ 특례기부금	공제대상금액	
				세액공제액	
			㉱ 우리사주조합기부금	공제대상금액	
				세액공제액	
			㉲ 일반 기부금(종교단체 외)	공제대상금액	
				세액공제액	
			㉳ 일반기부금(종교단체)	공제대상금액	
				세액공제액	
		(65) 계			
		(66) 표준세액공제			
	(67) 납세조합공제				
	(68) 주택차입금				
	(69) 외국납부				
	(70) 월세액			공제대상금액	
				세액공제액	
	(71) 세액공제 계				
(72) 결정세액(㊾-(54)-(71))					
(82) 실효세율(%) ((72)/㉑)×100					

음영 표시된 부분은 반드시 영(0) 기재

(9쪽 중 제3쪽)

⑱ 소득·세액공제 명세[인적공제항목은 해당란에 "○"표시(장애인 해당 시 해당 코드 기재)를 하며, 각종 소득공제·세액공제 항목은 공제를 위하여 실제 지출한 금액을 적습니다.]

인적공제 항목						
관계코드	성 명	기본공제		경로우대	혼인 세액공제	출산입양
내·외국인	주민등록번호	부녀자	한부모	장애인		자녀
인적공제 항목에 해당하는 인원수를 적습니다.						
0		○				
	(근로자 본인)					
	-					
	-					

각종 소득공제·세액공제 항목											
자료구분	보험료				의료비					교육비	
	건강	고용	보장성	장애인 전용 보장성	일반	미숙아·선천성 이상아	난임	6세이하·65세이상·장애인·건강보험 산정특례자	실손 의료 보험금	일반	장애인 특수교육
국세청 계											
기타 계											
국세청											
기타											
국세청											
기타											
국세청											
기타											

각종 소득공제·세액공제 항목							
	신용카드등 사용액공제						
자료구분	신용카드	직불카드등	현금영수증	문화체육 사용분 (총급여 7천만원 이하자만 기재)	전통시장 사용분	대중교통 이용분	기부금
국세청 계							
기타 계							
국세청							
기타							
국세청							
기타							

- 비거주자 본인에 대한 인적사항과 인적공제 내용만 기재
- 한부모는 기재 불가 why 부양가족 없음
- 본인 이외 배우자·부양가족에 대한 인적사항 등은 기재 불가

지출명세는 모두 기재하지 않음

4. 지급명세서·간이지급명세서 제출

다음과 같이 거주자와 동일하게 비거주자 연말정산에 대한 지급명세서·간이지급명세서도 제출한다.

비거주자 구분	지급명세서·간이지급명세서 제출
상용근로자	거주자와 동일하게 지급명세서·간이지급명세서 제출(소법 §164의 2·§164의 3, 소령 §216의 2)
일용근로자	제출하지 않아도 됨(소칙 §97의 2 3호)

06 신고, 납부(환급), 제출

1 세액징수 및 환급

'추가징수'는 매월분 근로소득에 대한 간이세액표(또는 단일세율 원천징수특례)에 따른 원천징수세액에 더하여 추가로 징수한다는 것을 의미

1. 세액징수(근로자 → 원천징수의무자)

연말정산 결과 근로자로부터 세액을 징수하여야 하는 경우 다음과 같이 추가징수한다(소법 §134·§150 ③·§86·§137 ④·§139, 농특법 §7 ③, 지법 §103의 13 ①·§103의 15 ①·§103의 17 ①·§103의 18).

<table>
<tr><th>구 분</th><th colspan="4">연말정산 세액의 징수</th></tr>
<tr><td rowspan="7">소득세·농어촌특별세</td><td colspan="2">구 분</td><td colspan="2">내 용</td></tr>
<tr><td colspan="2">징수하는 경우</td><td colspan="2">1,000 ≤ 차감징수세액 why 소액부징수</td></tr>
<tr><td colspan="2">중도퇴사자</td><td colspan="2">퇴직하는 달의 근로소득에서 징수
✔ 근로소득을 초과하는 금액은 즉시 징수</td></tr>
<tr><td rowspan="3">계속 근로자</td><td>원 칙</td><td colspan="2">2월 근로소득에서 징수</td></tr>
<tr><td>100,000 < 차감징수세액 → 분납가능</td><td colspan="2">근로자가 신청하는 경우 원천징수의무자가 2월·3월·4월 근로소득에서 분할 징수가능
근로자가 해당 분할징수기간 동안 퇴사하게 되는 경우 퇴사하는 달의 다음 달에 지급할 근로소득이 없으므로 퇴사하는 달에 나머지 분할징수세액을 모두 징수하여야 함</td></tr>
<tr><td>징수하는 달의 근로소득이 부족한 경우</td><td colspan="2">다음 달 근로소득에서 징수
✔ 그 다음 달 근로소득이 없는 경우 즉시 징수</td></tr>
<tr><td colspan="2">2 이상 근무지에서 동시에 근로소득을 받아 합산 연말정산하는 경우</td><td colspan="2">주 근무지 원천징수의무자가 해당 근무지 근로소득에서 징수
(서면법규-580, 2014.6.10.)</td></tr>
<tr><td rowspan="4">지방소득세</td><td colspan="2">구 분</td><td colspan="2">내 용</td></tr>
<tr><td colspan="2">징수하는 경우</td><td colspan="2">1,000 ≤ 소득세 차감징수세액</td></tr>
<tr><td rowspan="2">지방소득세 특별징수세액</td><td>특별징수세액</td><td colspan="2">원천징수하는 소득세×10%</td></tr>
<tr><td>특별징수시기·특별징수방법</td><td colspan="2">소득세 원천징수시기·방법과 동일
✔ 소득세가 분할징수되는 경우 지방소득세도 분할징수
✔ 징수하는 달의 근로소득이 부족한 경우 다음 달 근로소득에서 징수</td></tr>
</table>

지방소득세 특별징수세액은 소액부징수 규정이 없으나 (지법 §103의 60), 소득세가 소액부징수 규정에 따라 징수세액이 영(0)이 되면, 지방소득세도 징수하지 않음

종 근무지 근로소득에서 징수하거나 보전받지 않는다는 의미

10원 미만 버림 등의 사유로 정확하게 10%가 되지는 않음

2. 세액환급(원천징수의무자 → 근로자)

연말정산 결과 근로자에게 세액을 환급하여야 하는 경우 다음과 같이 환급한다(소령 §201 ①, 국기법 §51 ⑤, 소칙 §93 ①, 농특법 §12, 지법 §103의 15 ①, 지령 §100의 7 ③, 지칙 §48의 2 ①).

구 분: 소득세 — 연말정산 세액의 환급

구 분	내 용		
환급의무자	연말정산한 원천징수의무자		
환급시기	연말정산한 달에 환급		
환급세액의 충당	원천징수의무자는 근로자에게 환급하였거나 환급할 연말정산세액의 새원을 다음과 같이 충당함		
	구 분		**내 용**
	조정환급	1순위	연말정산 결과 징수세액이 발생한 근로자로부터 징수한 연말정산세액
	조정환급	2순위	연말정산하는 달에 징수한 다른 근로소득 원천징수세액(간이세액·중도퇴사·일용근로 원천징수세액)
	조정환급	3순위	연말정산하는 달의 다른 소득에 대한 원천징수세액(퇴직소득 등 개인에게 징수한 소득세, 법인에게 징수한 법인세, 농어촌특별세)
	조정환급	4순위	부족한 경우 다음 달 이후에 원천징수하여 납부할 소득세 등에서 조정환급
	환급신청		연말정산하는 달의 조정환급 후 해당 초과액을 환급신청하여 환급받은 세액

구 분: 농어촌특별세 — 연말정산 세액의 환급

구 분	내 용
환급발생 여부	연말정산에 따른 농어촌특별세에 과오납금이 있는 경우 발생 예 주택차입금이자 세액공제 대상이 아닌 자가 공제를 받고 농어촌특별세를 납부한 경우 ✔ 소득세 추가납부, 농어촌특별세 환급
환급방법	소득세 준용

구 분: 지방소득세 — 연말정산 세액의 환급

소득세와 동일 ✔ 조정환급을 원칙으로 하되 환급신청 가능

- 1순위: 원천세 신고서 A04 연말정산 합계란에 합계금액으로 표시
- 2순위: 원천세 신고서 A10 가감계란에 합계금액으로 표시
- 3순위: 원천세 신고서 ⑨당월조정 환급세액란에 기재하여 조정환급 → 기재한 경우에만 조정환급됨
- 4순위: 미환급세액은 ⑳차월이월환급세액란에 기재 → 다음 달 원천세 신고서 ⑫전월 미환급세액으로 이월되어 조정환급됨
- 환급신청: 원천세 신고서 ㉑환급신청액란에 기재하여 환급받을 수 있음

한걸음 더

원천징수세액 환급의무자

연말정산환급세액은 근로자가 원천징수의무자로부터 환급받아야 함

구 분	상 황	환급절차
원천징수 의무자로부터 환급받지 못한 경우	원천징수의무자가 임금체불 상태에 있어서 근로자가 연말정산 환급세액을 원천징수의무자로부터 받지 못하는 경우(조심 2010서1876, 2010.12.31.)	관할세무서장 또는 다른 원천징수의무자가 근로자에게 개별적으로 환급할 수 없음 ✔ 체불임금에 해당
원천징수 후 원천징수대상 소득금액이 감액결정되는 경우	원천징수의무자가 소득세 원천징수·납부를 불이행하여 그 납세지 관할세무서장이 징수 불이행된 세액을 원천징수의무자에게 고지·징수하였으나, 이에 대해 납세의무자가 불복을 제기함에 따라 감액결정된 원천징수대상 소득금액에 대한 원천징수세액 환급금(소득-187, 2011.2.25.)	관할세무서장이 해당 원천징수세액을 납부한 원천징수의무자에게 환급 ✔ 근로자가 원천징수의무자로부터 환급받아야 함

소득자가 종합소득세 확정신고를 하더라도 기납부세액으로 공제하지 않음

2 세액신고 및 납부(환급)

연말정산 결과 연말정산세액을 납부·환급(환급신청)하는 경우 다음과 같이 신고·납부(환급신청)한다(소법 §128·§151·§7, 소령 §185·§186·§201·§5, 소칙 §93, 법법 §9, 법령 §7, 법칙 §2의 3, 농특법 §6·§7 ③·§12, 농특령 §6 ①, 지법 §103의 13 ②·§103의 17 ①·§103의 18 ②·§89 ③ 1호, 지령 §100의 5·§100의 7·§87 ②, 지칙 §48·§48의 2, 국기법 §51 ⑤, 지기칙 §17 ③).

1. 세액 신고·납부(원천징수의무자 → 관할세무서장)

대표적으로 인정상여에 대한 원천징수세액이 있음

구 분	내 용		
소득세·농어촌특별세·지방소득세 신고납부기한	구 분		내 용
	월별납부자		연말정산일이 속하는 달의 다음 달 10일
	반기 납부자	반기납부제외대상	원천(특별)징수일이 속하는 달의 다음 달 10일
		이 외	연말정산일이 속하는 반기 다음 달 10일
신고납부서류	구 분		내 용
	소득세·농어촌특별세	신고서류	원천징수이행상황신고서[별지 제21호 서식]
		납부서류	영수증서/납부서[국세징수법시행규칙 별지 제1호 서식]

납부기한이 공휴일, 대체공휴일, 토요일, 일요일이거나 근로자의 날일 때에는 공휴일, 대체공휴일, 토요일, 일요일 또는 근로자의 날의 다음 날을 납부기한으로 함(국기법 §5 ①)

홈택스에서 신고 시 자동으로 생성됨

위택스에서 홈택스와 연동하여 생성 가능

이자소득, 연금소득, 국민건강보험공단이 지급하는 사업소득도 마찬가지임

구 분	내 용
신고납부서류	(아래 표 참조)
납세지 – 소득세·농어촌특별세	(아래 표 참조)
납세지 – 지방소득세	(아래 표 참조)

신고납부서류

구 분			내 용
지방소득세	신고서류	제출서류	지방소득세 특별징수 계산서 및 명세서[별지 제42호의 2 서식]
		제출면제	근로소득에 대해서는 제출하지 않아도 됨
	납부서류		지방소득세 특별징수 납부서 및 영수필통지서 [별지 제42호 서식]

납세지 – 소득세·농어촌특별세

원천징수의무자는 원천징수대상 소득을 지급하는 자이며, 납세지와 별개의 개념임에 유의
→ 예를 들어, 본점일괄납부특례 대상 법인은 원천징수를 각 본·지점별로 하되, 신고·납부를 본점 소재지 관할세무서에 일괄하는 것임

원천징수의무자				납세지
거주자	사업장 있음			원천징수하는 그 사업장 소재지
	사업장 없음			그 거주자의 주소지 또는 거소지
비거주자	국내사업장 있음			원천징수하는 그 국내사업장 소재지
	국내사업장 없음			그 비거주자의 거류지(居留地)·체류지
법 인	원 칙			본점·주사무소 소재지
	사업장별 회계적용	원 칙	국내사업장	그 사업장 소재지
			국외사업장	본점·주사무소 소재지
		본점일괄납부특례		본점·주사무소 소재지
납세조합				그 납세조합 소재지
원천징수의무를 다른 자에게 위임·대리한 경우				그 대리인·수임인 납세지(소통 7-0…1)

납세지가 불분명한 경우에는 비거주자가 신고한 장소 또는 국세청장·관할지방국세청장이 정한 장소로 함

① 주소지가 2 이상인 경우
→ 주민등록 된 곳
② 거소지가 2 이상인 경우
→ 생활관계가 보다 밀접한 곳

그 법인의 지점, 영업소, 그 밖의 사업장이 독립채산제(獨立採算制)에 따라 독자적으로 회계사무를 처리하는 경우를 말함
→ 실무적으로는 부가가치세법에 따라 각 사업장별로 등록하여 각 사업장마다 사업자번호가 다른 경우를 말함

수권·위임받은 범위 내에서 원천징수의무자가 됨

반기납부자는 반기 마지막 달 현재의 납세지 관할 시·군·구청에 납부할 수 있음

납세지 – 지방소득세

구 분		내 용
납세지		해당 납세의무자(근로자)의 근무지를 관할하는 시·군·구청
근무지 판단	근무지 의미	근로자가 근로를 제공하는 고정적인 장소 ✔ 근로자가 소속된 근무지(지통 89-1)

<table>
<tr><th colspan="2">구 분</th><th colspan="5">내 용</th></tr>
<tr><td rowspan="10">납세지</td><td rowspan="10">지방
소득세</td><th colspan="4">구 분</th><th>내 용</th></tr>
<tr><td rowspan="4">근무지
판단</td><td rowspan="4">판단
사례</td><td colspan="2">파견근로자</td><td>그 파견지(지통 89－1)</td></tr>
<tr><td colspan="2">국외근무자</td><td>해당 근로소득을 지급하는 사업장·사무소(세정 1234－4985, 1979.3.30.)</td></tr>
<tr><td rowspan="2">외항
선원</td><td>원칙</td><td>실제 선박관리 및 선원 인력관리, 급료지급 등의 업무를 수행하는 항만소재지에 위치한 사무소를 관할하는 시·군·구청(세정－1775, 2005.7.20.)</td></tr>
<tr><td>예외</td><td>선박 및 선원을 관리하는 사무소를 사실상 판단하기 어려운 경우에는 선박법상의 선적항을 관할하는 시·군·구청(세정－1775, 2005.7.20.)</td></tr>
<tr><td rowspan="2">합산
연말정산
하는 경우</td><td colspan="3">연도 중 근무지가 변경된 경우</td><td>12.31. 현재 새로운 근무지</td></tr>
<tr><td colspan="3">2 이상 사용자로부터 근로소득을 받는 경우</td><td>12.31. 현재 주된 근무지</td></tr>
<tr><td colspan="5">다음연도 2월에 근무하는 근무지가 아니라 합산 연말정산을 수행하는 근무지라는 의미임 (합산 연말정산하는 경우)
급여 등을 본래 소속지에서 지급하는 경우에도 동일 (파견근로자)</td></tr>
</table>

한걸음 더

납세지

1. 본점일괄납부특례

<table>
<tr><th>구 분</th><th colspan="3">내 용</th></tr>
<tr><td rowspan="5">본점일괄납부
특례대상</td><th colspan="2">구 분</th><th>내 용</th></tr>
<tr><td rowspan="3">신고하는
경우</td><td>요 건</td><td>법인이 지점·영업소 또는 그 밖의 사업장에서 지급하는 소득에 대한 원천징수세액을 본점 등에서 전자계산조직 등에 의해 일괄계산하는 경우</td></tr>
<tr><td>제출서류</td><td>원천징수세액 본점일괄납부신고서[법인세법시행규칙 별지 제62호의 2 서식]</td></tr>
<tr><td>제출기한</td><td>법인은 원천징수세액을 일괄납부하려는 달의 말일부터 1개월 전까지 본점 관할세무서장에게 제출</td></tr>
<tr><td colspan="2">신고가 필요 없는 경우</td><td>부가가치세법에 따라 사업자단위로 등록한 경우</td></tr>
<tr><td>연말정산 실시</td><td colspan="3">각 사업장별로 실시</td></tr>
<tr><td rowspan="4">원천세 신고·
납부(환급)</td><th>구 분</th><th colspan="2">내 용</th></tr>
<tr><td>원천세 신고</td><td colspan="2">매월분 원천징수이행상황신고서상 총지급액, 징수할 세액, 납부할 세액에 대해 본점이 1장으로 작성 제출</td></tr>
<tr><td>원천세 납부</td><td colspan="2">본점에서 일괄하여 납부</td></tr>
<tr><td>원천세 환급</td><td colspan="2">본점에서 일괄하여 환급·환급신청(지점분 환급세액 포함)</td></tr>
</table>

구 분	내 용			
지급명세서 제출	구 분		본점분	지점분
	제출자		본점에서 일괄 제출	
	사업자 단위등록 사업자	원천징수의무자	본점 사업자번호 기재	
		종사업장일련번호	영(0) 기재	종사업장 일련번호 기재
	이외 사업자	원천징수의무자	본점 사업자등록번호 기재	지점 사업자등록번호 기재

2. 원천징수의무를 타인에게 위임·대리한 경우로서 원천징수의무가 불이행된 경우

상 황	무납부·미달납부세액과 가산세 부담
대리·위임자가 원천징수의무를 불이행한 경우	대리인·위임받은 자가 부담(재경부 소득 22601-645, 1986.8.2.)

3. 납세지가 잘못 적용된 경우

구 분	납세지가 잘못 적용된 경우	
	잘못 적용된 납세지	정당한 납세지
소득세·농어촌특별세	납부의 효력에는 영향 없음 why 국세	
지방소득세 (세정-351, 2005.1.21.)	환급이자와 함께 환급 받음	납부지연가산세와 함께 납입해야 함

2. 세액 신고·환급(환급신청)(원천징수의무자 → 관할세무서장)

⑨ 당월조정환급세액란에 기재함을 의미 → 기재하지 않고 조정환급하는 경우 가산세 발생

구 분		내 용		
환 급	조정환급 (원칙)	구 분	내 용	
		소득세·농어촌특별세	• 납부하여야 할 소득세에서 조정환급 • 부족할 경우 다음 달 이후 납부할 소득세에서 조정환급 • 다른 세목과 조정환급하려고 하는 경우 해당 내용을 반드시 원천세 신고서에 기재	
		지방소득세	• 납부하여야 할 지방소득세에서 조정환급 • 부족할 경우 다음 달 이후 납부할 소득세에서 조정환급	
	환급신청	다음과 같이 환급신청서류를 제출		
		구 분		내 용
		환급신청기한	매월납부자	3.10.까지 환급신청
			반기납부자	

구 분		내 용
환 급	환급신청	(아래 표 참조)
환급관련 유의사항		(아래 표 참조)

환급 – 환급신청

구 분		내 용
제출서류	소득세·농어촌특별세	• 원천징수세액환급신청서[별지 제21호 서식] • 근로소득지급명세서를 반드시 첨부
	지방소득세	• 지방소득세 특별징수분 환급청구서 [지방세기본법시행규칙 별지 제23호 서식] • 첨부서류

원천세 신고서와 동일 (부표 작성 제출)

제출기한까지 제출한 경우에는 제출하지 않아도 됨

환급관련 유의사항

구 분	내 용
조정환급·환급신청 대상세액	(아래 표 참조)
조정환급 순서	(아래 표 참조)
환급세액 지급방법	(아래 표 참조)

조정환급·환급신청 대상세액

구 분	내 용
대상세액	원천징수의무자가 이미 원천징수하여 납부한 소득세만 가능
환급되지 않는 경우	원천징수의무자의 원천징수 불이행 등으로 체납되어 있는 세액(서일-325, 2005.3.22.) why 납부되지 않았음

조정환급 순서

구 분	내 용
1순위	동일 코드
2순위	동일 세목
3순위	근로소득세 → 퇴직소득세 → 사업소득세 → 기타소득세 → 연금소득세 → 이자소득세 → 배당소득세 → 저축해지추징세액 등 → 비거주자 양도소득 → 법인세 원천징수세액 → 수정신고에 의한 원천징수세액
4순위	소득세 등 → 가산세 → 농어촌특별세

환급세액 지급방법

구 분	내 용
원 칙	관할세무서장 → (환급) → 원천징수의무자 → (환급) → 근로소득자(법인 46013-1708, 1994.6.11.)
관할세무서장 → (환급) → 근로소득자	원천징수의무자가 환급신청을 한 후 해당 세액 환급 당시 원천징수의무자의 폐업 등으로 행방불명이 되거나 부도상태인 경우에는 해당 근로소득자가 원천징수 관할 세무서장에게 그 환급액의 지급을 신청할 수 있음 ✔ 상기에 따라 원천징수세액을 관할세무서장으로부터 환급받은 근로자는 지방소득세 특별징수분도 2022.1.1. 이후부터 특별징수 관할 지방자치단체장에게 「폐업·부도기업 특별징수환급금 지급신청서[지방세법 시행규칙 별지 제41호의 2 서식]」을 제출하여 직접 환급을 신청하고 환급받을 수 있음
원천징수 의무자에게 환급한 경우	납세의무자(근로소득자 등)는 원천징수의무자에게 환급받아야 함 → 개별적으로 관할세무서장으로부터 환급받을 수 없음(국심 2006서1676, 2006.9.18.)

그 환급세액을 원천징수의무자를 통하여 납세의무자(근로소득자 등)에게 환급되도록 하는 것이 사실상 불가능한 경우를 말함(소통 137-201…1)

체불임금에 해당

① 원천징수이행상황신고서(해당연도 1월분부터 연말정산분까지)
② 국세환급금통지서 사본(소득세 환급내역) 또는 통장사본
③ 그 밖의 요청서류

<table>
<tr><th>구 분</th><th>내 용</th></tr>
<tr><td>환급관련
유의사항</td><td>
<table>
<tr><th>구 분</th><th colspan="2">내 용</th></tr>
<tr><td>계좌신고</td><td colspan="2">환급신청서 '국세환급금계좌신고'란에 환급받을 계좌 기재</td></tr>
<tr><td rowspan="4">반기별
납부자</td><th>구 분</th><th>내 용</th></tr>
<tr><td>조정환급 · 환급신청</td><td>환급신청이 무조건 유리</td></tr>
<tr><td>환급신청기한</td><td>3.10.까지 ✔ 7.10.까지가 아님에 유의</td></tr>
<tr><td>환급신청 시
신고서 작성</td><td>
<table>
<tr><th>신고대상</th><th>귀속월</th><th>지급월</th></tr>
<tr><td>1~2월분 원천세 내역
+연말정산 내역</td><td>1월</td><td>2월</td></tr>
</table>
</td></tr>
</table>
</td></tr>
</table>

2023.3.20.부터 국세환급금 계좌개설신고 기준 금액한도 폐지됨

3 원천세 신고·납부(환급) 관련 서류

앞서 'Chapter 02－06－1 과 Chapter 02－06－2'에서 언급된 원천세 신고·납부(환급) 관련 서류를 살펴보면 다음과 같다.

■ 법인세법 시행규칙 [별지 제62호의2서식] <개정 2019. 3. 20.>

원천징수세액 본점일괄납부신고서

본점 인적사항 기재

접수번호	접수일자	처리기간

신고인		
	①법 인 명	②사업자등록번호
	③본점소재지	
	④대표자성명	⑤주 민 등 록 번 호

일괄납부적용 개시일	년 월 귀속분(년 월 일 납부분) 부터

원천징수세액 신고납부실적	구 분	소득세							법인세
		이자소득	배당소득	사업소득	근로소득	기타소득	퇴직소득	연금소득	
	합 계								
	본 점								
	지점계								
	지점 ( )								
	지점 ( )								
	지점 ( )								

신청일 직전 연도 실적 기재

「법인세법 시행규칙」 제2조의3에 따라 원천징수세액 본점일괄납부 신고서를 제출합니다.

년 월 일

신 고 인 (서명 또는 인)

세 무 서 장 귀하

작 성 방 법
1. 신고납부실적은 신고일이 속하는 연도의 직전 연도의 실적을 적습니다. 2. ( )에는 지점의 사업자등록번호를 적습니다.

210mm×297mm[백상지 80g/㎡ 또는 중질지 80g/㎡]

■ 소득세법 시행규칙 [별지 제21호서식] <개정 2025.3.21.> (10쪽 중 제1쪽)

① 신고구분						[ ]원천징수이행상황신고서 [ ]원천징수세액환급신청서	② 귀속연월	년 월
매월	반기	수정	연말	소득처분	환급신청		③ 지급연월	년 월

원천징수 의무자	법인명(상호)		대표자(성명)		일괄납부 여부	여, 부
					사업자단위과세 여부	여, 부
	사업자(주민) 등록번호		사업장 소재지		전화번호	
					전자우편주소	@

❶ 원천징수 명세 및 납부세액 (단위: 원)

소득자 소득구분			코드	원천징수명세: 소득지급 (과세 미달, 일부 비과세 포함) ④ 인원	⑤ 총지급액	징수세액 ⑥ 소득세 등	⑦ 농어촌특별세	⑧ 가산세	⑨ 당월 조정 환급세액	납부세액 ⑩ 소득세 등 (가산세 포함)	⑪ 농어촌특별세
근로소득	간이세액		A01								
	중도퇴사		A02								
	일용근로		A03								
	연말정산	합계	A04								
		분납신청	A05								
		납부금액	A06								

(중 략)

구 분	○표시하는 경우
매 월	매월분 원천징수세액을 신고하는 경우
반 기	반기납부자가 반기의 원천징수세액을 신고하는 경우
수 정	이미 신고한 원천세 신고를 수정신고하는 경우
연 말	연말정산한 원천세를 신고하는 경우
소득처분	소득처분(예: 인정상여)에 따른 신고를 하는 경우
환급신청	원천징수세액을 환급세액 신청하고자 하는 경우
2 이상에 해당되는 경우	해당란에 모두 ○표시

구 분	내 용			
작성원칙	구 분		귀속연월	지급연월
	매월납부자		소득 수입시기 (귀속시기) 기재	원천징수한 날 (특례 포함) 기재
	반기납부자	원 칙	반기 개시월	반기 종료월
		반기납을 포기하는 경우		반기납 포기월
작성예시 (연말정산 신고분)	구 분		연말정산 신고분 귀속연월	연말정산 신고분 지급연월
	매월납부자		2월	2월
	반기납부자	원 칙	1월	6월
		반기납을 4월에 포기	1월	4월

원천징수의무자 인적사항 기재

구 분		내 용
일괄납부 여부	본점일괄납부특례 신고 사업자	여
	이 외	부
사업자단위과세 여부	부가세법상 사업자단위과세사업자	여
	이 외	부

- 사업장이 2곳 이상이나, 본점 사업자등록번호 하나인 사업자

- 지급명세서를 제출하여야 하는 자를 포함

구 분	내 용		
제출의무자	원천징수의무자가 제출(대리 · 위임의 경우에는 대리인 · 수임인이 제출)		
별지작성	귀속연월 · 지급연월이 서로 다른 경우에는 별지로 작성 · 제출(별도 신고)		
신고서 표시	구 분	○표시하는 방법	
	납부 · 조정환급인 경우	[ ] 원천징수이행상황신고서에만 ○표시	
	환급신청하는 경우	[ ] 원천징수이행상황신고서, [ ] 원천징수세액환급신청서 2곳 모두 ○표시	
유의사항	구 분		내 용
	사업자별 제출방법	본점일괄납부특례 · 사업자단위과세자	본점에서 일괄하여 1장으로 작성 · 제출
		이 외	각 본 · 지점(사업자등록번호)별로 작성 · 제출
	반기별 납부자	반기 신고납부기한 전에 이미 신청한 경우	해당 내용은 제외하고 작성 · 제출
	납부(환급)세액이 없는 경우		관계없이 작성 · 제출

- 4.10.까지 법인세법에 따른 인정상여에 대한 소득세 원천세를 신고납부한 경우

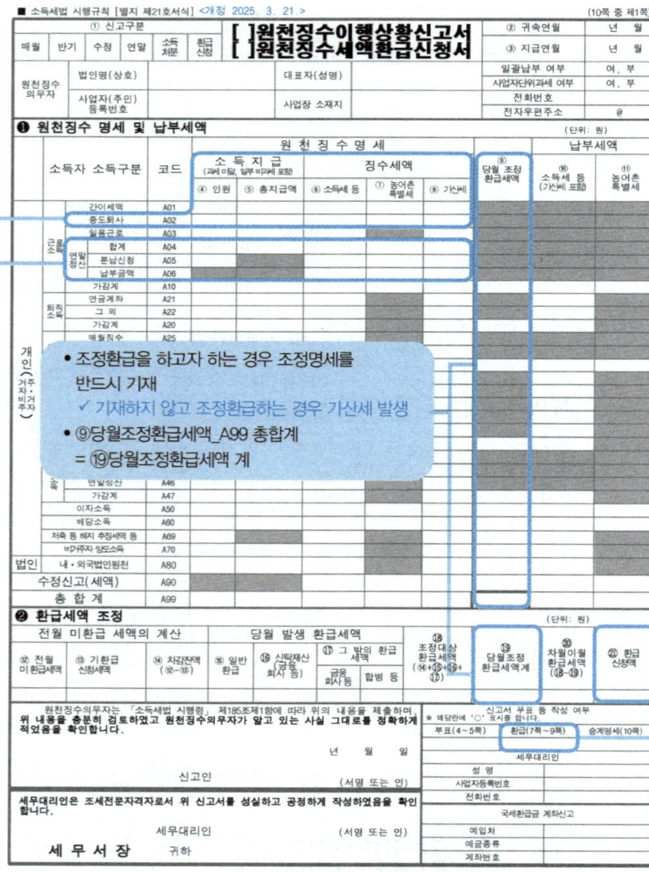

- 조정환급을 하고자 하는 경우 조정명세를 반드시 기재
  - ✓ 기재하지 않고 조정환급하는 경우 가산세 발생
- ⑨당월조정환급세액_A99 총합계 = ⑲당월조정환급세액 계

작성내용에 오류가 발생할 경우 가산세 등 불이익이 발생할 수 있음

구 분	작성내용
④ 인원	구분 / 총인원 기재원칙: 연말정산세액이 없는 인원을 포함하여 총인원 기재 검증 A02: 2025년 중도퇴사한 근로자 총인원 검증 A04: 2025.12.31. 이후 계속근로자 총인원(2026년 2월에 연말정산한 총 인원)
⑤ 총지급액	구분 / 내용 기재원칙: 과세미달분 · 비과세를 포함한 총지급액 기재 • 소액부징수에 따라 징수세액이 없는 경우에도 해당 자의 총지급액 기재 • 지급명세서 제외대상 비과세는 기재하지 않음 검증: Σ(2025년 1월~12월 귀속 A01 ⑤총지급액) ≤ Σ(2025년 1월~12월 귀속 A02 ⑤총지급액) + 2026년 3월 신고분 A04 ⑤총지급액 = Σ(2026년 3월 제출한 근로소득지급명세서 ⑯계 + ⑳계) why ① 종(전) 근무지 총지급액 ② 간이세액(A01) 징수 시 제외된 근로소득(예 자녀학자금 등)
⑥ 소득세 등	구분 / 소득세 등 A02: Σ(중도퇴사자 근로소득지급명세서 [차감징수세액(⑦)란의 소득세(⑲)]) A04: Σ(계속근로자 근로소득지급명세서 [차감징수세액(⑦)란의 소득세(⑲)])
⑦ 농어촌 특별세	구분 / 농어촌특별세 A02: Σ(중도퇴사자 근로소득지급명세서 [차감징수세액(⑦)란의 농어촌특별세(⑧)]) A04: Σ(계속근로자 근로소득지급명세서 [차감징수세액(⑦)란의 농어촌특별세(⑧)])
⑧ 가산세	구분 / 가산세 정기분: 발생되지 않음 ✓ 기재하지 않음 수정분: 원천징수납부불성실 가산세 기재

반기납부자는 2026년 7월 신고분

과세근로소득 + 비과세근로소득

- 환급받고자 하는 세액을 기재
  - ✓ 해당 환급세액은 차월로 이월되지 않음
- 환급신청하는 경우 관련 부표(원천세신고서 7~9쪽)을 작성 · 제출

(10쪽 중 제7쪽)

사업자등록번호 □□□-□□-□□□□□

원천징수세액환급신청서 부표

(단위: 원)

소득의 종류	귀속 연월	지급 연월	코드	인 원	소 득 지급액	① 결정 세액	기납부 원천징수세액			③ 차감 세액	④ 분납 금액	⑤ 조정 환급 세액	⑥ 환급 신청액
							② 계	기납부세액 [주(현)]	기납부세액 [종(전)]				
합계													

- 환급신청하는 경우 반드시 작성 제출
- 작성방법은 해당 법정서식의 작성방법 참조 → 작성사례는 후술하는 사례 참조

작 성 방 법

1. 「소득세법 시행규칙」 제93조 등에 따라 제출합니다.

(10쪽 중 제8쪽)

사업자등록번호 □□□-□□-□□□□□

기 납 부 세 액 명 세 서

(단위: 원)

❶ 원천징수 신고 납부 현황

소득의 구분	귀속연월	지급연월	코드	인원	총지급액	징수세액		
						① 소득세 등	② 농어촌 특별세	가산세
합 계								

- 환급신청하는 경우 반드시 작성 제출
  → 각 란에 기재 내용이 많은 경우 합계액만 기재하고 별지로 작성 · 제출가능
- 작성방법은 해당 법정서식의 작성방법 참조 → 작성사례는 후술하는 사례 참조

❷ 지급명세서 기납부세액 현황

소득의 구분	성명	주민등록번호	주(현)근무지		종(전)근무지 결정세액				계	
			③ 소득세 등	④ 농어촌 특별세	종(전) 근무지	사업자 등록번호	소득세 등	농어촌 특별세	소득세 등	농어촌 특별세
합 계										

❸ 기납부세액 차이 조정 현황

소득세 등			농어촌특별세			사 유
① 소득세 등 합계	③ 소득세 등 합계	차이금액 (③ - ①)	② 농어촌특별세 합계	④ 농어촌특별세 합계	차이금액 (④ - ②)	

(10쪽 중 제9쪽)

사업자등록번호 □□□-□□-□□□□□

전월미환급세액 조정명세서

(단위: 원)

❶ 환급 신청 시 전월미환급세액 명세

귀속연월	지급연월	신고구분	세목 및 코드	① 발생환급 세액	② 같은 세목의 납부할세액	③ 당월발생 환급세액 (① - ②)

- 환급신청하는 경우로서 환급신청 시 전월 미환급세액이 있는 경우에만 작성 제출
- 작성방법은 해당 법정서식의 작성방법 참조

❷ 환급세액 조정 현황

귀속연월	지급연월	전월미환급세액			⑦ 당월발생 환급세액	⑧ 조정대상 환급세액	⑨ 당월조정 환급세액	⑩ 차월이월 환급세액
		④ 전월미 환급세액	⑤ 기환급 세액	⑥ 차감잔액				

■ 국세징수법 시행규칙[별지 제1호서식] 〈개정 2021.3.16.〉

(앞쪽)

홈택스에서 원천세 신고 시 자동으로 생성

영수증서(납세자용)

납부번호					수입징수관서			QR코드
분류기호	납부연월	납부구분	세목	발행번호	세무서명	서코드	계좌번호	
성명 (상호)			주민등록번호 (사업자등록번호)			회계연도		
주소 (사업장)					일반회계	기획재정부소관	조세	

납부자 인적사항 기재

연도/기분	년 기 분
세목명	
세	
농어촌특별세	
계	

구 분	내 용
분류기호	0126(국세, 국세청)
납부연월	납부하는 연월 기재
납부구분	4 (원천세)
세 목	근로소득(14) 등 세목분류에 따라 기재
수입징수관서	납세지 기재

왼쪽의 금액을 한국은행 국고(수납)대리점인 은행 또는 …합니다.
…전자납부 가능)

납부기한 년 월 일

년 월 일

…행 …등 지점 (수납인)

납부서(수납기관용)

납부번호					수입징수관서			QR코드
분류기호	납부연월	납부구분	세목	발행번호	세무서명	서코드	계좌번호	
성명 (상호)			주민등록번호 (사업자등록번호)			회계연도		
주소 (사업장)					일반회계	기획재정부소관	조세	

연도/기분	년 기 분												
세목명	납부금액												
	조	천	백	십	억	천	백	십	만	천	백	십	일
세													
농어촌특별세													
계													

왼쪽의 금액을 한국은행 국고(수납)대리점인 은행 또는 우체국 등에 납부합니다.
(인터넷 등에 의한 전자납부 가능)

납부기한 년 월 일

년 월 일

은 행
우체국 등 지점 (수납인)

◈ 납부 방법 안내

⊙ 인터넷뱅킹: [금융기관 홈페이지]접속 ⇒ [인터넷뱅킹, 온라인서비스, 국세납부 등] 선택 (납부 가능 시간은 각 금융기관 홈페이지 참조)

⊙ ARS 납부: [거래은행의 ARS전화] 접속 ⇒ [국세납부 등] 선택 ⇒ 안내에 따라 납부

⊙ ATM 납부: [거래은행의 ATM기] 이용 ⇒ [국세납부 등] 선택 ⇒ [납부번호입력] ⇒ [납부]

⊙ 홈택스(홈택스 앱 포함)(www.hometax.go.kr)나 인터넷지로(www.giro.or.kr)를 이용하면 365일 연중무휴 국세납부 가능(납부가능시간 ⇒ 07:00~23:30)

※ 국세계좌 납부: 우체국을 포함한 모든 은행(인터넷은행, 증권사, 산림조합중앙회 제외)에서 이체수수료 없이 납부 가능합니다.

– 인터넷 · 모바일 뱅킹 → 계좌이체 선택 → 입금은행 메뉴에서"국세"선택 → 국세계좌번호 및 금액 입력 → 납부 실행

※ 신용카드 납부는 홈택스, 카드로택스(www.cardrotax.or.kr), 은행CD/ATM기, 세무서에서 납부 가능하며, 납부 후 승인 취소나 할부 개월 수 변경은 불가능합니다. 수수료(신용카드 0.8%, 체크카드 0.5%)는 납세자 부담입니다.

※ 국고금 취급절차에 따라 납부 후에는 수납을 취소할 수 없으며, 초과납부한 국세는 환급금 취급 절차에 따라 환급됩니다.

210㎜×297㎜ (전산용지(특급) 90g/㎡)

근로소득에 대해서는 제출하지 않아도 됨

■ 지방세법 시행규칙 [별지 제42호의2서식] <개정 2015.12.31.>

지방소득세 특별징수 계산서 및 명세서

※ 뒤쪽의 작성방법을 참고하시기 바라며, 색상이 어두운 란은 신청인이 적지 않습니다.

(앞쪽)

접수번호	접수일자	관리번호

구분		
특별징수 의무자	①성명(법인명)	②주민(법인)등록번호
	③상호(대표자)	④사업자등록번호
	⑤주소(영업소)	
	⑥전화번호 (휴대전화:)	⑦전자우편주소

⑧일련번호	⑨소득 종류	⑩징수 연월일	⑪납세의무자		⑭과세표준	⑮산출세액	⑯ 조정액 (환급액)	⑰ 납부액 (⑮-⑯)	비고
			⑫성명	⑬주민등록번호					
합계									

210mm×297mm[백상지 (80g/㎡) 또는 중질지(80g/㎡)]

■ 지방세법 시행규칙 [별지 제42호서식] 〈개정 2024.3.26.〉

(앞쪽)

위택스에서 홈택스와 연동되어 생성가능

소득 귀속시기(수입시기)와 특별징수시기(지급시기) 기재

지방세 납세지 기재

특별징수하는 지방소득세 내역 기재

지방소득세 특별징수 납부서 및 영수필통지서

특별징수의무자	성명(상호명)			
	주민(법인)등록번호			
	대표자			
	사업자등록번호			
	주소(소재지)			
	전 화 번 호			
귀속 년 월 (지급 년 월)				
① 세 목	지 방 소 득 세	② 신고하는 특별자치시·특별자치도·시·군·구		
③ 납부액	일금			원정
구 분		인 원	과세표준	지방소득세
개인	④ 이자소득			
	⑤ 배당소득			
	⑥ 사업소득			
	⑦ 근로소득			
	⑧ 연금소득			
	⑨ 기타소득			
	⑩ 퇴직소득			
	⑪ 저축해지추징세액 등			
	⑫ 비거주자 양도소득			
	⑬ 가감세액(조정액)			
	⑭ 가산세			
	⑮ 계			
법인	⑯ 법인원천 내국법인			
	⑯ 법인원천 외국법인			
	⑰ 가감세액(조정액)			
	⑱ 가산세			
	⑲ 계			
합 계(⑮ + ⑲)				

위 금액을 납부 합니다
년 월 일
○○○ 인
특별자치시장·특별자치도지사
시장·군수·구청장 귀하

위의 금액을 영수하였음을 통지합니다.
년 월 일
○○○ 수납기관
특별자치시장·특별자치도지사
시장·군수·구청장 귀하

지방소득세 특별징수 수납의뢰서

특별징수의무자	성명(상호명)			
	주민(법인)등록번호			
	대표자			
	사업자등록번호			
	주소(소재지)			
	전 화 번 호			
귀속 년 월 (지급 년 월)				
① 세 목	지 방 소 득 세	② 신고하는 특별자치시·특별자치도·시·군·구		
③ 납부액	일금			원정
구 분		인 원	과세표준	지방소득세
개인	④ 이자소득			
	⑤ 배당소득			
	⑥ 사업소득			
	⑦ 근로소득			
	⑧ 연금소득			
	⑨ 기타소득			
	⑩ 퇴직소득			
	⑪ 저축해지추징세액 등			
	⑫ 비거주자 양도소득			
	⑬ 가감세액(조정액)			
	⑭ 가산세			
	⑮ 계			
법인	⑯ 법인원천 내국법인			
	⑯ 법인원천 외국법인			
	⑰ 가감세액(조정액)			
	⑱ 가산세			
	⑲ 계			
합 계(⑮ + ⑲)				

위 금액을 수납 의뢰합니다.
년 월 일
특별자치시장·특별자치도지사
시장·군수·구청장
수납기관 귀하

지방소득세 특별징수 영수증

특별징수의무자	성명(상호명)			
	주민(법인)등록번호			
	대표자			
	사업자등록번호			
	주소(소재지)			
	전 화 번 호			
귀속 년 월 (지급 년 월)				
① 세 목	지 방 소 득 세	② 신고하는 특별자치시·특별자치도·시·군·구		
③ 납부액	일금			원정
구 분		인 원	과세표준	지방소득세
개인	④ 이자소득			
	⑤ 배당소득			
	⑥ 사업소득			
	⑦ 근로소득			
	⑧ 연금소득			
	⑨ 기타소득			
	⑩ 퇴직소득			
	⑪ 저축해지추징세액 등			
	⑫ 비거주자 양도소득			
	⑬ 가감세액(조정액)			
	⑭ 가산세			
	⑮ 계			
법인	⑯ 법인원천 내국법인			
	⑯ 법인원천 외국법인			
	⑰ 가감세액(조정액)			
	⑱ 가산세			
	⑲ 계			
합 계(⑮ + ⑲)				

위의 금액을 영수합니다.
년 월 일
○○○ 수납기관 (수납인)
특별자치시장·특별자치도지사
시장·군수·구청장 귀하

※ 납부장소 : ① (방문납부) 전국우체국, 농협, 관내금융기관 ② (인터넷납부) 위택스 www.wetax.go.kr

297㎜×210㎜(미색모조 80g/㎡)

지방세 과오납금이 있어 환급신청할 경우 제출

■ 지방세기본법 시행규칙[별지 제23호서식] <개정 2024. 12. 20.>

지방소득세 [ ] 특별징수분 / [ ] 신고·고지분 환급청구서

※ 뒤쪽의 작성방법을 읽고 작성하시기 바라며, [ ]에는 해당되는 곳에 √표를 합니다. (앞쪽)

접수번호	접수일	처리기간 즉시

구분		
특별징수 의무자	①상호(법인명)	②법인(주민)등록번호
		③사업자등록번호
	④사업장 소재지	⑤전화번호 (휴대전화:)
납세 의무자 (소득자)	⑥성명(대표자)	⑦주민(법인)등록번호
	⑧상호(법인명)	⑨사업자등록번호
	⑩주소(영업소)	
	⑪전화번호 (휴대전화:)	⑫전자우편주소

환급신청내용

⑬소득의 종류	⑭귀속 과세연도	⑮당초 지방소득세	⑯경정 후 지방소득세	⑰조정 환급분	⑱지방소득세 환급금 (⑮-⑯-⑰)	⑲납세지
계						

⑳환급청구이유	

㉑지급계좌	금융회사		계좌번호	

「지방세기본법」 제60조 제1항 후단 및 같은 법 시행령 제38조 제4항에 따라 위와 같이 지방소득세의 환급을 청구합니다.

년 월 일

청구인(환급대상자) (서명 또는 인)

지방자치단체의 장 귀하

※ 지급계좌의 예금주와 청구인(환급대상자)은 동일해야 합니다.
※ 지급계좌를 적은 경우 지방세환급금이 발생하면 별도의 청구가 없더라도 해당 계좌에 지급될 수 있습니다.

㉒경유	위 환급청구액에 대하여 특별(원천)징수의무자는 별도로 조정환급을 할 수 없음
특별(원천)징수의무자 (서명 또는 인)	

02

■ 지방세법 시행규칙 [별지 제41호의 2 서식] (2021.12.31. 신설)

폐업·부도기업 특별징수세액환급금 지급 신청서

※ 색상이 어두운 칸은 신청인이 작성하지 않으며, [ ]에는 해당되는 곳에 √표를 합니다.

접수번호	접수일	처리기간

구분		
근로자	① 성명	② 주민등록번호
	③ 주소 (전화번호:)	

구분		
특별징수 의무자 (회사)	① 상 호(법인명)	② 성 명(대표자)
	③ 사업자등록번호	
	④ 사업장 소재지	

연말정산 결과	① 총급여	② 결정세액	③ 기납부세액	(④=②-③) 환급액

신청하려는 금액	① 환급 신청액	② 환급금 신청 사유
		[ ] 부도사업장 [ ] 폐업된 사업장

「소득세법 시행규칙」 제93조 제2항 단서에 따라 해당 근로소득이 있는 사람이 원천징수세액을 환급받은 경우에 해당하여, 「지방세법 시행규칙」 제48조의2제3항에 따라 본인에게 직접 환급금을 지급하여 줄 것을 신청합니다.

년 월 일

신청인 (서명 또는 인)

특별자치시장 · 특별자치도지사 · 시장 · 군수 · 구청장 귀하

첨부서류	1. 원천징수 영수증 2. 국세환급금 통지서 또는 통장입금분 사본

210㎜×297㎜[백상지 80g/㎡ 또는 중질지 80g/㎡]

4 원천세 신고

1. 연말정산 원천세 신고·환급신청

연말정산 관련 원천세 신고서 작성방법에 대해 사례를 통해 살펴보기로 한다.

사례 분납세액 있는 경우 연말정산 신고

1. 자료

(1) ㈜선우의 2026년 2월부터 4월까지의 간이세액 원천징수 자료는 다음과 같다. 급여는 매월 25일에 지급되며, 매월 총지급액·원천징수세액은 동일하다.

(단위 : 원)

성 명	총지급액	원천징수세액
합 계	21,000,000	1,502,230
이순신	10,000,000	1,026,980
김시민	6,000,000	279,850
권 율	5,000,000	195,400

(2) ㈜선우의 2025년 귀속 연말정산 결과는 다음과 같다.

(단위 : 원)

성 명	총지급액(지급명세서 작성대상 비과세 포함)	차감징수세액	분납 신청 여부	2~4월 소득세 징수(환급)세액		
				2월	3월	4월
합 계	234,600,000	5,282,880		482,880	2,400,000	2,400,000
이순신	108,000,000	7,200,000	○	2,400,000	2,400,000	2,400,000
김시민	68,400,000	150,000	×	150,000	–	–
권 율	58,200,000	–2,067,120	×	–2,067,120	–	–

(3) ㈜선우의 인적사항은 다음과 같으며, 이외 다른 자료는 없다고 가정한다.

구 분	내 역
상호(법인명)	㈜선우
사업자번호	211–81–21542
대표이사	이동익
사업장 주소	서울시 강남구 도산대로 81길
사업자단위과세 여부	부
본점일괄납부 여부	부
전화번호	02–987–6543
전자우편주소	sunwoo@naver.com

2. 원천세 신고서(일부)

(1) 2월분

■ 소득세법 시행규칙 [별지 제21호서식] <개정 2025.3.21.> (10쪽 중 제1쪽)

① 신고구분						[✓]원천징수이행상황신고서 [ ]원천징수세액환급신청서	② 귀속연월	2026년 2월
매월(○)	반기	수정	연말(○)	소득처분	환급신청		③ 지급연월	2026년 2월

원천징수의무자	법인명(상호)	㈜선우	대표자(성명)	이 동 익	일괄납부 여부	여, 부(○)
					사업자단위과세 여부	여, 부(○)
	사업자(주민)등록번호	211-81-21542	사업장 소재지	서울시 강남구 도산대로 81길	전화번호	02-987-6543
					전자우편주소	sunwoo@naver.com

❶ 원천징수 명세 및 납부세액 (단위: 원)

소득자 소득구분			코드	④ 인원	⑤ 총지급액	⑥ 소득세 등	⑦ 농어촌특별세	⑧ 가산세	⑨ 당월 조정 환급세액	⑩ 소득세 등(가산세 포함)	⑪ 농어촌특별세
개인(거주자·비거주자)	근로소득	간이세액	A01	3	21,000,000	1,502,230					
		중도퇴사	A02								
		일용근로	A03								
		연말정산 합계	A04	3	234,600,000	5,282,880					
		연말정산 분납신청	A05	1		4,800,000					
		연말정산 납부금액	A06			482,880					
		가감계	A10	6	255,600,000	1,985,110			-	1,985,110	

(중 략)

구분	코드	④ 인원	⑤ 총지급액	⑥ 소득세 등	⑦ 농어촌특별세	⑧ 가산세	⑨ 당월 조정 환급세액	⑩ 소득세 등(가산세 포함)	⑪ 농어촌특별세
수정신고(세액)	A90								
총 합 계	A99	6	255,600,000	1,985,110			-	1,985,110	

(이하 생략)

A01 + A02 + A03 + A04

A01 + A02 + A03 + A06

= 3월 A06 + 4월 A06

(2) 3월분

■ 소득세법 시행규칙 [별지 제21호서식] <개정 2025.3.21.> (10쪽 중 제1쪽)

① 신고구분						[✓]원천징수이행상황신고서 [ ]원천징수세액환급신청서	② 귀속연월	2026년 3월
매월(○)	반기	수정	연말	소득처분	환급신청		③ 지급연월	2026년 3월

원천징수의무자	법인명(상호)	㈜선우	대표자(성명)	이 동 익	일괄납부 여부	여, 부(○)
					사업자단위과세 여부	여, 부(○)
	사업자(주민)등록번호	211-81-21542	사업장 소재지	서울시 강남구 도산대로 81길	전화번호	02-987-6543
					전자우편주소	sunwoo@naver.com

❶ 원천징수 명세 및 납부세액 (단위: 원)

소득자 소득구분			코드	④ 인원	⑤ 총지급액	⑥ 소득세 등	⑦ 농어촌특별세	⑧ 가산세	⑨ 당월 조정 환급세액	⑩ 소득세 등(가산세 포함)	⑪ 농어촌특별세
개인(거주자·비거주자)	근로소득	간이세액	A01	3	21,000,000	1,502,230					
		중도퇴사	A02								
		일용근로	A03								
		연말정산 합계	A04								
		연말정산 분납신청	A05								
		연말정산 납부금액	A06			2,400,000					
		가감계	A10	3	21,000,000	3,902,230			-	3,902,000	

(중 략)

구분	코드	④ 인원	⑤ 총지급액	⑥ 소득세 등	⑦ 농어촌특별세	⑧ 가산세	⑨ 당월 조정 환급세액	⑩ 소득세 등(가산세 포함)	⑪ 농어촌특별세
수정신고(세액)	A90								
총 합 계	A99	3	21,000,000	3,902,230			-	3,902,230	

(이하 생략)

(3) 4월분

■ 소득세법 시행규칙 [별지 제21호서식] <개정 2025.3.21.> (10쪽 중 제1쪽)

① 신고구분						[✓]원천징수이행상황신고서 [ ]원천징수세액환급신청서	② 귀속연월	2026년 4월
매월(○)	반기	수정	연말	소득처분	환급신청		③ 지급연월	2026년 4월

원천징수 의무자						
법인명(상호)	㈜선우	대표자(성명)	이 동 익	일괄납부 여부	여, 부(○)
				사업자단위과세 여부	여, 부(○)
사업자(주민)등록번호	211-81-21542	사업장 소재지	서울시 강남구 도산대로 81길	전화번호	02-987-6543
				전자우편주소	sunwoo@naver.com

❶ 원천징수 명세 및 납부세액 (단위: 원)

소득자 소득구분			코드	원천징수명세: 소득지급(과세 미달, 일부 비과세 포함) ④ 인원	⑤ 총지급액	징수세액 ⑥ 소득세 등	⑦ 농어촌특별세	⑧ 가산세	⑨ 당월 조정 환급세액	납부세액 ⑩ 소득세 등(가산세 포함)	⑪ 농어촌특별세
개인(거주자·비거주자)	근로소득	간이세액	A01	3	21,000,000	1,502,230					
		중도퇴사	A02								
		일용근로	A03								
		연말정산 합계	A04								
		연말정산 분납신청	A05								
		연말정산 납부금액	A06			2,400,000					
		가감계	A10	3	21,000,000	3,902,230			-	3,902,000	

(중 략)

구분	코드	④	⑤	⑥	⑦	⑧	⑨	⑩	⑪
수정신고(세액)	A90								
총 합 계	A99	3	21,000,000	3,902,230			-	3,902,230	

(이하 생략)

사례 환급신청하는 경우 연말정산 신고

1. 자료

(1) ㈜선우의 2025년 귀속 연말정산 결과는 다음과 같다.

구 분	성 명	총지급액(과세미달·비과세 포함) 합 계	현 근무지	전 근무지	기납부세액 계	현 근무지	전 근무지	결정세액	차감징수(환급)세액	비 고
중도퇴사	원 균	9,200,000	9,200,000	-	103,700	103,700	-	-	-103,700	2025년 4월 중도퇴사
계속근로	이순신	84,000,000	84,000,000	-	5,295,840	5,295,840	-	4,000,000	-1,295,840	
	김시민	51,600,000	51,600,000	-	1,370,080	1,270,080	100,000	300,000	-1,070,080	• 2025년 4월 중도입사 • 전 근무지 대박(주)(123-81-12345)
	권 율	36,850,000	27,300,000	9,550,000	687,720	687,720	-	900,000	212,280	
	합 계	172,450,000	162,900,000	9,550,000	7,353,640	7,253,640	100,000	5,200,000	-2,153,640	
총 계		181,650,000	172,100,000	9,550,000	7,457,340	7,357,340	100,000	5,200,000	-2,257,340	

(2) ㈜선우의 2026년 2월 원천징수 내역은 다음과 같다.

구 분	총인원	총지급액	원천징수세액
간이세액	3	15,000,000	718,180
사업소득	1	3,000,000	90,000

(3) ㈜선우의 2025년 원천세 신고내역은 다음과 같다.

귀속연월	지급연월	소득구분	코 드	인 원	총지급액	징수세액			당월조정 환급	납부세액
						소득세	농특세	가산세		
202501	202501	간이세액	A01	3	13,900,000	580,730				580,730
202502	202502	간이세액	A01	3	13,900,000	580,730				
		연말정산	A04	3	160,800,000	-1,500,000				
		가감계	A10	6	174,700,000	-919,270				
202503	202503	간이세액	A01	3	13,900,000	580,730			580,730	
202504	202504	간이세액	A01	4	14,400,000	559,070				
		중도퇴사	A02	1	9,200,000	-103,700				
		가감계	A10	5	23,600,000	455,370			338,540	116,830
		퇴직소득	A20	1	4,600,000	77,120				77,120
202505	202505	간이세액	A01	3	14,500,000	632,010				632,010
202506	202506	간이세액	A01	3	14,500,000	632,010				632,010
202507	202507	간이세액	A01	3	14,500,000	632,010				632,010
202508	202508	간이세액	A01	3	14,500,000	632,010				632,010
202509	202509	간이세액	A01	3	14,500,000	632,010				632,010
202510	202510	간이세액	A01	3	14,500,000	632,010				632,010
202511	202511	간이세액	A01	3	14,500,000	632,010				632,010
202512	202512	간이세액	A01	3	14,500,000	632,010				632,010

(4) 2025년 환급세액 조정내역은 다음과 같다.

귀속 연월	지급 연월	전월 미환급세액의 계산			당월 발생 환급세액			조정대상 환급세액	당월조정 환급세액	차월 환급세액	환급 신청액
		전월 미환급 세액	기환급 세액	차감 잔액	일반환급	신탁 재산	그밖의 환급세액				
202502	202502				919,270			919,270	–	919,270	
202503	202503	919,270		919,270				919,270	580,730	338,540	
202504	202504	338,540		338,540				338,540	338,540	–	

(5) ㈜선우의 인적사항은 다음과 같으며, 이외 다른 자료는 없다고 가정한다.

구 분	내 역
상호(법인명)	㈜선우
사업자번호	211 – 81 – 21542
대표이사	이동익
사업장 주소	서울시 강남구 도산대로 81길
사업자단위과세 여부	부
본점일괄납부 여부	부
전화번호	02 – 987 – 6543
전자우편주소	sunwoo@naver.com
환급금계좌	○○은행(324 – 03 – 123456)

2. 원천세 신고서

환급신청 시 표시

■ 소득세법 시행규칙 [별지 제21호서식] <개정 2025.3.21.> (10쪽 중 제1쪽)

① 신고구분						[✓]원천징수이행상황신고서 [✓]원천징수세액환급신청서	② 귀속연월	2026년 2월
(매월)	반기	수정	(연말)	소득처분	(환급신청)		③ 지급연월	2026년 2월

원천징수 의무자	법인명(상호)	㈜선우	대표자(성명)	이 동 익	일괄납부 여부	여 (부)
					사업자단위과세 여부	여 (부)
	사업자(주민) 등록번호	211-81-21542	사업장 소재지	서울시 강남구 도산대로 81길	전화번호	02-987-6543
					전자우편주소	sunwoo@naver.com

❶ 원천징수 명세 및 납부세액 (단위: 원)

소득자 소득구분			코드	④ 인원	⑤ 총지급액	⑥ 소득세 등	⑦ 농어촌특별세	⑧ 가산세	⑨ 당월 조정 환급세액	⑩ 소득세 등 (가산세 포함)	⑪ 농어촌특별세
				원천징수명세: 소득지급 (과세 미달, 일부 비과세 포함)		징수세액				납부세액	
개인(거주자·비거주자)	근로소득	간이세액	A01	3	15,000,000	718,180					
		중도퇴사	A02								
		일용근로	A03								
		연말정산 합계	A04	3	172,450,000	-2,153,640					
		연말정산 분납신청	A05								
		연말정산 납부금액	A06								
		가감계	A10	6	187,450,000	-1,435,460					
	퇴직소득	연금계좌	A21								
		그 외	A22								
		가감계	A20								
	사업소득	매월징수	A25	1	3,000,000	90,000					
		연말정산	A26								
		가감계	A30	1	3,000,000	90,000			90,000		
	기타소득	연금계좌	A41								
		종교인소득 매월징수	A43								
		종교인소득 연말정산	A44								
		가상자산	A49								
		인적용역	A59								
		그 외	A42								
		가감계	A40								
	연금소득	연금계좌	A48								
		공적연금(매월)	A45								
		연말정산	A46								
		가감계	A47								
	이자소득		A50								
	배당소득		A60								
	저축 등 해지 추징세액 등		A69								
	비거주자 양도소득		A70								
법인	내·외국법인원천		A80								
수정신고(세액)			A90								
총 합 계			A99	7	190,450,000	90,000			90,000		

계속근로자 연말정산 기재

❷ 환급세액 조정 (단위: 원)

동일 금액 기재

⑫ 전월 미환급세액	⑬ 기환급 신청세액	⑭ 차감잔액 (⑫-⑬)	⑮ 일반 환급	⑯ 신탁재산 (금융 회사 등)	⑰ 그 밖의 환급세액: 금융회사 등	⑰ 그 밖의 환급세액: 합병 등	⑱ 조정대상 환급세액 (⑭+⑮+⑯+⑰)	⑲ 당월조정 환급세액계	⑳ 차월이월 환급세액 (⑱-⑲)	㉑ 환급 신청액
전월 미환급 세액의 계산			당월 발생 환급세액							
			1,435,460				1,435,460	90,000	1,345,460	1,345,460

원천징수의무자는 「소득세법 시행령」 제185조 제1항에 따라 위의 내용을 제출하며, 위 내용을 충분히 검토하였고 원천징수의무자가 알고 있는 사실 그대로를 정확하게 적었음을 확인합니다.

2026년 3월 10일

신고인 (서명 또는 인)

세무대리인은 조세전문자격자로서 위 신고서를 성실하고 공정하게 작성하였음을 확인합니다.

세무대리인 (서명 또는 인)

세 무 서 장 귀하

신고서 부표 등 작성 여부
※ 해당란에 "○" 표시를 합니다.

부표(4~5쪽)	환급(7쪽~9쪽)	승계명세(10쪽)
	○	

환급신청 시 작성·제출

세무대리인	
성 명	
사업자등록번호	
전화번호	

국세환급금 계좌신고	
예입처	○○은행
예금종류	일반
계좌번호	324-03-123456

210mm×297mm[백상지 80g/㎡ 또는 중질지 80g/㎡]

부표 7쪽 ⑥ 금액과 동일

02

신고서 1쪽
A05 ⑥소득세 등 금액 기재

사업자등록번호 211-81-21542

원천징수세액환급신청서 부표

계속근로자 연말정산 결과기재

(단위: 원)

소득의 종류	귀속 연월	지급 연월	코드	인 원	소 득 지급액	① 결정 세액	기납부 원천징수세액			③ 차감 세액	④ 분납 금액	⑤ 조정 환급 세액	⑥ 환급 신청액
							② 계	기납부세액 [주(현)]	기납부세액 [종(전)]				
근로	202602	202602	A04	3	172,450,000	5,200,000	7,353,640	7,253,640	100,000	2,153,640	–	808,180	1,345,460
합계				3	172,450,000	5,200,000	7,353,640	7,253,640	100,000	2,153,640	–	808,180	1,345,460

신고서(1쪽) 귀속 · 지급연월 기재

②-① 기재

③-④-⑥ 금액 기재

신고서(1쪽) ㉑ 금액 기재

(10쪽 중 제8쪽)

사업자등록번호 211-81-21542

기 납 부 세 액 명 세 서

(단위: 원)

❶ 원천징수 신고 납부 현황

소득의 구분	귀속연월	지급연월	코드	인원	총지급액	징수세액		
						① 소득세 등	② 농어촌 특별세	가산세
				별	지	참	조	
합 계				37	172,100,000	7,357,340		

간이세액징수 내역 기재

❷ 지급명세서 기납부세액 현황

소득의 구분	성명	주민등록번호	주(현)근무지		종(전)근무지 결정세액				계	
			③ 소득세 등	④ 농어촌 특별세	종(전) 근무지	사업자 등록번호	소득세 등	농어촌 특별세	소득세 등	농어촌 특별세
				별	지	참	조			
합 계			7,253,640				100,000		7,353,640	

❸ 기납부세액 차이 조정 현황

소득세 등			농어촌특별세			사 유
① 소득세 등 합계	③ 소득세 등 합계	차이금액 (③ - ①)	② 농어촌특별세 합계	④ 농어촌특별세 합계	차이금액 (④ - ②)	
7,357,340	7,253,640	103,700				중도퇴사

중도퇴사자에 대한 간이세액

- 차이가 발생하는 경우 해당 사유를 명확하게 기재
- 기재할 내용이 많은 경우 별지로 작성 제출 가능

- 근로소득과 관련된 지급명세서 기납부세액 기재
- 내용이 많은 경우 별지로 작성 제출 가능
- 회사의 전산시스템 등에서 인별 세부명세를 관리하는 경우 합계자료만 기재 가능

- 근로소득과 관련된 원천징수 신고납부현황 기재
- 내용이 많은 경우 별지로 작성 제출 가능

별지

❶ 원천징수 신고 납부 현황

소득구분	귀속연월	지급연월	코 드	인 원	총지급액	징수세액		
						소득세	농특세	가산세
근로소득	202501	202501	A01	3	13,900,000	580,730		
근로소득	202502	202502	A01	3	13,900,000	580,730		
근로소득	202503	202503	A01	3	13,900,000	580,730		
근로소득	202504	202504	A01	4	14,400,000	559,070		
근로소득	202505	202505	A01	3	14,500,000	632,010		
근로소득	202506	202506	A01	3	14,500,000	632,010		
근로소득	202507	202507	A01	3	14,500,000	632,010		
근로소득	202508	202508	A01	3	14,500,000	632,010		
근로소득	202509	202509	A01	3	14,500,000	632,010		
근로소득	202510	202510	A01	3	14,500,000	632,010		
근로소득	202511	202511	A01	3	14,500,000	632,010		
근로소득	202512	202512	A01	3	14,500,000	632,010		
합 계				37	172,100,000	7,357,340		

❷ 지급명세서 기납부세액 현황

소득구분	성 명	주민등록번호	주(현) 근무지		종(전) 근무지 결정세액				계	
			③ 소득세 등	④ 농어촌특별세	종(전) 근무지	사업자등록번호	소득세 등	농어촌특별세	소득세 등	농어촌특별세
근로소득	이순신		5,295,840						5,295,840	
근로소득	김시민		1,270,080		대박(주)	123－81－12345	100,000		1,370,080	
근로소득	권율		687,720						687,720	
합 계			7,253,640				100,000		7,353,640	

02

2. 홈택스를 통한 연말정산 원천세 신고·환급 신청

국세청 제공 2024년 귀속 원천징수의무자를 위한 연말정산 신고안내 참조

(1) 로그인하기

홈택스 로그인 후 [세금신고 – 원천세신고 – 일반신고] 메뉴를 클릭한다.

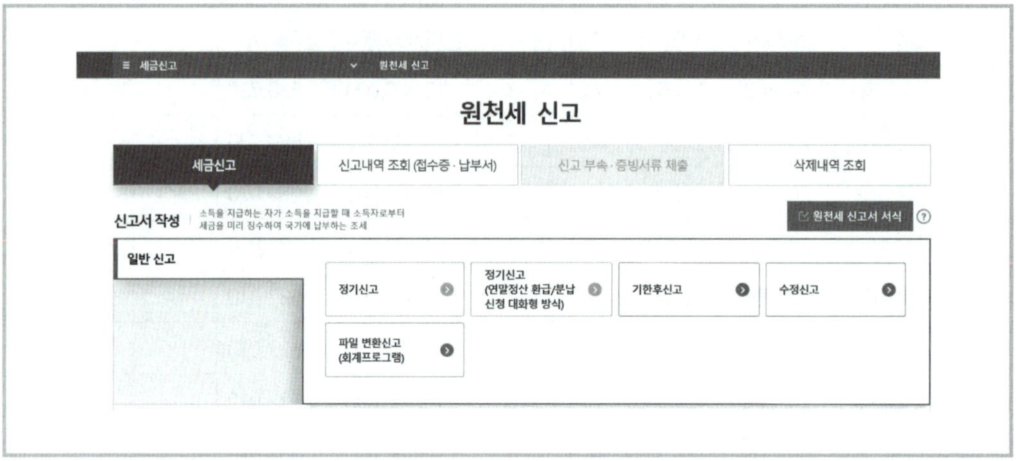

(2) 원천세 신고유형 선택

다음 2가지 방법 중 하나를 선택한다.

<table>
<tr><th colspan="2">구 분</th><th>내 용</th></tr>
<tr><td rowspan="2">홈택스에서 직접 신고하는 경우</td><td>선택하기</td><td>신고유형(정기/수정/기한 후)에 맞는 버튼을 선택하여 클릭</td></tr>
<tr><td>유의사항</td><td><table>
<tr><th>신고유형</th><th>내 용</th></tr>
<tr><td>정기신고</td><td>신고·납부 기한 내에 신고하는 경우(지급연월을 기준으로 다음 월 10일까지)</td></tr>
<tr><td>수정신고</td><td>기한 내에 신고하고 수정사항이 있어 신고하는 경우(국세청에 당초 신고한 자료가 있음)</td></tr>
<tr><td>기한 후 신고</td><td>기한 내에 신고하지 않아 신고하는 경우(국세청에 당초 신고한 자료가 없음)</td></tr>
</table></td></tr>
<tr><td rowspan="2">파일 변환으로 신고하는 경우</td><td>선택하기</td><td>[파일변환 신고(회계프로그램)]버튼을 클릭하여 진행</td></tr>
<tr><td>유의사항</td><td>변환신고 화면 상단의 변환순서에 유의하여 신고·제출
[찾아보기] ⇨ [파일형식검증하기] ⇨ 비밀번호 입력 ⇨ [검증결과확인] ⇨ [내용검증하기] ⇨ [검증결과확인] ⇨ [전자파일제출 이동] ⇨ 다음 화면에서 신고서 요약내용 확인 후 [전자파일제출하기] ⇨ '일괄접수증' 확인 ⇨ [신고내역조회(접수증·납부서)]</td></tr>
</table>

(3) 신고서 작성

[신고서작성하기]를 클릭하여 신고서를 다음과 같이 작성한다.

1) 기본사항 입력

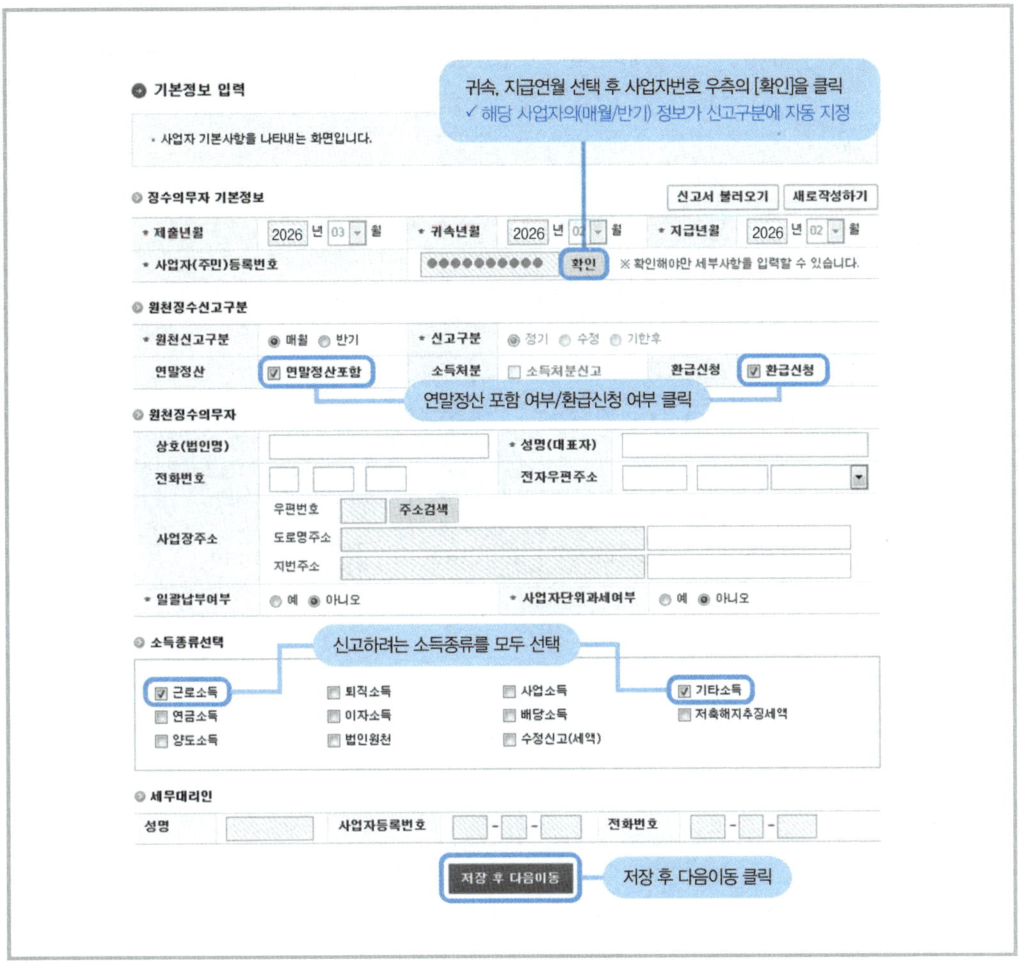

2) 원천징수내역 및 납부세액 입력

지방소득세는 국세가 아닌 지방세로 원천세 신고서에 작성하지 않음

› 근로소득 (단위:원)

소득구분	코드	소득지급		징수세액			(9)당월조정 환급세액
		(4)인원수	(5)총지급금액	(6)소득세 등	(7)농어촌 특별세	(8)가산세	
간이세액	A01	5	18,000,000	994,800			
중도퇴사	A02						
일용근로	A03						
연말정…	A04	5	261,400,000	-2,280,820			
연말정…	A05						
연말정…	A06			-2,280,820			
가감계	A10	10	279,400,000	-1,286,020			

※ 연말정산_합계(A04)에는 연말정산 대상 인원 및 총지급금액만 넣으며,
연말정산_분납신청(A05)에는 분납신청한 인원 및 분납신청금액을 넣고
연말정산_납부금액(A06)에는 연말정산 납부하거나 환급받을 금액을 작성합니

각 소득별 계에서 '−'인 징수세액은 총합계(A99)의 징수세액에 반영되지 않으며 다음화면(환급세액조정)의 (15)일반환급 항목으로 입력됨(근로소득 가감계의 징수세액 '−1,286,020'은 총합계에 반영되지 않음)

› 기타소득

소득구분	코드	소득지급		징수세액			(9)당월조정 환급세액
		(4)인원수	(5)총지급금액	(6)소득세 등	(7)농어촌 특별세	(8)가산세	
연금계좌	A41						
종교인…	A43						
종교인…	A44						
그 외	A42	1	500,000	20,000			
가감계	A40	1	500,000	20,000			

› 총 합계 (단위:원)

소득구분	코드	소득지급		징수세액			(9)당월조정 환급세액
		(4)인원수	(5)총지급금액	(6)소득세 등	(7)농어촌 특별세	(8)가산세	
총합계	A99	11	279,900,000	20,000			

› 근로소득 (단위:원)

소득지급		징수세액			(9)당월조정 환급세액	납부세액	
(4)	(5)총지급금액	(6)소득세 등	(7)농어촌 특별세	(8)가산세		(10)소득세 등 *가산세포함	(11)농어촌 특별세
	18,000,000	994,800					
	261,400,000	-2,280,820					
		-2,280,820					
1	279,400,000	-1,286,020					

※ 연말정산_합계(A04)에는 연말정산 대상 인원 및 총지급금액만 넣으며,
연말정산_분납신청(A05)에는 분납신청한 인원 및 분납신청금액을 넣고
연말정산_납부금액(A06)에는 연말정산 납부하거나 환급받을 금액을 작성합니다.

› 기타소득

소득지급		징수세액				
(4)인원	(5)총지급금액	(6)소득세 등	(7)농어촌 특별세			
	500,000	20,000				
1	500,000	20,000			20,000	

(18)조정대상환급세액이 있는 경우 징수세액에서
조정(차감)하여 납부세액을 계산함
(징수세액 '20,000'이 있는 기타소득의 (9)당월조정환급세액에
'20,000'을 입력하여 납부세액을 '0'으로 만들며,
(18)조정대상환급세액 '1,286,020' 한도 내에서 조정할 수 있음)

› 총 합계

징수세액 − 조정환급세액 = 납부세액

소득지급		징수세액			(9)당월조정 환급세액	납부세액	
(4)인원	(5)총지급금액	(6)소득세 등	(7)농어촌 특별세	(8)가산세		(10)소득세 등 *가산세포함	(11)농어촌 특별세
11	279,900,000	20,000			20,000		

3) 환급세액조정 입력

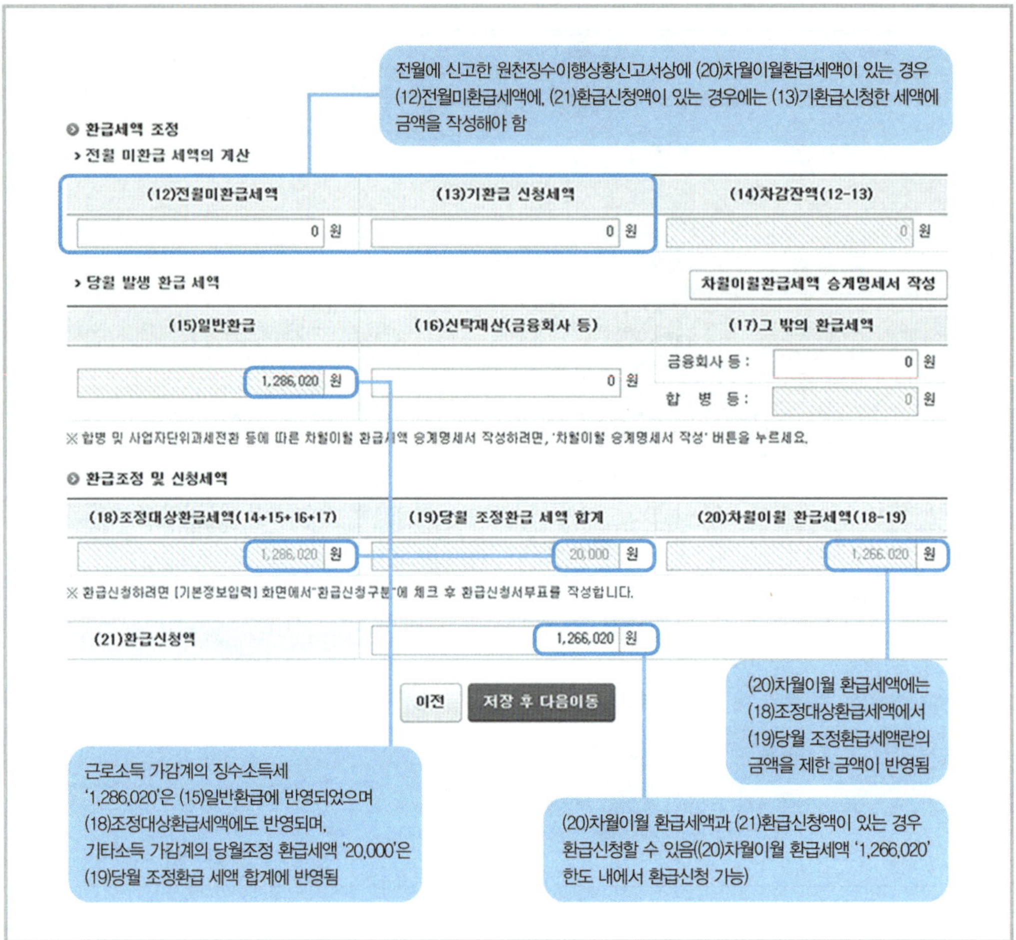

4) 신고서 부표 작성

이자소득, 배당소득 등 부표를 작성해야 하는 소득종류를 신고하는 경우 세부사항을 입력한다.

5) 환급신청서 부표 작성

CASE 1 환급세액조정 – ⑫전월미환급세액이 없는 경우

환급신청서 부표 작성 → 기납부세액명세서 작성 → 신고서 작성완료 순으로 진행된다.

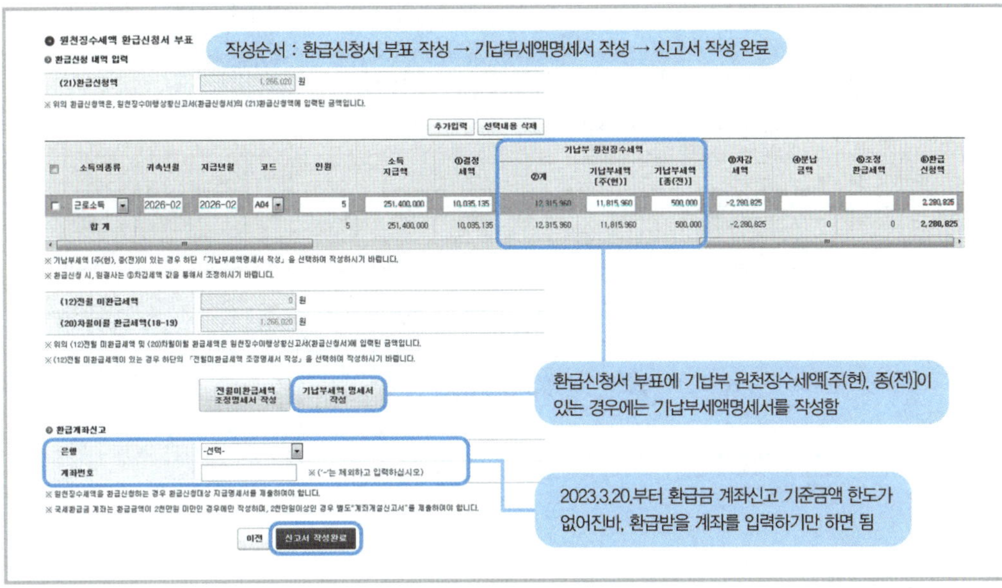

CASE 2 환급세액조정 – ⑫전월미환급세액이 있는 경우

전월미환급세액조정명세서 작성 → 환급신청서 부표 작성 → 기납부세액명세서 작성 → 신고서 작성완료 순으로 진행된다.

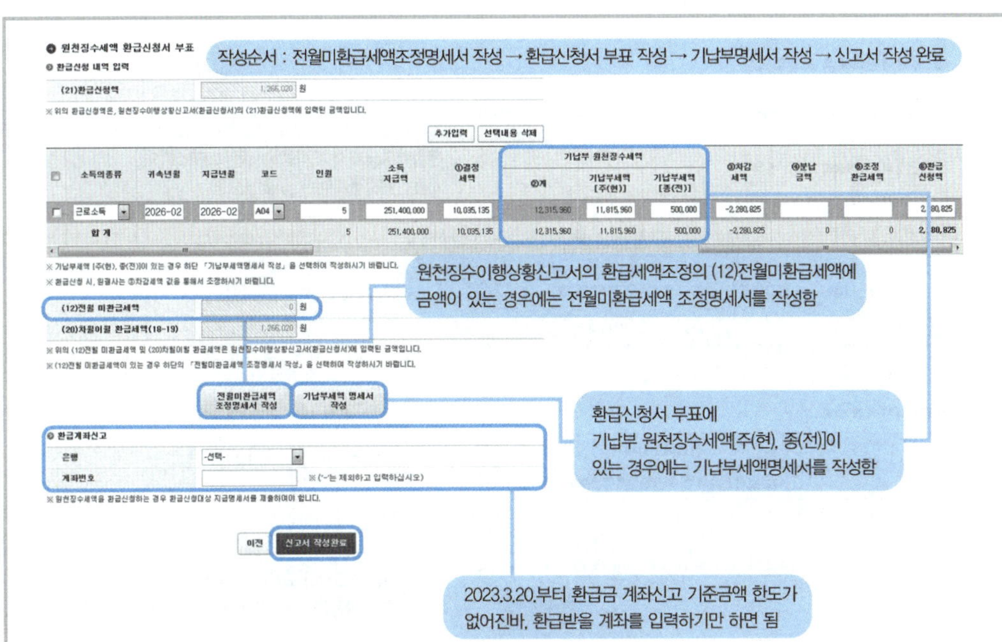

6) 기납부세액명세서 작성

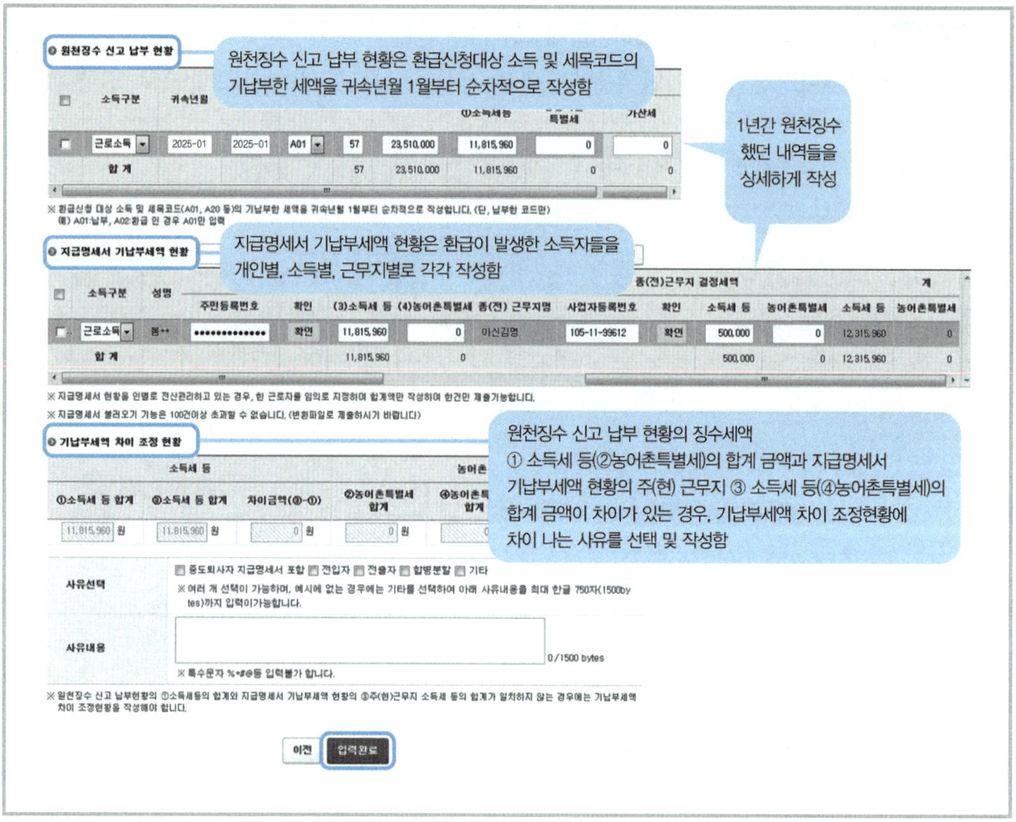

7) 전월미환급세액 조정명세서 작성

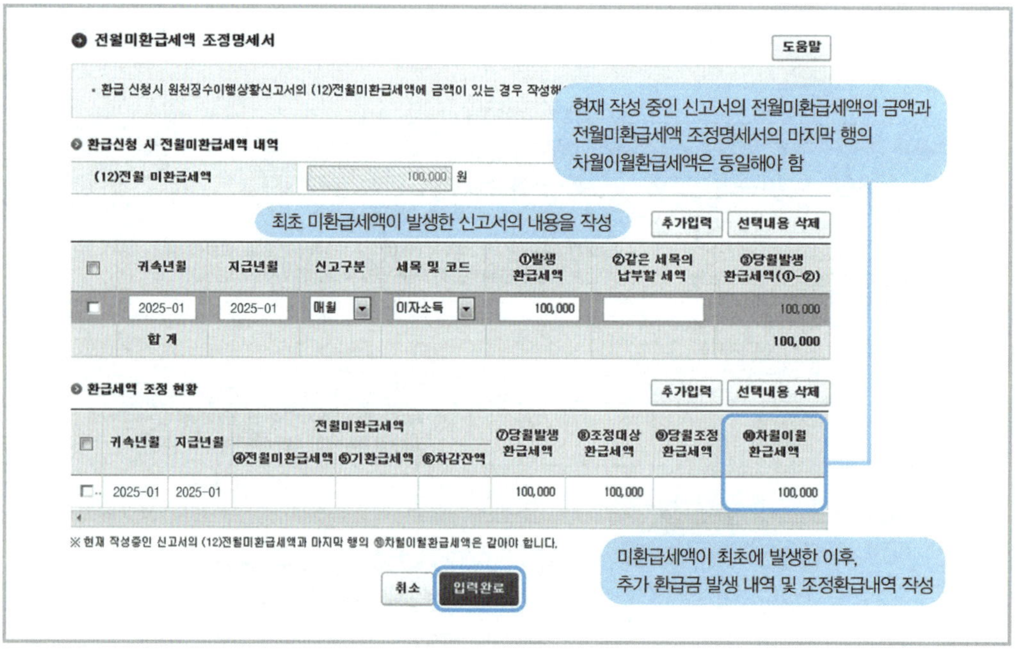

(4) 신고서 제출하기

모든 내용 입력 후 환급받을 은행, 계좌번호 작성 후에 환급신청서 부표화면의 [신고서 작성완료]를 클릭하면 신고서의 오류 여부를 홈택스에서 자동으로 검사한다.

오류가 있을 경우 팝업창에 정정해야 할 오류항목이 안내되며, 안내에 따라 정정하면 된다.

● 신고서 제출

- 지금까지 입력한 자료의 세액계산을 보실 수 있습니다.
  세액이 맞는지 확인 후 신고서 제출하기 버튼을 누르면 **신고서가 최종제출 됩니다.**

● 원천세 신고내용 요약

귀속년월	2026-02	지급년월	2026-02
제출년월	2026-03	신고구분	정기신고
원천징수의무구분	매월	환급신청여부	여
소득세 납부세액	0 원	농어촌특별세 납부세액	0 원
차월이월 환급세액	1,366,020 원	환급 신청액	1,266,020 원

● 환급계좌정보

은행	한국씨티은행
계좌정보	1 1

이전 / 신고서 제출하기

정상 신고서일 경우 팝업창이 아닌 신고내용 요약 화면이 나오며, 신고내용을 확인하고 제출하면 된다. 해당 요약화면에서 귀속연월 2026-02, 지급연월 2026-02, 신고구분의 '환급신청', 환급신청액 일치 여부, 은행명과 계좌번호를 반드시 확인한다.

만약, 같은 귀속연월, 지급연월의 신고서를 여러 번 작성한 경우 신고·납부기한까지 최종 전송한 자료가 최종 접수자료로 인정되며, 귀속 또는 지급연월이 다른 경우에는 각각 접수된다.

또한, 귀속연월과 지급연월은 제출한 신고서 1건을 구분하는 기준이 되는 항목으로 추후 수정할 수 없는바 전송 전에 반드시 확인해야 한다.

(5) 접수증 인쇄하기

신고서 제출하기를 누르면 정상적으로 홈택스에 전송이 되면 접수결과를 알려주는 팝업창이 나타난다.

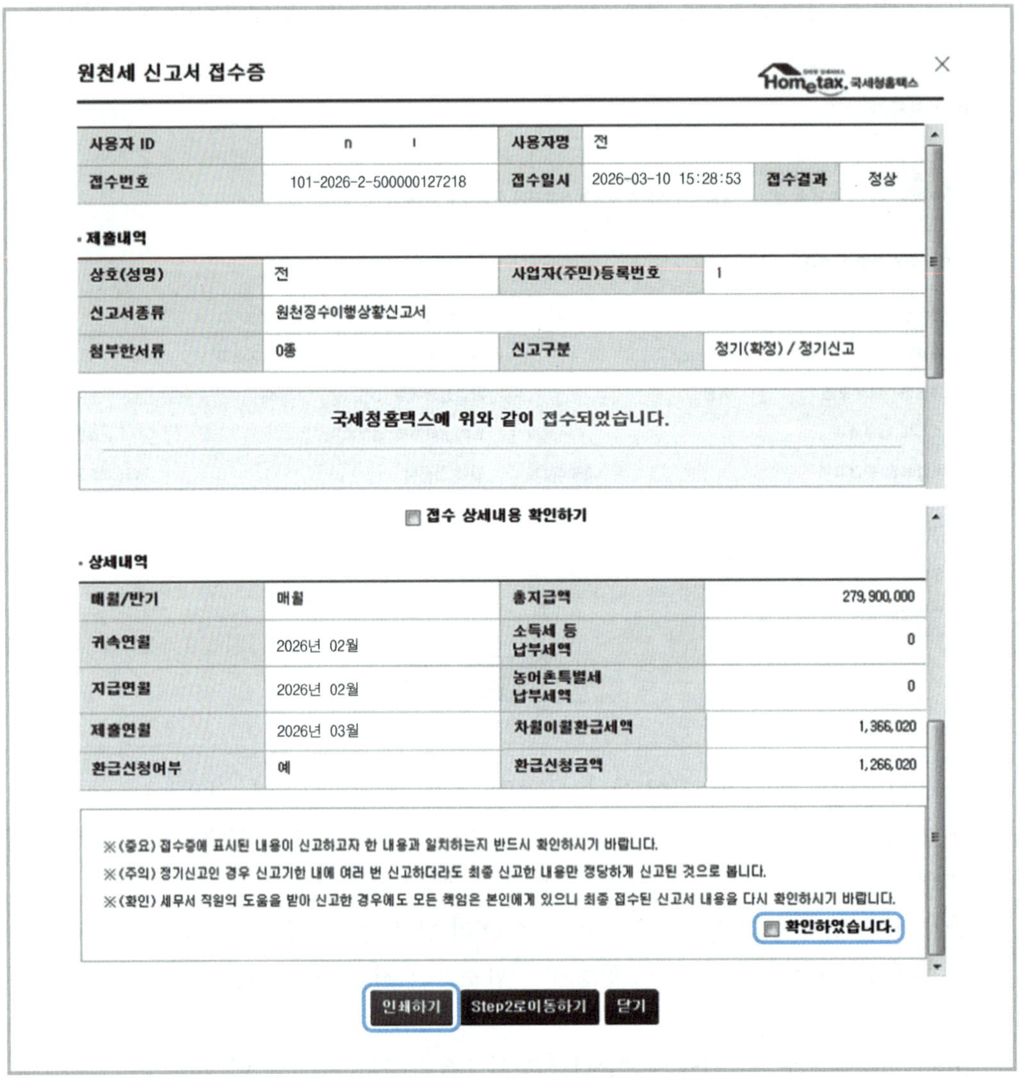

접수증은 인쇄하여 보관한 후, [확인하였습니다.]를 체크하고 접수증을 닫는다.

이후 홈택스 홈페이지에서도 [세금신고 – 원천세신고]의 [신고내역조회(접수증·납부서)]을 클릭하면 신고결과를 확인하고 접수증을 인쇄할 수 있다.

(6) 신고서와 납부서 인쇄하기

[신고내역조회]에서 원천징수이행상황신고서와 납부서를 서식형태로 인쇄할 수 있다.

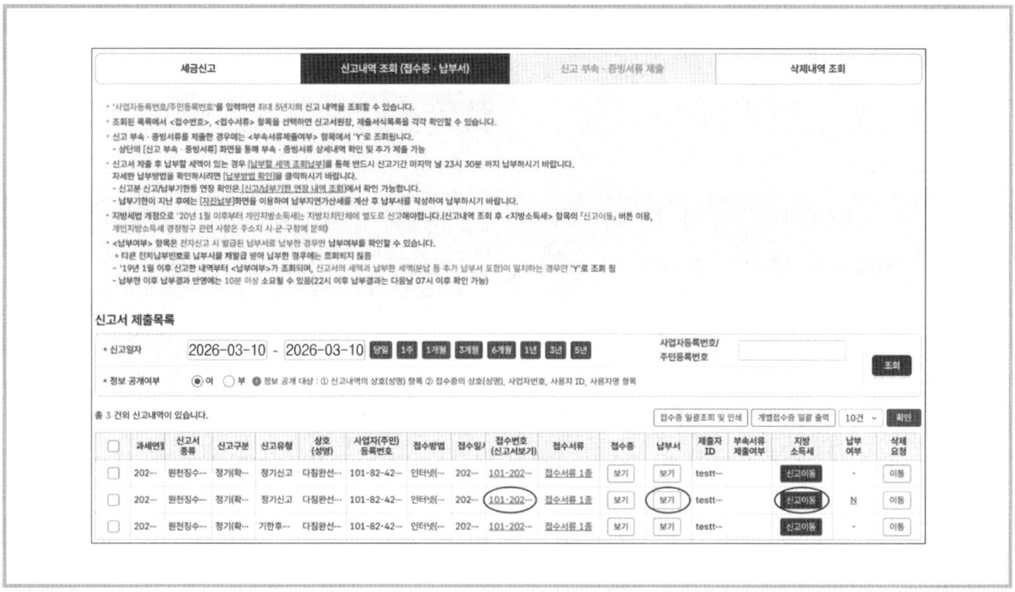

[신고내역조회]의 신고서 목록 중 인쇄하고자 하는 원천징수이행상황신고서의 접수번호를 클릭하여 나오는 팝업창에서 해당 신고서를 서식형태로 인쇄할 수 있다.

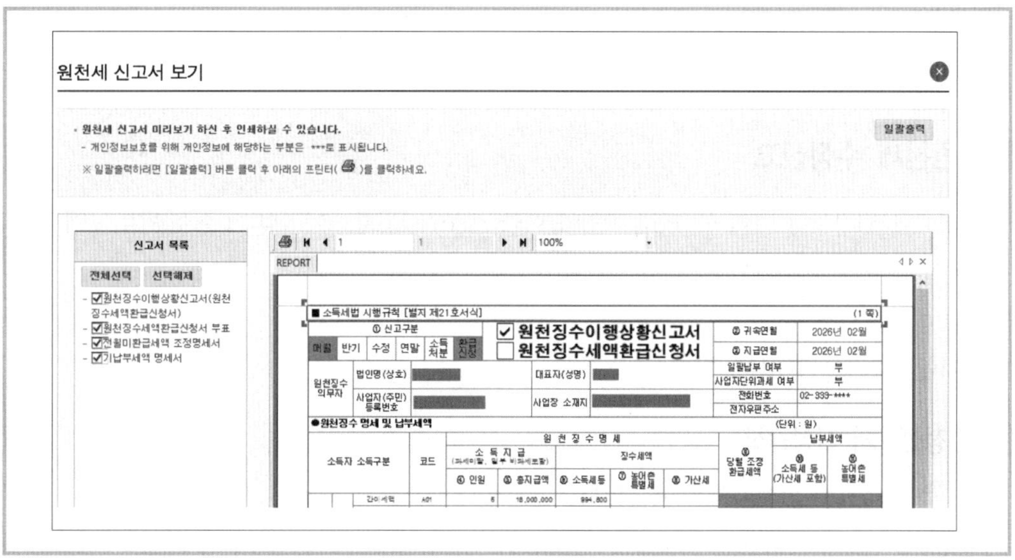

납부할 세액이 있는 경우에만 [납부서] 팝업창에서 각 세목의 납부서를 선택하여 인쇄할 수 있으며, 납부세액이 없으면 아래 그림과 같이 납부서를 인쇄할 수 없는 상태로 조회된다.

납부서 목록

제출내역 주민세 납부양식 다운받기 | 납부서 일괄출력

세목	원천세	사업자(주민)등록번호	
접수일시	2026-03-10 15:55:20	접수번호	101-2025-2-500000127223

첨부서류 : 총 2 건

	신고서종류	신고구분	신고유형	과세기간	소득구분	납부서
	원천징수이행상황신고서	정기(확정)	정기신고	2026년 2월	근로소득세(갑)	
	원천징수이행상황신고서	정기(확정)	정기신고	2026년 2월	기타소득세	

[지방소득세 납부서]는 홈택스 홈페이지 하단의 자료실에서 번호로 [62]를 검색하거나, 제목+내용으로 [지방소득세 특별징수 납부서 및 영수필통지서]라고 검색한 후 다운받을 수 있다.

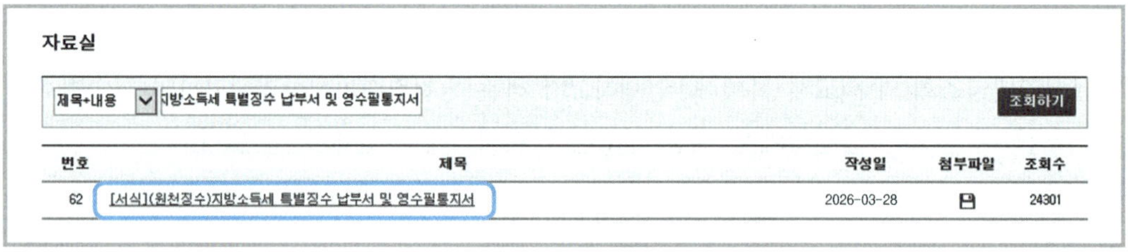

자료실

제목+내용 | 지방소득세 특별징수 납부서 및 영수필통지서 | 조회하기

번호	제목	작성일	첨부파일	조회수
62	[서식](원천징수)지방소득세 특별징수 납부서 및 영수필통지서	2026-03-28		24301

5 원천세 수정신고

이미 신고한 원천세에 대해 수정신고하여야 하는 경우가 있다. 수정신고서 작성방법 등에 대해 살펴보자.

1. 문서로 수정신고하는 방법

(1) 수정신고서 작성원칙

다음과 같이 수정신고서를 작성한다.

- 당초 제출한 신고내용을 빨간색으로 각 항목의 상단에 기재하고, 수정한 신고내용을 각 항목의 하단에 검정색으로 기재
- 수정신고로 부표신고내용이 변동되는 경우 부표를 수정하여 첨부
- 수정신고서는 당초 신고한 신고서별로 작성하는 것으로, 임의로 수개월의 신고서에 대한 수정신고서를 1장으로 작성할 수 없음

(2) 수정신고서 작성방법

수정신고서 작성방법을 단계별로 사례를 통해 살펴보자.

(1단계) 신고구분란의 수정칸에 ○표시하고 당초 신고내용을 각 칸의 상단에 빨간색으로 옮겨 적는다.

❶ 원천징수 명세 및 납부세액 (단위: 원)

소득자 소득구분			코드	원천징수명세: 소득지급(과세 미달, 일부 비과세 포함) ④ 인원	⑤ 총지급액	징수세액 ⑥ 소득세 등	⑦ 농어촌특별세	⑧ 가산세	⑨ 당월 조정 환급세액	납부세액 ⑩ 소득세 등(가산세 포함)	⑪ 농어촌특별세
개인(거주자·비거주자)	근로소득	간이세액	A01								
		중도퇴사	A02								
		일용근로	A03								
		연말정산 합계	A04								
		연말정산 분납신청	A05								
		연말정산 납부금액	A06								
		가감계	A10	50	1,200,000,000	△5,722,000	450,000		450,000	0	0
	퇴직소득	연금계좌	A21								
		그 외	A22								
		가감계	A20	2	20,000,000	450,000		45,000	495,000	0	
	사업소득	매월징수	A25								
		연말정산	A26								
		가감계	A30	5	2,500,000	75,000			75,000	0	0
(중략)											
법인	내·외국법인원천		A80	6	27,000,000	5,050,000			4,702,000	348,000	
수정신고(세액)			A90								
총 합 계			A99	63	1,249,500,000	5,575,000	450,000	45,000	5,722,000	348,000	0

❷ 환급세액 조정 (단위: 원)

전월 미환급 세액의 계산: ⑫ 전월 미환급세액	⑬ 기환급 신청세액	⑭ 차감잔액(⑫-⑬)	당월 발생 환급세액: ⑮ 일반 환급	⑯ 신탁재산(금융회사 등)	⑰ 그 밖의 환급세액: 금융회사 등	⑰ 그 밖의 환급세액: 합병 등	⑱ 조정대상 환급세액(⑭+⑮+⑯+⑰)	⑲ 당월조정 환급세액계	⑳ 차월이월 환급세액(⑱-⑲)	㉑ 환급 신청액
0	0	0	5,722,000	0			5,722,000	5,722,000	0	

(2단계) 수정한 내용을 먼저 원천징수내역의 각 칸의 하단에 검은색으로 기재한다.

❶ 원천징수 명세 및 납부세액 (단위: 원)

소득자 소득구분			코드	④ 인원	⑤ 총지급액	⑥ 소득세 등	⑦ 농어촌특별세	⑧ 가산세	⑨ 당월 조정 환급세액	⑩ 소득세 등(가산세 포함)	⑪ 농어촌특별세
개인(거주자·비거주자)	근로소득	간이세액	A01								
		중도퇴사	A02								
		일용근로	A03								
		연말정산 합계	A04								
		연말정산 분납신청	A05								
		연말정산 납부금액	A06								
		가감계	A10	50 48	1,200,000,000 1,100,000,000	△5,722,000 △6,800,000	450,000 650,000	0 20,000	450,000	0	0
	퇴직소득	연금계좌	A21								
		그 외	A22								
		가감계	A20	2 3	20,000,000 35,000,000	450,000 680,000		45,000 68,000	495,000	0	
	사업소득	매월징수	A25								
		연말정산	A26								
		가감계	A30	5 5	2,500,000 2,500,000	75,000 75,000			75,000	0	0

(중략)

소득자 소득구분		코드	④ 인원	⑤ 총지급액	⑥ 소득세 등	⑦ 농어촌특별세	⑧ 가산세	⑨ 당월 조정 환급세액	⑩ 소득세 등(가산세 포함)	⑪ 농어촌특별세
법인	내·외국법인원천	A80	6 6	27,000,000 27,000,000	5,050,000 5,050,000		0 0	4,702,000	348,000	
수정신고(세액)		A90								
총 합 계		A99	63 62	1,249,500,000 1,164,500,000	5,575,000 5,805,000	450,000 650,000	45,000 88,000	5,722,000	348,000	0

* [총합계(A99)] 5,805,000 = 680,000 + 75,000 + 5,050,000

(3단계) 수정 후 소득종류별 [징수세액(⑥, ⑦, ⑧)] 칸의 세액이 음수인 경우에는 [❷환급세액 조정]의 [⑮일반환급] 칸으로 옮겨 적고 [총합계(A99)]란 계산 시 차감하지 않는다.

❷ 환급세액 조정 (단위: 원)

⑫ 전월 미환급세액	⑬ 기환급 신청세액	⑭ 차감잔액(⑫-⑬)	⑮ 일반환급	⑯ 신탁재산(금융회사 등)	⑰ 그 밖의 환급세액 금융회사 등	⑰ 그 밖의 환급세액 합병 등	⑱ 조정대상 환급세액(⑭+⑮+⑯+⑰)	⑲ 당월조정 환급세액계	⑳ 차월이월 환급세액(⑱-⑲)	㉑ 환급 신청액
0 0	0 0	0 0	5,722,000 6,800,000	0 0			5,722,000 6,800,000	5,722,000	0 0	

(4단계) 수정 후 [⑱조정대상환급세액] 칸의 금액을 한도로 소득종류별 차감계란의 [⑨당월 조정환급세액] 칸에 옮겨 적어 납부세액을 계산한다.

❶ 원천징수 명세 및 납부세액 (단위: 원)

소득자 소득구분			코드	원천징수명세: 소득지급 (과세 미달, 일부 비과세 포함) ④ 인원	⑤ 총지급액	징수세액 ⑥ 소득세 등	⑦ 농어촌특별세	⑧ 가산세	⑨ 당월 조정 환급세액	납부세액 ⑩ 소득세 등 (가산세 포함)	⑪ 농어촌특별세
개인(거주자·비거주자)	근로소득	간이세액	A01								
		중도퇴사	A02								
		일용근로	A03								
		연말정산 합계	A04								
		연말정산 분납신청	A05								
		연말정산 납부금액	A06								
		가감계	A10	50	1,200,000,000	△5,722,000	450,000	0	450,000	0	0
				48	1,100,000,000	△6,800,000	650,000	20,000	670,000	0	0
	퇴직소득	연금계좌	A21								
		그 외	A22								
		가감계	A20	2	20,000,000	450,000		45,000	495,000	0	
				3	35,000,000	680,000		68,000	748,000	0	
	사업소득	매월징수	A25								
		연말정산	A26								
		가감계	A30	5	2,500,000	75,000			75,000	0	0
				5	2,500,000	75,000			75,000	0	0

(중략)

소득자 소득구분		코드	④ 인원	⑤ 총지급액	⑥ 소득세 등	⑦ 농어촌특별세	⑧ 가산세	⑨ 당월 조정 환급세액	⑩ 소득세 등 (가산세 포함)	⑪ 농어촌특별세
법인	내·외국법인원천	A80	6	27,000,000	5,050,000		0	4,702,000	348,000	
			6	27,000,000	5,050,000		0	5,050,000	0	
수정신고(세액)		A90								
총 합 계		A99	63	1,249,500,000	5,575,000	450,000	45,000	5,722,000	348,000	0
			61	1,249,500,000	5,805,000	650,000	88,000	6,543,000	0	0

(5단계) 수정 후 [총합계(A99)]란의 [⑨당월조정환급세액] 칸의 금액을 [❷환급세액조정]란의 [⑲당월조정환급세액계] 칸에 기재하여 [⑳차월이월환급세액]을 계산한다.

❷ 환급세액 조정 (단위: 원)

전월 미환급 세액의 계산: ⑫ 전월 미환급세액	⑬ 기환급 신청세액	⑭ 차감잔액 (⑫-⑬)	당월 발생 환급세액: ⑮ 일반 환급	⑯ 신탁재산 (금융 회사 등)	⑰ 그 밖의 환급세액: 금융 회사 등	합병 등	⑱ 조정대상 환급세액 (⑭+⑮+⑯+⑰)	⑲ 당월조정 환급세액계	⑳ 차월이월 환급세액 (⑱-⑲)	㉑ 환급 신청액
0	0	0	5,722,000	0			5,722,000	5,722,000	0	
0	0	0	6,800,000	0			6,800,000	6,543,000	257,000	

(6단계) 수정신고서상 [납부세액(⑩, ⑪)]의 차액(수정－당초)금액을 당월신고서의 [수정신고(A90)]란의 [징수세액(⑥, ⑦, ⑧)] 칸으로 옮겨 적은 다음 [❷환급세액조정]란의 [⑮일반환급] 칸으로 기재하여 당월납부할 세액에서 조정환급하게 된다.

❶ 원천징수 명세 및 납부세액 (단위: 원)

소득자 소득구분	코드	원천징수명세					⑨ 당월 조정 환급세액	납부세액	
		소득지급 (과세 미달, 일부 비과세 포함)		징수세액					
		④ 인원	⑤ 총지급액	⑥ 소득세 등	⑦ 농어촌특별세	⑧ 가산세		⑩ 소득세 등 (가산세 포함)	⑪ 농어촌특별세
수정신고(세액)	A90			0	0	0	0	0	0
				△348,000	0	0	0	0	0

* △348,000＝수정 후 납부세액[0]－당초 납부세액[348,000]

❷ 환급세액 조정 (단위: 원)

전월 미환급 세액의 계산			당월 발생 환급세액				⑱ 조정대상 환급세액 (⑭+⑮+⑯+⑰)	⑲ 당월조정 환급세액계	⑳ 차월이월 환급세액 (⑱-⑲)	㉑ 환급 신청액
⑫ 전월 미환급세액	⑬ 기환급 신청세액	⑭ 차감잔액 (⑫－⑬)	⑮ 일반 환급	⑯ 신탁재산 (금융 회사 등)	⑰ 그 밖의 환급세액					
					금융 회사 등	합병 등				
0	0	0	348,000	0			348,000	0	348,000	

(7단계) 수정신고서의 [❷환급세액조정]란의 [⑳차월이월환급세액] 칸의 차액(수정－당초)이 양수(+)인 경우에는 당월 신고서의 [❷환급세액조정]란의 [⑮일반환급] 칸에 옮겨 적어 당월 납부할 세액에서 조정환급하게 된다.

❷ 환급세액 조정 (단위: 원)

전월 미환급 세액의 계산			당월 발생 환급세액				⑱ 조정대상 환급세액 (⑭+⑮+⑯+⑰)	⑲ 당월조정 환급세액계	⑳ 차월이월 환급세액 (⑱-⑲)	㉑ 환급 신청액
⑫ 전월 미환급세액	⑬ 기환급 신청세액	⑭ 차감잔액 (⑫－⑬)	⑮ 일반 환급	⑯ 신탁재산 (금융 회사 등)	⑰ 그 밖의 환급세액					
					금융 회사 등	합병 등				
0	0	0	257,000	0			257,000	0	257,000	

결론적으로 6~7단계의 결과 [❷환급세액조정]란은 아래와 같이 기재된다.

❷ 환급세액 조정 (단위: 원)

전월 미환급 세액의 계산			당월 발생 환급세액				⑱ 조정대상 환급세액 (⑭+⑮+⑯+⑰)	⑲ 당월조정 환급세액계	⑳ 차월이월 환급세액 (⑱-⑲)	㉑ 환급 신청액
⑫ 전월 미환급세액	⑬ 기환급 신청세액	⑭ 차감잔액 (⑫－⑬)	⑮ 일반 환급	⑯ 신탁재산 (금융 회사 등)	⑰ 그 밖의 환급세액					
					금융 회사 등	합병 등				
0	0	0	605,000	0			605,000	0	605,000	

* 605,000＝수정신고 납부세액 감소분[348,000]과 수정 후 차월이월환급세액의 증가분[257,000]의 합계액

2. 홈택스에서 수정신고하는 방법

홈택스에서도 다음과 같이 수정신고 가능하다(추가자료 24 참고).

구 분	내 용
접근절차	❶ 홈택스 로그인 ⇨ ❷ 세금신고 ⇨ ❸ 원천세신고 ⇨ ❹ 일반신고 ⇨ ❺ 수정신고
수정신고서 작성·제출	(1단계) 기본사항 입력 (2단계) 원천세 신고서(환급신청서) 작성 (3단계) 부표 작성 (4단계) 수정신고서 제출
수정신고서 작성방법	문서제출 경우 참조

(1단계) 기본사항 입력: 원천세 신고대상 소득종류가 변경된 경우 소득종류 선택

(2단계) 원천세 신고서(환급신청서) 작성: 문서제출방법과 달리 직접 금액을 수정입력

(3단계) 부표 작성: 부표에 해당하는 소득종류 선택 후 부표 입력

6 지급명세서 제출

1. 지급명세서 발급

연말정산을 하고 난 후 근로소득자에게 다음과 같이 지급명세서를 발급한다(소법 §143).

<table>
<tr><th>구 분</th><th colspan="2">내 용</th></tr>
<tr><td>발급서류</td><td colspan="2">근로소득지급명세서(별지 제24호 서식(1))</td></tr>
<tr><td rowspan="3">발급기한</td><td>계속근로자</td><td>다음연도 2월말일까지</td></tr>
<tr><td>중도퇴사자</td><td>중도퇴사 연말정산 시기의 다음 달 말일까지</td></tr>
<tr><td>종된 근무지인 경우로서 근로자가 합산 연말정산을 위해 발급요청하는 경우</td><td>연말정산하여 지체 없이 발급</td></tr>
<tr><td>불이익</td><td colspan="2">미발급·지연발급 등에 대한 불이익(가산세) 없음</td></tr>
</table>

2. 지급명세서 제출

연말정산을 하고 난 후 원천징수의무자는 다음과 같이 지급명세서를 제출한다(소법 §164, 소령 §214 ③·§215 ②·§213의 2 ①·§216).

(1) 제출서류 및 제출기한

<table>
<tr><th>구 분</th><th colspan="4">내 용</th></tr>
<tr><td>제출서류</td><td colspan="4">근로소득지급명세서(별지 제24호 서식(1))</td></tr>
<tr><td>제출의무자</td><td colspan="4">근로소득 연말정산을 수행한 원천징수의무자</td></tr>
<tr><td>제출처</td><td colspan="4">원천징수관할세무서장·지방국세청장·국세청장에게 제출</td></tr>
<tr><td rowspan="6">제출기한</td><td>원 칙</td><td colspan="3">다음연도 3.10.까지</td></tr>
<tr><td>휴업·폐업·해산</td><td colspan="3">휴업·폐업·해산일이 속하는 달의 다음다음 달 말일까지</td></tr>
<tr><td>반기납부자</td><td colspan="3">반기납부자도 동일하게 제출 (연말정산신고를 7.10.에 하는 경우에도 3.10.까지 근로소득지급명세서와 부속명세서(의료비지급명세서, 기부금명세서 등)를 제출해야 함)</td></tr>
<tr><td>중도퇴사자 지급명세서</td><td colspan="3">동일하게 제출 (다만, 연도 중에 수시제출제도에 따라 미리 제출가능)</td></tr>
<tr><td rowspan="2">제출면제·제출기한 연장 (간이지급명세서에도 동일하게 적용)</td><td rowspan="2">제출 면제</td><td>사 유</td><td>천재지변 등 불가항력인 사유로 장부나 그 밖의 증빙서류가 없어진 경우</td></tr>
<tr><td>면제대상</td><td>그 사유가 발생한 달의 전월분부터 해당 사업이 원상으로 회복된 달의 전월분까지 (홈택스 등 전산시스템 문제의 경우에는 전산시스템의 유지·관리 및 입력·출력상태 등을 감안하여 국세청장이 정하는 기간분을 면제 → 연장대상에도 동일하게 적용)</td></tr>
</table>

<table>
<tr><th>구 분</th><th colspan="4">내 용</th></tr>
<tr><td rowspan="4">제출기한</td><td rowspan="4">제출면제·
제출기한 연장</td><td rowspan="3">제출
기한
연장</td><td>사 유</td><td>권한 있는 기관에 장부나 그 밖의 증빙서류가 압수 또는 영치된 경우</td></tr>
<tr><td>연장대상</td><td>그 사유가 발생한 당월분과 그 전월분</td></tr>
<tr><td>연장기한</td><td>지급명세서를 제출할 수 있는 상태로 된 날이 속하는 달의 다음 달 말일까지</td></tr>
<tr><td colspan="2">면제·연장
적용 신청</td><td>원칙적인 제출기한 내에 원천징수관할세무서장·지방국세청장·국세청장에게 신청</td></tr>
</table>

한걸음 더

지급명세서 제출 시 같이 제출하는 서류

다음 서류는 지급명세서 제출 시 함께 제출한다.

<table>
<tr><th>제출서류</th><th>제출대상자·제출의무자</th><th>제출기한</th></tr>
<tr><td>의료비지급명세서</td><td>의료비 세액공제를 받은 근로자가 있는 원천징수의무자</td><td rowspan="2">근로소득지급명세서 제출 시 같이 제출(전자방식 제출)</td></tr>
<tr><td>기부금명세서</td><td>기부금 소득·세액공제를 받은 자가 있는 원천징수의무자</td></tr>
<tr><td>우리사주인출 및 과세명세서</td><td>우리사주조합이 있는 법인</td><td>다음연도 2월 말일(휴업·폐업의 경우에는 휴업·폐업일의 다음 다음 달 말일)</td></tr>
<tr><td>벤처기업 주식매수선택권 비과세 특례적용명세서</td><td>주식매수선택권 행사이익 비과세특례를 신청한 근로자가 있는 벤처기업</td><td>다음연도 2월 말일</td></tr>
</table>

(2) 제출방식

<table>
<tr><th>구 분</th><th colspan="2">내 용</th></tr>
<tr><td>원 칙</td><td colspan="2">국세기본법 규정에 따른 정보통신망(홈택스)에 의하여 제출 또는 디스켓 등 전자적 정보저장매체로 제출 ✔ 전자방식으로 제출</td></tr>
<tr><td rowspan="2">문서제출</td><td>문서제출이 무조건 불가한 경우</td><td>다음에 해당하는 원천징수의무자
1. 법인
2. 한국표준산업분류상의 금융보험업자
3. 소득세법에 의한 복식부기의무자
4. 국가·지방자치단체 또는 지방자치단체조합</td></tr>
<tr><td>문서제출이 가능한 경우</td><td>다음 중 어느 하나에 해당하는 원천징수의무자
1. 직전 과세기간에 제출한 지급명세서의 매수가 50매 미만인 자
2. 상시근무하는 근로자의 수가 10명 이하인 자</td></tr>
</table>

매월 말일 현황에 따른 평균인원수를 말함

02

<table>
<tr><th>구 분</th><th colspan="3">내 용</th></tr>
<tr><td rowspan="5">간편제출</td><td>대상자</td><td colspan="2">다음 요건을 모두 충족하는 근로자
<table><tr><td>총급여액 기준</td><td>총급여액이 500만원 이하인 거주자</td></tr><tr><td>종된 근무지 기준</td><td>종된 근무지가 없을 것</td></tr></table></td></tr>
<tr><td rowspan="2">제출방법</td><td>명세서 제출</td><td>근로소득지급명세서(원천징수 사무처리규정 별지 제7호 서식) 제출</td></tr>
<tr><td>현금영수증 발급장치로 제출</td><td>현금영수증발급장치를 통하여 다음 사항을 모두 제출
1. 급여의 귀속연도
2. 거주자의 주민등록번호
3. 급여액
4. 소득세(결정세액을 말함)</td></tr>
</table>

과세기간 중에 취직 또는 퇴직한 자에 대하여는 연으로 환산한 총급여액을 기준으로 적용

(3) 제출자 및 징수의무자 사업자번호 기재방법

지급명세서 제출의무자 및 제출 시 원천징수의무자 사업자번호 기재방법은 다음과 같다.

<table>
<tr><th colspan="4" rowspan="2">구 분</th><th colspan="2">원천징수</th><th colspan="2">지급명세서</th></tr>
<tr><th>의무자</th><th>관할세무서</th><th>제출자</th><th>사업자등록번호</th></tr>
<tr><td colspan="4">개 인</td><td>개인</td><td>사업장</td><td>개인</td><td>사업장</td></tr>
<tr><td rowspan="8">법 인</td><td rowspan="2">원 칙</td><td colspan="2">본 점</td><td rowspan="2">본점</td><td rowspan="2">본점</td><td rowspan="2">본점</td><td rowspan="2">본점</td></tr>
<tr><td colspan="2">지 점</td></tr>
<tr><td rowspan="4">사업장별 회계</td><td rowspan="2">본점일괄 납부특례</td><td>본 점</td><td>본점</td><td rowspan="2">본점</td><td>본점</td><td>본점 사업자번호</td></tr>
<tr><td>지 점</td><td>지점</td><td>본점·지점</td><td>지점 사업자번호</td></tr>
<tr><td rowspan="2">이 외</td><td>본 점</td><td>본점</td><td>본점</td><td>본점</td><td>본점 사업자번호</td></tr>
<tr><td>지 점</td><td>지점</td><td>지점</td><td>지점</td><td>지점 사업자번호</td></tr>
<tr><td colspan="2" rowspan="2">사업자단위 과세사업자</td><td>본 점</td><td rowspan="2">본점</td><td rowspan="2">본점</td><td rowspan="2">본점</td><td>본점 사업자번호</td></tr>
<tr><td>지 점</td><td>본점 사업자번호</td></tr>
</table>

본점에서 일괄제출 가능

종사업장 일련번호 기재

3. 홈택스를 통한 지급명세서 전자제출

국세청 제공 2024년 귀속 원천징수의무자를 위한 연말정산 신고안내 참조

(1) 전자제출 대상 지급명세서

홈택스에서 전자제출 가능한 서식은 다음과 같다. 이외 지급명세서는 서면이나 전자파일 형태로 관할세무서에 제출하여야 한다.

기부금 소득·세액공제를 적용받는 자만 제출

번 호	지급명세서	관련 서식번호
1	근로소득지급명세서(기부금명세서 포함)	소득세법 시행규칙 별지 제24호서식(1)
2	퇴직소득 지급명세서	소득세법 시행규칙 별지 제24호서식(2)
3	거주자의 사업소득 지급명세서	소득세법 시행규칙 별지 제23호서식(2)
4	사업소득 지급명세서(연말정산용)(기부금명세서 포함)	소득세법 시행규칙 별지 제23호서식(3)
5	거주자의 기타소득 지급명세서	소득세법 시행규칙 별지 제23호서식(4)
6	비거주자의 사업소득·기타소득 등 지급명세서	소득세법 시행규칙 별지 제23호서식(5)
7	이자·배당소득 지급명세서	소득세법 시행규칙 별지 제23호서식(1)
8	의료비지급명세서	소득세법 시행규칙 별지 제43호서식
9	비거주자의 유가증권 양도소득 지급명세서	소득세법 시행규칙 별지 제24호서식(7)
10	비거주자 양도소득 지급명세서	소득세법 시행규칙 별지 제24호서식(8)
11	연금계좌 지급명세서	소득세법 시행규칙 별지 제24호서식(6)
12	종교인소득 지급명세서(연말정산용)(기부금명세서 포함)	소득세법 시행규칙 별지 제23호서식(6)

의료비 세액공제를 적용받는 근로자만 제출

(2) 지급명세서 제출서비스

구 분	내 용		
연간합산 (연말정산) 제출서비스	의 미		원천징수의무자가 지급명세서를 연간합산하여 법정기한 내 연 1회 제출하는 서비스
	제출 기한	2월말	거주자기타소득, 이자·배당소득, 비거주자 사업·기타소득, 유가증권양도소득, 부동산등양도소득
		3.10.	근로소득, 의료비, 거주자사업소득(봉사료 포함), 사업소득(연말정산), 퇴직소득, 연금계좌, 종교인소득(연말정산)
	유효자료		법정기한 내 최종 제출한 자료
수시제출 서비스	의 미		원천징수의무자가 수시로 발생하는 지급명세서 또는 휴·폐업·해산으로 지급명세서를 선택적으로 제출하는 서비스
	운영기간		8월부터 서비스를 개시하여 매월 1일~매월 말일까지
	유효자료		월단위로 최종 제출한 자료

02

<table>
<tr><th>구 분</th><th colspan="2">내 용</th></tr>
<tr><td rowspan="4">수정·기한 후 제출 서비스</td><td>의 미</td><td>원천징수의무자가 연간합산기간에 제출하지 못한 지급명세서를 기한 후 제출하거나, 연간합산으로 제출한 지급명세서를 소득자별로 수정해서 다시 제출하는 서비스</td></tr>
<tr><td>제출가능대상 지급명세서</td><td>근로·사업·기타소득, 기부금(2016년 귀속 이전), 의료비지급명세서</td></tr>
<tr><td>제출가능대상 기간</td><td><table>
<tr><th rowspan="2">구 분</th><th colspan="2">제출가능대상 기간</th></tr>
<tr><th>근로</th><th>사업·기타</th></tr>
<tr><td>직접작성 제출방식</td><td>2014년 귀속 이후</td><td>2020년 귀속 이후</td></tr>
<tr><td>변환제출방식</td><td>2010년 귀속 이후</td><td>2014년 귀속 이후</td></tr>
<tr><td>해당 귀속 자료</td><td colspan="2">4월 말부터 운영</td></tr>
</table></td></tr>
<tr><td>유효자료</td><td>일단위로 제출 당일을 기준으로 최종 제출한 자료</td></tr>
<tr><td rowspan="3">이중제출·불부합 안내서비스</td><td>의 미</td><td>원천징수의무자 및 세무대리인이 제출한 지급명세서가 이중제출 자료이거나, 원천세 신고내용과 상이한 불부합 자료인 경우 오류현황을 확인할 수 있도록 안내하는 서비스</td></tr>
<tr><td>조회경로</td><td>홈택스 로그인 ⇨ 세금신고 ⇨ 원천세신고</td></tr>
<tr><td>조회대상·기간</td><td><table>
<tr><th>구 분</th><th>조회 대상</th><th>조회기간
(2024년 귀속기준)</th></tr>
<tr><td>이중제출</td><td>법인사업자가 동일 지급명세서를 2회 이상 제출한 경우
(근로소득만 해당)</td><td>2025.3.21.~4.10.</td></tr>
<tr><td>불부합</td><td>법인사업자가 지급명세서를 과다/과소제출한 경우
(모든 소득 해당)</td><td>2025.4.1.~4.10.</td></tr>
</table></td></tr>
<tr><td>유의사항</td><td colspan="2">중복제출 또는 누락이 되지 않도록 유의</td></tr>
<tr><td>제출예시</td><td colspan="2">중도퇴사자 200건, 계속근무자 1,000건의 근로소득지급명세서를 제출하고자 하는 경우<table>
<tr><th>구 분</th><th>수시제출</th><th>연간합산</th><th>접수증</th><th>결 과</th></tr>
<tr><td>Case1</td><td>중도퇴사자 200건</td><td>계속근무자 1,000건</td><td>총 2장</td><td>OK</td></tr>
<tr><td>Case2</td><td>–</td><td>합하여 1,200건</td><td>총 1장</td><td>OK</td></tr>
<tr><td>Case3</td><td>중도퇴사자 100건</td><td>합하여 1,200건</td><td>총 2장</td><td>No
why 중도퇴사자 자료 중복</td></tr>
</table></td></tr>
</table>

(3) 지급명세서 전자제출 방법 개요

원천징수의무자가 지급명세서 서식과 유사한 화면에서 직접 지급명세서를 작성해서 제출(전송)하는 방식

로그인	홈택스(www.hometax.go.kr) 로그인
지급명세서 전자제출 경로 선택	[지급명세·자료·공익법인] ⇨ [(근로·사업 등) 지급명세서 제출] ⇨ 작성할 지급명세서 선택
지급명세서 제출방식 선택	[직접작성제출방식], [변환제출방식]을 선택

직접 작성 제출방식		변환 제출방식	
기본정보입력	원천징수의무자 정보 입력	전자파일변환(오류검증)	사용자가 작성한 파일을 업로드하고 오류검증을 진행
상세내역 입력	원천징수의무자의 모든 소득자(근로자) 자료를 화면의 지급명세서 서식에 맞춰 입력 후 등록하여 제출할 과세자료 작성	변환결과조회(오류검증결과)	오류검증 후 파일의 형식검증오류, 내용검증오류, 확인납세자자료, 정상자료의 상세내용을 확인
과세자료 제출	제출할 자료의 요약정보를 확인하고 [제출하기]를 클릭하여 작성한 지급명세서를 국세청으로 제출(전송)	전자파일제출	제출할 자료의 요약정보를 확인하고 [전자파일 제출하기]를 클릭하여 작성한 지급명세서를 국세청으로 제출(전송)
과세자료제출 접수증 확인	지급명세서가 정상적으로 전송되면 접수결과를 알려주는 [과제자료제출 접수증]이 자동팝업됨	과세자료제출 접수증(일괄제출) 확인	지급명세서가 정상적으로 전송되면 접수결과를 알려주는 [과세자료제출 접수증(일괄제출)]이 자동팝업됨

제출결과 확인	[Step2. 제출내역]의 제출내역 목록에서 접수증을 클릭하여 제출한 지급명세서의 제출내역(건수, 금액)등을 다시 확인 가능

세목 상세 내용의 건수를 클릭하면 상세내역 조회화면에서 소득자별 목록을 확인가능

원천징수의무자가 회계프로그램 또는 자가개발 프로그램에서 국세청이 지정한 파일 형식으로 자료를 생성한 후 홈택스에서 제공하는 변환제출방식을 이용하여 오류검증하여 제출(전송)하는 방식

(4) 홈택스를 통한 지급명세서 전자제출

추가자료 25 참고

02

07 연말정산 후속적 사항

연말정산 업무가 종료된 후 발생하는 후속적 사항에 대해서 살펴보기로 한다.

1 인정상여

인정상여는 법인세법에 따라 상여로 처분되어 근로소득으로 분류되는 금액을 말한다. 인정상여에 대한 원천징수 및 연말정산에 대해 살펴보자.

1. 인정상여 세무처리 개요

<table>
<tr><th colspan="2">구 분</th><th>내 용</th></tr>
<tr><td colspan="2">의 미</td><td>법인세법에 따라 상여로 처분된 금액</td></tr>
<tr><td colspan="2">소득분류</td><td>근로소득</td></tr>
<tr><td colspan="2">비과세</td><td>해당 없음 ✔ 무조건 근로소득세 과세</td></tr>
<tr><td colspan="2">발생사유</td><td>다음 3가지 사유로 발생
1. 법인세 신고(정기신고)
2. 법인세 수정신고
3. 법인세 결정 또는 경정(소득금액변동통지서 수령)</td></tr>
<tr><td colspan="2">수입시기(귀속연도)</td><td>해당 사업연도 중의 근로를 제공한 날
월평균금액을 계산한 것이 2년도에 걸친 때에는 각각 해당 사업연도 중 근로를 제공한 날로 함</td></tr>
<tr><td colspan="2">원천징수시기</td><td><table><tr><th>구 분</th><th>원천징수시기(원천징수시기특례)</th></tr><tr><td>법인세신고에 따른 인정상여</td><td>법인세과세표준 및 세액의 신고일</td></tr><tr><td>법인세 수정신고에 따른 인정상여</td><td>법인세과세표준 및 세액의 수정신고일</td></tr><tr><td>결정 또는 경정에 의한 상여</td><td>소득금액변동통지서수령일</td></tr></table></td></tr>
<tr><td colspan="2">원천징수</td><td>매월분 급여 지급 시 인정상여를 포함하여 원천징수 가능
(서일-1211, 2005.10.10.)</td></tr>
<tr><td colspan="2">간이지급명세서</td><td>기재</td></tr>
<tr><td>연말정산</td><td>합산 여부</td><td>해당 과세기간에 귀속한 그 인정상여 외의 근로소득과 합산하여 연말정산
(소통 135-192…3)</td></tr>
</table>

<table>
<tr><th colspan="2">구 분</th><th>내 용</th></tr>
<tr><td rowspan="2">연말
정산</td><td>법인세신고
인정상여
(12월말
법인 가정)</td><td>

① 귀속월 – 해당 근로자 (중도퇴사)연말정산 귀속월
예 25년 계속근로자 – 26년 2월
② 지급월 – 3월(법인세 신고월)
③ 반기납부자도 동일하게 4.10.까지 신고(반기납부 제외대상)

<table>
<tr><th colspan="2" rowspan="2">구 분</th><th colspan="2">연말정산 시 과세소득 포함 여부</th></tr>
<tr><th>포함되어 과세</th><th>포함되지 않은 경우</th></tr>
<tr><td rowspan="6">법인세
신고
시점</td><td>연말정산
여부</td><td rowspan="5">법인세
신고시점에
수행할 일 없음
why 적법하게 과세되었음
(서일 – 1211, 2005.10.10.)</td><td>연말정산 재정산
(소통 135 – 192…3)</td></tr>
<tr><td>원천세 신고</td><td>4.10. 신고·납부</td></tr>
<tr><td>추가납부
세액</td><td>재정산에 따른
차감징수세액 증가분</td></tr>
<tr><td>원천세
가산세</td><td>없음
why 신고납부기한이
4.10.까지임</td></tr>
<tr><td>지급명세서</td><td>해당 근로자분만 수정제출
✔ 문서 제출</td></tr>
<tr><td>소득자료
명세서 작성</td><td colspan="2">법인세 신고납부 시
소득자료명세서(별지 제55호 서식) 작성</td></tr>
</table>

전자제출기간 종료되었으며, 수정제출기간도 아니며 (수정제출은 4월 말부터 가능), 수시제출분도 아님
4.10.까지 신고납부하지 않은 경우 가산세 발생
원천징수시기가 법인세 신고일(3월 말까지)임

</td></tr>
<tr><td>수정신고
인정상여</td><td>

<table>
<tr><th colspan="2">구 분</th><th>내 용</th></tr>
<tr><td rowspan="5">법인세
수정신고
시점</td><td>연말정산
여부</td><td>수입시기 해당 연도분 연말정산 재정산
(소통 135 – 192…3)</td></tr>
<tr><td>원천세 신고</td><td>수정신고일 다음 달 10일까지 신고·납부</td></tr>
<tr><td>추가납부
세액</td><td>재정산에 따른 차감징수세액 증가분</td></tr>
<tr><td>원천세
가산세</td><td>없음
why 신고납부기한이 다음 달 10일까지임</td></tr>
<tr><td>지급명세서</td><td>해당 근로자분만 수정제출
✔ 문서 제출 또는 홈택스 수정제출서비스 이용</td></tr>
</table>

원천징수시기가 법인세 수정신고일임

</td></tr>
</table>

다음 달 10일까지 신고납부하지 않은 경우 가산세 발생

① 귀속월 – 해당 근로자 해당 과세연도 (중도퇴사)연말정산 귀속월
예 24년 계속근로자 – 25년 2월
② 지급월 – 법인세 수정신고월
③ 반기납부자도 동일하게 다음 달 10일까지 신고(반기납부 제외대상)

구 분		구 분		내 용
연말정산	결정·경정 인정상여	소득금액변동통지서 수령시점	연말정산 여부	수입시기 해당 연도분 연말정산 재정산 (소통 135－192…3)
			원천세 신고	통지서 수령일 다음 달 10일까지 신고·납부
			추가납부 세액	재정산에 따른 차감징수세액 증가분
			원천세 가산세	없음 ― 원천징수시기가 소득금액변동통지서수령일임 why 신고납부기한이 다음 달 10일까지임
			지급명세서	해당 근로자분만 수정제출 ✔ 문서 제출 또는 홈택스 수정제출서비스 이용

다음 달 10일까지 신고납부하지 않은 경우 가산세 발생

① 귀속월－해당 근로자 해당 과세연도 (중도퇴사)연말정산 귀속월
예 23년 계속근로자－24년 2월
② 지급월－소득금액변동통지서수령월
③ 반기납부자도 동일하게 다음 달 10일까지 신고(반기납부 제외대상)

2. 법인세 신고 시 발생하는 인정상여

(1) 소득자료명세서

법인세 신고 시 인정상여가 발생하면 해당 내역은 소득자료명세서(법인세법 시행규칙 별지 제55호 서식)에 기재된다. 소득자료명세서와 그 작성방법을 예시하여 보면 다음과 같다.

■ 법인세법 시행규칙 [별지 제55호서식] <개정 2011.2.28>

사업 . . . ~ . . .

소득자료 [인정상여] [인정배당] [기타소득] 명세서

법인명	
사업자등록번호	

①소득 구분	②소득 귀속연도	③배당·상여 및 기타소득금액	④원천징수할 소득세액	⑤원천징수일	⑥신고 여부	소득자 ⑦성명	소득자 ⑧주민등록번호	⑨ 비고
계								

1(인정상여)

인정상여의 수입시기 (해당 사업연도 중 근로제공일)

인정상여 금액

소득귀속자(귀속이 불분명한 경우 실질적 대표자 기재)

사례 소득자료명세서

1. 자료

구 분		내 용
법 인	법인명	㈜이나우스
	사업연도	2025.1.1.~2025.12.31.
	사업자번호	123-81-45678
	법인세 신고납부기한	2026.3.31.
근로자	성 명	홍길동
	주민등록번호	891004-1234567
	인정상여	100,000,000
	연말정산 재정산에 따른 차감징수세액 증가액	20,000,000

2. 소득자료명세서

(1) 2월 연말정산 시 인정상여를 포함하여 연말정산한 경우 ✔ 2026.3.10. 원천세 신고

■ 법인세법 시행규칙 [별지 제55호서식] <개정 2011.2.28>

사업연도	2025.1.1. ~ 2025.12.31.	소득자료 [인정상여] [인정배당] [기타소득] 명세서	법인명	㈜이나우스
			사업자등록번호	123-81-45678

①소득구분	②소득귀속연도	③배당·상여 및 기타소득금액	④원천징수할 소득세액	⑤원천징수일	⑥신고여부	소득자		⑨비고
						⑦성명	⑧주민등록번호	
1	2025	100,000,000	0	2026.2.28.	여	홍길동	891004-1234567	연말정산 원천징수필
계								

(2) 2월 연말정산 시 인정상여를 포함하지 않고 연말정산한 경우 ✔ 2026.4.10. 원천세 신고

■ 법인세법 시행규칙 [별지 제55호서식] <개정 2011.2.28>

사업연도	2025.1.1. ~ 2025.12.31.	소득자료 [인정상여] [인정배당] [기타소득] 명세서	법인명	㈜이나우스
			사업자등록번호	123-81-45678

①소득구분	②소득귀속연도	③배당·상여 및 기타소득금액	④원천징수할 소득세액	⑤원천징수일	⑥신고여부	소득자		⑨비고
						⑦성명	⑧주민등록번호	
1	2025	100,000,000	20,000,000	2026.3.31.	여	홍길동	891004-1234567	
계								

(2) 원천세 신고 및 지급명세서 제출

법인세 신고 시 발생한 인정상여에 대한 원천세 신고 및 지급명세서 제출(수정제출)을 사례를 통해 살펴보기로 한다.

사례 법인세법에 따른 인정상여 원천세 신고 및 지급명세서 제출

1. 자료

(1) ㈜선우의 2026년 3월 2025년 귀속 사업연도에 대한 법인세 신고 시 송기택에 대해 인정상여 5,000,000원이 발생하였다.

(2) 상기 자료를 제외하고는 Chapter 02 - 03 - 7 거주자 연말정산 종합사례와 같다.

2. 연말정산 재정산

송기택의 근로소득금액이 5,000,000원 증가한 바, 다음과 같이 연말정산을 재정산 한다.

(1) 근로소득금액

구 분	금 액	계산내역
총급여	66,900,000	기존 ⑯계 61,900,000 + 5,000,000
근로소득공제	13,095,000	= 66,900,000 × 5% + 9,750,000
근로소득금액	53,805,000	= 66,900,000 - 13,095,000

(2) 종합소득공제 · 차가감소득금액

구 분	금 액	계산내역 등
종합소득공제 계	19,620,920	종전과 동일
차가감소득금액	34,184,080	= 53,805,000 - 19,620,920

(3) 그 밖의 소득공제

구 분	금 액	계산내역 등
신용카드 등 사용금액	4,338,960	① 최저사용금액 = 총급여 × 25% = 66,900,000 × 25% = 16,725,000 ② 사용금액 구분

구분	전통시장	대중교통	문화·체육	현금영수증	신용카드
사용금액	2,367,400	2,000,000	1,500,000	1,800,000	27,405,000
공제율	40%	40%	30%	30%	15%

③ 공제대상금액 ✔ 최저사용금액 ≤ 공제율 15% 사용액
= 공제율 40% 사용액 × 40% + 공제율 30% 사용액 × 30%
 + (공제율 15% 사용액 - 최저사용금액) × 15%
= 4,367,400 × 40% + 3,300,000 × 30%
 + (27,405,000 - 16,725,000) × 15%
= 4,338,960

④ 일반공제한도 = 3,000,000(총급여 7,000만원 이하)

⑤ 일반공제금액 = Min[4,338,960, 3,000,000] = 3,000,000

⑥ 일반공제금액 한도초과액 = 4,338,960 - 3,000,000 = 1,338,960

구 분	금 액	계산내역 등
신용카드 등 사용금액	4,338,960	⑦ 추가공제 가능금액 =Min[전통시장×40%+대중교통×40% +문화·체육×30%, 300만원] =Min[2,367,400×40%+2,000,000×40% +1,500,000×30%, 300만원] =2,196,960 ⑧ 추가공제금액=Min[일반공제금액 한도초과액, 추가공제 가능금액] =1,338,960 ⑨ 신용카드 등 공제금액=일반공제금액+추가공제금액=4,338,960
그 밖의 소득공제 계	4,338,960	

(4) 과세표준·산출세액

구 분	금 액	계산내역 등
소득공제 종합한도 초과액	–	소득공제 종합한도 대상 소득공제 합계액(사례의 경우) =4,800,000(저당차입금이자상환액)+4,338,960(신용카드 등 사용액) =9,138,960 ✔ 2,500만원 초과액 없음
과세표준	29,845,120	=34,184,080−4,338,960
산출세액	3,216,768	=29,845,120×15%−1,260,000

(5) 세액공제

<table>
<tr><th colspan="2">구 분</th><th>금 액</th><th>순차한도</th><th>계산내역 등</th></tr>
<tr><td colspan="2">근로소득</td><td>660,000</td><td>3,216,768</td><td>① 계산금액=715,000+(3,216,768−1,300,000)×30%=1,290,030
② 한도액=660,000 why 총급여 4,300만원~7,000만원</td></tr>
<tr><td colspan="2">자 녀</td><td>150,000</td><td>2,556,768</td><td rowspan="3">세액공제액 ✔ 종전과 동일</td></tr>
<tr><td rowspan="2">보험료</td><td>보장성</td><td>120,000</td><td>2,406,768</td></tr>
<tr><td>장애인 전용</td><td>90,000</td><td>2,286,768</td></tr>
<tr><td colspan="2">의료비</td><td>6,450</td><td>2,196,768</td><td>① 의료비 문턱=총급여×3%
=66,900,000×3%=2,007,000
② 의료비 구분
✔ 보약구입비용은 공제불가, 차감할 실손의료보험금 1,000,000
<table><tr><th>구 분</th><th>금 액</th><th>비 고</th></tr><tr><td>난임시술비, 미숙아·선천성 이상아 의료비</td><td>–</td><td>해당 지출 없음</td></tr></table></td></tr>
</table>

<table>
<tr><th colspan="2">구 분</th><th>금 액</th><th>순차한도</th><th>계산내역 등</th></tr>
<tr><td colspan="2">의료비</td><td>6,450</td><td>2,196,768</td><td>
<table>
<tr><th>구 분</th><th>금 액</th><th>비 고</th></tr>
<tr><td>본인·장애인·6세 이하자·65세 이상자·건강보험산정특례자 의료비</td><td>2,285,000</td><td>=1,285,000(본인)
+1,000,000
(장애인직계존속)</td></tr>
<tr><td>그 밖의 의료비</td><td>765,000</td><td>=500,000(배우자)
+150,000(자녀·안경)
+115,000(자녀·병의원)</td></tr>
</table>
③ 공제금액
={(1,285,000−1,000,000)+1,000,000
+Min[765,000−2,007,000, 7,000,000]}×15%
=43,000×15%=6,450
</td></tr>
<tr><td colspan="2">교육비</td><td>615,000</td><td>2,190,318</td><td>세액공제액 ✔ 종전과 동일</td></tr>
<tr><td rowspan="3">기부금</td><td>코드 20</td><td>210,909</td><td>1,575,318</td><td rowspan="3">
① 기부금 구분
<table>
<tr><th>코드</th><th>금 액</th><th>비 고</th></tr>
<tr><td>20</td><td>900,000</td><td></td></tr>
<tr><td>10</td><td>200,000</td><td>사회복지공동모금회</td></tr>
<tr><td>41</td><td>3,000,000</td><td>성당기부금</td></tr>
</table>
② 소득금액한도 검토
<table>
<tr><th>코드</th><th>소득금액한도</th><th>공제가능 기부금</th></tr>
<tr><td>20</td><td>근로소득금액(㉠)=53,805,000</td><td>A=900,000</td></tr>
<tr><td>10</td><td>㉠−A=52,905,000</td><td>B=200,000</td></tr>
<tr><td>41</td><td>(㉠−A−B)×10%=5,270,500</td><td>C=3,000,000</td></tr>
</table>
③ 공제금액
<table>
<tr><th colspan="2">코드</th><th>공제금액</th><th>계산근거</th></tr>
<tr><td rowspan="2">20</td><td>10만원 이하</td><td>90,909</td><td>=100,000×100/110</td></tr>
<tr><td>10만원 초과</td><td>120,000</td><td>=800,000×15%</td></tr>
<tr><td colspan="2">10</td><td>30,000</td><td>=200,000×20%</td></tr>
<tr><td colspan="2">41</td><td>450,000</td><td>=3,000,000×20%</td></tr>
</table>
</td></tr>
<tr><td>코드 10</td><td>30,000</td><td>1,364,409</td></tr>
<tr><td>코드 41</td><td>450,000</td><td>1,334,409</td></tr>
<tr><td>연금계좌</td><td>퇴직연금</td><td>432,000</td><td>884,409</td><td>① 계산금액=Min[3,600,000, 9,000,000]×12%
=432,000
✔ 퇴직연금 900만원 한도,
총급여액 5,500만원 초과자 공제율 12%
② 공제금액=Min[계산금액, 순차한도]=432,000
③ 공제대상금액=3,600,000</td></tr>
</table>

구 분		금 액	순차한도	계산내역 등
연금계좌	연금저축	432,000	452,409	① 계산금액=Min[3,600,000, 9,000,000−3,600,000, 6,000,000]×12%=432,000 ✔ 연금저축 개별한도 600만원, 연금계좌 총한도 900만원, 총급여액 5,500만원 초과자 공제율 12% ② 공제금액=Min[계산금액, 순차한도]=432,000 ③ 공제대상금액=3,600,000
세액공제 계		3,196,359		

(6) 징수(환급)세액

구 분		소득세 금 액	소득세 계산근거	지방소득세 금 액	지방소득세 계산근거
결정세액		20,409	=산출세액 −세액감면·공제계 =3,216,768 −3,196,359	2,040	=소득세 결정세액×10% =20,409×10%
기납부세액	주(현)	2,076,800	종전과 동일	207,680	종전과 동일
	종(전)	−		−	
차감징수세액		(−)2,056,390	=결정세액 −기납부세액	(−)205,640	=결정세액−기납부세액
기존 차감징수세액		(−)2,076,800		(−)207,680	
추가 징수세액 (인정상여관련 세액)		20,410		2,040	

3. 각종 서식 작성(예시)

(1) 지급명세서(수정)

'2.'에서 산출된 연말정산 결과에 따른 근로소득지급명세서를 작성(예시)하여 보면 다음과 같다. 사례의 경우 기부금명세서에는 변동이 없으며, 해당 수정된 지급명세서를 관할세무서에 문서로 제출한다.

원칙적으로 모든 란을 2줄로 나누어, 상단에는 기존 금액(붉은색 표시), 하단에는 새로운 금액(검은색 표시)을 기재함

■ 소득세법 시행규칙 [별지 제24호서식(1)] <개정 2025. 6. 30.> (9쪽 중 제1쪽)

관리번호	

[✓]근로소득 원천징수영수증
[ ]근로소득 지 급 명 세 서

([ ]소득자 보관용 [ ]발행자 보관용 [ ]발행자 보고용)

거주구분	○거주자1/비거주자2		
거주지국		거주지국코드	
내 · 외국인	○내국인1/외국인9		
외국인단일세율적용	여 1 / ○부 2		
외국법인소속 파견근로자 여부	여 1 / ○부 2		
종교관련종사자 여부	여 1 / ○부 2		
국적		국적코드	
세대주 여부	○세대주1, 세대원2		
연말정산 구분	○계속근로1, 중도퇴사2		

구분	항목	내용	항목	내용
징수의무자	① 법인명(상 호)	㈜선우	② 대 표 자(성 명)	이동익
	③ 사업자등록번호	211-81-21542	④ 주 민 등 록 번 호	
	③-1 사업자단위과세자 여부	여1 / ○부2	③-2 종사업장 일련번호	
	⑤ 소 재 지(주소)	서울시 강남구 도산대로 81길		
소득자	⑥ 성 명	송기택	⑦ 주 민 등 록 번 호(외국인등록번호)	870116-1138027
	⑧ 주 소	서울시 강남구 논현로 100길		

	구 분		주(현)	종(전)	종(전)	⑯-1 납세조합	합 계
I 근무처별소득명세	⑨ 근 무 처 명		㈜선우	㈜우인			
	⑩ 사업자등록번호		211-81-21542	101-81-48569			
	⑪ 근무기간		2025.5.1.~12.31.	2025.1.1.~4.30.	~	~	~
	⑫ 감면기간		~	~	~	~	~
	⑬ 급 여		32,000,000	14,000,000			46,000,000
	⑭ 상 여		12,400,000	3,500,000			15,900,000
	⑮ 인 정 상 여		- 5,000,000				- 5,000,000
	⑮-1 주식매수선택권 행사이익						
	⑮-2 우리사주조합인출금						
	⑮-3 임원 퇴직소득금액 한도초과액						
	⑮-4 직무발명보상금						
	⑯ 계		44,400,000 49,400,000	17,500,000 17,500,000			61,900,000 66,900,000
II 비과세및감면소득명세	⑱ 국외근로	MOX					
	⑱-1 야간근로수당	O0X					
	⑱-2 보육수당	Q0X	1,600,000	800,000			2,400,000
	⑱-3 출산지원금	Q0X					
	⑱-4 연구보조비	H0X					
	⑱-5						
	⑱-6						
	~						
	⑱-40 비과세식사대	P01	1,600,000	800,000			2,400,000
	⑱-41 임원등할인금액	W01					
	⑲ 수련보조수당	Y22					
	⑳ 비과세소득 계		3,200,000	1,600,000			4,800,000
	⑳-1 감면소득 계						

	구 분			⑲ 소 득 세	⑳ 지방소득세	㉑ 농어촌특별세
III 세액명세	㉓ 결 정 세 액			0 20,409	0 2,040	
	기납부 세 액	㉔ 종(전)근무지 (결정세액란의 세액을 적습니다)	사업자 등록 번호 101-81-48569	0	0	
		㉕ 주(현)근무지		2,076,800	207,680	
	㉖ 납부특례세액					
	㉗ 차 감 징 수 세 액(㉓-㉔-㉕-㉖)			-2,076,800 -2,056,390	-207,680 -205,640	

위의 원천징수액(근로소득)을 정히 영수(지급)합니다.

2026년 2월 28일

징수(보고)의무자 ㈜선우 이동익 (서명 또는 인)

세 무 서 장 귀하

구분	항목	세부	금액
Ⅳ 정산명세	㉑ 총급여(⑯, 외국인단일세율 적용시 연간 근로소득)		61,900,000 66,900,000
	㉒ 근로소득공제		12,845,000 13,095,000
	㉓ 근로소득금액		49,055,000 53,805,000
종합소득공제 / 기본공제	㉔ 본 인		1,500,000
	㉕ 배 우 자		
	㉖ 부 양 가 족(3명)		4,500,000
종합소득공제 / 추가공제	㉗ 경 로 우 대(1명)		1,000,000
	㉘ 장 애 인(1명)		2,000,000
	㉙ 부 녀 자		
	㉚ 한 부 모 가 족		
종합소득공제 / 연금보험료공제	㉛ 국민연금보험료	대상금액	2,785,480
		공제금액	2,785,480
	㉜ 공적연금 보험료공제 ㉮ 공무원연금	대상금액	
		공제금액	
	㉜ ㉯ 군인연금	대상금액	
		공제금액	
	㉜ ㉰ 사립학교교직원연금	대상금액	
		공제금액	
	㉜ ㉱ 별정우체국연금	대상금액	
		공제금액	
종합소득공제 / 특별소득공제	㉝ 보험료 ㉮ 건강보험료(노인장기요양보험료포함)	대상금액	2,478,360
		공제금액	2,478,360
	㉝ 보험료 ㉯ 고용보험료	대상금액	557,080
		공제금액	557,080
	㉞ 주택자금 ㉮ 주택임차차입금 원리금상환액	대출기관	
		거주자	
	㉞ ㉯ 장기주택저당차입금이자상환액 / 2011년 이전 차입분	15년 미만	
		15년~29년	
		30년 이상	
		15년 이상 고정금리이면서 비거치상환 대출	
		15년 이상 고정금리이거나, 비거치상환 대출	
	㉞ ㉯ 2012년 이후 차입분	15년 이상 고정금리이면서 비거치상환 대출	
		15년 이상 고정금리이거나, 비거치상환 대출	
		15년 이상 그밖의 대출	4,800,000
		10년~15년 고정금리이거나, 비거치상환 대출	
	㉟ 계		7,835,440
	㊱ 차 감 소 득 금 액		29,434,080 34,184,080
그밖의 소득공제	㊲ 개인연금저축		
	㊳ 소기업 · 소상공인 공제부금		
	㊴ 주택마련저축소득공제	㉮ 청약저축	
		㉯ 주택청약종합저축	
		㉰ 근로자주택마련저축	
	㊵ 투자조합출자 등		
	㊶ 신용카드등 사용액		4,526,460 4,338,960
	㊷ 우리사주조합 출연금		
	㊸ 고용유지 중소기업 근로자		
	㊹ 장기집합투자증권저축		
	㊺ 청년형장기집합투자증권저축		
	㊻ 그밖의 소득공제 계		4,526,460 4,338,960
	㊼ 소득공제 종합한도 초과액		

구분	항목	세부	금액
	㊽ 종합소득 과세표준		24,907,620 29,845,120
	㊾ 산출세액		2,476,143 3,216,768
세액감면	㊿ 「소득세법」		
	51 「조세특례제한법」(52 제외)		
	52 「조세특례제한법」 제30조		
	53 조세조약		
	54 세 액 감 면 계		
세액공제	55 근로소득		660,000
	56 혼인세액공제		
	57 자녀	공제대상자녀 (1명)	150,000
		출산 · 입양자 (명)	
세액공제 / 연금계좌	58 「과학기술인공제회법」에 따른 퇴직연금	공제대상금액	
		세액공제액	
	59 「근로자퇴직급여 보장법」에 따른 퇴직연금	공제대상금액	1,010,700 3,600,000
		세액공제액	121,284 432,000
	60 연금저축	공제대상금액	0 3,600,000
		세액공제액	0 432,000
	60-1 개인종합자산관리계좌 만기 시 연금계좌 납입액	공제대상금액	
		세액공제액	
세액공제 / 특별세액공제	61 보험료 보장성	공제대상금액	1,000,000
		세액공제액	120,000
	61 보험료 장애인전용 보장성	공제대상금액	600,000
		세액공제액	90,000
	62 의료비	공제대상금액	193,000 43,000
		세액공제액	28,950 6,450
	63 교육비	공제대상금액	4,100,000
		세액공제액	615,000
	64 기부금 ㉮ 정치자금기부금 10만원 이하	공제대상금액	100,000
		세액공제액	90,909
	64 ㉮ 정치자금기부금 10만원 초과	공제대상금액	800,000
		세액공제액	120,000
	64 ㉯ 고향사랑기부금 10만원 이하	공제대상금액	
		세액공제액	
	64 ㉯ 고향사랑기부금 10만원 초과(특별재난지역)	공제대상금액	
		세액공제액	
	64 ㉯ 고향사랑기부금 10만원 초과(일반)	공제대상금액	
		세액공제액	
	64 ㉰ 특례기부금	공제대상금액	200,000
		세액공제액	30,000
	64 ㉱ 우리사주조합기부금	공제대상금액	
		세액공제액	
	64 ㉲ 일반기부금(종교단체 외)	공제대상금액	
		세액공제액	
	64 ㉳ 일반기부금(종교단체)	공제대상금액	3,000,000
		세액공제액	450,000
	65 계		1,544,859 1,522,359
	66 표준세액공제		
	67 납세조합공제		
	68 주택차입금		
	69 외국납부		
	70 월세액	공제대상금액	
		세액공제액	
	71 세 액 공 제 계		2,476,143 3,196,359
	72 결 정 세 액(50-55-71)		0 20,409
	82 실효세율(%) (72/21)×100		0.0 0.0

(9쪽 중 제3쪽)

⑱ 소득·세액공제 명세[인적공제항목은 해당란에 "○"표시(장애인 해당 시 해당 코드 기재)를 하며, 각종 소득공제·세액공제 항목은 공제를 위하여 실제 지출한 금액을 적습니다.]

인적공제 항목								각종 소득공제·세액공제 항목										
관계코드	성 명	기본공제		경로우대		출산입양	자료구분	보험료				의료비					교육비	
내·외국인	주민등록번호	부녀자	한부모	장애인	혼인세액공제	자녀		건강	고용	보장성	장애인전용보장성	일반	미숙아·선천성이상아	난임	6세이하·65세이상·장애인·건강보험산정특례자	실손의료보험금	일반	장애인특수교육
인적공제 항목에 해당하는 인원수를 적습니다.		4		1			국세청 계			1,200,000	600,000	1,900,000			1,000,000	1,000,000	900,000	
				1		1	기타 계	2,478,360	557,080			150,000					3,200,000	
0	송기택	○					국세청			1,200,000		1,285,000				1,000,000		
1	(근로자 본인)						기타	2,478,360	557,080									
3	김충숙						국세청					500,000						
1	920415-2031653						기타											
1	박영선	○		○			국세청				600,000				1,000,000			
1	551103-2019015			1			기타											
4	송기우	○					국세청										400,000	
1	160716-3059631					○	기타					150,000						
4	송기정	○					국세청					115,000					500,000	
1	210831-3059632						기타										1,200,000	
6	김충재	○					국세청											
1	980306-1028496						기타										2,000,000	

각종 소득공제·세액공제 항목							
자료구분	신용카드등 사용액공제						기부금
	신용카드	직불카드등	현금영수증	문화체육 사용분(총급여 7천만원 이하자만 기재)	전통시장 사용분	대중교통 이용분	
국세청 계	27,405,000		1,800,000	1,500,000	2,367,400	2,000,000	1,100,000
기타 계							3,000,000
국세청	27,405,000		1,800,000	1,500,000	2,367,400	2,000,000	1,100,000
기타							
국세청							
기타							3,000,000

작 성 방 법

「소득세법」 제149조제1호에 해당하는 납세조합이 「소득세법」 제127조제1항제4호 각 목에 해당하는 근로소득을 연말정산하는 경우에도 사용하며, 이 경우 "⑨ 근무처명"란 및 "⑩ 사업자등록번호"란에는 실제 근무처의 상호 및 사업자번호를 적습니다. 다만, 근무처의 사업자등록이 없는 경우 납세조합의 사업자등록번호를 적습니다.

1. 거주지국과 거주지국코드는 근로소득자가 비거주자에 해당하는 경우에만 적으며, 국제표준화기구(ISO)가 정한 ISO코드 중 국명약어 및 국가코드를 적습니다(※ ISO국가코드: 국세청홈페이지→국세정책/제도→국제조세정보→참고자료실→국제표준화기구(ISO)가 정한 국가코드에서 조회할 수 있습니다). 예) 대한민국 : KR, 미국 : US

2. 근로소득자가 외국인에 해당하는 경우에는 "내·외국인"란에 "외국인 9"를 선택하고 "국적 및 국적코드"란에 국제표준화기구(ISO)가 정한 ISO코드 중 국명약어 및 국가코드를 적습니다. 해당 근로소득자가 외국인근로자 단일세율적용신청서를 제출한 경우"외국인단일세율 적용"란에 여1을 선택합니다. 또한, 근로소득자가 종교관련종사자에 해당하는 경우에는 "종교관련종사자 여부"란에 여1을 선택합니다.

3. 원천징수의무자가 「부가가치세법」에 따른 사업자단위 과세자에 해당할 경우 ③-1에서 여1을 선택하고, ③-2에 소득자가 근무하는 사업장의 종사업장 일련번호를 기재합니다.

4. 원천징수의무자는 지급일이 속하는 연도의 다음 연도 3월 10일(휴업 또는 폐업한 경우에는 휴업일 또는 폐업일이 속하는 달의 다음 다음 달 말일을 말합니다)까지 지급명세서를 제출해야 합니다.

5. "Ⅰ. 근무처별 소득명세"란은 비과세소득을 제외한 금액을 해당 항목별로 적고, "Ⅱ. 비과세 및 감면소득 명세"란에는 지급명세서 작성대상 비과세소득 및 감면대상을 해당 코드별로 구분하여 적습니다(적을 항목이 많은 경우 "Ⅱ. 비과세 및 감면소득 명세"란의 "⑳ 비과세소득 계"란 및 "⑳-1 감면세액 계"란에 총액만 적고, "Ⅱ.비과세 소득"란을 별지로 작성할 수 있습니다).

6. 「소득세법」 제127조제1항제4호의 각 목에 해당하는 근로소득과 그 외 근로소득[주(현)란] 더하여 연말정산하는 때에는 "⑯-1 납세조합"란에 각각 근로소득납세조합과 「소득세법」 제127조제1항제4호 각 목에 해당하는 근로소득을 적고, 「소득세법」 제150조에 따른 납세조합공제금액을 "㊲ 납세조합공제"란에 적습니다. 합병, 기업형태 변경 등으로 존속 법인 등이 연말정산을 하는 경우에는 피합병법인에서 발생한 소득과 기업형태 변경 전의 법인에서 발생한 소득은 근무처별 소득명세 종(전)란에 별도로 적습니다.
   또한, 동일회사 내 사업자등록번호가 다른 곳에서 전입 등을 하여 해당 법인이 연말정산을 하는 경우에는 전입하기 전 지점 등에서 발생한 소득은 "근무처별 소득명세 종(전)"란에 별도로 적습니다.

7. "㉑ 총급여"란에는 "⑯계"란의 금액을 적되, 외국인근로자가 「조세특례제한법」(이하 이 서식에서 "조특법"이라 합니다) 제18조의2제2항에 따라 단일세율을 적용하는 경우에는 "⑯계"의 금액과 비과세소득금액을 더한 금액을 적습니다. 이 경우 소득세와 관련한 비과세·공제·감면 및 세액공제에 관한 규정은 적용하지 않습니다.

8. "종합소득 특별소득공제(㉝~㉞)"란과 "그 밖의 소득공제(㊲~㊻)"란은 근로소득자 소득·세액 공제신고서(「소득세법 시행규칙」 별지 제37호서식)의 공제액을 적습니다(소득공제는 서식에서 정하는 바에 따라 순서대로 소득공제를 적용하여 종합소득과세표준과 세액을 계산합니다).

9. "연금계좌(㊽~㊿-1)"란과 "특별세액공제(61~66)"란은 근로소득자 소득·세액 공제신고서(「소득세법 시행규칙」 별지 제37호서식)의 공제대상금액 및 세액공제액을 적습니다.

연금·저축 등 소득·세액 공제명세서

1. 인적사항	① 상 호	㈜선우	② 사업자등록번호	211-81-21542
	③ 성 명	송기택	④ 주민등록번호	870116-1138027
	⑤ 주 소	서울시 강남구 논현로 100길 (전화번호:)		
	⑥ 사업장 소재지	서울시 강남구 도산대로 81길 (전화번호:)		

2. 연금계좌 세액공제

1) 퇴직연금계좌

* 퇴직연금계좌에 대한 명세를 작성합니다.

퇴직연금 구분	금융회사 등	계좌번호 (또는 증권번호)	납입금액	세액공제금액
퇴직연금	○○**보험**	0987654321	3,600,000	121,284 432,000

2) 연금저축계좌

* 연금저축계좌에 대한 명세를 작성합니다.

연금저축 구분	금융회사 등	계좌번호 (또는 증권번호)	납입금액	소득·세액 공제금액
연금저축	△△**보험**	1234567890	3,600,000	0 432,000

3) 개인종합자산관리계좌 만기 시 연금계좌 납입액

* 납입 연금저축계좌·퇴직연금계좌에 대한 명세를 작성합니다.

연금 구분	금융회사 등	계좌번호 (또는 증권번호)	납입금액	세액공제금액

3. 주택마련저축 소득공제

* 주택마련저축 소득공제에 대한 명세를 작성합니다.

저축 구분	금융회사 등	계좌번호 (또는 증권번호)	납입금액	소득공제금액

4. 장기집합투자증권저축 소득공제

* 장기집합투자증권저축 소득공제에 대한 명세를 작성합니다.

금융회사 등	계좌번호 (또는 증권번호)	납입금액	소득공제금액

5. 중소기업 창업투자조합 출자 등에 대한 소득공제

* 중소기업창업투자조합 출자 등 소득공제에 대한 명세서를 작성합니다.

투자연도	투자구분	금융기관 등	계좌번호 (또는 증권번호)	납입금액

6. 청년형장기집합투자증권저축 소득공제

* 청년형장기집합투자증권저축 소득공제에 대한 명세를 작성합니다.

가입일	계약기간	금융기관 등	계좌번호 (또는 증권번호)	납입금액	소득공제금액

작 성 방 법

1. 연금계좌 세액공제, 주택마련저축·장기집합투자증권저축·중소기업창업투자조합 출자, 청년형 장기집합투자증권저축 등 소득공제를 받는 소득자에 대해서는 해당 소득·세액 공제에 대한 명세를 작성해야 합니다. 해당 계좌별로 납입금액과 소득·세액 공제금액을 적고, 공제금액이 영(0)인 경우에는 적지 않습니다.
2. 퇴직연금계좌에서 "퇴직연금 구분"란은 퇴직연금{확정기여형(DC), 개인형(IRP)}·과학기술인공제회로 구분하여 적습니다.
3. 연금저축계좌에서 "연금저축 구분"란은 개인연금저축과 연금저축으로 구분하여 적습니다.
4. 개인종합자산관리계좌 만기 시 연금계좌 납입액에서 "연금 구분" 란은 연금저축계좌와 퇴직연금계좌로 구분하여 적습니다.
   - 개인종합자산관리계좌 만기 시 연금계좌 납입액 공제세액은 개인종합자산관리계좌의 계약기간이 만료되고 해당 계좌잔액의 전부 또는 일부를 연금저축계좌·퇴직연금계좌로 납입한 경우 그 납입한 금액을 납입한 날이 속하는 과세기간의 연금계좌 납입액에 포함합니다(전환금액의 10%, 300만원 한도).
5. 주택마련저축 소득공제의 "저축 구분"란은 청약저축, 주택청약종합저축 및 근로자주택마련저축으로 구분하여 적습니다.
6. 중소기업창업투자조합 출자 등 소득공제의 "투자 구분"란은 벤처 등(「조세특례제한법」 제16조 제1항 제3호·제4호·제6호), 조합1(「조세특례제한법」 제16조 제1항 제1호·제5호), 조합2(「조세특례제한법」 제16조 제1항 제2호) 로 구분하여 적습니다.
7. 청년형 장기집합투자증권저축에서 "계약기간" 란은 계약기간을 개월 수로 적습니다(월수 계산 시 1월 미만은 1월로 합니다).
8. 공제금액란은 근로소득자가 적지 않을 수 있습니다.

(2) 원천세 신고서

사례의 인정상여에 대한 원천세 신고서 일부를 작성(예시)하면 다음과 같다.

■ 소득세법 시행규칙 [별지 제21호서식] <개정 2025.3.21.> (10쪽 중 제1쪽)

① 신고구분						[✓]원천징수이행상황신고서 [ ]원천징수세액환급신청서	② 귀속연월	2026년 2월
매월	반기	수정	(연말)	(소득처분)	환급신청		③ 지급연월	2026년 3월

원천징수 의무자	법인명(상호)	㈜선우	대표자(성명)	이 동 익	일괄납부 여부	여, (부)
					사업자단위과세 여부	여, (부)
	사업자(주민) 등록번호	211-81-21542	사업장 소재지	서울시 강남구 도산대로 81길	전화번호	02-987-6543
					전자우편주소	sunwoo@naver.com

❶ 원천징수 명세 및 납부세액 (단위: 원)

소득자 소득구분				코드	원천징수명세: 소득지급(과세 미달, 일부 비과세 포함) ④ 인원	⑤ 총지급액	징수세액 ⑥ 소득세 등	⑦ 농어촌특별세	⑧ 가산세	⑨ 당월 조정 환급세액	납부세액 ⑩ 소득세 등(가산세 포함)	⑪ 농어촌특별세
개인(거주자·비거주자)	근로소득	간이세액		A01								
		중도퇴사		A02								
		일용근로		A03								
		연말정산	합계	A04	1	5,000,000	20,410					
			분납신청	A05								
			납부금액	A06								
		가감계		A10			20,410			-	20,410	
(중 략)												
수정신고(세액)				A90								
총 합 계				A99	1	5,000,000	20,410			-	20,410	

(이하 생략)

소득처분 발생 근로자 인원수 기재

소득처분된 인정상여 총액 기재

인정상여로 인해 증가한 차감징수세액 합계액 기재

소득처분에 따른 원천세 신고임을 표시

근로자의 기존 연말정산 신고 귀속월 기재

법인세 신고월 기재

(3) 소득자료명세서

법인세 신고 시 부속명세서로 작성되는 소득자료명세서를 작성(예시)하면 다음과 같다.

■ 법인세법 시행규칙 [별지 제55호서식] <개정 2011.2.28>

사업연도	2025.1.1. ~ 2025.12.31.	소득자료 [인정상여] [인정배당] [기타소득] 명세서	법인명	㈜선우
			사업자등록번호	211-81-21542

①소득구분	②소득 귀속연도	③배당·상여 및 기타소득금액	④원천징수할 소득세액	⑤원천징수일	⑥신고 여부	소득자 ⑦성명	⑧주민등록번호	⑨비고
1	2025	5,000,000	20,410	2026.3.31.	여	송기택	870116-1138027	
계								

(3) 기타사항

법인세 신고 시 발생하는 인정상여와 관련된 기타사항은 다음과 같다.

<table>
<tr><th>구 분</th><th>내 용</th></tr>
<tr><td>퇴직한 비거주자에 처분된 인정상여
(소통 127-0…3)</td><td>인정상여의 지급일로 보는 소득금액 변동통지일 또는 법인세과세표준 신고일 현재 그 상여처분을 받는 대표자가 퇴직하여 비거주자가 된 경우에도 납세의무가 있음 ✔ 해당 귀속에 대한 연말정산 재정산</td></tr>
<tr><td>과세특례(단일세율)적용 외국인 근로자에게 처분된 인정상여
(소득-4551, 2008.12.4.)</td><td>
<table>
<tr><th colspan="2">구 분</th><th>주된 근무지</th><th>종된 근무지</th></tr>
<tr><td>기존 상황</td><td>주된 근무지에서 단일세율 과세특례로 합산 연말정산 수행</td><td>종된 근무지 소득 합산하여 단일세율 과세특례를 적용하여 연말정산</td><td>종된 근무지 소득만 6~45% 적용하여 연말정산</td></tr>
<tr><td rowspan="2">추가 상황</td><td>주된 근무지에서 인정상여 발생</td><td>단일세율 과세특례 연말정산 재정산</td><td>N/A</td></tr>
<tr><td>종된 근무지에서 인정상여 발생</td><td>재정산된 종된 근무지 자료를 합산하여 단일세율 과세특례를 적용하여 연말정산 재정산</td><td>인정상여 포함하여 6~45% 연말정산 재정산</td></tr>
</table>
</td></tr>
<tr><td>인정상여 취소판결에 따라 발생한 환급금
(소통 85-0…2)</td><td>
<table>
<tr><th>상 황</th><th>세무처리</th></tr>
<tr><td>인정상여로 처분된 소득에 대하여 원천징수의무자가 소득세 원천징수·납부를 불이행함에 따라 원천징수 관할세무서장이 원천징수의무자에게 고지·징수한 후 법원의 판결에 따라 그 상여처분된 소득금액이 취소됨으로써 환급금이 발생하는 경우</td><td>그 부과된 소득세를 납부한 원천징수의무자에게 환급</td></tr>
</table>
</td></tr>
<tr><td>종합소득세 확정신고</td><td>종합소득세 확정 신고대상자의 경우 인정상여를 포함한 근로소득에 대해 종합소득세 확정 신고·납부함</td></tr>
</table>

한걸음 더

소득귀속자가 불분명한 경우

법인세법에서는 인정상여의 소득귀속자(소득자)가 불분명한 경우에는 대표자에게 소득처분하도록 하고 있다(법령 §106 본문 단서). 이때, 대표자 판단은 다음과 같이 한다.

<table>
<tr><th colspan="2">구 분</th><th>내 용</th></tr>
<tr><td rowspan="2">판단
시기</td><td>원 칙</td><td>해당 법인의 결산 사업연도 중 그 상여가 발생한 시점의 대표자로 함(소통 127-0…2) ✔ 발생시점 대표자</td></tr>
<tr><td>대표자가
변경된 경우</td><td>사업연도 중에 대표자가 변경된 경우로서 귀속이 분명하지 않은 인정상여는 재직기간의 일수에 따라 구분 계산하여 이를 대표자 각인에게 상여로 처분(법칙 §54) ✔ 일할 안분하여 소득처분</td></tr>
<tr><td colspan="2">대표자 판단(원칙)</td><td>법인 등기부등본상의 대표자를 그 법인의 대표자로 봄(조심 2008서3353, 2008.11.28.) ✔ 등기부상 대표자(원칙)</td></tr>
<tr><td colspan="2">대표자가 2명인 경우</td><td>사실상의 대표자로 함(법령 §106 본문 단서) → 실지 대표자로 함</td></tr>
<tr><td colspan="2">등기부상 대표자가
실지 대표자가 아닌 경우</td><td>등기부등본상의 대표자가 법인의 대표자가 아니라는 사실이 객관적인 증빙이나 법원의 판결에 따라 입증되는 경우에는 실지 대표자로 함(조심 2008서3353, 2008.11.28.) ✔ 실지 대표자로 함</td></tr>
<tr><td colspan="2">실질 지배주주
임원이 있는 경우</td><td>소액주주 등이 아닌 주주 등인 임원 및 그와 법인세법에 따른 특수관계에 있는 자가 소유하는 주식 등을 합하여 해당 법인의 발행주식총수·출자총액의 30% 이상을 소유하고 있는 경우의 그 임원이 법인의 경영을 사실상 지배하고 있는 경우에는 그 자를 대표자로 함 ✔ 실질 지배주주 임원으로 함</td></tr>
<tr><td rowspan="2">입증
책임</td><td>원 칙</td><td>대표자라고, 또는 대표자가 아니라고 주장하는 측에서 입증해야 함</td></tr>
<tr><td>사 례</td><td><table>
<tr><th>상 황</th><th>입증책임</th></tr>
<tr><td>법인세법상 대표자 인정상여 제도는 일정한 사실에 대해 실질과 관계없이 무조건 대표자에 대한 상여로 간주하는 데 그 취지가 있는 것으로, 법인등기부상 대표이사로 등재된 사람은 실질적으로 회사를 운영하고 있는 것으로 추정되므로 실질적으로 회사를 운영하지 아니하였다는 사실은 이를 주장하는 측에서 입증하여야 함(대법원 2017두52818, 2017.9.14.)</td><td>법인등기부상 대표이사로 등재된 사람이 실질 대표자가 아니라고 입증해야 되는 경우</td></tr>
<tr><td>처분청은 원고가 회사의 실질적인 대표가 아니라 하더라도 원고가 실질적 대표라고 주장하는 A에게 사외유출 금원이 귀속되었음을 원고가 입증하거나 A가 사실상 대표자로 간주될 수 있는 경우에만 원고가 과세의무를 면할 수 있다는 취지로 주장하나, 특별한 사정이 없는 한 과세처분의 적법성에 대한 입증책임은 과세관청에게 있으므로 처분이 적법하려면 원고가 실질적인 대표자임을 처분청이 입증해야 함(광주고법 2017누3204, 2017.9.7.)</td><td>과세관청이 처분한 경우 실질 대표자를 입증해야 함</td></tr>
</table></td></tr>
</table>

3. 법인세 결정·경정으로 발생하는 인정상여

(1) 소득금액변동통지서

1) 양식

법인세 결정·경정으로 인정상여가 발생하게 되면 결정·경정한 과세관청으로부터 해당 내용이 기재된 소득금액변동통지서를 수령하게 되는데, 소득금액변동통지서 양식과 각 기재사항의 의미는 다음과 같다.

■ 소득세법 시행규칙 [별지 제22호서식(1)] <개정 2014.3.14>

소득금액변동통지서(1)
(법 인 통 지 용)

※ 아래의 유의사항을 읽고 작성하여 주시기 바라며, [ ]에는 해당되는 곳에 √표를 합니다. (앞쪽)

수령자	① 법 인 명	② 사업자등록번호
	③ 주　　소	
	④ 대표자 성명	

소득자별 [[ ]배　당 / [ ]상　여 / [ ]기타소득] 소득금액 변동내용

⑤ 소득종류 (배당·상여·기타)	⑥ 사업 연도	⑦ 귀속 연도	⑧ 소득금액	소득자 ⑨ 성명	소득자 ⑩ 주민등록번호	소득자 ⑪ 주소
					-	
					-	

「소득세법 시행령」 제192조 제1항에 따라 위와 같이 소득금액 변동사항을 통지합니다.

년　월　일

세 무 서 장 직인

상여(인정상여라는 의미임)

인정상여의 수입시기(연말정산 재정산 해야 되는 귀속연도를 말함)

인정상여 금액(연말정산 재정산해야 되는 과세 근로소득 증가금액임)

소득귀속자(연말정산 재정산 해야 되는 소득자를 말함)

2) 소득금액변동통지서와 관련된 추가사항

① 소득금액변동통지서 개요

<table>
<tr><th>구 분</th><th colspan="4">내 용(소령 §192·§134)</th></tr>
<tr><td rowspan="3">납세의무 성립</td><td colspan="3">소득금액변동통지 여부</td><td>납세의무 성립 여부</td></tr>
<tr><td colspan="3">통지가 있는 경우</td><td>소득금액변동통지서를 통지받은 날에 납세의무가 성립(확정)됨(서일-105, 2007.1.17.)</td></tr>
<tr><td colspan="3">통지가 없는 경우</td><td>납세의무가 성립하지 않음(서일-20, 2006.1.6.)</td></tr>
<tr><td>통지기한</td><td colspan="4">그 결정일 또는 경정일부터 15일 내</td></tr>
<tr><td rowspan="3">통지 방법</td><td colspan="3">구 분</td><td>소득금액변동통지서</td></tr>
<tr><td colspan="3">원 칙</td><td>법인에게 통지(통지서 보냄)
+소득자에게 알림</td></tr>
<tr><td>예외</td><td colspan="2">법인의 소재지가 분명하지 않거나 그 통지서를 송달할 수 없는 경우</td><td>소득자에게 통지(통지서 보냄)</td></tr>
<tr><td rowspan="6">과세방법
(인정상여)</td><td colspan="3">구 분</td><td>부과되는 세액 등</td></tr>
<tr><td rowspan="2">법 인</td><td colspan="2">납부기한 내 납부하는 경우</td><td>해당 귀속연도에 대한 연말정산 재정산에 따른 근로소득세(㉠) 납부</td></tr>
<tr><td colspan="2">납부기한 경과 후</td><td>㉠+원천징수납부지연가산세 납부</td></tr>
<tr><td rowspan="3">소득자</td><td rowspan="2">법인이 통지 받은 경우</td><td>해당 귀속연도에 근로소득만 있는 경우</td><td>㉠ 납부로 납세의무 종결
✔ 추가납부 필요 없음</td></tr>
<tr><td>해당 귀속연도에 대하여 종합소득세를 신고·납부한 경우</td><td>통지서 수령일의 다음 다음 달 말일까지 종합소득세 재정산에 따른 증가세액납부 ✔ 추가납부 필요</td></tr>
<tr><td colspan="2">직접 통지를 받은 경우</td><td>해당 귀속연도에 대한 연말정산·종합소득세 재정산에 따른 세액납부</td></tr>
<tr><td>경정청구</td><td colspan="4">소득금액변동통지를 받은 법인(원천징수의무자)은 다음이 충족하면 통상 또는 후발적 경정청구권이 인정됨(서울행법 2017구합64019, 2017.9.7.)
• 납부기한(통지서 수령일 다음 달 10일까지) 원천징수세액을 납부하였을 것
• 지급명세서를 제출하였을 것</td></tr>
</table>

통지서는 보내지 않으며, 법인에게 통지한 사실을 알림

① ㉠ 납부액만큼 기납부세액 증가
② 납부기한까지 납부하는 경우 신고납부불성실가산세 없음 (국심 2005서2755, 2005.11.10.)
③ 신고납부기한까지 신고납부하지 않는 경우 과소신고가산세(10%)와 납부지연가산세(연 약 8%)가 발생 (기준법령기본-32, 2017.4.5.; 서일-828, 2008.6.12.)

소득자에게 종합소득세 과세표준의 추가신고, 자진납부의 기회를 주기 위한 규정일 뿐 송달에 의해 소득자의 종합소득세 납세의무가 성립하는 것이 아님에 유의(조심 2023서7749, 2023.10.18.)

② 과세 사례

상 황			세무처리
법인이 세액을 미납한 경우	폐 업	소득금액변동통지서를 받은 법인이 연말정산 및 수정신고하고 세액을 무납부한 상태에서 폐업한 경우(국심 2005중1010, 2006.6.30.)	근로자에게 종합소득세 직접 부과
	계속 사업	계속사업을 영위하는 법인이 소득금액변동통지를 받고 이에 대한 소득세를 원천징수·납부하지 않은 경우(서일-105, 2007.1.17.)	법인에게 부과(가산세 포함)하거나 소득자에게 직접 부과가능
납세 의무 소멸	부과 제척 기간	원천납세의무자의 소득세 납세의무가 그 소득세에 대한 부과제척기간의 도과 등으로 이미 소멸한 경우로서 그 이후에 이루어진 소득금액변동통지(수원지법 2010구합11987, 2010.11.29. 외)	위법 ✔ 과세되지 않음
	사 망	소득금액변동통지서를 받기 전에 소득의 귀속자가 사망한 경우(소통 2의 2-0…1)	과세하지 않음 ✔ 원천징수 안함
퇴사자인 경우		소득금액변동통지 당시 소득자가 이미 퇴직한 경우(조심 2011구885, 2011.5.4.)	원천징수해야 함
송달되지 않은 경우		소득의 귀속자에 소득금액변동통지가 송달되지 않은 경우(서울고법 2017누65182, 2017.12.8.)	소득 귀속자에게 종합소득세 부과 가능

해당 소득자에게 구상권을 행사해야 함

사례 소득금액변동통지에 따른 인정상여

1. 자료

(1) ㈜대박은 2025년 법인세 조사를 받았으며 2022년 사업연도(2022.1.1.~12.31.)에 법인 소유 토지를 대표이사 홍길동(계속근로자)에게 저가양도(양도일 2022.10.1.)한 것이 적출되었다.

(2) '(1)'과 관련되어 소득금액변동통지서를 2025.12.5.에 수령하였으며, 그 통지서상 인정상여금액은 4억원이다.

(3) '(2)'의 인정상여에 대한 대표이사의 소득세 증가금액은 다음과 같다.

구 분	소득세 증가액
연말정산 재정산 차감징수세액	1억원
종합소득세 재정산 결정세액	1.5억원

2. 세무처리

<table>
<tr><th>구 분</th><th>내 용</th></tr>
<tr><td>㈜대 박</td><td><table><tr><th>구 분</th><th>내 용</th></tr><tr><td>연말정산 재정산 연도</td><td>홍길동의 2022년 귀속 연말정산 재정산</td></tr><tr><td>원천징수시기</td><td>2025.12.5.(소득금액변동통지서 수령일)</td></tr></table></td></tr>
</table>

<table>
<tr><th>구 분</th><th>내 용</th></tr>
<tr><td>㈜대 박</td><td>
<table>
<tr><th colspan="2">구 분</th><th colspan="4">내 용</th></tr>
<tr><td colspan="2">원천세 신고납부기한</td><td colspan="4">2026.1.12.(원천징수일 다음 달 10일까지)</td></tr>
<tr><td rowspan="4">원천세 신고서</td><td>귀속연월</td><td colspan="4">2023년 2월(2022년 귀속 연말정산 신고월)</td></tr>
<tr><td>지급연월</td><td colspan="4">2025년 12월</td></tr>
<tr><td rowspan="2">원천징수 명세</td><td>코 드</td><td>④총인원</td><td>⑤총지급액</td><td>⑥소득세등</td></tr>
<tr><td>A04</td><td>1</td><td>400,000,000</td><td>100,000,000</td></tr>
</table>
</td></tr>
<tr><td>홍길동</td><td>
<table>
<tr><th>구 분</th><th>내 용</th></tr>
<tr><td>종합소득세 재정산 연도</td><td>홍길동의 2022년 귀속 종합소득세 재정산</td></tr>
<tr><td>신고납부기한</td><td>2026.2.28.
(소득금액변동통지서 수령일의 다음 다음 달 말일)</td></tr>
<tr><td>추가납부세액</td><td>0.5억원
why 결정세액 증가액 – 원천세 납부액</td></tr>
</table>
</td></tr>
</table>

2 수정신고

지급명세서를 제출기한까지 제출하고 원천징수세액을 납부한 자 및 기한후 과세표준신고서를 제출한 자가 부당공제 등의 사유로 과소납부하거나 과다환급받은 경우 연말정산 신고를 다시 수정하여 신고하고 추가세액을 납부하는 것을 말한다. 수정신고에 대한 내용은 다음과 같다.

<table>
<tr><th>구 분</th><th>내 용</th></tr>
<tr><td>수정신고 사례</td><td>• 인적공제대상자가 아닌 사람에 대해 인적공제 받은 경우
✔ 소득요건을 충족하지 않은 배우자를 기본공제 받음
• 주택자금공제요건을 충족하지 않은 근로자가 주택자금공제를 적용받은 경우
✔ 12.31. 현재 부부 합산 2주택인 근로자가 장기주택저당차입금이자상환액공제를 적용받은 경우
• 부당하게 기부금 세액공제를 적용받은 경우
✔ 허위 기부금영수증을 매입하여 세액공제를 적용받은 경우
✔ 기부금대상단체가 아닌 단체에 기부하고 세액공제를 적용받은 경우</td></tr>
<tr><td>수정신고 기한</td><td>국세부과제척기간(신고·납부기한 종료일의 다음 날부터 5년) 이내
(국기법 §45·§26의 2, 국기령 §12의 3)</td></tr>
<tr><td>원천징수 의무자가 수정신고 하는 경우</td><td>
<table>
<tr><th>구 분</th><th>내 용</th></tr>
<tr><td>수정신고 하는 경우</td><td>• 원천징수의무자 귀책사유로 연말정산 수행이 잘못된 경우
• 근로자가 부당공제 등을 받아 과세관청으로부터 수정신고 통지를 받은 경우</td></tr>
<tr><td>추가납부 하는 금액</td><td>증가되는 소득세+원천징수납부지연가산세 ▎부과되지 않는 경우도 있음 (p.95 참조)</td></tr>
<tr><td>가산세 부담자</td><td>귀책사유에 따라 부담</td></tr>
<tr><td>제출서류</td><td>• 과세표준수정신고서 및 추가자진납부계산서[국세기본법시행규칙 별지 제16호 서식]
• 원천징수이행상황신고서(해당월 수정신고분)
• 근로소득지급명세서(수정분)
• 소득·세액공제신고서(수정분) 및 관련 첨부서류</td></tr>
</table>
</td></tr>
<tr><td>근로자가 수정신고 하는 경우</td><td>
<table>
<tr><th colspan="2">구 분</th><th>내 용</th></tr>
<tr><td colspan="2">수정신고하는 경우</td><td>근로자가 연말정산 신고에 대해 직접 수정신고 하고자 하는 경우</td></tr>
<tr><td rowspan="2">가산세</td><td>종합소득세 신고로 수정</td><td>가산세 없음</td></tr>
<tr><td>이후 수정신고</td><td>신고불성실가산세(10%, 부당과소인 경우 40%)
+납부지연가산세(연 약 8%)</td></tr>
<tr><td colspan="2">추가납부하는 금액</td><td>증가되는 소득세+가산세</td></tr>
<tr><td rowspan="2">제출 서류</td><td>종합소득세 신고로 수정</td><td>• 종합소득세 과세표준 확정신고 및 납부계산서(홈택스에서 전자신고 가능)
• 관련 첨부서류</td></tr>
<tr><td>이후 수정신고</td><td>• 과세표준수정신고서 및 추가자진납부계산서
[국세기본법시행규칙 별지 제16호 서식]
• 근로소득지급명세서(수정분)
• 소득·세액공제신고서(수정분) 및 관련 첨부서류</td></tr>
</table>
</td></tr>
</table>

▎4월 이후에는 홈택스에서 수정제출 가능
→그 전에는 문서 제출

예 허위 기부금영수증으로 공제받은 경우 ▎

구 분	내 용		
관할 세무서장이 근로자에게 직접 경정하는 경우	세무서장이 근로자에게 직접 경정하는 사유 (소법 §80 ② 2호·3호, 소령 §142 ③)	연말정산 내용에 탈루 또는 오류가 있는 경우	• 원천징수의무자의 폐업·행방불명 등으로 원천징수의무자로부터 징수하기 어려운 경우 • 근로소득자의 퇴사로 원천징수의무자의 원천징수 이행이 어렵다고 인정되는 경우
		소득·세액공제신고서를 제출한 근로자가 부당한 방법으로 소득·세액공제를 받은 경우	다음과 같은 부당한 방법으로 공제받아 원천징수의무자가 부당공제 여부를 확인하기 어렵다고 인정되는 경우 • 허위 증거자료 또는 허위 문서의 작성 및 제출 • 허위 증거자료 또는 허위 문서의 수취(허위임을 알고 받는 경우에 한함) 및 제출
	가산세	신고불성실가산세(10%, 부당과소인 경우 40%) +납부지연가산세(연 약 8%)	
	추가납부하는 금액	증가되는 소득세+가산세	

예 허위 기부금영수증으로 공제받은 경우

사례 수정신고

1. 자료

(1) ㈜선우의 2026년 3월 원천세 신고내역은 다음과 같다.

■ 소득세법 시행규칙 [별지 제21호서식] <개정 2025.3.21.> (10쪽 중 제1쪽)

[✓]원천징수이행상황신고서
[ ]원천징수세액환급신청서

① 신고구분						② 귀속연월	2026년 2월
(매월)	반기	수정	(연말)	소득처분	환급신청	③ 지급연월	2026년 2월

원천징수의무자	법인명(상호)	㈜선우	대표자(성명)	이 동 익	일괄납부 여부	여, (부)
					사업자단위과세 여부	여, (부)
	사업자(주민)등록번호	211-81-21542	사업장 소재지	서울시 강남구 도산대로 81길	전화번호	02-987-6543
					전자우편주소	sunwoo@naver.com

❶ 원천징수 명세 및 납부세액 (단위: 원)

소득자 소득구분				코드	원천징수명세: 소득지급(과세 미달, 일부 비과세 포함) ④ 인원	⑤ 총지급액	징수세액 ⑥ 소득세 등	⑦ 농어촌특별세	⑧ 가산세	⑨ 당월 조정 환급세액	납부세액 ⑩ 소득세 등 (가산세 포함)	⑪ 농어촌특별세
개인(거주자·비거주자)	근로소득	간이세액		A01	100	250,000,000	19,000,000					
		중도퇴사		A02								
		일용근로		A03								
		연말정산	합계	A04	115	2,800,000,000	−34,000,000	5,000,000				
			분납신청	A05								
			납부금액	A06			−34,000,000	5,000,000				
		가감계		A10	215	3,050,000,000	−15,000,000	5,000,000		5,000,000	0	
(중 략)												
법인	내·외국법인원천			A80	7	50,000,000	12,500,000			10,000,000	2,500,000	
수정신고(세액)				A90								
총 합 계				A99	222	3,100,000,000	12,500,000	5,000,000		15,000,000	2,500,000	

❷ 환급세액 조정 (단위: 원)

전월 미환급 세액의 계산: ⑫ 전월 미환급세액	⑬ 기환급 신청세액	⑭ 차감잔액(⑫-⑬)	당월 발생 환급세액: ⑮ 일반 환급	⑯ 신탁재산(금융회사 등)	⑰ 그 밖의 환급세액: 금융회사 등	합병 등	⑱ 조정대상 환급세액(⑭+⑮+⑯+⑰)	⑲ 당월조정 환급세액계	⑳ 차월이월 환급세액(⑱-⑲)	㉑ 환급신청액
−	−	−	15,000,000	−	−	−	15,000,000	15,000,000	0	

(2) 연말정산 신고 후 2026년 6월 근로자 송기택이 2025년 귀속 연말정산 내역 중 부양가족 공제에 있어 자녀(송기우)와 배우자 형제자매(김충재)에 대해 배우자(김충숙)와 중복하여 인적공제를 받아 부당공제 받았음을 알려 와서 연말정산을 재정산하고 2025년 귀속 연말정산 신고에 대해 2026년 7월 10일 수정신고하였다.

(3) 상기 자료를 제외하고는 Chapter 02－03－7 거주자 연말정산 종합사례와 같다.

2. 연말정산 수정신고

(1) 연말정산 재정산

자녀(송기우)에 대한 기본공제, 자녀 세액공제, 의료비 세액공제, 교육비 세액공제와 배우자 형제자매(김충재)에 대한 교육비세액공제를 배제하고 다시 연말정산한다. 계산 내역을 제시하여 보면 다음과 같다.

① 근로소득금액

구 분	금 액	계산내역
총급여	61,900,000	연말정산과 동일
근로소득공제	12,845,000	
근로소득금액	49,055,000	

② 종합소득공제·차가감소득금액·그 밖의 소득공제

구 분		금 액	계산내역 등
기본공제	본 인	1,500,000	무조건 적용
	배우자	–	소득금액 요건 불충족
	부양가족	3,000,000	본인 직계존속·자녀 1명 → 충족 배우자 형제자매 → 나이요건만 불충족
추가공제	경로우대	1,000,000	연말정산과 동일
	장애인	2,000,000	
	부녀자	–	
	한부모	–	
국민연금		2,785,480	
보험료	건강보험료	2,478,360	
	고용보험료	557,080	
저당차입금 이자상환액	2012년 이후 －그 밖의 대출	4,800,000	
종합소득공제계		18,120,920	
차가감소득금액		30,934,080	

③ 그 밖의 소득공제

구 분	금 액	계산내역 등
신용카드 등 사용금액	4,526,460	연말정산과 동일
그 밖의 소득공제계	4,526,460	

④ 과세표준·산출세액

구 분	금 액	계산내역 등
소득공제종합한도 초과액	–	연말정산과 동일
과세표준	26,407,620	=차가감소득금액 – 그 밖의 소득공제계 =30,934,080 – 4,526,460
산출세액	2,701,143	=26,407,620×15% – 1,260,000

⑤ 세액공제

<table>
<tr><th colspan="2">구 분</th><th>금 액</th><th>순차한도</th><th>계산내역 등</th></tr>
<tr><td colspan="2">근로소득</td><td>660,000</td><td>2,701,143</td><td>① 계산금액=715,000
+(2,701,143 – 1,300,000)×30%=1,135,342
② 한도액=660,000
why 총급여 4,300만원~7,000만원</td></tr>
<tr><td colspan="2">자 녀</td><td>0</td><td>2,041,143</td><td>기본공제대상 8세 이상 자녀 없음</td></tr>
<tr><td rowspan="2">보험료</td><td>보장성</td><td>120,000</td><td>2,041,143</td><td rowspan="2">연말정산과 동일</td></tr>
<tr><td>장애인전용</td><td>90,000</td><td>1,921,143</td></tr>
<tr><td colspan="2">의료비</td><td>6,450</td><td>1,831,143</td><td>① 의료비 문턱
=총급여×5%=61,900,000×3%=1,857,000
② 의료비 구분
✔ 보약구입비용은 공제불가, 차감할 실손의료보험금 1,000,000
<table>
<tr><th>구 분</th><th>금 액</th><th>비 고</th></tr>
<tr><td>난임시술비,
미숙아·선천성
이상아 의료비</td><td>–</td><td>해당 지출 없음</td></tr>
<tr><td>본인·장애인·
6세 이하자·
65세 이상자·
건강보험산정
특례자 의료비</td><td>2,285,000</td><td>=1,285,000
(본인)
+1,000,000
(장애인 직계존속)</td></tr>
<tr><td>그 밖의 의료비</td><td>615,000</td><td>=500,000
(배우자)
+115,000
(자녀·병의원)</td></tr>
</table>
③ 공제금액
={(1,285,000 – 1,000,000)+1,000,000
+Min[615,000 – 1,857,000, 7,000,000]}×15%
=43,000×15%=6,450</td></tr>
<tr><td colspan="2">교육비</td><td>255,000</td><td>1,824,693</td><td>① 교육비 구분
✔ 초등학생 자녀(송기우)와 배우자 형제자매(김충재)의 교육비 공제불가
<table>
<tr><th>구 분</th><th>금 액</th><th>비 고</th></tr>
<tr><td>취학 전 아동
(송기정)</td><td>1,700,000</td><td>학원비 공제가능
→ 한도 3,000,000</td></tr>
<tr><td>공제대상
교육비계</td><td>1,700,000</td><td></td></tr>
</table>
② 공제금액=1,700,000×15%=255,000</td></tr>
</table>

구 분		금 액	순차한도	계산내역 등
기부금	코드 20	210,909	1,569,693	연말정산과 동일
	코드 10	30,000	1,358,784	
	코드 41	450,000	1,328,784	
연금계좌	퇴직연금	432,000	878,784	① 계산금액 =Min[3,600,000, 9,000,000]×12%=432,000 ✔ 퇴직연금 900만원 한도, 총급여액 5,500만원 초과자 공제율 12% ② 공제금액=Min[계산금액, 순차한도]=432,000 ③ 공제대상금액=3,600,000
	연금저축	432,000	446,784	① 계산금액 =Min[3,600,000, 9,000,000−3,600,000, 6,000,000]×12%=432,000 ✔ 연금저축 개별한도 600만원, 연금계좌 총한도 900만원, 총급여액 5,500만원 초과자 공제율 12% ② 공제금액=Min[계산금액, 순차한도]=432,000 ③ 공제대상금액=3,600,000
세액공제계		2,686,359		

⑥ 징수(환급)세액

구 분		소득세		지방소득세	
		금 액	계산근거	금 액	계산근거
결정세액		14,784	=산출세액 −세액감면·공제계 =2,701,143 −2,686,359	1,478	=소득세 결정세액 ×10% =14,784×10%
기납부세액	주(현)	2,076,800	종전과 동일	207,680	종전과 동일
	종(전)	−		−	
차감징수세액		(−)2,062,010	=결정세액 −기납부세액	(−)206,200	=결정세액 −기납부세액
기존 차감징수세액		(−)2,076,800		(−)207,680	
추가납부세액		14,790		1,480	

(2) 원천징수납부지연가산세

구 분	금 액	계산근거	미납일수
가산세	837	=과소납세액×[3%+22/100,000×미납일수] =14,790×[3%+22/100,000×122] =837	2026.3.11.(납부기한 다음 날) ~2026.7.10.(자진납부일) ✔ 122일

3. 각종 서식 작성(예시)

(1) 지급명세서(수정)

원칙적으로 모든 란을 2줄로 나누어, 상단에는 기존 금액(붉은색 표시), 하단에는 새로운 금액(검은색 표시)을 기재함

'2.'에서 산출된 연말정산 결과에 따른 근로소득지급명세서를 작성(예시)하여 보면 다음과 같다. 사례의 경우 기부금명세서에는 변동이 없으며, 해당 수정된 지급명세서를 관할세무서에 문서 제출 또는 수정제출(홈택스)한다.

■ 소득세법 시행규칙 [별지 제24호서식(1)] <개정 2025. 6. 30.> (9쪽 중 제1쪽)

관리번호

[✓]근로소득 원천징수영수증
[ ]근로소득 지 급 명 세 서
([ ]소득자 보관용 [ ]발행자 보관용 [ ]발행자 보고용)

거주구분	(거주자1)/비거주자2
거주지국	거주지국코드
내·외국인	(내국인1)/외국인9
외국인단일세율적용	여 1 / (부 2)
외국법인소속 파견근로자 여부	여 1 / (부 2)
종교관련종사자 여부	여 1 / (부 2)
국적	국적코드
세대주 여부	(세대주1), 세대원2
연말정산 구분	(계속근로1), 중도퇴사2

구분	항목	내용	항목	내용
징수의무자	① 법인명(상 호)	㈜선우	② 대 표 자(성 명)	이 동 익
	③ 사업자등록번호	211-81-21542	④ 주 민 등 록 번 호	
	③-1 사업자단위과세자 여부	여1 / (부2)	③-2 종사업장 일련번호	
	⑤ 소 재 지(주소)	서울시 강남구 도산대로 81길		
소득자	⑥ 성 명	송 기 택	⑦ 주 민 등 록 번 호(외국인등록번호)	870116-1138027
	⑧ 주 소	서울시 강남구 논현로 100길		

Ⅰ 근무처별소득명세 구 분	주(현)	종(전)	종(전)	⑯-1 납세조합	합 계
⑨ 근 무 처 명	㈜선우	㈜우인			
⑩ 사업자등록번호	211-81-21542	101-81-48569			
⑪ 근무기간	2025.5.1.~12.31.	2025.1.1.~4.30.	~	~	~
⑫ 감면기간	~	~	~	~	~
⑬ 급 여	32,000,000	14,000,000			46,000,000
⑭ 상 여	12,400,000	3,500,000			15,900,000
⑮ 인 정 상 여					
⑮-1 주식매수선택권 행사이익					
⑮-2 우리사주조합인출금					
⑮-3 임원 퇴직소득금액 한도초과액					
⑮-4 직무발명보상금					
⑯ 계	44,400,000	17,500,000			61,900,000

Ⅱ 비과세 및 감면소득명세	코드	주(현)	종(전)	종(전)	⑯-1 납세조합	합 계
⑱ 국외근로	MOX					
⑱-1 야간근로수당	OOX					
⑱-2 보육수당	QOX	1,600,000	800,000			2,400,000
⑱-3 출산지원금	QOX					
⑱-4 연구보조비	HOX					
⑱-5						
⑱-6						
~						
⑱-40 비과세식사대	P01	1,600,000	800,000			2,400,000
⑱-41 임원등할인금액	W01					
⑲ 수련보조수당	Y22					
⑳ 비과세소득 계		3,200,000	1,600,000			4,800,000
⑳-1 감면소득 계						

Ⅲ 세액명세 구 분		(79) 소 득 세	(80) 지방소득세	(81) 농어촌특별세
(73) 결 정 세 액		0	0	
		14,784	1,478	
기납부 세 액 (74) 종(전)근무지 (결정세액란의 세액을 적습니다)	사업자 등록 번호 101-81-48569	0	0	
기납부 세 액 (75) 주(현)근무지		2,076,800	207,680	
(76) 납부특례세액				
(77) 차 감 징 수 세 액((73)-(74)-(75)-(76))		-2,076,800	-207,680	
		-2,062,010	-206,200	

위의 원천징수액(근로소득)을 정히 영수(지급)합니다.

2026년 2월 28일

징수(보고)의무자 ㈜선우 이 동 익 (서명 또는 인)

세 무 서 장 귀하

(9쪽 중 제2쪽)

구분				구분	금액
Ⅳ 정산명세	㉑ 총급여(⑯, 외국인단일세율 적용시 연간 근로소득)				61,900,000
	㉒ 근로소득공제				12,845,000
	㉓ 근로소득금액				49,055,000
종합소득공제	기본공제	㉔ 본 인			1,500,000
		㉕ 배 우 자			
		㉖ 부 양 가 족(3명)			4,500,000
		㉖ 부 양 가 족(2명)			3,000,000
	추가공제	㉗ 경 로 우 대(1명)			1,000,000
		㉘ 장 애 인(1명)			2,000,000
		㉙ 부 녀 자			
		㉚ 한 부 모 가 족			
	연금보험료공제	㉛ 국민연금보험료		대상금액	2,785,480
				공제금액	2,785,480
		㉜ 공적연금 보험료 공제	㉮ 공무원연금	대상금액	
				공제금액	
			㉯ 군인연금	대상금액	
				공제금액	
			㉰ 사립학교교직원연금	대상금액	
				공제금액	
			㉱ 별정우체국연금	대상금액	
				공제금액	
	특별소득공제	㉝ 보험료	㉮ 건강보험료(노인장기요양보험료포함)	대상금액	2,478,360
				공제금액	2,478,360
			㉯ 고용보험료	대상금액	557,080
				공제금액	557,080
		㉞ 주택자금	㉮ 주택임차차입금 원리금상환액	대출기관	
				거주자	
			㉯ 장기주택저당차입금이자상환액 2011년 이전 차입분	15년 미만	
				15년~29년	
				30년 이상	
				15년 이상 고정금리이면서 비거치상환 대출	
				15년 이상 고정금리이거나, 비거치상환 대출	
			㉯ 2012년 이후 차입분	15년 이상 고정금리이면서 비거치상환 대출	
				15년 이상 고정금리이거나, 비거치상환 대출	
				그밖의 대출	4,800,000
				10년~15년 고정금리이거나, 비거치상환 대출	
		㉟ 계			7,835,440
	㊱ 차 감 소 득 금 액				29,434,080 30,934,080
그밖의 소득공제	㊲ 개인연금저축				
	㊳ 소기업 · 소상공인 공제부금				
	㊴ 주택마련저축소득공제	㉮ 청약저축			
		㉯ 주택청약종합저축			
		㉰ 근로자주택마련저축			
	㊵ 투자조합출자 등				
	㊶ 신용카드등 사용액				4,526,460
	㊷ 우리사주조합 출연금				
	㊸ 고용유지 중소기업 근로자				
	㊹ 장기집합투자증권저축				
	㊺ 청년형장기집합투자증권저축				
	㊻ 그밖의 소득공제 계				4,526,460
	㊼ 소득공제 종합한도 초과액				

구분				구분	금액
㊽ 종합소득 과세표준					24,907,620 26,407,620
㊾ 산출세액					2,476,143 2,701,143
세액감면	㊿ 「소득세법」				
	51 「조세특례제한법」(52 제외)				
	52 「조세특례제한법」 제30조				
	53 조세조약				
	54 세 액 감 면 계				
세액공제	55 근로소득				660,000
	56 혼인세액공제				
	57 자녀	공제대상자녀 (1명)			150,000
		공제대상자녀 (0명)			0
		출산 · 입양자 (명)			0
	연금계좌	58 「과학기술인공제회법」에 따른 퇴직연금		공제대상금액	
				세액공제액	
		59 「근로자퇴직급여 보장법」에 따른 퇴직연금		공제대상금액	1,010,700 3,600,000
				세액공제액	121,284 432,000
		60 연금저축		공제대상금액	0 3,600,000
				세액공제액	0 432,000
		60-1 개인종합자산관리계좌 만기 시 연금계좌 납입액		공제대상금액	
				세액공제액	
	특별세액공제	61 보험료	보장성	공제대상금액	1,000,000
				세액공제액	120,000
			장애인전용 보장성	공제대상금액	600,000
				세액공제액	90,000
		62 의료비		공제대상금액	193,000 43,000
				세액공제액	28,950 6,450
		63 교육비		공제대상금액	4,100,000 1,700,000
				세액공제액	615,000 255,000
		64 기부금	㉮ 정치자금 기부금 10만원 이하	공제대상금액	100,000
				세액공제액	90,909
			㉮ 정치자금 기부금 10만원 초과	공제대상금액	800,000
				세액공제액	120,000
			㉯ 고향사랑 기부금 10만원 이하	공제대상금액	
				세액공제액	
			㉯ 고향사랑 기부금 10만원 초과(특별재난지역)	공제대상금액	
				세액공제액	
			㉯ 고향사랑 기부금 10만원 초과(일반)	공제대상금액	
				세액공제액	
			㉰ 특례기부금	공제대상금액	200,000
				세액공제액	30,000
			㉱ 우리사주조합 기부금	공제대상금액	
				세액공제액	
			㉲ 일반기부금(종교단체 외)	공제대상금액	
				세액공제액	
			㉳ 일반기부금(종교단체)	공제대상금액	3,000,000
				세액공제액	450,000
		65 계			1,544,859 1,162,359
		66 표준세액공제			
	67 납세조합공제				
	68 주택차입금				
	69 외국납부				
	70 월세액			공제대상금액	
				세액공제액	
	71 세 액 공 제 계				2,476,143 2,686,359
72 결 정 세 액(50-55-71)					0 14,784
82 실효세율(%) (72/21)×100					0.0 0.0

⑱ 소득·세액공제 명세[인적공제항목은 해당란에 "○"표시(장애인 해당 시 해당 코드 기재)를 하며, 각종 소득공제·세액공제 항목은 공제를 위하여 실제 지출한 금액을 적습니다.]

인적공제 항목							각종 소득공제·세액공제 항목											
관계코드	성 명	기본공제		경로우대		출산입양	자료구분	보험료				의료비					교육비	
내·외국인	주민등록번호	부녀자	한부모	장애인	혼인세액공제	자녀		건강	고용	보장성	장애인전용보장성	일반	미숙아·선천성이상아	난임	6세이하·65세이상·장애인 건강보험산정특례자	실손의료보험금	일반	장애인특수교육
인적공제 항목에 해당하는 인원수를 적습니다.		4		1			국세청 계			1,200,000	600,000	1,900,000			1,000,000	1,000,000	500,000	
				1		1	기타 계	2,478,360	557,080								1,200,000	
0	송기택	○					국세청			1,200,000		1,285,000				1,000,000		
1	(근로자 본인)						기타	2,478,360	557,080									
3	김충숙						국세청					500,000						
1	920415-2031653						기타											
1	박영선	○		○			국세청				600,000				1,000,000			
1	551103-2019015			1			기타											
4	송기정	○					국세청					115,000					500,000	
1	210831-3059632						기타										1,200,000	

각종 소득공제·세액공제 항목							
자료구분	신용카드등 사용액공제						기부금
	신용카드	직불카드등	현금영수증	문화체육 사용분(총급여 7천만원 이하자만 기재)	전통시장 사용분	대중교통 이용분	
국세청 계	27,405,000		1,800,000	2,367,400	1,000,000	2,000,000	1,100,000
기타 계							3,000,000
국세청	27,405,000		1,800,000	2,367,400	1,000,000	2,000,000	1,100,000
기타							
국세청							
기타							3,000,000

작 성 방 법

「소득세법」 제149조제1호에 해당하는 납세조합이 「소득세법」 제127조제1항제4호 각 목에 해당하는 근로소득을 연말정산하는 경우에도 사용하며, 이 경우 "⑨ 근무처명"란 및 "⑩ 사업자등록번호"란에는 실제 근무처의 상호 및 사업자번호를 적습니다. 다만, 근무처의 사업자등록이 없는 경우 납세조합의 사업자등록번호를 적습니다.

1. 거주지국과 거주지국코드는 근로소득자가 비거주자에 해당하는 경우에만 적으며, 국제표준화기구(ISO)가 정한 ISO코드 중 국명약어 및 국가코드를 적습니다(※ ISO국가코드: 국세청홈페이지→국세정책/제도→국제조세정보→참고자료실→국제표준화기구(ISO)가 정한 국가코드에서 조회할 수 있습니다). 예) 대한민국 : KR, 미국 : US

2. 근로소득자가 외국인에 해당하는 경우에는 "내·외국인"란에 "외국인 9"를 선택하고 "국적 및 국적코드"란에 국제표준화기구(ISO)가 정한 ISO코드 중 국명약어 및 국가코드를 적습니다. 해당 근로소득자가 외국인근로자 단일세율적용신청서를 제출한 경우"외국인단일세율 적용"란에 여1을 선택합니다. 또한, 근로소득자가 종교관련종사자에 해당하는 경우에는 "종교관련종사자 여부"란에 여1을 선택합니다.

3. 원천징수의무자가 「부가가치세법」에 따른 사업자단위 과세자에 해당할 경우 ③-1에서 여1을 선택하고, ③-2에 소득자가 근무하는 사업장의 종사업장 일련번호를 기재합니다.

4. 원천징수의무자는 지급일이 속하는 연도의 다음 연도 3월 10일(휴업 또는 폐업한 경우에는 휴업일 또는 폐업일이 속하는 달의 다음 다음 달 말일을 말합니다)까지 지급명세서를 제출해야 합니다.

5. "Ⅰ. 근무처별 소득명세"란은 비과세소득을 제외한 금액을 해당 항목별로 적고, "Ⅱ. 비과세 및 감면소득 명세"란에는 지급명세서 작성대상 비과세소득 및 감면대상을 해당 코드별로 구분하여 적습니다(적을 항목이 많은 경우 "Ⅱ. 비과세 및 감면소득 명세"란의 "⑳ 비과세소득 계"란 및 "⑳-1 감면세액 계"란에 총액만 적고, "Ⅱ.비과세 소득"란을 별지로 작성할 수 있습니다).

6. 「소득세법」 제127조제1항제4호의 각 목에 해당하는 근로소득과 그 외 근로소득[주(현)란] 더하여 연말정산하는 때에는 "⑯-1 납세조합"란에 각각 근로소득납세조합과 「소득세법」 제127조제1항제4호 각 목에 해당하는 근로소득을 적고,「소득세법」 제150조에 따른 납세조합 공제금액을 "㊼ 납세조합공제"란에 적습니다. 합병, 기업형태 변경 등으로 존속 법인 등이 연말정산을 하는 경우에는 피합병법인에서 발생한 소득과 기업형태 변경 전의 법인에서 발생한 소득은 근무처별 소득명세 종(전)란에 별도로 적습니다.
   또한, 동일회사 내 사업자등록번호가 다른 곳에서 전입 등을 하여 해당 법인이 연말정산을 하는 경우에는 전입하기 전 지점 등에서 발생한 소득은 "근무처별 소득명세 종(전)"란에 별도로 적습니다.

7. "㉑ 총급여"란에는 "⑯계"란의 금액을 적되, 외국인근로자가 「조세특례제한법」(이하 이 서식에서 "조특법"이라 합니다) 제18조의2제2항에 따라 단일세율을 적용하는 경우에는 "⑯계"의 금액과 비과세소득금액을 더한 금액을 적습니다. 이 경우 소득세와 관련한 비과세·공제·감면 및 세액공제에 관한 규정은 적용하지 않습니다.

8. "종합소득 특별소득공제(㉝~㉞)"란과 "그 밖의 소득공제(㊲~㊻)"란은 근로소득자 소득·세액 공제신고서(「소득세법 시행규칙」 별지 제37호서식)의 공제액을 적습니다(소득공제는 서식에서 정하는 바에 따라 순서대로 소득공제를 적용하여 종합소득과세표준과 세액을 계산합니다).

9. "연금계좌(㊳~㊵-1)"란과 "특별세액공제(㊶~㊻)"란은 근로소득자 소득·세액 공제신고서(「소득세법 시행규칙」 별지 제37호서식)의 공제대상금액 및 세액공제액을 적습니다.

연금·저축 등 소득·세액 공제명세서

1. 인적사항	① 상 호	㈜선우	② 사업자등록번호	211-81-21542
	③ 성 명	송기택	④ 주민등록번호	870116-1138027
	⑤ 주 소	서울시 강남구 논현로 100길	(전화번호:)	
	⑥ 사업장 소재지	서울시 강남구 도산대로 81길	(전화번호:)	

2. 연금계좌 세액공제

1) 퇴직연금계좌

* 퇴직연금계좌에 대한 명세를 작성합니다.

퇴직연금 구분	금융회사 등	계좌번호 (또는 증권번호)	납입금액	세액공제금액
퇴직연금	**○○보험**	0987654321	3,600,000	121,284 432,000

2) 연금저축계좌

* 연금저축계좌에 대한 명세를 작성합니다.

연금저축 구분	금융회사 등	계좌번호 (또는 증권번호)	납입금액	소득·세액 공제금액
연금저축	**△△보험**	1234567890	3,600,000	0 432,000

3) 개인종합자산관리계좌 만기 시 연금계좌 납입액

* 납입 연금저축계좌·퇴직연금계좌에 대한 명세를 작성합니다.

연금 구분	금융회사 등	계좌번호 (또는 증권번호)	납입금액	세액공제금액

3. 주택마련저축 소득공제

* 주택마련저축 소득공제에 대한 명세를 작성합니다.

저축 구분	금융회사 등	계좌번호 (또는 증권번호)	납입금액	소득공제금액

4. 장기집합투자증권저축 소득공제

* 장기집합투자증권저축 소득공제에 대한 명세를 작성합니다.

금융회사 등	계좌번호 (또는 증권번호)	납입금액	소득공제금액

5. 중소기업 창업투자조합 출자 등에 대한 소득공제

* 중소기업창업투자조합 출자 등 소득공제에 대한 명세서를 작성합니다.

투자연도	투자구분	금융기관 등	계좌번호 (또는 증권번호)	납입금액

6. 청년형장기집합투자증권저축 소득공제

* 청년형장기집합투자증권저축 소득공제에 대한 명세를 작성합니다.

가입일	계약기간	금융기관 등	계좌번호 (또는 증권번호)	납입금액	소득공제금액

작 성 방 법

1. 연금계좌 세액공제, 주택마련저축·장기집합투자증권저축·중소기업창업투자조합 출자, 청년형 장기집합투자증권저축 등 소득공제를 받는 소득자에 대해서는 해당 소득·세액 공제에 대한 명세를 작성해야 합니다. 해당 계좌별로 납입금액과 소득·세액 공제금액을 적고, 공제금액이 영(0)인 경우에는 적지 않습니다.
2. 퇴직연금계좌에서 "퇴직연금 구분"란은 퇴직연금{확정기여형(DC), 개인형(IRP)}·과학기술인공제회로 구분하여 적습니다.
3. 연금저축계좌에서 "연금저축 구분"란은 개인연금저축과 연금저축으로 구분하여 적습니다.
4. 개인종합자산관리계좌 만기 시 연금계좌 납입액에서 "연금 구분" 란은 연금저축계좌와 퇴직연금계좌로 구분하여 적습니다.
   - 개인종합자산관리계좌 만기 시 연금계좌 납입액 공제세액은 개인종합자산관리계좌의 계약기간이 만료되고 해당 계좌잔액의 전부 또는 일부를 연금저축계좌·퇴직연금계좌로 납입한 경우 그 납입한 금액을 납입한 날이 속하는 과세기간의 연금계좌 납입액에 포함합니다(전환금액의 10%, 300만원 한도).
5. 주택마련저축 소득공제의 "저축 구분"란은 청약저축, 주택청약종합저축 및 근로자주택마련저축으로 구분하여 적습니다.
6. 중소기업창업투자조합 출자 등 소득공제의 "투자 구분"란은 벤처 등(「조세특례제한법」 제16조 제1항 제3호·제4호·제6호), 조합1(「조세특례제한법」 제16조 제1항 제1호·제5호), 조합2(「조세특례제한법」 제16조 제1항 제2호) 로 구분하여 적습니다.
7. 청년형 장기집합투자증권저축에서 "계약기간" 란은 계약기간을 개월 수로 적습니다(월수 계산 시 1월 미만은 1월로 합니다).
8. 공제금액란은 근로소득자가 적지 않을 수 있습니다.

(2) 원천세 신고서(당초 신고분에 대한 수정신고서)

당초 연말정산 신고분에 대한 원천세 수정신고서를 작성(예시)하면 다음과 같다.

■ 소득세법 시행규칙 [별지 제21호서식] <개정 2025.3.21.> (10쪽 중 제1쪽)

① 신고구분	[✓]원천징수이행상황신고서 [ ]원천징수세액환급신청서	② 귀속연월	2026년 2월
(매월) 반기 (수정) (연말) 소득처분 환급신청		③ 지급연월	2026년 2월

원천징수 의무자	법인명(상호)	㈜선우	대표자(성명)	이 동 익	일괄납부 여부	여, (부)
					사업자단위과세 여부	여, (부)
	사업자(주민)등록번호	211-81-21542	사업장 소재지	서울시 강남구 도산대로 81길	전화번호	02-987-6543
					전자우편주소	sunwoo@naver.com

수정신고분 표시

❶ 원천징수 명세 및 납부세액 (단위: 원)

소득자 소득구분			코드	소득지급 (과세 미달, 일부 비과세 포함) ④ 인원	⑤ 총지급액	징수세액 ⑥ 소득세 등	⑦ 농어촌특별세	⑧ 가산세	⑨ 당월 조정 환급세액	납부세액 ⑩ 소득세 등 (가산세 포함)	⑪ 농어촌특별세
개인(거주자·비거주자)	근로소득	간이세액	A01	100	250,000,000	19,000,000					
		중도퇴사	A02								
		일용근로	A03								
		연말정산 합계	A04	115	2,800,000,000	−34,000,000 −33,985,210	5,000,000 5,000,000	0 837			
		연말정산 분납신청	A05								
		연말정산 납부금액	A06			−34,000,000 −33,985,210	5,000,000 5,000,000	0 837			
		가감계	A10	215	3,050,000,000	−15,000,000 −14,985,210	5,000,000 5,000,000	0 837	5,000,000 5,000,837	0 0	
(중 략)											
법인	내·외국법인원천		A80	7	50,000,000	12,500,000 12,500,000			10,000,000 9,984,373	2,500,000 2,515,627	
수정신고(세액)			A90								
총 합 계			A99	222	3,100,000,000	12,500,000 12,500,000	5,000,000 5,000,000	− 837	15,000,000 14,985,210	2,500,000 2,515,627	

❷ 환급세액 조정 (단위: 원)

⑫ 전월 미환급세액	⑬ 기환급 신청세액	⑭ 차감잔액 (⑫-⑬)	⑮ 일반 환급	⑯ 신탁재산 (금융 회사 등)	⑰ 그 밖의 환급세액 금융회사 등	⑰ 합병 등	⑱ 조정대상 환급세액 (⑭+⑮+⑯+⑰)	⑲ 당월조정 환급세액계	⑳ 차월이월 환급세액 (⑱-⑲)	㉑ 환급 신청액
−	−	−	15,000,000 14,985,210	−	−	−	15,000,000 14,985,210	15,000,000 14,985,210	0 0	

추가 소득세 징수세액 반영

증가된 세액 = 소득세 14,790 + 가산세 837

원천징수 납부지연 가산세 기재

(3) 수정신고 내역 반영 원천세 신고서(2026년 7월 10일 원천세 신고서)

'2.'에 따라 추가로 납부해야 되는 세액(가산세 포함)은 수정신고하는 월의 원천세 신고서에 다음과 같이 반영한다.

■ 소득세법 시행규칙 [별지 제21호서식] <개정 2025.3.21.> (10쪽 중 제1쪽)

① 신고구분	[✓]원천징수이행상황신고서 [ ]원천징수세액환급신청서	② 귀속연월	2026년 6월
(매월) 반기 수정 연말 소득처분 환급신청		③ 지급연월	2026년 6월

원천징수 의무자	법인명(상호)	㈜선우	대표자(성명)	이 동 익	일괄납부 여부	여, (부)
					사업자단위과세 여부	여, (부)
	사업자(주민)등록번호	211-81-21542	사업장 소재지	서울시 강남구 도산대로 81길	전화번호	02-987-6543
					전자우편주소	sunwoo@naver.com

❶ 원천징수 명세 및 납부세액 (단위: 원)

소득자 소득구분	코드	소득지급 (과세 미달, 일부 비과세 포함) ④ 인원	⑤ 총지급액	징수세액 ⑥ 소득세 등	⑦ 농어촌특별세	⑧ 가산세	⑨ 당월 조정 환급세액	납부세액 ⑩ 소득세 등 (가산세 포함)	⑪ 농어촌특별세
(중 략)									
수정신고(세액)	A90			15,627					

추가납부하는 소득세(14,790)와 가산세(837) 합계

3 경정청구

지급명세서를 제출기한까지 제출하고 원천징수세액을 납부한 자 및 기한후과세표준신고서를 제출한 자가 추가로 소득·세액공제를 받아야 할 금액이 있거나 세액감면대상자가 세액감면을 적용받지 못한 경우 등 세액을 과다납부하거나 과소환급받은 경우 연말정산 신고를 다시 수정하여 신고하고 해당 세액을 환급받는 것을 말한다. 경정청구에 대한 내용은 다음과 같다.

구 분	내 용(국기법 §45의 2·§52, 국기령 §25의 2·§25의 3·§43의 3, 국기칙 §12의 2·§19의 3)
경정청구 사유 개정	• 신고서에 기재된 과세표준·세액(결정·경정이 있는 경우에는 결정·경정 후의 과세표준·세액)이 세법에 따라 신고하여야 할 과세표준·세액을 초과할 때(과다납부) • 신고서에 기재된 결손금액·세액공제액 또는 환급세액(결정·경정이 있는 경우에는 결정·경정 후의 결손금액·세액공제액 또는 환급세액)이 세법에 따라 신고하여야 할 결손금액·세액공제액 또는 환급세액에 미치지 못할 때(과소환급)
경정청구 사례	• 인적공제대상자인 사람에 대해 인적공제를 적용받지 못한 경우 ✔ 소득 없는 배우자에 대해 기본공제를 적용받지 못함 • 주택자금공제요건을 충족한 근로자가 주택자금공제를 적용받지 못한 경우 ✔ 주민등록표등본에 기재된 무주택 세대 외국인이 월세액공제를 적용받지 못한 경우 • 감면대상자가 지연하여 감면신청을 한 경우 ✔ 중소기업취업자 감면대상자가 퇴사 후 감면신청을 한 경우
경정청구 요건	• 법정신고기한까지 신고서를 제출하고 납부를 하였을 것 또는 기한후 과세표준신고서를 제출하였을 것 • 원천징수의 경우에는 원천징수세액을 납부기한까지 납부하고 지급명세서를 제출기한까지 제출하였을 것
경정청구 가능한 자	• 납세의무자(소득자) ─ 외국인 근로자도 가능(서이-497, 2007.3.23.) ✔ 비거주자(외국법인)도 가능하나, 2020.1.1. 이후 지급하는 소득분부터는 다음과 같이 예외적으로 허용하는 것으로 개정됨 [비거주자(외국법인) 경정청구 가능 사유] • 원천징수의무자의 부도, 폐업 또는 그 밖에 이에 준하는 사유 • 정당한 사유로 경정을 청구하도록 요청했으나 원천징수의무자가 응하지 않은 경우 [제출서류] 경정청구서에 다음 서류를 첨부하여 원천징수의무자 관할세무서장에게 제출 • 경정청구 사유 입증 자료 • 실질소득자임을 입증하는 실질귀속자 거주지국의 권한있는 당국이 발급하는 거주자증명서 • 원천징수의 경우에는 원천징수의무자도 가능
경정청구 가능한 기간	[원 칙] 법정신고기한이 지난 후 5년 이내 [결정·경정으로 증가된 과세표준·세액] 해당 처분이 있음을 안 날(처분 통지를 받은 경우에는 그 받은 날)부터 3개월 이내 개정 ✔ 법정신고기한이 지난 후 5년 이내로 한정

비거주자(외국법인) 경정청구 가능 사유 및 제출서류:

비거주자(외국법인) 경정청구 가능 사유	제출서류
• 원천징수의무자의 부도, 폐업 또는 그 밖에 이에 준하는 사유 • 정당한 사유로 경정을 청구하도록 요청했으나 원천징수의무자가 응하지 않은 경우	경정청구서에 다음 서류를 첨부하여 원천징수의무자 관할세무서장에게 제출 • 경정청구 사유 입증 자료 • 실질소득자임을 입증하는 실질귀속자 거주지국의 권한있는 당국이 발급하는 거주자증명서

경정청구 가능한 기간:

구 분	내 용
원 칙	법정신고기한이 지난 후 5년 이내
결정·경정으로 증가된 과세표준·세액	해당 처분이 있음을 안 날(처분 통지를 받은 경우에는 그 받은 날)부터 3개월 이내 개정 ✔ 법정신고기한이 지난 후 5년 이내로 한정

ㅣ소득금액변동통지를 받은 후에 원천세에 대한 납부기한(소득금액변동통지서를 받은 날이 속하는 달의 다음달 10일) 내에 원천징수이행상황신고서를 제출하였을 뿐 소득세를 원천징수하여 납부한 사실이 없는 경우 경정청구권을 인정하기는 어려움(조심2020중2176, 2020.10.5.)

ㅣ① 2025년 귀속 연말정산의 경정청구기한
• 2026.3.10. 신고납부기한
• 2031.3.11.까지 경정청구 가능
② 2026.2월 기준 경정청구 가능 연말정산 귀속연도
→ 2020년 귀속 이후

<table>
<tr><th>구 분</th><th>내 용(국기법 §45의 2·§52, 국기령 §25의 2·§25의 3·§43의 3, 국기칙 §19의 3)</th></tr>
<tr><td>경정청구 가능한 기간</td><td>
<table>
<tr><th>구 분</th><th colspan="2">내 용</th></tr>
<tr><td rowspan="2">후발적 경정</td><td>경정청구 기한</td><td>그 사유가 발생한 것을 안 날부터 3개월 이내</td></tr>
<tr><td>사 유</td><td>1. 최초의 신고·결정 또는 경정에서 과세표준 및 세액의 계산 근거가 된 거래 또는 행위 등이 그에 관한 심사청구, 심판청구, 감사원 심사청구에 대한 결정이나 소송에 대한 판결(판결과 같은 효력을 가지는 화해나 그 밖의 행위를 포함한다)에 의하여 다른 것으로 확정되었을 때
2. 소득이나 그 밖의 과세물건의 귀속을 제3자에게로 변경시키는 결정 또는 경정이 있을 때
3. 조세조약에 따른 상호합의가 최초의 신고·결정 또는 경정의 내용과 다르게 이루어졌을 때
4. 결정 또는 경정으로 인하여 그 결정 또는 경정의 대상이 된 과세표준 및 세액과 연동된 다른 세목(같은 과세기간으로 한정한다)이나 연동된 다른 과세기간(같은 세목으로 한정한다)의 과세표준 또는 세액이 세법에 따라 신고하여야 할 과세표준 또는 세액을 초과할 때
5. 다음 사유가 법정신고기한 경과 후 발생했을 때
(1) 최초의 신고·결정 또는 경정을 할 때 과세표준 및 세액의 계산 근거가 된 거래 또는 행위 등의 효력과 관계되는 관청의 허가나 그 밖의 처분이 취소된 경우
(2) 최초의 신고·결정 또는 경정을 할 때 과세표준 및 세액의 계산 근거가 된 거래 또는 행위 등의 효력과 관계되는 계약이 해제권의 행사에 의하여 해제되거나 해당 계약의 성립 후 발생한 부득이한 사유로 해제되거나 취소된 경우
(3) 최초의 신고·결정 또는 경정을 할 때 장부 및 증거서류의 압수, 그 밖의 부득이한 사유로 과세표준 및 세액을 계산할 수 없었으나 그 후 해당 사유가 소멸한 경우</td></tr>
</table>
</td></tr>
<tr><td>경정청구 방법</td><td>
<table>
<tr><td rowspan="3">원천징수 의무자가 경정청구</td><th>구 분</th><th>내 용</th></tr>
<tr><td>관할세무서</td><td>원천징수 관할세무서</td></tr>
<tr><td>제출서류</td><td>• 과세표준 및 세액의 결정(경정)청구서[국세기본법시행규칙 별지 제16호의 2 서식]
• 원천징수이행상황신고서(해당월 수정신고)
• 근로소득지급명세서(수정제출) — 4월 이후에는 홈택스에서 수정제출 가능 → 그 전에는 문서 제출
• 소득·세액공제신고서(수정분)
• 관련 첨부서류</td></tr>
</table>
<table>
<tr><td rowspan="4">근로자가 경정청구</td><th colspan="2">구 분</th><th>내 용</th></tr>
<tr><td colspan="2">관할세무서</td><td>근로소득자 주소지 관할세무서 — 납세지를 의미함 → 실지 경정청구는 가까운 세무서 또는 홈택스에서도 가능함</td></tr>
<tr><td rowspan="2">경정 청구 방법</td><td>종합 소득세 신고</td><td>종합소득세 신고납부기간(다음연도 5월)에 종합소득세 신고
✔ 홈택스에서 신고가능 — ① 홈택스 로그인 ⇨ 세금신고 ⇨ 종합소득세 신고 ⇨ 근로소득신고 신고 ⇨ 정기신고 ② 부속서류는 업로드 가능</td></tr>
<tr><td>경정 청구</td><td>• 직접 방문하여 경정청구서 등 관련 서류 제출
• 홈택스에서 편리하게 경정청구 가능 — ① 홈택스 로그인⇨세금신고⇨종합소득세신고⇨근로소득신고 ⇨ 경정청구 ② 부속서류는 업로드 가능</td></tr>
</table>
</td></tr>
</table>

지방세도 동일함(지기법 §62, 지기령 §43). 다만, 경정청구, 불복결정·판결 없이 고충민원처리를 위해 지급하는 경우에는 환급가산금을 지급하지 않음

<table>
<tr><th>구 분</th><th colspan="3">내 용(국기법 §45의 2·§52, 국기령 §25의 2·§25의 3·§43의 3, 국기칙 §19의 3)</th></tr>
<tr><td rowspan="10">환급가산금</td><td>환급가산금</td><td colspan="2">국세환급금(환급세액)×이자율×이자계산기간/365(윤년 366)</td></tr>
<tr><td rowspan="8">이자율</td><td colspan="2">기간별로 다음과 같음</td></tr>
<tr><td>기 간</td><td>기본이자율</td></tr>
<tr><td>2019.3.20.~2020.3.12.</td><td>연 2.1%</td></tr>
<tr><td>2020.3.13.~2021.3.15.</td><td>연 1.8%</td></tr>
<tr><td>2021.3.16.~2023.3.19.</td><td>연 1.2%</td></tr>
<tr><td>2023.3.20.~2024.3.21.</td><td>연 2.9%</td></tr>
<tr><td>2024.3.22.~2025.3.20.</td><td>연 3.5%</td></tr>
<tr><td>2025.3.21.~</td><td>연 3.1% 개정</td></tr>
<tr><td>이자계산기간</td><td colspan="2">법정신고기한 만료일의 다음 날부터 충당 또는 지급 결정하는 날(기준법령기본-36, 2021.4.1.)</td></tr>
</table>

이의신청·심사청구·심판청구 또는 소송을 제기하여 그 결정 또는 판결에 따라 국세환급금을 지급하는 경우로서 그 결정 또는 판결일부터 40일 경과 후 납세자에게 지급하는 경우 기본이자율의 1.5배 이자율을 적용

한걸음 더

경정청구

<table>
<tr><th>구 분</th><th>상 황</th><th>내 용</th></tr>
<tr><td rowspan="2">외국인 단일세율 과세특례</td><td>경정청구요건을 갖춘 경우로서 원천징수의무자가 외국인 근로자 과세특례 단일세율로 원천징수한 후 누진세율로 계산한 원천징수세액과의 차액에 대한 경정청구 가능 여부</td><td>가능함(○)(심사소득 2017-53, 2017.10.31.)</td></tr>
<tr><td>단일세율 신청서를 제출하지 않은 경우로서 이후 단일세율 적용에 대해 경정청구 가능 여부</td><td>불가함(×)(서이-497, 2007.3.23.)</td></tr>
<tr><td>타인의 인정상여로 처분되는 경우</td><td>과세관청이 당초 근로소득으로 연말정산된 사장 A의 급여에 대하여 법인세법상 손금으로 부인하면서 회장 B의 인건비로 보아 회장 B에게 상여로 소득처분한 경우 사장 A의 근로소득으로 연말정산된 급여 소득 감소에 대한 후발적 경정청구 사유 해당 여부</td><td>후발적 경정청구 사유가 아님(서면법규-1310, 2014.12.15.)
✔ 통상적인 5년을 적용</td></tr>
<tr><td>소득금액 변동통지를 받은 경우</td><td>소득금액변동통지를 받은 법인(원천징수의무자)은 다음 달 10일까지 원천징수세액을 납부하고 지급명세서를 제출한 경우의 경정청구 기한 적용</td><td>통상 또는 후발적 경정청구권 인정(서울행법 2017구합64019, 2017.9.7.)</td></tr>
<tr><td>개별적으로 종합소득세 수정신고를 한 경우</td><td>소득자의 종합소득 과세표준 확정신고기한 이후 법원 판결에 따라 추가 지급한 근로소득에 대하여 원천징수하여 납부하거나 지급명세서를 제출하지 않고 원천징수대상자가 개별적으로 종합소득세 수정신고를 한 경우</td><td>원천징수의무자의 경정청구권은 인정되지 않음(서면징세-3204, 2023.3.27.)</td></tr>
</table>

원천세 수정신고 방법은 '수정신고'에서 살펴본 바, 사례에서는 이를 제외하고 설명함

사례 경정청구

1. 자료

(1) 근로자 홍길동의 2025년 연말정산 결과는 다음과 같다.

■ 소득세법 시행규칙 [별지 제24호서식(1)] <개정 2025. 6. 30.> (9쪽 중 제1쪽)

관리번호	

[✓]근로소득 원천징수영수증
[ ]근로소득 지 급 명 세 서
([ ]소득자 보관용 [ ]발행자 보관용 [ ]발행자 보고용)

구분			
거주구분	거주자1(○)/비거주자2		
거주지국		거주지국코드	
내·외국인	내국인1(○)/외국인9		
외국인단일세율적용	여 1 / 부 2(○)		
외국법인소속 파견근로자 여부	여 1 / 부 2(○)		
종교관련종사자 여부	여 1 / 부 2(○)		
국적		국적코드	
세대주 여부	세대주1(○), 세대원2		
연말정산 구분	계속근로1(○), 중도퇴사2		

구분	항목	내용	항목	내용
징수의무자	① 법인명(상 호)	㈜선우	② 대 표 자(성 명)	이 동 익
	③ 사업자등록번호	211-81-21542	④ 주 민 등 록 번 호	
	③-1 사업자단위과세자 여부	여1 / 부2(○)	③-2 종사업장 일련번호	
	⑤ 소 재 지(주소)	서울시 강남구 도산대로 81길		
소득자	⑥ 성 명	홍 길 동	⑦ 주 민 등 록 번 호(외국인등록번호)	871003-1224567
	⑧ 주 소	경기도 용인시 수지구 포은대로 536		

	구 분		주(현)	종(전)	종(전)	⑯-1 납세조합	합 계
Ⅰ 근무처별소득명세	⑨ 근 무 처 명		㈜선우				
	⑩ 사업자등록번호		211-81-21542				
	⑪ 근무기간		2025.5.1.~12.31.	~	~	~	~
	⑫ 감면기간		~	~	~	~	~
	⑬ 급 여		72,000,000				72,000,000
	⑭ 상 여		12,000,000				12,000,000
	⑮ 인 정 상 여						
	⑮-1 주식매수선택권 행사이익						
	⑮-2 우리사주조합인출금						
	⑮-3 임원 퇴직소득금액 한도초과액						
	⑮-4 직무발명보상금						
	⑯ 계		84,000,000				84,000,000
Ⅱ 비과세 및 감면소득명세	⑱ 국외근로	MOX					
	⑱-1 야간근로수당	OOX					
	⑱-2 보육수당	QOX	2,400,000				2,400,000
	⑱-3 출산지원금	QOX					
	⑱-4 연구보조비	HOX					
	⑱-5						
	⑱-6						
	~						
	⑱-40 비과세식사대	P01	2,400,000				2,400,000
	⑱-41 임원등할인금액	W01					
	⑲ 수련보조수당	Y22					
	⑳ 비과세소득 계		4,800,000				4,800,000
	⑳-1 감면소득 계						

	구 분			⑲ 소 득 세	⑳ 지방소득세	㉑ 농어촌특별세
Ⅲ 세액명세	㉓ 결 정 세 액			3,139,417	313,941	
	기납부 세 액	㉔ 종(전)근무지 (결정세액란의 세액을 적습니다)	사업자 등록 번호			
		㉕ 주(현)근무지		5,968,200	596,820	
	㉖ 납부특례세액					
	㉗ 차 감 징 수 세 액(㉓-㉔-㉕-㉖)			-2,828,780	-282,870	

위의 원천징수액(근로소득)을 정히 영수(지급)합니다.

2026년 2월 28일

징수(보고)의무자 ㈜선우 이 동 익 (서명 또는 인)

세 무 서 장 귀하

IV 정산명세

구분	항목	세부	구분	금액
	㉑ 총급여(⑯, 외국인단일세율 적용시 연간 근로소득)			84,000,000
	㉒ 근로소득공제			13,950,000
	㉓ 근로소득금액			70,050,000
종합소득공제 / 기본공제	㉔ 본 인			1,500,000
	㉕ 배 우 자			
	㉖ 부 양 가 족(3명)			4,500,000
추가공제	㉗ 경 로 우 대(명)			
	㉘ 장 애 인(명)			
	㉙ 부 녀 자			
	㉚ 한 부 모 가 족			
연금보험료공제	㉛ 국민연금보험료		대상금액	3,186,000
			공제금액	3,186,000
	㉜ 공적연금보험료공제	㉮ 공무원연금	대상금액	
			공제금액	
		㉯ 군인연금	대상금액	
			공제금액	
		㉰ 사립학교교직원연금	대상금액	
			공제금액	
		㉱ 별정우체국연금	대상금액	
			공제금액	
특별소득공제	㉝ 보험료	㉮ 건강보험료(노인장기요양보험료포함)	대상금액	3,359,160
			공제금액	3,359,160
		㉯ 고용보험료	대상금액	756,000
			공제금액	756,000
	㉞ 주택자금	㉮ 주택임차차입금 원리금상환액	대출기관	
			거주자	
		㉯ 장기주택저당차입금 이자상환액 / 2011년 이전 차입분	15년 미만	
			15년~29년	
			30년 이상	
			15년 이상 고정금리이면서 비거치상환 대출	
			15년 이상 고정금리이거나, 비거치상환 대출	
		2012년 이후 차입분	15년 이상 고정금리이면서 비거치상환 대출	
			15년 이상 고정금리이거나, 비거치상환 대출	4,800,000
			15년 이상 그밖의 대출	
			10년~15년 고정금리이거나, 비거치상환 대출	
	㉟ 계			8,915,160
	㊱ 차 감 소 득 금 액			51,948,840
그밖의 소득공제	㊲ 개인연금저축			
	㊳ 소기업 · 소상공인 공제부금			
	㊴ 주택마련저축소득공제	㉮ 청약저축		
		㉯ 주택청약종합저축		
		㉰ 근로자주택마련저축		
	㊵ 투자조합출자 등			
	㊶ 신용카드등 사용액			3,800,000
	㊷ 우리사주조합 출연금			
	㊸ 고용유지 중소기업 근로자			
	㊹ 장기집합투자증권저축			
	㊺ 청년형장기집합투자증권저축			
	㊻ 그밖의 소득공제 계			3,800,000
	㊼ 소득공제 종합한도 초과액			

구분	항목	세부	구분	금액
	㊽ 종합소득 과세표준			48,148,840
	㊾ 산출세액			5,962,326
세액감면	㊿「소득세법」			
	(51)「조세특례제한법」((52) 제외)			
	(52)「조세특례제한법」제30조			
	(53) 조세조약			
	(54) 세 액 감 면 계			
세액공제	(55) 근로소득			500,000
	(56) 혼인세액공제			
	(57) 자녀	공제대상자녀 (1명)		150,000
		출산 · 입양 (명)		
연금계좌	(58)「과학기술인공제회법」에 따른 퇴직연금		공제대상금액	
			세액공제액	
	(59)「근로자퇴직급여 보장법」에 따른 퇴직연금		공제대상금액	7,000,000
			세액공제액	840,000
	(60) 연금저축		공제대상금액	
			세액공제액	
	(60)-1 개인종합자산관리계좌 만기 시 연금계좌 납입액		공제대상금액	
			세액공제액	
특별세액공제	(61) 보험료	보장성	공제대상금액	1,000,000
			세액공제액	120,000
		장애인전용 보장성	공제대상금액	
			세액공제액	
	(62) 의료비		공제대상금액	4,000,000
			세액공제액	222,000
	(63) 교육비		공제대상금액	3,000,000
			세액공제액	450,000
	(64) 기부금	㉮ 정치자금기부금 10만원 이하	공제대상금액	100,000
			세액공제액	90,909
		㉮ 정치자금기부금 10만원 초과	공제대상금액	
			세액공제액	
		㉯ 고향사랑기부금 10만원 이하	공제대상금액	
			세액공제액	
		㉯ 고향사랑기부금 10만원 초과(특별재난지역)	공제대상금액	
			세액공제액	
		㉯ 고향사랑기부금 10만원 초과(일반)	공제대상금액	
			세액공제액	
		㉰ 특례기부금	공제대상금액	
			세액공제액	
		㉱ 우리사주조합기부금	공제대상금액	
			세액공제액	
		㉲ 일반기부금(종교단체 외)	공제대상금액	
			세액공제액	
		㉳ 일반기부금(종교단체)	공제대상금액	3,000,000
			세액공제액	450,000
	(65) 계			1,332,909
	(66) 표준세액공제			
	(67) 납세조합공제			
	(68) 주택차입금			
	(69) 외국납부			
	(70) 월세액		공제대상금액	
			세액공제액	
	(71) 세 액 공 제 계			2,822,909
	(72) 결 정 세 액(㊿-(55)-(71))			3,139,417
	(82) 실효세율(%) ((72)/㉑)×100			3.7

(2) 2026년 7월 근로자 홍길동이 연말정산 시 누락된 다음의 인적공제가 있음을 알려와 경정청구 하였다.

성 명	생 년	관 계	장애인 여부	관련 지출액		
				장애인전용 보장성보험료	의료비	종교단체 기부금
홍상직	53년생	본인 직계존속	장애인 해당	800,000	2,000,000	1,200,000

2. 지급명세서(수정)

■ 소득세법 시행규칙 [별지 제24호서식(1)] <개정 2025. 6. 30.> (9쪽 중 제1쪽)

관리번호	[✓]근로소득 원천징수영수증 [ ]근로소득 지 급 명 세 서 ([ ]소득자 보관용 [ ]발행자 보관용 [ ]발행자 보고용)

구분	내용
거주구분	(거주자1) / 비거주자2
거주지국 / 거주지국코드	
내・외국인	(내국인1) / 외국인9
외국인단일세율적용	여 1 / (부 2)
외국법인소속 파견근로자 여부	여 1 / (부 2)
종교관련종사자 여부	여 1 / (부 2)
국적 / 국적코드	
세대주 여부	(세대주1), 세대원2
연말정산 구분	(계속근로1), 중도퇴사2

징수의무자	① 법인명(상 호)	㈜선우	② 대 표 자(성 명)	이 동 익
	③ 사업자등록번호	211-81-21542	④ 주 민 등 록 번 호	
	③-1 사업자단위과세자 여부	여1 / (부2)	③-2 종사업장 일련번호	
	⑤ 소 재 지(주소)	서울시 강남구 도산대로 81길		
소득자	⑥ 성 명	홍 길 동	⑦ 주 민 등 록 번 호(외국인등록번호)	871003-1224567
	⑧ 주 소	경기도 용인시 수지구 포은대로 536		

	구 분	주(현)	종(전)	종(전)	⑯-1 납세조합	합 계
Ⅰ 근무처별소득명세	⑨ 근 무 처 명	㈜선우				
	⑩ 사업자등록번호	211-81-21542				
	⑪ 근무기간	2025.5.1.~12.31.	~	~	~	~
	⑫ 감면기간	~	~	~	~	~
	⑬ 급 여	72,000,000				72,000,000
	⑭ 상 여	12,000,000				12,000,000
	⑮ 인 정 상 여					
	⑮-1 주식매수선택권 행사이익					
	⑮-2 우리사주조합인출금					
	⑮-3 임원 퇴직소득금액 한도초과액					
	⑮-4 직무발명보상금					
	⑯ 계	84,000,000				84,000,000

	구 분		주(현)	종(전)	종(전)	⑯-1 납세조합	합 계
Ⅱ 비과세및감면소득명세	⑱ 국외근로	MOX					
	⑱-1 야간근로수당	OOX					
	⑱-2 보육수당	QOX	2,400,000				2,400,000
	⑱-3 출산지원금	QOX					
	⑱-4 연구보조비	HOX					
	⑱-5						
	⑱-6						
	~						
	⑱-40 비과세식사대	P01	2,400,000				2,400,000
	⑱-41 임원등할인금액	W01					
	⑲ 수련보조수당	Y22					
	⑳ 비과세소득 계		4,800,000				4,800,000
	⑳-1 감면소득 계						

	구 분			⑦⑨ 소 득 세	⑧⓪ 지방소득세	⑧① 농어촌특별세
Ⅲ 세액명세	⑦③ 결 정 세 액			3,139,417	313,941	
				1,864,417	186,441	
	기납부 세 액	⑦④ 종(전)근무지 (결정세액란의 세액을 적습니다)	사업자 등록 번호			
		⑦⑤ 주(현)근무지		5,968,200	596,820	
	⑦⑥ 납부특례세액					
	⑦⑦ 차 감 징 수 세 액(⑦③-⑦④-⑦⑤-⑦⑥)			-2,828,780	-282,870	
				-4,103,780	-410,370	

위의 원천징수액(근로소득)을 정히 영수(지급)합니다.

2026년 2월 28일

징수(보고)의무자 ㈜선우 이 동 익 (서명 또는 인)

세 무 서 장 귀하

(9쪽 중 제2쪽)

구분	항목	세부	구분	금액
Ⅳ 정산명세	㉑ 총급여(⑯, 외국인단일세율 적용시 연간 근로소득)			84,000,000
	㉒ 근로소득공제			13,950,000
	㉓ 근로소득금액			70,050,000
종합소득공제 / 기본공제	㉔ 본인			1,500,000
	㉕ 배우자			
	㉖ 부양가족(3명)			4,500,000
	㉖ 부양가족(4명)			6,000,000
추가공제	㉗ 경로우대(명)			0
	㉗ 경로우대(1명)			1,000,000
	㉘ 장애인(명)			0
	㉘ 장애인(1명)			2,000,000
	㉙ 부녀자			
	㉚ 한부모가족			
연금보험료공제	㉛ 국민연금보험료		대상금액	3,186,000
			공제금액	3,186,000
	㉜ 공적연금 보험료 공제	㉮ 공무원연금	대상금액	
			공제금액	
		㉯ 군인연금	대상금액	
			공제금액	
		㉰ 사립학교교직원연금	대상금액	
			공제금액	
		㉱ 별정우체국연금	대상금액	
			공제금액	
특별소득공제	㉝ 보험료	㉮ 건강보험료(노인장기요양보험료포함)	대상금액	3,359,160
			공제금액	3,359,160
		㉯ 고용보험료	대상금액	756,000
			공제금액	756,000
	㉞ 주택자금	㉮ 주택임차차입금 원리금상환액	대출기관	
			거주자	
		㉯ 장기주택저당차입금 이자상환액 / 2011년 이전 차입분	15년 미만	
			15년~29년	
			30년 이상	
			15년 이상 고정금리이면서 비거치상환 대출	
			15년 이상 고정금리이거나, 비거치상환 대출	
		2012년 이후 차입분	15년 이상 고정금리이면서 비거치상환 대출	
			15년 이상 고정금리이거나, 비거치상환 대출	4,800,000
			15년 이상 그밖의 대출	
			10년~15년 고정금리이거나, 비거치상환 대출	
	㉟ 계			8,915,160
	㊱ 차감소득금액			51,948,840 / 47,448,840
그밖의 소득공제	㊲ 개인연금저축			
	㊳ 소기업·소상공인 공제부금			
	㊴ 주택마련저축소득공제	㉮ 청약저축		
		㉯ 주택청약종합저축		
		㉰ 근로자주택마련저축		
	㊵ 투자조합출자 등			
	㊶ 신용카드등 사용액			3,800,000
	㊷ 우리사주조합 출연금			
	㊸ 고용유지 중소기업 근로자			
	㊹ 장기집합투자증권저축			
	㊺ 청년형장기집합투자증권저축			
	㊻ 그밖의 소득공제 계			3,800,000
	㊼ 소득공제 종합한도 초과액			

구분	항목	세부	구분	금액
	㊽ 종합소득 과세표준			48,148,840 / 43,648,840
	㊾ 산출세액			5,962,326 / 5,287,326
세액감면	㊿「소득세법」			
	(51)「조세특례제한법」((52) 제외)			
	(52)「조세특례제한법」 제30조			
	(53) 조세조약			
	(54) 세액감면 계			
세액공제	(55) 근로소득			500,000
	(56) 혼인세액공제			
	(57) 자녀	공제대상자녀 (1명)		150,000
		출산·입양 (명)		
연금계좌	(58)「과학기술인공제회법」에 따른 퇴직연금		공제대상금액	
			세액공제액	
	(59)「근로자퇴직급여 보장법」에 따른 퇴직연금		공제대상금액	7,000,000
			세액공제액	840,000
	(60) 연금저축		공제대상금액	
			세액공제액	
	(60)-1 개인종합자산관리계좌 만기 시 연금계좌 납입액		공제대상금액	
			세액공제액	
특별세액공제	(61) 보험료	보장성	공제대상금액	1,000,000
			세액공제액	120,000
		장애인전용 보장성	공제대상금액	0 / 800,000
			세액공제액	0 / 120,000
	(62) 의료비		공제대상금액	4,000,000 / 6,000,000
			세액공제액	222,000 / 522,000
	(63) 교육비		공제대상금액	3,000,000
			세액공제액	450,000
	(64) 기부금	㉮ 정치자금기부금 10만원 이하	공제대상금액	100,000
			세액공제액	90,909
		㉮ 정치자금기부금 10만원 초과	공제대상금액	
			세액공제액	
		㉯ 고향사랑기부금 10만원 이하	공제대상금액	
			세액공제액	
		㉯ 고향사랑기부금 10만원 초과(특별재난지역)	공제대상금액	
			세액공제액	
		㉯ 고향사랑기부금 10만원 초과(일반)	공제대상금액	
			세액공제액	
		㉰ 특례기부금	공제대상금액	
			세액공제액	
		㉱ 우리사주조합기부금	공제대상금액	
			세액공제액	
		㉲ 일반기부금(종교단체 외)	공제대상금액	
			세액공제액	
		㉳ 일반기부금(종교단체)	공제대상금액	3,000,000 / 4,200,000
			세액공제액	450,000 / 630,000
	(65) 계			1,332,909 / 1,932,909
	(66) 표준세액공제			
	(67) 납세조합공제			
	(68) 주택차입금			
	(69) 외국납부			
	(70) 월세액		공제대상금액	
			세액공제액	
	(71) 세액공제 계			2,822,909 / 3,422,909
	(72) 결정세액((50)-(55)-(71))			3,139,417 / 1,864,417
	(82) 실효세율(%) ((72)/㉑)×100			3.7 / 2.2

3. 과세표준 및 세액의 결정(경정)청구서

■ 국세기본법 시행규칙 [별지 제16호의2서식] <개정 2023.3.20.> (앞 쪽)

과세표준 및 세액의 결정(경정)청구서

처리기간
2개월

청구인				
① 성 명	홍길동	② 주민등록번호 871003 - 1224567	③ 사업자등록번호	
④ 주소(거소) 또는 영업소	경기도 용인시 수지구 포은대로 536		⑤ 전화번호	
⑥ 상 호				

최초 지급명세서 내용 기재

수정된 지급명세서 내용 기재

신 고 내 용			
⑦ 법정신고일	2026.3.10.	⑧ 최초신고일	2026.3.10.
⑨ 경정(결정)청구이유	근로소득 연말정산 시 부양가족 인적공제 및 세액공제 누락		

구 분	최 초 신 고	경 정(결 정) 청 구
⑩ 세 목	근로소득	근로소득
⑪ 과세표준금액	48,148,840	43,648,840
⑫ 산 출 세 액	5,962,326	5,287,326
⑬ 가 산 세 액		
⑭ 공제 및 감면세액	2,822,909	3,422,909
⑮ 납 부 할 세 액	3,139,417	1,864,417
⑯ 국세환급금 계좌신고	거래은행: ○○은행 수지지점	계좌번호: 311 - 02 - 123456
⑰ 환급받을 세액		1,275,000

「국세기본법」 제45조의2, 같은 법 시행령 제25조의3, 「소득세법」 제118조의15 및 같은 법 시행령 제178조의11에 따라 위와 같이 신고합니다.

2026년 7월 10일

청구인 홍길동 (서명 또는 인)

결정세액 기재

세무서장 귀하

※ 구비서류: 경정(결정)청구 사유 증명자료	수수료 없음

위임장

신청인의 위임을 받아 대리인이 경정청구를 하는 경우 아래 사항을 적어 주시기 바랍니다.

위임자(신청인)	대리인 구분	성명	사업장 소재지	사업자등록번호(전자우편)	전화번호(휴대전화번호)
(서명 또는 인)	[ ] 세무사 [ ] 공인회계사 [ ] 변호사	(서명 또는 인)	(㊞)		

접수증(과세표준 및 세액의 결정(경정)청구서)

성 명		주 소	
구비서류	결정(경정)청구사유 증명자료 ( )	접수자 / 접수일인	

210mm×297mm[백상지 80g/㎡ 또는 중질지 80g/㎡]

한걸음 더

홈택스를 통해 경정청구하기

(1단계) 홈택스에 로그인한다.

(2단계) 세금신고 ⇨ 종합소득세 ⇨ 근로소득신고 ⇨ 경정청구를 클릭한다.

(3단계) 귀속연도를 선택 후 조회버튼을 클릭한다.

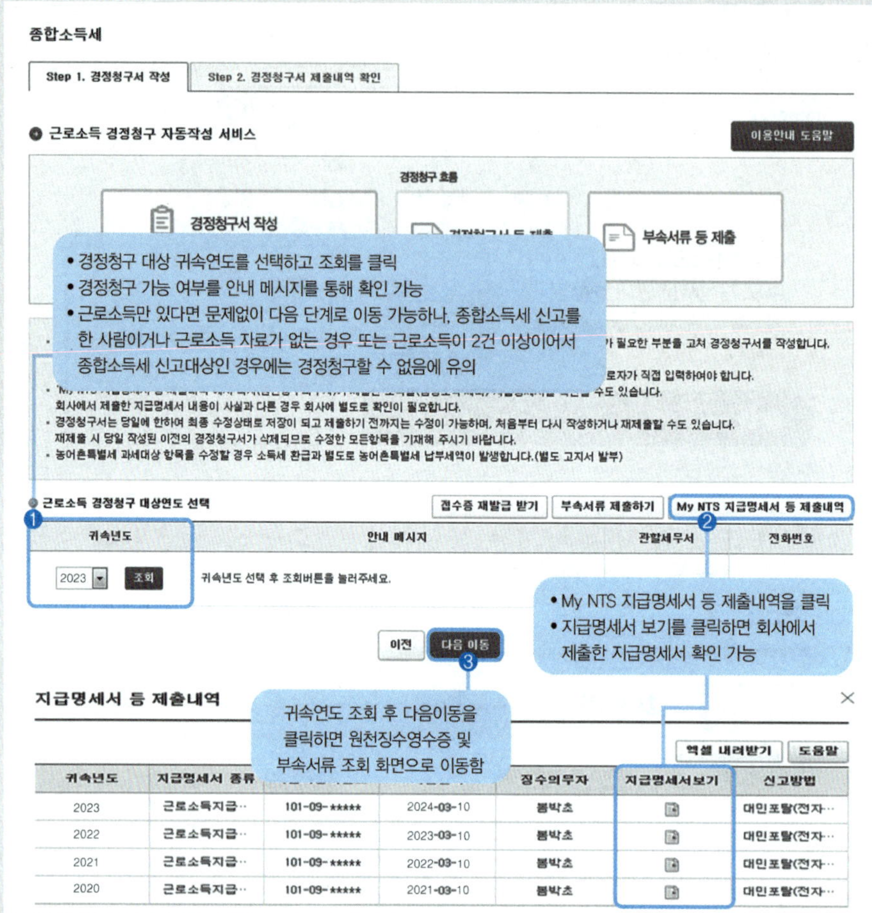

(4단계) 소득·세액공제명세서 화면에서는 회사에서 제출한 소득·세액공제신고서 및 지급명세서를 확인할 수 있다.

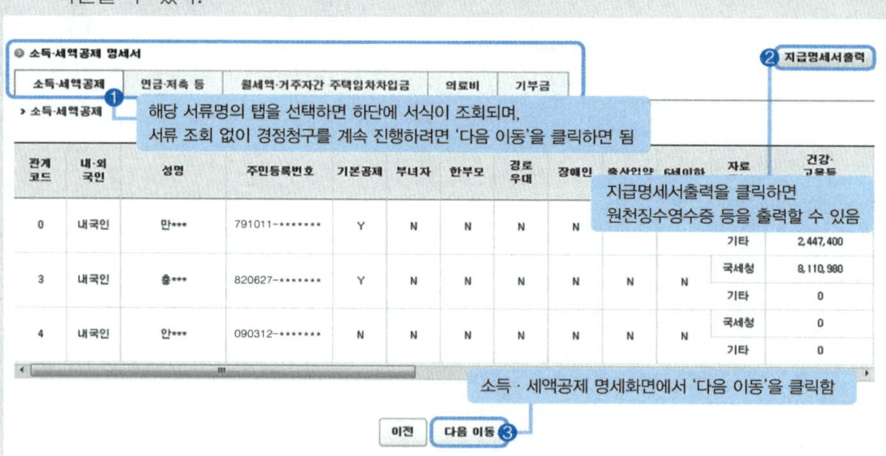

(5단계) 기본정보 입력 화면에서 주민등록번호 우측 조회를 클릭한 후 세대주 여부 등 나머지 기본사항을 확인하고 수정할 수 있다.

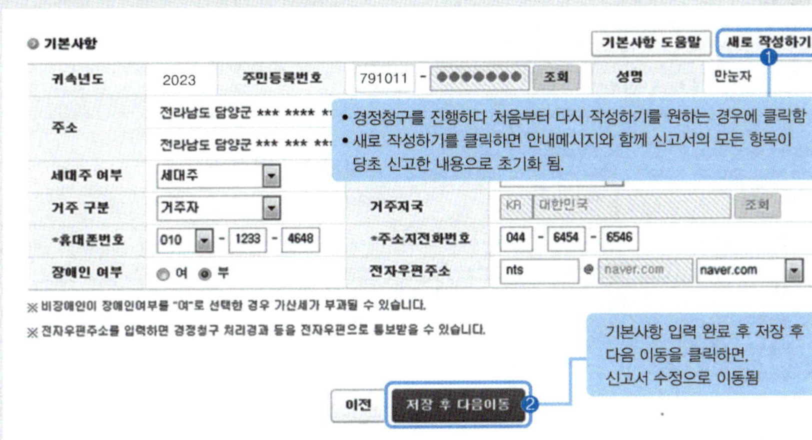

(6단계) 기존 신고서에 다음과 같이 연말정산 세액계산 흐름(소득·세액공제신고서 순서)에 따라 작성하면서 수정할 내용을 반영한다. 다만, 자동 계산되는 공제는 추가입력이 필요 없으며, 이미 제출된 소득·세액공제명세서(의료비지급명세서, 기부금명세서)를 참조하여 입력해야 함에 유의하기 바란다.

> 근무처별 소득명세 ⇨ 인적공제명세 ⇨ 연금보험료 ⇨ 주택자금(주택임차차입금, 저당차입금) ⇨ 개인연금저축 ⇨ 소기업·소상공인공제부금 ⇨ 주택마련저축 ⇨ 투자조합출자 ⇨ 신용카드 등 사용금액 ⇨ 우리사주조합출연금 ⇨ 고용유지중소기업 근로자 ⇨ 장기집합투자증권저축 ⇨ 청년형 장기집합투자증권저축 ⇨ 세액감면(중소기업 취업자 감면 포함) ⇨ 연금계좌 ⇨ 보험료 ⇨ 의료비 ⇨ 교육비 ⇨ 기부금 ⇨ 주택차입금 ⇨ 외국납부 ⇨ 월세액

감면받고자 하는 경우에는 감면신청서를 관할세무서(퇴직자에 한함)나 원천징수의무자에게 경정청구 전에 제출해야 함

(7단계) 신고서 수정을 완료한 후 신고서 작성완료를 클릭하고, 안내메시지가 나오면 확인을 클릭하고 저장한다. 이후, 환급세액 안내메세지가 나오면 이를 확인하고, 확인을 클릭하여 경정청구서 화면으로 이동한다.

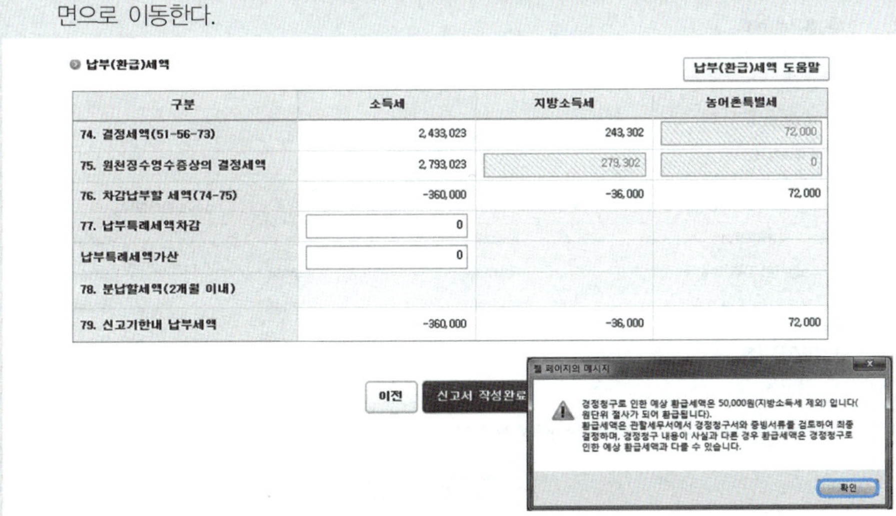

02

(8단계) 신고서 작성이 완료되면 경정청구서가 자동으로 작성된다.

◎ 신고내용

※ 귀하는 근로소득신고서에서 다음에 해당하는 내용을 수정하였습니다.

NO	항목명	당초분	수정분
1	근로소득 세액공제	500,000	541,081
2	조세특례제한법 세액감면(제30조)	0	668,858

※ 결정(경정)청구이유란에 위 사항을 참고하여 작성하여 주시기 바랍니다.
※ 여러 항목을 수정한 경우 10. 기타를 선택하고 청구이유란에 기재하시기 바랍니다.

경정청구 이유를 기재함 ②

법정신고일	2024-03-10	최초신고일	2024-03-10
결정(경정)청구이유	10.기타(텍스트기재) 근로소득 세액공제 누락		

세목	종합소득세	종합소득세
과세표준금액	53,322,783	31,947,783
산출세액	7,577,467	3,712,167
가산세액	0	0
공제 및 감면세액	1,449,500	2,159,439
납부할 세액	6,127,967	1,552,728
환급 받을 세액	0	**4,575,239**

① 경정된 내용 및 환급받을 총세액을 확인함

※ 환급받을 세액이 2천만원 이상인 경우 도움말버튼을 클릭하세요. [환급계좌 도움말]

※ 부속서류를 확인하고자 할 경우 도움말버튼을 클릭하세요. [부속서류 도움말]

◎ 국세환급금 계좌신고

- 경정청구 대상자 본인 명의의 자유입출금 계좌번호를 입력합니다.
  (CMA등 가상계좌 및 외국계 은행계좌 등으로는 환급금이 지급되지 않으므로 유의 바랍니다.)
- 환급금 수령을 위한 금융기관정보 입력 시 농협은행과 지역농·축협 은행의 구분을 정확하게 선택하여 기재해 주시기 바랍니다.

금융회사명	국민은행
계좌번호 ※('-' 는 제외하고 입력하십시오)	010576*****

③ 환급받을 계좌를 입력함

[이전] [신고서 작성완료]

(9단계) 종합소득세, 지방소득세, 농어촌특별세의 과세표준과 세액을 최종으로 확인한 후 신고서 제출하기를 클릭하면 경정청구서 작성이 모두 종료된다.

● 신고서 제출

◎ 신고서내용 요약 (단위 : 원)

소득자	만눈자 (791011-*******)
귀속연도	2023 년
종합소득금액	42,975,000

구분	종합소득세	지방소득세	농어촌특별세
과세표준금액	19,869,535	0	460,500
납부(환급)할 총세액	-6,127,967	-612,796	92,100
신고기한내 납부할세액	-6,127,967	-612,796	92,100

◎ 환급계좌 정보

금융회사	국민은행	계좌 번호	010576*****

○ 납부(환급) 할 세액이 맞으면 '신고서 제출하기' 버튼을 눌러주세요.

[이전] [신고서 제출하기]

(10단계) 경정청구와 관련된 첨부서류는 다음과 같이 제출한다.

① 홈택스 로그인 후 세금신고 ⇨ 종합소득세 신고 ⇨ 근로소득신고 ⇨ 경정청구 ⇨ 신고부속·증빙서류제출을 클릭한다.

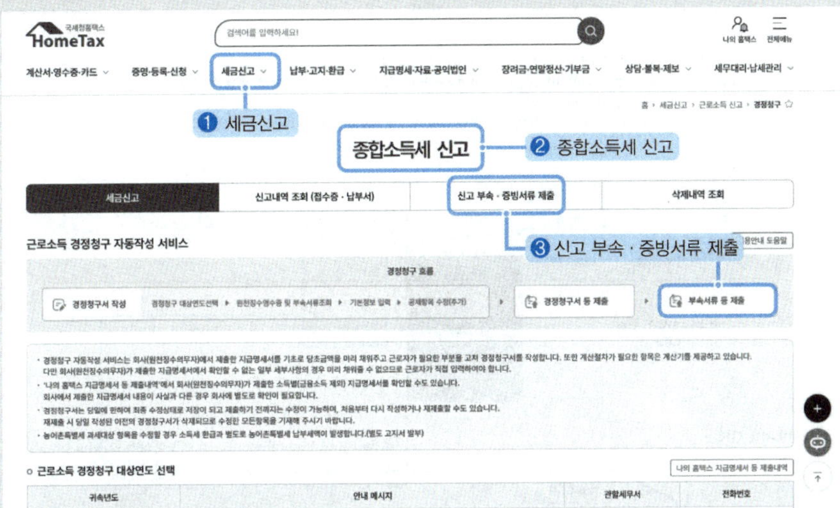

② 주민등록번호를 입력하고 조회하기를 클릭하면 하단에 제출내역이 조회된다. 증빙서류를 제출할 신고서의 제출하기를 클릭한다.

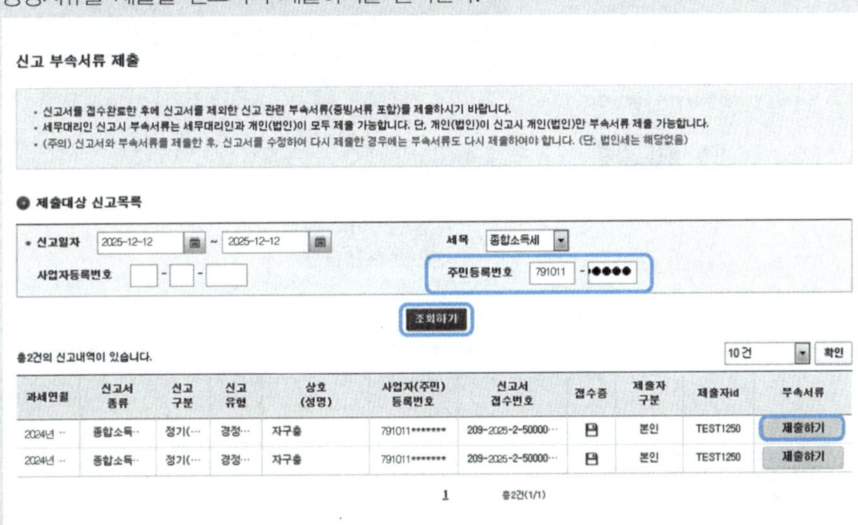

③ 파일찾기를 클릭하여 첨부파일을 찾아 첨부한다.

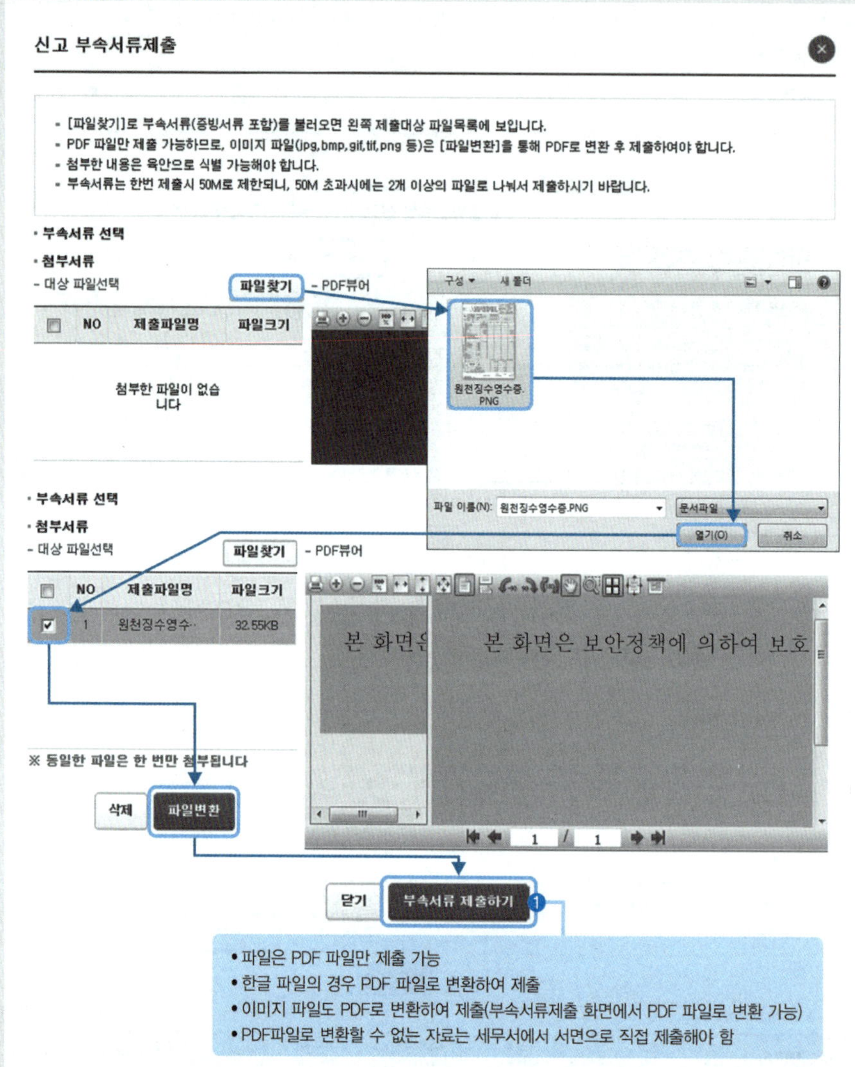

④ 제출완료 후 제출서류를 확인할 경우 제출내역보기를 클릭하면 된다.

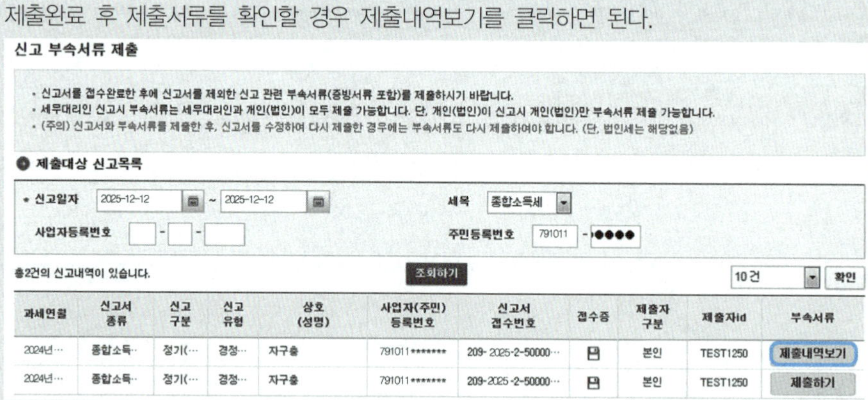

4 연말정산 재정산

앞서 살펴본 수정신고·경정청구 외에도 원천징수의무자가 연말정산을 수행한 후 연말정산을 재정산하여야 하는 경우가 있다. 그러한 상황이 발생하는 사유 및 이에 대한 세무처리를 살펴보면 다음과 같다.

<table>
<tr><th colspan="2">구 분</th><th>연말정산 재정산 상황 및 세무처리 내용</th></tr>
<tr><td rowspan="2">적법하게 추가 근로소득을 지급하는 경우
✔ 가산세 없음</td><td>법적 근거</td><td>원천징수의무자가 근로소득에 대한 연말정산을 한 후 해당 과세기간의 근로소득을 추가로 지급하는 때에는 추가로 지급하는 때에 근로소득 연말정산을 다시 함(소통 137-0…1)</td></tr>
<tr><td>사 례</td><td>
<table>
<tr><th>구 분</th><th>연말정산 재정산 시기</th></tr>
<tr><td>인정상여 발생</td><td>법인세 (수정)신고일·소득금액변동통지서 수령일</td></tr>
<tr><td>부당해고급여 지급</td><td>판결이 있는 날의 다음 달 말일(그 전에 지급되는 경우에는 지급일)</td></tr>
<tr><td>소급인상급여 지급</td><td>소급인상급여 지급일</td></tr>
<tr><td>연차수당 지급</td><td>연차수당 지급일</td></tr>
<tr><td>외국인 거주자가 파견기간이 종료되어 출국함에 따라 비거주자인 상태에서 당초 근무한 법인으로부터 상여(인센티브)를 추가로 지급받는 경우</td><td>당초 원천징수의무자인 법인이 추가로 지급하는 때에 당초 연말정산을 재정산(서이-942, 2005.6.28.)</td></tr>
</table>
연차수당: 사용촉진제도를 사용하지 않는 경우에 발생되는 미사용 연차에 대한 수당을 말하며, 지급대상기간이 2개 연도에 걸쳐 있는 경우에 발생
</td></tr>
<tr><td>근로소득이 차감되는 경우
✔ 경정청구
(가산세 없음)</td><td>사 례</td><td>
<table>
<tr><th>상 황</th><th>연말정산 재정산</th></tr>
<tr><td>우리사주조합을 통하여 그 법인의 주식을 취득하는 종업원에게 5년 이내 퇴사 시 50%를 반납하는 조건으로 무상주를 지급하고, 5년 이내 퇴사함에 따라 배정된 주식의 50%를 반납하는 경우(법인 46013-391, 1999.1.30.)</td><td>반납시점에 반납한 주식을 각 귀속연도 근로소득 수입금액에서 차감하여 근로소득세를 재정산</td></tr>
<tr><td>근로자가 관계회사로 전출되었으나, 해당 전출이 근로자의 동의 없이 부당하게 이루어진 것이라 하여 소송을 제기한 경우로서 법원의 판결로 해당 전출이 무효로 판결되는 경우에 있어 전입법인에게 반환되는 급여(원천-935, 2009.11.12.)</td><td>반환 급여에 대해 연말정산 재정산</td></tr>
<tr><td>해당 임직원이 약정된 근로제공기간이 경과되기 전에 퇴사함에 따라 양도가 제한된 권리제한부 조건부 주식을 반납하는 경우(서일-1341, 2005.11.4.)</td><td>반납한 주식을 당초 주식을 부여받은 연도 근로소득에서 차감하여 재정산</td></tr>
</table>
</td></tr>
</table>

근로소득 수입금액: 근로자가 지급받은 주식의 시가를 근로소득 수입금액으로 함

구 분	연말정산 재정산 상황 및 세무처리 내용	
	상 황	세무처리
감면대상자가 감면신청을 지연신청	중소기업 취업자 감면대상 근로자가 퇴사 후 감면신청을 하는 경우 ✔ 경정청구(가산세 없음)	다음의 경우에만 연말정산을 재정산함 1. 감면소득을 지급한 근무지인 경우 2. 감면소득을 지급하지 않은 주(현)근무지로서 해당 근로자가 합산연말정산 대상자이고, 종(전)근무지에서 소득세 감면을 적용한 연말정산 재정산 지급명세서를 근로자가 주(현)근무지에 제출하는 경우
	상 황	세무처리
합산 연말정산한 경우	종(전) 근무지 근로소득이 변동된 경우	종(전) 근무지뿐 아니라, 주(현) 근무지도 연말정산 재정산(법인 46013-4088, 1998.12.28.) ✔ 소득 및 세액변동에 따라 수정신고 또는 경정청구에 해당됨
	상 황	세무처리
비과세 학자금 관련	연말정산이 완료된 후 사내근로복지기금으로부터 소득세가 비과세되는 장학금을 지급받은 경우(서일-926, 2005.7.27.)	그 지급액이 확정되는 날이 속하는 연도에 당초 공제받은 교육비에서 그 장학금을 차감한 금액을 공제대상 교육비 금액으로 하여 재정산함 ✔ 경정청구(가산세 없음)
	비과세 장학금이 지급될 것이 확정되었으나 지급되지는 않은 경우(서면법령소득-2074, 2016.5.26.)	확정연도 연말정산 시 차감하여 교육비 공제를 적용받음 ✔ 추후 차이금액이 발생하는 경우 경정청구 또는 수정신고

수정신고하는 경우 가산세 위험 있음
→ 최종 확정되었을 때 관련 연도의
연말정산에 대해 경정청구하는 것이 유리

Chapter 03

사업소득 연말정산

소득세법에서는 법 소정 사업자의 사업소득에 대해서 연말정산하도록 하고 있다(소법 §144의 2 ~§144의 5·§144 ①·§129 ① 3호·§164 ①·§164의 3·§73 ① 4호·§160 ③, 소령 §201의 11·§201의 12·§137 ①·§208 ⑤·§145 ①·§201·§118의 7·§215 ⑤·§213, 소칙 §94의 2·§93, 지법 §89). 이에 대해 살펴보기로 한다.

해당 도표에서 언급하는 용어의 의미는 용어정의(p.54) 참조

01 사업소득 연말정산 개요

결정·경정으로 증가된 수입금액을 포함하되, 사업용 유형자산을 양도함으로써 발생하는 수입금액은 제외

<table>
<tr><th>구 분</th><th colspan="5">내 용</th></tr>
<tr><td rowspan="4">연말 정산 대상자</td><td>간편장부 대상자</td><td colspan="4">다음에 해당하는 간편장부대상자일 것
• 해당 과세기간에 신규로 사업을 개시한 자
• 직전 과세기간의 수입금액이 7,500만원 미만인 자</td></tr>
<tr><td rowspan="3">대상사업자·신청 여부</td><td colspan="2">대상사업자</td><td colspan="2">연말정산 신청 여부</td></tr>
<tr><td colspan="2">보험모집인</td><td colspan="2">N/A</td></tr>
<tr><td colspan="2">방문판매인·음료품배달인</td><td colspan="2">원천징수의무자가 연말정산할 것을 관할세무서장에게 신청할 것</td></tr>
<tr><td rowspan="6">연말 정산 시기</td><td>계속사업자</td><td colspan="4">다음연도 2월</td></tr>
<tr><td rowspan="5">계약해지자</td><td colspan="2">구 분</td><td>계약해지월 수입금액 지급</td><td>연말정산시기</td></tr>
<tr><td rowspan="4">수입금액 발생일
(계약해지일)</td><td rowspan="2">1.1.~11.30.</td><td>12.31.까지 지급</td><td>수입금액 지급일</td></tr>
<tr><td>다음 연도 1.1. 이후 지급</td><td>12.31.</td></tr>
<tr><td rowspan="2">12.1.~12.31.</td><td>다음 연도 2월 말까지 지급</td><td>수입금액 지급일</td></tr>
<tr><td>다음 연도 3.1. 이후 지급</td><td>다음 연도 2월</td></tr>
<tr><td rowspan="2">소득 공제 신고</td><td>제출서류</td><td colspan="4">• 소득·세액공제신고서
• 소득·세액공제 증명서류(주민등록표 등본 포함)</td></tr>
<tr><td>제출기한</td><td colspan="4">연말정산시기까지 원천징수의무자에게 제출</td></tr>
</table>

해당 과세기간 단순경비율이 결정되어 있지 않은 경우 직전 과세기간 경비율 적용 → 도표상 경비율은 2022년 기준

<table>
<tr><th>구 분</th><th colspan="3">내 용</th></tr>
<tr><td rowspan="3">합산 연말 정산</td><td colspan="2">합산 연말정산 대상 사업자</td><td>해당 과세기간 중 2인 이상으로부터 연말정산대상 사업소득을 받은 사업소득자
예1 2 이상 원천징수의무자로부터 연말정산 사업소득을 동시에 받는 경우
예2 해당 과세기간 중 기존 원천징수의무자와 계약을 중도해지하고 새로운 원천징수의무자와 계약을 체결하는 경우
예3 보험대리점업을 영위하는 법인간의 합병에 있어 사업소득이 있는 보험모집인과 피합병법인과의 거래계약에 관한 권리의무를 합병법인이 승계한 경우(서일－153, 2008.1.31.)</td></tr>
<tr><td colspan="2">합산 연말정산 원천징수의무자</td><td>주(현) 원천징수의무자가 합산 연말정산 수행</td></tr>
<tr><td colspan="2">합산 연말정산 시 제출서류</td><td>종(전) 원천징수의무자로부터 받은 사업소득 지급명세서를 주(현) 원천징수의무자에게 연말정산 시까지 제출</td></tr>
<tr><td rowspan="7">세액 계산</td><td colspan="2">수입금액</td><td>해당 과세기간에 받은 사업소득 수입금액</td></tr>
<tr><td colspan="2">비과세</td><td>없음</td></tr>
<tr><td colspan="2">필요경비</td><td>
<table>
<tr><th>구 분</th><th colspan="4">자 격</th></tr>
<tr><td>필요경비</td><td colspan="4">수입금액×단순경비율</td></tr>
<tr><td rowspan="5">단순경비율</td><td rowspan="2">구 분</td><td rowspan="2">코 드</td><td colspan="2">수입금액</td></tr>
<tr><td>4,000만원까지</td><td>4,000만원 초과분</td></tr>
<tr><td>보험모집인</td><td>940906</td><td>77.6%</td><td>68.6%</td></tr>
<tr><td>방문판매원</td><td>940908</td><td>75%</td><td>65%</td></tr>
<tr><td>음료품배달원</td><td>940907</td><td>80%</td><td>72%</td></tr>
</table>
</td></tr>
<tr><td colspan="2">사업소득금액</td><td>수입금액－필요경비</td></tr>
<tr><td rowspan="2">소득·세액 공제</td><td>소득·세액 공제 신고함</td><td>다음의 소득공제·세액공제만 적용
• 인적공제(기본·추가공제)
• 연금보험료공제
• 개인연금저축 소득공제
• 소기업·소상공인공제부금 소득공제 개정
• 벤처투자조합 출자 등에 대한 소득공제
• 청년형 장기집합투자증권저축 소득공제
• 자녀 세액공제(자녀·출산입양) 개정
• 혼인 세액공제
• 연금계좌 세액공제
• 기부금 세액공제(정치자금·고향사랑기부금은 10만원 이하분에 한함)
• 표준 세액공제(무조건 7만원)</td></tr>
<tr><td>신고 하지 않음</td><td>다음의 소득공제·세액공제만 적용
• 본인 기본공제
• 표준 세액공제(무조건 7만원)</td></tr>
<tr><td colspan="2">기납부세액</td><td>수입금액×3%</td></tr>
</table>

근로소득자 연말정산 규정을 준용

연말정산대상 사업자는 종합소득세 확정신고를 할 때 단순경비율을 적용하여 산출한 사업소득금액을 소득금액으로 신고할 수 있음

해당 보험모집인의 해당 과세기간분 사업소득 연말정산과 지급명세서 제출은 합병법인이 함

기부금 소득·세액공제를 받은 경우 기부금명세서도 함께 제출

구 분	내 용
징수환급	근로소득자의 경우와 동일 (2025년 귀속 연말정산분부터 근로소득자와 동일하게 추가납부세액이 10만원을 초과하는 경우 2월부터 4월분 사업소득에서 분납가능함 개정)
지급명세서	(아래 표 참조)
간이지급명세서	(아래 표 참조)

지급명세서

구 분	내 용		
발 급	지급명세서(연말정산용)를 소득자에게 연말정산일이 속하는 달의 다음 달까지 발급		
제 출	구 분		내 용
	제출기한		다음연도 3.10.까지 관할세무서장에게 제출(휴업·폐업·해산한 경우 휴업·폐업·해산한 달의 다음 다음 달 말일)
	제출서류	원 칙	• 사업소득지급명세서(연말정산용) • 기부금명세서(기부금 세액공제를 받은 자에 한함)
		사업소득금액이 150만원 이하인 사업자	사업소득지급명세서(원천징수사무처리규정 별지 제6호 서식) ✔ 지급명세서에 갈음하여 제출 가능

간이지급명세서

구 분	내 용
제출대상 여부	제출대상임
제출기한	지급일의 다음 달 말일(휴업·폐업·해산한 경우 휴업·폐업·해산일이 속하는 달의 다음 달 말일)

그 전에 사업소득지급명세서(연말정산용)가 제출된 경우에는 제출의무 면제
단, 2024.1.1. 이후부터 폐지됨

2023.1.1. 이후 지급분부터 원천징수대상 사업소득(연말정산대상 사업소득 제외)에 대해 간이지급명세서를 제출한 부분에 대해서는 지급명세서를 제출한 것으로 봄. 따라서 휴업·폐업·해산한 경우에도 동일하게 지급명세서 제출 면제규정이 적용됨(서면소득관리-452, 2024.2.27.)

02 사업소득 연말정산 추가사항

1 사업소득 연말정산대상자 연말정산 신청

구 분	내 용
원천징수의무자 연말정산 신청 여부	(아래 표 참조)
방문판매인·음료품배달인 원천징수의무자 연말정산 신청·포기	(아래 표 참조)

원천징수의무자 연말정산 신청 여부

연말정산대상 사업소득자	원천징수의무자의 연말정산 신청	연말정산 여부
보험모집인	관계없음	무조건 연말정산
방문판매인·음료품배달인	신청(○) & 포기(×)	연말정산 수행(○)
	신청(×) or 포기(○)	연말정산 안함(×)

사업소득자가 종합소득세 확정신고함

방문판매인·음료품배달인 원천징수의무자 연말정산 신청·포기

구 분		내 용
연말정산 신청	제출기한	최초로 연말정산하려는 과세기간 종료일(12.31.)
	제출서류	사업소득세액연말정산신청(포기)서(별지 제25호의 2 서식)
연말정산 포기	제출기한	연말정산 하지 않으려는 과세기간 종료일(12.31.)
	제출서류	사업소득세액연말정산신청(포기)서(별지 제25호의 2 서식)

소득세법 시행규칙[별지 제25호의 2 서식] (2011.3.28. 개정)

사업소득세액연말정산신청(포기)서

접수번호	접수일자	처리기	즉시

방문판매인 · 음료품배달인의 원천징수의무자가
최초로 연말정산을 하려고 하거나,
연말정산 수행을 포기하려고 하는 경우
과세기간 종료일(12.31.)까지 관할세무서에 제출

원천 징수 의무자	①법인명(상호)	②사업
	③대표자(성명)	④주민(
	⑤주소 (전화번호 :)	
	⑥사업장소재지 (전화번호 :)	
사업의 종류	⑦업태	⑧종목

신청(포기)내용			
⑨연말정산하고자 하는 사업소득분	년도 소득분부터		
⑩연말정산을 하지 않고자 하는 사업소득분	년도 소득분부터	최초로 연말정산한 과세기간	년도
세무대리인	성명	전화번호	
	관리번호 -		

「소득세법 시행령」 제201조의 11에 따라 사업소득세액 연말정산 신청(포기)서를 제출합니다.

년 월 일

신청인 (서명 또는 인)

세무대리인 (서명 또는 인)

세 무 서 장 귀하

유의사항
※ 이 신청(포기)서는 최초로 사업소득세액 연말정산을 하려는(연말정산을 하지 아니하려는) 해당 과세기간의 종료일까지 제출하여야 합니다.

210mm×297mm[일반용지 60g/㎡(재활용품)]

2 사업소득과 근로소득 연말정산 공제·감면 비교

구 분				근로소득자	사업소득자
필요경비				근로소득공제(70%~2%) ✔ 한도 2,000만원	필요경비(65%~80%)
소득공제	인적공제(기본·추가)			적용(○)	적용(○)
	연금보험료	국민·공적연금		○	○
	특별소득공제	(건강·고용)보험료		○	×
		주택임차차입금원리금		○	×
		주택저당차입금이자		○	×
	그 밖의 소득공제	개인연금저축		○	○
		소기업·소상공인공제 (개정)		○	○
		주택마련저축		○	×
		벤처투자조합출자 (개정)		○	○
		신용카드 등 사용금액		○	×
		우리사주조합출연금		○	×
		고용유지중소기업 근로자		○	×
		장기집합투자증권저축		○	×
		청년형 장기집합투자증권저축		○	○
소득공제 종합한도 초과액				○	○
과세표준				소득금액－소득공제＋소득공제 종합한도 초과액	
산출세액				6%~45% 누진세율	
세액감면				○	×
세액공제	근로소득			○	×
	혼인			○	○
	자녀, 출생·입양 (개정)			○	○
	연금계좌			○	○
	특별세액공제	(보장성)보험료		○	×
		의료비		○	×
		교육비		○	×
		기부금 (개정)	정치자금·고향사랑 10만원 이하	○	○
			정치자금·고향사랑 10만원 초과	○	×

<table>
<tr><th colspan="4">구 분</th><th>근로소득자</th><th>사업소득자</th></tr>
<tr><td rowspan="7">세액
공제</td><td rowspan="2">특별
세액
공제</td><td>기부금
개정</td><td>특례·우리사주·
일반</td><td>○</td><td>○</td></tr>
<tr><td colspan="2">표 준</td><td>○(선택적 13만원)</td><td>○(무조건 7만원)</td></tr>
<tr><td colspan="3">납세조합</td><td>○</td><td>×</td></tr>
<tr><td colspan="3">주택차입금이자</td><td>○</td><td>×</td></tr>
<tr><td colspan="3">외국납부</td><td>○</td><td>×</td></tr>
<tr><td colspan="3">월세액</td><td>○</td><td>×</td></tr>
</table>

한걸음 더

사업소득 연말정산 시 적용 유의사항

<table>
<tr><th>소득·
세액공제</th><th>근로소득 연말정산</th><th>사업소득 연말정산</th></tr>
<tr><td>부녀자공제</td><td>근로소득금액 ≤ 30,000,000</td><td>사업소득금액 ≤ 30,000,000</td></tr>
<tr><td rowspan="2">소기업·
소상공인
공제부금
개정</td><td><table>
<tr><th colspan="2">개정규칙 적용 여부</th><th>공 제</th></tr>
<tr><td colspan="2">N</td><td>적용(○)</td></tr>
<tr><td rowspan="2">Y</td><td>법인대표
총급여 8,000만원 이하</td><td>○</td></tr>
<tr><td>이 외</td><td>배제(×)</td></tr>
</table></td><td><table>
<tr><th>개정규칙 적용 여부</th><th>공 제</th></tr>
<tr><td>N</td><td rowspan="2">무조건 적용(○)</td></tr>
<tr><td>Y</td></tr>
</table></td></tr>
<tr><td><table>
<tr><th>근로소득금액</th><th>공제한도</th></tr>
<tr><td>4,000만원 이하</td><td>600만원</td></tr>
<tr><td>4,000만원 초과~
6,000만원 이하</td><td>500만원</td></tr>
<tr><td>6,000만원 초과~1억원 이하</td><td>400만원</td></tr>
<tr><td>1억원 초과</td><td>200만원</td></tr>
</table></td><td><table>
<tr><th>사업소득금액</th><th>공제한도</th></tr>
<tr><td>4,000만원 이하</td><td>600만원</td></tr>
<tr><td>4,000만원 초과~
6,000만원 이하</td><td>500만원</td></tr>
<tr><td>6,000만원 초과~1억원 이하</td><td>400만원</td></tr>
<tr><td>1억원 초과</td><td>200만원</td></tr>
</table></td></tr>
<tr><td>투자조합 출자</td><td>근로소득금액×50% 한도</td><td>사업소득금액×50% 한도</td></tr>
<tr><td>청년형
장기집합
투자증권저축</td><td>총급여≦8,000만원</td><td>총급여≦6,700만원</td></tr>
<tr><td rowspan="2">연금계좌</td><td><table>
<tr><th>구 분</th><th>한 도</th></tr>
<tr><td>연금계좌 전체</td><td>900만원</td></tr>
<tr><td>연금저축</td><td>600만원</td></tr>
</table></td><td><table>
<tr><th>구 분</th><th>한 도</th></tr>
<tr><td>연금계좌 전체</td><td>900만원</td></tr>
<tr><td>연금저축</td><td>600만원</td></tr>
</table></td></tr>
<tr><td><table>
<tr><th>구 분</th><th>공제율</th></tr>
<tr><td>총급여 5,500만원 이하</td><td>15%</td></tr>
<tr><td>총급여 5,500만원 초과</td><td>12%</td></tr>
</table></td><td><table>
<tr><th>구 분</th><th>공제율</th></tr>
<tr><td>사업소득금액 4,500만원 이하</td><td>15%</td></tr>
<tr><td>사업소득금액 4,500만원 초과</td><td>12%</td></tr>
</table></td></tr>
</table>

소득·세액공제	근로소득 연말정산	사업소득 연말정산
기부금	소득한도 검토 ✔ 근로소득금액 기준 구 분 / 공 제 정치자금·고향사랑 10만원 이하 / 100/110 공제 정치자금·고향사랑 10만원 초과 개정 / 15% (25% 또는 30%) 공제	소득한도 검토 ✔ 사업소득금액 기준 구 분 / 공 제 정치자금·고향사랑 10만원 이하 / 100/110 공제 정치자금·고향사랑 10만원 초과 / 공제불가(×)
표준세액공제	특별소득공제·특별세액공제(정치자금·우리사주 기부금 제외)·월세액공제를 신청하지 않은 경우 ✔ 13만원 적용(선택적)	무조건 7만원 적용 ✔ 기부금 소득·세액공제 여부와 무관
	표준 세액공제 적용 시 → 특례·일반기부금 이월 불가	표준 세액공제 적용 시 → 특례·일반기부금 이월 가능
소득·세액공제신고서 미제출 시	다음만 공제 • 본인 기본공제 • 표준 세액공제(13만원)	다음만 공제 • 본인 기본공제 • 표준 세액공제(7만원)

정치자금 3,000만원 초과분 25%, 고향사랑(특별재난지역) 30% 적용

3 사업소득 연말정산 기타사항

1. 징수 및 환급

2025년 귀속 연말정산분부터 근로소득자와 동일하게 추가납부세액이 10만원을 초과하는 경우 2월부터 4월분 사업소득에서 분납가능함 개정

구 분	내 용		
징 수	구 분		징 수(원천징수의무자 ← 사업소득자)
	징수세액이 사업소득보다 작은 경우	계속사업자	다음연도 2월분 사업소득에서 징수
		계약해지자	계약해지하는 달의 사업소득에서 징수
	징수세액이 사업소득보다 더 큰 경우	다음 달에 지급할 사업소득이 있음	다음 달 사업소득에서 징수
		다음 달에 지급할 사업소득이 없음	전액 즉시 징수
환 급	구 분		환 급(원천징수의무자 → 사업소득자)
	원 칙		납부할 소득세에서 조정하여 환급
	납부할 소득세가 없는 경우		다음 달 이후 납부할 소득세에서 조정하여 환급 다만, 환급신청하는 경우 그 초과액을 환급

2. 특별징수한 지방소득세 납세지

지방소득세 납세지가 잘못되어 다른 지자체에 납부하게 되는 경우 가산세 등 불이익이 발생함

연말정산대상 사업자의 사업소득세에 대한 개인지방소득세도 근로소득자와 동일한 방법으로 특별징수한다. 다만, 다음과 같이 납세지가 다름에 유의한다.

구 분	내 용
원 칙	(아래 표 참조)
사 례	(아래 표 참조)

원 칙

구 분	특별징수세액 납세지
소득세에 대한 원천징수사무를 본점·주사무소에서 일괄처리하는 경우	그 소득의 지급지 관할 시·군·구
이외의 경우	소득세 납세의무 성립 당시 소득세법에 따른 원천징수세액 납세지 관할 시·군·구

소득세의 원천징수사무를 수행하는, 소득을 지급하는 곳을 말함(세정-351, 2005.1.21.)

사 례

상 황	세무처리	
	납입한 시·군·구청	정당한 납세지 시·군·구청
소득세에 대한 원천징수사무를 본점 또는 주사무소에서 일괄처리하는 보험회사가 본점에서 보험설계사에게 소득을 지급하고 특별징수한 개인지방소득세는 보험설계사가 실지로 근무하고 있는 지점소재지 시·군·구에 납입한 경우(세정-351, 2005.1.21.)	환급이자와 함께 환급 받음	특별징수납부지연가산세와 함께 납입해야함

학습지 판매회사가 학습지 판매교사에게 소득을 지급하는 경우도 마찬가지임(감심 2001-114, 2001.10.9.)

3. 원천징수부

구 분		내 용
원천징수부		소득자별 사업소득 원천징수부[별지 제25호 서식(2)]
보관의무	원 칙	매월 기록·보관
	전자보관 여부	전산처리된 테이프 또는 디스크 등으로 수록·보관하여 항시 출력이 가능한 상태에 둔 것도 인정

■ 소득세법 시행규칙 [별지 제25호서식(2)] <개정 2023. 3. 20.>

소득자별 사업소득 원천징수부

(「소득세법 시행령」 제201조의11 관련)

소득자							
	① 상 호		② 사업자등록번호	- -	⑦ 배 우 자	유 · 무	⑪ 70세 이상 명
	③ 사 업 장 소 재 지						애 인 명
	④ 성 명		⑤ 주민등록번호				녀 자 여 · 부
	⑥ 주 소				⑩ 신고서제출일	. . .	⑭ 한 부 모 여 · 부

해당 과세기간에 지급한 수입금액과 원천징수세액(수입금액×3%)을 기재

⑮ 월 별	⑯ 지급일	⑰ 지급액 (수입금액)	원천징수세액 ⑱ 소득세	원천징수세액 ⑲ 지방소득세	⑳ 월 별	㉑ 지급일	㉒ 지급액 (수입금액)	원천징수세액 ㉓ 원천징수세액	원천징수세액 ㉔ 지방소득세
1월분	. . .				7월분	. . .			
2월분	. . .				8월분	. . .			
3월분	. . .				9월분	. . .			
4월분	. . .				10월분	. . .			
5월분	. . .				11월분	. . .			
6월분	. . .				12월분	. . .			
					계				

㉕ 수입금액(=⑰+㉒)	소득금액의 계산 ㉖ 구 분	㉗ 수입금액(=㉕)	㉘ 적용소득률	㉙ 소득금액
	4천만원 이하분			
	4천만원 초과분			
	계			

㉚ 사 업 소 득 금 액 (㉙)							소득세	지방소득세	농어촌특별세	계
인적공제	기본공제	㉛ 본 인		㊴ 종합소득공제계		㊿+1				
		㉜ 배 우 자		㊵ 개인연금저축소득공제		51결 정 세 액				
		㉝ 부양가족		㊶ 소기업 · 소상공인 공제부금						
				㊷ 투자조합출자등소득 공제		52종(전)근무지에서 원천징수한 세액				
	추가공제	㉞ 경로우대		㊸ 청년형 장기집합투자증권저축						
		㉟ 장 애 인		㊹ 소득공제 등 종합한도초과액		53주(현)근무지에서 원천징수한 세액				
		㊱ 부 녀 자		㊺ 종 합 소 득 과 세 표 준						
		㊲ 한부모가족		㊻ 산 출 세 액		54차감원천징수세액				
㊳ 연 금 보 험 료 공 제				세액공제 ㊼ 자 녀		55차 감 환 급 세액				
				세액공제 ㊽ 연금계좌						
				세액공제 ㊾ 표준세액공제						
				세액공제 ㊿ 기부금정치자금						

364㎜×257㎜ (백상지(1종) 70g/㎡)

연말정산 결과 기재

4 사업소득 연말정산 지급명세서

연말정산대상 사업소득을 연말정산할 경우 작성되는 지급명세서는 다음과 같다.

[별지 제23호 서식(3)] (2025.3.21. 개정)

관리번호		[ ]사업소득 원천징수영수증(연말정산용) [ ]사업소득 지 급 명 세 서(연말정산용) ([ ]소득자 보관용 [ ]발행자 보관용 [ ]발행자 보고용)	소득자 구분	
① 귀속 연도	년		거주구분	거주자1 / 비거주자2
			내 · 외국인	내국인1 / 외국인9
			거주지국	거주지국코드

징수 의무자	② 법인명(상호)	③ 대표자(성명)	④ 사업자등록번호
	⑤ 주민(법인)등록번호	⑥ 소재지(주소)	
소득자	⑦ 상호	⑧ 사업자등록번호	
	⑨ 사업장 소재지		
	⑩ 성명	⑪ 주민등록번호	
	⑫ 주소		

수입 금액	⑬ 발생처 구분	⑭ 법인명(상호)	⑮ 사업자등록번호	⑯ 발생기간(연 · 월 · 일)	⑰ 지급액(수입금액)
	주(현)		– –	. . ~ . .	
	종(전)		– –	. . ~ . .	
	사업별 수입금액 계		보험모집 수입금액 계		
			방문판매 수입금액 계		
			음료배달 수입금액 계		
			합 계 (124)		

소득 금액	사 업 별	⑱ 수입금액(⑰)	⑲ 적용소득률 4천만원 이하분	⑲ 적용소득률 4천만원 초과분	⑳ 소득금액 4천만원 이하분	⑳ 소득금액 4천만원 초과분	⑳ 소득금액 합계	㉑ 비고
	보험모집							
	방문판매							
	음료배달							
	(124)합계							

㉒ 사업소득금액 (⑳)			㉟ 청년형 장기집합투자증권저축		
인적 공제	기본 공제	㉓ 본 인	㊱ 소득공제 등 종합한도 초과액		
		㉔ 배우자			
		㉕ 부양가족 (명)	㊲ 종합소득과세표준		
	추가 공제	㉖ 경로우대 (명)	㊳ 산출세액		
		㉗ 장애인 (명)	㊴ 혼인세액공제		
		㉘ 부녀자	㊵ 자녀 세액공제	공제대상자녀 (명)	
		㉙ 한부모가족		출산 · 입양자 (명)	
㉚ 연금보험료공제			㊶연금계좌 세액공제		
㉛ 종합소득공제 계			㊷ 기부금 세액공제	정치자금기부금	
				고향사랑기부금	
㉜ 개인연금 저축소득공제				특례기부금	
				우리사주조합	
㉝ 소기업 · 소상공인 공제부금				일반기부금	
㉞ 투자조합 출자등 소득공제			㊸ 표준세액공제		

구분		소득세	지방 소득세	농어촌 특별세	계
㊹ 결정세액					
기납부 세액	㊺ 종(전) 근무지				
	㊻ 주(현) 근무지				
㊼ 차감 납부할 세액					

위 원천징수세액(수입금액)을 영수(지급)합니다.

년 월 일

징수(보고)의무자 (서명 또는 인)

세무서장 귀하

㊽ 인적공제자 명세(해당 소득자의 기본공제와 추가공제 및 부양 등으로 공제금액 계산명세가 있는 자만 적습니다. 다만, 본인은 표기하지 않습니다)

관계	성 명	주민등록번호	관계	성 명	주민등록번호	관계	성 명	주민등록번호
		–			–			–
		–			–			–
		–			–			–

※ 관계코드: 소득자의 직계존속=1, 배우자의 직계존속=2, 배우자=3, 직계비속(자녀·손자녀, 입양자)=4, 직계비속(직계비속과 그 배우자가 장애인인 경우 그 배우자)=5, 형제자매=6, 수급자=7(코드1~6제외), 위탁아동=8 * 4~6은 소득자와 배우자의 각각의 관계를 포함합니다.

- 인적공제(기본 · 추가), 자녀세액공제(자녀 · 출산입양) 및 기부금공제가 적용된 배우자 · 부양가족 기재
- 본인은 기재하지 않음

- 원천징수부와 다른 원천징수의무자가 발급한 지급명세서를 참조하여 소득 및 기납부세액 기재
- 사업소득자가 신청 · 제출한 소득 · 세액공제 관련 자료를 바탕으로 공제 적용
- 표준세액공제는 무조건 7만원 적용

원천징수사무처리규정 [별지 제6호 서식]

사업소득 지급명세서

사업소득금액이 본인 기본공제금액(150만원)보다 작은 사업소득자에 대해서 사업소득지급명세서(연말정산용) 대신 제출가능

관리번호

정본 : 발행자 보고용
부본 : 발행자 보관용

지급자	① 사업자등록번호		② 법인명 또는 상호		③성 명	
	④ 주민(법인)등록번호		⑤ 소재지 또는 주소			

⑥ 일련번호	⑦ 성 명	⑧ 사업자등록번호	⑨ 귀속연도	⑩ 발생기간	당해연도 소득금액(연 환산소득금액)			비 고
					⑪ 4천만원이하분	⑫ 4천만원초과분	⑬ 총 액	
1								
2								
3								
4								
5								
6								
7								
8								
9								
10								
11								
12								
13								
14								
15								
16								
17								
18								
19								
20								

297㎜×210㎜ (인쇄용지(특급) 34g/㎡(재활용품)

사례 사업소득 연말정산

1. 자료

다음은 보험설계사 거주자 김충숙의 2025년 연말정산 관련 자료이다.

(1) 인적사항

성 명	주민등록번호	관 계	비 고
김충숙	780415 – 2031653	배우자	세대주(서울시 강남구 논현로 100길), 배우자 없음
박영선	461103 – 2019015	본인 직계존속	등록 장애인, 소득 없음
송기우	080716 – 3059631	자녀	고등학생, 소득 없음
송기정	100831 – 3059632	자녀	중학생, 소득 없음

(2) 보험사·사업소득 내역

구 분			내 역
보험회사 내역	회사명		○○생명보험㈜
	사업자번호		104 – 81 – 21542
	대표이사		홍길동
	주 소		서울시 서초구 서초대로 1길
사업소득내역	수입금액		100,000,000
	발생기간		2025.1.1.~2025.12.31.
	기납부세액	소득세	3,114,649
		지방세	311,464

(3) 소득·세액공제 신청내역

지출내역 구분		지출금액	대상자	간소화자료 여부	비 고
연 금	국민연금	2,500,000	본인	부(×)	
	개인연금저축	1,200,000	본인	○	○○보험(계좌 0987654321)
	연금저축	4,000,000	본인	○	• △△보험(계좌 1234567890) • ISA계좌 없음
기부금	코드 20 (정치자금)	100,000	본인	○	
	코드 10 (특례)	500,000	본인	○	• 기부장려금신청금액 없음 • 사회복지공동모금회 (116 – 82 – 14426)

2. 세액계산

(1) 사업소득금액

구 분	금 액	계산내역
수입금액	103,821,656	

구 분	금 액	계산내역
필요경비	74,821,656	=40,000,000×77.6%+(103,821,656-40,000,000)×68.6%
사업소득금액	29,000,000	=103,821,656-74,821,656

(2) 소득공제

구 분		금 액	계산내역 등
기본공제	본 인	1,500,000	무조건 적용
	배우자	-	배우자 없음
	부양가족	4,500,000	본인 직계존속·자녀 2명
추가공제	경로우대	1,000,000	본인 직계존속(만 70세 이상)
	장애인	2,000,000	본인 직계존속(등록 장애인)
	부녀자	-	적용가능하나 한부모공제 적용으로 공제 배제
	한부모	1,000,000	배우자가 없고, 기본공제 자녀 있음
국민연금		2,500,000	전액 공제
개인연금저축		480,000	=1,200,000×40%(72만원 한도)
소득공제계		12,980,000	
소득공제종합한도 초과액		-	대상 소득공제금액 없음

(3) 차감징수(환급)세액

① 연금저축 납입금액 한도 600만원
② 사업소득금액 4,500만원 이하 → 공제율 15% 적용

구 분		금 액	계산내역 등
과세표준		16,020,000	=사업소득금액-소득공제+소득공제종합한도초과액
산출세액		1,143,000	=840,000+(16,020,000-14,000,000)×15%
세액공제	자 녀	350,000	기본공제대상 8세 이상 자녀 2명
	연금계좌	600,000	=Min[4,000,000, 6,000,000]×15%
	정치자금	90,909	=Min[27,800,000, 100,000]×100/110
	특 례	75,000	=Min[27,800,000-100,000, 500,000]×15%
	표 준	27,091	Min[70,000, 순차한도] 무조건 70,000원 적용
	합 계	1,143,000	
결정세액	소득세	0	=1,143,000-1,143,000
	지방소득세	0	=0×10%
기납부세액	소득세	3,114,649	사업소득세 원천징수세액
	지방소득세	311,464	지방소득세 특별징수세액
징수(환급)세액	소득세	-3,114,640	=0-3,114,649(10원 미만 버림)
	지방소득세	-311,460	=0-311,464(10원 미만 버림)

3. 사업소득 연말정산 지급명세서

■ 소득세법 시행규칙 [별지 제23호서식(3)] <개정 2025. 3. 21.>

관리번호		[√]사업소득 원천징수영수증(연말정산용) [ ]사업소득 지 급 명 세 서(연말정산용) ([√]소득자 보관용 [ ]발행자 보관용 [ ]발행자 보고용)	소득자 구분	
①귀속 연도	2025년		거주구분	(거주자1) / 비거주자2
			내・외국인	(내국인1) / 외국인9
			거주지국	거주지국코드

구분	항목	내용	항목	내용	항목	내용
징수 의무자	② 법 인 명(상호)	ㅇㅇ생명보험㈜	③ 대표자(성명)	홍길동	④ 사업자등록번호	104-81-21542
	⑤ 주민(법인)등록번호		⑥ 소재지(주소)	서울시 서초구 서초대로 1길		
소득자	⑦ 상 호		⑧ 사업자등록번호			
	⑨ 사업장 소재지					
	⑩ 성 명	김충숙	⑪ 주민등록번호	780415-2031653		
	⑫ 주 소	서울시 강남구 논현로 100길				

수입금액	⑬ 발생처 구 분	⑭ 법인명 (상 호)	⑮ 사업자등록번호	⑯ 발생기간 (연・월・일)	⑰ 지급액 (수입금액)
	주(현)		- -	2025.1.1.~2025.12.31.	103,821,656
	종(전)		- -	. . ~ . .	
	사업별 수입금액 계	보험모집 수입금액 계			103,821,656
		방문판매 수입금액 계			
		음료배달 수입금액 계			
		합 계 (124)			103,821,656

소득금액	사 업 별	⑱ 수입금액(⑰)	⑲ 적용소득률 4천만원 이하분	⑲ 적용소득률 4천만원 초과분	⑳ 소득금액 4천만원 이하분	⑳ 소득금액 4천만원 초과분	⑳ 합 계	㉑ 비고
	보험모집	103,821,656			8,960,000	20,040,000	29,000,000	
	방문판매							
	음료배달							
	(124)합계	103,821,656						

항목	금액	항목	금액
㉒ 사업소득금액(⑳)	29,000,000	㉞ 투자조합 출자등 소득공제	
인적공제 기본공제 ㉓ 본 인	1,500,000	㉟ 청년형 장기집합투자증권저축	
인적공제 기본공제 ㉔ 배우자		㊱ 소득공제 등 종합한도 초과액	
인적공제 기본공제 ㉕ 부양가족 (3명)	4,500,000	㊲ 종합소득과세표준	16,020,000
인적공제 추가공제 ㉖ 경로우대 (1명)	1,000,000	㊳ 산출세액	1,143,000
		㊴ 혼인세액공제	
인적공제 추가공제 ㉗ 장애인 (1명)	2,000,000	㊵ 자녀세액공제 공제대상자녀 (2명)	350,000
인적공제 추가공제 ㉘ 부녀자			
인적공제 추가공제 ㉙ 한부모가족	1,000,000	㊵ 자녀세액공제 출산・입양자 (명)	
㉚ 연금보험료공제	2,500,000	㊶ 연금계좌 세액공제	600,000
㉛ 종합소득공제 계	12,500,000	㊷ 기부금세액공제 정치자금	90,909
		㊷ 기부금세액공제 고향사랑	
		㊷ 기부금세액공제 특례기부금	75,000
㉜ 개인연금 저축소득공제	480,000	㊷ 기부금세액공제 우리사주조합	
㉝ 소기업・소상공인 공제부금		㊷ 기부금세액공제 일반기부금	
		㊸ 표준세액공제	27,091

구 분	소득세	지방소득세	농어촌특별세	계
㊹ 결정세액	0	0		0
기납부세액 ㊺종(전) 근무지				
기납부세액 ㊻주(현) 근무지	3,114,649	311,464		3,426,113
㊼ 차감 납부할 세액	-3,114,640	-311,460		-3,426,100

위 원천징수세액(수입금액)을 영수(지급)합니다.

2026 년 2 월 28 일

징수(보고)의무자 홍길동 (서명 또는 인)

세무서장 귀하

㊽ 인적공제자 명세(해당 소득자의 기본공제와 추가공제 및 부양 등으로 공제금액 계산명세가 있는 자만 적습니다. 다만, 본인은 표기하지 않습니다)

관계	성 명	주민등록번호	관계	성 명	주민등록번호	관계	성 명	주민등록번호
1	박영선	461103-2019015			-			-
4	송기우	080716-3059631			-			-
4	송기정	100831-3059632			-			-

※ 관계코드: 소득자의 직계존속=1, 배우자의 직계존속=2, 배우자=3, 직계비속(자녀, 입양자)=4, 직계비속(직계비속과 그 배우자가 장애인인 경우 그 배우자를 포함하되 코드 4 제외)=5, 형제자매=6, 수급자=7(코드1~6제외), 위탁아동=8 * 4-6은 소득자와 배우자의 각각의 관계를 포함합니다.

210㎜×297㎜(백상지 80g/㎡)

■ 소득세법 시행규칙 [별지 제45호서식] <개정 2025. 6. 30.>

기 부 금 명 세 서

※ 뒤쪽의 작성방법을 읽고 작성하여 주시기 바랍니다. (앞쪽)

❶ 인적사항	① 근무지 또는 사업장 상호	○○생명보험㈜	② 사업자등록번호	104-81-21542
	③ 성 명	김 충 숙	④ 주민등록번호	780415-2031653
	⑤ 주 소	서울시 강남구 논현로 100길	(전화번호 :)	
	⑥ 사업장 소재지	서울시 서초구 서초대로 1길	(전화번호 :)	

❷ 해당 연도 기부 명세

⑦ 코드	⑧ 기부내용	기 부 처		⑪ 기부자			기부 명세				
		⑨ 상호 (법인명)	⑩ 사업자 등록번호 등	관계 코드	성명	주민 등록번호	건수	⑫ 합계 (⑬+⑭)	⑬ 공제대상 기부금액	공제 제외 기부금: ⑭ 기부 장려금 신청금액	공제 제외 기부금: ⑮ 기타
20	금전			1	김 충 숙	780415 -2031653	1	100,000	100,000	-	-
10	금전	사회복지 공동모금회	116-82 -14426	1	김 충 숙	780415 -2031653	1	500,000	500,000	-	-

❸ 구분코드별 기부금의 합계

기부자 구 분	총 계	공제대상 기부금							공제제외 기부금	
		특례기부금	정치자금 기부금	고향사랑 기 부 금 (일반)	고향사랑 기 부 금 (특별재난)	일반기부금 (종교단체 외)	일반기부금 (종교단체)	우리사주조합 기 부 금	기부장려금 신청금액	기타
코 드		10	20	43	44	40	41	42	10,40,41	50
합 계	600,000	500,000	100,000							
본 인	600,000	500,000	100,000							
배우자										
직계비속										
직계존속										
형제자매										
그 외										

❹ 기부금 조정 명세

기부금 코드	기부 연도	⑯ 기부금액	⑰ 전년까지 공제된 금액	⑱ 공제대상 금액(⑯-⑰)	해당 연도 공제금액: 필요경비	해당 연도 공제금액: 세액(소득)공제	해당 연도에 공제받지 못한 금액: 소멸금액	해당 연도에 공제받지 못한 금액: 이월금액
20	2025	100,000	-	100,000		100,000	-	-
10	2025	500,000	-	500,000		500,000	-	-

210㎜×297㎜[백상지 80g/㎡ 또는 중질지 80g/㎡]

Chapter 04

종교인소득(기타소득) 연말정산

2018.1.1. 이후 발생하는 소득분부터 종교인소득에 대해 과세하게 되었다. 종교인소득에 대한 내용은 다음과 같다(소법 §145의 3·§21 ① 26호·§21 ③·§12 5호 아목·§155의 6, 소령 §202의 4·§42의 2 ④ 4호·§19·§87 3호·§202 ④·§194 ①·§41 ⑮·§41 ⑰, 소칙 §10의 2; 소법 부칙 §10의 2, 2015.12.15.).

01 종교인소득 개요

정기적 또는 부정기적 여부 관계없음

원천징수(연말정산 포함) 또는 과세표준 확정신고를 말함

구 분	내 용
종교인소득 소득구분	(아래 표 1)
종교인소득 과세방법	(아래 표 2)
비과세 소득	(아래 표 3)

종교인소득 소득구분

구 분		내 용
현실적 퇴직 전	원 칙	기타소득
	선 택	근로소득 과세를 선택하는 경우 근로소득
현실적 퇴직을 원인으로 받는 소득		퇴직소득
현실적 퇴직 후 종교단체로부터 받는 소득		기타소득(퇴직소득에 해당하지 않는 경우)

종교인소득 과세방법

구 분		내 용
기타소득	매월분	종교인소득 간이세액표[별표 3의 4] 원천징수
	해당 과세기간 소득	기타소득 연말정산 또는 확정신고
근로소득	매월분	근로소득 간이세액표[별표 2] 원천징수
	해당 과세기간 소득	근로소득 연말정산 또는 확정신고

비과세 소득

구 분	내 용
기타소득	• 비과세 학자금 (연말정산을 신청하는 경우에만 적용) • 식사·식사를 제공받지 않는 경우의 식대(월 20만원 이하) • 실비변상적 성질의 급여 개정 • 6세 이하 자녀 보육수당 비과세(월 20만원 이하) • 종교단체 소유·임차주택의 주택제공이익(임차주택은 무상에 한함)
근로소득	• 다른 근로소득자와 동일하게 비과세 적용

매년 다른 과세방식(소득분류, 원천징수(연말정산)·확정신고 여부)을 선택 가능

종교관련종사자로서의 활동과 관련하여 지급하는 상여를 포함한 비정기적 급여는 월의 지급총액을 기준으로 간이세액표를 적용함(서면법령소득-482, 2019.10.4.)

<table>
<tr><th>구 분</th><th>내 용</th></tr>
<tr><td>필요경비</td><td>
<table>
<tr><th>구 분</th><th>내 용</th></tr>
<tr><td>기타소득</td><td>다음 금액을 필요경비로 하되, 실제 필요경비가 산식에 따른 금액을 초과하는 경우 실제 필요경비를 필요경비로 함
<table>
<tr><th>종교 관련 종사자가 받은 금액(A)</th><th>필요경비</th></tr>
<tr><td>2,000만원 이하</td><td>A×80%</td></tr>
<tr><td>2,000만원 초과 4,000만원 이하</td><td>A×50%+600만원</td></tr>
<tr><td>4,000만원 초과 6,000만원 이하</td><td>A×30%+1,400만원</td></tr>
<tr><td>6,000만원 초과</td><td>A×20%+2,000만원</td></tr>
</table>
비과세 기타소득 제외</td></tr>
<tr><td>근로소득</td><td>다른 근로소득자와 동일하게 근로소득공제 적용</td></tr>
</table>
</td></tr>
<tr><td>기타소득 연말정산</td><td>
<table>
<tr><th>구 분</th><th>내 용</th></tr>
<tr><td>연말정산 시기</td><td>
<table>
<tr><th>구 분</th><th>연말정산시기</th></tr>
<tr><td>소속관계가 종료되는 경우</td><td>소속관계가 종료되는 달의 종교인소득을 지급할 때</td></tr>
<tr><td>소속관계가 유지되는 경우</td><td>다음연도 2월</td></tr>
</table>
</td></tr>
<tr><td>소득·세액공제 적용</td><td>다음의 소득공제·세액공제만 적용
• 인적공제(기본·추가공제)
• 연금보험료공제
• 개인연금저축 소득공제
• 벤처투자조합 출자 등에 대한 소득공제
• 청년형 장기집합투자증권저축 소득공제
• 자녀 세액공제(자녀·출산입양) 개정
• 혼인 세액공제
• 연금계좌 세액공제
• 기부금 세액공제 개정
• 표준 세액공제(무조건 7만원)
• 외국납부 세액공제
근로소득과 동일하게 적용</td></tr>
<tr><td>기납부세액</td><td>종교인소득 간이세액표[소득세법 시행령 별표 3의 4]에 따른 원천징수세액</td></tr>
<tr><td>이외 사항</td><td>사업소득 연말정산 준용</td></tr>
</table>
</td></tr>
<tr><td>근로소득 연말정산</td><td>근로소득자 준용</td></tr>
<tr><td>지급명세서</td><td>
<table>
<tr><th colspan="3">구 분</th><th>내 용</th></tr>
<tr><td rowspan="4">기타소득</td><td rowspan="2">연말정산 한 경우</td><td>제출서식</td><td>종교인소득지급명세서(연말정산용)</td></tr>
<tr><td>제출기한</td><td>다음연도 3.10.(휴업·폐업·해산한 경우 휴업·폐업·해산한 달의 다음 다음 달 말일)</td></tr>
<tr><td rowspan="2">연말정산 하지 않은 경우</td><td>제출서식</td><td>기타소득지급명세서(연간집계표)</td></tr>
<tr><td>제출기한</td><td>다음연도 2월 말일(휴업·폐업·해산한 경우 휴업·폐업·해산한 달의 다음 다음 달 말일)</td></tr>
<tr><td colspan="2" rowspan="2">근로소득</td><td>제출서식</td><td>근로소득지급명세서</td></tr>
<tr><td>제출기한</td><td>다음연도 3.10.(휴업·폐업·해산한 경우 휴업·폐업·해산한 달의 다음다음 달 말일)</td></tr>
</table>
</td></tr>
</table>

04

구 분	내 용		
간이지급 명세서	구 분		내 용
	기타소득	제출대상 여부	제출대상 아님
	근로소득	제출대상 여부·제출기한	근로소득 부분(p.88) 참조

2024.1.1. 이후부터 기타소득 중 인적용역소득(소법 §21 ① 19호)만 간이지급명세서 제출대상이 된바, 종교인소득(소법 §21 ① 26호)은 간이지급명세서 제출대상이 아님에 유의하기 바란다.

■ 소득세법 시행규칙 [별지 제25호의3서식] <신설 2017. 3. 10.>

종교인소득세액연말정산신청(포기)서

(앞쪽)

접수번호	접수일자	처리기간 즉시

원천징수의무자	① 종교단체명	② 사업자등록번호(고유번호)
	③ 대표자(성명)	④ 주민(법인)등록번호
	⑤ 주 소 (전화번호:)	
	⑥ 종교단체 소재지 (전화번호:)	

신 청 (포 기) 내 용			
⑨ 연말정산을 하고자 하는 종교인소득분	년도 소득분부터		
⑩ 연말정산을 하지 않고자 하는 종교인소득분	년도 소득분부터	최초로 연말정산한 과 세 기 간	년도
세 무 대 리 인	성 명	전 화 번 호	
	관리번호		

• 신청하는 연도부터 연말정산을 수행함
• 포기를 선택하는 경우 해당 연도부터 연말정산 수행을 하지 않음

「소득세법 시행령」 제202조의4 제2항에 따라 종교인소득세액 연말정산 신청(포기)서를 제출합니다.

년 월 일

신청인 (서명 또는 인)

세무대리인 (서명 또는 인)

세 무 서 장 귀하

유의사항
※ 이 신청(포기)서는 최초로 종교인소득세액 연말정산을 하려는(연말정산을 하지 아니하려는) 해당 과세기간의 종료일까지 제출 하여야 합니다.

210㎜×297㎜[일반용지 60g/㎡(재활용품)]

종교인소득에 대한 기타소득과 근로소득 연말정산 공제·감면 비교

<table>
<tr><th colspan="3">구 분</th><th>종교인－근로소득</th><th>종교인－기타소득</th></tr>
<tr><td colspan="3">필요경비</td><td>근로소득공제(70%~2%)
✔ 한도 2,000만원</td><td>필요경비(80%~20%)</td></tr>
<tr><td rowspan="14">소득공제</td><td colspan="2">인적공제(기본·추가)</td><td>적용(○)</td><td>적용(○)</td></tr>
<tr><td>연금보험료</td><td>국민·공적연금</td><td>○</td><td>○</td></tr>
<tr><td rowspan="3">특별소득공제</td><td>(건강·고용)보험료</td><td>○</td><td>×</td></tr>
<tr><td>주택임차차입금원리금</td><td>○</td><td>×</td></tr>
<tr><td>주택저당차입금이자</td><td>○</td><td>×</td></tr>
<tr><td rowspan="9">그 밖의 소득공제</td><td>개인연금저축</td><td>○</td><td>○</td></tr>
<tr><td>소기업·소상공인공제</td><td>○</td><td>×</td></tr>
<tr><td>주택마련저축</td><td>○</td><td>×</td></tr>
<tr><td>벤처투자조합출자 개정</td><td>○</td><td>○</td></tr>
<tr><td>신용카드 등 사용금액</td><td>○</td><td>×</td></tr>
<tr><td>우리사주조합출연금</td><td>○</td><td>×</td></tr>
<tr><td>고용유지중소기업 근로자</td><td>○</td><td>×</td></tr>
<tr><td>장기집합투자증권저축</td><td>○</td><td>×</td></tr>
<tr><td>청년형 장기집합투자증권저축</td><td>○</td><td>○</td></tr>
<tr><td colspan="3">소득공제 종합한도 초과액</td><td>○</td><td>○</td></tr>
<tr><td colspan="3">과세표준</td><td colspan="2">소득금액－소득공제＋소득공제 종합한도 초과액</td></tr>
<tr><td colspan="3">산출세액</td><td colspan="2">6%~45% 누진세율</td></tr>
<tr><td colspan="3">세액감면</td><td>○</td><td>×</td></tr>
<tr><td rowspan="13">세액공제</td><td colspan="2">근로소득</td><td>○</td><td>×</td></tr>
<tr><td colspan="2">혼인</td><td>○</td><td>○</td></tr>
<tr><td colspan="2">자녀, 출생·입양 개정</td><td>○</td><td>○</td></tr>
<tr><td colspan="2">연금계좌</td><td>○</td><td>○</td></tr>
<tr><td rowspan="5">특별세액공제</td><td>(보장성)보험료</td><td>○</td><td>×</td></tr>
<tr><td>의료비</td><td>○</td><td>×</td></tr>
<tr><td>교육비</td><td>○</td><td>×</td></tr>
<tr><td>기부금 개정</td><td>○</td><td>○</td></tr>
<tr><td>표 준</td><td>○(선택적 13만원)</td><td>○(무조건 7만원)</td></tr>
<tr><td colspan="2">납세조합</td><td>○</td><td>×</td></tr>
<tr><td colspan="2">주택차입금이자</td><td>○</td><td>×</td></tr>
<tr><td colspan="2">외국납부</td><td>○</td><td>○</td></tr>
<tr><td colspan="2">월세액</td><td>○</td><td>×</td></tr>
</table>

02 종교인소득 연말정산(기타소득 연말정산)

여기서는 종교인소득을 기타소득으로 분류하고 연말정산하는 경우에 있어 앞서 개요에서 살펴보지 않은 내용에 대해 추가적으로 살펴보기로 한다.

1 비과세 기타소득

종교인소득 중 다음에 해당하는 소득은 비과세되며, 지급명세서에는 아래의 실비변상적급여 중 '3.'만 기재한다.

<table>
<tr><th colspan="2">구 분</th><th>내 용</th></tr>
<tr><td rowspan="2">학자금</td><td>비과세</td><td>
<table>
<tr><th>구 분</th><th>비과세 학자금</th></tr>
<tr><td>대상자</td><td>종교 관련 종사자 본인</td></tr>
<tr><td>교육목적</td><td>소속된 종교단체의 종교 관련 종사자로서의 활동과 관련 있는 교육·훈련을 위하여 받는 것일 것</td></tr>
<tr><td>교육기관</td><td>• 초·중등교육법 및 고등교육법 제2조에 따른 학교(외국에 있는 이와 유사한 교육기관 포함)
• 평생교육법 제5장에 따른 평생교육시설</td></tr>
<tr><td>학자금</td><td>입학금·수업료·수강료, 그 밖의 공납금</td></tr>
</table>
</td></tr>
<tr><td>과 세
(예시)</td><td>• 자녀학자금 지원액
• 종교 관련 종사자로서의 활동과 무관한 교육·훈련 지원금
• 비과세대상 교육기관이 아닌 교육기관 학자금 지원금</td></tr>
<tr><td rowspan="2">식대</td><td>비과세</td><td>
<table>
<tr><th>구 분</th><th>비과세 식사 또는 식대</th></tr>
<tr><td>식 사</td><td>소속 종교단체가 종교 관련 종사자에게 제공하는 식사나 그 밖의 음식물</td></tr>
<tr><td>식 대</td><td>식사나 그 밖의 음식물을 제공받지 아니하는 종교 관련 종사자가 소속 종교단체로부터 받는 월 20만원 이하의 식사대</td></tr>
</table>
</td></tr>
<tr><td>과 세
(예시)</td><td>
<table>
<tr><th>상 황</th><th>비과세</th><th>과 세</th></tr>
<tr><td>식사를 제공받으면서 별도로 지급받는 식대</td><td>식사</td><td>식대 전액</td></tr>
<tr><td>식대를 월 20만원 초과로 지급받는 경우</td><td>월 20만원 이내 금액</td><td>월 20만원 초과금액</td></tr>
</table>
</td></tr>
<tr><td>실비변상적 급여</td><td>비과세</td><td>종교 관련 종사자가 받는 다음의 실비변상적 성질의 급여
1. 일직료·숙직료 및 그 밖에 이와 유사한 성격의 급여
2. 여비로서 실비변상 정도의 금액(종교 관련 종사자가 소유하거나 본인명의로 임차한 차량을 종교관련종사자가 직접 운전하여 소속 종교단체의 종교 관련 종사자로서의 활동에 이용하고 소요된 실제 여비 대신에 해당 종교단체의 규칙 등에 정하여진 지급기준에 따라 받는 금액 중 월 20만원 이내의 금액을 포함) 개정</td></tr>
</table>

<table>
<tr><th colspan="2">구 분</th><th>내 용</th></tr>
<tr><td rowspan="2">실비변상적 급여</td><td>비과세</td><td>3. 종교 관련 종사자가 소속 종교단체의 규약 또는 소속 종교단체의 의결기구의 의결·승인 등을 통하여 결정된 지급 기준에 따라 종교 활동을 위하여 통상적으로 사용할 목적으로 지급받은 금액 및 물품
4. 종교 관련 종사자가 천재·지변이나 그 밖의 재해로 인하여 받는 지급액</td></tr>
<tr><td>과 세
(예시)</td><td>• 규칙에 정해진 지급기준 없이 받는 자가운전보조금 지원금
• 월 20만원을 초과하는 자가운전보조금 ✔ 초과금액에 한함
• 지급기준 없이 종교활동을 위해 지급받은 금액·물품</td></tr>
<tr><td rowspan="2">보육 수당</td><td>비과세</td><td>종교 관련 종사자 또는 그 배우자의 출산이나 6세 이하 자녀의 보육과 관련하여 종교단체로부터 받는 금액으로서 월 20만원 이내의 금액</td></tr>
<tr><td>과 세
(예시)</td><td>• 자녀 없이 지원받는 보육수당
• 6세 초과 자녀에 대해 지원받는 보육수당
• 배우자가 있음에 따라 지급받는 배우자수당
• 월 20만원을 초과하는 6세 이하 자녀 보육수당 ✔ 초과금액에 한함</td></tr>
<tr><td rowspan="2">주택 제공 이익</td><td>비과세</td><td><table>
<tr><th>구 분</th><th>내 용</th><th>비과세금액</th></tr>
<tr><td>종교단체 소유</td><td>종교인에게 무상이나 저가로 제공하는 경우</td><td rowspan="2">주택을 제공받는 이익</td></tr>
<tr><td>종교단체 임차</td><td>종교인에게 무상으로 제공하는 경우</td></tr>
</table></td></tr>
<tr><td>과 세
(예시)</td><td>• 종교단체 소유·임차가 아닌 주택을 제공(예 종교인이 임차한 주택)하고 필요경비(예 임차료 등)를 종교단체가 부담하는 경우
• 종교단체가 임차한 주택을 저가로 제공하는 경우
✔ 주택제공이익에서 종교인이 부담한 금액을 차감한 금액만 과세</td></tr>
</table>

(6세 이하: 2019.1.1. 이후 출생 자녀)

04

2 종교인소득 연말정산 지급명세서

종교인소득을 연말정산 할 경우 작성되는 지급명세서는 다음과 같다.

> • 기부금명세서(지급명세서 2쪽, 3쪽)는 근로자와 동일하여 생략하였음
> • 기부금소득 · 세액공제를 받은 경우 기부금명세서 작성 · 제출함

[별지 제23호 서식(6)] (20 ... (3쪽 중 제1쪽)

관리번호		[ ]종교인소득 원천징수영수증(연말정산용) [ ]종교인소득 지 급 명 세 서(연말정산용) ([ ]소득자 보관용 [ ]발행자 보관용 [ ]발행자 보고용)	소득자 구분	
① 귀속 연도	년		거주구분	거주자1 / 비거주자2
			내 · 외국인	내국인1 / 외국인9
			거주지국	거주지국코드

징수의무자	② 종교단체명	
	⑤ 주민(법인)등록번호	
소득자	⑦ 성명	
	⑨ 주소	

> • 원천징수부와 다른 종교단체에서 발급한 지급명세서를 참조하여 소득 및 기납부세액 기재
> • 종교인이 신청 · 제출한 소득 · 세액공제 관련 자료를 바탕으로 공제 적용
> • 표준세액공제는 무조건 7만원 적용

종교인소득	⑩ 발생처 구분	⑪ 종교단체명	⑫ 사업자등록(고유)번호	⑬ 발생기간 (연 · 월 · 일)	⑭ 지급액 (비과세소득 제외)	⑮ 비과세 소득
	주(현)		- -	. . ~ . .		
	종(전)		- -	. . ~ . .		
			- -	. . ~ . .		

소득금액	⑯ 종교인소득(⑭)	⑰ 필요경비	⑱ 소득금액(⑯-⑰)

구분						
⑲ 종교인소득 소득금액 (⑱)						
인적공제	기본공제	⑳ 본인		㉜ 소득공제 등 종합한도 초과액		
		㉑ 배우자		㉝ 종합소득과세표준		
		㉒ 부양가족 (명)		㉞ 산출세액		
	추가공제	㉓ 경로우대 (명)		㉟ 혼인세액공제		
		㉔ 장애인 (명)		㊱ 자녀세액공제	공제대상자녀(명)	
					출산 · 입양자(명)	
		㉕ 부녀자		㊲ 연금계좌 세액공제		
		㉖ 한부모가족		㊳ 기부금 세액공제	정치자금기부금	
㉗ 연금보험료공제					고향사랑 기부금 일반	
					고향사랑 기부금 특별재난지역	
㉘ 종합소득공제 계					특례기부금	
㉙ 개인연금 저축소득공제					우리사주조합	
					일반기부금	
㉚ 투자조합 출자등 소득공제				㊴ 표준세액공제		
㉛ 청년형 장기집합 투자증권저축				㊵ 외국납부세액공제		

구분		소득세	지방소득세	농어촌특별세	계
㊶ 결정세액					
기납부 세액	㊷ 종(전) 근무지				
	㊸ 주(현) 근무지				
㊹ 차감 납부할 세액					

위 원천징수세액(수입금액)을 영수(지급)합니다.

년 월 일

징수(보고)의무자 (서명 또는 인)

세무서장 귀하

㊺ 인적공제자 명세(해당 소득자의 기본공제와 추가공제 및 부양 등으로 공제금액 계산명세가 있는 자만 적습니다. 다만, 본인은 표기하지 않습니다)

관계	성명	주민등록번호	관계	성명	주민등록번호	관계	성명	주민등록번호
		-			-			-
		-			-			-
		-			-			-

※ 관계코드: 소득자의 직계존속=1, 배우자의 직계존속=2, 배우자=3, 직계비속(자녀·손자녀, 입양자)=4, 직계비속(직계비속과 그 배우자가 장애인인 경우 그 배우자)=5, 형제자매=6, 수급자=7(코드1~6제외), 위탁아동=8 * 4~6은 소득자와 배우자의 각각의 관계를 포함합니다.

> • 인적공제(기본 · 추가), 자녀세액공제(자녀 · 출산입양) 및 기부금공제가 적용된 배우자 · 부양가족 기재
> • 본인은 기재하지 않음

작 성 방 법

1. 원천징수의무자는 지급일이 속하는 과세기간의 다음 연도 3월 10일(휴업 · ... 세서를 제출해야 합니다.
2. 이 서식에 적는 금액 중 소수점 이하 값은 버립니다.
3. 거주지국란 및 거주지국코드란: 비거주자에 해당하는 경우에만 적으며, 국... 국가코드: 국세청홈페이지→국세정보→국제조세정보→국세조세자료실에서 조회...
4. 징수의무자란의 ⑤주민(법인)등록번호란: 소득자 보관용에는 적지 않습니다.
5. ⑭ 지급액란:「소득세법」제12조 제5호아목에 따른 비과세 종교인소득을 제외하고 적습니다.
6. ⑮ 비과세소득란:「소득세법 시행령」제19조 제3항 제3호의 금액(종교관련종사자가 소속 종교단체의 규약 또는 소속 종교단체의 의결기구의 의결 · 승인 등을 통하여 결정된 지급 기준에 따라 종교 활동을 위하여 통상적으로 사용할 목적으로 지급받은 금액 및 물품)을 적습니다.
7. ㉜ 소득공제 등 종합한도 초과액란: 종교인소득 소득 · 세액공제신고서(별지 제37호 서식(2)) 제2쪽의 투자조합 출자 등 소득공제 항목의 "조합 등"란의 공제액이 2천5백만원을 초과하는 경우에 그 초과하는 금액을 적습니다.
8. ㊳ 기부금세액공제를 받는 소득자(종교 관련 종사자)에 대해서는 이 서식 제2쪽의 기부금명세서를 작성해야 하며, 종교인소득 지급명세서를 원천징수 관할 세무서장에게 제출 시 기부금명세서를 함께 제출해야 합니다.
9. ㊹ 차감 납부할 세액란: 납부할 세액이 1천원 미만인 경우(소액 부징수)에는 "0"으로 적습니다.

210mm×297mm(백상지 80g/㎡)

사례 종교인소득 연말정산

1. 자료

다음은 종교단체 종사자 송기택의 2025년 종교인소득 관련 내역이다.

(1) 인적사항

성 명	주민등록번호	관 계	비 고
송기택	870116 – 1138027	본인	세대주, 서울시 강남구 논현로 100길
김충숙	920415 – 2031653	배우자	소득 없음
송기우	160716 – 3059631	자녀	초등학생, 소득 없음

(2) 종교단체 종사 내역

구 분			현 종교단체	전 종교단체
종사 내역	교회명		○○교회	△△교회
	사업자번호		211 – 82 – 21542	101 – 82 – 48569
	대표이사		홍길동	이몽룡
	주 소		서울시 강남구 도산대로	서울시 서초구 서초대로
	종사기간		2025.5.1.～12.31.	2025.1.1.～4.30.
소득 내역	과세소득		20,000,000	8,000,000
	비과세소득		1,000,000	500,000
	기납부세액	소득세	8,000	연말정산 결정세액 영(0)
		지방세	800	

2. 세액계산

구 분		금 액	계산내역 등
종교인소득		28,000,000	= 20,000,000(현) + 8,000,000(전)
필요경비		20,000,000	= 28,000,000 × 50% + 6,000,000
소득금액		8,000,000	= 28,000,000 – 20,000,000
소득공제	기본공제	4,500,000	= 1,500,000 × 3 ✔ 본인·배우자·직계비속 총 3명
과세표준		3,500,000	= 8,000,000 – 4,500,000
산출세액		210,000	= 3,500,000 × 6%
세액공제	자 녀	150,000	= 150,000 × 1 ✔ 기본공제 자녀 1명
	표 준	70,000	무조건 7만원 적용
	계	210,000	why 산출세액 한도
결정세액	소득세	0	why 음수인 경우 영(0)
	지방소득세	0	= 0 × 10%
기납부세액	소득세	8,000	= 8,000(현) + 0(전)
	지방소득세	800	= 800(현) + 0(전)
징수(환급) 세액	소득세	– 8,000	= 0 – 8,000
	지방소득세	– 800	= 0 – 800

3. 종교인소득 연말정산 지급명세서

■ 소득세법 시행규칙 [별지 제23호서식(6)] <개정 2025. 3. 21.> (3쪽 중 제1쪽)

관리번호		[✓]종교인소득 원천징수영수증(연말정산용) [ ]종교인소득 지 급 명 세 서(연말정산용) ([✓]소득자 보관용 [ ]발행자 보관용 [ ]발행자 보고용)	소득자 구분	
① 귀속연도	2025년		거주구분	(거주자1) / 비거주자2
			내·외국인	(내국인1) / 외국인9
			거주지국	거주지국코드

징수의무자	② 종교단체명	○○교회	③ 대표자(성명)	홍길동	④ 사업자등록(고유)번호	211-82-21542
	⑤ 주민(법인)등록번호		⑥ 소재지(주소)	서울시 강남구 도산대로		
소득자	⑦ 성 명	송기택			⑧ 주민등록번호	870116-1138027
	⑨ 주 소	서울시 강남구 논현로 100길				

종교인소득	⑩ 발생처 구분	⑪ 종교단체명	⑫ 사업자등록(고유)번호	⑬ 발생기간(연·월·일)	⑭ 지급액(비과세소득 제외)	⑮ 비과세소득
	주(현)		- -	2025. 5. 1.~ 2025. 12. 31.	20,000,000	1,000,000
	종(전)	△△교회	101-82-48569	2025. 1. 1.~ 2025. 4. 30.	8,000,000	500,000
			- -	. . .~ . . .		

소득금액	⑯ 종교인소득(⑭)	⑰ 필요경비	⑱ 소득금액(⑯-⑰)
	28,000,000	20,000,000	8,000,000

⑲ 종교인소득 소득금액 (⑱)					
인적공제	기본공제	⑳ 본 인	1,500,000	㉜ 소득공제 등 종합한도 초과액	
		㉑ 배우자	1,500,000	㉝ 종합소득과세표준	3,500,000
		㉒ 부양가족 (1 명)	1,500,000	㉞ 산출세액	210,000
	추가공제	㉓ 경로우대 (명)		㉟ 혼인세액공제	
				㊱ 자녀세액공제 공제대상자녀(1명)	150,000
		㉔ 장애인 (명)		㊱ 자녀세액공제 출산·입양자(명)	
		㉕ 부녀자		㊲ 연금계좌 세액공제	
		㉖ 한부모가족		㊳ 기부금세액공제 정치자금기부금	
㉗ 연금보험료공제				㊳ 기부금세액공제 고향사랑기부금 일반	
				㊳ 기부금세액공제 고향사랑기부금 특별재난지역	
㉘ 종합소득공제 계			4,500,000	㊳ 기부금세액공제 특례기부금	
				㊳ 기부금세액공제 우리사주조합	
㉙ 개인연금 저축소득공제				㊳ 기부금세액공제 일반기부금	
㉚ 투자조합 출자등 소득공제				㊴ 표준세액공제	70,000
㉛ 청년형 장기집합 투자증권저축				㊵ 외국납부세액공제	

구 분		소득세	지방소득세	농어촌특별세	계
㊶ 결정세액		-	-		-
기납부세액	㊷ 종(전) 근무지	-	-		-
	㊸ 주(현) 근무지	8,000	800		8,800
㊹ 차감 납부할 세액		-8,000	-800		-8,800

위 원천징수세액(수입금액)을 영수(지급)합니다.

2026 년 2 월 28 일

징수(보고)의무자 ○○교회 송기택 (서명 또는 인)

세무서장 귀하

㊺ 인적공제자 명세(해당 소득자의 기본공제와 추가공제 및 부양 등으로 공제금액 계산명세가 있는 자만 적습니다. 다만, 본인은 표기하지 않습니다)

관계	성 명	주민등록번호	관계	성 명	주민등록번호	관계	성 명	주민등록번호
3	김충숙	920415-2031653			-			-
4	송기우	160716-3059631			-			-
		-			-			-

※ 관계코드: 소득자의 직계존속=1, 배우자의 직계존속=2, 배우자=3, 직계비속(자녀, 입양자)=4, 직계비속(직계비속과 그 배우자가 장애인인 경우 그 배우자)=5, 형제자매=6, 수급자=7(코드1~6제외), 위탁아동=8 * 4~6은 소득자와 배우자의 각각의 관계를 포함합니다.

작 성 방 법

1. 원천징수의무자는 지급일이 속하는 과세기간의 다음 연도 3월 10일(휴업·폐업한 경우에는 휴업일·폐업일이 속하는 달의 다음다음 달 말일)까지 지급명세서를 제출해야 합니다.
2. 이 서식에 적는 금액 중 소수점 이하 값은 버립니다.
3. 거주지국란 및 거주지국코드란: 비거주자에 해당하는 경우에만 적으며, 국제표준화기구(ISO)가 정한 ISO코드 중 국명약어 및 국가코드를 적습니다(※ ISO 국가코드: 국세청홈페이지→국세정보→국제조세정보→국세조세자료실에서 조회할 수 있습니다).
4. 징수의무자란의 ⑤주민(법인)등록번호란: 소득자 보관용에는 적지 않습니다.
5. ⑭ 지급액란: 「소득세법」 제12조 제5호아목에 따른 비과세 종교인소득을 제외하고 적습니다.
6. ⑮ 비과세소득란: 「소득세법 시행령」 제19조 제3항 제3호의 금액(종교관련종사자가 소속 종교단체의 규약 또는 소속 종교단체의 의결기구의 의결·승인 등을 통하여 결정된 지급 기준에 따라 종교 활동을 위하여 통상적으로 사용할 목적으로 지급받은 금액 및 물품)을 적습니다.
7. ㉜ 소득공제 등 종합한도 초과액란: 종교인소득 소득·세액공제신고서(별지 제37호 서식(2)) 제2쪽의 투자조합 출자 등 소득공제 항목의 "조합 등"란의 공제액이 2천5백만원을 초과하는 경우에 그 초과하는 금액을 적습니다.
8. ㊳ 기부금세액공제를 받는 소득자(종교 관련 종사자)에 대해서는 이 서식 제2쪽의 기부금명세서를 작성해야 하며, 종교인소득 지급명세서를 원천징수 관할 세무서장에게 제출 시 기부금명세서를 함께 제출해야 합니다.
9. ㊹ 차감 납부할 세액란: 납부할 세액이 1천원 미만인 경우(소액 부징수)에는 "0" 으로 적습니다.

210mm×297mm(백상지 80g/㎡)

Chapter 05

연금소득 연말정산

2002.1.1. 이후 납입된 공적연금 기여금 및 사용자부담금(국가·지방자치단체의 부담금 포함)을 기초로 하거나 2002.1.1. 이후 근로의 제공을 기초로 하여 받는 공적연금소득에 대해서 다음과 같이 연말정산한다(소법 §143의 2·§143의 4~§143의 7·§20의 3·§12 4호·§47의 2·§164 ①·§164의 3, 소령 §40·§201의 5~§201의 8).

01 연금소득 연말정산 개요

구 분	내 용
연말정산대상연금소득	다음의 공적연금소득으로 함 • 2002.1.1. 이후 납입된 연금 기여금 및 사용자부담금(국가·지방자치단체의 부담금 포함)을 기초로 하여 받는 공적연금소득 • 2002.1.1. 이후 근로의 제공을 기초로 하여 받는 공적연금소득
연금소득계산	공적연금 지급자별로 2002.1.1.(과세기준일)을 기준으로 다음과 같이 계산한 금액 1. 국민연금법에 따른 연금소득·국민연금과 직역연금의 연계에 관한 법률에 따른 연계노령연금 과세기간 연금수령액 × $\left\{\frac{\text{과세기준일 이후 납입기간의 환산소득 누계액}}{\text{총납입기간의 환산소득 누계액}}\right\}$ 2. '1.' 외의 공적연금소득 과세기간 연금수령액 × $\left\{\frac{\text{과세기준일 이후 기여금 납입월수}}{\text{총기여금 납입월수}}\right\}$
비과세연금소득	다음 연금소득은 비과세함 [관련법률: 비과세연금소득] • 공적연금 관련법: 유족연금·퇴직유족연금·퇴역유족연금·장해유족연금·상이유족연금·순직유족연금·직무상유족연금·위험직무순직유족연금, 장애연금, 장해연금·비공무상 장해연금·비직무상 장해연금, 상이연금(傷痍年金), 연계노령유족연금 또는 연계퇴직유족연금 • 산업재해보상법: 각종 연금 • 국군포로의 송환 및 대우 등에 관한 법률: 국군포로가 받는 연금

구 분	내 용
연금소득공제(필요경비)	(아래 표 참조)

연금소득공제(필요경비)

총연금액(A)	연금소득공제액	
	계산식	속산법
350만원 이하	A×100%	A×100%
350만원 초과 700만원 이하	350만원+(A−350만원)×40%	A×40%+210만원
700만원 초과 1,400만원 이하	490만원+(A−700만원)×20%	A×20%+350만원
1,400만원 초과 4,100만원 이하	630만원+(A−1,400만원)×10%	A×10%+490만원
4,100만원 초과	900만원	900만원

연금소득 연말정산

연말정산 시기

구 분	연말정산 시기
과세기간 중 사망자	사망일이 속하는 달의 다음 달 말일까지
이 외	다음연도 1월분 공적연금소득 지급 시

소득공제신고

구 분		내 용
제출서류		• 연금소득자 소득·세액공제신고서(소득세법 시행규칙 별지 제37호의 2 서식) • 주민등록표등본
제 출	최 초	연금소득을 최초로 지급받기 전
	재제출	• 공제대상 배우자·부양가족이 변동된 경우 • 12.31.까지 ✔ 사망한 경우에는 상속인이 사망일이 속하는 달의 다음 달 말일까지

세액계산

구 분	내 용
연금소득금액	연금소득 − 연금제외소득 − 비과세연금소득 − 연금소득공제
소득·세액공제	다음 공제만 적용 (아래 표 참조)
기납부세액	연금소득 간이세액표[소득세법 시행령 별표 3]에 따라 징수한 세액

구 분	소득공제 신고서	
	제 출	미제출
소득·세액 공제적용	• 인적공제(기본·추가공제) • 세액감면 • 자녀 세액공제(자녀·출생입양) 개정 • 표준 세액공제(무조건 7만원) • 외국납부 세액공제	• 본인 기본공제 • 표준 세액공제(무조건 7만원)

지급명세서 제출	다음연도 2월 말일까지

❙ 공적연금소득 연말정산 시 기부금 세액공제는 적용받을 수 없음 (서면원천−2763, 2024.8.23.)

구 분	내 용			
연금소득 연말정산	원천징수영수증 발급	구 분		내 용
		원 칙		연금소득을 지급할 때 발급
		예 외	구 분	내 용
			발급시기 특례	다음연도 2월 말일 ✔ 사망자는 사망일이 속하는 달의 다음 달 말일까지
			발급서류	연금소득지급명세서(연말정산용)
			발급방법	서면·팩스·정보통신망
	간이지급명세서	제출대상 아님		

- 정보통신망: 연금소득자로부터 신청받은 경우에 한함
- 원칙(연금소득을 지급할 때 발급): 그 연금소득과 그 밖에 필요한 사항을 기재

02 공적연금소득 계산

1 2013.2.15. 전에 연금지급이 개시된 공적연금소득

2013.2.15. 전에 종전의 규정에 따라 연금지급이 개시된 공적연금소득은 다음과 같이 계산한다(구소령 §40의 3 ③·④; 소령 부칙 §36, 2013.2.15.).

1. 국민연금법에 의하여 지급받는 각종 연금 및 국민연금과 직역연금의 연계에 관한 법률에 따라 받는 연계노령연금

$$\text{과세대상 연금소득} = \text{총수령액} \times \left\{ \frac{\text{2002.1.1. 이후 납입기간 동안의 환산소득의 누계액}}{\text{총납입기간 동안의 환산소득의 누계액}} \right\} \times \left\{ 1 - \frac{\text{수급권자가 실제 소득공제받은 부분을 초과하여 납입한 연금보험료 누계액}}{\text{2002.1.1. 이후 납입기간 동안 납입한 연금보험료 누계액}} \right\}$$

- 환산소득: 국민연금법 제51조 제1항 제2호에 따라 가입자의 가입기간 중 매년의 기준소득월액을 보건복지부장관이 고시하는 연도별 재평가율에 의하여 연금수급개시 전년도의 현재가치로 환산한 금액
- 수급권자가 실제 소득공제받은 부분을 초과하여 납입한 연금보험료 누계액: 해당 수급권자가 제출한 증빙에 의해 확인되는 금액에 한함

2. 공무원연금법·군인연금법·사립학교교직원연금법 또는 별정우체국법에 의하여 지급받는 각종 연금 및 국민연금과 직역연금의 연계에 관한 법률에 따라 받는 연계퇴직연금

국민연금과 직역연금의 연계에 관한 법률 제8조 제2항에 따라 급여를 반납한 경우 그에 상응하는 재직기간에 대한 연계퇴직연금은 제외

(1) 퇴직한 공무원·군인·사립학교교직원 또는 별정우체국 직원이 2002.1.1. 이후 공무원·군인·사립학교교직원 또는 별정우체국 직원으로 임용·임명되어 퇴직 당시 수령한 퇴직급여액을 반납하고 재직기간을 합산하는 경우의 연금

$$\text{과세대상 연금소득} = \text{총수령액} \times \left\{ \frac{\text{재임용일 이후 기여금 납입월수}}{\text{총기여금 납입월수}} \right\}$$

(2) '(1)' 외 연금

$$\text{과세대상 연금소득} = \text{총수령액} \times \left\{ \frac{\text{2002.1.1. 이후 기여금 납입월수}}{\text{총기여금 납입월수}} \right\}$$

공무원연금법 제23조 제2항, 군인연금법 제16조 제6항, 사립학교교직원연금법 제32조 제1항 또는 별정우체국법 제34조 제2항

2 2013.2.15. 이후 연금지급이 개시된 공적연금소득

1. 과세기준금액 계산

2013.2.15. 이후 연금지급이 개시된 공적연금소득은 해당 과세기간에 수령한 공적연금에 대하여 공적연금의 지급자별로 과세기준일(2002.1.1.)을 기준으로 다음 계산식에 따라 계산한 금액으로 한다.

과세기준금액이라 함

(1) 국민연금법에 따른 연금소득·국민연금과 직역연금의 연계에 관한 법률에 따른 연계노령연금

$$\text{과세기간 연금수령액} \times \left\{ \frac{\text{과세기준일 이후 납입기간의 환산소득 누계액}}{\text{총납입기간의 환산소득 누계액}} \right\}$$

국민연금법 제51조 제1항 제2호에 따라 가입자의 가입기간 중 매년의 기준소득월액을 보건복지부장관이 고시하는 연도별 재평가율에 의하여 연금수급개시 전년도의 현재가치로 환산한 금액

(2) '(1)' 외의 공적연금소득

$$\text{과세기간 연금수령액} \times \left\{ \frac{\text{과세기준일 이후 기여금 납입월수}}{\text{총기여금 납입월수}} \right\}$$

2. 과세기준금액 계산 시 유의사항

구 분	세부 구분		내 용
과세기준일	원 칙		2002.1.1.
	특 례	상 황	공적연금 관련법에 따라 받는 일시금(퇴직소득세가 과세되었거나 비과세소득인 경우만 해당)을 반납하고 공적연금 관련법에 따라 재직기간, 복무기간 또는 가입기간을 합산한 경우
		과세기준일	재임용일 또는 재가입일
과세제외 기여금이 있는 경우	과세제외 기여금	의 미	과세기준일(특례 포함) 이후에 연금보험료공제를 받지 않고 납입한 기여금·개인부담금
		사 례	퇴직일시금(퇴직소득세가 과세되었거나 비과세소득인 경우만 해당)을 반납하고 연금으로 수령하는 경우 반납한 일시금
	연금소득 계산	원 칙	과세기준금액 − 과세제외기여금
		초과액 발생	과세기준금액을 초과하는 경우 그 초과금액은 다음 과세기간부터 과세기준금액에서 제외
지연지급 이자	상 황		처 리
	공적연금소득을 지급하는 자가 연금소득의 일부 또는 전부를 지연하여 지급하면서 지연지급에 따른 이자를 함께 지급하는 경우		공적연금소득에 포함

연금보험료공제: 공적연금에 대한 소득공제를 말함

03 공적연금소득 연말정산

공적연금소득을 연말정산 할 경우 작성되는 지급명세서는 다음과 같다.

■ 소득세법 시행규칙 [별지 제24호서식(5)] <개정 2019. 3. 20.>

관리번호	[ ]연금소득 원천징수영수증(연말정산용) [ ]연금소득 지 급 명 세 서(연말정산용) ([ ]소득자 보관용 [ ]발행자 보관용 [ ]발행자 보고용)	거주구분	거주자1 / 비거주자2
		내·외국인	내국인1/ 외국인9
		거주지국	거주지국코드

징 수 의무자	① 법 인 명		② 대 표 자	
	③ 사업자등록번호	- -	④ 법인등록번호	-
	⑤ 소재지(주소)			
소득자	⑥ 성 명		⑦ 주민등록번호	
	⑧ 주 소			

⑨ 귀속연도	부터 까지	⑩ 감면기간	부터 까지

연 금 지 급 내 역	⑪ 총연금수령액	⑫ 연금제외소득 (2001.12.31.이전분)	⑬ 장애연금등 비과세연금	⑭ 총연금액(⑪-⑫-⑬)

정 산 명 세

⑮ 총연금액(=⑭)				㉖ 종합소득 과세표준(⑰-㉕)			
⑯ 연 금 소 득 공 제				㉗ 산 출 세 액			
				세액 감면	㉘ 「소득세법」		
					㉙ 「조세특례제한법」		
연금소득금액(⑮-⑯)					㉚ 감면세액 계		
종합 소득 공제	기본 공제	⑱ 본 인		세액 공제	㉛자녀	공제대상자녀 (명)	
		⑲ 배우자				출생·입양자 (명)	
		⑳ 부양가족(명)			㉜ 표준세액공제		
	추가 공제	㉑ 경로우대(명)					
		㉒ 장애인(명)			㉝ 외국납부		
		㉓ 부녀자					
		㉔ 한부모			㉞ 세액공제 계		
	㉕ 소득공제 계						

세액 명세	구 분	소득세	지방소득세	농어촌특별세	계
	㉟ 결 정 세 액				
	㊱ 기납부세액				
	㊲ 차감징수세액				

㊳ 부양가족공제자 명세(해당 소득자의 기본공제 또는 추가공제를 받는 자를 적으며, 본인은 적지 아니합니다)

관계	성명	주민등록번호	관계	성명	주민등록번호	관계	성명	주민등록번호
		-			-			-
		-			-			-
		-			-			-

※ 관계코드: 소득자의 직계존속=1, 배우자의 직계존속=2, 배우자=3, 직계비속(자녀·입양자)=4, 직계비속(직계비속과 그 배우자가 장애인인 경우 그 배우자 포함하되 코드 4 제외) = 5, 형제자매=6, 수급자=7(코드1~6제외), 위탁아동=8 * 4~6은 소득자와 배우자의 각각의 관계를 포함합니다.

위의 원천징수세액(수입금액)을 정히 영수(지급)합니다.

년 월 일

징수(보고)의무자 (서명 또는 인)

세 무 서 장 귀하

작 성 방 법

1. 이 서식은 「소득세법」 제143조의4에 따라 연금소득세액을 연말정산하는 경우에 사용하는 서식입니다.
2. 거주지국과 거주지국코드는 비거주자에 해당하는 경우에만 적으며, 국제표준화기구(ISO)가 정한 국가별 ISO코드 중 국명약어 및 국가코드를 적습니다.
3. 소득자 보관용에는 징수의무자란의 ④ 법인등록번호는 적지 않습니다.
4. 원천징수의무자는 지급일이 속하는 과세기간의 다음 연도 2월 말일까지 지급명세서를 관할세무서장에게 제출해야 합니다.
5. ㊲ 차감징수세액이 소액 부징수(1천원 미만을 말합니다)에 해당하는 경우 "0"으로 적습니다.

210mm×297mm[백상지 80g/㎡(재활용품)]

- 원천징수부를 참조하여 소득 및 기납부세액 기재
- 연금소득자가 신청·제출한 인적공제 관련 자료를 바탕으로 공제 적용
- 표준세액공제는 무조건 7만원 적용

- 인적공제(기본·추가), 자녀세액공제(자녀·출산입양)가 적용된 배우자·부양가족 기재
- 본인은 기재하지 않음

사례 공적연금소득 연말정산

1. 자료

다음은 송기택의 2025년 공무원연금소득 관련 내역이다.

(1) 인적사항

성 명	주민등록번호	관 계	비 고
송기택	640116－1138027	본인	세대주, 서울시 강남구 논현로 100길
김충숙	680415－2031653	배우자	소득 없음

(2) 공무원연금 소득내역

구 분			내 역
소득내역	총 연금수령액		36,000,000
	과세제외기여금		20,000,000
	비과세 연금소득		－
	기납부세액	소득세	2,541,120
		지방세	254,040

2. 세액계산

구 분		금 액	계산내역 등
총연금액		16,000,000	=36,000,000(총연금수령액) －20,000,000(과세제외)－0(비과세)
연금소득공제		6,500,000	=16,000,000×10%+4,900,000
연금소득금액		9,500,000	=16,000,000－6,500,000
소득공제	기본공제	3,000,000	=1,500,000×2 ✔ 본인·배우자 총 2명
과세표준		6,500,000	=9,500,000－3,000,000
산출세액		390,000	=6,500,000×6%
세액공제	표 준	70,000	무조건 7만원 적용
결정세액	소득세	320,000	=390,000－70,000
	지방소득세	32,000	=320,000×10%
기납부세액	소득세	2,541,120	
	지방소득세	254,040	
징수(환급)세액	소득세	－2,221,120	=320,000－2,541,120
	지방소득세	－222,040	=32,000－254,040

3. 연금소득 연말정산 지급명세서

■ 소득세법 시행규칙 [별지 제24호서식(5)] <개정 2019. 3. 20.>

관리번호		[✓]연금소득 원천징수영수증(연말정산용) [ ]연금소득 지 급 명 세 서(연말정산용) ([✓]소득자 보관용 [ ]발행자 보관용 [ ]발행자 보고용)	거주구분	(거주자1) / 비거주자2
			내·외국인	(내국인1) 외국인9
			거주지국 / 거주지국코드	

구분	항목	내용	항목	내용
징수의무자	① 법 인 명	공무원연금관리공단	② 대 표 자	○○○
	③ 사업자등록번호	***-**-*****	④ 법인등록번호	-
	⑤ 소재지(주소)	제주특별자치도 서귀포시 서호중앙로 63		
소득자	⑥ 성 명	송기택	⑦ 주민등록번호	640116-1138027
	⑧ 주 소	서울시 강남구 논현로 100길		
⑨ 귀속연도		2025.1.1. 부터 2025.12.31. 까지	⑩ 감면기간	부터 까지

연 금 지 급 내 역	⑪ 총연금수령액	⑫ 연금제외소득 (2001.12.31.이전분)	⑬ 장애연금등 비과세연금	⑭ 총연금액(⑪-⑫-⑬)
	36,000,000	20,000,000		16,000,000

정 산 명 세

항목	금액	항목	금액
⑮ 총연금액(=⑭)	16,000,000	㉖ 종합소득 과세표준(⑰-㉕)	6,500,000
⑯ 연 금 소 득 공 제	6,500,000	㉗ 산 출 세 액	390,000
		세액감면 ㉘ 「소득세법」	
		세액감면 ㉙ 「조세특례제한법」	
⑰ 연금소득금액(⑮-⑯)	9,500,000	세액감면 ㉚ 감면세액 계	
종합소득공제 기본공제 ⑱ 본인	1,500,000	세액공제 ㉛자녀 공제대상자녀 (명)	
종합소득공제 기본공제 ⑲ 배우자	1,500,000	세액공제 ㉛자녀 출생·입양자 (명)	
종합소득공제 기본공제 ⑳ 부양가족(명)		세액공제 ㉜ 표준세액공제	70,000
종합소득공제 추가공제 ㉒ 경로우대(명)			
종합소득공제 추가공제 ㉑ 장애인(명)		세액공제 ㉝ 외국납부	
종합소득공제 추가공제 ㉓ 부녀자			
종합소득공제 추가공제 ㉔ 한부모		세액공제 ㉞ 세액공제 계	70,000
㉕ 소득공제 계	3,000,000		

세액명세 구 분	소득세	지방소득세	농어촌특별세	계
㉟ 결 정 세 액	320,000	32,000		352,000
㊱ 기납부세액	2,541,120	254,040		2,795,160
㊲ 차감징수세액	-2,221,120	-222,040		-2,443,160

㊳ 부양가족공제자 명세(해당 소득자의 기본공제 또는 추가공제를 받는 자를 적으며, 본인은 적지 아니합니다)

관계	성명	주민등록번호	관계	성명	주민등록번호	관계	성명	주민등록번호
3	김충숙	680415-2031653			-			-
		-			-			-
		-			-			-

※ 관계코드: 소득자의 직계존속=1, 배우자의 직계존속=2, 배우자=3, 직계비속(자녀·입양자)=4, 직계비속(직계비속과 그 배우자가 장애인인 경우 그 배우자 포함하되 코드 4 제외) = 5, 형제자매=6, 수급자=7(코드1~6제외), 위탁아동=8 * 4~6은 소득자와 배우자의 각각의 관계를 포함합니다.

위의 원천징수세액(수입금액)을 정히 영수(지급)합니다.

2026 년 1 월 31 일

징수(보고)의무자 공무원연금관리공단 ○○○ (서명 또는 인)

세 무 서 장 귀하

작 성 방 법

1. 이 서식은 「소득세법」 제143조의4에 따라 연금소득세액을 연말정산하는 경우에 사용하는 서식입니다.
2. 거주지국과 거주지국코드는 비거주자에 해당하는 경우에만 적으며, 국제표준화기구(ISO)가 정한 국가별 ISO코드 중 국명약어 및 국가코드를 적습니다.
3. 소득자 보관용에는 징수의무자란의 ④ 법인등록번호는 적지 않습니다.
4. 원천징수의무자는 지급일이 속하는 과세기간의 다음 연도 2월 말일까지 지급명세서를 관할세무서장에게 제출해야 합니다.
5. ㊲ 차감징수세액이 소액 부징수(1천원 미만을 말합니다)에 해당하는 경우 "0"으로 적습니다.

210mm×297mm[백상지 80g/㎡(재활용품)]

한걸음 더

연금소득 관련 기타사항

<table>
<tr><th>구 분</th><th>내 용</th></tr>
<tr><td>분리과세 연금소득</td><td>공적연금소득 이외의 다음 연금소득(소법 §14 ③ 9호·§20의 3·§73)
<table>
<tr><th>구 분</th><th>내 용</th></tr>
<tr><td>무조건 분리과세</td><td>1. 소득세법 제146조 제2항에 따라 원천징수되지 아니한 퇴직소득을 연금수령하는 연금소득
2. 다음 연금소득을 의료목적, 천재지변이나 그 밖에 부득이한 사유 등 법 소정 요건을 갖추어 인출하는 연금소득
(1) 소득세법 제59조의 3에 따라 세액공제를 받은 연금계좌 납입액
(2) 연금계좌의 운용실적에 따라 증가된 금액</td></tr>
<tr><td>선택적 분리과세</td><td>무조건 분리과세 외의 연금소득의 합계액이 연 1,500만원 이하인 경우로서 거주자가 종합소득과세표준을 계산할 때 분리과세를 선택하는 경우</td></tr>
</table></td></tr>
<tr><td>주택담보 노후연금 이자비용 공제</td><td>
<table>
<tr><th>구 분</th><th colspan="3">내 용(소법 §51의 4, 소령 §108의 3)</th></tr>
<tr><td>대상자</td><td colspan="3">연금소득이 있는 거주자가 다음에 해당하는 주택담보 노후연금을 받은 경우
1. 한국주택금융공사법 제2조 제8호의 2에 따른 주택담보 노후연금보증을 받아 지급받거나 같은 법 제2조 제11호에 따른 금융기관의 주택담보 노후연금일 것
2. 주택담보 노후연금 가입 당시 담보권의 설정대상이 되는 소득세법 제99조 제1항에 따른 주택(연금소득이 있는 거주자의 배우자명의 주택 포함)의 기준시가가 12억원 이하일 것</td></tr>
<tr><td rowspan="2">신 청</td><td colspan="2">제출서류</td><td>• 종합소득과세표준 확정신고서
• 주택담보 노후연금 이자비용증명서(소득세법 시행규칙 별지 제38호의 3 서식)</td></tr>
<tr><td colspan="2">제출방법</td><td>종합소득세 확정신고 시 납세지 관할세무서장에게 제출</td></tr>
<tr><td rowspan="3">공 제</td><td rowspan="2">공제대상 이자상당액</td><td>원 칙</td><td>주택담보 노후연금 이자비용증명서(별지 제38호의 3 서식)에 기재된 금액</td></tr>
<tr><td>한 도</td><td>200만원</td></tr>
<tr><td colspan="2">공제방법</td><td>연금소득금액에서 공제대상 이자상당액을 공제</td></tr>
</table></td></tr>
</table>

해당 주택담보 노후연금을 지급한 금융회사 등 또는 한국주택금융공사 발급

05

PERFECT 연말정산

한 권으로 연말정산
사전준비부터 사후관리까지 완벽한 가이드

PERFECT 연말정산

연말정산 관련 주제별로 법정서식과 증명서류와의 관계 등을
한눈에 파악할 수 있도록 구성한 선물 같은 책입니다.

2025 PERFECT 연말정산

저　　자　최종기
발 행 인　서원진
편집·교정　류현수, 김영림
편집디자인　이은희, 이미영, 황자애
발 행 처　㈜조세통람
펴 낸 날　2019년 11월 5일 초판 발행
2025년 11월 4일 개정7판 발행

저자와의 협의하에 인지생략

주　　소　서울특별시 중구 동호로 14길 5-6(신당동)
등　　록　1976. 11. 5. 제9-81호
대표전화　02) 2231-7027
F A X　02) 2234-1754
구입문의　02) 2231-7027
I S B N　979-11-6064-365-7 13320
정　　가　**55,000원**

(주)조세통람은 좋은 책을 만들기 위해 독자 여러분의 의견을 기다립니다.
• 독자 의견 및 도서 문의 메일 : josetop@inaus.co.kr